CB058857

LEGENDA ÁUREA

JACOPO DE VARAZZE

✠ LEGENDA ✠
ÁUREA

VIDAS DE SANTOS

Tradução do latim, apresentação, notas e seleção iconográfica
HILÁRIO FRANCO JÚNIOR

13ª reimpressão

COMPANHIA DAS LETRAS

Copyright da tradução, apresentação e notas © 2003 by Hilário Franco Júnior

Título original
Legendae sanctorum, vulgo historia lombardica dicta

Capa e projeto gráfico
João Baptista da Costa Aguiar

Colaboração na tradução
Neri de Barros Almeida

Preparação
Wladimir Araújo

Assistência editorial
Tania Mano Maeto
Pedro Prado Custódio

Índice onomástico
Luciano Marchiori

Revisão
Carmen S. da Costa
Beatriz de Freitas Moreira

Dados Internacionais de Catalogação na Publicação (CIP)
(Câmara Brasileira do Livro, SP, Brasil)

de Varazze, Jacopo, Arcebispo de Gênova, ca., 1229-1298
  Legenda áurea : vidas de santos / Jacopo de Varazze ; tradução do latim, apresentação, notas e seleção iconográfica Hilário Franco Júnior. — São Paulo : Companhia das Letras, 2003.

  Título original: Legendae sanctorum, vulgo historia lombardica dicta.
  Bibliografia.
  ISBN 978-85-359-0367-6

  1. de Varazze, Jacopo, Arcebispo de Gênova, ca. 1229-1298 — Crítica e interpretação 2. Santos cristãos — Biografia I. Franco Júnior, Hilário. II. Título.

03.1651   CDD-270.092

Índice para catálogo sistemático:
1. Santos cristãos : Vida e obra   270.092

Todos os direitos desta edição reservados à
EDITORA SCHWARCZ S.A.
Rua Bandeira Paulista, 702, cj. 32
04532-002—São Paulo—SP
Telefone: (11) 3707-3500
www.companhiadasletras.com.br
www.blogdacompanhia.com.br
facebook.com/companhiadasletras
instagram.com/companhiadasletras
twitter.com/cialetras

SUMÁRIO

Apresentação 11

Índice alfabético dos santos 27

Índice cronológico das festas 31

Prólogo de *As legendas dos santos ou História lombarda*,
Compiladas pelo Genovês Frei Jacopo,
da Ordem dos Irmãos Pregadores 39

Das festas que ocorrem no tempo da Renovação

1 . O Advento do Senhor 47
2 . Santo André 58
3 . São Nicolau 69
4 . Santa Lúcia 77
5 . São Tomé, Apóstolo 81

Das festas que ocorrem em parte no tempo da
Reconciliação e em parte no tempo da Peregrinação

6 . A Natividade de Nosso Senhor Jesus Cristo segundo a carne 94
7 . Santa Anastácia 103
8 . Santo Estêvão, Mártir 106
9 . São João, Apóstolo 113
10 . Os Inocentes 120
11 . São Tomás de Canterbury 125
12 . São Silvestre 129
13 . A Circuncisão do Senhor 140
14 . A Epifania do Senhor 149
15 . São Paulo, Eremita 157

16. São Remígio 159
17. Santo Hilário 162
18. São Macário 165
19. São Félix, Confessor 168
20. São Marcelo 170
21. Santo Antônio 171
22. São Fabiano 176
23. São Sebastião 177
24. Santa Inês 183
25. São Vicente 188
26. São Basílio 192
27. São João, Esmoler 198
28. A Conversão de São Paulo, Apóstolo 206
29. Santa Paula 209
30. São Juliano 215

Das festas que ocorrem no tempo do Desvio

31. A Septuagésima 226
32. A Sexagésima 229
33. A Qüinquagésima 231
34. A Quadragésima 233
35. O Jejum dos Quatro Tempos 236
36. Santo Inácio 239
37. Purificação da Bem-Aventurada Virgem Maria . . . 243
38. São Brás 253
39. Santa Ágata 256
40. São Vedasto 261
41. Santo Amando 262
42. São Valentino 264
43. Santa Juliana 266
44. A Cátedra de São Pedro 268
45. São Matias 274
46. São Gregório 280
47. São Longino 296
48. São Bento 297
49. São Patrício 307

50. A Anunciação do Senhor 311
51. A Paixão do Senhor 319

DAS FESTAS QUE OCORREM NO TEMPO DA RECONCILIAÇÃO

52. A Ressurreição do Senhor 338
53. São Segundo 349
54. Santa Maria Egipcíaca 352
55. Santo Ambrósio 355
56. São Jorge 365
57. São Marcos 371
58. São Marcelino 378
59. São Vidal 380
60. Uma Virgem de Antioquia 382
61. São Pedro Mártir 387
62. São Filipe 401
63. São Tiago, o Menor 403
64. A Descoberta da Santa Cruz 413
65. São João diante da Porta Latina 423
66. A Litania Maior e a Litania Menor 425
67. A Ascensão do Senhor 430
68. O Espírito Santo 440
69. São Gordiano 453
70. Santos Nereu e Aquileu 454
71. São Pancrácio 456

DAS FESTAS QUE OCORREM NO TEMPO DA PEREGRINAÇÃO

72. Santo Urbano 462
73. Santa Petronela 464
74. São Pedro, Exorcista 465
75. Santos Primo e Feliciano 467
76. São Barnabé 469
77. Santos Vito e Modesto 474
78. São Quirce e Santa Julita 476
79. Santa Marina 478
80. Santos Gervásio e Protásio 480

81. A Natividade de São João Batista 484
82. Santos João e Paulo 494
83. São Leão 498
84. São Pedro, Apóstolo 500
85. São Paulo, Apóstolo 513
86. Os Sete Filhos da Santa Felicidade 529
87. Santa Teodora 531
88. Santa Margarida 535
89. Santo Aleixo 539
90. Santa Maria Madalena 543
91. Santa Praxedes 554
92. Santo Apolinário 555
93. Santa Cristina 558
94. São Tiago, o Maior 561
95. São Cristóvão 571
96. Os Sete Adormecidos 576
97. Santos Nazário e Celso 581
98. São Félix, Papa 585
99. Santos Simplício e Faustino 586
100. Santa Marta 587
101. Santos Abdão e Senen 591
102. São Germano 592
103. Santo Eusébio 597
104. Os Santos Macabeus 600
105. São Pedro Acorrentado 602
106. Santo Estêvão, Papa 608
107. A Descoberta do Corpo de Santo Estêvão, Mártir 609
108. São Domingos 614
109. São Sisto 632
110. São Donato 634
111. São Ciríaco e Seus Companheiros 637
112. São Lourenço 639
113. Santo Hipólito e Seus Companheiros 653
114. A Assunção da Bem-Aventurada Virgem Maria 657
115. São Bernardo 682
116. São Timóteo 694
117. São Sinforiano 695

118 . São Bartolomeu 697
119 . Santo Agostinho 706
120 . A Decapitação de São João Batista 725
121 . Santos Félix e Adauto 734
122 . São Sabiniano e Santa Sabina 735
123 . São Lupo 739
124 . São Mamertino 741
125 . Santo Egídio 743
126 . A Natividade da Bem-Aventurada Virgem Maria 746
127 . Santo Adriano e Seus Companheiros 757
128 . Santos Gorgônio e Doroteu 762
129 . Santos Proto e Jacinto 763
130 . A Exaltação da Santa Cruz 767
131 . Santos Cornélio e Cipriano 774
132 . São Lamberto 776
133 . São Mateus 778
134 . São Maurício e Seus Companheiros 784
135 . Santa Justina 789
136 . Santos Cosme e Damião 794
137 . São João Crisóstomo 798
138 . São Forseu 807
139 . Santa Eufêmia 810
140 . São Miguel 813
141 . São Jerônimo 825
142 . A Translação de São Remígio 832
143 . São Leodegário 834
144 . São Francisco 836
145 . Santa Pelágia 849
146 . Santa Margarida 852
147 . Santa Taís 854
148 . Santos Dioniso, Rústico e Eleutério 857
149 . São Calisto 864
150 . São Leonardo 866
151 . São Lucas 871
152 . São Crisanto e Santa Dária 880
153 . As Onze Mil Virgens 882
154 . Santos Simão e Judas 886

155. São Quintino 893
156. Santo Eustáquio 894
157. Todos os Santos 901
158. A Comemoração das Almas 912
159. Os Quatro Coroados 925
160. São Teodoro 926
161. São Martinho 928
162. São Brício 939
163. Santa Cecília 941
164. São Clemente 948
165. São Crisógono 959
166. Santa Catarina 961
167. São Saturnino, Santa Perpétua, Santa Felicidade
e Outros Companheiros 971
168. São Tiago, o Cortado 974
169. São Pastor 978
170. São João, Abade 981
171. São Moisés, Abade 982
172. Santo Arsênio 984
173. Santo Agatão 987
174. Santos Barlaão e Josafá 989
175. São Pelágio 1003

Glossário de nomes 1025

Índice onomástico 1033

Apresentação

Uma praça pública de alguma cidade italiana, em 1267. Um frade mendicante faz seu sermão e conta:

> Um homem havia tomado emprestado de um judeu certa soma de dinheiro, e na falta de outra garantia jurara sobre o altar de São Nicolau que a devolveria assim que pudesse. Muito tempo depois o judeu reclamou o dinheiro, mas o devedor alegou que já havia pago a dívida. O judeu levou-o a juízo e exigiu que afirmasse sob juramento que havia devolvido o dinheiro. Como se precisasse de apoio para andar, o homem ali compareceu com uma bengala, que era oca e que ele havia enchido de moedas de ouro. Quando foi prestar juramento, pediu que o judeu a segurasse e jurou ter restituído mais do que havia recebido. Após o juramento, reclamou a bengala de volta e o judeu, que não suspeitava da artimanha, devolveu-a. No caminho de volta para casa, o culpado sentiu um sono repentino, adormeceu num cruzamento e uma carroça que vinha em velocidade matou-o, quebrou a bengala, e o ouro que a enchia espalhou-se pelo chão. Avisado, o judeu acorreu ao local e entendeu a artimanha de que havia sido vítima. Tendo alguém sugerido que pegasse seu ouro, recusou taxativamente, a não ser que o morto voltasse à vida pelos méritos do bem-aventurado Nicolau, acrescentando que se tal acontecesse ele receberia o batismo e se tornaria cristão. Incontinenti, o morto ressuscitou e o judeu foi batizado em nome de Cristo. [capítulo 3, item 8]

Esta historieta divertida e edificante, pertencente ao gênero literário conhecido por *exemplum*, foi retirada por aquele hipotético pregador de um texto recém-concluído chamado *Legendae sanctorum, vulgo historia lombardica dicta*.[1]

---

[1] A data precisa do texto é objeto de debate por parte dos especialistas: entre 1253 e 1270, para M. Sticco, "Giacomo da Varazze", *Enciclopedia Cattolica*, Florença, Sansoni, 1951, vol. VI, p. 332; 1265, para A. Boureau, *La Légende dorée. Le système narratif de Jacques de Voragine*, Paris, Cerf, 1984, p. 39; entre 1261 e 1266, para B. Dunn-

Seu autor também era um mendicante, Jacopo, nascido em 1226 na cidade de Varazze, próxima a Gênova. Com dezoito anos de idade ele ingressara na Ordem Dominicana, em cuja hierarquia progrediu por sua cultura e zelo evangelizador, tornando-se a partir de 1267, por vinte anos, o líder da Ordem na importante província da Lombardia. Quando Gênova foi excomungada por ter continuado a comerciar com a Sicília apesar da proibição papal, Jacopo foi (junto com o franciscano Rufino de Alessandria) o escolhido pela cidade para ir a Roma solicitar perdão. Em 1292, foi sagrado arcebispo de Gênova pelo papa Nicolau IV. Nesse cargo teve, em 1295, papel decisivo na reconciliação entre genoveses gibelinos (adeptos do imperador) e guelfos (adeptos do papa). Morreu em 1298, admirado pelos seus concidadãos, tornando-se em 1645 patrono de Varazze e sendo beatificado em 1816 pelo papa Pio VII.[2]

Autor de muitos sermões e de uma importante *Crônica de Gênova* escrita em 1293,[3] sua grande obra — tenha ela sido individual ou contado com colaboradores[4] — foi a coletânea hagiográfica que ficaria conhecida por *Legenda áurea*. Isto é, um conjunto de textos (*legenda*, literalmente "aquilo que deve ser lido", também tinha o sentido de "leitura da vida de santos"[5]) de grande valor (daí *áurea*, "de ouro") moral e pedagógico. O objetivo imediato de Jacopo de Varazze era fornecer aos seus colegas de hábito, os dominicanos ou frades pregadores, material para a elaboração de seus sermões. Material teologicamente correto, isento de qualquer contágio herético, mas também compreensível e agradável aos leigos que ouviriam a pregação.

Lardeau, "Préface", em *Idem* (dir.), *Legenda aurea: sept siècles de diffusion*, Montréal-Paris, Bellarmin-Vrin, 1986, p. 13; entre 1252 e 1260, para G. Philippart, "Légendiers", em A. Vauchez (dir.), *Dictionnaire encyclopedique du Moyen Age*, Paris, Cerf, 1997, vol. II, p. 881. Sobre a hipótese de dupla redação da *Legenda áurea* feita pelo próprio Jacopo, veja-se G. P. Maggioni, *Ricerche sulla composizione e sulla trasmissione della Legenda aurea*, Spoleto, CISSAM, 1995.

[2] G. Airaldi, *Jacopo da Varagine tra santi e mercanti*, Milão, Camunia, 1988; K. Kunze, "Jacobus a (de) Voragine", em K. Langosch (dir.), *Die deutsche Literatur des Mittelalters: Verfasserlexikon*, Berlim, De Gruyter, 1981, vol. III, col. 448-466. Quanto ao nome do personagem, preferimos a forma Jacopo, do latim Iacobus, para evitar as confusões oriundas da tradução do nome, que poderia ser Giacomo, Jacques, James, Jaime ou Tiago.

[3] *Chronica civitatis Iannensis*, ed. G. Monleone, Roma, Istituto Storico Italiano per il Medio Evo, 1941.

[4] Esta hipótese foi proposta por E. Colledge, "James of Voragine's *legenda sancti Augustini* and its sources", *Augustiniana*, 35, 1985, p. 300.

[5] *Legenda* não existe no latim clássico, sendo criação da liturgia medieval, que no século IX transformou o adjetivo verbal de *legere* em substantivo que indicasse a narrativa hagiográfica lida na festa de cada santo. Em meados do século XII, o famoso liturgista João Beleth (*Summa de ecclesiasticis officiis*, ed. H. Douteil, Turnhout, Brepols, 1976, Corpus Christianorum Continuatio Medievalis, vol. 41 A, p. 115) usou a palavra apenas relativamente à vida dos santos confessores e não à paixão dos mártires, mas de forma geral tal distinção não foi aceita, como mostra a própria *Legenda áurea*. Ainda com o sentido tradicional, ela passou em fins do século XII para o francês e depois para as outras línguas vernáculas, e somente no século XIX, com os positivistas, ganhou a acepção de "lenda", relato que deforma fatos e personagens históricos.

Para tanto Jacopo naturalmente utilizou a rica literatura hagiográfica preexistente, mas não se limitou a compilá-la, o que tinha sido até então o mais freqüente.[6]

De fato, os tempos eram outros. O Ocidente dos séculos XII e XIII conhecia profundas transformações: materiais, com maior produtividade agrícola e artesanal, progresso comercial e intensa urbanização; intelectuais, com o avanço das literaturas vernáculas, o nascimento das universidades e o desenvolvimento da filosofia escolástica; religiosas, com o despontar de sentimento menos formalista e mais interiorizado, menos preocupado com as aparências que com as intenções. Uma das melhores expressões desse novo quadro global tinha sido exatamente o surgimento das Ordens Mendicantes, cuja prática despojada (não possuíam bens materiais), humilde (viviam de esmolas), de apego à natureza (especialmente os franciscanos), de intensa pregação e repressão aos hereges (sobretudo os dominicanos), atendia melhor que as velhas ordens monásticas as novas necessidades sociais e espirituais. Se as transformações de então atingiam toda a Europa católica, seu epicentro estava de certa forma na Itália, região mais povoada, urbanizada, monetarizada e heretizada do Ocidente. Daí ter sido a pátria da *Legenda áurea*.

Os seguidores de Domingos de Guzmán (1170-1221) e de Francisco de Assis (1182-1226) atuavam no meio dos leigos, ao contrário dos monges tradicionais, enclausurados na segurança e riqueza de seus mosteiros. Nesse contato cotidiano, os mendicantes recorriam mais às línguas vulgares que ao latim, mais às narrativas de fundo folclórico que aos textos teológicos. Não que lhes faltasse o saber erudito: na maior parte das nascentes universidades do século XIII, os grandes teólogos eram franciscanos (por exemplo, Boaventura e Roger Bacon) e dominicanos (caso de Alberto Magno e Tomás de Aquino). Mas o trabalho contra a heresia — a Igreja entregara aos dominicanos a recém-criada Inquisição para extirpar de vez o perigoso catarismo do Sul francês e Norte italiano — requeria uma comunicação acessível à população em geral e não apenas aos doutos. Daí a necessidade da *Legenda áurea*.

Para essa pregação mais eficiente, passou-se a recorrer ao *exemplum*, "relato breve dado como verídico e destinado a ser inserido em um discurso (em geral um sermão) para convencer um auditório através de uma lição salutar".[7] Esse tipo

---

[6] G. Phillipart, *Les légendiers latins et autres manuscrits hagiographiques*, Turnhout, Brepols, 1977 (Typologie des sources du Moyen Age, vols. 24-25), p. 24.

[7] C. Bremond, J. Le Goff e J.-C. Schmitt, *L'exemplum*, Turnhout, Brepols, 1982 (Typologie des sources du Moyen Age, vol. 40), pp. 37-38. Sobre os *exempla*, ver ainda S. Suleiman, "Le récit exemplaire. Parabole, fable, roman à thèse", *Poétique*, 32, 1977, pp. 418-489.

de narrativa, existente desde a Antigüidade, ganhara novos contornos e desenvolvera-se nos meios monásticos dos séculos XI e XII, sobretudo entre os cistercienses, para a seguir difundir-se largamente nos ambientes urbanos. Ou seja, em locais onde a predominância dos interesses econômicos e a convivência de pessoas de diversas procedências estimulavam a contestação ou mesmo a indiferença religiosa. E nisso residia a importante função do *exemplum*, "instrumento de persuasão" que tira sua lição da descrição de um comportamento negativo que gera conseqüências nefastas para seu protagonista.[8] Daí ter sido o principal elemento da estrutura narrativa da *Legenda áurea*.

Esse material era recolhido ao mesmo tempo em fontes eruditas, em textos apócrifos,[9] nas tradições orais e ainda, menos freqüentemente, na experiência pessoal do autor. Tal era possível graças às condições da época, fornecedoras de vasto conjunto de elementos célticos e clássicos, recuperados e revalorizados por dois importantes movimentos culturais, chamados pelos historiadores de Reação Folclórica e de Renascimento do século XII. Graças a eles ampliou-se o número de *exempla* e enriqueceu-se a hagiografia que os utilizava. Às cerca de 25 mil vidas de santos vindas da Alta Idade Média, juntavam-se novos relatos, introduziam-se novas variantes. Surgiu então nesse campo a mesma necessidade que em outros: sintetizar e harmonizar os conhecimentos da época. Assim como o século XIII realizava diferentes sumas em diferentes campos do saber — a teológica, de Tomás de Aquino, a poética, de Dante Alighieri (*Commedia*), a científica, de Vicente de Beauvais (*Speculum maius*), a artística, das catedrais góticas —, era preciso uma suma hagiográfica. Daí o surgimento da *Legenda áurea*.

Mas essa compilação não era tarefa fácil, devido à massa de informação existente. O resultado foi, contudo, positivo, e o sucesso imediato na Itália e quase a seguir em toda parte, graças a uma mensagem que sensibilizava a todos: aquele texto captou de forma firme e nítida a essência do cristianismo do ponto de vista daquilo que definimos como cultura intermediária. Ou seja, o espaço cultural comum à elite e ao vulgo, o conjunto de elementos que, apesar de trabalhados e interpretados diferentemente pelos dois pólos culturais,

---

[8] *Idem*, pp. 83 e 86.

[9] A Idade Média chamava de apócrifos os muitos textos bíblicos que a Igreja considerava sem autoridade apostólica, mas que ainda assim gozavam de bastante popularidade na época, mesmo entre os eclesiásticos. Como observou E. Bozóky, "Les apocryphes bibliques", em P. Riché e G. Lobrichon (dir.), *Le Moyen Age et la Bible*, Paris, Beauchesne, 1964, p. 435, "a *Legenda áurea* constitui-se no melhor exemplo da utilização de apócrifos na literatura edificante".

revela-se o elo de união que cria a identidade profunda de uma sociedade.[10] Na *Legenda áurea*, isso ocorria sobretudo pela farta utilização dos *exempla*, narrativas eruditas que geralmente haviam registrado, por vias diretas ou indiretas, elementos de substrato folclórico.[11]

Um elemento que pode bem exemplificar essa área de intersecção cultural é o riso. Para a cultura erudita medieval, tratava-se de manifestação normalmente degradante, uma desumanização do homem, aceitável para a Igreja somente em certos momentos, nos quais rituais e textos podiam ser tratados derrisoriamente, caso do sermão pascal e de relatos bíblicos de banquetes.[12] No campo da cultura vulgar, o ambiente urbano dos séculos XIII e XIV produziu um gênero literário, o *fabliau*, que buscava despertar o riso exatamente por reconhecer nele uma faceta denegridora, uma grande capacidade crítica.[13] Produto daquele mesmo tempo e espaço, o *exemplum*, para bem cumprir sua intenção evangelizadora, muitas vezes também lançava mão daquele recurso: Jacques de Vitry (1170-1240), professor da Universidade de Paris, patriarca de Jerusalém e cardeal, reconhecia que os *exempla* deveriam "fazer rir".[14] Para a cultura intermediária, enfim, o denominador comum daquelas duas visões sobre o riso era seu caráter sagrado e sacralizador.[15] Se São Martinho de Tours nunca riu (capítulo 161), muitos outros divertiam-se sem culpa, como São João Evangelista (capítulo 9, item 8) e Santo Antônio (capítulo 21, item 3), ou serviam a Deus com alegria, como Santo Hilário (capítulo 17).

No caso da *Legenda áurea*, em que podemos perceber a presença da cultura intermediária? Inicialmente, na tendência daquele texto de universalizar o conteúdo de suas narrativas. O enquadramento geográfico das vidas dos santos, por exemplo, é praticamente sempre o mesmo, apesar de serem indicados diversos nomes de cidades e regiões. O perfil dos santos também é quase sempre o mesmo,

---

[10] H. Franco Júnior, "Meu, teu, nosso. Reflexões sobre o conceito de cultura intermediária", em *idem, A Eva barbada. Ensaios de mitologia medieval*, São Paulo, Edusp, 1996, pp. 31-44.

[11] Bremond, Le Goff e Schmitt, *op. cit.*, pp. 87-107; B. Geremek, "L'exemplum et la circulation de la culture", *Mélanges de l'École Française de Rome*, 92, 1980, pp. 153-170.

[12] Para o primeiro caso, H. Fluck, "Der risus paschalis. Ein Beitrag zur religiösen Volkskunde", *Archiv für Religionswissenschaft*, 31, 1934, pp. 188-212; para o segundo, o melhor representante é um texto do século IV que teve diversas versões, a mais difundida delas de fins do século IX, *Coena Cypriani*, ed.-trad. C. Modesto, Tübingen, Narr, 1992.

[13] H. Franco Júnior, *Cocanha. A história de um país imaginário*, São Paulo, Companhia das Letras, 1998.

[14] Citado por Bremond, Le Goff e Schmitt, *op. cit.*, p. 94.

[15] A. J. Gurevitch, "Le comique et le sérieux dans la littérature religieuse du Moyen Age", *Diogène*, 90, 1975, pp. 67-89; J. Le Goff, "Rire au Moyen Age", *Cahiers du Centre de Recherches Historiques*, 3, 1989, pp. 1-14; J. R. Macedo, *Riso, cultura e sociedade na Idade Média*, Porto Alegre-São Paulo, Editora da UFRS-Editora da Unesp, 2000.

independentemente de sexo, condição social, local de procedência. Para Jacopo de Varazze, as fronteiras definidas pela hagiografia tradicional entre fiéis comuns e santos não parecem ter sido afetadas pelas novas concepções espirituais do século XIII.[16] Com efeito, nosso compilador ainda via os santos como pessoas cujas mortes, apesar de geralmente brutais, são acompanhadas por sons harmoniosos, pessoas de cujos corpos torturados e mutilados emana odor agradável, pessoas cujos restos mortais são imputrefatos e têm poderes taumatúrgicos que beneficiam a todos os que peregrinam até seu local de descanso e de veneração.[17]

Em segundo lugar, chama atenção a atemporalidade dos fatos relatados. Apesar de excelente cronista, como mostra sua história de Gênova, no caso das vidas dos santos Jacopo evita historicizar os personagens. É verdade que ele fornece 149 datas, mas elas não individualizam o sujeito ou o evento, apenas assinalam um momento forte de ocorrências arquetípicas que apontam em direção ao Fim dos Tempos. Apesar de 91 dos 153 santos terem sido martirizados de 81 formas diferentes,[18] o que sobressai dessas narrativas é seu sentido último e atemporal, que praticamente funde todos eles num só personagem-tipo — o mártir que deu a vida pela maior glória de Deus. O que parece ser arcaísmo do texto revela na verdade desconsideração pela história: de quase 1200 citações feitas, apenas 21 são de autores do século XIII,[19] dos 153 biografados, somente três são contemporâneos (Pedro Mártir, Domingos, Francisco) e dois do século anterior (Bernardo, Tomás Becket). É significativo que em uma das mais longas narrativas da coletânea, a do dominicano Pedro Mártir (capítulo 61), Jacopo de Varazze, apesar de falar muito nos hereges combatidos pelo santo, jamais os identifique. O embate daquele santo contra aqueles hereges não era um evento histórico, mas modelar, que ilustrava, reproduzia e antecipava muitas outras lutas semelhantes.

Em terceiro lugar, devemos considerar o simbolismo presente por toda *Legenda áurea*. Isto é, a cosmovisão pela qual cada fato, objeto ou pessoa,

---

[16] A hagiografia medieval tem sido objeto de muito estudo, inclusive com dois congressos internacionais dedicados a ela nos últimos anos: *Fonctions des saints dans le monde occidental (III-XIII siècles)*, Roma, École Française de Rome, 1991; *Santità, culti, agiografia. La storiografia degli ultimi venti anni e le prospettive di ricerca*, Roma, Associazione Italiana per il Studio della Santità, dei Culti e dell'Agiografia, 1996. Em função desse renovado interesse, é imensa a bibliografia sobre os conceitos, as modalidades e a trajetória da santidade na Idade Média. Há, porém, um guia recente, simples e seguro a respeito: J. Dubois e J.-L. Lelaitre, *Sources et méthodes de l'hagiographie médiévale*, Paris, Cerf, 1993.

[17] N. A. Souza, *A cristianização dos mortos. A mensagem evangelizadora da "Legenda áurea" de Jacopo de Varazze*, São Paulo, Universidade de São Paulo, 1998, tese de doutorado mimeografada.

[18] Boureau, *op. cit.*, pp. 112-116.

[19] *Idem*, pp. 75 e 85.

mais do que uma realidade em si, é uma representação, uma imagem, uma figuração, de algo superior, transcendente, com o qual o ser humano não poderia ter contato direto e que nem poderia compreender, não fosse a intermediação do símbolo. Na linguagem bíblica, fundamental para a Idade Média, símbolo é o espelho que permite entrever algo, ainda que de maneira deformada, antes de se poder vê-lo no Além "face a face".[20] Por exemplo, as velas usadas na procissão da festa de Purificação da Virgem são mais que objetos que iluminam, são representação de Cristo, porque, como explica Jacopo, a cera pura feita pelas abelhas remete à sua carne incorrupta, a mecha lembra sua alma escondida na cera/carne, o fogo é sua divindade que ilumina e consome (capítulo 37, item 1). Para a mentalidade simbólica, o símbolo é sempre eficaz. Mesmo quando oculta, ele não anula a essência da coisa simbolizada: o demônio causa perdição sob forma de mulher (capítulo 2, item 9), freira (3, item 5), mendigo (3, itens 10 e 18), menino negro (21, item 1; 30, item 5), fera (21, item 1), gigante (21, item 3), mouro (27, item 3), anjo (43), vômito de sangue (61), dragão (88), gato preto (108), maçã (130) e outras. Mesmo quando revela, ele não minimiza o poder da coisa simbolizada: o sinal da cruz salva e permite ao santo tomar sem problemas um copo de veneno (capítulo 9, item 5), andar sobre a água sem se afogar (38), fazer um dragão desaparecer (capítulo 88) etc.

Mas a melhor expressão do simbolismo na *Legenda áurea* talvez esteja nas etimologias dos nomes dos santos com que se abrem 86 capítulos, isto é, quase 50% do total e mais de 57% dos capítulos santorais. Essas pequenas introduções não tinham obviamente o caráter de lingüística histórica que atribuímos à "etimologia", literalmente "a busca do sentido verdadeiro da palavra". Para Jacopo de Varazze, "verdadeiro" não era a correspondência com a realidade externa, objetiva e concreta, e sim com tudo aquilo que escapava à esfera humana, que revelava o magnífico destino do santo simbolicamente anunciado por seu nome.[21] De fato, para toda a Idade Média, examinar uma palavra era levantar um véu que permitiria alcançar a essência última da pessoa ou da coisa.[22] Nessa

---

[20] *1 coríntios* 13, 12: "videmus nunc per speculum in aenigmate: tunc autem faciem ad faciem".

[21] Isso não significava, contudo, uma credulidade acrítica, tanto que por dezessete vezes Jacopo apela ao *lectoris arbitrium* quando propõe uma exegese bíblica, e por onze vezes qualifica uma informação de "apócrifa", chamando atenção para a limitada credibilidade da fonte utilizada naquelas passagens: G. P. Maggioni, "Appelli al lettore e definizioni di apocrifo nella *Legenda Aurea*. A margine della leggenda di Giuda Iscariota", *Studi Medievali*, 36, 1995, pp. 241-253.

[22] O grande modelo para tanto naturalmente era a célebre obra da primeira metade do século VII, Isidoro de Sevilha, *Etimologías*, ed. W. M. Lindsay, trad. J. Oroz Reta e M.-A. M. Casquero, Madri, BAC, 1982-1983, 2 vols.

atividade intelectual e mística ao mesmo tempo, pouco importavam contradições racionais.[23] Tomé pode vir do latim *thomas*, "duplicado", pois conheceu o Senhor duplamente, pela fé e pelo tato, mas pode vir também do grego *thómos*, "divisão", pois seu ato de fé em Cristo foi específico, pessoal, separado do dos outros apóstolos (capítulo 5). Pouco importava também a mistura sem fundamento de palavras latinas e gregas. Silvestre vem do latim *sílva*, "bosque", "selva", e do grego *theos*, "Deus", pois aquele santo foi um "bosque de Deus" que conduziu à fé homens selvagens (capítulo 12).

Em quarto lugar, é preciso lembrar duas características complementares da psicologia coletiva medieval, o belicismo e o contratualismo.[24] A primeira era a interpretação do mundo como palco de luta ininterrupta entre as forças irreconciliáveis do Bem e do Mal, combate ao qual nada e ninguém poderia ficar alheio. Na *Legenda áurea* isso aparece na maioria dos capítulos através da prova de força entre as divindades pagãs (que o cristianismo de Jacopo reduzia a demônios disfarçados) e o Deus único cristão. O embate entre torturadores romanos e mártires cristãos era apenas a manifestação mais visível desse conflito cosmológico. Com efeito, para o dominicano de Varazze aqueles não eram fatos históricos, ocorridos no passado, na época da instalação do cristianismo no Império Romano, e sim exemplos eternos da luta entre os maus e os bons, luta que continuava a ocorrer na sua época e ocorreria ainda no futuro, até o Fim dos Tempos. Em razão disso, várias vezes os santos deixavam de lado a caridade e a piedade cristãs para mutilar e matar adversários da fé.

Se alguns santos abandonaram a carreira militar e deixaram de enfrentar inimigos terrenos, como fizeram Martinho de Tours e Francisco de Assis, foi apenas para melhor se dedicarem ao combate contra as forças demoníacas. A vida cotidiana era vista como uma luta cujo objetivo era a salvação espiritual. Por isso a oração, afirma Santo Agatão, exige esforço semelhante ao dos guerreiros durante uma guerra (capítulo 173). Por isso uma das cinco formas de purgação que pode livrar o homem do pecado e salvá-lo é "a guerra contra a tentação" (capítulo 37, item 1). O combate contra as necessidades do próprio corpo era talvez a maior expressão do belicismo psicológico medieval. Em

---

[23] Elas eram, obviamente, produtos da época e portanto não podem ser julgadas segundo parâmetros modernos, como fez o editor do texto aqui traduzido, para quem se tratava de "malíssimas etimologias", terreno no qual Jacopo "falhava muito": "Praefatio", *Legenda Aurea, vulgo historia lombardica dicta*, recensuit Th. Graesse, Osnabrück, Otto Zeller, reed. 1969 (1ª ed. 1845), p. IV. Muito menos devemos fazer como um tradutor, que excluiu aquelas etimologias alegando que elas "fariam rir, sem proveito para ninguém": "Introduction", *La Légende dorée*, trad. T. Wyzewa, Paris, Seuil, reed. 1998 (1ª ed. 1900), p. XXXIV.

[24] H. Franco Júnior, *A Idade Média, nascimento do Ocidente*, São Paulo, Brasiliense, reed. 2001, pp. 146-154.

nome do controle sobre a fome, os santos submetiam-se a freqüentes e prolongados jejuns. Em nome da repressão do desejo sexual, São Bento jogou-se nu sobre moitas espinhosas (capítulo 48, item 2) e São Francisco despiu-se e cobriu-se de neve (capítulo 144).

O contratualismo, por sua vez, era a opção inevitável que cada ser humano deveria fazer, posicionando-se ao lado dos santos ou dos demônios. O exemplo mais desenvolvido desse comportamento está em uma história conhecida desde o século VII em grego, traduzida para o latim no século IX e reaproveitada por Jacopo de Varazze: o clérigo Teófilo, através de um contrato escrito, entregou sua alma ao Diabo em troca de favores materiais, porém ao se arrepender pôde, com a ajuda da Virgem, rescindir tal contrato e salvar-se (capítulo 126, item 9).[25] Outro contrato firmado por escrito com o demônio, acordo motivado pelo desejo carnal de um escravo pela filha de seu amo, foi rompido graças à intermediação de São Basílio (capítulo 26, item 5). O caráter literário assumido por esses dois casos de contratualismo não revela uma religiosidade elitista, mas apenas a origem grega deles e o progresso da cultura escrita na época em que Jacopo escrevia. A contraprova está na forte presença do contratualismo não escrito, que aparece dezenas de vezes na *Legenda áurea* sob três formas diferentes.

Na mais comum, ambos os lados cumprem seus compromissos, o devoto orando, jejuando, peregrinando, o santo recompensando-o com saúde, prosperidade, salvação eterna. Na forma quantitativamente intermediária, quando o devoto não realiza sua parte, o santo pratica milagres punitivos (como por exemplo nos capítulos 2, 55, 114, 156).[26] Na forma mais rara e curiosa, é o santo o castigado por não cumprir suas obrigações para com o fiel (capítulo 3).[27] Em todos esses tipos de contratualismo religioso havia uma fidelidade feudal tão forte, que a Virgem salvava adúlteros, ladrões, clérigos incultos e impuros desde que eles a honrassem com uma grande devoção: era mais importante a dedicação irrestrita que o comportamento moral (por exemplo, capítulo 50, item 3; capítulo 114, item 7).

---

[25] A popularidade dessa narrativa na época em que se elaborava a *Legenda áurea* fica atestada por sua presença em vitrais das catedrais de Auxerre, Beauvais, Laon, Le Mans, Saint-Julien-du-Sault e Troyes: M. W. Cothren, "The iconography of Theophilus windows in the first half of the thirteenth century", *Speculum*, 59, 1984, pp. 308-341. Mais significativo, na Notre-Dame de Paris a lenda de Teófilo aparece no tímpano do transepto norte, isto é, em frente à porta do claustro, lembrando aos cônegos da catedral os perigos da cupidez.

[26] H. Franco Júnior, "A outra face dos santos. Os milagres punitivos na *Legenda áurea*, em *Idem, A Eva barbada, op. cit.*, pp. 221-229.

[27] P. Geary, "L'humiliation des saints", *Annales ESC*, 34, 1979, pp. 36-38.

Por fim, em função do duplo traço anterior, outro aspecto que marca quase todas as páginas da *Legenda áurea* é o sentimento escatológico medieval, às vezes latente, às vezes aflorado, dependendo dos momentos e dos locais. Devido ao contexto em que Jacopo escreveu, em sua obra aparece uma escatologia pessimista, reflexo da crise global que se anunciava na segunda metade do século XIII, quando já se invertiam as tendências demográficas, econômicas e sociais que haviam atingido seu ponto ótimo para as condições medievais nos 150 anos anteriores. É significativo que Deus tenha pensado em acabar com o mundo naquele momento, adiando essa decisão apenas graças ao surgimento de santos excepcionais como Francisco e Domingos (capítulo 108). É mais significativo ainda que a última vida de santo relatada (capítulo 175) termine mostrando como o tempo presente era o da tirania, da heresia, da vacância imperial resultante da deposição de Frederico II, que para alguns tinha sido o Anticristo e para outros o Messias.[28]

Como decorrência dessas características da cultura intermediária, Jacopo de Varazze, ao selecionar e adaptar o vasto material erudito e popular que tinha à sua disposição, oscilou entre a teologia e a mitologia. Entre a necessidade de construir um discurso firmemente ortodoxo e a pressão de antigas heranças culturais às quais todos os cristãos, conscientemente ou não, estavam presos. Aliás, ele mesmo reconhece que "é difícil abandonar costumes arraigados" (capítulo 37, item 1), como o de queimar ossos de animais, prática que estava na origem da fogueira da festa de São João Batista (capítulo 81, item 2). É interessante perceber como várias vezes o desejo evangelizador ficava contaminado pela presença mítica. Por exemplo, quando São Cristóvão transporta Cristo carrega "o mundo em seus ombros" (capítulo 95), como fizera o gigante Atlas na mitologia greco-romana. Ou quando o Diabo disfarçado de mulher envia flechas envenenadas de desejo em direção ao coração do bispo, age como uma espécie de Cupido maléfico (capítulo 2, item 9). Ou quando o cristianíssimo Santo Antônio encontra na floresta paganíssimos personagens, um centauro e um sátiro (capítulo 15). Outras vezes a presença mítica era deformada pelas necessidades teológicas, como ao se comparar a vida de São Juliano (capítulo 30, item 4) e principalmente de Judas (capítulo 45) à de Édipo[29].

---

[28] H. Franco Júnior, "A escravidão desejada: santidade e escatologia na *Legenda áurea*", *Revista Brasileira de História*, 15, 1995, pp. 101-113.

[29] Sobre as expressões medievais desse personagem, veja-se P. F. Baum, "The medieval legend of Judas Iscariot", *Publications of the Modern Language Association of America*, 31, 1916, pp. 481-632.

Em suma, a *Legenda áurea* representou o reconhecimento oficial de um novo equilíbrio entre diferentes camadas da espiritualidade, pois se da mesma forma que toda religião o cristianismo medieval girava em torno da palavra (mito) e do ato (rito), isto é, de uma certa crença e de um certo comportamento, até então a primeira tinha sido o reduto da cultura vulgar e o segundo, da cultura erudita. A obra de Jacopo de Varazze registrava a nova harmonia da dupla perspectiva, verbal e gestual. Com efeito, o Universo nascera através da palavra ("faça-se a luz", "no princípio era o Verbo"[30]), mas o ponto culminante da Criação dera-se com o trabalho manual de Deus ("modelou o homem com terra"[31]). O mundo conhecera a verdade através da pregação de Cristo, mas tão importante quanto ela para definir a sociedade cristã foi seu gesto da divisão do pão entre os apóstolos e o rito decorrente de seu pedido para que aquilo fosse sempre repetido "em minha memória".[32] Foi através de palavras e gestos que o Deus encarnado propôs novos comportamentos e curou os homens individual (milagres) e coletivamente (salvação graças ao sacrifício da Cruz). Palavras e gestos multiplicados pelos verdadeiros seguidores de Deus, os santos, que pela sua própria pregação e seu próprio martírio reatualizavam palavras e gestos arquetípicos.

Em função de tudo que comentamos acima, a *Legenda áurea* conheceu enorme sucesso na Idade Média, comprovado pelos quase 1100 manuscritos dela ainda existentes.[33] As profundas transformações pelas quais passou a sociedade medieval nos seus últimos tempos não diminuiu o prestígio da obra de Jacopo de Varazze. Precocemente ela foi traduzida em vernáculo, em catalão no último quarto do século XIII, em alemão em 1282, em francês em torno de 1340, em provençal na primeira metade do século XIV, em holandês em 1358, em tcheco por volta de 1360. A difusão da imprensa e a conseqüente multiplicação dos títulos publicados não prejudicaram a popularidade da obra, ao contrário. Surgiram então muitas edições da *Legenda áurea*, tanto em latim (a primeira delas em 1470) quanto nas crescentemente importantes línguas nacionais (a primeira feita em Veneza em 1474). O primeiro livro impresso em francês foi a *Legenda áurea* na tradução feita por Jean de Vignay mais de um século antes, e então revisada pelo teólogo domini-

---

[30] *Gênesis* 1,3; *João* 1,1.
[31] *Gênesis* 1,7.
[32] *Lucas* 22,19; *1 coríntios* 11,24-25.
[33] B. Fleith, *Studien zur Überlieferungsgeschichte der lateinischen Legenda Aurea*, Bruxelas, Société des Bollandistes, 1991.

cano Jean Batallier (Lyon, 1476), versão reeditada quarenta vezes até 1557, ou seja, em média uma edição a cada dois anos.[34]

Na Holanda, a obra foi editada na cidade de Delft em 1472 e em Gouda seis anos depois. Na Itália, além da tradução de Nicola Manerbi (1475) reimpressa várias vezes, surgiram edições latinas em Milão (1529) e Veneza (1551). Na Boêmia, a tradução local foi publicada na cidade de Pilsen em 1479 e reimpressa em 1495. Na Inglaterra, ela foi um dos primeiros livros impressos, publicada pelo famoso editor William Caxton em 1483 e reeditada nove vezes até 1527. Na França, a versão latina foi impressa em Paris em 1475 e reeditada no ano seguinte, quando em Lyon apareceu a já citada tradução de grande sucesso, além de outra feita em 1490 e que teve reedições em 1493 e 1496. Na Espanha, a versão castelhana apareceu em Burgos por volta de 1500. Na Alemanha, a tradução editada em Estrasburgo em 1502 teve a surpreendente tiragem para a época de mil exemplares. No total, entre 1470 e 1500, enquanto foram feitas 128 edições da *Bíblia* (94 em latim, quatro em hebraico e trinta em línguas vernáculas), da *Legenda áurea* vieram à luz pelo menos 156 edições, 87 latinas, 25 em alemão, dezessete em francês, dez em italiano, dez em holandês, quatro em inglês, três em boêmio.[35]

Paradoxalmente, esta abundância de manuscritos e incunábulos dificulta o estabelecimento de uma edição crítica que reconstitua o mais fielmente possível o texto original de Jacopo de Varazze, ainda assim muito estudado nos últimos anos, como demonstram os colóquios internacionais que lhe foram dedicados em Montreal em 1983, em Varazze em 1985, em Perpignan em 1990, em Varazze em 1998, em Genebra em 1999. Na falta de uma edição que faça *collatio* de grande quantidade de manuscritos, trabalhamos com a publicada em 1845 por Theodor Graesse, reimpressa em 1890 e mais recentemente em 1969 (Osnabrück, Otto Zeller): *Legenda Aurea, vulgo historia lombardica dicta*[36]. Ela é que foi objeto da presente tradução brasileira, cotejada sempre que necessário com a versão francesa do abade J.-B. Roze (1900, reed. Paris, Garnier-Flammarion, 1967), castelhana de José Manuel Macias (Madri, Alianza,

---

[34] Esta versão foi recentemente republicada: *La Légende dorée*, ed. B. Dunn-Lardeau, Paris, Honoré Champion, 1998.
[35] R. F. Seybolt, "Fifteenth-century editions of the *Legenda Aurea*", *Speculum*, 21, 1946, pp. 327-338; S. L. Reames, *The Legenda Aurea. A reexamination of its paradoxical history*, Madison, University of Wisconsin Press, 1985.
[36] Somente depois que este trabalho estava bem adiantado é que tomamos conhecimento da edição mais recente — que não pudemos então utilizar — de G. P. Maggioni, Florença, Società Internazionale per lo Studio del Medioevo Latino-Edizioni del Galluzzo, 1998, 2 vols., baseada em dois manuscritos italianos, um de 1272-1276 (elaborado em Bolonha), outro de 1292-1299 (feito em Gênova), ambos atualmente na Biblioteca Ambrosiana de Milão. De qualquer forma, o próprio Maggioni considera a edição Graesse uma espécie de vulgata do texto (pp. XIII e XIV).

1982), inglesa de Granger Ryan e Helmut Ripperger (Londres, Longmans and Green, 1941). Na tentativa de esclarecer passagens mais difíceis, algumas vezes fizemos ainda o cotejo com a tradução francesa do incunábulo alemão de 1483 (assinada por G. B., Paris, Rombaldi, 1942, 3 vols.), com a tradução italiana do incunábulo veneziano da mesma data (obra de Cecilia Lisi, Florença, Libreria Editrice Fiorentina, 1990) e com a tradução francesa da edição de Lyon de 1517 (feita por Teodor de Wyzewa, 1900, reed. Paris, Seuil, 1998).

A presente tradução abarca a integralidade — pioneira em língua portuguesa — do texto comprovadamente de Jacopo de Varazze, isto é, 175 capítulos. Destes, 44 foram traduzidos por Neri de Barros Almeida (os de números 89 a 132) e revistos por Hilário Franco Júnior, que também realizou a tradução dos demais, a anotação do conjunto e a seleção iconográfica desta edição. Foram deixadas de lado as interpolações, mesmo as presentes nos manuscritos mais antigos da *Legenda áurea*, testemunhos de seu sucesso.[37] Também por fidelidade à versão do frade de Varazze, não consideramos os capítulos suplementares feitos por copistas e editores dos séculos XIV e XV, que alargavam cada vez mais a obra: a edição estabelecida por Graesse totaliza 243 capítulos, a primeira edição latina impressa, em 1470, tem 280, a edição francesa de 1480 perfaz 440, a edição de Caxton 448.

Ainda por respeito ao texto primitivo, não mexemos nas muitas citações bíblicas e teológicas feitas pelo autor, quase sempre de memória ou de segunda mão, como era usual na Idade Média,[38] embora poucas vezes correspondam aos textos estabelecidos nas edições modernas. Devido à abundância de citações e paráfrases na *Legenda áurea* e à característica de divulgação desta edição, não procuramos identificar todas aquelas referências. Limitamo-nos — seja nas notas de rodapé, seja no Glossário, ao qual se remete por meio de nomes em VERSALETE — a dar rápidas informações sobre certos autores e obras mais importantes e pouco conhecidos do público brasileiro, bem como a indicar algumas passagens bíblicas não assinaladas por Jacopo de Varazze. Pelas mesmas razões, renunciamos a comentários filológicos que seriam necessariamente numerosos e complexos, restringindo-nos a justificar uma ou outra opção menos comum nas modernas traduções.

Evidentemente, em qualquer tradução levar um texto da sua língua de partida para uma língua de chegada significa um trabalho de construção de sen-

---

[37] Tais capítulos são, segundo Graesse, os concernentes a Santa Sofia, São Timóteo (o primeiro dos dois existentes sobre este santo), São Fabiano, Santa Apolônia e São Bonifácio, mártir. A estes, Boureau, *op. cit.*, pp. 27-31, acrescenta o relativo a Santa Isabel, com o que concorda Fleith, *op. cit.*, p. 20.
[38] B. Guenée, *Histoire et culture historique dans l'Occident médiéval*, Paris, Aubier, 1980, pp. 116-117.

tido que anula qualquer veleidade de "tradução fiel". Mais ainda quando se trata de uma língua, o latim, que mesmo na Idade Média não era viva, no sentido de que não era idioma materno de ninguém. Assim, de um lado, buscamos respeitar as características básicas da linguagem original, poucas vezes evitando as repetições, as aparentes contradições ou mesmo certas frases tortuosas da *Legenda áurea*, de forma a manter o quanto possível seu sabor medieval. Como diz o Talmude, "mente quem traduz palavra por palavra, de forma estritamente literal; blasfema quem acrescenta qualquer coisa". Mas, de outro lado, como também procuramos fornecer um texto inteligível e fluente ao leitor atual, foi preciso fazer — além de numerosas e incontornáveis intervenções pontuais — dois tipos de intervenção estrutural que devem ser indicados. Um, na pontuação e paragrafação, utilizadas pelo autor de acordo com o hábito medieval de leitura a meia-voz ou em voz alta, e que portanto não poderíamos seguir sob risco de tornar o texto pouco legível para a moderna prática de leitura silenciosa. Outro foi a adoção da terceira pessoa verbal do singular em vez da segunda, utilizada pelo original latino mas de forma geral pouco comum no português do Brasil.

Sempre por fidelidade ao texto de Jacopo de Varazze (ao menos como ele nos é apresentado na edição Graesse), fizemos apenas duas inversões na ordenação dos capítulos.[39] Abdicamos de outras, que aparentemente colocariam as datas das festas numa seqüência temporal melhor, porém devemos lembrar que as tradições locais a respeito eram muito variadas na Idade Média. Por exemplo, o capítulo sobre São Bento (nº 48) aparece antes do de São Patrício (nº 49), pois nosso autor considera preferível festejar o monge italiano na data de sua morte, 21 de março, e não da translação de seu corpo, 11 de julho, enquanto no caso do bispo irlandês ele faz a opção inversa, colocando a festa em 24 de março, data da descoberta do corpo, e não no dia 17 do mesmo mês, quando a maior parte dos calendários e martirológios comemoravam aquele santo. O que influenciou Jacopo nesse caso específico talvez tenha sido a relativa novidade da data, pois o corpo de Patrício fora encontrado apenas em 1185. Para não alterar a ordem adotada pela *Legenda áurea*, e ao mesmo tempo não ocultar o problema ao leitor moderno, incluímos um índice das festas seguindo a cronologia mais comum naquela época.[40]

---

[39] Sugeridas por Fleith, *op. cit.*, p. 20, que as considera mais de acordo com a intenção do próprio Jacopo: João Crisóstomo (nº 131 da edição Graesse) é colocado após Cosme e Damião (nº 138 para Graesse) e Eufêmia depois de Forseu (respectivamente nºs 133 e 139 de Graesse).

[40] Índice que seria hoje razoavelmente diferente, já que a reforma realizada pela Igreja em 1969 excluiu vários santos considerados por Jacopo de Varazze (por exemplo, Santa Praxedes ou Santa Felicidade), reduziu alguns a um culto meramente local (caso de São Jorge, patrono da Inglaterra), mudou a festa de outros (como a de São Basílio, que passou para 2 de janeiro).

Como a produção medieval de iconografia hagiográfica foi muito importante tanto em termos artísticos quanto religiosos, não podíamos deixar de acrescentar a esta tradução da *Legenda áurea* algumas daquelas imagens. Seleção por razões editoriais forçosamente restrita, a vastidão do *corpus* existente levou-nos a optar por um recorte espacial rígido porém justificável: a Itália, a mesma região de origem do texto traduzido. Cronologicamente, a escolha estendeu-se até 1500, a partir de quando a influência da obra de Jacopo de Varazze diminuiu sensivelmente por toda parte em razão do Protestantismo, do Humanismo, do Capitalismo e do Absolutismo. Ao selecionar as imagens, buscamos manter, sem qualquer pretensão a rigor estatístico, certa proporcionalidade quanto aos períodos, personagens e episódios. O fato de alguns assuntos terem merecido mais de um exemplo deve-se à intenção de permitir ao leitor comparar as soluções plásticas adotadas em diferentes momentos em face de um mesmo tema.

Hilário Franco Júnior

ÍNDICE
ALFABÉTICO DOS SANTOS

Abdão, *591*
Adauto, *734*
Adriano, *757*
Ágata, *256*
Agatão, *987*
Agostinho, *706*
Aleixo, *539*
Amando, *262*
Ambrósio, *355*
Anastácia, *103*
André, *58*
Antônio, *171*
Apolinário, *555*
Apolônia, *105*
Aquileu, *454*
Arsênio, *984*

✠

Barlaão, *989*
Barnabé, *469*
Bartolomeu, *697*
Basílio, *192*
Bento, *297*
Bernardo, *682*
Brás, *253*
Brício, *939*

✠

Calisto, *864*
Catarina, *961*
Cecília, *941*
Celso, *581*
Cipriano, *774*
Ciríaco, *637*
Clemente, *948*
Cornélio, *774*
Cosme, *794*
Crisanto, *880*
Crisógono, *959*
Cristina, *558*
Cristóvão, *571*

✠

Damião, *794*
Dária, *880*
Dioniso, *857*
Domingos, *614*
Donato, *634*
Doroteu, *762*

✠

Egídio, *743*
Eleutério, *857*
Estêvão, *Mártir*, *106*
Estêvão Mártir,
descoberta do corpo, *609*

ESTÊVÃO, *Papa*, 608
EUFÊMIA, 810
EUSÉBIO, 597
EUSTÁQUIO, 894

✠

FABIANO, 176
FAUSTINO, 586
FELICIANO, 467
FELICIDADE, 971
FÉLIX, 734
FÉLIX, *Confessor*, 168
FÉLIX, *Papa*, 585
FILIPE, 401
FORSEU, 807
FRANCISCO, 836

✠

GERMANO, 592
GERVÁSIO, 480
GORDIANO, 453
GORGÔNIO, 762
GREGÓRIO, 280

✠

HILÁRIO, 162
HIPÓLITO, 653

✠

INÁCIO, 239
INÊS, 183
INOCENTES, 120

JACINTO, 763
JERÔNIMO, 825
JOÃO, *Abade*, 981
JOÃO BATISTA, *Decapitação*, 725
JOÃO BATISTA, *Natividade*, 484
JOÃO (E PAULO), 494
JOÃO, *Apóstolo*, 113
JOÃO *na Porta Latina*, 423
JOÃO CRISÓSTOMO, 798
JOÃO, *Esmoler*, 198
JORGE, 365
JOSAFÁ, 989
JUDAS, 886
JULIANA, 266
JULIANO, 215
JULITA, 476
JUSTINA, 789

✠

LAMBERTO, 776
LEÃO, 498
LEODEGÁRIO, 834
LEONARDO, 866
LONGINO, 296
LOURENÇO, 639
LUCAS, 871
LÚCIA, 77
LUPO, 739

✠

MACABEUS, 600
MACÁRIO, 165
MAMERTINO, 741
MARCELINO, 378

MARCELO, *170*
MARCOS, *371*
MARGARIDA, *535*
MARGARIDA, *852*
MARIA EGIPCÍACA, *352*
MARIA MADALENA, *543*
MARINA, *478*
MARTA, *587*
MARTINHO, *928*
MATEUS, *778*
MATIAS, *274*
MAURÍCIO, *784*
MIGUEL, *813*
MODESTO, *474*
MOISÉS, *982*

✟

NAZÁRIO, *581*
NEREU, *454*
NICOLAU, *69*

✟

PANCRÁCIO, *456*
PASTOR, *978*
PATRÍCIO, *307*
PAULA, *209*
PAULO, *Apóstolo, 513*
PAULO, *Apóstolo, conversão, 206*
PAULO (E JOÃO), *494*
PAULO, *Eremita, 157*
PEDRO, *Acorrentado, 601*
PEDRO, *Apóstolo, 500*
PEDRO APÓSTOLO, *Cátedra de, 268*
PEDRO, *Exorcista, 465*

PEDRO, *Mártir, 387*
PELÁGIA, *849*
PELÁGIO, *1003*
PERPÉTUA, *971*
PETRONELA, *464*
PRAXEDES, *554*
PRIMO, *467*
PROTÁSIO, *480*
PROTO, *763*

✟

QUINTINO, *893*
QUIRCE, *476*

✟

REMÍGIO, *159*
REMÍGIO, *translação, 832*
RÚSTICO, *857*

✟

SABINA, *735*
SABINIANO, *735*
SATURNINO, *971*
SEBASTIÃO, *177*
SEGUNDO, *349*
SENEN, *591*
SILVESTRE, *129*
SIMÃO, *886*
SIMPLÍCIO, *586*
SINFORIANO, *695*
SISTO, *632*

✟

TAÍS, *854*
TEODORA, *531*
TEODORO, *926*
TIAGO, *o Cortado, 974*
TIAGO, *o Maior, 561*
TIAGO, *o Menor, 403*
TIMÓTEO, *694*
TOMÁS DE CANTERBURY, *125*
TOMÉ, *Apóstolo, 81*

✠

URBANO, *462*

✠

VALENTINO, *264*
VEDASTO, *261*
VICENTE, *188*
VIDAL, *380*
VIRGEM MARIA, *Assunção, 657*
VIRGEM MARIA, *Natividade, 746*
VIRGEM MARIA, *Purificação, 243*
VITO, *474*

ÍNDICE CRONOLÓGICO DAS FESTAS

NOVEMBRO

30. Santo André, *58*

✠

DEZEMBRO

6. São Nicolau, *69*
13. Santa Lúcia, *77*
21. São Tomé, apóstolo, *81*
25. A Natividade do Senhor, *94*
25. Santa Anastácia, *103*
26. Santo Estêvão, mártir, *106*
27. São João, apóstolo, *113*
28. Os inocentes, *120*
29. São Tomás de Canterbury, *125*
31. São Silvestre, *129*

✠

JANEIRO

1º A circuncisão do Senhor, *140*
6. Epifania, *149*
10. São Paulo, eremita, *157*
14. São Remígio, *159*
14. Santo Hilário, *162*
14. São Félix, confessor, *168*
15. São Macário, *165*
16. São Marcelo, *170*
17. Santo Antônio, *171*
20. São Fabiano, *176*
20. São Sebastião, *177*

21. Santa Inês, *183*
22. São Vicente, *188*
23. São João, esmoler, *198*
25. A conversão de São Paulo, *206*
26. Santa Paula, *209*
26. São Juliano, *215*

✛

FEVEREIRO

1º Santo Inácio (e São Sabiniano), *239, 735*
2. A Purificação da Virgem, *243*
3. São Brás, *253*
5. Santa Ágata, *256*
6. São Vedasto, *261*
6. Santo Amando, *262*
14. São Valentino, *264*
16. Santa Juliana, *266*
22. A cátedra de São Pedro, *268*
24. São Matias, *274*

✛

MARÇO

12. São Gregório, *280*
15. São Longino, *296*
17. São Patrício, *307*
21. São Bento
25. A Anunciação do Senhor, *311*
30. São Segundo, *349*
30. São Mamertino, *741*

✛

ABRIL

2. Santa Maria Egipcíaca, *352*
4. Santo Ambrósio, *355*
23. São Jorge, *365*
25. São Marcos, *371*

26. São Marcelino, *378*
28. São Vidal, *380*
29. São Pedro, Mártir, *387*

☦

MAIO

1º São Filipe, *401*
1º São Tiago, o Menor, *403*
3. A descoberta da Santa Cruz, *413*
6. São João diante da Porta Latina, *423*
10. São Gordiano, *453*
12. Santos Nereu e Aquileu, *454*
12. São Pancrácio, *456*
25. Santo Urbano, *462*
31. Santa Petronela, *464*

☦

JUNHO

2. São Pedro, exorcista, *465*
9. Santos Primo e Feliciano, *467*
11. São Barnabé, *469*
15. Santos Vito e Modesto, *474*
15. São Quirce e Santa Julita, sua mãe, *476*
18. Santa Marina, *478*
19. Santos Gervásio e Protásio, *480*
24. A Natividade de São João Batista, *484*
26. Santos João e Paulo, *494*
28. São Leão, *498*
29. São Pedro, apóstolo, *500*
30. São Paulo, apóstolo, *513*

☦

JULHO

10. Os sete filhos de Santa Felicidade, *529*
17. Santo Aleixo, *539*
20. Santa Margarida, *535*

21. Santa Praxedes, *554*
22. Santa Maria Madalena, *543*
23. Santo Apolinário, *555*
24. Santa Cristina, *558*
25. São Tiago, o Maior, *561*
28. São Cristóvão, *571*
28. Os sete dormentes, *576*
28. Santos Nazário e Celso, *581*
29. São Félix, papa, *585*
29. Santos Simplício e Faustino, *586*
29. Santa Marta, *587*
30. Santos Abdão e Senen, *591*
31. São Germano, *592*

✠

Agosto

1º Santo Eusébio, *597*
1º Os santos Macabeus, *600*
1º São Pedro Acorrentado, *601*
2. Santo Estêvão, papa, *608*
3. A descoberta do corpo de Santo Estêvão, mártir, *609*
4. São Domingos, *614*
6. São Sisto, *632*
7. São Donato, *634*
8. São Ciríaco e seus companheiros, *637*
10. São Lourenço, *639*
13. Santo Hipólito e seus companheiros, *653*
15. A Assunção da Virgem, *657*
21. São Bernardo, *682*
22. São Timóteo, *694*
22. São Sinforiano, *695*
24. São Bartolomeu, *697*
28. Santo Agostinho, *706*
29. A decapitação de São João Batista, *725*
29. Santa Sabina, *735*
30. Santos Félix e Adauto, *734*

Setembro

1º São Lupo, *739*
1º Santo Egídio, *743*
8. A Natividade da Virgem, *746*
9. Santo Adriano e seus companheiros, *757*
9. São Gorgônio e Santa Dorotéia, *762*
11. Santos Proto e Jacinto, *763*
13. São João Crisóstomo, *798*
14. A exaltação da Santa Cruz, *767*
16. Santa Eufêmia, *810*
17. São Lamberto, *776*
18. Santos Cornélio e Cipriano, *774*
20. Santo Eustáquio, *894*
21. São Mateus, *778*
22. São Maurício e seus companheiros, *784*
26. Santa Justina, *789*
27. Santos Cosme e Damião, *794*
29. São Forseu, *807*
29. São Miguel, *813*
30. São Jerônimo, *825*

✠

Outubro

1º A translação de São Remígio, *832*
2. São Leodegário, *834*
4. São Francisco, *836*
8. Santa Pelágia, *849*
8. Santa Margarida, *852*
8. Santa Taís, *854*
9. Santos Dioniso, Rústico e Eleutério, *857*
14. São Calisto, *864*
15. São Leonardo, *866*
18. São Lucas, *871*
21. As onze mil virgens, *882*
25. São Crisanto e Santa Dária, *880*
28. Santos Simão e Judas, *886*
31. São Quintino, *893*

NOVEMBRO

1º Todos os santos, *901*
2. A comemoração das almas, *912*
8. Os quatro coroados, *925*
9. São Teodoro, *926*
11. São Martinho, *928*
13. São Brício, *939*
22. Santa Cecília, *941*
23. São Clemente, *948*
23. São Saturnino, Santa Perpétua, Santa Felicidade e outros companheiros, *971*
24. São Crisógono, *959*
25. Santa Catarina, *961*
27. São Tiago, o Cortado, *974*
27. Santos Barlaão e Josafá, *989*
29. São Pastor, *978*
29. São João, abade, *981*
29. São Moisés, abade, *982*
29. Santo Arsênio, *984*
29. Santo Agatão, *987*
29. São Pelágio, *1003*

✠

Prólogo de
As legendas dos santos ou
História lombarda,
Compiladas pelo Genovês
Frei Jacopo, da Ordem
dos Irmãos Pregadores

✠

Todo o tempo da vida presente divide-se em quatro partes: o do desvio, o da renovação ou retorno, o da reconciliação e o da peregrinação. O tempo do Desvio, iniciado quando Adão se afastou de Deus, durou até Moisés, tempo representado na Igreja da Septuagésima[1] até a Páscoa. É por isso que nesse momento recita-se o livro do *Gênesis*, que conta o desvio de nossos primeiros pais. O tempo da Renovação ou do Retorno, iniciado com Moisés, durou até o nascimento de Cristo. Nesse período os homens foram chamados à fé e nela renovados pelos profetas. A Igreja representa esse tempo do Advento à Natividade de Cristo. Nele se lê *Isaías*, que trata exatamente dessa renovação.

O tempo da Reconciliação é aquele em que fomos reconciliados por Cristo. A Igreja o representa da Páscoa a Pentecostes, quando se lê o *Apocalipse*, que trata precisamente do mistério da reconciliação. O tempo da Peregrinação é o da vida presente, tempo de mudança e combate. Esse tempo é representado pela Igreja da Oitava[2] de Pentecostes ao Advento do Senhor. É quando se lêem os livros dos *Reis* e dos *Macabeus*, nos quais conta-se grande número de combates, emblemas de nosso combate espiritual. Quanto ao tempo que vai da Natividade do Senhor à Septuagésima está dividido em duas partes: uma de júbilo, compreendida no tempo da Reconciliação, vai da Natividade à Oitava

---

[1] No calendário litúrgico, é o terceiro domingo antes do primeiro dia da Quaresma, isto é, o septuagésimo dia antes da Páscoa. Dia no qual se faz penitência pré-quaresmal, prática que apesar da resistência de certas correntes eclesiásticas impôs-se cada vez mais a partir de meados do século VI. Veja-se capítulo 31.

[2] *Octavus* é o oitavo dia após uma solenidade, o dia de seu encerramento oficial. Na liturgia medieval toda festa tinha sua Oitava, atualmente restritas ao Natal e à Páscoa.

da Epifania, outra se encontra no tempo da Peregrinação, indo da Oitava da Epifania até a Septuagésima.

Essa quádrupla variedade de tempo pode ser explicada de outra forma. Primeiro, por óbvia semelhança com as quatro estações: o inverno está relacionado ao primeiro tempo, a primavera ao segundo, o verão ao terceiro e o outono ao quarto. Segundo, pelas quatro partes do dia: à noite corresponde o primeiro tempo, à manhã o segundo, ao começo da tarde o terceiro, ao anoitecer o quarto. Embora o Desvio tenha precedido a Renovação, a Igreja prefere começar todos os seus ofícios no tempo da Renovação, não do Desvio, isto é, no Advento e não na Septuagésima, por dois motivos. O primeiro, para não parecer começar no tempo do erro. Como os evangelistas, ela não segue os fatos cronologicamente. O segundo, porque com o Advento de Cristo tudo foi renovado, e é por isso que a esse tempo foi dado o nome de Renovação, conforme *Apocalipse*, 21: "Eis que faço novas todas as coisas".[3] É com razão, portanto, que a Igreja começa naquele momento todos os seus ofícios.

Para seguir a ordem estabelecida pela Igreja, trataremos primeiro das festas que caem no tempo da Renovação, que a Igreja celebra do Advento ao Natal; em segundo lugar das festas que caem em parte no tempo da Reconciliação e em parte no da Peregrinação, tempo representado pela Igreja do Natal à Septuagésima; em terceiro das festas que se celebram no Desvio, isto é, da Septuagésima à Páscoa; em quarto das festas do tempo da Reconciliação, da Páscoa a Pentecostes; em quinto das que ocorrem no tempo da Peregrinação, celebrado pela Igreja de Pentecostes ao Advento.

---

[3] Nas suas citações bíblicas, Jacopo de Varazze indica apenas o capítulo, e muitas vezes nem isso, porque a divisão da *Bíblia* em livros com capítulos numerados era então uma novidade criada em Paris no começo do século XIII e ainda não completamente generalizada. Ele evidentemente não indica versículos, pois tal divisão apareceu somente em 1528 em relação ao Antigo Testamento e em 1555 quanto ao Novo Testamento. Na sua época ainda faltava uma *Bíblia* perfeitamente padronizada, daí várias vezes suas indicações não corresponderem às nossas. No presente caso, ele fala em *Apocalipse* capítulo 3, que corrigimos para capítulo 21 (versículo 5).

Das Festas que Ocorrem no Tempo da Renovação

1. O Advento do Senhor

O Advento do Senhor é comemorado em quatro semanas, para assinalar suas quatro vindas: na carne, no espírito, na morte e no Juízo. A última semana não é completa, porque a glória que será concedida aos santos, quando do último Advento, nunca terá fim. Esta também é a razão pela qual o primeiro responso[1] do primeiro domingo do Advento tem quatro versículos, inclusive o *Gloria Patri*, a fim de designar esses quatro adventos. Julgue o leitor, com prudência, a qual dos quatro prefere dar sua atenção.

Embora haja quatro tipos de adventos, a Igreja ocupa-se especialmente de dois: o Advento na carne e o no Juízo. Daí que o jejum do Advento seja em parte um jejum de júbilo e em parte um jejum de tristeza; jejum de júbilo em razão do Advento na carne, jejum de tristeza em razão do Advento no Juízo. Para indicar o caráter de misericórdia e exultação do Advento, a Igreja entoa alguns cânticos de júbilo, mas omite outros por causa do Advento no Juízo, carregado de severidade e de aflição pela vinda do Juiz.

No que concerne ao Advento na carne, podemos fazer três considerações: sua oportunidade, sua necessidade e sua utilidade. A oportunidade refere-se em primeiro lugar ao homem, que estando sob a lei natural perdeu conhecimento de Deus, razão pela qual incorreu em abomináveis erros de idolatria e viu-se obrigado a gritar: "Senhor, ilumina meus olhos".[2] Veio em seguida a Lei, que levou o homem a reconhecer sua

---

[1] Canto cuja letra é tirada de trechos bíblicos e executado depois da leitura litúrgica por um solista ao qual um coro repete parcial ou integralmente as palavras cantadas.

[2] *Salmos* 12,4.

impotência, exclamando: "Todos estão dispostos a obedecer, mas não há ninguém para comandar". A Lei o instruía, mas não o livrava do pecado. Nenhuma graça ajudava-o a fazer o bem, e ele foi então levado a dizer e gritar "Há gente para comandar, mas ninguém para obedecer". Assim, o Filho do Homem chegou no momento oportuno, quando o homem estava convicto de sua ignorância e impotência. Se Ele tivesse vindo antes, o homem teria talvez atribuído sua salvação a seus próprios méritos, e não teria reconhecido seu médico.

A oportunidade refere-se em segundo lugar ao tempo, pois o Salvador veio na plenitude do tempo conforme *Epístola aos gálatas*, 4.[3] Diz Agostinho:

> Muitos se perguntam por que Cristo não veio antes. É que a plenitude do tempo ainda não havia chegado, de acordo com a disposição d'Aquele por quem todas as coisas foram feitas no tempo. Assim que chegou a plenitude do tempo, veio Aquele que devia nos libertar do tempo. Uma vez libertos do tempo, chegaremos a essa eternidade em que o tempo terá desaparecido.

A oportunidade refere-se em terceiro lugar ao ferimento e à doença que vinha curar. À doença universal, forneceu um remédio universal, o que faz Agostinho dizer: "Então chegou o grande médico, quando todo o universo era um grande enfermo". É por esse motivo que a Igreja, nas sete antífonas[4] que canta antes da Natividade do Senhor, refere-se a inumeráveis enfermidades e reclama para cada uma delas a intervenção do médico. Antes da vinda do Filho de Deus na carne, éramos ignorantes e cegos a caminho da danação eterna, escravos do diabo,[5] acorrentados ao mau hábito do pecado, envoltos nas trevas, exilados errantes expulsos da sua pátria.

---

[3] Jacopo indica *Gálatas* 7, mas a referência correta é *Gálatas* 4,4.

[4] Antífonas eram na origem trechos dos *Salmos* cantados alternadamente por dois coros. Mais tarde abandonou-se essa alternância e elas passaram a ser refrões executados antes, durante e/ou após os *Salmos*. O texto e a notação musical das antífonas estavam reunidos no livro conhecido por antifonário.

[5] De forma geral, Jacopo de Varazze utiliza indistintamente "diabo" e "demônio", sem adotar a conotação hierárquica que via no Diabo o chefe das hostes infernais, o negativo de Deus, e nos demônios seus representantes e servidores. Algumas vezes ele segue essa tendência — que se tornava cada vez mais freqüente desde o século anterior — identificando o Diabo a Satanás (como no capítulo 21,3) ou a Belzebu (capítulo 43) ou falando no Príncipe das Trevas acompanhado por uma multidão de demônios (capítulo 26,5). Mas como isso não é o usual no texto, preferimos grafar diabo com minúscula para indicar aquela relativa indiferenciação.

A necessidade do Advento estava no fato de precisarmos de um doutor, de um redentor, de um libertador, de um emancipador, de um iluminador e de um salvador. Como éramos ignorantes e necessitávamos ser instruídos, cantamos na primeira antífona: "Ó sabedoria saída da boca do Altíssimo [...] vem nos ensinar a via da prudência". Mas de que adiantaria sermos instruídos, se não alcançarmos a redenção? Por isso pedimos que o Filho de Deus nos redima, quando lhe suplicamos na segunda antífona: "Ó Adonai, chefe da casa de Israel [...] vem nos redimir com a força de seu braço". Mas para que ser instruídos e redimidos, se depois da nossa redenção ainda continuarmos cativos? Daí cantarmos na terceira antífona: "Ó rebento de Jessé [...] vem nos libertar sem tardar". Mas de que adiantaria aos cativos ser libertados e redimidos, se não forem libertados de todo grilhão, podendo se pertencer e ir livremente aonde desejarem?

É por isso que pedimos na quarta antífona: "Ó chave de Davi [...] vem e faz sair da prisão o cativo sentado nas trevas e à sombra da morte". Ora, como os que permaneceram por muito tempo numa prisão ficam com a vista turva e são incapazes de distinguir os objetos, resta-nos, libertos da prisão, ser iluminados para ver aonde devemos ir, e na quinta antífona exclamamos: "Ó Oriente, esplendor de luz eterna [...] vem e ilumina os que estão sentados nas trevas e à sombra da morte". Mas de que serve sermos instruídos, redimidos, libertos de todos nossos inimigos e iluminados, se não estivermos salvos? Por isso nas duas antífonas seguintes pedimos a salvação, dizendo: "Ó Rei das Nações [...] vem salvar o homem que você formou do limo". E ainda: "Ó Emanuel [...] vem nos salvar, Senhor Nosso Deus". Com a primeira dessas antífonas, pedimos a salvação das nações dizendo: "Ó Rei das Nações". Com a segunda, reclamamos a salvação dos judeus, a quem Deus transmitira a Lei, dizendo: "Ó Emanuel, nosso rei e nosso legislador".

A utilidade do Advento de Cristo decorre de diversas causas, de acordo com diversos santos. O próprio Deus, em *Lucas*, 4, diz ter sido enviado e vindo por sete motivos: "O Espírito do Senhor está sobre mim". Ele aí afirma ter sido enviado para consolar os pobres, curar os enfermos, libertar os cativos, iluminar os ignorantes, perdoar os pecadores, redimir todo o gênero humano e dar a cada um de acordo com seus méritos. Agostinho fornece três motivos da utilidade do Advento de Cristo:

> Neste século entregue à malícia, nada há além de nascer, trabalhar e morrer. Estas são nossas mercadorias, e foi para obtê-las que o mercador

desceu. Como todo mercador dá e recebe, dá o que tem e recebe o que não tem, Cristo, nesse mercado, dá o que tem e recebe o que existe aqui na terra em abundância, o nascimento, o trabalho e a morte. Em troca permite renascer, ressuscitar e reinar eternamente. Esse mercador celeste vem a nós para receber desprezo e dar honras, para sofrer a morte e outorgar a vida, para esgotar a ignomínia e dar a glória.

Gregório enumera quatro utilidades ou causas do Advento:

Os descendentes de Adão eram orgulhosos e tinham como único objetivo aspirar a todas as felicidades da terra, evitar as adversidades, fugir das injúrias e buscar a glória. Ao encarnar, o Senhor veio sofrer adversidade, desprezar a felicidade, receber injúrias e fugir da glória. Quando o Cristo esperado chegou, ensinou coisas novas, por meio delas realizou maravilhas e destruiu o mal.

Sobre isso, diz Bernardo:

Sofremos miseravelmente três tipos de enfermidades, porque somos fáceis de seduzir, fracos para agir e frágeis para resistir. Se queremos discernir entre o bem e o mal, nós nos enganamos; se tentamos fazer o bem, falta-nos coragem; se fazemos esforços para resistir ao mal, deixamo-nos vencer. Daí a necessidade da vinda de um Salvador, para que habitando conosco pela fé, ilumine nossa cegueira, ficando conosco, ajude nossa enfermidade, erguendo-se por nós, proteja e defenda nossa fragilidade.

No que concerne ao segundo Advento, isto é, o do Juízo, consideremos dois tipos de fatos: o dos que o precederão e o dos que o acompanharão. Três coisas o precederão: sinais terríveis, o Anticristo com suas imposturas e a violência do fogo. Os terríveis sinais precursores do Juízo são cinco, em *Lucas*, 21: "Haverá sinais no sol, na lua e nas estrelas; na terra, consternação dos povos ante o bramido do mar e das ondas". Os três primeiros sinais são descritos em *Apocalipse*, 6: "O sol se tornará negro como saco de pêlo, a lua parecerá de sangue e as estrelas do céu cairão na terra". O sol escurecerá, seja quanto à sua luz, como se parecesse gemer pela morte do pai de família, isto é, do homem; seja porque sobrevirá uma luz maior, a saber, a luz de Jesus Cristo; seja, numa maneira de falar metafórica, porque, de acordo com Agostinho, a vingança divina será tão rigorosa que o próprio sol não ousará olhar; seja, segundo uma significação mística, porque o sol de justiça, Cristo, estará então a tal ponto obscurecido que ninguém ousará confessar seu nome.

O texto fala do céu aéreo, de estrelas que são astros, e quando diz que elas cairão do céu refere-se à maneira pela qual geralmente se pensa que os corpos caem. A Escritura adequa-se aqui à nossa maneira comum de falar. A impressão produzida será imensa, porque o fogo dominará, agindo assim o Senhor para despertar medo nos pecadores. Também se diz que as estrelas cairão, ou porque projetarão ao longe caudas semelhantes às dos cometas, ou porque muitos que parecem brilhar na Igreja como estrelas perderão sua fama, ou enfim porque elas perderão sua luz e se tornarão completamente invisíveis. O quarto sinal será a desolação na terra, como se lê em *Mateus*, 24: "Haverá grande tribulação, como não houve desde o princípio do mundo etc.". Alguns consideram que o quinto sinal, o estrépito do mar, indica o desaparecimento dele, segundo estas palavras do *Apocalipse*, 21: "E o mar já não existe mais". Para outros, será um barulho causado pelo estrépito das ondas que se erguerão quarenta côvados[6] acima das montanhas e em seguida descerão. Gregório segue aqui o sentido literal: "Haverá então uma perturbação estranha e insólita sobre o mar e as ondas".

Jerônimo, em seus *Anais dos hebreus*, encontra quinze sinais precursores do Juízo, mas não explica se são seguidos ou intermitentes. No primeiro dia, o mar se elevará, reto como um muro de quarenta côvados, acima das mais altas montanhas. No segundo dia, se abaixará a ponto de ficar quase invisível. No terceiro dia, animais marinhos aparecerão na superfície do mar e darão rugidos que se elevarão até o Céu, mas somente Deus entenderá o sentido desses mugidos. No quarto dia, o mar e a água arderão. No quinto, as árvores e a relva serão cobertos por um rocio de sangue, e de acordo com certos autores todas as aves do céu se reunirão nos campos, cada espécie à parte, sem comer nem beber, permanecendo transidas, à espera da chegada próxima do soberano Juiz. No sexto dia, desabarão os edifícios, enquanto muitos raios atravessarão o céu de ocidente a oriente. No sétimo dia, as pedras se chocarão, se dividirão em quatro, os pedaços colidirão com grande barulho e o homem não será capaz de explicar esse som, somente Deus o compreenderá.

No oitavo dia, haverá um terremoto geral, tão violento que nenhum homem, nenhum animal, poderá permanecer em pé, todos serão jogados ao chão. No nono dia, as colinas e todas as montanhas serão reduzidas a pó e a terra ficará nivelada.[7] No décimo dia, os homens

---

6 Côvado é uma antiga medida de comprimento, correspondente a três palmos ou 66 centímetros.

7 A passagem referente ao nono dia não aparece na edição Graesse, razão pela qual usamos aqui a da edição Lisi, p. 6, que no entanto atribui a Santo Agostinho a descrição dos quinze sinais que antecederão o Juízo Final.

sairão das cavernas e vagarão abestalhados, sem poderem se comunicar uns com os outros. No décimo primeiro dia, as ossadas dos mortos se erguerão e ficarão de pé sobre seus sepulcros, porque desde o nascer do sol até o ocaso todos os túmulos se abrirão para que os mortos possam sair. No décimo segundo dia, ocorrerá a queda das estrelas: todos os astros, fixos e errantes, espalharão cabeleiras inflamadas e mudarão de substância; ainda nesse dia, todos os animais virão mugir no campo, ficando sem comer nem beber. No décimo terceiro dia, haverá a morte dos vivos, para depois ressuscitarem com os outros mortos. No décimo quarto dia, o céu e a terra arderão. No décimo quinto, serão criados um novo céu e uma nova terra e depois haverá a ressurreição geral.

O segundo fato que precederá o Juízo serão as falácias do Anticristo. Ele se esforçará para enganar os homens de quatro formas. Primeira, pela astúcia, que empregará para interpretar erroneamente as Escrituras, querendo persuadir e provar pela Sagrada Escritura que é o Messias prometido na Lei, e destruirá a lei de Cristo para estabelecer a sua. O salmo diz: "Estabeleça sobre eles um legislador etc.", e a GLOSA comentando estas palavras afirma que tal legislador é o Anticristo. *Daniel*, 11, afirma: "Profanarão o santuário [...] estabelecendo desoladora abominação", e a *Glosa* comenta: "O Anticristo se estabelecerá no templo como uma divindade, para abolir a lei de Deus". Segunda forma, enganará por suas obras milagrosas. A *Segunda Epístola aos tessalonicenses,* 2, diz: "Virá acompanhado do poder de Satanás, com toda sorte de milagres, sinais e prodígios enganadores".

O *Apocalipse*, 13, diz: "E fez sinais, até fazer o fogo do céu descer à terra". A *Glosa* acrescenta: "Assim como o espírito santo foi dado aos apóstolos em forma de fogo, também os seguidores do Anticristo darão o espírito maligno sob a forma de fogo". Terceira, enganará pela abundância de seus dotes. Diz *Daniel*, 11: "Concederá muito poder e repartirá a terra gratuitamente".[8] A *Glosa* acrescenta: "O Anticristo cumulará de presentes aqueles que terá enganado, e repartirá a terra entre os soldados de seu exército". De fato, os que ele não conseguir submeter pelo temor, subjugará pela avareza. Quarta, seduzirá pelos suplícios que infligirá. Diz *Daniel*, 8: "Causará enormes destruições". Gregório também diz, falando do Anticristo: "Muito forte, ele mata os mais robustos, os que nunca tinham sido vencidos".

---

[8] Jacopo de Varazze atribui a citação a *Daniel* 13, mas é de *Daniel* 11,39.

O terceiro sinal precursor do Juízo será a veemência do fogo, que virá antes do comparecimento diante do soberano Juiz. Deus enviará esse fogo por quatro motivos. Primeiro, para renovar o mundo: ele purificará e renovará todos os elementos, e da mesma forma que as águas do dilúvio, se elevará 25 côvados acima de todas as montanhas. A HISTÓRIA ESCOLÁSTICA afirma que as obras dos homens não seriam capazes de alcançar tal altura. Segundo, para purificar os homens, porque fará as vezes de purgatório para os que ainda estiverem vivos. Terceiro, para maior suplício dos danados. Quarto, para maior esplendor dos santos. Como, de acordo com Basílio, Deus depois de purificar o mundo separará o calor da luz, o calor será enviado como o maior tormento dos danados, e a luz irá para os bem-aventurados a fim de aumentar sua glória.

Muitas circunstâncias acompanharão o Juízo. A primeira é a vinda do Juiz, que descerá ao vale de Josafá para julgar os bons e os maus. Ele colocará os bons à direita e os maus à esquerda. Provavelmente, Ele ocupará um lugar elevado para ser visto. Não se deve pensar que todos estarão nesse pequeno vale; seria pueril, diz Jerônimo. Estarão lá e nas vizinhanças. Mas deve-se lembrar que num pequeno espaço de terra podem caber milhares de homens, principalmente se bem espremidos. Além disso, se for preciso, os eleitos serão erguidos no ar, graças à leveza de seus corpos. Mesmo os danados, por concessão divina, também poderão ficar suspensos no ar. Então o Juiz começará o julgamento recriminando os maus por não terem feito obras misericordiosas.

Todos então chorarão, de acordo com o que diz Crisóstomo comentando *Mateus*:

> Os judeus chorarão a si mesmos ao verem vivo e vivificante quem consideravam morto, e diante de seu corpo com chagas serão reconhecidos culpados e não poderão negar seu crime. Os gentios também chorarão a si mesmos, enganados que foram pelas numerosas discussões dos filósofos que pensavam ser loucura irracional adorar um Deus crucificado. Os cristãos pecadores chorarão a si mesmos, por terem amado o mundo mais que a Deus ou a Cristo. Os heréticos, quando virem nele o Juiz que os judeus fizeram sofrer, chorarão a si mesmos por terem dito que Ele era simplesmente um homem que tinha sido crucificado. A si mesmos chorarão todos os povos da terra, pois não terão mais força para lhe resistir, não haverá mais possibilidade de fugir da sua presença, não haverá mais meio de fazer penitência, não haverá mais tempo de emendar os erros. Tudo será angústia para os maus, ali só haverá lugar para o luto.

A segunda circunstância é a diferença no tratamento dos julgados. Gregório diz sobre isso:

> No Juízo, há quatro procedimentos, dois para os reprovados e dois para os eleitos. Alguns dos primeiros serão condenados porque: "Tive fome e você não me deu de comer". Outros não serão expressamente julgados e serão condenados, pois "Quem não acreditou já foi julgado",[9] ou seja, aqueles que não quiseram escutar as palavras do Juiz não observaram a fé. Quanto aos eleitos,[10] uns serão julgados e reinarão, e julgarão mesmo os outros, não os sentenciando, o que cabe apenas ao Juiz, mas auxiliando-o. Eles receberão esta distinção por várias razões. Primeira, por sua própria honra podendo sentar-se ao lado do soberano Juiz: "Sentarão em tronos para julgar etc.".[11] Segunda, para testemunharem a sentença do Juiz, como costumam fazer aqueles que acompanham os juízes terrenos e subscrevem suas sentenças. De fato, está dito nos Salmos: "Escreverão a ata do julgamento". Terceira, para participarem na condenação dos danados ao darem contra eles o testemunho das obras de sua vida.

A terceira circunstância é a ostentação das insígnias da Paixão, a cruz, os cravos e as cicatrizes. Com isso Ele pretende, em primeiro lugar, dar provas ostensivas da sua vitória gloriosa, cujos signos serão vistos resplandecentes de glória. Crisóstomo comenta *Mateus*: "A cruz e as cicatrizes serão mais brilhantes do que os raios do sol". Considerando que o sol estará obscurecido e a lua apagada, então se compreenderá que a cruz é mais luminosa do que a lua e mais resplandecente do que o sol. Em segundo lugar, atestar sua misericórdia, que salvou os bons. Em terceiro lugar, testemunhar sua justiça e ver com quanta eqüidade os reprovados serão condenados por terem desprezado o valor do sangue de Cristo. Por isso Crisóstomo, ao comentar *Mateus*, pôs na boca do Juiz estas reprovações dirigidas aos maus:

> Por vocês fui feito homem, por vocês fui preso, escarnecido, mortificado e crucificado. Onde está o fruto de tantas injúrias que recebi? Eis o preço

---

[9] Respectivamente, *Mateus* 25,35 e *João* 3,18.

[10] Nesta passagem, a edição Graesse omite algumas palavras e assim funde os dois tipos de eleitos em apenas um, "os julgados que reinarão...". A edição Lisi, p. 8, parece mais próxima do original: "uns são julgados e reinarão na glória, pois 'eu tinha fome e você me deu de comer', outros não são julgados e reinarão na glória eterna e como homens perfeitos julgarão outros, não na sentença que é somente do Juiz, mas o assistindo, pois esta é a primeira honra devida aos eleitos".

[11] *Mateus* 5,9.

do sangue que dei para a redenção de suas almas. Quais serão suas obras em compensação do meu sangue? Eu preferi vocês à minha glória, escondendo minha divindade sob a aparência de um homem, e vocês me deram menos valor do que às suas riquezas. Vocês preferiram as coisas mais vis da terra à minha justiça e à minha lei.

A quarta circunstância é a severidade do Juiz: "O temor não o fará ceder, pois Ele é onipotente. Não haverá meio de resistir a Ele, nem de fugir Dele. Os presentes não seriam capazes de corrompê-Lo, Ele é tão rico!", diz Crisóstomo. Bernardo escreve: "Chegará o dia em que os corações puros terão mais valor do que as palavras adequadas, e uma consciência limpa prevalecerá sobre as bolsas cheias. Ele não se deixará enganar por palavras, nem cederá por presentes". Em Agostinho lemos: "No esperado dia do Juízo, sem contemplação por nenhuma pessoa poderosa, aparecerá o Juiz íntegro por excelência, cujo palácio não será maculado nem por ouro, nem por prata, nem pela presença de nenhum bispo, abade ou conde". Sendo boníssimo, não poderá ser movido nem pelo ódio, que não tem nenhum poder sobre Ele: "Você não odiou nada que fez", está escrito em *Sabedoria*, 11. Nem pelo amor será enternecido, porque Ele é justíssimo e não libertará seus irmãos, isto é, os falsos cristãos: "O irmão não redimirá", diz o salmista. Nem pelo erro será convencido, pois Ele é sapientíssimo. O papa Leão afirma:

> Seu aspecto é temível, Ele conhece todos os segredos, penetra no que há de mais compacto; para Ele as trevas luzem, os mudos respondem, o silêncio fala e o espírito articula sem o concurso da voz. Como sua sabedoria é enorme, contra ela nada poderão as alegações dos advogados, nem os sofismas dos filósofos, nem a mais brilhante eloqüência dos oradores, nem as astúcias dos espertalhões.

A esse respeito, diz Jerônimo: "Os mudos serão lá mais felizes do que os que falam facilmente, os pastores mais felizes que os filósofos, os camponeses mais que os oradores, os tolos superarão a habilidade de um Cícero".

A quinta circunstância é o acusador terrível. Haverá três acusadores contra o pecador: o diabo, a própria consciência e o mundo inteiro. Primeiro agirá o diabo, que de acordo com Agostinho:

> [...] repetirá as palavras de nossa profissão de fé e nos jogará no rosto todas nossas ações, em que lugar e hora pecamos, o que fizemos de bom.

Nosso inimigo dirá: "Justíssimo Juiz, reconhece que este homem me pertence por ser culpado; ele era seu pela natureza e o poderia ter sido pela graça, mas tornou-se meu pela conduta. Você o recuperou pela Paixão, eu o ganhei pela persuasão. Ele desobedeceu a você para ser obediente a mim. De você recebeu a túnica da imortalidade, mas tirou-a para colocar esses trapos que o vestem; ele se despojou de sua vestimenta e cobriu-se com a que lhe dei e assim comparece aqui. Justíssimo Juiz, reconhece que ele é meu e que deve ir ao Inferno comigo. Poderá defender-se, quem com toda justiça deve ser enviado ao diabo?"

São estas as palavras de Agostinho.

O segundo acusador será o próprio crime, porque cada um será acusado por seus próprios pecados. Está escrito no livro da *Sabedoria*, 4: "Terão medo ao lembrar de suas ofensas, e suas iniqüidades se levantarão contra eles para acusá-los". Bernardo acrescenta: "Então suas obras falarão juntas e dirão: foi você que nos fez; somos obras suas; não largaremos você, ao contrário estaremos constantemente consigo, e consigo iremos ao Juízo". Essas obras acusarão o pecador de uma infinidade de crimes diversos.

O terceiro acusador será o mundo inteiro. Gregório escreve: "Se você me pergunta quem o acusará, respondo: 'todo o mundo', porque ao ser o Criador ofendido, todo o mundo também o é". Crisóstomo comenta *Mateus* desta forma:

> Nesse dia nada teremos para responder, o céu e a terra, a água, o sol e a lua, os dias e as noites, numa palavra, o universo, se erguerá diante de Deus contra nós para dar testemunho de nossas faltas. E ainda que o universo se calasse, nossos próprios pensamentos, nossas próprias obras, se ergueriam em presença de Deus e nos acusariam sem contemplação.

A sexta circunstância é o testemunho infalível. O pecador terá três testemunhas de acusação. A primeira, acima dele, é Deus, juiz e testemunha. "Sou juiz e testemunha", diz o Senhor em *Jeremias*, 29. A segunda, dentro dele, é sua consciência. Agostinho: "Se você teme o juiz que virá, corrige desde já sua consciência, porque o que defenderá sua causa será o testemunho de sua consciência". A terceira testemunha está ao lado dele, é o próprio anjo da guarda, que, como confidente de tudo o que ele fez, dará testemunho contra ele. "Os Céus, isto é, os anjos, desvendarão sua iniqüidade", conforme *Jó*, 20.

A sétima circunstância será a acusação do pecador. Eis o que Gregório diz a esse respeito:

Ó quão estreitas serão então as veredas do pecador! Acima, um juiz irritado, abaixo, o terrível caos; à direita os pecados acusadores, à esquerda um número infinito de demônios levando-o aos suplícios; dentro uma consciência atormentada, fora um mundo encarniçado. Ó miserável pecador, para onde você fugirá, assim cercado? Esconder-se será impossível, mostrar-se será intolerável.

A oitava circunstância é a sentença irrevogável, para a qual não há nem alteração, nem recurso, nem apelação. Três motivos impedem uma apelação aos tribunais. Primeiro, quando há um juiz supremo. Por isso não se apela contra um rei que pronuncia uma sentença no seu reino, já que não há ninguém acima dele naquele território. O mesmo ocorre em relação às sentenças do imperador e do papa. Segundo, quando um crime está provado. Contra o crime notório não pode haver recurso. Terceiro, a urgência. Se a demora na aplicação da sentença pode ser perigosa, não pode haver espera na execução. No caso do julgamento do pecador a apelação é impossível por todos esses motivos. O Juiz que pronunciou a sentença é soberano e eterno em dignidade e poder, ninguém está acima Dele, nem imperador nem papa. Pode-se apelar da sentença de um imperador ou de um papa diante do tribunal de Deus, mas da sentença de Deus ninguém pode apelar. No seu tribunal todas as abominações e crimes são notórios e manifestos. "Chegará o dia", diz Jeremias, "em que veremos todas as nossas iniqüidades como que pintadas num quadro". Por fim, ali nada do que se faz sofre qualquer atraso, a sentença é executada no mesmo instante, num piscar de olhos.

2. Santo André

André deriva ou de *ander*, "varão", e nesse caso quer dizer "belo", "firme", "viril", ou vem de *anthropos*, "homem", palavra formada de *ana*, "acima", e *tropos*, "voltado", equivalendo então a "voltado para cima", "convertido às coisas do Céu" e "elevado até seu Criador". Por isso ele foi belo na sua vida, firme nas suas convicções, constante na difusão da doutrina, forte no suplício e elevado em glória. Seu martírio foi escrito pelos sacerdotes e diáconos[1] da Acaia e da Ásia, que dele foram testemunhas oculares.

1. André e alguns outros discípulos foram chamados três vezes pelo Senhor. A primeira vez foi num dia em que André, com outro discípulo, ouviu da boca de seu mestre João: "Eis o cordeiro de Deus, que apaga os pecados do mundo".[2] E logo depois André e aquele outro discípulo descobriram onde morava Jesus, foram até lá e passaram o dia com ele. Ao encontrar seu irmão Simão, André levou-o a Jesus. No dia seguinte, voltaram a seu ofício de pescador. Mais tarde ocorreu a segunda chamada, quando o Senhor os convidou para viver com Ele. Foi no dia em que a turba se comprimia seguindo os passos de Jesus perto do lago de Genesaré, também chamado mar da Galiléia, e Ele entrou no barco de Simão e de André. Após terem pescado uma enorme quantidade de peixes, Ele chamou Tiago e João, que estavam em outro barco. Todos o seguiram

---

[1] Na hierarquia eclesiástica é o elemento imediatamente abaixo do padre. Seu título (do grego *diákonos*, "servidor") mostra que deve auxiliar o bispo e os padres em suas funções de pregação, de liturgia e de caridade, responsabilizando-se sobretudo pela catequese, celebração do batismo e funerais, bênção do casamento, administração do viático (comunhão do moribundo).

[2] *João* 1,29.

naquele dia, mas depois voltaram para casa. Jesus chamou-os pela terceira e última vez para serem seus discípulos quando passeava pela margem daquele mar no qual eles se dedicavam à pesca e disse: "Venham, e farei de vocês pescadores de homens".[3] Eles largaram então suas redes para segui-Lo, e não mais se separaram Dele. A chamada feita a André e aos outros destinava-os ao apostolado, conforme relata *Marcos*, 3: "Chamou os que quis e estes vieram a Ele em número de doze".

Após a Ascensão do Senhor e a separação dos apóstolos, André pregou na Cítia[4] e Mateus na Etiópia. Os habitantes deste último país recusaram-se a ouvir Mateus, arrancaram-lhe os olhos, puseram-no a ferros com a intenção de matá-lo alguns dias depois. Nesse ínterim, o anjo do Senhor apareceu a Santo André e ordenou-lhe que fosse à Etiópia socorrer Mateus. À sua resposta de que não conhecia o caminho, foi-lhe ordenado que rumasse para o litoral e embarcasse no primeiro navio que encontrasse. Seguiu imediatamente as ordens recebidas, e guiado por um anjo, com ajuda de um vento favorável, chegou à cidade que lhe fora designada, encontrou aberta a prisão de São Mateus e ao vê-lo pôs-se a chorar muito e a orar. Então o Senhor restituiu a Mateus os dois olhos de que a maldade dos pescadores o havia privado. Mateus partiu em seguida para Antioquia. André ficou na Etiópia pregando. Irritados com a fuga de Mateus, os habitantes capturaram André, amarraram suas mãos e arrastaram-no pelas ruas. Enquanto seu sangue corria, o apóstolo orou por eles e por sua prece converteu-os a Cristo. Depois partiu para Acaia. Este relato sobre a libertação de Mateus e a restituição de seus olhos por André não me parece verossímil e digno de crédito, porque desmerece aquele grande evangelista afirmando que ele não era capaz de obter por si mesmo o que André tão facilmente conseguiu.

2. Tendo um jovem nobre se ligado ao apóstolo contra a vontade de seus pais, estes puseram fogo na casa em que seu filho morava com ele. Quando a chama já estava acima do telhado, o jovem jogou um jarro de água no fogo, que logo se apagou. "Nosso filho", disseram os pais, "é um grande mágico". Quiseram então entrar na casa por meio de escadas, mas Deus os cegou e eles sequer viam as escadas. Então alguém exclamou: "Seus esforços são inúteis, pois Deus combate por eles; desistam

---

[3] *Mateus* 4,19; *Marcos* 1,17.

[4] Cítia era o nome dado na Antigüidade à região entre o norte do mar Negro e o mar de Aral, ou seja, correspondente aos atuais territórios de várias repúblicas do sudeste da ex-União Soviética.

antes que a ira de Deus se abata sobre vocês". Muitos dos que testemunharam esse fato passaram a crer no Senhor. Quanto aos pais, cinqüenta dias depois morreram e foram enterrados.

3. Uma mulher que vivia com um assassino ficou grávida, mas não conseguia parir. Gritando de dores, pediu à irmã: "Vá por mim invocar Diana, nossa deusa". Enquanto a irmã rezava, o diabo disse-lhe: "Por que se dirigir a mim, que não sou capaz de socorrê-la? É melhor ir ver o apóstolo André, que poderá ajudar sua irmã". Ela foi e levou-o à casa da irmã. O apóstolo disse então à parturiente: "É justo que você sofra, porque é mal casada, concebeu no mal e consultou demônios. Mas arrependa-se, creia em Cristo e dê à luz". Tão logo ela se converteu, abortou e suas dores cessaram.

4. Um ancião chamado Nicolau foi ter com o apóstolo e disse:

> Senhor, fazem setenta anos que vivo escravo de paixões infames. Mas recebi o Evangelho e orei para que Deus me concedesse continência. Acostumado porém a esse pecado e seduzido pela concupiscência, voltei a minhas desordens habituais. Um dia em que, ardendo de maus desejos, esqueci que trazia o Evangelho comigo, entrei numa casa de tolerância e a meretriz logo me disse: "Saia daqui, velho, saia daqui, porque você é um anjo de Deus. Não me toque e não ouse se aproximar de mim, porque vejo prodígios sobre você". Assustado com as palavras dessa mulher, lembrei-me de que trazia comigo o Evangelho. Agora, pois, santo de Deus, alcance minha salvação por suas piedosas preces.

Ouvindo-o, o bem-aventurado[5] André pôs-se a chorar e orou da terça à nona.[6]

Terminada a prece, não quis comer e disse: "Não comerei enquanto não souber se o Senhor terá piedade deste ancião". Após cinco dias de jejum, André ouviu uma voz que dizia: "André, você alcança o que pede para esse ancião, mas assim como você se mortificou pelo jejum, é necessário que também ele, para ser salvo, se debilite por meio de jejuns".

---

[5] Quase sempre as traduções modernas da *Legenda áurea* vertem *beatus* por "santo", opção válida já que aquela palavra significa "livre" e ganhou o sentido de "livre de pecado". Mas para revelar as opções vocabulares de Jacopo de Varazze sobre esse ponto fundamental, preferimos adotar o correspondente literal "beato" ou "bem-aventurado". Reservamos "santo/santa" (ou sua forma apocopada "são") para os momentos em que o original fala em *sanctus/sancta*, isto é, "sagrado/a" ou "consagrado/a (a Deus)".

[6] Terça e nona são horas canônicas, correspondentes respectivamente a nove e quinze horas do horário atual. As outras horas, que também aparecem ao longo da *Legenda áurea*, são: matinas (zero hora), laudes (três horas), prima (seis horas), sexta (doze horas), vésperas (dezoito horas), completas (21 horas).

Assim fez o ancião, que jejuou durante seis meses, passando a pão e água. Depois disso, cheio de boas obras, repousou em paz. E uma voz falou a André: "Graças à sua prece, recuperei Nicolau, que eu tinha perdido".

5. Um jovem cristão confiou certo dia um segredo a Santo André: "Minha mãe, deslumbrada com minha beleza, pediu-me para dormir com ela, mas como eu não quis ela me acusou perante o juiz de ter tentado violentá-la. Terei de comparecer em juízo, e preferirei calar-me e perder a vida injustamente do que desonrar minha mãe. Peço que reze por mim e consiga de Deus que o juiz não me condene". André acompanhou o jovem quando ele foi levado a julgamento. A mãe confirmou a acusação de ter seu filho querido violá-la. Interrogado várias vezes se a coisa tinha acontecido assim, o jovem não respondeu. André disse então a essa mãe: "Ó, mais cruel das mulheres, você quer a perda de seu filho único por ele não ter satisfeito sua devassidão!". A mãe dirigiu-se ao juiz: "Senhor, eis o homem a quem meu filho se ligou depois de se convencer que eu não cederia às suas criminosas pretensões".

Irritado, o juiz condenou o jovem a ser posto num saco untado com pez e betume e a ser depois jogado no rio. Ordenou encarcerar André até que decidisse a que suplício submetê-lo. André pôs-se então a orar, e logo um trovão horrível apavorou os assistentes e um terremoto derrubou a todos, ao mesmo tempo que a mulher, atingida por um raio, era calcinada. Diante disso, todos os presentes pediram a André que tivesse compaixão e evitasse a perdição deles. André orou por eles e a calma foi restabelecida. O juiz e toda sua família tornaram-se crentes em Deus.

6. Estando o apóstolo em Nicéia, os habitantes disseram-lhe que no caminho que levava à cidade havia sete demônios que matavam os passantes. O apóstolo chamou-os, eles apareceram sob a forma de cães e diante do povo ordenou que fossem para onde não pudessem fazer mal a ninguém. Eles logo desapareceram, e todos que viram isso abraçaram a fé em Cristo. Pouco depois o apóstolo deixou Nicéia, e chegando à porta de outra cidade encontrou o séquito de um jovem que ia ser enterrado. Informando-se do acidente, disseram-lhe que sete cães tinham matado o rapaz em seu leito. André pôs-se a chorar dizendo: "Bem sei, Senhor, que isso é obra dos demônios que escorracei de Nicéia". E dirigindo-se ao pai do falecido, perguntou: "O que você me dará se eu ressuscitar seu filho?". O pai respondeu: "Ele era o que de mais valioso eu possuía no mundo; dá-lo-ei a você". O apóstolo orou, ressuscitou o menino e levou-o consigo.

7. Certo dia, quarenta homens vieram por mar encontrar o apóstolo a fim de receber dele a doutrina da fé, mas o diabo provocou uma tormenta que matou todos. As ondas levaram seus corpos até a praia onde estava o apóstolo, que imediatamente os ressuscitou. Eles lhe contaram então tudo o que havia acontecido. É por isso que se lê num dos hinos de seu ofício: "Ele restituiu a vida a quarenta pessoas que as águas haviam tragado".

8. Enquanto permaneceu em Acaia, o beato André fundou numerosas igrejas e converteu muita gente à fé de Cristo. Instruiu inclusive a esposa do procônsul[7] Egeu, e regenerou-a pelas águas sagradas do batismo. Sabendo disso, Egeu foi a Patras a fim de forçar os cristãos a sacrificar aos ídolos. André encontrou-o e disse: "É necessário que você, que tem a honra de ser na terra o juiz dos homens, conheça e honre o Juiz que está no Céu, após haver renunciado em seu coração aos falsos deuses". Egeu replicou: "André, você prega a seita supersticiosa que os imperadores romanos mandaram há pouco exterminar". André: "Os imperadores romanos ainda não entenderam que, vindo à terra, o Filho de Deus mostrou que os ídolos são demônios que ensinam a ofender a Deus, de forma que Ele, ofendido pelos homens, desvie seu rosto deles. O que o diabo pretende é afastar os pecadores de seu Senhor e submetê-los à sua escravidão, até que, ao sair de seus corpos despojados de tudo, não tenham consigo nada além de seus pecados". Egeu: "Seu Jesus que pregava essas tolices foi preso no patíbulo da cruz". André: "Foi para nos redimir, e não por algum crime, que Ele aceitou sofrer o suplício da cruz". Egeu: "Ele foi entregue por seu discípulo, capturado pelos judeus e crucificado pelos soldados. Como então você pode dizer que sofreu de livre e espontânea vontade o suplício da cruz?".

André demonstrou então por cinco razões que Cristo tinha sofrido porque assim quisera. Primeira, Ele previu e predisse sua Paixão a seus discípulos, ao afirmar: "Eis que vamos a Jerusalém etc.". Segunda, quando Pedro quis dissuadi-lo daquela viagem, Ele se indignou energicamente dizendo: "Para trás, Satanás etc.". Terceira, Ele anunciou claramente que tinha poder de sofrer e de ressuscitar quando disse: "Tenho poder para que me tirem a vida e consiga reavê-la". Quarta, Ele soube de antemão quem o traía quando lhe deu pão embebido, no entanto não se precaveu

---

[7] No período imperial da história romana, época das perseguições aos cristãos narradas pela *Legenda áurea*, os procônsules constituíam-se numa espécie de governadores de províncias.

contra ele. Quinta, Ele escolheu o lugar onde sabia que o traidor ia traí-lo.[8] André assegurou que ele mesmo tinha sido testemunha de cada um daqueles fatos, mas que tudo relacionado com a Crucifixão era um grande mistério. Egeu replicou: "Não se pode chamar de mistério o que foi um suplício. Se não seguir minhas ordens, eu o farei passar pela prova do mesmo mistério". André: "Se eu tivesse medo do suplício da cruz, não proclamaria que é ele a glória. Desejo explicar o mistério da cruz, para que você o conheça, o aceite, viva de acordo com ele e assim se salve".

Começou então a lhe explicar o significado da Redenção e provou sua conveniência e sua necessidade através de cinco argumentos. O primeiro: se o primeiro homem introduziu a morte no mundo através do fruto de uma árvore, era conveniente que outro homem destruísse a morte sofrendo noutra árvore. O segundo: tendo o prevaricador sido formado de uma terra imaculada, era justo que o reconciliador nascesse de uma virgem imaculada. O terceiro: tendo Adão estendido a mão com intemperança para o fruto proibido, cumpria que o segundo Adão estendesse sobre a cruz suas mãos imaculadas. O quarto: como se destrói o contrário por seu contrário, tendo Adão provado um fruto agradável da árvore proibida, convinha que quando Cristo tivesse sede fosse saciado com fel. O quinto: para nos conferir sua imortalidade, importava que Cristo assumisse nossa mortalidade, porque se Deus não se tivesse feito mortal, o homem não teria se tornado imortal. Então disse Egeu: "Vá contar a seus amigos esses devaneios, e obedeça-me sacrificando aos deuses onipotentes". André replicou: "Todos os dias ofereço ao Deus onipotente o cordeiro sem mácula, e mesmo comido por todo o povo esse cordeiro permanece vivo e inteiro". Tendo Egeu perguntado como isso era possível, André instou a que ele se tornasse um dos seus discípulos e então saberia. A isso Egeu replicou, irado: "Através de torturas vou obrigá-lo a me explicar". E cheio de cólera encerrou-o numa prisão.

Na manhã seguinte, sentado em seu tribunal, Egeu mandou que viesse o prisioneiro e de novo o exortou a sacrificar aos ídolos. "Se você não me obedecer", disse-lhe, "mandarei suspendê-lo nessa cruz que você glorifica". E ao ameaçar André de numerosos tormentos, este replicou: "Invente tudo o que parecer mais cruel em matéria de suplício.

---

[8] Jacopo fundamenta aqui sua argumentação com cinco passagens de *Mateus*: 16,21; 16,23; 17,22-23; 26,21-26; 26,48-50.

Quanto mais constante eu for em sofrer tormentos em nome do meu rei, mais agradável a Ele eu serei". Então Egeu mandou que ele fosse chicoteado por vinte homens, e depois preso numa cruz pelas mãos e pelos pés para que sofresse por mais tempo.

Enquanto era conduzido para a cruz, juntou-se grande número de pessoas que diziam: "Ele é inocente, e foi condenado sem provas a derramar seu sangue". Entretanto o apóstolo rogou à multidão que não se opusesse a seu martírio. E quando André avistou a cruz de longe saudou-a dizendo:

> Salve, ó cruz consagrada pelo sangue de Cristo e decorada por todos os seus membros como pedras preciosas. Antes de aí ter sido pregado o Senhor, você era motivo de temor na terra; agora, proporcionando o amor do Céu, é objeto de todos os desejos. Cheio de sinceridade e de alegria, dirijo-me a você a fim de que me proporcione a alegria de me receber, a mim, discípulo daquele que foi suspenso em você. Sempre amei-a e desejei beijá-la. Ó boa cruz, que recebeu glória e beleza dos membros do Senhor! Você que por tanto tempo desejei, amei com solicitude, busquei sem cessar e que, enfim, está preparada para minha alma desejosa, receba-me do meio dos homens e devolva-me a meu amo, para que Ele me receba por você, Ele que por meio de você me redimiu.

Dizendo essas palavras, despojou-se de suas vestimentas, que deu aos carrascos. Estes o suspenderam na cruz, como lhes fora ordenado. Durante os dois dias que aí viveu, pregou para 20 mil homens que o rodeavam. Essa multidão ameaçava Egeu de morte dizendo que um santo doce e piedoso não devia perecer assim. Egeu veio então libertá-lo. Ao vê-lo, disse-lhe André: "Com que intenção você vem? Se for para pedir perdão, você o terá, mas se for para me soltar, fique sabendo que não descerei vivo da cruz. Meu rei já me espera". E quando quiseram soltá-lo não conseguiram, porque os braços dos que tentavam fazê-lo ficavam paralisados.

Quanto a André, ao ver que o povo queria libertá-lo, fez esta prece na cruz, como relata Agostinho em seu livro *Sobre a verdadeira e a falsa penitência*:

> Não permita, Senhor, que eu desça vivo, já é hora de que confie meu corpo à terra, porque enquanto o carreguei cuidei de sua guarda; trabalhei para desejar ser libertado desse cuidado e despojado dessa vestimenta tão espessa. Sei quanto o achei pesado de carregar, temível de vencer, preguiçoso para se inflamar e pronto para fraquejar. Você sabe, Senhor, o quanto ele era propenso a me arrancar das puras contempla-

ções, quanto ele se esforçava por me tirar do sono de seu encantador repouso. Quantas vezes ele me fez sofrer de dor. Sempre que pude, Pai boníssimo, resisti combatendo e venci com sua ajuda. É a você, justo e piedoso remunerador, que peço não mais me confiar a este corpo: devolvo-lhe este empréstimo. Confie-o a outro e não me oponha mais obstáculos por meio dele. Seja ele conservado e entregue à ressurreição, para que seja honrado com suas obras. Confie-o à terra para não mais velar, para que ele não me impeça de dirigir-me com ardor e livremente a você, que é fonte de uma vida de inesgotável júbilo.

Após essas palavras, uma luz ofuscante vinda do Céu envolveu-o por meia hora, de sorte que ninguém podia fixar os olhos nele, e ao mesmo tempo que desapareceu essa luz, ele rendeu o espírito. Maximília, esposa de Egeu, tomou o corpo do santo apóstolo e sepultou-o com honras. Quanto a Egeu, antes de entrar em casa foi pego pelo demônio e à vista de todos rendeu o espírito.

Dizem que do túmulo de Santo André jorra um maná parecido com farinha e também um óleo odorífero. Os habitantes da região tiram dele um presságio para a colheita: se jorra em pequena quantidade, a colheita será pouca, se jorra muito, será abundante. Provavelmente foi assim no passado, mas não hoje, pois seu corpo foi trasladado para Constantinopla.

9. Conta-se que um bispo de vida santa tinha tanta veneração pelo bem-aventurado André que antes de começar qualquer coisa encomendava-se a ele, dizendo: "Em honra de Deus e do beato André". Ora, enciumado desse santo, depois de ter empregado todo tipo de ardil para seduzi-lo, o antigo inimigo assumiu a forma de uma mulher maravilhosamente bela. Ela foi ao palácio do bispo a pretexto de querer se confessar a ele. Ante a ordem do bispo de levá-la a seu penitenciário,[9] que tinha poderes para ouvi-la, ela respondeu que somente ao bispo revelaria os segredos de sua consciência.

Comovido, o prelado mandou-a entrar. "Eu imploro, senhor", disse a ele:

> tenha piedade de mim, porque apesar de jovem e criada nas delícias desde a infância, sendo de estirpe real, como vê vim sozinha até aqui com o hábito dos peregrinos. Como o rei, meu pai, príncipe poderosíssimo,

---

[9] Padre encarregado de ouvir confissão e aplicar penitência. Modernamente, padre encarregado pelo papa ou pelo bispo de absolver casos especiais.

queria me casar com um personagem importante, eu lhe respondi que tinha horror ao casamento, pois consagrei para sempre minha virgindade a Cristo, e por conseguinte nunca poderia consentir em perdê-la. Intimada a obedecer às ordens dele ou a sofrer na terra diferentes suplícios, fugi em segredo, preferindo me exilar a violar a fé prometida a meu Esposo. O renome de sua santidade chegou a meus ouvidos, assim eu me refugiei sob sua proteção na esperança de encontrar junto ao senhor um lugar de repouso onde eu possa gozar em segredo as doçuras da contemplação, salvar-me dos naufrágios da vida presente e fugir do barulho e das agitações do mundo.

Cheio de admiração pela nobreza da sua raça, pela beleza da sua pessoa, por seu grande fervor e pela notável elegância de suas palavras, o bispo respondeu-lhe com bondade e doçura: "Fique tranqüila, minha filha, nada tema, pois Aquele por cujo amor você desprezou com tanta coragem a si mesma, a seus pais e a seus bens, por esse sacrifício lhe concederá o máximo de graça nesta vida e a plenitude da glória na outra. Por isso eu, que sou escravo[10] Dele, ofereço-lhe tudo que me pertence: escolha o aposento que lhe agrade, e quero que hoje jante comigo". Ela: "Ah, padre, não posso aceitar este convite, pois temo despertar alguma suspeita e macular talvez o brilho de sua reputação". O bispo: "Seremos muitos, não estaremos a sós, assim não haverá motivo para nenhum rumor maldoso".

Chegada a hora, os convivas puseram-se à mesa, o bispo e a dama frente a frente nas cabeceiras, os outros de ambos os lados. Desejoso de que nada faltasse à convidada, o bispo dedicou muita atenção a ela, olhava-a com freqüência e não deixou de admirar sua beleza. À medida que a olhava, sua alma era atingida pelo antigo inimigo, que lançava fle-

---

[10] Os tradutores da *Legenda áurea* quase sempre vertem *servus* por "servo", influenciados pelas transformações sociais que desde o século XI faziam a escravidão recuar no conjunto da Europa ocidental em favor de um novo tipo de trabalhador rural, vinculado não a uma pessoa como o antigo escravo e sim a uma terra. No entanto a Itália, sempre mais presa ao passado clássico, continuava a ter um contingente escravo importante, mesmo nas cidades, caso da Gênova de Jacopo de Varazze, onde eles constituíam 10% da população. Por isso apesar de a palavra *sclavus* ter surgido na Itália em 1197, apenas a partir de 1250 começou a prevalecer sobre *servus*. Além de influenciada por esses dados sociais, a *Legenda áurea* foi claramente tocada pelo conceito apostólico do "quem comete pecado é escravo do pecado" (*João* 8,34). Daí Jacopo definir santo como alguém "limpo de pecado" (capítulos 73 e 162). Considerando tudo isso, parece preferível traduzir *servus Dei* por "escravo de Deus", pessoa totalmente entregue a Deus, submissa a Ele, cumpridora de Suas ordens. O mesmo vale para *ancílla Dei*. Ainda que *famulus Dei* e *vir Dei* possam ser traduzidas por expressões indicadoras de uma dependência menos forte, tudo indica que para Jacopo mantinham o mesmo sentido daquelas outras.

chas envenenadas contra seu coração. O bispo já estava a ponto de ceder à tentação, já planejava dormir com aquela mulher assim que a possibilidade se apresentasse, quando de repente um peregrino bateu à porta com violência, pedindo aos berros que a abrissem. Como se recusassem a fazê-lo e como o peregrino se tornasse importuno por seus gritos e suas batidas repetidas, o bispo perguntou à mulher se ela queria receber esse peregrino. "Apresente-lhe", disse ela, "alguma questão difícil: se ele souber responder, faça-o entrar; se não for capaz, afaste-o como ignorante e como pessoa indigna de comparecer diante do bispo".

Todos aplaudiram sua proposta e o bispo perguntou aos vários convidados quem seria capaz de formular o problema. Como ninguém ousasse fazê-lo, o bispo dirigiu-se à autora da idéia: "Quem melhor poderia formular a questão senão a senhora, cuja eloqüência e sabedoria brilha mais alta que a de nós todos? Formule a questão". Concordando, ela disse: "Pergunte-lhe o que Deus fez de mais maravilhoso numa pequena coisa". O peregrino a quem um mensageiro levou a pergunta respondeu: "A variedade e a excelência da fisionomia. Entre tantos homens que existiram desde o início do mundo e que no futuro existirão, não se podem encontrar dois cujas fisionomias sejam semelhantes em todos os pontos, e no entanto Deus colocou na face humana todos os sentidos do corpo".

Ouvindo a resposta, todos exclamaram admirados: "É, de fato, uma excelente solução para a pergunta". Então a dama disse: "Faça-lhe uma segunda, mais difícil, capaz de melhor pôr sua ciência à prova: pergunte onde a terra é mais alta que o Céu". O peregrino respondeu: "No Céu empíreo, onde reside o corpo de Cristo. De fato, o corpo de Cristo, que é mais elevado do que todo o Céu, é formado por carne como a nossa, logo é feito de terra; como o corpo de Cristo é formado da terra, é terra, e como se encontra no mais alto dos céus, no empíreo, é ali que a terra é certamente mais elevada do que o Céu". O enviado trouxe a resposta do peregrino, e todos aprovaram-na, louvando sua sabedoria. Mesmo assim a mulher propôs: "Façamos uma terceira e última pergunta, mais difícil que as anteriores, e se ele responder adequadamente ficará provado que é um sujeito sábio, digno de ser recebido à mesa do bispo. Pergunte-lhe qual é a distância entre a Terra e o Céu". O peregrino respondeu ao enviado que lhe levou a questão: "Vá perguntar a quem fez a pergunta. Ele certamente sabe e poderá responder melhor do que eu, porque ele próprio mediu essa distância quando caiu do Céu no abismo; eu nunca caí do Céu e nunca medi esse espaço. Diga ao seu senhor, o bispo, que quem formula estas questões não é uma mulher, como parece, mas um demônio disfarçado de mulher".

O mensageiro, assustado, repetiu essas palavras diante de todos, mas antes que terminasse de falar a falsa mulher desapareceu. O bispo entendeu então os maus pensamentos e desejos que sentira há pouco, arrependeu-se amargamente deles e pediu perdão a Deus. Logo mandou o peregrino entrar, porém não o encontraram mais apesar de procurá-lo por toda parte. O bispo convocou o povo, contou em detalhe o que sucedera e encomendou jejuns e preces para que o Senhor se dignasse revelar quem era esse peregrino que o salvara de tão grande perigo. E naquela mesma noite foi revelado ao bispo que quem assumira a aparência de peregrino para salvá-lo tinha sido o bem-aventurado André. Isso aumentou a devoção do bispo por Santo André, a quem não cessou de dar provas de sua veneração.

10. O prefeito de uma cidade tinha se apossado de um terreno que alguém doara ao culto de Santo André. Graças às preces do bispo local, Deus puniu o usurpador com fortes febres. O prefeito devolveu a terra ao prelado e pediu-lhe que intercedesse a seu favor para recuperar a saúde perdida. Mas depois de curado pela intercessão do pontífice, tomou de novo aquela terra. Então o bispo voltou a rezar, mas de forma diferente: "Que não se acendam mais as luzes deste templo", dizia enquanto quebrava as lâmpadas, "até que o próprio Senhor se vingue de seu inimigo e a igreja recupere o que perdeu". Novamente o prefeito voltou a ter febre, e enviou um mensageiro para pedir ao bispo que orasse por ele, garantindo que devolveria o campo e daria outras terras de igual valor. Como o bispo respondeu que não rezaria novamente por ele, pois ele havia sido duas vezes infiel para com Deus e sua Igreja, o prefeito fez-se transportar até o prelado e obrigou-o a entrar na igreja para orar por ele. Mas no mesmo instante em que o bispo ali entrou, o prefeito subitamente morreu e a igreja recuperou o campo.

3. São Nicolau

Nicolau vem de *níkos*, que significa "vitória", e de *laos*, "povo", isto é, Nicolau é "vitória do povo", ou melhor, "vitória sobre os vícios que são populares e vis". Ou simplesmente "vitória", porque ele mostrou aos povos, com sua vida e seus ensinamentos, como vencer os vícios e os pecados. Nicolau também pode vir de *níkos*, "vitória", e de *laus*, "elogio", equivalendo então a "elogio vitorioso". Ou ainda de *nitor*, "brancura", e *laos*, "povo", quer dizer "brancura do povo". Com efeito, ele tinha em si estas duas coisas, brancura e pureza, pois segundo Ambrósio a palavra divina purifica, a boa confissão purifica, um bom pensamento purifica, uma boa ação purifica. Sua legenda foi escrita por uns doutores argólidas. Segundo Isidoro, argólida é um dos nomes dado aos gregos, pois Argos é uma cidade da Grécia. O patriarca Metódio escreveu tal legenda em grego, e o diácono João traduziu-a em latim acrescentando novos dados.

1. Nicolau, cidadão de Patras, veio ao mundo de pais ricos e santos. Seu pai, Epifânio, e sua mãe, Joana, geraram-no nos primeiros dias do casamento e passaram o resto da vida em continência. No dia de seu nascimento ele ficou de pé no banho; durante o período de amamentação, às quartas e sextas-feiras pegava o seio materno apenas uma vez ao dia. Ao crescer, evitava as diversões e preferia freqüentar as igrejas; retinha na memória tudo o que podia aprender da Sagrada Escritura. Depois da morte dos pais, começou a pensar no que faria com suas grandes riquezas para proporcionar glória a Deus, mas evitando os elogios humanos por essas obras.

Um de seus vizinhos, nobre porém indigente, viu-se forçado a prostituir suas três filhas virgens para poderem ter com o que sobreviver. Assim que o santo descobriu esse crime, ficou horrorizado, e uma noite, escondido, jogou pela janela do vizinho um saco cheio de moedas de ouro. Ao se levantar pela manhã, o homem encontrou o ouro, agradeceu a Deus e casou a filha mais velha. Algum tempo depois, o escravo de Deus repetiu a mesma ação. O vizinho ao encontrar ouro outra vez ficou admirado e resolveu estar atento para descobrir quem o ajudava. Poucos dias depois, Nicolau jogou na casa do vizinho um saco com o dobro das quantias anteriores. O barulho despertou o vizinho, que se levantou e foi atrás de Nicolau, gritando-lhe: "Pare, não fuja". Correndo o mais depressa possível, reconheceu Nicolau e jogou-se imediatamente a seus pés, querendo beijá-los. Nicolau impediu-o e exigiu que não revelasse sua ação enquanto vivesse.

2. Pouco depois morreu o bispo de Mira, e os clérigos reuniram-se para designar seu sucessor. Entre eles havia um bispo de grande autoridade, de quem dependia a eleição, pois o nome que indicasse seria o escolhido. Ele pediu que todos se consagrassem ao jejum e à oração para fazerem a escolha certa, e nessa mesma noite ouviu uma voz que lhe disse para ficar observando a porta pela manhã: aquele que primeiro entrasse na igreja, e se chamasse Nicolau, deveria ser sagrado bispo. Ele comunicou essa revelação a seus colegas, e recomendou-lhes que orassem enquanto ele ficaria vigiando a porta. Na hora das matinas, como que conduzido pela mão de Deus, o primeiro a se apresentar na igreja foi Nicolau. O bispo deteve-o: "Como você se chama?". E ele, com a simplicidade de uma pomba, cumprimentou-o e respondeu: "Nicolau, escravo de sua santidade". Levaram-no então para dentro da igreja e, apesar de toda sua resistência, colocaram-no no trono episcopal. Isso não mudou seus hábitos, e ele continuou, como antes, humilde e sério em todos seus atos. Passava as vésperas orando, mortificava a carne, fugia da companhia das mulheres, acolhia todos com bondade, sua palavra tinha força, suas exortações eram animadas e suas reprimendas severas.

3. Conta-se também, pelo que se lê numa crônica, que Nicolau assistiu ao concílio de Nicéia.[1] Certo dia uns marinheiros que estavam

---

[1] O concílio de Nicéia, ocorrido em 325 naquela cidade próxima a Bizâncio, foi o primeiro concílio ecumênico, isto é, reunião de bispos de toda Cristandade para geralmente definir questões doutrinárias. Ali cerca de trezentos bispos, dos quais apenas cinco do Ocidente, discutiram sobretudo três assuntos: a heresia de Ário (cujas idéias de subordinar o Filho ao Pai foram condenadas e contra elas a ortodoxia lançou o Credo de Nicéia: ver capítulo 103); o cisma do bispo egípcio Melécio; o estabelecimento da data da Páscoa.

em perigo invocaram, com os olhos cheios de lágrimas: "Nicolau, escravo de Deus, se o que nos disseram é verdade, mostre-nos seu poder". Imediatamente apareceu-lhes alguém que se assemelhava ao santo: "Vocês me chamaram, e aqui estou". E pôs-se a ajudá-los a manobrar a embarcação, fosse no cordame, fosse nas velas, até a tempestade cessar. Terminada a viagem, os marinheiros foram à igreja de Nicolau, onde sem que ninguém o apontasse, eles o reconheceram embora nunca o tivessem visto. Então agradeceram a Deus e a ele por sua salvação, que o santo atribuiu à divina misericórdia e à fé daqueles homens, não aos seus próprios méritos.

4. Certa vez a região em que São Nicolau vivia passou por tal fome que ninguém conseguia alimento algum. Ora, o homem de Deus ficou sabendo que navios carregados de trigo estavam atracados no porto. Foi imediatamente pedir aos marinheiros que socorressem o povo, que morria de fome, dando pelo menos cem moios[2] de trigo de cada barco. "Não ousaríamos fazê-lo, padre", responderam, "porque o trigo foi medido em Alexandria e temos ordem de transportá-lo para os celeiros do imperador". O santo replicou: "Façam o que digo e prometo que, pela força de Deus, quando chegarem aos armazéns do imperador não faltará um grão sequer da carga". Eles aceitaram, e quando chegaram ao seu destino entregaram a mesma quantidade que tinham recebido em Alexandria. Divulgaram então o milagre, e louvaram a Deus que tinha sido glorificado daquela forma pelo seu escravo. Quanto ao trigo, o homem de Deus distribuiu-o de acordo com as necessidades de cada um, e graças a outro milagre ele foi suficiente por dois anos para a alimentação e também para a semeadura.

5. Aquela região era idólatra e adorava particularmente a imagem da infame Diana. Até a época do homem de Deus, alguns homens grosseiros prosseguiam com práticas execráveis e consumavam certos ritos pagãos debaixo de uma árvore consagrada àquela deusa. Mas aquele homem de Deus aboliu tais práticas e mandou cortar a própria árvore. Irritado com ele por essa razão, o antigo inimigo fez um óleo, chamado *midiaton*, de propriedades contrárias à natureza, como queimar na água e nas pedras. Assumindo a figura de uma monja, o demônio apresentou-se a uns peregrinos que viajavam por mar para encontrar o homem de Deus, e disse-lhes: "Gostaria de ir com vocês à casa do santo de Deus,

---

[2] Moio era uma medida de capacidade equivalente a 2176 litros.

mas não posso. Por isso rogo que ofereçam este óleo à sua igreja e, em minha lembrança, untem com ele seu solo e suas paredes".

Logo depois a falsa monja desapareceu. Pouco mais tarde os peregrinos encontraram outra embarcação, cheia de pessoas respeitáveis, uma das quais muito parecida com São Nicolau perguntou-lhes: "O que disse aquela mulher, e o que pediu?". Os peregrinos contaram tudo ponto por ponto. Ao que o desconhecido disse: "Ela é a impudica Diana, e para provar a verdade de minhas palavras, joguem esse óleo ao mar". Mal o fizeram, contrariamente à natureza um grande fogo acendeu-se sobre a água, que ardeu por muito tempo. Quando chegaram ao seu destino e encontraram o escravo de Deus, disseram-lhe: "De fato, foi você que apareceu no mar e livrou-nos dos artifícios do diabo".

6. Na mesma época, uma nação revoltou-se contra o Império Romano e o imperador enviou contra ela três generais, Nepociano, Urso e Apilião. Um vento desfavorável levou-os a um porto do Adriático, e o bem-aventurado Nicolau convidou-os para sua mesa, esperando convencê-los a que os soldados parassem de saquear aquela região. Um dia, pouco depois, durante uma ausência do santo, corrompido por dinheiro o cônsul condenou três soldados inocentes à decapitação. Assim que o santo ficou sabendo disso, rogou aos três generais que fossem rapidamente ao local da execução. Ao chegarem, encontraram os condenados de joelhos, rostos cobertos por véus e o carrasco já brandindo a espada sobre suas cabeças. Mas Nicolau, inflamado por um santo zelo, lançou-se com audácia sobre o executor, jogou longe sua espada, soltou os inocentes e levou-os consigo, sãos e salvos.

Foi então ao pretório falar com o cônsul e encontrando as portas trancadas quebrou-as para entrar. O cônsul sabendo da chegada dele foi cumprimentá-lo, mas o santo não levou em conta a saudação e disse: "Inimigo de Deus, prevaricador da lei! Como se atreve a erguer os olhos para nós, quando é culpado de tão grande crime?". Depois de repreendê-lo duramente, admitiu-o na penitência e a pedido dos generais deu-lhe sua bênção e absolveu-o do pecado. Os enviados do imperador continuaram seu caminho, submeteram os revoltosos sem derramar sangue, e na volta foram recebidos pelo imperador com magnificência. Ora, com inveja do sucesso deles, algumas pessoas recorreram à adulação e ao dinheiro para convencer o prefeito imperial a acusá-los de crime de lesa-majestade.

Enraivecido, o imperador mandou prendê-los e sem julgamento ordenou que fossem mortos naquela mesma noite. Informados de sua condenação pelo carcereiro, amargurados eles puseram-se a rasgar as roupas e a gemer. Então um deles, Nepociano, lembrando-se de que o bem-aventurado Nicolau havia salvado três inocentes, exortou os demais a pedir sua proteção. Graças a essas preces, São Nicolau apareceu naquela noite ao imperador Constantino e disse: "Por que tão injustamente você mandou prender esses generais e condenou inocentes à morte? Levante-se já e mande soltá-los o quanto antes, ou pedirei a Deus que provoque uma guerra na qual você sucumbirá e será pasto das feras". O imperador perguntou: "Quem é você para penetrar à noite em meu palácio e ousar falar-me assim?". Ele respondeu: "Sou Nicolau, bispo da cidade de Mira". No mesmo momento e da mesma maneira, apareceu ao prefeito e disse: "Insensato, por que concordou com a morte desses inocentes? Trate de libertá-los já, senão seu corpo formigará de vermes e sua casa será destruída". O prefeito perguntou: "Quem é você para nos ameaçar com tamanhas desgraças?". "Sou Nicolau, bispo de Mira", respondeu.

Ao acordarem, o imperador e o prefeito contaram seus sonhos um ao outro e imediatamente enviaram alguém buscar os prisioneiros. O imperador então lhes disse: "Que artes mágicas vocês conhecem para nos ter submetido a semelhantes ilusões nos sonhos?". Eles responderam que não eram mágicos e que não mereciam ter sido condenados à morte. "Vocês conhecem um homem chamado Nicolau?", indagou o imperador. Ouvindo esse nome, eles ergueram as mãos para o Céu, pedindo pelos méritos de São Nicolau para Deus libertá-los do perigo que os ameaçava. E depois que o imperador ouviu-os contar toda a vida e os milagres do santo, disse-lhes: "Vão, agradeçam a Deus que os libertou graças a suas preces, e levem de nossa parte algumas jóias, conjurando-o a não mais nos dirigir ameaças, mas a pedir ao Senhor por mim e por meu reino". Poucos dias depois, aqueles homens prosternaram-se aos pés do homem e escravo de Deus dizendo: "Você é de fato verdadeiro escravo, adorador e amigo de Cristo". Quando lhe contaram em detalhe o que acabara de acontecer, ergueu os olhos para o Céu e rendeu grandes ações de graças a Deus. Depois de ter bem instruído esses generais, despediu-se deles.

7. Quando o Senhor quis tirar o santo da terra, este rogou que lhe enviasse anjos e, inclinando a cabeça, viu-os chegar. Começou então a

recitar o salmo: "Em você, Senhor, esperei [...]" e quando dizia "[...] em suas mãos", rendeu o espírito. Era o ano do Senhor de 343. No mesmo momento, ouviu-se uma melodia entoada pelos espíritos celestes. Foi sepultado num túmulo de mármore, de sua cabeça jorrou uma fonte de óleo e de seus pés uma fonte de água, e até hoje de todos os seus membros sai um óleo santo que cura muita gente. Teve por sucessor um homem de bem que, no entanto, foi expulso de seu trono por invejosos. Durante o exílio daquele homem o óleo parou de correr, mas quando foi chamado de volta, tornou a manar. Muito tempo depois os turcos destruíram a cidade de Mira. Quando um grupo de Bari, formado por 47 soldados e quatro monges, visitou o túmulo de São Nicolau, ao abrirem-no encontraram seus ossos banhados em óleo e levaram-nos respeitosamente para a cidade de Bari, no ano do Senhor de 1087.

8. Um homem havia tomado emprestado de um judeu certa soma de dinheiro, e na falta de outra garantia jurara sobre o altar de São Nicolau que a devolveria assim que pudesse. Muito tempo depois o judeu reclamou o dinheiro, mas o devedor alegou que já havia pago a dívida. O judeu levou-o a juízo e exigiu que afirmasse sob juramento que havia devolvido o dinheiro. Como se precisasse de apoio para andar, o homem ali compareceu com uma bengala, que era oca e que ele havia enchido de moedas de ouro. Quando foi prestar juramento, pediu que o judeu a segurasse e jurou ter restituído mais do que havia recebido. Após o juramento, reclamou a bengala de volta e o judeu, que não suspeitava da artimanha, devolveu-a. No caminho de volta para casa, o culpado sentiu um sono repentino, adormeceu num cruzamento e uma carroça que vinha em velocidade matou-o, quebrou a bengala, e o ouro que a enchia espalhou-se pelo chão. Avisado, o judeu acorreu ao local e entendeu a artimanha de que havia sido vítima. Tendo alguém sugerido que pegasse seu ouro, recusou taxativamente, a não ser que o morto voltasse à vida pelos méritos do bem-aventurado Nicolau, acrescentando que se tal acontecesse ele receberia o batismo e se tornaria cristão. Incontinenti, o morto ressuscitou e o judeu foi batizado em nome de Cristo.

9. Um judeu, testemunha do maravilhoso poder miraculoso do bem-aventurado Nicolau, mandou esculpir uma imagem do santo e colocou-a em sua casa, e quando empreendia alguma longa viagem confiava-lhe a guarda de seus bens, dizendo o seguinte: "Nicolau, aqui estão todos os meus bens, que confio a você; se não fizer boa guarda, vingo-me com chicotadas". Ora, um dia em que estava ausente, uns ladrões rouba-

ram tudo, só deixando a imagem. Ao voltar, vendo-se espoliado, o judeu dirigiu-se à imagem e disse: "Senhor Nicolau, eu não coloquei você em minha casa para cuidar dos meus bens contra os ladrões? Por que você foi negligente e não impediu os ladrões? Por isso será cruelmente punido e pagará pelos gatunos. Vou compensar o dano que sofro fazendo você sofrer e acalmarei meu furor cumulando-o de chicotadas". Pegando a imagem, o judeu fustigou-a com força.

Ocorreu então algo maravilhoso e aterrador: no momento em que os ladrões repartiam seu butim, o santo de Deus apareceu-lhes como se tivesse de fato recebido chicotadas em seu corpo e disse: "Por que fui flagelado no lugar de vocês? Por que fui tão cruelmente maltratado? Por que suportei tantos tormentos? Vejam como meu corpo está lívido. Vejam como está coberto de sangue. Vão imediatamente restituir tudo o que pegaram, senão a cólera de Deus se abaterá sobre vocês. Seu crime será tornado público e todos vocês serão enforcados". Eles retorquiram: "Quem é você, para falar desta maneira?". "Sou Nicolau, escravo de Jesus Cristo, a quem o judeu tratou duramente pelo roubo de que vocês são culpados." Cheios de medo, eles foram ver o judeu, contaram-lhe o milagre, souberam o que este havia feito com a imagem e devolveram-lhe tudo. Em seguida tomaram a via da retidão e o judeu abraçou a fé do Salvador.

10. Por amor a seu filho, que estudava as belas-letras, um homem comemorava todos os anos com solenidade a festa de São Nicolau. Certa vez, o pai do rapaz preparou um banquete ao qual convidou grande número de clérigos. Ora, o diabo veio à porta, em trajes de mendigo, pedir esmola. O pai mandou imediatamente o filho dá-la ao peregrino. O rapaz apressou-se, mas não encontrou o pobre e correu em sua busca. Quando chegou a uma encruzilhada, o diabo o agarrou e o estrangulou. Ao saber do sucedido, o pai lamentou-se muito, recolheu o corpo, deitou-o na cama e pôs-se a dar vazão à sua dor, proferindo estes gritos: "Ó querido filho, o que aconteceu? São Nicolau, é esta a recompensa da consideração de que por tanto tempo dei prova?". Assim dizia ele, quando de repente o rapaz abriu os olhos como se saísse de um sono profundo, e ressuscitou.

11. Um nobre pediu ao bem-aventurado Nicolau que lhe desse um filho, prometendo levar a criança à sua igreja, à qual ofereceria um cálice de ouro. Nasceu-lhe o filho, e quando este chegou a certa idade, o cálice foi encomendado. Ele ficou tão de seu gosto que passou a usá-lo, mandando cinzelar outro de igual valor. Ao irem por mar à igreja de São

Nicolau, o pai pediu ao filho que pegasse água com o primeiro cálice que havia encomendado. Ao tentar fazê-lo, a criança caiu ao mar e desapareceu. O pai, banhado em lágrimas, cumpriu no entanto sua promessa. Chegando à igreja de São Nicolau, ofertou o segundo cálice, que caiu do altar como se tivesse sido rejeitado. Pegando-o do chão e colocando-o uma segunda vez no altar, ele foi jogado ainda mais longe. Todo mundo estava pasmo com semelhante prodígio, quando surgiu o menino, são e salvo, trazendo nas mãos o primeiro cálice. Contou então para os presentes que no exato momento em que caiu ao mar, o bem-aventurado Nicolau apareceu para salvá-lo. O pai, recobrando a alegria, ofereceu os dois cálices ao santo.

12. Um homem rico deveu aos méritos do beato Nicolau ter um filho, a quem chamou Adeodato. Ergueu então em sua casa uma capela em homenagem ao santo de Deus, cuja festa celebrava solenemente todos os anos. Mas o lugar estava situado perto da terra dos mouros, e um dia Adeodato foi capturado e posto como escravo na casa do rei deles. No ano seguinte, enquanto o pai celebrava devotamente a festa de São Nicolau, o rapaz ao segurar diante do monarca uma copa preciosa lembrou-se da maneira como foi capturado, da dor e da alegria que seus pais deviam estar tendo naquele dia em sua casa, e pôs-se a suspirar bem alto. Por meio de ameaças, o rei conseguiu saber a causa dos suspiros e acrescentou: "Não importa o que faça o seu Nicolau, você ficará aqui conosco". De repente soprou um vento violento, que derrubou a casa e transportou o rapaz com sua copa para diante da porta da igreja na qual seus pais celebravam a festa. Isso foi motivo de grande alegria para todos.

Em outro lugar, porém, pode-se ler que este rapaz era da Normandia, e que foi capturado em alto-mar por um sultão que o mandava chicotear com freqüência. Num dia de festa de São Nicolau, tendo sido chicoteado e jogado num calabouço, ele chorava sonhando com sua libertação e com a alegria costumeira dos pais naquele dia, quando adormeceu e ao acordar encontrou-se na capela de sua família.

4. Santa Lúcia

Lúcia vem de *lux*, "luz". A luz é bonita de se ver, porque segundo Ambrósio ela está por natureza destinada a ser graciosa para a visão. Ela se difunde sem se sujar, por mais sujos que sejam os lugares em que se projeta. Seus raios seguem linha reta, sem a menor curva, e sem demora ela atravessa imensas extensões. Daí ser apropriado o nome Lúcia para aquela virgem bem-aventurada, que resplandece com o brilho da virgindade sem a mais ínfima mácula, que difunde calor sem nenhuma mescla de amor impuro, que vai direto a Deus sem o menor desvio, que sem hesitação e sem negligência segue em toda sua extensão o caminho do serviço divino. Lúcia também pode vir de *lucis via*, "caminho da luz".

Lúcia, virgem de Siracusa, de origem nobre, ouvindo falar por toda a Sicília da celebridade de Santa Ágata, foi até o túmulo dela com a mãe, Eutícia, que havia quatro anos sofria de hemorragias sem esperança de cura. Naquele dia lia-se na missa a passagem do Evangelho na qual se conta que o Senhor curou uma mulher que padecia da mesma doença.[1] Lúcia disse então à mãe: "Se você acredita no que foi lido, deve acreditar que Ágata está na presença Daquele por quem ela sofreu. Portanto, tocando seu túmulo com fé, logo você estará totalmente curada".

Quando toda a assistência partiu, mãe e filha ficaram orando perto do túmulo. O sono apossou-se de Lúcia, que viu diante dela, de pé, Ágata rodeada de anjos e ornada de pedras preciosas dizendo-lhe: "Minha irmã Lúcia, virgem toda devotada a Deus, por que pede a mim o

---

[1] *Mateus* 9,20-22; *Marcos* 5,25-29; *Lucas* 8,43-48.

que você mesma pode conseguir, neste instante, para sua mãe? Saiba que ela acaba de ser curada pela fé". Lúcia despertou e falou: "Mãe, você está curada. Em nome daquela por quem acaba de obter a cura, peço que não me procure um esposo, e que meu dote seja distribuído aos pobres". Respondeu a mãe: "Depois que eu fechar os olhos você pode dispor de seus bens como quiser". Lúcia replicou: "Se você me dá alguma coisa ao morrer, é porque não pode levá-la consigo; dê-me enquanto está viva e será recompensada".

Voltando para casa, passaram todo o dia a vender uma parte dos bens, distribuindo o dinheiro aos pobres. A notícia da partilha do patrimônio chegou aos ouvidos do noivo, e ele perguntou a razão daquilo à mãe de Lúcia. Esta respondeu que sua filha havia encontrado um investimento mais rentável e mais seguro, daí estar vendendo seus bens. O insensato, crendo tratar-se de um comércio plenamente humano, passou a colaborar na venda daqueles bens, buscando os melhores negócios. Quando soube que tudo que fora vendido tinha sido dado aos pobres, o noivo levou-a à justiça, diante do cônsul Pascásio, acusando-a de ser cristã e de violar as leis imperiais.

Pascásio convidou-a a sacrificar aos ídolos, mas ela respondeu: "O sacrifício que agrada a Deus é visitar os pobres e prover às suas necessidades, mas como não tenho mais nada a dar, ofereço a Ele a mim mesma". Pascásio retorquiu: "Poderia dizer essas coisas a um cristão insensato como você, mas a mim, que executo os decretos dos príncipes, é inútil argumentar assim". Lúcia rebateu: "Você executa as leis de seus príncipes, eu executo a lei de meu Deus. Você teme os príncipes, eu temo a Deus. Você não gostaria de ofendê-los, eu evito ofender a Deus. Você deseja agradar-lhes, eu anseio ardentemente agradar a Cristo. Faça então o que julgar útil para você, e eu farei o que sei que me será benéfico". Pascásio: "Você dilapidou seu patrimônio com uns depravados, e agora fala como uma meretriz".

Lúcia retrucou: "Pus meu patrimônio num lugar seguro, e nunca conheci os que depravam espírito e corpo". Pascásio perguntou-lhe: "Quem são esses corruptores?". Lúcia respondeu: "Os que corrompem o espírito são vocês, que aconselham as almas a abandonar o Criador. Os que corrompem o corpo são os que preferem os gozos corporais às delícias eternas". Pascásio: "Você vai parar de falar quando começar a ser fustigada". Lúcia: "As palavras de Deus nunca terão fim". Pascásio: "Então você é Deus?". Lúcia: "Eu sou escrava do Deus que disse: 'Quando estiverem em presença de reis e de juízes, não se preocupem com o que tenham a dizer, não serão vocês a falar, pois o Espírito Santo falará por vocês'".[2] Tornou Pascásio: "Então o Espírito Santo está em você?". Lúcia respondeu: "Os que vivem em castidade são templos do Espírito Santo". Pascásio: "Então vou mandar que levem você a um lupanar, para que seja violada e perca o Espírito Santo". Lúcia: "O corpo só é corrompido se o coração consentir, porque se você me fizer violentar, será contra minha vontade, e ganharei a coroa da castidade. Jamais terá meu consentimento. Eis meu corpo, ele está disposto a toda sorte de suplícios. Por que hesita? Comece a me atormentar, filho do diabo".

Então Pascásio mandou vir uns depravados, aos quais disse: "Convidem o povo todo e torturem-na até que esteja morta". Mas quando quiseram levá-la, o Espírito Santo a fez ficar imóvel e tão pesada que não conseguiram forçá-la a se mover. Pascásio mandou chamar mil homens e amarrar seus pés e suas mãos, mas eles não foram capazes de movê-la de modo algum. Aos mil homens ele acrescentou mil parelhas de bois, mas a virgem do Senhor permaneceu imóvel. Então convocou feiticeiros para movê-la com seus sortilégios, mas eles nada conseguiram. Pascásio então perguntou: "Que malefícios são esses? Por que uma moça não é movida por mil homens?". Lúcia respondeu: "Não são malefícios, e sim benefícios de Cristo. E ainda que acrescentasse 10 mil homens, você não me veria menos imóvel". Acreditando Pascásio na opinião segundo a qual se poderia livrar uma pessoa de malefícios jogando urina sobre ela, mandou que se fizesse isso com Lúcia, mas ela continuou sem se mover. Furioso, Pascásio mandou acender em torno dela uma grande fogueira e jogar em seu corpo óleo fervendo, misturado com pez e resina.

Depois desse suplício, Lúcia exclamou: "Obtive uma trégua no meu martírio para que os crentes não tenham medo de sofrer e os incrédulos tenham mais tempo para me insultar". Vendo Pascásio irritadíssimo, seus amigos enfiaram uma espada na garganta de Lúcia, que apesar disso não perdeu a palavra: "Eu anuncio a você que a paz foi restituída à Igreja, porque hoje Maximiano acaba de morrer e Diocleciano de ser expulso do seu reino. Da mesma forma que minha irmã Ágata foi eleita protetora da cidade de Catânia, assim também fui eleita guardiã de Siracusa". Enquanto a virgem assim dizia, chegaram uns funcionários roma-

---

[2] *Marcos* 13,11.

nos que prenderam Pascásio, agrilhoaram-no e levaram-no ao césar,[3] pois este ficara sabendo que ele tinha saqueado toda a província. Chegando a Roma, ele compareceu diante do Senado, foi declarado culpado, condenado à pena capital e executado.

    Quanto à virgem Lúcia, não foi tirada do lugar em que sofrera e só rendeu o espírito depois que alguns sacerdotes lhe deram o Corpo do Senhor. Então todos os presentes disseram amém. Ela foi sepultada naquele mesmo lugar, onde foi construída uma igreja. Seu martírio ocorreu no tempo de Constantino e de Maxêncio, por volta do ano 310 do Senhor.

---

[3] Desde que Otávio adotou o nome do tio Júlio César como mais um elemento de legitimação de seu poder, a palavra tornou-se quase sinônimo de "imperador".

5. São Tomé, Apóstolo

Tomé significa "abismo" ou "duplicado", em grego *dídimo*; ou vem de *thomos*, que quer dizer "divisão", "partilha". Significa "abismo", porque mereceu sondar as profundezas da Divindade, quando à sua pergunta Cristo respondeu: "Eu sou o caminho, a verdade e a vida".[1] Significa "duplicado", por ter conhecido de duas maneiras a Ressurreição de Cristo, pois enquanto os outros apóstolos conheceram-na vendo-O, ele O viu e tocou. Significa "divisão", seja porque afastou sua mente do amor às coisas do mundo, seja porque se separou dos outros na forma de crer na Ressurreição. Poder-se-ia dizer ainda que o nome Tomé vem de *totus means*, por ter-se deixado inundar inteiramente pelo amor a Deus. Tomé possuiu as três qualidades que distinguem os que têm esse amor e que PRÓSPERO formula no *Livro da vida contemplativa*: desejar com toda sua alma ver Deus, odiar o pecado, desprezar o mundo. O nome Tomé também pode vir de *Theos*, "Deus", e *meus*, "meu", isto é, "Deus meu", o que corresponde ao que disse quando reconheceu sua fé: "Senhor meu e Deus meu".[2]

1. O apóstolo Tomé estava em Cesaréia quando o Senhor lhe apareceu e disse: "O rei da Índia, Gondoforo, enviou seu ministro Abanes em busca de um arquiteto hábil. Venha e o enviarei a ele". Tomé respondeu: "Senhor, envie-me aonde quiser, menos à Índia". Deus lhe disse: "Vá sem nenhuma apreensão, porque serei seu guardião. Quando você tiver convertido os indianos, virá a mim com a

---

[1] *João* 14,6.
[2] *João* 20,28.

palma do martírio". Replicou-lhe Tomé: "Você é meu Senhor e eu seu escravo; seja feita a sua vontade".

O intendente do rei passeava pela praça e o Senhor indagou: "De que necessita, rapaz?". Este disse: "Meu amo enviou-me para conseguir escravos hábeis em arquitetura, que lhe construam um palácio à moda romana". Então o Senhor ofereceu Tomé como homem muito capaz nessa arte. Eles embarcaram e chegaram à cidade na qual o rei celebrava o casamento da filha. Ele mandara anunciar que todos deviam participar das bodas, sob pena de incorrer em sua cólera. Abanes e o apóstolo foram à festa. Ali, uma moça judia que empunhava uma flauta dirigia palavras lisonjeiras a cada um dos presentes. Quando ela viu o apóstolo, reconheceu que era judeu porque não comia e mantinha os olhos voltados para o Céu. Ela se pôs então a cantar em hebraico diante dele: "Foi o Deus dos hebreus que sozinho criou o universo e cavou os mares", e o apóstolo procurava repetir essas palavras.

Mas ele não comia nem bebia e mantinha os olhos constantemente voltados para o Céu, o que desagradou um serviçal da corte, que esbofeteou o apóstolo de Deus. Este então disse: "É melhor para você ser punido na terra com um castigo passageiro e ser futuramente perdoado. Eu não me levantarei enquanto a mão que me bateu não for trazida até aqui por cães". Ora, quando aquele serviçal foi buscar água na fonte, um leão estrangulou-o e bebeu seu sangue. Cães dilaceraram seu cadáver e um deles, preto, levou a mão direita até o local do banquete. Vendo aquilo a multidão ficou impressionada, e lembrando-se das palavras que ele dissera a donzela jogou fora a flauta e veio se prosternar aos pés do apóstolo.

Agostinho em seu livro *Contra Fausto* afirma que tal episódio foi interpolado na legenda por um falsário, pois o apóstolo não teria agido por vingança. A autenticidade do fato é com efeito duvidosa, mas se admitirmos que aconteceu, ele não deve ser interpretado como vingança, mas como predição. Ademais, examinando com cuidado as palavras de Agostinho, ele não nega completamente a ocorrência do episódio, apenas sugere que ele pode ter sido inventado.

Eis o que ele diz naquele livro:

> Lemos às vezes relatos apócrifos que compiladores de fábulas atribuíram aos apóstolos, levando mesmo alguns santos doutores dos primeiros tempos da Igreja a reconheceram-nos como autênticos. Os maniqueus também aceitam histórias desse tipo: o apóstolo Tomé estava

incógnito, como peregrino, numa festa de casamento e foi agredido por um criado contra o qual teria exprimido imediatamente o desejo de uma cruel vingança. Tendo esse homem saído para buscar água para os convidados numa fonte, teria sido morto por um leão que o atacou, e a mão que havia esbofeteado levemente o rosto do apóstolo foi arrancada do corpo segundo seu voto e suas imprecações, e levada por um cão à mesa do apóstolo. Poderia haver coisa mais cruel? Ora, se não me engano, o mesmo relato diz que o apóstolo pediu que o criado recebesse perdão para a vida futura. Ou seja, a aparente crueldade do gesto escondia benefícios maiores, pois o apóstolo, querido e honrado por Deus, através do medo que despertara tornou-se respeitado por aqueles que não o conheciam, e os presentes ao banquete puderam entender que por detrás de fatos terrenos pode-se encontrar a vida eterna. Pouco me importa se este relato é verdadeiro ou não. O que é certo é que graças a ele os maniqueus, que aceitam como verdadeira e sincera essa narrativa que a Igreja rejeita, são forçados a reconhecer que a virtude da paciência, ensinada pelo Senhor ao dizer: "Se alguém bate na sua face direita, oferece-lhe a esquerda",[3] pode realmente existir no fundo do coração, ainda que não seja demonstrada por gestos e palavras, já que em vez de oferecer ao criado a outra face, o apóstolo esbofeteado pediu ao Senhor que não deixasse aquela falta impune nesta vida terrena, mas que poupasse o insolente na vida futura. Externamente ele pediu uma correção que servisse de exemplo, mas internamente havia o amor da caridade. Sem pretender elucidar se o episódio é verdadeiro ou apenas uma fábula, por que não elogiar no apóstolo o que se aprova em outro escravo de Deus, Moisés, que degolou os artífices e adoradores de ídolos? Se compararmos os castigos, ser morto pelo gládio ou ser dilacerado pelos dentes de um animal feroz são coisas semelhantes, pois seguindo as leis os juízes condenam os grandes culpados a perecer indiferentemente pelos dentes das feras ou pela espada.

É o que diz Agostinho.

Então o apóstolo, a pedido do rei, abençoou o esposo e a esposa dizendo: "Dê, Senhor, a bênção de sua mão direita a estes jovens e semeie no fundo de seus corações os germes fecundos da vida". Quando o apóstolo se retirou, surgiu nas mãos do esposo um galho carregado de tâmaras. Depois de comerem esses frutos, os recém-casados adormeceram e tiveram o mesmo sonho. Sonharam que um rei coberto de pedras

---

[3] *Mateus* 5,39; *Lucas* 6,29.

preciosas beijava-os dizendo: "Meu apóstolo abençoou-os para que participem da vida eterna". Ao despertar, eles estavam contando um ao outro seus sonhos quando o apóstolo apareceu dizendo:

> Meu rei acaba de manifestar-se a vocês, e introduziu-me aqui, apesar das portas fechadas, para que minha bênção lhes fosse proveitosa. Guardem a pureza do corpo, rainha de todas as virtudes, e seu fruto, a salvação eterna. A virgindade é irmã dos anjos, é o maior dos bens, vence as paixões nefastas, é o troféu da fé, a fuga dos demônios e a garantia dos júbilos eternos. A luxúria engendra a corrupção, da corrupção nasce a mácula, da mácula vem a culpa, e a culpa produz a confusão.

Enquanto expunha essas máximas, apareceram dois anjos: "Fomos enviados para ser seus anjos da guarda. Se puserem em prática com fidelidade os conselhos do apóstolo, apresentaremos todos seus desejos a Deus". Então Tomé batizou-os e ensinou a eles todas as verdades da fé. A esposa, chamada Pelágia, tomou o véu sagrado e foi mais tarde martirizada, enquanto o esposo, que se chamava Dioniso, foi ordenado[4] bispo daquela cidade.

2. Depois disso, Tomé e Abanes foram encontrar o rei da Índia. O apóstolo desenhou a planta de um magnífico palácio e o rei recompensou-o com consideráveis tesouros que o apóstolo distribuiu aos pobres. O rei partiu para outra província e ficou dois anos ausente, tempo que Tomé aproveitou para se consagrar com ardor à pregação e converter um número incontável de pessoas. Ao voltar, informado do que Tomé fizera, o rei mandou colocar ele e Abanes no fundo de uma masmorra para depois serem esfolados vivos e jogados na fogueira. Nesse meio tempo morreu Gad, irmão do rei. Faziam-se os preparativos para lhe erigir um magnífico túmulo, quando no quarto dia o morto ressuscitou, e todos fugiram apavorados ao vê-lo passar. Ele foi até o rei e disse:

> Meu irmão, esse homem que você mandou esfolar e jogar na fogueira é amigo de Deus e todos os anjos obedecem-no. Os que me levavam ao Paraíso mostraram-me um palácio esplêndido, todo de ouro, prata e pedras preciosas, e enquanto eu admirava sua beleza, disseram-me: "É o

---

[4] Ordenação (*ordinatio*) é a cerimônia que confere o sacramento da ordem (*ordo*), isto é, pela qual por intermédio da imposição das mãos de um indivíduo já sacralizado, o Espírito Santo é transmitido a outro (bispo, padre, diácono), segundo o modelo do que Cristo fizera com os apóstolos e estes com seus próprios discípulos (*João* 20,21-22; *Mateus* 3,16; *Atos dos apóstolos* 6,6; 13,2-3; *1 Timóteo* 4,14; *2 Timóteo* 1,6).

palácio que Tomé construiu para seu irmão". Tendo eu respondido: "Gostaria de ser seu porteiro!", eles acrescentaram: "Seu irmão tornou-se indigno dele, portanto se quiser morar ali, pediremos ao Senhor para ressuscitá-lo a fim de que possa comprá-lo de seu irmão".

Dito isso, Gad correu à prisão do apóstolo, pediu-lhe que perdoasse o irmão, livrou-o dos grilhões e rogou-lhe que aceitasse uma preciosa vestimenta. "Por acaso você ignora", perguntou o apóstolo, "que nada carnal, nada terrestre, tem valor para os que desejam os bens celestes?" No momento em que ele saía da prisão, chegou o rei que ia lhe pedir perdão. O apóstolo então lhe disse: "Deus concedeu a você um grande favor ao revelar seus segredos. Creia em Cristo e receba o batismo para participar do reino eterno". O irmão do rei disse: "Vi o palácio que você construiu para meu irmão e gostaria de comprá-lo". O apóstolo retrucou: "Isto depende do seu irmão". E o rei falou: "Vou ficar com ele. Que o apóstolo construa outro para você, ou, se ele não puder, nós o possuiremos em comum". O apóstolo respondeu: "São incontáveis no Céu os palácios que desde o começo do mundo estão preparados para os eleitos, palácios comprados apenas pelas preces, pela fé e pelas esmolas. As riquezas materiais não podem segui-los até o Céu".

3. Um mês depois, o apóstolo mandou reunir todos os pobres da região, separou os doentes e os enfermos e orou por eles. Ao terminar a prece, os que já tinham aceito a fé responderam "Amém", e então brilhou no céu um relâmpago que por meia hora ofuscou tanto o apóstolo como os presentes, a tal ponto que todos se imaginaram mortos. Mas Tomé ergueu-se e disse: "Levantem-se, porque meu Senhor veio em forma de raio e curou a todos vocês". Todos se levantaram curados e renderam glória a Deus e a seu apóstolo.

Tomé tratou de instruí-los e demonstrou-lhes os doze graus das virtudes. O primeiro é acreditar em Deus, que é uno em essência e trino em pessoas. Para provar que três pessoas podem ter uma só essência, ele deu três exemplos. Tudo o que o homem sabe forma um conjunto chamado sabedoria, constituído de três partes, o gênio, graças ao qual se descobre o que não foi aprendido; a memória, graças à qual se retém o que foi aprendido; a inteligência, graças à qual se compreende o que pode ser demonstrado e ensinado. Numa videira há três partes, a madeira, as folhas e o fruto, e essas três juntas formam uma só e mesma videira. A cabeça humana é una e única, mas possui quatro sentidos, visão, paladar, audição e olfato. O segundo grau de virtude é receber o batismo. O terceiro é abster-se de fornicação. O quarto é renegar a avareza. O quinto, preservar-se da gula. O sexto, viver na penitência. O sétimo, perseverar nas boas obras. O oitavo, praticar a hospitalidade. O nono, procurar fazer em tudo a vontade de Deus. O décimo, evitar o que a vontade de Deus proíbe. O décimo primeiro, praticar a caridade tanto com os amigos quanto com os inimigos. O décimo segundo, zelar vigilantemente para respeitar esses graus. Quando terminou sua pregação foram batizados 9 mil homens, sem contar crianças e mulheres.

4. De lá Tomé foi para a Índia superior, onde se tornou célebre por um grande número de milagres. O apóstolo levou a luz da fé a Sintícia, amiga de Migdomia, esposa de Carísio, cunhado do rei. Certo dia Migdomia perguntou a Sintícia: "Você acha que posso ir vê-lo?". Aconselhada por Sintícia, Migdomia mudou de roupa e foi se juntar às mulheres pobres no lugar em que pregava o apóstolo. Este deplorava a miséria da vida, dizendo entre outras coisas que esta vida é miserável, fugidia e sujeita às desgraças, e que quando pensamos tê-la nas mãos, ela escapa e se desconjunta. E começou a exortar a se ouvir favoravelmente a palavra de Deus por quatro razões que comparou a quatro tipos de coisas: a um colírio, porque limpa o olho da nossa inteligência; a uma poção, porque purga e purifica nossa afeição de qualquer amor carnal; a um emplastro, porque cura os ferimentos de nossos pecados; ao alimento, porque nos fortifica no amor às coisas celestiais. Ora, acrescentou, do mesmo modo que aquelas coisas só fazem bem a um doente se este ingeri-las, a palavra de Deus também só é proveitosa a uma alma sofredora se ela escutá-la com devoção.

Enquanto o apóstolo pregava, Migdomia passou a crer e a sentir horror em compartilhar o leito com seu marido. Por isso Carísio pediu ao rei que o apóstolo fosse encarcerado. Migdomia foi ter com ele na prisão e pediu-lhe que a perdoasse por ter sido preso por sua causa. Ele a consolou com bondade e garantiu que sofria de bom grado. Carísio pediu ao rei que mandasse a rainha, irmã de sua mulher, tentar fazê-la voltar para casa. A rainha foi enviada e convertida por aquela que queria perverter, e depois de ter visto muitos prodígios realizados pelo apóstolo, disse: "São malditos de Deus os que não crêem em tão grandes milagres e em semelhantes obras". Então o apóstolo instruiu brevemente todos os ouvintes sobre três pontos: amar a Igreja, honrar os sacerdotes e reunir-se assiduamente para ouvir a palavra de Deus.

Quando a rainha voltou para casa, o rei perguntou: "Por que demorou tanto?". Ela respondeu: "Achei que Migdomia estivesse louca, mas ela é bem sensata; levando-me ao apóstolo de Deus, ela me fez conhecer o caminho da verdade, e insensatos são os que não crêem em Cristo". Daí em diante a rainha recusou-se a copular com o rei. Estupefato, ele disse a seu cunhado: "Querendo reaver sua mulher, perdi a minha, que se comporta comigo pior do que a sua com você". O rei mandou então amarrar as mãos do apóstolo e trazê-lo à sua presença, e ordenou que ele fizesse as mulheres voltarem para seus maridos. Mas através de três exemplos — o exemplo do rei, o exemplo da torre e o exemplo da fonte — o apóstolo demonstrou que elas não deviam retornar enquanto eles persistissem no erro.

> Não é verdade que você, que é rei, não quer serviçais sujos e exige limpeza de seus escravos e escravas? Com mais razão, Deus exige dos que lhe servem que sejam castíssimos e limpíssimos. Por que você alega ser crime eu pregar aos escravos de Deus que o amem, quando deseja o mesmo de seus próprios escravos? Eu erigi uma torre altíssima e você me diz, a mim que a construí, para demoli-la? Cavei profundamente a terra e fiz jorrar uma fonte do abismo, e você me diz que devo tapá-la?

Furioso, o rei mandou espalhar pelo solo lâminas incandescentes de ferro e colocar o apóstolo descalço sobre elas. Mas imediatamente, por ordem de Deus, surgiram ali diversas fontes que esfriaram as lâminas. O rei, seguindo o conselho de seu cunhado, mandou jogar Tomé numa fornalha ardente, que se apagou, de maneira que no dia seguinte ele saiu de lá são e salvo. Carísio disse ao rei: "Faça com que ele ofereça um sacrifício ao sol, para que suscite a cólera de seu Deus, que o protege". Quando instavam o apóstolo a fazê-lo, ele disse ao rei: "Você vale mais do que essa imagem que mandou fazer. Carísio disse que Deus se irritará contra mim se eu adorar seu deus, mas saiba você, idólatra que despreza o verdadeiro Deus, que Ele ficará muito mais irritado com seu ídolo, e o quebrará. E se adorando seu deus o meu não o derrubar, sacrificarei a seu ídolo, mas se acontecer como eu disse você passará a acreditar em meu Deus". Irritado, o rei disse: "Você me fala de igual para igual". O apóstolo ordenou em língua hebraica ao demônio existente dentro do ídolo que assim que se ajoelhasse diante deste, ele o quebrasse.

Ao dobrar o joelho, o apóstolo falou: "Adoro, mas não ao ídolo; adoro, mas não ao metal; adoro, mas não a um simulacro, porque Aquele que adoro é meu Senhor Jesus Cristo, em nome do qual ordeno, demônio escondido nesta imagem, que a quebre". E a imagem desapareceu imediatamente, como cera que se derrete. Todos os sacerdotes gritaram e o pontífice do templo tomou de um gládio com o qual trespassou o apóstolo, dizendo: "Eu é que vingarei a afronta feita a meu deus". Quanto ao rei e a Carísio, fugiram ao ver o povo preparando-se para vingar o apóstolo e queimar vivo o pontífice. Os cristãos levaram o corpo do santo e sepultaram-no com a devida honra.

Muito tempo depois, isto é, por volta do ano 230, atendendo ao pedido dos sírios, o imperador Alexandre autorizou que o corpo do apóstolo fosse transportado para a cidade de Edessa, que outrora se chamava Rages dos Medas. Desde que Abgar, rei dessa cidade, teve a honra de receber uma carta escrita pelo próprio punho do Salvador, ali nenhum herético, nenhum judeu, nenhum pagão podia viver, nenhum tirano podia praticar o mal. Quando algum inimigo tenta atacar essa cidade, à sua porta uma criança batizada lê aquela carta e no mesmo dia, tanto pelo escrito do Salvador como pelos méritos do apóstolo Tomé, os inimigos fogem e deixam a cidade em paz.

Eis o que ISIDORO diz desse apóstolo em seu livro sobre a vida e a morte dos santos:[5] "Tomé, discípulo e imitador de Cristo, foi incrédulo ao ouvir e fiel ao ver. Pregou o Evangelho aos partas, aos medas, aos persas, aos hircanos e aos báctrios; entrando no Oriente e penetrando no interior da região, pregou até a hora de seu martírio. Foi trespassado por lanças".

Assim fala Isidoro. E Crisóstomo acrescenta, por sua vez, que quando Tomé chegou ao país dos magos, que tinham ido adorar Cristo, batizou-os e depois disso eles tornaram-se seus colaboradores na difusão da fé cristã.

---

[5] Esta obra de prestígio na Idade Média (mas citada apenas três vezes na *Legenda áurea*) foi recentemente objeto de nova edição e tradução: *De ortu et obitu Patrum*, ed.-trad. C. Chaparro Gómez, Paris, Belles Lettres, 1985. A passagem referida por Jacopo de Varazze é o capítulo 73, pp. 208-211.

Das Festas que Ocorrem em Parte no Tempo da Reconciliação e em Parte no Tempo da Peregrinação

Depois das festas que caem no tempo da Renovação, que se inicia com Moisés, prossegue com os Profetas e vai até o advento de Cristo na carne, tempo representado pela Igreja desde o Advento até a natividade do Senhor, ocorrem as festas compreendidas em parte no tempo da Reconciliação, em parte no tempo da Peregrinação. Essa época é recordada pela Igreja da Natividade até a Septuagésima, como foi dito no prólogo.

6. A Natividade de Nosso Senhor Jesus Cristo Segundo a Carne

A natividade de Nosso Senhor Jesus Cristo segundo a carne ocorreu, contando a partir da formação de Adão, 5228 anos depois conforme alguns, 6 mil anos conforme outros, 5199 anos conforme EUSÉBIO DE CESARÉIA em sua crônica, ou seja, no tempo do imperador Otávio. METÓDIO, que dá a data de 6 mil anos, parece basear-se mais em idéias místicas do que históricas.

Quando o Filho de Deus encarnou, o universo desfrutava uma paz tão profunda que o imperador dos romanos era o único senhor do mundo. Seu primeiro nome foi Otávio, depois se chamou César por causa de Júlio César, de quem era sobrinho. Também foi chamado Augusto, porque expandiu a República, e imperador, por causa dessa dignidade com que foi honrado, sendo o primeiro dos reis a ter esse título. Como o Senhor quis se encarnar para nos trazer paz temporal e paz eterna, quis nascer num tempo de paz terrena. Naquele momento César Augusto, que governava o universo, quis saber quantas províncias, cidades, fortalezas, burgos e homens estavam sob sua autoridade.

Além disso, como está dito na HISTÓRIA ESCOLÁSTICA, ordenou que todos os homens fossem à cidade de que eram originários e que cada um deles desse ao governador da província um denário de prata (que equivalia a dez soldos comuns, daí seu nome), moeda que trazia a efígie e o nome de César, reconhecendo-se assim súdito do Império Romano. Esse reconhecimento acontecia com cada chefe de família antes de entregar o denário em nome próprio e de seus dependentes, colocando a moeda sobre sua cabeça e declarando-se em público súdito do Império Romano.

Este ato era parte do recenseamento, que implicava profissão de fidelidade ao império e registro das pessoas. Da expressão *proprio ore fassio*, "reconheço com meus próprios lábios", surgiu a palavra "profissão".[1] Seguia-se o registro, que consistia em anotar numa lista o número de pessoas em nome de quem o chefe de família havia oferecido o tributo.

O primeiro a fazer um censo foi Cirino, governador da Síria. A *História escolástica* diz que Cirino foi o primeiro, mas esta expressão pode ser entendida de outras maneiras. "Primeiro" pode se referir à Judéia, que é o umbigo, isto é, o centro da terra habitável, e portanto era razoável que o censo começasse por ela antes de ser adotado pelos governadores de outras províncias. Diz-se também que foi o primeiro censo universal, porque os feitos anteriormente tinham sido parciais. Ou talvez porque tenha sido o primeiro a contabilizar os chefes de famílias diante do governador local, diferentemente dos que consideravam as cidades e eram realizados diante do lugar-tenente de César, ou daqueles que englobavam as regiões e eram feitos na presença do próprio César.

José vivia em Nazaré, mas como era descendente de Davi foi se registrar em Belém. Como estava próximo o momento do parto de Maria e ele ignorava quando poderia voltar, levou-a consigo, não querendo deixar em mãos estranhas o tesouro que Deus lhe confiara, cioso que estava de se encarregar pessoalmente dessa tarefa. Ao se aproximar de Belém (assim atestam BARTOLOMEU em sua compilação e o chamado LIVRO DA INFÂNCIA DO SALVADOR), a bem-aventurada Virgem viu uma parte do povo na alegria e outra no sofrimento, o que um anjo explicou da seguinte forma: "A parte do povo que está alegre é constituída pelos gentios que receberão bênção eterna pelo sangue de Abraão, e a parte que está sofrendo é o povo judeu, merecidamente reprovado por Deus".

Chegando a Belém, como eram pobres e como muitas outras pessoas vindas pelo mesmo motivo ocupavam as hospedarias, não encontraram alojamento. Instalaram-se então numa passagem pública que se encontrava (de acordo com a *História escolástica*) entre duas casas, uma espécie de tenda fora da cidade, onde se reuniam os cidadãos locais para nos dias livres conversar, ou para se abrigar quando fazia mau tempo. Ali José fez uma manjedoura para um boi e um jumento que levara consigo,

---

[1] O sentido primeiro da palavra era "declaração pública", isto é, autodefinição da condição familiar, social, política, religiosa etc., inclusive da atividade econômica exercida, acepção que, sem eliminar as demais, acabaria por ser a mais popular nas línguas românicas.

ou, segundo alguns autores, a manjedoura já existia, tendo sido feita para os camponeses que se dirigiam ao mercado e ali amarravam seus animais. Por volta da meia-noite de domingo, a bem-aventurada Virgem deu à luz seu filho e colocou-o no feno da manjedoura, feno, como está dito na *História escolástica*, que foi mais tarde levado a Roma pela bem-aventurada Helena, pois o boi e o jumento não quiseram comê-lo.

Em primeiro lugar, o nascimento de Cristo foi milagroso em três aspectos: quanto à geratriz, quanto ao que foi gerado, quanto ao modo de geração. Primeiro quanto à geratriz, que foi virgem antes e depois do parto. Prova-se de cinco maneiras que ela permaneceu virgem. Primeira, pela profecia de *Isaías*, 7: "Eis a virgem que conceberá e dará à luz um filho etc.". Segunda, pelos símbolos que a prefiguraram: a vara de Aarão floriu sem cuidado humano e a porta de Ezequiel permaneceu sempre fechada. Terceira, por aquele que a guardou: José sempre cuidou dela, e foi testemunha da sua virgindade. Quarta, pela comprovação: no momento do parto (como podemos ler na compilação de Bartolomeu e no *Livro da infância do Salvador*), apesar de não duvidar que Deus ia nascer de uma virgem, José, segundo o costume local, convocou duas parteiras, uma chamada Zebel, outra, Salomé. Depois de examinar a parturiente com cuidado, Zebel verificou que era virgem e exclamou: "Uma virgem deu à luz!". Salomé que não acreditou quis comprovar, mas sua mão secou de imediato. Entretanto apareceu-lhe um anjo, que a fez tocar a criança e ela ficou imediatamente curada. Quinta, pela evidência do milagre: segundo conta Inocêncio III, Roma viveu em paz por doze anos, e para comemorar ergueu-se à paz um templo magnífico, no qual colocaram a estátua de Rômulo. Consultaram Apolo para saber quanto tempo a paz duraria e obtiveram a resposta: "Até o momento em que uma virgem der à luz". Ouvindo isso, todos disseram: "Então vai durar para sempre", pois achavam impossível que uma virgem pusesse um filho no mundo. Colocaram então nas portas do templo a inscrição "Templo da paz eterna", mas na mesma noite em que a virgem deu à luz o templo desabou, e nesse lugar situa-se hoje a igreja de Santa Maria Nova.[2]

---

[2] O nome dessa igreja (localizada entre o Fórum e o Coliseu) devia-se à proximidade de outra, conhecida por Santa Maria Antiqua, adaptação que a Alta Idade Média fizera de um edifício imperial romano. A atual Santa Maria Nova (também chamada Santa Francesca Romana) é do século XVII, tendo apenas alguns vestígios do século XII.

Segundo aspecto, a Natividade foi milagrosa quanto ao que foi gerado. Diz Bernardo: "Nela foram reunidos o eterno, o antigo e o novo; o eterno é a divindade, o antigo é a carne tirada de Adão, o novo é uma nova alma criada no momento da concepção". Ele prossegue em outra parte:

> Deus fez três misturas e três obras, tão singulares que nunca foram e nunca serão feitas outras iguais. Houve união real entre Deus e homem, entre mãe e virgem, entre fé e espírito humano. A primeira união é admirabilíssima, porque barro e Deus, majestade e doença, baixeza e sublimidade foram postos juntos. De fato, não há nada mais sublime do que Deus, como não há nada mais baixo do que o homem. A segunda união não é menos admirável, porque nunca no mundo tinha-se ouvido dizer que uma mulher que houvesse dado à luz fosse virgem, que uma mãe não cessasse de ser virgem. A terceira união é inferior à primeira e à segunda, mas não é menos importante. É admirável o espírito humano ter tido fé nessas duas coisas, ter podido crer que Deus se fez homem e que uma virgem deu à luz e continuou virgem.

Quem falou isso foi Bernardo.

Terceiro aspecto, a Natividade foi milagrosa quanto ao modo de geração. De fato, seu parto superou as leis da natureza, por ter sido uma virgem a conceber; superou a razão, pois o gerado foi Deus; superou a condição da natureza humana, pois foi um parto sem dores; superou o normal, pois a virgem não concebeu a partir de sêmen humano, mas de um sopro místico, o Espírito Santo, que tomou o que havia de mais puro e de mais casto no sangue da virgem para formar aquele corpo. Deus assim mostrou um quarto modo, admirável, de criar um homem. ANSELMO diz a respeito: "Deus pode criar o ser humano de quatro maneiras: sem homem nem mulher, como criou Adão; de um homem sem mulher, como criou Eva; do homem e da mulher, como de costume; de uma mulher sem homem, como nesse caso maravilhoso".

Em segundo lugar, o caráter milagroso da Natividade foi demonstrado pelo fato de nela terem intervindo todas as espécies de criaturas. A que tem somente o ser, como as que são puramente corpóreas, por exemplo as pedras. A que tem o ser e a vida, como os vegetais e as árvores. A que tem o ser, a vida e o sentimento, como o homem. A que tem o ser, a vida, o sentimento, o discernimento e a inteligência, como o anjo. Todas essas criaturas anunciaram o nascimento de Cristo de diversas formas.

Primeira. As puramente corpóreas dividem-se em três grupos: são ou opacas ou transparentes ou brilhantes. As opacas notificaram ao mundo o nascimento de Cristo por meio da destruição do templo dos romanos, como já foi dito, e também da queda de diferentes estátuas que naquele momento caíram em vários outros lugares. Sobre isso pode-se ler na *História escolástica*:

> O profeta Jeremias, ao ir para o Egito após a morte de Godolias,[3] informou aos reis do país que seus ídolos cairiam por terra quando uma virgem desse à luz um filho. É por isso que os sacerdotes dos ídolos adoravam num lugar secreto do templo a imagem de uma virgem com uma criança no colo. O rei Ptolomeu perguntou-lhes certa vez o que significava aquilo, e eles responderam que era um mistério revelado a seus ancestrais por um santo profeta, e que um dia iria se realizar.

Os corpos transparentes falaram da Natividade quando na mesma noite em que ela ocorreu a escuridão foi transformada em claridade semelhante à do dia. Em Roma (atestam Orósio e Inocêncio III), a água de uma fonte transformou-se em óleo e correu abundantemente até o Tibre. Ora, a sibila predissera que quando jorrasse uma fonte de óleo, nasceria o Salvador. Corpos luminosos apareceram no céu no dia da Natividade. De acordo com antigos relatos (conta-nos Crisóstomo), os magos estavam orando numa montanha quando diante deles apareceu uma estrela com a forma da mais linda criança, sobre cuja cabeça brilhava uma cruz. A estrela disse aos magos para irem à Judéia, onde encontrariam esse recém-nascido. Nesse mesmo dia três sóis apareceram no Oriente, e pouco a pouco tornaram-se apenas um. Era um sinal de que a Trindade e a unidade de Deus iam ser conhecidas no mundo, ou então de que aquele que acabava de nascer reunia em sua pessoa três substâncias: a alma, a carne e a divindade.

Pode-se ler, entretanto, na *História escolástica*, que não foi no dia da Natividade que apareceram os três sóis, mas algum tempo antes, após a morte de Júlio César. Eusébio também o assevera em sua crônica. O imperador Otávio (diz o papa Inocêncio III) depois de ter submetido o universo à dominação romana agradou tanto ao Senado que este quis honrá-lo como um deus. Mas o imperador, cheio de prudência e

---

[3] Não se deve confundir Godolias, amigo do profeta (*Jeremias* 39,14), com o gigante Golias derrotado por Davi (*1 Samuel* 17,4-51).

sabendo-se homem, não quis usurpar a honra da imortalidade. Instado pelo Senado, consultou a sibila para saber por seus oráculos se algum dia nasceria no mundo um mortal maior que ele. Isso aconteceu no dia da Natividade do Senhor, e enquanto a sibila explicava seus oráculos a sós com o imperador num quarto do palácio, eis que no meio do dia um círculo de ouro rodeia o sol e no meio do círculo aparece uma virgem maravilhosamente bela, trazendo uma criança no colo, o que a sibila mostrou a César, extasiado com essa visão. Ele então ouviu uma voz dizer: "Eis o altar do céu". E a sibila acrescentou: "Esta criança é maior que você, adore-a". Esse quarto foi dedicado a Santa Maria, sendo hoje a igreja Santa Maria in Aracoeli.[4] O imperador compreendeu que aquele menino era maior do que ele. Ofereceu-lhe incenso e a partir desse momento renunciou a ser chamado deus.

Eis como se exprime Orósio a esse respeito: "No tempo de Otávio, mais ou menos na terceira hora, num céu claro, puro e sereno, um círculo em forma de arco-íris rodeou o disco do sol, como se tivesse vindo aquele que havia criado o sol e o universo e os rege sozinho". Eutrópio também diz isso. O historiador Timóteo relata ter encontrado nas antigas histórias dos romanos que no trigésimo quinto ano de seu reinado, Otávio subiu ao Capitólio e perguntou insistentemente aos deuses qual seria depois dele o governador da República, e ouviu uma voz responder: "Um menino celeste, filho do Deus vivo, Deus e homem sem mácula, que em breve nascerá de uma virgem imaculada". Ao saber disso, erigiu um altar nesse lugar e nele colocou a inscrição: "Altar do Filho de Deus vivo".

Segunda forma de anúncio: a Natividade também foi mostrada por criaturas que possuem ser e vida, como as plantas e as árvores. Naquela noite (segundo relata Bartolomeu em sua compilação) as vinhas de Engadia, que produzem bálsamo, floriram, deram fruto e destilaram seu licor. Terceira forma: o nascimento foi divulgado pelas criaturas que têm o ser, a vida e o sentimento, como os animais. Indo para Belém com Maria, que estava grávida, José levou consigo um boi — talvez para vendê-lo e pagar o censo que ele e a esposa deviam, ficando com o restante para viver — e um jumento, talvez para servir de montaria à Virgem. O boi e o jumento conheceram o Senhor por milagre e ajoelha-

---

[4] Isto é, Santa Maria Altar do Céu, situada ao norte do monte Capitolino, no lugar do antigo templo de Juno, atrás da moderna Piazza Venezia.

ram-se para adorá-lo. Antes da Natividade de Cristo (conta Eusébio em sua crônica), por alguns dias os bois que aravam diziam aos lavradores: "Os homens faltarão, as colheitas abundarão".

Quarta forma: o nascimento foi anunciado por criaturas que têm o ser, a vida, o sentimento e o discernimento, como é o caso do homem e, portanto, dos pastores. De fato, naquela hora os pastores vigiavam seus rebanhos como tinham o costume de fazer duas vezes por ano nas noites mais longas e nas noites mais curtas. Antigamente, a cada solstício, isto é, no solstício de verão, por volta da festa de João Batista, e no solstício de inverno, por volta da Natividade do Senhor, era costume dos gentios velar a noite para reverenciar o sol, costume esse que se arraigara também entre os judeus, talvez para seguir o uso dos estrangeiros que habitavam em seu país. O anjo do Senhor apareceu, anunciando-lhes o nascimento do Salvador e ensinando-lhes um sinal para encontrá-lo. A esse anjo juntou-se uma multidão de outros, que diziam: "Glória a Deus nas alturas etc.".[5] Os pastores seguiram as indicações e encontraram tudo como o anjo dissera.

Também César Augusto manifestou o nascimento ao proibir que o tratassem como deus, conforme testemunha Orósio. Por ter visto o arco em torno do sol, por ter se lembrado da ruína do templo e da fonte de óleo, compreendeu que aquele que o sobrepujava em grandeza tinha nascido e não quis ser chamado nem deus nem senhor. Pode-se também ler em certas crônicas que ao se aproximar o nascimento do Senhor, Otávio construiu vias públicas pelo mundo e perdoou todas as dívidas dos romanos. O nascimento foi manifestado mesmo pelos sodomitas, que em todo o mundo foram destruídos naquela noite, como diz Jerônimo comentando a passagem *Lux orta est*: "Elevou-se então uma luz tão forte que fez morrer todos os que se entregavam a esse vício. Cristo assim fez para extirpar da natureza humana que ele assumira, uma impureza tão infame". Ademais, diz Agostinho, tendo Deus visto no gênero humano esse vício contrário à natureza, quase desistiu de se encarnar. Quinta forma: o nascimento foi proclamado pela criatura que tem o ser, a vida, o sentimento, o discernimento e a inteligência, isto é, o anjo. De fato, os anjos anunciaram o nascimento de Cristo aos pastores, como acabamos de dizer acima.

Em terceiro lugar, a Natividade foi útil aos homens por várias razões. Primeira delas, pela confusão em que ficaram os demônios, que

---

[5] *Lucas* 2,14.

não mais poderiam levar vantagem sobre nós, como antes. Lemos que certa vez na véspera da Natividade do Senhor, São Hugo,[6] abade de Cluny, viu a bem-aventurada Virgem com o filho nos braços, e ela lhe disse: "Hoje é o dia em que os oráculos dos profetas são renovados. Onde está agora esse inimigo que antes era o amo dos homens?". A essas palavras o diabo saiu debaixo da terra para ultrajar a Virgem, mas a iniqüidade fracassou, porque ao percorrer o mosteiro foi rejeitada no oratório pela devoção, no refeitório pela leitura, nos dormitórios pelas camas desconfortáveis, na sala capitular pela paciência. Também podemos ler no livro de PEDRO DE CLUNY que na véspera do Natal a bem-aventurada Virgem apareceu a São Hugo, abade de Cluny, com o filho no colo e brincando com ele, que dizia: "Mãe, você sabe com que alegria a Igreja celebra hoje o dia do meu nascimento. Onde está agora a força do diabo? Que pode ele dizer e fazer?". Então o diabo saiu da terra e disse: "Se não posso entrar na igreja onde se celebram os ofícios, entrarei no capítulo, no dormitório e no refeitório". E tentou fazê-lo, mas a porta do capítulo era estreita demais para sua largura, a porta do dormitório baixa demais para sua estatura e a porta do refeitório tinha barreiras formadas pela caridade dos servidores, pela atenção dada à escuta da leitura, pela sobriedade no beber e comer, e então ele desapareceu confuso.

Segunda razão pela qual a Natividade foi útil: para obtenção do perdão. Podemos ler num livro de *exempla*[7] que mesmo tendo abandonado a vida lúbrica e tendo se arrependido, uma mulher não acreditava que obteria o perdão e temia o Juízo por se achar culpada. Ao pensar no Inferno, considerava-se imunda e merecedora dele; ao pensar no Paraíso, achava-se indigna dele; ao pensar na Paixão, considerava-se ingrata. Mas ao pensar na facilidade em se acalmar as crianças, ela invocou Cristo por sua infância e ouviu uma voz que lhe garantia já ter merecido o perdão.

Terceira razão: para a cura das doenças. Eis o que diz Bernardo sobre essa utilidade da Natividade: "O gênero humano tinha três doenças, no começo, no meio e no fim, isto é, no nascimento, na vida e na morte. O nascimento era maculado, a vida perversa e a morte perigosa.

---

[6] São Hugo (1024-1109) foi o abade que fez de Cluny a cabeça da mais importante rede monástica do Ocidente, a qual passou de 65 casas no início de seu abaciado para 1200 por ocasião de sua morte. Refletindo o crescimento da abadia-mãe nesse período (de cem para trezentos monges), Hugo empreendeu a construção de uma nova igreja (conhecida por Cluny III), que seria a maior do Ocidente por quatro séculos.

[7] Sobre este gênero literário, ver nossas observações na Introdução.

Veio Cristo que trouxe um tríplice remédio a essa tríplice doença. Ele nasceu, viveu e morreu. Seu nascimento purificou o nosso, sua vida foi um exemplo para a nossa, sua morte destruiu a nossa".

Quarta razão: para humilhar nosso orgulho, o que fez Agostinho dizer que a humildade mostrada pelo Filho de Deus na Encarnação foi um exemplo, um sacramento e um remédio. Um exemplo a imitar, um sacramento pelo qual o vínculo de nosso pecado foi rompido e um remédio que cura a presunção de nosso orgulho. Assim falou Agostinho. De fato, o orgulho do primeiro homem foi curado pela humildade de Cristo. Observe-se ainda que a humildade do Salvador corresponde ao orgulho do traidor, porque o orgulho do primeiro homem foi contra Deus, até Deus e acima de Deus. Foi contra Deus, porque ia contra o preceito que proibia comer o fruto da árvore da ciência do bem e do mal. Foi até Deus, porque desejou igualar-se a Ele, crendo no diabo que dissera: "Vocês serão como deuses".[8] Foi acima de Deus, segundo Anselmo, ao querer o que Deus não queria que o homem quisesse. Com efeito, este colocou sua vontade acima da vontade de Deus, mas o Filho de Deus, segundo JOÃO DAMASCENO, humilhou-se não contra os homens, mas pelos homens, até os homens e acima dos homens: pelos homens, isto é, para sua utilidade e sua salvação; até os homens, por um nascimento semelhante ao deles; acima dos homens, por um nascimento diferente do deles. Seu nascimento foi semelhante ao nosso, pois nasceu de uma mulher, e foi diferente do nosso, pois nasceu do Espírito Santo e da Virgem Maria.

---

[8] *Gênesis* 3,5.

7. Santa Anastácia

Anastácia vem de *ana*, "acima", e *stasís*, "que fica em pé" ou "permanece", porque se elevou acima dos vícios e ali permaneceu.

    A nobilíssima Anastácia era filha de Pretaxato, romano ilustre mas pagão, e da cristã Fantasta. Ela recebeu os princípios da fé de sua mãe e do beato Crisógono. Tendo-se casado com Públio, simulou doença para se abster das relações conjugais, mas ele ficou sabendo que, acompanhada por uma criada e vestindo trajes muito pobres, sua esposa percorria as prisões onde estavam cristãos para levar-lhes as coisas de que necessitavam. Prendeu-a então em casa, mandou vigiarem-na com rigor e submeteu-a a privações até mesmo de comida, esperando que ela assim morresse e ele pudesse tomar posse de súas imensas riquezas. Acreditando que logo morreria, ela escreveu várias cartas a Crisógono contando seus infortúnios e recebeu conselhos e consolação. Entretanto o marido faleceu e ela foi liberada do cárcere.

    Anastácia tinha a seu serviço três irmãs de maravilhosa beleza, uma chamada Agapete, outra Tionia e a terceira Irene. Elas eram cristãs e recusavam-se obstinadamente a obedecer ao prefeito de Roma, apaixonado por elas. Este mandou prendê-las num quarto onde se guardavam utensílios de cozinha. Um dia, querendo saciar seus desejos, o prefeito foi ali encontrá-las e, mais uma vez rejeitado, teve um acesso de loucura abraçando panelas, caldeirões e outros utensílios, que pensava serem as virgens. Quando se saciou, saiu todo preto, sujo, com as roupas em farrapos. Seus serviçais, que o esperavam do lado de fora, vendo-o assim acharam que se tinha transformado em demônio, cobriram-no de pancadas e depois fugiram, deixando-o só.

Ele foi então encontrar o imperador para se queixar, mas os guardas vendo-o naquele estado pensaram que estava possuído por algum espírito furioso e passaram a bater nele com varas e a atirar-lhe lama e poeira. Ele não conseguia perceber seu estado, e ficou espantado por se ver maltratado desta forma, quando estava acostumado a ser objeto de grandes honrarias. Ele pensava estar vestindo seus trajes brancos, como os outros nobres, e quando lhe mostraram a verdade, pensou que as moças tinham-no enfeitiçado. Ordenou então que as trouxessem e que se despissem diante dele, para que tivesse pelo menos esse prazer. Como elas se recusassem, mandou despi-las à força, mas as roupas aderiram ao corpo delas de tal maneira que foi impossível tirá-las. Isso perturbou tanto o prefeito que imediatamente caiu adormecido e não podia ser acordado nem a pancadas. Algum tempo depois as virgens receberam a coroa do martírio.

Anastácia foi entregue pelo imperador a outro prefeito, que se conseguisse fazê-la realizar sacrifícios aos deuses pagãos poderia se casar com ela. Esse prefeito levou-a para sua casa e ao tentar abraçá-la ficou imediatamente cego. Ele foi então implorar a cura a seus deuses, que lhe responderam: "Como você atormentou Anastácia, padecerá no Inferno a nosso lado os tormentos que sofremos". Ao voltar para casa foi morto pelos próprios filhos.

Anastácia foi entregue a outro prefeito. Quando este soube que ela era rica, propôs: "Anastácia, se você quer ser cristã, faz o que seu Senhor mandou: 'Quem não renunciar a tudo o que possui, não poderá ser meu discípulo'.[1] Dá-me, então, tudo o que você tem e vá em liberdade aonde quiser, sendo uma verdadeira cristã". Ela retrucou: "Meu Deus disse: 'Vendam tudo o que tiverem e dêem aos pobres',[2] não aos ricos. Ora, como você é rico, eu estaria agindo contra o mandamento de Deus se lhe desse qualquer coisa". Anastácia foi então jogada numa masmorra horrível para ali morrer de fome, mas Santa Teodora, que já sofrera as honras do martírio, alimentou-a com pão celeste durante dois meses. Por fim ela foi levada com duzentas virgens para a ilha Palmarola,[3] onde muitos cristãos tinham sido exilados.

---

[1] *Lucas* 14,33.

[2] *Mateus* 19,21; *Marcos* 10,21; *Lucas* 18,22.

[3] Pequena ilha do mar Tirreno, a cerca de 55 quilômetros de Terracina e 120 de Nápoles.

Alguns dias depois, o prefeito mandou buscar todos eles. Anastácia foi amarrada a uma estaca e queimada viva, enquanto outros pereciam sob diferentes suplícios. Entre os martirizados havia um cristão que fora despojado várias vezes de suas riquezas por causa de Cristo e que sem cessar repetia: "Não me privarão de Cristo". Apolônia sepultou com honras o corpo de Santa Anastácia em seu pomar, onde construiu uma igreja. Ela sofreu sob Diocleciano, que começou a reinar no ano do Senhor de 287.

8. Santo Estêvão, Mártir

Estêvão em grego quer dizer "coroa", em hebraico "regra". Ele foi a coroa, isto é, o líder dos mártires do Novo Testamento, assim como Abel foi do Antigo. Foi também uma regra, isto é, um exemplo para os outros por sofrer por Cristo, por agir e viver corretamente, por orar por seus inimigos. Estêvão [Stephanus em latim] também pode vir de *strenue fans*, "aquele que fala sem parar", como mostrou por seus sermões e por sua pregação da palavra de Deus. Estêvão também pode derivar de *strenue fans anus*, "aquele que fala incansavelmente às velhas", porque falava com energia e dignidade às viúvas, que eram literalmente velhas, e a quem instruía e dirigia de acordo com o encargo que recebera dos apóstolos. Em suma, foi "coroa" enquanto protomártir, "regra" no padecer e na santidade, "perseverante" na pregação, "infatigável" na instrução às mulheres idosas.

1. Estêvão foi um dos sete diáconos ordenados pelos apóstolos para exercer o ministério. Era crescente o número de discípulos, mas os gentios convertidos queixavam-se que suas viúvas não recebiam na nova comunidade o mesmo tratamento que as dos judeus cristianizados. Podemos atribuir duas causas a essas queixas: ou as viúvas cristãs de origem pagã ficavam excluídas de certos ministérios, ou elas eram mais sobrecarregadas que as demais nessas tarefas. De fato, querendo aplicar-se inteiramente a divulgar a palavra, os apóstolos haviam confiado às viúvas certas atividades administrativas. Para pôr fim a esse mal-estar, convocaram uma assembléia e disseram: "Não é justo pararmos de anunciar a palavra de Deus para cuidarmos de coisas materiais". A GLOSA acrescenta: "Porque a alimentação do espírito é preferível aos pratos que alimentam o corpo". Eles prosseguiram: "Escolham, pois,

irmãos, sete de vocês de reconhecida probidade, cheios do Espírito Santo e de sabedoria, a quem confiemos essa tarefa". A *Glosa* completa: "Para que a desempenhem pessoalmente ou encarreguem outros de fazê-lo". Os apóstolos concluíram: "Para que nos dediquemos inteiramente à prece e à pregação".

Essa proposta agradou a toda a assembléia. Sete foram escolhidos e levados aos apóstolos, que através do rito da imposição das mãos deram autoridade para que eles exercessem suas tarefas. O bem-aventurado Estêvão foi o primeiro a ser escolhido e o encarregado de dirigir os demais. Estêvão, cheio de graça e de força, obrava grandes prodígios e grandes milagres em benefício do povo. Os judeus, enciumados, queriam sobrepujá-lo e procuravam vencê-lo de três maneiras: através de debates públicos, prestando falsos testemunhos e submetendo-o a suplícios. Mas ele foi mais sábio na discussão, desmascarou as falsas testemunhas e triunfou dos suplícios. Em cada um desses combates contou com o auxílio celestial. No primeiro, o Espírito Santo foi-lhe dado para que tivesse sabedoria; no segundo, apareceu com feições angelicais a fim de atemorizar as falsas testemunhas; no terceiro, Cristo esteve a seu lado para fortalecê-lo no martírio. A história mostra que essas provas tiveram três aspectos: o de guerra, o de ajuda divina, o de triunfo. Examinando essa história, podemos confirmar tudo isso.

2. Como Estêvão fazia muitos milagres e pregava com freqüência ao povo, o primeiro combate que os judeus invejosos travaram com ele foi o de debates públicos. Ergueram-se contra ele alguns membros da sinagoga dos libertinos, isto é, dos filhos dos escravos libertos. Com efeito, os primeiros a se oporem aos apóstolos foram pessoas de estirpe servil. A disputa com Estêvão foi começada por gente das cidades de Cirene e Alexandria, bem como da Cilícia[1] e da Ásia. Essa primeira prova foi como uma guerra que resultou em triunfo, porque "eles nada podiam contra a sabedoria do santo", que teve ajuda divina porque "o Espírito Santo falava por sua boca".[2]

Vendo, pois, que não podiam levar a melhor sobre ele nesse gênero de combate, os judeus foram hábeis o bastante para escolher uma segunda maneira, que era vencê-lo por meio de falsos testemunhos. Subornaram então dois homens para acusá-lo de quatro tipos de blasfêmias. Levado diante do conselho, as falsas testemunhas imputaram-lhe

---

[1] Região da Ásia Menor, parte do território da atual Turquia.
[2] *Atos dos apóstolos* 6,10; 7,55.

quatro acusações: blasfêmia contra Deus, contra Moisés, contra a Lei e contra o tabernáculo ou templo. Daí o aspecto de guerra. No entanto, todos os que estavam sentados no conselho ao erguerem os olhos para ele viram seu rosto como o de um anjo. Eis o auxílio divino. Veio em seguida a vitória nesse segundo combate, pelo qual as falsas testemunhas foram confundidas em seus depoimentos. O chefe dos sacerdotes perguntou: "As coisas aconteceram tal como acaba de ser afirmado?". O bem-aventurado Estêvão negou categoricamente as quatro blasfêmias que lhe tinham sido imputadas.

Primeiro, negou as blasfêmias contra Deus, dizendo que o Deus que falara aos patriarcas e profetas era o Deus da glória, o que se pode entender de três maneiras. É o Deus que dá glória, como está no *Livro dos Reis*, 2: "A quem me glorificar, darei a glória". É o Deus que contém a glória, como se lê em *Provérbios*, 8: "Comigo estão as riquezas e a glória". É o Deus a quem as criaturas devem a glória, como está escrito: "Ao Rei eterno, imortal, invisível, Deus único, honra e glória pelos séculos dos séculos".[3] Portanto Estêvão louvou a Deus de três maneiras, dizendo que Ele é glorioso, que dá glória e que merece ser glorificado.

Segundo, negou a imputação de blasfêmia contra Moisés, louvando-o de várias maneiras. Louvou-o principalmente por três coisas: pelo fervor de seu zelo ao matar o egípcio que batera em um de seus irmãos; por ter feito milagres no Egito e no deserto; pela honra que teve de conversar com Deus várias vezes.

Terceiro, negou a blasfêmia contra a Lei valorizando-a por três motivos: primeiro, por ter Deus como autor; segundo, por ter tido o grande e ilustre Moisés como ministro; terceiro, por seu objetivo de proporcionar vida eterna.

Quarto, negou a blasfêmia contra o tabernáculo e o templo, dizendo que o primeiro merecia respeito por quatro razões: fora encomendado por Deus; Moisés recebeu seu projeto numa visão; fora concluído por Moisés; continha a Arca da Aliança. Disse ainda que o templo foi o sucessor do tabernáculo. Foi assim que o bem-aventurado Estêvão negou, com ajuda do raciocínio, os crimes que lhe atribuíam.

3. Vendo-se vencidos pela segunda vez, os judeus escolheram um terceiro meio e empreenderam o terceiro combate, por meio de torturas e suplícios. Ao perceber isso, o bem-aventurado Estêvão, querendo

---

[3] *Atos dos apóstolos* 6,10.

praticar o preceito do Senhor acerca da correção fraterna, experimentou três meios de corrigi-los e impedi-los de cometer essa maldade: o do pudor, o do temor e o do amor.

Primeiro recorreu ao pudor, reprovando-lhes a dureza de coração e a morte dos santos. "Cabeças duras", disse, "homens incircuncidados de coração e de ouvidos, resistem sempre ao Espírito Santo como fizeram seus pais. Qual profeta seus pais não perseguiram? Eles mataram os que prediziam o advento do Justo". Com isso, diz a *Glosa*, ele os acusou de três tipos de pecado. Primeiro, resistir ao Espírito Santo. Segundo, perseguir os profetas. Terceiro, matá-los por excesso de maldade. De fato eles tinham a malícia de uma prostituta, e não se envergonhavam do que faziam nem cessavam de fazê-lo. Muito pelo contrário, ante essas palavras foram tomados por uma raiva que lhes dilacerava o coração e rangiam os dentes contra ele.

Segundo, tentou corrigi-los pelo medo, dizendo-lhes que via Jesus de pé à direita de Deus, pronto para ajudá-lo e para condenar seus adversários. Estêvão estava cheio do Espírito Santo, e erguendo os olhos para o Céu viu a glória de Deus e disse: "Vejo os Céus abertos, e o Filho do homem de pé à direita da Virtude de Deus". E embora já os houvesse repreendido pelo pudor e pelo temor, nem por isso estavam corrigidos, ao contrário, tornaram-se piores do que antes. Soltando grandes gritos e tapando os ouvidos (como se fosse para não ouvir suas blasfêmias, diz a *Glosa*), jogaram-se sobre ele e, levando-o para fora da cidade, lapidaram-no. Eles acreditavam agir assim de acordo com a Lei, que ordenava lapidar o blasfemo fora do seu local de residência. E as duas falsas testemunhas que deviam atirar a primeira pedra, segundo o texto da Lei — "As testemunhas atirarão a pedra com sua própria mão antes de todos" —[4] tiraram a roupa fosse para não se contaminar, fosse para ficar mais à vontade para apedrejar. Depois colocaram-na aos pés de um rapaz chamado Saulo, mais tarde Paulo, que ao guardar essas roupas colaborou no martírio e de certa forma ajudou a lapidar o santo.

Terceiro, não tendo podido emendar os inimigos nem pelo pudor, nem pelo temor, Estêvão tentou um terceiro meio, que era abrandá-los pelo amor. Pode-se dar mais amor do que aquele que ele demonstrou orando por si e por eles? Orou primeiro por si, a fim de abreviar os instantes da sua paixão, e para que esta não lhe fosse imputada como pecado,

---

4 *Deuteronômio* 17,7; *João* 8,5-7.

em seguida orou por eles. Enquanto era lapidado, Estêvão orava e dizia: "Senhor Jesus, receba meu espírito". Pondo-se em seguida de joelhos, exclamou em voz alta: "Senhor, não lhes impute este pecado, pois eles não sabem o que fazem". Amor tão admirável que quando reza por si está de pé, quando reza por seus carrascos põe-se de joelhos, como se preferisse muito mais ver satisfeito o que solicitava para os outros do que o que pedia para si. Mais por eles do que por si, diz a *Glosa*, porque implorava maior remédio onde maior era o mal. Nisso o mártir de Cristo imitou o Senhor, que na Paixão orou por si ao dizer: "Pai, ponho minha alma em suas mãos"; e orou pelos que o crucificavam dizendo: "Pai, perdoa-os, pois não sabem o que fazem".[5] Depois daquelas palavras, "Estêvão adormeceu no Senhor".[6] Belas palavras, acrescenta a *Glosa*, pois "adormeceu" é melhor que "morreu", porque oferecendo esse sacrifício de amor ele adormeceu na esperança de despertar na ressurreição.

Estêvão foi lapidado no ano da ascensão do Senhor, no começo do mês de agosto, na manhã do terceiro dia. Os santos Gamaliel e Nicodemo, que defendiam os cristãos em todos os conselhos dos judeus, sepultaram-no num terreno pertencente a Gamaliel e realizaram seus funerais com grande reverência. O bem-aventurado Estêvão era um dos principais cristãos de Jerusalém, e após sua morte começou uma tal onda de perseguição a eles que, excetuados os apóstolos, que eram os mais corajosos, os cristãos dispersaram-se por toda a província da Judéia, conforme o Senhor havia recomendado: "Se forem perseguidos numa cidade, fujam para outra".[7]

4. O eminente doutor Agostinho relata que o bem-aventurado Estêvão foi ilustre por inúmeros milagres, pela ressurreição de seis mortos, pela cura de uma multidão de doentes. Entre os milagres que ele nos conta, há alguns notáveis. Ele afirma que quando os doentes tocavam as flores ou os mantéis do altar do beato Estêvão, ficavam milagrosamente curados. No livro XXII de *A CIDADE DE DEUS*, Agostinho escreve que algumas flores do altar do mártir colocadas sobre os olhos de uma cega permitiram-lhe recuperar imediatamente a visão. No mesmo livro, ele relata que quando um importante cidadão, Marcial,

---

[5] *Lucas* 23,24.

[6] Nesses três itens da vida de Estêvão, Jacopo de Varazze seguiu muito de perto, resumindo, parafraseando e citando, os capítulos 6 e 7 de *Atos dos apóstolos*.

[7] *Mateus* 10,23.

infiel que não queria de modo algum se converter, ficou gravemente enfermo, seu genro, cheio de fé, foi à igreja de Santo Estêvão, pegou algumas flores que estavam no altar e escondeu-as junto da cabeça do doente, que tendo dormido sobre elas antes do dia nascer gritou que mandassem buscar o arcebispo. Estando este ausente, veio um padre que diante da garantia do moribundo de que passara a crer, administrou-lhe o batismo. Ao saber que as últimas palavras do bem-aventurado Estêvão tinham sido: "Cristo, receba meu espírito", Marcial não deixou de repeti-las no tempo que lhe restou de vida.

5. Eis outro milagre relatado no mesmo livro: uma senhora chamada Petrônia estava há tempos atormentada por uma enfermidade gravíssima e a grande quantidade de remédios que tomara não tinha produzido nenhum sinal de cura. Um dia consultou um judeu que lhe deu um anel com uma pedra engastada, o qual devia ser atado com um cordão sobre sua carne nua, de forma que por virtude dele recobrasse a saúde. Mas tendo percebido que isso não lhe proporcionava bem algum, correu à igreja do protomártir e bem-aventurado Estêvão para lhe pedir que a curasse. No mesmo instante, sem que tivesse desamarrado o cordão, o anel caiu no chão e ela sentiu-se totalmente curada.

6. O mesmo livro relata outro milagre não menos admirável. Em Cesaréia da Capadócia, uma dama nobre havia perdido o marido, mas possuía uma bela e numerosa família composta de dez filhos, sete meninos e três meninas. Um dia, tendo sido ofendida por eles, amaldiçoou-os. A maldição materna logo foi seguida pela vingança divina, e todos foram atingidos por um horrível castigo. Os membros de todos eles foram tomados por um pavoroso tremor. Envergonhados, não quiseram que seus concidadãos fossem testemunhas de sua desgraça e saíram pelo mundo afora. Como por onde passassem chamavam atenção, dois deles, Paulo e Paládia, foram a Hipona e contaram ao próprio Agostinho, bispo da cidade, o que lhes tinha acontecido. A conselho dele, passaram, a partir daí, quinze dias antes da Páscoa, a ir assiduamente à igreja do beato Estêvão pedindo que lhes restituísse a saúde.

No dia de Páscoa, na presença de uma multidão, Paulo atravessou a balaustrada, prosternou-se diante do altar com fé e reverência, e pôs-se a orar. Os presentes ficaram na expectativa do que ia acontecer, quando ele subitamente levantou-se curado e livre de seus tremores. Tendo sido levado à presença de Agostinho, este o mostrou ao povo e prometeu que no dia seguinte leria um relato do que acontecera. Enquanto falava ao povo, a irmã, que assistia ao serviço na igreja, sempre com todos os membros agitados, levantou-se do meio dos fiéis, atravessou a balaustrada e, de repente, como se saísse do sono, endireitou-se, curada. Ela também foi mostrada à multidão, que rendeu imensas ações de graças a Deus e ao bem-aventurado Estêvão. Foi ao voltar para junto de Agostinho, depois de ter visitado Jerônimo, que ORÓSIO levou as relíquias de Santo Estêvão que fizeram os milagres de que acabamos de falar e muitos outros.

7. Cumpre observar que o bem-aventurado Estêvão não sofreu o martírio em 26 de dezembro, data da celebração de sua festa, mas, como dissemos acima, no dia 3 de agosto, data em que é comemorada a descoberta de suas relíquias. Contaremos por qual motivo as datas dessas festas foram mudadas. Basta dizer que a Igreja teve duas razões para escolher as três festas que seguem o Natal.

A primeira, reunir Cristo, esposo e chefe, aos que tinham sido seus companheiros. De fato, ao nascer, Cristo, o Esposo, deu neste mundo à Igreja, sua esposa, três companheiros, de que se fala no *Cântico dos cânticos*: "O meu amado é alvo e rosado, o eleito entre mil". O alvo indica João Evangelista, precioso confessor; o rosado, Estêvão, protomártir; o escolhido entre mil, a multidão virginal dos Inocentes.

A segunda razão é que desta forma a Igreja reúne todos os tipos de mártires, de acordo com seu nível de dignidade, ainda que todos tenham uma mesma causa, a natividade de Cristo. Há três tipos de martírio, o desejado e consumado, o desejado e não consumado, o consumado mas não desejado. O primeiro foi o do beato Estêvão, o segundo do beato João, o terceiro dos Inocentes.

9. São João, Apóstolo

João quer dizer "graça de Deus", ou "em quem está a graça", ou "ao qual foi dada a graça", ou "aquele que recebeu um dom de Deus". Daí os quatro privilégios recebidos pelo bem-aventurado João. O primeiro foi a predileção que Cristo dedicava a ele. De fato, Cristo amou-o mais que aos outros apóstolos e deu a ele as maiores provas de afeto e familiaridade. Assim, "graça de Deus" porque foi gracioso a Deus. Parece inclusive que foi mais amado do que Pedro. Mas há amor de coração e demonstração de amor. A demonstração é dupla, uma que consiste na familiaridade, outra, nos benefícios concedidos. Ele amou a ambos igualmente, porém mais da primeira forma a João, mais da segunda forma a Pedro. O segundo privilégio é a incorrupção da carne, pois ele era virgem quando foi escolhido pelo Senhor. Assim, "nele está a graça" refere-se à graça da pureza virginal, pois queria se casar quando foi chamado pelo Senhor. O terceiro privilégio é a revelação de mistérios concernentes à Divindade do Verbo e ao fim do mundo, daí "ao qual foi dada a graça". O quarto privilégio é ter sido encarregado de cuidar da mãe de Deus. Assim, pode-se dizer que "recebeu um dom de Deus", já que o maior presente que o Senhor podia dar era confiar-lhe sua mãe. A vida deste apóstolo foi escrita por Mileto, bispo de Laodicéia, e resumida por ISIDORO em seu livro *Do nascimento, da vida e da morte dos Santos Padres*.

1. João, apóstolo e evangelista, o bem-amado do Senhor, foi escolhido quando ainda era virgem. Após Pentecostes, quando os apóstolos se separaram, partiu para a Ásia, onde fundou grande número de igrejas. O imperador Domiciano, que ouvira falar dele, mandou trazerem-no e

jogou-o numa cuba de óleo fervendo, na Porta Latina.[1] Saiu dela são e salvo, porque vivera livre da corrupção da carne. Ao saber que João continuava a pregar, o imperador relegou-o ao exílio na ilha deserta de Patmos,[2] onde o santo escreveu o *Apocalipse*.

Naquele ano o imperador foi assassinado em razão do ódio que inspirava devido à sua grande crueldade, e todos os seus atos foram anulados pelo Senado, de sorte que São João, injustamente deportado para aquela ilha, voltou a Éfeso, onde foi recebido com grande honra por todos os fiéis que se aglomeraram diante dele dizendo: "Bendito seja aquele que vem em nome do Senhor". Enquanto ele entrava na cidade acontecia o enterro de Drusiana, que tinha sido sua devota e que esperara ansiosa por sua chegada. Os pais da morta, as viúvas e os órfãos disseram-lhe então: "São João, é Drusiana que vamos inumar, ela que desejava ardentemente sua chegada, dizendo: 'Ó, se eu tivesse a felicidade de ver o apóstolo de Deus antes de morrer!'. Eis que você chega, e ela não pode ver". João ordenou, então, que pusessem a padiola no chão e tirassem a mortalha do cadáver: "Drusiana, que meu Senhor Jesus Cristo ressuscite você. Levante, vá para casa e prepare comida para mim". Ela se levantou imediatamente e apressou-se a cumprir a ordem do apóstolo, pois lhe parecia que este a tinha acordado, e não ressuscitado.

2. No dia seguinte, Crato, o filósofo, convocou o povo na praça para ensinar como se devia desprezar este mundo. Usando o rico patrimônio de dois irmãos que conseguira convencer nesse sentido, comprou duas pedras preciosas que mandou esmigalhar diante da assembléia. O apóstolo passava por lá, e chamando o filósofo condenou essa maneira de desprezar o mundo, por três razões. Primeira, semelhante desprezo pode ser apreciado pelos homens, mas é reprovado por Deus. Segunda, esse desprezo não cura o vício, logo é inútil, assim como é inútil o remédio que não cura o doente. Terceira, esse desprezo só é meritório para quem dá seus bens aos pobres, como disse o Senhor a um rapaz: "Vá vender tudo o que você tem e dar aos pobres".[3] Crato replicou: "Se de fato seu Deus é o senhor e se ele quer que o valor dessas pedrarias seja dado aos pobres, faça com que elas fiquem inteiras novamente, para que esta

---

[1] Uma das entradas existentes nas muralhas de Roma, localizada a sudeste, próxima às Termas de Caracala.

[2] A menor (apenas 28 km²) e mais setentrional das ilhas gregas do grupo conhecido por Dodecaneso, no mar Egeu.

[3] *Mateus* 19,21; *Marcos* 10,21; *Lucas* 18,22.

obra o glorifique da mesma forma que obtive renome junto aos homens". Então o bem-aventurado João reuniu nas mãos os fragmentos daquelas pedras, fez uma oração e elas ficaram inteiras, como antes. Imediatamente o filósofo e seus dois jovens discípulos converteram-se, venderam as pedras e distribuíram o dinheiro aos pobres.

3. Dois outros jovens de uma família honrada imitaram o exemplo dos precedentes, venderam tudo o que possuíam e, depois de dar aos pobres, seguiram o apóstolo. Mas um dia, ao verem seus antigos escravos vestidos de ricos e brilhantes trajes, ao passo que a eles restava uma só vestimenta, foram tomados de tristeza. São João, que a percebeu pela fisionomia deles, mandou buscar na praia varas e pedras, que transformou em ouro e pedras preciosas. Por ordem do apóstolo, eles mostraram-nas durante sete dias a todos os ourives e a todos os lapidários, que lhes disseram nunca terem visto ouro mais puro nem pedras tão preciosas. Então João disse: "Comprem as terras que vocês venderam, porque perderam as riquezas do Céu; brilhem como flores para que feneçam como elas; sejam ricos no tempo para que sejam mendigos na eternidade". Desde então o apóstolo falou com freqüência ainda maior contra as riquezas, e mostrou que por seis razões devemos nos preservar do apetite imoderado da fortuna.

A primeira razão, dada pela Escritura, é a história do rico Epulão, reprovado por Deus, e do pobre Lázaro, eleito por Deus.[4] A segunda nos é dada pela natureza, que nos faz vir ao mundo pobres e nus e morrer sem riquezas. A terceira pelas criaturas, pois assim como o sol, a lua, os astros, a chuva, o ar são comuns a todos e entre todos compartilhados, todos os bens deveriam ser comuns a todos os homens. A quarta pela fortuna, que nos mostra que o rico se torna escravo do dinheiro e do diabo. Do dinheiro, porque não possui as riquezas, são elas que o possuem; do diabo, porque de acordo com o Evangelho aquele que ama o dinheiro é escravo de Mammon.[5] A quinta pela inquietude, pois os que possuem bens têm preocupações dia e noite, seja para adquirir seja para conservar. A sexta pelos riscos e perigos a que estão expostas as riquezas, do que resultam dois tipos de males: agora, o orgulho, na eternidade, a danação eterna. Disso decorre a perda dos dois tipos de bens, os da graça, na vida presente, e os da glória eterna, na vida futura.

---

[4] *Lucas* 16,19-26.
[5] Personalização do aramaico *mamona*, em latim *mammona*, "riqueza": *Lucas* 16,9-11.

4. No meio dessa discussão contra as riquezas, passou um cortejo fúnebre levando um jovem falecido trinta dias depois de seu casamento. Sua mãe, sua viúva e os demais que o choravam vieram lançar-se aos pés do apóstolo, rogando-lhe que o ressuscitasse, em nome do Senhor, como fizera com Drusiana. Depois de ter chorado muito e de ter rezado, João ressuscitou imediatamente o jovem, a quem ordenou que contasse àqueles dois discípulos a que castigo eles tinham se exposto e que glória haviam perdido. Ele contou então várias coisas que vira sobre a glória do Paraíso e sobre as penas do Inferno. E acrescentou: "Desgraçados, vi seus anjos em prantos e os demônios regozijando-se". Disse-lhes também que eles tinham perdido os palácios eternos construídos de pedrarias brilhantes, resplandecentes de fulgor maravilhoso, cheios de copiosos banquetes, plenos de delícias e de alegria e glória intermináveis. Recitou então oito penas do Inferno contidas nestes dois versos:

> Vermes e trevas, tormento, frio e fogo
> Presença do demônio, multidão de criminosos, pranto.

Então o ressuscitado e os dois discípulos prosternaram-se aos pés do apóstolo e imploraram que fosse misericordioso com eles. O apóstolo respondeu: "Façam penitência trinta dias, durante os quais orem para que estas varas e estas pedras voltem ao seu estado natural". Tendo eles executado essas ordens, disse-lhes: "Levem estas varas e estas pedras para onde as apanharam". Eles assim fizeram. As varas e as pedras voltaram então a ser o que eram e os jovens recobraram a graça de todas as virtudes que anteriormente haviam possuído.

5. Depois de João ter pregado por toda a Ásia, os adoradores de ídolos provocaram uma sedição entre o povo e levaram João a um templo de Diana para forçá-lo a oferecer sacrifícios. João propôs a eles esta alternativa: ou, invocando Diana, eles fariam a Igreja de Cristo ruir, e ele sacrificaria aos ídolos, ou, depois de ter invocado Cristo, ele derrubaria o templo de Diana, e então eles é que acreditariam em Cristo. A maioria aceitou a proposta, e todos saíram do templo. O apóstolo fez sua prece, o templo ruiu até os alicerces e a imagem de Diana foi despedaçada. Mas então o pontífice dos ídolos, Aristodemo, incitou uma parte do povo contra a outra. O apóstolo foi até ele: "Que quer que eu faça para se convencer?". Aristodemo respondeu: "Se quer que eu creia em seu Deus, vou lhe dar veneno para beber, e se você não sentir seu efeito seu Senhor será evidentemente o verdadeiro Deus".

O apóstolo tornou: "Faça como quiser". Aristodemo: "Antes quero que veja outros morrerem para que seu temor aumente". Foi então pedir ao procônsul dois condenados à morte, aos quais deu veneno em presença de todos. Mal o tomaram, renderam a alma. Então o apóstolo pegou a taça e, fortalecendo-se com o sinal-da-cruz, engoliu todo o veneno sem sentir nada, o que levou todos os presentes a louvar a Deus. Aristodemo disse: "Resta-me uma dúvida, mas se você ressuscitar aqueles que morreram do veneno passarei a crer sem dúvidas". Então o apóstolo deu-lhe sua túnica. "Por que me deu sua túnica?", indagou Aristodemo. "Para que você fique tão confuso que rompa com sua infidelidade", respondeu-lhe o apóstolo. "Sua túnica me fará crer?" E o apóstolo: "Vá colocá-la sobre o corpo dos que morreram e diga: 'O apóstolo de Cristo enviou-me para ressuscitá-los em nome de Cristo'". Logo que assim fez, eles ressuscitaram. Então, em nome de Cristo, o apóstolo batizou o pontífice e o procônsul, que se converteram junto com suas famílias, erigindo depois uma igreja em honra ao bem-aventurado João.

6. O beato Clemente relata no livro IV da HISTÓRIA ECLESIÁSTICA que o apóstolo converteu um rapaz bonito e forte e confiou-o a um bispo. Pouco tempo depois o jovem abandonou o bispo e tornou-se chefe de um bando de assaltantes. Quando o apóstolo voltou, pediu ao bispo a devolução do depósito. Acreditando que ele falava de dinheiro, o bispo ficou surpreso e o apóstolo esclareceu: "É aquele rapaz que reclamo, pois foi ele que recomendei a você com tanta insistência". O bispo respondeu: "Santo padre, ele morreu espiritualmente e está na montanha com uns ladrões de quem é chefe". Ouvindo isso, João rasgou suas roupas, bateu na cabeça e exclamou: "Que bom guardião escolhi para a alma de um irmão". Mandou que lhe preparassem sem demora um cavalo e correu intrepidamente para a montanha. Reconhecendo-o, o rapaz cobriu-se de vergonha e fugiu a galope. O apóstolo, esquecendo sua idade, esporeou sua montaria e gritou para o fujão: "Queridíssimo filho, por que foge de um pai e ancião indefeso? Não tema, filho. Eu justificarei você perante Cristo, e certamente morrerei de bom grado por você, como Cristo morreu por nós. Volta, filho meu, volta; é o Senhor que me envia". Ouvindo isso, ele sentiu-se arrependido, voltou e chorou amargamente. O apóstolo lançou-se a seus pés e pôs-se a beijar-lhe as mãos, como se já estivessem purificadas pela penitência. Jejuou e orou por ele, obteve-lhe a graça e, mais tarde, ordenou-o bispo.

7. Lê-se ainda na *História eclesiástica* e nos comentários da GLOSA à segunda epístola canônica de João que este entrara nas termas de Éfeso para tomar banho, mas ao ver o herege Cerinto retirou-se depressa, dizendo: "Fujamos daqui, essas termas podem cair em cima de nós, pois Cerinto, o inimigo da verdade, aí se banha".

8. Cassiano, no livro *Conferências*[6], conta que um homem levou uma perdiz viva para o bem-aventurado João, que a acariciava a fim de domesticá-la, e vendo isso uma criança disse rindo a seus colegas: "Vejam só esse velho, brinca com uma pequena ave como uma criança". O beato João, percebendo que os jovens riam dele, chamou o primeiro e perguntou-lhe o que trazia na mão. O menino respondeu que era um arco. "O que faz com ele?" O jovem respondeu: "Serve para matar aves e bichos". "De que maneira?", quis saber o apóstolo. O menino retesou o arco, mas como o apóstolo não fez comentário algum, logo depois ele distendeu a arma. "Por que você desarmou o arco, meu filho?", perguntou João. "Porque se eu o mantivesse esticado mais tempo, ele ficaria mole demais para atirar flechas", explicou. Então o apóstolo falou: "O mesmo se dá com a frágil natureza humana, que se enfraqueceria caso ficasse sempre ocupada, caso não relaxasse por alguns instantes. Vê a águia: ela voa mais alto do que todos os pássaros e olha fixamente para o sol, mas por sua natureza precisa pousar na terra. O mesmo ocorre com o espírito do homem, que necessita relaxar um pouco para depois se voltar com mais ardor para a contemplação das coisas celestes".

9. Jerônimo garante que o bem-aventurado João viveu em Éfeso até adiantada velhice, quando só conseguia ir à igreja carregado por seus discípulos, e sem poder falar muito, a não ser, a cada pausa: "Meus filhos, amem-se uns aos outros". Surpresos por ele dizer sempre a mesma coisa, os irmãos que estavam com ele perguntaram: "Mestre, por que você repete sempre as mesmas palavras?". Ele respondeu que aquele era o maior mandamento do Senhor, e que se fosse cumprido seria o suficiente.

10. Helinando[7] relata que antes de começar a escrever seu evangelho, João jejuou e orou a fim de ser digno de escrevê-lo. Depois se reti-

---

[6] Esta obra (editada na *Patrología Latina*, vol. 49, col. 477-1328) deve-se a João Cassiano (360-435), monge de Belém, depois diácono em Constantinopla, mais tarde fundador de dois mosteiros próximos a Marselha. Ele é citado esta única vez na *Legenda áurea*.

[7] Helinando de Froidmont (*c.* 1160-*c.* 1230), monge cisterciense, escreveu uma *Crônica* (publicada na *Patrología Latina*, vol. 212, col. 711-1088) que se estendia até o ano de 1204. Anteriormente, por volta de 1195, compusera *Os versos da morte*, traduzidos por H. Megale, São Paulo, Ateliê, 1996. Ele é citado duas vezes por Jacopo.

rou para um lugar solitário para redigir a palavra de Deus, e pediu que enquanto estivesse consagrado a esse trabalho não fosse incomodado nem pela chuva, nem pelo vento. Ainda hoje, nesse local, os elementos respeitam o pedido do apóstolo. É o que afirma Helinando.

11. Isidoro conta que no ano 67 da Paixão o Senhor apareceu com seus discípulos a João, que tinha 98 anos de idade, e disse-lhe: "Vem comigo, meu bem-amado, é hora de sentar-se à minha mesa com seus irmãos". João levantou-se para ir, mas o Senhor disse: "Você virá para junto de mim domingo". Chegado o domingo, desde muito cedo, na hora que o galo canta, o povo reuniu-se na igreja que fora dedicada ao apóstolo. Este começou sua prédica exortando o cumprimento dos mandamentos de Deus. Terminado o sermão, mandou que se cavasse sua sepultura perto do altar e que se pusesse a terra fora da igreja. Ele então entrou na cova, deitou-se, levantou as mãos para o alto e orou: "Senhor Jesus Cristo, você me convidou a sentar à sua mesa e para lá vou, agradecido, pois sempre desejei de todo coração estar contigo". Imediatamente a cova foi tomada por uma luz muito intensa, a cujo resplendor ninguém resistia. Quando a luz desapareceu, encontraram a cova coberta por uma areia fina, semelhante à que se encontra no fundo de certas fontes, e até hoje ela cobre a sepultura, como se jorrasse do fundo dela.

12. Santo Edmundo[8], rei da Inglaterra, nunca recusou nada a alguém que lhe fazia um pedido em nome de São João Evangelista. Certo dia em que o camareiro real estava ausente, um peregrino pediu-lhe esmola em nome de São João Evangelista. O rei deu-lhe a única coisa que tinha naquele momento, um valiosíssimo anel. Algum tempo depois, aquele peregrino encarregou um soldado inglês, que estava no além-mar e voltava para seu país, de entregar ao rei o anel dizendo-lhe: "Aquele a quem por amor você deu este anel, agora o devolve". O rei soube então que fora o beato João que lhe aparecera sob a forma de peregrino.

13. Isidoro afirma em seu livro *Do nascimento, da vida e da morte dos Santos Padres*: "João transformou em ouro galhos de árvores, em pedras preciosas pedras da praia, reconstituiu pedras que haviam sido pulverizadas, ressuscitou uma viúva e um rapaz, bebeu sem problema um veneno mortal, devolveu a vida aos que haviam bebido esse veneno".

---

[8] Rei anglo-saxão de East Anglia (*c.* 840-870), morto quando recusou renegar a fé cristã diante dos invasores pagãos dinamarqueses. Seu martírio logo se tornou objeto de culto e naquele local foi fundado, no começo do século X, o mosteiro de Bury St. Edmund.

10. Os Inocentes

Os Inocentes foram assim chamados por três razões: sua vida, seu castigo e sua inocência. A vida deles foi inocente, jamais tendo prejudicado nem a Deus por desobediência, nem ao próximo por injustiça, nem eles mesmos pela malícia do pecado. Nos *Salmos* está dito: "os inocentes e os retos se unirão a mim etc.", e eles foram inocentes na vida e retos na fé. O castigo deles foi injusto, pois eram inocentes, como diz o salmista: "Derramaram sangue inocente". A inocência deles foi adquirida pelo martírio, equivalente à inocência batismal, isto é, que libera dos efeitos do Pecado Original, como está nos *Salmos*: "Conserve a inocência e considere a retidão", isto é, conserve a inocência batismal e considere a retidão de uma vida repleta de boas obras.

1. Os Inocentes foram mortos por Herodes, o Ascalonita. A Sagrada Escritura menciona três Herodes que se tornaram célebres por sua infame crueldade. O primeiro foi Herodes, o Ascalonita, sob cujo reinado nasceu o Senhor e pelo qual foram massacradas as crianças. O segundo foi Herodes Antipas, que mandou cortar a cabeça de João Batista. O terceiro foi Herodes Agripa, que matou Tiago e prendeu Pedro. Sobre eles, foram feitos os versos:

> Ascalonita matou as crianças, Antipas degolou João,
> Agripa assassinou Tiago e encarcerou Pedro.

Mas contemos em poucas palavras a história do primeiro Herodes. A HISTÓRIA ESCOLÁSTICA conta que Antípatro, o Idumeu, casou-se com uma sobrinha do rei dos árabes e teve com ela um filho, que chamou de Herodes e que mais tarde foi alcunhado de Ascalonita. Foi ele que recebeu o reino da Judéia de César Augusto, e o primeiro a ter o cetro real sem ser da tribo de Judá. Ele teve seis filhos, Antípatro, Alexandre, Aristóbulo, Arquelau, Herodes, Antipas e Filipe. Alexandre e Aristóbulo, cuja mãe era judia, foram mandados a Roma para se instruírem nas artes liberais.[1] Terminados os estudos, Alexandre voltou gramático, Aristóbulo um orador veemente. Desejando logo o trono, tiveram desavenças com o pai, que declarou Antípatro seu herdeiro. Eles então tramaram a morte do pai, foram expulsos e dirigiram-se a César para se queixar da injúria recebida.

 Entretanto os magos chegaram a Jerusalém buscando se informar com grande cuidado sobre o nascimento de um novo rei. Herodes ficou perturbado com essa notícia e temendo que tivesse nascido um menino da legítima linhagem dos reis judeus, o que faria dele um usurpador, simulou querer adorar aquele que desejava matar e pediu que os magos o avisassem tão logo o encontrassem. Mas os magos regressaram à sua terra por outro caminho. Não os vendo voltar, Herodes achou que eles tinham ficado com vergonha por terem interpretado o aparecimento da estrela como presságio, e não se preocupou mais em procurar a criança. Pouco depois, contudo, ao saber do relato dos pastores e das predições de Simão e de Ana, percebeu ter sido enganado pelos magos. Pensou então em matar todas as crianças que estavam em Belém, de modo que eliminasse assim inclusive aquela que ele não conhecia e que o preocupava.

 Prevenido pelo anjo, José fugiu para o Egito com a mãe e o Filho, permanecendo sete anos em Hermópolis, até a morte de Herodes. Quando o Senhor entrou no Egito, todos os ídolos foram derrubados, segundo a predição de Isaías. E do mesmo modo que quando da saída dos filhos de Israel do Egito não houve uma só casa na qual o primogênito não tivesse sido morto pela mão de Deus, assim também não houve templo em que um ídolo não tenha sido derrubado. Cassiodoro relata em sua HISTÓRIA TRIPARTITE que em Hermópolis, na região de Tebas, existe uma árvore chamada *persidis* que tem a propriedade de curar os enfermos em cujos pescoços são colocados frutos, folhas ou pedaços da sua casca. Ora, quando a bem-aventurada Maria fugia para o Egito com seu filho, essa árvore inclinou-se até o chão e humildemente adorou Cristo. Assim escreveu Cassiodoro.

---

[1] Nome genérico que se dava ao conjunto de matérias ao qual se deveriam dedicar os homens livres (daí o nome), conjunto sistematizado no século V e adotado ao longo da Idade Média. Ele era composto pelo *trivium* (Gramática, Retórica, Lógica) e *quadrívium* (Aritmética, Geometria, Música, Astronomia).

2. Herodes preparava-se para massacrar as crianças, quando uma carta de César Augusto intimou-o a comparecer diante dele para responder às acusações de seus filhos. Passando por Tarso, soube que os magos tinham atravessado o mar em um barco daquele local, e mandou incendiar toda a frota, conforme fora predito: "Com um sopro impetuoso, quebrará as naus de Tarso".[2] Em Roma foram resolvidas as desavenças familiares, com César determinando que os filhos obedeceriam ao pai e que este poderia escolher seu herdeiro. Fortalecido em seu poder, e mais ousado, Herodes ao voltar mandou degolar em Belém todas as crianças com dois anos ou menos de idade, segundo o cálculo de tempo que fez com base nas informações dos magos.

Esse cálculo requer esclarecimentos. A Escritura fala em *a bimatu et infra*, o que pode ser interpretado de duas formas. A primeira, que ele mandou matar as crianças que tinham entre dois anos e uma noite de vida. De fato, Herodes soubera dos magos que um príncipe nascera no mesmo dia do aparecimento da estrela, e como se passara um ano com sua viagem a Roma e seu regresso, acreditava que o menino tinha um ano e pouco. Mas com receio de que aquela criança especial pudesse mudar a aparência, mostrando-se mais velha ou mais moça, ampliou a faixa de idade abrangida por sua ordem. Esta é a interpretação mais comum e mais verossímil. Mas há uma segunda forma de entendimento, a de Crisóstomo, pela qual *a bimatu et infra* refere-se às crianças a partir de dois anos. Ele sustenta que a estrela apareceu aos magos um ano antes do nascimento do Salvador, mas que Herodes pensou que o menino tinha nascido quando do aparecimento da estrela. Assim a visita dos magos teria se dado quando o menino tinha um ano de idade. Como outro ano fora gasto com sua viagem a Roma, Herodes calculou que o Salvador teria dois anos: eis por que mandou massacrar as crianças entre dois e cinco anos. Esta afirmativa é reforçada pelas ossadas dos Inocentes, grandes demais para serem de menores de dois anos, porém é possível que as pessoas fossem então mais altas que hoje.

Herodes não tardou a ser punido por seu ato, pois (diz Macróbio[3] e também uma crônica) um neto seu que estava sob os cuidados de uma ama foi morto com outras crianças pelos carrascos. Foi então consu-

---

[2] *Salmos* 47,8.

[3] Ambrósio Macróbio Teodósio, gramático e filósofo romano do século V, autor de um comentário ao *Sonho de Cipião* de Cícero e autor de *Saturnália*, obra consagrada a Virgílio.

mada a palavra do profeta, de que prantos e gemidos de mães seriam ouvidos em Roma, isto é, no centro do poder.

3. Deus, juiz justíssimo, não permitiu que a tremenda crueldade de Herodes ficasse impune, diz a *História escolástica*. A justiça divina puniu a quem privara tantos pais de seus filhos, privando-o dos seus de maneira ainda mais miserável. Alexandre e Aristóbulo conspiraram novamente contra o pai, e um dos cúmplices confessou que Alexandre prometera-lhe dinheiro caso envenenasse seu pai. Um barbeiro também declarou que lhe tinham prometido recompensas consideráveis se ao fazer a barba de Herodes cortasse-lhe o pescoço. E acrescentou que Alexandre teria dito que não se podia esperar nada de um velho que tingia os cabelos para parecer jovem. Irritado, o pai mandou matá-los. Escolheu Antípatro como herdeiro, mas depois o substituiu por Antipas. Herodes tinha particular afeição por dois filhos de Aristóbulo, Agripa e Herodias, mulher de Filipe. Por esses dois motivos, Antípatro ficou com ódio tão implacável do pai, que tentou envenená-lo. Desconfiando, Herodes mandou-o para a prisão. Diz-se que quando César Augusto soube que ele matara os filhos, comentou: "Eu preferiria ser o leitão de Herodes do que seu filho, porque ele cuida dos porcos e mata os filhos".

4. Chegando aos setenta anos de idade, Herodes caiu gravemente enfermo: era minado por uma febre fortíssima, seus membros apodreciam, suas dores eram incessantes, tinha os pés inchados, os testículos roídos por vermes, exalava um odor fétido intolerável, sua respiração era curta e seus suspiros contínuos. Por ordem dos médicos foi tomar um banho de azeite, mas saiu dele quase morto. Tendo ouvido dizer que os judeus ficariam contentes ao vê-lo morrer, mandou prender os jovens mais nobres de toda a Judéia e disse a sua irmã Salomé: "Sei que os judeus se regozijarão com minha morte, mas se você obedecer minhas ordens muitas lágrimas correrão quando ela acontecer. Assim que eu morrer, mate todos os que mantenho presos, a fim de que toda a Judéia chore".

Depois de cada refeição ele tinha o costume de comer uma maçã que ele próprio descascava com a espada. Certa vez, enquanto assim empunhava a arma, teve um violento acesso de tosse, e corria o risco de se golpear, daí um parente ter-lhe segurado o braço no ar. Mas alguns dos presentes pensaram que ele tinha morrido, e ao ouvir essa notícia na prisão, Antípatro deu pulos de alegria e prometeu aos guardas toda sorte de presentes se o libertassem. Quando Herodes soube disso, sofreu mais com a alegria do filho do que com a proximidade de sua própria morte.

Mandou então uns bandidos matá-lo e nomeou Arquelau seu sucessor. Cinco dias mais tarde o rei morreu, depois de uma vida afortunada no plano material e infeliz nas coisas interiores. Salomé libertou todos aqueles cuja morte o rei havia ordenado. No entanto Remígio, em seu comentário sobre *Mateus*, diz que Herodes se suicidou com a espada com que descascava maçã, e que sua irmã Salomé mandou matar todos os que estavam na prisão, conforme tinha combinado com o irmão.

11. São Tomás de Canterbury

Tomás quer dizer "abismo", "gêmeo" e "cortado". "Abismo", isto é, profundo em humildade, o que fica claro pelo cilício que vestia e por lavar os pés dos pobres; "gêmeo", porque em sua prelatura teve duas qualidades eminentes, a da palavra e a do exemplo; "cortado", pois assim conheceu martírio.

1. Enquanto vivia na corte do rei da Inglaterra, Tomás de Canterbury viu serem cometidas diversas ações contrárias à religião, e retirou-se a fim de se pôr sob a direção do arcebispo de Canterbury, que o nomeou seu arquidiácono. No entanto aceitou o pedido do arcebispo, que o aconselhou a conservar o cargo de chanceler do rei, que exercia com prudência, para continuar a ser um obstáculo ao mal que alguns poderiam fazer à Igreja. O rei tinha por ele tanto afeto que quando da morte do arcebispo quis elevá-lo ao trono arquiepiscopal. Após longas resistências, aceitou receber tal fardo sobre os ombros. Mas transformou-se imediatamente em outro homem: tornou-se perfeito, passou a mortificar a carne com cilício e jejuns. Não apenas usava cilício em vez de camisa, como tinha calções de pêlo de cabra que o cobriam até os joelhos. Procurava ocultar sua santidade e ao mesmo tempo mostrava uma honestidade requintada, adequada à dignidade de seu ofício, com móveis apropriados e trajes decentes. Todos os dias, de joelhos, lavava os pés de treze pobres, aos quais dava uma refeição e quatro moedas de prata.

O rei esforçava-se para fazê-lo ceder à sua vontade em detrimento da Igreja, exigindo que ele sancionasse certos costumes que seus predecessores no trono haviam usufruído às custas das liberdades eclesiásticas. Ele nunca quis aceitar, e não tardou a atrair o ódio do rei e dos nobres. Certo dia, sob ameaça de morte por parte do rei e enganado pelos conselhos de várias altas personagens, ele e alguns bispos aparentaram ceder ao desejo do monarca. Mas percebendo que de sua condescendência poderia resultar grande prejuízo para as almas, impôs-se desde então mortificações ainda mais rigorosas. Parou de rezar missa até ser liberado pelo soberano pontífice das suspensões que ele acreditava ter merecido. Requisitado a confirmar por escrito o que havia prometido oralmente, resistiu com energia ao rei e saiu da corte carregando uma pesada cruz, sob os clamores dos ímpios que gritavam: "Cortem a cabeça do traidor. Crucifiquem o ladrão".

Dois homens dignos e fiéis foram até ele e asseguraram sob juramento que muitos próceres tinham-no jurado de morte. O homem de Deus, que temia muito mais pela Igreja do que por si, fugiu e foi encontrar-se em Sens com o papa Alexandre, e tendo recebido recomendações para o mosteiro de Pontigny, foi para a França.[1] O rei, por sua vez, mandou mensageiros a Roma para pedir legados que solucionassem a contenda, mas só ouviu recusas, o que o irritou ainda mais contra o prelado. Seqüestrou então todos os seus bens e os de seus amigos, exilou todos os membros da sua família, sem nenhuma consideração pela condição ou pelo sexo, pela posição ou pela idade dos indivíduos. Quanto a Tomás, todos os dias rezava pelo rei e pelo reino da Inglaterra. Teve então a revelação de que voltaria à sua igreja e receberia de Cristo a palma do martírio. Após sete anos de exílio foi-lhe permitido retornar, e foi recebido com grandes honrarias.

2. Alguns dias antes do martírio de Tomás um rapaz morreu e ressuscitou milagrosamente, dizendo ter sido conduzido até o nível mais elevado dos santos, onde vira um lugar vazio entre os apóstolos. Perguntou a quem pertencia aquele lugar, e um anjo respondeu que estava reservado pelo Senhor a um ilustre sacerdote inglês. Um eclesiástico que todos os dias celebrava missa em honra à bem-aventurada Virgem Maria foi acusado de ignorante, e o arcebispo suspendeu-o de seu ofício. Como o beato Tomás colocara debaixo da cama o cilício para costurá-lo quando tivesse tempo, a bem-aventurada Maria apareceu ao eclesiástico punido e disse: "Vá dizer ao arcebispo que aquela por amor de quem você reza missas costurou o cilício dele, que está em tal lugar, onde também deixou o fio vermelho que utilizou. Diga que ela envia você para que

---

[1] A França a que se refere o texto é a Ile-de-France, ou seja, a região parisiense, centro do poder monárquico francês, que ainda não incluía Sens, pertencente à órbita política do condado de Champagne.

ele suspenda o interdito que aplicou". Ouvindo isso e encontrando tudo conforme fora dito, Tomás ficou surpreso e dispensando o padre de seu interdito recomendou-lhe que mantivesse tudo em segredo.

Depois de ter voltado a seu país, Tomás continuou a defender os direitos da Igreja e não se deixou dobrar nem pela violência, nem pelas súplicas do rei. Como não se conseguia demovê-lo de nenhuma maneira, uns soldados do rei, armados, foram procurá-lo perguntando aos gritos onde estava o arcebispo. Tomás foi ao encontro deles dizendo: "Aqui estou, que querem?". Responderam: "Viemos matá-lo, você não tem muito tempo mais de vida". Ele replicou: "Estou pronto para morrer por Deus, pela defesa da justiça e da liberdade da Igreja. Se é a mim que buscam, aqui estou, mas da parte do Deus onipotente e sob pena de anátema, eu os proíbo de fazer qualquer mal aos que aqui se encontram e encomendo minha alma e a defesa da Igreja a Deus, à bem-aventurada Maria, a todos os santos e ao beato Dioniso". Logo depois disso, sua venerável cabeça caiu sob o gládio dos ímpios, que cortaram o topo dela, espalhando seu cérebro pelo chão da igreja. Ele foi sagrado mártir do Senhor no ano de 1174.

3. Quando os clérigos começavam o *Requiem aeternam* da missa fúnebre que iam celebrar por ele, conta-se que imediatamente os coros dos anjos interromperam a voz dos chantres e entoaram a missa dos mártires, *Laetabitur justus in Domino*, "O justo se alegrará no Senhor", que os clérigos passaram a cantar. Foi obra do Altíssimo que o canto de tristeza se transformasse em cântico de louvor, pois aquele que passava a compartilhar a honra dos mártires não precisava das preces comuns aos mortos. Isso provava a elevada santidade daquele glorioso mártir do Senhor, a quem os próprios anjos honravam, inscrevendo-o no rol dos mártires. De fato, esse santo sofreu a morte pela Igreja, numa igreja, em lugar santo, em tempo sagrado, cercado de sacerdotes e religiosos, para que se revelasse a santidade da vítima e a crueldade dos perseguidores.

O Senhor dignou-se realizar muitos outros milagres por meio de seu santo, pois em consideração aos méritos dele foram devolvidos aos cegos a vista, aos surdos a audição, aos coxos o andar, aos mortos a vida. A água na qual foram lavadas as roupas empapadas de seu sangue curou muitos doentes. Por vaidade e a fim de parecer mais bela, uma dama da Inglaterra desejava mudar a cor de seus olhos, e para tanto dirigiu-se descalça ao túmulo do beato Tomás. Ao se levantar depois da prece, percebeu que estava totalmente cega. Ela então se arrependeu e pediu ao bem-aventurado Tomás que lhe restituísse os olhos tais como os possuía, com a cor de sempre, e apenas com muita dificuldade foi atendida.

4. Certa pessoa suspeitando que seu criado o roubava, disse-lhe: "Se você não me roubou nada, que São Tomás permita que traga sua água milagrosa, mas se for culpado, que essa água evapore imediatamente". O criado concordou, apesar de saber que no jarro havia apenas água comum, que acabara de pegar, e não a água milagrosa de São Tomás, que deveria ter trazido. Coisa maravilhosa! Ao destapar o jarro todos viram que estava vazio, o que fez com que o serviçal fosse reconhecido como ladrão.

5. Um pássaro que aprendera a falar, ao ser perseguido por uma águia pôs-se a gritar estas palavras que lhe tinham ensinado: "São Tomás, ajude-me!". A águia caiu morta no ato e o pássaro ficou a salvo.

6. Um indivíduo que São Tomás muito amara caiu gravemente enfermo e foi ao túmulo do santo orar a fim de recobrar a saúde, o que obteve facilmente. Mas, uma vez curado, pôs-se a pensar que aquela cura talvez não fosse vantajosa para sua alma. Foi de novo orar ao pé do túmulo e pediu que, caso sua cura não fosse útil para a salvação, a doença voltasse, e ele ficou como estava antes. Como seus problemas tinham resultado de uma agressão, assim que voltou a estar doente a vingança divina recaiu sobre seus agressores, com uns despedaçando a dentadas os próprios dedos, outros tendo o corpo apodrecido, uns morrendo de paralisia, outros morrendo miseravelmente em surtos de loucura.

12. São Silvestre

Silvestre vem de *síle*, "luz", e de *terra*, "terra", querendo portanto dizer "luz da terra", isto é, da Igreja, que como uma boa terra tem a semente das boas obras, a cor escura da humildade e a suavidade da devoção. É por essas três qualidades, diz Paládio, que se distingue a terra boa. Ou então Silvestre vem de *sílva*, "floresta", e *Theos*, "Deus", porque atraiu à fé homens silvestres, incultos e duros. Ou, como está dito no glossário, Silvestre significa "verde", "agreste", "umbroso", "frondoso". Verde na contemplação das coisas celestes; agreste pela rudeza dedicada a si mesmo; umbroso por arrefecer em si toda concupiscência; frondoso por estar plantado no meio das árvores do Céu. Sua legenda foi compilada por EUSÉBIO DE CESARÉIA e sua leitura muito recomendada por um concílio de setenta bispos, pelo que nos conta o beato Brás e os decretos do referido concílio.

Silvestre nasceu de uma mãe chamada Justa, de nome e de fato, e foi instruído pelo presbítero Ciriano, que lhe ensinou a praticar a hospitalidade com grande zelo. Assim, ele recebeu em sua casa um homem muito cristão, chamado Timóteo, que todos evitavam por causa da perseguição que sofria. Esse Timóteo ali ficou um ano e três meses até obter a coroa do martírio por anunciar com zelo perseverante a fé em Cristo. O prefeito Tarquínio, pensando que Timóteo era rico, exigiu com ameaças de morte que Silvestre entregasse os supostos bens do amigo. Frustrado por ver que Timóteo não possuía riquezas, mandou que Silvestre sacrificasse aos ídolos, senão iria no dia seguinte passar por diversos gêneros de suplícios. Silvestre então lhe disse: "Insensato, você morrerá esta noite, depois sofrerá tormentos eternos e assim, quer queira, quer não, reconhecerá o verdadeiro Deus que adoramos". Silvestre foi levado preso e Tarquínio foi convidado a um jantar. Ao comer, ele ficou engasgado com uma espinha de peixe que não conseguiu nem expelir nem engolir. Ele morreu à meia-noite, e Silvestre, que era amado tanto pelos cristãos quanto pelos pagãos, foi libertado para grande alegria de todos.

Ele tinha, de fato, um aspecto angélico e uma palavra eloqüente. Era bem-feito de corpo, santo em obras, poderoso em conselhos, católico em sua fé, forte de esperança e dotado de imensa caridade. Após a morte de Melquíades, bispo da cidade de Roma, Silvestre foi a contragosto eleito soberano pontífice por todo o povo. Conservava escrito num registro os nomes de todos os órfãos, viúvas e pobres a quem provia de tudo o que lhes era necessário. Foi ele que instituiu o jejum das quartas e das sextas-feiras e do sábado, e que mandou festejar a quinta-feira da mesma forma que o domingo. À objeção dos cristãos gregos para quem se devia comemorar o sábado de preferência à quinta-feira, Silvestre respondeu que se tratava de uma tradição apostólica e que os cristãos deviam chorar o sepultamento do Senhor. Eles replicaram: "Há um sábado em que celebramos o sepultamento e em que jejuamos, uma vez por ano". Silvestre respondeu: "Do mesmo modo que todo domingo é celebrado por causa da Ressurreição, assim também todo sábado é celebrado pelo sepultamento do Senhor". Eles cederam então a respeito do sábado, mas continuaram se opondo quanto à quinta-feira, dizendo que esse dia não devia fazer parte das solenidades cristãs. Mas Silvestre demonstrou a dignidade desse dia em três pontos: é o dia em que o Senhor subiu ao Céu, o dia em que instituiu o sacrifício de seu corpo e de seu sangue, o dia que a Igreja consagra ao Santo Crisma. Todos aquiesceram então às suas razões.

2. Durante a perseguição de Constantino, Silvestre saiu da cidade e ficou com seus clérigos numa montanha. Em punição por sua tirania, Constantino viu-se coberto por uma lepra incurável. A conselho dos sacerdotes dos ídolos, trouxeram-lhe 3 mil crianças para serem degoladas e para que, em seguida, ele se banhasse em seu sangue fresco e quente. Quando Constantino saiu para ir ao lugar em que o banho devia ser preparado, as mães das crianças foram ao seu encontro e com os cabelos desgrenhados puseram-se a soltar uivos pungentes.

Comovido, Constantino mandou parar o carro e levantou-se para falar:

Ouçam-me, nobres companheiros de armas e todos que aqui estão. A dignidade do povo romano nasceu na fonte da compaixão que fez promulgar a lei pela qual seria condenado à morte quem matasse uma criança na guerra. Quão maior seria portanto nossa crueldade se infligíssemos a nossas crianças o que nos proibimos fazer com as crianças dos estrangeiros! De que nos serviria termos domado os bárbaros, se formos vencidos pela crueldade? Vencer as nações estrangeiras pela força é feito de povos belicosos, mas vencer os vícios e pecados é resultado de bons costumes. Nos primeiros combates somos mais fortes que os bárbaros, e nos segundos somos vencedores de nós mesmos. Quem é derrotado nessa luta obtém a vitória, apesar de vencido, mas o vencedor é vencido após sua vitória se a piedade não prevalece sobre a crueldade. Que a piedade seja, pois, vitoriosa nesse encontro. Não poderemos ser verdadeiramente vencedores de nossos adversários se formos vencidos em piedade. Mostra-se senhor de todos aquele que cede à compaixão. Prefiro morrer respeitando a vida desses inocentes a recobrar, por meio de sua morte, uma vida marcada pela crueldade, vida que não é certo que eu venha a recuperar, mas que certamente seria manchada pela crueldade se eu assim a salvasse.

Ordenou então que as crianças fossem restituídas às mães, e pôs vários carros à disposição delas. As mães, que foram derramando lágrimas, voltaram para casa cheias de alegria. Quanto ao imperador, retornou ao seu palácio. Na noite seguinte, Pedro e Paulo apareceram a ele e disseram:

> Já que você recusou derramar sangue inocente, o Senhor Jesus Cristo enviou-nos para propiciar-lhe um meio de recobrar a saúde. Mande chamar o bispo Silvestre, que está escondido no monte Sorate, e ele mostrará uma piscina na qual você se lavará três vezes, ficando depois disso inteiramente curado da lepra. E em recompensa por essa cura devida a Cristo você destruirá os templos dos ídolos, erigirá igrejas em honra a esse mesmo Cristo e será doravante seu adorador.

Ao despertar, Constantino mandou imediatamente uns soldados ao encontro de Silvestre. Ao vê-los, Silvestre acreditou ter sido chamado à honra do martírio, recomendou-se a Deus e depois de exortar seus companheiros apresentou-se sem medo diante de Constantino. O imperador disse-lhe: "Alegro-me que tenha vindo". Depois de Silvestre tê-lo por sua vez cumprimentado, o príncipe contou em detalhe a visão que tivera durante seu sono. Perguntou-lhe quem eram os dois deuses que lhe tinham aparecido, e Silvestre respondeu que não eram deuses, mas apóstolos de Cristo. A pedido do imperador, Silvestre mandou trazer imagens dos apóstolos, e mal olhou para elas o imperador exclamou: "Eles se parecem com os que se mostraram a mim em sonho". Silvestre admitiu-o então entre os catecúmenos, impôs-lhe oito dias de jejum e exortou-o a abrir as prisões.

Quando o imperador entrou nas águas do batistério, um admirável feixe de luz aí brilhou, ele saiu curado da piscina e garantiu ter visto Cristo. No primeiro dia após seu batismo, baixou uma lei ordenando que Cristo fosse adorado como o verdadeiro Deus na cidade de Roma; no segundo dia, que todo blasfemo fosse punido com a morte; no terceiro, que quem insultasse um cristão fosse privado da metade de seus bens; no quarto, que assim como o imperador era o cabeça de Roma, o pontífice romano seria o de todos os bispos; no quinto, que aquele que se refugiasse numa igreja estaria ao abrigo de qualquer perseguição; no sexto, que ninguém poderia construir uma igreja numa cidade sem permissão do bispo local; no sétimo, que o dízimo dos domínios reais seria concedido para a construção de igrejas; no oitavo, o imperador foi à igreja de São Pedro e confessou com lágrimas seus erros, pegando depois uma enxada com a qual cavou a terra para os alicerces da basílica que ia ser construída e retirou doze cestos de terra que carregou nas costas para jogá-la fora.

3. Logo que soube desses acontecimentos, a mãe do imperador Constantino, Helena, que morava em Betânia, escreveu ao filho elogiando-o por ter renunciado aos ídolos, mas censurando-o amargamente por não adorar o Deus dos judeus, e sim um homem que fora crucificado. O imperador respondeu à mãe que trouxesse consigo doutores judeus, que ele apresentaria doutores cristãos, de forma que através de um debate vissem de que lado estava a verdadeira fé. Santa Helena trouxe 161 judeus doutíssimos, entre os quais doze que superavam largamente os demais em sabedoria e eloqüência. Para o debate diante do imperador reuniram-se Silvestre com seus clérigos e os judeus de que acabamos de falar. De comum acordo foram indicados como juízes dois gentios muito esclarecidos e honrados, Cratão e Zenófilo. Combinou-se que quando um grupo levantasse para falar, o outro ficaria calado.

O primeiro dos doze judeus, que se chamava Abiatar, começou dizendo: "Já que os cristãos reconhecem três deuses, o Pai, o Filho e o Espírito Santo, é manifesto que vão contra a Lei, que diz: 'Eu sou o único Deus e não há outro além de mim'.[1] Enfim, se dizem que Cristo é Deus por ter realizado muitos prodígios, na nossa Lei também houve muitas

---
[1] *Êxodo* 20,2-3; 34,14; *Levítico* 26,1; *Deuteronômio* 6,4; *Isaías* 45,18.

pessoas que fizeram vários milagres, mas elas nunca ousaram valer-se disso para usurpar o nome da divindade, como esse que eles adoram". Silvestre respondeu-lhe:

> Adoramos um só Deus, mas não dizemos que ele vive em tão grande solidão que não tem a alegria de possuir um filho. Vamos demonstrar a trindade de pessoas através de seus próprios livros. Chamamos Pai àquele de quem disse o profeta: "Ele me invocou e disse você é meu pai", chamamos Filho àquele de quem é dito no mesmo livro: "Você é meu filho, hoje eu o gerei", chamamos Espírito Santo àquele de quem o referido livro disse: "Toda a força deles está no espírito da sua boca". Também podemos ler: "Façamos o homem à nossa imagem e semelhança",[2] do que podemos evidentemente concluir a pluralidade de pessoas e a unidade da divindade, porque muito embora sejam três pessoas, elas constituem um só Deus, o que é fácil mostrar por um exemplo visível.

Tomou então a púrpura do imperador e fez três pregas. "Aqui estão três pregas", disse, e acrescentou:

> Vocês estão vendo que as três pregas são parte de uma só peça; do mesmo modo, três pessoas fazem um só Deus. Quanto a não se poder dizer que Ele é Deus por seus milagres, pois vários santos fizeram milagres e contudo não são chamados de deuses como Cristo o é, considerem que Deus nunca deixou sem rigoroso castigo os que tentaram se passar por Ele, como foi provado no caso de Datã e Abirão,[3] e de muitos outros. Como, pois, Ele poderia ter mentido que era Deus, se a isso não se seguiu nenhum castigo? Ademais, sua verdadeira condição divina ficou atestada pela eficácia de suas ações.

Os juízes então disseram: "Abiatar foi vencido por Silvestre, e a razão ensina que se ele não fosse Deus mas apenas se dissesse Deus, não teria podido dar vida aos mortos". Afastado o primeiro debatedor, veio o segundo, que se chamava Jonas: "Abraão", disse ele, "ao receber de Deus a circuncisão, foi justificado e todos os filhos de Abraão ainda o são pela circuncisão, portanto aquele que não tiver sido circuncidado não será justificado". Respondeu-lhe Silvestre: "Consta que antes da sua cir-

---

[2] *Salmos* 88,27; 2,7; *Gênesis* 1,26.

[3] Personagens que se revoltaram contra Moisés (*Números* 16,23-33; 26,9) e foram tragados pela terra (*Números* 26,10; *Deuteronômio* 11,6; *Salmos* 105,17).

cuncisão, Abraão já agradara a Deus e fora chamado amigo de Deus, portanto não foi a circuncisão que o santificou. Foi por sua fé e sua justiça que ele agradou a Deus. Ele não recebeu a circuncisão como justificação, e sim como sinal de distinção".

Vencido também este, veio o terceiro, Godolias, que disse: "Como seu Cristo pode ser Deus, se o senhor admite que ele nasceu, foi tentado, traído, despojado, dessedentado com fel, amarrado, crucificado, sepultado? Tudo isso não são coisas de um Deus". Replicou-lhe Silvestre:

> Vamos provar, por seus livros, que todas essas coisas foram preditas a propósito de Cristo. Ouçam as palavras de Isaías sobre seu nascimento: "Eis que uma virgem dará à luz"; as de Zacarias sobre sua tentação: "Vi Jesus, o grande sacerdote, de pé diante de um anjo e de Satã, que estava à sua direita"; as do salmista sobre sua traição: "Aquele que comia do meu pão deflagrou a perseguição a mim". O mesmo salmista sobre seu despojamento: "Repartiram minhas roupas". E também acerca do fel que lhe deram de beber: "Deram-me fel por alimento e vinagre por bebida". Esdras diz do fato de ter sido amarrado: "Fui como um pai que os libertou das terras de Egito, mas vocês me amarraram, me acusaram diante do tribunal, me humilharam prendendo-me na madeira, me traíram". Jeremias fala assim da sua sepultura: "Em sua sepultura os mortos reviverão".

Como Godolias não tinha o que responder, os juízes mandaram que se retirasse. Veio o quarto, Anás, que falou assim: "Silvestre atribui a seu Cristo o que se aplica a outros; falta-lhe provar que essas predições concernem ao Cristo". Respondeu Silvestre: "Mostre-me, então, outro que tenha sido concebido por uma virgem, que tenha sido dessedentado com fel, coroado de espinhos, crucificado, morto e sepultado, que tenha ressuscitado de entre os mortos e subido ao Céu". Constantino interveio: "Se ele não demonstrar que se trata de outro, estará derrotado". Como Anás não podia demonstrá-lo, foi substituído por um quinto, chamado Doeth. Este disse: "Se esse Cristo nascido da raça de Davi tivesse sido tão santificado quanto o senhor sustenta, não precisaria ter sido batizado para ser santificado". Tornou Silvestre: "Assim como a circuncisão terminou com a circuncisão de Cristo, também nosso batismo começou a ser santificado com o batismo de Cristo. Logo, ele não foi batizado para ser santificado, mas para santificar".

Como Doeth ficou calado, Constantino disse: "Se Doeth tivesse uma réplica, não se calaria". Então o sexto, que era Chusi, tomou a palavra: "Gostaríamos que Silvestre expusesse para nós as causas desse parto virginal". Silvestre respondeu:

> A terra de que Adão foi formado era incorrupta e virgem, ainda não tinha bebido sangue humano, ainda não tinha dado espinhos de maldição, ainda não tinha servido de sepultura ao homem, nem fora dada como alimento à serpente. Foi necessário pois que a Virgem Maria formasse um novo Adão, para que assim como a serpente vencera aquele que nascera de uma virgem, assim também fosse ela vencida por sua vez pelo filho de uma virgem. Foi necessário que aquela que fora a vencedora de Adão no Paraíso se tornasse também a tentadora do Senhor no deserto, para que aquela que vencera Adão pela gula fosse vencida pelo jejum do Senhor.

Derrotado mais este, Benjamim, o sétimo, pôs-se a dizer: "Como seu Cristo pode ser filho de Deus se pôde ser tentado pelo diabo a tal ponto que ora foi forçado pela fome a fazer pão de pedras, ora foi transportado às alturas do templo, ora foi induzido a adorar o próprio diabo?". Esta foi a resposta de Silvestre:

> Se o diabo venceu por ter sido ouvido por Adão, que comeu o fruto proibido, é certo que foi vencido na medida em que foi desprezado por Cristo, que jejuou. De resto, reconhecemos que ele foi tentado, porém não como Deus, e sim como homem. Foi tentado três vezes para afastar de nós todas as tentações e para nos ensinar a maneira de vencer. De fato, no homem freqüentemente a vitória pela abstinência é seguida pela tentação da glória humana, e esta é acompanhada pelo desejo das posses e da dominação. Cristo venceu-o para nos ensinar a vencer.

Benjamim posto fora da disputa, sucedeu-lhe Aroel, que era o oitavo: "É certo que Deus é soberanamente perfeito, e por conseguinte não necessita de ninguém. Por que precisou então nascer em Cristo? Por que vocês o chamam de Verbo? É certo também que, antes de ter um filho, Deus não podia ser chamado de Pai. Logo, se pôde mais tarde ser chamado de pai de Cristo, é que não era imutável". A isso Silvestre respondeu:

> O Filho foi gerado pelo Pai antes dos tempos, para no momento oportuno criar o mundo através Dele; depois nasceu no tempo, para restaurar o que se deteriorara. Embora pudesse restaurar tudo enquanto Verbo, para resgatar através de sua Paixão devia se tornar homem, pois enquanto Deus não estava apto a sofrer. Mas não se pode dizer que Deus é imperfeito por não poder padecer, pois sua impassibilidade decorre de

sua perfeição. Chamamos Verbo ao Filho de Deus apoiando-nos no profeta que diz: "De meu coração brotou a boa palavra"[4]. Deus sempre foi Pai, porque desde que existe, e existe eternamente, existe também seu Filho, que é seu Verbo, sua Sabedoria, seu Poder. O Verbo sempre existiu no Pai, como nos assegura a já citada frase da Escritura: "De meu coração brotou a palavra". A Sabedoria sempre existiu Nele: "Eu saí da boca do Altíssimo, sou a primogênita, nascida antes de qualquer criatura". O Poder sempre existiu Nele: "fui concebido antes de existirem montanhas, antes de haver fontes".[5] Ora, como o Pai nunca existiu sem seu Verbo, sem sua Sabedoria, sem seu Poder, como vocês podem pensar que esse nome foi-lhe atribuído no tempo?

Aroel retirou-se, e chegou Jubal, o nono, que disse:

Consta que Deus não condena os casamentos e não os amaldiçoou. Por que, então, vocês negam que aquele a quem adoram seja fruto do casamento? A não ser que queiram, assim, nos enganar a esse respeito. Ademais, por que ele é poderoso e deixa-se tentar? Por que tem força e sofre? Por que é vida e morre? Devem reconhecer que há dois filhos: um que o Pai gerou, outro que a Virgem pôs no mundo. Por fim, como é possível que o sofrimento tenha agido sobre o lado humano dele sem alcançar o lado divino, que vocês afirmam ter continuado presente nele?

Silvestre replicou:

Não dizemos que Cristo nasceu de uma virgem para condenar os casamentos, apenas aceitamos as provas desse parto virginal. Cristo ter sido concebido virginalmente não é desprezo ao casamento, pois a virgem que lhe deu à luz nasceu de um casamento. Depois, Cristo foi tentado para vencer todas as tentações do diabo, sofreu para superar todos os sofrimentos, morreu para destruir o império da morte. O Filho de Deus é único em Cristo, e do mesmo modo que é invisível como Filho de Deus, também é visível como Cristo. Ele é invisível por ser Deus e visível por ser homem. Que Ele tenha sofrido como homem e tenha sido poupado como divindade, podemos demonstrar com um exemplo. Tomemos a púrpura do imperador: ela foi feita de lã e a tintura acrescentada a essa lã deu-lhe a cor púrpura. Quando a lã era fiada e os fios eram tecidos, o que era fiado e tecido? A cor da dignidade régia, ou a lã antes

---

[4] *Salmos* 44,2.

[5] *Provérbios* 8,22-25.

de ser púrpura? A lã é o homem, a púrpura é Deus, o qual na natureza humana sofreu na cruz, mas não foi atingido pela Paixão.

O décimo debatedor chamava-se Thara. Disse ele: "Esse exemplo não me convence, porque o fio e a cor são trabalhados juntos". Embora os ouvintes estivessem contra esse argumento, Silvestre respondeu: "Tomemos outro exemplo. Uma árvore coberta pelos raios do sol ao ser abatida recebe a machadada, mas a luz não é atingida. Da mesma forma, é o homem que sofre, e não Deus".

O décimo primeiro, que era Sileão, disse: "Se foi de seu Cristo que os profetas predisseram a vinda, gostaríamos de saber as causas das estranhas zombarias que ele suportou, os motivos da sua paixão e morte". Silvestre respondeu:

> Cristo teve fome para nos saciar; teve sede para oferecer à nossa sede ardente a taça de vida; foi tentado para nos livrar da tentação; foi detido para nos fazer escapar das garras dos demônios; foi alvo de zombarias para nos livrar de sua derrisão; foi amarrado para nos libertar das amarras do pecado; foi humilhado para nos exaltar; foi despojado para cobrir a nudez da primeira prevaricação com o manto da indulgência; recebeu uma coroa de espinhos para nos restituir as flores do Paraíso; foi pregado na árvore da cruz para nos soltar da árvore da concupiscência; bebeu fel e vinagre para introduzir o homem na terra em que corre o leite e o mel e nos abrir doces fontes; assumiu nossa mortalidade para nos dar sua imortalidade; foi sepultado para abençoar as sepulturas dos santos; ressuscitou para dar nova vida aos mortos; subiu ao Céu para nos abrir a porta do Céu; está sentado à direita de Deus para acolher as preces dos crentes.

Enquanto Silvestre assim falava, todos, o imperador, os juízes e os judeus puseram-se unanimemente a exaltá-lo. Então o décimo segundo, chamado Zambri, disse indignado:

> Espanta-me que juízes sábios dêem crédito a palavras ambíguas e considerem que a onipotência de Deus possa ser entendida pelo raciocínio humano. Mas chega de palavras, vamos aos fatos: são grandes loucos os que adoram um crucificado, porque eu sei o nome do Deus todo-poderoso, cuja força é maior do que os rochedos e que nenhuma criatura poderia ouvir. E para provar a verdade do que sustento, tragam aqui o touro mais furioso, e assim que esse nome soar em seus ouvidos, ele imediatamente morrerá.

Silvestre retorquiu: "E como você ouviu esse nome sem morrer?". Zambri respondeu: "Não cabe a você, inimigo dos judeus, conhecer tal mistério".

Trouxeram, pois, um touro ferocíssimo, que cem dos mais robustos homens mal podiam puxar, e assim que Zambri proferiu uma palavra em seu ouvido, no mesmo instante o touro bramiu, rolou os olhos e expirou. Então todos os judeus soltaram aclamações de júbilo pelo feito e insultos dirigidos a Silvestre. Mas este lhes disse:

> Ele não pronunciou o nome de Deus, mas citou o do pior de todos os demônios, porque meu Deus, Jesus Cristo, não apenas não faz os vivos morrerem, como vivifica os mortos. Poder matar e não poder restituir a vida é coisa que pertence aos leões, às serpentes e às feras. Portanto, se ele quer que eu creia que não proferiu o nome de um demônio, que o diga mais uma vez e restitua a vida ao animal que matou. Porque está escrito sobre Deus: "Eu mato e eu faço viver".[6] Se ele não puder, é porque sem dúvida proferiu o nome do demônio, que pode matar um ser vivo e não pode restituir a vida a um morto.

Instado pelos juízes a ressuscitar o touro, Zambri falou: "Que Silvestre o ressuscite em nome de Jesus, o Galileu, e todos creremos nele, porque mesmo que pudesse ganhar asas e voar, não seria capaz de fazer ressuscitar". Todos os judeus prometeram, então, se converter, caso ele ressuscitasse o touro. Silvestre fez uma prece e aproximando-se do ouvido do touro, disse: "Ó nome de maldição e de morte, sai por ordem de Nosso Senhor Jesus Cristo, em nome do qual digo: levanta, touro, e vai tranqüilamente juntar-se a seu rebanho". Imediatamente o touro levantou-se e mansamente foi embora. Então a imperatriz, os judeus, os juízes e todos os outros foram convertidos.

Alguns dias depois, no entanto, os sacerdotes dos ídolos vieram dizer ao imperador: "Santíssimo imperador, desde que o senhor recebeu a fé em Cristo, um dragão mata com seu sopro mais de trezentos homens por dia". Constantino consultou Silvestre a esse respeito, o qual respondeu: "Pela virtude de Cristo, farei cessar todo esse mal". Os sacerdotes prometeram que se ele fizesse tal milagre passariam a acreditar. Durante sua prece, o Espírito Santo apareceu a Silvestre e disse:

---

[6] *Deuteronômio* 32,39.

Não tenha medo de ir até o dragão, você e esses dois padres que o acompanham. Ao chegar perto dele, diga as seguintes palavras: 'Nosso Senhor Jesus Cristo, nascido da Virgem, que foi crucificado e sepultado, que ressuscitou e está sentado à direita do Pai, virá para julgar os vivos e os mortos. Você, Satanás, espere nesta fossa até Ele chegar'. Depois amarre o focinho dele com um fio e coloque um selo gravado com o sinal-da-cruz. Em seguida, vocês voltarão a mim sãos e salvos, e comerão o pão que terei preparado.

Silvestre e os dois padres levaram lanternas e desceram os 152 degraus do fosso. Ele dirigiu ao dragão as palavras supracitadas, prendeu-o apesar dos seus uivos, e ao subir encontraram dois feiticeiros que os tinham seguido tentando chegar até o dragão e que estavam semimortos por causa do fedor do monstro. Silvestre levou-os consigo, sãos e salvos, e imediatamente também eles se converteram, assim como uma grande multidão. O povo romano foi desta forma libertado de uma dupla morte, a da adoração dos ídolos e a do veneno do dragão.

Enfim, em seu leito de morte, o bem-aventurado Silvestre deu três conselhos a seus clérigos: praticar entre eles a caridade, governar suas igrejas com o maior cuidado e proteger seu rebanho dos lobos. Em seguida adormeceu feliz no Senhor, por volta do ano 320.

13. A Circuncisão do Senhor

Quatro circunstâncias dão à Circuncisão do Senhor realce e solenidade: a primeira é a Oitava de Natal; a segunda, a imposição de um nome novo e anunciador da salvação; a terceira, a efusão do sangue; a quarta, o sinal da Circuncisão.

A primeira delas é que a Circuncisão ocorreu no oitavo dia da Natividade do Senhor. Se as Oitavas dos outros santos são solenes, com maior razão o é a Oitava do Santo dos santos. Mas se poderia pensar que o nascimento do Senhor não deveria ter uma Oitava, porque seu nascimento levava à morte. Ora, se as mortes dos santos têm Oitavas, é exatamente porque eles então nascem para a vida eterna e para a ressurreição em corpos gloriosos. Pela mesma razão, se poderia pensar que não deveria haver Oitava da Natividade da bem-aventurada Virgem e do bem-aventurado João Batista, tampouco da Ressurreição do Senhor, pois essa já aconteceu. Mas a essa objeção deve-se responder, seguindo PREPOSTINO, que nem todas as Oitavas são iguais. Há Oitavas de caráter suplementar, que pretendem celebrar alguns aspectos insuficientemente desenvolvidos na festa correspondente. É o caso da Oitava do Senhor, na qual suprimos o que não foi convenientemente feito na festa, isto é, o papel daquela que o pôs no mundo. Por isso era costume antigamente cantar a missa *Vultum tuum* em honra à bem-aventurada Virgem. Há também Oitavas de veneração, como na Páscoa, em Pentecostes, nas festas da Virgem e do beato João Batista. Há Oitavas de devoção, destinadas a reafirmar as festas de cada santo. Há Oitavas que são simbólicas, instituídas para lembrar a futura ressurreição.

A segunda circunstância a considerar na Circuncisão, é que ela significou a imposição de um nome novo e salvador. Nome escolhido pelo Pai, e como não há outro sob o Céu, dado para nos salvar. "É um nome", segundo Bernardo, "que é mel para a boca, melodia para o ouvido, júbilo para o coração. É um nome que como o azeite ilumina e alimenta quando o pronunciamos; inunda a alma de paz quando meditamos sobre ele; unge-nos quando o invocamos". Como diz o Evangelho, ele teve três nomes: Filho de Deus, Cristo e Jesus. É chamado Filho de Deus enquanto Deus gerado de Deus; Cristo enquanto homem, pessoa divina que adquiriu natureza humana; Jesus enquanto Deus unido à humanidade.

Acerca desses três nomes, diz Bernardo: "Vocês que estão no pó, despertem e entoem loas a Deus. Eis o Senhor que vem com salvação, com bálsamo, com glória, pois Jesus não vem sem salvar, nem Cristo sem ungir. O Filho de Deus não vem sem glória, pois Ele próprio é a salvação, Ele próprio é o bálsamo, Ele próprio é a glória". Mas antes da Paixão, Ele não era perfeitamente conhecido por esses três nomes. Quanto ao primeiro, alguns o conheciam apenas por conjecturas, caso dos demônios, que o diziam Filho de Deus. Quanto ao segundo, uns poucos o consideravam o Cristo anunciado pelos profetas. Quanto ao terceiro, era conhecido por muitos como Jesus, mas sem saber que este nome significa Salvador. Somente após a Ressurreição esse triplo nome ficou claramente manifestado: o primeiro por certeza, o segundo por difusão, o terceiro por significação.

O primeiro nome é Filho de Deus. E para provar que esse nome merecidamente lhe convém, eis o que diz Hilário em seu livro *Da Trindade*: "Sabe-se de várias maneiras que o Filho único de Deus é Nosso Senhor Jesus Cristo. O Pai atesta-o; Ele próprio o utiliza; os apóstolos o declaram; as pessoas religiosas crêem nele; os demônios o confessam; os judeus o negam; os gentios o reconheceram na sua Paixão". Hilário continua: "Podemos ver que Nosso Senhor Jesus Cristo é Deus pelo nome, pelo nascimento, pela natureza, pelo poder e pelos atos".

O segundo nome é Cristo, que significa "ungido". Com efeito, ele foi ungido por um óleo de alegria junto com os que participam de sua glória. Ao chamá-lo ungido, reconhecemos que foi profeta, atleta, sacerdote e rei, quatro tipos de pessoas que outrora recebiam unção. Foi profeta no ensino da doutrina, atleta ao vencer o diabo, sacerdote ao reconciliar os homens com seu Pai, rei ao retribuir recompensas. É desse segundo nome, Cristo, que vem o nosso, "cristãos". Eis o que Agostinho diz desse nome: "Cristão indica justiça, bondade, integridade, paciência, castidade, pudor, humanidade, inocência, piedade. E você, como o reivindica? Como se apropria dele, se restam poucas dessas qualidades em você? Não se é cristão por usar esse nome, mas pelas obras que se faz". Assim falou Agostinho.

O terceiro nome é Jesus. De acordo com Bernardo, o nome Jesus quer dizer alimento, fonte, remédio e luz. Enquanto "alimento" tem múltiplos efeitos, pois conforta, nutre, fortalece e revigora. Assim disse Bernardo sobre essas qualidades: "O nome Jesus é um alimento. Vocês não se sentem fortalecidos todas as vezes que se lembram dele? Algo nutre mais o espírito de quem pensa nele? Existe algo mais substancial para reparar os sentidos cansados, para tornar as virtudes mais fortes, fomentar os bons costumes, entreter castas afeições?".

Quanto ao sentido de "fonte", Bernardo explica: "Jesus é a fonte lacrada da vida, da qual saem quatro rios que nos inundam, os da sabedoria, justiça, santificação e Redenção. Sabedoria na pregação, justiça na absolvição dos pecados, santificação na conversão, Redenção na Paixão". Ainda Bernardo: "Três rios emanaram de Jesus: a palavra de dor, é a confissão; o sangue da aspersão, é a aflição; a água de purificação, é a compunção".

O terceiro significado é "remédio". Eis o que diz o mesmo Bernardo: "O nome Jesus também é um remédio. De fato, nada como ele acalma a impetuosidade da cólera, deprime a enfatuação do orgulho, cura as chagas da inveja, repele os assaltos da luxúria, apaga a chama da cobiça, aplaca a sede da avareza e bane todos os desejos vergonhosos e desregrados".

O quarto sentido é "luz": "De onde você pensa que saiu tão grande e tão súbita luz da fé para inundar todo o universo, se não da pregação do nome de Jesus? Esse era o nome que Paulo levava diante das nações e dos reis como um facho de luz num candelabro".

O nome Jesus, prossegue Bernardo, é em primeiro lugar de grande suavidade: "Não ficarei contente com um livro se nele não ler 'Jesus'; não ficarei contente com debates ou conferências nos quais não ouvir 'Jesus'". O mesmo afirma RICARDO DE SAINT-VICTOR: "Jesus é um nome suave, um nome deleitável, um nome que conforta o pecador, um nome de boa esperança. Jesus, sê Jesus para mim". É também, em segundo lugar, nome de grande virtude. Eis as palavras de PEDRO DE RAVENA: "Jesus é o nome que deu vista aos cegos, audição aos surdos, andar aos coxos, palavra aos mudos, vida aos mortos, e a virtude desse nome privou o diabo de todo poder que exercia sobre os possessos". É ainda, em terceiro lugar, nome de alta excelência e sublimidade, sobre o qual diz Bernardo: "É o nome do meu Salvador, do meu irmão, da minha carne, do meu sangue; é o nome oculto no século, mas que foi revelado no fim dos séculos; nome admirável, nome inefável, nome inestimável, e tanto mais admirável por ser inestimável, tanto mais gracioso por ser gratuito".

Esse nome foi escolhido para Ele por toda eternidade, foi-lhe colocado por José, seu pai putativo, previamente instruído nesse sentido por um anjo. Jesus significa Salvador. E Ele foi Salvador pelo poder de salvar, pelo hábito de salvar, pelo ato de salvar. O nome "poder de salvar" veio-lhe desde a eternidade; o de "hábito de salvar" foi-lhe colocado pelo anjo desde o princípio da sua concepção; o de "ação de salvar" foi-lhe dado por José em razão da sua futura Paixão, o que a *Glosa* comenta assim: "Você o chamará Jesus, nome imposto pelo anjo e pelo Eterno". A *Glosa* refere-se aqui à tríplice denominação que acabamos de estabelecer. Quando ela diz: "você o chamará" indica a denominação dada por José; quando diz: "nome imposto pelo anjo e pelo Eterno" alude às outras duas. Portanto, é natural que a festa da Circuncisão de Cristo, cabeça da Igreja, festa da imposição de seu nome e da Oitava de seu nascimento, ocorra no dia em que começa o ano segundo o calendário de Roma, capital do mundo, no dia assinalado por um A maiúsculo.[1]

A terceira circunstância comemorada é a efusão do sangue de Cristo. De fato, foi nessa data que, pela primeira vez, Ele começou a derramar seu sangue por nós, e mais tarde quis derramá-lo outras vezes. Ele derramou seu sangue por nós em cinco diferentes ocasiões: a primeira na Circuncisão, que foi o começo de nossa Redenção; a segunda na prece do horto, quando manifestou seu desejo de nos redimir; a terceira na flagelação, quando seu sangue permitiu nossa Redenção e seu sofrimento foi cura para nós; a quarta na crucifixão, quando o sangue então derramado foi o preço de nossa Redenção; a

---

[1] Isto é, 1º de janeiro, início do ano romano, indicado no calendário eclesiástico por um A maiúsculo. Esse costume permitia estabelecer a chamada letra dominical, a letra do dia do Senhor, de cada ano: atribuía-se aos sete primeiros dias do ano as sete primeiras letras do alfabeto, de forma que se o dia da semana em que o ano começa for um domingo, todos os domingos do ano serão marcados no calendário por um A. Se o ano começar num sábado, este será então o A e a letra dominical será o B, e assim sucessivamente.

quinta na abertura de seu flanco, que sacramentou nossa Redenção. Foi nessa última ocasião que Dele saiu sangue e água, indicando que devíamos ser purificados pela água do batismo, cuja eficácia vem do sangue de Cristo.

A quarta e última circunstância é o sinal da circuncisão, que Cristo dignou-se receber por vários motivos.

Primeiro, para si mesmo, a fim de mostrar que havia verdadeiramente assumido um corpo humano. Ele sabia que iriam dizer que não assumira um corpo de verdade, mas ilusório, e foi para evitar esse erro que quis ser circuncidado e derramar então seu sangue.

Segundo, para nós, a fim de nos mostrar a obrigação de nos circuncidar espiritualmente. Conforme Bernardo: "Há duas espécies de circuncisão que devem ser feitas por nós, a externa, na carne, e a interna, no espírito. A circuncisão externa consiste em três coisas: em nossa maneira de ser, evitando toda notoriedade; em nossas ações, para que não sejam repreensíveis; em nossas falas, para que não sejam desprezíveis. A interna consiste em três coisas: no pensamento, para que seja santo; na afeição, para que seja pura; na intenção, para que seja reta".

Por outro motivo ainda, Ele quis ser circuncidado para nos salvar. Da mesma forma que se cauteriza um membro para curar o corpo inteiro, Cristo quis suportar a cauterização da circuncisão para que todo o corpo místico fosse salvo. Diz *Colossenses*, 2: "Vocês foram circuncidados de uma circuncisão que não é feita por mão de homem, mas que consiste no despojamento do corpo carnal, como a Circuncisão de Cristo". A *Glosa* acrescenta, baseando-se na *Primeira Epístola aos coríntios*, 10: "Como se se amputassem os vícios com uma pedra aguda, pedra que era Cristo". Em *Êxodo*, 4, lê-se: "Então Séfora tomou uma pedra aguda e circuncidou o prepúcio do seu filho".

A *Glosa* explica o texto de *Colossenses* de duas maneiras. A primeira: "'Circuncidado de uma circuncisão que não é feita por mão de homem' significa que ela não é obra de homem mas de Deus, é circuncisão espiritual. Circuncisão que se faz pelo despojamento do corpo carnal, ou seja, dos vícios e dos desejos carnais, segundo o sentido que se atribui à palavra carne na *Primeira Epístola aos coríntios*, 8: 'A carne e o sangue não possuirão o reino de Deus etc.'".

A segunda explicação é a seguinte:

"Vocês foram circuncidados em Cristo, circuncisão que não é feita pela mão, não é a circuncisão legal, que implica apenas no despojamento de um pedaço de carne. Vocês não são circuncidados dessa circuncisão, e sim da Circuncisão de Cristo, espiritual, na qual todos os vícios são retirados." Lemos na *Epístola aos romanos*, 2: "Não é judeu quem o é apenas exteriormente, nem é circuncisão a que se faz na carne e é somente exterior. Porém é judeu aquele que o é interiormente, com a circuncisão do coração, feita pelo espírito e não segundo a letra da Lei. Esse judeu tira seu louvor não dos homens, mas de Deus". Assim, você foi circuncidado de uma circuncisão que não é feita por mão de homem, pela retirada de parte do corpo carnal, mas da Circuncisão de Cristo.

Terceiro motivo, Cristo quis ser circuncidado para que os judeus não tivessem desculpas. Se não tivesse sido circuncidado, os judeus teriam podido dizer: "Não o aceitamos porque você não se parece com nossos pais".

Quarto, por causa dos demônios, para que eles não conhecessem o mistério da Encarnação. Como a circuncisão era feita contra o Pecado original, o diabo acreditou que Cristo, também circuncidado, fosse um pecador semelhante aos outros, pois precisava do remédio da circuncisão. Foi por isso que Ele quis que sua mãe fosse casada, muito embora tenha permanecido sempre virgem.

Quinto, para praticar uma justiça perfeita. Do mesmo modo que Ele quis ser batizado para consumar toda justiça, isto é, toda humildade, que consiste em se submeter aos inferiores a si, também quis ser circuncidado a fim de nos oferecer um modelo de humildade, pois apesar de autor e senhor da Lei, quis se submeter à Lei.

Sexto, para aprovar a lei mosaica, que era boa e santa e que devia ser consumada, porque não viera para destruir a Lei, e sim para consumá-la. Por isso está escrito na *Epístola aos romanos*, 15: "Digo-lhes que Cristo foi o ministro dos circuncidados para que Deus fosse reconhecido como verdadeiro realizando as promessas feitas a seus pais".

Quanto às razões pelas quais a circuncisão ocorreu no oitavo dia, podemos lembrar várias. Primeira, a de sentido histórico ou literal. De acordo com o rabino MOISÉS, apesar de judeu filósofo e teólogo profundo, nos sete dias que seguem o nascimento o menino tem as carnes tão moles quanto no ventre de sua mãe, mas com oito dias fortaleceu-se e enrijeceu-se. Por isso, acrescenta ele, o Senhor não quis que fossem circuncidados antes, com medo de que devido a essa moleza excessiva ficassem demasiado feridos. E não quis que a circuncisão fosse feita depois do oitavo dia, por três causas que esse filósofo enumera. Primeira, para evitar o risco de morte a que a criança poderia se expor, caso a operação fosse adiada por mais tempo. Segunda, para poupar a criança da dor, que é muito forte na circuncisão, por isso o Senhor quis que a circuncisão fosse feita enquanto a imaginação das crianças é pouco desenvolvida, a fim de sentirem uma dor menor. Terceira, para poupar tristeza aos pais, porque como a maioria das crianças morria da circuncisão, se fossem circuncidados quando crescidos e morressem disso, a tristeza dos pais seria maior do que se sucumbissem com apenas oito dias.

A segunda razão da circuncisão é de sentido anagógico ou celeste. A circuncisão era realizada no oitavo dia para fazer entender que, na Oitava da Ressurreição, seríamos circuncidados de toda pena e de toda miséria. E, de acordo com tal sentido, esses oito dias são as oito eras: a primeira, de Adão a Noé; a segunda, de Noé a Abraão; a terceira, de Abraão a Moisés; a quarta, de Moisés a Davi; a quinta, de Davi a Cristo; a sexta, de Cristo ao fim do mundo; a sétima, da morte; a oitava, da Ressurreição. Esses oito dias devem ser entendidos como as oito qualidades que possuímos na vida eterna, e que Agostinho explica:

> O que significa "serei o Deus deles"? Significa que serei a fonte que os saciará. Serei tudo o que se pode desejar honestamente: vida, salvação, força, abundância, glória, honra, paz e todo o bem. Os sete primeiros dias devem ser entendidos como o homem composto de corpo e alma, porque quatro são os elementos que compõem o corpo,[2] e três são as potências da alma, a concupiscível, a irascível e a racional. Assim, os sete primeiros dias representam a vida temporal do homem e o oitavo o momento em que a alma une-se à eterna imutabilidade, sendo então circuncidada e libertada de toda e qualquer pena, de toda e qualquer culpa.

Terceira razão, de sentido tropológico ou moral, de acordo com o qual os oito dias podem ser explicados de diversas maneiras. A primeira pode ser o conhecimento do pecado, conforme está nos *Salmos*: "Conheço minha iniquidade". A segunda é o propósito de se afastar do mal e fazer o bem, como o filho pródigo que diz: "Vou me levantar e voltar à casa de meu pai".[3] A terceira é a vergonha do pecado, sobre a qual o apóstolo diz: "Que fruto vocês conseguiram daquilo que agora os

---

[2] Terra, água, fogo e ar. Veja-se, mais adiante, a nota 4 do capítulo 32.
[3] *Lucas* 15,20.

envergonha?".[4] A quarta é o medo do futuro Juízo, como em *Jó*: "Temi a Deus como se tivesse ondas gigantescas caindo sobre mim". Ou como em Jerônimo: "Quer eu coma, quer eu beba, quer faça outra coisa, parece-me sempre ouvir ressoar em meus ouvidos as palavras: 'Ergam-se, ó mortos, e venham ao Juízo'". A quinta é a contrição, como disse *Jeremias*: "Chore como uma mãe que chora seu filho único". A sexta é a confissão, como se diz nos *Salmos*: "Confessarei minhas injustiças ao Senhor". A sétima é a esperança do perdão, porque muito embora Judas tenha confessado seu pecado, não o fez na esperança de obter o perdão, por isso não foi digno de misericórdia. A oitava é a satisfação, e nesse dia o homem é circuncidado espiritualmente não apenas da culpa, mas também de todo castigo.

Pode-se ainda entender os dois primeiros dias como sendo os da dor do pecado e do desejo de se emendar; os dois seguintes como da confissão do mal que fizemos e do bem que omitimos; os quatro outros como a prece, a efusão de lágrimas, a aflição do corpo, as esmolas. Esses oito dias podem ainda representar oito procedimentos de destruição da vontade de pecar. Apenas um deles já pode nos abster do pecado. Bernardo enumera: "Há sete coisas que são da essência do homem, e que se ele considerasse nunca pecaria. Uma matéria vil, uma ação vergonhosa, um efeito deplorável, um estado precário, uma morte triste, uma dissolução miserável e uma danação detestável". A oitava pode ser a consideração da glória inefável.

Quarta razão, de sentido alegórico ou espiritual. Desses oito dias, os cinco primeiros representam os cinco livros de Moisés que contêm a Lei,[5] os dois seguintes os dos profetas e os *Salmos*, o oitavo o Evangelho. Mas os sete primeiros dias não proporcionam uma circuncisão perfeita como o oitavo, que isenta de toda culpa e de toda pena. Agora ele é nossa esperança, depois será nossa realidade. Os motivos para ser circuncidado são seis, resumidos nos versos:

Cautério, sinal, mérito, remédio, representação,
Exemplo, tudo isso foi a circuncisão.

Quanto à carne da Circuncisão do Senhor, conta-se que um anjo levou-a a Carlos Magno, que a guardou reverentemente em Aquis-

---

[4] *Romanos* 6,21.

[5] Atribuía-se a Moisés a autoria da Tora ou Pentateuco, isto é, o conjunto dos cinco primeiros livros bíblicos: *Gênesis, Êxodo, Levítico, Números* e *Deuteronômio*.

grana,[6] na igreja de Santa Maria. Ele a teria posteriormente levado a Charroux e estaria hoje em Roma, na igreja chamada Santo dos Santos, onde se lê a inscrição:

> Aqui estão a carne circuncidada de Cristo, suas sandálias
> e seu umbigo, conservados como preciosas relíquias.

Em razão disso é que na festa da Circuncisão uma das estações da procissão é naquela igreja. Se tal fato fosse verdade seria preciso reconhecer que estaríamos diante de algo notável, porque como a carne é de natureza humana, acreditamos que quando Cristo ressuscitou aquela parte retornou ao lugar no seu glorioso corpo. Com efeito, alguns dizem que ressuscitara apenas o que pertence à essência da Sua natureza humana, recebida de Adão.

Devemos notar que outrora os pagãos e os gentios entregavam-se nessa data a muitas superstições, que os santos tiveram grande trabalho para extirpar, inclusive entre os cristãos, e das quais Agostinho fala num sermão:

> Acreditavam que Jano era Deus e nesse dia rendiam-lhe grandes honras. Ele era representado com duas faces, uma virada para trás e outra para a frente, olhando para o ano que acabava e para o que começava. Ademais, nesse primeiro dia do ano as pessoas fantasiavam-se de monstros, cobriam-se de peles de animais ou punham cabeças de bichos, indicando assim que tinham não apenas aparência de animais, mas que também podiam se comportar como eles. Outros vestiam roupas de mulher, sem vergonha de enfiar numa túnica feminina braços acostumados a empunhar a espada. Outros observavam tão escrupulosamente os augúrios, que se alguém lhes pedisse fogo ou qualquer outro favor, negavam-se. Nesse dia as pessoas trocavam presentes diabólicos. Outros preparavam mesas esplêndidas durante a noite e deixavam-nas servidas, na crença de que assim teriam por todo o ano refeições sempre abundantes.

Agostinho acrescenta: "De nada serve o nome de cristão para quem segue, sob qualquer aspecto, esses costumes pagãos. Aquele que aceita participar de tais jogos insensatos deve saber que participa de pecados. Quanto a vocês, meus irmãos, não basta evitar essa falta: onde quer que a vejam ser cometida, repreendam-na, corrijam-na, castiguem-na". Assim falou Agostinho.

---

[6] Nome latino da cidade que servira como uma espécie de capital para Carlos Magno, e que modernamente é conhecida como Aix-la-Chapelle pelos franceses e Aachen pelos alemães.

14. A Epifania do Senhor

A Epifania do Senhor é celebrada por quatro milagres, o que a faz receber quatro nomes diferentes. Nessa data os magos adoram Cristo, João batiza Cristo, Cristo transforma a água em vinho e alimenta 5 mil homens com cinco pães. Jesus tinha treze dias quando, conduzidos pela estrela, os magos foram encontrá-lo, daí o nome Epifania, de *epi*, "em cima", e *phanos*, "aparição", porque a estrela apareceu no céu para indicar que Cristo era o verdadeiro Deus. No mesmo dia, 29 anos depois, Ele foi batizado no Jordão. Isso aconteceu, diz Lucas, quando Ele tinha trinta anos, pois tendo na verdade 29 anos e treze dias, BEDA observa que Ele estava no seu trigésimo ano, o que é a crença da Igreja romana. Por ter sido batizado no Jordão, daí vem o outro nome dado à festa, Teofania, de *Theos*, "Deus", e *phanos*, "aparição", porque nesse momento a Trindade manifestou-se: o Pai, na voz que se fez ouvir; o Filho, na carne; o Espírito Santo, na forma de uma pomba. No mesmo dia, um ano depois, quando tinha trinta anos e treze dias, ou seja, estava nos seus 31 anos, transformou a água em vinho, daí o outro nome dado à solenidade, Betânia, de *beth*, "casa", porque através de um milagre feito numa casa ele apareceu como verdadeiro Deus. Ainda nesse mesmo dia, um ano depois, quando tinha 31 anos e treze dias, isto é, 32, saciou 5 mil homens com cinco pães, segundo Beda e o hino cantado em muitas igrejas, que começa com *Illuminans altissimum*. Daí o nome de Fagifania, de *phagê*, "boca" e "comer". Há dúvidas sobre se esse quarto milagre foi realizado nesse dia, porque isso não é afirmado nem por Beda nem por *João*, 6, que ao falar de tal milagre diz apenas que "o dia de Páscoa estava próximo".

De forma geral, aceita-se que a quádrupla aparição deu-se na mesma data. A primeira pela estrela sobre o presépio, a segunda pela voz do Pai sobre o rio Jordão, a terceira pela transformação da água em vinho na refeição, a quarta pela multiplicação dos pães no deserto. Mas é principalmente a primeira aparição que celebramos hoje, por isso é sua história que vamos contar a seguir.

Quando do nascimento do Senhor, foram a Jerusalém três magos, chamados em hebraico Apelio, Amerio, Damasco; em grego Galgalat, Malgalat, Sarathin; em latim Gaspar, Baltazar, Melquior. A palavra mago tem três significações: "enganador", "feiticeiro" e "sábio". Alguns pretendem que esses reis foram chamados magos, isto é, enganadores, por terem enganado Herodes, não voltando até ele. Está dito no Evangelho, sobre Herodes: "Vendo que tinha sido enganado pelos magos etc.".[1] Mago também quer dizer feiticeiro. Os feiticeiros do faraó eram chamados magos, e Crisóstomo diz que daí vem o nome deles. De acordo com esse autor, seriam feiticeiros a quem o Senhor quis converter revelando seu nascimento, e com isso dar aos pecadores a esperança do perdão. Mago também quer dizer sábio, pois em hebreu corresponde a "escriba", em grego, a "filósofo", em latim, a "sábio". São portanto chamados de magos pela Escritura para indicar que eram sábios, donos de grande sabedoria.

Esses três sábios reis foram a Jerusalém com um grande séquito. Mas por que os magos foram a Jerusalém, se o Senhor não nasceu ali? Remígio dá quatro razões para isso. A primeira é que os magos souberam a época do nascimento de Cristo, mas não o lugar. Ora, como Jerusalém era uma cidade de rei e de sumo sacerdote, pensaram que uma criança tão distinta não devia nascer em outro lugar. A segunda é que mesmo que o nascimento não tivesse ocorrido ali, naquela cidade de muitos escribas e doutores na Lei eles poderiam melhor se informar a respeito. A terceira é que os judeus ficariam sem desculpa, pois eles teriam podido dizer: "Sabemos o lugar do nascimento, mas ignoramos o tempo, e é por isso que não acreditamos". Ora, os magos indicaram aos judeus o tempo, e os judeus indicaram o lugar aos magos. A quarta é para que a diligência dos magos se tornasse a condenação da indolência dos judeus, porque os magos acreditaram a partir de uma só profecia, enquanto os judeus recusaram-se a crer em várias. Os magos buscaram um rei estrangeiro, os judeus não procuraram o deles próprio. Uns vieram de longe, os outros permaneceram inertes no local.

---

[1] *Mateus* 2,16.

Os magos foram reis e sucessores de Balaão. Foram a Jerusalém ao ver a estrela, seguindo a profecia de seu pai: "Uma estrela se erguerá sobre Jacó e um homem sairá de Israel".[2] Outro motivo de sua ida é dado por Crisóstomo em seu comentário sobre *Mateus*:

> Certos autores concordam que alguns astrólogos escolheram doze entre eles para observar o céu, e se um viesse a morrer, seu filho ou um de seus próximos o substituiria. Todos os anos, em diferentes meses, os doze subiam na montanha da Vitória e lá permaneciam três dias, fazendo abluções e pedindo a Deus que lhes mostrasse a estrela predita por Balaão. Certa vez, no dia do nascimento do Senhor, eles estavam na montanha quando apareceu uma estrela com a forma de um magnífico menino, sobre cuja cabeça brilhava uma cruz, e que disse aos magos: "Apressem-se em ir à terra de Judá, onde encontrarão o rei recém-nascido que vocês buscam".

Eles puseram-se imediatamente a caminho. Mas como, em tão pouco tempo, apenas treze dias, foi possível percorrer tão longo caminho, isto é, do Oriente até Jerusalém, que se diz estar no centro do mundo? Segundo Remígio, foi o Menino que eles buscavam que os levou assim depressa. Ou então podemos crer, com Jerônimo, que foram montados em dromedários, animais muito velozes que fazem em um dia o caminho que um cavalo leva três para percorrer. Por isso é chamado dromedário, de *dromos*, "corrida", e *ares*, "força". Chegando a Jerusalém, perguntaram onde estava aquele que nascera rei dos judeus. Não perguntaram se nascera, e sim onde nascera. E quando alguém indagou: "Como sabem que esse rei nasceu?", eles responderam: "Vimos sua estrela no Oriente e viemos adorá-lo". Essa resposta quer dizer duas coisas: "Nós, que vivemos no Oriente, vimos a estrela que indica seu nascimento pousada sobre a Judéia", ou então: "Estando em nosso país, vimos sua estrela no Oriente". Com essas palavras, como diz Remígio, eles reconheceram que o Menino era um verdadeiro homem, um verdadeiro rei e um verdadeiro Deus. Um verdadeiro homem, quando disseram: "Onde está aquele que nasceu?". Um verdadeiro rei, ao acrescentarem: "Rei dos judeus". Um verdadeiro Deus, ao manifestarem: "Viemos adorá-lo", pois todos concordavam que só Deus deve ser adorado.

---

[2] *Números* 24,17.

Mas ao saber disso, Herodes ficou inquieto, e Jerusalém inteira com ele. O rei ficou inquieto por três motivos. Primeiro, por medo de que os judeus recebessem como seu rei esse recém-nascido e expulsassem a ele, Herodes, como estrangeiro. O que fez Crisóstomo dizer: "Assim como um ramo situado no alto de uma árvore é agitado por uma leve brisa, também os homens elevados ao ápice da dignidade são atormentados pelo mais leve rumor". Segundo, por medo de ser incriminado pelos romanos se alguém fosse chamado rei sem ter sido instituído por Augusto. Os romanos tinham ordenado que nenhum deus ou rei fosse reconhecido sem ordem ou permissão deles. Terceiro, porque, diz Gregório, tendo nascido o rei do Céu, o rei da terra ficou alvoroçado já que a grandeza terrestre é diminuída quando a grandeza celeste é revelada. Toda Jerusalém ficou inquieta com ele por três razões. Primeira, porque os ímpios não poderiam se rejubilar com a vinda do Justo. Segunda, para, mostrando-se inquieta, adular o rei inquieto. Terceira, porque assim como o choque do vento agita as águas, se os reis se batem o povo fica alvoroçado, por temer ser envolvido na luta entre ambos. Essa foi a razão dada por Crisóstomo.

Então Herodes convocou todos os sacerdotes e todos os escribas para perguntar onde nasceria o Cristo. Quando soube que seria em Belém de Judá, chamou os magos em segredo e informou-se com eles do instante em que a estrela tinha aparecido, pedindo-lhes que depois de encontrarem o menino voltassem para lhe dizer, fingindo querer adorar aquele que desejava matar. Notemos que assim que os magos entraram em Jerusalém, a estrela parou de conduzi-los, e isso por três razões. A primeira, para que fossem forçados a indagar sobre o lugar de nascimento do Cristo, verificando então que esse nascimento estava pressagiado não somente pela estrela, mas também por várias profecias. A segunda, porque ao terem buscado o auxílio dos homens, mereceram ficar sem o auxílio divino. A terceira, porque de acordo com o apóstolo os sinais foram dados aos infiéis e a profecia aos fiéis: sendo pagãos, os magos foram guiados por um sinal, a estrela, que deixou de lhes aparecer quando passaram a estar entre os judeus, que eram fiéis. Essas três razões foram dadas pela GLOSA.

Depois que saíram de Jerusalém, a estrela voltou a guiá-los até o lugar em que estava o menino. Sobre a natureza dessa estrela há três opiniões, explicadas por Remígio. Alguns sustentam que era o Espírito Santo, que assim como desceria mais tarde sobre o Senhor, depois do seu batismo, sob a forma de uma pomba, apareceu aos magos sob a forma de uma estrela. Outros dizem, com Crisóstomo, que a estrela era o anjo que apareceu aos pastores para anunciar o nascimento. Como estes eram judeus, então racionais, o anjo apareceu sob forma racional, mas para os gentios, portanto irracionais, assumiu forma irracional. Outros ainda, e essa é a opinião mais verossímil, garantem que foi uma estrela recém-criada, que após cumprir sua missão voltou a seu estado primitivo.

Essa estrela, segundo Fulgêncio[3], diferia das demais de três maneiras. Em localização, porque não estava no firmamento, mas suspensa num espaço aéreo próximo da terra. Em brilho, porque era obviamente mais fulgurante do que as outras, já que o sol não era capaz de ofuscá-la, sendo visível em pleno meio-dia. Em movimento, que não era circular mas progressivo, indo à frente dos magos, como um guia. A *Glosa* comenta as palavras de *Mateus*, 2: "Esta estrela do nascimento do Senhor etc.", acrescentando três outras diferenças. Primeira, ela diferia em sua origem, já que as outras haviam sido criadas no começo do mundo e esta acabava de ser criada. Segunda, em sua destinação, pois as outras tinham sido feitas para indicar tempos e estações, como está dito no capítulo primeiro do *Gênesis*, e esta para mostrar o caminho aos magos. Terceira, em sua duração, já que as outras são perpétuas, e esta voltou a seu estado primitivo após cumprir sua missão.

Ao verem de novo a estrela, os magos sentiram enorme alegria. Notemos que a estrela vista pelos magos é quíntupla, é estrela material, estrela espiritual, estrela intelectual, estrela racional e estrela suprasubstancial. A primeira, material, eles viram no Oriente. A segunda, espiritual, que é a fé, eles viram em seu coração, porque se os raios dessa estrela não tivessem atingido seu coração nunca teriam conseguido ver a primeira estrela. Eles tiveram fé na humanidade do Salvador quando disseram: "Onde está aquele que nasceu?". Tiveram fé em sua dignidade real quando disseram: "Rei dos judeus". Tiveram fé em sua divindade quando disseram: "Viemos adorá-lo". A terceira, a estrela intelectual, que é o anjo, eles viram durante o sono, quando foram avisados por ele para não voltarem para junto de Herodes. Mas, de acordo com certa glosa, não foi um anjo, e sim o próprio Senhor que lhes apareceu. A

---

[3] Esse discípulo de Santo Agostinho foi bispo de Ruspe, no Norte da África, onde faleceu em 533. Suas obras dedicaram-se a defender a ortodoxia contra as heresias do arianismo e do semipelagianismo.

quarta estrela, racional, foi a Santa Virgem, que viram no estábulo. A quinta, supra-substancial, foi Cristo, que viram no presépio. A aparição dessas duas últimas estrelas está referida na Escritura quando diz: "Entrando na casa, encontraram o menino com Maria, sua mãe etc.".[4]

Cada uma dessas realidades é chamada estrela. A primeira pelos *Salmos*: "A lua e as estrelas que você criou". A segunda pelo *Eclesiastes*, 43: "A beleza do Céu, isto é, do homem celeste, é o brilho das estrelas, isto é, das virtudes". A terceira por *Baruch*, 3: "As estrelas difundiram sua luz e alegraram-se". A quarta pela liturgia: "Salve, estrela do mar". A quinta pelo *Apocalipse*, último capítulo: "Sou o rebento e o filho de Davi, a estrela brilhante, a estrela da manhã". Ao verem a primeira e a segunda, os magos alegraram-se; ao verem a terceira, rejubilaram-se; ao verem a quarta, rejubilaram-se com grande alegria; ao verem a quinta, rejubilaram-se com enorme alegria. Ou, como diz a *Glosa*: "Rejubila-se com alegria aquele que se rejubila em Deus, que é a verdadeira alegria", e acrescenta: "grande, porque nada é maior que Ele", e "muito grande, porque podemos nos rejubilar com uma alegria mais ou menos grande". Ou então, pelo exagero dessas expressões o evangelista quis mostrar que os homens rejubilam-se mais com as coisas perdidas que voltaram a encontrar do que com as que sempre possuíram.

Depois de terem entrado na humilde morada e encontrado a criança com a mãe, os magos ajoelharam-se e cada um ofereceu presentes: ouro, incenso e mirra. Agostinho exclama sobre isso:

> Ó infância extraordinária, à qual os astros estão submetidos. Que grandeza! Que glória imensa n'Aquele diante de cujos cueiros os anjos prosternam-se, os astros assistem, os reis tremem e os sábios põem-se de joelhos! Ó bem-aventurada choupana, trono de Deus fora do Céu, iluminado não por um candeeiro, mas por uma estrela! Ó celeste palácio em que habita não um rei coberto de pedrarias, mas Deus encarnado, que tem por leito delicado uma dura manjedoura, por cobertura dourada um teto de palha escuro, decorado por uma estrela! Quando olho aqueles cueiros fico encantado, e olho para os Céus; quando vejo o presépio com um mendigo mais brilhante que os astros, fico inflamado.

Diz Bernardo: "Que fazem, magos, que fazem, adorando uma criança de peito num vil estábulo? Será ele um Deus? Que fazem ao lhe

---

[4] *Mateus* 2,11.

ofertarem ouro? Será um rei? Onde está, então, seu salão régio, seu trono, sua corte? Será que a corte é o estábulo, o trono a manjedoura, os cortesãos José e Maria? Os magos pareceram insensatos, para serem sábios".

Eis o que diz a esse respeito Hilário no segundo livro de seu *Sobre a Trindade*: "Uma virgem pare, mas aquele que é parido vem de Deus. Ao mesmo tempo ouvem-se os vagidos do menino e a louvação dos anjos. Enquanto humano suja os cueiros, enquanto Deus é adorado. A dignidade do poder não fica diminuída, pois a humildade da carne é exaltada. No Cristo menino encontramos humildade e enfermidade, mas também sublimidade e grandeza divinas". Comentando a *Epístola aos hebreus*, diz Jerônimo: "Olhe o berço de Cristo e verá o Céu; perceberá um menino chorando numa manjedoura, mas ao mesmo tempo ouvirá os cânticos dos anjos. Herodes o persegue, mas os magos o adoram; os fariseus não o conhecem, mas a estrela o proclama; Ele é batizado por um inferior, mas das alturas ressoa a voz de Deus; Ele é imerso na água, mas desce sobre Ele a pomba, isto é, o Espírito Santo sob forma de pomba".

Podemos apontar várias razões para os presentes ofertados pelos magos. Primeira, diz Remígio, era uma tradição antiga que ninguém se aproximava de Deus ou de um rei de mãos vazias. Os persas e os caldeus tinham o costume de oferecer presentes a tais personagens, e os magos, como está dito na HISTÓRIA ESCOLÁSTICA, vinham dos confins da Pérsia e da Caldéia, onde corre o rio de Sabá, por isso seu país era conhecido por Sabéia. Segunda, diz Bernardo: "Eles ofereceram ouro à bem-aventurada Virgem para aliviar sua miséria, incenso para afastar a fetidez do estábulo, mirra para fortalecer os membros do menino e para expulsar insetos hediondos". Terceira, porque ouro paga tributos, incenso serve para sacrifícios e mirra para sepultar os mortos. Assim, com esses três presentes reconheceram em Cristo o poder real, a majestade divina e a mortalidade humana. Quarta, porque ouro significa amor, incenso prece, mirra mortificação da carne, e devemos oferecer as três coisas a Cristo. Quinto, porque esses três presentes indicavam três qualidades de Cristo: divindade preciosíssima, alma devotadíssima, carne íntegra e incorruptível.

As oferendas também estavam preditas pelas três coisas guardadas na Arca da Aliança. A vara que floresceu representava a carne de Cristo ressuscitada, conforme está nos *Salmos*: "Minha carne refloresceu etc.". As tábuas em que estavam gravados os mandamentos significavam a alma em que estão escondidos todos os tesouros da ciência e da sabedoria de Deus. O maná indicava sua divindade, que tem todo sabor e toda suavidade. Por ouro, que é o mais precioso dos metais, entende-se a divindade preciosíssima; por incenso, a alma devotadíssima, porque incenso significa devoção e, de acordo com os *Salmos*, prece ("Que minha prece se eleve como incenso"); por mirra, que é um preservativo da corrupção, a carne que não foi corrompida.

Avisados em sonho para não voltarem a Herodes, os magos regressaram a seu país por outro caminho. Eis, portanto, a história dos magos: vieram sob a direção da estrela; foram instruídos por homens, melhor dizendo, por profetas; retornaram guiados por um anjo e morreram no Senhor. Seus corpos repousavam em Milão, numa igreja que é agora da Ordem dos Irmãos Pregadores, mas foram depois levados a Colônia. Anteriormente esses corpos tinham sido trasladados para Constantinopla por Helena, mãe de Constantino, depois foram transferidos para Milão pelo santo bispo Eustórgio, por fim o imperador Henrique transportou-os de Milão para Colônia, às margens do Reno, onde são objeto da devoção e da reverência do povo.[5]

---

[5] Escrevendo cerca de cem anos depois desses fatos, Jacopo engana-se quanto à sua cronologia. Na verdade, as relíquias dos Reis Magos foram transferidas de Milão para Colônia pelo arcebispo Reinaldo de Dassel, chanceler do imperador Frederico Barba Ruiva, em junho e julho de 1164, provavelmente como punição pela insubordinação daquela cidade italiana ao poder imperial.

15. São Paulo, Eremita

Paulo, o primeiro eremita, conforme o testemunho de Jerônimo que escreveu sua vida, durante a violenta perseguição de Décio retirou-se para um vasto deserto[1] onde viveu sessenta anos no fundo de uma caverna, totalmente afastado dos homens. Esse Décio teve dois nomes, sendo também conhecido por Galiano, e começou a reinar no ano do Senhor de 256.

Vendo os cristãos submetidos a toda sorte de suplícios, São Paulo fugiu para o deserto. Nessa mesma época, dois jovens cristãos foram capturados. Um deles teve o corpo inteiro untado de mel e foi exposto, sob o ardor do sol, às picadas das moscas, dos insetos e das vespas. O outro foi posto numa cama das mais macias, situada num jardim encantador, onde uma temperatura amena, o murmúrio dos córregos, o canto dos passarinhos, o cheiro das flores, eram embriagadores. Esse jovem foi amarrado com cordas da cor das flores, de sorte que não podia se valer nem das mãos, nem dos pés. Veio então uma rapariga belíssima e impudica, que impudicamente começou a acariciar o jovem, cheio de amor a Deus. Sentindo na carne movimentos contrários à razão, mas privado de armas para escapar do inimigo, ele cortou a própria língua com os dentes e cuspiu-a na cara da impudica, vencendo desta forma a tentação pela dor e merecendo um troféu digno de louvores.

Preocupado com estes e outros tormentos, São Paulo foi para o deserto. Antônio, que se imaginava o primeiro a viver como eremita, foi

---

[1] Para o cristianismo medieval, *desertum* não era necessariamente um espaço inóspito, e sim de solidão, de retiro espiritual, de encontro com Deus, de embate com as forças demoníacas. Ele podia ser o mar, a ilha, a montanha ou, sobretudo nas condições geográficas da Europa, a floresta: ver J. Le Goff, "O deserto-floresta no Ocidente medieval", em *Idem, O maravilhoso e o quotidiano no Ocidente medieval*, trad., Lisboa, Edições 70, 1985, pp. 39-58.

prevenido em sonho que existia alguém muito melhor que ele na vida eremítica. Pôs-se então a procurá-lo através das florestas, onde encontrou um centauro, ser metade homem metade cavalo, que lhe disse que se dirigisse à direita. Logo depois encontrou um animal cuja parte inferior era de bode e a superior de homem, segurando alguns frutos de palmeira. Antônio conjurou-o em nome de Deus a dizer-lhe o que ele era. O animal respondeu que era um sátiro, deus dos bosques conforme a errônea crença dos gentios. Enfim encontrou um lobo, que o levou à cela de São Paulo.

Mas este pressentira que Antônio vinha, e como não queria encontrar ninguém, fechara a porta. Antônio rogou-lhe que abrisse, garantindo que caso contrário não sairia dali, ficaria até morrer. Paulo cedeu e abriu, e ambos se abraçaram. Quando chegou a hora do almoço, um corvo trouxe uma dupla ração de pão. Como Antônio ficou admirado com aquilo, Paulo explicou que Deus o servia todos os dias daquele modo, mas que dobrara a porção em função de seu hóspede. Seguiu-se um piedoso debate entre eles para saber quem era mais digno de partir o pão: Paulo queria conceder essa honra a seu hóspede, e Antônio a seu decano. Por fim ambos seguraram o pão ao mesmo tempo e dividiram-no igualmente em dois.

Terminada a visita, quando Antônio já estava perto da sua cela, viu anjos levando a alma de Paulo. Apressou-se a retornar para lá e encontrou o corpo de Paulo ajoelhado, como se orasse, parecendo estar vivo. Mas ao verificar que estava morto, exclamou: "Ó santa alma, você mostrou por sua morte o que era em vida". Como Antônio vinha desprovido do necessário para abrir uma cova, apareceram dois leões que a cavaram e após a inumação retornaram à floresta. Antônio pegou a túnica de Paulo, tecida com fibra de palmeira, e desde então passou a usá-la nos dias solenes. Paulo morreu por volta do ano de 287.

16. São Remígio

Remígio vem de *remi*, "alimentar", e *gíos*, "terra", isto é, "alimentar os habitantes da terra". Ou vem de *remi*, "pastor", e *gyon*, "combate", logo, "pastor que combate". Ele alimentava seu rebanho com a palavra da pregação, com o exemplo da conduta e com os sufrágios da oração. Como as armas são de três tipos, defensivas como o escudo, ofensivas como a espada, preventivas como a couraça e o capacete, ele usou-as todas na luta contra o diabo: o escudo da fé, a espada da palavra de Deus e o capacete da esperança. Sua vida foi escrita por Hincmar,[1] arcebispo de Reims.

Remígio, doutor ilustre e confessor glorioso do Senhor, teve seu nascimento predito por um eremita. Os vândalos haviam devastado toda a França, e um santo recluso e cego dirigia freqüentes preces ao Senhor pela paz da Igreja galicana, quando apareceu um anjo do Senhor e disse: "Saiba que a mulher chamada Celina dará à luz um menino de nome Remígio, que libertará sua nação das incursões dos malvados". Ao despertar, foi imediatamente à casa de Celina e contou sua visão. Como ela não acreditasse, por causa da sua velhice, ele replicou: "Quando amamentar seu filho, você ungirá cuidadosamente meus olhos com seu leite e imediatamente me restituirá a vista". Assim aconteceu, e, quando adulto, Remígio abandonou o mundo tornando-se recluso. Sua reputação cresceu, e aos 22 anos foi eleito pelo povo arcebispo de Reims.

Sua mansuetude era tal que os passarinhos pousavam em sua mesa para comer em sua mão as migalhas das refeições. Tendo recebido por

---

[1] Hincmar (c. 806-882), arcebispo de Reims a partir de 845, foi importante personagem na política eclesiástica e monárquica de sua época. Seus escritos estão nos volumes 125 e 126 da *Patrologia Latina*.

algum tempo a hospitalidade de uma matrona que possuía uma pequena quantidade de vinho, Remígio entrou na adega, fez o sinal-da-cruz sobre o tonel, pôs-se a rezar e imediatamente o nível de vinho subiu e transbordou, espalhando-se pelo chão.

Naquele tempo Clóvis, rei de França, ainda era gentio, apesar dos esforços de sua cristianíssima esposa para convertê-lo. Mas quando ele viu chegar um numeroso exército de alemães,[2] prometeu ao Senhor Deus que sua mulher adorava que receberia a fé em Cristo se Ele lhe concedesse a vitória sobre seus inimigos. Como obteve o que desejava, foi encontrar o beato Remígio e pediu-lhe o batismo. Quando chegaram à pia batismal, não estavam lá os santos óleos, mas uma pomba trouxe no bico um frasco daqueles óleos com os quais o pontífice ungiu o rei. Esse frasco ainda está guardado na igreja de Reims, e os reis de França são sagrados com ele até nossos dias.

Muito tempo depois, Genebaldo, homem de grande prudência, e sua esposa, sobrinha do bem-aventurado Remígio, resolveram mutuamente desobrigarem-se do casamento, e Genebaldo foi ordenado bispo de Laon pelo beato Remígio. Mas como Genebaldo permitia que a mulher o visse com freqüência a fim de instruí-la, nesses encontros seu espírito acabou por se deixar inflamar pela concupiscência e os dois caíram em pecado. Sua mulher concebeu e deu à luz um filho. Ela informou o bispo e este, todo confuso, mandou dizer: "Já que esse menino foi adquirido por furto, quero que seja chamado Ladrão". Para que nenhuma suspeita fosse levantada, Genebaldo deixou a mulher continuar a vir à sua casa como antes, mas depois de chorarem seu primeiro pecado, caíram em nova falta. A mulher deu à luz uma filha e informou ao bispo, que respondeu: "Chame a menina de Raposa".

Arrependido, Genebaldo foi ver o bem-aventurado Remígio e jogando-se a seus pés quis tirar a estola[3] episcopal do pescoço. São Remígio impediu-o, escutou seu relato, consolou-o com doçura, encerrou-o numa pequena cela por sete anos e nesse ínterim ele mesmo governou a igreja de Laon. No sétimo ano, no dia da ceia do Senhor, Genebaldo

---

[2] Jacopo fala em *exercítus Alemannorum* porque o termo latino *Alemanus* já era usual em sua época, derivado de *Alamanus*, nome de uma das muitas tribos germânicas que invadiram o Império Romano. Considerá-lo alemão no momento narrado, século V, era sem dúvida uma prática anacrônica (tanto quanto falar em "França"), contudo o anacronismo era comum na historiografia medieval e ocorre inúmeras vezes na *Legenda áurea*.

[3] Estola (*stola*), literalmente "veste de cima", é uma faixa de tecido usada em cima da alva (*alba*, longa veste branca usada nas cerimônias litúrgicas) e embaixo da casula (peça da vestimenta sacerdotal sem mangas e

estava em oração quando um anjo apareceu, declarou que seu pecado fora perdoado e mandou que saísse de seu retiro. Como Genebaldo respondesse: "Não posso, porque meu senhor Remígio trancou a porta e selou-a com seu selo", o anjo replicou: "Para que saiba que o Céu está aberto para você, a cela vai ser aberta sem que o selo seja quebrado". Ele ainda falava, quando a porta se abriu. Então Genebaldo, bloqueando a porta com os braços em forma de cruz, disse: "Mesmo se meu Senhor Jesus Cristo viesse, eu não sairia, a não ser que meu senhor Remígio, que aqui me encerrou, anule minha reclusão".

Aconselhado pelo anjo, São Remígio foi a Laon e restabeleceu Genebaldo em sua sé. Ele perseverou nas boas obras até a morte, e teve como sucessor no episcopado seu filho Ladrão, que também foi santo. Enfim São Remígio, todo cheio de virtudes, repousou em paz por volta do ano 500 do Senhor. Nesse mesmo dia celebra-se o natalício de Santo Hilário, bispo da cidade de Poitiers.

---

gola). Trata-se de uma insígnia sacerdotal que bispos e padres colocam atrás do pescoço de forma a que suas pontas caiam paralelamente sobre a parte dianteira, enquanto os diáconos usam-na em diagonal, partindo do ombro esquerdo.

17. Santo Hilário

Hilário vem de *hílarís*, "alegre", porque serviu a Deus com alegria, ou de *alarius*, de *altus*, "alto", "elevado", e *ares*, "virtude", porque foi toda a vida elevado em ciência e em virtude. Ou Hilário vem ainda de *hylé*, que significa "matéria primordial", escura, e com efeito em suas obras há uma grande obscuridade e uma grande profundidade.

Hilário, bispo de Poitiers, natural da Aquitânia, brilhou como uma luz entre os demais astros. Foi casado e teve uma filha, mas levava vida de monge sob vestes laicas, sendo de idade e de ciência avançadas quando foi eleito bispo. Como o bem-aventurado Hilário preservava da heresia não apenas sua cidade, mas toda a França, instigado por dois bispos que se tinham deixado corromper, o imperador, também adepto dela, relegou-o ao exílio junto com o beato Eusébio, bispo de Vercelli. De fato, como o arianismo[1] lançava raízes por toda parte e como o imperador concedera aos bispos liberdade para se reunir e discutir as verdades da fé, Santo Hilário comparecia a tais reuniões para defender com eloqüência a ortodoxia, o que os ditos bispos não podiam suportar, pressionando para que ele retornasse a Poitiers.

Na viagem de regresso, o navio aportou na ilha Galinaria,[2] que era cheia de serpentes. Logo que aí desembarcou, apenas com o olhar Hilário pôs em fuga esses répteis, fincou uma estaca no meio da ilha e as serpentes não puderam ir além dela, como se aquela parte da ilha fosse mar e não terra. Em Poitiers, graças a suas preces, ressuscitou uma criança

---

[1] Arianismo é a doutrina herética mencionada na nota 1 do capítulo 3.
[2] Minúscula ilha do mar da Ligúria, a três quilômetros da cidade de Albenga e a 68 de Gênova.

morta sem batismo, prosternando-se sobre a terra até que ambos pudessem se levantar, o ancião de sua prece, a criança dos braços da morte. Como Ápia, sua filha, desejasse se casar, Hilário dissuadiu-a e fortaleceu-a no desígnio de salvaguardar a virgindade. No momento em que a viu bem decidida, temendo que mudasse de idéia rogou encarecidamente ao Senhor que não lhe permitisse viver mais, e poucos dias depois ela migrava para o Senhor. Ele a sepultou com suas próprias mãos, e ao ver isso a mãe da beata Ápia pediu ao bispo que obtivesse para ela o que tinha obtido para a filha. Ele assim o fez, e com suas orações enviou-a para o reino do Céu.

Naqueles dias o papa Leão, corrompido pela perfídia dos hereges, convocou um concílio de todos os bispos, menos Hilário, que mesmo assim compareceu. Ao saber disso, o papa ordenou que quando ele chegasse ninguém deveria se levantar nem lhe dar lugar. Quando ele entrou, o papa perguntou: "Você é Hilário, o gaulês?". E ele respondeu: "Não sou gaulês, mas da Gália, isto é, não nasci na Gália, mas sou bispo na Gália".[3] O papa replicou: "Pois bem, se você é Hilário da Gália, eu sou Leão da sé apostólica de Roma e juiz". Hilário falou: "Se você é Leão, não é o leão da tribo de Judá,[4] e se está sentado na qualidade de juiz, não é no assento da majestade". O papa levantou-se cheio de indignação, dizendo: "Espere um instante, volto logo e vou dizer o que você merece". Hilário retrucou: "E se você não voltar, quem me responderá em seu lugar?". O papa disse: "Vou voltar em seguida, e humilharei seu orgulho".

Tendo ido onde as necessidades da natureza o chamavam, foi acometido de disenteria e morreu miseravelmente, expelindo os intestinos. Enquanto isso Hilário, vendo que ninguém se levantava para lhe dar lugar, sentou-se com calma e paciência no chão, pronunciando as palavras do Saltério: "a terra é do Senhor", e imediatamente, por permissão de Deus, a terra em que ele estava sentado ergueu-se e ele ficou na mesma altura dos demais bispos. Quando todos ficaram sabendo da miserável morte do papa, Hilário levantou-se, confirmou todos os bispos na fé católica e mandou-os de volta para suas regiões. Mas esse milagre relativo à morte do papa Leão é duvidoso, pois a HISTÓRIA

---

[3] Afirmação estranha, pois Hilário nascera na cidade de Poitiers, centro da diocese da qual era bispo, e o próprio Jacopo reconhece que o santo era da Aquitânia, considerada parte da Gália desde a conquista da região por Júlio César, no século I a.C.

[4] Referência a *Apocalipse* 5,5, que chama Cristo de "leão de Judá".

ECLESIÁSTICA e a *HISTÓRIA TRIPARTITE* não o mencionam, nem crônica alguma fala de um papa com tal nome nessa época. Além do mais, Jerônimo disse que "a santa Igreja Romana sempre permaneceu imaculada e assim permanecerá para sempre, sem se deixar manchar por um herege". Podemos, no entanto, aceitar que tenha havido naquela época um papa com tal nome, embora não canonicamente eleito, apenas um tirano intruso. Ou então que era o papa Líbero, também chamado Leão, partidário do herege Constantino.

Enfim, depois de fazer muitos milagres, o beato Hilário, sentindo-se debilitado e sabendo que sua morte estava próxima, chamou à sua cabeceira o padre Leôncio, por quem tinha muita ternura, e pediu-lhe que ao chegar a noite saísse à rua ficando atento e comunicando-lhe qualquer coisa estranha. Ele obedeceu e logo voltou para anunciar que tinha ouvido gritos de tumulto na cidade. Ficou então de vigília, à espera do último suspiro do moribundo, que à meia-noite mandou que ele saísse de novo e contasse o que ouvisse. Ele assim o fez, e quando retornou dizendo que nada havia ouvido, de repente surgiu uma claridade tão forte que o padre não podia suportá-la. Depois a luz começou lentamente a diminuir, e quando se extinguiu Hilário havia migrado para o Senhor. Ele viveu por volta do ano 340, sob Constantino. A festa desse santo cai na Oitava da Epifania.

Certa vez, dois mercadores que possuíam em comum determinada quantidade de cera discutiam entre si, pois um deles queria oferecer sua parte ao altar de Santo Hilário, e o outro não. De repente a cera dividiu-se ao meio, ficando uma metade para o santo e a outra para aquele que tinha recusado a oferenda.

18. São Macário

Macário vem de *maca*, "gênio", e *ares*, "virtude", ou de *maca*, "bater", e *río*, "mestre", pois ele foi engenhoso contra os logros do demônio, foi muito virtuoso em sua vida, golpeando seu corpo para dominá-lo, foi mestre no exercício da prelatura. Macário também significa "livre".

Caminhando pela vastidão do deserto, o abade Macário entrou para dormir num monumento em que estavam sepultados corpos de pagãos, dos quais pegou um e pôs debaixo da cabeça, à guisa de travesseiro. Querendo assustá-lo, os demônios chamavam o esqueleto como se fosse de uma mulher, dizendo: "Levante e venha se banhar conosco". E outro demônio, de dentro do corpo do morto, dizia: "Não posso ir, tenho um viajante em cima de mim". Macário não se assustou, ao contrário, bateu no cadáver dizendo: "Levante e vá, se puder". E os demônios ouvindo essas palavras fugiram, gritando em voz alta: "Venceu-nos, Senhor!".

Um dia, atravessando um pântano para ir à sua cela, o abade Macário encontrou o diabo empunhando uma foice de ceifeiro com a qual queria atingi-lo, mas não conseguia. Então disse: "Macário, você me faz mal, porque não posso vencê-lo. No entanto, tudo o que você faz eu também faço, você jejua e eu não como absolutamente nada, você vela e eu não durmo nunca. Há uma só coisa em que você me supera". O abade perguntou: "Em quê?". O diabo respondeu: "Em humildade, pois é ela que faz com que eu nada possa contra você". Como Macário era jovem e as tentações vinham assaltá-lo, ele pegou um grande saco, que encheu de areia, pôs nos ombros e carregou-o vários dias através do deserto. Encontrando-o, Teosébio perguntou:

"Pai, para que carregar fardo tão pesado?". Ele respondeu: "Atormento aquele que me atormenta".

Certa vez o abade Macário viu Satanás vestido como um homem, mas com roupa de linho toda rasgada, com garrafas saindo de cada um dos furos. Então lhe perguntou: "Aonde você vai?". E ele: "Vou dar de beber aos monges". Macário indagou: "Por que leva tantas garrafas?". Ele respondeu: "Levo-as para os irmãos provarem. Se uma não lhes agradar, ofereço outra, e uma terceira, e assim por diante, até que encontrem a boa". Quando o diabo voltou, Macário perguntou: "O que aconteceu?". Ele respondeu: "São todos santos; nenhum deles quis me escutar, salvo um, chamado Teótito". Macário levantou-se incontinenti, foi ter com o irmão que se tinha deixado tentar e convenceu-o com sua exortação a não mais fazer aquilo. Depois disso, tornando a encontrar o diabo, perguntou-lhe: "Aonde você vai?". E ele: "Ver os monges". Então esperou-o voltar: "Como foi com os irmãos?". O diabo: "Mal". Macário: "Por quê?". "Porque todos são santos, e o maior mal é que o único que eu tinha, perdi, e agora é o mais santo de todos." Ouvindo isso, o ancião deu graças a Deus.

Um dia, São Macário encontrou uma caveira e, depois de rezar, perguntou-lhe de quem tinha sido cabeça. A caveira respondeu que fora pagão, e Macário indagou: "Onde está sua alma?". Ela respondeu: "No Inferno". Ele perguntou então se o local em que estava era muito profundo, e ela respondeu que sua profundidade era igual à distância da Terra ao Céu. Macário: "Há outros que estejam mais abaixo?". Ela: "Sim, os judeus". Macário: "E abaixo dos judeus, há alguém?". E ela: "Os mais afundados de todos são os falsos cristãos, que desperdiçam o sangue de Cristo pelo qual foram redimidos".

Ao atravessar um ermo profundo, a cada milha Macário jogava um pedaço de madeira no chão, para saber por onde voltar. Enquanto ele descansava, depois de ter caminhado nove dias, o diabo recolheu todos os pedaços de pau e colocou-os perto da cabeça do santo, que teve muita dificuldade para regressar.

Um irmão estava singularmente atormentado por seus pensamentos. Dizia a si mesmo, por exemplo, que era inútil em sua cela, ao passo que se habitasse entre os homens poderia ser útil a muita gente. Manifestou esses pensamentos a Macário, que lhe disse: "Meu filho, quando os demônios o atormentarem, responda: 'Eis o que faço: guardo os muros desta cela por amor a Cristo'".

Um dia Macário matou com a mão um mosquito que o tinha picado, e vendo o sangue do inseto repreendeu-se por ter vingado o mal que sofrera e ficou nu seis meses no deserto, de onde saiu inteiramente coberto de chagas causadas pelos insetos. Depois de uma vida de muitas virtudes, morreu em paz.

19. São Félix, Confessor

Félix é alcunhado *in pincis* ou por causa do lugar em que repousa ou por causa dos estiletes com os quais foi torturado, pois *pinca* significa "estilete". Diz-se que ele era mestre-escola demasiado severo, de forma que, tendo sido capturado pelos pagãos por aderir abertamente a Cristo, foi entregue a seus alunos, que o mataram a golpes de estilete e punção. Mas para a Igreja ele não foi mártir, e sim confessor.[1] Todas as vezes que o obrigavam a sacrificar diante de um ídolo, soprava sobre este, que no mesmo instante despedaçava.

Lê-se em outra legenda que quando Máximo, bispo de Nola, fugindo de uma perseguição caiu ao chão, esgotado de fome e frio, Félix foi enviado por um anjo para socorrê-lo. Apesar de nada haver por ali para comer, ele achou um cacho de uvas no meio de um espinheiro, espremeu o suco da fruta na boca do moribundo, colocou-o nos ombros e levou-o. Quando bem mais tarde Máximo morreu, Félix foi eleito bispo. Tendo se dedicado à pregação, também foi perseguido. Escondeu-se então nos escombros de umas muralhas, insinuando-se por um pequeno buraco, e logo umas aranhas, conduzidas pela mão de Deus, vieram tecer suas teias nessa abertura. Vendo-as, os perseguidores julgaram que ali não havia ninguém e seguiram em frente. Félix rumou para outro lugar, onde foi alimentado durante três meses por uma viúva, cujo rosto jamais olhou. Restabelecida a calma, voltou à sua igreja, onde mais tarde repousou em paz. Foi sepultado perto da cidade, num lugar chamado Pincis.

---

[1] O termo latino *martyr*, derivado do grego *martur*, "testemunho (de Deus)", indicava o cristão torturado e morto por não ter renegado sua fé, enquanto "confessor" designava aquele que reconhecia sua fé, confessava ser cristão, expondo-se a eventuais perseguições.

Ele tinha um irmão, igualmente chamado Félix. Como também o forçassem a adorar os ídolos, ele disse: "Vocês são inimigos de seus deuses, porque se me levarem até as imagens deles soprarei nelas como meu irmão e elas virão abaixo". São Félix tinha uma horta que uns indivíduos cultivavam escondidos toda noite, para depois roubar o produto final. Antes do amanhecer, Félix apareceu diante deles, cumprimentou-os e eles então confessaram seu pecado e voltaram para casa arrependidos.

Quando os gentios foram prender Félix, sentiram uma forte dor na mão e começaram a gritar. Félix então lhes disse que se falassem: "Cristo é Deus", a dor cessaria imediatamente. Ao pronunciarem essas palavras, eles ficaram curados. O pontífice dos ídolos foi vê-lo e disse: "Senhor, mal meu deus o vê se aproximar, no mesmo instante foge, e quando pergunto por quê ele responde: 'Não posso suportar a virtude desse Félix'. Se meu deus teme você tanto assim, com muito mais razão eu mesmo devo temer". Após ter sido instruído na fé por Félix, ele foi batizado.

Félix dizia aos que adoravam Apolo: "Se Apolo é o Deus verdadeiro, digam-me o que tenho na mão neste momento". Ele tinha um pequeno bilhete no qual estava escrita a oração dominical. Como Apolo nada respondesse, os gentios convertiam-se. Um dia, depois de ter celebrado a missa e abençoado o povo, ele deitou-se no solo, pôs-se a orar e morreu no Senhor.

20. São Marcelo

Marcelo vem de *arcens malum a se*, "aquele que afasta o mal de si", ou de *maria percellens*, "aquele que assusta o mar", isto é, que afasta e espezinha as adversidades do mundo, comparado ao mar. No seu comentário a *Mateus*, Crisóstomo disse: "No mar há um ruído confuso, um temor contínuo, a imagem da morte, uma veemência incansável das águas e uma agitação constante".

Quando era sumo pontífice de Roma, Marcelo criticava o imperador Maximiano por seu excessivo rigor contra os cristãos. Irado, o imperador transformou em estábulo a casa de uma dama na qual havia uma capela consagrada onde ele rezava missa, e fez de Marcelo um serviçal para cuidar dos animais. Após passar vários anos cuidando dos animais, ele repousou no Senhor por volta do ano de 287.

21. Santo Antônio

Antônio vem de *ana*, "em cima", e *tenens*, "aquele que abraça as coisas do alto e despreza as da terra". Aliás, ele desprezou o mundo que é imundo, inquieto, transitório, enganador, amargo. Eis o que diz Agostinho a esse respeito: "Ó mundo imundo, por que tanto barulho? Por que se aplica em nos perder? Por que quer nos reter e foge? Que faria, se fosse permanente? Quem você não enganaria se fosse doce e não apenas mentiras amargas que parecem doces?". Atanásio[1] escreveu sua vida.

1. Antônio tinha vinte anos quando ouviu ler na igreja: "Se você quiser ser perfeito, vai, vende tudo o que tem e dá aos pobres".[2] Ele então vendeu todos os seus bens, distribuiu-os aos pobres e levou uma vida eremítica. Teve, por isso, de suportar incontáveis tormentos da parte dos demônios.

Certa vez em que, ajudado pela fé, superou o desejo de fornicação, rezou e pediu para ver o diabo que seduzia os jovens. Este então apareceu sob o aspecto de um menino negro e confessou-se vencido por ele, que por sua vez disse: "Você é tão pequeno, que daqui para a frente não o temerei mais".

Outra vez, quando penitenciava num túmulo, uma multidão de demônios surrou-o com tal violência que a pessoa que lhe trazia comida

---

[1] Bispo de Alexandria, falecido em 373, participou do Concílio de Nicéia. Por defender o credo ortodoxo ali definido chocou-se com o arianismo (ver nota 1 do capítulo 3), forte no Oriente daquela época, tendo por isso sido exilado cinco vezes. Foi autor de obras hagiográficas (entre elas a vida de Santo Antônio aqui citada pela *Legenda áurea*), polemistas e dogmáticas.

[2] *Mateus* 19,21; *Marcos* 10,21; *Lucas* 18,22.

levou-o nos ombros pensando que estivesse morto. Quando todos choravam seu falecimento, Antônio recobrou vida e fez com que seu servidor o levasse de volta para o mesmo túmulo. Novamente ali estendido, apesar da dor de seus ferimentos desafiava os demônios para novas lutas. Estes então lhe apareceram sob a forma de diferentes feras, que dilaceraram seu corpo a dentadas, chifradas e unhadas. Mas de repente apareceu uma claridade admirável que pôs os demônios em fuga, e Antônio imediatamente sarou. Tendo reconhecido que Cristo estava ali, falou: "Onde você estava, bom Jesus? Onde estava? Por que não estava aqui desde o começo para me socorrer e curar minhas feridas?". O Senhor respondeu: "Antônio, eu estava aqui, mas ficava vendo-o combater. Como você lutou com vigor, tornarei seu nome célebre em todo o universo".

Seu fervor era tão grande, que no momento em que o imperador Maximiano massacrava os cristãos, ele seguia os mártires a fim de merecer ser martirizado com eles e ficava desoladíssimo por não receber esse favor.

2. Viajando por outro deserto, encontrou um prato de prata e pôs-se a dizer consigo: "Como este prato está aqui, onde não se vê vestígio humano? Se um viajante o tivesse derrubado não teria deixado de perceber, tão grande ele é. Isso, diabo, é um artifício da sua parte, mas você nunca poderá mudar minha vontade". E, ao dizer isso, o prato desapareceu como fumaça. Pouco tempo depois, encontrou uma grande massa de ouro puro, mas fugiu dela como se fosse fogo. Chegou assim a uma montanha, onde passou vinte anos, durante os quais se tornou ilustre por inúmeros milagres.

Uma vez, quando estava em êxtase, viu o mundo inteiro cheio de redes enlaçadas umas nas outras e exclamou: "Ó, quem poderá se soltar delas?". E ouviu uma voz dizer: "A humildade". Outra vez, os anjos começaram a erguê-lo no ar, mas vieram os demônios e impediram-no de passar, argumentando com os pecados que cometera desde o nascimento. Os anjos disseram aos demônios: "Vocês não devem contar as faltas que foram apagadas pela misericórdia de Cristo, mas se sabem de outras que ele tenha cometido desde que se fez monge, apresentem-nas". E como não podiam apresentar nada, Antônio foi livremente elevado pelos anjos antes de ser novamente colocado no solo.

3. Eis o que o próprio Antônio contou: "Um dia, vi um diabo de extraordinária estatura, que ousou se dizer força e providência de Deus, e dirigiu-me estas palavras: 'O que você quer que eu te dê, Antônio?'. Mas eu lhe cuspi na cara, joguei-me sobre ele em nome de Cristo e ele logo desapareceu". O diabo apareceu-lhe outra vez como um enorme

gigante, cuja cabeça parecia tocar o céu. Antônio perguntou quem ele era e soube que era Satanás, que em seguida perguntou: "Por que os monges me atacam e por que os cristãos me amaldiçoam?". Antônio respondeu: "Eles têm razão, porque você os importuna freqüentemente com seus ardis". E o diabo insistiu: "Não os importuno, em absoluto! Eles é que se atrapalham uns aos outros, porque estou reduzido a nada, já que Cristo reina agora por toda parte".

Certo dia um arqueiro viu o beato Antônio alegre com os irmãos, e isso o indignou. Então Antônio disse: "Ponha uma flecha em seu arco e atire". O arqueiro assim o fez, e como lhe foi pedido que assim o fizesse uma segunda e uma terceira vez, falou: "Se continuar atirando tantas vezes, poderei quebrar meu arco". Antônio replicou: "O mesmo ocorre no serviço a Deus. Se quiséssemos persistir nele excessivamente, logo estaríamos quebrados. Convém, pois, descansar algumas vezes". Tendo ouvido isso, o homem retirou-se, edificado.[3]

4. Uma pessoa perguntou a Antônio: "O que devo fazer para agradar a Deus?". Antônio respondeu: "Aonde quer que vá, vá sempre tendo Deus diante dos olhos; em suas ações, apóie-se no testemunho das Sagradas Escrituras; em qualquer parte delas que você se detenha, não a deixe depressa demais. Observe esses três pontos, e será salvo".

Um abade perguntou a Antônio: "Que devo fazer?". Antônio respondeu: "Não confie na sua própria justiça; domine seu ventre e sua língua; esqueça as coisas passadas". Depois acrescentou: "Assim como os peixes morrem se ficam algum tempo na terra, também os monges que ficam fora da sua cela e convivem com as pessoas do mundo logo perdem a resolução que tomaram de viver em retiro". Antônio disse ainda: "Quem adota a solidão e nela permanece é libertado de três inimigos: a audição, a fala e a visão, e então só lhe resta lutar contra um, seu coração".

5. Alguns irmãos vieram com um ancião visitar o abade Antônio, que lhes disse: "Vocês têm um bom companheiro neste ancião". Depois perguntou a este: "Eles são bons monges, abade?". Este respondeu: "São bons, mas a casa deles não tem porta, e quem quiser entra no estábulo e solta o asno". Com isso queria dizer que facilmente chegava-lhes aos lábios aquilo que tinham no fundo do coração.

O abade Antônio disse que há três movimentos corporais, um que vem da natureza, outro do excesso de alimento, o terceiro do demônio.

---

[3] Exemplar já utilizado, em relação a outro santo, no capítulo 9, item 8.

Havia um irmão que apenas em parte tinha renunciado ao mundo terreno, porque conservara alguns bens materiais. Antônio disse-lhe: "Vá comprar carne". Ao trazer a carne, ele foi atacado e mordido pelos cães. Então Antônio disse: "Os que renunciam ao século e querem ter dinheiro são de forma semelhante atacados e dilacerados pelos demônios".

Antônio, em seu deserto, viu-se certa vez oprimido pelo tédio e disse: "Senhor, quero ser salvo, mas meus pensamentos não deixam". Depois disso, levantou-se, saiu e viu alguém que sentava e trabalhava, depois levantava e rezava. Era um anjo do Senhor, que lhe disse: "Faça a mesma coisa, e você se salvará".

Um dia os irmãos interrogaram Antônio sobre o estado das almas. Na noite seguinte uma voz chamou-o: "Levante-se, saia e olhe". E ele viu um homem muito grande, horroroso, que tocava as nuvens com a cabeça e estendia as mãos para impedir que alguns homens alados voassem para o Céu, mas não podia reter outros que voavam sem dificuldade. Ouviam-se cânticos de alegria mesclados a gritos de dor. Ele compreendeu que era a ascensão das almas, algumas das quais eram impedidas pelo diabo, que as retinha em suas redes e que se lamentava por não poder impedir o vôo dos santos.

Outro dia, quando trabalhava com os irmãos, Antônio ergueu os olhos para o Céu e teve uma visão aflitiva: prosternou-se e rogou a Deus que impedisse o crime que iria ser cometido. Interrogado pelos irmãos sobre a visão, respondeu com lágrimas e soluços que um crime inaudito ameaçava o mundo. "Vi", disse ele, "o altar do Senhor rodeado por uma manada de cavalos que com coices quebravam tudo: a fé católica será destruída por um turbilhão pavoroso e os homens, como cavalos, pilharão as coisas santas". Depois uma voz fez-se ouvir: "Eles profanarão meu altar com abominações". Dois anos depois surgiram os arianos,[4] que quebraram a unidade da Igreja, macularam os batistérios e os templos e imolaram os cristãos nos altares, como ovelhas.

6. Um poderoso nobre do Egito, chamado Baláquio, seguidor da seita de Ário, devastava a Igreja de Deus, fustigava as virgens e os monges, despindo-os em público. Antônio escreveu-lhe nos seguintes termos: "Vejo a cólera de Deus vir se abater sobre você. Pare imediatamente de perseguir os cristãos, antes que chegue a vingança divina, que o ameaça

---

[4] Conforme nota 1 do capítulo 3.

com morte próxima". O desgraçado leu a carta, escarneceu dela e jogou-a no chão, com imprecações. Depois de ter surrado rudemente seus portadores, respondeu a Antônio: "Assim como você faz com os monges, nós também o submeteremos a uma disciplina rigorosa". Cinco dias depois, quando montava um cavalo mansíssimo, este derrubou-o, mordeu-o e dilacerou suas pernas, levando-o à morte três dias mais tarde.

Alguns irmãos pediram a Antônio umas palavras de salvação, e ele disse: "Vocês ouviram a palavra do Senhor: 'Se alguém te bate numa face, apresente a outra'".[5] Responderam: "Não podemos fazer isso". Antônio: "Pelo menos suportem com paciência quando forem esbofeteados numa face". Eles: "Tampouco podemos isso". Antônio: "Pelo menos prefiram ser golpeados a golpearem". Eles: "Também não podemos isso". Então Antônio disse a um discípulo: "Prepare alguns petiscos para esses irmãos, porque eles são bem delicados". E dirigindo-se a eles: "O que vocês precisam é somente de preces".

Tudo isso pode ser lido nas VIDAS DOS PADRES. Quando o bem-aventurado Antônio chegou à idade de 105 anos, beijou seus irmãos e morreu em paz, no tempo de Constantino, que começou a reinar por volta do ano de 340 do Senhor.[6]

---

[5] *Mateus* 5,39; *Lucas* 6,29.

[6] Trata-se de Constantino II, o Jovem, filho de Constantino, o Grande, que em 313 concedera liberdade de culto aos cristãos. No entanto Jacopo engana-se na data, pois Constantino II começou a reinar em 337 e morreu em 340.

22. São Fabiano

Fabiano construiu sua beatitude suprema, ou melhor, adquiriu-a, por um tríplice direito, o de adoção, o de compra e o de conquista. Fabiano era um cidadão romano que estava na multidão reunida para eleger o papa, pois o anterior falecera.[1] Naquele momento uma pomba branca pousou sobre sua cabeça: todos viram isso admirados e o escolheram como papa.

Pelo que diz o papa Damásio, Fabiano mandou a todas as regiões sete diáconos acompanhados de sete subdiáconos para recolher informações sobre todos os mártires. AIMON relata que o imperador Filipe queria assistir às vigílias da Páscoa e participar dos mistérios. Mas Fabiano se opôs e só o permitiu depois de Filipe ter confessado seus pecados e ficado entre os penitentes. No décimo terceiro ano de seu pontificado, foi decapitado por ordem de Décio, e assim obteve a coroa do martírio por volta do ano do Senhor de 253.

---

[1] Nos primeiros tempos cristãos todos os bispos, inclusive o de Roma (que desde a segunda metade do século IV usava o título de papa, "pai", que se tornou exclusividade sua a partir do século VIII), eram eleitos pela aclamação do clero e da população locais. Em 769, ficou estabelecido que o papa era eleito apenas pelo clero romano, mantendo-se a aclamação popular como mera formalidade. Em 1059, o Sínodo de Latrão reservou aos cardeais o direito de eleger o papa. Em 1179, o III Concílio de Latrão determinou que eram necessários dois terços dos votos cardinalícios para que um papa pudesse ser escolhido. Por fim, em 1274 o Concílio de Lyon deu força de lei à prática do conclave surgida em 1241 para impedir que cada escolha demorasse excessivamente: os cardeais passaram a ficar isolados (conclave significa literalmente "com chave") numa habitação comum e com diminuição gradual da alimentação até que um papa fosse eleito.

23. São Sebastião

Sebastião vem de *sequens*, "seguinte", *beatítudo*, "beatitude", *astín*, "cidade", e *ana*, "acima", o que significa "aquele que seguiu a beatitude da cidade celeste e da glória eterna". Segundo Agostinho, ele adquiriu tal beatitude com cinco moedas: com a pobreza obteve o reino; com a dor, a alegria; com o trabalho, o repouso; com a ignomínia, a glória; com a morte, a vida. O nome Sebastião também pode vir de *basto*, "sela". Nesse caso, o soldado é Cristo, o cavalo a Igreja, e a sela Sebastião. Foi assim que Sebastião combateu pela Igreja e logrou superar muitos mártires. Ou Sebastião significaria ainda "rodeado", pois em vida esteve rodeado de mártires a quem reconfortava, e no martírio foi rodeado de flechas, como um porco-espinho.

1. Sebastião era um perfeito cristão, originário de Narbonne e cidadão de Milão. Foi tão querido pelos co-imperadores Diocleciano e Maximiano que estes lhe deram o comando da primeira coorte[1] e quiseram tê-lo constantemente a seu lado. Ele usava o traje militar com a única intenção de fortalecer o coração dos cristãos, que se debilitava com as perseguições.

Quando os ilustres cidadãos Marceliano e Marcos, irmãos gêmeos, iam ser decapitados por sua fé em Cristo, seus pais vieram para convencê-los a renegar. A mãe, com a cabeça descoberta, as roupas rasgadas, desnudando os seios exclamou:

---

[1] No exército romano, a legião de infantaria, composta de 6 mil homens, estava dividida em dez coortes que no campo de batalha ficavam distribuídas em três linhas, de quatro, três e três coortes respectivamente. A primeira coorte era a que ficava mais à direita na primeira linha.

Ó queridos e doces filhos, sou presa de uma miséria inaudita e de uma dor intolerável. Ah, que desgraçada sou! Perco meus filhos, que correm por vontade própria para a morte! Se os inimigos os tomassem de mim, eu perseguiria esses raptores no meio de seus batalhões; se uma sentença os condenasse à masmorra, eu iria quebrar a prisão, ainda que morresse por isso. Mas hoje aparece uma nova maneira de perecer: eles mesmos rogam ao verdugo que vibre seu golpe, desejam a vida apenas para perdê-la, convidam a morte a vir. Novo luto, nova miséria! Filhos ainda jovens entregam-se à morte, e pais infortunados, já velhos, são forçados a tudo presenciar.

Ela ainda falava, quando o pai, mais velho que a mãe, chegou carregado por seus serviçais. Com a cabeça coberta de cinzas, ele exclamava, olhando para o céu:

Meus filhos entregam-se à morte; vim lhes dar adeus, e tudo que havia preparado para me sepultar, ó desgraçado que sou!, empregarei para a sepultura de meus filhos. Ó meus filhos! Bengala da minha velhice, dupla chama do meu coração, por que amar a morte assim? Jovens que vêem tudo isso, venham aqui chorar meus filhos. Pais que assistem esta cena, aproximem-se, impeçam-nos, não aceitem semelhante perversidade! Olhos meus, chorem até se apagar, para que eu não veja meus filhos decepados pela espada.

O pai acabava de falar assim, quando chegaram as esposas dos jovens, apresentando aos olhos deles seus filhos e dando gritos entremeados de uivos: "A quem vocês nos deixam entregues? Quais serão os mestres destas crianças? Quem ficará com suas grandes propriedades? Ai!, vocês têm corações de ferro para desprezar seus pais, desdenhar seus amigos, rejeitar suas esposas, desconhecer seus filhos e entregar-se espontaneamente aos carrascos!".

Ante tal espetáculo, os corações daqueles homens começaram a amolecer. São Sebastião estava presente, saiu da multidão e disse: "Fortíssimos soldados de Cristo, não percam uma coroa eterna deixando-se seduzir por miseráveis lamentos". E dirigindo-se aos pais:

Nada temam, vocês não serão separados; eles vão para o Céu preparar para vocês moradas de deslumbrante beleza. Desde a origem do mundo esta vida não pára de enganar os que esperam algo dela. Ela engana os que a buscam, ela ilude os que contam com ela, ela mente a todos. Esta vida ensina ao ladrão suas rapinas, ao colérico suas violências, ao mentiroso suas espertezas. É ela que comanda os crimes, que ordena as perversidades, que aconselha as injustiças. Mas os contratempos são efêmeros, e essa perseguição que agora sofremos, se é violenta hoje, amanhã terá desaparecido: uma hora a trouxe, uma hora vai levá-la. Mas as penas eternas renovam-se sem cessar, a vivacidade de suas chamas nunca diminui, para sempre punir. Estimulemos nosso amor ao martírio. Quando ele ocorre, o diabo acredita obter uma vitória, mas não: quando captura, ele próprio é capturado; quando prende, ele é atado; quando vence, é vencido; quando tortura, é torturado; quando degola, é morto; quando insulta, é maldito.

Durante a quase uma hora em que o beato Sebastião assim falava, foi rodeado por uma grande luz vinda do Céu, e no meio desse esplendor ele parecia estar vestindo uma túnica de ofuscante brancura, ao mesmo tempo que era rodeado por sete anjos deslumbrantes. Diante dele também apareceu um rapaz que o abençoou e disse: "Você sempre estará comigo". Enquanto o bem-aventurado Sebastião pregava, aproximou-se dele Zoé, mulher de Nicostrato, o carcereiro dos santos. Ela se ajoelhou diante de Sebastião e, como era muda, através de gestos pediu perdão pelos maus-tratos infligidos aos prisioneiros. Então Sebastião disse: "Se sou escravo de Cristo e tudo que disse é verdade, se essa mulher acredita em tudo que ouviu dos meus lábios, que Aquele que abriu a boca de seu profeta Zacarias abra sua boca".

A essas palavras, a mulher exclamou: "Bendito seja o discurso de sua boca, e benditos sejam todos os que acreditam no que você disse. Vi um anjo segurando diante de você um livro no qual estava escrito tudo o que falou". Ouvindo isso, seu marido lançou-se aos pés de Sebastião pedindo-lhe que o perdoasse. Libertou então os mártires e pediu-lhes que fossem embora, mas eles responderam que não queriam perder a coroa a que tinham direito. Tanta graça e eficácia tinham sido concedidas pelo Senhor às palavras de Sebastião, que elas não apenas fortaleceram em Marceliano e Marcos a resolução de sofrer o martírio, como também converteram à fé o pai deles, Tranqüilino, a mãe e muitos outros que o padre Policarpo batizou.

2. Tranqüilino, que estava gravemente enfermo, logo que foi batizado sarou. O prefeito da cidade de Roma, ele próprio muito doente, pediu a Tranqüilino que trouxesse aquele que lhe restituíra a saúde. O padre Policarpo e Sebastião foram à sua casa e ele pediu que também o curassem. Sebastião disse-lhe que antes renunciasse a seus ídolos e con-

cedesse permissão de quebrá-los, que com essas condições ele recobraria a saúde. Quando Cromácio, o prefeito, disse que deixasse esse trabalho a seus escravos em vez de encarregar-se disso, Sebastião discordou: "As pessoas tímidas temem quebrar seus deuses, e se o fizerem e forem feridas pelo diabo, dirão que é castigo porque quebravam seus deuses". Autorizados, Policarpo e Sebastião destruíram mais de duzentos ídolos.

Depois disseram a Cromácio: "Como despedaçamos seus ídolos e você já deveria ter recobrado a saúde, mas ainda sofre, é certo que você ou não renunciou à infidelidade, ou conservou alguns ídolos". Então Cromácio confessou que tinha um quarto em que estavam guardadas muitas estrelas com as quais se podia prever o futuro, e pelas quais seu pai tinha gasto mais de duzentas medidas de ouro. Sebastião então disse: "Enquanto conservar todos esses objetos inúteis, você não terá saúde". Cromácio concordou, mas seu filho Tibúrcio, rapaz muito distinto, falou: "Eu não admitiria que obras tão importantes fossem destruídas, mas para não parecer opor obstáculos à saúde de meu pai, que sejam acesas duas fogueiras, e se depois da destruição das obras meu pai não estiver curado, que esses dois homens sejam queimados". Sebastião respondeu: "Que assim seja!". E enquanto ocorria a destruição, um anjo apareceu ao prefeito dizendo que o Senhor Jesus restituía-lhe a saúde. No mesmo instante ele sarou e correu para o anjo a fim de beijar seus pés, mas este o impediu porque ele não tinha ainda recebido o batismo. Então ele, seu filho Tibúrcio e quatrocentas pessoas da sua casa foram batizados. Quanto a Zoé, foi martirizada pelos infiéis, e ao saber disso Tranqüilino exclamou: "As mulheres são coroadas antes de nós. Por que ainda vivemos?". Alguns dias depois ele foi lapidado.

3. Ordenaram a São Tibúrcio que ou jogasse incenso num braseiro em honra aos deuses, ou andasse descalço sobre aquelas brasas. Ele fez então o sinal-da-cruz e caminhou de pés nus sobre o fogo dizendo: "Graças a Nosso Senhor Jesus Cristo, parece-me estar pisando em rosas". O prefeito Fabiano retrucou: "Quem não sabe que Cristo ensinou artes mágicas a você?". Tibúrcio respondeu: "Cale-se, infeliz, pois você não é digno de pronunciar um nome tão santo e tão doce". Tomado de cólera, o prefeito mandou decapitá-lo.

Marceliano e Marcos, por sua vez, foram presos a uma estaca e, amarrados, cantaram estas palavras dos *Salmos*: "Veja como é bom e agradável irmãos ficarem juntos etc.". O prefeito disse: "Infelizes, renunciem a essas loucuras e serão libertados". E eles: "Nunca fomos mais bem tratados. Nosso desejo seria que você nos deixasse amarrados enquanto estamos revestidos de nossos corpos". Então o prefeito mandou que enfiassem lanças em seus flancos, e eles assim consumaram seu martírio.

Depois disso o prefeito denunciou Sebastião a Diocleciano, que disse: "Sempre quis que você ocupasse postos elevados no meu palácio, mas você agiu em segredo contra meus interesses e insulta os deuses". Sebastião: "Foi para sua salvação que honrei Cristo, e é pela conservação do Império Romano que sempre adorei o Deus que está no Céu". Diocleciano mandou levá-lo para o campo, amarrá-lo a uma árvore e ser crivado de flechas pelos arqueiros. Quando o julgaram morto, retiraram-se, pois ele estava tão coberto por flechas que parecia um porco-espinho. Mas alguns dias depois ele apareceu na escadaria do palácio, criticando os imperadores pelos males que infligiam aos cristãos. Ao avistá-lo, os imperadores disseram: "Aquele não é Sebastião, que recentemente mandamos matar a flechadas?". Sebastião esclareceu: "O Senhor restituiu-me a vida para que eu pudesse vir jogar no rosto de vocês os males com que cumulam os cristãos". Então o imperador mandou fustigá-lo até que rendesse o espírito e ordenou que jogassem seu corpo na cloaca para que não fosse honrado pelos cristãos como mártir.

Mas São Sebastião apareceu na noite seguinte a Santa Lúcia, revelou-lhe o lugar em que estava seu corpo e mandou que o sepultasse perto dos restos dos apóstolos, o que foi cumprido. Ele foi martirizado sob os imperadores Diocleciano e Maximiano, que começaram a reinar por volta do ano do Senhor de 187.

4. Relata Gregório no primeiro livro de seus *DIÁLOGOS* que uma mulher da Toscana, recém-casada, foi convidada a assistir à consagração de uma igreja a São Sebastião, e na noite que precedeu a festa, premida pela volúpia da carne, não pôde se abster do marido. De manhã partiu, sentindo um pouco de vergonha diante dos homens de Deus. Mal entrou no oratório onde estavam as relíquias de São Sebastião, o diabo apossou-se dela e atormentou-a diante da multidão. Então um padre dessa igreja pegou um véu do altar para cobrir a mulher, mas o diabo logo se apossou também do padre. A mulher foi levada por alguns amigos até uns encantadores, cujos sortilégios deveriam libertá-la. Mas no instante em que a encantavam, e com a permissão de Deus, uma legião composta de 6666 demônios entrou nela e atormentou-a com violência ainda maior. Por fim, um personagem de grande santidade, chamado Fortunato, curou-a com suas preces.

5. Lê-se na *HISTÓRIA DOS LOMBARDOS* que na época do rei Gomberto a Itália inteira foi assolada por uma peste tão violenta que os vivos mal bastavam para sepultar os mortos. Ela fez grandes estragos, sobretudo em Roma e em Pavia. Então uma multidão de pessoas viu aparecer um anjo bom empunhando um chuço e perseguindo o anjo mau que golpeava e exterminava, e que sempre que atingia uma casa fazia muitos mortos. Soube-se então, por revelação divina, que a peste cessaria inteiramente suas devastações caso fosse erguido em Pavia um altar a São Sebastião. Ele foi construído na igreja de São Pedro ad Vincula, e de fato logo depois o flagelo cessou. Posteriormente, levaram-se de Roma para lá as relíquias de São Sebastião.

Ambrósio escreveu: "Senhor adorável, o sangue do seu bem-aventurado mártir Sebastião foi derramado pela confissão de seu nome e para permitir a manifestação de seus milagres, de forma que através da prece a ele você ampare os enfermos, transforme nossa fraqueza em força, aumente nossas virtudes".

24. Santa Inês

Inês [Agnes] vem de *agnus*, "cordeiro", porque ela foi doce e humilde como um cordeiro. Ou vem do grego *agnos*, "piedoso", pois foi cheia de piedade e de misericórdia. Ou vem de *agnoscendo*, "conhecendo", porque conheceu o caminho da verdade. Segundo Agostinho, a verdade opõe-se à vaidade, à falsidade e à irresolução, três vícios que por sua virtude Inês soube evitar.

1. Inês, virgem de elevadíssima prudência, com a idade de treze anos sofreu a morte e ganhou a vida, segundo testemunho de Ambrósio, que escreveu seu martírio. Contando-se apenas seus anos, era uma criança, mas madura de espírito; de corpo era jovem, mas de alma era velha; de rosto era bela, porém mais bela ainda por sua fé.

Um dia, ao voltar da escola, encontrou o filho do prefeito, que ficou apaixonado por ela. Ele prometeu pedrarias e riquezas imensas se casasse com ele. Inês respondeu-lhe: "Afaste-se de mim, lar de pecado, alimento de crime, pasto de morte, pois já estou prometida a outro amado". E começou a fazer o elogio desse amante, desse esposo, que tinha as cinco qualidades exigidas pelas esposas: nobreza de raça, beleza deslumbrante, abundância de riquezas, coragem e força, amor verdadeiro. E explicou:

> Amo alguém que é muito mais nobre e de melhor linhagem que você. A mãe dele é virgem, seu pai gerou-o sem mulher, tem anjos por servidores; sua beleza é admirada pelo sol e pela lua, suas riquezas nunca diminuem, são inesgotáveis. As emanações de sua pessoa ressuscitam os mortos, seu toque fortalece os enfermos. Quando o amo sou casta, quando me aproximo dele sou pura, quando o abraço sou virgem. Diga-me, você conhece alguém de generosidade mais eminente, de força mais forte, de aspecto mais belo, de amor mais suave e mais cheio de graça?

Em seguida, ela descreveu os cinco benefícios que seu esposo concedia a ela e a suas outras esposas: ele se compromete com o anel da fé, veste-as e enfeita-as com uma variedade infinita de virtudes, marca-as com o sangue da sua Paixão, prende-as pelo laço do amor e enriquece-as com tesouros da glória celeste. E acrescentou: "Aquele que se comprometeu comigo pelo anel que pôs em minha mão direita, rodeou meu pescoço de pedras preciosas, vestiu-me com um manto tecido de ouro, adornou-me com prodigiosa quantidade de jóias, imprimiu um sinal em meu rosto para que eu não tome nenhum outro amante que não ele, embelezou meu rosto com o sangue do seu. Seus castos abraços já me estreitaram, seu corpo já se uniu ao meu, ele me mostrou tesouros incomparáveis que prometeu me dar se eu lhe for fiel para sempre".

Ao ouvir isso o rapaz ficou fora de si, adoeceu de amor, passou a soltar longos suspiros. Seu pai fez a jovem virgem ficar sabendo disso e ao ouvi-la garantir que não podia violar a aliança jurada a seu primeiro esposo, o prefeito procurou saber quem era esse esposo que Inês se gabava de ter. Alguém lhe assegurou que o esposo de que ela falava era Cristo, e então o prefeito quis dissuadi-la, primeiro por doces palavras, depois pelo temor. Então Inês disse: "O que você quiser fazer, faça, mas não poderá conseguir o que exige". E ria tanto de suas lisonjas quanto de suas ameaças. O prefeito disse-lhe: "Escolha entre duas coisas, se sua virgindade lhe é cara, sacrifique à deusa Vesta[1] e junte-se às suas virgens, ou então assuma o ofício de meretriz". Ora, como Inês era nobre, ele não podia condená-la assim, por isso alegou contra ela sua qualidade de cristã. Mas Inês respondeu: "Não sacrificarei aos seus deuses, como tampouco serei maculada pelas ações infames de quem quer que seja, porque tenho como guardião de meu corpo um anjo do Senhor".

O prefeito ordenou então que a despissem e a levassem nua ao lupanar. Mas o Senhor tornou seus cabelos tão espessos que ela ficou mais bem coberta por eles do que por sua roupa. E quando entrou naquele lugar infame, encontrou um anjo do Senhor que a esperava e que encheu o quarto de uma claridade extraordinária, ao mesmo tempo que a cobria com uma túnica de resplandecente brancura. O lugar de prostituição tornou-se assim um lugar de oração, e todo homem saía de

---

[1] Deusa de culto muito antigo, que parece ter sido introduzido em Roma já na época do fundador da cidade, Rômulo. Divindade do fogo doméstico, ela era considerada a mais casta das deusas, servida por sacerdotisas obrigatoriamente virgens, as vestais.

lá mais puro do que entrava, graças a essa luz imensa que revestia a todos. Ora, o filho do prefeito foi ao lupanar com outros jovens e instou-os a entrar primeiro. Mal lá puseram os pés, saíram cheios de compunção, assustados com o milagre. Ele os chamou de miseráveis e entrou furioso, mas quando quis se aproximar de Inês, a luz precipitou-se sobre ele, e como não tinha prestado homenagem a Deus, foi estrangulado pelo diabo e expirou.

Diante dessa notícia, o prefeito foi em prantos encontrar Inês e colher informações precisas sobre a causa da morte de seu filho. Inês disse: "Aquele cujas vontades ele queria executar apossou-se dele e o matou, enquanto seus companheiros, impressionados pelo milagre que viram, saíram sem sentir mal algum". Disse o prefeito: "Saberemos que você não usou de artes mágicas se puder ressuscitá-lo". Inês pôs-se a orar, o rapaz ressuscitou e pregou publicamente a fé em Cristo. Em razão disso, os sacerdotes dos templos excitavam o povo gritando: "Levem essa maga, levem essa malfeitora que transforma os espíritos e perde os corações". O prefeito, tendo visto aquele milagre, quis libertá-la, mas temendo a proscrição confiou-a a seu suplente e retirou-se triste por não poder salvá-la. O suplente, que se chamava Aspásio, mandou jogá-la numa grande fogueira, mas a chama, dividindo-se em duas, queimou o povo que estava em volta, sem atingir Inês. Aspásio mandou então enfiar uma espada na garganta dela. Foi assim que Cristo, seu esposo fulgurante de brancura e de vermelhidão, sagrou-a sua esposa e sua mártir. Crê-se que ela sofreu no tempo de Constantino, o Grande, que subiu ao trono no ano 309 do Senhor. Enquanto os cristãos e seus pais prestavam-lhe a última homenagem com alegria, os pagãos cobriam-nos de pedradas.

2. Emerenciana, sua irmã de leite, virgem cheia de santidade apesar de ainda catecúmena, estava ao lado do sepulcro de Inês debatendo com energia com os gentios, quando foi lapidada por eles. Imediatamente ocorreu um terremoto, surgiram relâmpagos e raios que mataram muitos pagãos. Os sobreviventes deixaram de incomodar os cristãos que queriam ir até o túmulo da virgem. O corpo de Emerenciana foi inumado ao lado do de Santa Inês. Oito dias depois, quando seus pais velavam junto ao túmulo, viram um coro de virgens em brilhantes trajes dourados, e no meio delas reconheceram a bem-aventurada Inês, também ricamente vestida, e à sua direita encontrava-se um cordeiro mais deslumbrante ainda. Ela lhes disse: "Não chorem minha morte, ao contrário, rejubilem-se comigo e felicitem-me por eu ocupar um trono de

luz com todas as que aqui estão". Em lembrança dessa aparição, é que há uma segunda festa de Santa Inês.

3. Constância, filha de Constantino, estava coberta por uma lepra pavorosa, e quando soube dessa aparição foi ao túmulo de Inês, onde após ter rezado por muito tempo e adormecido, viu a beata, que lhe disse: "Constância, age com constância; logo que você acreditar em Cristo será curada". A essas palavras ela acordou, encontrando-se perfeitamente sadia. Recebeu então o batismo e ergueu uma basílica sobre o corpo de Santa Inês, onde viveu na virgindade e reuniu à sua volta uma multidão de virgens que seguiram seu exemplo.

4. Um homem chamado Paulino, que exercia as funções do sacerdócio na igreja de Santa Inês, experimentou certa vez violentas tentações da carne. Como não queria ofender a Deus, pediu ao soberano pontífice permissão para se casar. Vendo o papa sua bondade e sua simplicidade, deu-lhe um anel no qual estava engastada uma esmeralda e ordenou-lhe que, em seu nome, pedisse a uma imagem da bem-aventurada Inês pintada em sua igreja, permissão para desposá-la. Quando o padre dirigia seu pedido à imagem, esta lhe estendeu o dedo anular e após receber o anel retirou a mão e livrou o padre de suas tentações. Diz-se que o anel ainda continua no dedo da imagem. Mas em alguns textos há uma versão diferente deste episódio. Segundo ela, a igreja da bem-aventurada Inês estava em ruínas, e o papa disse a um padre que queria lhe confiar uma esposa que ele deveria alimentar e da qual deveria cuidar. Para tanto entregou-lhe seu anel e ordenou-lhe que desposasse a imagem de Santa Inês, que de fato estendeu sua mão para receber o anel, confirmando assim o casamento entre a imagem e o padre encarregado de restaurar a igreja na qual se encontrava aquela imagem.

Eis o que diz Ambrósio daquela virgem em seu livro *A virgindade*:[2]

> Anciãos, rapazes, crianças, cantem todos loas a ela. Ninguém é mais louvável do que aquele que pode ser louvado por todos. Tantas são as pessoas, tantos são seus panegiristas. Todos exaltam essa mártir. Admirem todos como ela foi capaz de prestar testemunho de Deus quando ainda não podia ser senhora de si em razão de sua idade. Ela comportou-se de

---

[2] Existe uma edição brasileira desta obra: *A virgindade*, trad. Monjas Beneditinas da Abadia de Santa Maria, Petrópolis, Vozes, 1980 (Os Padres da Igreja, vol. 2). A passagem aqui resumida por Jacopo de Varazze está no capítulo 2, pp. 32-34 dessa edição. Ambrósio com 43 referências nominais é o quinto autor mais citado por Jacopo de Varazze.

maneira a receber de Deus o que um homem não lhe teria confiado, porque o que está acima da natureza é obra do autor da natureza. Com ela começou um novo gênero de martírio, pois ainda não estava preparada para o sofrimento e já estava madura para o triunfo. Ela mal podia combater e já era digna da coroa da vitória. Não estava na idade do juízo mas era mestra em virtude. Nenhuma esposa teria dirigido seus passos para o leito do esposo da maneira como fez essa virgem, que se apresentou para o suplício feliz.

O mesmo Ambrósio diz: "Ao desprezar as vantagens de um nascimento ilustre, a bem-aventurada Inês mereceu os esplendores do Céu; ao menosprezar o que é objeto do desejo dos homens, casou-se com o rei eterno; ao receber uma morte preciosa por aceitar Cristo, mereceu unir-se a Ele".

25. São Vicente

Vicente deriva de *vítium incendens*, "queimando o vício", ou de *víncens incendia*, "aquele que vence os incêndios", ou de *víncens*, "vitorioso". De fato, ele incendiou, isto é, consumiu os vícios pela mortificação da carne, venceu o incêndio aceso para seu suplício suportando as torturas com constância, foi vitorioso sobre o mundo desprezando-o. Por meio de sua sabedoria, pureza e constância venceu os três flagelos que existiam no mundo, as falsas doutrinas, os amores imundos, os temores mundanos. Agostinho disse: "Os martírios dos santos foram e continuam sendo exemplos para vencer o mundo com todos os seus erros, amores e temores". Alguns sustentam que foi Agostinho quem descreveu o martírio desse bem-aventurado, posto em belíssimos versos por PRUDÊNCIO.

1. Vicente, nobre de nascimento, foi ainda mais nobre por sua fé e sua religião. Foi diácono do bispo Valério, e como se exprimia com mais facilidade do que o bispo, este lhe confiou a pregação, enquanto ele próprio se ocuparia da prece e da contemplação. Daciano, presidente do tribunal imperial, ordenou que os dois fossem levados a Valência e encerrados numa prisão. Quando os imaginou quase mortos de fome, mandou que fossem levados à sua presença, mas vendo-os sadios e alegres ficou colérico e disse: "O que você tem a declarar, Valério, por pretextar a religião para agir contra os decretos dos príncipes?". Como Valério respondeu recatadamente, Vicente disse-lhe: "Venerável Padre, não fale com tanta timidez, sussurrando, mas solte a voz com toda liberdade. Se você quiser, santo padre, eu responderei ao juiz". Valério respondeu: "Há muito tempo, querido filho, confiei a você a tarefa de falar, e também agora peço que fale da fé que nos traz aqui". Então Vicente

voltou-se para Daciano: "Até agora você fez discursos para combater nossa fé, mas saiba que para os cristãos é uma blasfêmia recusar-se a prestar à Divindade a homenagem que lhe é devida". Irritado, imediatamente Daciano decretou o exílio do bispo, e quanto a Vicente, considerando-o um jovem arrogante e presunçoso, condenou-o ao potro,[1] no qual teria todos os seus membros deslocados, a fim de que este castigo servisse de exemplo a outros.

Quando o corpo estava todo desconjuntado, Daciano perguntou-lhe: "Que tal está agora seu miserável corpo, Vicente?". Este, sorrindo, respondeu: "Como sempre desejei". Irado, o juiz ameaçou-o com todo tipo de tormentos se não renegasse suas idéias. Vicente então lhe disse: "Ó como estou feliz! Ao fazer o que pensa que me fere, você me faz o maior benefício. Anda, miserável, lança mão de todos os recursos maldosos e verá que quando sou torturado tenho, com a ajuda de Deus, mais força do que quem me tortura". Descontrolado, o juiz pôs-se a gritar e a chicotear os carrascos, levando Vicente a ironizar: "Então, Daciano, agora você castiga aqueles que me torturam". Fora de si, o juiz repreendeu os carrascos: "Miseráveis, vocês não fazem nada? Suas mãos estão cansadas? Vocês venceram adúlteros e parricidas de forma tal que eles não foram capazes de esconder nada diante dos suplícios, e hoje, sozinho, Vicente pode superar as torturas que vocês lhe infligem".

Os carrascos enfiaram-lhe então pentes de ferro até o fundo das costelas, de maneira que o sangue jorrava de todo o corpo, e viam-se as entranhas entre as juntas dos ossos. Daciano: "Tenha piedade de si mesmo, e poderá recobrar a beleza da juventude e escapar dos tormentos que o esperam". Vicente: "Ó língua venenosa do diabo! Não tenho medo de seus tormentos. Só há uma coisa que temo: que você se apiede de mim, porque quanto mais o vejo irritado, mais fico alegre. Não diminua esses suplícios, pois quero vê-lo reconhecer-se vencido".

Ele foi então tirado do cavalete e levado a um braseiro ardente, enquanto alegremente estimulava os carrascos. Por conta própria ele subiu na grelha, onde foi assado, queimado e consumido. Enfiaram-lhe garfos de ferro e lâminas ardentes em todos os membros, fazendo as chamas ficarem cobertas de sangue. Eram chagas em cima de chagas. Jogavam sal no fogo para que a chama crepitante o queimasse ainda mais

---

[1] Instrumento romano de tortura, constituído por uma armação de madeira cuja forma lembra um pequeno cavalo, daí o nome (*equuleum*).

cruelmente. Já não era nos membros, mas nas entranhas, que lhe enfiavam dardos. Suas vísceras saíam do corpo. Apesar disso, ele permanecia imóvel, os olhos voltados para o Céu, orando ao Senhor. Quando os carrascos relataram tudo isso a Daciano, este falou: "Vocês foram vencidos, mas como ele ainda vive, vamos prolongar seu sofrimento. Tranquem-no na mais horrenda masmorra, coloquem no chão cacos bem pontudos, preguem seus pés numa estaca, deixem-no deitado nesses cacos sem ninguém para consolá-lo, e quando ele morrer avisem-me".

Imediatamente os cruéis servidores obedeceram a seu amo, ainda mais cruel. Porém o rei pelo qual aquele soldado sofria transformou suas penas em glórias: as trevas da masmorra foram dissipadas por uma luz imensa, as pontas dos cacos tornaram-se flores de suave perfume, seus pés foram soltos, anjos passaram a consolá-lo. Ele passeava sobre as flores cantando com os anjos doces melodias, enquanto as flores espalhavam um maravilhoso odor. Vendo através de frestas na parede o que acontecia lá dentro, os carcereiros converteram-se. Diante dessa notícia Daciano, furioso, perguntou: "O que faremos? Esse homem nos venceu. Levem-no para uma cama, ponham-no sobre almofadas macias. Não o tornemos ainda mais glorioso, deixando-o morrer nos tormentos, e assim que ele recuperar as forças, que lhe sejam infligidos novos suplícios".

Logo que foi carregado para uma cama macia e repousou um pouco, rendeu o espírito, por volta do ano do Senhor de 287, sob Diocleciano e Maximiano. Ao saber da novidade, Daciano ficou espantado e irado e, reconhecendo-se vencido, disse: "Já que não pude vencê-lo vivo, vingar-me-ei dele depois da morte, mandando destruir seu cadáver". Então, por ordem de Daciano, seu corpo foi exposto num campo para servir de pasto aos pássaros e animais. No entanto, logo ele passou a ser guardado pelos anjos, e mesmo um corvo, ave voraz por natureza, expulsou a golpes de asas outros pássaros mais fortes que ele, e com suas bicadas e gritos pôs em fuga um lobo que se aproximava. A cada vez que assim fazia, o pássaro virava a cabeça para olhar fixamente o santo corpo, como se juntasse sua admiração à dos anjos. Quando soube disso, Daciano reconheceu: "Acho que não o vencerei nem mesmo depois da sua morte". Mandou então amarrar no santo corpo uma enorme pedra e jogou-o no mar, para que, não tendo sido devorado na terra pelos animais, pelo menos fosse devorado por monstros marinhos. O corpo do mártir foi levado a alto-mar, porém mais rápido do que os marinheiros o tinham levado, ele retornou à praia, onde foi encontrado por uma senhora e alguns outros cristãos que tinham tido uma revelação a respeito, e o sepultaram honrosamente.

Agostinho disse deste mártir: "O bem-aventurado Vicente venceu em palavras, venceu em sofrimentos, venceu em seu testemunho, venceu em sua tribulação. Venceu queimado, venceu afogado, venceu vivo, venceu morto". E acrescentou: "Vicente foi torturado para se exercitar, flagelado para se instruir, espancado para ser fortalecido, queimado para ser purificado".

Ambrósio expressou-se sobre ele nestes termos: "Vicente foi torturado, espancado, flagelado, queimado, mas não vencido e sua coragem de confessar o nome de Deus não foi abalada. O fogo de seu zelo foi mais ardente do que ferro em brasa; nele prevaleceu o temor a Deus sobre o temor ao mundo; ele preferiu agradar a Deus do que ao público; preferiu morrer para o mundo a morrer para o Senhor".

Agostinho escreveu: "Um maravilhoso espetáculo está diante de nossos olhos; um juiz iníquo, um carrasco sanguinário, um mártir que não foi vencido, um combate da crueldade contra a piedade".

Prudêncio, que brilhou sob o reinado de Teodoro, o Velho, em 387, afirma que Vicente respondeu assim a Daciano: "Tormentos, prisões, garfos, lâminas crepitantes de fogo e, enfim, a morte, que é a última das penas, tudo isso é brincadeira para os cristãos". Então Daciano teria replicado: "Amarrai-o, torcei-lhe os braços até que as juntas de seus ossos sejam deslocadas peça por peça, a fim de que, pelas aberturas das feridas, veja-se seu fígado palpitando". E o soldado de Deus ria, deliciando-se com as mãos ensangüentadas, que não conseguiam enfiar mais fundo em suas articulações os garfos de ferro. Na prisão, um anjo estimulava-o, falando: "Coragem, ilustre mártir, vem sem medo, vem ser nosso companheiro na assembléia celeste. Ó soldado invencível, mais forte que os mais fortes, esses tormentos cruéis e pavorosos o temem e proclamam-no vencedor!". Prudêncio exclamou: "Você é ilustre por excelência, pois obteve a palma de uma dupla vitória, de dois triunfos ao mesmo tempo".

26. São Basílio

1. Basílio foi um bispo venerável e um doutor distinto, cuja vida foi escrita por Anfilóquio, bispo de Icônio. Através de uma visão, o eremita chamado Efrém conheceu o grau de santidade que Basílio havia atingido. Em êxtase, Efrém viu uma coluna de fogo que partia da cabeça do santo e tocava o Céu, e ouviu uma voz vinda do alto dizer: "O grande Basílio é como essa imensa coluna que você vê". Ele foi então à cidade no dia da Epifania para conhecer tão notável personagem. Ao vê-lo vestindo uma estola[1] branca e caminhando majestosamente com seus clérigos, disse consigo mesmo: "Tive trabalho à toa em vir, pois esse homem rodeado de honrarias não pode ser aquele que apareceu na visão. Se nós, ermitãos, que carregamos o peso do dia e do calor, nunca alcançamos nada semelhante, como ele, cheio de tais honrarias, pode ser uma coluna de fogo?". Basílio, que por revelação soube dos pensamentos de Efrém, fez com que ele fosse vê-lo. Levado diante do bispo, o eremita viu uma língua de fogo que saía de sua boca, e pensou: "Basílio é grande mesmo, é, sim, uma coluna de fogo. O Espírito Santo realmente fala pela boca de Basílio". Dirigindo-se a ele, Efrém disse: "Senhor, peço-lhe a graça de me fazer falar grego". Basílio: "Você pede uma coisa difícil". Mas orou por ele, que imediatamente passou a falar grego.

2. Certa vez, outro eremita viu Basílio andando com trajes pontificais e desprezou-o, pensando consigo mesmo que aquele homem gostava demais de pompas daquele tipo. Uma voz então se fez ouvir, dizendo: "Você gosta mais de acariciar a cauda da sua gata do que Basílio aprecia seus ornamentos".

---

[1] Conforme nota 3 do capítulo 16.

3. O imperador Valente, defensor do arianismo,[2] tirou uma igreja dos católicos para dá-la aos arianos. Basílio foi ter com ele e disse: "Imperador, está escrito: 'A majestade real brilha no amor à justiça. O julgamento do rei é a justiça'.[3] Por que, então, você ordenou de livre e espontânea vontade que os católicos fossem expulsos dessa igreja e que ela fosse entregue aos arianos?". O imperador respondeu: "Basílio, não é conveniente que me fale assim". Ele replicou: "Não me importo de morrer pela justiça". Então o cozinheiro-chefe do imperador, chamado Demóstenes, partidário dos arianos, tentou intervir, mas Basílio disse-lhe: "Sua tarefa é cuidar dos guisados do imperador, e não resolver questões de fé", o que o deixou confuso e o fez calar-se. Disse então o imperador: "Basílio, vá e arbitre o problema entre os dois partidos, mas sem se deixar influenciar pelas opiniões do povo".

Ele propôs a católicos e arianos que se mandasse fechar as portas da igreja, nelas colocar os selos de cada um dos partidos, e aquele que conseguisse abrir as portas através de preces teria a posse da igreja. A proposta foi aceita por todos. Os arianos rezaram durante três dias e três noites, e quando chegaram diante das portas da igreja elas não estavam abertas. Então Basílio, à frente de uma procissão, foi até a igreja e, depois de ter feito uma prece, tocou levemente as portas com seu cajado pastoral dizendo: "Deixem o caminho livre, poderes celestes, abram-se, portas eternas, a fim de deixar entrar o rei da glória".[4] E imediatamente as portas abriram-se, todos entraram dando graças a Deus, e a igreja ficou novamente na posse dos católicos.

4. Segundo a *HISTÓRIA TRIPARTITE*, o imperador exigia muitas coisas de Basílio, que lhe disse: "Isso é coisa infantil, pois os que se alimentam com as palavras de Deus não aceitam que se altere uma só sílaba dos dogmas divinos". O imperador ficou indignado, e quando, está dito na mesma obra, quis assinar uma sentença de exílio para ele, uma primeira, uma segunda e uma terceira pena quebraram-se. Em seguida sua mão foi tomada por forte tremor, e, impressionado, ele rasgou o documento.

5. Um homem venerável, chamado Herádio, tinha uma filha única que ele se propunha consagrar ao Senhor, mas o diabo, inimigo do gêne-

---

[2] Conforme nota 1 do capítulo 3.
[3] *Salmos* 99,4.
[4] *Salmos* 24,7.

ro humano, tomando conhecimento disso fez com que um dos escravos da casa ficasse inflamado de amor pela jovem. Reconhecendo ser impossível obter os favores de pessoa tão nobre, o escravo foi encontrar um feiticeiro prometendo-lhe grande soma de dinheiro se ele o ajudasse. O feiticeiro falou: "Não tenho poder para tanto, mas se quiser apresentarei meu senhor, o diabo, graças a cuja orientação você obterá o que deseja". O rapaz respondeu: "Farei tudo que me disser". O feiticeiro escreveu uma carta para o diabo: "Mestre, como me dedico com empenho e prontidão em afastar o maior número possível de cristãos da religião, levando-os a fazer sua vontade, a fim de que seu partido cresça todos os dias, encaminho a você este rapaz que arde de amor por uma jovem e peço que os desejos dele sejam consumados, para que eu possa daí tirar glória e poder, e assim fortalecer sua causa". Deu então a carta[5] ao rapaz: "Vá a tal hora da noite, fique de pé sobre o túmulo de um pagão, chame os demônios com grandes gritos e jogue este papel para o ar que imediatamente eles aparecerão".

O rapaz foi, gritou pelos demônios e jogou a carta para o alto. E eis que se apresentou o Príncipe das Trevas, rodeado por uma multidão de demônios. Depois de ler a carta, perguntou ao rapaz: "Crê em mim, para que eu execute o que você quer?". "Sim, mestre, creio", respondeu. O diabo prosseguiu: "Renega Cristo?". O rapaz: "Renego". "Vocês, cristãos", continuou o diabo, "são pérfidos, porque se necessitam de mim sempre vêm me encontrar, mas depois que realizam seus desejos imediatamente me renegam e retornam ao seu Cristo, que muito clemente os recebe de volta. Mas se você quer que eu atenda sua vontade, escreva com a própria mão um documento pelo qual renuncia a Cristo, ao batismo, à fé cristã, e reconheça que é meu escravo, aceitando a condenação no Juízo".

Sem demora, o rapaz redigiu de próprio punho um escrito pelo qual renunciava a Cristo e comprometia-se a servir ao diabo. Este chamou no mesmo instante os espíritos encarregados de estimular a fornicação, ordenando-lhes que fossem ter com a jovem e inflamassem seu coração de amor pelo rapaz. Os espíritos assim o fizeram, e abrasaram o

---

[5] Idealmente deveríamos — o que fazemos sem muito rigor devido à dificuldade da tarefa e ao caráter divulgativo desta edição — distinguir "carta", comunicação pessoal escrita, e "epístola", documento literário quase público e freqüentemente escrito para ser divulgado: G. CONSTABLE, *Letter and letter-collections*, Turnhout, Brepols, 1976 (Typologie des sources médiévales, vol. 17).

coração dela a tal ponto que ela rolava pelo chão e se dirigia ao pai com gritos de lamento: "Tenha piedade de mim, pai, tenha piedade de mim, porque sou cruelmente atormentada de amor por esse nosso escravo. Mostre seu amor paterno e deixe-me casar com esse moço que amo e do qual estar afastada é uma tortura; se não, em pouco tempo você me verá morrer e responderá por mim no dia do Juízo". Seu pai respondeu-lhe entre gemidos: "Ai, desditado que sou! Que aconteceu com minha filha? Quem roubou meu tesouro? Eu queria unir você ao esposo celeste, contava ser salvo por você, e você se entrega a um amor insano e lascivo. Permita, minha filha, como eu havia decidido, uni-la ao Senhor, não entristeça minha velhice com uma dor que me levará ao túmulo". E ela gritava: "Meu pai, satisfaça rápido meu desejo, ou em pouco tempo me verá morrer".

Como ela chorava amargamente e estava quase louca, seu pai, na maior desolação e cedendo aos conselhos dos amigos, fez a vontade dela e casou-a com o rapaz, dando-lhe todos os seus bens: "Vá, minha filha, na verdade você é uma infeliz". Eles passaram a viver juntos, mas o rapaz não punha os pés na igreja, não fazia o sinal-da-cruz, não se recomendava a Deus, o que algumas pessoas notaram e disseram à esposa: "Você sabe que seu marido não é cristão e não vai à igreja?". Ao ouvir isso ela sentiu muito medo, e jogando-se ao chão passou a se dilacerar com as unhas, a bater no peito e a dizer: "Ah! Como sou infeliz! Por que nasci? Por que não morri ao vir ao mundo?".

Ela contou o que ouvira ao marido, e este assegurou que era tudo mentira. Então ela disse: "Se quiser que eu acredite em você, amanhã nós dois iremos à igreja". Vendo que não podia dissimular por mais tempo, o marido contou à mulher exatamente tudo que havia acontecido. Ao ouvir aquilo, ela se pôs a lamentar e foi imediatamente encontrar o bem-aventurado Basílio para lhe contar tudo o que acontecera ao marido e a ela. Basílio mandou vir o esposo e por sua boca conheceu todos os detalhes: "Meu filho", disse-lhe, "você quer voltar a Deus?". Ele respondeu: "Sim senhor, mas é impossível, porque eu me comprometi com o diabo, reneguei Cristo, redigi o ato de minha renegação e dei-o ao diabo". Basílio consolou-o: "Não se preocupe. O Senhor é complacente e aceitará seu arrependimento".

Ato contínuo, pegou o rapaz, fez o sinal-da-cruz sobre sua testa e enclausurou-o durante três dias, depois dos quais foi ter com ele: "Como está, meu filho?". "Senhor", respondeu o rapaz, "sinto uma forte opressão, não posso suportar os gritos, os terrores, as maquinações dos demônios, que com meu escrito na mão acusam-me, dizendo: 'Foi você que nos procurou, não fomos nós que te procuramos'". E São Basílio replicou: "Nada tema, filho, apenas acredite". Deu-lhe um pouco de comida e depois, fazendo de novo o sinal-da-cruz sobre sua testa, tornou a enclausurá-lo e rezou por ele. Alguns dias mais tarde foi vê-lo e perguntou: "Como está, meu filho?". O rapaz respondeu: "Pai, ouço ao longe os gritos e as ameaças deles, mas não os vejo". Deu-lhe de novo um pouco de comida, persignou-o, fechou a porta, retirou-se, orou por ele e quarenta dias depois voltou e perguntou: "Como está?". Ele respondeu: "Santo homem de Deus, estou bem. Hoje, numa visão, eu o vi combater por mim e vencer o diabo". Depois disso Basílio o fez sair, convocou o clero, os religiosos e o povo e mandou que todos orassem pelo rapaz, que conduziu pela mão até a igreja.

Então o diabo, com uma multidão de demônios, veio ao seu encontro e, agarrando de maneira invisível o rapaz, esforçou-se para arrancá-lo das mãos de Basílio, levando o jovem a gritar: "Santo homem de Deus, ajude-me". Mas o diabo puxava com tal força que, além do rapaz, arrastava também o santo, que disse: "Infame, para você não basta sua própria perda? Ainda ousa tentar a criatura do meu Deus?". O diabo replicou e muita gente ouviu: "Você está me prejudicando, Basílio". Então todos gritaram: "*Kyrie, eleison*".[6] E Basílio: "Que o Senhor te confunda, diabo!". Este prosseguiu: "Está me prejudicando, ó Basílio; não fui eu quem foi buscá-lo, ele é que veio a mim; ele renegou Cristo e entregou-se a mim: eis seu escrito, conservo-o à mão". Basílio respondeu: "Não cessaremos de orar até que você devolva esse escrito". E à prece de Basílio, que tinha as mãos erguidas para o Céu, os presentes viram o documento ser carregado pelo ar e pousar nas mãos do santo bispo, que o recebeu e perguntou ao rapaz: "Reconhece esta letra, irmão?". Este respondeu: "Sim, é de meu punho". E Basílio, rasgando o escrito, conduziu o rapaz à igreja, tornou-o novamente digno de participar dos mistérios sagrados e depois de lhe dar bons conselhos devolveu-o à mulher.

6. Uma mulher que cometera muitos pecados colocou-os por escrito, reservando o mais grave deles para o fim, e entregou esse documento ao beato Basílio recomendando-lhe que rezasse por ela, a fim de que tais orações apagassem seus pecados. Depois que ele orou, a mulher

---

[6] Em grego no original: "Senhor, tenha piedade de nós".

abriu sua carta e encontrou todas as suas ofensas apagadas, com exceção da mais grave. Disse ela a Basílio: "Tenha piedade de mim, escravo de Deus, e obtenha o perdão para esta falta como para as outras". Basílio disse: "Mulher, afaste-se de mim, porque sou um pecador que necessita de indulgência tanto quanto você". E como ela insistisse, ele falou: "Vá encontrar o santo homem Efrém e ele poderá obter o que você pede".

Ela foi encontrar o santo homem Efrém, contou-lhe por que São Basílio a tinha encaminhado até ele e ouviu: "Retire-se, filha, porque sou um pecador, e retorna a Basílio, que obteve o perdão dos outros pecados e também poderá obter o perdão deste; apresse-se, para encontrá-lo vivo". Quando ela chegou à cidade, estavam levando Basílio para o túmulo. Ela se pôs então a chamar por ele e a dizer: "Que Deus veja e julgue a mim e a você, porque quando podia me reconciliar com Deus, você me encaminhou a outro". Depois jogou sua carta sobre o caixão, e pegando-a de volta logo a seguir abriu-a e encontrou o pecado inteiramente apagado. Ela rendeu a Deus imensas ações de graças, com todos os que ali se encontravam.

7. Antes que esse homem de Deus falecesse, enquanto sofria da doença de que morreu, mandou chamar um judeu chamado José, médico consumado de quem o homem de Deus gostava muito e pretendia converter. José tomou o pulso de Basílio, viu que ele estava à beira da morte e pediu aos serviçais: "Preparem tudo que for necessário para seu sepultamento, porque ele já vai expirar". Ao ouvir aquilo, Basílio disse-lhe: "Você não sabe o que fala". José replicou: "Acredite, meu senhor, quando o sol morrer hoje, você morrerá também". Basílio falou: "O que você dirá, se eu não morrer hoje?". José respondeu: "Isso não é possível, senhor". Basílio insistiu: "E se eu ainda estiver vivo amanhã na sexta hora, o que você fará?". José: "Se você sobreviver até essa hora, eu mesmo morrerei". Basílio: "Pois bem, morra para o pecado a fim de viver para Cristo". José respondeu: "Entendo o que diz; caso você viva até essa hora, farei aquilo a que me exorta". Então o bem-aventurado Basílio, que segundo as leis naturais devia morrer logo, obteve do Senhor um adiamento da morte e viveu até a nona hora do dia seguinte. Vendo aquilo, José ficou estupefato e acreditou em Cristo. Então Basílio, com a força da alma superando a fraqueza do corpo, levantou-se da cama, foi à igreja e batizou José. Depois disso voltou a seu leito e imediatamente rendeu a alma a Deus. Ele viveu por volta do ano 370 do Senhor.

27. São João, Esmoler

1. João, o esmoler, patriarca de Alexandria, estava certa noite em oração quando foi encontrá-lo uma jovem de extraordinária beleza, trazendo na cabeça uma coroa de olivas. Ele ficou perplexo ao vê-la e perguntou quem era ela. A moça respondeu: "Sou a Misericórdia, que fez o Filho de Deus descer do Céu. Tome-me como esposa e você se sentirá bem". Ele compreendeu que a oliva era o símbolo da misericórdia, e daquele dia em diante tornou-se tão misericordioso que foi chamado de Eleimon, isto é, esmoler, "aquele que dá muitas esmolas". Passou a chamar os pobres de "meus senhores", daí o costume dos hospitalários[1] de chamar os pobres de seus senhores. Ele convocou então todos os seus servidores e disse: "Percorram a cidade e anotem o nome de todos os meus senhores, até o último". E como eles não o entendessem, explicou: "Aqueles a quem vocês chamam pobres e mendigos, eu proclamo senhores e auxiliares, porque são eles que verdadeiramente poderão nos ajudar e nos dar o reino do Céu".

2. Querendo levar os homens a praticar a caridade, ele tinha o costume de contar que certa vez, quando alguns pobres aqueciam-se ao sol, puseram-se a louvar os que lhes davam boas esmolas e a falar mal dos que não o faziam. Dentre estes estava um coletor de impostos, chamado Pedro, que era riquíssimo e gozava de grande autoridade, mas que era de extrema dureza para com os pobres que batiam à sua porta. Quando concluíram que ninguém havia recebido esmola em sua casa, um deles propôs: "O que vocês me dão, se hoje mesmo eu receber uma esmola das suas mãos?". Depois de apostarem, ele foi à casa de Pedro pedir esmola.

---

[1] Membros da Ordem monástico-militar de São João de Jerusalém, fundada em 1113 para cuidar e proteger os peregrinos que se dirigiam à Terra Santa.

Este, voltando para casa no momento em que um de seus serviçais chegava com pães de primeira qualidade, viu o pobre mendigando à sua porta. Com raiva, e não encontrando pedra, o rico pegou um pão e atirou-o no pobre. Este agarrou o pão e voltou para seus companheiros, mostrando-lhe a esmola que tinha recebido da mão do coletor.

Dois dias depois, o coletor contraiu uma doença mortal e sonhou que comparecia ao Juízo. Neste, uns mouros colocavam suas más ações no prato de uma balança, enquanto do outro lado estavam de pé algumas pessoas vestidas de branco e cheias de tristeza por não saberem onde encontrar algo de bom para colocar no outro prato. Uma delas disse: "Não temos nada além de um pão que sem querer ele deu a Cristo faz dois dias". Quando puseram esse pão na balança, os dois pratos ficaram equilibrados e as pessoas de branco disseram-lhe: "Acrescenta a este pão um pouco de frumento, senão os mouros o levarão".

Ao despertar, Pedro estava curado e disse: "Se um só pão que joguei por raiva me valeu tanto, quantas vantagens não terei entregando todos os meus bens aos indigentes!". Um dia em que andava pela rua trajando vestes caríssimas, um náufrago pediu-lhe umas roupas. Na mesma hora, privou-se de sua preciosa vestimenta e deu-a. O náufrago pegou-a e foi vendê-la. Ao voltar para casa, o coletor viu o traje pendurado em seu lugar costumeiro, e foi tomado de tristeza a ponto de não querer comer, pois pensou: "Eu não sou digno de que aquele pobre receba um presente de mim". Durante o sono, porém, viu um personagem mais brilhante que o sol, com uma cruz na cabeça, trajando a vestimenta que ele tinha dado ao pobre e dizendo-lhe: "Por que chora, Pedro?". Ele contou a causa da sua tristeza e o personagem perguntou: "Reconhece isto?". "Sim, senhor", respondeu. E o Senhor disse: "Eu a visto desde o dia em que você a deu para mim, e agradeço sua boa vontade, porque eu estava com muito frio e você me vestiu".

Ao acordar, ele bendisse os pobres e exclamou: "Viva o Senhor! Não morrerei sem ter me tornado um deles". A partir de então passou a dar tudo o que possuía aos pobres, e chamou mesmo o escravo que lhe servia de tabelião e disse: "Quero confiar a você um segredo, e se o divulgar ou não o executar, será vendido aos bárbaros". E dando-lhe dez libras de ouro, acrescentou: "Vá à cidade santa, compre mercadorias para você, vende-me a algum cristão e distribui o valor aos pobres". Como o tabelião recusou fazer aquilo, repetiu: "Se não me obedecer, vou vendê-lo aos bárbaros". Então o tabelião levou-o, cobriu-o de andrajos, vendeu-o como um de seus escravos e deu aos pobres trinta moedas, preço do negócio.

Na nova vida, Pedro encarregava-se dos mais vis trabalhos, sendo por isso objeto do desprezo geral. Os outros escravos batiam nele a toda hora e consideravam-no louco. Mas com freqüência o Senhor aparecia e consolava-o, mostrando as roupas que recebera dele e as trinta moedas. Enquanto isso, o imperador e os nobres condoíam-se por terem perdido um homem tão importante. Certa vez, alguns de seus antigos vizinhos de Constantinopla estavam em peregrinação nos Lugares Santos, quando foram convidados para jantar com o amo de Pedro, e comentavam uns com os outros: "Como esse escravo é parecido com o senhor Pedro, o coletor!". E um deles, que o examinava atentamente, disse aos outros: "De fato, é mesmo o senhor Pedro; vou buscá-lo". Tendo percebido, Pedro resolveu escapar às escondidas.

O porteiro era surdo-mudo, sendo necessário um sinal para que ele abrisse a porta, mas Pedro não pediu por sinais, e sim por palavras. No mesmo instante o porteiro recobrou a audição e a fala, abriu a porta e depois correu para dentro da casa dizendo a todos, maravilhado: "O cozinheiro saiu e fugiu, mas vejam, é um escravo de Deus, porque quando me disse: 'Abre', de sua boca saiu uma chama que tocou minha língua e meus ouvidos, e naquele mesmo instante recuperei a audição e a fala". Todos saíram atrás dele, mas era tarde demais para poder encontrá-lo. Então a criadagem fez penitência por ter tratado tão indignamente um homem tão estimável.

3. Um monge chamado Vidal quis comprovar se São João era influenciável pelas maledicências e deixava-se facilmente escandalizar. Para tanto foi à cidade e fez uma lista de todas as meretrizes. Depois entrava na casa de cada uma e pedia: "Conceda-me esta noite sem fornicar". Ele retirava-se para um canto, punha-se de joelhos e passava a noite toda em oração, rezando pela mulher. De manhã saía, recomendando a cada uma que não revelasse aquilo a ninguém. Mas uma delas não obedeceu, e a pedido do ancião foi atormentada pelo demônio. Todos disseram a ela: "Você recebeu de Deus o que merecia por ter mentido, porque foi para fornicar que esse celerado entrou em sua casa, não por outro motivo".

Quando caía a noite, Vidal dizia a todos os que quisessem ouvi-lo: "Vou indo, porque tal mulher me espera". Muita gente recriminava sua conduta, mas ele falava: "Acaso não tenho um corpo como todo mundo? Acaso Deus fica zangado somente com os monges? Nós também somos homens de verdade, como qualquer outro". Alguns lhe diziam: "Reverendo padre, para não escandalizar todo mundo, tome mulher e largue o hábito". Então ele fingia estar com raiva e respondia: "Ora essa, não tenho que escutá-los! Vão embora! Aquele que quiser se escandalizar, que se escandalize e arrebente a cabeça contra a parede. Deus fez de vocês meus juízes? Vão embora e metam-se com seus assuntos, pois não são responsáveis por mim".

Ele dizia isso em voz alta, para todos ouvirem. Quando se queixaram dele ao bem-aventurado João, Deus protegeu-lhe o coração para que não acreditasse naqueles relatos. De seu lado, Vidal pedia a Deus que depois de sua morte seus atos fossem revelados a todos, a fim de que aqueles que se escandalizavam não lhe imputassem pecados que não cometera. Com sua forma de agir ele levou muitas daquelas mulheres a se converter e a ingressar em mosteiros. Uma manhã, ao sair da casa de uma delas, encontrou alguém que entrava para fornicar e que lhe deu uma bofetada, dizendo: "Celerado, quando vai se emendar e abandonar suas imundícies?". E ele respondeu: "Acredite, devolverei a bofetada de tal forma que toda Alexandria escutará". De fato, algum tempo depois o diabo, sob forma de mouro, deu naquele indivíduo uma bofetada dizendo: "Este tapa é da parte do abade Vidal". No mesmo instante o homem foi possuído pelo demônio e deu tais gritos que muita gente juntou-se ao seu redor, mas ele fez penitência e foi liberado pelas orações de Vidal. Ao sentir que a morte se aproximava, o homem de Deus deixou escrito: "Não julguem antes do tempo". Quando as mulheres contaram como ele agia, todos louvaram a Deus, e o beato João disse: "Eu mesmo teria recebido a bofetada que aquele homem recebeu".

4. Um pobre, vestido de peregrino, foi pedir esmola a João, que chamou seu tesoureiro e disse: "Dê-lhe seis moedas". Mal as recebeu, ele foi embora, mudou de roupa e voltou para pedir esmola ao bispo. Este disse a seu tesoureiro: "Dê-lhe seis moedas de ouro". E quando as deu e o pobre afastou-se, o tesoureiro observou: "Padre, esse homem é o mesmo de antes, e mudando de roupa recebeu hoje dupla esmola". O bem-aventurado João fingiu que nada ouvira. Pela terceira vez o peregrino mudou de roupa, veio ver o beato João e pediu esmola. O tesoureiro cutucou o beato João para lhe indicar que era o mesmo homem. O bem-aventurado João respondeu: "Dê-lhe doze moedas, pois quem sabe não é meu Senhor Jesus Cristo que quer me experimentar e saber se vai se cansar de pedir antes de eu me cansar de dar".

5. Certa vez um nobre queria utilizar um dinheiro pertencente à Igreja na compra de mercadorias, e o bispo não concordava, pois tinha a

intenção de dá-lo aos pobres. Depois de muita discussão, os dois despediram-se irritados um com o outro. Chegada a nona hora, o bispo mandou seu arcipreste[2] dizer àquele nobre: "Senhor, o sol vai se pôr". Ao ouvir aquilo, e entender seu significado, o nobre comoveu-se às lágrimas e foi vê-lo para se reconciliarem.

6. O sobrinho do bispo havia recebido grave ofensa de um mercador e queixava-se disso, desconsolado. O bispo então lhe disse: "Como ele teve a audácia de contradizê-lo e de abrir a boca contra você? Crê, filho, apesar de minha insignificância, farei com ele uma coisa que deixará toda Alexandria espantada". Ao ouvir essas palavras, o sobrinho consolou-se pensando que seu tio mandaria açoitar duramente o mercador. João, vendo-o consolado, apertou-o contra o coração, dizendo: "Meu filho, se você é de fato sobrinho da minha humildade, prepare-se para ser flagelado e insultado pelos homens. O verdadeiro parentesco não está no sangue nem na carne, reconhece-se pela força do caráter". No mesmo instante, mandou um mensageiro ao mercador liberando-o de todos os impostos e tributos devidos ao episcopado. Essa boa obra suscitou a admiração geral e compreendeu-se o que ele quisera dizer com: "Farei com ele uma coisa que deixará toda Alexandria espantada".

7. O bispo ouvira falar do costume de, logo após a coroação imperial, operários pegarem quatro ou cinco pedacinhos de metal e de mármore de diferentes cores e perguntarem ao imperador com qual desses materiais queria construir seu monumento funerário. Imitando esse costume, ele encomendou a construção de seu túmulo, mas determinou que ficasse inacabado até a sua morte, e que nas grandes cerimônias dos dias de festa dissessem a ele: "Senhor, seu túmulo não está terminado, mande concluí-lo, porque nem o ladrão nem a morte avisam a hora de sua chegada".

8. Tendo notado que o bem-aventurado João usava como leito uns vis farrapos, porque dera tudo aos pobres, um rico homem comprou um cobertor caríssimo e mandou-o de presente. Quando se cobriu com ele de noite, o bispo não conseguiu dormir, pensando que trezentos dos seus "senhores" poderiam se cobrir com o preço daquela coberta. Passou então a noite inteira a se lamentar, dizendo a si mesmo: "Quanta gente não jantou, quanta gente desabrigada sob a chuva, quanta gente bate os dentes de frio na hora de dormir, e você devora grandes peixes, repousa

---

[2] Título honorífico conferido pelo bispo a um padre que o ajuda a dirigir o clero da diocese.

numa bela cama com todos os seus pecados, se aquece sob um cobertor de trinta e seis moedas! O indigno João não se cobrirá com ele outra vez!".

Na manhã seguinte mandou vendê-lo e deu o dinheiro aos pobres. Sabendo disso, o rico comprou o mesmo cobertor pela segunda vez e deu-o ao beato João, com o pedido de não o vender e guardá-lo para seu uso. Mas outra vez ele mandou vendê-lo e deu o dinheiro a seus "senhores". O rico foi de novo comprá-lo, levou-o à casa do bem-aventurado João e disse-lhe, com expressão de felicidade: "Veremos quem vai se cansar: você, de vendê-lo, ou eu, de comprá-lo". Ele entregava-se prazerosamente a essa disputa, dizendo que com a intenção de fazer caridade pode-se dessa maneira despojar os ricos sem pecar. Ambos ganhavam, um salvando a alma, outro se proporcionando com isso uma larga recompensa futura.

9. Para estimular a prática da caridade, ele costumava contar que São Serapião acabara de dar seu manto a um pobre, quando se apresentou outro tiritando de frio. Ele deu-lhe sua túnica, depois se sentou nu, segurando o Evangelho. Alguém então lhe perguntou: "Padre, quem o despojou?". E ele, apontando o Evangelho: "Aqui está quem me despojou". Em outro lugar, viu um pobre, vendeu o próprio Evangelho e deu o dinheiro a ele. Perguntaram-lhe onde conseguiria outro e ele respondeu: "Eis o que manda o Evangelho: 'Vá, venda tudo o que tem e dê aos pobres'.[3] Eu tinha o próprio Evangelho e o vendi, tal como ele recomendava".

10. O bem-aventurado João mandou dar cinco moedas a um mendigo que, indignado por não ter recebido mais, pôs-se a falar mal dele e a insultá-lo em sua presença. Seus servidores, testemunhando a cena, queriam bater no mendigo, mas o beato João opôs-se com firmeza: "Deixem-no, irmãos", disse, "deixem-no maldizer-me. Eu que tenho sessenta anos, durante os quais ultrajei Cristo por minhas obras, como não poderia suportar uma injúria desse homem?". Mandou então levar sua bolsa para o mendigo, para que ele pegasse o que quisesse.

11. Certa vez, terminada a leitura do Evangelho, o povo saiu da igreja e ficou do lado de fora conversando. O bispo também saiu e sentou-se no meio da multidão. Todos ficaram surpresos e ele explicou: "Meus filhos, onde estão as ovelhas, está o pastor; se vocês entrarem, entrarei, se ficarem aqui, também ficarei". Fez isso duas vezes, e assim ensinou o povo a ficar na igreja até o final dos ofícios.

---

3 *Mateus* 19,21; *Marcos* 10,21; *Lucas* 18,22.

12. Um rapaz tinha fugido com uma religiosa, e os clérigos criticavam essa ação diante do bem-aventurado João, dizendo que o rapaz merecia ser excomungado porque perdera duas almas, a dele e a dela. O bem-aventurado João acalmou-os: "Não é assim, meus filhos, não é assim. Permitam-me mostrar que vocês cometem dois pecados. O primeiro, indo contra o preceito do Senhor que diz: 'Não julgue e não será julgado';[4] o segundo, de presunção, porque vocês não têm certeza de que eles ainda pecam e não sabem se se arrependeram".

Com freqüência ouviu-se o bem-aventurado João dizer a Deus em suas preces e em seus êxtases: "Sim, bom Jesus, veremos quem antes se cansará, eu que dou ou você que me fornece o que dar". Tomado pela febre e vendo-se à beira da morte, disse: "Eu agradeço, ó meu Deus, por ter permitido que eu chegasse à hora da morte na miséria; é verdade que ainda possuo uma pequena moeda, mas quero que seja dada aos pobres". Seu venerável corpo foi posto num sepulcro em que haviam sido inumados os corpos de dois bispos, e esses corpos recuaram milagrosamente para dar lugar no meio deles ao bem-aventurado João.

Alguns dias antes da sua morte, sabendo de uma mulher que tinha cometido um grande pecado e não ousava confessá-lo a ninguém, São João pediu-lhe que, como ela sabia escrever, escrevesse o pecado e o colocasse num envelope lacrado, que ele oraria por ela. Ela aceitou, e depois de ter confessado por escrito seu pecado, lacrou-o com cuidado e entregou-o ao bem-aventurado João. Mas poucos dias depois o beato João caiu gravemente enfermo e passou ao Senhor. Assim que soube da sua morte, a mulher acreditou-se desonrada e perdida, certa de que ele confiara seu escrito a alguém. Pesarosa, foi ao túmulo de São João e ali derramou uma torrente de lágrimas, gritando: "Ai de mim! Querendo evitar confusão, só criei confusão". Enquanto ela chorava amargamente e pedia ao bem-aventurado João que lhe indicasse onde tinha guardado seu escrito, o beato saiu do caixão em hábitos pontificais, tendo a seu lado os dois bispos que descansavam com ele, e disse à mulher: "Por que nos importunar assim e não nos deixar repousar, eu e os santos que estão comigo? Nossos ornamentos estão todos molhados com suas lágrimas". Entregou-lhe então o escrito, lacrado como estava antes, dizendo-lhe: "Quebre este lacre, abra seu escrito e leia". Abrindo-o, ela encontrou seu

---

[4] *Mateus* 7,1; *Lucas* 6,37.

pecado inteiramente apagado, e em seu lugar leu estas palavras: "Por causa de João, meu escravo, seu pecado está apagado". Ela agradeceu muito a Deus, e o bem-aventurado João retornou ao túmulo com os outros bispos. Ele morreu por volta do ano do Senhor de 605, no tempo do imperador Focas.

28. A Conversão de São Paulo, Apóstolo

A conversão de São Paulo deu-se no mesmo ano em que Cristo foi crucificado e em que Estêvão foi lapidado. Não no mesmo ano calendarial, e sim no intervalo de um ano, porque Cristo foi crucificado no dia 8 antes das calendas de abril, Estêvão foi lapidado no dia 3 de agosto do mesmo ano e Paulo foi convertido no dia 8 antes das calendas de fevereiro.[1]

Celebra-se sua conversão, mas não a de outros santos, por três razões. A primeira, para servir de exemplo, a fim de que ninguém, por mais pecador que seja, desespere por perdão ao ver que aquele homem tão cheio de culpa foi depois tão cheio de graça. A segunda, para lembrar a alegria da Igreja, muito triste anteriormente quando perseguida por ele, e depois muito alegre por sua conversão. A terceira, pelo milagre que o Senhor manifestou nele, ao fazer do mais bárbaro perseguidor o mais fiel pregador. De fato, sua conversão foi milagrosa por quem a fez, pela maneira com que foi feita e pelo seu sujeito.

Aquele que realizou a conversão foi Cristo, mostrando assim três atributos. Primeiro, seu admirável poder, quando disse a Saulo: "É duro para você resistir ao aguilhão", e quando o transformou subitamente, levando-o a perguntar: "Senhor, que quer que eu faça?".[2] Comentando essas palavras, Agostinho disse: "O cordeiro morto pelos lobos trans-

---

[1] No calendário juliano implantado em 46 a.C. e vigente na Idade Média, calendas era o primeiro dia do mês. Assim, pelo calendário gregoriano adotado em 1582 e ainda hoje utilizado no mundo ocidental cristão, as datas referidas pela *Legenda áurea* correspondem a 25 de março no caso da Crucifixão e a 25 de janeiro no da conversão de São Paulo.
[2] Este e os demais versículos bíblicos citados por Jacopo de Varazze neste capítulo são de *Atos dos apóstolos*, capítulo 9.

formou os lobos em cordeiros, e já se prepara a obedecer àquele que antes perseguia furiosamente". Segundo atributo, sua admirável sabedoria, porque demoliu o orgulho, aparecendo-lhe não na sua sublime majestade e sim em ínfima humildade. "Eu sou o Jesus de Nazaré que você persegue", disse a ele. A GLOSA acrescenta: "Ele não diz que é Deus, nem mesmo Filho de Deus, e para incitá-lo a se despojar das escamas do orgulho, mostra sua humildade". Terceiro atributo, sua admirável clemência, pois a conversão ocorreu no próprio momento em que se dava a perseguição, quando por iniciativa própria ele "fazia ameaças, prometia carnificina", pedia autorização do sumo sacerdote para fazer prisioneiros e levá-los a Jerusalém, e apesar disso foi convertido pela divina misericórdia.

A maneira como se deu a conversão também foi milagrosa, através da luz, uma luz súbita, imensa e celestial. Súbita, pois "ele foi de repente envolto por uma luz que vinha do céu". Paulo tinha três vícios. O primeiro era a audácia, como atestam as palavras: "Ele foi encontrar o grão-sacerdote etc.", sobre as quais diz a *Glosa*: "Ninguém o tinha instado a isso, ele foi por si mesmo, seu zelo é que o moveu". O segundo era o orgulho, provado pelas palavras: "Ele fazia ameaças, prometia carnificina". O terceiro era a interpretação material que dava à Lei, o que faz a *Glosa* dizer: "Sou Jesus, sou Deus do Céu, aquele que como judeu você acredita estar morto". Portanto, a luz divina foi súbita para aterrorizar o audacioso; foi imensa para lançar esse altivo, esse soberbo, nas profundezas da humildade; foi celestial para tornar celeste aquela inteligência carnal. Ou, pode-se dizer, a conversão foi milagrosa pelos três meios utilizados: a voz que chamou, a luz que brilhou e a força que alterou.

A conversão foi milagrosa quanto ao sujeito convertido, isto é, o próprio Paulo. Em sua pessoa deram-se três milagres externos: sua queda do cavalo, sua cegueira e seu jejum de três dias. Ele foi derrubado para se reerguer mudado. Agostinho disse: "Paulo foi derrubado para ser cegado; foi cegado para ser mudado; foi mudado para ser enviado; foi enviado para que a verdade aparecesse". O mesmo autor ainda diz: "O cruel foi esmagado e tornou-se crente; o lobo foi abatido e reergueu-se cordeiro; o perseguidor foi derrubado e tornou-se pregador; o filho da perdição foi quebrado e transformou-se em vaso eleito".

Foi cegado para ser iluminado em sua inteligência cheia de trevas. O Evangelho diz que durante três dias ele ficou cego para ser instruído. De fato, ele não recebeu o Evangelho da boca de um homem, nem por meio de um homem, e sim, ele mesmo assegura, por revelação de Jesus Cristo. Agostinho diz em outra passagem: "Considero Paulo o verdadeiro atleta de Cristo, que o instruiu, que o ungiu com a substância com a qual foi crucificado, que se glorificou nele". Ele mortificou sua carne para que ela colaborasse na realização de boas obras. Desde então seu corpo ficou perfeitamente apto a toda sorte de boas obras, sabendo viver tanto na penúria quanto na abundância, pois tinha experimentado de tudo e suportava facilmente todas as adversidades. Crisóstomo diz: "Os tiranos e os povos enfurecidos pareciam-lhe mosquitos. A morte, tormentos e milhares de suplícios eram para ele como brincadeiras de criança. Ele os acolhia de bom grado, e retirava mais glória das correntes que o prendiam do que se estivesse coroado com preciosos diademas. Aceitava torturas com mais satisfação do que outros aceitam presentes".

  Estes três estados, queda, cegueira, jejum, podem ser contrastados com as três atitudes de nosso primeiro pai. Enquanto este se ergueu contra Deus, Paulo ao contrário foi jogado ao solo; enquanto os olhos daquele foram abertos, os de Paulo ao contrário foram fechados; enquanto aquele comeu o fruto proibido, Paulo ao contrário absteve-se até mesmo de alimentos lícitos.

29. Santa Paula

I. Paula foi uma nobre senhora de Roma, cuja vida foi narrada por Jerônimo:

> Se todas as partes do meu corpo estivessem convertidas em línguas e cada uma delas pudesse falar, eu não poderia dizer nada que se aproximasse das virtudes da santa e venerável Paula. Nascida de estirpe nobre, foi tornada ainda mais nobre por sua santidade; foi poderosa em riquezas, mas agora é muito mais importante por ter abraçado a pobreza de Cristo. Tomo como testemunha Jesus e seus santos anjos, em especial seu anjo da guarda, companheiro dessa mulher admirável, o que não digo por lisonja ou exagero, mas por ser pura verdade, reconhecendo que tudo o que poderei dizer está aquém de seus méritos.
>
> Vou resumidamente dizer ao leitor quais foram suas virtudes. Deixou tudo aos pobres, tornando-se ela própria a mais pobre de todos. Entre todas as pedras preciosas, ela brilha como uma pérola inestimável, e da mesma forma que o brilho do sol apaga e obscurece a luz das estrelas, ela supera as virtudes de todos por sua humildade, fazendo-se a menor para se tornar a maior. À medida que ela se rebaixava, Cristo a elevava. Ela se escondia, mas não conseguia se ocultar; ela fugiu da vanglória e mereceu a glória, porque a glória segue a virtude como uma sombra, desprezando os que a buscam e buscando os que a desprezam.
>
> Ela teve cinco filhos: Blesilha, por cuja morte a consolei em Roma; Paulina, que nomeou seu santo e admirável marido, Pamáquio, ao qual enviei um livrinho sobre a perda da esposa, herdeiro de seus bens e executor de seu testamento; Eustóquia, que ainda hoje vive nos Lugares Santos e é, por sua virgindade, um precioso ornamento da Igreja; Rufina, que por sua morte prematura encheu de dor a alma de sua mãe; Toxócio, após cujo nascimento ela parou de ter filhos, o que atesta que ela só desejara tê-los para satisfazer seu marido, que queria filhos

homens. Depois da morte do marido, ela chorou tanto que pensou que ia perder a vida e consagrou-se de tal sorte ao serviço de Deus que se poderia imaginar que tinha desejado ficar viúva.

2. Que posso dizer das grandes riquezas daquela casa tão grande e tão nobre, e que ela distribuiu aos pobres? Inflamada pelas virtudes de Paulino, bispo de Antioquia, e de Epifânio, que tinham vindo a Roma, ela pensou em rapidamente deixar seu país. Mas por que me demorar naquilo que vou narrar? Ela dirigiu-se ao porto, e seu irmão, seus primos, seus próximos e, mais importantes que todo o resto, seus filhos, acompanharam-na esforçando-se por convencer sua terna mãe a mudar de idéia. O navio de velas içadas e impulsionado pelos remos começava a se afastar, mas na praia o pequeno Toxócio ainda lhe estendia as mãos. Rufina, prestes a se casar, sem proferir uma palavra pedia-lhe, através do pranto, que esperasse suas bodas. No entanto Paula, erguendo os olhos para o Céu sem derramar uma só lágrima, superava, por seu amor a Deus, o amor que tinha por seus filhos. Ela esquecia que era mãe para atestar que era escrava de Cristo. Suas entranhas estavam diaceradas e ela combatia contra uma dor que não era menor do que sentiria se lhe tivessem arrancado o coração. Mas às leis da natureza ela opunha uma fé imensa, e com alegria sacrificava seu amor aos filhos por um amor ainda maior a Deus. Somente sua filha Eustóquia acompanhou-a na viagem.

O navio ganhava o mar e todos os tripulantes olhavam para a praia, menos ela que desviava os olhos para não enxergar o que não podia ver sem dor. Logo que chegou à Terra Santa, o procônsul da Palestina, que conhecia muito bem a família dela, enviou-lhe serviçais para lhe preparar um palácio, mas ela preferiu uma humilde cela. Ali percorreu com tanto zelo e cuidado todos os lugares em que havia vestígios da passagem de Cristo, que só conseguia deixar um daqueles locais para se dirigir a outros. Ali ela se prosternou diante da cruz, como se o Senhor ainda estivesse pregado nela. Ao entrar no Sepulcro, beijou a pedra da Ressurreição que o anjo havia tirado da entrada do monumento, e colocou seus lábios sobre o lugar em que repousara o corpo do Salvador, como se estivesse sedenta das águas da fé.

Toda Jerusalém, e mesmo o Senhor, a quem orava, foi testemunha de quantas lágrimas derramou, de quantos foram seus gemidos e quanta a dor. De lá ela foi a Belém, e tendo entrado no estábulo do Salvador, viu a casa sagrada da Virgem, e jurava para mim que com os olhos da fé estava vendo o menino envolto nos cueiros chorando na manjedoura, os magos adorando o Senhor, a estrela brilhando no alto, a Virgem mãe, o pai de criação todo solícito, os pastores que vinham de noite para ver o Verbo encarnado, como se recitassem o começo do Evangelho de João: "No princípio era o Verbo, e o Verbo estava com Deus, e o Verbo se fez carne". Ela via as crianças degoladas, Herodes furioso, José e Maria fugindo para o Egito, e exclamava com uma alegria mesclada de lágrimas: "Salve, Belém, casa de pão, onde nasceu o pão descido do Céu;[1] salve, terra de Efrata, região fértil da qual o próprio Deus é a fertilidade. Davi pôde dizer com razão: 'Entraremos em seu tabernáculo, adoraremos o lugar em que ele pôs os pés',[2] e eu, miserável pecadora, fui julgada digna de beijar a manjedoura em que o Senhor chorou ao nascer. Este é o lugar do meu repouso, porque é a pátria de meu Senhor. Aqui habitarei, pois meu Senhor escolheu-a para nascer".

3. Ela viveu com tal humildade, que quem a tivesse conhecido e então a visse não a teria reconhecido, e sim tomado pela última das criadas daquele grupo de virgens, devido a seus trajes, suas palavras, sua postura. Desde a morte do marido até seu último dia, ela não comeu na companhia de homem algum, por mais santo que fosse e mesmo que tivesse sido elevado à dignidade episcopal. Ela só se banhava se estivesse doente, só dormia em cama macia quando era acometida por fortes febres, senão repousava num cilício estendido na terra dura, se é que se pode chamar de repouso unir as noites aos dias para passá-las em orações quase contínuas. Chorava tanto por pequenas faltas, que alguém imaginaria que tinha cometido os maiores crimes. Quando lhe dizíamos que devia poupar sua vista e conservá-la para ler o Evangelho, respondia: "É preciso desfigurar este rosto que tantas vezes pintei de vermelho, branco e negro contra o mandamento de Deus. É preciso afligir este corpo que conheceu tantas delícias, é preciso compensar os riscos e alegrias de tanto tempo por lágrimas contínuas, a delicadeza da roupa branca e a magnificência de ricos tecidos de seda pela aspereza do cilício. Do mesmo modo que agradei a meu marido e ao mundo, agora desejo agradar a Cristo".

Entre tantas e tão grandes virtudes, parece-me supérfluo louvar sua castidade que, mesmo quando ela estava no século, serviu de exemplo a todas as damas de Roma, tendo sua conduta sido tal que nem mesmo os mais maledicentes ousaram inventar o que quer que fosse para criticá-la. Confesso que errei quando, vendo-a ser pródiga nas esmolas, eu a repreendi alegando a passagem do apóstolo: "Não se deve dar esmolas em tal quantidade que alivie os outros mas provoque dificuldades a vocês mesmos; é necessário guardar um pouco, para que a abundância

---

[1] São Jerônimo refere-se ao fato de o nome da cidade natal de Jesus significar em hebraico "casa do pão" (*bêt-lehem*, designação talvez derivada de um antigo culto local cananeu a uma divindade agrária), e ao fato de Jesus ser "o pão que desce do Céu e dá vida ao mundo", "ser o pão da vida" (*João* 6,33.35).

[2] *Salmos* 131,7.

que supre as necessidades dos outros não se esgote e impossibilite continuar a praticar a caridade".[3] Ela me respondia em pouquíssimas palavras e com grande modéstia, invocando o Senhor como testemunha, dizendo que fazia tudo aquilo unicamente pelo amor que sentia por Ele, que desejava morrer pedindo esmola de forma a não deixar um único óbolo à filha e ser sepultada num lençol que não lhe pertencesse. Ela acrescentava, como último argumento: "Se ficar na completa miséria, encontrarei várias pessoas que me ajudarão, mas se um pobre morrer de fome por não receber de mim o que lhe posso facilmente dar, a quem se cobrará por sua vida?".

Ela não queria empregar dinheiro em pedras que desaparecerão com a terra e com o século, mas naquelas pedras vivas que caminham sobre a terra e com as quais, diz o *Apocalipse* de João, é construída a cidade do grande rei. Como ela pouco comia azeite, salvo nos dias de festa, é fácil adivinhar qual era seu sentimento no que concerne ao vinho, a outros delicados licores, ao peixe, ao leite, ao mel, aos ovos e coisas semelhantes que são agradáveis ao paladar e de cujo uso algumas pessoas que se consideram bastante sóbrias crêem poder se fartar sem temer que isso prejudique sua honestidade.

Conheci um homem mau, um desses invejosos disfarçados que são a pior espécie de gente, que pretextando boa intenção foi lhe dizer que o extraordinário fervor que ela demonstrava fazia muitos a considerarem louca, e que ela devia se moderar e fortalecer o cérebro. E ela respondeu: "Estamos como num teatro, à vista do mundo, dos anjos e dos homens; alguns destes podem nos tomar por loucos de Cristo, mas a loucura de Deus supera toda a sabedoria humana".[4]

Depois de ter construído um mosteiro para homens, cuja direção confiou a homens, reuniu em três outros mosteiros virgens procedentes de diferentes províncias, tanto mulheres nobres quanto de média e baixa condição. Ela organizou de tal maneira esses três mosteiros, que mesmo estando separadas quanto aos trabalhos e às refeições, as religiosas salmodiavam e rezavam todas juntas. Se algumas delas se desentendiam, ela as reconciliava com a extrema candura de suas palavras. Através de jejuns freqüentes e redobrados, ela debilitava os corpos dessas jovens, que tinham necessidade de mortificação, pois dizia: "É preferível a saúde do espírito do que a do estômago, a limpeza excessiva do corpo e da roupa é a sujeira da alma, e aquilo que é visto como falta leve pelas pessoas do século pode ser um enorme pecado num mosteiro".

---

[3] *2 coríntios* 8,13-14.

[4] *1 coríntios* 1,25.

Embora desse todas as coisas em abundância às que estavam enfermas e até as fizesse comer carne, se ela própria adoecia não tinha a mesma indulgência e pecava contra a igualdade, sendo tão dura consigo quanto era cheia de clemência para com as outras. Contarei aqui um fato de que fui testemunha. Durante um verão muito quente, ficou doente no mês de julho, com uma febre fortíssima. Já se temia por sua vida, quando começou a sentir alguma melhora. Os médicos exortaram-na a tomar um pouco de vinho, pois consideravam necessário fortalecê-la e impedir que se tornasse hidrópica por beber água. Eu, de meu lado, pedi em segredo ao bem-aventurado bispo Epifânio que a persuadisse e até a obrigasse a tomar o vinho. Como ela era clarividente e tinha um espírito muito agudo, logo suspeitou da artimanha que eu havia empregado e disse-me sorrindo que o discurso que o bispo lhe fizera vinha de mim. Quando o bem-aventurado bispo saiu, após ter tentado convencê-la por um bom tempo, eu lhe perguntei o que tinha conseguido e ele me respondeu: "Foi ela que quase persuadiu um homem da minha idade a não mais tomar vinho".

Ela sofria muito com a perda dos que amava, em particular de seus filhos, e nessas ocasiões, da mesma forma que quando da morte do marido, quase morria de desgosto. Ela enfrentava a dor fazendo o sinal-da-cruz sobre a boca e o peito, enquanto suas entranhas eram diaceradas pelo choque entre sua fé e seus sentimentos pessoais. Ela sabia de cor a Santa Escritura, e muito embora amasse as histórias nela contadas, que considerava o fundamento da verdade, apegava-se de preferência ao sentido espiritual delas, usando-o para construir o edifício de sua alma. Direi também uma coisa que talvez deixe incrédulos os que a invejam. Como desde jovem estudei a língua hebraica, e continuo a estudar com medo de esquecê-la, Paula também quis aprender aquele idioma. Logrou seu objetivo a tal ponto que cantava os salmos em hebraico e falava essa língua sem recorrer a palavras latinas, o que sua santa filha Eustóquia ainda faz.

Naveguei até aqui com vento favorável e meu barco varou as ondas do mar sem dificuldade, mas esta narrativa vai agora encontrar obstáculos, porque quem poderia contar a morte de Paula sem derramar lágrimas? Ela soçobrou a uma grande doença, melhor dizendo, ela obteve o que desejava, que era nos deixar para se unir perfeitamente a Deus. Mas por que me detenho e prolongo assim minha dor, demorando a contar o fato? Aquela mulher tão prudente sentia ter apenas mais um momento de vida. Seu corpo já estava tomado pelo frio da morte, e restava-lhe apenas um pouco de calor que permitia que seu coração ainda palpitasse no seu sagrado e santo peito. Apesar disso, como se não houvesse ninguém perto dela, sussurrava os versículos "Senhor, amei a beleza de sua casa e o lugar em que reside sua glória, achei diletos seus tabernáculos, Senhor, por isso procurei ser a última de todos na casa de meu Deus".[5] Quando lhe perguntei porque ela se calava e não queria responder e se sentia alguma dor, disse-me em grego que nada lhe doía e que não via nada além de calma e tranqüilidade. Depois disso se calou, e tendo fechado os olhos, já desprezando todas as coisas humanas, repetiu até o derradeiro suspiro os mesmos versículos, mas tão baixo que mal podíamos ouvir.

Ao seu funeral compareceram habitantes de todas as cidades da Palestina. Não houve cela capaz de reter os monges escondidos no deserto, nem cela capaz de impedir as virgens, porque todos pensavam que cometeriam sacrilégio caso deixassem de render tributo a uma mulher tão extraordinária, até que seu corpo estivesse enterrado no solo da igreja ao lado da gruta em que nascera o Senhor. Sua venerável filha, a virgem Eustóquia, abraçada à mãe, não podia suportar que a separassem dela, e beijava-lhe os olhos, colava-se a seu rosto, cobria-a de carícias e desejou ser sepultada com ela. Jesus é testemunha que aquela mulher não deixou uma só moeda para a filha, e sim o encargo de cuidar dos pobres e de um grande número de monges e de virgens que ela achava impiedade abandonar.

Adeus, Paula, ajude com suas preces este ancião que te reverencia.

---

[5] *Salmos* 26,8; 84,1.

30. São Juliano

Juliano deriva de *jubílus*, "júbilo", e *ana*, "em cima", sendo então a mesma coisa que *jubilianus*, "aquele que sobe ao Céu com júbilo". Pode vir também de *julius*, "incipiente", e *anus*, "ancião", nesse caso indicando alguém que no serviço de Deus praticou a generosidade até ficar velho, e nesse serviço começou a conhecer a si mesmo.

1. Juliano foi bispo de Le Mans. Alguns dizem que ele era Simão, o leproso, que o Senhor curou da lepra ao ser convidado por ele para jantar, e que após a ascensão do Senhor foi ordenado bispo de Le Mans pelos apóstolos. Dentre seus muitos milagres, ressuscitou três mortos, depois do que morreu em paz. Dizem que Juliano é invocado pelos viajantes para encontrar boa hospedagem, pois foi em sua casa que o Senhor se hospedou. Mas parece que este era outro Juliano, aquele que sem saber matou o pai e a mãe, cuja história é contada mais adiante.

2. Houve outro Juliano, nobre de Auvergne, ainda mais nobre por sua fé, e que movido pelo desejo de martírio ofereceu-se espontaneamente aos perseguidores. Ao saber que o cônsul Crispim havia ordenado matá-lo, Juliano foi intrepidamente se apresentar àquele que o procurava e recebeu de imediato um golpe mortal. Pegaram sua cabeça e levaram-na a São Ferreol, companheiro de Juliano, ameaçando-o de morte semelhante se não sacrificasse aos ídolos. Como ele não aceitou fazê-lo, mataram-no e puseram no mesmo túmulo a cabeça de São Juliano e o corpo de São Ferreol. Muito tempo depois, São Mamerto, bispo de Vienne,[1]

---

[1] Cidade do sudeste francês, a 31 quilômetros de Lyon, Vienne foi fundada pelos romanos no século I e tornou-se um dos primeiros centros gauleses do cristianismo, sendo bispado já no século III e arcebispado

encontrou nas mãos de São Ferreol a cabeça de São Juliano, tão inteira e incorrupta que parecia ter sido sepultada naquele dia.

Entre os milagres que se contam desse santo, destacam-se dois. Um, quando certo diácono roubou as ovelhas da igreja de São Juliano e, diante dos pastores que queriam impedi-lo, afirmou que: "Juliano não come carneiro". Pouco depois, esse diácono foi acometido de violenta febre, confessou estar ardendo por causa do mártir e mandou jogarem água sobre seu corpo para refrescar-se, mas logo se ergueu tão grande fumaça e emanou dele tal fedor, que todos os que lá estavam fugiram, e ele morreu pouco depois. O outro milagre é narrado por GREGÓRIO DE TOURS: um camponês quis trabalhar domingo, e ao segurar um machado ficou com o cabo grudado na mão direita, e apenas dois anos depois foi curado na igreja de São Juliano graças às preces dirigidas a ele.

3. Houve ainda outro Juliano, irmão do bem-aventurado Júlio. Esses dois irmãos foram encontrar Teodoro, imperador cristianíssimo, para pedir permissão de destruir os templos dos ídolos onde quer que os encontrassem, e erguer igrejas para Cristo. O imperador concedeu-a de bom grado e determinou por escrito que todos tinham de obedecer aos dois e ajudá-los, sob pena de decapitação. Num local chamado Gaudiano, os beatos Juliano e Júlio estavam construindo uma igreja para a qual todos os passantes contribuíam, segundo o decreto do imperador. Quando se aproximavam dali alguns homens em uma carroça, disseram entre si: "Que desculpa podemos dar para passar livremente, sem trabalhar?". E combinaram: "Um de nós deita de costas na carroça, coberto por lençóis, e dizendo que temos um morto poderemos passar livremente". Escolheram um homem, puseram-no deitado e instruíram-no: "Não fale, feche os olhos e fique quieto como um morto enquanto passamos".

Tendo-o coberto como a um morto, chegaram perto dos escravos de Deus, Juliano e Júlio, que pediram: "Meus filhos, parem um instante e ajudem-nos um pouco em nosso trabalho". Eles responderam: "Não podemos, porque temos um morto em nossa carroça". São Juliano indagou: "Por que mentem, meus filhos?". E eles responderam: "Não estamos mentindo, senhor, é assim como dissemos". E São Juliano acrescentou: "Que seja verdade o que dizem". Os viajantes aguilhoaram os bois e partiram. Quando estavam distantes, aproximaram-se da carroça e chamaram o companheiro

---

no v. Na época de Jacopo de Varazze era, como toda a região do Delfinado à qual pertencia, vassala do Santo Império Romano Germânico, tendo passado para o reino francês apenas em 1349.

pelo nome: "Agora levante e apresse os bois, para ganharmos tempo". Mas como o homem não se mexia, eles o sacudiram, gritando: "Está sonhando? Levante e apresse os bois". Como ele nada respondia, descobriram-no e encontraram-no morto. Tal fato infundiu-lhes tamanho medo, que nem eles nem ninguém ousou daí por diante mentir ao escravo de Deus.

4. Há outro Juliano, que matou o pai e a mãe sem saber. Um dia, esse jovem nobre gozava o prazer da caçada e perseguia um cervo, que de repente, por vontade divina, virou-se para ele e disse: "Por que me persegue, você que matará seu pai e sua mãe?". Ouvindo isso Juliano ficou impressionado, e temeroso de que tal desgraça predita pelo cervo se concretizasse, foi embora sem avisar ninguém, retirando-se para uma região bem distante, onde se pôs a serviço de um príncipe. Ali se comportou sempre tão honradamente, na guerra e na corte, que o príncipe fez dele seu lugar-tenente e casou-o com uma castelã viúva, dando-lhe como dote um castelo.

Entretanto os pais de Juliano, atormentados com o desaparecimento do filho, puseram-se à sua procura percorrendo vários lugares na esperança de encontrá-lo. Chegaram enfim ao castelo de que Juliano era senhor. Naqueles dias Juliano estava ausente. Quando sua mulher os viu e perguntou quem eram, e eles contaram tudo o que tinha acontecido com seu filho, ela reconheceu que eram o pai e a mãe de seu esposo, que várias vezes lhe contara sua história. Recebeu-os, pois, com bondade e, por amor ao marido, cedeu-lhes sua cama, indo dormir em outra. De manhã, enquanto a castelã estava na igreja, Juliano voltou, entrou em seu quarto para acordar a esposa e, encontrando duas pessoas adormecidas que supôs ser sua mulher em adultério, sem fazer barulho sacou a espada e matou a ambos.

Ao sair de seus aposentos, viu a esposa voltando da igreja. Surpreso, perguntou quem eram as pessoas que estavam deitadas em sua cama: "São seus pais, que o procuraram durante muito tempo e que mandei instalar em nosso quarto". Ao ouvir isso, ele ficou semimorto, pôs-se a chorar lágrimas amaríssimas e a dizer: "Ah! desgraçado! Que farei? Matei meus pais bem-amados! Consumou-se a profecia do cervo. Querendo evitar a mais infortunada das desgraças, consumei-a. Adeus, irmã querida, não descansarei mais enquanto não souber que Deus aceitou minha penitência". Ela respondeu: "Ninguém dirá, querido irmão, que o abandonei, e assim como compartilhei os prazeres, compartilharei também a dor". Os dois então se retiraram para as margens de um grande rio onde muitos perdiam a vida e lá estabeleceram um grande hospital onde fizeram penitência, ocupando-se daqueles que queriam atravessar o rio e recebendo todos os pobres.

Certa vez, muito tempo depois, enquanto descansava de suas fadigas e lá fora ocorria uma forte geada, por volta da meia-noite Juliano ouviu uma voz que se lamentava e o chamava pelo nome, pedindo em tom lúgubre que o levasse para o outro lado do rio. Ouvindo isso, levantou-se imediatamente e trouxe para casa um homem que encontrou morrendo de frio. Acendeu a lareira e esforçou-se por aquecê-lo, mas como não o conseguia, temeroso que o homem morresse, levou-o para seu catre e cobriu-o com cuidado. Alguns instantes depois, aquele indivíduo que parecia tão doente e coberto de lepra ergueu-se luminoso e resplandecente, começou a subir ao Céu e disse a seu anfitrião: "Juliano, o Senhor enviou-me para avisar que aceitou sua penitência e que em pouco tempo ambos, você e sua esposa, repousarão no Senhor". Então desapareceu, e pouco depois Juliano e sua esposa, repletos de boas obras e esmolas, dormiram no Senhor.

5. Houve ainda outro Juliano, que não foi santo mas um grande celerado, Juliano, o Apóstata. Quando ele era monge e fingia ter grandes sentimentos religiosos, uma mulher que possuía três potes cheios de ouro (de acordo com o relato de mestre João Beleth, em sua *Suma do ofício da Igreja*) cobriu a boca deles com cinza e deu-os para Juliano guardar, julgando-o um homem muito santo. Ela fez isso em presença de vários monges, sem dar a conhecer que havia ouro nos potes. Mas Juliano descobriu a grande quantidade de ouro, roubou-o e encheu os potes de cinzas. Algum tempo depois, a mulher pediu de volta o que dera para guardar, e Juliano devolveu-lhe potes cheios de cinza. A mulher percebeu o roubo, mas não podia acusá-lo porque ninguém era capaz de testemunhar que houvera ouro neles, já que os monges em presença dos quais entregara os vasos não tinham visto mais do que cinzas. Juliano conservou portanto o ouro, levou-o para Roma e graças a ele tornou-se cônsul e depois imperador.

Desde criança ele fora instruído na arte da magia, que muito lhe agradava, sempre mantendo junto de si grande número de mestres dessa arte. Está relatado na HISTÓRIA TRIPARTITE que certo dia, ainda criança, seu mestre saiu e deixou-o a sós. Ele pôs-se a ler invocações aos demônios e apareceu um enorme bando deles, negros como etíopes. Ao vê-los, Juliano ficou tomado de medo, fez logo o sinal-da-cruz e toda aquela multidão de demônios desapareceu. Quando seu mestre voltou ele contou o que tinha acontecido e aquele explicou: "Os demônios odeiam e temem muito o sinal-da-cruz".

Tornando-se imperador, Juliano lembrou-se desse fato e passou a destruir cruzes por toda parte e a perseguir os cristãos, para ser obedecido pelos demônios e poder praticar as artes mágicas. Quando foi até a Pérsia, como se lê na VIDAS DOS PADRES, mandou um demônio ao Ocidente para lhe prestar um serviço, mas ao chegar a determinado lugar, o demônio ficou paralisado dez dias inteiros porque havia lá um monge que orava dia e noite. Ao regressar, Juliano perguntou-lhe: "Por que demorou tanto?". Ele respondeu: "Esperei dez dias que um monge parasse de fazer orações, para eu poder passar, mas como ele nunca acabava voltei sem ter feito nada". Indignado, Juliano disse que quando chegasse àquele lugar se vingaria do monge. Como os demônios prometeram-lhe vitória sobre a Pérsia, um de seus sofistas indagou a um cristão: "O que você acha que o filho do carpinteiro está fazendo agora?". E ele respondeu: "Está preparando um caixão para Juliano".

Lê-se em outro lugar (na história de São Basílio, confirmada por FULBERTO, bispo de Chartres) que ao chegar a Cesaréia de Capadócia, São Basílio foi a seu encontro e ofereceu-lhe quatro pães de cevada, mas Juliano recusou-os com desprezo e em troca enviou-lhe feno: "Você me ofereceu alimento de animais irracionais, então recebe este". Basílio respondeu: "Na verdade enviamos do que comemos, foi você que nos deu o alimento de seus animais". Juliano replicou, irritado: "Quando eu tiver submetido os persas, destruirei esta cidade e farei com que seja conhecida como o lugar de onde vem forragem, e não lugar em que moram homens". Na noite seguinte, na igreja de Santa Maria, Basílio teve uma visão na qual lhe apareceu uma multidão de anjos e, no meio deles, de pé num trono, uma mulher que dizia aos que a cercavam: "Chamem depressa Mercúrio para que mate Juliano, o apóstata, esse insolente blasfemo de meu Filho e de mim". O referido Mercúrio era um soldado que por sua fé em Cristo tinha sido morto a mando de Juliano e sepultado naquela igreja. No mesmo instante São Mercúrio apresentou-se com suas armas, conservadas naquele local, e recebeu a ordem de se preparar para o combate.

Ao despertar, Basílio foi até o local em que São Mercúrio repousava com suas armas, e ao abrir o túmulo não encontrou nem corpo nem armas. Informou-se com o guardião se alguém tinha levado as armas.

Este afirmou sob juramento que de noite as armas estavam ali onde sempre se encontravam. Basílio então se retirou, e ao voltar pela manhã encontrou o corpo com as armas e a lança coberta de sangue. No mesmo instante, um soldado que voltava da batalha contou: "Quando Juliano estava no exército, surgiu um soldado desconhecido com armas e lança, que esporeando seu cavalo arremeteu com audácia contra o imperador Juliano, e brandindo sua lança com força atravessou-lhe o corpo ao meio e logo em seguida ergueu-se no ar e desapareceu". Ainda respirando, Juliano encheu a mão com seu próprio sangue (diz a *História tripartite*) e jogando-o para cima exclamou: "Venceu, Galileu, você venceu". E com estas palavras expirou miseravelmente. Seu corpo foi deixado sem sepultura e esfolado pelos persas, que de sua pele fizeram um tapete para o rei.

✠

Das Festas que Ocorrem no Tempo do Desvio

Depois de ter falado das festas que caem em parte no tempo da Reconciliação e em parte no tempo da Peregrinação, tempo que a Igreja celebra desde o nascimento de Cristo até a Septuagésima, resta falar das que caem no tempo do Desvio, começado com Adão e terminado com Moisés, tempo que a Igreja festeja da Septuagésima à Páscoa.

31. A Septuagésima

A Septuagésima designa o tempo do Desvio, a Sexagésima o tempo da Viuvez, a Qüinquagésima o tempo da Remissão, a Quadragésima o tempo da Penitência espiritual. A Septuagésima começa no domingo em que se canta "Rodearam-me etc." e termina no sábado depois da Páscoa. Ela foi instituída por três razões, explicadas pelo mestre João Beleth em sua *Suma dos ofícios*.

Primeira pela Redenção, porque os santos padres decidiram que se devia venerar a quinta-feira, dia da Ascensão, dia no qual nossa natureza subiu aos Céus e foi elevada acima dos coros dos anjos, dia que na Igreja primitiva era tão celebrado quanto o primeiro dia da semana, ou seja, festejado solenemente e sem jejum. Por isso, naquela época, realizava-se uma procissão solene para representar a procissão dos discípulos ou mesmo dos anjos. Disso decorre o provérbio segundo o qual o domingo é primo da quinta-feira, porque desde a Antigüidade ambos eram solenes. Mas com o surgimento das festas dos santos, ficou caro celebrar tantas datas, e a das quintas-feiras foi suprimida. Para compensá-las, os santos padres acrescentaram uma semana à abstinência da Quaresma e deram-lhe o nome de Septuagésima.

A segunda razão para a instituição da Septuagésima foi indicar o Desvio, o exílio e a tribulação de todo o gênero humano, desde Adão até o fim do mundo. Esse exílio foi consumado no espaço de sete dias e durará 7 mil anos: os setenta dias do presente ciclo litúrgico devem ser entendidos como setenta centenas de anos. Do começo do mundo até a Ascensão contamos 6 mil anos, e o tempo que vai daí até o fim do mundo constitui o sétimo milênio, cujo término somente Deus conhece. Foi na sexta idade do mundo que Cristo nos libertou desse exílio por meio do batismo, dando-nos a esperança da recompensa eterna e restituindonos a estola¹ da inocência, ainda que somente depois de ter consumado o tempo de nosso exílio é que seremos perfeitamente revestidos por aquela estola. É por esta razão que durante o tempo do Desvio e do exílio deixamos de lado os cantos de alegria, embora no sábado de Páscoa cantemos a *Aleluia*,² para, através de Cristo, rejubilar-nos pela esperança da pátria eterna e pela recuperação da estola da inocência nessa sexta idade do mundo. Depois da *Aleluia* canta-se o *tractus*,³ que significa o trabalho a que todos nós devemos nos consagrar para consumar os mandamentos de Deus. No sábado seguinte à Páscoa, quando termina a Septuagésima, como já dissemos, cantamos duas vezes *Aleluia* para indicar que quando o mundo chegar a seu fim obteremos uma segunda estola, a da glória eterna.

A terceira razão para a instituição da Septuagésima é que ela representa os setenta anos durante os quais os filhos de Israel permaneceram cativos na Babilônia. Ora, do mesmo modo que eles então deixaram de lado seus instrumentos musicais dizendo: "Como cantaremos o cântico do Senhor numa terra estrangeira?",⁴ assim também omitimos os cânticos de louvor. Mas depois que no sexagésimo ano Ciro permitiu que eles retornassem, entregaram-se à alegria, e no sábado de Páscoa, imagem desse sexagésimo ano, nós cantamos *Aleluia* para relembrar aquela alegria. Como porém eles tiveram grandes dificuldades para juntar seus bens e preparar o retorno, logo a seguir à *Aleluia* nós acrescentamos um *tractus*, imagem do trabalho. No sábado, dia em que termina a Septuagésima, cantamos duas vezes *Aleluia* para representar essa alegria perfeita que eles sentiram ao voltar para sua pátria.

Esse tempo de cativeiro e de exílio dos filhos de Israel representa também nossa peregrinação, porque assim como eles foram libertados após sessenta anos de cativeiro, nós também o seremos após a sexta idade do mundo. E do mesmo modo que eles trabalharam para juntar

---

¹ Conforme nota 3 do capítulo 16.

² *Alleluya* é uma aclamação hebraica (vinda de *hallelou-Yah*, "louve Yahvé") que aparece 23 vezes nos *Salmos* e que foi adotada pela liturgia cristã como um refrão, o grito de júbilo da Igreja, por isso presente sobretudo no tempo da Páscoa e em sinal de ausência de penitência durante a Quaresma.

3 As duas formas básicas de canto litúrgico, ambas tirando seus textos sobretudo dos *Salmos*, eram o gradual (*psalmus responsorius*) e o traço (*psalmus tractus*). O primeiro implicava alternância entre o solista e o coro, que repetia os últimos versos. O segundo era cantado direta e integralmente pelo solista sem intervenção dos fiéis. O *tractus* caiu em desuso e aparece poucos dias por ano na liturgia atual.

4 *Salmos* 136,4.

sua bagagem, assim também trabalhamos nós para consumar os mandamentos de Deus após nossa libertação. Mas, chegando à pátria, todo trabalho cessará, a glória será perfeita e cantaremos de corpo e alma uma dupla *Aleluia*. É portanto com razão que nesse tempo de exílio a Igreja, atormentada por uma série de tribulações e quase no abismo do desespero, solta suspiros do fundo do coração para clamar em seu ofício: "Gemidos de morte me rodearam". Assim a Igreja mostra as múltiplas tribulações que experimenta tanto pela miséria que a oprime como pelas faltas cometidas por alguns de seus membros.

No entanto, para evitar o desespero, no Evangelho e na Epístola lidos nesse período são propostos três remédios salutares e uma tríplice recompensa. O remédio para ser perfeitamente libertado das misérias é trabalhar no vinhedo da própria alma, arrancando os vícios e os pecados, é correr na vida presente atrás de obras de penitência, é combater com vigor todas as tentações do diabo. Quem assim faz obterá uma tríplice recompensa, a moeda de quem trabalhou, o troféu de quem fez uma boa corrida, a coroa de quem venceu a luta. Ou seja, como a Septuagésima é imagem de nosso cativeiro ela nos propõe, como remédios para que possamos ser libertados, a corrida para fugir, o combate para vencer, a moeda para resgatar.

32. A Sexagésima

A Sexagésima começa no domingo em que se canta: "Levante! Por que dorme Senhor?", e termina na quarta-feira após a Páscoa. Ela foi instituída como substituição, como símbolo e como representação.

Como substituição, porque o papa Melquíades e o bem-aventurado Silvestre permitiram que se comesse duas vezes no sábado, com medo de que a abstinência então obrigatória às sextas-feiras debilitasse muito as pessoas. Para substituir esses sábados, eles acrescentaram à Quaresma uma semana, a que chamaram Sexagésima.

A outra razão para se instituir a Sexagésima é fazer dela um símbolo do tempo da viuvez da Igreja e da dor pela ausência do Esposo, daí o fruto sexagenário ser atribuído às viúvas.[1] Como consolação pela ausência do Esposo, que foi levado aos Céus, a Igreja recebeu duas asas, o exercício das seis obras de misericórdia[2] e o cumprimento do Decálogo. Disso decorre a palavra Sexagésima, que quer dizer seis vezes dez, o seis referindo-se às seis obras de misericórdia e o dez ao Decálogo.

A terceira razão é uma representação, pois a Sexagésima significa não apenas o tempo da viuvez, mas também o mistério de nossa redenção. Com efeito, pelo número dez entende-se o homem, que é a décima moeda perdida,[3] já que ele foi feito para substituir as nove ordens angélicas caídas. Ou então, pelo número dez entende-se a soma do homem,

---

[1] Baseado em *Mateus* 13,18-23, Jacopo segue a interpretação segundo a qual na terra das virgens a palavra de Deus produzia cem grãos por cada semente plantada, na terra das viúvas, sessenta, nas das casadas, trinta.

[2] As seis obras de misericórdia são dar de comer aos famintos, de beber aos sedentos, visitar os enfermos, vestir os desnudos, hospedar os peregrinos, enterrar os mortos.

[3] *Lucas* 15,8-9.

cujo corpo é composto de quatro humores,[4] cuja alma tem três potências, a memória, a inteligência e a vontade, cujos atos devem fielmente servir a e crer na Santíssima Trindade, amando com fervor suas Pessoas, tendo-as sempre na memória. Pelo número seis, entendem-se os seis mistérios pelos quais o homem, isto é, o número dez, foi redimido: a Encarnação, a Natividade, a Paixão, a Descida ao Inferno, a Ressurreição e a Ascensão ao Céu.

A Sexagésima vai até a quarta-feira depois da Páscoa, dia em que se canta: "Venham, benditos de meu pai",[5] porque os que praticam obras de misericórdia merecerão ouvir as palavras: "Venham, benditos" (como nos assegura o próprio Cristo), e então a porta será aberta à esposa, que desfrutará dos abraços do Esposo. A *Epístola de Paulo*, que se lê no domingo da Sexagésima, ensina a Igreja a suportar com paciência a ausência do Esposo, da mesma forma que Paulo suportou suas tribulações, enquanto o Evangelho ensina a se dedicar incessantemente à semente das boas obras. Por isso, enquanto em seu desespero ela gritava: "Gemidos de morte me rodearam", agora que recobrou a calma ela pede em seu ofício para ser ajudada a superar as tribulações e a ser libertada delas, dizendo: "Levante, Senhor", e repete três vezes seguidas a palavra "Levante", porque na Igreja há os que se sentem acabrunhados pelas dificuldades, mas que não se deixam abater por elas, há os que ao mesmo tempo são acabrunhados e deixam-se abater, há enfim os que não se deixam abater nem acabrunhar, mas que por não estarem expostos à adversidade correm o risco de ser quebrantados pela prosperidade. A Igreja exclama aquela palavra em favor dos primeiros para confortá-los quando parecem adormecidos, exclama em favor dos segundos para que eles se convertam, pois o Senhor parece ter desviado deles seu rosto, exclama em favor dos terceiros ajudando-os na prosperidade e libertando-os.

---

[4] Para a ciência medieval, o corpo humano é formado pelos quatro elementos (terra, água, fogo, ar) e suas quatro qualidades essenciais (secura, umidade, calor, frio). A combinação de tais fatores define os humores, quer dizer, as características físicas e psicológicas do ser humano: os indivíduos de tipo sangüíneo são sociáveis por estarem ligados ao ar, quente e úmido; os coléricos impulsivos devido à sua relação com o fogo, quente e seco; os melancólicos pessimistas por estarem associados à terra, fria e seca; os fleumáticos introvertidos em função de sua ligação com a água, fria e úmida.

[5] *Mateus* 25,34.

33. A Qüinquagésima

A Qüinquagésima começa no dia em que se canta: "Seja para mim um Deus protetor", e termina no próprio dia da Páscoa. Ela foi instituída como suplemento, como signo e como representação.

Como suplemento, pois deveríamos jejuar quarenta dias, como fez Cristo, mas fazemos isso durante apenas 36, já que não se jejua aos domingos em sinal de alegria e de respeito pela Ressurreição e para seguir o exemplo do próprio Cristo, que no dia da Ressurreição comeu duas vezes. Uma, quando apesar das portas fechadas entrou no lugar em que estavam os apóstolos, que lhe ofereceram um pedaço de peixe e um favo de mel. Outra, de acordo com a opinião de alguns intérpretes, quando encontrou os discípulos de Emaús. Então, para suprir esses domingos, foram acrescentados quatro dias. Além disso, os clérigos adicionaram para si mesmos dois outros dias de abstinência e jejum, pois assim como superam os leigos pelo sacramento da ordem, devem superá-los pela santidade. Esses seis dias suplementares de jejum tornaram-se uma semana inteira, a que se chamou Qüinquagésima, estabelecida pelo papa Telésforo,[1] conforme afirma Ambrósio.

A outra razão é a do significado, pois Qüinquagésima significa o tempo da remissão, isto é, da penitência que tudo redime, da mesma forma que a cada cinqüenta anos ocorria o jubileu, ano de remissão, quando as dívidas eram perdoadas, os escravos libertados e todos recebiam seus bens de volta. Qüinquagésima significa que, pela penitência, as dívidas dos pecados são perdoadas, todos são libertados da escravidão do demônio e recuperam suas moradas celestes.

---

[1] Oitavo papa, cujo pontificado foi de 125 a 136, era de origem grega.

A terceira razão é a da representação, porque a Qüinquagésima não é apenas o tempo de remissão, mas também o do estado de beatitude. No qüinquagésimo ano os escravos eram libertados, no qüinquagésimo dia após a imolação do cordeiro a Lei foi transmitida, no qüinquagésimo dia depois da Páscoa o Espírito Santo foi enviado. Em função disso, tal número representa a beatitude, o recebimento da liberdade, o conhecimento da verdade e a perfeição da caridade. A Epístola e o Evangelho lidos nesse dia ensinam que três coisas são necessárias para que as obras de penitência sejam perfeitas: a caridade, exposta na Epístola, a lembrança da Paixão do Senhor e a fé do cego curado, contadas no Evangelho. De fato, a fé torna as obras agradáveis a Deus, consegue aplacá-Lo, pois sem fé é impossível agradar a Deus, enquanto a lembrança da Paixão do Senhor facilita realizar tais obras.

Daí Gregório ter dito: "Se temos na memória a paixão de Cristo, teremos ânimo tolerante". "A caridade", continua Gregório, "reaviva continuamente nossas obras, porque o amor a Deus não pode ser ocioso; quando existe realiza grandes coisas, quando é negligente não é amor". Assim como na Septuagésima a Igreja, cheia de desespero, gritava: "Gemidos de morte me rodearam", e na Sexagésima, mais tranqüila, pedia ajuda divina, na Qüinquagésima, confiante em obter perdão através da penitência, reza e diz: "Seja para mim um Deus protetor", pedindo proteção, força, refúgio e direção. Ela pede isso para todos os seus filhos, encontrem-se eles em graça, em falta, em desgraça, ou em prosperidade. Para os que estão em graça, ela reclama a força, a fim de que sejam confirmados na graça; para os que se encontram em estado de falta, pede que Deus seja o refúgio deles; para os que estão em desgraça, implora sua proteção, a fim de que sejam protegidos em suas tribulações; para os que estão em prosperidade, pede direção, isto é, que se deixem conduzir sem resistência pela mão de Deus.

Dissemos mais acima que a Qüinquagésima termina no dia da Páscoa porque a penitência faz com que ressuscitemos para uma nova vida. Nesse tempo recita-se mais que em qualquer outro o salmo 50: *Miserere mei, domine*, "Senhor, tenha piedade de mim", que é um salmo de penitência e de remissão.

34. A Quadragésima[1]

A Quadragésima começa no domingo em que se canta: "Invocou-me...". A Igreja, até então acabrunhada por um sem-número de tribulações, havia exclamado "Rodearam-me...", depois se acalmara e invocara socorro dizendo: "Levante..." e "Seja para mim um Deus protetor", e na data hoje comemorada mostra que foi ouvida ao dizer: "Invocou-me e acudi...". Notemos que a Quaresma tem 42 dias, computados os domingos. Se subtrairmos os seis domingos, restam 36 dias de abstinência, que formam a décima parte do ano inteiro, pois como o ano tem 365 dias, 36 é um décimo. Mas a isso se acrescentam os quatro dias precedentes para se ter o número sagrado de quarenta dias, que o Salvador consagrou com seu jejum. Existem três razões para se jejuar por quarenta dias.

A primeira é dada por Agostinho: *Mateus* enumera quarenta gerações entre Adão e Cristo. Se o Senhor desceu até nós passando pelo número quarenta, para que ascendamos a Ele também devemos passar por esse número quarenta. O mesmo autor fala em outra razão: para alcançar os cinqüenta, símbolo do repouso bem-aventurado, é necessário acrescentar uma dezena ao quarenta, símbolo do tempo de trabalho da vida terrena. Por isso o Senhor ficou quarenta dias com seus discípulos depois da Ressurreição, e pouco mais tarde enviou-lhes o Espírito Santo Paracleto, ou consolador.

O mestre PREPOSTINO dá uma terceira razão em sua *Suma dos ofícios,* quando diz:

---

[1] O *quadragesima dies* (quadragésimo dia antes da Páscoa) do latim clássico passou a *quaresima* no latim popular e daí a *quaresme* no francês medieval (de princípios do século XII, atualmente *carême*), quaresma em português (em 1209), *cuaresma* em castelhano (meados do século XIII), *quaresima* em italiano (meados do século XIV). O material básico deste capítulo da *Legenda áurea* foi tirado de PREPOSTINO DE CREMONA e JOÃO BELETH.

O mundo é dividido em quatro partes e o ano em quatro estações; e há quatro elementos e quatro compleições. Como transgredimos a nova lei que se compõe dos quatro evangelhos, e a lei antiga que contém os dez mandamentos, é necessário que dez seja multiplicado por quatro para se ter quarenta, ou seja, é necessário que consumemos durante toda esta vida os mandamentos da antiga e da nova lei. Já dissemos que nosso corpo é composto de quatro elementos, que têm em nós quatro sedes, o fogo que predomina em nossos olhos, o ar na língua e nos ouvidos, a água nos órgãos sexuais, a terra nas mãos e nos outros membros. Nos olhos reside a curiosidade, na língua e nos ouvidos as bufonarias, nos órgãos sexuais a volúpia, nas mãos e nos outros membros a crueldade. O publicano confessou todas as quatro. A fétida luxúria, ao ficar distante do templo, como se dissesse: "Não ouso me aproximar, Senhor, com medo de ofender seu olfato". A curiosidade, ao não ousar erguer os olhos para o Céu. A crueldade, ao bater no peito com a mão. A bufonaria, ao dizer: "Perdoa-me Senhor, sou um pecador", pois os bufões eram chamados de pecadores ou glutões.

Assim falou Prepostino.
Gregório, em suas homilias, dá três outras razões:

Por que observar quarenta dias de abstinência, se não é pelo fato de o Decálogo só ter eficácia através dos quatro livros sagrados do Evangelho? Nosso corpo mortal é formado de quatro elementos, e pela volúpia desse corpo contrariamos os mandamentos do Senhor. Desta forma, como preferimos os desejos da carne aos mandamentos do Decálogo, é justo afligir essa carne quatro vezes dez. Do primeiro desses dias até a Páscoa há seis semanas ou 42 dias, dos quais descontando os seis domingos que não são de abstinência, restam 36, ou seja, a décima parte dos 365 dias do ano, como se oferecêssemos nosso dízimo de cada ano a Deus.

Por que não observar o jejum na mesma época em que Cristo jejuou, imediatamente após seu batismo? Nós o fazemos antes da Páscoa por quatro razões, explicadas por mestre João Beleth em sua *Suma do ofício*. A primeira, é que se queremos ressuscitar com Cristo, que sofreu por nós, devemos também sofrer com Cristo na mesma época que Ele. A segunda razão, é imitar os filhos de Israel, que celebraram a Páscoa pela primeira vez ao partir do Egito e a segunda vez ao sair da Babilônia. Imitamo-los no nosso tempo de jejum para merecer sair do Egito e da Babilônia, isto é, deste mundo para a herança da terra eterna. A terceira razão, é que como os ardores libidinosos são mais freqüentes na primavera, convém jejuar nessa época para refrear o corpo.[2] A quarta razão, é que logo depois do jejum devemos receber o corpo do Senhor. Da mesma forma que os filhos de Israel antes de comer o cordeiro pascal mortificavam-se comendo amargas alfaces silvestres, nós também devemos nos afligir com a penitência antes de podermos dignamente comer o cordeiro da vida.

---

[2] Obviamente, o liturgista medieval pensa no calendário em termos de hemisfério norte, daí referir-se à Quaresma na primavera, enquanto para nós no hemisfério sul ela cai no outono.

35. O Jejum dos Quatro Tempos

Foi o papa Calisto que instituiu o jejum das têmporas, que deve ser observado quatro vezes por ano, uma em cada estação,¹ por várias razões.

Primeira delas, a diversidade das épocas, pois a primavera é quente e úmida, o verão quente e seco, o outono frio e seco, o inverno frio e úmido. Jejuamos na primavera para temperar em nós o humor nocivo que é a luxúria; no verão para castigar o calor prejudicial que é a avareza; no outono para temperar a secura do orgulho; no inverno para atenuar o frio da infidelidade e da malícia.

Segunda razão, jejuamos quatro vezes por ano, a primeira delas em março, na primeira semana da Quaresma, para mitigar em nós os vícios, já que não podemos destruí-los inteiramente, ou melhor, para germinar em nós as virtudes. O segundo jejum ocorre no verão, na semana de Pentecostes, quando veio o Espírito Santo para o qual devemos nos preparar fervorosamente. O terceiro jejum é observado em setembro, antes da festa de São Miguel, quando se faz a colheita das frutas e devemos então entregar a Deus os frutos das boas obras. O quarto jejum vem em dezembro, quando as ervas morrem e devemos morrer para o mundo.

Terceira razão, imitar os judeus. Estes jejuavam quatro vezes por ano, antes da Páscoa, antes de Pentecostes, antes da Escenofegia, isto

---

[1] O papa Leão I (440-461) já instituíra em Roma o jejum de três dias por semana (quarta-feira, sexta-feira, sábado) em três momentos do ano, Pentecostes, Setembro e Dezembro, prática que se difundiu por todo Ocidente nos séculos VI e VII. A eles acrescentou-se depois um quarto momento, na primeira semana da Quaresma (que como período de quarenta dias de jejum existia desde a primeira metade do século IV). Na verdade, não se sabe se essa organização dos "quatro tempos" foi obra de Calisto II (1119-1124) ou de Gregório VII (1073-1085).

é, a festa dos Tabernáculos, em setembro, e antes da Dedicação, ocorrida em dezembro.

Quarta razão, porque o homem é composto de quatro elementos quanto ao corpo e de três potências quanto à alma: a racional, a concupiscível e a irascível. Portanto, é a fim de moderá-los que jejuamos quatro vezes por ano, durante três dias, para associar o número quatro ao corpo e o número três à alma. Todas essas razões são dadas por mestre JOÃO BELETH.

Quinta razão, fornecida por JOÃO DAMASCENO, o sangue aumenta na primavera, a bílis no verão, a melancolia no outono e a fleuma no inverno. Conseqüentemente, jejua-se na primavera para debilitar o sangue da concupiscência e da louca alegria, pois o sangüíneo é libidinoso e alegre. No verão, para enfraquecer a bílis do arrebatamento e da falsidade, pois o bilioso é por natureza colérico e falso. No outono, para acalmar a melancolia da cupidez e da tristeza, pois o melancólico é por natureza invejoso e triste. No inverno, para diminuir a fleuma da estupidez e da preguiça, pois o fleumático é por natureza estúpido e preguiçoso.[2]

Sexta razão, a primavera é comparada ao ar, o verão ao fogo, o outono à terra, o inverno à água. Jejuamos portanto na primavera para domar em nós o ar da elevação e do orgulho; no verão para apagar o fogo da cupidez e da avareza; no outono para vencer a terra da frieza espiritual e da tenebrosa ignorância; no inverno para destruir a água da leviandade e da inconstância.

Sétima razão, a primavera relaciona-se à infância, o verão à adolescência, o outono à maturidade ou idade viril, o inverno à velhice. Jejuamos então na primavera para conservar a inocência de crianças; no verão para consolidar a força, evitando a incontinência; no outono para recuperar a juventude através da constância e ratificar a maturidade através da justiça; no inverno para ficar velhos com prudência e honestidade e pagar as ofensas que fizemos ao Senhor nas outras idades.

Oitava razão, dada pelo mestre GUILHERME DE AUXERRE. Jejuamos nos quatro tempos do ano para nos emendar das faltas cometidas durante as quatro estações. Esses jejuns são de três dias cada para pagar

---

[2] Conforme nota 4 do capítulo 32.

num dia os erros cometidos num mês. Jejua-se quarta-feira por ser o dia em que o Senhor foi traído por Judas; sexta-feira, por ser o dia de sua crucifixão; sábado, por ser o dia em que ficou no túmulo e no qual os apóstolos estavam tristes pela morte de seu Senhor.

36. Santo Inácio

Inácio vem de *ignem patiens*, isto é, "aquele que suportou o fogo do amor divino".

1. Inácio foi discípulo do beato João e bispo de Antioquia. Conta-se que dirigiu à bem-aventurada Virgem uma carta nos seguintes termos: "A Maria Portadora de Cristo, Inácio, seu devoto. Sendo neófito e discípulo de João, peço a você força e consolação, pois fiquei estupefato ao ouvir coisas maravilhosas sobre seu Jesus. Dirijo-me a você, que esteve familiarmente unida a Ele e que conhece todos os seus segredos, porque desejo saber se é verdade tudo que ouvi. Que os neófitos que estão comigo recebam força, de você, por você e em você". Então a beata Virgem Maria, mãe de Deus, respondeu-lhe: "A Inácio, discípulo querido, a humilde escrava de Jesus Cristo. As coisas que você ouviu e soube por João a respeito de Jesus são verdadeiras. Acredite nelas, estude-as, siga firmemente seus votos cristãos e adeque seus costumes e sua vida a eles. Seja firme e corajoso na fé, não tenha medo da violência da perseguição, mantenha o espírito forte e extasiado em Deus, seu salvador, amém".

2. Inácio desfrutava de autoridade tão grande que mesmo DIONISO, discípulo do apóstolo Paulo, tão conhecedor de filosofia e tão consumado na ciência divina, citava frases do beato Inácio para com a autoridade dele fundamentar o que dizia. No livro *Nomes divinos*, por exemplo, ele afirma que, a propósito das coisas divinas, alguns queriam rejeitar a palavra "amor", preferindo "dileção", e para mostrar que a palavra "amor" devia ser empregada, argumentou que: "O divino Inácio escreveu: 'meu amor foi crucificado'".

3. Lê-se na HISTÓRIA TRIPARTITE que Inácio ouviu anjos cantarem antífonas numa montanha, e ordenou que daí em diante elas fossem

cantadas na igreja antes dos salmos. Após uma campanha militar vitoriosa, o imperador Trajano, que começou a reinar no ano 100 do Senhor, passou a perseguir os cristãos, e o beato Inácio temendo o perigo não por si mesmo, mas pelos fracos, depois de ter longamente orado ao Senhor pela paz da Igreja foi encontrar o imperador e abertamente declarou-se cristão. Trajano mandou acorrentá-lo, confiou-o a dez soldados e ordenou que o levassem a Roma, ameaçando jogá-lo às feras. Durante a viagem, Inácio escreveu cartas a todas as Igrejas, confirmando-as na fé em Cristo.

Conta-nos a HISTÓRIA ECLESIÁSTICA que na epístola destinada à Igreja de Roma ele rogava que nada fizessem para impedir seu martírio. Eis suas palavras:

> Da Síria até Roma, tenho combatido feras por mar e por terra, dia e noite, preso e amarrado no meio de dez guerreiros que mais parecem leopardos, e cuja crueldade aumenta na mesma proporção do bem que lhes faço. Mas a crueldade deles é minha instrução. Ó quão salutares são as outras feras que me estão reservadas! Quando virão? Quando serão soltas? Quando lhes será permitido alimentar-se de minhas carnes? Eu as convidarei a me devorar, eu lhes rogarei que não temam tocar meu corpo, como ocorreu com outros, e se elas tardarem eu as chamarei, as provocarei, eu me meterei entre suas garras. Perdoem-me, eu peço, pois é bom para mim. Deixem que reúnam contra mim o fogo, as cruzes, as feras, que meus ossos sejam triturados, que todos os membros do meu corpo sejam despedaçados, que todos os tormentos inventados pelo diabo sejam concentrados em mim, desde que eu mereça ser unido a Jesus Cristo.

Chegando a Roma, foi levado diante de Trajano, que disse: "Inácio, por que você provoca uma revolta em Antioquia e converte meu povo ao cristianismo?". Inácio respondeu: "Queira Deus que eu possa converter também a você, a fim de que desfrute para sempre de uma autoridade inabalável". Trajano: "Sacrifique a meus deuses e você será o primeiro de todos os sacerdotes". Inácio: "Não sacrificarei aos seus deuses e não ambiciono a dignidade que me oferece. Pode fazer de mim o que quiser, que nunca me convencerá". Então Trajano ordenou: "Quebrem-lhe os ombros com chicotes de pontas de chumbo, dilacerem-lhe os flancos e esfreguem pedras pontiagudas em seus ferimentos".

Ele permaneceu impassível no meio de tantos tormentos, e Trajano ordenou: "Tragam brasas ardentes e façam com que caminhe descalço sobre elas". Inácio: "Nem o fogo ardente, nem a água fervente, podem apagar em mim a caridade de Jesus Cristo". Trajano: "É magia não ceder a semelhantes torturas". Inácio: "Nós cristãos não somos feiticeiros, nossa lei proíbe que eles vivam, ao contrário, feiticeiros são vocês que adoram ídolos". Trajano prosseguiu: "Rasguem suas costas com garfos de ferro e ponham sal nas chagas". Inácio: "Os sofrimentos da vida presente não se comparam à glória vindoura". Trajano insistiu: "Levem-no, amarrem-no com correntes de ferro a uma estaca, prendam-no no fundo de uma masmorra, deixem-no sem beber nem comer, e daqui a três dias joguem-no às feras para ser devorado".

Ao chegar o terceiro dia, o imperador, o Senado e todo o povo reuniram-se para ver o bispo de Antioquia combater as feras, e Trajano ordenou: "Já que Inácio é orgulhoso e contumaz, amarrem-no e soltem dois leões sobre ele para que nada reste de sua pessoa". Então Santo Inácio disse ao povo: "Romanos que assistem a este espetáculo, saibam que nada fiz para isso. Se sofro, não é por ter cometido crimes, mas por minha piedade para com Deus". Em seguida pôs-se a falar assim (como relata a *História eclesiástica*): "Como sou trigo de Cristo, serei moído pelos dentes das feras para me tornar um pão puro". Ouvindo essas palavras, o imperador comentou: "A paciência dos cristãos é grande, pois qual grego suportaria tanto por seu Deus?". Inácio respondeu: "Não foi por minha virtude, mas com a ajuda de Cristo que suportei esses tormentos". Então Santo Inácio provocou os leões para que viessem devorá-lo. Dois leões furiosos aproximaram-se e sufocaram-no, sem tocar em sua carne, o que levou Trajano, admirado, a não proibir que pegassem o corpo do mártir. Assim, os cristãos puderam pegar seu corpo e sepultá-lo com honras. Quando Trajano recebeu uma carta na qual Plínio, o Jovem,[1] pedia-lhe que deixasse de perseguir os cristãos, o imperador ficou arrependido com o que fizera Inácio sofrer e mandou que não mais se punissem cristãos devido a sua fé.

4. Lê-se ainda que o bem-aventurado Inácio, mesmo no meio de tantos tormentos, não deixava de invocar o nome de Jesus Cristo. Como seus carrascos perguntassem por que repetia com tanta freqüência este nome, ele respondeu: "Trago este nome escrito em meu coração, e é por isso que não posso parar de invocá-lo". Depois de sua morte, aqueles que

---

[1] Escritor romano (62-c. 114) assim conhecido para distingui-lo de seu tio, mais famoso, Plínio, o Velho (23-79), autor de uma monumental *História natural*. Plínio, o Jovem, foi amigo do imperador Trajano, sobre quem escreveu um panegírico e a quem endereçou diversas cartas.

o tinham ouvido falar isso quiseram confirmar o fato, tiraram seu coração do corpo, cortaram-no em dois e encontraram no meio, escrito com letras de ouro, o nome "Jesus Cristo", o que levou muitas pessoas a se converterem.

Em seu comentário do salmo que diz: "Quem mora sob a proteção...", Bernardo fala assim deste santo: "O grande Inácio foi aluno do discípulo que Jesus mais amava, foi mártir cujas preciosas relíquias enriqueceram nossa pobreza. Em várias cartas que dirigiu a Maria, ele a saúda com o nome de Portadora de Cristo, título de grande dignidade e recomendação de imensa honra!".

37. Purificação da Bem-Aventurada Virgem Maria

I. A purificação da Virgem Maria aconteceu quarenta dias após a natividade do Senhor. Esta festa é comumente chamada de três maneiras: Purificação, Hipopante e Candelária.

Purificação[1]

Chama-se assim porque quarenta dias depois do nascimento do Senhor a bem-aventurada Virgem foi ao templo purificar-se, de acordo com o costume, embora não estivesse submetida à Lei. De fato, *Levítico*, 12, ordenava que a mulher que graças ao sêmen desse à luz um filho ficaria impura por sete dias, tão impura que deveria se abster de toda relação com homens e de entrar no templo. Passados no entanto sete dias, era considerada suficientemente pura para encontrar homens, porém por mais 33 dias continuava impura para entrar no templo. Após quarenta dias, entrava enfim no templo para fazer a oferenda do seu filho e de alguns objetos. Se tivesse dado à luz uma menina, ficavam duplicados os dias de proibição de relação com homens e de entrada no templo.

Há três razões para que o Senhor tenha ordenado que os meninos fossem ofertados no templo no quadragésimo dia. A primeira, para assinalar que assim como quarenta dias depois da concepção o templo do corpo recebe a alma, quarenta dias depois do nascimento o menino deve

---

[1] As subdivisões com as diferentes designações da festa da Virgem não aparecem na edição Graesse, mas resolvemos incluí-las para tornar esse capítulo mais claro ao leitor moderno.

entrar no templo material, como afirma a HISTÓRIA ECLESIÁSTICA, embora alguns médicos digam que o corpo recebe a alma somente com 46 dias. A segunda, para que a alma, infundida no corpo no quadragésimo dia e então maculada pelo próprio corpo, ao entrar no templo no quadragésimo dia fique lavada dessa mancha pelas oferendas. A terceira, para fazer compreender que merecerão entrar no templo celeste aqueles que observarem os dez mandamentos com fé nos quatro evangelhos.

Os dias de interdição de entrada no templo eram duplicados no caso de nascimento de uma menina, pois o tempo de formação do corpo desta é o dobro, já que o corpo de um homem é formado e completado em quarenta dias, e em quarenta dias recebe a alma, enquanto o corpo feminino precisa de oitenta dias, e apenas em oitenta dias recebe a alma. Por várias razões naturais, e sobretudo pelas três razões seguintes, o corpo da mulher leva mais tempo que o do homem para se completar e receber a alma. A primeira é que como Cristo se encarnaria no sexo masculino, quis honrar este sexo e conceder-lhe maior graça, fazendo com que os meninos fossem formados mais cedo e que a mãe de meninos fosse purificada mais rápido. A segunda é que tendo a mulher pecado mais do que o homem, devia ser castigada em dobro, tanto exteriormente como interiormente, com sua formação no útero levando o dobro de tempo. A terceira é para, desta forma, fazer compreender que a mulher desagradou a Deus mais do que o homem, pois errou mais do que ele, e Deus fica desgostoso com nossas más ações, como mostra *Isaías*, 43: "Seus pecados me escravizam", e os *Salmos*: "Trabalhei muito para sustentá-lo".

A bem-aventurada Virgem não estava, portanto, obrigada a cumprir a lei da purificação, já que não concebeu por meio de sêmen, mas de um sopro místico. Moisés dissera: "por meio de sêmen", o que parece inútil, pois todas as mulheres concebem dessa maneira, mas, explica Bernardo, ele acrescentara tais palavras contra aqueles que poderiam blasfemar imaginando que a mãe do Senhor procedera da mesma forma. Ainda assim, ela quis se submeter à Lei por quatro razões.

Primeira, para dar exemplo de humildade, o que fez Bernardo dizer: "Ó Virgem verdadeiramente bem-aventurada, que não tinha nenhum motivo e nenhuma necessidade de se purificar. Por acaso seu Filho necessitava de circuncisão? No entanto você quis ser mais uma entre as mulheres para que seu filho fosse semelhante às outras crianças". Tal humildade não veio apenas da mãe, mas também do Filho, que como ela quis submeter-se à Lei. De fato, em seu nascimento Ele colocou-se como homem pobre, em sua circuncisão como homem pobre e pecador, na purificação de sua mãe como homem pobre, pecador e escravo. Como pobre, pois escolheu a oferenda dos pobres; como pecador, pois quis ser purificado com sua mãe; como escravo, pois quis ser resgatado e depois batizado, não para apagar faltas suas, mas para oferecer ao mundo exemplo da maior humildade. Se Cristo aceitou receber todos os remédios contra o Pecado Original, foi para provar que esses remédios eram bons.

Cinco remédios contra o Pecado Original foram instituídos ao longo dos séculos, três deles pela Lei antiga, de acordo com HUGO DE SAINT-VICTOR: as oblações, os dízimos e os sacrifícios imolatórios, todos expressões de nossa redenção. O modo da redenção era representado pela oblação, o preço da redenção pelo sacrifício com efusão de sangue, o objeto de redenção, o homem, pelo dízimo, conforme a parábola da décima moeda.[2] O primeiro remédio a surgir foi a oblação, com Caim oferecendo a Deus seus frutos e Abel seus rebanhos. O segundo o dízimo, com Abraão oferecendo-o ao sacerdote Melquisedeque,[3] já que, afirma Agostinho, o dízimo incidia sobre tudo que se cultivava. O terceiro a imolação, porque, pelo que diz Gregório, os sacrifícios foram estabelecidos contra o Pecado Original. Como era preciso que pelo menos um dos pais tivesse fé, e algumas vezes ambos eram infiéis, surgiu o quarto remédio, a circuncisão, que tinha valor independentemente de serem os pais infiéis ou não. Mas como este remédio só era aplicável aos meninos, e somente a eles podia abrir as portas do Paraíso, então à circuncisão sucedeu como quinto remédio o batismo, que é comum a todos e para todos abre a porta do Céu.

De certa forma Cristo parece ter recebido todos esses remédios. O primeiro quando foi ofertado ao templo por seus pais. O segundo quando jejuou quarenta dias e quarenta noites, porque não tendo bens com que pudesse pagar o dízimo, ofereceu a Deus o dízimo de seus dias. O terceiro quando sua mãe ofereceu em sacrifício um par de rolas ou de filhotes de pomba, ou ainda quando Ele mesmo se ofereceu em sacrifício na cruz. O quarto quando se deixou circuncidar. O quinto quando recebeu o batismo de João.

---

[2] *Lucas* 15,8-9.

[3] Rei cananeu de Salem (provavelmente Jerusalém) e sacerdote de El-Elyom, que após a vitória de Abraão levou-lhe pão e vinho e o abençoou, recebendo em troca o "dízimo de tudo" (*Gênesis* 14,18-20). Assim, o personagem acabou por se tornar protótipo do rei Messias (*Hebreus* 7,1-3).

A segunda razão para que os meninos fossem ofertados ao templo era cumprir a Lei. De fato, o Senhor não viera para destruir a Lei, mas para aplicá-la, porque se tivesse se isentado da Lei os judeus teriam podido dizer como desculpa: "Não aceitamos sua doutrina porque você não é igual a nossos pais e não observa as tradições da Lei". Então Cristo e a Virgem submeteram-se triplamente à Lei. Primeiro, à lei da purificação, como modelos de virtude, levando-nos a ver que mesmo depois de termos aparentemente feito coisas boas ainda somos escravos inúteis. Segundo, à lei da redenção, para dar exemplo de humildade. Terceiro, à lei da oferenda, para servir de modelo de pobreza.

A terceira razão é para pôr fim à lei da purificação, porque da mesma forma que ao primeiro raio de luz as trevas desaparecem e com o alvorecer a sombra se vai, após a verdadeira purificação a purificação simbólica perdeu sentido. Com o advento da nossa verdadeira purificação, que é Cristo, tornava-se inútil a antiga purificação, pois o que nos purifica é a fé, conforme está dito: "Deus purifica nossos corações pela fé".[4] A partir de então, os pais não estão obrigados ao cumprimento dessa lei, nem as mães a ir ao templo se purificar, nem os filhos serem resgatados pelas tradicionais oferendas.

A quarta razão é ensinar a nos purificar. Desde a infância podemos contar com cinco formas de purgação, das quais as três últimas devem ser sempre utilizadas: o juramento, que significa renúncia ao pecado; a água, que significa a ablução batismal; o fogo, que designa a infusão da graça espiritual; o testemunho, que designa a realização de boas obras; a guerra, que significa lutar contra a tentação. Chegando ao templo, a bem-aventurada Virgem fez oferenda de seu filho e resgatou-o por cinco siclos.[5] É necessário notar que os primogênitos das doze tribos eram resgatáveis por cinco siclos, menos os primogênitos da tribo de Levi, que não podiam ser resgatados, e ao chegarem à idade adulta consagravam-se ao serviço do templo do Senhor. Do mesmo modo, os primogênitos dos animais puros também não podiam ser resgatados e eram oferecidos ao Senhor, enquanto alguns outros deviam ser trocados, como o primogênito do jumento, que era substituído por uma ovelha, ao passo que outros eram imolados, como o primogênito dos cães.

---

4 *Atos dos apóstolos* 15,9.

5 Moeda hebraica de seis gramas de prata.

Como Cristo era da tribo de Judá, tinha de ser resgatado. Seus pais ofereceram por ele ao Senhor um par de rolas ou dois filhotes de pomba, oblação de gente pobre, enquanto um cordeiro era a oblação dos ricos. A Lei não fala em filhotes de rola, mas em filhotes de pomba, porque estes são facilmente encontráveis, ao contrário daqueles. No caso de não se achar filhotes de nenhuma delas, podia-se ofertar duas rolas, mas não pombas, ave libidinosa que Deus não quer que lhe seja ofertada em sacrifício, enquanto a rola é uma ave pudica.

Mas a beata Virgem Maria não tinha, pouco antes, recebido dos magos uma grande soma de ouro com a qual poderia ter comprado um cordeiro? Como diz Bernardo, não há dúvida que os magos tinham oferecido uma grande soma de ouro, porque não é verossímil que tais reis tivessem oferecido a tal Menino presentes sem valor. Todavia, afirmam alguns, a bem-aventurada Virgem não guardou esse ouro, distribuiu-o imediatamente aos pobres, ou, dizem outros, talvez o tenha guardado para cobrir as despesas da viagem ao Egito e da estada de sete anos naquele lugar, ou ainda pode ser que os magos não tenham oferecido grande quantidade de ouro e que sua oferenda tenha tido significado místico.

Podem-se distinguir três oferendas relacionadas ao Senhor: a primeira quando seus pais fizeram Dele uma oferenda, a segunda quando ofereceram pássaros por Ele, a terceira quando Ele mesmo se ofereceu na Cruz, pelos homens. A primeira mostra sua humildade, pois o senhor da Lei submeteu-se à Lei; a segunda mostra sua pobreza, pois escolheu a oferenda dos pobres; a terceira mostra sua caridade, pois se entregou pelos pecadores.

As características da rola estão nos seguintes versos:

Seu vôo é elevado, seus cantos são gemidos que anunciam a primavera,
Vive casta e isoladamente,
De noite, aquece seus filhotes; foge da carniça.

As características da pomba estão em outros versos:

Ela colhe os grãos, voa em bando, evita os cadáveres;
Não tem fel, geme quando beija seu companheiro,
Faz seu ninho entre as pedras, foge do inimigo que viu no rio;
Não fere com seu bico, alimenta seus filhotes com cuidado.

Hipopante

Este é o segundo nome da festa da purificação da Virgem, nome derivado de *hypa*, "ir", e *antí*, "contra", "em direção a", significando portanto "apresentação" ou "encontro". "Apresentação", porque Cristo foi naquele momento apresentado no templo. "Encontro", porque quando o Senhor ia ser oferendado no templo, Simeão e Ana encontraram-se com Ele e Simeão pegou-o nos braços. Notemos que três espécies de véus esconderam naquele episódio a condição do nosso Salvador.

O primeiro ocultou a verdade, permitindo que "enquanto o menino Jesus era introduzido no templo"[6] outros conduzissem Aquele que é a verdade pela qual o homem é conduzido, Aquele que é o caminho que conduz o homem a Deus, Aquele que é a vida. O segundo ocultou a bondade, pois Ele que é o único bom, o único santo, quis ser purificado com sua mãe, como se fosse homem impuro. O terceiro ocultou a majestade, pois Aquele que carrega tudo pela força da sua palavra deixou-se pegar e carregar nos braços de um ancião, que carregava Aquele que carregava a ele mesmo, conforme diz a liturgia: "O ancião carregava o menino e o menino conduzia o ancião". Então Simeão abençoou-o, dizendo: "Agora, Senhor, pode deixar este seu escravo ir em paz".[7] E Simeão deu-lhe três nomes: salvação, luz e glória do povo de Israel. Esses três nomes podem ser entendidos de quatro maneiras.

Primeira, como nossa justificação. Jesus é salvação, porque seu nome quer dizer Salvador, já que redimiu nossas culpas salvando-nos dos pecados. Ele é luz, pois através da luz da sua graça justifica a todos nós. Ele é glória, pois dá glória a todo seu povo. Segunda, como nossa regeneração, porque inicialmente Ele, que é salvação, permite que sejamos exorcizados e batizados e assim liberados do pecado; depois, Ele que é luz, nos ilumina com o círio aceso usado na celebração do batismo; por fim, Ele que é glória, permite-nos a glória de sermos apresentados ao altar após o batismo. Terceira, como procissão, feita nesse dia com círios abençoados e exorcizados lembrando a salvação, círios depois acesos e distribuídos entre os fiéis, significando luz, e por fim levados à igreja enquanto se entoam cânticos, referência à glória. Quarta, como tríplice nome da festa. Ela é chamada Purificação, pois liberta do pecado

---

[6] *Lucas* 2,27.

[7] *Lucas* 2,29.

e leva à salvação; é chamada Candelária por causa da luz, da iluminação da graça; é chamada Hipopante por causa da glória, lembrando a glória do povo de Israel e aquela que um dia alcançaremos pelos méritos de Cristo. Pode-se dizer também que, pelo cântico de Simeão, Cristo é louvado como paz, como salvação, como luz, como glória. Como paz, porque é mediador; como salvação, porque é redentor; como luz, porque é doutor; como glória, porque é recompensa.

Candelária

Em terceiro lugar, essa festa recebe o nome de Candelária porque nela se leva na mão uma *candela* ["vela"] acesa. Por quatro razões a Igreja determinou que se levaria na mão uma vela acesa.

Primeira, para abolir um mau costume. Outrora, de cinco em cinco anos, nas calendas de fevereiro que homenageavam Fébrua, mãe de Marte, deus da guerra, os romanos iluminavam a cidade por toda a noite com círios e tochas, esperando que graças às homenagens prestadas à sua mãe aquele deus lhes concedesse a vitória sobre seus inimigos. A esses intervalos qüinqüenais chamavam lustro. Também no mês de fevereiro os romanos ofereciam sacrifícios a Fébruo, isto é, a Plutão e a outros deuses infernais, pelas almas de seus ancestrais. Para que tivessem piedade destes, ofereciam-lhes vítimas solenes e a noite inteira velavam, cantando louvações e empunhando círios e tochas acesas. O papa Inocêncio diz que as mulheres romanas celebravam nesse dia a festa das luzes, originada das fábulas dos poetas. Estes relatam que Prosérpina era tão bela que o deus dos infernos, Plutão, ficou enamorado por ela, raptou-a e transformou-a em deusa. Seus pais procuraram-na por muito tempo nas florestas e nos bosques com tochas e archotes, e é isso que as mulheres de Roma evocavam. Como é difícil abandonar costumes arraigados, os cristãos recém-convertidos não sabiam o que conservar dos costumes pagãos, levando o papa Sérgio[8] a atribuir um sentido melhor à festa. Ele ordenou aos cristãos de todo o mundo que a cada

---

[8] Trata-se de Sérgio I (687-701), o 84º papa da Igreja, de origem síria como vários outros daquela época. A procissão da Candelária surgiu em Roma como substituta da procissão lustral pagã (como mostra Jacopo), mas a iniciativa do papa Sérgio de incluí-la na festa da Purificação de Maria foi inspirada pelo exemplo oriental, já que tal festa existia em Jerusalém desde pelo menos o século IV, na Síria e Egito desde o V, em Constantinopla desde o VI.

ano, nessa data, celebrassem uma festa em homenagem à santa Mãe do Senhor, com círios acesos e velas bentas. Desta maneira a solenidade permanecia, mas sua intenção era outra.

Segunda, para mostrar a pureza da Virgem. Ao ouvir dizer que a Virgem tinha se purificado, algumas pessoas poderiam pensar que ela necessitava de purificação. Para mostrar que ela era puríssima e esplêndida, a Igreja determinou que se levassem tochas acesas, como se dissesse: "Ó bem-aventurada Virgem, você não necessita de purificação, pois é toda brilhante, toda resplandecente". De fato, não necessitava de purificação quem tinha concebido sem sêmen, quem tinha sido purificada e santificada de maneira perfeitíssima já no ventre materno. Ela tinha sido a tal ponto glorificada e purificada no ventre da sua mãe com a vinda do Espírito Santo, que nela não restou inclinação alguma para o pecado, e as virtudes de sua santidade transmitiam-se aos outros, derramavam-se sobre eles, extinguindo em todos qualquer concupiscência carnal. Daí os judeus dizerem que muito embora Maria tenha sido de extrema beleza, nunca despertou desejos concupiscentes em ninguém. A razão disso é que a virtude da sua castidade penetrava em todos que a viam e repelia neles toda concupiscência. Ela é comparada ao cedro, cujo cheiro faz as serpentes morrerem, da mesma forma que a santidade irradiada por ela matava a serpente dos movimentos da carne. Ela também é comparada à mirra, que mata os vermes, da mesma forma que a santidade dela destrói toda concupiscência carnal. Ela possuía essa qualidade mais do que outras pessoas que também foram santificadas no ventre materno ou que permaneceram virgens, mas cuja santidade e castidade não se transmitiam aos outros, nem extinguia neles os movimentos da carne, ao passo que a força da castidade da Virgem penetrava até o fundo do coração dos impudicos, tornando-os imediatamente castos em relação a ela.

Terceira, para lembrar a procissão que teve lugar naquele dia, quando Maria, José, Simeão e Ana fizeram uma procissão digna de honra para apresentar o menino Jesus no templo. Por isso ainda hoje se faz uma procissão até às igrejas, levando na mão um círio aceso, representação de Jesus. Há três elementos no círio, a cera, a mecha e o fogo, que são a representação das três substâncias que existiram em Cristo: a cera é representação da sua carne, que nasceu da Virgem Maria sem corrupção da carne, da mesma maneira que as abelhas fabricam a cera sem impurezas; a mecha escondida no círio é representação de sua alma cândida escondida em sua carne; o fogo ou a luz é representação da divindade, porque nosso Deus é fogo que consome. Isso levou o poeta a dizer:

> Em homenagem à pia Maria,
> Levo esta vela
> Cuja cera representa
> A verdadeira carne virginal.
> A luz significa
> A excelência da majestade,
> A mecha é sua alma
> Escondida na carne.

Quarta, para nossa instrução. Tudo pode nos instruir se quisermos ser puros e límpidos, devendo para isso termos três disposições, uma fé verdadeira, uma conduta santa e uma intenção reta. A vela acesa na mão é a fé com boas obras, pois da mesma forma que uma vela sem luz está morta, e que a luz que não pode brilhar por falta de vela também parece morta, as obras sem fé e a fé sem boas obras são como se estivessem mortas. A mecha escondida na cera é a intenção reta, daí Gregório dizer: "A obra é feita diante do público, mas a intenção permanece oculta".

2. Uma nobre dama tinha enorme devoção pela Virgem bem-aventurada. Tendo construído uma capela junto à sua casa, ali mantinha um capelão e queria ouvir todos os dias uma missa dedicada à bem-aventurada Virgem. Quando estava próxima a festa da purificação da beata Virgem, o sacerdote fez uma longa viagem para resolver um assunto particular, e a dama não pôde ter a missa rezada nesse dia. Conforme outra versão, ela tinha dado tudo o que possuía por amor à Virgem, até mesmo suas roupas, e por isso não tinha como ir à igreja e ficou sem ouvir missa naquele dia.

Sentindo viva dor pelo fato, na capela ou em seu quarto ela prosternou-se diante do altar da bem-aventurada Virgem. De repente, em êxtase, teve uma visão: estava numa igreja magnífica e resplandecente, na qual viu entrar uma enorme multidão de virgens, precedida por uma virgem de extraordinária beleza, cuja cabeça estava coroada com um diadema. Depois que todas sentaram, apareceu um grupo de jovens que ordenadamente ocuparam outros lugares. Então alguém que trazia uma grande quantidade de círios primeiramente deu um à virgem que tinha precedência sobre as demais, em seguida entregou-os também às outras virgens e aos jovens, e enfim foi para junto da dama e ofereceu-lhe um círio, que ela aceitou de bom grado. Olhando então para o coro, ela viu dois ceroferários,[9] um sub-diácono, um diácono e um padre, os quais, vestindo seus paramentos sagra-

---

[9] Pessoas que nas procissões levam círios ou tochas.

dos, dirigiram-se para o altar como para celebrar uma missa solene. Parecia-lhe que os acólitos[10] eram São Vicente e São Lourenço, que o diácono e o subdiácono eram dois anjos, que o sacerdote era Cristo.

Depois da confissão, dois jovens de rara beleza foram até o meio do coro e iniciaram em voz alta e com grande devoção o ofício da missa, sendo acompanhados pelos que estavam no coro. Quando chegou o momento da oferenda, a rainha das virgens com todas as virgens e com aqueles que estavam no coro foram, como de costume, oferecer seus círios ao padre, ajoelhando-se. Como o padre esperava que a dama fosse ofertar seu círio e ela não quisesse fazê-lo, a rainha das virgens mandou-lhe dizer que ela estava sendo rude fazendo o padre aguardar tanto. Ela respondeu que o padre devia continuar sua missa porque não iria oferendar seu círio, que por devoção queria conservar. A rainha da virgens ordenou a seu mensageiro: "Vá de novo pedir-lhe que ofereça seu círio, senão tome-o à força". O mensageiro foi, a dama recusou-se a concordar com seu pedido, ele explicou que tinha ordem de arrancar o círio à força. Usando grande violência tentou então tomar o círio, mas a dama segurava-o com força ainda maior e defendia-se como um homem. A disputa arrastava-se, o círio era puxado com força para lá e para cá, quando de repente quebrou, ficando uma metade nas mãos do mensageiro e a outra nas mãos da dama.

No momento em que ruidosamente o círio quebrou, ela saiu do êxtase e encontrou-se diante do altar com um pedaço de círio na mão. Ficou admirada e rendeu imensas ações de graças à bem-aventurada Virgem, que não tinha permitido que ela ficasse sem missa naquele dia, fazendo-a assistir àquele ofício. Então ela guardou diligentemente seu círio como a mais preciosa das relíquias. Dizem que todos os que o tocavam eram logo curados de quaisquer doenças.

3. Outra dama, grávida, viu-se em sonho carregando um estandarte cor de sangue. Ao despertar, no mesmo instante perdeu a razão, pois o diabo fez com que ela pensasse estar carregando nos seios a fé cristã, à qual tinha sido até então muito apegada, e que lhe parecia estar saindo dela através dos mamilos. Nada conseguiu curá-la dessa loucura, até pernoitar numa igreja da bem-aventurada Virgem durante a festa da Purificação, graças ao que recuperou completamente a sanidade.

---

[10] Como revela o nome, vindo do grego *akolouthein*, "seguir", a função desse clérigo é acompanhar o padre e o diácono para ajudá-los em diversas tarefas, sobretudo no serviço de altar e especialmente na distribuição da comunhão. Todos que se preparam para a ordem sacerdotal devem precedentemente ser acólitos, mas nem todo acólito precisa estar destinado ao diaconado ou ao sacerdócio.

38. São Brás

Brás vem de *blandus*, "suave", ou de *belasius*, formado de *bela*, "costume", e *syor*, "pequeno". De fato, Brás foi suave em seus sermões, virtuoso em seus costumes e humilde em sua conduta.

Brás era de grande doçura e santidade, o que fez os cristãos o elegerem bispo da cidade de Sebasta, na Capadócia. Por causa da perseguição de Diocleciano, após receber o episcopado retirou-se para uma caverna onde passou a levar vida eremítica. Os passarinhos levavam-lhe de comer e juntavam-se em torno dele, só o deixando depois de ter sido abençoado por ele. Se algum deles estava doente, ia vê-lo e retornava perfeitamente curado.

O governador da região tinha mandado alguns guerreiros caçar, mas o esforço deles estava sendo em vão, até que por acaso passaram pela gruta de São Brás, onde encontraram grande quantidade de animais, que contudo não puderam pegar. Admirados, relataram o fato a seu senhor, que imediatamente mandou vários guerreiros com ordem de aprisionar São Brás e todos os cristãos que encontrassem. Mas naquela mesma noite Cristo apareceu ao santo três vezes, dizendo-lhe: "Levante e ofereça-me o sacrifício". Quando os soldados chegaram e disseram: "Saia, o governador o chama", São Brás respondeu: "Sejam bem-vindos, meus filhos, vejo que Deus não me esqueceu". Durante o trajeto não cessou de pregar e, na presença deles, de realizar vários milagres.

Uma mulher levou até ele seu filho, que estava morrendo por causa de uma espinha entalada na garganta, e pediu-lhe em lágrimas a cura do menino. São Brás colocou as mãos sobre a cabeça dele e fez uma prece para que aquela criança, assim como todos os que pedissem o que quer que fosse em seu nome, tivesse saúde, e no mesmo instante o menino ficou curado.

Outra mulher, pobre, tinha apenas um porco, que foi roubado por um lobo, o que a levou a pedir a São Brás a restituição do animal. Sorrindo, o santo disse: "Mulher, não fique assim desconsolada, pois seu porco será devolvido". Logo em seguida o lobo apareceu e devolveu o animal à viúva.

Chegando à cidade, Brás foi mandado para a prisão por ordem do príncipe. No dia seguinte, o governador mandou trazê-lo à sua presença. Ao vê-lo, cumprimentou-o, dirigindo-lhe palavras lisonjeiras: "Brás, amigo dos deuses, seja bem-vindo". Brás respondeu: "Honra e alegria para você, ilustre governador, mas não chame de deuses os demônios, porque eles serão entregues ao fogo eterno junto com aqueles que os honram". Irritado, o governador mandou fustigá-lo e depois o enviou para a prisão. Brás disse: "Insensato, você espera com suplícios tirar do meu coração o amor ao meu Deus, que me fortalece?".

Ora, a viúva à qual fora devolvido o porco ouviu isso, matou o animal e levou a São Brás uma vela, um pão, a cabeça e os pés do animal. Ele agradeceu, comeu e disse-lhe: "Todos os anos vá a uma igreja e ofereça uma vela em meu nome, e tudo correrá bem para você e aqueles que a imitarem". Ela assim fez e conseguiu grande prosperidade. Depois disso o governador tirou Brás da prisão, mas como não conseguia fazê-lo honrar os deuses, mandou pendurá-lo numa árvore, rasgar sua carne com pentes de ferro e, em seguida, levá-lo de volta à prisão. Ao longo desse trajeto ele foi seguido por sete mulheres, que recolhiam gotas do seu sangue. Também elas foram presas e forçadas a sacrificar aos deuses. Então disseram: "Se vocês querem que adoremos seus deuses, mande levá-los com reverência ao lago, para que depois de lavados estejam mais limpos quando os adorarmos". O governador ficou contente e mandou fazer o mais depressa possível o que elas pediam. Mas elas jogaram os deuses no meio do lago, dizendo: "Logo veremos se são deuses". Ao ouvir isso, o governador ficou furioso e batendo no próprio peito disse a seus guardas: "Por que não seguraram nossos deuses para que não fossem jogados no fundo do lago?". Eles: "Você foi enganado por estas mulheres que planejaram jogar as imagens no lago". Elas explicaram: "O verdadeiro Deus não admite mentiras, e se aqueles realmente fossem deuses teriam previsto o que queríamos fazer com eles".

Irado, o governador mandou preparar chumbo derretido, pentes de ferro e, de um lado, sete couraças incandescentes e, de outro, sete camisas de linho. Disse a elas que escolhessem o que preferiam. Uma delas, que tinha dois filhos pequenos, aproximou-se com audácia, pegou as camisas e jogou-as na fogueira. Os filhos disseram: "Mãe querida, não nos deixe viver sem você, e da mesma maneira que nos saciou com a doçura do seu leite, sacia-nos agora com a doçura do reino do Céu". O governador mandou então pendurá-las e com os pentes de ferro rasgar sua carne em tiras. Carne que tinha a brancura ofuscante da neve, e em vez de sangue dela escorria leite.

Como os suplícios eram muito duros, um anjo do Senhor foi até elas e animou-as dizendo: "Não temam, pois um operário que começa bem seu trabalho e completa sua obra, merece a bênção do amo e o salário, ficando feliz por ter cumprido seu dever". O governador mandou então parar as torturas e jogá-las na fogueira, mas por intervenção divina o fogo apagou e elas nada sofreram. O governador ordenou-lhes: "Parem de empregar magia e adorem os deuses". Elas replicaram: "Acabe o que começou, porque já somos chamadas ao reino celeste". Ele sentenciou-as a ter a cabeça cortada. No momento em que iam ser decapitadas puseram-se de joelhos e adoraram a Deus, dizendo: "Ó Deus que nos tirou das trevas e nos trouxe a esta dulcíssima luz, que nos escolheu para sermos sacrificadas em sua honra, receba nossas almas e faça-nos alcançar a vida eterna". Elas tiveram então as cabeças cortadas e passaram ao Senhor.

Depois disso o governador mandou trazer Brás à sua presença, dizendo: "Adore já nossos deuses, ou não os adorará jamais". Brás respondeu: "Ímpio, não temo suas ameaças; faça o que quiser que entrego todo meu corpo a você". O governador mandou jogá-lo no lago, mas Brás fez o sinal-da-cruz sobre a água, que se solidificou imediatamente como se fosse terra seca, e disse: "Se os seus são deuses verdadeiros, mostre o poder deles e entre aqui". Os 65 homens que se adiantaram foram imediatamente tragados pelo lago. Um anjo do Senhor desceu e disse: "Saia, Brás, e receba a coroa que Deus preparou para você". Quando ele saiu o governador perguntou: "Então você está determinado a não adorar os deuses?". Brás: "Fique sabendo, miserável, que sou escravo de Cristo e não adoro os demônios".

No mesmo instante foi dada a ordem de decapitação. Brás pediu então ao Senhor que se alguém invocasse seu patrocínio contra dor de garganta ou qualquer outra enfermidade, fosse atendido. E uma voz do Céu respondeu-lhe, dizendo que assim seria. A seguir ele e os dois meninos foram decapitados por volta do ano do Senhor de 283.

39. Santa Ágata

Ágata é nome derivado de *agíos*, "santo", e de *Theos*, "Deus", significando portanto "santa de Deus". Ela teve as três qualidades que fazem os santos, como diz Crisóstomo: pureza de coração, presença do Espírito Santo e abundância de boas obras. Seu nome também pode vir de *a*, "sem", *geos*, "terra", e *Theos*, "Deus", o que significa "deusa sem terra", isto é, sem amor pelos bens da terra. Ou pode ainda vir de *aga*, "eloqüente", e *thau*, "consumação", o que quer dizer "pessoa de consumada eloqüência", o que é comprovado por suas respostas. Ou vir de *agath*, "escravidão", e *thaas*, "superior", o que significa "escravidão superior", como transparece nas suas palavras: "A soberana nobreza é esta etc." Ou, por fim, pode derivar de *aga*, "solene", e *thau*, "consumação", quer dizer, "consumação solene", o que antecipava seu sepultamento solene, feito pelos anjos.

Na cidade de Catânia, Ágata, virgem de nobre estirpe e lindíssima de corpo, incessantemente honrava a Deus com toda santidade. Quintiano, cônsul da Sicília, homem ignóbil, voluptuoso, avaro e idólatra, esforçava-se para conquistar a beata Ágata, pois sendo de baixa extração esperava desta forma tornar-se nobre; sendo voluptuoso, saciar-se na sua beleza; sendo avaro, apoderar-se de seus bens; sendo idólatra, agradar aos deuses forçando-a a realizar sacrifícios a eles.

Mandou buscá-la, e diante de sua inabalável resolução entregou-a a uma meretriz chamada Afrodisia e às suas nove filhas, depravadas como a mãe, a fim de que em trinta dias a fizessem mudar de decisão. Elas esperavam desviá-la dos bons propósitos, fosse mediante belas promessas, fosse mediante violentas ameaças, mas a bem-aventurada Ágata dizia-lhes: "Minha vontade é mais sólida que pedra, pois está fundamentada em

Cristo. As palavras de vocês são como o vento, suas promessas como a chuva, os terrores como os rios. Por mais fortes que eles sejam, as fundações de minha casa permanecem sólidas, nada poderá abalá-las".

Todo dia ela chorava e orava pedindo a palma do martírio. Vendo a vontade de Ágata permanecer inabalável, Afrodisia disse a Quintiano: "Amolecer as pedras e dar ao ferro a flexibilidade do chumbo seria mais fácil do que mudar essa moça e desviar sua alma das práticas cristãs". Quintiano mandou trazê-la e perguntou: "De que condição social você é?". Ela respondeu: "Não somente livre, mas também de família ilustre, como atesta toda minha parentela". Quintiano: "Se você é livre, por que tem costumes servis?". Ela: "Pareço uma pessoa servil porque sou escrava de Cristo". Quintiano: "Se é livre, como se diz escrava?". Ela respondeu: "A suprema liberdade é estar a serviço de Cristo". Quintiano: "Escolha entre sacrificar aos deuses ou suportar vários suplícios". Ágata: "Que sua futura esposa seja parecida com a deusa Vênus, que você cultua, e que você mesmo seja como o deus Júpiter, que tanto venera".[1]

Quintiano mandou esbofeteá-la com força, dizendo: "Não ofenda seu juiz com gracejos temerários". Ágata replicou: "Surpreende-me que um homem tão prudente como você tenha chegado à loucura de chamar deuses aqueles cujos exemplos não gostaria que sua mulher ou você mesmo seguissem, já que considera injúria meu desejo que você viva como eles. Se seus deuses são bons, desejei apenas o bem para você, mas se detesta parecer-se com eles, compartilhe meus sentimentos". Quintiano: "Preciso ouvir esse discurso inútil? Ou você sacrifica aos deuses, ou morrerá por toda espécie de suplícios". Ágata: "Se me entregar às feras, ao ouvirem o nome de Cristo elas ficarão mansas; se empregar o fogo, os anjos derramarão do Céu um rocio salutar sobre mim; se me infligir chagas e torturas, verá que desprezo tudo por ter em mim o Espírito Santo".

Como com seus discursos ela publicamente confundia o cônsul, este mandou jogá-la na prisão. Ela foi para lá com grande alegria e glória, como se estivesse convidada a um banquete, e recomendava-se a seu Senhor. No dia seguinte, Quintiano intimou-a: "Renegue Cristo e adore os deuses". Diante de sua recusa, mandou suspendê-la num cavalete e

---

[1] Referência irônica da santa aos mitos greco-romanos de Afrodite/Vênus, deusa do amor que enganava seu marido com vários amantes, e de Zeus/Júpiter, a mais poderosa divindade clássica, muito conhecido por trair sua esposa com várias outras deusas e mesmo com mulheres mortais.

torturá-la. Ágata falou: "Nesses suplícios, meu deleite é o de um homem que recebe uma boa notícia, ou que vê uma pessoa por muito tempo esperada, ou que descobriu grandes tesouros. Da mesma forma que o trigo só pode ser colocado no celeiro depois de fortemente batido para ser separado de sua casca, minha alma só pode entrar no Paraíso com a palma do martírio se meu corpo tiver sido dilacerado com violência pelos carrascos". Furioso, Quintiano mandou arrancar lentamente as mamas dela com tenazes. Ágata disse-lhe: "Ímpio, cruel e horrendo tirano, você não tem vergonha de mutilar numa mulher o que chupou na sua mãe? Tenho em minha alma mamas totalmente sadias com as quais nutro todos os meus sentidos e que desde a infância consagrei ao Senhor". Ele mandou que a levassem de volta ao calabouço, mas proibindo a entrada de médicos ou que lhe fosse dado pão, água ou qualquer alimento.

Mas por volta da meia-noite, precedido de uma criança com uma tocha, apareceu-lhe um ancião que trazia na mão diversos remédios e que lhe disse: "Embora aquele louco a tenha coberto de tormentos, você o atormentou ainda mais com suas respostas. Embora ele tenha deformado seu seio, ele será coberto de amargura. Eu presenciei todas as suas torturas e vi que seu seio pode ser curado". Ágata: "Nunca exibi meu corpo nem para receber remédios, e seria indecoroso fazê-lo agora". O ancião disse: "Filha, sou cristão, não tenha vergonha". Ágata retrucou: "E como poderia sentir vergonha, se você é um ancião de idade avançada e meu corpo está tão horrivelmente dilacerado que ninguém poderia ter volúpia por mim? Sou grata, meu senhor e pai, por me honrar com sua solicitude". O ancião: "Por que, então, não me deixa curá-la?". Ágata respondeu: "Porque tenho o Senhor Jesus Cristo, que com uma só palavra cura e restabelece todas as coisas. Se quiser, Ele pode me curar num instante". E o ancião disse-lhe, sorrindo: "Sou seu apóstolo, foi Ele mesmo que me enviou. Saiba que, em seu nome, você está curada".

Imediatamente o apóstolo Pedro desapareceu. A bem-aventurada Ágata prosternou-se e rendeu graças a Deus. Ela viu que estava toda curada e que mesmo sua mama tinha sido reconstituída. Aterrorizados com a imensa luz que aparecera, os guardas tinham fugido deixando o cárcere aberto, e algumas pessoas pediram a ela que fosse embora, ao que respondeu: "Não quero perder a coroa da paciência, nem deixar meus carcereiros em apuros". Quatro dias depois, Quintiano disse-lhe para adorar os deuses, se não quisesse suportar suplícios ainda maiores. Ágata replicou: "Suas palavras são insensatas e vãs, sujam o ar e são iníquas. Miserável sem inteligência, como quer que eu adore pedras e que repudie o Deus do Céu que me curou?". Quintiano: "Quem curou você?". Ágata: "Cristo, o Filho de Deus". Quintiano perguntou: "Você ainda ousa proferir o nome de Cristo, que não quero ouvir?". Ágata falou: "Enquanto eu viver, invocarei Cristo com o coração e com os lábios". Quintiano: "Vou ver se Cristo te curará".

E mandou que jogassem pelo chão cacos de cerâmica, e sobre eles brasas ardentes, arrastando depois por ali seu corpo nu. Enquanto assim faziam, ocorreu um terrível terremoto, que abalou a cidade inteira, esmagou dois conselheiros de Quintiano sob as ruínas do palácio e fez todo o povo ir até o cônsul, gritando que era unicamente por causa da injusta crueldade exercida contra Ágata que tudo aquilo ocorria. Temendo tanto o terremoto quanto a sedição do povo, Quintiano mandou levar Ágata de volta para a prisão, onde ela fez esta prece: "Senhor Jesus Cristo, que me criou e me protegeu desde a infância, que preservou meu coração de máculas, que o poupou do amor do mundo e que me fez vencer os tormentos, dando-me a virtude da paciência, receba meu espírito e permita-me alcançar sua misericórdia".

Após fazer essa prece, ela deu um grande grito e rendeu o espírito por volta do ano do Senhor de 253, sob o império de Daciano. No momento em que os fiéis cuidavam de seu corpo com arômatas e punham-no no sarcófago, apareceu um rapaz vestido de seda, acompanhado por mais de cem outros belíssimos homens, todos trajando ricas vestimentas brancas como nunca se havia visto no local. Ele aproximou-se do corpo, colocou perto da cabeça uma lápide de mármore e imediatamente desapareceu. A lápide trazia a inscrição: "Alma santa, generosa, honra de Deus e libertadora da pátria". Eis o sentido disso: ela teve uma alma santa, ofereceu-se generosamente, honrou a Deus e libertou sua pátria. Quando esse milagre foi divulgado, os próprios gentios e judeus começaram a venerar muito seu sepulcro. Quando Quintiano ia fazer o inventário das riquezas da morta, dois de seus cavalos soltaram-se, um mordeu-o e o outro acertou-lhe um coice que o jogou no rio, e seu corpo nunca pôde ser encontrado.

Um ano depois, perto do aniversário da morte de Ágata, uma montanha altíssima que fica perto da cidade entrou em erupção e vomitou fogo, que descia como uma torrente, fundia os rochedos e a terra, e vinha com ímpeto sobre a cidade. Uma multidão de pagãos desceu da montanha, correu para o sepulcro da santa, pegou o véu que o cobria e colocou-o diante do fogo. Nesse dia, aniversário do martírio da virgem, a corrente de lava subitamente parou e não avançou mais.

Eis o que diz Ambrósio sobre essa virgem: "Ó feliz e ilustre virgem que mereceu o martírio, derramando seu sangue para a glória do Senhor! Ó gloriosa e nobre virgem, ilustrada por uma dupla glória, por ter feito toda sorte de milagres no meio dos mais cruéis tormentos e por ter merecido ser curada pela visita do apóstolo! Os Céus acolheram essa esposa de Cristo, cujos restos mortais são objeto de glorioso respeito, e cuja santidade da alma e libertação da pátria é proclamada por um coro de anjos".

40. São Vedasto

Vedasto deriva de *vere dans oestus*, quer dizer, "verdadeiro foco de calor", pois cultivou a mortificação e a penitência, ou deriva de *vaeh distans*, "afastado de lamentos". De fato, ele nunca precisou dizer, como os condenados: "Lamento ter ofendido a Deus! Lamento ter obedecido ao demônio! Lamento ter nascido! Lamento não poder morrer! Lamento ser tão atormentado! Lamento porque jamais serei libertado".

Vedasto foi ordenado bispo de Arras pelo bem-aventurado Remígio. Certa vez, quando chegou às portas da cidade, encontrou dois pobres pedindo esmola, um cego e o outro aleijado, e disse-lhes: "Não tenho nem ouro nem prata, mas o que tenho dou a vocês". Em seguida fez uma prece e curou ambos.

Um lobo tinha se instalado numa igreja abandonada e coberta de espinheiros. Vedasto pediu-lhe que saísse e não ousasse mais entrar lá, o que aconteceu.

Depois de ter convertido um grande número de pessoas com suas palavras e obras, no quadragésimo ano do seu episcopado viu uma coluna de fogo descer do céu até sua casa. Compreendeu que seu fim estava próximo e pouco tempo depois morreu em paz, por volta do ano do Senhor de 550.

Quando transladavam seu corpo, recebeu um pedido de um velho cego, chamado Audomato, triste por não poder contemplar o corpo de Cristo. O pedido foi atendido, ele recuperou a vista o bastante para satisfazer seu desejo e depois ficou cego de novo.

41. Santo Amando

Amando, assim chamado por sua amabilidade, possuía as três qualidades que tornam um homem amável. Primeira, sua companhia era agradável, lembrando o que diz *Provérbios,* 18: "Há amigos cuja amável companhia nos torna mais amados que um irmão". Segunda, sua conduta era honesta, por isso agradável a todos os que o viam, como está em *Ester,* capítulo 2. Terceira, era de aparência bela e agradável, como Saul e Jônatas, pelo que está dito em 2 *reis,* capítulo 1.

    Amando, filho de pais nobres, ingressou jovem num mosteiro. Um dia, andando pelo mosteiro, encontrou uma enorme serpente, a quem pela virtude do sinal-da-cruz e da prece forçou a voltar para sua cova, ordenando que não mais saísse dali. Ele ficou quinze anos ao lado do túmulo de São Martinho, coberto com um cilício e só se sustentando de água e pão de cevada. Depois foi a Roma, onde queria passar a noite em preces na igreja de São Pedro, mas o guardião irreverentemente colocou-o para fora. Tendo dormido diante da porta da igreja, São Pedro apareceu-lhe em sonho e ordenou que fosse para a Gália a fim de repreender Dagoberto por seus crimes, mas, irritado, o rei expulsou-o de seu reino.
    Quando esse rei, que não tinha filhos, conseguiu um graças às orações dirigidas a Deus, perguntou-se quem batizaria a criança, e lembrou-se de Amando. Procuraram por Amando, levaram-no à presença do rei, que se lançou a seus pés, rogou-lhe que o perdoasse e que batizasse o filho que o Senhor lhe concedera. Quanto ao primeiro pedido, de perdão, Amando concordou, mas quanto ao segundo não, temendo envolver-se em assuntos seculares. Finalmente cedeu às solicitações do

rei, e como no momento do batismo em que se deve dizer *Amém* ninguém o fazia, foi o próprio menino que o fez. Depois disso o rei nomeou-o bispo. No entanto, ao ver que a maioria dos habitantes da cidade desprezava suas pregações, foi para a Vascônia.[1]

    Ali, um bufão que zombava de suas palavras foi possuído pelo demônio e passou a se dilacerar com os dentes. Logo depois de ter confessado que havia injuriado o homem de Deus, morreu miseravelmente. Certa vez um bispo mandou guardar a água na qual Amando lavara as mãos, e algum tempo depois ela proporcionou a cura de um cego. Outra vez, Amando quis construir um mosteiro, teve a concordância do rei, mas não a do bispo da cidade vizinha, que mandou alguns criados matá-lo ou expulsá-lo. Estes disseram a Amando para acompanhá-los que lhe mostrariam um lugar adequado para erguer o mosteiro. Apesar de saber de antemão da má intenção deles, seguiu-os até o pico da montanha onde queriam matá-lo, pois desejava muito o martírio. Mas eis que a montanha foi envolvida por uma chuva tão abundante e uma tempestade tão forte, que eles não podiam ver uns aos outros. Achando que iam morrer, prosternaram-se pedindo perdão, rogando que os deixasse partir com vida. Ele fez então uma prece fervorosa e o tempo ficou sereno. Os algozes voltaram para casa, Santo Amando escapou da morte e fez, depois, ainda muitos outros milagres, até descansar em paz por volta do ano do Senhor de 653, na época de Heráclio.

---

[1] Região dos dois lados dos Pireneus habitada pelos bascos. Na época referida por Jacopo, a do rei merovíngio Dagoberto, meados do século VII, aquela região começava a se dividir politicamente entre a parte norte — que desde fins do século VIII formaria o ducado francês da Gasconha, cujo nome deriva de *gascon*, vindo de *vasconem*, acusativo de *vasco*, isto é, basco — e a parte sul, que desde princípios do século IX formaria o reino espanhol de Navarra.

42. São Valentino

Valentino vem de *valorem tenens*, isto é, "aquele que persevera na santidade". Ou então Valentino vem de *valens tyro*, isto é, "guerreiro de Cristo". Guerreiro "valente" é aquele que nunca se rende, que golpeia com força, que se defende com coragem, que obtém grandes vitórias. Ora, Valentino não se rendeu diante do martírio, golpeou a idolatria até aniquilá-la, defendeu a fé e venceu sofrendo.

Valentino foi um venerável padre que o imperador Cláudio mandou levar à sua presença e ao qual fez a seguinte pergunta: "O que é isto, Valentino? Por que você não ganha nossa afeição adorando nossos deuses e rejeitando suas vãs superstições?". Valentino respondeu: "Se você conhecesse a graça de Deus nunca falaria assim, mas renunciaria aos ídolos para adorar a Deus que está no Céu". Então um dos que acompanhavam Cláudio perguntou: "Valentino, o que você tem a dizer sobre a santidade de nossos deuses?". Valentino: "Nada, exceto que foram homens miseráveis e sujos". Cláudio: "Se Cristo é o verdadeiro Deus, por que você não me diz isso?". Valentino: "Somente Cristo é o verdadeiro Deus, se acreditar Nele sua alma será salva, o Estado se ampliará, conquistará vitória sobre todos os inimigos". Cláudio dirigiu-se aos presentes: "Romanos, ouçam como este homem fala com sabedoria e retidão". O prefeito replicou: "O imperador deixou-se seduzir, mas como abandonaremos aquilo que temos desde a infância?".

E imediatamente o coração de Cláudio transformou-se. Valentino foi colocado sob custódia do prefeito, e ao entrar na casa dele disse: "Senhor Jesus Cristo, luz verdadeira, ilumina esta casa para nela ser reconhecido como o verdadeiro Deus". O prefeito observou: "Fico admirado em ouvir dizer que Cristo é luz; se minha filha que está cega há muito tempo recuperar a visão, farei tudo o que você mandar". Então Valentino orou, restituiu a visão à filha do prefeito e todos naquela casa se converteram. Pouco depois o imperador mandou decapitar Valentino, por volta do ano do Senhor de 280.

43. Santa Juliana

Juliana acabara de se casar com Eulógio, prefeito de Nicomédia, quando disse que só teria relações sexuais se ele aceitasse a fé em Cristo. Ela voltou então para a casa de seu pai, que mandou despi-la e surrá-la duramente e depois a entregou ao prefeito, que perguntou: "Por que, minha querida Juliana, você me decepciona, me rejeita?". Ela respondeu: "Se adorar meu Deus, vou aceitá-lo, senão você nunca será meu senhor". O prefeito: "Minha senhora, não posso fazer isso, porque o imperador mandaria cortar minha cabeça". Juliana replicou: "Se você teme dessa forma um imperador mortal, como quer que eu não tema um que é imortal? Faça o que quiser, mas assim não me terá". O prefeito mandou surrá-la duramente com vara e, durante meio dia, pendurá-la pelos cabelos, enquanto lhe derramavam chumbo derretido sobre a cabeça.

    Como esse tormento não lhe fez mal algum, acorrentou-a e fechou-a numa prisão, onde o diabo foi encontrá-la sob a forma de anjo dizendo: "Juliana, sou o anjo que o Senhor enviou para exortá-la a sacrificar aos deuses, de modo que não seja atormentada por tanto tempo e não morra com tão cruéis suplícios". Então Juliana pôs-se a chorar e orou: "Senhor, meu Deus, não permita que eu fraqueje, faça com que eu conheça quem é que me dá semelhantes conselhos". Ouviu uma voz dizendo-lhe para agarrá-lo e forçá-lo a confessar quem era. Quando ela o pegou e perguntou quem era, ele disse que era o demônio e que seu pai o havia enviado para enganá-la. Juliana: "E quem é seu pai?". Ele respondeu: "É Belzebu, que nos faz cometer toda sorte de mal e nos faz açoitar rudemente cada vez que somos vencidos pelos cristãos, o que para minha desgraça aconteceu quando eu vim aqui, porque não pude superá-la". Ele confessou ainda que se mantinha distante dos cristãos quando estes celebravam o mistério do corpo do Senhor, quando oravam e ouviam as pregações. Então Juliana amarrou-lhe as mãos atrás das costas e, jogando-o ao chão, bateu duramente nele com a corrente que servia para prendê-la. O diabo dava gritos e suplicava: "Minha senhora Juliana, tenha piedade de mim".

Nisso o prefeito mandou tirar Juliana da prisão, e ao sair ela arrastou atrás de si o demônio amarrado, que continuava dizendo: "Minha senhora Juliana, não me torne ainda mais ridículo, pois de hoje em diante não poderei mais dominar quem quer que seja. Dizem que os cristãos são misericordiosos, mas você não tem piedade de mim". Ela o arrastou assim por toda a praça, e depois o jogou numa latrina. Ao chegar diante do prefeito, ela foi amarrada numa roda de maneira tão brutal que todos os seus ossos foram deslocados e a medula saiu deles, porém um anjo do Senhor quebrou a roda e curou-a instantaneamente. Os que foram testemunhas desse prodígio passaram a crer e foram decapitados, os homens em número de quinhentos e as mulheres em número de 130. Depois disso Juliana foi jogada numa caldeira cheia de chumbo derretido, mas o chumbo transformou-se num banho de temperatura agradável. O prefeito amaldiçoou seus deuses por não serem capazes de punir uma moça que lhes infligia tão grande injúria. Mandou então decapitá-la.

Quando a conduziam ao local em que deveria ser executada, o demônio que ela surrara apareceu sob a aparência de um rapaz, gritando: "Não a poupem, porque ela desprezou os deuses e surrou-me violentamente esta noite. Dêem-lhe o que ela merece". Quando Juliana ergueu os olhos para ver quem lhe falava daquela maneira, o demônio fugiu, exclamando: "Ai, pobre de mim! Ainda acho que essa moça quer me prender e acorrentar".

Depois que Juliana foi decapitada, ocorreu uma tempestade na qual se afogaram no mar o prefeito e 34 homens que o acompanhavam. Seus corpos, vomitados pelas águas, foram devorados por animais e aves.

44. A Cátedra de São Pedro

Há três tipos de cátedras. A real: "Davi sentou-se na cátedra etc." (*2 reis*, 23). A sacerdotal: "Eli estava sentado em sua cátedra etc." (*1 reis*, 1).[1] A magistral: "Estão sentados na cátedra de Moisés etc." (*Mateus*, 23). O beato Pedro sentou-se na cátedra real porque foi o principal de todos os reis, na sacerdotal porque foi o pastor de todos os clérigos, na magistral porque foi o doutor de todos os cristãos.

Na festa da cátedra de São Pedro, a Igreja comemora a elevação do bem-aventurado Pedro à catedral de Antioquia. Pode-se atribuir a instituição dessa solenidade a quatro causas.

A primeira causa é que quando o beato Pedro pregava em Antioquia, Teófilo, governador da cidade, disse-lhe: "Pedro, por que você subverte meu povo?". Como Pedro quis lhe pregar a fé em Cristo, o governador mandou acorrentá-lo e não permitiu que lhe dessem algo de beber ou de comer, mas quando estava a ponto de desfalecer, Pedro recobrou um pouco as forças e pediu, erguendo os olhos para o Céu: "Jesus Cristo, socorro dos desventurados, acuda-me nestas tribulações". O Senhor respondeu: "Pedro, você acredita que o estou abandonando? Você ofende minha bondade dizendo-me coisas assim. Logo aparecerá aquele que proverá sua miséria".

Tendo ouvido falar da prisão de Pedro, Paulo foi encontrar Teó-

---

[1] As citações bíblicas nos textos medievais colocam sempre muitos problemas, pois como já dissemos não havia uma versão padronizada da *Bíblia*: nessa passagem, a identificação dos dois primeiros versículos dada por Jacopo de Varazze não corresponde à fornecida pela *Vulgata*, que naquele momento estava se tornando a versão mais aceita, e para a qual se trata, respectivamente, de 2 Samuel 3,10 e 1 Samuel 4,13.

filo, apresentando-se como artesão habilidoso em toda sorte de trabalhos e de artes, afirmando que sabia esculpir madeira, pintar tendas e que tinha habilidade para muitas outras tarefas. Então Teófilo pediu-lhe que se fixasse em sua corte. Passaram-se alguns dias e Paulo foi escondido à cela de Pedro. Vendo-o quase morto pôs-se a chorar amargamente, e enquanto se desfazia em lágrimas exclamou, abraçando-o: "Ó Pedro, meu irmão, minha glória, minha alegria, metade da minha alma, aqui estou, recupera suas forças". Abrindo os olhos, Pedro reconheceu-o e pôs-se a chorar, mas não conseguia falar, e Paulo precisou abrir-lhe a boca para fazê-lo engolir um pouco de comida, que o reanimou. Tendo recuperado as forças com o alimento, Pedro jogou-se nos braços de Paulo, abraçando-o, beijando-o e ambos choraram muito.

Depois de sair de lá com cuidado, Paulo foi falar com Teófilo:

Ó bom Teófilo, você é dono de grande glória e cortesia, é um amigo honrado. Porém como um pequeno mal pode desonrar um grande bem, lembre da maneira como tratou um adorador de Deus chamado Pedro, ao qual atribuiu excessiva importância. Ele está coberto de farrapos, desfigurado, magérrimo, está muito mal, mantém somente a lucidez. Você acha correto tê-lo colocado na prisão? Se ele pudesse gozar da liberdade que tinha, poderia prestar bons serviços a você, porque dizem que esse homem cura enfermos e ressuscita mortos.

Teófilo: "Isso são fábulas, Paulo, porque se ele pudesse ressuscitar mortos libertaria a si mesmo da prisão". Paulo retrucou: "Assim como dizem que o seu Cristo ressuscitou dentre os mortos mas não quis descer da cruz, dizem também que Pedro não se liberta para seguir esse exemplo já que não teme sofrer por Cristo". Teófilo respondeu: "Diga-lhe então que ressuscite meu filho, que morreu já faz catorze anos, e eu o deixarei livre e salvo". Paulo foi ver Pedro e contou-lhe que tinha prometido a ressurreição do filho do governador. Pedro comentou: "É muito difícil o que você prometeu, Paulo, mas com a força de Deus é muito fácil". Saindo do cárcere, Pedro mandou abrir o túmulo e orou pelo morto, que ressuscitou no mesmo instante.

Esse relato não parece contudo muito verossímil, ao afirmar que Paulo usou de astúcia humana fingindo saber trabalhar em todo tipo de artesanato, e ao dizer que a sentença do rapaz ficara em suspenso por catorze anos. De qualquer forma, Teófilo e todo o povo de Antioquia e de outros locais passaram a crer no Senhor e construíram uma grande igreja, no centro da qual puseram uma alta cátedra para Pedro, a fim de que ele pudesse ser visto e ouvido por todos. Ele a ocupou por sete anos, antes de ir para Roma, cuja cátedra ocupou por 25 anos.

A Igreja celebra a memória daquela primeira honraria porque, a partir de então, os prelados da Igreja passaram a ser considerados pessoas de poder e renome. Consumou-se assim a palavra do salmo: "Que ele seja aclamado pela assembléia do povo". É preciso observar que o bem-aventurado Pedro foi aclamado em três assembléias,[2] na militante, na pecadora e na triunfante. Daí as três festas que a Igreja celebra em seu nome.[3] Ele é exaltado na assembléia militante, que presidiu e dirigiu honradamente por seu espírito, sua fé e seus costumes. Este é o objeto da festa chamada de Cátedra, lembrando que recebeu o pontificado da Igreja de Antioquia e governou-a gloriosamente por sete anos. Em segundo lugar, é exaltado na assembléia dos pecadores, destruindo-a e convertendo-a à fé. Este é o objeto da segunda festa, chamada de São Pedro aprisionado. Foi nessa ocasião que ele destruiu a assembléia dos maus e converteu muitos deles à fé. Em terceiro lugar, é exaltado na assembléia triunfante, solenidade que festeja seu martírio e a felicidade de ter entrado na Igreja triunfante.

Note-se ainda que há outras razões pelas quais a Igreja dedica essas três festas a Pedro: por privilégio, cargo, benefícios, dívida e exemplo. Em primeiro lugar por seu privilégio, pois o bem-aventurado Pedro tem em relação aos demais apóstolos três privilégios que a Igreja homenageia três vezes por ano. Ele foi o mais digno em autoridade, porque foi príncipe dos apóstolos e recebeu as chaves do reino dos Céus. Foi mais fervoroso em seu amor, porque amou Cristo com amor maior que o dos outros, como demonstram diferentes trechos do Evangelho. Foi mais eficaz em poder, porque se lê nos *Atos dos Apóstolos* que a sombra de Pedro curava enfermos.

Em segundo lugar, por seu cargo, que consistiu em chefiar a Igreja universal, pois Pedro foi príncipe e prelado de toda a Igreja, espalhada

---

[2] Alguns tradutores modernos preferem nessa passagem falar em "três Igrejas", mas aqui o sentido de *ecclesía* ainda é o dos inícios do cristianismo, o sentido etimológico, vindo do grego *ekklesía*, "assembléia [dos cidadãos]", no caso "comunidade de cristãos".

[3] A primeira das festas dedicadas ao apóstolo Pedro é a explicada no presente capítulo, as outras estão nos capítulos 84 e 105. Elas não devem ser confundidas com as dos capítulos 61 (São Pedro Mártir) e 74 (São Pedro, Exorcista), que se referem a outros personagens com o mesmo nome.

pelas três partes do mundo, Ásia, África e Europa, daí a Igreja celebrar festas dele três vezes por ano.

Em terceiro lugar, pelos benefícios que propicia, porque ele recebeu o poder de ligar e desligar,[4] libertando-nos de três tipos de pecados, que são os de pensamento, de palavra e de ação, ou seja, dos pecados que cometemos contra Deus, contra o próximo e contra nós mesmos. Ou esse benefício pode ser entendido como o tríplice benefício que o pecador obtém na Igreja pela força das chaves. O primeiro é a declaração da absolvição da falta, o segundo é a comutação das penas purgatórias em penas temporais, o terceiro é a remissão de parte dessas penas temporais. É pela concessão desse tríplice benefício que São Pedro deve ser homenageado três vezes.

Em quarto lugar, pela dívida que temos para com ele, que nos sustenta e nos sustentou de três maneiras, pela palavra, pelo exemplo e por auxílios temporais, ou seja, pelo sufrágio de suas preces. É por isso que somos obrigados a homenageá-lo três vezes.

Em quinto lugar, pelo exemplo, para que nenhum pecador se desespere, mesmo que, como Pedro, tenha renegado Deus três vezes, desde que depois, como ele, deseje se confessar de coração, de boca e de ação.

A segunda causa pela qual essa festa foi instituída é tirada do LIVRO DE CLEMENTE. Quando Pedro pregava a palavra de Deus perto de Antioquia, todos os habitantes dessa cidade foram até ele descalços, vestindo cilícios e com a cabeça coberta de cinzas, fazendo penitência por terem estado contra ele e a favor de Simão, o Mago[5]. Vendo-os arrependidos, Pedro rendeu graças a Deus. Apresentaram-se a ele todos os enfermos e os possuídos pelo demônio, sobre os quais Pedro invocou o nome do Senhor, o que fez aparecer uma intensa luz e todos serem curados de imediato. Todos correram a beijar as pegadas de São Pedro. Em sete dias, mais de 10 mil homens receberam o batismo, de forma que Teófilo, governador da cidade, mandou consagrar sua casa como basílica e nela colocar em posição elevada uma cátedra para que Pedro fosse visto e ouvido por todos.

---

4 Referência a *Mateus* 16,19: "Eu darei a você as chaves do reino dos Céus. E tudo que você ligar na terra será ligado nos Céus, e tudo que desligar na terra será desligado nos Céus", conforme também *Mateus* 18,18.

5 Personagem que de acordo com o relato bíblico (*Ato dos apóstolos* 8,9-24) tentou comprar dos apóstolos o dom de realizar milagres. Por isso se chamou na Idade Média de simonia a prática de clérigos corruptos que traficavam bens pertencentes à Igreja.

Isso não contradiz o que foi dito acima. É possível que Pedro, por intermédio de Paulo, tenha sido magnificamente recebido por Teófilo e por todo o povo, mas que estes, depois da partida de Pedro, tenham sido pervertidos e insuflados contra ele por Simão, o mago, e que depois tenham feito penitência e recebido o apóstolo uma segunda vez, com grandes honrarias.

A terceira causa da instituição desta festa da entronização de São Pedro está no costume de ser chamada de festa do banquete de São Pedro. Mestre JOÃO BELETH explica que era um antigo costume dos gentios fazer todo ano, no mês de fevereiro, num dia fixo, oferendas de carnes sobre os túmulos de seus pais. Essas carnes eram consumidas de noite pelos demônios, mas os pagãos pensavam que tinham sido comidas por almas errantes em torno dos túmulos, às quais chamavam de sombras. Os antigos tinham o costume de dizer, como o mesmo autor relata, que enquanto vivos os corpos humanos tinham almas, chamadas de manes se depois da morte iam para os infernos, de espíritos se subiam ao Céu, e de sombras quando a sepultura era recente ou quando vagavam em torno dos túmulos. O costume de banquetes sobre os túmulos foi difícil de ser abolido entre os cristãos. Chocados com esse abuso e decididos a aboli-lo inteiramente, os santos padres estabeleceram a festa da entronização do beato Pedro, tanto a ocorrida em Roma quanto a de Antioquia, fixando-a no mesmo dia daqueles banquetes, de sorte que algumas pessoas ainda lhe dão o nome de festa do banquete de São Pedro.

A quarta causa da instituição desta festa é a reverência que devemos à coroa clerical, que segundo a tradição foi a origem da tonsura. Quando Pedro pregou em Antioquia, por ódio aos cristãos rasparam-lhe o alto da cabeça, e o que para o apóstolo fora um sinal de desprezo em relação a Cristo, tornou-se mais tarde um sinal de honra para todo o clero. Mas é preciso considerar três aspectos relativos à tonsura clerical: a cabeça raspada, o corte dos cabelos e a forma circular.

A cabeça é raspada na parte superior por três razões, duas delas dadas por DIONISO em sua *Hierarquia celeste*: "Cortar os cabelos significa uma vida pura e sem ornatos". De fato, três coisas resultam da cabeça raspada: limpeza, deformação e desnudamento. Limpeza, pois os cabelos acumulam sujeira na cabeça. Deformação, pois os cabelos servem de ornamento da cabeça, daí a tonsura significar uma vida pura e simples, indicando que os clérigos devem por dentro ter pureza de coração e por fora ser despojados. Desnudamento, pois entre eles e Deus não deve haver nada, devem estar diretamente unidos a Deus e contemplar a glória do Senhor sem ter véu que lhes cubra a face. Os cabelos da cabeça são cortados para assim dar a entender que os clérigos devem retirar de seu espírito todos os pensamentos supérfluos, ter sempre o ouvido pronto e disposto à palavra de Deus, e afastar-se completamente das coisas temporais, exceto as estritamente necessárias.

    A tonsura tem a forma de círculo por várias razões. Primeira, porque essa forma não tem começo nem fim, o que indica que os clérigos são ministros de um Deus que tampouco tem começo ou fim. Segunda, porque essa forma que não tem ângulo significa que os clérigos não devem ter sujeira alguma em suas vidas, pois, diz Bernardo, onde há ângulo há sujeira, e ademais eles devem conservar a verdade na doutrina, e, de acordo com Jerônimo, a verdade não ama ângulos. Terceira, porque essa forma é a mais bela de todas, adotada por Deus ao fazer as criaturas celestes, para indicar que os clérigos devem ter beleza interna no coração e beleza externa na maneira de viver. Quarta, porque essa forma é de todas a mais simples e, segundo Agostinho, nenhuma outra, a não ser o círculo, é obtida com uma só linha. Vê-se com isso que os clérigos devem possuir a simplicidade das pombas, conforme a palavra do Evangelho: "Sejam simples como pombas".

45. São Matias

Matias é um nome hebraico que em latim significa "dado por Deus", ou "doação do Senhor", ou "humilde", "pequeno". Ele foi "dado pelo Senhor" quando Este o escolheu, o separou do mundo e fez dele um dos 72 discípulos. Foi "doação do Senhor" quando, tendo sido sorteado, passou a ser um dos apóstolos. Foi "pequeno" porque sempre conservou uma verdadeira humildade. Há três tipos de humildade, diz Ambrósio, a primeira de aflição, quando alguém é humilhado, a segunda de consideração, que vem da reflexão sobre si próprio, a terceira de devoção, que procede de conhecimento sobre o Criador. O bem-aventurado Matias teve a primeira sofrendo o martírio, a segunda desprezando a si mesmo, a terceira admirando a majestade de Deus. Matias vem ainda de *manu*, que quer dizer "bom", e *thesis*, "colocação". Daí Matias, o bom, ter sido colocado no lugar do mau, quer dizer, de Judas. Acredita-se que a história de sua vida que é lida nas igrejas tenha sido escrita por BEDA.

Matias tornou-se apóstolo substituindo Judas, por isso vejamos rapidamente o nascimento e a origem de Judas. Lê-se em uma história apócrifa que houve em Jerusalém um homem de nome Rubens, outrora chamado Simão, proveniente da tribo de Dan ou, conforme Jerônimo, da tribo de Isacar, casado com Ciboréia. Uma noite, depois do relacionamento conjugal, Ciboréia adormeceu e teve um sonho que a aterrorizou e que ela contou da seguinte maneira a seu marido, entre soluços e suspiros: "Parecia que eu dava à luz um filho cheio de vícios, que seria a causa da perdição de todo nosso povo". Rubens comentou: "O que você conta é horrível e não deve ser repetido a ninguém, foi apenas a manifestação de um espírito pitônico".¹ Ela replicou: "Se engravidei esta noite e vou ter um filho, o sonho não foi produto de um espírito pitônico e sim uma revelação".

Tempos depois deu à luz um filho, o que angustiou a ela e ao marido, que passaram a refletir sobre o que fariam com a criança. Como não queriam matá-la nem queriam criar o destruidor de sua raça, colocaram-na num cesto de vime que jogaram ao mar, cujas ondas lançaram-na numa ilha chamada Iscariotes. Por causa dessa ilha é que ele ficou conhecido por Judas Iscariotes.² Passeando pela praia, a rainha do local, mulher sem filhos, viu a cesta flutuando, abriu-a e ao encontrar aquela bela criança suspirou: "Ah! Se eu tivesse um filho como este, meu reino não ficaria sem sucessor". Ela mandou alimentar e esconder o menino, simulou uma gravidez e por fim anunciou mentirosamente por todo o reino que tinha posto um filho no mundo. Seu próprio marido acreditou e ficou muito alegre, como todo o povo.

Enquanto o menino era criado com magnificência real, a rainha engravidou de verdade e deu à luz um filho. Já crescidos, eles brincavam juntos, mas Judas atormentava o filho do rei com repetidas implicâncias e ofensas, freqüentemente fazendo-o chorar. A rainha sabia que Judas não era seu filho, sofria com seu comportamento e muitas vezes batia nele. Mas isso não o corrigiu. Diante disso, foi revelado a Judas que ele não era filho verdadeiro da rainha, e sim uma criança adotada. Sentindo-se humilhado, Judas matou seu irmão putativo, o filho do rei.

Temendo ser condenado à morte, aproveitou-se da presença dos cobradores de impostos e fugiu com eles para Jerusalém, onde passou a servir na corte do governador Pilatos. Como as coisas semelhantes se atraem, Pilatos percebeu que Judas poderia lhe ser útil e desenvolveu um grande afeto por ele. Judas tornou-se a principal figura da corte de Pilatos, onde decidia sobre todas as coisas. Um dia, vendo um pomar próximo a seu palácio, Pilatos ficou com tanta vontade de comer aquelas frutas que quase ficou doente.

---

[1] Relativo a Píton, monstro da mitologia grega que pronunciava oráculos e por isso foi morto pelo deus Apolo, que desejava instalar seu próprio oráculo ali perto, em Delfos. Como Píton tinha sido um dragão ou serpente, os medievais associavam-no às forças demoníacas, caso da presente passagem da *Legenda áurea*.

[2] Na verdade, Iscariotes significa "o homem de Kerioth", pois ele era natural dessa localidade da Judéia e o uso desse nome servia para distingui-lo de outro apóstolo, Judas Tadeu.

O pomar pertencia a Rubens, pai de Judas, mas Judas não conhecia seu pai nem Rubens conhecia seu filho, já que Rubens pensava que seu filho morrera no mar e Judas ignorava quem era seu pai e qual era sua pátria. Pilatos mandou chamar Judas: "Desejo tanto aquelas frutas que se for privado delas morrerei". Judas apressou-se a pular a cerca e colher frutas o mais depressa que podia. Nisso Rubens chegou, encontrou Judas apanhando suas frutas, começaram a discutir, depois a se ofender, em seguida a lutar, por fim Judas golpeou Rubens na nuca com uma pedra, matando-o. Pegou rapidamente as frutas e foi contar a Pilatos o acontecido.

Acabava o dia, caía a noite, quando encontraram Rubens morto e todos acreditaram que tinha sido vítima de uma morte súbita. Pilatos entregou a Judas todos os bens de Rubens e mesmo a esposa dele. Certo dia em que Ciboréia dava profundos suspiros e Judas perguntou-lhe com interesse o que a agitava, ela respondeu: "Ai de mim! Sou a mais miserável das mulheres, pois afoguei meu filhinho no mar, encontrei meu marido morto prematuramente e Pilatos aumentou minha dor obrigando-me a casar com você contra minha vontade". Quando ela contou tudo sobre o filho e Judas narrou seus próprios infortúnios, descobriu-se que Judas tinha desposado sua mãe e matado seu pai. Arrependido, a conselho de Ciboréia foi encontrar Nosso Senhor Jesus Cristo e pedir perdão por seus pecados. Este é o relato da história apócrifa, cuja credibilidade deixo ao juízo do leitor, ainda que considere que ela deva ser mais rejeitada que aceita.

De toda forma, o Senhor fez dele seu discípulo, depois o escolheu como apóstolo, e teve tanta confiança e amizade por ele que fez seu procurador aquele que pouco tempo depois seria seu traidor. Ele estava encarregado do dinheiro e roubava o que davam a Cristo. Pouco antes da paixão do Senhor, este ganhara um ungüento que Judas esperava vender por trezentas moedas para ficar com elas, mas como o negócio não se concretizou, foi então vender seu mestre por trinta moedas, cada uma equivalente a dez daquelas do preço do ungüento, compensando assim a perda do negócio. De acordo com outros, ele sempre roubava um décimo de tudo o que davam a Cristo, por isso vendeu o Senhor por trinta moedas, a décima parte que teria roubado na venda do ungüento.

É verdade que movido pelo arrependimento ele devolveu as moedas e enforcou-se, e ao se enforcar seu ventre arrebentou e todas as entranhas ficaram espalhadas. Ele nada vomitou pela boca, pois não era conveniente que ela fosse maculada de maneira tão ignominiosa depois de ter sido tocada pela gloriosa boca de Cristo. Ademais, era conveniente que as entranhas que haviam concebido a traição fossem dilaceradas e espalhadas, e que a garganta pela qual a palavra de traição tinha passado, fosse estrangulada com uma corda. Ele morreu no ar para que, tendo ofendido os anjos no Céu e os homens na terra, fosse colocado em outro lugar que não a habitação dos anjos e dos homens, e fosse associado aos demônios do ar.[3]

Quando entre a Ascensão e Pentecostes os apóstolos estavam reunidos no cenáculo, vendo que tinha diminuído o número de doze apóstolos, número que o próprio Senhor escolhera para anunciar a Trindade nas quatro partes do mundo, Pedro levantou-se e disse: "Irmãos, temos de pôr alguém no lugar de Judas, para que testemunhe conosco a ressurreição de Cristo, que nos disse: 'Vocês serão minhas testemunhas em Jerusalém, em toda a Judéia, em Samaria e até nas extremidades da terra',[4] e como uma testemunha só pode dar testemunho do que viu, precisamos escolher um dos homens que sempre estiveram conosco, que viram os milagres do Senhor e que ouviram sua doutrina".

Eles apresentaram então dois dos 72 discípulos, a saber, José, que por sua santidade foi denominado o Justo, irmão de Tiago Alfeu, e Matias, cujo elogio é dispensável, bastando dizer que foi escolhido como apóstolo. Eles rezaram: "Senhor, você que conhece o coração de todos os homens, mostre qual destes dois escolhe para encarregar-se do ministério e para entrar no apostolado que Judas perdeu". Fizeram então um sorteio, e como a sorte favoreceu Matias ele foi associado aos onze apóstolos.

"É preciso notar", diz Jerônimo, "que não se pode servir desse exemplo para fazer sorteios para tudo, porque os privilégios de que gozam algumas pessoas não se constituem em lei geral". "Além disso", diz Beda:

> até a chegada da Verdade foi permitido valer-se de expedientes assim, porque a verdadeira hóstia foi imolada na Paixão mas consumida apenas em Pentecostes, e na eleição de Matias recorreu-se ao sorteio de acordo com a antiga lei que assim determinava a escolha do grão-sacerdote.

---

[3] Pela concepção medieval, os demônios não habitavam nem o Céu, de onde haviam sido expulsos, nem a Terra, domínio dos seres corporais, e sim "os ares", zona vaga e indefinida entre aqueles dois pólos geográfico-espirituais.

[4] *Atos dos apóstolos* 1,8.

Após Pentecostes, no entanto, tendo sido proclamada a Verdade, os sete diáconos foram eleitos pelos discípulos e pela prece dos apóstolos e foram ordenados por imposição das mãos.

A esse respeito há dois sentimentos entre os santos padres. Jerônimo e Beda pretendem que o sorteio era a forma mais usada sob a antiga lei. DIONISO, que foi discípulo de Paulo, considera irreligioso pensar assim, e afirma que a sorte foi um esplendor e um raio da luz divina que desceu sobre Matias, um sinal visível indicando que ele deveria ser apóstolo. Eis o que diz no seu livro *Hierarquia celeste*: "Em relação à sorte divina que recaiu sobre Matias, a meu ver alguns sustentaram proposições que não estão de acordo com o espírito da religião. Na minha opinião, o que nesse caso o texto sagrado chama de sorte é um indício da escolha divina manifestado ao colégio apostólico".

Na divisão das terras a serem evangelizadas, ao apóstolo Matias coube a Judéia, onde se consagrou com ardor à pregação e onde, depois de ter feito muitos milagres, repousou em paz. Lê-se em alguns manuscritos que suportou o suplício da cruz, e que somente depois de ter sido coroado por esse tipo de martírio é que subiu ao Céu. Segundo se diz, seu corpo foi sepultado em Roma, na igreja de Santa Maria Maior[5], sob uma lápide de pórfiro, e no mesmo lugar sua cabeça está exposta ao povo.

Uma legenda conservada em Trèves diz que Matias era da tribo de Judá, nasceu em Belém de família ilustre, na escola aprendeu em pouco tempo a ciência da Lei e dos profetas, e que como abominava a volúpia, pela maturidade de seus costumes triunfou sobre as seduções da juventude. Sua alma era propensa à virtude, sua inteligência hábil, sua misericórdia grande; era simples na prosperidade, constante e intrépido na adversidade. Aplicava-se a praticar o que pregava e a provar a doutrina que anunciava.

Quando pregou na Judéia, devolveu a visão aos cegos, curou leprosos, expulsou demônios, devolveu os movimentos aos mancos, a audição aos surdos, a vida aos mortos. Levado diante do pontífice, contentou-se em afirmar: "Vocês me acusam de vários crimes, mas não tenho muito a dizer, exceto que ser cristão não é pecado, e sim uma glória". O pontífice retrucou: "Se déssemos um prazo a você, gostaria de se

---

[5] Igreja de planta basilical com três naves, construída pelo papa Sisto III no século V (de cuja época ainda subsistem importantes mosaicos no seu interior) e restaurada no século XIII (época de Jacopo de Varazze) e depois no XVII. Seu campanário de fins do século XIV é o mais alto da cidade de Roma.

arrepender?". E ele: "Não pretendo, por apostasia, afastar-me da verdade que enfim encontrei".

Matias era, portanto, muito instruído na Lei, puro de coração, prudente de espírito, sutil para resolver as questões da Sagrada Escritura, prudente em seus conselhos e hábil no falar. Quando pregava a palavra de Deus na Judéia, realizou grande número de conversões por seus milagres e seus prodígios. Daí a inveja dos judeus, que o levaram diante do Conselho. Duas falsas testemunhas, que o tinham acusado, atiraram nele as primeiras pedras, com as quais ele quis ser sepultado para testemunharem contra seus acusadores. Enquanto o lapidavam, foi golpeado com o machado, segundo o costume dos romanos, e após ter erguido as mãos para o Céu entregou o espírito a Deus. Essa legenda acrescenta que seu corpo foi trasladado da Judéia para Roma e de Roma para Trèves.

Conta-se em outra legenda que quando Matias foi à Macedônia pregar a fé em Cristo, deram-lhe uma poção envenenada, que fazia perder a vista, e que ele bebeu em nome de Cristo sem sentir mal algum, e como o veneno tinha cegado mais de 250 pessoas, por meio da imposição de suas mãos ele devolveu a visão a todas. Entretanto o diabo apareceu a estas pessoas sob a forma de criança, aconselhando que matassem Matias por ele destruir o culto dos deuses locais. Embora continuasse no mesmo lugar, ninguém conseguiu vê-lo, apesar de três dias de busca. No terceiro dia ele manifestou-se e disse: "Sou aquele que tem as mãos atadas atrás das costas, a quem puseram uma corda no pescoço, que trataram cruelmente e que foi colocado na prisão". Então foram vistos uns demônios rangendo os dentes contra ele, mas sem poderem se aproximar, pois o Senhor veio encontrá-lo com uma grande luz, ergueu-o do chão, livrou-o das amarras e abriu-lhe a porta do cárcere, fortalecendo-o com doces palavras. Logo depois de libertado voltou a pregar a palavra de Deus, dizendo aos teimosos: "Eu os previno que vocês descerão vivos ao Inferno", e no mesmo instante a terra abriu-se e engoliu muitos, enquanto outros se converteram ao Senhor.

46. São Gregório

Gregório vem de *grex*, "assembléia", e *gore*, que significa "pregar" ou "dizer", donde Gregório é "pregador na assembléia". Ou então Gregório vem de *egregorius*, por sua vez derivado de *egregius*, "eleito", e *gore*, "pregador" ou "doutor". Ou Gregório significa na nossa língua[1] "vigilante", porque era atento a si mesmo, a Deus e ao povo. A si mesmo, pela conservação da pureza, a Deus, pela contemplação interior, ao povo, pela pregação assídua, três qualidades que mereceram obter a visão de Deus. Agostinho diz no seu livro *Da Ordem*: "Quem vive bem, quem estuda bem e quem reza bem vê Deus". Sua vida foi escrita por PAULO, historiador dos lombardos, e posteriormente compilada pelo diácono João.

1. Gregório, cujo pai era Gordiano e cuja mãe chamava-se Sílvia, era de estirpe senatorial, e apesar de desde a juventude ter grande conhecimento de filosofia e grande opulência material, pensou em deixar tudo e dedicar-se à religião. Mas demorou a concretizar esse projeto de conversão, pois acreditava ser melhor servir a Cristo permanecendo no mundo laico, como pretor[2] da cidade, e assim ficou muito ocupado por assuntos seculares. Por fim, quando perdeu seu pai, mandou construir seis mosteiros na

---

[1] Como o nome Gregório é de origem grega, quando Jacopo refere-se a "nossa língua" evidentemente pensa no latim.

[2] *Praetor* era um magistrado que na Roma antiga estava encarregado de administrar justiça, e a partir disso a palavra ganhou na Idade Média conotação bem mais ampla, designando um alto representante do poder monárquico, um conde. *Praetor urbis*, a expressão usada por Jacopo, significava nos séculos XI e XII "castelão" (J. F. NIERMEYER, *Mediae Latinitatis Lexicon Minus*, Leiden, Brill, 1984, p. 845), mas considerando o espírito arcaizante de nosso autor e que ele emprega o termo referente ao contexto de São Gregório Magno, a cidade de Roma no século VI, preferimos a forma clássica "pretor".

Sicília e um sétimo em Roma, este em homenagem ao apóstolo Santo André, utilizando para tanto sua própria herança. Desfez-se então de seus trajes de seda, carregados de ouro e pedrarias, para vestir o humilde hábito de monge. Em pouco tempo alcançou tão elevada perfeição, que desde o início de sua conversão estava entre os melhores do mosteiro.

O que ele próprio diz no prefácio a seus *Diálogos* pode dar uma idéia a respeito: "Meu espírito infeliz, atualmente atormentado por outras ocupações, lembra-se dos tempos passados no mosteiro, quando se colocava acima de tudo o que é efêmero, quando estava acostumado a pensar apenas nas coisas celestes, e apesar de retido no corpo libertava-se da prisão da carne pela contemplação e amava a morte, entrada para a vida e recompensa do trabalho, ainda que para quase todos ela seja um castigo".

Assim, tanto afligiu sua carne com macerações que arruinou o estômago e mal conseguia sobreviver. A dificuldade de respirar, chamada de síncope pelos gregos, deixava-o em tal angústia[3] que levava horas para sair dela.

2. Certa vez, no mosteiro de que era abade, estava escrevendo quando um anjo do Senhor se apresentou a ele sob os traços de um náufrago, pedindo em lágrimas que tivesse piedade dele. Gregório mandou dar-lhe seis moedas de prata, o mendigo foi embora mas voltou no mesmo dia, alegando que perdera muito e recebera pouco. O abade mandou entregar uma soma igual, mas ele retornou uma terceira vez pedindo ajuda com gritos inoportunos. Gregório, informado pelo procurador do mosteiro de que nada mais havia a dar além da tigela de prata com a qual sua mãe tinha o costume de enviar legumes, e que ficara no mosteiro, sem hesitar mandou dá-la. O pobre pegou-a e foi embora, todo contente. Era um anjo do Senhor, como se revelou mais tarde.

3. Um dia, passando pelo mercado de Roma, o beato Gregório viu que estavam à venda umas crianças de boa constituição, bela aparência e notáveis pela exuberância de seus cabelos. Perguntou ao mercador de que país ele os trouxera. Ele respondeu: "Da Bretanha, onde todos são de semelhante beleza". Interrogou-o de novo, para saber se eram cristãos. O mercador: "Não, eles se mantêm no erro do paganismo". Então Gregório suspirou com amargura e disse: "Ó, que pena que o príncipe das trevas ainda possua figuras esplêndidas como essas!". Perguntou

---

[3] Jacopo de Varazze usa aqui *angustia* no seu duplo sentido, literal ("aperto", do qual decorre a acepção fisiológica da palavra, aparentada a "angina") e figurado ("aflição", daí a acepção psicológica de "inquietude").

qual o nome daquele povo. Resposta: "Chamam-se anglos". Gregório: "O nome anglos é adequado, pois é parecido com angélicos, e eles têm fisionomia de anjos". Perguntou-lhe ainda como se chamava a província deles. O mercador respondeu: "Estes provincianos são chamados de deirianos". E Gregório: "Deirianos é um bom nome, porque indica que devem ser libertados da ira de Deus".[4] Quis ainda saber o nome do rei. O mercador disse que se chamava Aelle, e Gregório comentou: "Bom, pois Aelle indica que em seu país deve ser cantada a aleluia".

Logo ele foi encontrar o sumo pontífice e com grande insistência e muitas súplicas pediu-lhe que o enviasse para converter aquele país. Já estava a caminho, quando os romanos, extremamente aflitos com sua partida, foram até o papa dizendo: "Você ofendeu Pedro e destruiu Roma deixando Gregório partir". Arrependido, o papa enviou alguns emissários para chamá-lo de volta. Depois de três dias de viagem, Gregório tinha parado num lugar para seus companheiros descansarem e para ele ler, quando um gafanhoto passou a incomodá-lo, impedindo-o de continuar a leitura. Refletindo sobre o fato, percebeu que o nome do inseto era uma ordem para ficar naquele local,[5] enquanto seu espírito profético levava-o a chamar os companheiros para partirem o mais rápido possível. Foi quando chegaram os enviados do papa, ordenando que retornasse, o que o entristeceu. O papa tirou-o então de seu mosteiro e ordenou-o diácono-cardeal.

4. Certa feita o rio Tibre transbordou tanto que ultrapassou os muros da cidade e derrubou muitas casas. Ao baixarem, as águas do Tibre deixaram nas margens muitas serpentes e um grande dragão, vindos do mar, que corromperam o ar com sua podridão e provocaram uma pavorosa peste que atacava a virilha, parecendo flechas que caíam do Céu e atingiam todo indivíduo.

O primeiro atingido foi o papa Pelágio, que logo morreu, e o mal fazia tantos estragos entre o povo que muitas casas da cidade ficaram vazias devido à morte de seus habitantes. Como a Igreja de Deus não podia ficar sem chefe, o povo todo elegeu Gregório, apesar de sua renitência. Como a peste continuava a devastar a população, mesmo antes de ser consagrado ele fez um sermão ao povo, ordenou uma procissão, instituiu

---

[4] Jogo de palavras com *Deí* (Deus) e *íra* (ira, raiva).

[5] Novo jogo de palavras, agora entre *locusta* (gafanhoto) e *loci sta* (ficar no lugar).

o canto das litanias[6] e determinou a todos os fiéis que orassem a Deus com mais fervor do que nunca.

No momento em que o povo estava reunido para as preces, o flagelo foi tão violento que em uma hora pereceram noventa pessoas. Mas isso não o impediu de continuar a exortar o povo a não parar de rezar enquanto a misericórdia de Deus não afastasse a peste. Terminada a procissão, quis fugir mas não pôde, porque dia e noite havia guardas nas portas da cidade. Assim, ele mudou de roupa e com a ajuda de alguns negociantes escondeu-se num barril para ser tirado da cidade numa carroça. Foi direto para uma floresta, procurou uma caverna para se esconder e ali ficou três dias. Todos estavam à sua procura, quando um anacoreta teve a visão de uma coluna de fogo que descia do Céu sobre o lugar em que ele se escondera, coluna pela qual subiam e desciam anjos. O povo pegou-o, levou-o e ele foi consagrado sumo pontífice.

Basta ler seus escritos para se convencer de que foi contra sua vontade que foi elevado a tal honraria. Eis como ele se exprime numa carta ao nobre Narsés: "Ao me escrever sobre a doçura da contemplação, você faz renascer em mim os gemidos de minha ruína, porque perdi a calma interior ao ser colocado neste cargo sem merecê-lo. Saiba que é tanta a dor que sinto que mal posso dizê-la. Não me chame Noemi, que é bonito, mas sim Mara, porque estou amargurado".[7]

Ele também diz em outro ponto: "Se você gosta de mim, lamente que eu tenha sido elevado ao sumo pontificado, como eu mesmo choro sem parar e peço a você que reze a Deus por mim". No prefácio de seus *Diálogos*, diz:

> Minha alma sofre por meus encargos pastorais e por me ocupar de assuntos seculares, pois desta forma ela se suja com o pó dos atos terrenos e perde a beleza que tinha anteriormente. Quando vejo o que perdi, o que suporto parece-me ainda mais penoso, como o navio de minha alma batido pelas vagas de um vasto mar e quebrantado pelo furor de uma terrível tempestade. Quando olho para minha vida anterior, suspiro como se olhasse para o litoral que me escapa.

---

[6] Litania (do grego *litaneía*, derivado de *litaneuein*, "suplicar") é uma prece litúrgica de súplica, daí ter sido muito usada pelos medievais especialmente durante a procissão dos três dias anteriores à Ascensão e chamada de Rogações (de *rogatio*, "pedido", depois também "súplica"), tipo de procissão criada no século V contra dificuldades concretas como epidemias, escassez alimentar etc. Sobre essas festas, veja-se o capítulo 66.

[7] Paráfrase de *Rute* 1,20.

Como a peste ainda fazia estragos em Roma, ele ordenou que na época da Páscoa fosse feita, como de costume, uma procissão em torno da cidade cantando litanias. Com grande reverência, levou-se nessa procissão uma imagem que está em Roma, na igreja de Santa Maria Maior, e que dizem representar com muita semelhança a bem-aventurada Maria sempre virgem, por ter sido pintada por Lucas, médico e excelente pintor. O ar corrompido e infectado afastava-se para abrir caminho à imagem, como se não pudesse suportar a presença dela, de forma que por onde a imagem passava ficava uma maravilhosa serenidade e o ar readquiria toda sua pureza. Conta-se que se ouviram então as vozes dos anjos cantarem diante da imagem: "Alegre-se rainha do Céu, aleluia, porque Aquele que você mereceu carregar dentro de si, aleluia, ressuscitou, aleluia". A isso o beato Gregório acrescentou: "Reze a Deus por nós, te rogamos, aleluia". Então o bem-aventurado Gregório viu, sobre o castelo de Crescêncio, o anjo do Senhor limpando uma espada ensangüentada, que pôs de volta na bainha. Gregório compreendeu que a peste tinha cessado, o que de fato aconteceu. O castelo recebeu então o nome de Sant'Angelo.[8]

Podendo enfim realizar seu desejo, ele enviou Agostinho, Melito, João e alguns outros à Inglaterra, os quais por meio de suas preces e seus méritos converteram os habitantes da região.

5. A humildade do bem-aventurado Gregório era tão profunda que ele não suportava elogio algum, de quem quer que fosse. Assim escreveu ao bispo Estêvão, que o elogiara: "Na carta que me mandou, você foi para comigo de uma benevolência da qual sou totalmente indigno, e no entanto está escrito: 'Não louve homem algum vivo'. Embora não mereça o que você disse de mim, peço que pelas suas preces o bem que me atribuiu, e não existe, possa vir a existir".

Escreveu também ao nobre Narsés: "Em suas cartas você estabelece certas analogias que não se aplicam a mim, caríssimo irmão, como quando me chama de leão e não passo de símio, o que seria parecido com chamarmos gatinhos sarnentos de tigres ou leopardos". Em sua carta a Anastácio, bispo de Antioquia, ele escreve:

---

[8] Trata-se, ainda hoje, de um dos mais célebres monumentos de Roma. Construído em 130 para ser mausoléu do imperador Adriano, ali foram sepultados todos seus sucessores do século II. Em 271 Aureliano transformou-o em fortaleza, função que teve por toda Idade Média, servindo de prisão e de principal refúgio para o papa quando das freqüentes revoltas que a cidade de Roma conheceu na época.

O senhor chama a mim de boca do Senhor, diz que sou uma luz, afirma que por minhas palavras posso ser útil a muitas pessoas, esclarecendo-as, mas confesso que cheguei a duvidar de sua estima por mim. Com efeito, vejo como sou e não encontro traço algum do que vê em mim, mas considero quem o senhor é e não acredito que possa mentir. Quando quero crer no que diz, minha miséria afirma-me o contrário; quando quero discutir o que é dito para me elogiar, Sua Santidade me contradiz. Eu suplico, santo homem, que esta discussão tenha algum proveito para nós e que, se o que o senhor diz não existe, passe a existir porque o diz.

Ele repelia com desprezo todas as palavras que pudessem parecer jactância e vaidade, por isso escreveu nos seguintes termos a Eulógio, bispo de Alexandria, que o havia chamado de papa universal:

Logo no começo da carta que o senhor me enviou, utiliza uma expressão carregada de orgulho, chamando-me de papa universal. Peço que Sua dulcíssima Santidade não o faça mais no futuro, porque é diminuir a si mesmo e atribuir a outro mais do que a razão permite. Quanto a mim, não procuro ser enaltecido por palavras, mas por atos, nem quero ter maior honra à custa da honra de meus irmãos. Que fiquem longe, portanto, as palavras que inflam a vaidade e ferem a caridade.

Quando João, bispo de Constantinopla, usurpou em um sínodo, esse vaidoso título de papa universal, Gregório entre outras coisas escreveu-lhe o seguinte: "Quem é esse que contra os mandamentos do Evangelho, contra os decretos dos cânones, tem a presunção de usurpar para si um novo título, alguém que é uno e aspira a ser universal?". Na relação com seus co-bispos, ele evitava mesmo utilizar palavras com conotação de mando, o que o fez dizer numa carta a Eulógio, bispo de Alexandria: "Sua caridade atribui a mim expressões do tipo 'como ordenou', que nunca emprego porque sei quem sou e quem vocês são, meus irmãos pelo posto que ocupam, meus pais pela conduta que têm".

Sua humildade levava-o a não querer que as damas se chamassem suas servidoras. Por isso escreveu à nobre Rusticana:

Tenho apenas uma coisa a ressalvar na sua carta, é que você repete com demasiada freqüência uma expressão que não poderia ser dita mais do que uma vez: "sua servidora", "sua servidora". Meu cargo de bispo tornou-me servidor de todos, então por que você se diz minha servidora, a mim que antes de receber o episcopado fui seu servidor? Assim, rogo pelo Deus onipotente, não me faça mais ler semelhantes palavras em suas cartas.

Em suas epístolas ele foi o primeiro que se chamou de "escravo dos escravos de Deus", e estabeleceu que seus sucessores assim deveriam se intitular.

Por excesso de humildade, não quis em vida publicar nenhuma das suas obras, achando que em comparação com as de outros elas nada valiam, o que o levou a escrever assim a Inocêncio, governador da África:

> Sobre seu pedido a respeito de meus *Comentários sobre Jó*, fico contente por compartilharmos da alegria dos estudos, mas se o senhor quiser nutrir o espírito com uma substância deliciosa, leia os opúsculos de seu compatriota, o bem-aventurado Agostinho, cujo frumento não tem comparação com nosso farelo, razão pela qual enquanto viver não quero dar a conhecer aos homens o que escrevi.

Lê-se num livro traduzido do grego para o latim que um santo padre, o abade João, foi a Roma visitar as igrejas dos apóstolos e vendo passar o bem-aventurado papa Gregório quis encontrá-lo e reverenciá-lo como convinha. No entanto Gregório, o que revela sua grande humildade, vendo o outro disposto a se prosternar apressou-se ele próprio a se prosternar e só se ergueu depois de o abade ter se erguido.

6. Ele era tão pródigo em suas esmolas, que dava não apenas o necessário aos que estavam próximos, mas também aos que estavam distantes, por exemplo, aos monges do monte Sinai. Ele tinha por escrito os nomes de todos os indigentes e provia às suas necessidades com grande liberalidade. Fundou um mosteiro em Jerusalém e enviou aos escravos de Deus que lá habitavam todo o necessário. Anualmente oferecia oitenta libras de ouro para as despesas cotidianas de 3 mil escravas de Deus. Todos os dias convidava à sua mesa muitos peregrinos. Dentre eles, certo dia veio um a quem quis servir água para lavar as mãos, e já se virava para pegar o jarro, quando de repente não o viu mais. Estranhou aquele acontecimento, e na mesma noite o Senhor apareceu-lhe em sonho dizendo: "Nos outros dias, você me recebeu através das pessoas que são meus membros, mas ontem foi a Mim próprio".

Outra vez, ele mandou seu chanceler[9] convidar para a refeição doze peregrinos. Quando estavam reunidos à mesa, o papa contou treze e perguntou ao chanceler por que, contra suas ordens, convidara aquele

---

[9] Chanceler (*cancellarius*) era na época de Gregório Magno, e em algumas regiões da Itália até o século XI, um alto funcionário encarregado de administrar justiça.

número de pessoas. Na contagem do chanceler havia doze, e disse: "Creio, meu pai, que são apenas doze". Gregório notou que aquele que estava sentado a seu lado mudava de figura a cada instante, ora era um rapaz, ora um venerável ancião de cabeça branca. Terminada a refeição, conduziu-o a seu quarto e pediu para dizer seu nome e quem era. Ele respondeu: "Por que pergunta meu nome, que é admirável? Saiba que sou o náufrago a quem você deu a tigela de prata que sua mãe havia mandado com legumes, e que a partir daquele dia o Senhor destinou-o a se tornar chefe da sua Igreja e sucessor do apóstolo Pedro". Gregório: "E como você sabe que então o Senhor me destinou a governar sua Igreja?". Ele respondeu: "Porque sou seu anjo, e o Senhor me mandou voltar aqui para protegê-lo e por meu intermédio obter tudo que quiser". No mesmo instante desapareceu.

7. Naquele tempo um eremita, homem de grande virtude, havia abandonado tudo por Deus a não ser uma gata, que como uma companheira ele acariciava com freqüência e aquecia em seu colo. Orando a Deus, pediu que se dignasse mostrar com quem ele, que nada possuía de bens materiais por amor a Deus, poderia esperar compartilhar a morada eterna. Certa noite foi-lhe revelado que era Gregório, o pontífice romano. Ele pôs-se então a gemer, pensando que sua pobreza voluntária de pouco servira, já que teria a mesma recompensa que alguém que abundava nas riquezas do mundo. Como dia e noite ele comparava, chorando, as riquezas de Gregório com sua pobreza, certa noite ouviu o Senhor dizer-lhe: "Como você ousa comparar sua pobreza com as riquezas de Gregório, se não é a posse das riquezas que faz o rico, mas a cobiça? Você se compraz mais no amor a essa gata que possui e que acaricia todos os dias, do que ele no meio de riquezas que não ama, mas despreza, e distribui benevolamente a todo mundo". O eremita deu graças a Deus por essa revelação e, depois de ter acreditado que seu mérito fora rebaixado por estar em companhia de Gregório, pôs-se a orar para que merecesse um dia ocupar um lugar ao lado dele.

8. Como Gregório havia sido falsamente acusado ante o imperador Maurício e seus filhos de ter provocado a morte de um bispo, mandou uma epístola ao seu embaixador em Bizâncio: "Em resumo, você pode dizer a meus senhores que se eu tivesse querido espalhar a morte entre os lombardos, hoje eles não teriam nem rei, nem duque, nem condes, e estariam numa grande confusão, mas que como temo a Deus não quero a morte de nenhum homem".

Sua humildade era tão grande que, apesar de sumo pontífice, dizia-se escravo do imperador e chamava-o de seu senhor. Era tão inocente que não queria a morte nem de seus inimigos. Como o imperador Maurício perseguia Gregório e a Igreja de Deus, ele lhe escreveu entre outras coisas: "Como sou pecador, creio que para aplacar o Deus onipotente a quem sirvo tão mal é preciso que você me aflija". Certa vez, um personagem que vestia hábito de monge ousadamente apareceu diante do imperador com uma espada desembainhada na mão, e brandindo-a predisse que ele morreria pela espada. Atemorizado, Maurício parou de perseguir Gregório e pediu-lhe que rezasse por ele, para que Deus o punisse nesta vida por seus malefícios e não esperasse para castigá-lo no Juízo Final.

Certa feita Maurício sonhou estar diante do tribunal e o juiz gritar: "Tragam Maurício". Os funcionários agarraram-no e levaram-no à presença do juiz, que perguntou: "Onde quer que eu devolva para você os males que cometeu neste mundo?". Maurício respondeu: "Prefiro que seja aqui, Senhor, e que não os reserve para o mundo futuro". Imediatamente, a voz divina ordenou que Maurício, sua mulher, seus filhos e suas filhas fossem entregues ao soldado Focas, para serem mortos, o que aconteceu. Pouco tempo depois um de seus soldados, Focas, com a espada matou a ele e a toda sua família, sucedendo-o no trono.

9. No dia de Páscoa, Gregório celebrava missa em Santa Maria Maior quando ao pronunciar: "A paz do Senhor esteja com vocês", um anjo do Senhor respondeu em voz alta: "E com seu espírito". Como lembrança desse prodígio, todo dia de Páscoa o papa reza nessa igreja e os fiéis nada dizem quando do: "A paz do Senhor [...]".

10. Quando certa feita o imperador Trajano partia apressado para travar uma batalha, uma viúva foi vê-lo em prantos e disse: "Peço que se digne a vingar o sangue do meu filho, injustamente morto". Trajano prometeu vingá-lo, caso voltasse salvo, ao que a viúva retrucou: "E quem poderá fazê-lo, se você morrer na batalha?". Trajano respondeu: "Aquele que for imperador depois de mim". A viúva: "Que proveito você terá se outro me fizer o desagravo?". Trajano: "Certamente nenhum". E a viúva: "Então não seria melhor que você me desagravasse e recebesse a recompensa por isso, em vez de deixar a tarefa a outro?". Comovido, Trajano desceu do cavalo e no mesmo instante vingou a morte daquele inocente.

Outra versão conta que o filho de Trajano, cavalgando pela cidade de maneira imprudente, matou o filho de uma viúva e esta, em prantos, foi falar com Trajano, que lhe entregou seu próprio filho, que fizera aquilo, em lugar do filho morto da mulher, e ainda lhe deu um grande e magnífico dote. Muito tempo depois da morte de Trajano, Gregório, ao passar certo dia pelo fórum construído pelo imperador, pensou na mansuetude com que este sempre julgara, entrou na basílica de São Pedro[10] e pôs-se a chorar amargamente os pecados cometidos por aquele personagem. Então ouviu a resposta divina: "Atendi seu pedido e libertei Trajano da pena eterna, mas de agora em diante não reze mais por um condenado".

JOÃO DAMASCENO conta em um dos seus sermões que quando Gregório orava pela alma de Trajano, escutou a voz divina dizendo-lhe: "Ouvi sua voz e perdôo Trajano". Ele acrescenta: "Tal coisa é conhecida em todo Oriente e todo Ocidente". Ainda a esse respeito, alguns dizem que Trajano foi chamado de volta à vida, ganhou a graça divina, mereceu o perdão e obteve a glória, já que não tinha sido mandado para o Inferno nem condenado por uma sentença definitiva. Outros pretendem que a alma de Trajano simplesmente não foi libertada da pena eterna que merecera, mas que essa pena foi suspensa até o dia do Juízo. Outros sustentam que quanto ao lugar e ao modo de tormento, sua pena foi-lhe dada sob certas condições, isto é, até que pelas preces de Gregório e pela graça de Cristo houvesse mudança quanto àquele lugar e àquele modo.

Outros, como o diácono João, que compilou essa legenda, dizem que nela não se lê que ele orou, mas que chorou. Acrescentam que freqüentemente, em sua misericórdia, o Senhor concede o que o homem não ousa pedir por mais que o deseje, e que a alma de Trajano não foi libertada do Inferno e posta no Paraíso, mas simplesmente libertada das penas do Inferno. "É possível", diz ele, "que uma alma esteja no Inferno e que pela misericórdia de Deus não sinta os tormentos infernais". Outros sustentam que a pena eterna é dupla, a pena dos sentidos e a pena da perda, que é a privação da visão de Deus. A pena eterna foi-lhe perdoada no primeiro aspecto, mas mantida no segundo.

Outro relato afirma que um anjo acrescentou: "Como você orou por um condenado, escolha entre passar dois dias no Purgatório, ou

---

[10] Fórum era na antiga Roma um conjunto de prédios públicos, inclusive templo, biblioteca e mercado, dispostos em torno de uma praça. Quase todo imperador fazia construir um fórum, o maior deles o de Trajano, erguido entre 107 e 114. Cerca de dois quilômetros e meio a oeste está a basílica de São Pedro, que começou a ser erguida em 324 por Constantino (e foi demolida em fins do século XV, para dar lugar à atual construção, iniciada em 1506).

sofrer dores e enfermidades por toda sua vida". Ele preferiu suportar dores a vida toda a ser atormentado dois dias no Purgatório. Por isso, daí em diante, sempre esteve sujeito a febre e ataques de gota, foi afligido por diferentes dores, sobretudo de estômago, o que o fez dizer numa de suas epístolas: "Sofro tanto de gota e de várias doenças que a vida é, para mim, a mais pungente das penas. Todo dia fico a ponto de desfalecer de dor e suspiro pela morte, como por um remédio". Em outro ponto diz: "Às vezes a dor é fraca, às vezes insuportável, nunca tão fraca a ponto de me deixar, nem tão excessiva que me faça morrer, de forma que embora esteja tão perto da morte estou porém longe dela. Os maus humores[11] imprimiram-se a tal ponto que para mim a vida é uma pena e desejo muito a morte, que creio ser o único remédio para meus gemidos".

11. Todo domingo uma dama oferecia pão ao bem-aventurado Gregório, e certa vez quando, durante a solenidade da missa, ele lhe dava o corpo do Senhor, dizendo: "Que o corpo de Nosso Senhor Jesus Cristo guarde você para a vida eterna", ela sorriu de forma indecente. Ele imediatamente tirou a mão, pôs o corpo do Senhor de volta no altar e perguntou-lhe, diante de todos, por que ela ousara rir. A mulher respondeu: "Porque você chama de corpo do Senhor o pão que faço com minhas próprias mãos". Gregório então se ajoelhou em prece por causa da incredulidade da mulher, e levantando-se viu que aquele pedaço de pão tinha se convertido em carne com a forma de um dedo, levando assim a mulher a recuperar a fé. Ele rezou novamente e aquela carne foi convertida em pão, dado à mulher.

12. A alguns príncipes que haviam pedido umas relíquias preciosas, ele deu um pedaço da dalmática[12] de São João Evangelista, que eles devolveram com grande indignação, estimando que eram relíquias vis. Depois de ter feito uma prece, Gregório pediu uma faca e com ela furou o tecido, de onde logo jorrou sangue, milagre que provou quão preciosas eram aquelas relíquias.

13. Um rico romano abandonou a mulher e foi privado da comunhão pelo pontífice, o que o incomodou muito, mas como não podia se subtrair a tal autoridade, aconselhou-se com uns magos, que lhe prometeram fazer encantamentos por meio dos quais o demônio entraria no

---

[11] Conforme nota 4 do capítulo 32.

[12] Peça de vestuário originário da Dalmácia (atual Croácia), daí seu nome, e que nos últimos tempos do Império Romano tornou-se a roupa específica dos diáconos (sobre estes, conforme nota 1 do capítulo 2) usada sobre a alva e a estola (sobre estas, ver nota 3 do capítulo 16).

cavalo do pontífice, colocando-o em perigo. Certa vez que Gregório passava com seu cavalo, os magos enviaram um demônio e fizeram-no atormentar tanto o cavalo que ninguém podia dominá-lo. Gregório soube, por revelação, que o diabo havia entrado no cavalo, fez o sinal-da-cruz libertando o animal da raiva que se apossara dele e castigou os magos com cegueira perpétua. Estes confessaram o erro e alcançaram mais tarde a graça do batismo. Mesmo assim ele não lhes restituiu a vista, com medo de que ainda fossem ler livros de magia, mas passou a sustentá-los com as rendas eclesiásticas.

14. Lê-se num livro que os gregos chamam de *Lymon*, que o abade que estava à frente do mosteiro de São Gregório denunciou a este um monge que possuía três moedas. Gregório excomungou-o para amedrontar os demais. Pouco depois, esse irmão morreu sem que São Gregório tivesse sido avisado a tempo de absolvê-lo, o que o deixou irritado. Escreveu então uma prece pela qual o absolvia do laço da excomunhão, e entregou-a a um diácono para que fosse lida à beira da cova do defunto. Na noite seguinte o morto apareceu ao abade, contando que ficara preso mas que na véspera fora absolvido.

15. Gregório compôs o ofício e o canto eclesiásticos e instituiu uma escola de canto em duas casas que mandou construir, uma ao lado da basílica de São Pedro, outra perto da igreja de Latrão, onde até hoje são conservados com veneração o leito em que ele repousava quando ensinava a cantar, o chicote com que disciplinava as crianças e o exemplar autêntico do antifonário.[13] Foi ele que acrescentou ao cânone as palavras: "Conceda-nos sua paz nesta vida, livre-nos da condenação eterna e inclua-nos no rebanho de seus eleitos". Por fim, o beato Gregório morreu cheio de boas obras, depois de ter exercido o pontificado por treze anos, seis meses e dez dias. Em seu túmulo foram gravados estes versos:

> Acolhe, terra, este corpo formado de tua substância,
> Devolve-o quando Deus o ressuscitar, pois
> A alma que subiu ao Céu jamais será tocada pelo veneno da morte,
> Que na verdade é o caminho da vida.
> Neste sepulcro jazem os restos de um grande pontífice,
> Que viveu fazendo o bem por toda parte.

Foi no ano da Encarnação do Senhor de 604, sob o império de Focas.

---

[13] Conforme nota 4 do capítulo I.

16. Após a morte do bem-aventurado Gregório, toda a região foi assolada por uma terrível fome, levando os pobres que ele costumava socorrer com suas esmolas a dizer a seu sucessor: "Senhor, que sua santidade não deixe morrer de fome aqueles que nosso pai Gregório tinha o costume de alimentar". Indignado, o papa sempre respondia: "Se buscando fama e louvores, Gregório encarregou-se de sustentar todo o povo, nós não podemos fazê-lo". E sempre os despedia de mãos vazias. São Gregório apareceu-lhe então três vezes e repreendeu-o com doçura por sua avareza e suas recusas, mas ele não se preocupou em mudar. Gregório apareceu-lhe então uma quarta vez, com ar terrível repreendeu-o e golpeou-o mortalmente na cabeça.

Como a fome continuava, alguns invejosos puseram-se a criticar Gregório, afirmando que por ter sido pródigo esgotara todo o tesouro da Igreja. Então, por espírito de vingança, convenceram algumas pessoas a queimar seus livros. Depois de terem queimado vários, quando se preparavam para queimar o resto, o diácono Pedro, que tinha sido íntimo dele e seu interlocutor nos quatro livros dos *Diálogos*, opôs-se com veemência, afirmando que assim fazendo não se destruiria em absoluto sua memória, já que sua obra tinha exemplares em diversas partes do mundo, além do que era infame sacrilégio queimar tantos e tão preciosos livros, de tão grande homem, sobre cuja cabeça ele vira com freqüência o Espírito Santo sob forma de pomba. Propôs então fazer um juramento para confirmar que dissera a verdade, de forma que se ele morresse parariam de queimar as obras, se não morresse ajudaria a queimar os livros.

Com efeito, conta-se que Gregório proibira João de revelar o mistério da visão da pomba, e que se o fizesse morreria. É por isso que quando o venerável Pedro, vestido com seu hábito de diácono, pegou o livro dos santos Evangelhos para testemunhar a santidade de Gregório, entregou o espírito sem sentir as dores da morte.

17. Como um monge de um mosteiro de São Gregório acumulara certo pecúlio, o beato Gregório apareceu a outro monge e mandou dizer ao primeiro que distribuísse seu dinheiro e fizesse penitência, porque iria morrer em três dias. Ouvindo isso, o monge ficou assustado, fez penitência, entregou o dinheiro e logo depois foi acometido por uma febre tão forte que desde aquela manhã até a terceira hora do terceiro dia parecia-lhe que a língua queimava e que logo iria dar o último suspiro.

Os monges que o rodeavam e cantavam salmos interromperam a salmodia e puseram-se a falar mal dele. Mas imediatamente ele se reanimou e, abrindo os olhos, disse com um sorriso:

> Que o Senhor os perdoe, irmãos, por terem falado mal de mim e me colocado numa situação difícil, já que acusado ao mesmo tempo por vocês e pelo diabo, eu não sabia a qual calúnia responder primeiro. Quando vocês virem alguém no instante de seu passamento, tenham compaixão por ele em vez de difamá-lo, pois ele vai comparecer com seu acusador diante do tribunal de um severo juiz. Estive nesse julgamento levado pelo diabo, e com a ajuda de São Gregório respondi a tudo que me era imputado, exceto uma coisa de que ainda não pude me livrar, por isso vocês me viram tão atormentado.

Como os irmãos perguntassem do que se tratava, ele falou: "Não ouso confessá-lo, porque quando recebi do bem-aventurado Gregório ordem de vir até vocês, o diabo reclamou muito, pensando que Deus estava me mandando de volta à terra para fazer penitência dessa falta. Garanti ao beato Gregório que não revelaria a ninguém a acusação que me foi feita". E a seguir pôs-se a gritar: "André, André, que você morra ainda este ano por seu mau conselho ter me colocado em tal perigo". E no mesmo instante expirou, revirando horrivelmente os olhos.

Havia na cidade um homem chamado André que no momento em que o monge moribundo fazia sua imprecação, foi acometido por doença tão grave que todas as suas carnes soltavam pedaços sem que pudesse morrer. Ele convocou então os monges do mosteiro de São Gregório e confessou ter, junto com aquele monge, roubado certos documentos do mosteiro e vendido a estranhos. Ele, que até aquele instante não pudera morrer, entregou o espírito enquanto fazia tais confissões.

18. Naquela época, conforme se lê na vida de Santo Eugênio, seguia-se na Igreja muito mais o ofício ambrosiano do que o gregoriano, até que o papa Adriano convocou um concílio que determinou a adoção universal do ofício gregoriano. O imperador Carlos encarregou-se de fazer cumprir esse decreto, e percorrendo as diferentes províncias usava ameaças e punições para forçar todos os clérigos a obedecer, queimava os livros do ofício ambrosiano e punha na prisão os clérigos rebeldes."[14]

---

[14] Apesar do referido decreto do papa Adriano I (772-795) e das citadas pressões de Carlos Magno, a Igreja

O bem-aventurado bispo Eugênio conseguiu chegar ao concílio apenas três dias depois do seu encerramento, mas convenceu o papa a chamar todos os prelados de volta. Novamente reunido, o concílio decidiu por unanimidade que seriam postos no altar do bem-aventurado apóstolo Pedro o missal ambrosiano e o missal gregoriano, que as portas da igreja seriam então lacradas com o selo da maioria dos bispos, e que eles passariam toda a noite em preces pedindo ao Senhor que através de algum sinal revelasse qual dos dois ofícios Ele preferia que fosse usado nas igrejas.

Tudo isso foi feito, e de manhã ao abrirem a porta da igreja encontraram ambos os missais abertos em cima do altar. Outros sustentam que encontraram o missal gregoriano quase desencadernado e suas folhas espalhadas, enquanto o ambrosiano foi encontrado simplesmente aberto no mesmo lugar em que o tinham deixado. Compreendeu-se, por esse sinal divino, que o ofício gregoriano deveria ser difundido por todo o mundo e que o ambrosiano deveria ser seguido apenas na sua igreja. Essa decisão dos santos padres, feita de acordo com a indicação divina, ainda hoje é observada.

19. Conta o diácono João, que compilou a vida do beato Gregório, que enquanto se dedicava a esse trabalho sonhou que escrevia à luz de um candeeiro, quando apareceu um homem com insígnias sacerdotais e usando uma túnica tão fina que deixava perceber por debaixo dela um hábito negro. Ele aproximou-se e mesmo enchendo as bochechas não conseguiu conter o riso. João perguntou-lhe por que um homem de tão sério ofício ria daquela forma dissoluta, e ele respondeu: "Porque você escreve sobre mortos que nunca viu enquanto estavam vivos". João replicou: "Não o vi pessoalmente, mas escrevo a partir do que li sobre ele". O outro insistiu: "Como vejo que você faz o que quer, não deixarei de fazer o que posso". E em seguida apagou a lâmpada de João, que gritou assustado, como se tivesse sido degolado por uma espada.

No mesmo instante apareceu Gregório, tendo à sua direita o beato Nicolau e à sua esquerda o diácono Pedro, e disse: "Homem de pouca fé, por que teve medo?". Gregório pegou então uma grande tocha

---

ocidental continuou até o século XI liturgicamente dividida, havendo práticas específicas na Itália meridional e África do norte (ofício chamado de romano ou gregoriano), Itália setentrional (ambrosiano por ser de autoria de Santo Ambrósio), França (conhecido por galicano), Península Ibérica (chamado de visigótico ou moçárabe ou mais apropriadamente hispânico), ilhas Britânicas (denominado céltico).

que Pedro trazia na mão direita, e com ela tirou de trás da cortina da cama o espírito maligno que ali se escondia e queimou sua boca e seu rosto, fazendo-o ficar negro como um etíope. Nisso uma leve centelha caiu sobre sua roupa branca e queimou-a rapidamente, mostrando alguém muito negro. Pedro disse ao beato Gregório: "Nós o fizemos ficar negro". Gregório respondeu: "Não o fizemos ficar negro, apenas mostramos que é negro". Então foram embora deixando o aposento inundado por uma intensa luz.

47. São Longino

Longino, um dos centuriões que vigiavam a cruz do Senhor por ordem de Pilatos, foi quem perfurou o flanco do Senhor com a lança, mas vendo os prodígios que então aconteceram — o sol ficou escuro e a terra tremeu — passou a acreditar em Cristo. Dizem que isso se deveu ao fato de algumas gotas do sangue de Cristo terem escorrido pela lança e caído em seus olhos, até então turvados por doença ou por velhice, e que imediatamente passaram a ver com nitidez.

Tendo renunciado então à condição militar e sido instruído pelos apóstolos, ele passou 28 anos de vida monástica em Cesaréia da Capadócia, e converteu muita gente à fé por sua palavra e seus exemplos. Aprisionado, recusou-se a sacrificar e o governador mandou arrancar todos os seus dentes e cortar-lhe a língua, mas mesmo assim Longino não perdeu o uso da palavra, e pegando um machado quebrou todos os ídolos enquanto dizia: "Veremos se são deuses". Demônios saíram dos ídolos e entraram no governador e em todos os seus companheiros, que loucos e latindo prosternaram-se aos pés de Longino. Este perguntou aos demônios: "Por que vocês moram dentro dos ídolos?". Eles responderam: "Nossa habitação é onde não se fala o nome de Cristo nem se faz seu sinal".

Dirigindo-se ao governador, enlouquecido e cego, Longino disse: "Fique sabendo que você só poderá se curar depois de ter me matado. Logo que eu receber a morte de sua mão, rezarei e conseguirei para você a saúde do corpo e da alma". No mesmo instante o governador mandou que lhe cortassem a cabeça, depois do que foi até seu corpo, prosternou-se em lágrimas e fez penitência. Imediatamente recuperou a vista e a saúde e até o fim da vida praticou boas obras.

48. São Bento

Bento[1] é assim chamado ou porque abençoou muito, ou porque recebeu nesta vida muitas bênçãos, ou porque todos o abençoaram, ou porque mereceu a bênção eterna. Sua vida foi escrita por São Gregório.

1. Bento era natural da província de Núrsia, de onde foi mandado a Roma para estudar, mas ainda bem jovem abandonou as letras e resolveu ir para o deserto.[2] Sua aia, que o amava ternamente, seguiu-o até um lugar chamado Eside. Lá, para limpar o trigo, ela pediu emprestada uma peneira que, deixada descuidadamente em cima da mesa, caiu ao chão e partiu-se em dois. Vendo-a chorar, Bento pegou as duas partes da peneira e levantando-se após uma prece encontrou-as solidamente unidas. Pouco tempo depois, às escondidas, ele deixou sua aia e foi para um lugar no qual ficou três anos incógnito de todos, exceto de um monge chamado Romano, cujos assíduos cuidados asseguravam-lhe o necessário.

Como não havia caminho entre a gruta na qual Bento ficava e o mosteiro de Romano, este costumava enviar a Bento um pão amarrado na ponta de uma comprida corda. Nesta amarrava também uma sineta, de modo que o som avisasse o escravo de Deus que o pão estava sendo enviado e que ele deveria pegá-lo. No entanto o antigo inimigo, invejoso da caridade de um e da maneira como o outro se sustentava, atirou uma pedra e quebrou a sineta, mas sem com isso impedir Romano de servir a Bento.

---

[1] Apesar de a forma latina do nome ser a mesma (Benedictus), não se pode confundir São Bento (c. 480-550) e São Benedito (1589-1654), este último um negro nascido na Sicília e cujo culto foi muito popular entre os escravos no Brasil colonial e mais tarde entre seus descendentes.

[2] Conforme nota 1 do capítulo 15.

Depois disso o Senhor apareceu em visão a um padre que preparava sua refeição para a solenidade da Páscoa e disse-lhe: "Enquanto prepara estas delícias para você, meu escravo morre de fome em tal lugar". O padre levantou-se imediatamente e depois de muita dificuldade encontrou Bento e falou: "Levante-se e vamos comer, porque hoje é a Páscoa do Senhor". Bento respondeu: "Vejo que é Páscoa por ter o prazer de sua visita", pois vivendo longe dos homens ele não sabia que aquele era o dia da solenidade pascal. O padre disse: "Fui enviado a você porque hoje é o dia da ressurreição do Senhor, quando não convém fazer abstinência". Depois de terem bendito a Deus, comeram.

2. Certo dia um pássaro negro, chamado melro, pôs-se a voar de maneira importuna em volta de Bento, e tão próximo que o santo teria podido pegá-lo com a mão, mas fez o sinal-da-cruz e o pássaro retirou-se. Logo depois o diabo trouxe-lhe diante dos olhos do espírito uma mulher que ele vira outrora, acendendo em seu coração tal paixão que, vencido pela volúpia, estava a ponto de ir embora do deserto. Mas, pela graça divina, recobrou subitamente o controle de si, tirou a roupa e rolou com tamanha violência sobre espinheiros e sarças que havia por ali, que seu corpo ficou todo ferido e desta forma, pelas chagas da carne, ele curou as chagas do pensamento. O ardor da penitência venceu o incêndio do pecado. A partir daquele momento, nunca mais uma tentação manifestou-se em seu corpo.

3. Como sua fama tinha aumentado, ao falecer o abade de um mosteiro toda a comunidade foi lhe pedir que a governasse. Recusou várias vezes, dizendo aos monges que os costumes deles não se coadunavam com os seus, mas acabou aceitando. Ele insistia que a regra fosse observada em todo o seu rigor, o que levou os monges a se arrependerem de tê-lo convidado. O comportamento sinuoso deles ofendia a retitude de Bento.

Quando perceberam que ele não transigia com costumes ilícitos, puseram veneno em seu vinho. Mas Bento fez o sinal-da-cruz e o copo quebrou como se tivesse levado uma pedrada. Ele compreendeu que havia ali uma poção mortal que não pudera receber o sinal da vida. Levantou-se no mesmo instante e calmamente disse: "Que Deus onipotente tenha piedade de vocês, irmãos. Eu não tinha dito que os nossos costumes não combinavam?". Voltou então ao local solitário que abandonara, aonde, atraída por seus milagres, dirigiu-se uma multidão, para a qual construiu doze mosteiros.

Num deles havia um monge que não conseguia dedicar muito tempo à prece, sendo atraído por distrações terrestres e fúteis enquanto os outros oravam. O abade desse mosteiro informou ao bem-aventurado Bento, que foi até lá e viu que o monge não conseguia ficar na prece porque um menino negro puxava-o pelo hábito. Bento perguntou então ao abade e ao monge Mauro: "Não estão vendo que alguém o puxa?". E como eles respondessem que não, propôs: "Oremos para que vocês também o vejam". Enquanto oravam, Mauro viu, mas o abade continuou sem ver. No dia seguinte, após a prece, o escravo de Deus encontrou o referido monge fora do mosteiro e bateu nele com uma vara, e a partir desse dia ele não saiu mais durante a oração. Foi assim que o antigo inimigo não mais ousou dominar os pensamentos do monge, como se ele próprio tivesse recebido as varadas.

Três daqueles mosteiros foram erguidos sobre os rochedos de uma montanha, e era com grande trabalho que se levava água até lá. Como os irmãos com freqüência pediam ao escravo de Deus que mudasse os mosteiros de lugar, certa noite ele foi com um menino até o alto da montanha e depois de rezar demoradamente pôs três pedras ali para servir de sinal. De manhã, os irmãos foram reiterar seu pedido e ele lhes disse: "Cavem na rocha, no lugar marcado por três pedras, que o Senhor pode fazer jorrar água dali". Eles foram, encontraram a rocha já coberta de gotas, cavaram um buraco naquele local e logo viram que ele estava cheio de água, que ainda hoje corre em quantidade suficiente para descer do cume da montanha até sua base.

Certa vez, perto do mosteiro do escravo de Deus, um homem cortava sarças com uma foice quando o ferro saiu do cabo e caiu num lago profundo, deixando o homem muito aborrecido. O escravo de Deus mergulhou parte do cabo no lago e um instante depois o ferro encaixou-se sozinho nele.

Um jovem monge chamado Plácido ia buscar água e caiu no rio, cuja correnteza arrastou-o para longe, quase à distância de uma flechada. O escravo de Deus, que estava em sua cela, na mesma hora viu isso em espírito, chamou Mauro, contou-lhe o acidente ocorrido com o rapaz e ordenou que fosse salvá-lo. Mauro recebeu a bênção, saiu depressa e, pensando que caminhava em terra firme, foi por sobre a água até chegar perto do rapaz e tirá-lo do rio puxando-o pelos cabelos. Em seguida, foi contar o que acontecera ao escravo de Deus, mas este não atribuiu o fato a seus méritos, e sim à obediência de Mauro.

Um padre chamado Florêncio, invejoso do escravo de Deus, levou sua malícia a ponto de lhe mandar um pão envenenado como se fosse pão bento. O santo aceitou, agradecido, e deu-o ao corvo que tinha o costume de alimentar com suas próprias mãos, dizendo: "Em nome de Jesus Cristo, pegue este pão e jogue-o em um lugar onde homem algum possa pegá-lo". Então o corvo abriu o bico, estendeu as asas, pôs-se a correr em torno do pão e a grasnar com força, como se quisesse dizer que gostaria de obedecer, mas não podia fazer o que lhe era ordenado. O santo repetiu a ordem várias vezes, dizendo: "Pegue, pegue, não tenha medo; jogue fora como te disse". Por fim o corvo pegou o pão, só voltando três dias depois, quando recebeu das mãos de Bento a costumeira ração.

Vendo que não podia matar o corpo do mestre, Florêncio resolveu matar as almas dos discípulos. Mandou então sete moças cantarem e correrem nuas pelo jardim do mosteiro a fim de incitar os monges à luxúria. Ao ver aquilo de sua cela, temeroso de que os discípulos caíssem no pecado, o santo cedeu seu lugar ao invejoso, juntou alguns irmãos e foi viver com eles em outro lugar. Do terraço em que se encontrava, Florêncio alegrava-se com a cena quando de repente a terra cedeu e matou-o instantaneamente. Então Mauro correu para avisar o escravo de Deus: "Volte, porque aquele que o perseguia está morto". Assim que ouviu isso, Bento deu grandes gemidos, fosse por causa da morte de seu inimigo, fosse porque seu discípulo tinha se rejubilado com ela. Impôs a este uma penitência pela alegria com a morte do inimigo.

Bento mudou o lugar de sua morada, mas não mudou o inimigo. No Monte Cassino, ele transformou o templo de Apolo em oratório consagrado a São João Batista e tirou da idolatria todo o povo da vizinhança. Mas o antigo inimigo, inconformado, aparecia-lhe sob uma forma hedionda, com olhos e boca que pareciam lançar chamas, e gritando: "Bento, Bento", mas como este nada respondia, passou a dizer: "Maldito, Maldito, e não bendito, por que me persegue?".[3]

Um dia, durante a construção do mosteiro, os irmãos queriam erguer uma pedra, mas não podiam. O grande número de homens que lá estava tampouco o conseguia, quando chegou o escravo de Deus, benzeu a pedra e ela

---

[3] Jogo de palavras com o nome do santo, invertido no lamento do demônio de Benedicto (isto é, bento, benzido, bendito, abençoado) para Maledicto (maldito, amaldiçoado).

pôde então ser erguida com facilidade. Todos entenderam que tinha sido o diabo, sentado sobre a pedra, que não permitira ser anteriormente movida.

Quando o muro alcançou certa altura, o antigo inimigo apareceu ao escravo de Deus e por gestos indicou que iria encontrar os irmãos, a quem Bento enviou um mensageiro: "Irmãos, tomem cuidado porque o espírito maligno está indo na direção de vocês". Mal o mensageiro acabou de falar, o antigo inimigo derrubou o muro, cuja queda esmagou um jovem monge. Mas o escravo de Deus mandou trazer em um saco o rapaz morto e destroçado, ressuscitou-o com uma prece e mandou-o de volta para o trabalho.

4. Um leigo de vida honesta costumava todos os anos ir em jejum visitar o escravo de Deus. Em uma dessas vezes, juntou-se a ele outro viajante, carregado de víveres, e como já era tarde propôs: "Venha comer, irmão, para não ficarmos cansados no caminho". Ele respondeu que não comeria durante o trajeto; o outro nada disse naquele momento, porém mais tarde renovou o convite, que o leigo não aceitou. Depois de uma hora, cansados da viagem, chegaram a um prado com uma fonte, onde era possível descansar. Então o viajante, apontando o lugar, pediu que ele se detivesse um instante para comer. Como as palavras eram agradáveis aos ouvidos e como o lugar encantava os olhos, ele aceitou. Quando encontrou Bento, o escravo de Deus disse-lhe: "Irmão, o maligno não conseguiu persuadi-lo nem da primeira nem da segunda vez, mas na terceira ele venceu". Então o leigo lançou-se a seus pés e lamentou o erro.

5. Totila, rei dos godos, querendo testar se o homem de Deus tinha espírito de profecia, deu a um de seus guardas seus trajes reais e mandou-o ao mosteiro com todo o aparato de um soberano. Quando Bento viu-o chegar, disse: "Tire isso, filho, tire, o que você veste não é seu". O guarda jogou-se no mesmo instante no chão e sentiu um grande medo por ter pretendido enganar um homem como aquele.

6. Um clérigo atormentado pelo diabo foi levado ao escravo de Deus para ser curado, e depois que o diabo foi expulso de seu corpo Bento disse-lhe: "Vá, e de agora em diante não coma carne nem se aproxime das ordens sagradas, porque no dia em que tiver a pretensão de recebê-las, você será escravo do diabo". Ele respeitou essa recomendação por certo tempo, mas ao chegar a época de passar das ordens menores para as ordens sacras,[4] não levou em conta as palavras do homem de

---

4 Dois grandes degraus hierárquicos do clero, as ordens menores formadas, entre outros, por porteiros, leitores, exorcistas e acólitos, as ordens maiores ou sagradas por diáconos, padres e bispos.

Deus, como se as tivesse esquecido naquele longo intervalo, e recebeu a ordem sagrada. Mas o diabo, que o havia abandonado, logo se apossou dele e não cessou de atormentá-lo até que lhe entregasse a alma.

7. Um homem mandou duas garrafas de vinho a Bento, por meio de um garoto, que escondeu uma no caminho e levou a outra para o homem de Deus. Este recebeu-a com gratidão, e quando o garoto ia partir deu-lhe o seguinte conselho: "Meu filho, não beba daquela garrafa que você escondeu, mas vire-a com cuidado e olhe o que tem lá dentro". O garoto retirou-se confuso; na volta para casa quis verificar o que lhe tinha sido dito, e quando virou a garrafa dela saiu uma serpente.

Certa feita, enquanto o escravo de Deus ceava tarde da noite, um monge segurava para ele uma lamparina, e como era filho de advogado pensava com soberba: "Quem é este homem que fico vendo comer, para quem seguro a luz e a quem devo prestar serviço? Quem sou eu para ser seu servidor?". No mesmo instante o escravo de Deus respondeu: "Faça o sinal-da-cruz sobre seu coração, irmão, faça o sinal-da-cruz sobre seu coração. O que você tem agora a dizer?". Chamou então outros irmãos, disse-lhes para pegar a lamparina das mãos daquele e mandou o monge descansar.

8. Nos tempos do rei Totila, um godo chamado Gala, herético ariano, aplicava-se com ardor a atrozes atos de crueldade contra religiosos da Igreja católica, e todo clérigo ou monge que caía em suas mãos não saía com vida. Um dia em que, por ordem do rei e movido por espírito de avareza e de rapina, ele submetia a cruéis tormentos e diferentes torturas um camponês, este, vencido pela dor, declarou ter colocado sua pessoa e seus bens sob a proteção de Bento, o escravo de Deus. O carrasco acreditou, parou de atormentá-lo e ele teve a sensação de renascer.

Depois que Gala parou de torturá-lo, mandou amarrar seus braços com fortes correias e fez com que, caminhando à frente do seu cavalo, fosse lhe mostrar quem era aquele Bento que tinha recebido seus bens. O camponês levou-o ao mosteiro do santo homem, que estava sozinho, lendo sentado à porta da sua cela. O camponês disse a Gala: "Eis aquele de quem falei, o padre Bento". Com o espírito cheio de maldade e loucura, Gala dirigiu-se a Bento da mesma maneira que fazia com todos, gritando com força: "Levante, levante, e devolva os bens que você aceitou deste camponês".

Ao ouvir aquilo, o homem de Deus parou de ler, ergueu rápido os olhos, dirigiu-os para Gala e para o camponês, reparando que este estava amarrado. Ao olhar para os braços daquele homem, as correias soltaram-se tão depressa, que ninguém, por mais hábil que fosse, teria sido capaz de fazê-lo em tão pouco tempo. Vendo o prisioneiro subitamente livre, Gala ficou com medo de tal poder, jogou-se ao chão e reclinou sua cruel cabeça até os pés de Bento, recomendando-se às suas preces. Quanto ao santo homem, querendo prosseguir a leitura, não se levantou, mas chamou os irmãos a quem pediu que levassem Gala para receber a bênção. Ao voltarem, admoestou-o a não ser mais tão cruel. Gala tomou uma refeição, foi-se embora e não ousou exigir nada do camponês que o homem de Deus soltara não com as mãos, mas com o olhar.

9. Certa ocasião em que a fome devastava a Campânia e a escassez de alimentos angustiava a todos, faltava trigo também no mosteiro de Bento, onde quase todos os pães tinham sido consumidos, restando apenas cinco para a refeição dos irmãos. Ao vê-los tão consternados, o venerável abade tratou de repreendê-los com moderação por sua pusilanimidade e de estimulá-los com promessas, dizendo: "Por que o espírito de vocês está entristecido com a falta de pão? É verdade que hoje ele existe em pequena quantidade, mas amanhã haverá em abundância". Com efeito, no dia seguinte encontraram diante da porta do mosteiro, ensacados, duzentos módios[5] de farinha que Deus todo-poderoso mandara sem que até hoje se saiba como. Ao verem aquilo, os irmãos deram graças ao Senhor e aprenderam que não deviam se incomodar nem com a abundância nem com a penúria.

10. Lê-se ainda que como um homem tinha um filho doente de elefantíase, cujos cabelos já estavam caindo, a pele inchava e não era mais possível esconder os crescentes tumores, o pai enviou-o ao escravo de Deus, que lhe restituiu imediatamente a saúde. Pai e filho deram imensas graças a Deus, e depois de ter realizado muitas boas obras o rapaz morreu feliz no Senhor.

11. Bento tinha enviado alguns irmãos a um certo lugar para erguer um mosteiro e avisou que iria vê-los em determinado dia para lhes indicar como deveriam construí-lo. Na noite anterior ao referido dia, ele apareceu em sonho aos dois monges encarregados de dirigir a obra, e indicou detalhadamente o lugar de cada um dos edifícios. Mas eles não deram importância à visão, ficaram esperando Bento e por fim foram

---

[5] Medida romana para secos, equivalente a 9,25 litros.

encontrá-lo: "Pai, esperávamos que viesse como havia prometido, e você não veio". Ele replicou: "Irmãos, por que falam assim? Eu não apareci a vocês e indiquei cada lugar da construção? Vão, e façam tudo de acordo com o que viram".

12. Não distante do mosteiro de Bento, viviam duas religiosas de linhagem nobre, que não controlavam a língua e que por suas conversas indiscretas muitas vezes irritavam seu superior. Este informou o escravo de Deus, que mandou dizer a elas: "Reprimam sua língua, senão eu as excomungarei". A sentença de excomunhão não chegou a ser proferida, mas elas não mudaram e morreram poucos dias depois, sendo sepultadas na igreja. Durante a missa, quando o diácono disse as costumeiras palavras: "Saia quem não for da comunhão", a ama-de-leite daquelas religiosas, que sempre oferecia esmola por elas, viu-as abandonar seus túmulos e sair da igreja. O fato foi relatado a São Bento, que com suas próprias mãos deu-lhe uma oferenda, dizendo: "Vá e apresente essa oferenda por elas, e deixarão de estar excomungadas". Feito isso, quando o diácono cantava a fórmula costumeira, ninguém mais as via sair da igreja.

13. Um monge tinha saído para visitar seus pais sem receber a bênção, e no mesmo dia em que chegou à casa deles faleceu. Quando de seu sepultamento, a terra rejeitou-o duas vezes. Os pais foram encontrar Bento e pediram-lhe que abençoasse seu filho. Ele lhes entregou o corpo do Senhor e disse: "Coloquem isto sobre o peito do morto e sepultem-no desta forma". Assim foi feito, e a terra guardou o corpo sepultado sem mais rejeitá-lo.

14. Um monge que não queria permanecer no mosteiro insistiu neste sentido com o escravo de Deus, que mesmo contrariado permitiu que ele partisse. Logo depois de sair do mosteiro, no caminho encontrou um dragão com a boca aberta querendo devorá-lo, e pôs-se a gritar: "Socorro, socorro, aqui tem um dragão que quer me devorar". Os irmãos foram socorrê-lo e não encontraram dragão algum, mas levaram o trêmulo e abalado monge de volta ao mosteiro, de onde prometeu nunca mais sair.

15. Certa época em que uma fome extraordinária devastava toda a região, o escravo de Deus entregou aos pobres tudo que pudera encontrar, de sorte que no mosteiro restou apenas um pouco de azeite num jarro de vidro. Ele mandou que o celário[6] desse aquele pouco de azeite a

---

[6] Como o próprio nome indica, *cellarius* era o monge encarregado de administrar o celeiro da comunidade monástica.

um pobre. Ele entendeu a ordem, mas decidiu descumpri-la porque não restaria mais azeite para os irmãos. Assim que o homem de Deus percebeu o que ele fizera, mandou jogar o jarro de vidro com o azeite pela janela, de forma que nada no mosteiro lembrasse a desobediência. O jarro foi jogado, caiu em cima de uns blocos de pedra, mas não se quebrou e o azeite não se espalhou. Bento mandou pegá-lo e dá-lo integralmente ao pobre. Depois de repreender o monge por sua desobediência e sua desconfiança, pôs-se a orar e logo um grande tonel que havia ali ficou cheio de azeite, que parecia brotar do chão.

16. Uma vez em que Bento visitava sua irmã e estavam à mesa, ela lhe pediu que passasse a noite em sua casa, e como ele não queria aceitar ela se inclinou, apoiou a cabeça nas mãos para orar ao Senhor e quando se ergueu produziram-se tantos relâmpagos e trovões, a chuva caiu com tanta abundância, que ele não poderia pôr os pés fora de casa, embora um instante antes o céu estivesse perfeitamente sereno. Fora a torrente de lágrimas dela que havia transformado a serenidade do ar em chuva. Contristado, o homem de Deus falou: "Que Deus todo-poderoso te perdoe, minha irmã. O que você fez?". Ela respondeu: "Eu pedi e você não quis me ouvir; pedi ao Senhor e Ele me ouviu. Saia agora, se puder". Isso aconteceu para que eles pudessem passar a noite inteira edificando-se mutuamente em santas conversas. Três dias depois de voltar ao mosteiro, ao erguer os olhos ele viu a alma da irmã que penetrava nas profundezas do Céu sob a forma de uma pomba, e logo mandou trazer seu corpo para o mosteiro, onde foi colocado em um túmulo que ele tinha preparado para si próprio.

17. Uma noite em que Bento, o escravo de Deus, olhava por uma janela e orava ao Senhor, viu difundir-se pelo ar uma luz que dissipou todas as trevas da noite. Subitamente pareceu a seus olhos que todo o mundo estava sob um único raio de sol, e ele viu sendo levada ao Céu a alma de Germano, bispo de Cápua, cuja morte, soube mais tarde, ocorrera no momento daquela visão.

18. No ano da sua morte, ele predisse a seus irmãos o dia em que ela ocorreria. Seis dias antes mandou abrir seu sepulcro. Logo foi tomado pela febre, e como sua fraqueza aumentava diariamente, no sexto dia pediu para ser levado ao oratório, onde se preparou para a morte recebendo o corpo e o sangue do Senhor. Com seus membros debilitados sendo amparados pelos discípulos, ficou de pé, mãos estendidas para o Céu, e deu seu último suspiro orando. No mesmo dia em

que o homem de Deus Bento migrava para Cristo, dois irmãos, um em sua cela, o outro bem longe dali, tiveram a mesma revelação, viram um caminho atapetado e resplandecente, iluminado por inúmeras e brilhantes lâmpadas, que começava na cela do beato Bento e dirigia-se para oriente. Um homem venerável perguntou-lhes se sabiam que caminho era aquele. Eles disseram ignorar, e foi-lhes explicado: "É o caminho pelo qual Bento, homem querido de Deus, está subindo ao Céu".

Ele foi sepultado no oratório de São João Batista, que ele mesmo havia construído no lugar em que destruíra um altar dedicado a Apolo. Viveu por volta do ano do Senhor de 518, no tempo de Justino, o Velho.

49. São Patrício

Patrício, que viveu por volta do ano do Senhor de 280, estava de pé pregando a paixão de Cristo ao rei dos escotos, e apoiava-se no báculo, cuja ponta involuntariamente furou o pé do rei. Acreditando que o santo bispo fazia aquilo de propósito porque não se poderia receber a fé em Cristo sem sofrer, o rei suportou pacientemente a dor. Por fim o santo percebeu, ficou estupefato, e logo rezou para curar o rei e obter para todo o país o privilégio de nenhum animal venenoso poder ali viver. Não foi a única coisa que obteve, pois, segundo se diz, a madeira e a casca das árvores daquela região servem de remédio contra venenos.

Um homem tinha roubado do vizinho uma ovelha, que comeu, e o santo homem exortou o ladrão, quem quer que fosse, a ressarcir o prejuízo, mas ninguém se apresentou. No momento em que todo o povo estava reunido na igreja, em nome de Jesus Cristo ele ordenou que a ovelha desse um balido dentro da barriga daquele que a comera. Assim aconteceu, o culpado fez penitência e dali em diante todos trataram de não roubar mais.

Patrício tinha o hábito de venerar todas as cruzes que via, mas certa vez passou diante de uma grande e bela cruz sem perceber, e seus companheiros advertiram-lhe que ele não a tinha visto nem saudado. Ele fez uma prece e perguntou a Deus de quem era a cruz, e ouviu uma voz que vinha debaixo da terra: "Não vê que sou um pagão que enterraram aqui e que é indigno do sinal-da-cruz?". Ele então mandou tirar a cruz daquele lugar.

O bem-aventurado Patrício pregava na Irlanda com poucos resultados, por isso pediu ao Senhor um sinal que assustasse os pecadores levando-os a fazer penitência. Por ordem do Senhor, ele traçou então com seu báculo um grande círculo no solo, e em toda aquela circunferência a terra abriu um grande e fundo poço. Foi revelado ao beato Patrício que aquele era o lugar do Purgatório, e quem quisesse ali descer não precisaria mais fazer penitência por seus pecados em outro purgatório. A maioria dos que ali entrasse não sairia, mas alguns voltariam depois de lá ter permanecido da manhã de um dia à manhã do outro.[1] De fato, muitos dos que ali entraram não voltaram.

Muito tempo depois da morte de Patrício, um nobre chamado Nicolau quis se penitenciar de seus muitos pecados no Purgatório de São Patrício. Depois de ter se mortificado com quinze dias de jejum, como todos faziam, usando a chave guardada numa abadia abriu a porta do poço em questão e desceu por ele. Em um dos lados encontrou a entrada de um oratório no qual logo depois apareceram monges com alva[2] celebrando o ofício. Disseram a Nicolau que fosse forte, porque o diabo o faria passar por várias provações. Ele perguntou que ajuda poderia ter contra elas, e os monges explicaram: "Quando você se sentir atingido pelos castigos, no mesmo instante exclame: 'Jesus Cristo, filho do Deus vivo, tenha piedade de mim que sou pecador'".

Logo que os monges retiraram-se, apareceram demônios que com doces promessas tentaram convencê-lo a voltar de onde viera e a obedecer-lhes, garantindo que cuidariam dele e que o levariam incólume para casa. Mas como ele não quis obedecer, logo ouviu rugidos e mugidos de diferentes animais ferozes, como se todos os elementos da natureza quisessem aterrorizá-lo. Tremendo, com um medo horrível, apressou-se a exclamar: "Jesus Cristo, filho do Deus vivo, tenha piedade de mim que sou pecador". E no mesmo instante acabou completamente aquele terrível tumulto das feras.

Ele continuou a caminhar e chegou a um lugar no qual uma multidão de demônios disse-lhe: "Você acha que vai escapar de nós? De maneira alguma! Ao contrário, é agora que vai começar a ser afligido e atormentado". Apareceu então um enorme e terrível fogo e os demônios disseram: "Se não concordar conosco, vamos jogá-lo neste fogo".

---

[1] Jacopo de Varazze foi contemporâneo da definição teológica do Purgatório, reconhecido pelo papa Inocêncio IV em 1254 e pelo II Concílio de Lyon em 1274. Ele volta ao tema no capítulo 158, "A comemoração das almas". Sobre a longa evolução dessa idéia e seu sucesso no século XIII, veja-se o clássico J. Le Goff, *O nascimento do Purgatório*, trad., Lisboa, Estampa, 1993 (ed. orig. 1981).

[2] Conforme nota 3 do capítulo 16.

Diante de sua recusa, agarraram-no e jogaram-no naquele braseiro terrível, e logo que ele se sentiu torturado exclamou: "Jesus Cristo etc." e o fogo extinguiu-se no mesmo instante.

Dali chegou a um lugar em que viu homens sendo queimados vivos, flagelados pelos demônios com lâminas de ferro em brasa que atingiam suas entranhas, enquanto outros, deitados no chão de barriga para baixo, mordiam a terra gritando: "Perdão! Perdão!", o que levava os demônios a torturá-los ainda mais. Viu outros cujos membros eram devorados por serpentes e cujas vísceras eram arrancadas com ganchos incandescentes pelos carrascos. Como Nicolau continuava a não ceder, foi jogado no fogo para sofrer o suplício com as lâminas, mas exclamou: "Jesus Cristo etc." e foi imediatamente libertado daqueles tormentos.

Em seguida, foi a um lugar onde os homens eram fritos numa frigideira e onde havia uma enorme roda com pontas de ferro ardente nas quais ficavam suspensos pelos membros, enquanto a roda girava com tanta rapidez que faiscava. Mais adiante viu uma construção imensa, onde havia fossas cheias de metais em ebulição nas quais alguns homens eram obrigados a mergulhar um pé, outros os dois pés, outros estavam ali até os joelhos, outros até a barriga, outros até o peito, outros até o pescoço, outros enfim até os olhos. Mas Nicolau escapava de cada um desses tormentos invocando o nome de Deus.

Continuando seu caminho, viu um poço larguíssimo do qual saía uma fumaça horrível e um fedor insuportável. Dali tentavam escapar homens vermelhos como ferro em brasa, mas os demônios empurravam-nos de volta. Os demônios explicaram: "Este lugar que você está vendo é o Inferno, onde mora nosso senhor Belzebu. Se não nos obedecer, jogá-lo-emos ali e não haverá meio algum de escapar". Como Nicolau ouviu isso com desprezo, eles o agarraram e o jogaram no poço, sendo atingido por uma dor tão violenta que quase esqueceu de invocar o nome do Senhor, mas com o coração, pois não podia com a voz, conseguiu exclamar: "Jesus Cristo etc." e logo saiu ileso dali. Toda a multidão de demônios desapareceu, vencida.

Prosseguiu a viagem, e noutro lugar viu uma ponte que devia atravessar, mas que era estreitíssima, lisa e escorregadia como gelo, e sob a qual corria um imenso rio de enxofre e fogo. Estava desesperado com a idéia de atravessá-la quando se lembrou da invocação que o livrara de tantos males. Aproximou-se confiante e pondo um pé na ponte disse: "Jesus Cristo etc.". Um grito violento assustou-o a ponto de perder o equilíbrio, mas pronunciou as palavras costumeiras e manteve-se firme, e assim, repetindo as palavras a cada passo, atravessou a ponte em segurança.

Chegou então a uma campina muito agradável, envolta em suave aroma de diferentes flores e na qual lhe apareceram dois belos jovens que o levaram a uma cidade magnífica, maravilhosamente resplandecente de ouro e pedras preciosas. De suas portas saía um cheiro tão delicioso e relaxante que lhe parecia não ter sentido nenhum tipo de dor ou fedor. Os jovens disseram que aquela cidade era o Paraíso. Como Nicolau queria entrar, eles disseram que primeiro deveria voltar para a casa dos seus pais, sem medo, pois os demônios não lhe fariam mal, ao contrário, fugiriam apavorados ao vê-lo. Depois, passados trinta dias, ele morreria em paz e então entraria naquela cidade como seu cidadão perpétuo. Nicolau subiu então por onde descera, contou a todos tudo o que lhe tinha acontecido e trinta dias depois repousou feliz no Senhor.

50. A Anunciação do Senhor

I. A anunciação do Senhor é assim chamada porque no dia agora festejado um anjo anunciou o advento do Filho de Deus na carne. Por três razões convinha que a encarnação do Filho de Deus fosse precedida pela anunciação do anjo.

Primeira razão, que a ordem da reparação correspondesse à ordem da prevaricação. Do mesmo modo que o diabo tentou a mulher para levá-la à dúvida, da dúvida ao consentimento, do consentimento à queda, o anjo anunciou à Virgem para estimular sua fé e levá-la da fé ao consentimento, do consentimento à concepção do Filho de Deus.

Segunda razão, o ministério do anjo, porque sendo o anjo ministro e escravo de Deus, e tendo a bem-aventurada Virgem sido escolhida para mãe de Deus, era conveniente que o ministro servisse a senhora e era justo que a Anunciação fosse feita à bem-aventurada Virgem por um anjo.

Terceira razão, reparar a queda do anjo, já que se a Encarnação não teve por único objetivo reparar a queda do homem, mas também reparar a ruína do anjo, os anjos não deviam ficar excluídos dela. Assim como a mulher não está excluída do conhecimento do mistério da Encarnação e da Ressurreição, o mesmo deveria acontecer com o mensageiro angélico. Daí por que Deus anunciou ambos os mistérios à mulher por intermédio de um anjo, a Encarnação à Virgem Maria, a Ressurreição a Maria Madalena.

A bem-aventurada Virgem ficou dos três aos catorze anos de idade no Templo, junto com outras virgens, e fez voto de castidade até que Deus dispusesse de outro modo. Conforme está detalhadamente relatado na *História da natividade da bem-aventurada Maria*,[1] José tomou-a

---

[1] Trata-se de um apócrifo por muito tempo atribuído a São Jerônimo (e publicado entre suas obras na *Patrologia Latina*, vol. 30, col. 297-305), mas que na verdade é um texto anônimo do século IX. Ele está editado e

como esposa após ter recebido uma revelação divina e após seu ramo ter dado brotos.[2] A fim de tomar providências para suas bodas, José foi a Belém, onde nascera, enquanto Maria retornava para a casa de seus pais, em Nazaré, nome que significa "flor". Comenta Bernardo: "A flor quis nascer de uma flor, numa flor e na estação das flores".

Foi lá, portanto, que o anjo apareceu a ela saudando-a e dizendo: "Salve, cheia de graça, o Senhor está com você, bendita entre as mulheres".[3] Bernardo explica: "O exemplo de Gabriel e o movimento de João[4] convidam-nos a saudar Maria, para nosso benefício".

Mas convém agora buscar os motivos pelos quais o Senhor quis que sua mãe casasse. Bernardo dá três razões: "Foi necessário que Maria casasse com José porque assim o mistério ficava oculto aos demônios, o esposo comprovava a virgindade dela, o pudor e a reputação da Virgem ficavam preservados". A isso podemos acrescentar outras razões. Quarta, fazer com fosse apagada a desonra nas mulheres de qualquer condição, solteiras, casadas e viúvas, tríplice condição pela qual a própria Virgem passou. Quinta, receber serviços de seu esposo. Sexta, ser uma prova da importância do casamento. Sétima, estabelecer para o filho a genealogia do marido.

Por isso o anjo disse: "Salve, cheia de graça". Bernardo comenta: "A graça da divindade está em seu ventre, a graça da caridade em seu coração, a graça da afabilidade em sua boca, a graça da misericórdia e da generosidade em suas mãos". E acrescenta: "Ela é verdadeiramente cheia de graça, pois de sua plenitude todos os cativos recebem redenção; os doentes, cura; os tristes, consolação; os pecadores, perdão; os justos, graça; os anjos, alegria; a Trindade, glória; o Filho do homem, a natureza humana". "O Senhor está com você", explica Bernardo, sig-

---

traduzido, com o título de *Livro sobre a Natividade de Maria*, por A. de Santos Otero, *Los evangelios apocrifos*, Madri, BAC, 3. ed., 1979, pp. 244-258.

[2] O texto citado por Jacopo diz que, seguindo um antigo vaticínio (*Isaías* 11,1), todos os homens solteiros da família de Davi foram convidados a colocar sobre o altar um ramo, e aquele que desse brotos estaria indicando a pessoa com quem Maria deveria se casar (edição referida na nota anterior, pp. 253-254).

[3] *Lucas* 1,28.

[4] Referência à passagem bíblica (*Lucas* 1,41-42) segundo a qual Maria foi visitar uma parente igualmente grávida — Isabel, gestante do futuro João Batista — e ao vê-la a criança estremeceu dentro da mãe, que fez à visitante a saudação depois incorporada à prece em honra a ela: "Bendita é você entre as mulheres e bendito o fruto de seu ventre". O verbo usado pelo texto bíblico, *exsultare*, tem tanto a acepção própria de "pular", "saltar", quanto a figurada de "exultar", "estar alegre", por isso na presente passagem Jacopo recorre a *tripudium*, "dança", "pulo", mas também "dança sagrada", "augúrio favorável".

nifica: "Com você está o Senhor enquanto Pai, que gerou Aquele que você concebeu, enquanto Espírito Santo, do qual concebeu, enquanto Filho, que se revestiu de sua carne". Bendita entre as mulheres significa: "Acima de todas as mulheres, porque você é mãe, virgem e mãe de Deus".

As mulheres estavam sujeitas a uma tríplice maldição: a da desonra atingia as que não concebiam, daí Raquel dizer: "O Senhor me tirou do opróbrio em que estive";[5] a do pecado recaía nas que concebiam, daí o salmo: "Fui concebido em iniqüidade"; a do suplício afligia as parturientes, conforme está no *Gênesis*: "Você parirá com dor". Somente a Virgem Maria é bendita entre todas as mulheres, pois sua virgindade está unida à fecundidade, sua fecundidade à santidade na concepção e sua santidade à alegria no parto. Ela é cheia de graça, pelo que diz Bernardo, por quatro razões que fulguravam em seu espírito — a devoção da humildade, o respeito ao pudor, a grandeza da fé e o martírio do coração.

O anjo disse: "O Senhor está com você" por quatro razões, que do Céu resplandeceram em sua pessoa, ainda conforme Bernardo — a santificação de Maria, a saudação angélica, a vinda do Espírito Santo, a Encarnação do Filho de Deus. Disse também: "Bendita entre as mulheres" por quatro outros privilégios que, segundo Bernardo, resplandeceram em sua carne — virgindade absoluta, fecundidade sem corrupção, gravidez sem incômodos, parto sem dor.

"Ao ouvir tais palavras do anjo, ficou perturbada e refletiu sobre o que significava aquela saudação."[6] Ao ouvir o elogio, a Virgem ponderou sobre ele; afetada na sua modéstia, ficou calada; tocada no seu pudor, pensou com prudência o que significava aquela saudação. Ela ficou perturbada pelas palavras do anjo, não pela sua aparição, porque a bem-aventurada Virgem vira anjos com freqüência, porém jamais os tinha ouvido falar daquela maneira. PEDRO DE RAVENA comenta: "O anjo era de aparência doce mas de palavras impressionantes, daí ela o ter visto com júbilo e ouvido com apreensão". Segundo Bernardo: "A perturbação que ela sentiu foi resultado de seu pudor virginal, e se ela não ficou mais perturbada foi devido à força de sua alma, que a levou a calar e refletir, dando prova de prudência e discrição".

---

[5] *Gênesis* 30,23.
[6] *Lucas* 1,29.

E então o anjo tranqüilizou-a, dizendo: "Não tema, Maria, você encontrou a graça junto ao Senhor".[7] Bernardo elucida: "Encontrou a graça de Deus, a paz dos homens, a destruição da morte, a reparação da vida". "Você conceberá e dará à luz um menino a quem chamará Jesus, isto é, Salvador, porque Ele salvará o povo de seus pecados. Ele será grande e será chamado Filho do Altíssimo."[8] Diz Bernardo: "Isso significa que aquele que é grande como Deus, será também grande homem, grande doutor, grande profeta". Então Maria disse ao anjo: "Como será possível, se não conheço homem?",[9] isto é, se não me proponho a conhecer? Ela foi virgem de espírito, de carne e de intenção.

No entanto Maria interroga, e quem interroga tem dúvida. Por que então ela não foi, como Zacarias, castigada pela mudez?[10] A esse respeito Pedro de Ravena dá quatro razões:

> Quem conhece os pecadores considera não apenas as palavras, mas o fundo de seus corações, julga não o que disseram, mas o que sentiam. A causa que os levou a interrogar foi diferente. Maria acreditou no que ia contra a natureza, Zacarias duvidou pela natureza. Ela quis saber como as coisas aconteceriam, ele negou serem possíveis as coisas que Deus queria. Ele, apesar de existirem exemplos anteriores, não teve fé, ela, sem tais exemplos, teve. Ela ficou admirada de uma virgem dar à luz, ele contestou a concepção. Portanto ela não duvida do fato, apenas indaga sobre seu modo e suas circunstâncias, porque como há três modos de concepção, o natural, o espiritual e o maravilhoso, ela se informa sob qual deles conceberia.

E o anjo respondeu: "o Espírito Santo virá sobre você, e fará você conceber".[11] Diz-se que Cristo foi concebido do Espírito Santo por quatro razões. Primeira, mostrar que é pela inefável caridade divina que o Verbo de Deus se fez carne, conforme diz *João*, 3: "Deus amou tanto o mundo que lhe deu seu Filho único". Esta razão é fornecida pelo Mestre das Sentenças.[12] Segunda, mostrar que foi uma graça concedida sem que

---

[7] *Lucas* 1,30.

[8] *Lucas* 1,31-32.

[9] *Lucas* 1,34.

[10] O futuro pai de João Batista não acreditou quando Gabriel disse-lhe que sua mulher teria um filho, e foi punido pela perda da fala até a concretização daquele fato: *Lucas* 1,13-20.

[11] *Lucas* 1,35.

[12] Título atribuído a PEDRO LOMBARDO.

para isso houvesse algum mérito por parte dos homens. Essa razão é dada por Agostinho. Terceira, mostrar que foi por virtude e obra do Espírito Santo que Ele foi concebido. Essa razão é da autoria de Ambrósio. Quarta razão, dada por HUGO DE SAINT-VICTOR: "A concepção natural vem do amor do marido pela mulher e da mulher pelo marido, e assim foi com a Virgem, cujo coração ardia singularmente de amor pelo Espírito Santo e então o amor do Espírito Santo operou maravilhas em sua carne".

"E a virtude do Altíssimo cobrirá você com sua sombra."[13] Segundo a GLOSA, isso quer dizer que: "A sombra é formada por um corpo colocado no caminho da luz, e como a Virgem, por sua natureza humana, não podia receber a plenitude da divindade, 'a virtude do Altíssimo cobri-la-á com sua sombra' significa que nela a luz incorpórea da divindade assumiu a humanidade do corpo a fim de que Deus pudesse sofrer". Bernardo parece aceitar esta explicação quando diz: "Como Deus é espírito e como na verdade somos o corpo de sua sombra, Ele veio entre nós para que por meio da carne vivificada víssemos o Verbo na carne, o sol na nuvem, a luz na lâmpada, a vela no castiçal". Bernardo, ainda comentando a mesma passagem, afirma:

> É como se o anjo dissesse que o modo pelo qual você conceberá Cristo do Espírito Santo será ocultado pela sombra da virtude de Deus em seu asilo mais secreto, para que seja conhecido apenas por Ele e por você. É como se o anjo dissesse: "Por que me pergunta o que vai saber por experiência própria? Você saberá, saberá, felizmente saberá, mas por intermédio Daquele que ao mesmo tempo será seu professor e seu autor. Fui enviado para anunciar a concepção virginal, não para criá-la". Aquela frase pode ainda indicar que ele a cobrirá com sua sombra, isto é, apagará o ardor do vício.

"Eis sua parente Isabel, que concebeu um filho na velhice".[14] O anjo disse isso para contar que ocorrera uma grande novidade na vizinhança. Segundo Bernardo, a concepção de Isabel foi anunciada a Maria por quatro motivos. O primeiro, aumentar sua alegria; o segundo, aperfeiçoar seu conhecimento; o terceiro; melhorar sua doutrina; o quarto, possibilitar sua misericórdia.

---

[13] *Lucas* 1,35.

[14] *Lucas* 1,36.

Sobre tudo isso, Jerônimo disse:

A gravidez da parente estéril foi anunciada a Maria para que um milagre somado a outro milagre juntasse alegria a outra alegria. Ou então, porque era conveniente que a Virgem soubesse pelo anjo, e não por um homem, da novidade que devia estar sendo divulgada por toda parte, a fim de que a mãe de Deus não ficasse afastada das coisas de seu filho, não permanecesse na ignorância de acontecimentos tão próximos. Ou ainda, porque sabendo do advento tanto do Salvador quanto do Precursor, sabendo do momento e do encadeamento dos fatos, podia posteriormente revelar a verdade a escritores e pregadores. Ou por fim, para que conhecendo a gravidez de sua parente bem mais velha, a jovem pudesse ajudá-la, e permitir ao pequeno profeta João prestar homenagem ao Senhor, ocorrendo, diante de um milagre, um milagre ainda mais admirável.

Bernardo acrescentou: "Ó Virgem, responda logo. Ó senhora, diga uma palavra e receba a Palavra, profira uma palavra e receba a palavra divina, emita uma palavra transitória e receba a eterna. Levante, corra, abra. Levante por fé, corra por devoção, abra por consentimento".
Então Maria, estendendo as mãos e erguendo os olhos para o Céu, falou: "Aqui está a escrava do Senhor, que faça comigo segundo sua palavra".[15] Bernardo explica: "Conta-se que uns receberam o Verbo de Deus no ouvido, outros na boca, outros na mão. Quanto a Maria, recebeu no ouvido pela saudação angélica, no coração pela fé, na boca pela confissão, na mão pelo tato, no ventre pela Encarnação, no seio pelo sustento, nos braços pela oferenda". "Que faça comigo segundo sua palavra." Bernardo continua: "Que ele seja feito em mim não como palavra vazia e declamatória, nem como alegoria, nem como sonho imaginário, mas como inspiração silenciosa, personalidade encarnada, corporificação nas minhas entranhas". Imediatamente o Filho de Deus foi concebido no seu útero como Deus perfeito, homem perfeito e, desde o primeiro dia de sua concepção, tinha a mesma sabedoria e o mesmo poder de quando alcançou a idade de trinta anos.

"Então Maria partiu, foi para a casa de Isabel nas montanhas, e ao ouvir sua saudação João estremeceu no útero da mãe."[16] Diz a *Glosa* que como ele não podia fazê-lo com a língua, demonstrou por movimento

---

[15] *Lucas* 1,38.

[16] *Lucas* 1,39-41.

sua alegria e começou assim sua função de Precursor. Ela ajudou sua parente durante três meses, até o nascimento de João, que ela ergueu com suas mãos, como se lê no *Livro dos justos*. Ao longo dos séculos, Deus sempre realiza nesse dia grande número de maravilhas, contadas por um poeta nos belos versos:

> Salve, dia festivo, remédio de nossos males,
> No qual o anjo foi enviado, Cristo crucificado,
> Adão criado e caído no pecado,
> Abel ofertou dízimo generoso e foi morto pelo irmão invejoso,
> Melquisedeque ofereceu sacrifício, Isaac subiu ao altar,
> O bem-aventurado Batista foi decapitado,
> Pedro chorou, Tiago sob Herodes pereceu.
> Muitos santos ressuscitaram com Cristo,
> O bom ladrão foi por Cristo perdoado, amém.

2. Um nobre e rico soldado renunciou ao século e ingressou na Ordem Cisterciense, mas como ignorava as letras, e os monges não ousavam colocar tão nobre personagem entre os irmãos leigos,[17] deram-lhe um mestre, esperando que aprendesse algo para poder assim continuar entre eles. No entanto, o mestre não foi capaz de lhe ensinar nada além de duas palavras, *Ave María*, as quais ele memorizou com tal amor que as repetia a todo instante, onde quer que estivesse ou que fizesse. Depois de falecer, foi sepultado e em seu túmulo nasceu um magnífico lírio, em cujas folhas estavam escritas em letras douradas as palavras *Ave María*. Todos correram a contemplar tão grande espetáculo, tiraram a terra do túmulo e descobriram que a raiz do lírio estava na boca do defunto. Compreenderam então que com tal prodígio Deus quis honrar quem tanta devoção colocara ao pronunciar aquelas duas palavras.

3. Um cavaleiro, cujo castelo ficava ao lado de uma estrada, espoliava sem piedade os transeuntes, mas cotidianamente saudava a Virgem, mãe de Deus, e nada que acontecesse fazia-o passar um dia sem realizar a saudação. Certa feita, um santo religioso passava por ali e o cavaleiro mandou que o espoliassem, mas o santo homem rogou aos assaltantes que o conduzissem até seu senhor porque tinha certos segredos a lhe

---

[17] A Ordem Monástica Cisterciense era constituída por monges propriamente ditos, indivíduos de origem nobre (o mais famoso deles São Bernardo, muito citado por Jacopo de Varazze), e por *conversi* ou irmãos leigos, que não participavam dos ofícios litúrgicos, não vestiam o hábito monástico e não moravam no claustro.

comunicar. Levado diante do guerreiro, pediu-lhe que reunisse todas as pessoas da sua família e de seu castelo, para lhes pregar a palavra de Deus.

Quando todos estavam reunidos, o religioso disse: "Não estão todos aqui, ainda falta alguém". Como lhe garantissem que todos estavam presentes, ele insistiu: "Olhem bem, e verão que falta alguém". Então um deles percebeu que o camareiro não viera. O religioso disse: "Sim, é ele que está faltando". Imediatamente mandaram buscá-lo, mas ao ver o homem de Deus ele virava os olhos de forma horrível, agitava a cabeça como louco e não ousava aproximar-se. O santo homem falou: "Eu te conjuro, em nome de Nosso Senhor Jesus Cristo, a nos dizer quem és e a revelar diante dessa gente o motivo de ter vindo aqui". E o camareiro respondeu:

> Ai de mim! É por ter sido conjurado e forçado que revelo não ser homem, mas um demônio que assumiu o aspecto humano, permanecendo assim catorze anos com este cavaleiro. Nosso príncipe mandou-me aqui para observar com atenção o dia em que ele não recitaria a saudação à sua Maria, a fim de então me apoderar dele e estrangulá-lo sem demora, pois morrendo sob o efeito de suas más ações ele seria nosso. Mas como todos os dias ele dizia a saudação, não pude exercer poder sobre ele. Dia após dia eu o vigio com cuidado, e ele não passou um só sem saudá-la.

Ouvindo isso, o cavaleiro foi tomado de grande pavor, jogou-se aos pés do homem de Deus, pediu perdão, e a partir desse dia mudou sua maneira de viver. O santo homem disse ao demônio: "Eu te ordeno, demônio, em nome de Nosso Senhor Jesus Cristo, sai daqui e nunca mais vá a um lugar onde alguém invoque a gloriosa mãe de Deus". Imediatamente o demônio desapareceu, e com reverência e gratidão o cavaleiro deixou o santo homem partir.

1. Cristo Apocalíptico (séc. XII),
afresco da cripta da catedral de Anagni.
Capítulo 1.

2. São Nicolau (*séc. XIII*), afresco da capela San Eldrado, da abadia de Novalesa. Capítulo 3.

3. A dúvida de São Tomás (1483), relevo em bronze do Museu do Bargello, Florença. Verrocchio. Capítulo 5.

4. A natividade de Jesus Cristo (séc. XII), mosaico da capela Palatina de Palermo. Capítulo 6.

5. A natividade de Jesus Cristo (1290-95),
afresco da basílica inferior de Assis. Giotto. Capítulo 7.

6. A natividade de Jesus Cristo (1380),
afresco da igreja de San Gimignano. Barna de Siena. Capítulo 8.

7. Martírio de São João (1000-02), iluminura do Sacramentário de Varmondo, *Biblioteca Capitular de Ivrea.* Capítulo 9.

8. O massacre dos inocentes (1302-10), detalhe de púlpito da catedral de Pisa. Giovanni Pisano. Capítulo 10.

9. O martírio de São Tomás Becket, *afresco da igreja de San Giovanni e San Paolo, Spoleto. Capítulo 11.*

10. São Silvestre (*séc. XIII*), *mosaico do átrio da basílica de São Marcos, Veneza. Capítulo* 12.

11. Adoração dos magos (739-44), relevo do altar de Ratchis, Museu Cristão de Cividale del Friuli. Capítulo 14.

12. Adoração dos magos (c. 1180), relevo da Porta de San Ranieri, catedral de Pisa. Capítulo 14.

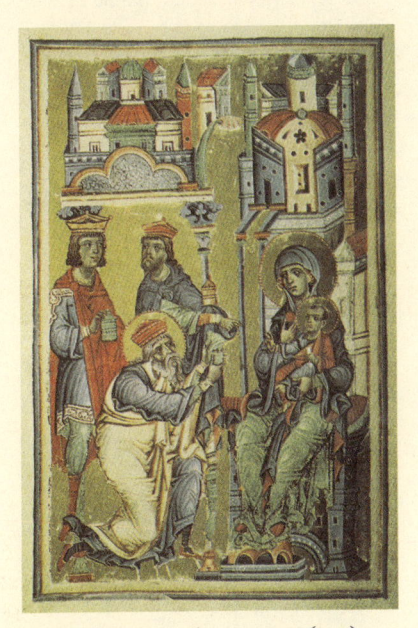

13. Adoração dos magos (1259), iluminura de Epistolario, *Biblioteca Capitular*, Pádua. Capítulo 14.

14. Santo Antônio vê a ascensão de Paulo, o Eremita (séc. XI), afresco do átrio da igreja de Sant'Angelis in Formis. Capítulos 15 e 21.

15. São Sebastião (*séc. XIII*),
afresco da capela superior do nártex da igreja do Santo Sepulcro, Barletta. Capítulo 23.

16. Martírio de São Vicente (c. 1007),
afresco da igreja de San Vincenzo, Galliano. Capítulo 25.

17. Apresentação de Jesus ao Templo (1316),
relevo em prata do altar da catedral de Pistóia. Andrea di Jacopo d'Ognabene. Capítulo 37.

18. A Virgem e o Menino *(séc. XIII), escultura em madeira. Capítulo 37.*

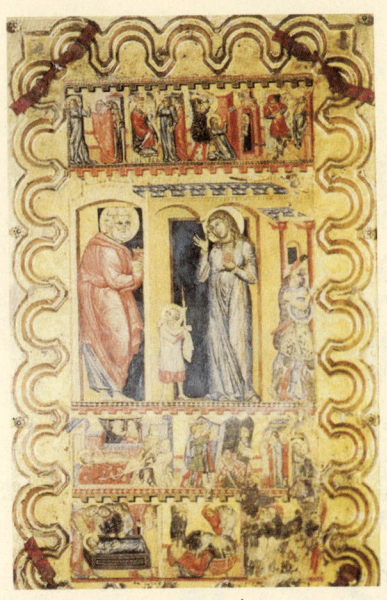

19. A história de Santa Ágata (*séc. XIII*),
pintura sobre madeira, igreja de Santa Ágata, Cremona. Capítulo 39.

20. São Pedro ressuscita o filho de Teófilo (*1428*),
afresco da capela Brancacci, igreja do Carmine, Florença. Masaccio. Capítulo 44.

21. A última ceia (*séc. VI*), *mosaico da igreja San Apollinare Nuovo, Ravena. Capítulo 45.*

22. A última ceia (*séc. XII*), *relevo do púlpito da catedral de Modena. Capítulo 45.*

23. A última ceia (1447),
afresco do convento de Santa Apolônia, Florença. Andrea del Castagno. Capítulo 45.

24. São Gregório (*séc. XIII*),
iluminura de Homilias, *Biblioteca Capitular, Vercelli. Capítulo 46.*

25. São Bento e o pão envenenado (1228), *afresco do Sacro Speco, Subiaco. Capítulo 48.*

26. A Anunciação (1482), *afresco da igreja de San Gimignano. Ghirlandaio. Capítulo 50.*

27. Crucifixão (741-52), *afresco da capela de Teodoto na igreja Santa Maria Antiqua, Roma. Capítulo 51.*

28. Crucifixão (1187), *pintura sobre pergaminho, catedral de Spoleto. Alberto Sotio. Capítulo 51.*

29. Crucifixão (1283-88), *pintura da igreja Santa Maria Novella, Florença. Giotto. Capítulo 51.*

30. Santo Ambrósio e Vuolvínio (830-40),
relevo em metal do altar de Vuolvínio, igreja Sant'Ambrogio, Milão. Capítulo 55.

*31. São Jorge e o Dragão/ São Jorge libertando a princesa (c. 1455),
pintura sobre madeira. Museu Jacquemart-André, Paris. Paolo Uccello. Capítulo 56.*

*32. São Filipe e São Tiago (1308-11), detalhe de Maestà,
pintura sobre madeira. Duccio di Buoninsegna. Museo dell'Opera del Duomo, Siena. Capítulos 62 e 63.*

33. Visitação (*séc. XI*),
relevo em marfim. Museu Diocesano, Salerno. Capítulo 81.

34. Batismo de Cristo (*séc. XII*),
afresco da igreja San Fermo Maggiore, Verona. Capítulo 81.

35. Crucifixão de São Pedro (*c. 1290*), bordado do frontal do altar da Virgem e dos Santos, Tesouro da catedral de Anagni. Capítulo 84.

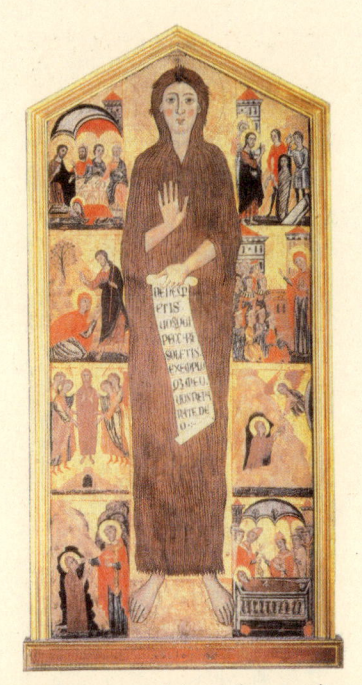

36. Maria Madalena (*séc. XIII*), pintura sobre madeira. Galleria dell'Academia, Florença. Capítulo 90.

37. São Apolinário (c. 550), *mosaico da igreja San Apollinare in Classe, Ravena. Capítulo 92.*

38. São Cristóvão (séc. III),
afresco da capela do castelo de Piani d'Invrea.
Capítulo 95.

39. O funeral de Santa Marta (1325-50),
afresco do Convento de Santa Marta, Siena. Naddo Ceccarelli. Capítulo 100.

40. São Domingos (c. 1438),
afresco do Museu/Convento de São Marcos, Florença.
Fra Angelico. Capítulo 108.

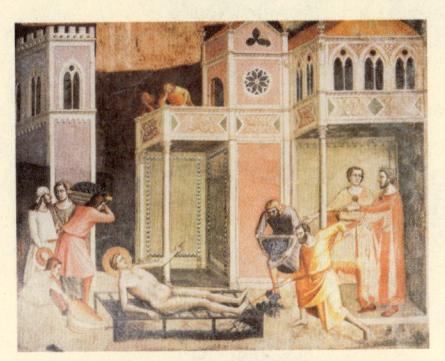

41. O martírio de São Lourenço (c. 1330), afresco da capela Pulci Berardi, igreja Santa Croce, Florença. Bernardo Daddi. Capítulo 112.

42. São Bartolomeu (1179), relevo da porta de bronze da catedral de Ravello, Barisano de Trani. Capítulo 118.

43. Santo Agostinho batizado por Santo Ambrósio (séc. XIII), iluminura do Saltério de Santa Isabel, *Museo Archeologico Nazionale, Cividale del Friuli*. Capítulo 119.

44. A decapitação de João Batista (1135-40), relevo da porta de bronze da igreja de San Zeno, Verona. Capítulo 120.

45. A natividade de Maria (c. 1290),
mosaico da igreja Santa Maria in Trastevere, Roma. Pietro Cavallini. Capítulo 126.

46. São Miguel mata o Dragão (1135-40),
relevo da porta de bronze da igreja de San Zeno, Verona. Capítulo 140.

47. Retrato de São Francisco (1278-80),
afresco da basílica inferior de San Francesco, Assis. Cimabue. Capítulo 144.

48. São Lucas (c. 550),
mosaico da basílica de San Vitale, Ravena. Capítulo 151.

49. São Martinho (*séc. XII*), *escultura da catedral de Lucca. Capítulo 161.*

50. Santa Cecília e sua história (1304), dossel. *Museu dos Uffizzi, Florença. Capítulo 163.*

51. A Paixão do Senhor

Em sua Paixão, Cristo sofreu dores amargas e desprezo humilhante para nos proporcionar benefícios de imenso valor.

Quanto à dor, ela teve cinco causas.

Primeira, a Paixão foi ignominiosa quanto ao lugar, o Calvário, no qual malfeitores eram punidos, e quanto ao suplício, condenado a uma morte muito vergonhosa. Com efeito, a cruz era o suplício reservado aos ladrões, e embora fosse uma grande desonra, agora é uma imensa glória. Daí Agostinho ter dito: "A cruz que era suplício de ladrões passou a adornar a cabeça de imperadores. Se Deus conferiu semelhante honra ao instrumento de seu suplício, o que não concederá aos que O servem?". A Paixão também foi ignominiosa devido à companhia de celerados, no caso, ladrões. Um deles, Dimas, que estava à sua direita, mais tarde converteu-se, segundo o EVANGELHO DE NICODEMO, enquanto o que estava à esquerda, chamado Gesmas, foi condenado. A um, Ele deu o reino, a outro, o suplício. Diz Ambrósio: "Quando estava preso à cruz, o autor da piedade deu a perseguição aos apóstolos, a paz aos discípulos, o corpo aos judeus, as roupas aos que o crucificavam, a alma ao Pai, um protetor à Virgem, o Paraíso ao ladrão, o Inferno aos pecadores, a cruz aos cristãos penitentes. Esse foi o testamento que Cristo fez ao morrer na cruz".

Segunda causa, a Paixão foi injusta porque Ele não pecou nem mentiu, e a pena que não se merece é muito mais dolorida. Ele foi acusado principalmente de três coisas: proibir o pagamento de tributo, dizer-se rei e fazer-se passar por Filho de Deus. Contra essas três acusações é que na Sexta-feira Santa cantamos em nome do Salvador: "Meu povo, o que fiz a você?". Cristo lembra assim os três benefícios concedidos aos judeus: a libertação deles do Egito, sua condução através do deserto, o plantio da vinha em terras fertilíssimas. É como se Cristo dissesse: "Você me acusa de negar o pagamento do tributo, mas deveria agradecer-me de tê-lo libertado do tributo; você me acusa de me dizer rei, mas deveria agradecer-me por, no deserto, tê-lo tratado como rei; você me acusa de me dizer Filho de Deus, mas deveria agradecer-me por tê-lo escolhido como minha vinha e tê-lo plantado em terra fertilíssima".

Terceira causa, Ele sofreu por causa dos amigos, já que a dor seria mais tolerável se provocada por seus inimigos ou por estranhos que se sentissem prejudicados, mas não por aqueles que pareciam ser seus amigos, seus próximos, gente do seu povo. É deles que fala o salmo: "Meus amigos e meus próximos ergueram-se contra mim". E *Jó*, 19: "Meus amigos fugiram de mim como se fossem estranhos". E sofre porque, como diz em *João*, 10: "Fiz muitas boas obras entre vocês". Bernardo comenta: "Ó bom Jesus, quanta doçura você colocou nas suas relações com os homens, quantos benefícios enormes e muito abundantes deu a eles, quantas palavras duras e ásperas, quantos golpes ainda mais duros e duríssimos sofrimentos recebeu deles".

Quarta causa, devido à delicadeza de seu corpo, como fala figuradamente Davi no penúltimo capítulo de *2 Samuel*:[1] "Era delicado como um vermezinho de madeira". Bernardo acrescenta: "Ó judeus, vocês são como pedras que atingem uma pedra mais branda, cujo som que produz é o da piedade, cujo óleo que faz jorrar é o da caridade". Jerônimo também diz: "Jesus foi entregue aos judeus para ser maltratado, e com chibatadas eles flagelaram aquele corpo sagrado, aquele peito que continha Deus".

Quinta causa, a dor atingiu cada um de seus membros e de seus sentidos.

Em primeiro lugar, sofreu nos olhos, porque chorou, como está dito na *Epístola aos hebreus*, 5. Bernardo explica: "Ele subiu e gritou com força para que ninguém pudesse alegar não ouvi-lo de longe, e a seus gritos juntou lágrimas, a fim de provocar a compaixão dos homens". Ele

---

[1] Jacopo identifica essa passagem como sendo de *2 reis*. Na verdade, o texto hebraico tinha um só *Livro de Samuel* e um só *Livro de reis*, mas a tradução grega do século III a.C. (conhecida por *Setenta*, devido ao suposto número de seus tradutores) dividiu cada um deles em dois, numerando-os na seqüência e dando-lhes o nome comum de *Livros dos reinos*. A versão bíblica latina do século V, a célebre *Vulgata*, adotou essa divisão, de forma que o que modernamente chamamos de *Samuel* 1 e 2 correspondia a *Reis* 1 e 2, e o que chamamos de *Reis* 1 e 2 era *Reis* 3 e 4. Além disso, importa notar que a passagem citada (versículo 8 do capítulo 23) consta da *Vulgata*, mas não das traduções posteriores da *Bíblia*.

derramou lágrimas mais duas vezes, uma quando da ressurreição de Lázaro e outra sobre Jerusalém. As primeiras foram lágrimas de amor, daí os que o viram chorar terem dito: "Vejam como o amava!". As segundas foram lágrimas de compaixão, e as terceiras, da Paixão, foram lágrimas de dor.

Em segundo lugar, Cristo sofreu no ouvido, quando o cobriram de ofensas e blasfêmias devido a quatro qualidades. Possuía excelentíssima nobreza, pois quanto à natureza divina era filho do rei eterno, quanto à natureza humana era de estirpe real, enquanto homem foi rei dos reis e senhor dos senhores. Possuía a verdade inefável porque o Filho é a palavra ou o Verbo do Pai, como Ele mesmo disse: "Sou o caminho, a verdade e a vida"; como se disse Dele, "Sua palavra é a verdade". Possuía poder insuperável, pois todas as coisas foram feitas por Ele, e nada foi feito sem Ele. Possuía, enfim, uma inigualável bondade, pois "ninguém, exceto Deus, é unicamente bom".[2] Cristo ouviu ofensas e blasfêmias por causa de sua nobreza, conforme *Mateus*, 12: "Não é o filho do carpinteiro? Sua mãe não se chama Maria? etc.".

Por causa de seu poder, ainda conforme *Mateus*, 12 ("Ele expulsa os demônios por obra de Belzebu, príncipe dos demônios") e *Mateus*, 27 ("Ele salvou os outros e não pode salvar a si mesmo"). Dizem-no impotente, mas com uma só palavra foi poderoso o bastante para derrubar seus perseguidores. De fato, quando lhes perguntou: "Quem estão procurando?" e eles responderam: "Jesus de Nazaré", disse: "Sou eu", e no mesmo instante caíram no chão.[3] Agostinho comenta: "Com apenas uma palavra conteve e derrubou, sem usar outras armas além da virtude de sua divindade latente, uma multidão colérica, feroz e cheia de armas temíveis. Que fará quando julgar, se assim fez ao ser julgado? Que poder terá quando reinar, se teve tanto poder quando estava para morrer?".

Por causa de sua verdade, como narra *João*, 8: "Você testemunha por você mesmo, mas seu testemunho não é verdadeiro". Chamam-no portanto de mentiroso, e no entanto Ele é o caminho, a verdade e a vida. Tal verdade Pilatos não mereceu conhecer nem ouvir, porque não O julgou de acordo com a verdade. Começou seu julgamento buscando a ver-

---

[2] As citações desse parágrafo são, respectivamente, *João* 14,6; 17,17; *Marcos* 10,18; *Lucas* 18,19.

[3] *João* 18,4-6.

dade, mas não permaneceu na verdade, e por isso não mereceu chegar à solução. De acordo com Agostinho, outra razão pela qual ele não ouviu a resposta foi que, depois de ter formulado a pergunta, lembrou-se do costume dos judeus de indultar um prisioneiro na época da Páscoa, e saiu sem esperar resposta. Uma terceira razão, diz Crisóstomo, é que sabendo ser uma questão difícil, que requeria muito tempo, uma longa discussão, e como tinha pressa de libertar Cristo, saiu logo. Lê-se, contudo, no *Evangelho de Nicodemo*, que quando Pilatos perguntou a Jesus: "O que é a verdade?", Jesus respondeu: "A verdade está no Céu". E Pilatos: "Então não há verdade na Terra?". Jesus disse: "Como pode existir verdade na Terra, se é julgada pelos que têm poder na Terra?".

Por causa de sua bondade, dizendo que Ele era pecador de coração, como conta *João*, 9 ("Sabemos que esse homem é pecador, um sedutor por meio de suas palavras.") e *Lucas*, 13 ("Ele sublevou o povo, e começando pela Galiléia ensinou por toda a Judéia."), que era prevaricador em suas obras, como está em *João*, 9 ("Este homem não é de Deus, pois não respeita o sábado.").

Em terceiro lugar, sofreu no olfato, devido ao grande fedor do Calvário, lugar onde se encontravam corpos fétidos de mortos. A HISTÓRIA ESCOLÁSTICA diz que o nome calvário vem de "caveira", o osso nu da cabeça humana, porque ali os condenados eram decapitados e existiam muitos crânios naquele local.

Em quarto lugar, sofreu no paladar, pois quando exclamou: "Tenho sede",[4] deram-lhe vinagre misturado com mirra e fel, para que com o vinagre ele morresse mais depressa, e os guardas encarregados de vigiá-lo fossem liberados. De fato, dizem que os crucificados morrem mais depressa quando bebem vinagre. Ao vinagre misturaram mirra para que sofresse no olfato, e fel para que sofresse no paladar. Agostinho diz: "A sinceridade é enganada ao darem vinagre no lugar de vinho; a doçura é anulada pelo fel; a inocência é punida pelos réus; a vida é morta pelos mortos pelo pecado".

Em quinto lugar, sofreu no tato, em todas as partes do seu corpo, de forma que "da planta dos pés ao alto da cabeça nada há nele de sadio".[5] Sobre tais dores em todos os sentidos, Bernardo diz:

---

[4] *João* 19,28.

[5] *Isaías* 1,6.

A cabeça, objeto de veneração dos espíritos angélicos, foi crivada de espinhos; o rosto, o mais belo dentre os dos filhos dos homens, foi emporcalhado pelas cusparadas dos judeus; os olhos, mais brilhantes que o sol, foram apagados pela morte; os ouvidos, acostumados aos cantos angélicos, escutaram insultos dos pecadores; a boca, que instruía os anjos, foi amargada com fel e vinagre; os pés, que transformaram o escabelo em objeto de adoração, foram fixados na cruz com pregos; as mãos, que formaram os Céus, foram estendidas na cruz e trespassadas por cravos; o corpo foi açoitado, o costado trespassado por uma lança. É preciso dizer mais? Restou-lhe a língua, para orar em favor dos pecadores e para confiar sua mãe a seu discípulo.

Quanto à sua humilhação, ela ocorreu em quatro ocasiões.
Primeira, na casa de Ana, onde recebeu cuspidas e bofetadas, e onde lhe taparam os olhos. Bernardo diz: "Seu rosto, bom Jesus, que os anjos gostam de contemplar, recebeu cuspidas e golpes, por zombaria cobriram-no com um véu, não pouparam sequer os amargos ferimentos".
Segunda, na casa de Herodes, que o tomando por insensato e louco, pois não respondera a sua pergunta, fez por derrisão que vestisse uma roupa branca. Nas palavras de Bernardo, Ele teria dito:

> Você é homem e coroado de flores, eu sou Deus e coroado de espinhos; você nas mãos tem luvas, eu tenho cravos que furam; você dança vestindo trajes brancos, eu por gozação recebo uma veste branca; você usa os pés para dançar, eu para sofrer; você estende os braços em cruz durante a dança em gesto de alegria, eu estendo os meus na cruz em sinal de opróbrio; você exulta nessa posição, eu padeço; você tem o peito e os flancos inflados de vanglória, eu tenho meu flanco trespassado para seu benefício. Apesar disso, volta para mim que eu o receberei.

Mas por que o Senhor, no tempo da sua Paixão, ficou calado em presença de Herodes, de Pilatos e dos judeus? Houve três causas para isso. A primeira é que eles não eram dignos de ouvir sua resposta. A segunda é que como Eva tinha pecado por loquacidade, Cristo quis compensar por taciturnidade. A terceira é que qualquer que fosse sua resposta, eles a deturpariam para caluniá-lo.
Terceira ocasião de humilhação, na casa de Pilatos, onde foi achincalhado pelos soldados, que o vestiram com uns trapos cor de púrpura, puseram um caniço em sua mão e uma coroa de espinhos em sua cabeça, dizendo, ajoelhados: "Salve, rei dos judeus". Dizem que essa coroa de

espinhos foi trançada com junco marinho, cuja ponta é dura e penetrante, daí se acreditar que ela fez correr sangue da sua cabeça. Por isso Bernardo afirma: "A divina cabeça foi crivada até o cérebro por uma floresta de espinhos". Há três opiniões diferentes sobre o lugar que é a sede principal da alma. Para uns é o coração, porque está dito: "É do coração que saem os maus pensamentos". Para outros o sangue, porque está dito no *Levítico*: "A vida da carne está no sangue". Para outros ainda é a cabeça, pois está dito: "Ele inclinou a cabeça e rendeu o espírito".[6] Os judeus parecem ter conhecido essas três opiniões, porque para arrancar a alma Dele do corpo buscaram-na em sua cabeça ao enfiarem espinhos até o cérebro, buscaram-na no sangue ao lhe abrir as veias das mãos e dos pés, buscaram-na no coração ao lhe trespassar o flanco. Contra esses três escárnios, antes de tirar o véu que cobre a cruz na Sexta-feira Santa, fazemos três adorações, dizendo: "*Agios* etc.", para honrar três vezes aquele que três vezes foi escarnecido por nós.

Quarta ocasião, na cruz, conforme diz *Mateus*, 27: "Os príncipes dos sacerdotes zombavam Dele com os escribas e os anciãos, dizendo 'Se ele é o rei de Israel, que desça agora da cruz e acreditaremos nele'". Bernardo afirma a propósito: "Enquanto isso, Ele dava prova de paciência, recomendava humildade, fazia ato de obediência, praticava caridade. Essas pérolas de virtudes ornam as extremidades da cruz: acima encontra-se a caridade, à direita a obediência, à esquerda a paciência, embaixo a raiz de todas as virtudes, a humildade".

Todos esses sofrimentos de Cristo foram resumidos por Bernardo, quando diz: "Vou me lembrar a vida toda do trabalho que teve em suas pregações, de suas fadigas em andanças, de suas vigílias na prece, de suas tentações no jejum, de suas lágrimas de compaixão, das armadilhas que lhe eram estendidas quando falava, por fim dos ultrajes, das cuspidas, das bofetadas, das zombarias, dos cravos, das censuras".

Quanto à Paixão como fonte de benefícios, sua utilidade é tríplice. Nela encontramos a remissão dos pecados, a concessão da graça e a exibição da glória, todas as três indicadas no título colocado em cima da cruz: "Jesus" referente à primeira, "nazareno" à segunda e "rei dos judeus" à terceira, porque através dela todos seremos reis. Diz Agosti-

---

[6] As citações bíblicas desse trecho são de, na ordem, *Mateus* 15,19; *Levítico* 17,11; *João* 19,30.

nho sobre a utilidade da Paixão: "Cristo apagou a culpa presente, passada e futura: a passada perdoando, a presente afastando dela os homens, a futura concedendo graça para ser evitada". Ainda sobre o mesmo assunto, diz Agostinho: "Admiremos, felicitemos, amemos, louvemos, adoremos, que pela morte de nosso Redentor tenhamos sido chamados das trevas à luz, da morte à vida, da corrupção à incorrupção, do exílio à pátria, do luto à alegria".

Quatro razões demonstram quanto foi útil o modo da nossa Redenção, a saber: muito bem aceito por Deus para aplacá-lo, muito adequado para curar nossos males, muito eficaz para recuperar o gênero humano, muito sábio para derrotar o inimigo dos seres humanos.

Primeira razão, aquele modo foi muito bem aceito por Deus, que devia ser aplacado e reconciliado, porque, diz ANSELMO em seu livro *Por que Deus se fez homem?*: "Dentre as coisas que o homem pode fazer para honrar a Deus, nada é mais temível e mais penoso do que aceitar voluntariamente a morte, morrer sem ser obrigado". É o que está dito na *Epístola aos efésios*, 5: "Entregou-se a Deus como uma oblação e uma hóstia de agradável odor". E Agostinho, no livro *Sobre a Trindade*, explica como esse sacrifício aplacou a Deus e reconciliou-o conosco: "Que coisa podia ser mais agradavelmente recebida do que nossa carne sacrificada no corpo de nosso sacerdote?".

E como em todo sacrifício, há quatro circunstâncias a considerar: a quem ele é oferecido, o que é oferecido, por quem é oferecido e quem oferece. Aquele que nos reconciliou com Deus, por meio do sacrifício da paz, ofereceu-se como único mediador entre a quem o sacrifício era oferecido e por quem era oferecido, pois Ele ao mesmo tempo era um e outro, era o sujeito a quem se oferecia e o objeto que era oferecido.

Sobre a maneira como fomos reconciliados por Cristo, o próprio Agostinho diz que Cristo é sacerdote e vítima, é Deus e templo. Sacerdote por meio de quem somos reconciliados, vítima pela qual somos reconciliados, Deus com quem somos reconciliados, templo no qual somos reconciliados. É também Agostinho que atribui a Cristo uma reprimenda aos que fazem pouco caso daquela reconciliação:

> Você era inimigo de meu Pai, que se reconciliou por mim; você estava afastado Dele, eu vim redimi-lo; você estava perdido por montanhas e florestas, eu o procurei, o encontrei e, temendo que fosse devorado por

lobos e outras feras, o recolhi, carreguei-o nas costas, devolvi-o a meu Pai. Para tudo isso trabalhei, suei, permiti que minha cabeça recebesse uma coroa de espinhos, que minhas mãos fossem pregadas, meu flanco aberto com lança. Fui dilacerado não somente por injúrias, mas por duros tormentos. Derramei meu sangue, dei minha alma para uni-lo a mim, e você foge de mim.

Segunda razão, nossa redenção foi muito adequada em tempo, lugar e modo para curar nossos males.

No tempo, porque Adão foi criado e pecou em uma sexta-feira do mês de março, na sexta hora, por isso Cristo quis que a Anunciação e a Paixão também ocorressem em março, no mesmo dia, uma sexta-feira, e na mesma sexta hora.

No lugar, em qualquer das três maneiras em que isso pode ser entendido, lugar amplo, lugar específico e lugar singular. O lugar amplo foi a Terra da Promissão, o específico o Calvário, o singular a cruz. No lugar amplo, no chamado Campo de Damasco, território dessa futura cidade, foi formado o primeiro homem. No lugar específico, Cristo sofreu e foi sepultado porque se diz que ali Adão foi sepultado; todavia isso não é verdade, pois, segundo Jerônimo, Adão foi sepultado no monte Ebron, conforme é expressamente relatado no livro de *Josué*, 14.[7] No lugar singular, porque Adão pecou no mesmo local em que Cristo sofreu, e apesar de não ter sido no mesmo lenho, Adão pecou junto a uma árvore e Cristo sofreu numa árvore, que eram da mesma espécie, de acordo com um relato grego.

No modo, pelos semelhantes e pelos contrários. Pelos semelhantes porque, segundo Agostinho em seu livro da *Doutrina cristã*, Cristo como homem mortal libertou os outros homens mortais, nascidos de mulher e daquele que foi seduzido pela mulher, pois com sua morte libertou os mortos da morte. Ambrósio diz: "Adão foi formado de uma terra virgem, Cristo nasceu de uma virgem. Um foi feito à imagem de Deus, outro é a imagem de Deus. Da mulher veio a loucura, pela mulher veio a sabedoria. Adão estava nu, Cristo estava nu. A morte veio pela árvore, a vida pela cruz. Adão viveu no deserto, Cristo viveu no deserto". A cura pelos contrários deu-se porque o primeiro homem, de acordo com Gregório, tinha pecado por orgulho, por desobediência e por gula,

---

[7] Essa referência (capítulo 14, versículo 15) presente na *Vulgata* desaparece nas versões bíblicas modernas.

quando quis se equiparar a Deus na sublimidade da ciência, transgredir os limites determinados por Deus, provar a suavidade do fruto. Assim, para realizar aquela forma muito conveniente de cura, Cristo recorreu aos contrários do mal, a humilhação, a submissão à vontade divina e a aflição. Esses três modos estão indicados na segunda *Epístola aos filipenses*: "Ele se humilhou", é o primeiro modo; "foi obediente", é o segundo; "até a morte", é o terceiro.

Terceira razão, o modo da Redenção foi muito eficaz para recuperar o gênero humano porque conseguiu atraí-lo com amor e confiança, preservando ao mesmo tempo seu livre-arbítrio. Sobre seu poder de atrair pelo amor, diz Bernardo: "Ó, bom Jesus, esse cálice que bebeu pela nossa redenção torna-o merecedor de ser amado acima de tudo. Ele dá a você todo o direito de reclamar nosso amor, ele desperta nosso amor com doçura, rapidez e força maiores do que o direito exige. E com razão, pois quanto mais você se aniquilava e despojava de seu brilho natural, mais sua misericórdia refulgia, sua caridade se difundia, sua graça se irradiava".

Quanto à confiança que a Paixão inspira, diz a *Epístola aos romanos*, 8: "Se Deus não poupou seu próprio filho, entregou-o por todos nós, como não nos dará também todas as coisas?". A esse respeito, diz Bernardo: "Quem não terá confiança e esperança quando considerar a posição de seu corpo na cruz, cabeça inclinada para nos beijar, braços estendidos para nos abraçar, mãos trespassadas para nos presentear, flanco aberto para nos amar, pés presos para não se afastar de nós, corpo estendido para se sacrificar todo por nós?".

Quarta razão, o modo de nossa redenção foi muito conveniente para destruir o inimigo do gênero humano. Diz *Jó* em uma passagem que "sua sabedoria domou o orgulho", e, em outra, pergunta: "Você pode capturar Leviatã[8] com um anzol?". Cristo tinha escondido o anzol da sua divindade sob o alimento de sua humanidade, e o diabo querendo abocanhar o alimento da carne foi pego pelo anzol da divindade. Agostinho fala assim dessa hábil captura: "Veio o Redentor e o enganador foi vencido. O que fez o Redentor com aquele que nos mantinha cativos? Preparou-lhe uma armadilha, que foi sua cruz, e nela pôs como isca seu sangue, não o sangue dos devedores". É essa

---

[8] Grande serpente da mitologia do Oriente Médio, que o autor de *Jó*, 40,25-41,26 descreve como uma espécie de crocodilo.

dívida, que o apóstolo chama de escrito autógrafo, que Cristo aboliu fixando-se na cruz.

Diz Agostinho a respeito desse manuscrito: "Eva pegou o pecado emprestado do diabo, assinou um documento reconhecendo isso, e como garantia dos juros deu o futuro da humanidade. Ela fez esse empréstimo do pecado quando ouviu a sugestão do diabo em vez da ordem de Deus. Ela assinou o documento quando estendeu a mão para o fruto proibido. Ela deu uma garantia quando fez Adão aceitar o pecado, e dessa maneira transferiu os juros para todos os seus descendentes".

Bernardo põe na boca de Cristo estas censuras dirigidas aos que desprezam a redenção pela qual fomos libertados do poder de nosso inimigo:

> Povo meu, diz o Senhor, o que eu poderia fazer por vocês que não tenha feito? Que razão vocês têm para servir ao inimigo e não a mim? Ele não criou vocês, nem os alimenta. Se isso é pouco aos olhos dos ingratos, não foi ele, fui eu que os redimi. A que preço? Não foi com ouro ou prata, que se corrompem, não foi com o sol ou com a lua, nem foi com os anjos. Eu os resgatei com meu próprio sangue. Se todos esses débitos não os põem a meu serviço, ao menos paguem-me um salário diário.

Como Cristo foi entregue à morte pela avareza de Judas, pela inveja dos judeus, pelo medo de Pilatos, devemos ver que castigo Deus infligiu a cada um deles por conta desse pecado. Na legenda de São Matias encontramos o castigo e a origem de Judas, na de São Tiago, o Menor, o castigo e a ruína dos judeus,[9] em uma história apócrifa o castigo e a origem de Pilatos.

Esta diz que um rei chamado Tiro conheceu carnalmente uma mulher chamada Pila, cujo pai, Atos, era moleiro. Eles tiveram um filho, ao qual Pila pôs seu próprio nome associado ao de seu pai, daí Pilatos. Com três anos, este foi mandado por Pila ao rei, que tinha com a rainha, sua esposa, um filho que era mais ou menos da idade de Pilatos. Cresceram juntos e muitas vezes os dois meninos brincavam de luta, funda e outras diversões. Mas como o filho legítimo do rei era de estirpe mais nobre, e assim mais hábil que Pilatos em toda sorte de exercícios, movido pela inveja e por uma dor amarga Pilatos matou o irmão. Desesperado, o rei reuniu seu conselho para saber o que faria com aquele menino maldoso e homicida. Os membros do conselho unanimemente

---

[9] Respectivamente capítulos 45 e 63 da *Legenda áurea*.

disseram que ele era digno de morte, mas recobrando a calma o rei não quis somar iniqüidade a iniqüidade, e portanto mandou-o aos romanos como refém pelo tributo que anualmente devia a eles, desejando desta forma não precisar se recriminar pela morte deste filho além de ficar liberado do tributo devido aos romanos.

Ora, naquela época estava em Roma um filho do rei da França, mandado para lá também por causa dos tributos. Pilatos ficou ligado a ele, mas percebendo que era superado por ele na conduta e na habilidade, foi tomado pela inveja e matou-o. Deliberando sobre o que fazer com Pilatos, os romanos pensaram: "Se deixarmos viver quem matou o irmão e degolou um amigo, ele pode ter muita utilidade para o Estado, pois com sua ferocidade domará a ferocidade dos inimigos". E concluíram: "Já que ele merece a pena de morte, vamos colocá-lo na ilha de Pontos como juiz de um povo que não quer aceitar juiz algum. Se por acaso conseguir domar a rebeldia desse povo, fará algo bom, se não conseguir, será punido conforme merece". Pilatos foi enviado até aquela gente feroz sabendo do desprezo que ela devotava pelos juízes e sabendo que a sentença de morte continuava sobre sua cabeça. Como queria muito viver, por meio de ameaças, promessas, suplícios e presentes subjugou aquela nação. Por ter submetido aquela gente rude é que recebeu o nome de Pôncio, derivado da ilha de Pontos.

Herodes ouviu falar da habilidade e astúcia desse homem, e sendo ele próprio astucioso conseguiu com presentes e promessas trazê-lo para junto de si e confiar-lhe o poder sobre a Judéia e Jerusalém. Enriquecido graças a isso, Pilatos partiu para Roma sem que Herodes soubesse, e oferecendo a Tibério uma enorme quantidade de dinheiro conseguiu ser nomeado para o cargo de Herodes. Foi essa a causa da inimizade entre Pilatos e Herodes, inimizade que durou até a época da paixão do Senhor, quando se reconciliaram porque Pilatos entregou o Senhor a ele. Mas a *História escolástica* atribui outras causas àquela inimizade. Ela conta que um homem que se fazia passar por Filho de Deus havia seduzido muitos galileus e levou-os a Garizim, onde disse que subiria ao Céu. Temendo que esse homem cativasse também os judeus, Pilatos mandou matá-lo junto com todos aqueles que tinha seduzido. Como era Herodes que governava a Galiléia, foi essa intromissão que os tornou inimigos. As duas causas podem ser verdadeiras.

Depois que Pilatos entregou o Senhor aos judeus para que fosse crucificado, ficou com medo de Tibério por ter derramado sangue inocente, e enviou ao césar um dos seus parentes, com pedido de desculpas. Nesse meio tempo Tibério padecia de uma grave enfermidade, e disseram-lhe — sem saber que Pilatos e os judeus já o tinham matado — que em Jerusalém havia um médico capaz de curar todo tipo de doença apenas com a palavra. Dirigindo-se a Volusiano, um de seus íntimos, Tibério ordenou: "Vá depressa até lá e diga a Pilatos para me enviar esse médico que me restituirá a saúde". Quando Volusiano encontrou Pilatos e comunicou as ordens do imperador, Pilatos ficou apavorado e pediu um prazo de catorze dias.

Enquanto isso, Volusiano foi se informar com uma mulher chamada Verônica, que fora amiga de Jesus, sobre onde encontrar o Cristo Jesus, e ela respondeu: "Ah! Ele era meu Senhor e meu Deus, traído, condenado e crucificado pela inveja de Pilatos". Aborrecido, Volusiano disse então: "Fico muito aborrecido por não poder executar as ordens do meu senhor". Verônica comentou:

> Como meu Senhor viajava para pregar, e eu ficava a contragosto privada da sua presença, resolvi mandar fazer um retrato dele para poder me consolar olhando sua imagem quando não pudesse vê-lo. Quando levava para isso uma tela a um pintor, o Senhor encontrou-me e perguntou onde eu ia. Expliquei. Ele me pediu o tecido e devolveu-o com a marca da sua venerável face. Se seu senhor olhar com devoção esta imagem, no mesmo instante recuperará a saúde.

Volusiano: "É possível comprar essa imagem com ouro ou prata?". Verônica: "Não, apenas com profunda devoção. Irei com você, mostrarei essa imagem ao césar e depois voltarei com ela para cá".

Volusiano regressou a Roma com Verônica e disse ao imperador Tibério: "Jesus, que você desejava conhecer, foi injustamente mandado à morte por Pilatos e pelos judeus, que por inveja afixaram-no a uma cruz. Mas veio comigo uma mulher que tem a imagem de Jesus, e se você olhar para ela com devoção, obterá de imediato a saúde". César mandou estender tapetes de seda pelo caminho e trazer a imagem, que ao ser olhada devolveu-lhe a saúde original.

Pôncio Pilatos foi então preso por ordem do césar e levado a Roma. Ao saber que Pilatos tinha chegado, césar, furioso com ele, mandou trazê-lo à sua presença. Mas Pilatos levara consigo a túnica inconsútil do Senhor, e vestiu-a no momento de comparecer diante do imperador. Assim que a viu, o imperador perdeu completamente a cólera e não ousou fazer a menor reprimenda. Ele, que anteriormente estava tão bravo e tão assustador, ficou de extraordinária mansidão diante da túnica. Depois de ter se afastado, ficou terrivelmente irado contra si próprio, exclamando que era um miserável por não ter revelado a Pilatos toda a fúria de seu coração. No mesmo instante mandou chamá-lo de volta, jurando que Pilatos era digno de morte e não merecia estar sobre a terra. No entanto, assim que o viu saudou-o cordialmente e toda a fúria de sua alma desvaneceu-se.

Todos ficaram admirados, e mais que ninguém o próprio imperador, com o fato de que com Pilatos ausente era tomado por grande cólera e que diante dele não conseguia lhe dirigir uma palavra mais dura. Enfim, por inspiração divina ou por conselho de algum cristão, mandou despojá-lo daquela túnica e no mesmo instante voltou à alma do imperador a ferocidade de antes, o que maravilhou ainda mais a todos. Disseram-lhe que aquela túnica tinha pertencido ao Senhor Jesus, e então o imperador mandou Pilatos para a prisão, até que um conselho de sábios deliberasse sobre sua sorte. A sentença contra Pilatos condenou-o a uma morte vergonhosa, mas ao saber disso Pilatos usou sua própria faca para pôr fim à vida.

Informado da morte de Pilatos, césar disse: "Na verdade ele morreu de maneira vergonhosa, pois escolheu sua própria mão para se punir". Seu corpo foi amarrado a uma pedra enorme e jogado no Tibre, mas espíritos malignos e sórdidos alegraram-se em ter em seu poder aquele corpo maligno e sórdido, que ora jogavam na água, produzindo estranhas enchentes, ora jogavam para o ar, provocando terríveis raios, tempestades, trovoadas e geadas, o que causou um medo horroroso em todos. Por isso os romanos retiraram-no do Tibre e jogaram-no no fundo do rio Ródano, na cidade de Vienne,[10] cujo nome parece derivar de *via Gehennae*, quer dizer, "caminho do Inferno", ainda que para outros era chamada de Bienne por ter sido construída em um biênio. Mas também lá espíritos realizaram os mesmos prodígios, e não podendo suportar a infestação de demônios, os habitantes levaram aquele vaso de maldição para longe, para ser enterrado na cidade de Lausanne. Seus habitantes, atormentados pelos mesmos problemas ocorridos nos outros locais, removeram aquele corpo e o mergulharam num poço existente nas montanhas, onde de acordo com certos relatos ocorrem

---

10 Conforme nota 1 do capítulo 30.

maquinações diabólicas. É isso que se lê na citada história apócrifa, cujo valor deixamos ao julgamento do leitor.

    Note-se, contudo, que segundo a *História escolástica,* diante de Tibério os judeus acusaram Pilatos pelo violento massacre dos Inocentes, pela colocação de imagens pagãs no templo, pelo uso pessoal do dinheiro das oferendas, com o qual mandara construir um aqueduto até sua casa. Devido a tudo isso, ele foi deportado para Lyon, de onde era originário, para que ali morresse cheio de vergonha no meio de sua gente. É possível que antes do retorno de Volusiano ele já tivesse sido exilado em Lyon, de onde Tibério o fez ir a Roma depois de saber de que maneira tinha matado Cristo. Mas em suas crônicas EUSÉBIO e BEDA não dizem que ele foi relegado ao exílio, apenas que depois de ter conhecido muitas calamidades matou-se com as próprias mãos.

✠

Das Festas que Ocorrem no Tempo da Reconciliação

Depois de ter falado das festas que ocorrem no tempo do Desvio, o qual começa com Adão e termina com Moisés, e que a Igreja representa desde a Septuagésima até a Páscoa, resta tratar das festas que caem no tempo da Reconciliação, da Páscoa até a Oitava de Pentecostes.

52. A Ressurreição do Senhor

A ressurreição de Cristo aconteceu três dias depois da sua Paixão. Sobre a ressurreição do Senhor há sete considerações a fazer. Primeira, como é verdadeiro que Ele ficou três dias e três noites no sepulcro e ressuscitou no terceiro dia. Segunda, por que não ressuscitou logo depois da sua morte, mas esperou até o terceiro dia. Terceira, como ressuscitou. Quarta, por que antecipou sua ressurreição e não a deixou para a época da ressurreição geral. Quinta, por que ressuscitou. Sexta, quantas vezes apareceu depois de ressuscitar. Sétima, o que fez enquanto esteve no Limbo[1] e como tirou dali os santos padres.

A propósito da primeira consideração, quando se diz que Cristo ficou três dias e três noites no sepulcro, é, conforme Agostinho, por sinédoque, já que se tratou da noite do primeiro dia, do segundo dia inteiro e da primeira parte do terceiro dia. Isto é, fala-se em três dias computando-se a noite que precedeu a cada um deles. De fato, segundo BEDA, assim contava-se naquela época o curso dos dias e das noites: antes eram os dias que precediam as noites, depois da Paixão essa ordem foi invertida, e as noites precedem os dias. Tal mudança decorre daquele mistério, porque primeiro o homem caiu do dia da graça na noite do pecado, e pela paixão e pela ressurreição de Cristo saiu da noite do pecado para entrar novamente no dia da graça.

---

[1] Região (*límbus* era originalmente "borda de tecido", daí o sentido mais amplo de "zona marginal") fronteiriça ao Inferno na qual ficam as almas dos justos que viveram antes da Encarnação e das crianças mortas antes do batismo. O conceito não existe na *Bíblia* e foi objeto de amplos debates entre os teólogos medievais. Veja-se a propósito J. Le Goff, "Les limbes", *Nouvelle Revue de Psychanalyse*, 34, 1986, pp. 151-174.

Com respeito à segunda consideração — sobre a conveniência de Cristo não ter ressuscitado imediatamente depois da sua morte, esperando até o terceiro dia — há cinco razões a ponderar.

Primeira, ficou no túmulo um dia inteiro e duas noites para que o dia representasse a luz da sua morte e as duas noites nossa dupla morte. É isso que a GLOSA comenta sobre *Lucas*, 24: "Era preciso que Cristo sofresse para assim entrar na sua glória". Segunda, como um fato é considerado verdadeiro quando tem duas ou três testemunhas, os três dias passados no sepulcro foram a prova convincente de sua morte. Terceira, como sinal de seu poder, porque se tivesse ressuscitado logo em seguida não demonstraria tanto ter o poder de ressuscitar. Essa razão está indicada em *1 coríntios*, 15: "Cristo morreu e ressuscitou por nossos pecados" para que todos tivessem certeza que se tratava de uma morte e uma ressurreição verdadeiras. Quarta, para prefigurar tudo o que se devia restaurar. Esta é a razão dada por PEDRO DE RAVENA: "Ele quis ficar três dias no sepulcro para indicar o que tinha de restaurar no Céu, o que tinha de reparar na terra e o que tinha de resgatar no Inferno". Quinta, a fim de representar os três estados dos justos. Tal é a razão fornecida por Gregório em sua explicação de *Ezequiel*:

> Cristo morreu em uma sexta-feira, ficou sábado no sepulcro e ressuscitou da morte no domingo, porque a vida presente ainda é para nós a sexta-feira cheia de angústias e dores, depois da morte encontramos o repouso da alma correspondente ao repouso de sábado no sepulcro, quando ressuscitarmos de corpo e de alma estaremos na glória no domingo. No sexto dia temos a dor, no sétimo o repouso e no oitavo a glória.

Assim disse Gregório.

A terceira consideração é sobre como ressuscitou.

Em primeiro lugar, por seu próprio poder, por sua própria virtude, conforme está dito em *João*, 10 ("Eu tenho o poder de deixar a vida e em seguida recuperá-la") e 2 ("Destruam este templo e três dias depois o reedificarei").

Em segundo lugar, ressuscitou em estado de bem-aventurança porque se despojou de toda miséria, como diz *Mateus*, 26: "Quando ressuscitar, chegarei antes de vocês na Galiléia". Galiléia quer dizer "transmigração". Ora, quando Cristo ressuscitou foi até a Galiléia porque passou da miséria à glória e da corrupção à incorrupção. Diz o papa Leão: "Depois da paixão de Cristo, foram rompidos os vínculos da morte, a doença cedeu lugar à força, a mortalidade à eternidade, a vergonha à glória".

Em terceiro lugar, ressuscitou com êxito e proveito, como um caçador que pega sua presa, como está em *Jeremias,* 4: "O leão saiu de seu covil como vencedor das nações". Diz também *João*: "Quando me levantar da terra, atrairei todas as coisas para mim", isto é, depois que minha alma sair do Limbo e meu corpo do túmulo, tudo virá até mim.

Em quarto lugar, saiu milagrosamente do sepulcro fechado, da mesma forma que saiu do útero virginal de sua mãe, e entrou na sala fechada onde estavam seus discípulos. A esse respeito, lê-se na HISTÓRIA ESCOLÁSTICA que no ano de IIII da encarnação do Senhor um monge extramuros do mosteiro de São Lourenço maravilhou-se ao ver que o cordão que atava seu hábito desprendeu-se sozinho e projetou-se longe, quando uma voz vinda do alto disse: "Foi assim que Cristo pôde sair do sepulcro, que estava fechado".

Em quinto lugar, realmente ressuscitou, já que isso aconteceu com seu próprio e verdadeiro corpo. Deu seis provas da autenticidade de sua ressurreição: primeira, por meio do testemunho de um anjo, que não mente; segunda, por freqüentes aparições; terceira, comendo, o que provou que não se tratava de magia; quarta, pelo tato, o que provou que era um corpo de verdade; quinta, pela exposição de suas chagas, o que provou que aquele era o mesmo corpo com o qual morrera; sexta, por entrar na casa cujas portas estavam fechadas, prova de que ressuscitara em estado de glória. Assim, Cristo eliminou as dúvidas que os discípulos tinham sobre sua ressurreição.

Em sexto lugar,[2] ressuscitou imortal para não mais morrer. Está escrito na *Epístola aos romanos,* 6: "Cristo ressuscitou de entre os mortos para não mais morrer". No entanto, DIONISO relata em carta a Demófilo que mesmo depois da sua Ascensão, Cristo disse a um santo homem chamado Carpo: "Estou pronto para sofrer de novo a fim de salvar os homens". Pelo que se vê, se fosse possível Ele morreria ainda uma vez pelos homens. Carpo, personagem de admirável santidade, na mesma carta contou ao beato Dioniso que um infiel pervertera um cristão, o que deixou a ele, Carpo, tão aborrecido que adoeceu. De fato, sua santidade era tão grande que ele nunca celebrava a santa missa se

---

[2] A edição Graesse fala em "sétimo lugar", o que corrigimos por se tratar de evidente equívoco.

não tivesse tido uma visão do Céu. Nas suas orações pela conversão daquelas duas pessoas, todo dia pedia a Deus que lhes tirasse a vida e as fizesse queimar sem misericórdia. Certa vez, no meio da noite, estava fazendo essa prece quando de repente a casa em que se encontrava dividiu-se em dois e no meio apareceu uma imensa fogueira. Erguendo os olhos, viu o Céu aberto e nele Jesus, rodeado por uma multidão de anjos. Olhando para baixo, viu uma fornalha diante da qual estavam os dois pecadores que ele tinha amaldiçoado, trêmulos e arrastados com violência por serpentes que, mordendo e enroscando-se em seus corpos, os levavam para a fogueira, ajudadas por outros homens. Carpo comprazia-se tanto com a visão desse castigo que não olhava para o Céu, mas quando desviou de relance os olhos para lá, viu que Jesus, com piedade daqueles homens, levantava de seu trono celeste e descia até eles acompanhado por uma multidão de anjos. Então, estendeu as mãos e tirou-os de lá, dizendo a Carpo com as mãos à mostra: "Bata-me, estou pronto para mais uma vez sofrer para salvar os homens. Prefiro isso que os ver padecer". Relatamos esta visão narrada por Dioniso, como prova do que dissemos anteriormente.

 A quarta consideração diz respeito a não ter esperado para ressuscitar junto com os outros, no dia da ressurreição geral. Três foram as razões para isso.
 Primeira, por dignidade para com seu corpo. Como esse corpo tinha grande dignidade porque era deificado, ou seja, unido à divindade, não convinha que ficasse muito tempo no pó. Por isso diz o salmo: "Você não deixará seu corpo santificado, isto é, deificado, conhecer a corrupção". O mesmo salmo exorta: "Levante-se, Senhor, do seu repouso, você e sua arca da santidade". O que é chamado aqui de arca da santidade é o corpo que foi unido à divindade.
 Segunda, para consolidação da fé, porque se não tivesse então ressuscitado, a fé teria perecido e ninguém teria acreditado que Ele é verdadeiramente Deus. Isto é evidente porque quando da Paixão, excetuada a bem-aventurada Virgem, todos perderam a fé, que só recuperaram depois de terem conhecido a Ressurreição, como diz *1 coríntios*, 15: "Se Cristo não ressuscitasse, nossa fé seria vã".
 Terceira, para ser modelo da nossa ressurreição. Teria sido raro que alguém esperasse a futura ressurreição se não tivesse tido por modelo a Ressurreição, como diz o apóstolo: "Se Cristo ressuscitou, nós também

ressuscitaremos", ³ pois sua ressurreição é a causa e o modelo da nossa ressurreição. Afirma Gregório: "O Senhor mostrou por seu exemplo que a recompensa prometida chegará, porque sabendo os fiéis que Ele ressuscitou, esperarão para si próprios, quando do fim do mundo, o prêmio da ressurreição". E completa: "Ele não quis ficar morto por mais de três dias, porque se sua ressurreição demorasse nós nos desesperaríamos pela nossa".

A quinta consideração é sobre por que ressuscitou. Foi para que tirássemos disso quatro grandes benefícios. Sua ressurreição livra-nos dos pecados, estimula-nos a uma nova vida, desperta nossa esperança na recompensa e leva à ressurreição de todos. Quanto ao primeiro benefício, diz a *Epístola aos romanos*, 4: "Ele foi entregue por nossos pecados e ressuscitou para nosso perdão". Quanto ao segundo, diz o capítulo 6: "Como Cristo ressuscitou dentre os mortos para a glória do Pai, assim também nós devemos caminhar para uma nova vida". Quanto ao terceiro, diz 1 *Pedro*, 2: "Por sua grande misericórdia, a ressurreição de Cristo quis nos dar a esperança de uma vida após a morte". Quanto ao quarto, afirma 1 *coríntios*, 15: "Cristo, Nosso Senhor, ressuscitou dentre os mortos como o primeiro dos que dormem, porque foi por meio de um homem que a morte veio e é por meio de um homem que veio a ressurreição".

Disso devemos concluir que Cristo teve quatro características particulares em sua ressurreição. Primeira, nossa ressurreição foi adiada para o fim do mundo, mas a Dele aconteceu no terceiro dia. Segunda, ressuscitamos graças a Ele, mas Ele ressuscitou por si mesmo, daí Ambrósio dizer: "Por que Ele precisaria da ajuda de alguém para ressuscitar seu corpo, se ressuscitou os dos outros?". Terceira, nosso corpo torna-se cinzas, mas o Dele não. Quarta, sua ressurreição é a causa eficiente, exemplar e sacramental da nossa.

Em relação à primeira característica, a *Glosa* do salmo "O pranto ficará adiado até a tarde, enquanto a alegria começa de manhã" diz: "A ressurreição de Cristo é a causa eficiente da ressurreição da alma no tempo presente e do corpo no tempo futuro". Em relação à segunda, lê-se em 1 *coríntios*, 15: "Se Cristo ressuscitou, como alguns podem dizer que não há ressurreição dos mortos?". Quanto à terceira, diz a *Epístola aos romanos*, 6: "Como Cristo ressuscitou dentre os mortos pela glória do pai etc.".⁴

---

3 Paráfrase da *Epístola aos romanos* 6,5.8.11; e de 1 *coríntios* 6,14.

4 Quebrando sua rígida estrutura explicativa, Jacopo referiu-se aqui a quatro características mas fundamentou apenas três.

A sexta consideração diz respeito a quantas vezes Ele apareceu depois da Ressurreição. No mesmo dia, apareceu cinco vezes, e nos dias seguintes, outras cinco.

Em primeiro lugar, Jesus apareceu a Maria Madalena porque de acordo com *João*, 20, e *Marcos*, 26, ela é o modelo dos penitentes. Ele quis aparecer primeiro a Maria Madalena por cinco motivos. Primeiro, porque ela o amava mais ardentemente, como diz *Lucas*, 7: "Muitos pecados lhe são perdoados porque ela amou muito". Segundo, para mostrar que morrera pelos pecadores, conforme *Mateus*, 9: "Não vim chamar os justos, mas os pecadores". Terceiro, porque de acordo com *Mateus*, 21, as cortesãs precedem os sábios no reino dos Céus. Quarto, porque, comenta a *Glosa*, como a mulher anunciara a morte, também devia anunciar a vida. Quinto, conforme *Romanos*, 5: "Para que onde havia abundado a iniqüidade, abundasse também a graça".

Em segundo lugar, Ele apareceu às mulheres que voltavam do sepulcro dizendo-lhes: "Salve", e elas se aproximaram e agarraram seus pés, como nos conta *Mateus*. O Senhor quis aparecer a elas por serem modelo dos humildes em razão de seu sexo e de sua devoção, como demonstraram ao se prosternar diante Dele.

Em terceiro lugar, apareceu a Simão, mas não se sabe nem onde nem quando, embora talvez tenha sido ao voltar do sepulcro com João, no momento em que, segundo *Lucas*, ele se perdeu de João, ou então quando entrou sozinho no monumento, como conta a *História escolástica*. De fato, lê-se aí que quando renegou Cristo, Pedro fugiu para uma caverna que ainda chamam de Canto do Galo, onde passou três dias chorando seu pecado, e foi lá que o Salvador apareceu para confortá-lo. Como Pedro significa "obediente", foi portanto ao modelo dos obedientes que o Senhor se mostrou.[5]

Em quarto lugar, apareceu aos discípulos em Emaús, nome que significa "desejo de conselho" e simboliza portanto os pobres de Cristo que querem seguir o conselho: "Vão, vendam o que têm e dêem aos pobres".[6]

Em quinto lugar, apareceu aos discípulos reunidos, indicando que os religiosos devem manter fechadas as portas de seus cinco sentidos, pois segundo *João*, 20 essas aparições ocorreram no mesmo dia da

---

[5] Jacopo usa indiferentemente nessa passagem o nome Simão e o apelido Pedro para aquele que foi o "primeiro dos apóstolos".

[6] *Mateus* 19,21.

Ressurreição, o que o padre representa na missa virando-se cinco vezes para o povo. Mas, da terceira vez que se vira, ele o faz sem dizer palavra, para simbolizar a terceira aparição a Pedro, da qual não se sabe nem o lugar nem o momento.

Em sexto lugar, apareceu oito dias depois a todos os seus discípulos reunidos, inclusive Tomé, que conforme *João*, 20 dissera não acreditar enquanto não visse, e que por isso é símbolo dos que hesitam na fé.

Em sétimo lugar, apareceu a seus discípulos que pescavam, conforme conta *João*, simbolizando assim os pregadores, que são pescadores de homens.

Em oitavo lugar, apareceu a seus discípulos no monte Tabor, o que para *Mateus* é a figura dos contemplativos, porque Ele foi transfigurado nessa mesma montanha.

Em nono lugar, apareceu aos onze discípulos que estavam à mesa no cenáculo, quando Ele lhes reprovou a dureza de coração e a incredulidade, como narra *Mateus*. Eles simbolizam os pecadores que perseveram em suas transgressões e a quem o Senhor faz conhecer sua justiça.

Em décimo e último lugar, apareceu aos discípulos que se encontravam no monte das Oliveiras, como descreve *Lucas*, e são a figura dos misericordiosos e dos que gostam do óleo da misericórdia. Foi desse lugar que Ele subiu ao Céu. Diz 1 *Timóteo*, 4: "A piedade é útil a tudo, pois a ela é que foram prometidos os bens da vida presente e da vida futura".

Três outras aparições aconteceram ainda no próprio dia da Ressurreição, mas o texto sagrado nada fala sobre elas. Da primeira, ocorrida a Tiago, o Justo, isto é, Tiago filho de Alfeu, trataremos na legenda desse santo.

A segunda dessas aparições, a José, é contada pelo *Evangelho de Nicodemo*: sabendo que José pedira a Pilatos o corpo de Jesus para colocá-lo em seu próprio túmulo, os judeus ficaram indignados, prenderam-no cuidadosamente num lugar bem fechado e selado, com a intenção de matá-lo depois da celebração do sábado. Mas na mesma noite da Ressurreição, quatro anjos ergueram a casa em que ele estava preso, Jesus entrou, foi até junto dele, limpou seu rosto, beijou-o e, sem quebrar as fechaduras, tirou-o dali, conduzindo-o à sua casa em Arimatéia.

A terceira das aparições, sobre as quais os evangelistas nada falam, deu-se à Virgem Maria. A Igreja romana parece aprovar essa opinião, já que a estação litúrgica do dia de Páscoa ocorre na igreja de Santa Maria

Maior.[7] Se não concordarmos com tal idéia, tendo em vista que nenhum dos evangelistas a menciona, isso significaria que Cristo nunca apareceu à Virgem depois de ter ressuscitado. Mas descartamos a idéia de que tal mãe tenha sido assim negligenciada e desonrada por um filho como aquele. Os evangelistas devem ter silenciado a esse respeito porque seu objetivo era fornecer testemunhos da Ressurreição, e não era conveniente que uma mãe fosse chamada a testemunhar por seu filho. Se o relato das outras mulheres que tinham ido ao sepulcro parecia devaneio, com mais razão se poderia dizer que a mãe estava delirando por amor ao filho, daí por que os evangelistas não escreveram sobre o fato, considerando-o evidente. A primeira alegria da Ressurreição deve ter sido proporcionada à sua mãe, que sofreu mais que ninguém com a morte do filho, de forma que Ele, que consolava outras pessoas, não ia se esquecer de consolar sua mãe. Esta é a opinião de Ambrósio na terceira parte de seu livro *A virgindade*: "A mãe viu a Ressurreição e foi a primeira que viu e que acreditou, enquanto Maria Madalena viu mas não O reconheceu de imediato".

Sedúlio[8] falou assim dessa aparição de Cristo:

A sempre Virgem espera, mais que ninguém, o amanhecer,
E a luz do Senhor aparece para a boa mãe,
Testemunha de imensos milagres, canal de sua vinda ao mundo,
A primeira a saber que havia ressuscitado.

Quanto à sétima e última consideração, sobre a presença de Cristo no Limbo e como dali tirou os santos padres, o Evangelho nada explica. No entanto, Agostinho em um de seus sermões e Nicodemo em seu evangelho dizem algo a respeito.

Eis as palavras de Agostinho:

Logo que Cristo rendeu o espírito, sua alma unida à sua divindade desceu ao fundo do Inferno, e ao chegar nesses derradeiros limites das trevas como resplandecente e terrível conquistador, as ímpias legiões infernais olharam-no com pavor perguntando-se: "De onde vem

---

[7] Conforme nota 5 do capítulo 45.

[8] Poeta irlandês do século IX, protegido do bispo Hartgar de Liège, autor de muitos comentários bíblicos e de um *De rectoribus Christianis* que foi um dos primeiros exemplares medievais do gênero "espelho dos príncipes", isto é, tratados dedicados à educação de governantes.

alguém tão forte, tão terrível, tão resplandecente, tão nobre? O mundo que submetemos nunca nos enviou um morto tão nobre assim, nunca deu aos infernos um presente desse tipo. Quem é, então, este que entra em nossos domínios com tal intrepidez? Ele não apenas não teme nossos suplícios, como libera os outros de nossas correntes. Aqueles que viviam sob tormentos estão nos insultando depois de terem sido salvos, não se contentam em nada temer, ainda acrescentam ameaças. Os mortos daqui nunca estiveram tão cheios de orgulho, nunca cativos sentiram tal alegria. Por que o trouxeram aqui? Ó nosso príncipe, sua satisfação acabou, suas alegrias transformaram-se em luto. Enquanto prende Cristo na cruz, você provoca muitos danos ao Inferno". Mal se calaram essas cruéis vozes infernais, o Senhor ordenou que todas as portas de ferro fossem quebradas. Inumeráveis santos prosternaram-se mesclando gritos e lágrimas: "Você chegou, Redentor do mundo, chegou quem esperávamos ardorosamente a cada dia. Você desceu por nós ao mundo inferior, não nos abandone quando voltar ao mundo superior. Suba, Senhor Jesus, esvazie o Inferno, prenda o autor da morte em suas próprias cadeias. Devolva logo a alegria ao mundo, socorra-nos, extinga esses tormentos pavorosos, e por piedade liberte os cativos. Enquanto está aqui absolva os culpados, e quando subir leve os que são seus".

Assim escreveu Agostinho.

No *Evangelho de Nicodemo* lemos que quando Carino e Léucio, filhos do ancião Simeão, foram ressuscitados por Cristo, apareceram a Ana, a Caifás, a Nicodemo, a José e a Gamaliel, os quais pediram que contassem o que Cristo fez nos infernos. Eles responderam:

Estávamos com todos os nossos pais, os Patriarcas, no fundo das trevas, quando de repente nos iluminou uma luz que tinha o brilho dourado do sol e a cor púrpura dos reis. Então Adão, o pai do gênero humano, disse exultante: "É a luz eterna que prometeu nos enviar, uma luz que lhe é coeterna". Isaías exclamou: "É a luz do Pai, é a luz do Filho de Deus, como eu previ quando vivia na terra ao dizer que o povo que caminhava nas trevas veria a grande luz". Veio então nosso pai Simeão, que, trêmulo de alegria, falou: "Glorifiquem o Senhor, o Cristo que recém-nascido recebi em minhas mãos, no templo, quando sob a influência do Espírito Santo disse: agora meus olhos viram a salvação que você enviou". Depois de Simeão, veio um habitante do deserto a quem perguntamos quem era e ele respondeu: "Sou João, que batizou Cristo, que foi adiante Dele para preparar seu caminho, apontando-o e proclamando: eis o cordeiro de Deus, eis aquele que tira os pecados do mundo, e quando desci aqui ao

Limbo anunciei a todos que logo Cristo viria nos visitar". Nesse momento, Seth contou: "Quando fui às portas do Paraíso para rogar ao Senhor que me enviasse seu anjo a fim de me dar um pouco de óleo da árvore da misericórdia para untar o corpo de meu pai Adão, abatido pela doença, o anjo Miguel apareceu e disse: não se consuma em lágrimas para pedir o óleo da árvore da misericórdia, porque só poderá obtê-lo passados 5500 anos".

Todos os patriarcas e profetas que ouviram tais testemunhos foram tomados de grande alegria. Então Satã, príncipe e chefe da morte, disse ao Inferno: "Prepare-se para receber Jesus, que se glorifica de ser Cristo, Filho de Deus, mas é um homem que teve medo de morrer, porque disse 'Minha alma está triste ate à morte'".[9] É verdade, porém, que curou muitos homens que eu tornara surdos e paralíticos. O Inferno perguntou: "Se você é poderoso, quem é esse homem, esse Jesus que apesar de temer a morte resiste ao seu poder? Se ele diz que teme a morte, não é para enganá-lo pela eternidade dos séculos?". Satã respondeu: "Eu o submeti à tentação, levantei o povo contra ele, afiei a lança, misturei fel e vinagre, preparei a madeira da cruz. Sua morte está próxima e o trarei aqui". O Inferno perguntou: "Foi ele que ressuscitou Lázaro, que estava em meu poder?". Satã respondeu: "Ele mesmo". O Inferno exclamou: "Eu suplico, por seus poderes e pelos meus, não o traga, porque assim que ouvi o mandamento da palavra Dele estremeci e não pude reter Lázaro, que como uma águia mexendo as asas subiu agilmente e escapou de nossas mãos".

Enquanto assim falava, uma voz semelhante a um trovão fez-se ouvir, dizendo: "Abram as portas eternas, príncipes, que vai entrar o rei da glória". A essa voz todos os demônios acudiram e fecharam as portas de bronze com trancas de ferro. Então Davi exclamou: "Não fui profeta quando disse: 'Que todos louvem o Senhor, que com seu poder quebrou as portas de bronze'?".[10] E uma voz extraordinária fez-se ouvir, dizendo: "Abram as portas... etc.". Tendo ouvido duas vezes a exclamação, o Inferno fingiu ignorância e perguntou: "Quem é esse rei da glória?". Daniel respondeu: "O Senhor forte e poderoso, o Senhor poderoso no combate, ele é o rei da glória".

O rei da glória então apareceu, iluminou as trevas eternas e, estendendo a mão, o Senhor pegou a direita de Adão dizendo-lhe: "Paz para você e todos os seus filhos que foram justos comigo". O Senhor saiu dos infernos e todos os santos o seguiram. Sempre segurando a mão de Adão, o Senhor confiou-os ao arcanjo Miguel, que os introduziu no

---

9 *Mateus* 26,38.
10 *Salmos* 107,16.

Paraíso. Ali encontraram dois velhos a quem os santos perguntaram: "Quem são vocês que não desceram conosco aos infernos, que ainda não estão mortos e que foram introduzidos no Paraíso com seus corpos?". E um deles respondeu: "Eu sou Enoque, fui trasladado até aqui, e aquele é Elias, que foi trazido em um carro de fogo. Ainda não conhecemos a morte, pois fomos reservados para quando do advento do Anticristo, combatê-lo durante três dias e meio, depois do que ele nos matará e seremos então elevados até as nuvens".

Enquanto falava, veio outro homem marcado nos ombros pelo sinal-da-cruz. Perguntaram-lhe quem era e respondeu: "Fui ladrão e crucificado com Jesus. Acreditei que Ele é o Criador e supliquei: 'Lembre-se de mim, Senhor, quando chegar ao seu reino'. Então Ele me respondeu: 'Em verdade digo, hoje você estará comigo no Paraíso'. E me deu este sinal-da-cruz, dizendo: 'Leva isto para o Paraíso, e caso o anjo que guarda suas portas não o deixar entrar, mostre-lhe o sinal-da-cruz e diga: 'Foi Cristo, que está sendo agora crucificado, que me enviou'. Quando assim fiz e assim falei ao anjo, no mesmo instante ele ali me introduziu e me colocou à direita no Paraíso'".

Depois de terem feito esse relato, Carino e Léucio foram subitamente transfigurados e nunca mais alguém os viu.

Gregório de Nissa,[II] ou, segundo alguns, Agostinho, tratou do mesmo tema:

A noite eterna do Inferno tornou-se subitamente resplandecente quando Cristo ali desceu. Os porteiros encouraçados de ferro disseram uns aos outros naquela silenciosa penumbra: "Quem é este tão terrível e tão esplendoroso que acaba de chegar? Nunca nosso abismo acolheu alguém assim, nunca o mundo vomitou algo igual em nossa caverna. É um invasor, não alguém que paga uma dívida; é um ladrão, um destruidor, um saqueador, não um pecador. Vemos um juiz, não um suplicante. Ele vem combater, não sucumbir; vem resgatar, não ficar".

[II] Santo, místico e teólogo (c. 335-c. 394), defensor do partido ortodoxo contra o arianista (conforme nota 1 do capítulo 3). Não deve ser confundido com Gregório de Nazianzo, seu contemporâneo (c. 330-c. 389), conterrâneo (ambos eram naturais da Capadócia, na Ásia Menor) e colega (os dois foram bispos e influenciados teologicamente por Basílio de Cesaréia).

53. São Segundo

O nome Segundo pode vir de *se condens*, isto é, "conduzindo-se com hábitos honestos", ou de *secundans*, ou seja, "obedecer às ordens do Senhor", ou de *secum dux*, "ter controle sobre si mesmo". Ou ainda, refere-se aos dois caminhos que levam à vida eterna, o primeiro o da penitência e das lágrimas, o segundo o do martírio. Ora, esse precioso mártir alcançou a vida não apenas pelo primeiro, mas também pelo segundo caminho.

Segundo foi soldado intrépido, notável atleta de Cristo e glorioso mártir do Senhor. Recebeu a coroa do martírio em Asti, cidade ilustre por sua presença e que se glorifica por tê-lo como padroeiro. Ele foi instruído na fé em Cristo pelo beato Calócero, que estava encarcerado em Asti por ordem do prefeito Saprício.

Saprício foi até Terdona para obrigar o bem-aventurado Marciano, que ali estava preso, a sacrificar aos deuses. Segundo acompanhou-o tanto para se distrair quanto para conhecer o beato Marciano. Logo depois de ter saído da cidade de Asti, uma pomba pousou sobre a cabeça de Segundo, levando Saprício a dizer: "Veja, Segundo, como nossos deuses o amam, pois mandam pássaros do céu visitá-lo".

Ao chegar perto do rio Tanagro, Segundo viu um anjo do Senhor que andava em cima da água e que lhe disse: "Segundo, tenha fé e assim poderá andar sobre os adoradores de ídolos". Saprício falou: "Meu irmão Segundo, ouço deuses falando com você". Segundo respondeu: "Caminhemos de acordo com os desejos de nosso coração". Quando chegaram ao rio Borimão, outra vez apareceu um anjo e disse-lhe: "Segundo, você acredita em Deus ou ainda tem dúvidas?". Segundo respondeu: "Creio na verdade da sua Paixão". Saprício: "O que ouço você dizer?".

Quando eles entraram em Terdona, por ordem do anjo Marciano saiu da prisão e apareceu a Segundo: "Entra, Segundo, no caminho da verdade e segue-o para receber a palma da fé". Saprício disse: "Quem é esse homem que fala como se estivéssemos sonhando?". Segundo respondeu: "É sonho para você, mas para mim é aviso e encorajamento".

Depois disso Segundo foi para Milão, e nos arredores da cidade um anjo do Senhor levou diante dele Faustino e Jovito, que até então estavam aprisionados, e deles recebeu o batismo, cuja água foi fornecida por uma nuvem. No mesmo instante, uma pomba desceu do Céu e trouxe o corpo e o sangue do Senhor para Jovito e Faustino, e este os deu a Segundo para levar a Marciano. Quando Segundo chegou às margens do rio Pó, o anjo do Senhor pegou seu cavalo pela rédea, ajudou-o a atravessar o rio, acompanhou-o até Terdona, introduziu-o na prisão de Marciano, e Segundo entregou a ele o tesouro recebido de Faustino, diante do qual ele exclamou: "Que o corpo e o sangue do Senhor estejam comigo para a vida eterna". Em seguida, por ordem do anjo, Segundo saiu da prisão e foi para o alojamento.

A seguir Marciano foi condenado à decapitação e Segundo sepultou seu corpo. Ao saber disso, Saprício mandou chamá-lo e disse: "Pelo que vejo, você é cristão". Segundo respondeu: "É verdade". Saprício: "Você procura uma má morte". Segundo: "É a você que ela se deve". Como ele não queria sacrificar, Saprício mandou despi-lo, mas logo o anjo do Senhor veio lhe trazer uma roupa. Saprício mandou torturá-lo tão demoradamente em um potro[1] que seus braços foram deslocados, mas tendo sido curado pelo Senhor, foi então jogado na prisão. Ali lhe apareceu o anjo do Senhor dizendo: "Levante-se, Segundo, e siga-me que vou conduzir você ao seu Criador". Levou-o então até a cidade de Asti e introduziu-o na prisão onde Calócero estava acompanhado pelo Salvador. Ao vê-lo, Segundo jogou-se a seus pés, e o Salvador disse: "Nada tema, porque sou o Senhor seu Deus e o livrarei de todos os males". Depois abençoou-os e subiu ao Céu.

De manhã, Saprício mandou buscá-lo na prisão, mas, apesar de fechada, Segundo não estava lá. Então Saprício foi de Terdona até Asti para pelo menos punir Calócero, e mandou que o levassem à sua presença. Quando foi informado que Segundo estava com Calócero, orde-

---

[1] Conforme nota 1 do capítulo 25.

nou que os dois comparecessem diante dele e falou-lhes assim: "Nossos deuses sabem que vocês os desprezam e querem que ambos morram". Como eles continuavam a não querer sacrificar, o prefeito mandou derreter pez com resina e derramá-las na cabeça e na boca dos dois. Mas eles bebiam aquilo com vontade, como se fosse uma água muito suave, e exclamavam em voz alta: "Que doces são suas palavras na nossa boca, Senhor!". Saprício sentenciou-os então a ser decapitados, Segundo em Asti e Calócero em Albigano. Quando o bem-aventurado Segundo teve sua cabeça cortada, os anjos do Senhor pegaram seu corpo e sepultaram-no, cantando ações de graças. Seu martírio aconteceu a 29 de março.

54. Santa Maria Egipcíaca

Maria Egipcíaca, chamada a Pecadora, passou 47 anos no deserto em austera penitência, começada por volta do ano do Senhor de 270, no tempo do imperador Cláudio.

Certa vez, um abade chamado Zózimo atravessou o rio Jordão e percorria um grande deserto procurando um santo eremita, quando viu caminhando uma pessoa nua e de corpo enegrecido pelo sol. Era Maria Egipcíaca, que imediatamente fugiu, com Zózimo correndo atrás dela, por isso perguntou: "Abade Zózimo, por que me persegue? Desculpe-me, não posso mostrar meu rosto porque sou mulher e estou nua; dê-me seu manto para que eu possa olhá-lo sem me envergonhar". Ouvindo ser chamado pelo nome, ele ficou surpreso e depois de dar seu manto prosternou-se a seus pés e pediu a ela que o abençoasse. Ela disse: "É você, padre, que deve me abençoar, você que é ornado pela dignidade sacerdotal".

Ao perceber que ela sabia seu nome e sua condição, ficou ainda mais impressionado e insistiu para que o abençoasse. Mas ela disse: "Bendito seja Deus, redentor de nossas almas". Enquanto ela orava de mãos estendidas, Zózimo viu que ela tinha se erguido a um côvado[1] do chão. Vendo aquilo, o ancião pôs-se a pensar se não era um espírito que estava fingindo rezar. Então ela disse: "Que Deus o perdoe por ter tomado uma mulher pecadora por um espírito imundo". Zózimo conjurou-a em nome do Senhor a lhe contar sua vida. Ela retorquiu: "Perdoe-me, padre, mas se contar minha história você fugirá apavorado, como se visse uma serpente. Seus ouvidos serão maculados por minhas palavras e o ar contaminado por coisas sórdidas". Mas diante da veemente insistência, ela contou:

---

[1] Conforme nota 5 do capítulo 1.

Nasci no Egito, irmão, e aos doze anos de idade fui para Alexandria, onde durante dezessete anos entreguei-me publicamente à libertinagem e nunca me recusei a quem quer que fosse. Quando alguns homens da região embarcaram para Jerusalém a fim de adorar a Santa Cruz, pedi aos marinheiros que me levassem com eles. Como me pediram para pagar a passagem, respondi: "Não tenho dinheiro, irmãos, mas posso entregar meu corpo como pagamento". Eles me levaram e usaram meu corpo.

Chegando a Jerusalém, fui com as outras pessoas até a igreja para adorar a cruz, mas imediatamente uma força invisível me repeliu e me impediu de entrar. Várias vezes fui até a soleira da porta, e continuava a ser repelida, enquanto todo mundo entrava sem dificuldade e sem encontrar nenhum obstáculo. Pus-me a pensar e concluí que tudo aquilo tinha como causa a enormidade de meus crimes. Comecei a bater no peito com as mãos, a derramar lágrimas amargas, a dar profundos suspiros do fundo do coração e, ao erguer a cabeça, vi uma imagem da bem-aventurada Virgem Maria. Pedi então, com lágrimas, que ela obtivesse o perdão de meus pecados e me deixasse entrar para adorar a Santa Cruz, prometendo renunciar ao mundo e levar, dali em diante, uma vida casta.

Após essa prece, confiando na bem-aventurada Virgem, fui mais uma vez até a porta da igreja, pela qual passei sem o menor obstáculo. Quando terminei de adorar a Santa Cruz com grande devoção, alguém me deu três moedas, com as quais comprei três pães, e ouvi uma voz que me dizia: "Se atravessar o Jordão, estará salva". Atravessei o Jordão e vim para este deserto, no qual fiquei 47 anos sem ter visto homem algum. Os três pães que levei comigo, embora com o tempo tenham se tornado duros como pedras, bastaram para me alimentar por 47 anos, mas minhas roupas há muito tempo apodreceram. Durante os primeiros dezessete anos passados neste deserto fui atormentada pelas tentações da carne, mas hoje já as venci, com a graça de Deus. Agora que contei toda minha história, peço que reze a Deus por mim.

O ancião ajoelhou-se e abençoou a escrava do Senhor. Ela lhe disse: "Peço que no dia da ceia do Senhor você venha para a margem do Jordão e traga o corpo do Senhor. Eu irei encontrá-lo ali e receber de sua mão esse corpo sagrado, porque desde o dia em que vim para cá não recebi a comunhão do Senhor". O ancião voltou para seu mosteiro e no ano seguinte, ao se aproximar o dia da Ceia, pegou o corpo do Senhor e foi até a margem do Jordão. Do outro lado estava de pé uma mulher que fez o sinal-da-cruz sobre as águas e veio ao encontro dele. Ao ver isso, tomado de surpresa, prosternou-se humildemente a seus pés. Disse ela:

"Não faça isso, pois você carrega os sacramentos do Senhor e tem a dignidade sacerdotal. No entanto, padre, eu suplico que no próximo ano você se digne a me ver novamente no mesmo lugar em que nos encontramos pela primeira vez". Depois de fazer o sinal-da-cruz, ela atravessou de volta as águas do Jordão para ganhar a solidão do seu deserto.

Quanto ao ancião, retornou a seu mosteiro e no ano seguinte foi ao lugar combinado, mas encontrou Maria morta. Pôs-se a chorar e não ousou tocá-la, mas disse consigo mesmo: "Eu sepultaria de bom grado o corpo desta santa, mas temo que isso a desagrade". Enquanto pensava assim, viu as seguintes palavras gravadas na terra, perto da cabeça dela: "Zózimo, enterre o corpo de Maria, devolva à terra sua poeira e ore por mim ao Senhor, por ordem do qual deixei este mundo no segundo dia de abril". Meditando sobre o fato, o ancião concluiu que ela terminara sua vida no deserto, no ano anterior, logo após ter recebido o sacramento do Senhor. Ora, antes de ir para junto de Deus, Maria tinha ido em uma hora do Jordão ao deserto, distância que Zózimo com muita dificuldade levava trinta dias para percorrer.

Vendo um leão que mansamente vinha em sua direção, o ancião disse-lhe: "Esta santa mulher mandou sepultar aqui seu corpo, mas não posso cavar a terra porque sou velho e não tenho ferramentas. Cave você a terra para que possamos sepultar seu santíssimo corpo". O leão começou a cavar e a fazer uma cova adequada, depois do que foi embora manso como um cordeiro, enquanto o ancião voltava para o seu mosteiro glorificando a Deus.

55. Santo Ambrósio

Ambrósio vem de *ambra*, "âmbar", que é uma substância odorífera e preciosa, da mesma forma que ele foi precioso para a Igreja, na qual difundiu o bom odor de suas palavras e suas ações. Ou então Ambrósio vem de *ambra* e *síos*, palavra que significa "Deus", querendo dizer "âmbar de Deus", porque através de Ambrósio Deus espalha por toda parte um aroma semelhante ao do âmbar. Ele foi e é o cheiro bom de Cristo em todos os lugares. Ambrósio também pode vir de *ambor*, "pai das luzes", e de *sor*, "pequeno", porque foi pai espiritual de muitos filhos, porque foi luminoso na exposição da Santa Escritura e porque foi pequeno em seus hábitos humildes. O glossário diz que *ambrosius* significa "favo celeste de mel" e *ambrosía* "alimento dos anjos", e de fato Ambrósio era celeste pela fragrância de sua reputação odorífera, pelo sabor de sua profunda contemplação, pelo mel de sua agradável interpretação das Escrituras, pelo alimento angélico de sua gloriosa bem-aventurança. Sua vida foi narrada a Agostinho por Paulino de Nola.[1]

1. Como Ambrósio era filho do prefeito de Roma, também chamado Ambrósio, seu berço foi colocado na sala do pretório, onde ele dormia quando de repente apareceu um enxame de abelhas que cobriu de tal maneira seu rosto e sua boca, que ele parecia uma colméia na qual elas entravam e saíam. Depois elas levantaram vôo e subiram a tal altura que a vista humana não era capaz de enxergá-las. Seu pai ficou impressionado com o fato e comentou: "Se esse menino viver, será alguém

---

[1] De Paulino, bispo de Nola (c. 353-431), citado esta única vez pela *Legenda áurea*, a posteridade conhece vários poemas e cartas dirigidas a Agostinho e Sulpício Severo.

importante". Chegando à adolescência, ao ver a mãe e a irmã, que tinha consagrado sua virgindade a Deus, beijarem a mão dos padres, de brincadeira ele ofereceu a mão direita à irmã, dizendo-lhe que também devia beijá-la. Mas a moça recusou, chamando-o de criança e de ignorante.

Depois de estudar belas-letras em Roma, ele defendeu com brilho várias causas diante do tribunal e foi enviado pelo imperador Valentiniano para assumir o governo das províncias da Ligúria e da Emília. Chegou a Milão quando a cadeira episcopal estava vacante. O povo reuniu-se para escolher o bispo, mas ocorreu um grande desacordo a respeito entre arianos[2] e católicos. Ambrósio foi acalmar a disputa quando de repente ouviu-se uma voz de criança exclamando: "Ambrósio, bispo", e então concordaram, por unanimidade, em aclamar Ambrósio como bispo. Tentando demovê-los daquela escolha, ele saiu da igreja, foi até o tribunal e, contrariamente a seu costume, condenou os acusados a duros tormentos. Mesmo ao vê-lo agir daquela forma, o povo gritava: "Que seus pecados recaiam sobre nós". Perturbado, ele voltou para casa e resolveu dedicar-se à filosofia, mas o povo não o destituiu de seu cargo. Levou então prostitutas para casa, a fim de que, vendo isso, o povo anulasse sua eleição, mas como de nada adiantou, e continuavam a gritar: "Que seus pecados recaiam sobre nós", resolveu fugir no meio da noite.

Depois de muito caminhar, quando pensava estar às margens do Ticino percebeu ao amanhecer que se encontrava diante de uma porta de Milão chamada Porta Romana. Tendo sido encontrado, o povo prendeu-o e mandou emissários ao piedoso imperador Valentiniano, que ficou muito alegre ao saber que queriam transformar em sacerdote quem ele enviara como juiz. Contou mesmo que quando nomeara Ambrósio dissera-lhe: "Vá e aja mais como bispo do que como juiz". Enquanto a questão continuava pendente, Ambrósio fugiu outra vez, mas foi encontrado, batizado e oito dias depois instalado na cátedra episcopal. Quatro anos mais tarde foi a Roma, e quando sua irmã, que era religiosa, beijou-lhe a mão, ele disse sorrindo: "Não tinha falado que você devia beijar minha mão sacerdotal?".

2. Certa vez, quando Ambrósio foi a uma cidade ordenar um bispo a cuja eleição a imperatriz Justina e outras heréticas se opunham, por desejar nesse posto alguém de sua seita, uma virgem do partido dos aria-

---

[2] Conforme nota 1 do capítulo 3.

nos, mais insolente que as demais, subiu à tribuna e agarrou o beato Ambrósio pelas vestes com a intenção de comprometê-lo e provocar sua expulsão da Igreja. Ambrósio então lhe disse: "Ainda que eu seja indigno da condição sacerdotal, você não pode pôr as mãos num padre, qualquer que seja ele, e deve temer o juízo de Deus com medo que aconteça algo grave a você". Tais palavras logo se confirmaram, pois no dia seguinte a moça morreu. Ele acompanhou o corpo dela até o local da sepultura, retribuindo com um ato de misericórdia a afronta recebida. Este acontecimento causou forte impressão a todos.

Depois disso ele voltou a Milão, onde a imperatriz Justina preparou-lhe uma série de ciladas, concedendo muito dinheiro e honrarias para instigar o povo contra ele. Uma multidão pedia seu exílio, e um homem mais infeliz e exaltado que os outros chegou mesmo a alugar uma casa perto da igreja e a deixar uma quadriga preparada para, a uma ordem de Justina, deportá-lo mais rapidamente. Mas Deus interveio e no mesmo dia em que aquele indivíduo se preparava para capturá-lo, foi ele próprio levado para o exílio, naquela mesma quadriga. Isso não impediu Ambrósio de dar a ele tudo de que necessitava, mais uma vez, portanto, retribuindo o mal com o bem.

O próprio Ambrósio compôs o canto e o ofício da igreja de Milão. Naquela época havia em Milão um grande número de pessoas possuídas pelos demônios, e que gritavam em voz alta que eram atormentadas por Ambrósio. Justina e muitos outros arianos diziam, por sua vez, que tais pessoas tinham sido subornadas por Ambrósio para se dizerem endemoninhadas. Certo dia um ariano possuído pelo demônio começou de repente a gritar: "Que todos os que não crêem em Ambrósio sofram o que estou sofrendo". Confusos, os arianos afogaram aquele homem numa piscina.

Um herético, ótimo polemista, duro e irredutível nas questões de fé, ao ouvir uma prédica de Ambrósio viu um anjo que dizia ao ouvido do pregador as palavras que ele dirigia ao povo, e diante disso pôs-se a defender a fé que anteriormente perseguia.

3. Um arúspice conjurava os demônios e mandava-os molestar Ambrósio, mas os demônios voltavam dizendo que não podiam se aproximar dele, e sequer chegar perto das portas de sua casa, porque um fogo intransponível rodeava o edifício inteiro, queimando-os mesmo à distância. O próprio arúspice, condenado à tortura por um juiz por diversos malefícios praticados, enquanto era castigado gritava que os maiores tormentos eram-lhe impostos por Ambrósio.

Havia um endemoninhado que toda vez que entrava em Milão ficava livre do demônio, sendo novamente possuído tão logo saía da cidade. Perguntaram ao demônio a causa disso, e ele respondeu que temia Ambrósio. Instigado pelas súplicas e pelo dinheiro de Justina, certa noite um homem entrou no quarto de Ambrósio para matá-lo, mas no momento em que ergueu a mão direita com a espada ficou paralítico.

Os habitantes de Tessalônica tinham insultado o imperador Teodósio, que instado porém pelo beato Ambrósio resolveu perdoá-los, até que a malícia dos cortesãos convenceu o imperador do contrário e muitas pessoas foram mortas sem que Ambrósio soubesse. Assim que tomou conhecimento do fato, Ambrósio proibiu Teodósio de entrar na igreja. Quando este argumentou que Davi cometera adultério e homicídio, Ambrósio respondeu: "Como você o imitou nos erros, imite-o no arrependimento". Tais palavras foram bem recebidas pelo clemente imperador, que não se negou a se submeter a uma sincera penitência.

Quando um endemoninhado pôs-se a gritar que era atormentado por Ambrósio, este lhe disse: "Cale-se, diabo, porque não é Ambrósio que o atormenta, mas a inveja que sente ao ver homens subirem ao local de onde você foi vergonhosamente expulso. Ambrósio não peca por orgulho". E o possesso calou-se no mesmo instante.

4. Certa ocasião, quando o bem-aventurado Ambrósio caminhava pela cidade e caiu, ficando estendido no chão, um homem que viu a cena pôs-se a rir. Ambrósio observou: "Você, que está de pé, cuidado para também não cair". Imediatamente após estas palavras o homem levou um tombo e lamentou ter zombado do outro.

Uma vez Ambrósio foi ao palácio de Macedônio, mestre de ofícios, mas encontrou as portas fechadas, e não podendo entrar, disse: "Algum dia você irá à igreja e apesar de não encontrar as porta fechadas, e sim abertas, não poderá entrar". Algum tempo depois, temendo seus inimigos, Macedônio procurou refúgio na igreja, mas não conseguiu encontrar a entrada, embora as portas estivessem abertas.

A abstinência de Ambrósio era tão rigorosa, que ele jejuava todos os dias, salvo sábado, domingo e nas principais festas. Sua generosidade era tão grande, que dava tudo o que podia às igrejas e aos pobres, nada guardando para si. Sua compaixão era tamanha, que se alguém vinha lhe confessar os pecados, ele chorava tão amargamente que o próprio pecador acabava por chorar. Sua humildade e seu amor ao trabalho iam a ponto de escrever de próprio punho seus livros, a não ser que estivesse gravemente enfermo. Sua piedade e doçura eram tão grandes, que quando lhe anunciavam a morte de um santo sacerdote ou bispo derramava lágrimas tão amargas que ficava quase inconsolável. Quando lhe perguntavam por que chorava assim os santos personagens que iam para o Céu, respondia: "Não creia que choro por vê-los partir, mas sim por vê-los me anteceder; além do que é difícil encontrar alguém digno para ocupar semelhantes funções". Sua constância e força de alma eram tão grandes, que ele não adulava nem o imperador nem os príncipes; ao contrário, repreendia em voz alta os erros deles.

Um homem que havia cometido um crime terrível foi levado diante de Ambrósio, que disse: "É preciso entregá-lo a Satanás para mortificar sua carne, pois temo que ele tenha a audácia de cometer outra vez crimes iguais". No mesmo instante em que dizia essas palavras, o espírito imundo dilacerou aquele homem.

5. Conta-se que certa vez, a caminho de Roma, o beato Ambrósio foi hospedado na Toscana, na herdade pertencente a um homem muitíssimo rico, sobre cuja condição quis se informar. Ele respondeu: "Minha situação sempre foi feliz e gloriosa. Como pode ver, possuo imensa riqueza, um grande número de escravos e servidores domésticos que procuram sempre fazer o que quero. Nunca conheci adversidades ou tristezas". Ao ouvir isso, Ambrósio ficou estupefato e disse aos que o acompanhavam: "Vamos levantar e partir o mais depressa possível, porque o Senhor não está nesta casa. Apressem-se, meus filhos, apressem-se, não nos atrasemos nem um pouco em partir, pois temo que a vingança divina nos alcance aqui e envolva todos nós nos pecados dessa gente". Eles saíram, e mal se afastaram subitamente a terra abriu-se e tragou aquele homem com tudo o que lhe pertencia, sem deixar nenhum vestígio. Vendo aquilo, disse Ambrósio: "Vejam, irmãos, como Deus é misericordioso ao nos dar adversidade neste mundo, e como é severo e ameaçador quando sempre concede prosperidade". Conta-se que naquele lugar ficou um buraco profundo, que existe ainda hoje como testemunho do fato.

6. Vendo a avareza, raiz de todos os males, aumentar cada vez mais entre os homens, sobretudo os que ocupavam cargos importantes, inclusive os que exerciam funções sacerdotais, Ambrósio chorava muito e suplicava insistentemente para ser libertado das amarras deste mundo. Ao sentir que logo obteria o que pedira, com grande alegria revelou a seus irmãos que estaria com eles apenas até o domingo da Ressurreição.

Poucos dias antes de ser acamado, enquanto ditava a explicação do salmo 44, seu secretário de repente viu uma pequena chama cobrir a cabeça de Ambrósio e depois entrar em sua boca como um proprietário entra em casa. Nesse instante seu rosto ficou branco como a neve, mas logo recuperou a tonalidade habitual. Naquele mesmo dia ele parou de escrever e de ditar, e não pôde terminar o comentário do Salmo. Alguns dias depois sua fraqueza aumentou, e o conde da Itália, que estava em Milão, convocou todos os nobres dizendo que após a morte de tão grande homem era de se temer que a Itália conhecesse muitos problemas, e pediu àquelas pessoas que fossem até o homem de Deus rogar para que o Senhor lhe desse mais um ano de vida. Ao ouvir o pedido, ele respondeu: "Não vivi de maneira a ter vergonha de viver, nem de ter medo de morrer, pois o Senhor é bom".

Naqueles dias, quatro de seus diáconos reuniram-se perguntando um ao outro qual mereceria ser bispo depois da morte dele. Encontravam-se bem longe da cama na qual estava o escravo de Deus, e tinham pronunciado tão baixo o nome de Simpliciano, que mal podiam ouvir uns aos outros, mas apesar disso Ambrósio exclamou três vezes: "Ele é velho, mas é bom". Ouvindo isso, os diáconos fugiram assustados e depois da morte de Ambrósio não hesitaram em eleger Simpliciano.

Ambrósio viu Jesus chegar sorrindo até a cama em que estava deitado. Honório, bispo de Vercelli, que esperava a morte do beato Ambrósio, durante o sono ouviu uma voz dizer três vezes: "Levante, que ele está para morrer". Imediatamente foi a Milão, administrou o sacramento do corpo do Senhor ao moribundo, e este logo depois colocou as mãos em forma de cruz e exalou o derradeiro suspiro enquanto ainda rezava. Ambrósio morreu no ano do Senhor de 379.

Seu corpo foi levado à igreja na noite da Páscoa, e algumas crianças que acabavam de ser batizadas viram-no no púlpito, outras apontaram-no a seus pais sentado na cátedra episcopal, outras ainda viram uma estrela sobre seu corpo. Algum tempo depois, ao participar de um jantar com muitos convivas, um padre pôs-se a falar mal de Santo Ambrósio, e no mesmo instante foi afligido por uma doença mortal, passou da mesa à cama e morreu logo depois. Na cidade de Cartago, três bispos estavam à mesa, e tendo um deles falado mal do bem-aventurado Ambrósio, contaram-lhe o que sucedera com o padre que o havia caluniado. O bispo escarneceu do caso, logo foi mortalmente atingido e ato contínuo expirou.

7. O bem-aventurado Ambrósio foi uma pessoa notável em muitos pontos. Primeiro, pela sua liberalidade, porque tudo o que tinha pertencia aos pobres. Ele mesmo conta que quando o imperador pediu-lhe uma basílica, respondeu o que está no Decreto XXIII, questão 8: "Se ele tivesse pedido algo de meu, bens de raiz, dinheiro e coisas semelhantes de minha propriedade, eu não recusaria, embora tudo que é meu pertença aos pobres".

Segundo, pela sua pureza, porque permaneceu virgem. Jerônimo conta que ele dizia: "Não devemos apenas louvar a virgindade, mas também conservá-la".

Terceiro, pela firmeza da sua fé, que o fez dizer quando o imperador pediu-lhe uma basílica: "É mais fácil ele me arrancar a alma do que a fé".

Quarto, pelo seu desejo de martírio. Lê-se a esse respeito em sua carta *De basílica non tradenda*, que um ministro do imperador Valentiniano mandara dizer: "Se você desprezar Valentiniano, corto a sua cabeça". A isso Ambrósio respondeu: "Permita Deus que você faça o que ameaça, e que Deus também desvie os flagelos dirigidos à Igreja, que os inimigos dela apontem todas as suas flechas para mim e saciem sua sede com meu sangue".

Quinto, pelas suas preces assíduas. Sobre esse ponto lê-se no livro XI da *HISTÓRIA ECLESIÁSTICA*: "Em suas desavenças com uma rainha furiosa, Ambrósio não se defendia nem com a mão nem com armas, mas com jejuns e contínuas vigílias diante do altar, fazendo de Deus o defensor dele mesmo e da Igreja".

Sexto, pelas suas lágrimas que caíam abundantes por três razões: a compaixão que sentia pelas faltas dos outros, pois como nos relata a legenda escrita por Paulino, quando alguém ia lhe confessar os pecados ele chorava tão amargamente que fazia o outro chorar; o desejo pela glória eterna, pois como já vimos ele disse a Paulino, quando perguntado por que chorava tanto a morte dos santos, que "não choro porque morreram, mas porque me precederam na bem-aventurança"; a tristeza pelas injúrias que recebia, pois como ele mesmo fala no decreto supracitado: "Minhas armas contra os soldados godos são as lágrimas, a única defesa que os sacerdotes devem utilizar, por isso não posso nem devo resistir de outro modo".

Sétimo,[3] pela sua constância em toda provação, o que aparece sobretudo em três aspectos.

---

3 Na edição Graesse aqui começa um novo item, assim como mais adiante no oitavo ponto da argumenta-

Um, a defesa da verdade católica. Como está no livro XI da *História eclesiástica*, Justina, discípula dos arianos e mãe do imperador Valentiniano, tentou conturbar a Igreja ameaçando com o exílio os padres que não concordassem em revogar os decretos do concílio de Rimini, forma de atacar Ambrósio, muralha e torre da Igreja. É o que mostra o prefácio[4] da sua missa: "Ó Senhor, você fortaleceu Ambrósio com tanta virtude, ornou-o com uma constância celeste tão admirável, que ele atormenta e expulsa os demônios, confunde a impiedade ariana, submete humildemente a seu jugo os príncipes seculares".

Dois, a defesa da liberdade da Igreja. O imperador desejava apoderar-se de uma basílica, mas Ambrósio resistiu, como ele próprio atesta, e suas palavras estão reproduzidas no Decreto XXIII, questão 6:

> Uns condes pressionaram-me a abandonar a basílica dizendo que era ordem do imperador e que eu devia entregá-la porque ele tinha direito a ela. Respondi que: "Se o que ele pede for meu patrimônio, peguem, se for meu corpo, irei oferecê-lo. Querem me prender? Prendam-me. Querem minha morte? Também a quero. Não recorrerei à multidão para me defender, não me refugiarei no altar, mas de bom grado me deixarei imolar. Vocês me dão a ordem monárquica de entregar a basílica, mas a ela contraponho as palavras da Escritura. Você fala como um insensato, imperador, se pensa ter qualquer direito sobre as coisas divinas. Ao imperador, os palácios, aos padres, as igrejas. São Nabote[5] defendeu sua vinha com seu sangue, e se ele não cedeu uma vinha, por que cederíamos a igreja de Cristo? O tributo pertence ao césar, e ninguém deve recusá-lo. A igreja pertence a Deus, e não pode ser entregue ao césar. Se me pedissem, se me forçassem, a dar terras, casa, ouro ou prata, enfim qualquer coisa que me pertencesse, eu a entregaria de bom grado, mas não posso tirar nada do templo de Deus, pois eu o recebi para conservá-lo, não para dilapidá-lo".

Três, a repressão do vício e de toda sorte de iniqüidade. Lê-se na
HISTÓRIA TRIPARTITE:

ção de Jacopo. Como, no entanto, parece-nos que se trata de cortes artificiais, que quebram a seqüência narrativa do item 7, não adotamos essa numeração.

[4] O latim clássico *praefatio*, que indicava a parte anterior ao início de um discurso ou texto, transformou-se no latim cristão na introdução ao cânone da missa, no preâmbulo à consagração.

[5] Personagem do Antigo Testamento que por se negar a ceder sua vinha ao rei, foi falsamente acusado de amaldiçoar Deus e o monarca e morreu apedrejado: *1 reis* 21,1-14.

Em Tessalônica ocorrera uma revolta e alguns juízes tinham sido lapidados pelo povo. Indignado, o imperador Teodósio mandou matar 5 mil pessoas, sem distinguir culpados de inocentes. Quando o imperador foi a Milão e quis entrar na igreja, Ambrósio foi a seu encontro na porta e não o deixou entrar, dizendo: "Você não compreende, imperador, após semelhante ato de furor, o tamanho de sua presunção? Talvez o poder imperial o impeça de reconhecer os pecados, mas no seu cargo é preciso que a razão supere a força. Como imperador você é o primeiro dos cidadãos, não senhor de todos eles. Com que olhos poderá olhar o templo do Senhor, comum a todos nós? Com que pés poderá pisar em seu santuário? Como lavará as mãos ainda manchadas de sangue injustamente derramado? Como ousaria receber seu sangue adorável nessa boca que por excesso de cólera ordenou tantos assassinatos? Levante-se, retire-se e não acrescente um novo crime ao que já cometeu. Receba o jugo que o Senhor impõe agora a você, pois ele é garantia de cura e salvação". O imperador obedeceu e voltou a seu palácio, gemendo e chorando.

Ele já havia chorado muito quando um de seus generais, Rufino, perguntou o motivo de tão profunda tristeza. Ele respondeu: "Você não compreende o quanto sofro ao ver que os templos estão abertos para escravos e mendigos, mas fechados para mim". Ao falar, cada uma de suas palavras era entrecortada de soluços. Rufino: "Se quiser, vou ver Ambrósio para que ele o libere desta proibição". Ele replicou: "Você não poderá persuadir Ambrósio, porque o poder imperial não é capaz de amedrontá-lo a ponto de fazê-lo violar a lei divina". Mas como Rufino prometeu convencer o bispo, o imperador consentiu.

Mal avistou Rufino, Ambrósio disse: "Você imita os cães, Rufino, por não ter vergonha de semelhante carnificina e não ter vergonha de ladrar contra a majestade divina". Como Rufino suplicou pelo imperador e disse que ele viria em pessoa, Ambrósio ficou inflamado por um zelo sobre-humano: "Garanto a você que proibirei que ele entre nos santos vestíbulos, e se quiser agir como tirano e empregar a força, estou pronto a enfrentar a morte". Rufino repetiu essas palavras ao imperador, que comentou: "Irei vê-lo, para receber eu mesmo as reprimendas que mereço". Assim fez e pediu para ser liberado, mas Ambrósio proibiu sua entrada perguntando: "Que penitência você fez depois de ter cometido tão grande iniqüidade?". O imperador respondeu: "Cabe a você impô-la, e a mim cumpri-la". O imperador alegou então que Davi cometera adultério e homicídio, ao que Ambrósio ponderou: "Você o imitou no erro, imite-o agora no arrependimento". O imperador recebeu tal conselho com gratidão, e não se recusou a fazer penitência pública.

Depois de perdoado foi à igreja, dirigiu-se ao presbitério e ali ficou de pé. Ambrósio perguntou-lhe o que fazia, e o imperador respondeu que esperava para participar dos santos mistérios. Ambrósio disse: "Imperador, o coro da igreja é reservado apenas aos padres, saia e espere junto com os outros fiéis. A púrpura faz de você imperador, não sacerdote". No mesmo instante Teodósio obedeceu. De volta a Constantinopla, estava um dia fora do coro quando o bispo local mandou que entrasse, ao que Teodósio respondeu: "Demorei muito para saber a diferença entre um imperador e um sacerdote, não tinha um mestre capaz de me ensinar a verdade, somente Ambrósio, autêntico pontífice, conseguiu fazê-lo".

Oitavo ponto, Ambrósio foi notável pela sua doutrina sã e de grande profundidade.[6] Diz Jerônimo em seu livro sobre os *Doze doutores*: "Ambrósio eleva-se como um pássaro que colhe seus frutos no Céu". Falando de sua firmeza, acrescentou: "Todas as suas sentenças são colunas sobre as quais se apóiam a fé, a Igreja e todas as virtudes". Sobre a beleza do estilo, diz Agostinho, em seu livro *Das bodas e dos contratos*, que o heresiarca Pelágio faz os seguintes elogios a Ambrósio: "O bem-aventurado bispo Ambrósio, em cujos livros brilha a fé romana, destacou-se como uma flor no meio dos escritores latinos". E Agostinho comenta: "Sua fé e suas perfeitas explicações das Escrituras não foram atacadas sequer por inimigos". Sua doutrina goza de grande autoridade entre os escritores antigos, dentre eles Agostinho, que o tinham em alta consideração.

Um exemplo disso é o relato de Agostinho a Januário sobre o fato de sua mãe estranhar que não se jejuasse aos sábados em Milão. Agostinho interrogou Ambrósio a respeito, e este explicou: "Quando vou a Roma, jejuo sábado. Deve-se sempre respeitar os costumes locais de cada igreja, de forma a não escandalizar ninguém, nem ser escandalizado". A propósito disso, Agostinho comentou: "Quanto mais penso nesse conselho, mais me parece um oráculo celeste".

Deveríamos a seguir narrar a vida e o martírio de Tibúrcio e de Valeriano, mas faremos isso na legenda de Santa Cecília.

---

[6] Devido a esta autoridade doutrinal de que gozou por toda a Idade Média, Ambrósio é dos autores mais citados pela *Legenda áurea*, 43 vezes em 32 capítulos.

56. São Jorge

Jorge [Georgius] vem de *geos*, que quer dizer "terra", e de *orge*, "cultivar", de forma que o nome significa "cultivando a terra", isto é, sua carne. No seu livro *Sobre a Trindade*, Agostinho afirma que a boa terra pode estar tanto no alto das montanhas como nas encostas temperadas das colinas ou nas planícies. O primeiro tipo convém ao pasto, o segundo às vinhas, o terceiro aos cereais. De forma semelhante, o beato Jorge foi como a terra alta por desprezar as coisas baixas e exaltar as puras, foi como a terra temperada devido à descrição do vinho da eterna alegria, foi como a terra plana pela humildade que produz frutos de boas obras. Jorge também pode vir de *gerar*, "sagrado", e de *gyon*, "areia", significando portanto "areia sagrada". De fato, da mesma forma que a areia, Jorge foi pesado pela gravidade dos costumes, miúdo por sua humildade, seco pela isenção de volúpia carnal. O nome pode ainda derivar de *gerar*, "sagrado", e *gyon*, "luta", significando "lutador sagrado" porque lutou contra o dragão e contra o carrasco. Jorge ainda pode resultar de *gero*, que quer dizer "peregrino", de *gír*, "cortado", e de *ys*, "conselheiro", porque foi peregrino em seu desprezo pelo mundo, cortado em seu martírio e conselheiro na prédica do reino de Deus. Sua legenda foi considerada apócrifa pelo concílio de Nicéia devido às discrepâncias entre os relatos. O calendário de BEDA diz que ele foi martirizado na cidade persa de Diáspolis, outrora chamada Lida, e situada perto de Jope. Outras versões dizem que ele sofreu o martírio sob os imperadores Diocleciano e Maximiano. Outro autor afirma que foi na época do imperador persa Diocleciano e na presença de oitenta reis. Outros, ainda, pretendem que foi sob o governador Daciano, no tempo de Diocleciano e Maximiano.

Jorge, tribuno nascido na Capadócia,[1] foi certa vez a Silena, cidade da província da Líbia. Ali perto havia um lago, grande como um mar, no qual se escondia um pestífero e enorme dragão que muitas vezes afugentou o povo armado que tentara atacá-lo. Para acalmá-lo e impedir que se aproximasse das muralhas da cidade, que não protegiam de seu hálito empesteado que matava muita gente, os habitantes davam-lhe todos os dias duas ovelhas. Quando começou a não haver ovelhas em quantidade suficiente, o conselho municipal decidiu que se daria uma ovelha e um humano, sorteando-se para tanto rapazes e moças, sem excetuar ninguém. Depois de algum tempo também faltou gente, e o sorteio designou a filha única do rei para ser entregue ao dragão.

Contristado, o rei propôs: "Peguem todo meu ouro e prata, a metade de meu reino, mas não deixem minha filha morrer assim". Furioso, o povo respondeu: "Foi você, rei, que promulgou este edito, e agora que todos os nossos filhos estão mortos, quer salvar sua filha? Se não fizer com sua filha o que ordenou para os outros, queimaremos sua casa e você". Ao ouvir essas palavras, o rei pôs-se a chorar sua filha, dizendo: "Ai, como sou infeliz! Ó minha meiga filha, o que posso fazer por você? O que posso dizer? Nunca poderei vê-la casada?". E, voltando-se para o povo: "Eu imploro a vocês, dêem-me oito dias para chorar minha filha".

O povo aceitou, mas ao cabo de oito dias dirigiu-se, furioso, ao rei: "Prefere perder seu povo que sua filha? Estamos todos morrendo por causa do sopro do dragão". Então o rei, vendo que não poderia livrar a filha, fez que ela vestisse trajes reais e beijou-a entre lágrimas, dizendo: "Ai, como sou infeliz! Minha doce filha, de seu ventre eu esperava netos de estirpe real, e agora você vai ser devorada pelo dragão. Ai, como sou infeliz! Minha doce filha, eu esperava convidar muitos príncipes para suas bodas, decorar seu palácio com pedras preciosas, ouvir música de vários instrumentos, e no entanto você vai ser devorada pelo dragão". Ele a beijou e a deixou partir, dizendo: "Ó minha filha, queria ter morrido antes para não perdê-la assim!". Ela então se jogou aos pés de seu pai para pedir a bênção, e depois de abençoada em lágrimas dirigiu-se para o lago.

O bem-aventurado Jorge passava casualmente por lá, e vendo-a chorar perguntou a razão. Ela respondeu: "Bom rapaz, monte depressa em seu cavalo e fuja, se não quiser morrer como eu". Jorge: "Não tenha medo, minha filha, e diga-me o que toda aquela gente está esperando

---

[1] Região da Ásia Menor, a oeste da Armênia.

ver". Ela: "Vejo que você é bom rapaz, de coração generoso, mas quer morrer comigo? Fuja! Depressa!". Jorge replicou: "Não irei embora antes que me conte o que está acontecendo". Depois que a moça explicou tudo, Jorge disse: "Minha filha, nada tema, porque, em nome de Cristo, vou ajudá-la". Ela replicou: "Você é um bom cavaleiro, mas salve-se imediatamente, não pereça comigo! Basta que eu morra sozinha, porque você não poderia me livrar e pereceríamos juntos".

Enquanto conversavam, o dragão pôs a cabeça para fora do lago e foi se aproximando. Toda trêmula, a moça falou: "Fuja, meu bom senhor, fuja depressa". Jorge montou imediatamente em seu cavalo, protegeu-se com o sinal-da-cruz, e com audácia atacou o dragão que avançava em sua direção. Brandindo a lança com vigor, recomendou-se a Deus, atingiu o monstro com força, jogando-o ao chão, e disse à moça: "Coloque sem medo seu cinto no pescoço do dragão, minha filha". Ela assim o fez e o dragão seguiu-a como um cãozinho muito manso.

Quando ela chegou à cidade, vendo aquilo todo o povo pôs-se a fugir gritando: "Ai de nós, logo todos vamos morrer!". Mas o beato Jorge disse-lhes: "Nada temam, o Senhor me enviou para que eu os libertasse das desgraças causadas por esse dragão. Creiam em Cristo e recebam o batismo, que eu matarei o dragão". Então o rei e todo o povo foram batizados e o bem-aventurado Jorge desembainhou a espada e matou o dragão, ordenando depois que o levassem para fora da cidade. Quatro pares de bois arrastaram-no para campo aberto. Nesse dia 20 mil homens foram batizados, sem contar crianças e mulheres.

Em homenagem à bem-aventurada Maria e ao beato Jorge, o rei mandou construir uma enorme igreja, sob cujo altar surgiu uma fonte de água curativa para todos os enfermos. O rei ofereceu ao bem-aventurado Jorge imensa quantidade de dinheiro, mas ele não aceitou e mandou doá-la aos pobres. Jorge deu então ao rei quatro breves conselhos: cuidar das igrejas de Deus, honrar os padres, ouvir com atenção o ofício divino e nunca esquecer os pobres. A seguir beijou o rei e foi embora.

Certos livros contam que quando o dragão ia devorar a moça Jorge protegeu-se com o sinal-da-cruz, atacou-o e matou-o. Eram imperadores na época Diocleciano e Maximiano, e sob o governador Daciano houve uma perseguição tão violenta aos cristãos que em um mês 17 mil deles receberam a coroa do martírio, enquanto muitos outros fraquejaram e sacrificaram aos ídolos.

Vendo isso, São Jorge ficou profundamente tocado, distribuiu tudo o que possuía, trocou as vestes militares pelas dos cristãos e passou a viver entre eles, exclamando: "Todos os deuses dos gentios são demônios, foi o Senhor quem fez os Céus!". Irado, o governador disse: "Que presunção é essa de chamar nossos deuses de demônios? Diga-me de onde você é e qual seu nome". Jorge respondeu: "Eu me chamo Jorge, sou de uma nobre estirpe da Capadócia. Com a ajuda de Cristo, submeti a Palestina, mas depois abandonei tudo para servir livremente ao Deus do Céu". Como o governador não conseguia demovê-lo, mandou suspendê-lo no potro[2] e dilacerar cada um de seus membros com garfos de ferro. Mandou queimá-lo com tochas e esfregar sal em suas feridas e em suas entranhas, que lhe saíam do corpo. Na noite seguinte, envolto em imensa luz, o Senhor apareceu-lhe e reconfortou-o com doçura. A deliciosa visão e as confortantes palavras fortaleceram-no a tal ponto que seus tormentos pareciam não ter acontecido.

Percebendo que não podia dobrá-lo com torturas, Daciano convocou um mágico, a quem disse: "Graças às artes mágicas, os cristãos zombam dos tormentos e recusam-se a sacrificar a nossos deuses". O mágico respondeu: "Se não conseguir superar seus truques, que eu perca a cabeça!". Preparou então seus feitiços, invocou seus deuses, misturou veneno com vinho e deu-o para São Jorge beber. O homem de Deus fez sobre a bebida o sinal-da-cruz e tomou-a sem ser afetado. O mágico preparou uma dose mais forte, que o homem de Deus bebeu inteiramente, sem dano algum, após ter feito o sinal-da-cruz. Ao ver isso, o mágico lançou-se aos pés de Jorge, chorando, arrependido, e pediu para ser cristão. Logo depois o juiz mandou decapitá-lo.

No dia seguinte, ele mandou colocar Jorge numa roda que tinha em toda a sua volta espadas de dois gumes, mas no mesmo instante a roda quebrou e Jorge saiu dali ileso. Irritado, o juiz mandou então jogá-lo num caldeirão cheio de chumbo derretido, mas ele fez o sinal-da-cruz antes de entrar, e pela virtude de Deus revigorou-se ali como num banho. Vendo que não conseguia vencê-lo com torturas, Daciano pensou em fazê-lo com suavidade e disse-lhe: "Jorge, meu filho, veja a mansuetude de nossos deuses, eles suportam suas blasfêmias com tanta paciência e estão dispostos a ser indulgentes com você caso aceite se

---

[2] Conforme nota 1 do capítulo 25.

converter. Faça, portanto, querido filho, o que peço: abandone suas superstições para sacrificar a nossos deuses, a fim de receber deles e de nós grandes honrarias". Jorge replicou, sorrindo: "Por que você não me falou desta forma branda antes de me torturar? Estou pronto a fazer aquilo a que me exorta".

Iludido por essa fala, Daciano, muito feliz, mandou o pregoeiro público convocar a todos para ver Jorge, por tanto tempo rebelde, enfim ceder e sacrificar aos deuses. A cidade inteira foi engalanada e com alegria esperou o momento, mas ao entrar no templo para sacrificar aos ídolos, Jorge ajoelhou-se e pediu ao Senhor que destruísse completamente o templo com seus ídolos. No mesmo instante caiu o fogo do Céu sobre o templo, queimando-o com seus deuses e seus sacerdotes. A terra entreabriu-se e tragou tudo o que restara.

No prefácio[3] que Ambrósio compôs a respeito, ele diz:

> Jorge, fidelíssimo guerreiro de Cristo, professou com intrepidez o cristianismo enquanto muitos renegavam o Filho de Deus. Recebeu da graça divina tão grande constância, que desprezou as ordens do poder tirânico e não temeu as dores de incontáveis suplícios. Ó feliz e ínclito paladino do Senhor, que não foi seduzido pelas promessas de um reino temporal, e enganando o perseguidor precipitou no abismo as falsas divindades!

Assim escreveu Ambrósio.

Ao saber daquele fato, Daciano mandou levar Jorge à sua presença e perguntou-lhe: "Qual foi a mágica, homem malvado, que você usou para cometer semelhante crime?". Jorge respondeu: "Não acredite nisso, rei, venha comigo e me verá imolar aos deuses". Daciano: "Entendo seu plano, você quer que a terra me trague como fez com o templo e com meus deuses". Jorge retrucou: "Diga-me, miserável, como os seus deuses irão ajudá-lo se não foram capazes de se defender?". Cheio de raiva, o rei disse a sua esposa Alexandrina: "Percebo que este homem me superou e que vou morrer". Ela retrucou: "Tirano cruel e carniceiro, quantas vezes disse a você para não molestar os cristãos porque o Deus deles os defenderia? Pois bem, fique sabendo que quero me tornar cristã". Estupefato, o rei exclamou: "Ah! Que dor! Até você foi seduzida?". E mandou pendurá-la pelos cabelos e surrá-la duramente.

---

[3] Conforme nota 4 do capítulo 55.

Durante esse suplício ela disse: "Jorge, luz da verdade, para onde vou, já que ainda não fui regenerada pela água do batismo?". Jorge: "Não tema, filha, o sangue que você vai derramar servirá de batismo e será sua coroa". Orando, ela rendeu a alma ao Senhor. É o que atesta Ambrósio, ao dizer no prefácio que "a rainha dos persas foi condenada por seu cruel marido, e embora não tenha recebido a graça do batismo, mereceu a palma de um martírio glorioso. Por isso não podemos duvidar que o rocio do seu sangue tenha merecidamente aberto para ela as portas do reino do Céu". Foi o que escreveu Ambrósio.

No dia seguinte Jorge foi condenado a ser arrastado por toda a cidade e a ter a cabeça cortada. Ele orou ao Senhor pedindo que atendesse a todos os que implorassem seu socorro, e ouviu-se a voz divina concedendo-lhe o pedido. Terminada a oração, seu martírio foi consumado e sua cabeça cortada. Isso aconteceu sob Diocleciano e Maximiano, que reinaram por volta do ano 287 do Senhor. Quando Daciano voltava do lugar do suplício para seu palácio, o fogo do Céu caiu sobre ele e seus guardas, consumindo-os.

GREGÓRIO DE TOURS conta que algumas pessoas com relíquias de São Jorge hospedaram-se certa noite em um oratório, e de manhã não conseguiram de nenhum jeito mover o relicário enquanto não deixaram ali uma parte das relíquias. Na *História de Antioquia* lê-se que quando os cristãos rumavam para conquistar Jerusalém, um belíssimo rapaz apareceu a um sacerdote dizendo-lhe que São Jorge seria o comandante dos cristãos caso levassem consigo suas relíquias a Jerusalém, onde ele próprio estaria ao lado deles. E quando sitiavam a cidade e a resistência dos sarracenos não permitia o assalto final, o bem-aventurado Jorge apareceu em trajes brancos e armado de uma cruz vermelha, fazendo sinal aos sitiantes para irem atrás dele e atacarem sem medo, que conquistariam a cidade. Animados por essa visão, venceram e massacraram os sarracenos.

57. São Marcos

Marcos quer dizer "de sublime mandato", "seguro", "modesto" e "amargo". Ele foi "de sublime mandato" devido à perfeição de sua vida, pois não apenas observou os mandamentos que são comuns a todos, mas também os sublimes, caso dos preceitos evangélicos. Foi "seguro" devido à confiança na doutrina do Evangelho, o que aprendeu de seu mestre Pedro. Foi "modesto" devido à sua profunda humildade, que o levou a amputar um polegar para não poder ser ordenado sacerdote.[1] Foi "amargo" devido aos tormentos que suportou quando arrastado pela cidade até render o espírito. O nome Marcos também pode vir de *marco*, o martelo que doma o ferro e ao bater na bigorna produz melodia. Tudo isso se aplica a Marcos, que por meio da doutrina de seu evangelho doma a perfídia dos heréticos, produz a melodia do louvor divino, fortalece a Igreja.

1. O evangelista Marcos, sacerdote da tribo de Levi, foi pelo batismo filho do apóstolo Pedro, de quem era discípulo na palavra divina. Quando ele acompanhou o bem-aventurado Pedro a Roma, onde este pregava, os fiéis da cidade pediram ao beato Marcos que escrevesse o Evangelho de forma a perpetuá-lo na memória de todos. Ele pôs por escrito tudo que ouvira de seu mestre, o beato Pedro, que examinou o relato com cuidado e vendo que era pleno de verdade aprovou-o e jul-

---

[1] O Antigo Testamento exigia integridade corporal para os sacerdotes (*Levítico* 21,17-23), o que não é afirmado pelo Novo Testamento mas aparece já nos primeiros séculos cristãos nos textos legislativos, por exemplo, do primeiro concílio ecumênico, o de Nicéia, em 325, dos *Cânones apostólicos* do século IV, do Concílio de Roma de 465, do Concílio de Orléans de 538, do IV Concílio de Toledo de 633. O papa Inocêncio I (402-417) afirma que no clero cristão não podem ser admitidos mutilados, "mesmo que seja da falange de um dedo" (*Epístolae* 37, *Patrologia Latina*, vol. 20, col. 603 BC).

gou-o digno de ser recebido por todos os fiéis. Vendo Pedro que Marcos era firme na fé, mandou-o a Aquiléia pregar a palavra de Deus, e ele ali converteu enormes multidões de gentios à fé em Cristo. Conta-se que foi lá que escreveu seu Evangelho, ainda hoje conservado com grande devoção na igreja de Aquiléia.

O bem-aventurado Marcos levou para Roma um cidadão de Aquiléia que convertera à fé em Cristo, Ermágora, a fim de que Pedro o consagrasse bispo de Aquiléia. Depois de receber o pontificado, Ermágora governou sua igreja com zelo até ser capturado pelos infiéis e receber a coroa do martírio. Marcos, por sua vez, foi então enviado pelo beato Pedro a Alexandria para pregar a palavra de Deus. Logo depois de entrar na cidade, conforme relata Fílon, judeu muito eloqüente,[2] juntou-se uma multidão unida pela fé, pela devoção e pela continência. Papias, bispo de Jerusalém, fez o elogio dele em estilo refinado, e PEDRO DAMIANO diz a seu respeito: "Tão grande foi sua influência em Alexandria, que todos os que acorriam para ser instruídos nos rudimentos da fé logo estavam praticando a continência e todo gênero de boas obras, parecendo uma comunidade de monges. Esse resultado devia-se menos aos milagres e à eloqüência de suas prédicas, do que a seus exemplos". E acrescenta que após a morte o corpo dele foi levado de volta para a Itália, a fim de que a terra na qual escrevera seu Evangelho tivesse a honra de possuir seus sagrados despojos: "Feliz Alexandria, que foi banhada por seu sangue glorioso, feliz Itália, por possuir o tesouro de seu corpo".

Conta-se que Marcos era dotado de tamanha humildade que cortou o polegar para que não pudesse ser ordenado sacerdote, mas prevaleceu a autoridade de São Pedro, que o escolheu para bispo de Alexandria. Ao entrar em Alexandria, seu sapato subitamente se rasgou e ele espiritualmente compreendeu o significado do fato: "Ao me livrar destas peles mortas, o Senhor mostrou-me que na verdade Satanás não será mais um obstáculo para mim". Vendo um sapateiro, Marcos entregou seu calçado destroçado para ser consertado, mas, ao tentar fazê-lo, o artesão feriu-se gravemente na mão esquerda e pôs-se a gritar: "Deus único!". Ouvindo aquilo, o homem de Deus falou: "Com efeito, o

---

[2] Fílon de Alexandria (c. 13 a.C.-c. 54) era um grego de origem judaica que em sua vasta obra filosófica (o franciscano Boaventura, contemporâneo de Jacopo, também o chamou de "o mais eloqüente dos judeus") realizou certa harmonização entre pensamento grego (Aristóteles, neopitagóricos, estóicos e sobretudo Platão) e textos bíblicos, exercendo por isso uma influência não desprezível na Idade Média cristã.

Senhor torna proveitosa minha viagem". Então misturou um pouco de terra com sua saliva e colocou-a sobre a mão do sapateiro, que imediatamente ficou curado. Este, vendo o poder daquele homem, introduziu-o na sua casa e perguntou-lhe quem era e de onde vinha. Marcos revelou ser um escravo do Senhor Jesus. O outro disse: "Gostaria de conhecê-lo". Marcos: "Vou mostrá-lo".

E Marcos passou a lhe anunciar o Evangelho de Cristo e batizou-o, bem como a todos os de sua casa. Ouvindo falar de um galileu que desprezava os sacrifícios aos deuses, os habitantes da cidade prepararam-lhe algumas ciladas. Sabedor do fato, Marcos ordenou como bispo a Aniano, o homem que ele havia curado, e partiu para Pentápole, onde ficou dois anos antes de voltar para Alexandria. Nesta cidade viu que tinha aumentado muito o número de cristãos na igreja que erguera sobre os rochedos à beira-mar, no lugar chamado Matadouro.

Sabendo que ele havia voltado, os sacerdotes dos templos planejaram prendê-lo, e no dia de Páscoa, quando o bem-aventurado Marcos celebrava missa, entraram na igreja, amarraram-lhe uma corda no pescoço e arrastaram-no por toda a cidade, dizendo: "Levemos o búfalo ao Matadouro". Sua carne e seu sangue espalharam-se pelo chão e cobriram as pedras. Em seguida foi colocado numa prisão, onde um anjo consolou-o e o próprio Senhor Jesus Cristo dignou-se visitá-lo, dizendo para confortá-lo: "A paz esteja consigo! Marcos, meu evangelista, nada tema, porque estou aqui para levá-lo comigo".

Chegada a manhã, puseram outra vez uma corda no seu pescoço e o arrastaram de um lado para o outro, gritando: "Levemos o búfalo ao Matadouro". No meio desse suplício, Marcos dava graças a Deus dizendo: "Entrego meu espírito em suas mãos". E, pronunciando estas palavras, expirou. Era a época de Nero, por volta do ano 57 do Senhor. Como os pagãos queriam queimar seu corpo, de repente o ar ficou turvo, começou uma tempestade, caiu granizo, explodiram trovoadas, faiscaram relâmpagos. Todo mundo fugiu, deixando intacto o corpo do santo, que os cristãos recolheram e sepultaram na igreja, com toda reverência.

O beato Marcos tinha nariz comprido, sobrancelhas baixas, olhos bonitos, ligeiras entradas no cabelo, barba espessa. Era homem de boas maneiras e de meia-idade. Seus cabelos começavam a branquear, era afetuoso, comedido e cheio da graça de Deus. O bem-aventurado Ambrósio diz a seu respeito:

O beato Marcos brilhava por incontáveis milagres. Quando um sapateiro a quem ele dera seu calçado para consertar furou a mão esquerda em seu trabalho, gritando ao se ferir: "Deus único!", o escravo de Deus ficou todo feliz ao ouvi-lo, pegou um pouco de lama feita com a própria saliva, com ela untou a mão machucada, que sarou no mesmo instante, de modo que o homem pôde continuar seu trabalho. Este milagre foi semelhante àquele contado no Evangelho, segundo o qual o Senhor curou um cego de nascença.

Assim escreveu Ambrósio.

2. No ano da Encarnação do Senhor de 468, no tempo do imperador Leão, os venezianos transportaram o corpo de São Marcos de Alexandria para Veneza, onde em honra do santo foi erguida uma igreja de maravilhosa beleza. Uns mercadores venezianos que tinham ido a Alexandria, conseguiram, por meio de doações e promessas, que dois padres guardiães do corpo de São Marcos permitissem que este fosse levado às escondidas para Veneza. Quando tiravam o corpo do túmulo, um cheiro tão penetrante espalhou-se por toda Alexandria, que todas as pessoas ficaram maravilhadas, perguntando-se de onde podia vir aquele perfume tão suave.

Já em alto-mar, os mercadores comunicaram aos outros navios da frota que estavam transportando o corpo de São Marcos, ao que alguém disse: "Talvez tenham dado a vocês o corpo de um egípcio qualquer, e não o de São Marcos". Imediatamente o navio que transportava o corpo de São Marcos fez sozinho uma manobra com maravilhosa velocidade, e abalroou, rompendo-lho o casco, o navio no qual se encontrava o homem que acabara de falar. E não se afastou enquanto todos os que iam naquele navio não declararam acreditar que era o corpo do bem-aventurado Marcos que ali estava.

Certa noite os navios foram arrastados por uma corrente muito forte, e sacudidos pela tormenta e envoltos em trevas, os navegantes não sabiam para onde estavam indo. São Marcos apareceu então ao monge que custodiava seu corpo e falou: "Diga a toda essa gente que recolha depressa as velas, porque não estão longe da terra". Assim fizeram, e quando amanheceu estavam diante de uma ilha. Enquanto a costeavam, apesar de estarem ocultando o santo tesouro, uns ilhéus apareceram gritando: "Ó, felizes são vocês que transportam o corpo de São Marcos! Suplicamos que nos deixem homenageá-lo".

Um marinheiro que continuava totalmente incrédulo foi possuído pelo demônio e molestado até o momento em que, junto ao corpo, confessou crer na sua autenticidade. Libertado do demônio, rendeu glória a Deus e passou a ter grande devoção pelo beato Marcos.

Para melhor proteger o corpo de São Marcos, colocaram-no sob uma coluna de mármore, em presença de umas poucas pessoas. Com o tempo, falecidas essas testemunhas, ninguém podia saber, nem reconhecer por algum indício, o lugar em que estava o santo tesouro. Houve muito lamento entre o clero, grande desolação entre os leigos e uma tristeza profunda em todos. O medo dessa gente devota era que um padroeiro tão importante lhes tivesse sido roubado. Ordenou-se então um jejum solene, organizou-se uma procissão ainda mais solene, e, estupefatos, todos viram as pedras soltarem-se da coluna, descobrindo a arca na qual o corpo estava guardado. No mesmo instante renderam-se ações de graça ao Criador, que se dignara revelar o padroeiro, e dali em diante essa data passou a ser festejada pela glória de tão grande prodígio.

Atormentado por um câncer cujos vermes roíam-lhe o peito, um rapaz pôs-se mentalmente a implorar de forma devota a ajuda do bem-aventurado Marcos. Enquanto dormia, viu um homem com hábito de peregrino e passo apressado, ao qual perguntou quem era e aonde ia com tanta pressa. A resposta foi que era Marcos e que corria para socorrer um navio em perigo, que o invocara, e enquanto falava e andava estendeu a mão e tocou o doente, que ao despertar sentiu-se completamente curado. Momentos depois, um navio entrou no porto de Veneza e seus tripulantes contaram o perigo pelo qual haviam passado e como haviam sido acudidos por Marcos. Todos deram graças a Deus por esses dois milagres que Ele realizara por meio de Marcos, seu santo.

3. Uns mercadores venezianos iam para Alexandria num navio sarraceno, quando diante do risco de iminente naufrágio conseguiram pular numa chalupa e cortar a corda. Pouco depois o navio foi tragado pelas águas, engolindo todos os sarracenos. Um destes invocou o beato Marcos, fazendo o voto de receber o batismo e visitar sua igreja caso ele o socorresse. No mesmo instante apareceu um esplêndido personagem que o tirou das águas e o colocou na barca junto com os outros. Mas ao chegar a Alexandria, foi ingrato para com seu libertador, nem foi à igreja de São Marcos, nem recebeu os sacramentos da nossa fé. Marcos apareceu-lhe outra vez e reprovou sua ingratidão. Caindo em si, o homem foi a Veneza e, regenerado nas santas pias batismais, recebeu o nome de Marcos, teve uma perfeita crença em Cristo e terminou sua vida com boas obras.

4. Um homem que trabalhava no alto do campanário da igreja de São Marcos, em Veneza, caiu de lá e, batendo nas saliências da construção, ficou todo ferido, mas ainda assim se lembrou de São Marcos e implorou sua proteção. Caiu então sobre uma árvore, de onde desceu sem ferimento algum, e logo a seguir retomou devotamente seu trabalho.

5. Um escravo de um nobre da Provença tinha feito o voto de visitar o corpo de São Marcos, mas como não conseguia obter permissão para isso, acabou por levar menos em conta o medo de seu amo temporal do que de seu amo celeste. Sem nada dizer a seu senhor, partiu com devoção para visitar o santo. Ao voltar, seu amo estava muito zangado e ordenou que furassem os olhos do desobediente. O desejo daquele homem cruel foi atendido por servidores ainda mais cruéis, que jogaram no chão o escravo de Deus e com estacas tentaram furar seus olhos, mas ele invocou São Marcos. Assim, foram inúteis todos os esforços porque as estacas sempre quebravam. O amo mandou então que lhe cortassem as pernas e os pés a machadadas, mas o ferro, duro por natureza, amoleceu como se fosse chumbo. Mandou arrebentar o rosto e os dentes com marretas, mas pelo poder de Deus o ferro perdeu suas características. Ao ver tudo isso, surpreso, o senhor pediu perdão e com grande devoção foi junto com seu escravo visitar o túmulo de São Marcos.

6. Durante uma batalha um cavaleiro foi ferido e sua mão ficou dependurada no braço. Médicos e amigos aconselharam amputá-la, mas como era orgulhoso e tinha vergonha de ser maneta, mandou colocar alguns medicamentos e prender a mão com ataduras. Invocou o bem-aventurado Marcos e, ato contínuo, sua mão foi curada, restando apenas uma cicatriz como testemunho de tão grande milagre e monumento de tal benefício.

7. Um homem da cidade de Mântua, falsamente acusado por invejosos, foi aprisionado e depois de quarenta dias de aflição mortificou-se com um jejum de três dias invocando a proteção do beato Marcos, que lhe apareceu e mandou que saísse confiante de sua cela. Entorpecido pela prisão, o homem acreditou estar sendo vítima de uma ilusão e não obedeceu às ordens do santo. Houve uma segunda e uma terceira aparição com a mesma ordem. Voltando a si e vendo a porta aberta, saiu com confiança da prisão e rompeu seus grilhões como se fossem de estopa. Em pleno dia passou no meio dos guardas e de outras pessoas sem ser visto, enquanto via todo mundo. Dali foi direto ao túmulo de São Marcos para devota e agradecidamente pagar sua dívida.

8. A Apúlia inteira estava estéril porque nenhuma parte daquela terra recebia a bênção de ser irrigada pela chuva. Uma revelação contou que se tratava de um castigo porque os habitantes não celebravam a festa de São Marcos. Invocaram então São Marcos e prometeram solenemente festejar seu dia, o que fez o santo pôr fim à esterilidade, devolver a abundância, proporcionar ar puro e chuva adequada.

9. Por volta do ano de 1212, havia em Pavia, no convento dos Frades Pregadores, um frade de vida santa e religiosa chamado Juliano, natural de Faenza, jovem de corpo mas velho de espírito. Tendo ficado doente, ele foi até o prior[3] para saber de sua situação e este lhe disse que sua morte estava próxima. Instantaneamente a fisionomia do doente ficou cheia de alegria, e aplaudindo e movimentando todo o corpo pôs-se a gritar: "Abram passagem, irmãos, para este grande júbilo que sinto desde que soube que minha alma vai sair do meu corpo". E, erguendo as mãos para o Céu, pôs-se a dizer: "Senhor, tire minha alma de sua prisão".

Ele então adormeceu e viu ao lado de sua cama o bem-aventurado Marcos, a quem uma voz se dirigia: "O que você faz aqui, Marcos?". Este respondeu: "Vim ver este moribundo, porque seu ministério foi agradável a Deus". A voz manifestou-se de novo: "Por que, dentre todos os santos, foi você que veio?". Ele: "Porque ele teve por mim uma devoção especial e com devoção muito particular visitou o lugar no qual repousa meu corpo. Por isso vim visitá-lo na hora da sua morte". Então homens vestidos de branco entraram em todo o convento. Marcos perguntou a eles: "Que vieram fazer aqui?". E eles: "Viemos apresentar esta alma religiosa diante do Senhor". Ao despertar, o frade mandou imediatamente chamar o prior — de quem ouvi estes fatos[4] — e depois de lhe contar tudo o que vira adormeceu alegre e feliz no Senhor.

---

3 Prior é o título do frade eleito por seus pares para dirigir o convento dominicano por três anos e para participar durante esse mandato da administração da província (ver nota 2 do capítulo 61), seja nas reuniões anuais do capítulo (ver nota 4 do capítulo 61) provincial, seja a cada quatro anos para eleger o prior provincial que governa cada província.

4 Embora diga ter conhecido de forma direta esse episódio, Jacopo de Varazze engana-se quanto à sua data: não pode ter sido "por volta de 1212", pois então a Ordem dos Pregadores (à qual ele próprio pertencia) ainda não havia sido fundada. Sua regra, seus objetivos e mesmo seu nome foram reconhecidos pelo papa Honório III em 1216-1217, e seu caráter definitivo veio ainda um pouco depois, com a reunião dos chamados Capítulos Gerais de Bolonha, de 1220-1221. O equívoco cronológico deve, portanto, ser atribuído a um copista.

58. São Marcelino

Marcelino governou a Igreja romana nove anos e quatro meses. Foi preso por ordem de Diocleciano e Maximiano e levado para sacrificar aos ídolos. Não queria fazê-lo, e como devia por isso ser submetido a diversos suplícios, ficou com medo e dedicou dois grãos de incenso ao sacrifício. Isso causou grande alegria aos infiéis e imensa tristeza aos fiéis.

Mas então os membros sadios superaram com seu vigor a cabeça debilitada e desdenharam as ameaças dos príncipes. De fato, os fiéis dirigiram graves reprimendas ao sumo pontífice, que convocou um concílio e submeteu-se ao julgamento dos bispos. Estes disseram: "O sumo pontífice não pode ser julgado por ninguém, é você mesmo que deve considerar sua causa e julgá-la judiciosamente". Ele arrependeu-se, chorou muito e depôs a si mesmo do cargo, mas toda a multidão o reelegeu.

Ao saberem disso, os césares prenderam-no uma segunda vez, e como ele não queria de modo algum fazer sacrifícios aos deuses, mandaram decapitá-lo. Com o furor hostil reaceso, no mês seguinte foram mortos 17 mil cristãos. Antes de ser decapitado, Marcelino declarou-se indigno de receber sepultura cristã e excomungou previamente todos aqueles que o fizessem. Assim, seu corpo ficou 35 dias insepulto.

Passado esse tempo, o bem-aventurado apóstolo Pedro apareceu a Marcelo, sucessor daquele, e disse: "Irmão Marcelo, por que você não me sepulta?". E ele: "O senhor já não está sepultado?". O apóstolo: "Considero-me insepulto enquanto vir Marcelino insepulto". Marcelo retrucou: "Mas senhor, não sabe que ele anatematizou todos os que o sepultassem?". Pedro respondeu: "E você não sabe que está escrito 'Quem se humilha será exaltado'?[1] É isso que deveria ser respeitado. Vá rapidamente sepultá-lo a meus pés". Tal ordem foi imediatamente cumprida.

---

[1] *Lucas* 14,11.

59. São Vidal

Vidal significa "vivendo de tal [forma]", pois tal como viveu exteriormente em obras, viveu interiormente em seu coração. Ou Vidal vem de "vida" ou de "vivendo com asas", isto é, dotado das asas da virtude. Ele foi como um dos animais de Deus vistos por Ezequiel e que tinham quatro asas,[1] a da esperança com a qual voava até o Céu, a do amor com a qual voava até Deus, a do temor com a qual voava até o Inferno, a do conhecimento com a qual voava dentro de si mesmo. Seu martírio, segundo parece, foi relatado no livro dos santos Gervásio e Protásio.

Vidal, soldado consular, gerou de sua mulher Valéria dois filhos, Gervásio e Protásio. Certa vez ele viajava a Ravena com o juiz Paulino, quando viu um médico cristão chamado Ursicino, condenado a ser decapitado depois de sofrer numerosas torturas. Vendo que ele começava a fraquejar, Vidal gritou-lhe: "Cuidado, meu irmão Ursicino, você que é médico e tantas vezes curou os outros, não vá se matar de morte eterna. Através de muito sofrimento você já alcançou a palma do martírio, então não perca a coroa que Deus preparou para você". A essas palavras Ursicino recuperou a coragem, e arrependendo-se de seu medo recebeu de bom grado o martírio. São Vidal providenciou que fosse sepultado honradamente, e depois disso se recusou a continuar acompanhando seu chefe Paulino.

Este ficou muito indignado com Vidal, primeiro por se recusar a acompanhá-lo, depois por ter impedido Ursicino de sacrificar quando

---
[1] *Ezequiel* 1,5-25.

ele já estava prestes a fazê-lo, enfim por ostensivamente se mostrar cristão. Mandou então que o pendurassem no potro.² Vidal disse: "Você é muito tolo se pensa me fazer mudar de idéia, eu que sempre estimulei a firmeza dos outros". Paulino dirigiu-se a seus carrascos: "Levem-no à palmeira e caso ele se recuse a sacrificar cavem uma cova tão funda que chegue até a água e lá o enterrem de costas e vivo". Eles assim o fizeram e enterraram vivo o beato Vidal. Isso aconteceu na época de Nero, que começou a reinar por volta do ano do Senhor de 52. O sacerdote pagão que tinha aconselhado aquele martírio foi logo depois possuído pelo demônio e ficou naquele local durante sete dias gritando como um louco: "Não me queime, São Vidal". No sétimo dia ele foi jogado pelo demônio num rio, onde morreu miseravelmente.

De volta a Milão, a esposa de São Vidal encontrou pessoas que imolavam aos ídolos e que insistiram com ela para comer o que fora imolado, ao que respondeu: "Sou cristã, não posso comer seus sacrifícios". Ouvindo-a falar assim, bateram tanto nela que as pessoas que a acompanhavam a conduziram semimorta a Milão, onde três dias depois migrou feliz para o Senhor.

---

² Conforme nota 1 do capítulo 25.

60. Uma Virgem de Antioquia

No livro II de *A virgindade*, Ambrósio conta da seguinte forma o martírio de uma virgem de Antioquia:

Há não muito tempo vivia em Antioquia uma virgem que evitava mostrar-se em público, porém quanto mais ela se escondia, mais inflamava os ânimos impudicos. A beleza de que todos tinham ouvido falar, mas não viam, era procurada com maior ardor por causa desses dois estímulos que são o amor e a curiosidade, pois o que não se vê leva a pensar que tem uma beleza maior do que tem. O olho não julga o que não conhece, mas o espírito fica inflamado no desejo de conhecer. Foi para não alimentar por muito tempo afetos impudicos que aquela santa virgem, decidida a salvaguardar seu pudor, colocou muitos obstáculos aos olhares impróprios e atraiu assim a atenção antes mesmo de ser amada. Eis como tudo aconteceu.

A jovem, de pouca idade e incapaz de fugir, a fim de não cair nas mãos dos que teriam atentado contra seu pudor armou o espírito de virtude, apegou-se tanto à religião que não temia a morte, era tão casta que esperava a morte. Chegou o dia em que a jovem devia travar duplo combate, pela castidade e pela religião. Mas quando viram sua convicção, seu medo de perder a pureza, sua aceitação em sofrer torturas, o rubor que lhe tomava as faces quando olhavam para ela, passaram a pensar no que fazer para afastá-la da religião. Propuseram respeitar sua castidade caso abandonasse sua religião, pois esta lhes parecia mais importante, e depois a fariam perder também aquela. Ordenaram então à virgem que sacrificasse aos ídolos ou se prostituísse num lupanar.

Que maneira de honrar seus deuses, tornando-os assim vingativos! Como vivem aqueles que pronunciam sentenças deste tipo? A jovem, não por hesitar em sua fé, mas por temer por sua pureza, perguntava-se: "Que faço agora? Ou martírio, ou virgindade, pois querem me roubar essa dupla coroa. Mas não pode se chamar virgem quem renega o autor da virgindade. Ser virgem renegando a Deus não é como ser uma prostituta? Não é permanecer virgem sendo adúltera? Não é trocar um amor por outro? Se não posso ter as duas coisas, é preferível ser casta para Deus que para os homens. Raabe foi meretriz mas depois acreditou no Senhor e encontrou a salvação. Judite enfeitou-se para agradar a um adúltero, mas como fez isso pela religião e não por amor, ninguém a considerou adúltera. Esses são bons exemplos,[1] porque se aquela que se confiou à religião salvou seu pudor e sua pátria, talvez conservando minha religião eu conserve também minha castidade. Se Judite tivesse preferido sua pureza à sua religião, perdendo esta teria perdido também aquela".

Iluminada por esses exemplos, e guardando no fundo do coração as palavras do Senhor: "Quem perder sua alma por minha causa tornará a encontrá-la",[2] chorou e calou-se para que os depravados não a ouvissem sequer falar. Não queria sacrificar sua pureza nem fazer injúria a Cristo. Julguem se podia ser acusada de adultério corporal quem não o praticou nem mesmo pela voz. Tenho sido reservado em minhas palavras, e estremeço ao começar a expor uma série de fatos vergonhosos. Tapem os ouvidos, virgens de Deus! A jovem de Deus foi conduzida a um lupanar, mas, abram agora os ouvidos, virgens de Deus, uma virgem pode ser entregue à prostituição e não pecar. Onde estiver uma virgem de Deus estará o templo de Deus, e sequer um lupanar difama a castidade, pelo contrário, é a castidade que abole a infâmia de tais lugares.

Uma multidão de depravados acorre ao lugar de fornicação. Virgens santas, escutem os milagres das mártires, mas esqueçam o linguajar desses lugares. A pomba está engaiolada, as aves de rapina gritam lá fora, disputando qual será a primeira delas a se lançar sobre a presa. Esta então ergue as mãos para o Céu, como se tivesse entrado num local de prece e não no asilo da depravação: "Cristo, você que domou ferozes leões diante do virgem Daniel, também pode domar homens de coração selvagem. Graças à sua misericórdia, e não pela natureza, o fogo caiu sobre os caldeus, a água separou-se para dar passagem aos judeus. Levada ao suplício, Susana ajoelhou-se e assim triunfou dos impudicos.[3] A mão que ousava violar os presentes que eram ofertados ao tem-

---

[1] Raabe foi uma prostituta de Jericó que ajudou os hebreus a conquistarem a cidade, tornando-se na tradição judaica ancestral de vários profetas. Para os cristãos ela faz parte da genealogia de Cristo (*Mateus* 1,5), é modelo de justificação pela fé (*Epístola aos hebreus* 11,31) e pelas obras (*Epístola de Tiago* 2,25). Judite, que pela etimologia de seu nome tornou-se um símbolo do povo judeu, era uma viúva que seduziu o chefe militar assírio para decapitá-lo (*Judite* 8-13).

[2] *Mateus* 16,25.

[3] O episódio da casta e caluniada Susana não faz parte do texto sagrado hebraico, mas está presente na tradução grega (a célebre versão dos Setenta) e latina da *Bíblia* (*Daniel*, 13).

plo secou. Neste momento, é seu próprio templo que está visado: não aceite um incesto sacrílego, você que não deixou impune um roubo. Bendito é seu nome, e que quem chegou virgem a este lugar de pecado possa sair virgem".

Mal acabou sua prece, irrompeu ali um soldado de aspecto terrível. Como a virgem deve ter tremido ao ver aquele que fizera os demais pretendentes recuar! Todavia ela não esqueceu o que lera: "Daniel tinha ido ver o suplício de Susana e conseguiu absolver aquela que todo o povo havia condenado". Pode ser que sob a aparência de lobo esteja oculto um cordeiro. Cristo também tem seus soldados, suas legiões. Pode ser também que tenha sido o carrasco que entrou, mas nada tema alma minha, é ele que faz mártires.

Ó virgem, sua fé a salvou! O soldado disse-lhe: "Não tenha medo, irmã, vim aqui para salvar sua alma, não para perdê-la. Salve-me, para que você mesma seja salva. Entrei aqui sob o aspecto de um depravado, se você quiser sairei mártir. Troquemos nossas roupas, as minhas são adequadas a você, as suas a mim e ambas a Cristo. Sua roupa fará de mim um verdadeiro soldado, e a minha fará de você uma virgem. Você estará bem coberta, e eu bastante desguarnecido para que o perseguidor me reconheça. Pegue esta veste que esconderá a mulher, dê-me a que me sagrará mártir. Vista este manto que esconderá seus membros virginais e põe esse gorro que cobrirá seus cabelos e seu rosto, pois é comum que as pessoas fiquem envergonhadas de entrar em um lupanar. Quando sair, evite olhar para trás, lembre-se da mulher de Ló que mudou de natureza por ter olhado para os impudicos com olhos castos.[4] Não receie faltar ao sacrifício. Eu me ofereço a Deus como vítima sacrificial em seu lugar, você será um soldado de Cristo em meu lugar, defendendo a milícia da castidade em troca de um soldo eterno. Vista a couraça da justiça que defende o corpo espiritualmente, use o escudo da fé que evita os ferimentos, cubra-se com o capacete da salvação. Onde está Cristo, está nossa salvação. Como o homem é a cabeça da mulher,[5] Cristo é a das virgens".

Dizendo essas palavras, ele despe o manto que lhe dava a aparência de perseguidor e depravado, e oferece-o à virgem, que para vesti-lo inclina a cabeça. Que pompa! Que graça! Em pleno lupanar esses dois lutadores disputam o martírio, um soldado e uma virgem, quer dizer, seres díspares por natureza mas tornados semelhantes pela misericórdia de Deus. Cum-

---

[4] Referência ao episódio narrado em *Gênesis* 19,26, segundo o qual quando a família de Ló abandonava a pecaminosa cidade de Sodoma, a mulher do patriarca esquecida da recomendação feita por um anjo do Senhor olhou para trás e foi transformada em estátua de sal.

[5] 1 *coríntios* 11,3.

priu-se o oráculo: "Então os lobos e os cordeiros pastarão juntos".[6] A ovelha e o lobo não somente pastarão juntos, mas serão sacrificados juntos.

Que mais posso contar? Os trajes são trocados, a pomba voa para fora da rede, não com suas próprias asas e sim com asas espirituais, e assim, o que nenhum século ainda vira, uma virgem de Cristo sai do lupanar. Quem a viu com os olhos e não com o coração não a reconheceu, pois seus raptores brigavam entre si como lobos disputando uma ovelha. Um deles, mais atrevido que os outros, entrou; porém, diante do que viu, exclamou: "Que é isso? Aqui entrou uma jovem e agora parece um homem. Isto não é a fábula da virgem que se transformou em corça,[7] é a realidade da virgem que se transformou em soldado. Eu já tinha ouvido, e não acreditei, que Cristo transformara água em vinho,[8] e agora muda até o sexo de uma pessoa. Saiamos daqui enquanto ainda somos o que fomos. Não sei se já mudei, se creio no que vejo. Vim ao lupanar como adúltero e saio casto".

Descoberto o fato, o soldado, que merecia a coroa de vencedor, foi condenado no lugar da virgem. Assim, do lupanar saiu não apenas uma virgem, mas também um mártir. Conta-se que a jovem compareceu ao lugar do suplício e lá ambos discutiram para saber quem morreria. Ele diz: "O condenado a morrer fui eu, você está absolvida". Ela replica: "Não o escolhi como fiador de minha morte, mas como protetor de minha pureza. Se eles querem minha pureza, peguem meu sexo; se querem meu sangue, não negarei! Tenho como pagar. A sentença foi proferida contra mim, devo cumpri-la. Se você fosse meu fiador de certa quantia de dinheiro, e em minha ausência o juiz o obrigasse a pagar minha dívida, você poderia exigir que eu o reembolsasse com meu patrimônio. Se eu recusasse, quem não me julgaria desleal e indigna? Com mais razão quando a dívida é uma condenação à morte. Morrerei inocente para não morrer culpada. Hoje não há meio-termo: ou serei ré de seu sangue ou mártir do meu. Se vim imediatamente, quem ousaria me expulsar? Se tivesse demorado, quem ousaria me absolver? A lei deve cair sobre mim não apenas por minha fuga, mas também por ter deixado a culpa cair sobre você. Se meus membros não podem suportar a desonra, podem suportar a morte. É fácil encontrar numa virgem um ponto vulnerável, mas se fugi da desonra, não fujo do martírio. Eu cedi meus trajes a você, mas não mudei minha profissão de fé. Se

---

[6] *Isaías* 65,25.

[7] Referência ao mito de Ifigênia, que deveria ser sacrificada porque seu pai caçara uma corça, animal-símbolo da deusa Ártemis, mas no último momento a moça foi substituída (ou transformada em, conforme outra versão) por uma corça.

[8] *João* 2,9; 4,46.

você me tirar a morte não me terá resgatado, terá me enganado. Não discuta, eu suplico, não me contradiga, não me tire o benefício que me concedeu. Se você me negar a sentença de morte, me condena à sentença de profanação. Podemos cumprir ambos a mesma sentença se me deixar ser executada antes. A você não poderão aplicar outro castigo, mas a uma virgem podem atentar contra o pudor. Você terá mais glória permitindo que em vez de adúltera eu seja mártir, do que fazendo de uma mártir uma adúltera". Que desenlace teve essa história? Os dois combateram e os dois foram vencedores. Em vez de dividir uma coroa, conseguiram duas. Os santos mártires deram-se benefícios mútuos: ela abriu a ele a porta do martírio, ele permitiu a ela realizá-lo.

Algo parecido aconteceu com Damon e Pítias, na escola dos filósofos seguidores de Pitágoras. Um deles, condenado à morte, pediu tempo para arrumar suas coisas. O tirano, astutamente pensando que não iriam mais encontrá-lo, pediu uma caução que seria executada em seu lugar, caso ele demorasse a voltar. Não sei o que devemos admirar mais, nem quem é mais nobre, se aquele que encontra alguém que aceite representá-lo para morrer, se aquele que vem se oferecer. Como o condenado demorava a se apresentar ao suplício, seu fiador compareceu sereno e não se recusou a sofrer a morte. Levavam-no ao local da execução quando seu amigo chegou e foi substituí-lo, oferecendo a cabeça ao carrasco. Então o tirano, vendo com admiração que os filósofos estimavam mais a amizade do que a vida, pediu para ser admitido na amizade daqueles dois que ele condenara à morte. Tantos atrativos tem a virtude que conquistou até um tirano!

Esses fatos são dignos de louvor, mas não superam os que contamos mais acima, porque neste exemplo trata-se de dois homens, e no outro de uma virgem que precisava em primeiro lugar vencer seu próprio sexo. No último caso eram dois amigos, no primeiro eles nem se conheciam; uns se apresentaram diante de um único tirano, os outros diante de muitos e ainda mais cruéis. O primeiro perdoou, os segundos mataram. Entre os primeiros havia solidariedade, entre os segundos livre-arbítrio. Houve mais prudência nestes, porque tinham como objetivo a conservação da amizade, enquanto aqueles buscavam unicamente a coroa do martírio. Uns combateram pelos homens, outros pelo Senhor.

Assim escreveu Ambrósio.[9]

---

[9] Como lembramos na Introdução, Jacopo de Varazze e seus contemporâneos não tinham as modernas preocupações com a fidelidade das citações, e nem podiam tê-las, pois os manuscritos então disponíveis de um mesmo texto apresentavam diferenças muitas vezes significativas. Isso fica bem ilustrado na comparação do presente capítulo, que Jacopo extraiu de AMBRÓSIO, com a tradução brasileira desse texto citada na nota 2 do capítulo 24.

61. São Pedro Mártir

Pedro significa "conhecedor" ou "descalço", ou também pode vir de *petros*, "firme". Assim podemos compreender os três privilégios que possuiu o bem-aventurado Pedro. Em primeiro lugar, foi um pregador notável, "conhecedor" perfeito das Escrituras e do que convinha utilizar delas em cada pregação. Em segundo lugar, foi virgem puríssimo, daí "descalço", já que seus pés nus indicavam estar livre de toda afeição e amor mortais, sendo portanto virgem não apenas de corpo, mas também de mente. Em terceiro lugar, foi mártir glorioso do Senhor, daí "firme", já que suportou inabalável o martírio pela defesa da fé.

1. Pedro, o novo mártir da Ordem dos Pregadores, egrégio defensor da fé, era natural da cidade de Verona. Como luz fulgurante surgindo da fumaça, como lírio projetando-se das sarças, como rosa vermelha saindo do meio dos espinhos, ele tornou-se um lúcido pregador, apesar de ter nascido de pais cegados pelo erro; foi de santidade virginal, apesar de ter surgido de mentes e corpos corruptos; foi um nobre mártir, apesar de ter crescido entre espinhos, isto é, pessoas destinadas ao fogo eterno. De fato, o bem-aventurado Pedro tinha pais infiéis e heréticos, mas conservou-se inteiramente isento dos erros deles.

Aos sete anos de idade, quando certo dia voltava da escola, um tio herege perguntou-lhe o que aprendera na aula. Ele respondeu: "Creio em Deus Pai, todo-poderoso, criador do céu e da terra [...]". O tio objetou: "Não diga 'criador do céu e da terra', pois Ele não foi criador das coisas visíveis, foi o diabo que criou todas essas coisas que vemos". Mas o menino afirmou que preferia dizer como lera e acreditar no que estava escrito. Recorrendo então a diferentes autoridades, seu tio esforçou-se por convencê-lo, mas o menino estava cheio do Espírito Santo e rebateu todos os argumentos, derrotou-o com suas próprias armas e reduziu-o ao silêncio.

Indignado por ter sido confundido por uma criança, o tio foi contar ao pai o que se passara entre eles e persuadiu-o a tirar o pequeno Pedro da escola porque, disse: "Temo que quando tiver sido totalmente instruído, Pedrinho siga a prostituída Igreja romana e assim destrua e prejudique nossa crença". Como se fosse outro Caifás, sem saber dizia a verdade quando profetizava que Pedro viria destruir a perfídia dos heréticos.[1] Mas como tudo é dirigido pela mão de Deus, o pai não seguiu os conselhos do irmão, dizendo esperar que, depois de terminado o curso de gramática, seu filho fosse atraído para a seita por um heresiarca.

Como o santo menino não se via em segurança morando com aqueles escorpiões, renunciou ao mundo e aos pais para ingressar puro na Ordem dos Frades Pregadores. Nela viveu com grande fervor, como diz o papa Inocêncio em uma de suas cartas: "O bem-aventurado Pedro ainda na adolescência abandonou o mundo para evitar seus perigos e entrou na Ordem dos Frades Pregadores". Ao longo dos quase trinta anos que nela passou, alcançou todas as virtudes: era dirigido pela fé, fortalecido pela esperança, acompanhado pela caridade. Consagrou-se por inteiro a defender a fé que o abrasava, lutou cotidianamente por ela com intrepidez e fervor contra seus adversários, levou esse combate sem interrupção até o momento vitorioso em que atingiu com felicidade o martírio. E assim o firme Pedro, apoiado na pedra da fé, alcançou por meio de sua paixão a honra de ser a pedra de Cristo.

Como fica provado pelo fiel testemunho de seus confessores, ele sempre manteve intacta a virgindade de coração e de corpo, nunca tendo tido contato com qualquer pecado mortal. Como sabia que um escravo alimentado com coisas finas torna-se insolente com seu senhor, ele sempre comeu e bebeu de forma frugal. Como a ociosidade é insidiosa, é armadilha do inimigo, procurava manter-se sempre ocupado com coisas lícitas, para não ter tempo para as ilícitas, meditando assiduamente sobre os decretos do Senhor. De noite, depois de curto descanso, ocupava as horas silenciosas com estudo, leitura e vigília. De dia, dedicava-se ao serviço das almas ou à pregação ou a ouvir confissão ou a refutar por

---

[1] Caifás, sumo sacerdote judeu entre os anos 18 e 36, foi quem, segundo *João* 11,49-52, profetizou que Jesus deveria morrer pelo povo, revelando portanto sem saber que com Ele viria a concretização da Paixão e da Redenção referidas por *Isaías* 53,4-12.

meio de argumentos racionais os dogmas envenenados da heresia. Em tudo isso ele se destacava por possuir um particular dom da graça.

Sua devoção era agradável, sua humildade doce, sua obediência calma, sua bondade terna, sua piedade complacente, sua paciência inabalável, sua caridade ativa, sua seriedade de costumes notável. Ele atraía as pessoas com o profuso perfume de suas virtudes, sobretudo a fé, à qual era fervorosamente apegado, praticante zeloso, defensor ardoroso. Ele a tinha gravado tão profundamente no coração e submetia-se a ela de tal maneira, que cada uma das suas ações e das suas palavras refletia essa virtude. Ansiava por morrer por ela e nas suas freqüentes e assíduas preces suplicava ao Senhor que não lhe permitisse deixar a vida de outro modo que não fosse bebendo o cálice do martírio. Seu desejo não foi frustrado.

2. Sua vida foi ilustrada por numerosos milagres. Um dia, em Milão, diante de muitos bispos e de grande número de cidadãos, o beato Pedro examinava um bispo herético que tinha sido preso pelos fiéis. Como o exame se prolongava e o calor excessivo era sufocante, o heresiarca disse na frente de todos: "Ó malvado Pedro, se você é tão santo quanto pretende essa multidão estúpida, por que permite esse calor de matar e não pede ao Senhor que mande uma nuvem para que esse povo insensato não morra de tanto calor?". Pedro respondeu: "Se você prometer renegar sua heresia e abraçar a fé católica, rogarei ao Senhor o que você me pede, e Ele o fará". Então os partidários do heresiarca puseram-se a gritar: "Promete, promete", acreditando que era impossível que Pedro realizasse o que dissera, mesmo porque não havia o menor sinal de alguma nuvem. Os católicos ficaram preocupados com a promessa do bem-aventurado Pedro, temendo que sua fé sofresse alguma desonra. Muito embora o herege não quisesse se comprometer, o beato Pedro disse com grande confiança: "Para provar que o verdadeiro Deus é o criador das coisas visíveis e invisíveis, para consolo dos fiéis e confusão dos heréticos, peço a Deus que faça surgir uma pequena nuvem que se interponha entre o sol e o povo". Depois de fazer o sinal-da-cruz, conseguiu o que pedia, e durante uma hora o povo ficou protegido do sol por uma nuvenzinha em forma de borboleta.

3. Um homem chamado Asserbo, que havia cinco anos tinha os membros paralisados, foi levado a Milão para encontrar o bem-aventurado Pedro, que fez sobre ele o sinal-da-cruz e assim o curou. O papa Inocêncio conta, na carta citada mais acima, alguns milagres realizados por intermédio de Pedro. Por causa da gula, o filho de um nobre tinha na

garganta um tumor horrível, que o impedia de falar e respirar. O bem-aventurado ergueu as mãos para o Céu, fez o sinal-da-cruz, cobriu o doente com a capa de seu hábito e imediatamente ele foi curado. O nobre, que por reverência ficara com aquela capa, quando mais tarde foi acometido de convulsões tão violentas que temia morrer, colocou-a em cima do peito e pouco depois vomitou um verme peludo de duas cabeças, ficando completamente curado. Um jovem mudo em cuja boca o beato pôs o dedo recuperou o dom da fala. Esses e muitos outros milagres o Senhor dignou-se realizar por meio de Pedro.

4. Como na província[2] da Lombardia e em diversas outras cidades a peste herética e diabólica contagiava muita gente, visando destruí-la o sumo pontífice enviou a diversas partes da Lombardia vários inquisidores da Ordem dos Frades Pregadores. Mas como em Milão os hereges, numerosos e apoiados pelo poder secular, recorriam a uma eloqüência fraudulenta e a uma ciência diabólica, o sumo pontífice enviou para lá como defensor da fé e inquisidor com plenos poderes o beato Pedro, por conhecer sua grandeza, seu destemor diante de uma multidão de inimigos, sua coragem inabalável que o fazia não ceder nem mesmo em pequenas coisas diante da força dos adversários, sua eloqüência que desmascarava com facilidade as artimanhas dos heréticos, sua sábia erudição das coisas divinas, que lhe permitia refutar racionalmente os argumentos heréticos.

Ele exerceu suas funções diligentemente, procurando sem descanso por toda parte os hereges, a quem confundia com arrazoados maravilhosos, repelia os argumentos com autoridade, convencia com sabedoria. Nenhum deles podia resistir à sua sabedoria e ao Espírito Santo que falava por sua boca. Desolados, os heréticos pensaram em matá-lo para poder viver tranqüilos, livres de tal perseguidor. Quando aquele pregador intrépido, que logo ia ser mártir, estava no caminho entre Como e Milão, sempre à procura de heréticos, recebeu a palma do martírio. Inocêncio narrou os fatos da seguinte maneira:

---

[2] Em todo este capítulo, que trata de um santo dominicano, "província" refere-se a uma região administrativa da Ordem. Elas foram criadas em 1221, cobrindo territórios que tivessem cada um pelo menos três conventos de no mínimo doze frades cada. Inicialmente havia cinco províncias, Lombardia (abrangendo todo o Norte italiano), Roma (todo o Sul), Provença (Sul francês), França (Norte francês) e Espanha. O crescimento do número de dominicanos, que atingiria cerca de 12 mil em fins do século, levou já em 1230 à criação de novas províncias (Hungria, Teutônia, isto é, Alemanha, Inglaterra, Polônia, Dácia, quer dizer, países escandinavos, Grécia e Terra Santa).

Ao sair da cidade de Como, onde era prior da sua Ordem, para ir até Milão a fim de exercer contra os heréticos as funções de inquisidor que lhe haviam sido confiadas pela Sé apostólica, Pedro foi atacado — conforme ele mesma predissera publicamente em uma prédica — por um herege induzido e pago por seus companheiros. Era o lobo contra o cordeiro, o homem cruel contra o manso, o ímpio contra o piedoso, o furioso contra o calmo, o desregrado contra o modesto, o profano contra o santo. Aquele homem insulta o ministro de Cristo, bate nele, ameaça-o de morte, vibra golpes atrozes na sua sagrada cabeça, provoca-lhe terríveis ferimentos. A espada fica molhada do sangue daquele homem venerável, que não procura evitar o inimigo, ao contrário, oferece-se como vítima que pacientemente suporta os redobrados golpes do furor sacrílego de seu carrasco. Ele morre ali mesmo e seu espírito sobe ao Céu. Durante todo esse tormento não se queixa, não murmura, suporta tudo com paciência, encomendando-se: "Senhor, entrego meu espírito em suas mãos". A seguir o mártir do Senhor recitou o símbolo da fé antes que o cruel carrasco cravasse o punhal em seu flanco, conforme contaram depois o próprio desgraçado que o matou e foi capturado por fiéis, e o frade dominicano que acompanhava o beato e também foi atacado e morreu alguns dias mais tarde.

No dia do seu martírio ele foi ao mesmo tempo confessor, mártir, profeta e doutor. Confessor, porque no meio dos tormentos proclamou sua fé constante em Cristo, e porque naquele mesmo dia tinha, como de costume, feito a confissão e oferecido a Deus o louvor do sacrifício da missa. Mártir, porque derramou seu sangue pela defesa da fé. Profeta, porque quando seus companheiros comentaram que não poderiam chegar naquele mesmo dia a Milão, respondeu que "se não pudermos chegar à casa de nossos irmãos, poderemos ser hospedados em São Simpliciano". Ora, foi o que aconteceu, porque a presença de grande multidão para ver seu corpo não permitiu que ele fosse levado até seu convento, e assim foi velado aquela noite em São Simpliciano. Doutor, porque enquanto estava sendo atacado ensinou a doutrina verdadeira recitando em voz alta o símbolo da fé.

Sua venerável paixão foi semelhante em alguns pontos à do Senhor. De fato, Cristo sofreu pela verdade que pregava, Pedro pela verdadeira fé que defendia. Cristo foi morto pelo infiel povo dos judeus, Pedro pela infiel turba dos heréticos. Cristo foi crucificado na época da Páscoa, Pedro martirizado na mesma época. Cristo morreu dizendo: "Senhor, entrego meu espírito em suas mãos", Pedro, enquanto estava sendo morto, exclamou as mesmas palavras. Cristo foi entregue por trinta denários para ser crucificado, Pedro foi vendido por quarenta libras de Pavia para ser assassinado. Cristo por sua Paixão atraiu muita gente para a fé, Pedro por seu martírio converteu uma multidão de heréticos.

Em vida aquele insigne doutor e campeão da fé muito ajudou a erradicar o pestífero dogma herético, mas foi após sua morte que, por seus méritos e seus notáveis milagres, o mal foi quase extirpado e muitos abandonaram o erro para retornar ao seio da santa Igreja. A cidade de Milão e sua vizinhança, onde se encontravam tantos grupos de hereges, foram de tal sorte purgados que, com a expulsão de alguns e a conversão de outros, não restou nenhum deles. Vários se tornaram até grandes e famosos pregadores, entraram para a Ordem dos Frades Pregadores e ainda hoje perseguem fervorosamente os hereges e seus simpatizantes. Assim, para nós, ele é um outro Sansão, que "matou mais filisteus ao morrer do que tinha matado em vida".[3] Ele é o grão de trigo que jogado ao chão e esmagado por mãos heréticas morreu para produzir abundante colheita. É a uva que prensada no lagar faz jorrar um copioso licor. É a erva que socada no pilão espalha um aroma ainda mais forte. É o grão de mostarda que triturada revela múltiplas virtudes.

5. Após o glorioso triunfo do santo herói, Deus tornou-o ilustre por numerosos milagres, alguns dos quais são relatados pelo sumo pontífice. Após sua morte, as lâmpadas postas em seu túmulo acenderam-se sozinhas várias vezes, milagrosamente, sem qualquer ajuda humana, apenas por intervenção divina, porque convinha que aquele que brilhara pelo fogo e pela luz da fé fosse exaltado por um milagre de fogo e de luz.

Um homem que depreciava sua santidade e seus milagres afirmou que, se não tivesse razão no que falava, não conseguiria engolir o pedaço de comida que acabava de levar à boca. Logo ficou engasgado, sem poder cuspir ou engolir. Seu rosto mudou de cor, sentiu a morte aproximar-se, arrependido fez voto de nunca mais falar coisas daquele tipo. No mesmo instante expeliu o bocado e foi salvo.

Uma mulher hidrópica foi levada pelo marido ao lugar em que o santo fora morto, fez ali sua prece e foi totalmente curada. O mártir libertou alguns possuídos, fazendo-os vomitar muito sangue com os demônios juntos. Ele também curou muitas febres e todo tipo de doen-

---

[3] *Juízes* 16,30.

ças. Um homem que tinha um dedo da mão esquerda todo furado por causa de uma fístula, foi curado. Um menino que levara um tombo muito grave e parecia morto, sem movimento e sensibilidade, levantou-se sadio quando colocaram sobre seu peito um pouco de terra impregnada do precioso sangue do mártir. Uma mulher que tinha a carne corroída por um câncer foi curada após esfregar suas feridas com aquela terra. Muitos doentes levados ao túmulo do santo lá recuperaram uma saúde perfeita e puderam voltar para casa sozinhos.

6. Quando o sumo pontífice Inocêncio IV incluiu o beato Pedro no catálogo dos santos, os Frades Pregadores celebraram um capítulo[4] em Milão. Desejavam colocar o corpo dele em local mais elevado e, apesar de ter permanecido mais de um ano debaixo da terra, encontraram-no imputrefato e íntegro, sem exalar mau cheiro, como se tivesse sido sepultado naquele mesmo dia. Os frades puseram-no com grande reverência sobre um alto púlpito, para ser mostrado, imputrefato e íntegro, a todo o povo, que o venerava e invocava.

Além dos milagres contados na referida carta do sumo pontífice, houve vários outros. Muitas vezes alguns religiosos e outras pessoas viram claramente, no lugar de seu martírio, luzes descendo do Céu e no meio delas dois frades com o hábito dos Frades Pregadores.

A um jovem da cidade de Como, chamado Gunfredo ou Guifredo, e que possuía um pedaço da túnica de São Pedro, um herege disse sarcasticamente que se ele acreditava na santidade do personagem poderia jogar aquele pano no fogo que ele não se queimaria. Nesse caso, ele próprio aceitaria que Pedro era santo e abraçaria sua fé. Imediatamente ele jogou o pedaço de pano sobre carvões ardentes, mas o fogo arremessou-o para o alto, em seguida caiu de novo sobre os carvões acesos, que na hora se apagaram. Então o incrédulo disse: "A mesma coisa vai acontecer com minha túnica". De um lado puseram o pedaço de pano do herético e, do outro, o de São Pedro. O do herético foi instantaneamente consumido pelo fogo, o de São Pedro dominou o fogo, apagou-o sem que um só fio do pano tenha sido danificado. Ao ver aquilo, o herege passou a seguir o caminho da verdade e divulgou por toda parte o milagre.

---

4 *Capitulum* é diminutivo de *caput*, "cabeça", daí indicar no latim clássico a parte inicial de um texto e no latim medieval uma reunião de clérigos no começo da qual se lia um capítulo da regra da ordem em questão, fosse de cônegos, monges ou frades. Em razão disso, tal assembléia eclesiástica ocorria na chamada sala capitular.

7. Um jovem florentino, herege e de costumes depravados, estava na igreja dos frades, em Florença, de pé diante de um quadro que representava o martírio de São Pedro, e no qual o malfeitor, com a espada desembainhada, encontrava-se a ponto de dar o golpe. Vendo a cena, disse aos jovens que estavam com ele: "Se fosse eu, teria golpeado com mais força ainda". Assim que acabou de falar, ficou mudo. Seus companheiros perguntaram o que ele tinha, e como não conseguia responder levaram-no para casa. No caminho, ao passar pela igreja de São Miguel, ele soltou a mão de um daqueles companheiros e entrou na igreja, onde, ajoelhado, rezou de todo o seu coração para São Pedro, pedindo-lhe que o perdoasse e prometendo que se fosse curado confessaria seus pecados e renegaria a heresia. Subitamente, então, recuperou a palavra e foi ao convento dos frades, onde, após abjurar a heresia, confessou seus pecados, dando ao confessor permissão de contar em suas prédicas o que lhe acontecera. Ele próprio, durante um sermão feito por um frade pregador, contou o fato à multidão.

8. Certa feita, em alto-mar, um navio estava a ponto de naufragar, pois no meio das trevas noturnas estava sendo furiosamente sacudido pelas ondas. Os marinheiros recomendavam-se a todos os santos, não viam esperança de salvação e temiam estar perdidos. Foi quando um deles, de origem genovesa, mandou os outros se calar e falou: "Meus irmãos, vocês nunca ouviram falar de um frade da Ordem dos Pregadores chamado Pedro, não faz muito tempo morto pelos heréticos em defesa da fé católica e por intermédio do qual o Senhor realiza muitos milagres? Imploremos agora mesmo com grande devoção sua proteção, que espero não sermos frustrados em nosso pedido". Todos concordaram em invocar devotamente o auxílio do beato Pedro. Enquanto rezavam, o mastro no qual a vela estava presa ficou cheio de círios acesos, que espantaram a escuridão com o fulgor maravilhoso de suas chamas, e a noite tão tenebrosa transformou-se em dia claríssimo. Ao olharem para cima viram um homem com o hábito de frade pregador de pé sobre a vela e não tiveram a menor dúvida de que se tratava do bem-aventurado Pedro. Chegando incólumes a Gênova, aqueles marinheiros foram ao convento dos Frades Pregadores, onde renderam graças a Deus e ao beato Pedro, e depois contaram aos frades todos os detalhes daquele milagre.

9. Uma mulher de Flandres já tivera três filhos natimortos e seu marido passara a desprezá-la, o que a levou a pedir ajuda a São Pedro. Ela deu à luz um quarto filho, também morto. Ainda assim, suplicou de todo

o coração a São Pedro que ressuscitasse seu filho, e seu devoto pedido foi atendido. Levaram-no então para ser batizado como João, mas no momento de dizer o nome por engano o padre falou Pedro, assim ficou e essa pessoa sempre teve devoção por São Pedro.

10. Em Utrecht, na província de Teutônia, algumas mulheres estavam na praça fiando e, ao verem quanta gente se dirigia à igreja dos Frades Pregadores para homenagear São Pedro Mártir, disseram: "Esses pregadores inventaram um novo mártir como forma de lucrar, de juntar uma grande soma de dinheiro e construir grandes palácios". De repente, enquanto falavam coisas desse tipo, tanto o fio quanto os dedos que fiavam ficaram cobertos de sangue. Admiradas ao ver aquilo, limparam os dedos com cuidado, pensando que tinham se cortado, mas quando viram os dedos sem ferimentos e o fio ensangüentado, ficaram temerosas e arrependidas: "Falamos mal do sangue derramado por esse precioso mártir, por isso nos aconteceu milagre tão extraordinário". Elas correram então ao convento e expuseram tudo ao prior, mostrando-lhe o fio ensangüentado. A pedido de muitas pessoas, o prior convocou uma prédica solene para relatar tudo o que tinha sucedido com aquelas mulheres e mostrar o fio ensangüentado.

Um mestre de gramática que assistia à pregação pôs-se a escarnecer do fato, e a dizer aos que ali se encontravam: "Vejam como os frades enganam essa gente simples. Eles combinaram com algumas mulherzinhas amigas para tingirem o fio com sangue e contam isso como se fosse milagre". Mal acabou de falar, diante de todos foi atingido pela vingança divina com uma altíssima febre que obrigou seus amigos a levá-lo da igreja para casa. No entanto, como a febre continuava a subir e ele temia a aproximação da morte, mandou chamar o prior, arrependeu-se diante de Deus e prometeu ao bem-aventurado Pedro que, se por sua intervenção recuperasse a saúde, sempre teria especial devoção por ele e nunca mais diria nada parecido. Coisa maravilhosa! Mal fez a promessa, recuperou completamente a saúde.

11. Certa vez o subprior daquele convento transportava num barco magníficas e grandes pedras para a construção da igreja a que já nos referimos, quando inesperadamente o barco encalhou na praia e nada conseguia movê-lo. Todos os marinheiros tinham desembarcado para tentar empurrá-lo, mas não podiam movê-lo. Achavam que a embarcação estava perdida, quando o subprior mandou todos se afastar, aproximou a mão do barco e deu um leve empurrão enquanto dizia: "Em nome de São

Pedro Mártir, em honra do qual levamos estas pedras, desencalhe!". Logo o navio começou a se afastar rapidamente do litoral, os marinheiros subiram a bordo e salvos e alegres rumaram para seu destino.

12. Na cidade de Sens, província de França, uma menina caiu no rio, foi arrastada pela correnteza, ficou muito tempo na água e quando a tiraram estava morta. Esta morte era atestada por quatro fatores: o longo tempo que ali ficara, a rigidez, a frieza e a cor escura de seu corpo. Algumas pessoas levaram-na à igreja dos frades e, depois de um pedido nesse sentido a São Pedro, ela imediatamente voltou à vida e com saúde.

13. O frade polonês João estava em Bolonha quando foi acometido por uma febre recorrente. Como no dia da festa de São Pedro Mártir ele devia fazer um sermão ao clero, na noite anterior ficou com medo de ter novo acesso de febre e faltar ao sermão. Recorreu então a São Pedro, indo rezar com devoção no seu altar e pedir que por seus méritos pudesse pregar por sua glória. Foi o que aconteceu, pois a febre cessou naquela mesma noite e nunca mais voltou.

14. A esposa de Jacopo de Vallesana, uma senhora chamada Girolda, que desde os catorze anos de idade era atormentada por espíritos imundos, disse certa vez a um sacerdote: "Sou endemoninhada, o espírito maligno me atormenta". Assustado, no mesmo instante o padre correu para a sacristia, pegou o livro dos exorcismos e sob sua capa vestiu a estola,[5] voltando então bem defendido para junto da mulher, que logo que o viu disse: "Bandido infame, onde você foi? O que você tem escondido debaixo da capa?". Como os exorcismos que o padre fez não lhe trouxeram nenhuma cura, ela foi encontrar o bemaventurado Pedro, que ainda vivia, para pedir ajuda. Profeticamente ele respondeu-lhe: "Confie, minha filha, não se desespere, porque se eu não puder fazer agora o que me pede, em tempo vindouro você será plenamente atendida". Foi o que aconteceu. Depois do seu martírio, aquela mulher foi visitar seu túmulo e ficou inteiramente libertada do tormento do demônio.

15. Uma mulher chamada Eufêmia, da localidade de Corriongo, na diocese de Milão, foi atormentada pelo demônio por sete anos. Quando foi levada ao túmulo de São Pedro, os demônios passaram a agitá-la ainda mais e a fazê-la gritar: "Pedroca maricas, Pedroca maricas", até

---

[5] Conforme nota 3 do capítulo 16.

deixá-la quase morta, mas pouco depois ela se levantou completamente curada. Contou, então, que era principalmente nos domingos e dias de festa, sobretudo quando da celebração da missa, que os demônios mais a tinham molestado.

16. Uma mulher chamada Verona, natural de Beregno, foi durante seis anos atormentada pelos demônios e, por isso, levada ao túmulo de São Pedro por muitos homens, que tiveram dificuldade em arrastá-la até lá. Entre eles havia um herético, chamado Conrado de Ladriano, que participara apenas para debochar dos milagres de São Pedro. Quando ele segurava a mulher junto com os outros, os demônios perguntaram-lhe por meio da boca da mulher: "Por que você, que é um dos nossos, ajuda a segurá-la? Não o levamos a certo lugar para cometer determinado homicídio? Não o levamos a outro lugar para praticar tais e tais crimes?". Como os demônios revelavam muitos pecados que ninguém mais além dele conhecia, ficou muito assustado. A seguir os demônios esfolaram o pescoço e o peito da mulher, deixando-a semimorta, mas pouco depois ela levantou-se curada. Impressionado com tudo que vira, Conrado converteu-se à fé católica.

17. Um herege que era grande polemista e dono de singular eloquência discutia com o beato Pedro, ainda vivo, e com sutileza e acuidade expunha suas idéias errôneas e desafiava o bem-aventurado Pedro a responder a seus argumentos. Ele pediu para refletir, foi a um oratório próximo e em lágrimas pediu a Deus que defendesse a causa da sua fé convertendo à verdade aquele falastrão orgulhoso, ou então que o punisse, privando-o do uso da palavra para que não continuasse atentando contra a verdadeira fé. A seguir voltou para junto do herético e pediu que diante de todos expusesse de novo sua doutrina. Mas o homem estava mudo e não conseguia pronunciar uma só palavra. Os heréticos retiraram-se confusos e os católicos deram graças a Deus.

18. Um herege chamado Opiso tinha ido à igreja dos frades acompanhado por uma prima, também herética, e ao chegar à tumba de São Pedro viu ali duas moedas. Pegou-as dizendo: "Muito bom, vamos beber", e no mesmo instante foi tomado de tal tremor que não pôde, de maneira alguma, retirar-se dali. Apavorado, devolveu as moedas e imediatamente conseguiu ir embora. Vendo o poder do bem-aventurado Pedro, abandonou a heresia e converteu-se à fé católica.

19. Na Alemanha, no mosteiro de Octenbach, diocese de Constança, uma religiosa da ordem de São Sisto sofria de gota no joelho havia

mais de um ano, sem que nenhum remédio fosse capaz de curá-la. Como devido à sua clausura e à sua gravíssima enfermidade ela não podia visitar pessoalmente o sepulcro de São Pedro, pensou em fazê-lo mentalmente, com grande devoção. Sabendo que de onde estava era possível chegar a Milão em treze dias, resolveu para cada um desses dias recitar cem Pai-Nossos em honra a São Pedro. Espantoso: à medida que fazia essa viagem mental, paulatinamente se sentia melhor. Quando chegou à última jornada e alcançou mentalmente a tumba, ajoelhou-se como se de fato estivesse diante dela, recitou todo o Saltério com a maior devoção e terminada a leitura encontrou-se livre de sua doença, quase não a sentindo mais. Regressou da mesma maneira que tinha ido, e antes mesmo de completar todas as jornadas estava completamente curada.

20. Um homem chamado Rufino, natural de Canapicio, próximo a Mazzati, caiu gravemente enfermo: nas suas partes baixas dianteiras rompera-se uma veia, de onde corria sangue sem parar e nenhum médico conseguira curá-lo. Após seis dias e seis noites de sangramento contínuo, ele invocou com devoção o bem-aventurado Pedro, implorando seu auxílio. A cura foi tão rápida, que quase não houve intervalo entre a prece e o alívio. Logo depois dormiu e viu um frade gordo e moreno com o hábito de Frade Pregador, e por causa deste aspecto pensou que se tratava do companheiro do beato Pedro Mártir. O frade mostrou-lhe as mãos cheias de sangue e cobertas de ungüento de cheiro agradável, dizendo: "O sangue recém-vertido de São Pedro ainda está fresco. Vem vê-lo". Ao despertar, ele foi visitar o sepulcro de São Pedro.

21. No castelo de Massino, diocese de Ipozensa, viviam algumas condessas especialmente devotas do bem-aventurado Pedro. Elas sempre jejuavam na véspera da sua festa, e em certo ano, nessa data, indo a uma igreja que lhe era dedicada, uma delas acendeu uma vela em honra de São Pedro Mártir diante de um altar de São Pedro apóstolo. Logo que saíram, por avareza o padre soprou a vela, apagando-a, mas a chama imediatamente reacendeu. O padre quis apagar uma segunda e uma terceira vez, mas a vela sempre tornava a acender. Cansado disso, foi para o coro e diante do altar-mor encontrou aceso um círio que um clérigo tinha ofertado a São Pedro, cuja vigília ele costumava passar jejuando. O padre quis também apagá-lo, e por duas vezes não conseguiu. Irritado ao ver aquilo, o clérigo disse: "Diabo! Não percebe que se trata de evidente milagre e que São Pedro não quer que você apague seus círios?". Admirado, o padre acompanhado pelo clérigo foi até o castelo e contou a todos esse milagre.

22. Um homem chamado Roba de Meda perdera tudo no jogo, inclusive a roupa. Voltou para casa à noite com uma lanterna acesa, foi para a cama e, vendo-se tão mal vestido após tão grandes perdas, desesperado pôs-se a invocar os demônios e a se recomendar a eles com palavras infames. Logo se apresentaram três demônios, que jogaram fora a lanterna, agarraram o homem pelo pescoço e o apertaram com tanta força que ele não podia falar. Como eles o sacudiam com força, as pessoas do andar de baixo subiram e perguntam: "O que está acontecendo? O que você está fazendo, Roba?". Os demônios responderam: "Vão em paz para suas camas". Acreditando que se tratava da voz do homem em questão, eles se retiraram. Mal partiram, os demônios recomeçaram a agitá-lo ainda mais violentamente.

Compreendendo o que se passava, os vizinhos foram no mesmo instante buscar um padre. Assim que este esconjurou os demônios em nome do bem-aventurado Pedro, dois demônios saíram imediatamente. No dia seguinte levaram o homem ao sepulcro de São Pedro, e o frei Guilherme de Vercelli aproximou-se e começou a repreender o demônio. Roba, que nunca tinha visto aquele frade, chamou-o por seu nome: "frei Guilherme, não vai ser você que me fará sair, porque este homem é nosso e faz nossas obras". Perguntado como se chamava, ele respondeu: "Balcefas". Esconjurado em nome do bem-aventurado Pedro, ele imediatamente foi embora, antes jogando Roba ao chão. Este ficou perfeitamente liberado e aceitou uma salutar penitência.

23. No domingo de Ramos, Pedro pregava em Milão diante de enorme multidão de pessoas dos dois sexos, quando disse publicamente, em voz alta: "Sei com certeza que os hereges tramam minha morte e que até dinheiro já foi dado para isso, mas façam o que façam, eu os perseguirei mais estando morto do que vivo". Os fatos mostraram que isso foi verdade.

24. Em Florença, no dia em que o beato Pedro foi morto, uma religiosa orava no mosteiro chamado Discípulos, quando viu a bem-aventurada Virgem gloriosamente sentada num trono elevado, e dois frades da Ordem dos Pregadores subindo ao Céu, cada um colocando-se de um lado dela. Quando perguntou quem eles eram, uma voz explicou: "É frei Pedro, que ascende à presença do Senhor, glorioso como um perfume". Soube-se depois que ele morreu no mesmo dia em que a religiosa teve essa visão. Como fazia muito tempo que ela padecia de grave doença, começou devotamente a orar ao bem-aventurado Pedro e logo recuperou completamente a saúde.

25. Indo de Maguelonne a Montpellier, um estudante distendeu a virilha, sentiu muita dor e não conseguia mais dar um passo. Tendo ouvido dizer que uma mulher tinha sarado de um câncer que lhe corroía as carnes graças à terra molhada com o sangue do bem-aventurado Pedro, suspirou: "Senhor Deus, não tenho aquela terra, mas da mesma forma que você lhe deu poderes curativos pelos méritos do beato Pedro, pela mesma razão poderia dá-los também a esta aqui". Pegou então um punhado de terra, fez o sinal-da-cruz, invocou o mártir, colocou-a no local lesionado e imediatamente sarou.

26. No ano do Senhor de 1259, havia em Compostela um homem chamado Bento, cujas pernas inchadas como odres, o ventre como o de uma mulher grávida, o rosto cheio de tumores horríveis, o corpo todo intumescido, faziam-no parecer um monstro. Apoiando-se com dificuldade em seu cajado, pediu esmola a uma mulher que lhe respondeu: "Você precisa mais de uma cova do que de qualquer outra coisa, mas siga meu conselho e vá ao convento dos Frades Pregadores, confesse seus pecados e invoque a proteção do bem-aventurado Pedro". Ele foi ao convento dos frades, cuja porta encontrou fechada, deitou-se diante dela e adormeceu. Apareceu-lhe então um homem venerável, vestido como os pregadores, que o cobriu com sua capa e o fez entrar na igreja. Ao despertar, estava na igreja e perfeitamente curado. A admiração e o estupor foram gerais quando se viu um homem a ponto de morrer, tão rapidamente libertado de grave enfermidade.

62. São Filipe

Filipe significa "ponta de lâmpada" ou "ponta das mãos", ou vem de *phílos*, "amor", e *uper*, "acima", portanto "amante das coisas superiores". Por "ponta de lâmpada" entende-se sua luminosa pregação, por "ponta das mãos" suas constantes boas obras, por "amante das coisas superiores" sua contemplação celeste.

Depois de ter pregado vinte anos na Cítia,[1] o apóstolo Filipe foi aprisionado pelos pagãos, que quiseram forçá-lo a sacrificar diante de uma estátua de Marte. Mas, no mesmo instante, de seu pedestal saiu um dragão que matou o filho do pontífice que cuidava do fogo do sacrifício, bem como dois tribunos cujos soldados levavam Filipe acorrentado, além de, com seu bafo, ter envenenado todos os demais presentes. Filipe disse: "Creiam-me, quebrem esta estátua e em seu lugar adorem a cruz do Senhor, que os envenenados sararão e os mortos ressuscitarão". Mas os que tinham ficado doentes gritavam: "Cure-nos que depois quebraremos a estátua de Marte". Filipe então mandou que o dragão fosse para o deserto,[2] onde não incomodaria mais ninguém, e ele imediatamente se retirou. Em seguida Filipe curou todos e ressuscitou os três mortos.

Todos os que estavam ali se converteram, e durante um ano Filipe pregou para eles e, depois de ter ordenado padres e diáconos, foi para a Ásia, para a cidade de Hierápolis. Nesta eliminou a heresia dos ebionitas,[3]

---

[1] Conforme nota 4 do capítulo 2, Cítia era o nome dado na Antigüidade à região entre o norte do mar Negro e o mar de Aral, ou seja, correspondente aos atuais territórios de várias repúblicas do sudeste da ex-União Soviética.

[2] Conforme nota 1 do capítulo 15.

[3] Entre os primeiros judeus convertidos ao cristianismo, os ebionitas ("pobres") eram aqueles ainda muito apegados às tradições judaicas e que não aceitavam por isso que se levasse a Nova Lei aos gentios. Esse grupo herético desapareceu no século V diante da conversão maciça de diferentes populações ao cristianismo.

cujo dogma dizia que Cristo havia assumido uma carne fantástica, irreal. Estavam com ele suas duas filhas, virgens santíssimas, por meio das quais o Senhor converteu muita gente à fé. Quanto a Filipe, sete dias antes da sua morte convocou bispos e padres e disse-lhes: "O Senhor concedeu-me sete dias para aconselhá-los". Tinha então 87 anos. Depois disso, os infiéis capturaram-no e pregaram-no na cruz, como o mestre que ele apregoava, e dessa forma completou sua vida e migrou feliz para o Senhor. A seu lado foram sepultadas suas duas filhas, uma à direita, outra à esquerda.

Eis o que ISIDORO diz de Filipe no *Livro da vida, do nascimento e da morte dos santos*: "Filipe pregou Cristo aos gauleses e aos seus vizinhos bárbaros que estavam nas trevas, cercados por um oceano de erros, e com a luz da ciência conduziu-os ao porto da fé. Em Hierápolis, cidade da província da Frígia, morreu lapidado e crucificado e ali repousa com suas filhas". Assim escreveu Isidoro.

Houve outro Filipe, que foi um dos sete diáconos, e sobre o qual diz Jerônimo em seu *Martirológio* que depois de muitos milagres e prodígios morreu em Cesaréia no dia 8 de julho. Ao seu lado foram enterradas três de suas filhas, enquanto uma quarta repousa em Éfeso. O primeiro Filipe é diferente deste, pois foi apóstolo, e o outro, diácono. Aquele repousa em Hierápolis, este em Cesaréia, aquele teve duas filhas profetisas, o outro quatro, embora a HISTÓRIA ECLESIÁSTICA pareça dizer que foi o apóstolo Filipe quem teve quatro filhas profetisas. Mas é melhor confiar em Jerônimo.

63. São Tiago, o Menor

Tiago quer dizer "aquele que rapidamente suplanta" ou "aquele que prepara". Ou ainda [a forma latina de Tiago é Jacobus] vem de *ia*, que significa "Deus", e *cobar*, "carga", "peso", formando portanto "peso divino". Ou, como Jacobus está muito próximo a *jacopus*, deriva de *jaculo*, "dardo", e *cope*, "ferida", o que forma "ferido por dardos". Diz-se que ele é "aquele que rapidamente suplanta", porque assim fez com o diabo. Diz-se que é "aquele que prepara", porque assim fez com seu corpo para realizar todo tipo de boas obras. Como diz Gregório de Nissa,[1] as más paixões residem em nós por três causas: má-educação ou má conversação, maus costumes corporais, ignorância. Elas são curadas, acrescenta o mesmo autor, por bom comportamento, bom exercício e estudo da boa doutrina. Foi assim que o bem-aventurado Tiago curou-se e teve seu corpo preparado para toda sorte de boas obras. Diz-se que ele foi "peso divino" pela gravidade de seus modos. Diz-se que foi "ferido por dardos" devido à forma de seu martírio.

1. Este apóstolo Tiago é chamado Tiago de Alfeu, quer dizer, filho de Alfeu, ou Tiago irmão do Senhor, ou Tiago, o Menor, ou Tiago, o Justo.

É chamado Tiago de Alfeu não tanto por causa da carne, mas devido à interpretação do nome, porque Alfeu quer dizer "douto" ou "documento" ou "fugitivo" ou "milésimo". É, pois, chamado Tiago de Alfeu por ter sido douto na sua inspirada ciência, documento por ter instruído os outros, fugitivo por ter desprezado o mundo, milésimo por sua reputação de humildade.

---

[1] Conforme nota 11 do capítulo 52.

É chamado irmão do Senhor porque se parecia com Ele a tal ponto que ao vê-los muitos tomavam um pelo outro. Por isso, quando os judeus foram prender Cristo, para não levar Tiago em seu lugar combinaram o sinal do beijo com Judas, que conhecia bem a ambos porque vivia com eles. É o que atesta Inácio em sua carta a João Evangelista, na qual diz: "Se me fosse possível, gostaria de encontrá-lo em Jerusalém para conhecer o venerável Tiago, chamado o Justo, que dizem ser parecido com Jesus Cristo em fisionomia, vida e modo de falar, como se fossem irmãos gêmeos. Dizem que quem o vê é como se visse Jesus Cristo em cada detalhe de seu corpo". Também é chamado irmão do Senhor porque Cristo e Tiago descendiam de duas irmãs e, supõe-se, de dois irmãos, José e Cleofas. Logo, não é conhecido como irmão do Senhor por ser filho de José, esposo de Maria, mas de uma outra Maria, filha de Cleofas, o qual de fato era irmão de José. Embora o mestre JOÃO BELETH diga que Alfeu, pai de Tiago, era irmão de José, não se acredita nisso. Tiago era conhecido como irmão do Senhor ou porque os judeus chamavam de irmãos aos parentes consangüíneos, ou então devido à prerrogativa da excelência de santidade que o colocava acima dos demais apóstolos, o que o fez ser ordenado bispo de Jerusalém.

É chamado também Tiago, o Menor, para distingui-lo de Tiago, o Maior, filho de Zebedeu, que embora não fosse mais velho, ingressou antes no apostolado.[2] Daí vem o costume, observado na maioria das casas religiosas, de chamar "maior" ao mais antigo na vocação e "menor" ao mais recente, independentemente da idade ou do grau de santidade.

É ainda chamado Tiago, o Justo, por causa de sua excelentíssima santidade que, segundo Jerônimo, fazia-o ser tão reverenciado e santificado pelo povo, que as pessoas brigavam para poder tocar as pontas de sua roupa. Segundo a HISTÓRIA ECLESIÁSTICA, um contemporâneo do apóstolo, Hegésipo,[3] falou de sua santidade nos seguintes termos:

> Tiago, o irmão do Senhor, geralmente alcunhado de o Justo, foi encarregado de cuidar da Igreja desde os tempos do Senhor até nossos dias. Já era

---

[2] Este Tiago, mais conhecido, cujos restos pretensamente estão em Compostela, é objeto do capítulo 94.

[3] Na verdade esse personagem não foi contemporâneo do apóstolo, pois viveu no século II. Trata-se de um cristão grego, talvez de ascendência judaica, autor de obra de conteúdo histórico e doutrinal na qual se posiciona contra a heresia gnóstica que então ganhava terreno: *Historium libri* V, ed. V. Ussami, Viena, Vindobonal, 1960.

santo no útero de sua mãe, e depois nunca bebeu vinho ou cerveja, nem comeu carne, cortou o cabelo, untou-se de óleo, tomou banho, vestiu algo além de uma túnica de linho. Ele se ajoelhava tantas vezes para rezar, que seus joelhos tinham calos como os calcanhares. Por sua ininterrupta e extrema justiça é que foi chamado "justo" e "abba", quer dizer, "defensor do povo e da justiça". Por causa dessa grande santidade, era o único dentre os apóstolos a ter permissão de entrar no espaço mais sagrado do templo.

Assim falou Hegésipo.
Dizem, ainda, que foi o primeiro apóstolo a celebrar missa, pois devido à excelência de sua santidade, depois da ascensão do Senhor os demais apóstolos deram-lhe a honra de ser o primeiro a celebrá-la em Jerusalém, antes mesmo de ter sido elevado ao episcopado. De fato, os *Atos dos apóstolos* afirmam que já antes de sua ordenação os discípulos daquela cidade reuniam-se para ouvir a doutrina ensinada pelos apóstolos e para comungar com pedaços de pão, o que significa participar da celebração da missa. Ou talvez aquela afirmação signifique que ele foi o primeiro a celebrar missa em Jerusalém como bispo, da mesma forma que mais tarde Pedro celebrou a primeira missa em Antioquia e Marcos em Alexandria.

Sua virgindade foi perpétua, conforme atesta Jerônimo em seu livro *Contra Joviniano*. Segundo relata Jerônimo no livro *Homens ilustres* e também FLÁVIO JOSEFO, como o Senhor morreu na véspera do sabá, Tiago fez voto de não comer antes de tê-Lo visto ressuscitar dentre os mortos. Como no dia da Ressurreição ele ainda não havia comido nada, o Senhor apareceu a ele e aos que estavam com ele e disse: "Ponham a mesa e tragam o pão". Em seguida, pegando o pão, abençoou-o e deu-o a Tiago, o Justo, dizendo: "Levante-se, meu irmão, coma, porque o Filho do Homem ressuscitou dos mortos".

No sétimo ano de seu episcopado, os apóstolos estavam reunidos em Jerusalém no dia de Páscoa e Tiago pediu-lhes que dissessem o que o Senhor fizera para o povo por intermédio deles. Durante sete dias Tiago e os demais apóstolos pregaram no templo em presença de Caifás e de outros judeus que estavam a ponto de aceitar o batismo, quando de repente um homem entrou e pôs-se a gritar: "Ó israelitas, que estão fazendo? Por que se deixam enganar por estes feiticeiros?". Ele incitou de tal forma o povo, que todos queriam lapidar os apóstolos. A seguir subiu no lugar de onde Tiago pregava e jogou-o ao chão, deixando-o manco para sempre. Isso aconteceu com Tiago no sétimo ano da ascensão do Senhor.

No trigésimo ano do seu episcopado, como os judeus não tinham podido matar Paulo, que apelara ao césar e fora mandado a Roma, dirigiram sua tirania e sua perseguição contra Tiago. Hegésipo, o referido contemporâneo do apóstolo, conta — de acordo com a *História eclesiástica* — que procurando uma oportunidade para matá-lo, os judeus foram até ele e disseram: "Nós pedimos, desminta a falsa opinião do povo de que Jesus é o Cristo. Nós imploramos, desestimule que todos se reúnam no dia da Páscoa em lembrança de Jesus. Se assim fizer, todos, nós e o povo, testemunharemos que você é justo e não favorece ninguém". Fizeram-no então subir na parte mais alta do templo e disseram em voz bem alta: "Ó mais justo dos homens, a quem todos devemos obedecer, como o povo se engana a respeito de Jesus, que foi crucificado, explique-nos o que você pensa a respeito". Então Tiago respondeu com voz forte: "Já que me perguntam acerca do Filho do Homem, eis o que digo. Ele está sentado no Céu, à direita do Sumo Poder e virá julgar os vivos e os mortos".

Ao ouvir essas palavras, os cristãos encheram-se de grande alegria e júbilo, enquanto os fariseus e os escribas diziam entre si: "Fizemos mal em permitir esse testemunho sobre Jesus. Vamos subir para jogá-lo lá do alto a fim de que os outros, amedrontados, deixem de crer". E todos eles gritaram ao mesmo tempo, com força: "Ó! ó! o justo está errado!". Subiram e jogaram-no ao chão, depois o cobriram com uma chuva de pedras, dizendo: "Lapidemos Tiago, o Justo".

No entanto ele não morreu com a queda, colocou-se de joelhos falando: "Eu suplico, Senhor, perdoe-os porque não sabem o que fazem". Então um dos sacerdotes, filho de Raabe, exclamou: "Parem, por favor, o que estão fazendo? Este justo reza por vocês e vocês jogam pedras nele!". Mas um deles pegou um pedaço de pau e vibrou um golpe tão violento na cabeça de Tiago que fez saltar fora seus miolos. É o que conta Hegésipo. Com esse martírio, ocorrido na época de Nero, que reinou no ano de 57, ele migrou para o Senhor, sendo sepultado ali mesmo, junto ao templo. O povo queria vingar sua morte prendendo e punindo os malfeitores, que então imediatamente fugiram.

2. Refere Josefo que foi como punição pelo pecado da morte de Tiago, o Justo, que ocorreram a ruína de Jerusalém e a dispersão dos judeus. Mas tal destruição não se deu apenas pela morte de Tiago, mas também pela morte do Senhor, conforme Ele dissera: "Não deixarão em você pedra sobre pedra, porque não reconheceu o tempo em que a

visitei".⁴ Mas como o Senhor não quer a morte dos pecadores, e sim que tenham oportunidade de se desculpar, durante quarenta anos esperou que fizessem penitência. Por meio dos apóstolos, em particular Tiago, irmão do Senhor, que pregava continuamente entre eles, chamava-os ao arrependimento, mas como não podia atraí-los pelas admoestações, quis pelo menos assustá-los com prodígios, por isso ao longo daqueles quarenta anos foram-lhes dados como penitência muitas monstruosidades e prodígios aos quais Josefo se refere da seguinte maneira:

> Uma estrela extraordinariamente brilhante, que parecia uma espada, esteve todo um ano sobre a cidade, iluminando-a com uma luz fatal. Na festa dos Ázimos,⁵ na nona hora da noite, um clarão tão forte envolveu o altar e o templo que as pessoas pensaram que era dia. Na mesma festa, uma vaca que era trazida para ser imolada deu à luz um cordeiro no momento em que estava nas mãos dos sacerdotes. Alguns dias depois, ao pôr-do-sol, viram-se carros e quadrigas atravessando o ar de toda a região, bem como coortes de homens armados entrechocando-se nas nuvens e cercando a cidade com seus batalhões improvisados. Em outro dia de festa, chamado Pentecostes,⁶ os sacerdotes entraram à noite no templo para cumprir seu ministério quando sentiram movimentos e ruídos estrepitosos e ouviram subitamente vozes que diziam: "Saiamos desta morada". Quatro anos antes da guerra, um homem chamado Jesus, filho de Ananias, que viera à festa dos Tabernáculos,⁷ pôs-se de repente a gritar: "Vozes do Oriente, vozes do Ocidente, vozes dos quatro ventos, vozes contra Jerusalém e contra o templo, vozes contra os esposos e as esposas, vozes contra todo o povo". O homem foi agarrado, surrado, açoitado, mas não sabia dizer outra coisa, e quanto mais batiam mais alto ele gritava. Levaram-no então diante do juiz, que o cumulou de cruéis tormentos, fazendo com que fosse dilacerado a ponto de se verem seus ossos. Mas ele não fez uma prece, não derramou uma lágrima,

---

4 *Lucas* 19,44.

5 Isto é, a Páscoa, quando os judeus comem pão ázimo, ou seja, sem lêvedo, em lembrança do que seus antepassados fizeram ao deixar o Egito.

6 O texto citado por Jacopo refere-se ao Pentecostes judeu (nome grego da festa das Semanas, que comemora a colheita sete semanas depois de ela ter começado), e não pode ser confundido com o Pentecostes cristão, festejado cinqüenta dias depois da Páscoa para lembrar a descida do Espírito Santo sobre os apóstolos. Sobre este, ver capítulo 68.

7 Outra das grandes festividades judaicas, celebrada após a colheita e sob tendas (tabernáculo era a tenda sob a qual ficava a Arca da Aliança), para rememorar a estada dos antepassados no deserto depois da fuga do Egito.

a cada golpe que lhe vibravam dizia as mesmas coisas uivando e acrescentava: "Ai de você, Jerusalém, ai de você!".

Isto disse Josefo.

Como os judeus não se converteram com essas advertências, nem se amedrontaram com tantos prodígios, quarenta anos depois o Senhor levou a Jerusalém Vespasiano e Tito, que destruíram completamente a cidade. A causa da ida deles a Jerusalém encontra-se numa história apócrifa:

> Quando Pilatos percebeu que condenara um inocente, Jesus, temeu a cólera do imperador Tibério e enviou-lhe um mensageiro chamado Albino para levar suas desculpas. O mensageiro foi desviado por ventos contrários e chegou à Galácia,[8] naquela época governada por Vespasiano em nome de Tibério. Como era costume local que os náufragos pertencessem de corpo e bens ao governador, Vespasiano perguntou-lhe quem ele era, de onde vinha e para onde ia. Ele: "Sou originário de Jerusalém, venho dali em direção a Roma". Vespasiano: "Como você vem da terra dos sábios, deve conhecer a arte da medicina, pode ser médico, precisa me curar". De fato, desde a infância Vespasiano tinha uma espécie de verme no nariz, daí seu nome Vespasiano, vindo de "vespa". O mensageiro respondeu: "Senhor, sou ignorante na arte da medicina, por isso não posso curá-lo". Vespasiano: "Se não me curar, morrerá". Albino: "Aquele que devolveu a vista aos cegos, afugentou os demônios, ressuscitou os mortos, sabe que ignoro a arte da cura". Vespasiano: "E quem é esse homem do qual você conta tais maravilhas?". Albino: "É Jesus de Nazaré, que os judeus mataram por inveja, e caso acredite Nele você será curado". E Vespasiano: "Acredito, pois se ele ressuscitou os mortos, poderá também me livrar desta enfermidade". Ao dizer isso, os vermes saíram do nariz e imediatamente ele recuperou a saúde. Então Vespasiano, cheio de alegria, disse: "Tenho certeza de que é Filho de Deus aquele que pôde me curar. Pedirei autorização ao césar e irei com um exército a Jerusalém aniquilar todos os traidores e assassinos de tal homem". Depois disse a Albino, mensageiro de Pilatos: "Você tem minha permissão para voltar para casa com sua vida e seus bens salvos". Vespasiano partiu para Roma e obteve do imperador Tibério permissão para destruir a Judéia e Jerusalém. Então, durante vários anos, arregimentou tropas. Estava-se no tempo do imperador Nero,

---

[8] Província imperial romana da Ásia Menor, correspondendo *grosso modo* à parte central da atual Turquia.

quando os judeus revoltaram-se contra o império, daí algumas crônicas dizerem que Vespasiano não atacou por zelo a Cristo, mas para manter o domínio romano. Chegando a Jerusalém com enorme exército, no dia da Páscoa investiu contra a cidade por todos os lados, cercando a inumerável multidão de judeus que lá estava para celebrar a festa.

Algum tempo antes da chegada de Vespasiano a Jerusalém, os fiéis que lá se encontravam foram avisados pelo Espírito Santo para irem embora, e retiraram-se para uma cidade chamada Pela, do outro lado do Jordão, de forma que tendo os homens santos deixado a cidade, a justiça divina pudesse exercer sua vingança sobre aquele país sacrílego e sobre aquele povo maldito. A primeira cidade atacada da Judéia foi Jonapatam, da qual o comandante e governante era Josefo, que com seus homens opôs vigorosa resistência. No entanto, ao perceber que a ruína da cidade era iminente, ele e outros onze judeus entraram num subterrâneo, onde após quatro dias de aflitiva fome, mesmo sem ter o consentimento de Josefo, decidiram matar-se uns aos outros e oferecer o sacrifício de seu sangue a Deus para não se submeter ao jugo de Vespasiano. Como Josefo era dentre todos eles o de maior dignidade, quiseram matá-lo antes dos outros para aplacar logo a ira de Deus. Ou, diz uma crônica, queriam se matar mutuamente para não caírem em mãos dos romanos. Mas Josefo, homem prudente, não queria morrer daquela forma. Fazendo-se juiz da morte e do sacrifício, ordenou que por sorteio se formassem duplas e se decidisse em cada uma delas quem mataria antes o outro. Assim foi feito até restar apenas um, que tiraria a sorte com Josefo. Mas Josefo, homem forte e hábil, arrancou a espada do outro e mandou que ele decidisse de imediato o que fazer. Apavorado, o homem respondeu: "Não me recuso a viver se, graças a você, eu puder conservar a vida". Josefo pediu então a Vespasiano, através de um conhecido comum, que lhe concedesse viver, e sua petição foi aceita.

Quando Josefo foi levado diante de Vespasiano, este lhe disse: "Você merecia a morte, se não fosse esse homem que intercedeu para você ser libertado". Josefo respondeu: "Se algum erro foi feito, pode-se consertar". Vespasiano: "E o que um vencido pode fazer?". Josefo: "Posso fazer algo, se me deixar falar". Vespasiano: "Está bem, fale se tem algo de bom a dizer, que escutarei tranqüilamente". Josefo: "O imperador romano morreu e o Senado fez de você imperador". Vespasiano: "Se você é profeta, por que não vaticinou a esta cidade que ela ia ser submetida por mim?". Josefo: "Assim predisse durante quarenta dias". Durante esse diálogo chegaram os legados romanos avisando que Vespasiano tinha sido proclamado imperador e que deveria ir para Roma. Em sua crônica,

EUSÉBIO também afirma que Josefo predisse a Vespasiano tanto a morte do imperador quanto sua elevação ao cargo. Vespasiano deixou então seu filho, Tito, no cerco a Jerusalém.

A mesma história apócrifa afirma que ao saber que seu pai tinha sido proclamado imperador, Tito foi tomado por tal alegria que uma contração nervosa provocou a frigidez de seu corpo e deixou sua perna paralisada. Josefo pesquisou então com muito cuidado a causa e as circunstâncias daquela doença:

> Não pôde descobrir a causa e a natureza da doença, mas quanto ao momento em que ela se manifestou soube que foi ao ouvir a notícia que seu pai tinha sido escolhido imperador. Homem previdente e sábio, Josefo a partir dessas informações passou a conjecturar até descobrir que a natureza e a causa da doença estavam relacionadas a um excesso de júbilo e alegria. Tendo observado que os contrários curam os contrários, que aquilo que é provocado pelo amor muitas vezes é destruído pela dor, pôs-se a procurar alguém que fosse alvo da inimizade do príncipe. Havia um escravo tão desagradável para Tito, que bastava olhá-lo para ele se sentir perturbado, e nem mesmo o nome dele podia ouvir. Josefo disse então a Tito: "Se você deseja se curar, recebe bem todos os que estiverem comigo". Tito respondeu: "Quem vier em sua companhia pode estar certo de ser bem recebido". Josefo mandou preparar um banquete e colocou sua mesa, com o escravo à sua direita, bem diante da mesa de Tito, que ao ver aquele indivíduo sentiu-se tão contrariado que assim como a alegria o tinha anteriormente enregelado, a fúria agora o aqueceu, seus nervos distenderam-se e ele sarou. Depois disso Tito agradeceu ao escravo e ofereceu sua amizade a Josefo.

Se podemos ou não confiar nesta história apócrifa, deixo a juízo do leitor.

O cerco que Tito fez a Jerusalém durou dois anos. Entre os males que mais fizeram os sitiados sofrer estava a fome, tão pavorosa que os pais disputavam a comida com os filhos, os maridos com as mulheres, as mulheres com os maridos, uns arrancando-a não somente das mãos dos outros, mas até dos dentes. Os jovens, que por causa da idade eram mais fortes, também pareciam espectros errando pelas ruas, e devido à fome caíam de inanição. Ao sepultar os mortos, as pessoas muitas vezes também caíam mortas. O fedor dos cadáveres era tanto, que se precisou contratar gente, às custas do tesouro público, para enterrá-los. Quando o tesouro se esgotou, os cadáveres passaram a ser jogados por cima das muralhas, ao lado das quais se amontoavam. Ao circundar a cidade e ver seus fossos cheios de cadáveres, cujo fedor empestava a região, Tito ergueu as mãos para o Céu e em lágrimas disse: "Ó Deus, você está vendo, não sou eu que faço isso". A fome era tanta que em Jerusalém comiam-se até calçados e cintos.

Na *História eclesiástica* pode-se ler que uma senhora de nobre estirpe e muito rica tinha sido despojada de tudo por ladrões, que entraram em sua casa e não lhe deixaram absolutamente nada para comer. Ela pegou nos braços seu filho ainda de peito dizendo: "Ó filho, mais infeliz que sua infeliz mãe! Ao que reservo você? À guerra, à fome, à carnificina? Você, que nasceu de mim, venha agora ser o alimento materno, o escândalo dos bandidos, o assunto de séculos". Dito isso, degolou o filho, cozinhou-o, comeu metade dele e escondeu a outra. Ao sentirem cheiro de carne cozida, os bandidos irromperam na casa da mulher e ameaçaram-na de morte se não lhes desse a carne. Ela então mostrou os membros da criança: "Aqui está, reservei a melhor parte para vocês". Eles foram invadidos por tal horror, que não puderam falar. Ela acrescentou: "É meu filho, fui eu que cometi o crime, comam sem medo, que eu já comi um pedaço do filho que pus no mundo. Não tentem ser mais piedosos que uma mãe e mais delicados que uma mulher. Se a piedade os domina e se estão horrorizados, comerei inteiro aquilo de que já comi metade". Trêmulos e aterrorizados, eles foram embora.

Enfim, no segundo ano do império de Vespasiano, Tito tomou Jerusalém, arrasou-a, destruiu o templo até seus fundamentos e, assim como os judeus tinham comprado Jesus Cristo por trinta moedas, Tito vendeu trinta judeus por uma moeda. De acordo com o relato de Josefo, 97 mil judeus foram vendidos e 1 milhão e 100 mil morreram de fome ou pela espada.

Lê-se ainda que ao entrar em Jerusalém, Tito viu um muro muito largo e mandou escavá-lo. Aberto um buraco, encontraram dentro dele um ancião venerável por seu aspecto e seus cabelos brancos. Perguntaram quem era e ele respondeu que era José, da cidade da Judéia chamada Arimatéia, e que fora encerrado e murado ali pelos judeus por ter sepultado Cristo, e que durante todo aquele tempo tinha sido alimentado e confortado por uma luz divina. No entanto o EVANGELHO DE NICODEMO diz que depois de José ter sido preso pelos judeus, Cristo ao ressuscitar tirou-o dali e levou-o a Arimatéia. Mas pode-se pensar que como depois da sua libertação José não cessou de pregar a fé em Cristo, tenha sido preso uma segunda vez.

Quando o imperador Vespasiano morreu, seu filho Tito sucedeu-o à testa do império. Foi um príncipe muito clemente, de grande generosidade e bondade, que no dizer de Eusébio de Cesaréia em sua crônica e de Jerônimo, no dia em que não fazia nenhuma boa ação ou não dava nada, afirmava: "Meus amigos, eis um dia perdido".

Muito tempo depois, os judeus quiseram reedificar Jerusalém e, indo de madrugada até o local, encontraram muitas cruzes traçadas no orvalho e fugiram apavorados. Na manhã seguinte, diz Melito[9] em sua crônica, cada um deles encontrou cruzes de sangue impressas em suas roupas. Mais apavorados ainda, fugiram de novo, mas quando voltaram no terceiro dia, foram consumidos por um vapor ígneo saído das entranhas da terra.

---

[9] Bispo de Sardes, na Ásia Menor, entre 160 e 170, foi autor de um tratado sobre a Paixão que exerceu grande influência nos séculos III e IV. Grande estudioso da Escritura, elaborou a primeira lista dos textos do Antigo Testamento considerados canônicos.

64. A Descoberta da Santa Cruz

Esta festa é chamada Descoberta da Santa Cruz porque se refere ao fato de a Santa Cruz ter sido encontrada neste dia. Antes disso, sua madeira tinha sido encontrada por Seth, filho de Adão, no Paraíso terrestre, como é contado a seguir; depois por Salomão, no monte Líbano; pela rainha de Sabá, no templo de Salomão; pelos judeus, na água de uma piscina; como Cruz, por Helena, nesta data, no monte Calvário.

    A Descoberta da Santa Cruz ocorreu mais de duzentos anos depois da ressurreição do Senhor. Lê-se no EVANGELHO DE NICODEMO que tendo Adão adoecido, seu filho Seth foi à porta do Paraíso e pediu óleo da Árvore da Misericórdia para ungir o corpo do pai, a fim de que este recobrasse a saúde. O arcanjo Miguel apareceu e disse-lhe: "Não chore e não tente conseguir o óleo da Árvore da Misericórdia, porque definitivamente não poderá consegui-lo antes de se completarem 5500 anos". Mas acredita-se que de Adão à paixão de Cristo tenham transcorrido apenas 5099 anos. Em outro texto, lê-se que o anjo ofereceu-lhe um pequeno ramo e mandou que o plantasse no monte Líbano.
    Mas uma história apócrifa dos gregos afirma que o anjo deu-lhe um galho da mesma árvore por cujo fruto Adão tinha pecado, informando que seu pai seria curado quando ela novamente frutificasse. Ao voltar, encontrou o pai morto e plantou aquele galho em seu túmulo, onde cresceu e tornou-se uma grande árvore, que durou até o tempo de Salomão. Convém, porém, deixar ao leitor o cuidado de julgar se essas coisas são verdadeiras, já que não se faz menção a elas em nenhuma crônica ou história autêntica.

Tendo Salomão apreciado a beleza daquela árvore, mandou cortá-la para ser usada na Casa do Bosque.¹ No entanto, como diz JOÃO BELETH, não se pôde colocá-la em nenhum lugar conveniente, porque ora era comprida demais, ora curta demais. Quando se tentou cortá-la na medida para determinado local, ela ficou menor do que o necessário. Assim, irritados, os artesãos desistiram dela, que foi colocada sobre um pequeno lago para servir de ponte aos transeuntes. Quando a rainha de Sabá foi conhecer a sabedoria de Salomão e quis passar pelo lago, viu em espírito que o Salvador do mundo seria suspenso naquela madeira, por isso não pisou nela; ao contrário, adorou-a.

Na HISTÓRIA ESCOLÁSTICA lemos que a rainha de Sabá viu a madeira na Casa do Bosque, e ao voltar ao palácio comunicou a Salomão que naquela madeira seria suspenso aquele cuja morte deveria ser a causa da destruição do reino dos judeus. É por isso que Salomão mandou tirá-la de onde estava e fez com que fosse enterrada nas profundíssimas entranhas da terra. Muito tempo depois, ali foi feita a Piscina Probática, na qual os natineus² lavavam as vítimas sacrificiais, cuja água tinha propriedades curativas não apenas devido ao anjo que às vezes descia sobre ela para agitá-la, mas também à virtude da madeira que estava em seu subsolo.

Conta-se que, ao se aproximar a época da Paixão, aquela viga de madeira subiu à superfície e os judeus a pegaram para fabricar a cruz de Cristo. Outra tradição afirma que a cruz foi feita com quatro tipos de madeira, a saber, palmeira, cipreste, oliveira e cedro. Daí estes versos:

Empregaram na Cruz, quatro madeiras,
De palmeira, de cedro, de cipreste, de oliveira.

A Cruz foi feita de quatro diferentes madeiras porque era constituída de quatro partes, a vertical, a horizontal, a superior e a base fixada no solo. Ou, segundo GREGÓRIO DE TOURS, a última era uma tábua que servia de apoio para os pés de Cristo. Cada uma dessas peças podia ser de uma daquelas espécies de madeira de que acabamos de falar. O apóstolo

---

[1] Palácio construído por Salomão, no qual se utilizou uma grande quantidade de cedro, daí ser chamado de Casa do Bosque do Líbano (*domus saltus Líbani*): 1 reis 7,2; 10,17.21.

[2] O repovoamento de Jerusalém depois do exílio na Babilônia dividiu a população judaica em sacerdotes, levitas e natineus (estes chamados geralmente de "oblatos" ou "doados" nas modernas traduções bíblicas). Jacopo de Varazze grafa-os como *Natmei*, equívoco de memória ou de transcrição, pois na *Vulgata* aparece *Nathinaei* (cf. 1 *paralípomenon*, ou seja, 1 crônicas 9,2).

parece pensar nessas diferentes variedades de madeira quando diz: "Para que possam compreender, com todos os santos, qual a largura, o comprimento, a altura e a profundidade".[3] Essas palavras são assim explicadas pelo doutor egrégio:[4] "A largura da cruz do Senhor é a madeira transversal, na qual estenderam seus braços; o comprimento, a que vai da terra até a transversal, na qual foi preso todo o corpo, menos os braços; a altura, a que vai da transversal até o ponto superior, onde estava a cabeça; a profundidade, a parte enfiada na terra e, portanto, oculta".

A forma da Cruz descreve todas as ações humanas e cristãs, que são fazer boas obras em Cristo, ser perseverantemente fiel a Ele, esperar os bens celestes, não profanar os sacramentos. A preciosa madeira da Cruz permaneceu oculta debaixo da terra por mais de duzentos anos, até ser descoberta por Helena, mãe do imperador Constantino, como se narra a seguir.

Naquele tempo reuniu-se às margens do Danúbio incontável multidão de bárbaros que queria atravessar o rio e subjugar todas as regiões ocidentais. Assim que soube disso, o imperador Constantino avançou com seu exército até as margens do Danúbio, mas a multidão de bárbaros crescia e já começava a atravessar o rio, deixando Constantino amedrontado ao considerar que teria de enfrentá-los. Na noite seguinte foi acordado por um anjo que lhe disse para olhar para cima. Ele levantou os olhos para o céu e viu o sinal da cruz, formado por uma luz de fortíssimo brilho, e com a inscrição em letras de ouro: "Com este sinal você vencerá".

Reconfortado por essa visão celeste, mandou fazer uma cruz semelhante, que colocou à frente de seu exército antes de atacar os inimigos, matando uma enorme multidão deles e pondo os demais em fuga. Depois disso, Constantino convocou os sacerdotes de todos os templos para cuidadosamente se informar de que deus era aquele sinal. Responderam que não sabiam, mas apareceram alguns cristãos que lhe contaram o mistério da Santa Cruz e a fé na Trindade. Constantino passou a acreditar completamente em Cristo, recebeu o santo batismo das mãos de Eusébio, que para uns era papa ou, segundo certos livros, bispo de Cesaréia.[5]

---

[3] *Epístola aos efésios* 3,18.

[4] Isto é, Santo Agostinho.

[5] Como a visão da Cruz e a batalha que se seguiu ocorreram em fins de 312, Constantino não poderia ter sido batizado nem pelo papa Eusébio (cujo curto pontificado foi em 308), nem pelo bispo Eusébio de Cesaréia, a quem encontrou somente duas vezes, uma em 325, no Concílio de Nicéia, outra em 335, quando das comemorações do trigésimo ano de sua ascensão ao trono, já que o imperador foi batizado posteriormente, em maio de 337, pouco antes de morrer. A confusão deve-se provavelmente ao fato de Constantino ter sido batizado por outro bispo Eusébio, o de Nicomédia.

Mas nesse relato há muitos pontos contraditórios com a HISTÓRIA TRIPARTITE, a HISTÓRIA ECLESIÁSTICA, a *Vida de São Silvestre* e as *Gestas dos pontífices romanos*. De acordo com estas, o imperador Constantino foi batizado e convertido à fé pelo papa Silvestre, mas outras histórias parecem insinuar que tal Constantino foi o pai daquele. Na verdade, Constantino recebeu a fé da forma relatada na legenda de São Silvestre, que o batizou, e não Eusébio. Depois da morte de seu pai, que alcançara a vitória em virtude da Santa Cruz,[6] Constantino enviou sua mãe Helena a Jerusalém para encontrar essa cruz, conforme diremos mais adiante.

A *História eclesiástica* narra aquela vitória de maneira diferente. Ela afirma que como Maxêncio tinha invadido o Império Romano, o imperador Constantino foi combatê-lo na ponte Albino. Como ele estava muito ansioso, e com freqüência erguia os olhos para o céu implorando socorro, em sonho viu brilhar, do lado oriental, uma cruz cor de fogo, enquanto uns anjos apareciam-lhe dizendo: "Constantino, com este sinal você vencerá".[7]

E, diz a *História tripartite*, como Constantino ficara intrigado com o que vira, na noite seguinte Cristo apareceu a ele com o sinal visto no céu e ordenou-lhe que fizesse imagens semelhantes, que lhe dariam grande ajuda no combate. Então Constantino, cheio de alegria e convicto da vitória, fez na própria testa o sinal-da-cruz que vira no céu, mandou transformar em sinal da cruz os estandartes militares e empunhou na mão direita uma cruz de ouro. Depois, pediu ao Senhor que não permitisse que sua mão direita, protegida pela cruz, fosse ferida ou manchada com sangue romano, e sim alcançasse a vitória sobre o tirano sem efusão de sangue. Maxêncio, por sua vez, armou uma cilada construindo sobre o rio algumas pontes falsas com barcos. Quando Constantino chegou perto do rio, Maxêncio foi rapidamente ao seu encon-

---

[6] Jacopo de Varazze é levado a confundir os personagens históricos pelas fontes que possuía. Constâncio (ou Constantino) Cloro foi co-imperador em 305-306, seu filho Constantino, o Grande, em 306-337, Constantino II, filho do anterior, em 337-340, Silvestre foi papa em 314-335. Logo, entre eles a única coincidência de reinado e pontificado ocorreu com Constantino Magno e Silvestre, mas, como mostramos na nota anterior, não foi o papa que batizou o imperador.

[7] Esta fonte — muito usada (33 vezes) por Jacopo sobre vários assuntos (em 23 capítulos) — tentava harmonizar as duas mais antigas versões da famosa aparição da cruz a Constantino. Na de Lactâncio, escrita em 316-317, o imperador recebeu em sonho a ordem de "desenhar no escudo o sinal celeste de Deus antes de ir para a batalha". Na de EUSÉBIO DE CESARÉIA, escrita em 337, o sinal com a inscrição apareceu durante o dia e na noite seguinte é que aconteceu o sonho no qual Cristo mandou o imperador fazer um estandarte com aquele sinal. De qualquer forma, desde Lactâncio afirma-se que a batalha ocorreu na ponte Mílvia, não na ponte Albino.

tro e, esquecendo-se de que a ponte era falsa, entrou nela com seus homens e caiu na própria armadilha, mergulhando no profundo rio. Constantino foi então proclamado imperador por unanimidade.

Pelo que se lê numa crônica bastante autêntica, Constantino não se tornou perfeitamente crente a partir daquele momento, nem mesmo recebeu então o batismo. Mas algum tempo depois teve uma visão de São Pedro e de São Paulo, obteve a cura da sua lepra e aceitou começar uma nova vida, recebendo o santo batismo do papa Silvestre. Desde então acreditou completamente em Cristo e enviou sua mãe Helena a Jerusalém para procurar a cruz do Senhor. Tanto Ambrósio, na carta em que relata a morte de Teodósio, como a *História tripartite* dizem que Constantino só recebeu o batismo nos últimos momentos de sua vida, pois sempre o adiava, esperando poder recebê-lo no rio Jordão. A mesma coisa afirma Jerônimo em sua crônica. O que é certo é que ele se converteu ao cristianismo na época do papa Silvestre, e quanto ao adiamento do batismo, assim como a outros pontos da legenda de São Silvestre, há muita dúvida.

A história da Descoberta da Santa Cruz, tal como a lemos na *História eclesiástica* e nas crônicas, parece muito mais autêntica do que a que é contada em certas igrejas. Nestas versões há muitos pontos discordantes da verdade. Por exemplo, dizer, como vimos acima, que não se tratava de Constantino, mas do pai de Constantino, história pouco plausível, embora seja contada nas regiões ultramarinas.[8]

Quando moça, Helena trabalhara em um estábulo, mas encantado com sua beleza Constantino uniu-se a ela, conforme sustenta Ambrósio:

> Afirma-se que ela trabalhava em um estábulo, mas casou-se com Constantino, o Velho, que mais tarde seria imperador. Boa serviçal de estábulo, que com tanto empenho procurou o estábulo em que nascera o Senhor. Boa estabulária, que conheceu o estabulário que cura as feridas provocadas pelo ladrão. Boa estabulária, que para ganhar Cristo considera todas as coisas esterco, por isso Cristo tirou-a do esterco e transformou-a em imperatriz.

Assim escreveu Ambrósio. Outros afirmam, e é o que se lê em uma crônica bem autêntica, que Helena era filha de Cloel, rei dos bretões. Foi na Bretanha que Constantino fez dela sua mulher, e como ela era filha

---

[8] Isto é, nos Estados cruzados do Oriente Médio.

única, após a morte de Cloel a ilha passou a Constantino. Os bretões aceitam esta tradição, mas outro texto afirma que ela era de Trèves.[9]

Ao chegar a Jerusalém, Helena convocou para uma reunião todos os sábios judeus da região, que, temerosos, perguntavam entre si: "Por que será que a rainha nos convocou?". Um deles, chamado Judas, falou:

> O que sei é que ela quer que digamos onde está a madeira da cruz na qual Cristo foi crucificado. Não sejam vaidosos a ponto de revelar, senão certamente nossa lei será revogada e as tradições de nossos pais serão totalmente destruídas. Contudo meu avô, Zaqueu, predisse a meu pai, Simeão, e meu pai disse-me antes de morrer: "Tome cuidado, filho, quando procurarem a cruz de Cristo. Antes de você ser torturado, diga onde ela se encontra, mas saiba que a partir desse instante o poder dos judeus será abolido para sempre, cairá nas mãos dos que adoram o crucificado, porque esse Cristo era o Filho de Deus". A isso perguntei: "Meu pai, se nossos antepassados sabiam que esse Cristo era efetivamente o Filho de Deus, por que o prenderam na cruz?". Ele respondeu: "O Senhor sabe que nunca concordei com isso, que muitas vezes eu me opus ao projeto deles, mas, por ter criticado os vícios dos fariseus, estes o crucificaram. Ele porém ressuscitou no terceiro dia e subiu ao Céu na frente de seus discípulos. Meu irmão Estêvão acreditou Nele, e por isso os judeus o lapidaram. Tome cuidado, filho, de nunca blasfemar contra Cristo nem contra seus discípulos".

Não parece, porém, muito provável que o pai desse judeu tenha vivido no tempo da Paixão de Cristo, já que entre este tempo e o de Helena, no qual viveu Judas, passaram-se mais de 270 anos, a menos que os homens daquela época vivessem mais do que os de hoje. Os judeus disseram a Judas: "Nunca ouvimos falar em nada semelhante. De toda forma, se a rainha interrogá-lo tome cuidado para não confessar nada". Quando estiveram diante da rainha e ela lhes perguntou sobre o lugar em que o Senhor fora crucificado, nenhum deles quis indicar, e ela os condenou a serem todos queimados. Eles ficaram apavorados, e apontando Judas disseram: "Senhora, eis o filho de um justo e profeta que conheceu perfeitamente a Lei. Pergunte-lhe tudo o que quiser, ele responderá".

---

[9] Essa tradição existia pelo menos desde o século IX (Almano, *Vita Helenae*, em *Acta Sanctorum*, agosto, vol. III, Bruxelas, Culture et Civilisation, reed., 1969, pp. 580-90), e por razões evidentes tornou-se muito difundida na Alemanha do século XII, como atestam a anônima *Kaiserchronik*, Oto de Freising e Herman de Fritslar.

Ela então mandou todos embora, com exceção de Judas, a quem disse: "Proponho que escolha entre a morte e a vida. Neste último caso, mostre-me o lugar que se chama Gólgota, onde o Senhor foi crucificado, para que eu possa encontrar sua cruz". Judas respondeu: "Como posso saber, se passaram mais de duzentos anos e eu não tinha nascido naquela época?". A rainha retrucou: "Pelo crucificado, eu o farei morrer de fome se não me disser a verdade". Mandou então que fosse jogado num poço seco, para lá padecer os horrores da fome. Depois de seis dias sem comida, no sétimo pediu para sair e prometeu descobrir a Cruz. Ele foi tirado de lá e dirigiu-se ao lugar procurado, onde fez uma prece. De repente a terra começou a tremer e a espalhar uma fumaça de admirável aroma. O próprio Judas, maravilhado, aplaudia enquanto dizia: "Em verdade, Cristo, você é o Salvador do mundo!".

Segundo a *História eclesiástica*, havia naquele local um templo de Vênus, construído pelo imperador Adriano para que se algum cristão quisesse fazer ali suas adorações, acabasse por adorar Vênus. Por esse motivo o local ficara abandonado e esquecido, mas ainda assim a rainha mandou destruir o templo até suas fundações e limpar aquela terra. Depois disso Judas arregaçou as mangas e pôs-se a cavar com vontade. Quando atingiu vinte passos de profundidade, encontrou três cruzes, que imediatamente levou à rainha. Como ninguém era capaz de distinguir a cruz de Cristo da dos ladrões, as três foram colocadas no centro da cidade à espera de que a glória de Deus se manifestasse. Quando, na nona hora, passou por ali o corpo de um jovem que ia ser sepultado, Judas deteve o féretro, pôs uma primeira e uma segunda cruz sobre o cadáver do defunto, que não ressuscitou. Trouxeram então a terceira, que no mesmo instante devolveu o defunto à vida.

Outra história, contudo, afirma que uma das principais mulheres da cidade jazia semimorta, quando Macário, bispo de Jerusalém, pegou a primeira e a segunda cruz, o que não produziu resultado algum, mas quando pôs em cima dela a terceira, a mulher abriu os olhos e sarou no mesmo instante. Ambrósio, por sua vez, diz que Macário distinguiu a cruz do Senhor pela placa que Pilatos ali mandara pregar, e cuja inscrição ainda era legível.[10]

---

[10] Seu conteúdo apresenta pequenas variações: "Este é Jesus, rei dos judeus" (*Mateus* 27,37); "Rei dos judeus" (*Marcos* 15,26); "Este é o rei dos judeus" (*Lucas* 23,38); "Jesus de Nazaré, rei dos judeus" (*João* 19,19).

O diabo pôs-se então a vociferar nos ares:

Ó Judas, por que você fez isso? O meu Judas fez exatamente o contrário: estimulado por mim, traiu, enquanto você, renegando-me, encontra a cruz de Jesus. Por meio daquele ganhei muitas almas, por você vou perder as que ganhei. Por meio dele eu reinava sobre o povo, por você sou expulso do meu reino. Todavia, vou pagar na mesma moeda e jogá-lo contra outro rei, que tendo abandonado a fé no crucificado, graças a torturas fará renegá-lo.

Parece que ele se referia a Juliano, o Apóstata, que submeteu Judas, tornado bispo de Jerusalém, a numerosos tormentos e fez dele um mártir de Cristo. Ao ouvir essas vociferações do diabo, Judas não teve medo algum e amaldiçoou-o bastante: "Que Cristo o castigue no abismo do fogo eterno!". Pouco mais tarde Judas foi batizado, recebeu o nome de Ciríaco e com a morte do bispo de Jerusalém tornou-se seu sucessor.

Como a bem-aventurada Helena não possuía os cravos do Senhor, pediu ao bispo Ciríaco que fosse procurá-los. Ele foi, e logo após ter feito uma prece ao Senhor os cravos apareceram no meio da terra, brilhando como se fossem de ouro. Ele os pegou e levou à rainha, que se ajoelhou e, inclinando a cabeça, adorou-os com grande reverência. Helena mandou uma parte da Cruz para seu filho e guardou o resto em uma arca de prata, que ficou em Jerusalém. Quanto aos cravos com os quais o corpo do Senhor havia sido pregado, enviou-os também a seu filho, que segundo Eusébio de Cesaréia fez com alguns deles um freio para seu cavalo de guerra e com outros reforçou seu capacete.

Alguns autores, como Gregório de Tours, garantem que o corpo do Senhor foi pregado com quatro cravos, dos quais Helena usou dois no freio dado ao imperador, o terceiro na estátua de Constantino que domina a cidade de Roma e o quarto foi jogado no mar Adriático, que até então havia sido um grande perigo para os navegantes. Os mesmos autores dizem que ela é que determinou a celebração solene todos os anos de uma festa da Descoberta da Santa Cruz. Ambrósio diz a propósito: "Helena procurou os cravos do Senhor, encontrou-os, de um mandou fazer o freio, outro incrustou no diadema, de maneira que um está na cabeça, coberta pela coroa, o outro na mão, através da rédea, e desta dupla forma guiam os sentidos do imperador, dando-lhe a luz da fé e o controle do poder".

Por ter encontrado a Santa Cruz, o santo bispo Ciríaco foi mais tarde morto por Juliano, o Apóstata, empenhado em destruir por toda parte o sinal da cruz. Antes de partir contra os persas, ele convidou Ciríaco a sacrificar aos ídolos, e em vista da recusa mandou cortar seu braço dizendo: "Com essa mão ele escreveu muitas cartas que desviaram muita gente dos sacrifícios aos deuses". Ciríaco respondeu: "Cão insensato, você me prestou um favor, porque antes de crer em Cristo muitas vezes escrevi cartas para as sinagogas dos judeus para que ninguém acreditasse em Cristo, e agora você tira do meu corpo essa causa de escândalo". Juliano mandou então derreter chumbo e derramá-lo na boca de Ciríaco, que foi em seguida deitado em uma cama de ferro que tinha embaixo carvões ardentes aspergidos por sal e gordura. Mas como Ciríaco permanecia imóvel, Juliano disse-lhe: "Se não quiser sacrificar aos ídolos, pelo menos diga que não é cristão". Ele recusou, e então foi aberta uma profunda fossa, que encheram de serpentes venenosas e na qual Ciríaco foi jogado, mas as serpentes imediatamente morreram. Juliano ordenou que Ciríaco fosse colocado num caldeirão cheio de óleo fervendo. Espontaneamente ele se dirigia para lá, fazendo o sinal-da-cruz e pedindo ao Senhor que o batizasse agora pelo martírio, quando Juliano, furioso, mandou trespassar seu peito com a espada, e assim Ciríaco consumou sua vida no Senhor.

A grande eficácia da cruz fica manifesta no caso do notário cristão enganado por um mágico, que lhe prometendo imensas riquezas levou-o a um lugar cheio de demônios, comandados por um etíope de grande estatura que se encontrava sentado num trono elevado e cercado de outros etíopes de pé, armados de lanças e bastões. Ele perguntou ao mágico: "Quem é esse jovem?". O mágico respondeu: "Um dos nossos escravos, senhor". O demônio propôs: "Se você quiser me adorar, ser meu escravo e renegar Cristo, eu o farei sentar-se à minha direita". O notário apressou-se a fazer o sinal-da-cruz e declarou que era escravo de Cristo, o Salvador. Mal acabou de fazer o sinal-da-cruz, toda a multidão de demônios desapareceu.

Pouco tempo depois, aquele notário e seu amo foram à igreja de Santa Sofia, e estando ambos diante de uma imagem do Salvador, o amo notou que ela tinha os olhos fixos no notário, olhando-o atentamente. Surpreso, o amo mandou o rapaz passar para a sua direita e viu que a imagem virara os olhos para esse lado, acompanhando o notário. Mandou que fosse para o lado esquerdo, e a imagem virou de novo os olhos e continuou a encarar o notário. O amo rogou-lhe então que contasse o que ele fizera a Deus para merecer que a imagem olhasse para ele daquele modo. O notário respondeu que não tinha consciência de nenhuma boa ação, a não ser ter recusado diante do diabo renegar o Salvador.

65. São João diante da Porta Latina

João, apóstolo e evangelista, pregava em Éfeso quando foi capturado pelo procônsul e convidado a imolar aos deuses. Como rejeitou a proposta, foi mandado para a prisão enquanto se enviava ao imperador Domiciano uma carta na qual João era chamado de grande sacrílego, difamador dos deuses e cultor do Crucificado. Por ordem de Domiciano foi levado a Roma, onde — diante da porta da cidade a que chamam Latina — rasparam todo o seu cabelo para ridicularizá-lo e jogaram-no num caldeirão de óleo fervendo, do qual saiu ileso, sem ter sentido dor alguma. Por isso os cristãos ergueram uma igreja nesse lugar, e esse dia é celebrado como o de seu martírio.

Ele continuou a pregar Cristo, daí Domiciano ter ordenado que fosse desterrado na ilha de Patmos.[1] Os imperadores romanos não rejeitavam nenhuma divindade, perseguindo os apóstolos não porque pregassem a palavra de Cristo, mas porque O chamavam de Deus e sem autorização do Senado ninguém podia ser deificado. A HISTÓRIA ECLESIÁSTICA conta que certa vez Pilatos escreveu uma carta sobre Cristo e enviou-a a Tibério, que concordou que os romanos recebessem aquela fé, mas o Senado opôs-se taxativamente, porque Jesus Cristo era chamado Deus sem sua autorização.

Outra razão, pelo que diz uma crônica, é que Ele não se manifestara em primeiro lugar aos romanos. Outra razão, é que Ele rejeitava o culto de todos os deuses que os romanos veneravam. Outra razão ainda, é que Cristo pregava o desprezo pelo mundo, não aceitando riquezas e

---

[1] Pequena ilha rochosa do Dodecaneso, arquipélago das Esporades do Sul, no mar Egeu, próximo à Ásia Menor.

poder humanos, enquanto os romanos eram avaros e ambiciosos. Outra razão, segundo o mestre JOÃO BELETH, pela qual os imperadores e o Senado perseguiam os apóstolos, era considerarem Cristo um deus demasiado orgulhoso e ciumento, pois não aceitava ter pares. Mais um motivo é dado por orósio: "O Senado ficou indignado ao ver que Pilatos não escreveu a ele, e sim a Tibério, acerca dos milagres de Cristo, e foi sob esse pretexto que não quis incluí-Lo entre os deuses, o que deixou Tibério furioso, levando-o a matar um grande número de senadores e a condenar outros ao exílio".

Ao saber que seu filho estava detido em Roma, a mãe de João, impelida pela compaixão materna, foi até lá visitá-lo, mas quando chegou soube que ele tinha sido exilado. Ela retirou-se então para a cidade de Nerulana, na Campânia, de onde migrou para Cristo. Seu corpo permaneceu por muito tempo sepultado numa gruta afastada, até que seu filho Tiago soube, por revelação, onde ele estava e reverentemente trasladou-o para a cidade. Então ele passou a espalhar um grande e suave odor e realizou numerosos e notáveis milagres.

66. A Litania Maior e a Litania Menor

As litanias ocorrem duas vezes por ano, a litania dita maior na festa de São Marcos, a litania dita menor nos três dias que precedem a ascensão do Senhor. Litania quer dizer súplica ou rogação. A primeira delas tem três nomes diferentes: Litania Maior, Procissão Heptaforme e Cruzes Negras.

A Litania Maior é assim chamada por três motivos: por causa de quem a instituiu, o papa Gregório Magno; por causa do lugar em que foi instituída, Roma, senhora e capital do mundo porque lá estão o corpo do príncipe dos apóstolos e a sé apostólica; por causa do objetivo pelo qual foi instituída, uma enorme e gravíssima doença.

De fato, depois de passarem a Quaresma na continência e de receberem na Páscoa o corpo do Senhor, os romanos entregavam-se desenfreadamente à comilança, à diversão e à luxúria, provocando Deus, que lhes enviou uma pavorosa peste, chamada ingüinal porque produz abscessos ou inchaços na virilha. Essa peste era tão violenta que os homens morriam subitamente nas estradas, à mesa, durante as diversões e as conversas, e muitas vezes ao espirrar exalava-se o espírito. Por isso, quando se ouvia alguém espirrar, logo se exclamava: "Deus o ajude!", origem, pelo que se diz, do costume de dizer "Deus o ajude!" a alguém que espirra. Conta-se que era freqüente, logo depois de alguém bocejar, o espírito sair pela boca. Daí o costume ainda hoje em uso de, ao sentir vontade de bocejar, logo se fazer o sinal-da-cruz. Pode-se ler mais sobre essa peste na vida de São Gregório.[1]

O segundo nome, Procissão Heptaforme, decorre do fato de ter o bem-aventurado Gregório nela dividido as pessoas em sete categorias: a

---
[1] Capítulo 46, item 4. Há também referência a ela no capítulo 140.

primeira, todos os clérigos; a segunda, todos os monges e religiosos; a terceira, as monjas; a quarta, todas as crianças; a quinta, todos os leigos; a sexta, todas as viúvas e continentes; a sétima, todas as pessoas casadas. Mas como atualmente não é possível manter esse número de divisões, elas foram substituídas pelo número de litanias, que devem ser repetidas sete vezes antes de acabar a procissão.

O terceiro nome, Cruzes Negras, vem do fato de terem os homens usado trajes negros naquela ocasião, tanto em sinal de luto pela mortandade, como em sinal de penitência. Talvez pelas mesmas razões, as cruzes e os altares também foram cobertos de pano negro. Ainda hoje, os fiéis devem nessa data vestir trajes de penitência.

A Litania Menor, que ocorre três dias antes da festa da Ascensão, foi instituída pelo beato Mamerto, bispo de Vienne,[2] na época do imperador Leão, que começou a reinar no ano do Senhor de 458. Foi estabelecida, portanto, antes da Litania Maior. Além de Litania Menor, é também chamada de Rogações e de Procissão. É chamada Litania Menor para distingui-la da primeira, já que foi estabelecida por um bispo menos importante, num lugar menos importante e por causa de uma enfermidade menos importante. O motivo de sua instituição foi o seguinte.

Vienne era afligida por freqüentes e grandes tremores de terra, que derrubavam muitas casas e igrejas. De noite ouviam-se barulhos e gritos, e certo dia de Páscoa aconteceu algo ainda mais terrível: caiu do Céu um fogo que consumiu todo o palácio real. Houve um fato ainda mais maravilhoso. Da mesma forma que outrora, com a permissão de Deus, demônios haviam entrado em porcos.[3] Agora, também com a permissão do Senhor, por causa dos pecados dos homens, eles entravam em lobos e em outros animais selvagens que, sem temer ninguém, corriam em pleno dia não apenas pelas estradas, mas também pela cidade, devorando crianças, velhos e mulheres. Casos tão tristes aconteciam diariamente, daí o bispo ter ordenado um jejum de três dias e instituído as Litanias, o que pôs fim àquela tribulação. Assim, tal prática foi aprovada pela Igreja e passou a ser universalmente observada.

Ela também é chamada de Rogações, porque nesse período imploramos a ajuda de todos os santos. Durante esses dias rogamos aos

---

[2] Esse personagem não deve ser confundido com São Mamertino, cuja vida está narrada no capítulo 124. Sobre a cidade de Vienne, ver nota 1 do capítulo 30.

[3] *Mateus* 8,31-32; *Marcos* 5,12-13; *Lucas* 8,32-33.

santos e observamos o jejum por múltiplas razões. Primeira, para que Deus conceda a paz, pois é sobretudo na primavera que surge o flagelo da guerra. Segunda, para que Ele se digne conservar e multiplicar os frutos ainda tenros. Terceira, para toda pessoa mortificar os movimentos desregrados da carne, mais excitados nesta época, pois na primavera o sangue está mais quente e os movimentos ilícitos são mais comuns. Quarta, para que pelo jejum e pelas preces todos se tornem mais dignos de receber o Espírito Santo.

Mestre GUILHERME DE AUXERRE assinala duas outras razões. Primeira, como pouco antes da ascensão Cristo disse "Peça e receberá",[4] a Igreja deve fazer seus pedidos com mais confiança. Segunda, como Cristo subiu ao Céu voando nas asas do vento a fim de nos abrir caminho, a Igreja jejua, reza e mortifica os sentidos para se despojar da carne e com ajuda da oração, adquirir asas, pois uma ave de muita carne e asas pequenas, como o avestruz, não é capaz de voar.

A Litania Menor também é chamada de Procissão porque nesses dias a Igreja organiza uma procissão geral na qual se leva a cruz, a bandeira e, em alguns locais, um dragão com uma cauda enorme, enquanto os sinos são tocados e implora-se a proteção de todos os santos. Leva-se a cruz e badalam-se os sinos para que os demônios fujam, assustados. Da mesma forma que no exército o rei usa como insígnias reais trombetas e estandartes, Cristo, rei eterno de sua Igreja militante, tem como trombetas os sinos e como estandartes as cruzes. Da mesma forma que um tirano tem medo quando ouve em seus domínios as trombetas de um poderoso rei inimigo, também os demônios, que estão nos ares tenebrosos, ficam amedrontados quando ouvem soar as trombetas de Cristo, que são os sinos, e quando vêem seus estandartes, que são as cruzes.

É por essa razão que a Igreja tem o costume de tocar os sinos quando vê formar uma tempestade, cujos autores são os demônios, os quais ao ouvir as trombetas do rei eterno ficam apavorados, fogem e param de preparar as tempestades. Outra razão é que em momentos assim os sinos advertem os fiéis, incitando-os a rezar durante o perigo. A cruz é, de fato, o estandarte do rei eterno, como afirma o hino litúrgico que começa com: "Aparecem os estandartes do Rei...". A cruz é o estandarte que apavora os demônios, conforme afirma Crisóstomo: "Em qualquer lugar no qual os demônios percebam o sinal do Senhor,

---

4 *Mateus* 7,7; *Lucas* 11,9.

fogem apavorados, por reconhecerem nele o báculo que os feriu. Pelo mesmo motivo, em certos locais a cruz é tirada da igreja e exposta contra a tempestade, para que ao verem o estandarte do soberano rei os demônios fiquem atemorizados e fujam". É para assustar os demônios que habitam os ares, e forçá-los a fugir e a deixar de nos incomodar, que a cruz é levada em procissão e os sinos são tocados.

Esse estandarte também desfila para representar as vitórias da ressurreição e da ascensão de Cristo, que subiu aos Céus levando uma grande colheita: o estandarte balançando no ar é Cristo subindo ao Céu, assim como o estandarte levado em procissão e seguido pela multidão dos fiéis é Cristo em ascensão, acompanhado por um grande cortejo de santos. O canto da Procissão significa os cânticos e as louvações dos anjos, que acompanham a ascensão de Cristo ao Céu com muitas aclamações.

Em algumas igrejas, especialmente nas galicanas, é costume nos dois primeiros dias da Procissão levar um dragão com uma comprida cauda cheia de palha ou material semelhante, cauda que no terceiro dia é esvaziada para significar que o diabo reinou neste mundo no primeiro dia, que representa o tempo antes da Lei, e no segundo dia, que indica o tempo da Lei, mas que no terceiro dia, tempo da graça, depois da paixão de Cristo, foi expulso do seu reino.

Nessa procissão também pedimos a proteção de todos os santos. É por meio do espelho eterno que os santos podem entender quanto as súplicas que lhe são dirigidas significam para eles alegria e para nós auxílio. Já indicamos algumas das razões pelas quais rogamos tal ajuda, mas ainda há outras causas gerais, que levaram Deus a nos mandar rezar aos santos: nossa indigência, a glória dos santos e a reverência a Deus.

A primeira razão é nossa indigência. Indigência de mérito, pois não temos méritos próprios e por isso precisamos dos de outros; indigência de contemplação, pois como não podemos olhar diretamente a soberana luz, valemo-nos dos santos para ver seu reflexo; indigência de amor, pois na sua imperfeição o homem sente mais afeição por um santo do que pelo próprio Deus. A segunda razão é a glória dos santos. Deus quer que os invoquemos, para por intermédio deles obter o que pedimos: por isso devemos louvá-los e louvando-os glorificá-los. A terceira razão é a reverência a Deus. O pecador que ofendeu a Deus, envergonhado de se dirigir diretamente a Ele, implora a proteção dos amigos de Deus.

Nas litanias deveríamos repetir com freqüência o cântico angélico: "Santo Deus, Santo forte, Santo imortal, tenha misericórdia de nós".

JOÃO DAMASCENO relata no livro III que quando de certas calamidades em Constantinopla, ali se celebraram litanias, durante as quais um menino foi elevado ao Céu, e ao voltar para o meio da multidão cantou diante de todos o cântico que aprendera com os anjos, e assim logo depois a tribulação cessou. O concílio de Calcedônia aprovou esse cântico e Damasceno concluiu seu relato dizendo: "Para nós, foi por causa desse cântico que os demônios fugiram".

Há quatro motivos para louvar e autorizar esse cântico. Primeiro, porque foi um anjo que o ensinou; segundo, porque ao recitá-lo aquela calamidade acabou; terceiro, porque o concílio de Calcedônia o aprovou; quarto, porque os demônios têm medo dele.

67. A Ascensão do Senhor

Ascensão do Senhor ocorreu quarenta dias depois da Ressurreição. Há sete considerações a fazer sobre a Ascensão: primeira, o lugar em que ela se deu; segunda, por que Ele não ascendeu logo depois da Ressurreição, mas esperou tantos dias; terceira, de que maneira ascendeu; quarta, com quem ascendeu; quinta, por qual mérito ascendeu; sexta, para onde ascendeu; sétima, por que ascendeu.

Quanto à primeira consideração, foi do monte das Oliveiras, no lado voltado para Betânia, que Ele subiu aos Céus. Conforme outra versão, esse morro recebeu o nome Três Luzes porque de noite era iluminado a ocidente pelo fogo que estava sempre aceso no altar do templo; de manhã recebia os primeiros raios do sol vindos do oriente, antes que eles alcançassem a cidade; naquele local havia grande quantidade de oliveiras, cujo azeite alimenta a luz. Daí, como dissemos, ser chamado de Três Luzes. Foi para aquele morro que Cristo tinha mandado seus discípulos.

No próprio dia da Ascensão apareceu a eles duas vezes. A primeira quando os onze apóstolos estavam comendo no cenáculo. Todos os apóstolos e os discípulos com suas mulheres moravam na parte de Jerusalém chamada Mello, ou monte Sião, onde Davi construíra um palácio e onde estava o grande cenáculo que o Senhor escolhera para celebrar a Páscoa. Nesse cenáculo moravam naquele momento os onze apóstolos, enquanto os outros discípulos e suas mulheres ocupavam várias habitações em torno. Quando estavam comendo no cenáculo, o Senhor apareceu aos apóstolos, censurou-os por sua incredulidade e depois de ter comido com eles mandou-os ao monte das Oliveiras perto de Betânia. Nesse lugar apareceu-lhes uma segunda vez, respondeu a algumas perguntas indiscretas, depois ergueu as mãos para abençoá-los e diante deles subiu ao Céu.

Sobre o lugar da Ascensão, tanto Sulpício, bispo de Jerusalém, como a GLOSA, dizem que ali foi mais tarde construída uma igreja que não se conseguia pavimentar em certa parte, onde o mármore saltava no rosto dos trabalhadores, pois era o local que Cristo pisara antes da Ascensão e que continua sem cobertura. Os vestígios de pés ainda existentes na terra, como marcas ali gravadas, provam que esse é o lugar pisado pelo Senhor.

Quanto à segunda consideração, por que a Ascensão não ocorreu logo depois da Ressurreição, e sim quarenta dias mais tarde, há três razões. Primeira, para que se tivesse certeza da Ressurreição. De fato, era mais difícil provar a verdade da Ressurreição que a da Paixão: para confirmar a morte bastam três dias, mas para demonstrar de forma segura a ressurreição é necessário mais tempo. Daí por que o intervalo entre a Ressurreição e a Ascensão é maior do que o entre a Paixão e a Ressurreição. A esse respeito, diz o papa Leão em um sermão sobre a Ascensão:

> Consumou-se hoje o número de quarenta dias que a santíssima ordem determinou para benefício de nossa instrução. Ao prolongar até esse momento o prazo da sua presença corporal, o Senhor queria fortalecer a fé na Ressurreição por meio de testemunhos autênticos. Damos graças a essa protelação divina e à paciência que os santos padres tiveram, pois eles duvidaram para que nós não duvidássemos.

Segunda razão, consolar os apóstolos. Ora, como as consolações divinas superam as tribulações, e como o tempo da Paixão foi o da tribulação dos apóstolos, devia portanto haver mais dias de consolação do que dias de tribulação.

Terceira, por uma significação mística, para fazer entender que as consolações divinas estão para as tribulações assim como um ano está para um dia, como um dia está para uma hora, como uma hora está para um momento. Uma passagem de *Isaías,* 61, mostra claramente que as consolações divinas estão para as tribulações assim como um ano está para um dia: "Devo pregar o ano da Reconciliação do Senhor e o dia da vingança de nosso Deus". Logo, por um dia de tribulação Ele dá um ano de consolação. Está claro que as consolações divinas estão para as tribulações assim como um dia está para uma hora, pelo fato de que o Senhor permaneceu morto quarenta horas — tempo da tribulação — e que depois de ressuscitar apareceu durante quarenta dias a seus discípulos — tempo da consolação. O que faz a *Glosa* dizer: "Como ficou morto quarenta horas, Ele depois confirmou durante quarenta dias que revivera". *Isaías*, 54, dá a entender que as consolações estão para as tribulações assim como uma hora está para um momento, quando diz: "Em um momento de indignação escondi meu rosto [mas depois olhei você com minha eterna misericórdia]".[1]

Quanto à terceira consideração, sobre a maneira pela qual ascendeu, há vários aspectos. Primeiro, ela foi de grande poder, conforme diz *Isaías*, 63: "Quem é aquele que vem de Edom [caminhando na plenitude da força]?". *João* também diz: "Ninguém subiu ao Céu por sua própria força, a não ser aquele que desceu do Céu, isto é, o filho do homem que está no Céu". Embora tenha subido num conjunto de nuvens, não o fez porque isso era necessário, mas para mostrar que toda criatura está pronta a obedecer ao seu Criador. Ele subiu pelo poder da sua divindade, o que caracteriza o poder ou o domínio, conforme relatado na HISTÓRIA ECLESIÁSTICA. Enoque foi transportado, Elias levantado, ao passo que Jesus subiu por seu próprio poder. "O primeiro", diz Gregório, "pelo coito foi gerado e gerou, o segundo foi gerado mas não gerou, o terceiro não foi gerado e não gerou."

Segundo aspecto, ascendeu publicamente, diante dos olhos de seus discípulos, como está escrito: "Eles o viram elevar-se".[2] Diz *João*, 16: "Vou até aquele que me enviou, e nenhum de vocês me pergunta aonde vou?". A *Glosa* comenta assim: "Tudo aconteceu claramente, para que ninguém questionasse o que se viu com os próprios olhos". Ele quis subir ante os olhos de seus discípulos para que eles fossem testemunhas da Ascensão, para que se alegrassem ao ver a natureza humana elevada ao Céu e para que desejassem segui-Lo.

Terceiro aspecto, subiu com alegria, no meio dos cânticos dos anjos, como diz o salmo: "Deus ascendeu com júbilo". Para Agostinho, "no momento da ascensão de Cristo o firmamento fica espantado, os astros maravilhados, os exércitos celestiais aplaudem, as trombetas soam e unem-se aos doces cânticos do coro angelical".

Quarto aspecto, subiu com rapidez, conforme diz o salmista:

---

[1] Jacopo indica essa passagem bíblica como sendo de *Isaías*, 52, enquanto para a *Vulgata* é capítulo 54, versículo 8. Pressupondo os conhecimentos bíblicos de seus leitores, com freqüência ele faz citações truncadas, que raramente porém deixam de reforçar sua argumentação, como acontece no presente caso, pois escreve apenas "em um momento de indignação escondi meu rosto etc.".

[2] *Atos dos apóstolos* 1,9.

"Parte com ímpeto para percorrer seu caminho como um gigante". Com efeito, subiu velozmente, em apenas um instante percorreu espaço enorme. O rabino MOISÉS, grande filósofo, sustenta que cada círculo de cada céu, de qualquer planeta, tem a profundidade de quinhentos anos, isto é, tal espaço levaria quinhentos anos para ser percorrido pelo caminhar de um homem. A distância de um céu a outro também é de quinhentos anos, e como há sete céus, haverá, segundo ele, do centro da Terra até as profundezas do céu de Saturno, que é o sétimo, um caminho de 7 mil anos. Até o ponto mais remoto do céu, 7500 anos, isto é, um espaço tão grande que alguém caminhando em terreno plano levaria 7500 anos para cobri-lo, se pudesse viver tanto: considere-se que o ano tem 365 dias e que se pode andar em um dia quarenta milhas, e que cada milha tem 2 mil passos ou côvados. É o que diz o rabino Moisés.

Se isso é verdade ou não, só Deus sabe, Ele que fez tudo com número, peso e medida.[3] Logo, foi muito grande o salto que Cristo deu da Terra ao Céu. A respeito desse salto e de alguns outros dados por Cristo, diz Ambrósio: "Quando veio a este mundo, Cristo deu um pulo porque estava com o Pai e veio para a Virgem, e da Virgem passou ao berço, desceu ao Jordão, subiu na Cruz, desceu ao túmulo, ressuscitou do túmulo e está sentado à direita do Pai".

Quarta consideração, com quem subiu. Foi com muitas presas humanas e uma grande multidão de anjos. Que tenha subido com muitas presas humanas fica evidente nas palavras do salmo: "Foi para o alto levando muitos cativos". Que tenha subido com uma multidão de anjos, também é evidente pelas perguntas que os anjos de ordem inferior fizeram aos de ordem superior quando da ascensão de Cristo, como está em *Isaías*, 63: "Quem é aquele que vem de Edom e de Bosra com a túnica tingida de vermelho?". A *Glosa* diz que vários anjos não tinham pleno conhecimento dos mistérios da Encarnação, da Paixão e da Ressurreição, e ao verem o Senhor subir ao Céu por seu próprio poder e junto de uma multidão de anjos e de santos homens, admiraram o mistério da Encarnação e da Paixão perguntando aos anjos que acompanhavam o Senhor: "Quem é aquele que vem etc.", ou, conforme o salmo: "Quem é o rei da glória?".

DIONISO, no capítulo VII do livro *Hierarquia celeste*, parece insinuar que enquanto Cristo subia três perguntas foram feitas pelos anjos. A

---

[3] *Sabedoria* 11,21.

primeira foi aquela que os anjos de condição superior fizeram uns aos outros, a segunda, a destes anjos superiores ao Cristo em ascensão, a terceira a dos anjos inferiores aos superiores. Os superiores perguntavam entre si: "Quem é aquele que vem de Edom e de Bosra com a túnica tingida de vermelho?". Como Edom quer dizer "sangrento" e Bosra "fortalecido", era como se falassem: "Quem é aquele que vem deste mundo ensangüentado pelo pecado e fortalecido contra Deus pela malícia?". Ou ainda: "Quem é aquele que vem de um mundo sangrento e fortalecido pelo Inferno?". O Senhor respondeu: "Sou eu, cuja palavra é palavra de justiça, sou eu que combate para salvar".[4]

Dioniso afirma que Ele falou: "Sou eu que defendo a justiça e o juízo salvador". Na redenção do gênero humano houve justiça, na medida em que o Criador trouxe de volta a criatura que tinha se distanciado de seu senhor, e houve juízo na medida em que se expulsou o diabo, invasor que possuía o homem. Aqui Dioniso formula a questão: "Já que os anjos superiores estão mais perto de Deus e são diretamente iluminados por Ele, por que fazem perguntas como se tivessem necessidade de mutuamente se instruir?". O próprio Dioniso responde, e um comentador explica que ao se interrogar eles demonstram interesse pelo conhecimento, e ao questionarem uns aos outros indicam não ousar se antecipar à iluminação divina. Portanto essa questão não é um exame da doutrina, mas uma confissão de ignorância.

A segunda pergunta, aquela que os anjos superiores fizeram a Cristo, foi: "Por que sua roupa está vermelha como a daqueles que pisam uva no lagar?". Eles disseram que o Senhor tinha uma vestimenta (isto é, seu corpo) vermelha (ou seja, cheio de sangue) porque ao ascender ainda levava as cicatrizes das suas chagas. Ele quis conservar essas cicatrizes no corpo por cinco razões, segundo BEDA:

> O Senhor conservou suas cicatrizes e deve conservá-las até o Juízo, para fortalecer a fé na Ressurreição, para mostrá-las a seu Pai enquanto suplica em favor dos homens, para que os bons vejam com que misericórdia foram resgatados, para que os maus reconheçam terem sido justamente danados, para levar os troféus da vitória eterna que conquistou.

Àquela questão, o Senhor respondeu: "Estive sozinho no lagar, sem que homem algum, de qualquer povo, me acompanhasse". Por lagar pode-se entender a Cruz, sob a pressão da qual ele foi tão esmagado que

---

[4] *Isaías* 63,1.

derramou todo o seu sangue. Ou então o que ele chama de lagar é o diabo, que envolveu e espremeu tanto o gênero humano nos vínculos do pecado, que tirou tudo o que nele havia de espiritual, de maneira que nada restou além da casca. Mas nosso guerreiro rompeu os grilhões dos pecadores com a prensa do lagar, subiu ao Céu, abriu a morada celeste e derramou dali o vinho do Espírito Santo.

A terceira pergunta é aquela que os anjos inferiores fizeram aos anjos superiores: "Quem é o rei da glória?". Eles responderam: "O rei da glória é o Senhor todo-poderoso". Sobre esta pergunta e a resposta conveniente que lhe deram, diz Agostinho:

> A imensidão dos ares é santificada pelo cortejo divino e toda a turba de demônios que ali voa se apressa a fugir diante do Cristo que se eleva. Os anjos correm ao seu encontro e perguntam: "Quem é o rei da glória?". Outros anjos respondem: "Aquele que é branco e rosado, aquele que não tem nem aparência nem beleza, aquele que foi fraco no lenho, forte no espólio, vil num corpo mirrado e bem armado no combate, hediondo em sua morte e belo em sua ressurreição. Recebeu a brancura da Virgem e o vermelho na Cruz. As ofensas ofuscaram-no, mas brilha no Céu".

Quinta consideração, por quais méritos ascendeu. São três, diz Jerônimo:

> A verdade, porque consumou o que havia prometido pela boca dos profetas; a mansuetude, porque se deixou imolar como uma ovelha em prol da humanidade; a justiça, porque para libertar o homem empregou-a em lugar da força, e assim é o poder e a virtude de sua mão direita que maravilhosamente levará você para o Céu.

Sexta consideração, para onde ascendeu. Foi acima de todos os céus, de acordo com a *Epístola aos efésios*, 4: "Aquele que desceu é o mesmo que subiu acima de todos os céus, a fim de preencher todas as coisas". Está dito: "acima de todos os céus", porque há vários céus, o material, o racional, o intelectual e o supersubstancial, e Ele subiu acima de todos. O céu material é múltiplo — aéreo, etéreo, olímpico, ígneo, sideral, cristalino e empíreo.

O céu racional é o homem justo, chamado céu por ser morada divina, da mesma forma que o Céu é o trono e a habitação de Deus, conforme diz *Isaías*, 66 ("O Céu é meu trono"), e é a alma justa, conforme diz o livro da *Sabedoria* ("A alma justa é trono da sabedoria"). O homem justo também é chamado de Céu por várias razões: seus costumes santos, seu desejo de morar no Céu (como dizia o apóstolo: "Nossa pátria está nos Céus"[5]), suas boas obras espirituais, pois assim como o Céu está em contínuo movimento, os santos não param de fazer boas obras.

O céu intelectual é o anjo. O anjo é chamado céu porque, do mesmo modo que este, é elevadíssimo por sua dignidade e excelência. Primeiro, a respeito dessa dignidade e excelência afirma Dioniso no capítulo IV de seu livro *Nomes divinos*: "Os espíritos divinos estão acima dos outros seres; sua vida é superior à das outras criaturas vivas; sua inteligência e seu conhecimento superam o sentido e a razão dos demais seres; mais que todos os outros, eles tendem ao belo e ao bem dos quais participam". Segundo, são belíssimos por sua natureza e glória. Sobre esta beleza, Dioniso diz no mesmo livro: "O anjo é manifestação da luz oculta, é espelho puro, limpíssimo, incontaminado, impoluto, imaculado, refletindo assim — se é possível dizer — a beleza de Deus, a forma perfeita de Deus". Terceiro, são fortíssimos em razão de sua virtude e de sua potência. Sobre esta força, diz DAMASCENO no livro II, capítulo III de sua obra: "São fortes e sempre prontos a executar a vontade de Deus, estando por toda parte à espera de um simples sinal para cumprir as ordens divinas". O céu possui altura, beleza e força. A respeito daquelas duas primeiras qualidades fala o *Eclesiástico*, 43 ("O firmamento é alto e belo") e da terceira fala o livro de *Jó*, 37 ("Você forjou com Ele o firmamento sólido como espelho de metal fundido?").[6]

O Céu supersubstancial é a sede da excelência divina, de onde veio Cristo e para onde voltou a subir mais tarde. Um salmo diz "Ele parte da extremidade do céu e volta até ela". Portanto, ao subir acima de todos os Céus, Cristo foi até o céu supersubstancial. Outro salmo diz que Ele subiu acima de todos os céus materiais quando exclama: "Senhor, sua magnificência foi elevada acima dos Céus". Ele subiu acima de todos os céus materiais até o próprio Céu empíreo, não como Elias, que num carro de fogo foi transportado para o Paraíso terrestre, tendo chegado assim apenas até a região sublunar.[7]

---

[5] *Epístola aos filipenses* 3,20.

[6] Corrigimos a indicação desta última passagem, que o texto coloca como *Jó* 27 e é 37 (versículo 18).

[7] *2 reis* 2,11.

Portanto, é no Céu empíreo que Cristo reside, lá está sua própria e especial morada, perto dos anjos e outros santos que vivem em habitações convenientes a cada um. Esse céu excede todos os demais em dignidade, em prioridade, em situação e em tamanho, sendo por isso habitação adequada a Cristo, já que Este transcende todos os céus racionais e intelectuais por sua dignidade, sua eternidade, sua imutabilidade e sua potência. Do mesmo modo, esse céu também é uma habitação conveniente para anjos e santos porque é uniforme, imóvel, de perfeita luminosidade e de imensa capacidade, e eles são uniformes em suas obras, imóveis em seu amor, luminosos na fé e no conhecimento, plenos de capacidade de receber o Espírito Santo.

Que Ele subiu acima de todos os céus racionais, que são os santos, fica evidente pelo *Cântico dos cânticos*, 2: "Eis que vem pulando as montanhas, passando por cima das colinas", entendendo-se montanhas por anjos e colinas por homens santos. Que Ele subiu acima de todos os céus intelectuais, que são os anjos, fica evidente pelo que dizem dois salmos: "Você sobe nas nuvens e caminha nas asas dos ventos"; "Ele subiu acima dos querubins, voou nas asas dos ventos". Que Ele subiu até o céu supersubstancial, isto é, até o trono de Deus, fica evidente pelo que diz *Marcos*: "E o Senhor Jesus, depois de ter falado assim, foi elevado ao Céu, e aí está sentado à direita de Deus". A direita de Deus significa a igualdade com Deus. Comenta Bernardo: "O Senhor prometeu a meu Senhor sentar-se à direita da sua glória, numa glória igual, numa essência consubstancial, para uma geração conjunta, para uma majestade que não é inferior, para uma eternidade que não é posterior".

Pode-se dizer que em sua ascensão Cristo alcançou quatro formas de sublimidade, a do lugar, a da recompensa, a do conhecimento e a da virtude. A primeira está na *Epístola aos efésios*, 4: "Aquele que desceu é o mesmo que subiu acima de todos os Céus". A segunda está na *Epístola aos filipenses*, 2: "Ele foi obediente até a morte, morte na cruz, por isso Deus o exaltou". Sobre isso, diz Agostinho: "A humildade é o mérito da distinção e a distinção é a recompensa da humildade". A terceira está em um salmo: "Ele subiu acima dos querubins", o que equivale a dizer acima da plenitude de toda ciência. A quarta está na *Epístola aos efésios*, 3: "A caridade de Cristo por nós supera nosso conhecimento".

Sétima consideração, por que Ele ascendeu? Por nove frutos ou utilidades.

A primeira utilidade é a aquisição do amor divino. *João*, 16, diz que "se eu não for, o Paracleto não virá", o que Agostinho comenta assim: "Se vocês continuarem carnalmente ligados a mim não serão capazes de receber o Espírito Santo".

A segunda utilidade é um maior conhecimento de Deus, conforme *João*, 14: "Se realmente me amarem, vocês ficarão alegres porque vou para junto do meu Pai". Agostinho diz a respeito: "Se faço desaparecer esta forma e esta natureza de escravo, que me torna inferior a meu Pai, é para que vocês possam ver Deus com os olhos do espírito".

A terceira utilidade é o mérito da fé. A esse respeito Leão fala o seguinte em seu sermão sobre a Ascensão:

> É com a fé, ajudada pela razão, que se começa a compreender que o Filho é igual ao Pai; que não lhe é mais necessário tocar a substância corporal de Cristo, pela qual ele é inferior a seu Pai. É privilégio dos grandes espíritos crer, sem apreensão, naquilo que o olho do corpo não é capaz de perceber, e por meio desse desejo ligar-se àquilo que não se pode alcançar com a visão.

Diz Agostinho no livro *Confissões*: "Ele fez seu caminho correndo como um gigante. Não tardou, pelo contrário, correu proclamando por suas palavras, por suas ações, por sua morte, por sua vida, por descer à terra, por subir ao Céu, que voltemos a Ele, e desapareceu dos nossos olhos a fim de que O buscássemos e O encontrássemos em nossos corações".

A quarta utilidade é a nossa segurança. Como Ele ascendeu para ser nosso advogado diante do Pai, podemos nos sentir seguros. Diz *João*, 2: "Temos como advogado diante do Pai, Jesus Cristo, que é justo, que é a vítima propiciatória de nossos pecados". Sobre esta segurança, diz Bernardo: "Ó homem, você tem acesso garantido junto a Deus. Veja ali a mãe diante do Filho, o Filho diante do Pai. A mãe mostra a seu filho seu peito e seus seios, o Filho mostra a seu Pai seu flanco e seus ferimentos. Logo, não poderá haver recusa onde há tantas provas de caridade".

A quinta utilidade é nossa dignidade. Dignidade enorme, pois nossa natureza foi elevada até a direita de Deus, daí por que, em consideração à dignidade dos homens, os anjos não aceitam mais ser adorados por estes, como está dito em *Apocalipse*, 19: "E eu me prosternei aos pés do anjo para adorá-lo, mas ele me disse 'não faça isso, sou escravo de Deus como você e seus irmãos'". A *Glosa* faz esta observação a respeito: "Na lei antiga, o anjo não recusou a adoração do homem, mas depois da ascensão do Senhor, quando viu que o homem tinha sido elevado acima dele, temeu ser adorado". O papa Leão no seu sermão sobre a ascensão do Senhor diz: "Hoje nossa natureza humana ultrapassou as maiores potências angelicais, alcançou o trono de Deus. O que torna mais admirável a graça de Deus é que, mesmo tirando do olhar dos homens Aquele que lhes despertava com razão a reverência, ela impede que a fé falhe, a esperança vacile e a caridade diminua".

A sexta utilidade é a solidez da nossa esperança. A *Epístola aos hebreus*, 4, diz: "Tendo por sumo pontífice Jesus, Filho de Deus, que entrou no Céu, mantenhamos firme a nossa esperança". No capítulo 6: "Esperança que temos como âncora firme e segura de nossa alma, e que penetra no véu em que entrou nosso precursor, Jesus". Leão diz ainda: "A ascensão de Cristo é a garantia de nossa elevação, e esperamos que o corpo vá onde a glória da cabeça nos precedeu".

A sétima utilidade é nos mostrar o caminho. Diz *Miquéias*, 3: "Ele ascendeu para nos abrir caminho". Acrescenta Agostinho: "O próprio Salvador tornou-se nosso caminho. Levante e ande, não seja preguiçoso, você já tem um caminho traçado".

A oitava utilidade é nos abrir a porta do Céu. Assim como o primeiro Adão abriu as portas do Inferno, o segundo abriu as do Paraíso. Por isso se canta na Igreja: "Depois de ter vencido o aguilhão da morte, você abriu aos crentes o reino dos Céus".

A nona utilidade é preparar ali um lugar para nós, como está em *João*, 14: "Vou preparar o lugar da futura morada de vocês". Sobre isso Agostinho diz: "Senhor, prepara o que está preparando, porque nos prepara para você, e prepara a você mesmo para nós, prepara um lugar onde habitaremos em você e você habitará em nós".

68. O Espírito Santo

Como a história sagrada dos *Atos* atesta, na data de hoje o Espírito Santo foi enviado sobre os apóstolos na forma de línguas de fogo. Acerca desta missão ou vinda, há oito considerações a fazer: primeira, por quem foi enviado; segunda, de quantas maneiras é ou foi enviado; terceira, quando foi enviado; quarta, quantas vezes foi enviado; quinta, como foi enviado; sexta, sobre quem foi enviado; sétima, por que foi enviado; oitava, por qual meio foi enviado.

Quanto à primeira consideração — por quem foi enviado — note-se que foi o Pai, o Filho e o próprio Espírito Santo que se deram e se enviaram. Foi o Pai, conforme está dito em *João*, 14: "O Paracleto, que é o Espírito Santo, será mandado pelo Pai em meu nome". Foi o Filho, pelo que podemos ler em *João*, 16, onde Cristo diz a respeito do Espírito Santo: "Ao partir, Eu o enviarei a vocês". Em uma comparação com as missões que ocorrem neste mundo, o enviado recebe daquele que o envia três coisas: sua condição, tal como o raio de luz enviado pelo Sol; sua força, tal como a flecha disparada pelo arqueiro; sua jurisdição ou autoridade, tal como um mensageiro enviado por seu superior.

Desse tríplice ponto de vista, sua missão convém ao Espírito Santo, porque ele é enviado pelo Pai e pelo Filho, nos quais residem a condição, a força e a autoridade. Todavia o próprio Espírito Santo também se deu e se enviou, o que está insinuado em *João*, 16, ao dizer: "Quando o espírito da verdade tiver vindo". O papa Leão, em um sermão de Pentecostes, diz:

> A bem-aventurada Trindade, incomutável divindade, é una em substância, indivisa nas ações, solidária na vontade, idêntica em onipotência, igual em glória. Essa misericordiosa Trindade dividiu entre si a obra de nossa redenção, de sorte que o Pai aceitou a propiciação, o Filho tornou-se a propiciação, o Espírito Santo inflamou-nos com seu amor.

Ora, visto que o Espírito Santo é Deus, podemos dizer, portanto, que Ele se dá a si mesmo.

Que o Espírito Santo é Deus, Ambrósio mostra em seu livro *Do Espírito Santo*: "A glória de sua divindade é manifestamente provada por quatro meios: sabe-se que Ele é Deus, ou por não ter pecado, ou porque perdoa o pecado, ou porque não é uma criatura, mas sim Criador, ou enfim porque não adora, mas é adorado". É evidente que a bem-aventurada Trindade entregou-se totalmente a nós: "O Pai deu-nos tudo o que tem", diz Agostinho, "deu seu Filho como preço de nossa redenção, o Espírito Santo como privilégio de nossa adoção e reservou a si mesmo por inteiro como herança de nossa adoção".

O Filho também se deu inteiramente a nós, conforme diz Bernardo: "Ele é pastor, é pasto, é redenção. Ele nos deu sua alma como resgate, seu sangue como bebida, sua carne como alimento e sua divindade como recompensa". Da mesma forma, o Espírito Santo gratificou-nos e gratifica-nos com todos os seus dons, porque está dito na primeira *Epístola aos coríntios*, 12: "Um recebe do Espírito Santo o dom de falar com sabedoria, outro recebe o dom de falar com ciência, outro recebe o dom da fé". O papa Leão acrescenta: "É o Espírito Santo que inspira a fé, que ensina a ciência, que é a fonte do amor, o selo da castidade e o princípio de toda salvação".

Quanto à segunda consideração — de quantas maneiras o Espírito Santo é ou foi enviado —, é preciso observar que isso ocorreu de uma maneira visível e de uma maneira invisível.

Invisível quando penetra nos corações santos, visível quando se mostra sob um signo visível. Sobre a missão invisível, diz *João*, 3: "O Espírito Santo sopra onde quer, e você ouve sua voz mas não sabe nem de onde vem, nem para onde vai". Isso não é surpreendente, como afirma Bernardo falando do Verbo invisível:

> Ele não entra pelos olhos porque não tem cor, nem pelos ouvidos porque não produz som, nem pelas narinas porque não é ar e não se mistura com ele, nem pela boca porque não é comida ou bebida, nem pelo tato porque não é palpável. Se me perguntarem como percebo sua presença, já que seus caminhos são insondáveis, direi que é pelo temor que sinto em meu coração. Foi pela fuga do vício que notei a força de sua virtude. Foi abrindo os olhos e examinando que admirei a profundidade de sua sabedoria. Foi corrigindo meus costumes que senti a bondade da sua doçura. Foi pela reforma e renovação da minha alma que percebi, tanto quanto

me foi possível, o esplendor da sua beleza. Foi vendo todas essas maravilhas ao mesmo tempo que me impressionei com sua infinita magnitude.

Assim escreveu Bernardo.

Visível é a missão indicada por um sinal visível. O Espírito Santo mostrou-se sob cinco formas visíveis. Primeira, a de uma pomba sobre Cristo enquanto Ele era batizado, como afirma *Lucas*, 3: "O Espírito Santo desceu sobre Ele na forma corpórea de uma pomba". Segunda, sob forma de uma nuvem luminosa no momento da transfiguração, conforme *Mateus*, 16: "Enquanto Ele falava, uma nuvem luminosa veio cobri-lo". A GLOSA comenta: "O Espírito Santo manifestou o mistério da Santíssima Trindade tanto no batismo quanto na gloriosa transfiguração do Senhor, em um caso como pomba, em outro como nuvem luminosa". Terceira, sob forma de um sopro. Lê-se em *João*, 20: "Ele soprou e disse: 'Recebam o Espírito Santo'". Quarta, sob forma de fogo. Quinta, sob forma de língua. Foi sob essas duas últimas formas que Ele apareceu no dia hoje festejado. Se Ele se mostrou sob cinco formas, foi para se adequar a cada uma das situações.

Da primeira vez mostrou-se como pomba, porque a pomba geme em vez de cantar, não tem fel, esconde-se nas fendas dos rochedos. Ora, o Espírito Santo ao penetrar nas pessoas faz com que elas gemam por seus pecados, de acordo com *Isaías*, 59: "Todos rugimos como ursos, gememos e suspiramos como pombas". A *Epístola aos romanos*, 8, diz: "O próprio Espírito Santo reza por nós com gemidos inefáveis", isto é, nos faz rogar e gemer.[1] Nele não há nem fel nem amargor, como afirma *Sabedoria*, 12: "O Senhor, como seu Espírito é bom e como é doce sua conduta!". No capítulo 7: "Ele é doce, bom, humano, porque torna doce, bom e humano; doce nos discursos, bom de coração e humano na ação". Ele habita nas fendas do rochedo, isto é, nas chagas de Cristo. Diz o *Cântico dos cânticos*, 2: "Venha, minha amiga, minha esposa, você que é minha pomba". A *Glosa* acrescenta: "Aqueça meus pombinhos pela infusão do Espírito Santo e crie-os nos vãos da pedra, isto é, nas feridas de Cristo". Jeremias fala em *Lamentações*, 4: "O ungido do Senhor, espírito de nossa boca, foi capturado por causa de nossos pecados, e nós lhe dizemos 'Viveremos sob sua sombra'". Isso significa que o Espírito Santo é nossa boca, e nossa boca é Nosso Senhor Cristo, que é nossa boca e nossa carne,

---

[1] Jacopo indica essa passagem bíblica equivocadamente como sendo da *Epístola aos coríntios*.

o que nos faz dizer a Cristo: "Viveremos sob a memória de sua sombra, isto é, de sua Paixão, quando foi rodeado de trevas e desprezado".

Da segunda vez mostrou-se como nuvem que se eleva acima da terra e proporciona frescor e gera chuva. Assim faz o Espírito Santo com aqueles em quem penetra, elevando-os acima da terra e inspirando-lhes desprezo pelas coisas terrestres. É o que diz *Ezequiel*, 8 ("O Espírito me elevou entre o céu e a terra") e 1 ("Onde quer que o Espírito fosse, as rodas também o seguiam, porque o Espírito de vida estava nelas"). Gregório diz por sua vez: "Quando se experimenta o Espírito, toda carne torna-se insípida". O Espírito Santo arrefece os ardores do vício, por isso foi dito a Maria: "O Espírito Santo virá sobre você e a virtude do Altíssimo a cobrirá com sua sombra"[2], isto é, será um refrigério contra todos os ardores do vício. É por sua virtude regenerativa que o Espírito Santo é chamado de água. Diz *João*, 7, referindo-se ao Espírito Santo recebido pelos que crêem: "Sairão rios de água viva de seus corações". Assim como a nuvem gera chuva, o Espírito Santo gera chuva de lágrimas, como diz o salmo: "Soprou seu espírito e correram as águas", isto é, as lágrimas.

Da terceira vez mostrou-se na forma de um sopro. O sopro é ágil, quente, suave e necessário para a respiração. Em primeiro lugar, o Espírito Santo é ágil, isto é, rápido a se difundir por ser extremamente móvel. A *Glosa* comenta as palavras: "Ouviu-se de repente um barulho enorme, como de um vento impetuoso, vindo do Céu",[3] dizendo que "a graça do Espírito Santo não conhece obstáculos e não tarda". Em segundo lugar, é quente para abrasar, como está em *Lucas*, 12: "Vim trazer o fogo para a terra. Que mais posso desejar, senão que arda?". Por isso Ele é comparado ao cálido vento austral, como no *Cântico dos cânticos*, 4: "Retire-se, vento setentrional, venha, vento meridional, sopre sobre meu jardim e espalhe o perfumes de suas flores". Em terceiro lugar, é suave e suavizador, daí receber o nome de unção (como na primeira *Epístola de João*, 2: "A unção ensinará tudo a vocês"), o nome de orvalho (canta-se na Igreja "Que o Espírito Santo aspirja seu orvalho para tornar nossos corações fecundos em boas obras"), o nome de sopro ligeiro (como no terceiro livro dos *Reis*, 19: "Depois do fogo, ouviu-se o sopro de um vento ligeiro e suave, e nele estava o Senhor"[4]). Em quarto lugar, é necessário para a respiração. Da

---

[2] *Lucas* 1,35.

[3] *Atos dos apóstolos* 2,2.

[4] Sobre o nome desse livro bíblico, conforme nota 1 do capítulo 51.

mesma maneira que o sopro é tão necessário para respirar que se faltar por uma hora o homem morre, assim também deve se entender o Espírito Santo. Daí por que o salmo diz: "Se lhes for tirado o Espírito eles decairão e retornarão à poeira. Envie o seu Espírito e eles serão recriados, a face da terra será renovada". *João*, 6, confirma: "É o Espírito que vivifica".

Da quarta vez mostrou-se na forma de fogo, na quinta na forma de língua, conforme está dito: "Eles viram aparecer umas línguas de fogo que se dividiram e pousaram sobre cada um deles".[5] Mais adiante veremos por que Ele apareceu sob esta dupla forma.

Quanto à terceira consideração — sobre o momento em que foi enviado — sabemos que foi no qüinquagésimo dia depois da Páscoa, para demonstrar que do Espírito Santo vem a perfeição da lei, a recompensa eterna e a remissão dos pecados.

Em primeiro lugar, é a perfeição da Lei porque, segundo a *Glosa*, assim como a antiga lei foi dada no qüinquagésimo dia depois da imolação do cordeiro, e foi dada no meio do fogo, o Novo Testamento também veio no qüinquagésimo dia depois da Páscoa de Cristo, e o Espírito Santo desceu como fogo. A Lei foi dada no monte Sinai, o Espírito Santo desceu no monte Sião. A Lei foi dada no pico de uma montanha, o Espírito Santo em um cenáculo. Disso resulta que o Espírito Santo é a perfeição da Lei, porque a plenitude da Lei é o amor.

Em segundo lugar, é a recompensa eterna porque, diz a *Glosa*: "Como os quarenta dias após a Ressurreição, durante os quais Cristo conversou com os discípulos, designam a Igreja atual, o qüinquagésimo, dia no qual é dado o Espírito Santo, significa a moeda da recompensa eterna".

Em terceiro lugar, é a remissão dos pecados. A *Glosa* acrescenta na mesma passagem: "Como no qüinquagésimo ano chegava a indulgência do Jubileu, a vinda do Espírito Santo no qüinquagésimo dia significou a remissão dos pecados". E a *Glosa* prossegue: "Nesse jubileu espiritual, os acusados são soltos, as dívidas perdoadas, os exilados chamados de volta à pátria, a herança perdida é restituída, ou seja, os homens vendidos ao pecado são libertados do jugo da escravidão". Até aqui foi a *Glosa*. Os condenados à morte são soltos e anistiados: é por isso que se diz na *Epístola aos romanos*, 8: "A lei do espírito de vida que está em Cristo libertou-me da lei do pecado e da morte". As dívidas do pecado são resgatadas

---

[5] *Atos dos apóstolos* 2,3.

porque "a caridade cobre a multidão de pecados".⁶ Os exilados são chamados de volta à pátria, como é dito no salmo: "Seu bom espírito me levará a uma boa terra". A herança perdida é restituída, pois afirma a *Epístola aos romanos*, 8: "O Espírito Santo atesta a nosso espírito que somos filhos de Deus. Se somos filhos, somos também herdeiros". Os escravos são libertados do pecado, pois está na segunda *Epístola aos coríntios*, 4: "Onde está o Espírito do Senhor, está a liberdade".

Quanto à quarta consideração — quantas vezes foi enviado aos apóstolos — segundo a *Glosa* aconteceu três vezes, antes da Paixão, depois da Ressurreição e depois da Ascensão. A primeira vez para lhes permitir fazer milagres, a segunda para remir pecados, a terceira para fortalecer seus corações.

A primeira vez foi quando receberam a missão de pregar e o poder de expulsar qualquer demônio e curar doenças. Todos esses milagres são obra do Espírito Santo, conforme está dito em *Mateus*, 12: "Se é pelo Espírito de Deus que escorraço os demônios, o reino de Deus veio então até vocês". No entanto, realizar milagres não é conseqüência de ter o Espírito Santo, porque, segundo Gregório: "Os milagres não tornam o homem santo, revelam-no". Fazer milagres não é prova de ter o Espírito Santo, já que mesmo pessoas más alegam fazer milagres, dizendo: "Senhor, não profetizamos em seu nome? etc.".⁷ De fato, Deus faz milagres por causa de sua autoridade, os anjos da inferioridade da matéria, os demônios das virtudes naturais que residem nas coisas, os mágicos de contratos secretos com os demônios, os bons cristãos da sua manifesta justiça, os maus cristãos da sua aparente justiça.

A segunda vez que o Espírito Santo chegou aos apóstolos foi quando soprou sobre eles dizendo: "Recebam o Espírito Santo, que serão perdoados os pecados daqueles que vocês perdoarem".⁸ No entanto, sem a infusão da graça e a virtude da contrição, ninguém é capaz de perdoar os pecados e as máculas que deixam na alma, as culpas que condenam à pena eterna, as ofensas feitas a Deus. Quando dizemos que o padre absolve, é no sentido de que transforma as penas purgatórias em penas temporais e perdoa uma parte dessas penas temporais.

---

⁶ *1 Pedro* 4,8.
⁷ *Mateus*, 7,22.
⁸ *João* 20,22-23.

A terceira vez que o Espírito Santo foi dado é festejada na data de hoje, quando os corações dos apóstolos saíram tão fortalecidos que não temeram os tormentos. Afirma um salmo que "o espírito da sua boca infundiu toda força neles". Assim comentou Agostinho: "É tamanha a graça do Espírito Santo, que se ele encontra tristeza, dissipa-a, se encontra maus desejos, consome-os, se encontra medo, expulsa-o". O papa Leão escreveu: "Os apóstolos esperavam o Espírito Santo não para habitar seus corações já santificados, mas para inflamá-los ainda mais, para neles derramar com abundância sua graça, cumulá-los com seus dons, realizar portanto uma obra que não era nova, mas ampliá-la".

Quanto à quinta consideração — de que maneira foi enviado —, deve-se dizer que foi estrepitosamente e como línguas de fogo celeste que inundaram os apóstolos de repente e de forma veemente.

Em primeiro lugar, foi "celeste", porque vinha do Céu; "inundaram", porque foi isso que o Espírito Santo fez com todos os apóstolos, conforme está dito: "Foram todos inundados pelo Espírito Santo"[9]; "de repente", porque o Espírito Santo não conhece demora; "veemente", porque esta palavra (*vehemens*) vem de *vaeh adimens*, "destruidor de desgraça" ou de *vehens mentem*, "destruidor do amor carnal". Há três indícios de que uma coisa atinge sua plenitude, como ocorreu com os apóstolos.

O primeiro indício é não produzir som, como no caso de um tonel cheio. Quando *Jó*, 6, pergunta: "O boi muge diante de uma manjedoura cheia?", é como se dissesse: "Quando a manjedoura do coração contém a plenitude da graça, não é capaz de produzir murmúrios de impaciência". Os apóstolos possuíam esse sinal, porque no meio de suas tribulações não emitiram nenhum som de impaciência, ao contrário, "saíram do Conselho cheios de alegria por terem sido dignos de sofrer injúrias pelo nome de Jesus".[10]

O segundo indício é estar saturado, não poder receber mais. De fato, quando um vaso está cheio não pode receber mais líquido, quando um homem está saciado não tem mais apetite, da mesma forma que os santos, devido à plenitude da graça, não podem aceitar nenhum bem terrestre. *Isaías*, 1: "Estou saciado, não preciso de seus holocaustos etc.". De forma similar, os que provaram as doçuras divinas não têm sede das

---

[9] *Atos dos apóstolos* 2,4.

[10] *Atos dos apóstolos* 5, 41.

vaidades terrestres. Agostinho: "Aquele que beber do rio do Paraíso, do qual cada gota é maior do que o oceano, estará saciado da sede deste mundo". Os apóstolos possuíam esse sinal porque não quiseram ter nada de seu, partilharam tudo entre si.

O terceiro indício é transbordar, como aquele rio de que fala *Eclesiastes*, 24: "Ele inunda de sabedoria como o Fison[11] com suas águas". O que significa, literalmente, que é próprio do rio transbordar e irrigar tudo que o rodeia, assim como os apóstolos transbordaram quando começaram a falar diferentes línguas, como observa a *Glosa*: "É sinal de plenitude o vaso cheio derramar, o fogo não poder ficar oculto em si mesmo". Os apóstolos irrigaram aqueles que os rodeavam, daí Pedro ter pregado e convertido 3 mil pessoas.

Em segundo lugar, o Espírito Santo foi enviado sob forma de línguas de fogo, a respeito do que há três questões a examinar: primeira, por que línguas de fogo; segunda, por que fogo e não outro elemento; terceira, por que em forma de língua e não de outro membro.

Primeira questão, é necessário saber que Ele apareceu na forma de línguas de fogo por três razões. Uma, para que os apóstolos proferissem palavras de fogo. Outra, para que pregassem uma lei de fogo, isto é, uma lei de amor. Sobre essas duas primeiras razões, Bernardo falou: "O Espírito Santo veio em línguas de fogo para dizer palavras de fogo nas línguas de todos os povos, e para, como línguas de fogo, pregar uma lei de fogo". Outra razão ainda, para que os apóstolos soubessem que por intermédio deles falava o Espírito Santo, que é fogo, e assim não duvidassem do sucesso da conversão e não o atribuíssem a si mesmos, e para que todos escutassem suas palavras como sendo as de Deus.

Segunda questão, foi enviado como fogo por muitas razões.

A primeira razão vem das sete espécies de graça que ele proporciona semelhantemente ao fogo. O Espírito, pelo dom do temor, humilha o orgulho, pelo da piedade abranda a dureza, pelo da ciência ilumina a escuridão, pelo do conselho restringe a futilidade, pelo da força compensa a fraqueza, pelo da inteligência clareia o metal atingido pela ferrugem, pelo da sabedoria tende para o alto.

A segunda razão decorre da sua dignidade e excelência, pois, com efeito, o fogo prevalece sobre todos os elementos por sua beleza, ordenação e poder: a beleza vem de sua luz, a ordenação, da verticalidade das

---

[11] Um dos quatro rios do Paraíso (os outros são Geon, Tigre e Eufrates), segundo *Gênesis* 2, 11-14. Os autores medievais tendiam a identificar o Fison com o Ganges.

chamas, o poder, do vigor de sua ação. Da mesma forma, o Espírito Santo também prevalece nisso tudo, pois é imaculado, superior a todas as inteligências, mais poderoso que tudo, como está dito em *Sabedoria*, 7.

A terceira razão vem de sua múltipla eficácia. RÁBANO explica assim: "O fogo, por sua natureza, tem quatro propriedades, queimar, purgar, aquecer e iluminar. Da mesma forma, o Espírito Santo queima os pecados, purga os corações, expulsa o frio e ilumina a ignorância". Ele queima os pecados, conforme *Zacarias*, 13: "Eu os farei passar pelo fogo, no qual os purificarei como se purifica a prata".[12] Era esse o fogo ao qual o profeta se referia ao pedir: "Queime meus rins e meu coração".[13] Ele purga os corações, como afirma *Isaías*, 4: "Jerusalém será lavada em sangue por um espírito de justiça e um espírito de ardor". Ele expulsa o frio naqueles que estão cheios do Espírito Santo, conforme a *Epístola aos romanos*, 12: "Conservem-se no fervor do espírito". Gregório acrescenta: "O Espírito Santo apareceu na forma de fogo porque dissipa o torpor do frio de todo coração, inundando-o e inflamando-o com o desejo de sua eternidade". Ele ilumina a ignorância, segundo *Sabedoria*, 9: "E quem poderá conhecer seus pensamentos, se você não dá a sabedoria e não envia seu Espírito Santo do mais alto dos Céus?". A primeira *Epístola aos coríntios*, 2, também diz: "Deus nos revelou tudo isso por meio do Espírito Santo".

A quarta razão está ligada à natureza do seu amor, que tem três pontos comuns com o fogo. Primeiro ponto, o fogo está sempre em movimento e o amor ao Espírito Santo faz com que os que estão repletos dele estejam sempre ocupados em fazer boas obras. É por isso que Gregório diz: "Nunca o amor a Deus é ocioso. Se existe, realiza maravilhas. Se descuida das boas obras, não é amor". Segundo ponto, de todos os elementos o fogo é o que menos pertence à matéria e mais muda de forma. Assim também é com o amor ao Espírito Santo: quem está repleto dele não se anima pelo amor às coisas terrestres e tem grande apego pelas coisas celestes e espirituais, não gosta mais das coisas carnais de maneira carnal, mas dá preferência às coisas espirituais de maneira espiritual. Bernardo distingue quatro tipos de amor — o amor à carne pela carne, o amor ao espírito pelo carne, o amor à carne pelo espírito, o amor ao espírito pelo próprio espírito. Terceiro ponto, o fogo abate o que se eleva, tende a se elevar, reúne e congrega os fluidos.

---

[12] Jacopo indica *Zacarias* 14, mas pela *Vulgata* é 13,9.

[13] *Salmos* 25, 2.

Essas três propriedades fazem conhecer as três formas de forças que existem no amor, como diz DIONISO em seu livro *Nomes divinos*: "Ele tem uma força inclinadora, uma elevadora e uma coordenadora. A inclinadora traz as coisas superiores ao plano das inferiores, a elevadora eleva as inferiores acima das superiores, a coordenadora coloca no mesmo plano as coisas semelhantes". Assim escreveu Dioniso. Esse triplo poder encontramos nos inundados pelo amor do Espírito Santo, que os rebaixa pela humildade e pelo desprezo a si mesmo, que os eleva pelo desejo das coisas superiores e que os move a ter uniformidade de costumes.

Terceira questão, por que o Espírito Santo apareceu na forma de língua, em vez de outro membro? Por uma tripla razão. A língua é um membro inflamado pelo fogo do Inferno, é difícil de governar, é útil quando se faz bom uso dela.

Sendo inflamada pelo fogo infernal, a língua necessita do fogo do Espírito Santo. Diz *Tiago*, 3: "A língua é um fogo", daí ela ser governada com dificuldade e precisar, mais que os outros membros, da graça do Espírito Santo. *Tiago*, 3, acrescenta que a natureza do homem é capaz de domar, e de fato domou, toda sorte de animais, mas para ser útil, e bem dirigida, era preciso que tivesse por guia o Espírito Santo.

Ele apareceu em forma de língua também para significar que é de grande necessidade para os que pregam, fazendo-os falar com fervor e intrepidez; é por isso que foi enviado em forma de fogo. Bernardo: "O Espírito Santo desceu sobre os apóstolos na forma de línguas de fogo para que eles falassem com ardor e pregassem uma lei calorosa". Graças a isso pregaram com confiança e intrepidez. *Atos dos apóstolos*, 4, diz: "Todos eles ficaram repletos do Espírito Santo e puseram-se a anunciar com confiança a palavra de Deus". Seus diferentes públicos exigiam múltiplas capacidades, daí, conforme *Atos dos apóstolos*, 2, eles terem recebido o dom de falar diferentes línguas. A pregação deles foi útil para a edificação de muitos. *Isaías*, 61: "O Espírito Santo está sobre mim porque o Senhor me ungiu e enviou para anunciar sua palavra aos abatidos, para curar os que têm o coração quebrado".

As línguas pousaram sobre os apóstolos para conferir autoridade de perdoar os pecados e para indicar que o Espírito Santo era necessário tanto aos que presidem quanto aos que julgam. *João*, 20: "Recebam o Espírito Santo e serão perdoados os pecados daqueles a quem vocês perdoarem". Ele confere sabedoria para julgar, conforme *Isaías*, 42: "Derramarei meu espírito e ele administrará justiça às nações". Ele confere paciência para suportar, conforme *Números*, 11: "Tomarei o Espírito que está em você e o darei a todo o povo para suportar seu fardo". De fato, o espírito de Moisés era muito manso, como diz *Números*, 12: "Moisés era um espírito de grande mansuetude". Ele confere o ornamento da santidade, conforme *Jó*, 26: "O Espírito do Senhor ornou os Céus".

Quanto à sexta consideração — sobre quem foi enviado — tratou-se dos discípulos que por sete qualidades eram receptáculos puros e preparados para receber o Espírito Santo.

Primeira qualidade, tinham espírito calmo, pois isso aconteceu "chegado o dia de Pentecostes",[14] isto é, dia de descanso. De fato, aquela festa era consagrada ao repouso, como mostra *Isaías*, 66: "Sobre quem repousará meu espírito, senão nos humildes e tranqüilos?".

Segunda qualidade, eram unidos pelos laços do amor, daí se dizer: "Estavam todos juntos".[15] Eles formavam, de fato, um só coração e uma só alma, porque assim como o espírito do homem só vivifica os membros corporais se estes estão unidos, também o Espírito Santo só vivifica os membros espirituais se estiverem unidos. Da mesma maneira que o fogo apaga quando afastamos os pedaços de madeira que o alimentam, o Espírito Santo fica ausente quando há discórdia entre os homens. Daí se cantar no ofício dos apóstolos: "Ao encontrá-los unidos pela caridade, a divindade inundou-os de luz".

Terceira qualidade, eles estavam em lugar secreto e fechado, o cenáculo, como está dito em *Oséias*, 2: "Eu o conduzirei na solidão e falarei a seu coração".

Quarta qualidade, eles eram assíduos nas orações: "Perseveravam unanimemente na prece".[16] Por isso cantamos: "Os apóstolos estavam em prece, quando um barulho repentino anunciou a vinda de Deus". Ora, para receber o Espírito Santo a oração é necessária, como diz *Sabedoria*, 7 ("Invoquei e o espírito da sabedoria veio sobre mim") e *João*, 14 ("Pedirei a meu Pai que envie para vocês outro Paracleto").

Quinta qualidade, eram dotados de humildade, como se percebe pelo fato de estarem sentados quando o Espírito chegou. Um salmo diz:

---

[14] *Atos dos apóstolos* 2,1. Tratava-se, é claro, do Pentecostes judaico (ver nota 6 do capítulo 63), pois apenas mais tarde, naquele mesma data, é que o Espírito Santo desceria sobre os apóstolos, evento futuramente festejado pelo Pentecostes cristão.

[15] *Atos dos apóstolos* 2,1.

[16] *Atos dos apóstolos* 1,14.

"Senhor, faça brotar fontes nos vales", isto é, dê aos humildes a graça do Espírito Santo, confirmado pelo já citado: "Sobre quem repousará meu espírito, senão nos humildes e tranqüilos?".

Sexta qualidade, estavam em paz, como se nota pelo fato de estarem então em Jerusalém, que significa: "Visão de Paz". *João*, 20, mostra que a paz é necessária para receber o Espírito Santo, pois logo depois de dizer: "A paz esteja com vocês", o Senhor soprou sobre eles e completou: "Recebam o Espírito Santo".

Sétima qualidade, eram elevados em contemplação, o que é demonstrado pelo fato de terem recebido o Espírito Santo quando se encontravam na parte superior do cenáculo. Sobre isso diz a *Glosa*: "Aquele que deseja o Espírito Santo deve se elevar acima da morada da sua carne e desprezá-la pela contemplação do espírito".

Quanto à sétima consideração — por que foi enviado — há seis causas cuja autoridade está em: "O Paracleto é o Espírito Santo, que meu Pai enviará em meu nome para ensinar a vocês todas as coisas".[17]

Primeira causa, Ele foi enviado para consolar os aflitos, pois Paracleto quer dizer "consolador". *Isaías*, 61, diz: "O Espírito do Senhor está em mim para trazer consolo aos que choram em Sião". Gregório comenta: "O Espírito Santo é chamado consolador porque aqueles que gemem por ter cometido pecado são preparados por ele à esperança do perdão, afastando de suas almas as aflições da tristeza".

Segunda causa, para ressuscitar os mortos, conforme *Ezequiel*, 37: "Ossos áridos, escutem a palavra do Senhor, pois é o Espírito que vivifica".

Terceira causa, para santificar os imundos, já que assim como é chamado Espírito porque vivifica, é chamado Santo porque santifica e purifica: "santo" significa "limpo". Quando um salmo diz: "Um rio tranqüilo alegra a cidade de Deus", indica que esse rio é a graça do Espírito Santo que purifica inesgotavelmente, e a cidade de Deus é a Igreja de Deus, o tabernáculo do Altíssimo santificado por esse rio.

Quarta causa, para consolidar o amor entre os que estão desunidos pelo ódio. Pai é aquele que naturalmente ama, como lembra *João*, 13: "O Pai nos ama". Como Ele é nosso pai, nós somos seus filhos e portanto irmãos, e assim deve persistir uma amizade perfeita entre nós.

Quinta causa, para salvar os justos. Quando Jesus diz: "Meu Pai o

---

[17] *João* 14,26.

enviará em meu nome", é porque esse nome significa Salvador, e se por causa deste o Pai enviou o Espírito Santo, foi para mostrar que este veio para salvar os povos.

Sexta causa, para instruir os ignorantes, como está dito: "Ele ensinará a vocês todas as coisas".

Quanto à oitava consideração — por que meios foi enviado à Igreja primitiva — temos três. Primeiro meio, pela oração, pois foi quando os apóstolos rezavam; *Lucas*, 3, diz: "Quando Jesus orava, o Espírito Santo desceu". Segundo meio, pela devoção e atenção com que se ouve a palavra de Deus, conforme *Atos dos apóstolos*, 10: "Pedro ainda falava, quando o Espírito Santo caiu sobre eles". Terceiro meio, pela assiduidade nas boas obras, simbolizada pela imposição das mãos, como diz *Atos dos apóstolos*, 8: "Impunham então as mãos sobre eles". A imposição das mãos correspondia à absolvição que se dá na confissão.

69. SÃO GORDIANO

Gordiano vem de *geos*, "dogma" ou "casa", e *dyan*, "claro", significando "casa clara", quer dizer, aquela em que Deus habita, tal como diz Agostinho no livro A CIDADE DE DEUS: "Uma boa casa é aquela cujas partes são bem distribuídas, amplas e claras". Assim foi este santo, disposto à concórdia, amplo na caridade, claro na verdade.

Gordiano, ajudante do imperador Juliano, recebeu deste a tarefa de forçar um cristão chamado Januário a sacrificar aos deuses, mas pela pregação de Januário foram convertidos ele, sua esposa Mariria e 53 outros homens. Ao saber disso, Juliano mandou Januário para o exílio e condenou Gordiano a perder a cabeça, caso não aceitasse fazer sacrifícios. O bem-aventurado Gordiano foi decapitado e seu corpo lançado aos cães. Mas como ficou oito dias totalmente intacto, sua família resgatou-o e sepultou-o a uma milha de Roma, ao lado do beato Epímaco — cujo nome vem de *épi*, "sobre", e *machin*, "rei", isto é, "rei supremo"; ou deriva de *épi*, "acima", e *machos*, "combate", portanto "aquele que combate pelas coisas de cima" —, que Juliano mandara matar algum tempo antes. Isso foi por volta do ano do Senhor de 360.

70. Santos Nereu e Aquileu

Nereu quer dizer "conselho luminoso", ou pode vir de *nereth*, "luz", e *us*, "que se apressa", portanto "luz rápida", ou ainda de *ne*, "não", e *reus*, "réu", conseqüentemente "inocente". De fato, ele foi um "conselho luminoso" por pregar a virgindade, uma "luz" por sua honestidade e "rápido" por seu amor ao Céu, um "inocente" pela pureza de sua consciência.

Aquileu vem de *achi*, "meu irmão", e *lesa*, "salvação", logo "salvação de meus irmãos". O martírio deles foi escrito pelos escravos de Cristo Eutíquio, Vitorino e Macro (também chamado de Marone).

Nereu e Aquileu, eunucos camareiros de Domitila, neta do imperador Domiciano, foram batizados pelo bem-aventurado apóstolo Pedro. Como a citada Domitila era noiva de Aureliano, filho de um cônsul, e andava coberta de pedrarias e roupas de púrpura, Nereu e Aquileu pregavam-lhe a fé e recomendavam-lhe a virgindade, que definiam como algo que aproxima de Deus, que torna semelhante aos anjos, que é inato ao ser humano. O casamento, pelo contrário, submete a mulher ao marido, deixa-a exposta a seus socos e pontapés, leva muitas vezes a pôr filhos disformes no mundo, a trocar os conselhos piedosos de sua mãe pelas caprichosas imposições do esposo.

Dentre outras coisas, ela retrucou: "Sei que meu pai foi ciumento e que minha mãe teve de suportar uma série de maus-tratos, mas meu futuro marido será assim?". Eles responderam: "Enquanto são apenas noivos, os homens parecem meigos, mas assim que se casam tornam-se cruéis dominadores, às vezes preferem as criadas às suas esposas. Toda santidade perdida pode ser recuperada pela penitência, a única que não se pode recuperar é a virgindade. A culpa pode ser apagada pela penitência, mas a virgindade não pode ser reparada, a mulher não pode voltar a esse estado de santidade perdido". Flávia Domitila então se converteu, fez voto de virgindade e recebeu o véu das mãos de São Clemente.

Ao saber disso, seu noivo conseguiu de Domiciano autorização para desterrá-la e aos santos Nereu e Aquileu na ilha de Ponza,[1] pensando que assim conseguiria fazer com que ela voltasse atrás da decisão de manter a virgindade. Algum tempo depois, ele foi até aquela ilha, deu muitos presentes aos dois santos, pedindo-lhes que convencessem a virgem a mudar de idéia, o que eles não só se recusaram a fazer, como trataram de fortalecer a decisão dela. Pressionados a sacrificar, responderam que tendo sido batizados pelo bem-aventurado apóstolo Pedro, nada imolariam aos ídolos. Foram decapitados por volta do ano 80 do Senhor, e seus corpos enterrados junto ao sepulcro da beata Petronela.

Outros que apoiavam Domitila, como Vitorino, Eutíquio e Marone, foram escravizados pelo noiva dela, que os obrigava a trabalhar o dia inteiro em suas terras e de noite dava-lhes a comida dos cães. Por fim, mandou açoitar Eutíquio até ele expirar, afogar Vitorino em águas fétidas e esmagar Marone sob enorme bloco de pedra. Quando jogaram em cima dele aquela pedra que setenta homens mal podiam mover, ele colocou-a nos ombros carregando-a por duas milhas como se fosse um leve saco de palha, o que levou grande número de pessoas a se converter. O filho do cônsul mandou matá-lo.

Depois disso, Aureliano trouxe Domitila de volta do exílio e, para dissuadi-la, pôs junto dela suas irmãs de leite, as virgens Eufrosina e Teodora, mas foi Domitila que as converteu à fé. Então Aureliano foi até a casa de Domitila com os noivos das referidas jovens e três jograis para celebrar suas bodas ou, pelo menos, para possuí-la por meio de violência. Mas como Domitila converteu os dois jovens, Aureliano levou-a para o quarto nupcial querendo violá-la, porém antes mandou seus jograis cantarem e outras pessoas dançarem. Depois de dois dias de festa ininterrupta, Aureliano, esgotado, expirou. Seu irmão, Luxúrio, pediu autorização ao imperador para matar todos os que tinham ali se convertido e pôs fogo na casa das virgens, que entregaram a alma rezando.

Na manhã seguinte, São Cesário encontrou seus corpos intactos, e sepultou-os.

---

[1] A maior das ilhas de um grupo (que leva o mesmo nome) de cinco pequenas formações vulcânicas no mar Tirreno. Uma outra dessas ilhotas já havia sido citada por Jacopo (conforme a nota 3 do capítulo 7).

71. São Pancrácio

Pancrácio vem de *pan*, que significa "tudo", de *gratus*, "agradável", e *citius*, "depressa", portanto "pronto para ser todo agradável", porque assim o foi desde a juventude. O glossário diz que *pancras* quer dizer "rapina" e designa também uma pedra de diferentes cores, enquanto *pancranarius* é "submetido à tortura", e com efeito ele capturou muitas almas cativas, foi submetido ao tormento do açoite e decorado com toda sorte de virtudes.

Pancrácio tinha pais muito nobres, que morreram na Frígia, e ele ficou sob os cuidados de seu tio paterno, Dioniso. Ambos foram a Roma, onde possuíam grande patrimônio. Em uma de suas propriedades estava escondido um grupo de cristãos e o papa Cornélio, que convertera Dioniso e Pancrácio à fé em Cristo. Mais tarde Dioniso morreu em paz, mas Pancrácio foi preso, apesar de ter menos de catorze anos, e conduzido diante do césar.

O imperador Diocleciano disse-lhe: "Menino, não tenha morte má. Jovem como você é, pode facilmente deixar-se enganar, e como é de comprovada nobreza, filho de um de meus mais caros amigos, peço que renuncie a essa loucura para que eu possa tratá-lo como se fosse meu filho". Pancrácio respondeu: "Embora seja criança no corpo, tenho o coração de um ancião, e graças ao poder de meu Senhor Jesus Cristo o medo que você quer me inspirar não me assusta mais do que esta pintura que está diante de nós. Quanto aos deuses que você me exorta a honrar, foram mentirosos, estupradores de suas cunhadas, assassinos de seus próprios pais. Se você tivesse escravos como eles, mandaria imediatamente executá-los. Fico surpreso que você não se envergonhe de cultuar tais deuses". Sentindo-se vencido por um menino, o imperador mandou decapitá-lo na Via Aureliana, por volta do ano do Senhor de 287. Seu corpo foi cuidadosamente sepultado por Cocavilla, mulher de um senador.

Diz GREGÓRIO DE TOURS que se alguém presta falso juramento diante do seu sepulcro, logo é possuído pelo demônio ou enlouquece ou cai no chão, morto. Certa vez em um importante litígio que opunha duas pessoas, o juiz sabia quem era o culpado, mas por respeito à justiça conduziu ambos ao altar de São Pedro e pediu ao apóstolo que manifestasse de alguma forma a verdade. Obrigou então a pessoa que ele acreditava culpada a confirmar, sob juramento, sua pretendida inocência. Ela assim o fez e nada aconteceu. Convencido da malícia do homem e inflamado pelo zelo da justiça, o juiz exclamou: "Este velho Pedro ou está misericordioso demais, ou quer que um mais jovem resolva o assunto. Vamos solicitar isso ao jovem Pancrácio". Foram até o túmulo deste, onde o réu ousou fazer um juramento falso e por isso não conseguiu tirar a mão da lápide, ali morrendo logo a seguir. Daí o costume, ainda hoje observado, de em casos difíceis fazer-se juramento sobre as relíquias do bem-aventurado Pancrácio.

Das Festas que Ocorrem no Tempo da Peregrinação

Depois de termos tratado das festas que ocorrem no tempo da Reconciliação, tempo representado pela Igreja da Páscoa à Oitava de Pentecostes, devemos ver as festas que estão no tempo da Peregrinação, que a Igreja representa da Oitava de Pentecostes ao Advento. O início desse tempo nem sempre se dá na mesma data, variando de acordo com o término da Páscoa.

72. Santo Urbano

Urbano vem de "urbanidade", ou então de *ur*, "luz" ou "fogo", e de *banal*, "resposta". Foi "luz" pela honestidade de sua conduta, "fogo" por sua ardente caridade, "resposta" por sua doutrina. Foi "luz" porque esta é agradável à vista, imaterial na essência, celeste na origem, utilíssima no uso. Esse santo também foi amável na conversa, imaterial no desprezo pelo mundo, celeste na contemplação, útil na pregação.

Urbano sucedeu ao papa Calisto em um período de enorme perseguição aos cristãos, quando se tornou imperador Alexandre, cuja mãe, Amaéia, havia sido convertida ao cristianismo por ORÍGENES. As súplicas maternas conseguiram que seu filho interrompesse a perseguição aos cristãos. Contudo Almáquio, o prefeito da cidade que mandara decapitar a bem-aventurada Cecília, continuou cruelmente a ameaçá-los. Ele encarregou um de seus oficiais, Carpásio, de diligentemente buscar Santo Urbano, encontrado por fim em uma gruta com três padres e três diáconos, e todos foram encarcerados. Almáquio acusou Urbano de ter, junto com a sacrílega Cecília e os ilustres Tibúrcio e Valeriano, convertido 5 mil homens. Ele também exigiu os tesouros de Cecília.[1]

Urbano replicou: "Vejo que é mais a cupidez do que a veneração aos deuses que o leva a perseguir os santos. O tesouro de Cecília subiu ao Céu pela mão dos pobres". Enquanto ele e seus companheiros eram açoitados com chicotes de pontas de chumbo, Santo Urbano pôs-se a invocar o nome do Senhor, chamando-o de Elyon,[2] o que levou o prefei-

---

[1] Conforme capítulo 163.

[2] A *Vulgata* traduz por "excelso": *Salmos* 46,3; 82,19; 96,9. Conforme ISIDORO DE SEVILHA (*Etimologías*, VII,I,9,

to a comentar, sorrindo: "Esse velho quer se passar por sábio falando palavras desconhecidas".

Como os torturadores não conseguiam superá-los, foram levados de volta à prisão, onde Santo Urbano batizou três tribunos que foram vê-lo, assim como o carcereiro Anolino. Ao ser informado de que este último tinha se tornado cristão, o prefeito mandou-o realizar sacrifícios e, diante da recusa, decapitou-o. Quanto a Santo Urbano e seus companheiros, foram levados diante de um ídolo e forçados a lhe ofertar incenso. Mas Urbano fez uma oração e o ídolo caiu, matando 22 sacerdotes encarregados de manter aceso o fogo de seu culto. Os cristãos foram duramente torturados e a seguir forçados a sacrificar, mas escarraram no ídolo, fizeram na testa o sinal-da-cruz e, depois de terem dado beijos da paz uns nos outros, receberam a coroa do martírio. Foram decapitados sob o governo de Alexandre, por volta do ano do Senhor de 220.

Imediatamente Carpásio foi possuído pelo demônio, blasfemou contra seus deuses e, contra a vontade, fez um grande elogio dos cristãos antes de ser sufocado pelo demônio. Ao ver isso, sua mulher, Armênia, a filha Lucina e toda a família receberam o batismo das mãos do santo padre Fortunato, e depois sepultaram honrosamente os santos corpos.

---

ed. W. M. Lindsay, trad. J. Oroz Reta e M. A. Marcos Casquero, Madri, BAC, 1982, vol. I, pp. 624-7), este era o quinto nome que os hebreus davam a Deus.

73. Santa Petronela

Petronela, cuja vida foi escrita por São Marcelo, era filha do apóstolo São Pedro. Ela era de beleza extraordinária e padecia de febre por vontade de seu pai. Um dia em que os discípulos estavam na casa do apóstolo, Tito perguntou-lhe: "Por que você, que cura todos os enfermos, permite que Petronela continue doente?". Pedro respondeu: "Porque é melhor para ela". E para mostrar que não era impossível curá-la, disse-lhe: "Levante-se já, Petronela, e traga-nos algo para comer". Instantaneamente curada, ela levantou-se e serviu-os. Quando acabou, Pedro ordenou: "Petronela, volte para a cama". Ela assim o fez e imediatamente a febre voltou. Somente quando ela atingiu a perfeição no amor a Deus, ele a curou completamente.

Apaixonado pela beleza dela, o conde Flaco pediu-a por esposa, ao que ela respondeu: "Se me deseja como esposa, mande umas virgens virem me acompanhar até a sua casa". Enquanto ele providenciava isso, Petronela consagrou-se ao jejum e à prece, recebeu o corpo do Senhor, deitou-se, e três dias depois migrou para o Senhor. Vendo-se enganado, Flaco procurou uma amiga de Petronela, Felícula, e intimou-a a se casar com ele ou imolar aos ídolos.

Como recusou ambas as propostas, o prefeito mandou-a para a prisão, onde ela ficou sem comer e beber durante sete dias. Depois mandou torturá-la no potro,[1] matá-la e jogar o corpo numa cloaca. Mas São Nicodemo tirou-o de lá e sepultou-o. Por causa disso, o conde Flaco mandou levar Nicodemo à sua presença, e diante da recusa dele em sacrificar, surrou-o até a morte com chicotes de pontas de chumbo. Seu corpo foi jogado no Tibre, mas um clérigo chamado Justo tirou-o dali e sepultou-o de forma honrosa.

---

[1] Conforme nota 1 do capítulo 25.

74. São Pedro, Exorcista

Enquanto Pedro, Exorcista, estava detido na prisão por Arquêmio, a filha deste foi atormentada pelo demônio, o que provocou lamentações do pai, levando Pedro a lhe dizer que, caso ele acreditasse em Cristo, no mesmo instante sua filha recuperaria a saúde. Arquêmio falou: "Admira-me que seu Senhor seja capaz de libertar minha filha, se não pode libertar você, que sofre tanto por ele". Pedro respondeu: "Meu Deus tem o poder de me tirar daqui, mas Ele quer, por meio de um sofrimento passageiro, fazer com que alcancemos a glória eterna". Arquêmio: "Se depois que eu duplicar a quantidade de correntes que o prendem, seu deus puder libertá-lo e curar minha filha, acreditarei em Cristo".

Depois de assim ter sido feito, São Pedro, vestido de branco e empunhando uma cruz, apareceu a Arquêmio, que se jogou a seus pés, e sua filha ficou curada. Ele e todos de sua casa receberam o batismo, e depois libertou os prisioneiros que quisessem se tornar cristãos. Muitos aceitaram e foram batizados pelo bem-aventurado padre Marcelino.

Ao saber disso, o prefeito ordenou que todos os prisioneiros fossem levados até ele. Arquêmio reuniu-os, beijou-lhes as mãos e disse que se algum deles desejasse o martírio, fosse sem medo, e quem não o quisesse podia se retirar são e salvo. Quando o juiz descobriu que Marcelino e Pedro haviam batizado muitas pessoas, mandou prender os dois em celas separadas. Marcelino foi colocado nu em cima de cacos de vidro, em um lugar sem luz e água. Pedro foi encerrado em outra profundíssima masmorra, na qual ficou fortemente atado a um tronco. Mas um anjo do Senhor soltou Marcelino e Pedro, levou-os à casa de Arquêmio com a missão de, por sete dias, confortar o povo e depois se apresentarem ao juiz. Como este não os encontrou na prisão, mandou chamar Arquêmio e, diante de sua recusa em sacrificar, prendeu ele e sua mulher em uma cripta. Ao saberem do fato, os santos Marcelino e Pedro foram até o local e protegidos pelos cristãos ali ficaram sete dias, durante os quais São Marcelino celebrou a missa. Depois os santos disseram aos incrédulos: "Poderíamos ter libertado Arquêmio e nos esconder, mas não quisemos fazer isso".

Mais tarde os pagãos mataram Arquêmio com a espada, enquanto sua mulher e filha eram esmagadas por pedradas. Marcelino e Pedro foram levados para a floresta negra (chamada a partir daí de floresta branca por causa de seu martírio), onde os decapitaram na época de Diocleciano, no ano do Senhor de 287. Como o carrasco, chamado Doroteu, viu anjos que levavam ao Céu as almas deles em trajes esplêndidos e ornados de pedras preciosas, também se fez cristão e morreu em paz algum tempo depois.

75. Santos Primo e Feliciano

Primo quer dizer "soberano" e "grande", Feliciano, vem de *felix*, "feliz", e *anus,* "ancião", donde "ancião feliz". O primeiro deles é chamado soberano e grande pela dignidade advinda de seu martírio, pelo poder de seus milagres, pela santidade de sua vida perfeita, pela felicidade da vida gloriosa que desfruta. O segundo é chamado ancião não por causa do longo tempo que viveu, mas pelo respeito que sua dignidade inspira, pela maturidade da sua sabedoria, pela gravidade de seus costumes.

Os sacerdotes dos ídolos acusaram Primo e Feliciano a Diocleciano e Maximiano, alegando que estes não poderiam alcançar nenhum benefício dos deuses caso aqueles dois não realizassem sacrifícios. Assim, por ordem dos imperadores, eles foram encarcerados, mas um anjo soltou-os e eles apresentaram-se por conta própria aos imperadores. Como, no entanto, persistiam com firmeza na fé, foram colocados em celas separadas e cruelmente flagelados.

O prefeito disse a Feliciano que considerasse sua idade e imolasse aos deuses. Feliciano respondeu: "Tenho oitenta anos e faz trinta que conheço a verdade e que decidi viver para Deus, que pode me livrar das suas mãos". O prefeito mandou então que o prendessem com pregos nas mãos e nos pés, dizendo: "Você ficará assim até que aceite me obedecer". Como o mártir mantinha a expressão alegre, o prefeito mandou que o torturassem e não lhe servissem nenhum alimento.

Depois mandou levar São Primo à sua presença, a quem disse: "Seu irmão aceitou obedecer aos decretos dos imperadores e vive cercado de grande consideração em um palácio. Faça como ele". Resposta: "Embora você seja filho do diabo, disse em parte a verdade quando afirmou que meu irmão consentiu em executar o decreto do imperador celeste". Furioso, o prefeito mandou queimar seus flancos e derramar chumbo derretido em sua boca, tudo isso na frente de Feliciano, para amedrontá-lo, mas Primo bebeu o chumbo com se fosse uma suave água fresca.

    O prefeito, mais irritado, mandou então soltar dois leões em cima deles, mas os animais deitaram-se aos pés deles e ali ficaram, como mansos cordeiros. A seguir soltou dois cruéis ursos, que se tornaram tão mansos quanto os leões. Havia mais de 12 mil homens assistindo a esse espetáculo, e quinhentos deles passaram a crer no Senhor. Diante disso, o prefeito mandou decapitar os dois mártires e jogar seus corpos aos cães e às aves de rapina, que no entanto os deixaram intactos e, desta forma, os cristãos puderam lhes dar sepultura honrosa. Seu martírio aconteceu por volta do ano do Senhor de 287.

76. São Barnabé

Barnabé quer dizer "filho daquele que vem", ou "filho consolador", ou "filho profético", ou "filho congregador". Ele é chamado de filho quatro vezes devido a quatro diferentes formas de filiação. A Escritura denomina-o filho por causa da geração, da instrução, da imitação e da adoção. De fato, ele foi filho de Cristo por ter sido regenerado no batismo, instruído no Evangelho, martirizado para imitá-Lo e adotado por Ele na vida celeste. Sua filiação deu-se ainda de quatro outras formas: como chegador, consolador, profetizador e congregador. Foi chegador porque pregava em toda parte, como companheiro de Paulo. Consolador, pelo que fez com pobres e aflitos, aos primeiros dando esmolas, aos segundos entregando cartas dos apóstolos. Profetizador, pela clareza de seu espírito profético. Congregador, por reunir e agrupar na fé inúmeras pessoas, como o prova sua missão em Antioquia. Essas quatro qualidades estão indicadas em *Atos dos apóstolos*, 11: era um "homem corajoso", o que se refere à primeira qualidade, "bom", à segunda, "cheio do Espírito Santo", à terceira, "cheio de fé", à quarta. Um primo dele chamado João Marcos escreveu seu martírio. Tal relato baseia-se no que esse João viu até o fim da vida, e acredita-se que depois BEDA traduziu-o do grego para o latim.

Barnabé, levita[1] natural de Chipre, um dos 72 discípulos do Senhor, é mencionado com freqüência e elogiosamente nos *Atos dos apósto-*

---

[1] Levitas eram os membros da tribo sacerdotal judaica de Levi, que de acordo com *Deuteronômio* 10,8 era a encarregada de levar a Arca da Aliança, servir a Deus e abençoar o povo. Tal situação mudou com a reforma religiosa da época de Josias (640-609 a.C.), que os reduziu a uma espécie de clero auxiliar do culto no Templo de Jerusalém.

los, pois era muito bem formado e disposto tanto em relação a si próprio quanto em relação a Deus e ao próximo.

Em relação a si próprio, era bem-disposto nas três essências, a racional, a concupiscível e a irascível. Primeira, sua essência racional era iluminada pela luz do conhecimento, por isso está dito em *Atos*, 13: "Na igreja de Antioquia havia profetas e doutores, dentre os quais Barnabé, Simão, etc.". Segunda, sua essência concupiscível estava livre da poeira das afeições mundanas, porque *Atos*, 4, diz que José, alcunhado Barnabé, vendeu umas terras que possuía, pegou o dinheiro e depositou-o aos pés dos apóstolos. Aqui a GLOSA acrescenta: "Ele mostra que devemos nos despojar daquilo que ele mesmo evita tocar, ao desprezar o ouro que deposita aos pés dos apóstolos". Terceira, sua essência irascível apoiava-se numa grande probidade, porque realizou com empenho tarefas difíceis, perseverou em atos de coragem, foi firme ao enfrentar a adversidade.

Que realizou com empenho tarefas difíceis, fica evidente na conversão da enorme cidade de Antioquia, como está contado em *Atos*, 9: depois de se converter, Paulo quis ir a Jerusalém juntar-se aos discípulos, e enquanto todo mundo fugia dele como cordeiros do lobo, Barnabé corajosamente conduziu-o até os apóstolos. Perseverou em atos de coragem, submetendo seu corpo a macerações e jejuns, daí *Atos*, 13, afirmar sobre Barnabé e alguns outros que "enquanto cultuavam o Senhor, jejuavam". Foi firme ao enfrentar a adversidade, conforme testemunham os apóstolos ao dizer: "Julgamos conveniente enviar a vocês pessoas como nossos caríssimos Barnabé e Paulo, homens que arriscaram a vida em nome de Nosso Senhor Jesus Cristo".[2]

Também em relação a Deus foi bem-disposto, submetendo-se à sua autoridade, majestade e bondade. Primeiro, submeteu-se à autoridade, pois não usurpou a tarefa da pregação, quis recebê-la da autoridade divina, conforme está relatado em *Atos*, 13: "O Espírito Santo disse 'Separem Barnabé e Paulo para a obra que lhes destinei'". Segundo, submeteu-se à majestade, pois está em *Atos*, 14, que algumas pessoas queriam cultuá-lo e imolar-lhe vítimas, como se faz a Deus, chamando-o de Júpiter, e a Paulo, de Mercúrio, devido à sua prudência e eloqüência. Mas imediatamente Barnabé e Paulo rasgaram as roupas exclamando: "O que estão fazendo? Somos mortais como vocês, estamos aqui para proclamar que devem abandonar os falsos deuses e converter-se ao

---

[2] *Atos dos apóstolos* 15,25-26.

Deus vivo".³ Terceiro, submeteu-se à bondade de Deus, pois encontramos em *Atos*, 15, que alguns judeus convertidos queriam reduzir ou negar a bondade gratuita da graça de Deus, que nos salva independentemente da Lei, sustentando que sem a circuncisão a graça é insuficiente. Paulo e Barnabé contestaram com vigor, mostrando que a bondade de Deus é suficiente, sem necessidade das práticas ordenadas pela Lei. Além disso, levaram a questão a todos os apóstolos, obtendo deles epístolas proscrevendo tal erro.

Em relação ao próximo também era muito bem-disposto, tendo alimentado seu rebanho com palavras, exemplos e obras.

Primeiro, com palavras, pregando com zelo a mensagem de Deus, conforme diz *Atos*, 11: "Paulo e Barnabé permaneceram em Antioquia, onde ensinavam e junto com vários outros anunciavam a palavra do Senhor". Isso fica evidenciado pela imensa multidão que ele converteu em Antioquia, tanto que foi lá que os discípulos começaram a ser chamados de cristãos.

Segundo, com exemplos, pois sua vida foi para nós um espelho de santidade e um modelo de religião. Em todos seus atos foi virtuoso, bondoso e corajoso, tinha costumes distintos, era pleno da graça do Espírito Santo e de todas as virtudes da fé. Essas qualidades aparecem em *Atos*, 11: "Enviaram Barnabé a Antioquia, onde exortava todos a continuar servindo o Senhor com coração firme porque era um homem bom, cheio do Espírito Santo e de fé".⁴

Terceiro, com obras de dois tipos, a esmola temporal, que consiste em dar o necessário, e a espiritual, que consiste em perdoar as injúrias. Barnabé praticou a primeira quando levou esmola aos irmãos que estavam em Jerusalém, como dito em *Atos*, 11: "Quando no reinado de Cláudio ocorreu a grande fome profetizada por Ágabo, os discípulos resolveram ajudar, cada um de acordo com suas possibilidades, os irmãos que estavam na Judéia, coleta levada aos anciãos pelas mãos de Barnabé e Paulo". Praticou a segunda quando perdoou a injúria que lhe fizera João Marcos, discípulo que tinha abandonado Barnabé e Paulo, mas Barnabé foi indulgente quando ele voltou arrependido e aceitou-o de novo como discípulo. Paulo não quis recebê-lo, e esse foi o motivo da separação entre eles. Ambos tinham nesse caso motivações

---

3 A edição Graesse indica *Atos dos apóstolos* capítulo 13, mas na *Vulgata* é capítulo 14 (versículos 11-14).

4 *Atos dos apóstolos* 11,22-24, e não capítulo 15 como indicado na edição Graesse.

e intenções louváveis. Barnabé readmitiu-o por doçura e misericórdia, Paulo recusou-o por amor à retidão. É por isso que diz a *Glosa* a respeito de *Atos*, 15: "Paulo teve razão de afastá-lo, temendo que o contágio do mau exemplo corrompesse a virtude dos outros". A separação deles não se deu por mero desentendimento, mas por inspiração do Espírito Santo, que os afastou um do outro para pregarem a um maior número de pessoas. Foi o que aconteceu.

Quando Barnabé estava na cidade de Icônio, o referido João, seu primo, teve uma visão na qual apareceu um homem resplandecente que lhe disse: "João, seja constante, porque logo você não será mais João, será chamado Excelso". Informado disso, Barnabé falou: "Não revele a ninguém o que você viu, porque o Senhor também apareceu a mim esta noite dizendo: 'Barnabé, seja constante, porque receberá as recompensas eternas por ter deixado sua gente e ter dedicado sua vida a meu nome'". Quando Paulo e Barnabé já estavam pregando há tempo em Antioquia, um anjo do Senhor apareceu a Paulo dizendo: "Vá depressa a Jerusalém, onde alguns irmãos esperam sua chegada".

Como Barnabé queria ir a Chipre visitar seus pais, e Paulo apressava-se a ir a Jerusalém, eles se separaram por inspiração do Espírito Santo. Então Paulo comunicou a Barnabé o que o anjo dissera, e Barnabé respondeu: "Seja feita a vontade do Senhor; vou para Chipre, lá terminarei minha vida e não o verei". E chorando jogou-se aos pés de Paulo que, compadecido, disse: "Não chore, pois é a vontade do Senhor, que apareceu a mim esta noite dizendo: 'Não impeça Barnabé de ir para Chipre, porque ali ele iluminará muita gente e consumará seu martírio'".

Barnabé foi para Chipre com João e levou consigo o Evangelho de São Mateus, que colocava sobre os doentes, tendo dessa forma curado muitos deles pelo poder de Deus. Quando tinham anteriormente deixado Chipre, Barnabé e Paulo encontraram o mágico Elimas, que os impediu de entrar em Pafo e por isso Paulo privou-o da visão por certo tempo. Nessa cidade, certo dia Barnabé viu homens e mulheres correndo nus durante uma festa e, indignado, amaldiçoou o templo, que no mesmo instante desabou em parte, esmagando muitas pessoas. Ora, quando voltava para Chipre, encontrou em Salamina o citado mágico, que instigou contra ele uma grande revolta. Os judeus capturaram Barnabé, cumularam-no de numerosas injúrias, arrastaram-no até o juiz da cidade para que fosse punido.

Mas quando os judeus ficaram sabendo que Eusébio, importante e poderoso membro da família de Nero, tinha chegado a Salamina, tiveram medo que lhes tirasse o apóstolo das mãos e o deixasse em liberdade. Então puseram uma corda em seu pescoço e arrastaram-no para fora da cidade, onde se apressaram em queimá-lo. Não satisfeitos com tal crueldade, aqueles ímpios judeus colocaram seus ossos num vaso de chumbo pretendendo jogá-lo ao mar. Naquela noite, contudo, seu discípulo João com dois outros cristãos pegaram os restos, que sepultaram em segredo numa cripta. Ali ficaram escondidos, conforme relata SIGEBERTO, até o tempo do imperador Zenão e do papa Gelásio, no ano do Senhor de 500, quando foram descobertos por revelação. O bem-aventurado Doroteu diz que Barnabé primeiro pregou Cristo em Roma e depois foi bispo de Milão.

77. Santos Vito e Modesto

Vito vem de *víta*, "vida", pois praticou os três tipos de vida de que fala Agostinho em seu livro A CIDADE DE DEUS, a ativa, a contemplativa, a mista. Vito pode vir ainda de *vírtus*, "virtude", indicando que ele é virtuoso. Modesto quer dizer "situado no meio", como ocorre com as virtudes, cada uma das quais está no meio de dois vícios, que são seus extremos. A prudência tem como extremos a falsidade e a fatuidade; os extremos da temperança são a consumação dos desejos da carne e sua total negação; os extremos da força interior são a pusilanimidade e a temeridade; os extremos da justiça, a crueldade e a impunidade.

Vito foi um menino honrado e fiel que sofreu o martírio na Sicília aos doze anos de idade. Era surrado com freqüência pelo pai por desprezar os ídolos e não querer adorá-los. Informado disso, o prefeito Valeriano mandou chamar o menino e como ele se recusava a sacrificar ordenou que fosse fustigado com vara, mas imediatamente os braços dos carrascos e a mão do prefeito secaram. Este último exclamou: "Ai de mim! Perdi o uso da minha mão". Vito disse: "Que seus deuses o curem, se puderem". Valeriano: "E você, não poderia fazê-lo?". Vito respondeu: "Em nome do meu Senhor, eu posso", pôs-se a rezar e logo a seguir o prefeito sarou. Este disse ao pai: "Mude seu filho, senão ele pode acabar mal".

O pai levou-o então para casa e esforçou-se por mudar o espírito do garoto através da música, de brincadeiras com meninas e de toda sorte de prazeres. Quando o trancou em um quarto, de lá saiu uma fragrância maravilhosa que perfumou o pai e toda a família. O pai espiou pela porta, viu sete anjos de pé em volta do menino e como disse: "Os deuses vieram à minha casa", no mesmo instante ficou cego. Diante dos gritos que deu, toda a cidade de Lucana ficou comovida, Valeriano acudiu e perguntou o que tinha acontecido. Ele respondeu: "Vi deuses de fogo e não pude suportar o brilho de seus rostos".

Levaram-no então ao templo de Júpiter, onde prometeu sacrificar um touro de chifres dourados caso recuperasse a visão, mas como nada conseguiu pediu ao filho para curá-lo, e por meio das preces deste recobrou a vista. Apesar disso, ele continuou sem crer; mais ainda, pensava em matar o filho, a cujo professor, Modesto, apareceu um anjo do Senhor ordenando que pegasse o menino e tomasse um navio para outro país. Assim foi feito. Na nova terra uma águia levava-lhes comida e eles fizeram muitos milagres.

Enquanto isso o demônio apoderou-se do filho do imperador Diocleciano, que afirmou não poder ficar livre caso Vito de Lucana não voltasse. Procuraram Vito, encontraram-no e levaram-no ao imperador Diocleciano, que lhe perguntou: "Garoto, você pode curar meu filho?". Ele respondeu: "Eu não, mas o Senhor sim". Colocou então as mãos sobre o possesso e no mesmo instante o demônio fugiu. Diocleciano disse-lhe: "Menino, decida-se a sacrificar aos deuses para não ter uma morte ruim". Como Vito recusou, foi mandado para o cárcere com Modesto, mas os ferros com que o prenderam caíram e o cárcere foi iluminado por intensa luz.

O fato foi levado ao conhecimento do imperador, que mandou tirá-lo dali e jogá-lo numa fornalha ardente, mas ele ficou ileso. Soltaram então um leão feroz para devorá-lo, mas ele foi amansado pela fé do menino. Enfim, prenderam-no no potro[1] junto com Modesto e Crescência, sua ama-de-leite que o acompanhara o tempo todo. Mas de repente o ar fica turvo, a terra treme, os trovões soam, os templos dos ídolos desabam e esmagam muita gente. O imperador ficou assustado e fugiu, batendo em si mesmo com os punhos e dizendo: "Ai de mim! Fui vencido por um menino!".

Logo depois um anjo soltou os mártires, levando-os para a beira de um rio onde, após terem rezado um pouco, entregaram suas almas ao Senhor. Seus corpos, protegidos por águias, foram encontrados e sepultados por Florência. Eles foram martirizados sob Diocleciano, que começou a reinar por volta do ano do Senhor de 287.

---

[1] Conforme nota 1 do capítulo 25.

78. São Quirce e Santa Julita

Quirce deriva de *quaerens arcum*, "figura arqueada", ou de *chisil*, "força", e *cus*, "negro", o que equivale a "forte pela virtude e negro pela humilhação". O nome também pode vir de *quiris*, "machado", ou de *quiríles*, "assento". De fato, Quirce foi um "arco", isto é, curvado pela humilhação e pelos tormentos do martírio, "negro" pelo desprezo por si mesmo, "machado" em seu combate com o inimigo, "assento" de Deus porque Deus habitava nele e dava-lhe assim a graça que sua pouca idade lhe negava. Julita vem de *juvans vita*, "vida útil", porque viveu uma vida espiritual e assim foi útil a muita gente.

Quirce era filho de Julita, ilustríssima dama de Icônio. Tentando evitar a perseguição, ela fugiu para Tarso, na Cilícia,[1] com seu filho Quirce, de três anos. No entanto, ali chegando ela e seu filho precisaram apresentar-se ao prefeito Alexandre, o que assustou as duas criadas que levara e que, então, fugiram. Como a mãe não quis oferecer sacrifício aos deuses, o prefeito mandou fustigá-la cruelmente com chicote de nervos de boi, enquanto segurava o menino.

Vendo a mãe ser flagelada, a criança chorava e gritava com amargura e tristeza. O prefeito sentou o pequeno Quirce sobre seus joelhos e tentou acalmá-lo com beijos e carícias, mas a criança, de olhos fixos na mãe, repelia com horror essas tentativas, virava a cabeça com indignação e arranhava o rosto dele parecendo dizer, como a mãe: "Eu também sou cristão". Enfim, depois de ter se debatido um bom momento, ele mordeu o ombro do prefeito que, indignado e espicaçado pela dor, jogou a

---

[1] Conforme nota 1 do capítulo 8.

criança pela escadaria do tribunal, que ficou coberta com seus miolos. Então Julita, feliz ao ver o filho precedê-la no reino do Céu, rendeu ações de graças a Deus. A seguir ela foi condenada a ser esfolada, depois coberta com pez fervendo e, enfim, ter a cabeça cortada.

Em outra legenda encontramos que Quirce não levou em conta nem as carícias nem as ameaças do tirano, e apesar de não poder falar devido à sua pouca idade confessou ser cristão, pois o Espírito Santo falava por ele. Quando o prefeito perguntou quem o instruíra, ele respondeu: "Fico admirado com sua estupidez, prefeito, porque ao ver uma criança de três anos falando assim não percebe que esta sabedoria é divina". Enquanto o espancavam ele gritava: "Sou cristão", e a cada grito recebia forças para suportar os tormentos. Não querendo que os cristãos enterrassem os dois, o prefeito mandou cortar mãe e filho em pedacinhos e espalhá-los.

Mas um anjo os recolheu e os cristãos deram-lhes sepultura naquela mesma noite. Quando, no tempo de Constantino, o Grande, a Igreja recuperou a paz, uma das criadas de Julita descobriu aqueles corpos, pelos quais todo o povo tem grande veneração. Eles sofreram por volta do ano do Senhor de 230, sob o imperador Alexandre.

79. Santa Marina

Marina era filha única, e quando seu pai ingressou em um mosteiro, trocou a roupa da menina para que ela parecesse homem, e não mulher, pedindo então ao abade e aos monges que também aceitassem receber seu único filho. Eles anuíram e ela foi recebida como monge, sendo chamada por todos de irmão Marino, que levou uma vida religiosa de muita piedade e obediência. Quando seu pai sentiu a aproximação da morte, chamou a filha, então com 27 anos, e estimulou-a a prosseguir no seu bom propósito e proibiu-a de revelar a quem quer que fosse que era mulher.

Marino ia com freqüência buscar lenha para o mosteiro com o carro de bois. Nessas ocasiões tinha o costume de se alojar em casa de um homem cuja filha estava grávida de um soldado. Interrogada pelo pai, ela respondeu que tinha sido violentada pelo monge Marino. Perguntado como pudera cometer tão grave crime, Marino confessou o pecado e pediu perdão. Imediatamente foi expulso do mosteiro, diante de cuja porta permaneceu por três anos, durante os quais foi sustentado a cada dia com um pequeno bocado de pão.

Quando a criança cuja paternidade lhe atribuíam foi desmamada, levaram-na ao abade que a entregou a Marino para cuidar dela, o que fez por dois anos com a maior paciência e dando graças a Deus por todas as coisas. Compadecidos de sua humildade e sua paciência, os irmãos receberam-no de volta no mosteiro, impondo-lhe as mais vis funções, que ele executava porém com alegria, fazendo tudo com paciência e dedicação. Enfim, após uma vida de boas obras, migrou para o Senhor. Quando lavavam seu corpo, preparando-o para sepultá-lo em lugar pouco honrado, viram que se tratava de uma mulher. Todos ficaram estupefatos e assustados ao perceber o quanto haviam se enganado a respeito daquela escrava de Deus, e acorreram para ver tão extraordinário espetáculo e pedir perdão pela ignorância e erro cometido em relação a ela. Seu corpo foi honradamente colocado na igreja.

    A mulher que desonrara a escrava de Deus foi possuída pelo demônio, confessou seu crime e foi libertada no túmulo da virgem. Para ele confluem pessoas de todas as partes, e ali se realiza grande número de milagres. Ela morreu no dia 18 de julho.

80. Santos Gervásio e Protásio

Gervásio vem de *gerar*, que significa "sagrado", e de *vas*, "vaso", ou então de *gena*, "estrangeiro", e *syor*, "pequeno", com isso se querendo dizer que foi "sagrado" por ter levado vida cheia de méritos, "vaso" porque conteve todas as virtudes, "estrangeiro" porque desprezou o mundo, e "pequeno" porque desprezou a si mesmo. Protásio vem de *prothos*, "primeiro", e *syos*, "Deus" ou "divino", ou ainda deriva de *procul*, "longe", e *stasis*, "posição", significando que foi o "primeiro" por sua dignidade, "divino" por seu amor e "distante" das afeições mundanas. Ambrósio encontrou a história de seus martírios em um texto colocado ao lado das suas cabeças.

Gervásio e Protásio eram irmãos gêmeos, filhos de São Vidal e da bem-aventurada Valéria. Depois de entregar todos os seus bens aos pobres, eles ficaram com São Nazário, que construía um oratório em Embrun e a quem um menino chamado Celso levava as pedras. Mas não parece verdade que Celso já estava a serviço de Nazário, porque, segundo a história deste, só mais tarde é que Celso se tornou oblato.[1]
Quando os três estavam sendo levados ao imperador Nero, o jovem Celso seguiu-os chorando. Por causa disso um dos soldados esbofeteou-o e foi repreendido por Nazário, o que irritou todos os soldados, que lhe deram muitos pontapés, colocaram-no na prisão junto com os outros e depois o jogaram ao mar. Continuaram então o caminho com Gervásio e Protásio, mas chegando a Milão encontraram Nazário, que fora salvo milagrosamente e também se dirigira para aquela cidade.

---

[1] *Oblatus*, particípio passado de *offere*, "oferecer", indicava o indivíduo colocado pelos pais em um mosteiro, fosse por fé, fosse por incapacidade de sustentá-lo. Criado desde pequeno de acordo com as regras do local, ele geralmente se tornava monge.

Lá estava Astásio, general que partia para a guerra contra os marcomanos,[2] quando os sacerdotes dos ídolos foram encontrá-lo assegurando que os deuses não lhe seriam favoráveis caso Gervásio e Protásio não fizessem imolações. Eles foram então convidados a sacrificar. Como Gervásio disse que todos os ídolos eram surdos e mudos e que somente Deus onipotente era capaz de fazê-lo alcançar a vitória, enfurecido Astásio mandou fustigá-lo com chicotes guarnecidos de chumbo até que ele rendesse o espírito.

A seguir mandou chamar Protásio, dizendo-lhe: "Miserável, pense em viver e não corra, como seu irmão, para uma morte violenta". Protásio: "Quem é miserável? Eu, que não tenho medo de você, ou você, que mostra me temer?". Astásio: "Eu, miserável, com medo de você?". Protásio: "Tem medo de eu não sacrificar aos seus deuses, porque se não tivesse não me forçaria a fazê-lo". Então o general mandou pendurá-lo no potro,[3] ao que Protásio comentou: "Não tenho raiva de você, general, pois sei que os olhos do seu coração estão cegos; pelo contrário, tenho piedade, porque você não sabe o que faz. Complete o que começou, para que a bondade do Salvador digne-se a me receber com meu irmão". O general mandou então decapitá-lo.

Um escravo de Cristo chamado Filipe, ajudado por seu filho, pegou os dois corpos e sepultou-os em segredo em sua casa, em uma arca de pedra, e ao lado da cabeça deles colocou um escrito relatando o nascimento, a vida e o fim de ambos. Eles foram martirizados na época de Nero, por volta do ano do Senhor de 57.

Seus corpos ficaram escondidos por séculos, mas foram descobertos no tempo do bem-aventurado Ambrósio, que narrou o fato da seguinte maneira. Ele rezava na igreja dos santos Nabor e Félix, em estado que não era totalmente desperto nem inteiramente adormecido, quando lhe apareceram dois jovens da maior beleza, vestindo trajes brancos compostos de uma túnica e um manto, calçando pequenas botinas e orando com as mãos estendidas. Na sua prece, Ambrósio pediu que se aquilo fosse uma ilusão não aparecesse mais, e caso fosse algo verdadeiro, que ele tivesse outra revelação. Na hora do canto do galo os jovens apareceram a ele da mesma maneira que antes, e três noites depois, estando inteiramente desperto, ficou surpreso ao ver aparecer uma terceira pes-

---

[2] Tribo germânica que desde a segunda metade do século II pressionava as fronteiras romanas no Norte italiano.

[3] Conforme nota 1 do capítulo 25.

soa, muito semelhante ao apóstolo Paulo, tal como vira em algumas pinturas. Os jovens ficaram calados enquanto o apóstolo dizia: "Aqui estão aqueles que seguindo meus conselhos nada desejaram das coisas terrestres. No mesmo lugar em que você se encontra neste momento, a doze pés de profundidade estão seus corpos em uma arca coberta de terra, e perto da cabeça deles um livrinho que conta seu nascimento e sua morte".

Em seguida ele convocou os bispos vizinhos, cavou a terra e encontrou tudo como Paulo dissera. Embora mais de trezentos anos tivessem se passado, os corpos foram descobertos no estado em que estariam caso tivessem sido sepultados naquela mesma hora. Dali emanava uma fragrância verdadeiramente suave e especial.

Tocando o túmulo, um cego recobrou a vista, e muitas pessoas foram curadas pelos méritos daqueles corpos. Na mesma hora em que se celebrava aquela solenidade, foi restabelecida a paz entre os lombardos e o Império Romano, por isso o papa Gregório determinou que o intróito da missa desses santos comece com "O Senhor dirigirá a seu povo palavras de paz etc.". Pelo mesma razão, diferentes partes do ofício daqueles santos referem-se a acontecimentos ocorridos naquela época.

Agostinho, no livro XX de *A CIDADE DE DEUS*, conta que na presença do imperador e de uma grande multidão um cego de Milão recuperou a visão junto aos corpos dos mártires Gervásio e Protásio. Ignora-se, contudo, se é o mesmo cego de que se falou acima, ou outro. Na mesma obra, o mesmo autor conta que na cidade de Vitoriana, distante trinta milhas de Hipona, um rapaz lavava um cavalo no rio quando ali foi jogado pelo diabo, que o deixou praticamente morto. Como perto do rio havia uma igreja dedicada aos beatos Gervásio e Protásio, ouvindo as vésperas[4] que ali se cantavam naquele momento, o rapaz entrou muito agitado na igreja e ficou agarrado ao altar como se estivesse preso ao chão. Ele foi submetido a exorcismos para ser abandonado pelo demônio, que ameaçou amputar-lhe os membros, mas acabou por sair do corpo. No entanto, arrancou um olho do rapaz, deixando-o pendurado sobre a bochecha. Recolocado no lugar, poucos dias depois estava curado pelos méritos dos santos Gervásio e Protásio.

Ambrósio diz assim no prefácio[5] desses santos:

---

[4] Conforme nota 5 do capítulo 2.

[5] Conforme nota 4 do capítulo 55.

Eles alçaram vôo sob o estandarte celeste, empunharam as armas vitoriosas de que fala o apóstolo, desprenderam-se dos vínculos que os ligavam ao mundo, venceram o inimigo infernal e seus vícios, seguiram livres e tranqüilos o Senhor Cristo. Ó, felizes irmãos, que se apegando às palavras sagradas não puderam ser maculados por nenhum contágio! Ó, que glorioso foi o combate daqueles que saíram juntos do útero materno e juntos foram coroados!

81. A Natividade de São João Batista

João Batista tem muitos nomes: é chamado Profeta, Amigo do Esposo, Luz, Anjo, Voz, Elias, Batista do Salvador, Arauto do Juiz e Precursor do Rei. Profeta devido ao privilégio do conhecimento, Amigo do Esposo ao privilégio do amor, Luz ardente ao privilégio da santidade, Anjo ao privilégio da virgindade, Voz ao privilégio da humildade, Elias ao privilégio do fervor, Batista ao privilégio de maravilhosa honra, Arauto ao privilégio da pregação, Precursor ao privilégio da preparação.

1. O nascimento de João Batista foi anunciado pelo arcanjo. De acordo com a HISTÓRIA ESCOLÁSTICA, desejando expandir o culto a Deus o rei Davi instituiu 24 sumos sacerdotes, um dos quais superior aos outros, chamado Príncipe dos Sacerdotes. Dos instituídos, dezesseis eram da linhagem de Eleazar e oito da de Itamar, e a cada um atribuiu por sorteio uma semana de ministério. A oitava semana coube a Abias, do qual descenderia Zacarias. Já velhos, Zacarias e sua mulher não tinham filhos. Um dia, enquanto uma multidão aguardava na porta para entrar no templo, Zacarias lá dentro oferecia incenso quando lhe apareceu o arcanjo Gabriel. Ao vê-lo, Zacarias teve medo, mas o anjo disse: "Não tema, Zacarias, porque sua prece foi ouvida".[1] É típico dos anjos bons, diz a GLOSA, consolar bondosamente no mesmo instante aqueles que ficam assustados ao vê-los, ao passo que os anjos maus, mesmo assumindo a aparência de anjos de luz, não conseguem acalmar quem se assusta com sua presença e fica horrorizado diante deles.

---

[1] *Lucas* 1, 13.

Gabriel anuncia então a Zacarias que terá um filho de nome João, que não beberia nem vinho nem cidra e precederia o Senhor em espírito e Elias em virtude. João é chamado Elias devido ao lugar em que ambos moraram, o deserto; devido à parca alimentação que consumiam; devido à grosseira indumentária que ambos usavam; devido ao ministério, pois ambos foram precursores, Elias do Juiz, João do Salvador; devido ao zelo, pois as palavras dos dois queimavam como tocha ardente.

Considerando sua velhice e a esterilidade de sua mulher, Zacarias duvidou do que ouviu, e de acordo com o costume dos judeus pediu uma prova ao anjo, que então o castigou com a mudez por ele não ter acreditado nas suas palavras. Muitas vezes existe uma dúvida desculpável pela grandeza das coisas prometidas, como se vê no caso de Abraão. De fato, quando Deus prometeu que sua raça possuiria a terra de Canaã, Abraão perguntou: "Senhor meu Deus, como posso saber que a possuirei?". Deus respondeu: "Pegue uma vaca de três anos etc.".[2] Às vezes a dúvida vem da consideração da própria fragilidade, como ocorreu com Gedeão, que exclama: "Explique-me, meu Senhor, como libertarei Israel? Minha família é a mais humilde em Manassés e eu sou o mais insignificante da casa de meu pai".[3] Por isso ele pediu um sinal, e recebeu. Às vezes a dúvida é desculpada pela impossibilidade natural do acontecimento, como fica patente com Sara. Quando o Senhor disse: "Voltarei para vê-lo [Abraão] e Sara terá um filho", ela, que escutara detrás da porta, riu: "Depois que fiquei velha e meu marido também, poderei ter um filho?".[4]

Por que Zacarias foi o único a ser castigado por ter duvidado, quando também no seu caso havia a grandeza da coisa prometida, a consideração da fragilidade pessoal que o fazia se ver indigno de ter um filho, além da impossibilidade natural disso? Pode-se dizer que foi por várias causas. Primeira, conforme BEDA, ele falou como incrédulo, e foi condenado ao mutismo para, ficando calado, aprender a crer. Segunda, ficou mudo para que ao nascer seu filho acontecesse um grande milagre, pois com o nascimento de João seu pai recobrou a fala, foi milagre em cima de milagre. Terceira, era conveniente que ele perdesse a voz quando nascia a Voz que vinha calar a Lei. Quarta, porque tinha pedido um sinal ao Senhor, e este sinal foi ser privado da palavra: quando Zacarias saiu do

---

[2] *Gênesis* 15, 8-9.
[3] *Juízes* 6,15.
[4] *Gênesis* 18,10.12.

templo e o povo viu seu estado de mutismo, percebeu por seus gestos que ele tivera uma visão.

Como sua semana de ministério tinha acabado, foi para casa e Isabel concebeu, mas ficou escondida por cinco meses porque, conforme diz Ambrósio, estava envergonhada de uma gravidez na sua idade, o que poderia parecer que se entregava a ações libidinosas. Apesar disso, ela estava feliz por ter se livrado do opróbrio da esterilidade, que atingia as mulheres que não tinham fruto de seu casamento, ato muito celebrado e no qual as relações carnais eram bem aceitas.

Seis meses depois, a bem-aventurada Maria, que já havia concebido o Senhor como virgem fecunda, foi felicitar sua prima pelo fim da esterilidade dela e ajudá-la no que precisasse, porque era velha. Logo que ela saudou Isabel, o bem-aventurado João, pleno do Espírito Santo, sentiu o Filho de Deus vir até ele e estremeceu de alegria no ventre de sua mãe, com esse movimento saudando Aquele a quem não podia saudar com palavras. De fato, ele se mexeu daquela forma como gesto de saudação ao seu Senhor. A bem-aventurada Virgem ficou três meses ajudando sua prima, foi ela que com suas santas mãos recebeu o menino que vinha ao mundo e com empenho cuidou da criança, conforme testemunha a *História escolástica*.

O bem-aventurado Precursor do Senhor foi especial e singularmente enobrecido por nove privilégios: ele foi anunciado pelo mesmo anjo que anunciou o Salvador; ele estremeceu no ventre da mãe; foi a mãe do Senhor que o recebeu quando veio ao mundo; ele destravou a língua do pai; foi o primeiro a conferir um batismo; ele apontou Cristo; ele batizou o próprio Cristo; ele foi louvado mais do que todos por Cristo; ele anunciou aos que estão no Limbo[5] a vinda próxima de Cristo.

É por esses nove privilégios que foi chamado pelo Senhor de "profeta e mais que profeta". Sobre o fato de ser chamado "mais que profeta", Crisóstomo comenta:

> Um profeta é aquele que recebe de Deus o dom de profetizar; mas um profeta recebe o dom de batizar a Deus? Um profeta tem por missão predizer as coisas de Deus, mas algum profeta é profetizado pelo próprio Deus? Todos os profetas tinham profetizado sobre Cristo, enquanto

---

[5] Conforme nota 1 do capítulo 52.

João não apenas profetizou sobre Cristo como também outros profetas profetizaram sobre ele. Todos foram portadores da palavra, mas ele é a própria voz. Tanto quanto a voz se aproxima da palavra sem no entanto ser a palavra, João aproxima-se de Cristo sem porém ser Cristo.

De acordo com Ambrósio, a glória de João decorre de cinco causas, de seus pais, de seus milagres, de seus costumes, dos dons que recebeu, de sua pregação.

Primeira causa, a glória que recebe dos pais manifesta-se, conforme Ambrósio, de cinco formas: "O elogio é perfeito quando compreende um nascimento distinto, uma conduta íntegra, um ministério sacerdotal, a obediência à lei e obras cheias de justiça".

Segunda causa, os milagres. Alguns foram anteriores à sua concepção, como a anunciação do anjo, a designação de seu nome e a perda da fala de seu pai. Outro foi sua concepção sobrenatural, sua santificação ainda no ventre materno e nele o pleno dom da profecia. Outro ainda foi relativo a seu nascimento, o dom da profecia concedido a seus pais, a mãe sabendo seu nome e o pai entoando um cântico com a língua destravada pelo Espírito Santo que o preencheu. Sobre as palavras "Seu pai, Zacarias, ficou cheio do Espírito Santo",[6] Ambrósio comenta:

> Vejam João, cujo nome tem força e restitui a fala a um mudo, a dedicação a um pai, um sacerdote ao povo. Pouco antes aquela língua estava muda, aquele pai estéril, aquele sacerdote sem função, mas assim que João nasce, no mesmo instante recobra o uso da palavra, recebe do Espírito Santo um filho, torna-se um profeta e sacerdote reconhecido pelas suas funções.

Terceira causa, os costumes de sua vida foram de grande santidade, sobre os quais fala Crisóstomo: "O comportamento de João foi tão perfeito, que todas as outras vidas parecem culposas, da mesma forma que quando se vê uma roupa que parece branca, e ao ser colocada ao lado da neve parece suja, mesmo que não esteja, assim também comparado com João qualquer homem parece imundo". Há três testemunhos de sua santidade.

Primeiro deles, dado por aqueles que estão acima do Céu, isto é, pelas pessoas da Trindade.

---

[6] *Lucas* 1,67.

O Pai chama-o de anjo, conforme *Malaquías*, 3: "Eis que envio meu anjo, que preparará meu caminho diante de mim". Ele recebeu o nome de anjo para indicar que exerceu o ministério de todos os anjos.[7] Exerceu o dos Serafins, porque serafim quer dizer "ardente", já que eles nos tornam ardentes e queimam mais que outros de amor a Deus. Por isso está dito no *Eclesiástico* que "Elias elevou-se como um fogo etc.", o que se aplica a João que veio com o espírito e a virtude de Elias. Exerceu o ministério dos Querubins, porque querubim quer dizer "plenitude de ciência", e João é chamado estrela da manhã porque foi o anoitecer da ignorância e o amanhecer da luz da graça. Exerceu o ministério dos Tronos, que têm a missão de julgar, o que João fez com Herodes ao dizer: "Você não pode tomar a mulher de seu irmão".[8] Exerceu o ministério das Dominações, que nos ensinam a governar, e João era amado por seus inferiores e temido pelos reis. Exerceu o ministério dos Principados, que nos ensinam a respeitar nossos superiores, e João dizia falando de si próprio: "Quem tem suas origens na terra é da terra, e suas palavras são da terra", e falando de Cristo acrescentou: "Quem veio do Céu está acima de todos". Afirmou ainda que: "Não sou digno de desamarrar os cordões do seu calçado".[9] Exerceu o ministério das Potências, que são encarregadas de afastar as forças malignas que podem comprometer a santidade, pois ele manteve-as afastadas de nós, estimulando-nos a receber o batismo da penitência. Exerceu o ministério das Virtudes, pelas quais se realizam os milagres, pois o bem-aventurado João realizou muitas maravilhas, como comer mel selvagem e gafanhotos, cobrir-se com pele de camelo e outras semelhantes. Exerceu o ministério dos Arcanjos, revelando mistérios que não se podia alcançar, por exemplo o concernente à nossa redenção, quando disse: "Eis o cordeiro de Deus, aquele que tira os pecados do mundo".[10] Exerceu o ministério dos Anjos, ao anunciar coisas de importância menor, como as concernentes aos costumes, como: "Façam penitência" ou "Não pratiquem violência nem fraude com ninguém".[11]

---

[7] Baseada no Pseudo-DIONISO AREOPAGITA, a Idade Média aceitava a existência de uma hierarquia angelical (composta, em ordem crescente, de Anjos, Arcanjos, Principados, Virtudes, Potências, Dominações, Tronos, Querubins e Serafins) definida pela menor ou maior proximidade desses seres celestes em relação a Deus.

[8] *Marcos* 6,18.

[9] A primeira e a segunda dessas três citações é *João* 3,31, a terceira de *Mateus* 3,11; *Marcos* 1,7; *Lucas* 3,16; *João* 1,27.

[10] *João* 1,29.

[11] *Lucas*, 3,14.

O Filho, como se pode ler em *Mateus*, 11, elogia-o muitas vezes e de maneira admirável, dizendo por exemplo que "dentre os filhos dos homens, não há maior que João Batista". PEDRO DAMIÃO observa que "essas palavras sobre João foram proferidas por Aquele que lançou os fundamentos da Terra, que faz mover os astros e que criou todos os elementos".

O Espírito Santo diz pela boca de seu pai, Zacarias: "Menino, você será chamado profeta do Altíssimo".[12]

Segundo testemunho, dado pelos anjos e pelos espíritos celestes. No primeiro capítulo de *Lucas*, o anjo testemunha por ele grande consideração, quando mostra sua dignidade em relação a Deus ("Ele será grande diante do Senhor"), sua santidade ("Não beberá vinho nem licor embriagante, e será cheio do Espírito Santo desde o ventre de sua mãe"), os grandes serviços que prestará ao próximo ("Ele converterá muitos filhos de Israel").

Terceiro testemunho, dado por aqueles que estão abaixo do Céu, isto é, os homens, seu pai e seus vizinhos, que diziam: "Quem vai ser este menino?".[13]

Quarta causa, a glória de João provém dos dons que recebeu no ventre de sua mãe, no nascimento, na vida e na morte.

No ventre de sua mãe, foi beneficiado por três admiráveis dons da graça.

Primeiro, com a graça pela qual foi santificado desde aquele momento, pois foi santo antes de ter nascido, conforme *Jeremias*, 1: "Eu conheci você antes que tivesse sido formado nas entranhas de sua mãe".

Segundo, com a graça de ser profeta, quando por seu estremecimento no ventre de Isabel soube que Deus estava diante dele. É por isso que Crisóstomo quer mostrar que ele foi mais do que profeta, dizendo: "Um profeta profetiza pelos méritos da sua vida e da sua fé, mas como se pode ser profeta antes de ser homem?". Como era costume ungir os profetas, foi quando a bem-aventurada Virgem saudou Isabel que Cristo ungiu profeta a João, ainda nas entranhas da mãe, segundo estas palavras de Crisóstomo: "Cristo fez Maria saudar Isabel para que sua palavra, saída do ventre de sua mãe, morada do Senhor, fosse recebida pelo ouvido de Isabel e descesse até João, ungindo-o assim como profeta".

---

[12] *Lucas* 1,76.
[13] *Lucas* 1,66.

Terceiro, com a graça pela qual mereceu, por meio de sua mãe, receber o espírito de profecia. Querendo mostrar que ele foi mais que profeta, Crisóstomo diz: "Quem é aquele profeta que sendo profeta, pôde fazer um profeta?". Elias ungiu Eliseu como profeta, mas não lhe conferiu a graça de profetizar. João, porém, ainda no ventre materno introduziu sua mãe na ciência divina, abrindo-lhe a boca para reconhecer a dignidade Daquele que não via: "De onde me vem a felicidade de receber a visita da mãe do meu Senhor?".[14]

No nascimento, recebeu três tipos de graça: ser milagroso, santo e alegre. Milagroso, devido à idade da mãe; santo, devido à ausência de culpa; alegre, devido à isenção de lamentos e dores. De acordo com mestre GUILHERME DE AUXERRE, o nascimento de João merece ser celebrado por três motivos: primeiro, sua santificação no ventre materno; segundo, a dignidade de seu ministério que, como uma estrela da manhã, foi o primeiro a anunciar as alegrias eternas; terceiro, cumprir o que o anjo dissera — "Muitos se regozijarão quando do seu nascimento"[15] —, por isso é justo nos rejubilarmos nesse dia.

Na vida ele também recebeu grande número de graças, como prova o fato de ter tido todas as perfeições. Ele foi profeta quando disse: "Aquele que há de vir depois de mim é maior do que eu".[16] Foi mais do que profeta quando apontou Cristo. Foi apóstolo por ter sido enviado de Deus, daí se dizer dele: "Houve um homem enviado de Deus que se chamava João".[17] Foi mártir porque morreu pela justiça. Foi confessor porque confessou e não negou. Foi virgem, e por sua virgindade é chamado de anjo em *Malaquias*, 2: "Eis o anjo que envio".

Na morte recebeu três graças: a palma do martírio, pois foi mártir invicto; a descida ao Limbo onde foi mensageiro precioso que levou aos que lá estavam a notícia da vinda de Cristo e da redenção deles; a veneração dos que estavam no Limbo, o que se tornou objeto de gloriosa e especial solenidade da Igreja.

Quinta causa, a glória de João provém da sua pregação. Quatro foram os motivos desta, pelo que disse o anjo: ele converterá muitos filhos de Israel ao Senhor Deus, caminhará diante Dele em espírito e na

---

[14] *Lucas* 1,43.

[15] *Lucas* 1,14.

[16] *Mateus* 3,11; *Marcos* 1,7; *Lucas* 3,16.

[17] *João* 1,6.

virtude de Elias para reunir o coração dos pais ao de seus filhos, chamará os incrédulos à prudência dos justos, preparará um povo perfeito para o Senhor. O que fica patente neste texto é que ele toca assim em quatro pontos: o fruto, a ordem, a virtude e a meta.

A pregação de João foi triplamente recomendável, por ser fervorosa, eficaz e prudente. Fervorosa quando disse: "Raça de víboras, quem os livrará da cólera divina etc.".[18] Fervor inflamado pela caridade porque era uma luz ardente, que fala na pessoa de *Isaías*, 49: "Minha boca é uma espada afiada". Fervor que vinha da verdade, que expunha como uma lâmpada ardente. A esse respeito está dito em *João*, 5: "Vocês enviaram João e ele testemunhou a verdade". Fervor dirigido pelo discernimento ou pela ciência, por isso ao falar à multidão, aos publicanos e aos soldados, ensinava a Lei de acordo com a condição de cada um. Fervor firme e constante, cuja pregação levou-o a perder a vida. São estas as quatro qualidades do zelo segundo Bernardo, que diz: "Que o zelo seja inflamado pela caridade, formado pela verdade, regido pela ciência e fortalecido pela constância".

Eficaz, pois sua pregação converteu a muitos. Pregou com palavras, de forma assídua. Pregou com exemplos porque sua vida foi santa. Pregou e converteu por seus méritos e suas preces fervorosas.

Prudente na pregação em três pontos. Em fazer ameaças para amedrontar os malvados, quando diz: "O machado já está sobre a raiz da árvore".[19] Em fazer promessas para ganhar os bons, quando diz: "Façam penitência, porque o reino dos Céus está próximo".[20] Em usar de moderação para atrair pouco a pouco os fracos à perfeição. Por isso, inicialmente impunha à multidão e aos soldados obrigações leves, depois outras mais duras. À multidão aconselhava obras de misericórdia, aos publicanos recomendava não desejar os bens alheios, aos soldados não empregar violência contra ninguém, não caluniar e contentar-se com seu soldo.

Observe-se que São João Evangelista morreu na data hoje comemorada, mas a Igreja celebra sua festa três dias depois do nascimento de Cristo, para coincidir com a consagração da primeira igreja àquele apóstolo e para manter a solenidade do nascimento do bem-aventurado João Batista, dia declarado de alegria pelo anjo. Não se deve, contudo, con-

---

[18] *Mateus* 3,7; *Lucas*, 3,7.

[19] *Mateus* 3,10; *Lucas* 3,9.

[20] *Mateus* 3,2; *Marcos* 1,15.

cluir dogmaticamente que o Evangelista tenha cedido lugar ao Batista, como um inferior ao seu superior, porque não convém discutir qual deles é o maior. Um exemplo divino mostra isso. Está escrito em um livro que havia dois doutores em Teologia, um que preferia João Batista, o outro João Evangelista. Marcaram então um dia para um solene debate a respeito. Cada um buscava autoridades e argumentos poderosos em favor do João que preferia, quando em dia próximo da disputa cada um dos santos apareceu para seu defensor dizendo: "Vivemos em concórdia no Céu, não discutam a nosso respeito na terra". Um comunicou ao outro sua visão, levaram-nas ao conhecimento de todo o povo e bendisseram o Senhor.

2. PAULO, historiador dos lombardos, diácono da Igreja de Roma e monge de Monte Cassino, devia certa vez cantar a consagração do círio, mas ficou rouco, e para recuperar sua bela voz compôs em homenagem ao beato João um hino no qual pede que sua voz seja restituída, como fora a Zacarias.

Na data de hoje algumas pessoas recolhem por toda parte ossos de animais mortos para queimar, o que segundo JOÃO BELETH acontece por duas razões. A primeira decorre de antiga prática de combater uns animais chamados dragões, que voam, nadam e correm. Quando estão nos ares, eles provocam a luxúria, jogando esperma nos poços e nos rios, após o que ocorre naquele ano uma grande mortandade. Contra isso as pessoas descobriram um remédio, fazer com ossos de animais uma fogueira cuja fumaça afugenta os dragões, costume generalizado que se observa ainda hoje em alguns lugares. A outra razão é recordar que os ossos de São João foram queimados pelos infiéis na cidade de Sebasta.

Nesta data também se usam tochas acesas porque João foi uma tocha acesa e ardente. Ou costuma-se girar uma roda porque nesta época do ano o sol começa a declinar, lembrando o testemunho de João: "Ele tem de crescer e eu, diminuir".[21] Este significado aparece, segundo Agostinho, na Natividade e na morte de ambos: por volta da natividade de João, a duração dos dias começa a diminuir, por volta da natividade de Cristo ela começa a aumentar, daí se falar que o solstício ocorre cerca de dez dias antes da natividade de Cristo e dez dias antes da natividade de João. Algo semelhante acontece quando da morte de ambos. O corpo de Cristo foi elevado na cruz e o de João abaixado ao perder a cabeça.

---

[21] João 3,30.

3. Paulo conta na *História dos lombardos* que Rocarith, rei dos lombardos, foi sepultado com muitos adereços preciosos numa igreja de São João Batista, mas alguém, movido pela cupidez, abriu certa noite o túmulo e levou tudo. O bem-aventurado João apareceu a ele e disse: "Como você teve a ousadia de pegar coisas que me tinham sido confiadas, não poderá mais entrar na minha igreja". Isso de fato aconteceu, porque cada vez que o ladrão queria entrar naquela igreja, era derrubado por um golpe na garganta que parecia dado por um vigoroso atleta.

82. Santos João e Paulo

João e Paulo foram prebostes¹ de Constância, filha do imperador Constantino, no tempo em que a Dácia e a Trácia² tinham sido ocupadas pelos citas, e contra eles ia ser enviado o general romano Galicano. Como recompensa por esse trabalho, pediu que lhe fosse dada em casamento Constância, filha de Constantino, no que foi calorosamente apoiado pelos principais cidadãos romanos. O pai ficou muito aflito, pois sabia que depois de ter sido curada pela bem-aventurada Inês sua filha tinha feito voto de virgindade e preferiria morrer do que desrespeitar tal voto.

Tendo confiança em Deus, a virgem aconselhou seu pai a aceitar a proposta, caso o general voltasse vencedor. Ela desejava, entretanto, manter consigo as duas filhas que ele tivera de sua falecida esposa, a fim de por meio delas conhecer a conduta e os desejos de Galicano. Este deveria ainda levar na campanha os dois prebostes, João e Paulo, na esperança de que eles estabelecessem relações estreitas com Galicano e que, ela pedia a Deus, convertessem a ele e suas filhas.

Tudo combinado, Galicano partiu com João e Paulo e um numeroso exército, que no entanto foi derrotado pelos citas e o próprio general ficou sitiado pelos inimigos numa cidade da Trácia. João e Paulo então disseram a ele: "Faça uma promessa ao Deus do Céu e conseguirá sua maior vitória". Ele assim fez e logo apareceu um rapaz com uma cruz no ombro, ordenando-lhe: "Pegue sua espada e siga-me". Ele avança até

---

[1] O texto fala, na verdade, em *primicerii et praepositi*, termos de acepções variadas e próximas, às vezes mesmo superpostas, que para não entrar nos detalhes da burocracia imperial e clerical preferimos traduzir com um genérico "prebostes", personagens na época referida, século IV, com encargos administrativos e espirituais.

[2] Províncias do Império Romano, a primeira correspondendo *grosso modo* à região entre o Danúbio e os Cárpatos, a segunda a territórios das atuais Grécia oriental, Turquia ocidental e Bulgária meridional.

o centro do campo inimigo, ladeado por dois soldados armados que então apareceram, mata o rei inimigo, o que desarvorou todo o exército dele, assim subjugado e tornado tributário dos romanos.

Depois de se fazer cristão, Galicano voltou a Roma, onde foi recebido com grandes honras, e pediu ao imperador que o desculpasse por não se casar com sua filha, pois pretendia dali em diante viver na continência, como proposto por Cristo. Isso agradou ao imperador, as duas filhas de Galicano foram convertidas a Cristo pela virgem Constância, Galicano renunciou ao cargo que ocupava, deu tudo o que tinha aos pobres e na pobreza serviu a Cristo ao lado de outros escravos de Deus.

A partir de então ele fez um grande número de milagres e, simplesmente ao vê-lo, os demônios abandonavam os corpos de que se tinham apossado. Sua reputação de santidade estava tão firmemente estabelecida em todo o mundo, que do Oriente e do Ocidente vinham pessoas ver aquele homem, antigo patrício e cônsul, que passara a lavar os pés dos pobres, pôr-lhes a mesa, derramar-lhes água nas mãos, cuidar dos doentes com solicitude e executar todas as funções de um piedoso servidor.

Quando Constantino, o Grande, morreu, seu filho Constâncio, infectado pela heresia ariana,[3] tomou as rédeas do império. Constantino também deixava um irmão, igualmente chamado Constâncio, que tinha dois filhos, Galo e Juliano. O imperador Constâncio enviou seu primo Galo contra a Judéia então revoltada, mas depois mandou matá-lo. Temendo ser morto por Constâncio, como acontecera com seu irmão, Juliano entrou para um mosteiro, onde fingindo grande devoção foi ordenado leitor.[4] Tendo consultado o demônio por intermédio de um mágico, soube que se tornaria imperador. Algum tempo depois, problemas urgentes na Gália fizeram Constâncio enviar Juliano para lá, onde resolveu tudo com eficiência, sendo por isso nomeado sucessor de Constâncio. Com a morte deste, Juliano, o Apóstata, ordenou que Galicano imolasse aos deuses ou se exilasse, já que não ousava matar um personagem de tanto prestígio. Galicano foi então para Alexandria, onde recebeu a coroa do martírio quando os infiéis trespassaram-lhe o coração.

---

3 Conforme nota 1 do capítulo 3.

4 Leitor é um grau da hierarquia eclesiástica pela qual devem passar aqueles que se preparam para receber a ordenação de diácono ou de padre (ver nota 4 do capítulo 48), mas pode-se ser leitor — isto é, encarregado de ler os trechos da Escritura previstos na liturgia — sem pretender alcançar as ordens sagradas.

Devorado por sacrílega cupidez, Juliano disfarçava sua avareza sob pretextos que encontrava no Evangelho, tomando os bens dos cristãos dizendo que "o Cristo de vocês afirma que quem não renunciar a tudo que possui não pode ser seu discípulo". Ao ficar sabendo que João e Paulo sustentavam cristãos pobres com as riquezas que a virgem Constância deixara, ordenou que obedecessem a ele em tudo, como tinham feito com Constantino. Mas eles responderam: "Nós servimos os gloriosos imperadores Constantino e Constâncio, seu filho, porque foram honrados escravos de Cristo, mas você abandonou a verdadeira religião, plena de virtudes, e nós nos afastamos completamente de você e recusamos obedecer".

Juliano mandou-lhes dizer: "Fui investido de uma ordem clerical e se quisesse teria chegado aos mais altos cargos da Igreja, mas considerando inútil viver na inércia e no ócio, preferi a condição militar e sacrifiquei aos deuses, cuja proteção fez de mim imperador. Vocês têm vivido na corte, por isso não devem sair do meu lado e eu farei de vocês os mais importantes personagens de meu palácio. Se me desprezarem, tomarei providências para acabar com isso".

Eles responderam: "Preferimos servir a Deus do que a você. Não temos o menor medo de suas ameaças, senão incorreríamos na ira do Deus eterno". Diante disso, Juliano falou que "se dentro de dez dias vocês não aceitarem minhas condições, vão fazer pela força o que não querem fazer espontaneamente". Os santos responderam: "Considere os dez dias já terminados e faça hoje mesmo o que ameaça fazer depois". Juliano: "Se estão pensando que os cristãos farão de vocês mártires por não me obedecerem, estão enganados, pois não serão castigados como mártires, mas como inimigos públicos".[5]

João e Paulo empregaram os dez dias dando como esmola aos pobres todos os bens que possuíam. Completado o prazo, Terenciano foi procurá-los dizendo: "Nosso senhor Juliano envia esta estatueta de ouro de Júpiter para que vocês lhe ofereçam incenso, senão morrerão". Os santos disseram: "Se seu senhor é Juliano, fique em paz com ele, nós não temos outro senhor além de Jesus Cristo". Terenciano mandou decapitá-los às escondidas e sepultá-los numa fossa da casa, e depois difundiu o boato de que tinham sido mandados para o exílio.

---

[5] Jacopo já tratara da história de Juliano, o Apóstata, no capítulo 30, item 5, e voltou a ela nos capítulos 64 e 120.

Depois disso o filho de Terenciano foi possuído pelo demônio e pôs-se a gritar pela casa que o demônio o atormentava. Terenciano confessa então seu crime, faz-se cristão, escreve o relato do martírio dos santos e seu filho é libertado. O martírio deles ocorreu por volta do ano do Senhor de 364.

    Gregório relata em sua homilia baseada nas palavras do Evangelho "Se alguém quiser vir depois de mim etc.",[6] que uma mulher foi visitar, como fazia com freqüência, a igreja daqueles mártires e encontrou dois monges em trajes de peregrinos, aos quais ia dar esmola quando eles se aproximaram e disseram: "Você nos visita agora, e no dia do Juízo nós a recomendaremos e faremos por você o que pudermos". Dito isso, desapareceram.

    Ambrósio fala no prefácio desses mártires: "Os bem-aventurados mártires João e Paulo consumaram verdadeiramente as palavras de Davi: 'Ah! como é bom e agradável que os irmãos sejam unidos!'.[7] O mesmo ventre deu à luz a ambos, a mesma fé os uniu, o mesmo martírio os coroou, estão sempre unidos na glória do Senhor".

---

[6] *Mateus* 16,24; *Marcos* 8,34; *Lucas* 9,23.
[7] *Salmos* 132, 1.

83. São Leão

Lê-se no livro OS MILAGRES DA BEM-AVENTURADA VIRGEM, que o papa Leão celebrava a missa no dia da Páscoa, na igreja de Santa Maria Maior,[1] quando ao distribuir a comunhão aos fiéis uma mulher beijou-lhe a mão, provocando nele forte tentação carnal. Contra esta o homem de Deus exerceu uma cruel vingança, e no mesmo dia amputou sua mão que o tinha escandalizado e jogou-a fora. O sumo pontífice deixou assim de celebrar como de costume os santos mistérios,[2] o que fez correr muitos rumores entre o povo. Então Leão dirigiu-se à bem-aventurada Virgem para submeter-se inteiramente ao que ela determinasse. Ela lhe apareceu e, com suas santíssimas mãos, colocou de volta a mão amputada, curou-a e ordenou que ele aparecesse em público e oferecesse o santo sacrifício a seu Filho. Leão explicou a todo o povo o que acontecera e mostrou a todos a mão que lhe fora restituída.

Foi ele que celebrou o concílio de Calcedônia, no qual estabeleceu que somente as virgens receberiam o véu e no qual também foi decidido que a Virgem Maria seria chamada Mãe de Deus.

Como naquela época Átila devastava a Itália, São Leão passou três dias e três noites inteiros em prece na igreja dos Apóstolos, depois do que falou: "Quem quiser me seguir, que siga". Quando chegou perto de Átila, este, logo ao ver o beato Leão, desceu de seu cavalo, prosternou-se e rogou-lhe que lhe pedisse o que quisesse. Leão pediu que deixasse a Itália e libertasse os cativos. Ao ouvir de seus homens que aquele que triunfara sobre o mundo deixava-se vencer por um sacerdote, Átila respondeu: "Cuidei da minha segurança e da de vocês, porque à direita dele

---

[1] Conforme nota 5 do capítulo 45.
[2] Conforme nota 1 do capítulo 57.

vi um temível guerreiro empunhando uma espada nua e que me dizia: 'Se você não obedecer a ele, perecerá com todos os seus'".

Quando o bem-aventurado Leão escreveu a Fabiano, bispo de Constantinopla, uma epístola contra Eutíquio e Nestório, colocou-a sobre o túmulo do bem-aventurado Pedro, e depois de um tempo passado em jejum e em preces, falou: "Você a quem a Igreja foi confiada, corrija os erros que como homem eu poderei ter cometido nesta epístola". Quarenta dias depois, enquanto orava, Pedro apareceu a ele dizendo: "Li e corrigi". Leão pegou a epístola e encontrou-a corrigida e emendada pela mão do apóstolo.

Outra vez Leão passou quarenta dias em preces no túmulo do bem-aventurado Pedro e conjurou-o a obter para si o perdão de seus pecados. O beato Pedro apareceu e disse: "Pedi por você ao Senhor, que perdoou todos os seus pecados. Mas informe-se com cuidado sobre quem você ordenar sacerdote, pois desta função você ainda deverá prestar contas a Ele".

Ele morreu por volta do ano do Senhor de 460.

84. São Pedro, Apóstolo

Pedro teve três nomes, o primeiro Simão Bar Jonas. Simão quer dizer "obediente" ou "aquele que se entrega à tristeza", e Bar Jonas, "filho de pomba", porque em sírio *bar* é "filho" e em hebraico *jonas* significa "pomba". De fato, ele foi obediente: quando Cristo o chamou, obedeceu à primeira ordem do Senhor e entregou-se à tristeza quando renegou Cristo: "Ele saiu e chorou amargamente".[1] Foi filho de pomba porque serviu a Deus com simplicidade de intenção. Seu segundo nome foi Cefas, que significa "chefe" ou "pedra" ou "aquele que proclama". Chefe porque teve primazia na prelatura, pedra por causa da firmeza de que deu prova em seu martírio, aquele que proclama devido à constância da sua pregação. Seu terceiro nome foi Pedro, que quer dizer "conhecedor", "descalço" ou "dissolvedor", por ter conhecido a divindade de Cristo ao dizer: "Você é Cristo, o Filho do Deus vivo"; por ter se despojado de todo afeto pelos seus e de toda obra morta e terrestre ao dizer: "Deixamos tudo para segui-lo";[2] por ter nos soltado dos grilhões do pecado com as chaves que recebeu do Senhor. Também teve três apelidos: Simão Joana, que significa "beleza do Senhor"; em segundo lugar, Simão de João, que quer dizer "a quem foi dado"; em terceiro Simão Bar Jonas, que quer dizer "filho de pomba". Por esses três apelidos devemos entender que possuiu beleza de costumes, dons de virtudes e abundância de lágrimas, já que a pomba geme em vez de cantar. Quanto ao nome Pedro, foi-lhe dado por Jesus quando disse, como está em *João*, 1, "Você se chamará Cefas, que quer dizer pedra"; depois, conforme *Marcos*, 3:

---

[1] *Mateus* 26,75; *Marcos* 14,72; *Lucas* 22,62.

[2] Os dois versículos desse parágrafo são o primeiro de *Mateus* 16,16, o segundo de *Mateus* 19,27; *Marcos* 10,28; *Lucas* 18,28.

"Deu a Simão o nome de Pedro"; por fim confirmou esse nome, como se diz em *Mateus*, 16: "Também digo que você é Pedro e que sobre esta pedra edificarei minha Igreja". Seu martírio foi escrito por Marcelo, pelo papa Lino, por Hegésipo e pelo papa Leão.

1. Pedro foi, dentre todos os apóstolos, o que teve o maior fervor, porque quis conhecer aquele que traía o Senhor, e se o tivesse conhecido, diz Agostinho, o teria dilacerado a dentadas. É por isso que o Senhor não queria revelar o nome desse traidor. Crisóstomo também diz que se Ele tivesse dito aquele nome, Pedro teria se levantado e o trucidado na mesma hora.

Ele andou sobre as águas do mar para ir ao encontro do Senhor, foi testemunha da transfiguração do Senhor e da ressurreição de uma jovem, encontrou na boca do peixe a moeda de quatro dracmas para o tributo, recebeu do Senhor as chaves do reino dos Céus, recebeu o encargo de apascentar as ovelhas de Cristo, no dia de Pentecostes converteu com sua prédica 3 mil homens, predisse a morte de Ananias e de Safira, curou Enéas de sua paralisia, batizou Cornélio, ressuscitou Tabita, restituiu a saúde aos enfermos com a sombra do seu corpo, aprisionado por Herodes foi libertado por um anjo.

Ele mesmo conta no LIVRO DE CLEMENTE como era sua alimentação e suas roupas: "Eu me alimento apenas de pão e azeitonas e raramente de legumes. Minha vestimenta, como vêem, é uma túnica e um manto, e nada além disso". Relata também que sempre levava consigo um sudário para enxugar as lágrimas que derramava com freqüência, porque quando a presença de Deus e as doces conversas com Ele vinham à memória, não podia conter o choro, tamanha era a ternura de seu amor. Mas quando se lembrava do erro que cometera renegando-O, vertia torrentes de lágrimas. O costume de chorar era tão comum que seu rosto parecia todo queimado, diz Clemente.

Este mesmo conta que ao ouvir cantar o galo, Pedro tinha o costume de se levantar para orar e chorar abundantemente. Clemente refere-se ainda, como encontramos na HISTÓRIA ECLESIÁSTICA, que quando levavam a mulher de Pedro para o martírio, este foi tomado por uma intensa alegria e chamando-a pelo nome, exclamava: "Ó minha esposa, lembre-se do Senhor".

Certa vez, Pedro tinha mandado dois de seus discípulos pregar, e depois de caminharem vinte dias, um deles morreu e o outro voltou para ver Pedro e relatar o acidente. Alguns dizem que se tratava do bem-aventurado Marcial, outros de Materno. Outro texto assegura que era o beato Frontão e o companheiro que morrera era o padre Jorge. Então Pedro entregou-lhe seu cajado e mandou colocá-lo sobre o cadáver. Quando assim fez, apesar de estar morto havia quarenta dias, ele se levantou vivo.

2. Naquela época havia em Jerusalém um mágico, chamado Simão, que dizia ser a primeira verdade, sustentava que quem acreditava nele tornava-se imortal e pretendia que nada lhe era impossível. Lê-se no *Livro de Clemente* que Simão dissera: "Serei adorado como Deus, receberei publicamente as honras divinas, e tudo o que quiser poderei fazer. Um dia minha mãe, Raquel, mandou-me para o campo participar da colheita, vi uma foice no chão e ordenei a ela que ceifasse por si só, e ela ceifou dez vezes mais que os outros ceifeiros". E acrescentou, de acordo com Jerônimo, que "sou a palavra de Deus, sou belo, sou o paracleto, sou todos os deuses". Ele fazia as serpentes de bronze moverem-se, as estátuas de bronze ou de pedra rirem e os cães cantarem.

Como conta Lino, Simão queria debater com Pedro e mostrar que era Deus. No dia e local indicados, Pedro foi ao debate e disse aos presentes: "A paz esteja com vocês, irmãos que amam a verdade". Simão: "Não necessitamos da paz, porque se a paz e a concórdia existirem aqui, não poderemos encontrar a verdade. Ladrões é que combinam a paz entre si. Não invoque a paz, mas a luta. Haverá paz entre dois contendores quando um deles tiver sido superado pelo outro". Pedro: "Por que você teme ouvir falar de paz? É do pecado que nasce a guerra, e onde não existe pecado, reina a paz. Encontramos a verdade nas discussões e a justiça nas obras". Simão: "O que você sustenta não tem valor, mas eu mostrarei o poder da minha divindade para que logo me adore. Sou a primeira virtude e posso voar pelos ares, criar novas árvores, transformar as pedras em pão, ficar no fogo sem nada sofrer, e tudo o que quero posso fazer".

Pedro argumentava contra isso e revelava a feitiçaria. Então Simão, vendo que não podia resistir a Pedro, jogou no mar todos os seus livros de magia para não ser denunciado como mágico, e foi para Roma a fim de lá se fazer passar por Deus. Logo que Pedro descobriu isso, seguiu-o até Roma. Lá chegou no quarto ano do governo de Cláudio, e ficou em Roma por 25 anos. Ali ordenou como seus bispos auxiliares Lino e Cleto, um, como relata JOÃO BELETH, no interior da cidade, o outro fora de seus limites. Dedicando-se com grande zelo à pregação, convertia muita gente à fé e curava a maioria dos doentes. E como em seus discursos sempre elogiava e recomendava a castidade, converteu as quatro concubinas de Agripa, que se recusaram a voltar para junto desse governador. Furioso, ele ficou à espera de uma ocasião para se vingar de Pedro. O Senhor apareceu então a Pedro e disse: "Simão e Nero planejam prejudicá-lo, mas não tema, porque estou com você para libertá-lo e consolá-lo por meio de meu escravo Paulo, que chegará amanhã a Roma". Sabendo Pedro, como diz Lino, que em pouco tempo deveria deixar sua Igreja, na assembléia dos irmãos pegou Clemente pela mão, ordenou-o bispo e colocou-o na cátedra que então fora sua.[3] Depois disso, Paulo chegou a Roma, conforme o Senhor predissera, e começou a pregar Cristo junto com Pedro.

Nero era muito apegado a Simão, a quem considerava o guardião da sua vida, da sua salvação e de toda a cidade. Sobre isso o papa Leão conta que certo dia, diante de Nero, Simão subitamente mudava a própria fisionomia, ora parecendo mais velho, ora mais moço. Presenciando aquilo, Nero considerou-o o verdadeiro filho de Deus. Ainda segundo Leão, Simão, o Mágico, disse a Nero: "Para que saiba, ilustre imperador, que sou o filho de Deus, mande me decapitar, que três dias depois ressuscitarei". Nero ordenou então ao carrasco que o decapitasse. Mas por ilusão da arte mágica, Simão fez o carrasco cortar a cabeça de um carneiro acreditando que fosse a dele. Simão escondeu os restos do animal, cujo sangue ficou coagulado naquele lugar, e três dias depois Simão apareceu diante de Nero dizendo "Mande limpar meu sangue derramado, pois conforme prometera aqui estou ressuscitado três dias depois de ter sido degolado". Admirado, Nero tomou-o por verdadeiro filho de Deus. Em outra oportunidade, ele estava num aposento com Nero e ao mesmo tempo parecia que estava lá fora falando ao povo, já que um demônio tinha assumido sua forma. Enfim, os romanos tinham tão grande veneração por ele, que ergueram uma estátua na qual puseram a inscrição "A Simão, Deus santo".

Pedro e Paulo, conforme o testemunho de Leão, foram à casa de Nero e desmascararam Simão, com Pedro explicando que assim como em Cristo há duas substâncias, a de Deus e a de homem, também naquele mágico havia duas substâncias, a do homem e a do diabo. Segundo

---

[3] Apesar de várias incertezas sobre os primeiros tempos do papado, os historiadores modernos concordam — ao contrário do que informa Jacopo — que o sucessor de São Pedro foi São Lino (67-76), o deste, Santo Anacleto (76-88), e apenas depois deles São Clemente ocupou a cátedra pontifícia romana (88-97).

o relato de Marcelo e de Leão, Simão então retrucou: "Não suportarei por mais tempo esse inimigo, mandarei meus anjos vingarem-se deste homem". Pedro respondeu: "Não temo os seus anjos, eles é que me temem". Nero interveio: "Você não teme Simão, que provou por meio de obras sua divindade?". Pedro: "Se existe divindade nele, que me diga neste momento o que estou pensando ou fazendo. Vou contar no seu ouvido qual é meu pensamento para que ele não tenha audácia de mentir". Nero falou: "Aproxime-se e diga-me o que está pensando".

Pedro aproximou-se e disse baixinho: "Ordene que me tragam e me dêem escondido um pão de cevada". Quando lhe trouxeram o pão, Pedro abençoou-o, ocultou-o na manga da túnica e disse: "Que Simão, que se pretende Deus, diga o que pensei, o que falei e o que fiz". Simão respondeu: "Que Pedro diga o que eu estou pensando". Pedro: "Provarei que sei aquilo que Simão pensa, fazendo o que ele pensou". Então Simão, furioso, gritou: "Que apareçam uns cães enormes e o devorem!". De repente surgiram uns cães enormes que se lançaram sobre Pedro, mas este mostrou-lhes o pão bento e no mesmo instante eles fugiram.

Pedro dirigiu-se então a Nero: "Mostrei que sabia o que Simão tramava contra mim não por palavras, mas por atos. Ele tinha prometido mandar contra mim anjos e vieram cachorros, porque seus anjos não são divinos, mas caninos". Disse Simão: "Escutem, Pedro e Paulo, se aqui não posso fazer nada, vamos ao lugar onde tenho poder para julgá-los. Por enquanto eu os poupo". Assim narra Leão. Depois, contam Hegésipo[4] e Lino, inchado de soberba Simão jactou-se de poder ressuscitar mortos. Como um rapaz acabara de morrer, chamaram Pedro e Simão e todos unanimemente aceitaram a sugestão de Simão de que, quem não pudesse ressuscitar o morto, seria por sua vez morto. Enquanto Simão fazia seus encantamentos sobre o cadáver, os presentes tiveram a impressão de ver a cabeça do defunto mover-se. Todos passaram então a gritar e a querer lapidar Pedro, que mal pôde conseguir silêncio para dizer: "Se o morto está vivo, que levante, que ande, que fale, caso contrário mexer a cabeça do cadáver é fantasmagoria. Que Simão fique afastado do leito do morto para que as artimanhas do diabo sejam plenamente desmascaradas".

Afastaram Simão do leito e o rapaz permaneceu imóvel. Pedro, à distância, fez uma prece e depois disse em voz alta: "Rapaz, em nome de

---

4 Conforme nota 3 do capítulo 63.

Jesus Cristo, o nazareno, que foi crucificado, levante e ande". E no mesmo instante ele se levantou, vivo, e andou. O povo queria lapidar Simão, mas Pedro falou: "Ele já foi devidamente punido vendo seus artifícios serem superados. Ademais, nosso mestre ensinou-nos a responder o mal com o bem". Simão falou: "Saibam, Pedro e Paulo, que não obterão o que desejam, não me dignarei a dar a vocês a coroa do martírio". Pedro: "Que nos aconteça o que desejamos, enquanto você nada de bom terá, porque cada uma das suas palavras é uma mentira".

Simão foi então até a casa de São Marcelo, em cuja porta amarrou um cão enorme, dizendo: "Agora quero ver se Pedro poderá entrar na casa deste seu discípulo onde costuma vir". Pouco depois Pedro chegou, fez o sinal-da-cruz e soltou o cão, que se pôs a acariciar todo mundo e só perseguia Simão, a quem pegou, jogou no chão e queria estrangular, o que teria feito não fosse Pedro ter acudido e ordenado ao animal que não lhe fizesse mal. Sem tocar no corpo, o cachorro arrancou-lhe as roupas, obrigando-o a fugir nu, perseguido pelo povo, principalmente por crianças, até ser expulso da cidade, como teriam feito com um lobo.

Não podendo suportar a vergonha dessa afronta, Simão ficou um ano sem reaparecer. Vendo esses milagres, Marcelo ligou-se a Pedro. Posteriormente, Simão voltou e caiu de novo nas boas graças de Nero. Então, de acordo com Leão, convocou o povo e declarou que tinha sido tratado de maneira ultrajante pelos galileus e, por esse motivo, disse que partiria daquela cidade que tinha o costume de proteger; que marcaria um dia em que subiria ao Céu, pois não se dignava mais ficar na Terra. No dia marcado, subiu numa torre elevada ou, segundo Lino, no Capitólio, e coberto de louros lançou-se ao ar e pôs-se a voar.

Vendo a cena, Paulo disse a Pedro: "Eu rezo e você comanda". Nero falou: "Este homem é sincero e vocês não passam de uns impostores". Pedro dirigiu-se a Paulo: "Paulo, levante a cabeça e veja". Quando Paulo levantou a cabeça e viu Simão ainda nos ares, disse a Pedro: "Pedro, o que está esperando? Acabe o que começou. O Senhor já está nos chamando". Pedro: "Eu conjuro vocês, anjos de Satanás que o sustentam nos ares, por Nosso Senhor Jesus Cristo, não o carreguem mais, deixem-no cair". No mesmo instante ele foi solto, caiu, rebentou os miolos e expirou.

Ouvindo isso, Nero ficou muito zangado por ter perdido um homem como aquele e disse aos apóstolos: "Vocês tornaram-se culpados a meus olhos, por isso vou puni-los de maneira exemplar". Entregou-os então a um ilustre personagem, chamado Paulino, que os encarcerou na prisão de Mamertino, sob a guarda de Processo e Martiniano, soldados que Pedro converteu e que abriram a cela, deixando os apóstolos em liberdade. Foi por isso que, após o martírio dos apóstolos, Paulino convocou Processo e Martiniano, e ao descobrir que eram cristãos, Nero mandou cortar-lhes a cabeça.

    Tendo Pedro saído da cadeia, seus irmãos de fé exortaram-no a fugir, o que ele só aceitou fazer depois de muita insistência, dirigindo-se então, pelo que contam Leão e Lino, à porta da cidade que hoje é conhecida por Santa Maria *ad passus*, onde Pedro viu Cristo e perguntou-lhe: "Senhor, aonde vai?". Ele respondeu: "Vou a Roma para ser crucificado mais uma vez". Pedro: "Ser crucificado de novo?". O Senhor: "Sim". Pedro então disse: "Nesse caso, Senhor, voltarei para ser crucificado com você". Depois dessas palavras, o Senhor subiu ao Céu ante os olhos de Pedro, que chorava. Compreendendo depois que era de seu próprio martírio que se falara, voltou e contou aos irmãos o que acabara de acontecer. Foi então capturado pelos oficiais de Nero e levado ao prefeito Agripa, o que, segundo Lino, fez o rosto de Pedro ficar radiante como o sol. Agripa perguntou: "É você que se glorifica em reuniões com o populacho e afasta as mulherzinhas da cama de seus maridos?". O apóstolo respondeu que só se glorificava na cruz do Senhor. Então Pedro, sendo estrangeiro, foi condenado a ser crucificado, enquanto Paulo, na qualidade de cidadão romano, foi condenado a ser decapitado.

    Comentando essa sentença, DIONISO, em carta a Timóteo, relata assim a morte de Paulo:

> Ó meu irmão Timóteo, se você tivesse assistido aos últimos momentos desses mártires, teria desmaiado de tristeza e de dor. Quem não teria chorado quando foi pronunciada a sentença que condenava Pedro a ser crucificado e Paulo a ser decapitado? Teria visto a multidão de gentios e de judeus bater neles e cuspir-lhes na cara. Chegado o terrível momento da consumação do martírio, separaram um do outro e amarraram essas colunas do mundo, sob os gemidos e lamentos dos irmãos. Paulo disse então a Pedro: "Que a paz esteja consigo, fundamento das igrejas, pastor das ovelhas e cordeiros de Cristo". Pedro disse a Paulo: "Vá em paz, pregador dos bons costumes, mediador e guia da salvação dos justos". Quando separaram um do outro, segui meu mestre, porque não foram mortos no mesmo local.

Assim escreveu Dioniso.

Leão e Marcelo contam que quando Pedro foi levado à cruz, falou: "Meu Senhor foi colocado de pé na cruz porque desceu do Céu à terra, enquanto eu, que Ele se digna a chamar da terra ao Céu, devo ser colocado na cruz com a cabeça na terra e os pés voltados para o Céu. Como não sou digno de estar na cruz da mesma maneira que meu Senhor, virem minha cruz e crucifiquem-me de cabeça para baixo". Viraram então a cruz e prenderam seus pés em cima e suas mãos embaixo. Mas, nesse momento, o povo enfurecido quis matar Nero e o governador para em seguida libertar o apóstolo, que rogava para não impedirem seu martírio.

O Senhor, dizem Hegésipo e Lino, abriu os olhos dos que choravam, permitindo que vissem anjos com coroas de rosas e lírios, e no meio deles Pedro na cruz, recebendo um livro que Cristo lhe oferecia e no qual, conforme o testemunho do mesmo Hegésipo, leu as palavras que proferiu na cruz: "Foi você, Senhor, que eu desejei imitar, mas sem a presunção de ser crucificado ereto, pois direito, excelso e elevado é sempre você, enquanto nós somos filhos do primeiro homem, cuja cabeça está enterrada na terra e cujo erro determinou a maneira pela qual nascem os da espécie humana, virados para baixo, voltados para a terra. Nossa condição foi mudada, e o que ao mundo parece estar à direita está à esquerda. Você, Senhor, é tudo para mim, tudo o que você é, é por mim, nada há além de você. Eu agradeço com toda a minha alma, pela qual vivo, pela qual compreendo, pela qual falo". Foram dois, portanto, os motivos pelos quais ele não quis ser crucificado ereto. Vendo Pedro que os fiéis testemunhavam sua glória, deu graças a Deus, recomendou-lhe os cristãos e rendeu o espírito. Os irmãos Marcelo e Apuleio, que eram seus discípulos, desceram-no da cruz, perfumaram-no com diversos aromas e sepultaram-no.

ISIDORO, em seu livro *Do nascimento e da morte dos santos*, diz: "Depois de fundar a igreja de Antioquia, Pedro foi a Roma, sob o imperador Cláudio, para desmascarar Simão. Pregou o Evangelho durante 25 anos nessa cidade, cujo trono pontifical ocupou, e no trigésimo sexto ano após a paixão do Senhor foi crucificado por Nero, de cabeça para baixo, como desejou". Assim disse Isidoro. Naquele mesmo dia, Pedro e Paulo apareceram a Dioniso, como este relata na carta acima citada: "Timóteo, meu irmão, preste atenção no milagre, veja o prodígio ocorrido no dia do suplício deles. Estive com eles até o momento em que foram separados, e depois da morte deles eu os vi, de mãos dadas, entrar pelas portas da cidade, em trajes luminosos, ornados de coroas de claridade e de luz". Assim falou Dioniso.

3. Nero não ficou impune por esse crime e pelos muitos outros que cometeu, porque acabou se matando com as próprias mãos. Embora brevemente, relatemos aqui algumas de suas más ações.

Em uma história apócrifa, está escrito que seu preceptor, Sêneca, esperava receber dele remuneração digna do seu trabalho, e tudo que Nero fez foi lhe permitir escolher o galho da árvore no qual preferia ser enforcado, dizendo que era essa a recompensa que devia receber. Como resposta a Sêneca, que lhe perguntou por que merecia tal suplício, Nero começou a brandir uma espada e Sêneca abaixava a cabeça a cada golpe, com medo de ser mortalmente atingido. Nero perguntou: "Mestre, por que você abaixa a cabeça quando ameaço com a espada?". Sêneca respondeu: "Sou homem, por isso temo a morte, não quero morrer". Nero: "Eu ainda o temo, como temia quando era criança, por isso enquanto você viver eu não poderei viver tranqüilo". Sêneca disse: "Se é preciso que eu morra, concede-me pelo menos a escolha do tipo de morte que eu preferir". Nero: "Escolha logo, e não demore a morrer". Sêneca mandou então preparar um banho, cortou as veias de cada braço, e assim acabou sua vida, esvaindo-se em sangue. Seu nome era um presságio disso, pois *se necans* quer dizer "aquele que se mata", o que ele fez, embora forçado. Também está escrito que Sêneca teve dois irmãos. O primeiro foi Juliano Gálio, orador ilustre que se matou com as próprias mãos; o segundo foi Mela, pai do poeta Lucano, que igualmente morreu depois de ter as veias abertas por ordem de Nero.

A mesma história apócrifa diz que Nero, movido por um ímpeto infame, mandou matar sua mãe e dividi-la em dois para ver como era o útero de onde tinha saído. Os médicos tentaram demovê-lo da morte da mãe, dizendo que a lei natural proíbe e a razão opõe-se a que um filho mate a mãe, que pare com dor e o cria com tanto trabalho e dedicação. Nero rebateu: "Façam-me engravidar e parir um filho para que eu possa saber qual foi a dor sentida pela minha mãe". Essa vontade de parir também vinha do fato de, passeando pela cidade, ter ouvido os gritos de uma mulher em trabalho de parto. Os médicos responderam que "isso não é possível, é contra as leis da natureza, não há meio de fazer o que não está de acordo com a razão". Nero disse que "se não me fizerem conceber, farei todos vocês morrerem de maneira cruel".

Então os médicos deram-lhe algumas poções e desta forma fizeram com que ele, sem perceber, engolisse uma rã, que passou a crescer em seu ventre, e Nero acreditou estar grávido de uma criança. Os médicos fizeram-no seguir um regime para alimentar a rã, pretextando que era necessário para a concepção. Nessa situação contrária à natureza, seu ventre inchava, e atormentado por uma dor intolerável, disse aos médicos: "Apressem o momento do parto, porque a dor que sinto mal me deixa respirar". Os médicos deram-lhe uma poção para forçá-lo a vomitar, e dele saiu uma rã horrível, cheia de viscosidades e coberta de sangue. Vendo o produto de seu parto, Nero ficou horrorizado e espantado com tal monstruosidade, mas os médicos disseram que aquele feto disforme devia-se ao fato de não ter querido esperar o tempo necessário. E ele redargüiu: "Será que eu era assim, ao sair do ventre de minha mãe?". E eles: "Sim". Ele recomendou então que colocassem seu feto em uma caixa de pedra e o alimentassem. Este fato não se encontra em crônica alguma, apenas na dita história apócrifa.

Mais tarde, maravilhado com a grandeza do incêndio de Tróia, mandou incendiar Roma por sete dias e sete noites, espetáculo que assistiu de uma torre altíssima, todo feliz com a beleza daquele fogo, cantando com ênfase versos da *Ilíada*.

Nas crônicas, lê-se que ele pescava com redes de ouro, que se consagrava ao estudo da música para superar todos os harpistas e comediantes, que se casou com um homem e tornou-se mulher dele, como diz ORÓSIO.

Quando os romanos não puderam mais suportar sua loucura, rebelaram-se e perseguiram-no até fora da cidade. Vendo que não podia escapar, com os dentes afiou uma vara com a qual trespassou o peito, e assim terminou sua vida. Em outro texto, contudo, está escrito que foi devorado por lobos.

Ao voltarem, os romanos encontraram a rã escondida na caixa, levaram-na para fora da cidade e queimaram-na. É devido a isso, afirmam alguns, que aquela parte da cidade chama-se Latrão, isto é, *Lateranensis*, nome vindo de *latens rana*, "rã escondida".[5]

4. Nos tempos do papa São Cornélio, uns cristãos gregos roubaram os corpos dos apóstolos e quando os levavam os demônios que habitavam nos ídolos, forçados por virtude divina, gritaram: "Romanos, socorro, estão levando seus deuses". Os fiéis interpretaram que se tratava dos apóstolos e os gentios de seus deuses, então fiéis e infiéis passa-

---

5 Jacopo de Varezze grafa *latuerat rana*, mas corrigimos para *latens rana* seguindo a possível fonte utilizada por ele nessa passagem: Kaiserchronek, vv. 4083-4154, ed. E. Schröder, Hanover, Halmiavi, 1895 (MGHSS qui vernacula lingua usi sunt, vol. I-2), pp.156-7.

ram a perseguir os gregos que, apavorados, jogaram os corpos dos apóstolos num poço, perto das catacumbas, de onde mais tarde foram retirados pelos fiéis.

Gregório conta em seu *Regístro* que nesse momento produziu-se um trovão tão forte e relâmpagos em tal quantidade que todo mundo fugiu assustado deixando os corpos nas catacumbas. Como não se sabia distinguir as ossadas do beato Pedro das do beato Paulo, os fiéis fizeram preces e jejuns recebendo do Céu a resposta: "Os ossos maiores são do pregador, os menores do pescador". Separaram assim os ossos e colocaram-nos nas igrejas que tinham sido erguidas para cada um deles.

Outros, porém, dizem que o papa Silvestre, querendo consagrar tais igrejas, pesou com grande respeito os ossos grandes e pequenos numa balança e pôs metade numa igreja, metade na outra. Gregório conta em seus DIÁLOGOS que a igreja na qual repousa o corpo de São Pedro era cuidada por um homem de grande humildade e santidade, chamado Agôncio. Lá sempre ia uma moça paralítica, que usava as mãos para se arrastar com as costas e os pés no chão, e há tempo pedia ao bem-aventurado Pedro que a curasse, quando certa vez ele lhe apareceu em visão e disse: "Vá ver Agôncio, o guardião, e ele restituirá sua saúde".

A moça começou então a se arrastar de um lado para o outro, pela igreja inteira, procurando saber quem era esse Agôncio, que em certo momento surgiu de repente diante dela, que lhe disse: "Nosso pastor e provedor, o bem-aventurado apóstolo Pedro, mandou-me até você para que me liberte da minha enfermidade". Ele respondeu: "Se você foi enviada por ele, levante-se". E tomando-a pela mão, ajudou-a a levantar-se e ela ficou curada sem o menor vestígio da doença.

No mesmo livro, Gregório diz que Gala, uma das mais nobres jovens de Roma, filha do cônsul e patrício Símaco, ficou viúva após um ano de casamento. Sua idade e fortuna exigiam que ela se casasse de novo, mas ela preferiu contrair núpcias espirituais com Deus, o que de início pode provocar tristeza mas depois leva a alegrias eternas, em vez de se submeter a bodas carnais, que sempre começam pela alegria e acabam na tristeza. Mas como ela era de constituição muito fogosa, os médicos advertiram que se, contra a natureza, não tivesse mais relações com um homem, aquele intenso ardor faria com que lhe nascesse barba. Isso de fato aconteceu pouco tempo depois, porém Gala não deu a menor importância a essa disformidade exterior, pois amava a beleza interior, e apesar da feiúra não temeu de forma alguma não ser amada pelo esposo celeste. Assim, abandonou os trajes seculares e consagrou-se ao mosteiro erguido perto da igreja de São Pedro, no qual por muitos anos serviu a Deus com simplicidade, no exercício da prece e da esmola.

Por fim, foi afligida por um câncer na mama. Como duas tochas estavam sempre acesas diante da sua cama, porque, amiga da luz, tinha horror tanto das trevas espirituais quanto das corporais, ela viu o bem-aventurado apóstolo Pedro, de pé, entre essas duas tochas. Seu amor deu-lhe a coragem de perguntar: "O que significa isto, meu senhor? Meus pecados estão perdoados?". Ele inclinou a cabeça com a maior bondade e concordou: "Sim. Vem". E ela: "Por favor, leve a irmã Benedita junto comigo". Ele: "Não, escolha outra para ir com você". Ela contou tudo à abadessa, que morreu junto com ela três dias depois.

Ainda no mesmo livro, Gregório conta que um padre de grande santidade atingido por grave doença gritava com enorme alegria: "Bem-vindos, meus senhores, bem-vindos, meus senhores, como se dignaram a vir até tão mísero escravo? Já vou, já vou, obrigado, obrigado". Os presentes perguntaram-lhe com quem falava, e ele respondeu, admirado: "Não estão vendo os santos apóstolos Pedro e Paulo?". Enquanto repetia a pergunta, sua santa alma foi libertada da carne.

Alguns autores não têm certeza que Pedro e Paulo foram martirizados no mesmo dia. Outros sustentam que foi no mesmo dia, mas um ano depois. Jerônimo e quase todos os santos que tratam dessa questão concordam em que foi no mesmo dia do mesmo ano, como fica evidente numa epístola de Dioniso e num sermão de Leão (ou de Máximo, segundo outros):

> Não foi por acaso que num mesmo dia e num mesmo lugar eles receberam sua sentença do mesmo tirano. Sofreram no mesmo dia, para irem juntos até Cristo; no mesmo lugar, para que Roma possuísse os dois; sob o mesmo perseguidor, para que a mesma crueldade atingisse a ambos. O mesmo dia para celebrar de uma só vez o mérito dos dois; o mesmo lugar para cobri-los com a mesma glória; o mesmo perseguidor para ressaltar a coragem deles.

Assim escreveu Leão.

Embora tenham sido martirizados no mesmo dia e na mesma hora, não foi, porém, no mesmo lugar, e sim em bairros diferentes. Quando Leão diz que sofreram no mesmo lugar, deve-se entender que o martírio deles foi em Roma. Escreveram-se a respeito os versos:

Paulo foi coroado pela espada, Pedro pela cruz
Sob o mesmo imperador, dia e local, o tirano Nero, o local Roma.

Outro diz assim:

No mesmo dia, imperador e cidade mataram Paulo pela espada e Pedro pela cruz.

Apesar de martirizados no mesmo dia, Gregório ordenou que na data de hoje fosse celebrado, no ofício, a solenidade de Pedro, e no dia seguinte a comemoração de Paulo, porque no dia de hoje foi dedicada à igreja de São Pedro, que é maior em dignidade, foi o primeiro a ser convertido e tem o primado em Roma.

85. São Paulo, Apóstolo

Paulo significa "boca de trombeta" ou "boca dos outros" ou "eleito admirável" ou "milagre de eleição". Paulo vem também de *pausa*, que em hebraico quer dizer "repouso" e em latim "módico". Desta forma conhecemos as seis prerrogativas particulares a Paulo. A primeira é uma língua frutuosa, pois pregou o Evangelho da Ilíria a Jerusalém, donde o nome "boca de trombeta". A segunda é a caridade visceral que o fez perguntar "Quem é fraco, sem que eu me enfraqueça com ele?",[1] por isso seu nome quer dizer "boca dos outros" ou "boca do coração", conforme ele próprio diz: "Quando minha boca abre, ó coríntios, meu coração dilata-se".[2] A terceira é a conversão milagrosa, pela qual é chamado "eleito admirável", porque foi escolhido e convertido maravilhosamente. A quarta é o trabalho das mãos, por isso é chamado "milagre de eleição", já que foi um grande milagre ter escolhido ganhar com o esforço das próprias mãos o necessário para viver e, ao mesmo tempo, incessantemente pregar. A quinta é uma contemplação deliciosa, porque foi elevado ao terceiro Céu, daí o nome "repouso do Senhor", já que é preciso repouso da mente para a contemplação. A sexta é sua virtuosa humildade, daí ser chamado de "modesto". Há três opiniões acerca do nome Paulo. ORÍGENES pretende que ele sempre teve dois nomes, e que foi chamado indiferentemente de Saulo e Paulo. RÁBANO pretende que antes da conversão chamava-se Saulo, em lembrança do orgulhoso rei Saul, mas depois passou a Paulo, que quer dizer de espírito "pequeno", "modesto", "humilde". E ele mesmo daria esta interpretação a seu nome quando diz: "Sou o menor dos após-

---

[1] 2 coríntios 11,29.
[2] 2 coríntios 6,11.

tolos".³ BEDA, enfim, pretende que tenha sido chamado Paulo por causa de Sérgio Paulo, o procônsul que ele converteu à fé. O martírio de São Paulo foi escrito pelo papa Lino.

Após sua conversão, o apóstolo Paulo sofreu muitas perseguições, enumeradas pelo bem-aventurado Hilário:

> Em Filipos Paulo é vergastado, jogado na prisão, preso pelos pés a um pelourinho, em Listra lapidado, em Icônio e Tessalônica perseguido, em Éfeso entregue às feras, em Damasco baixado do alto de uma muralha num cesto, em Jerusalém detido, espancado, acorrentado, emboscado, em Cesaréia preso e acusado, na viagem à Itália corre perigo no mar, chegando a Roma é julgado e morto sob Nero.

Assim falou Hilário.

Paulo aceitou o apostolado junto aos gentios, curou um paralítico em Listra, ressuscitou um rapaz que morrera ao cair de uma janela, realizou muitos outros milagres. Em Mitilene foi picado na mão por uma víbora, mas jogou-a no fogo e a ferida não lhe fez mal. Conta-se que todos os descendentes do homem que hospedou Paulo naquela oportunidade nada sofrem com animais venenosos, e que, quando nascem, o pai põe serpentes no berço para certificar-se de que são de fato da sua linhagem.

Algumas vezes se diz que Paulo é inferior a Pedro, outras que é superior. É inferior em dignidade, mas superior na pregação e igual em santidade. AIMON conta que Paulo dedicava-se ao trabalho manual desde o canto dos galos até a quinta hora, depois cuidava da pregação até anoitecer. O resto do tempo bastava para suas refeições, seu sono e sua oração.

Quando foi a Roma, Nero, que ainda não tinha sido confirmado como imperador, soube que houvera uma desavença entre Paulo e os judeus acerca da lei judaica e da fé dos cristãos, e sem se importar com isso deixava Paulo pregar livremente e ir onde quisesse. Em seu livro *Homens ilustres*, Jerônimo diz que:

> No segundo ano do reinado de Nero, 25 anos após a paixão do Senhor, Paulo foi mandado a Roma acorrentado, e depois esteve durante dois anos em liberdade vigiada, podendo apenas debater com os judeus. Mais tarde Nero liberou-o completamente e ele pôde pregar o Evangelho em todo Ocidente. Mas no ano 14 do reinado de Nero, no mesmo ano e no mesmo dia em que Pedro foi crucificado, ele foi decapitado.

---

³ *1 coríntios* 15, 9.

Assim relatou Jerônimo.

Sua sabedoria e sua religião eram famosas em toda parte, e era admirado por todos. Fez muitos amigos na casa do imperador e converteu-os à fé em Cristo. Alguns dos seus escritos, lidos diante do imperador, foram muito elogiados e o próprio Senado tinha bastante estima por ele.

Uma vez, no fim do dia, quando Paulo pregava num terraço, um jovem chamado Pátroclo, copeiro favorito de Nero, para evitar a multidão e ouvir mais comodamente, subiu numa janela, cochilou, caiu e morreu. Ao ouvir a notícia, Nero ficou desolado com sua morte e procurou um substituto. Paulo, que por revelação soube do ocorrido, disse aos presentes que fossem buscar o cadáver de Pátroclo, tão caro ao imperador. Trouxeram-no e Paulo ressuscitou-o, enviando-o em seguida, junto com seus companheiros, ao imperador. Nero estava lamentando a morte dele quando lhe anunciam que Pátroclo estava lá fora, vivo. Ouvindo que Pátroclo vivia, depois de ter sido anteriormente informado de que ele morrera, Nero ficou muito assustado e recusou-se a ver o rapaz, mas por fim, persuadido pelos amigos, permitiu que ele entrasse.

Nero perguntou: "Pátroclo, você está vivo?". E ele: "Imperador, estou vivo". Nero: "Quem fez você viver?". Ele: "Foi Jesus Cristo, rei de todos os séculos". Nero ficou furioso e disse: "Quer dizer então que ele reinará por séculos e destruirá todos os reinos do mundo?". Pátroclo: "Sim, imperador". Nero deu-lhe uma bofetada dizendo: "Então você está a serviço desse rei?". Ele: "Sim, estou a serviço dele, porque Ele me ressuscitou dentre os mortos".

Então cinco oficiais do imperador que o acompanhavam constantemente disseram: "Imperador, por que maltratar este jovem cheio de prudência e que responde a verdade? Nós também estamos a serviço desse rei invencível". Ouvindo essas palavras, Nero mandou prendê-los, a fim de cruelmente torturar aqueles que até então amara. Mandou também procurar todos os cristãos e puni-los sem nenhum tipo de julgamento.

Paulo foi levado algemado, junto com outros, até Nero, que lhe disse: "Ó servidor do grande rei, mas meu prisioneiro, por que toma meus soldados e leva-os com você?". Paulo: "Não é apenas nas suas terras em que alistei soldados, mas em todo o universo. Nosso rei concederá a eles recompensas que nunca faltarão, que os manterão ao abrigo da necessidade. Se você quiser se submeter, também será salvo. O poder dele é tão grande que virá julgar todos os homens e destruirá este mundo pelo fogo". Ouvindo Paulo dizer que o fogo devia destruir o mundo,

Nero mandou queimar todos os guerreiros de Cristo e cortar a cabeça de Paulo, por crime de lesa-majestade.

A multidão de cristãos que foram mortos era tão grande que o povo romano invadiu o palácio e revoltou-se contra Nero, bradando: "Pára, imperador, suspende a carnificina e a execução das suas ordens. Aqueles que você matou são nossos concidadãos, são parte do Império Romano". Amedrontado, o imperador modificou seu decreto, determinando que ninguém molestasse os cristãos antes de o imperador julgá-los. Por isso Paulo foi novamente levado à sua presença.

Mal o viu, Nero gritou com veemência: "Levem este malfeitor, decapitem este impostor, não deixem viver este criminoso, livrem-se deste homem que perturba as mentes, tirem da terra este sedutor dos espíritos". Paulo redargüiu: "Nero, sofrerei apenas um pequeno momento, mas viverei eternamente em Nosso Senhor Jesus Cristo". Nero ordenou: "Cortem-lhe a cabeça, a fim de que aprenda que eu, que o venci, sou mais poderoso que o rei dele; e veremos se poderá viver para sempre". Paulo: "Para que você saiba que depois da morte do meu corpo estarei vivendo eternamente, quando minha cabeça tiver sido cortada aparecerei vivo para você e saberá então que Cristo é o Deus da vida e não da morte". Depois de ter falado assim, foi levado ao lugar do suplício.

No trajeto, três soldados que o conduziam pediram: "Diga-nos, Paulo, quem é esse a quem você chama rei, a quem ama a ponto de por ele preferir morrer a viver, e que recompensa receberá por tudo isso?". Então Paulo pregou de tal maneira sobre o reino de Deus e as penas do Inferno, que os converteu à fé. Eles deixaram que fosse em liberdade para onde quisesse, mas Paulo contestou: "Irmãos, não quero fugir, não sou um criminoso, mas um verdadeiro soldado de Cristo porque sei que esta vida passageira me levará daqui a pouco a uma vida eterna. Quando eu tiver sido decapitado, homens fiéis levarão meu corpo, observem bem o lugar e vão até lá todas as manhãs que encontrarão junto do meu sepulcro dois homens em prece, Tito e Lucas. Quando disserem a eles por qual motivo mandei-os ali, eles os batizarão e farão de vocês partícipes e herdeiros do reino do Céu".

Ele ainda falava quando Nero mandou dois soldados ver se já havia sido executado, e como Paulo também tentou convertê-los, disseram: "Quando você morrer e ressuscitar, acreditaremos no que diz; por enquanto vem logo e recebe o que merece". Levado ao lugar do suplício, na porta de Óstia, encontrou uma mulher chamada Plantília ou, segundo DIONISO, Lemóbia. Essa mulher, que talvez tivesse os dois nomes, pôs-se a chorar e a se recomendar às preces de Paulo, que lhe disse: "Vá, Plantília, filha da salvação eterna, empreste-me o véu que cobre sua cabeça para eu cobrir meus olhos, que depois o devolverei". Ela deu o véu e os carrascos zombaram dizendo: "Por que você acredita nesse impostor e mago e vai perder um véu tão valioso?".

Tendo chegado ao local da execução, Paulo virou-se para Oriente e rezou demoradamente em sua língua materna, com as mãos estendidas para o Céu e, vertendo lágrimas, rendeu graças. Em seguida, despediu-se dos irmãos, vendou os olhos com o véu de Plantília e colocando os joelhos no chão ofereceu o pescoço e foi decapitado. No momento em que sua cabeça foi separada do corpo, claramente falou em hebraico: "Jesus Cristo", nome que tinha sido de grande doçura para ele durante a vida e que repetira tantas vezes. De fato, dizem que em suas Epístolas ele repetiu Cristo, ou Jesus, ou ambos juntos, quinhentas vezes. De seu corpo mutilado jorrou leite nas vestes de um soldado, depois o sangue correu, uma luz intensa brilhou no ar e do seu corpo emanou um odor suavíssimo.

Dioniso, em sua carta a Timóteo, diz sobre a morte de Paulo:

> Naquela hora cheia de tristeza, meu querido irmão, quando o carrasco disse a Paulo: "Prepare seu pescoço", o bem-aventurado apóstolo ergueu os olhos para o Céu, protegeu a testa e o peito com o sinal-da-cruz e falou: "Meu Senhor Jesus Cristo, em suas mãos entrego meu espírito" e então, sem tristeza e sem ser forçado, apresentou o pescoço e recebeu a coroa do martírio. No momento em que o carrasco desferia seu golpe e cortava a cabeça de Paulo, esse bem-aventurado soltou o véu, nele recebeu seu próprio sangue, amarrou-o, dobrou-o e devolveu-o à mulher. Quando o carrasco voltou, Lemóbia indagou: "Onde você deixou meu mestre Paulo?". O soldado respondeu: "Está estendido, com seu companheiro, lá no Vale dos Lutadores, fora da cidade, com o rosto coberto por um véu". Ela comentou: "Pedro e Paulo acabam de voltar, vestindo roupas deslumbrantes, trazendo na cabeça coroas brilhantes e fulgurantes de luz". Ela então mostrou o véu ensangüentado, o que levou muita gente a crer no Senhor e a se tornar cristã.

Assim conta Dioniso.

Ao saber do sucedido, Nero foi tomado por um violento medo e conversou sobre tudo isso com filósofos e amigos. Ora, durante tal conversa Paulo apareceu, mesmo estando as portas fechadas, e de pé diante do imperador disse: "Imperador, aqui está Paulo, o guerreiro do rei eterno e invencível. Acredite, pelo menos agora, que não estou morto, mas vivo, e que você, miserável, morrerá uma morte eterna porque mata injustamente os santos de Deus". Depois de falar assim desapareceu. Nero ficou então enlouquecido de tanto medo, não sabendo o que fazer. Aconselhado por amigos, soltou Pátroclo, Barnabé e os demais cristãos, permitindo que fossem livremente aonde quisessem.

Quanto aos soldados que tinham levado Paulo ao suplício, ou seja, Longino, chefe deles, e Acesto, foram pela manhã ao túmulo de Paulo e lá viram dois homens orando, Tito e Lucas, e Paulo de pé entre os dois. Vendo os soldados, Tito e Lucas ficaram com medo e fugiram e Paulo desapareceu. Os soldados gritaram: "Não perseguimos vocês, queremos receber o batismo de suas mãos, como nos disse Paulo, que acabamos de ver orando com vocês". Ouvindo isso, eles voltaram e com grande alegria batizaram os dois.

A cabeça de Paulo foi jogada num vale, e como muita gente tinha sido morta e jogada no mesmo lugar, não foi possível encontrá-la. Lê-se, porém, na mesma carta de Dioniso, que certo dia em que se limpava uma fossa, tiraram a cabeça de Paulo misturada com as imundícies. Um pastor pegou-a com seu cajado e pendurou-a no redil. Por três noites consecutivas, seu amo e ele viram que daquela cabeça saía uma luz inefável, o bispo e os fiéis ficaram sabendo e concluíram que era mesmo a cabeça de Paulo. O bispo foi até lá com uma multidão de fiéis, pegou a cabeça, levou-a e colocou-a em cima de uma mesa de ouro, tentando depois juntá-la ao corpo. O patriarca comentou: "Sabemos que muitos fiéis foram mortos e suas cabeças dispersadas, por isso não ousarei unir esta ao corpo de Paulo. Vamos colocá-la aos pés do corpo e pedir ao Senhor todo-poderoso que, se for a cabeça dele, o corpo vire e una-se a ela". Com a concordância de todos, a cabeça foi colocada aos pés do corpo de Paulo, e enquanto oravam viram espantados o corpo virar-se e unir-se à cabeça. Todos bendisseram a Deus por terem sabido que era verdadeiramente a cabeça de Paulo. Assim narra Dioniso.

GREGÓRIO DE TOURS, que viveu na época de Justino, o jovem, refere-se a um homem desesperado que enquanto preparava uma corda para se enforcar não parava de invocar o nome de Paulo, dizendo: "Venha socorrer-me, São Paulo". Apareceu-lhe então uma esquálida sombra, que o encorajava dizendo: "Vamos, bom homem, faça o que tem de fazer, não perca tempo". E ele continuava a dizer, preparando a corda:

"Bem-aventurado Paulo, venha me socorrer". Quando a corda ficou pronta, apareceu outra sombra, esta com forma humana, e disse àquela que estimulava o homem: "Vá embora, miserável, porque ele tem Paulo por protetor". Então a sombra esquálida desapareceu, o homem caiu em si, jogou fora a corda e fez a penitência apropriada.

Gregório afirma: "As correntes que prenderam o bem-aventurado Paulo produziram grande número de milagres, por isso muita gente pede um pouco de limalha delas, mas enquanto algumas vezes o padre consegue rapidamente extrair alguns fragmentos, outras vezes não consegue nada apesar de limá-las bastante".

Na carta acima citada, o beato Dioniso deplora a morte de seu mestre Paulo com expressões comoventes:

> Quem poderá dar água a meus olhos e transformar minhas pálpebras em fonte de lágrimas para chorar, dia e noite, a luz das Igrejas que acaba de se apagar? Quem não chorará e não gemerá? Quem não vestirá trajes de luto e não ficará mudo de pavor? Pedro, fundamento das Igrejas, glória dos santos apóstolos, retirou-se de nós e deixou-nos órfãos. Paulo, amigo dos gentios, consolador dos pobres, também nos faz falta, pois desapareceu para sempre aquele que foi o padre dos padres, o doutor dos doutores, o pastor dos pastores. Abismo de sabedoria, trombeta retumbante, pregador infatigável da verdade, o mais ilustre dos apóstolos, este é Paulo. Anjo da terra, homem do Céu, imagem da divindade, espírito divino que nos deixou, miseráveis e indignos, no meio deste mundo desprezível e maligno. Esteja com Deus, seu senhor e seu amigo. Ai, meu irmão Timóteo, dileto amigo de minha alma, onde está seu pai, seu mestre e seu amado? Ele não o saudará mais? Você está órfão e solitário, ele não escreverá mais, com sua santíssima mão, as doces palavras: "Caríssimo filho, meu irmão Timóteo, vem". O que aconteceu de tão triste, terrível, pernicioso, para que tenhamos ficado órfãos? Você não receberá mais suas cartas, nas quais estavam escrito: "Paulo, modesto escravo de Jesus Cristo". Ele não escreverá mais sobre você às cidades, pedindo: "Recebam meu filho querido". Feche, irmão, os livros dos profetas, sela-os, porque não temos mais ninguém para nos interpretar seu sentido, suas parábolas, seus paradigmas.
>
> O profeta Davi chorara seu filho exclamando: "Ai de mim, filho, ai de mim!", e eu exclamo: "Ai de mim, mestre, sinceramente, ai de mim!". Desde então cessou inteiramente aquela afluência de discípulos que vinham a Roma e pediam para nos ver. Ninguém mais dirá: "Vamos encontrar nossos doutores e pedir orientação sobre as Igrejas que nos

são confiadas, pois eles nos explicarão as palavras de Nosso Senhor Jesus Cristo e dos profetas. Ai, ai desses filhos, meu irmão, porque estão privados de seus pais espirituais. O rebanho está abandonado! Ai de nós também, irmão, porque estamos privados de nossos mestres espirituais, que possuíam a inteligência e a ciência da antiga e da nova lei, fundidas em suas epístolas!".

Onde estão as andanças de Paulo e os vestígios de seus santos pés? Onde está aquela boca eloqüente, aquela língua que emitia opiniões tão prudentes, aquele espírito sempre em paz com seu Deus? Quem não vai chorar e não vai encher o ar com o eco de seus gritos? Aqueles que mereceram a glória e a honra de Deus foram arrastados à morte como malfeitores. Ai de mim, que vi aquele corpo santo todo coberto de sangue inocente! Ai, que desgraça para mim! Meu pai, meu mestre, meu doutor, você não merecia morrer assim. E agora, aonde irei encontrar você que é a glória dos cristãos, a honra dos fiéis? Quem fez calar sua voz, que dizia nas igrejas palavras com a doçura da flauta e a sonoridade de um instrumento de dez cordas? Mas você está junto do Senhor seu Deus, ao qual tanto desejou e por quem tinha tanto afeto.

Jerusalém e Roma, vocês se uniram para fazer o mal! Jerusalém crucificou Nosso Senhor Jesus Cristo, Roma matou seus apóstolos. Mas Jerusalém passou a servir aquele que crucificara, assim como Roma criou uma solenidade para glorificar aquele a quem matou. Pelo menos, irmão Timóteo, aqueles que você ama e chora de todo o coração não foram separados nem na vida nem na morte, como o rei Saul e Jônatas. Eu também só me separei do senhor meu mestre quando homens malvados e injustos forçaram-me a isso. Mas essa separação é temporária, não é para sempre, a alma dele conhece seus amigos mesmo não podendo lhes falar e estando longe. Perda irreparável seria continuarmos afastados desta alma no dia da Ressurreição.

Assim escreveu Dioniso.
Crisóstomo em seu livro *Elogio de Paulo* faz múltiplos comentários favoráveis ao glorioso apóstolo:

Não se enganou quem chamou a alma de Paulo de magnífico campo de virtudes e de paraíso espiritual. Onde encontrar uma língua digna de louvá-lo, a ele cuja alma possui, sozinha, todos os bens que se podem encontrar em todos os homens e que reúne não apenas todas as virtudes humanas, mas, o que é melhor ainda, também as virtudes angelicais? Tarefa difícil, que não nos deve interromper. O maior elogio que se pode fazer a alguém é reconhecer que falar de suas virtudes e de sua grandeza supera nossas possibilidades. É glorioso para nós sermos vencidos nisso. Podemos, portanto, começar esse elogio dizendo que ele possuiu todas as qualidades.

Elogia-se Abel por um sacrifício que ofereceu a Deus, mas se observarmos todas as oferendas feitas por Paulo vê-se que ele o superou da mesma forma que o Céu em relação à Terra, pois todo dia ele fazia um duplo sacrifício, o da mortificação do coração e o da mortificação do corpo. Não eram nem ovelhas nem bois que ele ofertava, era ele próprio que se imolava duplamente. Não satisfeito, ele queria oferecer o universo, a terra, o mar, os gregos, os bárbaros, todas as regiões iluminadas pelo sol que ele percorreu com a rapidez do vôo para encontrar homens, ou melhor dizendo, demônios, que elevou à dignidade de anjos. Onde encontrar uma hóstia comparável à que Paulo imolou com o gládio do Espírito Santo e que ofertou num altar situado acima do Céu? Abel pereceu sob os golpes de um irmão, Paulo foi morto por aqueles a quem ele desejava arrancar de incontáveis males. Querem saber quantas mortes ele sofreu? Tantas quanto os dias que viveu.

Noé salvou-se na arca com os filhos, Paulo para salvar a todos de um dilúvio muito mais terrível construiu uma arca não com peças de madeira, mas com suas epístolas, que livraram o mundo do perigo. Essa arca não navega sobre ondas que chegam à costa, ela vai por todo o mundo. Suas tábuas não são untadas de pez nem de betume, mas impregnadas do Espírito Santo. Ao escrevê-las, ele fez dos insensatos e seres irracionais, imitadores dos anjos. Sua arca supera aquela que recebeu e soltou o corvo, que abrigou o lobo sem fazer ele perder sua ferocidade, pois a de Paulo transforma os abutres e gaviões em pombas, introduzindo mansidão em espíritos ferozes.

Admira-se Abraão, que por ordem de Deus abandonou sua pátria e seus parentes, mas não se pode igualá-lo a Paulo, que não deixou apenas seu país e seus parentes, como o próprio mundo e mesmo o Céu e até o Céu dos Céus. Ele desprezou tudo para servir a Cristo, reservando para si apenas uma coisa, a caridade de Cristo. Como ele mesmo disse: "Nem as coisas presentes, nem as vindouras, nem tudo o que há de mais elevado ou mais profundo, nada e ninguém jamais me poderá separar do amor a Deus que é fundado em Jesus Cristo Nosso Senhor".[4] Abraão expõe-se ao perigo para livrar os filhos de seu irmão dos inimigos, Paulo enfrentou inúmeros perigos para arrancar o universo do poder dos demônios e garantir aos outros plena segurança por meio da morte que sofria todos os dias. Abraão quis imolar seu filho, Paulo imolou a si mesmo milhares de vezes.

---

4 *Epístola aos romanos* 8,39.

Há quem admire a paciência de Isaac, que deixou taparem o poço cavado com suas próprias mãos, mas não eram poços que Paulo deixava cobrir de pedras, e sim seu próprio corpo, além de procurar levar ao Céu aqueles que o esmagavam. E quanto mais essa fonte era tapada, mais alto jorrava, mais transbordava, dando origem a vários rios.

A Escritura fala com admiração da longanimidade e da paciência de Jacó, no entanto existe uma alma com têmpera de diamante que imite a paciência de Paulo? Não foi por sete anos, mas pela vida inteira que ele se escravizou pela esposa de Cristo. Não foi apenas o calor do dia ou o frio das noites que enfrentou, foram mil provas, ora sendo fustigado a varadas, ora esmagado e triturado sob uma chuva de pedras, e sempre se levantando para arrancar as ovelhas da goela do diabo.

José é ilustre por sua pureza, mas temo cair no ridículo se quiser louvar Paulo neste assunto, pois ele crucificava-se a si mesmo, considerava a beleza do corpo humano e de todas as coisas como fumaça e cinza, reagia a elas como um morto fica ao lado de outro morto, indiferente.

Todos os homens ficam espantados com a conduta de Jó, que era, de fato, um atleta admirável, mas Paulo não travou combates de alguns meses, sua agonia durou anos. Se não precisou raspar suas chagas com cacos de cerâmica, saiu fulgurante da goela do leão, e depois de inúmeros combates e provações tinha o brilho da pedra mais bem polida. Não foi apenas de três ou quatro amigos, mas de todos os infiéis, de seus irmãos mesmos, que teve de suportar os opróbrios, sendo difamado e amaldiçoado por todos. No entanto exercia largamente a hospitalidade, era cheio de solicitude para com os pobres, interessava-se pelos doentes e pelas almas sofredoras. A casa de Jó estava aberta a todos os que chegavam, a alma de Paulo a todo mundo. Jó possuía imensos rebanhos de bois e ovelhas, era liberal para com os indigentes, enquanto Paulo não tinha nada além do seu corpo e entregava-o em favor dos pobres. Como ele disse: "Estas mãos proveram as minhas necessidades e as daqueles que estavam comigo".[5]

Comido pelos vermes, Jó sofria dores atrozes, mas contem os golpes levados por Paulo, calculem a que angústias reduziram-no a fome, os grilhões e os perigos que enfrentou tanto por parte de familiares quanto de estranhos, numa palavra, do universo inteiro. Considerem a solicitude que tinha para todas as Igrejas e que o devorava, o fogo que nele ardia quando sabia de algum escândalo, e compreenderão que sua alma era mais dura do que a pedra, mais forte do que o ferro e o diamante. O que Jó sofreu em seus membros, Paulo sofreu em sua alma. Os pecados

---

[5] *Atos dos apóstolos* 20,34; *1 coríntos* 4,12.

cometidos pelos outros causavam-lhe tristezas mais vivas do que todas as dores, por isso de seus olhos escorriam, dia e noite, fontes de lágrimas. Sentia com isso dores mais fortes que as de uma parturiente, por isso dizia: "Meus filhinhos, sofro por vocês como se os tivesse parindo".[6]

Moisés, para salvação dos judeus, ofereceu ser suprimido do livro da vida, morrer com os outros, mas Paulo pelos outros. Ele não queria morrer com os que deviam morrer, e sim obter a salvação deles para a glória eterna. Moisés resistiu ao faraó, Paulo lutou todos os dias contra o diabo. Um combatia por uma nação, o outro pelo universo, não com o suor de sua fronte, mas com seu sangue.

João Batista no meio do deserto alimentou-se de gafanhotos e mel silvestre, Paulo no meio do turbilhão do mundo não tinha sequer gafanhotos e mel. Contentava-se com comidas ainda mais simples, pois seu alimento era o fogo da pregação. Se um deu mostra de grande coragem diante de Herodias, o outro não enfrentou um, dois ou três tiranos, mas inúmeros, tão poderosos e ainda mais cruéis.

Resta comparar Paulo com os anjos, e também nisso seu papel não foi menos magnífico, pois teve como única preocupação obedecer a Deus. Quando Davi exclamava, admirado: "Bendigam o Senhor, vocês que são seus anjos, que são poderosos para obedecer a sua voz e as suas ordens", o que o profeta mais admirava nos anjos? Ele mesmo responde: "Meu Deus, você faz seus anjos leves como o vento e ministros ativos como chamas ardentes".[7] Mas podemos encontrar essas qualidades em Paulo. Como a chama e o vento, ele percorreu toda a terra e purificou-a, mesmo sem ainda então participar da beatitude celeste, e este é um prodígio admirável: ter feito tanto enquanto ainda estava revestido de sua carne mortal.

Quanta condenação merecemos por não termos imitado a menor de todas as qualidades reunidas em um só homem! Nem sua natureza nem sua alma são diferentes da nossa, nem o mundo em que viveu, situado na mesma terra e nas mesmas regiões, criado sob as mesmas leis e os mesmos usos, mas superou todos os homens de seu tempo e dos tempos futuros. Acho admirável não apenas sua enorme devoção e o fato de não sentir as dores que por virtude suportava, mas tê-las aceito sem esperar nenhuma recompensa. O atrativo de uma retribuição não nos incita a entrar no combate que ele aceitava mansamente, sem necessidade de nenhum prêmio para animar sua coragem e seu amor, pois a cada dia ele tinha mais força, mostrava um ardor sempre novo no meio dos perigos.

---

[6] *Epístola aos gálatas* 4,19.

[7] *Salmos* 102,20-22; 103,4.

Ameaçado de morte, convidava todos a compartilharem a alegria de que era tomado: "Rejubilem-se e congratulem-me".[8] Corria mais ao encontro das afrontas e injúrias que a pregação lhe atraía do que nós procuramos reconhecimento e honras; desejava a morte muito mais do que amamos a vida; queria muito mais a pobreza do que ambicionamos as riquezas; procurava muito mais o trabalho que o descanso, os costumes austeros que os prazeres; rezava por seus inimigos com muito mais zelo do que estes o maldiziam.

A única coisa diante da qual recuava com horror era uma ofensa a Deus, pois o que mais desejava era agradar a Ele. Nenhum dos bens presentes, nenhum dos bens futuros, nada lhe parecia desejável. Nem me falem de recompensas e povos, exércitos, dinheiro, províncias, poder: tudo isso a seus olhos não passava de teias de aranha, mas considerem o que nos é prometido no Céu e verão todo seu ardente amor por Cristo. A dignidade dos Anjos e dos Arcanjos, todo o esplendor celeste, nada eram para ele comparados com o maior bem de todos, desfrutar do amor de Cristo. Com esse amor ele se tornava o mais feliz de todos os seres. Sem ele não teria querido habitar no meio dos Tronos e das Dominações, mas ver-se condenado às maiores penas; sem ele não teria sentido obter as maiores e sublimes honrarias. Ser privado desse amor era para ele o único tormento, o único inferno, a única pena, o infinito e intolerável suplício. Mas possuir o amor de Cristo era para ele a vida, o mundo, o reino, as coisas presentes e futuras, o máximo de todos os bens.

Ele desprezava coisas que nos assustam como desprezamos a erva ressecada. Tiranos e povos furiosos não lhe pareciam mais que mosquitos, a morte, os sofrimentos e todos os suplícios possíveis pareciam-lhe simples brinquedos de criança, sobretudo se tivesse de suportá-los por amor a Cristo, quando então os abraçava com alegria e ornava-se com seus grilhões como se estivesse coroado com diadema. A prisão era para ele o próprio Céu. Recebia chicotadas e ferimentos vendo nas dores um prêmio não inferior ao recebido por um atleta vencedor. Chamava as dores de "graça", pois o que em nós causa tristeza nele proporcionava uma grande satisfação. O que o entristecia continuamente eram os pecados, daí ter dito: "Quem erra sem que eu me aflija?".[9]

Alguém pode dizer que às vezes o sofrimento produz certo prazer, como no caso de pais cujo filho morreu e que encontram algum consolo ao dar livre curso às lágrimas, que diminuem a dor. De fato, Paulo sentia

---

[8] *Epístola aos filipenses* 2,18.

[9] Paráfrase de *2 coríntios* 11,29.

alívio em chorar noite e dia, porque jamais alguém deplorou seus próprios males tão vivamente quanto ele deplorava os males alheios. Do mesmo modo, era tão grande sua aflição ao ver os outros se perderem por causa de pecados que pedia para perder sua própria glória celeste em troca da salvação deles. A que se poderia compará-lo? Ao ferro? Ao diamante? De que era composta sua alma? De diamante ou de ouro? Ela era mais firme do que o mais duro diamante, mais preciosa do que o ouro e as pedras de maior valor. A que poderíamos comparar essa alma? A nada, a menos que ao ouro fosse dada a força do diamante ou ao diamante o brilho do ouro. Mas por que compará-lo ao ouro ou ao diamante? Ponham o mundo inteiro na balança e verão que a alma de Paulo pesará mais. O mundo e tudo o que há nele não valem Paulo. Mas se o mundo não o vale, o que valerá? Talvez o Céu. Mas o próprio Céu não é nada comparado a Paulo, porque se ele preferiu o amor a Deus ao Céu e a tudo o que este contém, seria possível o Senhor, cuja bondade supera a de Paulo tanto quanto a própria bondade supera a malícia, não o preferir a todos os Céus? Deus, sim, nos ama muito mais do que nós o amamos, e seu amor sobrepuja o nosso mais do que se pode exprimir.

Deus o transportou para o Paraíso, até o terceiro Céu, o que era merecido, pois Paulo andou pela terra como se tivesse conversado com os anjos, pois embora preso a um corpo mortal imitava a pureza dos anjos; embora sujeito a mil necessidades e a mil fraquezas, esforçou-se por não se mostrar inferior às potências celestes. Como se tivesse asas, ele percorreu toda a terra colocando-se acima dos trabalhos e dos perigos, como se já tivesse entrado no Céu e habitasse no meio das potências incorpóreas, agia como se não tivesse corpo e desprezava as coisas da Terra.

Os povos foram confiados aos cuidados dos anjos, mas nenhum deles zelou pelo que estava sob sua guarda como Paulo fez com toda a Terra. Da mesma forma que um pai aflito e muito indulgente com um filho transtornado, quanto mais este é violento nos seus impulsos, mais fica comovido com o estado dele e mais lágrimas derrama, assim também Paulo respondia com piedade àqueles que o maltratavam. Assim fez com aqueles que o haviam açoitado cinco vezes, sedentos de seu sangue, chorando, lamentando e orando por eles: "Irmãos, sinto no meu coração um grande desejo de que Israel seja salvo e peço isso a Deus com minhas preces".[10] Vendo que eles não davam atenção às suas palavras, era tomado por uma grande dor. Como o ferro colocado no fogo também se torna fogo, Paulo inflamado pelo fogo da caridade tornou-se todo caridade. Como se fosse o pai universal de todos, ele superou todos os pais nos cuidados carnais e espiri-

---

[10] *Epístola aos romanos* 10,1.

tuais. Como se tivesse sozinho gerado o mundo inteiro, desejava apresentar cada um dos homens a Deus, tendo pressa de introduzir todos eles no reino de Deus, entregando-se de corpo e alma pelos que amava. Esse homem do povo, artesão que preparava peles, progrediu tanto em virtudes que apenas em trinta anos submeteu ao jugo da verdade romanos e persas, partas e medas, indianos e citas, etíopes, sármatas e sarracenos, enfim todas as raças humanas, como fogo que jogado na palha e no feno consome todas as obras dos demônios.

Ao som da sua voz, tudo desaparecia como no mais violento incêndio, tudo cedia, o culto dos ídolos, a ameaça de tiranos, as armadilhas de falsos irmãos. Como aos primeiros raios do sol partem as trevas, desaparecem os adúlteros e os ladrões, escondem-se os homicidas nas cavernas, brilha o dia e tudo é iluminado pelo fulgor de sua presença, assim também, e com maior rapidez, onde Paulo semeava o Evangelho o erro era expulso, a verdade renascia, o adultério e outras abominações desapareciam como fumaça de palha jogada ao fogo. Brilhante como a chama, a verdade subia resplandecente até os Céus, levada pelos que pareciam sufocá-la, já que os perigos e as violências não podem impedir sua ascensão. O erro tem uma natureza tal, que se não encontra obstáculos desgasta-se e desaparece aos poucos, ao passo que com a verdade ocorre o contrário, quanto mais atacada mais se fortalece e cresce.

Ora, Deus nos enobreceu tanto que por nossos esforços podemos chegar a ser semelhantes a Paulo, o que não é impossível, pois temos em comum o corpo, a alma, os alimentos, o mesmo Criador, o seu Deus que é nosso Deus. Querem conhecer os dons que Deus concedeu a ele? Suas vestimentas aterrorizavam os demônios. Ainda mais admirável é que ninguém podia taxar Paulo nem de temerário nem de tímido quando o perigo surgia. Ele amava a vida presente para ensinar a verdade, mas tinha pouco apreço por ela porque sua sabedoria mostrava como o mundo é desprezível.

Enfim, Paulo não é menos admirável quando fugia do perigo do que quando tinha prazer em se expor a ele. Esta conduta mostra força, aquela, sabedoria. Da mesma forma, ele é admirável quando parece elogiar e desprezar a si próprio. Neste caso trata-se de humildade, naquele de magnanimidade. Há mais mérito em ter falado de si do que se calado, porque assim teria sido mais culpado do que aqueles que se gabam a respeito de tudo. De fato, se ele não tivesse sido glorificado, teria perdido credibilidade diante dos que lhe tinham sido confiados, enquanto se humilhando, elevava-os. Foi melhor Paulo glorificar-se do que ocultar as coisas que o distingue: quem pela humildade esconde seus méritos, ganha menos do que aquele que os manifesta. É um grave erro gabar-se, é ato de extrema loucura querer receber louvores quando não há necessidade disso, apenas por prazer do elogio. Deus não concorda com isso, é insanidade, e mesmo que tais louvores tenham sido ganhos com o suor do próprio rosto, perde-se a recompensa dele. Elevar-se acima dos outros por meio das próprias palavras é jactância insolente, mas apresentar o que é necessário é próprio de um homem que ama o bem, que procura tornar-se útil.

Essa foi a conduta de Paulo, que visto como um enganador foi obrigado a dar claras provas de sua dignidade, e ainda assim absteve-se de revelar muitas outras coisas que poderiam honrá-lo: "Não falarei das visões e revelações do Senhor".[II] Nenhum profeta, nenhum apóstolo, teve tantas conversas com Deus quanto Paulo, o que o tornou ainda mais humilde. Temia os golpes para mostrar sua segunda natureza, pois era um e vários ao mesmo tempo: pela vontade elevava-se acima dos homens, era verdadeiramente um anjo, mas também sentia medo, o que não é indigno. Quem receando os golpes sai vitorioso da luta, é mais admirável do que quem não é tocado pelo medo, do mesmo modo que não há culpa em se queixar, mas em dizer ou fazer coisas que desagradam a Deus.

Vemos assim quem foi Paulo: apesar da fragilidade da natureza elevou-se acima da natureza, teve medo da morte mas não a recusou. Ter uma natureza sujeita a doenças não é recriminável, mas ser escravizado pelas doenças é crime. É um mérito admirável ele ter superado pela força de vontade a fraqueza da natureza. Por isso se separou de João Marcos, já que o ministério da pregação não se exerce com falta de firmeza e de resolução, mas sendo forte e corajoso. Quem se empenha nessa sublime função deve estar disposto a se oferecer mil vezes à morte e aos perigos. Se não estivesse animado por esse pensamento, seu exemplo teria perdido um grande número de fiéis, e seria melhor que ele abdicasse dessa tarefa para cuidar unicamente de si próprio.

Nem os governantes, nem os domadores de feras, nem os gladiadores, ninguém é obrigado a ter o coração tão predisposto ao perigo e à morte como quem se dedica ao ofício da pregação. Estes correm enormes perigos, devem combater os mais violentos adversários, trabalham em condições difíceis. O resultado é a recompensa no Céu ou o suplício no Inferno. Se entre eles surge um debate, não vejam isso como um crime, ele só é mau se ocorre por motivo irracional ou injusto. Isso decorre da providência do Criador, que quer tirar do torpor e da inércia as almas

---

[II] 2 *coríntios* 12,1.

adormecidas e desalentadas. Assim como a espada tem seu fio, também a alma recebeu um duplo fio que deve ser usado conforme a necessidade. O da cólera às vezes, o da doçura que é sempre bom mas que precisa ser empregado conforme as circunstâncias, senão se torna um defeito. Paulo tinha afeição pela doçura, porém na pregação era melhor usar sem moderação a ira.

É maravilhoso que, embora cheio de correntes, coberto de golpes e ferimentos, ele tenha tido mais esplendor do que os revestidos pelo brilho da púrpura e do diadema. Quando foi levado, preso, através dos mares imensos, sua alegria era tão viva quanto seria se o estivessem levando para tomar posse de um grande reino. Logo que chegou a Roma, em vez de se dar por satisfeito foi percorrer a Espanha, não tirando um só dia de descanso, tomado pelo ardor da pregação e não recuando diante dos perigos e das zombarias. Ainda mais admirável, é como alguém tão bem armado para o combate, tão cheio de coragem, pleno de ardor guerreiro, permanecia calmo e flexível em tudo.

Quando lhe dizem para ir a Tarso, ele vai, quando lhe dizem que é preciso descer pela muralha num cesto, ele concorda, tudo para evangelizar e levar uma multidão de crentes para Cristo. Ele temia somente uma coisa: deixar a terra pobre de méritos por não ter salvo um grande número de pessoas. Os soldados seguem com maior entusiasmo seu chefe quando o vêem coberto de ferimentos, esvaindo-se em sangue e continuando a combater o inimigo sem levar em conta a própria dor, sem deixar de brandir a lança, de cobrir o chão de cadáveres que caem sob seus golpes. Algo semelhante aconteceu com Paulo. Quando o viam carregado de correntes e fazendo sua pregação na prisão, quando o viam ferido e convertendo os que o agrediam, os fiéis sentiam grande confiança. Ele próprio deu a entender isso quando disse: "Vários de meus irmãos de fé, ouvindo meus tormentos, ficaram mais confiantes para pregar sem medo a palavra de Deus".[12] Ele animava-se com isso e entregava-se com maior veemência à conversão de seus adversários. Assim como o fogo se alastra graças a muitos e variados materiais, também a linguagem de Paulo atraía todos os que o escutavam. Seus adversários tornaram-se pasto desse fogo, cuja eficiência espiritual crescia com a chama do Evangelho.

Até aqui falou Crisóstomo.

---

[12] *Epístola aos filipenses* 1,14.

86. Os Sete Filhos da Santa Felicidade

Os sete filhos da bem-aventurada Felicidade chamavam-se Januário, Félix, Filipe, Silvano, Alexandre, Vidal e Marcial.

Todos eles foram levados junto com a mãe diante do prefeito Públio — que os convocara por ordem do imperador Antonino — que a exortou a ter piedade de si própria e de seus filhos. A isso ela respondeu: "Não me deixarei conquistar por suas gentilezas nem me amedrontar por suas ameaças. Tenho certeza que o Espírito Santo está comigo e fará com que eu o supere em vida e mais ainda morta". E, voltando-se para os filhos, disse: "Olhem para o Céu, filhos caríssimos, porque é lá que Cristo nos espera. Lutem com coragem por Cristo, persistam fielmente no amor a Cristo".

Ao ouvir aquilo, o prefeito esbofeteou-a. Como a mãe e seus filhos mantinham-se firmes na fé, cada um deles foi morto com um suplício diferente diante dos olhos da mãe, que os encorajava.

A beata Felicidade é chamada por Gregório de mais do que mártir, porque foi martirizada sete vezes em seus filhos e uma oitava vez em seu próprio corpo. Gregório diz em uma de suas homilias:

> A bem-aventurada Felicidade, que por sua fé foi escrava de Cristo, tornou-se mártir de Cristo por sua pregação. Enquanto os pais carnais costumam temer sobreviver a seus filhos, ela temeu que seus sete filhos ficassem vivos depois dela. Assim como ela os parira na carne, pariu no espírito a fim de dar a Deus por suas palavras aqueles que dera ao mundo pela carne. Ela não podia sem dor ver morrer aqueles filhos de seu sangue, mas tinha no coração um amor tão forte que foi capaz de superar a dor corporal. Por isso tenho razão em chamar essa mulher de mais do

que mártir, já que ela morreu tantas vezes e com tanta dor quantos eram seus filhos. Depois de ter merecido esse múltiplo martírio, obteve também para si a palma vitoriosa dos mártires quem, por amor a Cristo, não se satisfez em morrer uma só vez.

Eles foram martirizados por volta do ano do Senhor de 110.

87. Santa Teodora

Teodora era mulher nobre, casada com um homem temente a Deus, que viveu em Alexandria na época do imperador Zenão. Com inveja da santidade de Teodora, o diabo fez com que um homem rico se inflamasse de concupiscência por ela. Ele a incomodava com repetidas mensagens e presentes tentando seduzi-la, mas ela repelia os mensageiros e desprezava os presentes. Ele tanto a atormentou que ela perdeu o sossego e a saúde. Sem desistir, o homem recorreu a uma feiticeira que a exortou a ter piedade dele e a se render a seus desejos. Como Teodora respondia que nunca cometeria um pecado tão enorme ante os olhos de Deus, que tudo vê, a feiticeira acrescentou: "Tudo o que se faz de dia, Deus certamente sabe e vê, mas tudo o que se passa depois que cai o sol, Deus não vê". A moça perguntou à maga: "É verdade isso que está dizendo?". Ela: "Sim, digo a verdade".

Enganada pelas palavras da feiticeira, a moça disse-lhe para mandar o homem vir à sua casa à noitinha, que ela satisfaria a vontade dele. Exultante com isso, o homem foi à casa na hora combinada, teve relação com ela e retirou-se. Tendo caído em si, Teodora derramava lágrimas amaríssimas e batia na própria face dizendo: "Ai! Ai de mim! Perdi minha alma, destruí o que me tornava bela".

Ao voltar para casa e ver sua mulher desolada e aos prantos, sem saber o motivo, o marido esforçou-se para consolá-la, mas ela não queria aceitar consolo algum. Ao amanhecer, ela foi a um mosteiro de monjas e perguntou à abadessa se Deus podia conhecer um grave delito que ela havia cometido ao cair do dia. A abadessa respondeu: "Nada pode ser escondido de Deus, que sabe e vê tudo o que acontece, qualquer que seja a hora". Chorando com amargura, ela disse: "Dê-me o livro do santo

Evangelho, para que eu mesma tire minha sorte". Abrindo o livro ao acaso, leu: "O que escrevi, escrevi".[1]

Voltou para casa, e um dia em que o marido estava ausente cortou os cabelos, vestiu roupas de homem e rapidamente se dirigiu a um mosteiro de monges distante oito milhas dali, onde pediu para ser recebida na comunidade. Quando perguntaram seu nome, disse que era Teodoro. Ali fazia com humildade tudo o que lhe pediam, e sua conduta agradava a todos. Alguns anos depois, o abade chamou o irmão Teodoro e ordenou-lhe que atrelasse os bois e fosse buscar azeite na cidade. Enquanto isso, seu marido chorava muito, pensando que a mulher tinha fugido com outro homem. Então um anjo do Senhor disse-lhe: "Levante-se de manhã bem cedo, fique na estrada chamada Martírio do Apóstolo Pedro e encontrará sua esposa". De fato, ao passar por ali com seus camelos,[2] Teodora viu e reconheceu o marido e disse consigo mesma: "Ai, meu bom marido, quanto trabalho para pagar o pecado que cometi contra você". Quando se aproximou, ela o cumprimentou dizendo: "Alegria, meu senhor". Ele não a reconheceu, e depois de ter esperado muito tempo pensou que tinha sido enganado e ouviu uma voz que lhe disse: "Quem o saudou esta manhã era sua esposa".

A bem-aventurada Teodora era de tal santidade que fazia muitos milagres, como ressuscitar um homem dilacerado por uma fera, a quem ela amaldiçoou fazendo-a cair morta na mesma hora. Mas o diabo, que não podia suportar tanta santidade, apareceu a ela dizendo: "Você é uma prostituta, uma adúltera que abandonou seu marido para vir aqui me desprezar, então combaterei com meus terríveis poderes e se não conseguir fazê-la renegar o Crucificado, pode dizer que não sou eu". Mas ela fez o sinal-da-cruz e no mesmo instante o demônio desapareceu.

Outra vez, quando voltava da cidade com uns camelos, hospedou-se num lugar onde de noite uma moça foi até ela dizendo: "Dorme comigo". Como Teodora repeliu-a, a moça foi encontrar outra pessoa hospedada no mesmo lugar. Quando se descobriu que estava grávida e perguntaram-lhe de quem concebera, ela respondeu: "Do monge Teo-

---

[1] *João* 19,22.

[2] Como dissemos na Introdução, não mexemos nas várias e pequenas contradições do texto, nem teria sentido chamar a atenção para cada uma delas, mas esta é tão gritante que o leitor poderia atribuí-la a um lapso de tradução. No entanto, efetivamente, o abade mandou a santa preparar bois (*boves*) e depois o relato fala nela conduzindo camelos (*camelis*).

doro, que dormiu comigo". Ao nascer a criança, levaram-na ao abade do mosteiro, que depois de ter repreendido Teodora, que se limitou a pedir perdão, deu-lhe a criança e expulsou-a do mosteiro.³ Ela ficou sete anos do lado de fora do mosteiro alimentando a criança com o leite dos rebanhos.

Invejoso de tamanha paciência, o diabo apareceu diante dela transfigurado no seu marido: "Que está fazendo aqui, minha senhora? Eu suspiro por você sem encontrar consolo. Venha, minha luz, mesmo que você tenha dormido com outro homem, eu perdôo". Acreditando que era seu marido, ela respondeu: "Não posso ficar mais com você, porque o filho do soldado João deitou comigo e quero fazer penitência do pecado que cometi". Como se pôs a rezar e imediatamente a figura desapareceu, ela entendeu que era o demônio. Outra vez ainda, o diabo quis assustá-la com demônios aparecendo para ela sob a forma de feras terríveis e com um homem que as instigava dizendo: "Devorem esta meretriz". Mas ela rezou e tudo se esvaneceu.

Outra vez, surgiu uma tropa de soldados conduzidos por um príncipe que era adorado por eles, e os soldados disseram a Teodora: "Levante e adore nosso príncipe". Ela respondeu: "Eu adoro o Senhor Deus". Quando contaram isso ao príncipe, ele mandou que a levassem à sua presença e que a espancassem até parecer morta, depois do que a tropa toda sumiu. Em outra ocasião, Teodora viu ao seu lado uma grande quantidade de ouro, mas fugiu fazendo o sinal-da-cruz e recomendando-se a Deus. Um dia, viu um homem levando uma cesta cheia de toda espécie de alimentos e que lhe disse: "O príncipe que bateu em você encarregou-me de dizer-lhe para pegar e comer disso tudo porque ele a maltratou por engano". Então ela se persignou, e tudo desapareceu.

Passados sete anos, em consideração pela paciência que ela demonstrava, o abade reconciliou-se com ela e permitiu que junto com a criança entrasse no mosteiro. Certo dia, dois anos mais tarde, sempre vivendo de maneira elogiosa, ela trancou-se em sua cela com a criança. O abade mandou alguns monges verificar com atenção o que ela estava fazendo. Ela apertava o menino em seus braços e beijava-o, dizendo: "Meu doce filho, o tempo da minha vida já chega ao fim e deixo-o a Deus para que seja seu pai e seu protetor. Doce filho, entregue-se ao jejum e à prece e sirva seus irmãos com devoção". Após essas palavras, rendeu o

---

³ *Topos* hagiográfico que aparece também no capítulo 79.

espírito e adormeceu feliz no Senhor, por volta do ano de 470. O menino pôs-se a chorar copiosamente.

Naquela mesma noite, o abade teve a seguinte visão: faziam-se preparativos para magníficas bodas, às quais por ordem dos anjos compareciam profetas, mártires e todos os santos, no meio dos quais uma mulher caminhava sozinha, circundada por uma inefável glória. Tendo chegado ao local do banquete, ela sentou-se e todos os presentes aclamaram-na. Uma voz disse: "Este é o monge Teodoro, falsamente acusado durante sete anos de ter tido um filho, mas castigada por ter traído seu marido". Ao despertar, o abade correu com todos os irmãos à cela dele, que já estava morto. Ao despirem o corpo para prepará-lo, confirmaram que se tratava de uma mulher. O abade mandou imediatamente buscar o pai da moça que a tinha difamado e disse: "O homem de sua filha morreu". E descobrindo o corpo o pai viu que era uma mulher. Quando se soube disso, o medo tomou conta de todos.

Um anjo do Senhor falou ao abade: "Saia depressa, pegue um cavalo, corra para a cidade e traga com você a primeira pessoa que encontrar". No caminho cruzou com um homem, a quem o abade perguntou aonde ia e ele respondeu: "Minha mulher morreu e vou vê-la". O abade colocou o marido de Teodora junto consigo no cavalo, e quando chegaram choraram muito e enterraram-na com grandes honras. O marido de Teodora ocupou a cela da mulher, onde permaneceu até adormecer no Senhor. O menino seguiu os conselhos de sua mãe adotiva Teodora e distinguiu-se pela honestidade de costumes, de sorte que ao morrer o abade foi eleito por unanimidade para substituí-lo.

88. Santa Margarida

Margarida é uma pedra preciosa branca, pequena e cheia de virtudes, assim como a bem-aventurada Margarida foi branca por sua virgindade, pequena por sua humildade, poderosa na realização de milagres. Dizem que essa pedra tem o poder de conter o sangue, moderar as paixões do coração e confortar o espírito. Do mesmo modo, a beata Margarida teve a virtude da constância contra a efusão de sangue em seu martírio; teve virtude contra as paixões do coração, isto é, contra a tentação do demônio, que foi vencido por ela; teve virtude para confortar o espírito por meio da doutrina com a qual fortaleceu o coração de muitas pessoas convertendo-as à fé em Cristo. A legenda dela foi escrita pelo sábio Teótimo.

Margarida, cidadã de Antioquia, era filha de Teodósio, patriarca dos gentios. Ela foi criada por uma ama, e quando adulta resolveu ser batizada, sendo por isso grandemente odiada por seu pai. Certo dia, quando tinha quinze anos de idade e junto com outras virgens guardava as ovelhas de sua ama, o prefeito Olíbrio passou por lá e vendo uma moça tão bonita apaixonou-se por ela e enviou-lhe seus criados, dizendo-lhes: "Vão e peguem-na, se for de condição livre eu a tomarei por esposa, se for escrava farei dela minha concubina".

Levada à sua presença, ele se informou sobre a família dela, seu nome e sua religião. Ela respondeu que era de condição nobre, chamada Margarida e cristã de religião. O prefeito comentou: "As duas primeiras coisas combinam com você, que tem porte nobre e é realmente uma belíssima margarida. Mas não a terceira, pois não é conveniente que uma pessoa tão nobre e tão bela tenha como deus um crucificado". Ela perguntou: "Como você sabe que Cristo foi crucificado?". Ele: "Pelos livros dos cristãos". Margarida: "Já que leu sobre o castigo e a glória de Cristo, por que seria vergonhoso acreditar num ponto e rejeitar o outro?".

Margarida sustentou que Ele havia sido crucificado por vontade própria, a fim de nos redimir, e que vivia agora na eternidade. Furioso, o prefeito mandou que ela fosse jogada na prisão, mas no dia seguinte chamou-a à sua presença e disse: "Jovem frívola, tenha piedade da sua beleza e adore nossos deuses para seu próprio bem". Ela respondeu: "Adore você aquele diante do qual a terra treme, o mar se agita e todas as criaturas sentem medo". O prefeito: "Se não me obedecer, mandarei dilacerar seu corpo". Margarida: "Cristo entregou-se à morte por mim, desejo morrer por Cristo".

O prefeito mandou então suspendê-la no potro,[1] primeiro ser chicoteada, depois cruelmente arranhada com pentes de ferro que deixaram seus ossos expostos e o sangue jorrando de seu corpo como da mais límpida fonte. Os que assistiam àquilo choravam e diziam: "Ó Margarida, lamentamos ver dilacerarem tão cruelmente seu corpo. Que beleza perdida por causa da sua incredulidade. Salve-se agora, acredite nos deuses e viva". Ela respondia: "Maus conselheiros, saiam, este tormento da carne é a salvação da alma", e dirigindo-se ao prefeito: "Cão sem-vergonha e leão insaciável, você tem poder sobre o corpo, mas a alma está reservada a Cristo".

Sem coragem de ver tanto sangue que jorrava, o prefeito cobria o rosto com seu manto. Depois mandou soltá-la e levá-la para a prisão, na qual se espalhou uma maravilhosa claridade. Enquanto ela ali estava, rezou ao Senhor para que lhe mostrasse, sob forma visível, o inimigo que deveria combater, e então apareceu um pavoroso dragão que se jogou sobre ela para devorá-la, mas que diante do sinal-da-cruz desapareceu. Ou então, de acordo com o que se lê em outro texto, ele prendeu a cabeça dela com a boca e com a língua puxou-a pelos calcanhares, engolindo-a imediatamente, mas antes de ser digerida ela se protegeu com o sinal-da-cruz, o dragão rebentou devido a essa força e a virgem saiu dali ilesa. Mas este relato do dragão devorando e explodindo é considerado apócrifo e de pouco valor.

O diabo tentou ainda enganá-la, assumindo forma humana. Ao vê-lo, ela fez uma oração e, depois que se levantou, o diabo aproximou-se, pegou-a pela mão e disse: "Tudo o que você fez é suficiente, não se preo-

---

[1] Conforme nota 1 do capítulo 25.

cupe mais com minha pessoa". Mas ela agarrou-o pela cabeça, jogou-o ao chão, pôs o pé sobre seu pescoço e disse: "Demônio soberbo, seja esmagado pelos pés de uma mulher". O demônio gritava: "Ó bem-aventurada Margarida, você me superou! Se um rapaz tivesse me vencido, eu não me incomodaria, mas dói-me muito ser superado por uma mocinha cujo pai e cuja mãe foram meus amigos".

Ela forçou-o a dizer por que viera. Ele respondeu que para aconselhá-la a obedecer ao prefeito. Ela o obrigou ainda a dizer por que ele constantemente tentava os cristãos. Ele respondeu que por natureza tinha raiva dos homens virtuosos e, embora fosse muitas vezes repelido por eles, insistia em seduzi-los. Como tinha inveja dos homens por causa da felicidade que perdera e não podia recuperar, não tinha outro objetivo além de roubar a felicidade alheia. E acrescentou que Salomão prendera em um vaso uma multidão infinita de demônios, que depois da morte dele cuspiam fogo, levando os homens a imaginar que havia ali um grande tesouro e assim a quebrar o vaso, do qual saíram os demônios, espalhando-se pelos ares. Logo depois que ele disse tudo isso, a virgem exclamou: "Foge, miserável!", e no mesmo instante o demônio desapareceu.

Sentiu-se então segura de que, tendo vencido o chefe, venceria seu representante. No dia seguinte, diante do povo reunido, ela foi levada ao juiz e como se recusou com desprezo a sacrificar, foi despida e seu corpo queimado com tochas ardentes, levando todos a se admirarem de que uma moça tão delicada fosse capaz de suportar tantos tormentos. Em seguida foi amarrada e jogada em um tanque cheio de água, para aumentar suas dores, mas no mesmo instante a terra tremeu e todos viram a virgem sair dali ilesa.

Diante disso 5 mil homens converteram-se e foram condenados a ser decapitados em nome de Cristo. Temendo que outros se convertessem, o prefeito mandou cortar a cabeça da bem-aventurada Margarida, que pediu um instante para orar por si mesma, por seus perseguidores e para que as pessoas se lembrassem dela e a invocassem com devoção, especialmente toda parturiente em perigo para ter um parto feliz. E uma voz se fez ouvir do Céu, dizendo que seus pedidos seriam atendidos. Ela terminou a oração, levantou-se e disse ao carrasco: "Irmão, pegue sua espada e mate-me". De um só golpe, cortou-lhe a cabeça, que recebeu assim a coroa do martírio, no dia 17 de julho, conforme encontramos em sua história, ainda que outro texto diga que foi no dia 13.

Um santo fala assim desta santa virgem: "A bem-aventurada Margarida foi temente a Deus, dotada de justiça, revestida de religião, inundada de compunção, louvável por sua honestidade e sua rara paciência. Nada encontramos nela contrário à religião cristã. Odiada pelo pai, foi amada pelo Senhor Jesus Cristo".

89. Santo Aleixo

Aleixo provém de *a*, "muito", e *lexis* "sermão", daí significar "fortalecido na palavra de Deus".

Aleixo foi filho de Eufemiano, homem da alta nobreza romana e o primeiro na corte do imperador, tendo a seu serviço 3 mil jovens aos quais vestia com roupas de seda cingidas com cintos de ouro. Eufemiano também era muito misericordioso com os pobres, e na sua casa todos os dias eram preparadas três mesas, para os órfãos, as viúvas e os peregrinos, a quem por temor ao Senhor diligentemente alimentava na hora nona, acompanhado de religiosos. Sua esposa, chamada Aglaés, tinha os mesmos propósitos religiosos que ele. Não tiveram filhos até que o Senhor atendeu suas preces concedendo-lhes um, depois do que decidiram viver em firme castidade.

O menino foi instruído nas disciplinas liberais[1] e depois brilhou nas artes filosóficas. Já na puberdade, uma moça da corte imperial foi escolhida para ser unida a ele em casamento. Chegada a noite em que deveria tomar sua esposa, o jovem santo começou a instruí-la no temor a Deus e a incitá-la ao pudor da virgindade. Em seguida entregou-lhe seu anel de ouro, a fivela de seu cinturão e pediu que ficasse com eles dizendo-lhe: "Receba-os e conserve-os enquanto Deus quiser, e que o Senhor esteja entre nós".

Depois pegou seus bens, foi até o litoral e escondido em um navio embarcou para Laodicéia, de onde se dirigiu a Edessa, cidade da Síria na qual está uma imagem de Nosso Senhor Jesus Cristo gravada, sem intervenção humana, sobre um pedaço de tecido.[2] Lá distribuiu o que tinha

---

[1] Conforme nota 1 do capítulo 10.
[2] Conforme capítulo 51, p. 330, e item 1 do capítulo 154.

entre os pobres e juntou-se a eles, vestindo roupas velhas e instalando-se no átrio da igreja de Maria, Mãe de Deus. Ele ficava com as esmolas suficientes para viver e dava o resto aos outros pobres.

Quando o pai soube da partida de seu filho, enviou criados a todas as partes do mundo, rogando-lhes que o procurassem com atenção. Alguns deles foram à cidade de Edessa e distribuíram esmolas aos pobres, dentre eles Aleixo, sem porém reconhecê-lo, o qual deu graças a Deus por isso dizendo: "Obrigado, Senhor, por ter feito com que eu recebesse esmolas de meus escravos". Estes retornaram anunciando ao pai dele que em parte alguma tinham conseguido encontrá-lo. Quanto à sua mãe, a partir do dia em que soube de sua partida estendeu um saco no chão de seu quarto, onde se entregava à vigília com voz de lamento dizendo: "Ficarei aqui até que recupere meu filho". A esposa de Aleixo disse a ela: "Como uma rolinha solitária, ficarei com você até ouvir a voz de meu dulcíssimo esposo".

Aleixo permaneceu dezessete anos no referido átrio servindo a Deus, até que a imagem da bem-aventurada Virgem que estava no templo pediu ao guardião: "Faça entrar o homem de Deus, pois ele é digno do reino dos Céus, o Espírito de Deus está sobre ele e sua oração sobe como incenso até Deus". Como o guardião disse não saber de quem se tratava, ela falou: "Refiro-me àquele que está lá fora, sentado no átrio". Então ele saiu para buscá-lo e introduziu-o na igreja. Desde este acontecimento, Aleixo tornou-se conhecido de todos e passou a ser venerado, mas como rejeitava a glória humana, fugiu de Edessa para Laodicéia, de onde embarcou em uma nave para Tarso da Cilícia. Mas o navio, impulsionado por ventos mandados por Deus, desorientou-se e chegou a um porto romano. Quando Aleixo deu-se conta disso, falou consigo mesmo: "Ficarei incógnito na casa de meu pai, sem onerar ninguém".

Perto do palácio paterno, ele encontrou o pai rodeado por grande multidão de criados, aos quais se misturou exclamando: "Escravo de Deus, sou um peregrino que quer ser recebido em sua casa; mande que me socorram e me alimentem com as migalhas de sua mesa, para que você, que também é peregrino, seja digno da misericórdia do Senhor". Ouvindo isso, por lembrança do amor a seu filho, o pai mandou acolhê-lo, dar-lhe um determinado lugar em sua casa e repartir com ele o alimento de sua mesa, além de designar um criado para cuidar especificamente dele.

Aleixo continuou a perseverar na oração e a macerar seu corpo com jejuns e vigílias. Os criados da casa multiplicavam as zombarias contra ele, com freqüência derramando sobre sua cabeça água suja e dirigindo-lhe muitas injúrias, mas ele recebia tudo isso com paciência. Durante dezessete anos permaneceu incógnito na casa de seu pai. Vendo por meio espiritual que seu fim se aproximava, pediu material para uma carta e escreveu a história de toda sua vida.

    Um domingo, depois da missa solene no santuário, uma voz soou do Céu dizendo: "Venham a mim todos os que se esforçaram e estão cansados, que eu os aliviarei!". Ao ouvir isso, todos se deitaram com o rosto contra a terra e pela segunda vez a voz disse: "Procurem o homem de Deus para que reze por Roma". Como a busca não tinha sucesso, pois não se sabia quem ele era, a voz disse: "Procurem-no na casa de Eufemiano". Perguntado a respeito, Eufemiano nada soube dizer. Então os imperadores Arcádio e Honório, junto com o papa Inocêncio, dirigiram-se àquela casa. O criado que servia Aleixo foi até seu amo e disse: "Senhor, o homem procurado não será o peregrino que está conosco, já que leva vida de grande paciência?". Eufemiano foi imediatamente procurá-lo e encontrou um defunto com rosto resplandecente como o dos anjos. Ele quis pegar a carta que o morto tinha entre as mãos, mas não conseguiu. Foi então ao encontro dos imperadores e do pontífice, contando-lhes o que acontecera. Eles disseram ao defunto: "Embora pecadores, governamos este reino, enquanto este outro é pastor do universo. Dê-nos a carta para que saibamos o que está escrito nela".

    O pontífice tirou a carta de sua mão e mandou que ela fosse imediatamente lida na presença de todos os que ali estavam, o povo e o próprio pai. Ao ouvir o que a carta dizia, Eufemiano foi tomado por uma dor tão grande que perdeu os sentidos e caiu estendido por terra. Algum tempo depois, voltando a si, rasgou as roupas, arrancou punhados de seus cabelos brancos, puxou a barba, arranhou-se, exclamando sobre o corpo do filho: "Ai de mim, meu filho! Por que você me entristeceu desta maneira? Por que me deu tantos anos de dores e lamentações? Ai, miserável de mim, que o vejo, báculo de minha velhice, inerte neste catre sem poder me falar. Ai, que consolo poderei ter?".

    Ao saber o que acontecera, a mãe, como uma leoa que rompe a armadilha, rasgou o vestido, puxou os cabelos, ergueu os olhos para o Céu, clamando à grande multidão que diante dela não permitia que se aproximasse do corpo santo: "Homens, deixem que me aproxime e veja meu filho, veja o consolo de minha alma, esse filho que mamou em meus seios!". Quando chegou junto ao corpo jogou-se sobre ele, exclamando: "Ai de mim, filho meu, luz de meus olhos! Por que fez isso? Por que agiu tão cruelmente conosco? Você via a seu pai e a mim chorando miseravelmente e não se manifestou! Você era ofendido por seus escravos e suportava!".

Enquanto falava assim, inclinada sobre o corpo, estendia os braços sobre ele e com as mãos segurava a angelical cabeça, que beijava ao mesmo tempo que clamava: "Chorem todos comigo! Por dezessete anos ele esteve perto, tive-o em minha casa e não o reconheci! Era meu filho único! Escravos insultavam-no e surravam-no rudemente! Ai de mim! Quem dera meus olhos fossem fontes de lágrimas para chorar dia e noite a dor de minha alma!". A esposa cobriu-se de luto e chorando foi depressa ao local, dizendo: "Ai de mim, desolada e viúva! Já não tenho sobre quem colocar meus olhos! Meu espelho quebrou-se e minha esperança pereceu! Começou agora para mim uma dor que não tem fim!".

Ouvindo tudo isso, o povo chorava. Então o pontífice e os imperadores colocaram o corpo em honroso féretro e conduziram-no pela cidade, anunciando ao povo a descoberta do homem de Deus, que toda a cidade procurava. Todos corriam ao encontro do santo. Os enfermos que tocavam o santíssimo corpo eram imediatamente curados, os cegos recobravam a visão, os possessos eram libertados. Vendo tantas maravilhas, os imperadores e o pontífice carregaram o féretro para serem santificados pelo corpo santo. Os imperadores ordenaram então que se espalhasse pelas ruas grande quantidade de ouro e prata para que a turba, ocupada em seu amor pela riqueza, deixasse o corpo do santo ser conduzido até a igreja. Mas abandonando seu amor pela riqueza, cada vez mais a plebe precipitava-se para tocar o sacratíssimo corpo, que apenas com grande esforço pôde ser conduzido ao templo do mártir São Bonifácio. Aí, em sete dias, enquanto se faziam incessantes loas a Deus, construiu-se um monumento de ouro, gemas e pedras preciosas, no qual colocaram com grande veneração o corpo do santo. O monumento exalava um odor suavíssimo que atingia a todos. Ele morreu em 17 de julho do ano do Senhor de 398.

90. Santa Maria Madalena

"Maria" pode ser interpretado como "mar amargo" ou "iluminadora" ou "iluminada". Por estes três significados podemos entender os três caminhos que excelentemente ela escolheu, o da penitência, o da contemplação interior e o da glória celeste. A eles referia-se o Senhor quando disse: "Maria escolheu o melhor caminho, e ninguém a afastará dele". O primeiro não lhe poderá ser negado em razão de seu objetivo, que é a bem-aventurança, o segundo em razão da continuidade que existe entre a contemplação em vida e a contemplação feita na pátria,[1] o terceiro em razão da eternidade da glória celeste. Ela chama-se "mar amargo" por ter optado pela ótima via da penitência, por ter derramado tantas lágrimas com as quais lavou os pés do Senhor. Ela chama-se "iluminadora" por ter optado pela contemplação interior, por ter desejado com avidez receber aquilo que em seguida verteu em abundância, a luz. Ela chama-se "iluminada" por ter optado pela excelente via da glória celeste, tendo então a mente iluminada pela luz do conhecimento perfeito e o corpo por uma luz translúcida. Ela é ainda chamada de "Madalena", que vem de *manens rea*, "considerada ré"; ou Madalena pode ser interpretado como "fortificada" ou "invicta" ou "magnífica", indicando as três etapas de sua vida, antes de se converter, durante a conversão e depois de convertida. Antes de se converter era culpada e merecia a pena eterna. Durante a conversão tornou-se "fortificada" ou "invicta" pela armadura da penitência e por todas as

---

[1] Jacopo de Varazze, seguindo uma tradição cristã muito antiga, pensa no Paraíso como a verdadeira morada do ser humano, que está na terra temporariamente, em exílio. A palavra que utiliza, *patría*, é perfeita para transmitir essa idéia, pois literalmente significa "terra de nossos pais", isto é, no sentido cristão, terra de Adão e Eva, pais do gênero humano.

excelentes armas que a penitência fornece e com as quais transformou sua vida de prazeres em sacrifício. Depois de convertida foi "magnífica", porque aquela que abundava em erro passou a superabundar em graça.

1. Maria, cognominada Madalena por causa do castelo de Magdala, nasceu em família muito digna, descendente de reis. Seu pai chamava-se Ciro e sua mãe Eucária. Junto com o irmão Lázaro e a irmã Marta ela possuía o castelo de Magdala, situado em Betânia, localidade próxima a Jerusalém e a duas milhas de Genezaré, além de grande parte da cidade de Jerusalém. Quando dividiram entre si essas posses, a Maria coube Magdala, daí ser chamada Madalena; a Lázaro, grande parte da cidade de Jerusalém, e a Marta, Betânia. Como Madalena entregou-se completamente aos prazeres corporais e Lázaro estava mais interessado na atividade militar, Marta prudente e corajosamente passou a administrar também as partes de seu irmão e sua irmã, entregando o necessário aos soldados, aos criados e aos pobres.

Depois da ascensão do Senhor, os três irmãos venderam o que tinham e entregaram todo o valor aos apóstolos. Antes Madalena era muito rica, mas como a abundância é acompanhada pela volúpia, quanto mais percebia o esplendor de suas riquezas e de sua beleza mais submergia o corpo na volúpia, de modo que logo deixou de ser chamada pelo nome, e sim por "a pecadora". Mas sabendo por inspiração divina que Cristo, que pregava por aqui e ali, estaria na casa de Simão, o leproso, foi até lá, mas sendo pecadora não ousou misturar-se com os justos e prostrou-se aos pés do Senhor, lavou-os com lágrimas, enxugou-os com seus cabelos e untou-os com precioso ungüento, pois naquela região o calor do sol é tão forte que os habitantes usavam banhos e ungüentos. Logo que Simão a viu, pensou que Cristo não era profeta, porque, se o fosse, de maneira alguma permitiria ser tocado por uma pecadora. Então o Senhor o recriminou por sua soberba e falta de justiça e perdoou à mulher todos os pecados.

O Senhor concedeu imensos benefícios a Maria Madalena e distinguiu-a com sinais de predileção: expulsou dela sete demônios, inflamou-a totalmente de amor por Ele, tornou-se íntimo dela, passou a ser seu hóspede, fez dela a encarregada de cuidar de suas viagens e sempre a defendeu com doçura, fosse diante do fariseu [Simão] que, comparando-a com a irmã, tachava-a de imunda e preguiçosa, fosse diante de Judas, que a chamava de dissipadora. Quando a viu chorar, Ele mesmo não conseguiu conter as lágrimas e por amor a ela ressuscitou seu irmão, que havia morrido quatro dias antes. Segundo Ambrósio, foi por amor a ela que livrou sua irmã Marta das hemorragias que a atormentavam havia sete anos, e foi por seus méritos que uma criada da irmã, Martila, disse as tão doces palavras: "Bem-aventurado e digno é o ventre que o carregou".

Ou seja, ela lavou os pés do Senhor com suas lágrimas, enxugou-os com seus cabelos, cobriu-os com ungüento, foi a primeira que naquele tempo de graça fez solenemente penitência, que escolheu o melhor caminho, que sentada aos pés do Senhor escutou suas palavras, que ungiu a cabeça do Senhor, que permaneceu junto à cruz durante a paixão do Senhor, que quis ungir seu corpo com unguento, que quando os discípulos se afastaram do sepulcro não saiu dali, que viu Cristo ressuscitado, tudo fazendo dela apóstola dos apóstolos.

Catorze anos depois da Paixão e Ascensão, quando já fazia muito tempo que os judeus haviam matado Estêvão e expulsado da Judéia os discípulos, estes se espalharam pelas terras dos gentios para semear a palavra do Senhor. Naquele tempo estava com os apóstolos o beato Maximino, um dos 72 discípulos a quem o beato Pedro recomendou Maria Madalena. Por ocasião da dispersão evangelizadora, o beato Maximino, Maria Madalena, seu irmão Lázaro, sua irmã Marta, Martila, criada de Marta, o beato Cedônio — cego de nascimento que fora curado pelo Senhor — e muitos outros cristãos foram acusados e colocados pelos infiéis em alto-mar num navio desgovernado para que naufragassem, mas por vontade divina acabaram chegando a Marselha.

Lá, ninguém quis hospedá-los e passaram a morar sob o pórtico do templo local. Vendo a beata Maria Madalena que o povo afluía ao templo para imolar aos ídolos, com tranqüilidade, rosto sereno e língua discreta, começou a pregar constantemente para afastá-los do culto aos ídolos e conduzi-los a Cristo. O povo não sabia o que admirar primeiro, seu aspecto ou sua palavra fácil e cativante. Mas não deve causar admiração que a palavra de Deus saísse com suave odor da boca de quem de forma tão bonita e piedosa havia coberto de beijos os pés do Salvador.

2. Depois disso, o governador da província e sua esposa foram até o templo imolar aos ídolos para terem filhos. Madalena pregou-lhes a palavra de Cristo e dissuadiu-os do sacrifício. Decorridos alguns dias, Madalena apareceu em visão à mencionada mulher, dizendo: "Como

vocês, possuindo tantas riquezas, permitem que os santos de Deus morram de fome e de frio?". E acrescentou, ameaçadoramente: "Se você não persuadir seu marido a pôr fim às privações dos santos, incorrerão na ira do Deus todo-poderoso". A mulher teve medo de contar a visão a seu marido, e na noite seguinte Madalena apareceu dizendo as mesmas coisas, mas a mulher nada falou ao marido. Pela terceira vez, no silêncio de altas horas da noite, ela apareceu, desta vez a ambos, e tremendo de indignação e com o rosto tão ruborizado que parecia que toda a casa estava ardendo, disse: "Como pode dormir, tirano nascido na terra de Satanás, com a víbora desta esposa que não quis comunicar-lhe minha palavra? Como, inimigo da cruz de Cristo, pode estar saciado, o ventre cheio de todo tipo de alimento, enquanto permite que os santos pereçam de fome e de sede? Como pode permanecer em seu palácio vestido com roupas de seda enquanto vê que eles estão desolados e sem abrigo? Isso não ficará assim. Você não escapará impune por ter se afastado daqueles aos quais podia fazer tanto bem". Dizendo isso, desapareceu. Vendo que seu esposo despertava suspirando e tremendo pela mesma razão que ela, a mulher disse: "Meu senhor, você viu enquanto dormia o mesmo que eu vi?". "Vi, e não consigo deixar de estar admirado e apavorado. O que devemos fazer?" A mulher: "É melhor obedecer para não incorrermos na ira do Deus que anunciam". Assim, deram-lhes hospitalidade e tudo quanto necessitavam.

Alguns dias depois, Maria Madalena estava pregando quando o governador perguntou: "Você pode provar a fé que prega?". E ela: "Certamente, pois é confirmada pelos milagres cotidianos e pela pregação de meu mestre Pedro, em Roma". O governador e sua esposa disseram: "Acreditaremos, se o Deus que você prega nos der um filho". Madalena respondeu que ele logo chegaria. Então a beata Maria passou com insistência a pedir ao Senhor que se dignasse a conceder-lhes um filho. O Senhor ouviu estas preces e a mulher engravidou. Depois disso, o marido quis encontrar Pedro e comprovar se o que Madalena pregava sobre Cristo era verdade, para só depois aceitá-lo. Sua esposa disse: "Não vai partir sem mim, não é, senhor? Quando você for, irei, quando voltar, voltarei, se ficar, ficarei". O marido: "Não pode ser, senhora, você está grávida e no mar existem infinitos perigos. Fique em casa, descanse e cuide de nossos bens". A mulher insistiu e, sem negar sua natureza feminina, cobriu os pés de seu marido com lágrimas até conseguir o que queria.

Maria fez sobre o ombro deles o sinal-da-cruz para que o antigo inimigo não impedisse a viagem. O navio foi copiosamente carregado de todas as coisas necessárias, o resto foi confiado a Maria Madalena, e iniciaram a viagem. Haviam navegado apenas um dia e uma noite quando o mar começou a se levantar e o vento a soprar. Todos, principalmente a mulher grávida, foram tomados de angústia, sentindo-se débeis diante da violência das vagas e do forte balanço do barco. De repente a mulher começou a sentir as dores do parto e entre as contrações do ventre e a angústia causada pelo tempo, expirou ao parir seu filho. O recém-nascido agitava-se procurando o consolo do seio materno e dava vagidos queixosos. Ó dor! Seria preferível que o recém-nascido tornado matricida morresse, pois ali não havia alimento que se pudesse dar para mantê-lo vivo. Que podia fazer o peregrino, vendo morta a esposa e o filho gritar, ávido pela mama de sua mãe? Ele lamentava-se, dizendo: "Ai de mim, miserável! O que fazer? Desejei ter este filho e com a mãe perdi o filho". Os tripulantes exclamavam: "Joguemos o corpo ao mar, antes que pereçamos de vez; enquanto estiver conosco a agitação do mar não passará". Pegaram o corpo para lançá-lo ao mar, mas o peregrino gritou: "Parem! Parem! Se não quiserem poupar nem a mim nem a mãe, pelo menos parem por este pequeno miseravelzinho que chora! Esperem um pouco, não a joguem ainda! E se a minha mulher estiver apenas desmaiada por causa das fortes dores e ainda puder respirar?".

Não muito longe viram algo que parecia uma colina. O governador achou melhor levar o corpo da mãe e a criança para lá do que os deixar ser devorados pelas feras marinhas. Com rogos e dádivas convenceu os tripulantes a se aproximarem, mas devido à dureza da terra não puderam abrir uma cova. Na parte mais escondida da colina o governador estendeu seu manto sobre o corpo e colocou o menino junto dele. Com lágrimas nos olhos, disse:

> Ó Maria Madalena, foi minha perdição você ter se aproximado de Marselha! Por que ouvi seu infeliz conselho para esta viagem? Por que pedi que minha mulher engravidasse e por causa disso morresse? Ela engravidou e morreu parindo, o concebido nasceu para morrer pois não há quem o alimente. Eis o que obtive com suas preces! Confiei a você todas as minhas coisas e me encomendei ao seu Deus! Se você é poderosa, não se esqueça da alma desta mãe e que com sua oração o recém-nascido receba misericórdia e não morra.

Então o governador envolveu com o manto o corpo da mulher e do filho e reembarcou.

O governador foi procurar Pedro, mas este é que foi ao encontro dele quando viu em seu ombro o sinal-da-cruz e quis saber quem era e de onde vinha. Ele contou tudo, e Pedro disse: "A paz esteja com você! Fez bem em vir, deu crédito a um bom conselho. Não tema, porque sua mulher descansa e com ela o menino. Deus é poderoso e pode conceder dons, tirar a dádiva e restituir o que tirou e transformar a tristeza em alegria". A seguir Pedro acompanhou-o até Jerusalém, conduziu-o por todos os lugares nos quais Cristo havia pregado e feito milagres, nos quais padecera e de onde subira aos Céus. Dois anos mais tarde, ele disse a Pedro que já havia sido cuidadosamente instruído na fé e mandou vir um navio a fim de retornar à pátria. O Senhor dispôs as coisas de maneira a que durante a viagem passassem perto da colina na qual haviam sido deixados o corpo da esposa e seu filho. Com insistentes pedidos e muitos presentes, ele conseguiu que o navio se aproximasse dali.

Graças a Maria Madalena, o menino mantivera-se incólume e estava na praia brincando com conchas e pedrinhas, como costumam fazer as crianças. Ao vê-lo, o governador saltou do barco, admirado. O pequeno, que nunca o tinha visto, assustou-se e voltou correndo para se aconchegar no seio de sua mãe e esconder-se sob o manto. O peregrino aproximou-se e viu o belíssimo menino sugando a mama da mãe. Tomou-o nos braços e disse: "Ó bem-aventurada Maria Madalena! Como seria feliz se minha esposa ressuscitasse e pudesse regressar comigo à nossa terra natal! Sei, sem qualquer dúvida, que você que me deu este menino e que por dois anos o sustentou neste rochedo pode com suas preces restituir a saúde de outrora à sua mãe!".

Mal acabou de falar, a mulher respirou e como se despertasse do sono disse: "Você é plena de méritos, bem-aventurada Maria Madalena, pois na tribulação de meu prematuro e difícil parto foi parteira, depois se colocou na condição de escrava e atendeu a todas as minhas necessidades!". Ouvindo isso, admirado, disse o peregrino: "Minha querida esposa, você está viva?". Ela respondeu: "Estou viva e acabo de regressar de uma peregrinação, a mesma que você fez. Assim como o bem-aventurado Pedro conduziu-o por todos os lugares em que Cristo padeceu, morreu e foi sepultado, o mesmo fez a beata Maria Madalena comigo. Estivemos junto com vocês e conservo na memória tudo que vi nessa viagem". E começou a falar detalhadamente, sem esquecer nada, sobre todos os locais em que Cristo havia padecido e realizado milagres.

Então o peregrino, junto com sua mulher e o filho, regressou alegre ao navio e pouco depois chegaram ao porto de Marselha. Aí encontraram a beata Maria Madalena pregando, acompanhada de seus discípulos. Lançaram-se a seus pés chorando e contaram a ela tudo o que havia acontecido, depois do que o bem-aventurado Maximino recebeu-os pelo santo batismo. A seguir todos os templos da cidade de Marselha dedicados aos ídolos foram destruídos, construíram-se igrejas para Cristo e o bem-aventurado Lázaro foi unanimemente escolhido para bispo da cidade. Finalmente, por desígnio divino, foram para a cidade de Aix expandir a fé em Cristo por meio de muitos milagres e lá o bem-aventurado Maximino recebeu a ordenação episcopal.

Por esse tempo, a beata Maria Madalena, desejosa de entregar-se à vida de contemplação das coisas do alto, dirigiu-se a um deserto austeríssimo e num lugar preparado pelas mãos dos anjos permaneceu incógnita por trinta anos. Naquela região não havia fontes, árvores e ervas, para que ficasse claro que ela não tomou ali alimentos terrenos e sim que nosso Redentor fez com que se saciasse com banquetes celestiais. Todos os dias, nas sete horas canônicas,[2] era elevada pelos anjos ao Céu etéreo onde com seus ouvidos corporais ouvia a harmonia de vozes dos gloriosos exércitos celestiais. Todos os dias era saciada com iguarias agradabilíssimas até ser levada de volta a seu lugar pelos anjos. Por isso não sentia a menor necessidade de alimentos corporais.

Buscando um local para levar vida solitária, um sacerdote construiu uma cela a doze estádios[3] do local em que ficava Maria. Um dia o Senhor permitiu que seus olhos corporais se abrissem e pudessem ver claramente como os anjos desciam sobre o local em que vivia a bem-aventurada Maria e a levavam ao Céu etéreo, uma hora depois deixando-a no mesmo lugar enquanto cantavam loas divinas. O sacerdote, querendo saber se a admirável visão que tivera era verdadeira, encomendou-se ao Criador com preces e com devota audácia dirigiu-se àquele local. Mas quando estava a um tiro de pedra dali, suas pernas começaram a fraquejar, seu coração a se agitar profundamente, sua res-

---

[2] Conforme nota 5 do capítulo 2.

[3] Antiga medida, equivalente a 41,25 metros, portanto no caso em questão a cela do sacerdote ficava a 495 metros da cela de Madalena.

piração a ficar difícil, um forte tremor o invadiu. Se recuava, recuperava o domínio de pés e pernas; se, ao contrário, tentava prosseguir em direção àquele lugar, não conseguia, repetia-se o desfalecimento do corpo e da mente. Disso o homem de Deus deduziu que naquele local havia sem dúvida um mistério celeste, que os humanos não poderiam alcançar. Invocando o nome do Salvador, exclamou: "Conjuro pelo Senhor que me diga de verdade se é homem ou outra criatura racional que habita esta cova".

Depois de ter repetido esta conjuração três vezes, a beata Maria Madalena respondeu: "Aproxime-se um pouco mais e conhecerá a verdade que sua alma deseja saber". Tremendo, o sacerdote avançou e quando acabou de percorrer metade da distância que ainda o separava da cova ouviu uma voz que perguntava: "Lembra de Maria, a famosa pecadora do Evangelho que com lágrimas lavou os pés do Salvador e os enxugou com seus cabelos e foi perdoada de todos seus pecados?". O sacerdote respondeu: "Lembro, e sei que a santa Igreja tem por verdadeiros estes fatos que ocorreram há mais de trinta anos". Ela:

> Eu sou aquela mulher. Há trinta anos estou aqui, desconhecida e ignorada por todos os homens. Também faz trinta anos que os anjos me levam pela mão ao Céu etéreo, como ontem foi permitido que você visse. Sete vezes por dia sou digna de ouvir com meus ouvidos corporais o dulcíssimo júbilo que vem dali. O Senhor me revelou que serei levada deste mundo, por isso procure o bem-aventurado Maximino e diga-lhe que no próximo domingo da Ressurreição, ao se levantar na hora costumeira para as matinas, entre sozinho em seu oratório, que ali estarei, levada pelos anjos.

O sacerdote não a viu, mas ouviu sua voz que era como a de um anjo. Imediatamente foi até ao bem-aventurado Maximino e contou tudo em detalhes. Muito alegre, São Maximino deu imensas e repetidas graças ao Salvador e no dia e hora que lhe tinham sido ordenados entrou sozinho no oratório e viu a beata Maria Madalena rodeada pelo grupo de anjos que a conduzira até ali. Ela estava no meio dos anjos orando a Deus com as mãos estendidas, suspensa no ar dois côvados.[4] Como o bem-aventurado Maximino tremia ao se aproximar, ela disse: "Chegue mais, pai, não fuja de sua filha". Lê-se nos livros que o beato Maximino

---

[4] Conforme nota 5 do capítulo I.

aproximou-se e viu que devido à visão contínua e diuturna dos anjos o rosto da senhora brilhava tanto que seria mais fácil olhar os raios do sol que aquele rosto. Ele mandou o referido sacerdote e todo o clero local entrarem, depois do que a bem-aventurada Maria Madalena, em meio a muitas lágrimas, recebeu do bispo o corpo e o sangue de Cristo. Diante do altar ela deitou-se no chão e sua alma santíssima migrou para o Senhor. Logo após começou a emanar de seu corpo um odor delicioso, sentido durante sete dias por aqueles que iam ao oratório. O beato Maximino preparou o santíssimo corpo com diversos perfumes, sepultou-o reverentemente e ordenou que depois de sua morte fosse sepultado ao lado dele.

Existe uma história, segundo alguns escrita por Hegésipo, segundo outros fazendo parte dos livros de Josefo,[5] que coincide com a narrativa acima. Hegésipo ou Josefo diz que devido ao amor ardente que tinha por Cristo e devido ao desgosto que sentiu depois da ascensão do Senhor, Maria Madalena não quis ver mais ninguém, daí ter ido à região de Aix e se refugiado no deserto[6] no qual permaneceu escondida por mais de trinta anos, ao longo dos quais foi a cada dia, nas sete horas canônicas, elevada ao Céu por um anjo. Acrescenta ainda esta história que certa vez um sacerdote aproximou-se de sua cela e a pedido dela deu-lhe roupa para que pudesse ir à igreja, onde recebeu a comunhão com as mãos elevadas em oração e junto ao altar repousou em paz.

3. No tempo de Carlos Magno, no ano do Senhor de 769, Geraldo, duque da Borgonha, que não podia ter filhos de sua esposa, socorria com largueza aos pobres e construía muitas igrejas e mosteiros. Ao terminar a construção do mosteiro de Vézelay, o duque pediu ao abade que mandasse à cidade de Aix-en-Provence um monge com séquito adequado para trazer dali algumas relíquias da bem-aventurada Maria Madalena. Quando o monge chegou na mencionada cidade, encontrou-a completamente destruída pelos pagãos, mas por acaso achou um sepulcro cujas esculturas de mármore demonstravam sem a menor dúvida que o corpo da bem-aventurada Maria Madalena estava depositado ali, pois sua his-

---

5 Há um Hegésipo do século II (conforme nota 3 do capítulo 63), mas possivelmente Jacopo refere-se nesta passagem a um outro personagem de mesmo nome. Atribui-se a esse Hegésipo, cristão do século IV, uma tradução-adaptação latina (*De bello judaico et excidio urbis hierosolymitanae*) da obra do historidor judeu do século I FLÁVIO JOSEFO.

6 Conforme nota 1 do capítulo 15.

tória estava narrada naquelas admiráveis esculturas. Uma noite o monge arrombou a sepultura, pegou as relíquias e levou-as para o local em que estava hospedado. Na mesma noite a beata Maria Madalena apareceu ao monge dizendo que terminasse sem medo a tarefa iniciada. Na volta, quando estavam a meia légua do mosteiro, não puderam de maneira alguma mover as relíquias antes que chegassem o abade e os demais monges para recebê-las em procissão honorífica.

4. Um soldado que todos os anos costumava visitar o corpo da beata Maria Madalena morreu em combate. Durante o enterro, enquanto seus pais choravam e queixavam-se de Madalena por ter permitido que um devoto seu morresse sem confissão e sem penitência, para admiração de todos subitamente o defunto ressuscitou, ordenou que o sacerdote fosse até ele, confessou-se devotamente, recebeu o viático e imediatamente descansou em paz.

5. Um navio sobrecarregado de homens e mulheres naufragou, e vendo-se em perigo no mar uma grávida clamou por Madalena, prometendo solenemente que, se por intervenção dela escapasse do naufrágio e desse à luz seu filho, o entregaria a um mosteiro. Imediatamente apareceu uma mulher com aspecto e vestes veneráveis que a pegou pelo queixo e a conduziu incólume até o litoral, enquanto as demais pessoas pereciam. Depois que pariu seu filho, ela cumpriu fielmente seu voto.

6. Alguns dizem que Maria Madalena foi noiva de João Evangelista, e que estavam para se casar quando Cristo o chamou. Indignada contra Cristo ao saber que João renunciara ao casamento, ela partiu e entregou-se a todas as volúpias. Mas como não era conveniente que o chamamento de João motivasse a condenação de Madalena, na sua misericórdia o Senhor converteu-a e levou-a à penitência, arrancou-a do deleite carnal e cumulou-a do deleite espiritual que existe no amor a Deus. Dizem também que se Cristo distinguiu com a doçura de sua amizade mais a João que aos outros, foi porque o retirou dos deleites conjugais. Estas considerações são tão frívolas quanto falsas. O frade Alberto, no proêmio ao evangelho de João, afirma que a noiva deste permaneceu virgem, foi companheira da bem-aventurada Virgem Maria, mãe de Cristo, e teve uma boa morte.

7. Em certa ocasião um homem privado da luz dos olhos foi ao mosteiro de Vézelay visitar o corpo da bem-aventurada Maria Madalena. No caminho, um de seus guias comentou que já podia ver Vézelay. Então o homem exclamou com voz forte: "Ó, Maria Madalena, quem

dera eu merecesse algum dia ver sua igreja!". Imediatamente seus olhos foram abertos.

8. Um homem escreveu seus pecados em uma folha e colocou-a sob os mantéis do altar da beata Maria Madalena, rogando que lhe concedesse indulgência. Um pouco depois recolheu a carta e descobriu que todos os seus pecados haviam desaparecido.

9. Um homem seqüestrado invocou a ajuda de Maria Madalena e de noite apareceu-lhe uma mulher muito formosa que rompeu as cordas que o prendiam, abriu a porta e mandou-o partir. Vendo-se solto, imediatamente fugiu.

10. Um clérigo de Flandres, chamado Estêvão, tinha cometido tantos e tão terríveis crimes, provocado tantos escândalos, que não apenas não fazia nada por sua salvação como não queria que lhe falassem dela. No entanto tinha grande devoção pela bem-aventurada Maria Madalena, celebrando sua festa e jejuando em sua vigília. Enquanto visitava o túmulo dela, caiu em estado de letargia, nem de todo adormecido nem de todo desperto, e viu uma formosa mulher sustentada pelas mãos de dois anjos e que lhe dizia com semblante triste: "Estêvão, por que você procura retribuir meus méritos com indignidade? Por que as exortações de meus lábios não o levam ao arrependimento? Desde que começou a ser meu devoto peço sempre por você ao Senhor com força e insistência. Levante-se e faça penitência! Eu não o abandonarei até que esteja reconciliado com Deus".

Imediatamente ele se sentiu tão invadido pela graça divina que, renunciando ao mundo, entrou para um mosteiro e passou a levar vida retíssima. Quando de sua morte, Maria Madalena foi vista junto ao leito mortuário rodeada de anjos e, acompanhada de cânticos de louvor, levando ao Céu sua alma sob a forma de pomba branca.

91. Santa Praxedes

A virgem Praxedes foi irmã da beata Potenciana e dos santos Donato e Timóteo, instruídos na fé pelos apóstolos. Com a intensificação da perseguição, eles sepultaram muitos corpos de cristãos e gastaram o que tinham ajudando os pobres, até repousarem em paz por volta do ano 165 do Senhor, sob o governo de Marco e de Antônio II.

92. Santo Apolinário

Apolinário deriva de *pollens*, "poderoso", e de *ares*, "virtude", significando "poderoso em virtude". Ou pode derivar de *pollo*, "admirável", e de *naris*, que pode ser entendido como "discreção", significando "admiravelmente discreto". Ou pode derivar de *a*, "sem", de *polluo*, "manchar", e de *ares*, "virtude", e assim equivaleria a "virtuoso sem mancha de vícios".

Apolinário, discípulo de Pedro, foi enviado pelo apóstolo de Roma a Ravena. Nesta cidade curou a esposa de um tribuno e batizou-o juntamente com sua família. Quando estes feitos foram denunciados, o juiz ordenou primeiramente que Apolinário fosse levado ao templo de Júpiter, onde sacrificaria. Como Apolinário disse aos sacerdotes que seria melhor dar aos pobres o ouro e a prata pendurados diante dos ídolos, em vez de ali permanecerem à disposição dos demônios, foi agarrado e espancado, ficando meio morto. Mas alguns discípulos o levaram até a casa de uma viúva, na qual ficou se recuperando durante sete meses. Em seguida foi à cidade de Classe,[1] e lá curou um mudo de nobre ascendência. Quando ele entrou na casa do mudo, uma jovem possuída por um espírito imundo começou a gritar: "Saia daqui, escravo de Deus, ou farei que amarrem seus pés e mãos e que o expulsem da cidade!". Apolinário imediatamente repreendeu o demônio e expulsou-o. Em seguida invocou sobre o mudo o nome do Senhor e este foi curado, diante do que quinhentos homens converteram-se. Os pagãos, por sua vez, proibiram-no de pronunciar o nome de Jesus e o agrediram. Apesar de jogado

---

[1] Localizada a cinco quilômetros de Ravena, esta cidade era importante por seu porto e pela igreja bizantina de San Apolinario in Classe, consagrada em 549.

ao chão, Apolinário gritava: "Ele é o verdadeiro Deus!". Então os pagãos tiraram seu calçado e fizeram-no ficar de pé sobre brasas, mas como continuava ininterruptamente a pregar o Cristo, expulsaram-no da cidade.

Naquela época Rufo, um patrício de Ravena, estava com a filha enferma e mandou chamar Apolinário, que entrou na casa quando ela morreu. Então Rufo disse: "Quem dera você não tivesse entrado em minha casa. Os deuses ficaram muito irados, não quiseram curar a minha filha, e o que você poderia fazer?". Apolinário respondeu: "Não tema. Jure-me que se a jovem ressuscitar não a proibirá de seguir seu Criador". Rufo jurou, Apolinário fez uma oração, a jovem ressuscitou, proclamou o nome de Cristo, recebeu o batismo com sua mãe e uma grande multidão e permaneceu virgem.

Quando o césar soube disso, escreveu ao prefeito do pretório para que forçasse Apolinário a oferecer sacrifícios ou que o mandasse para o exílio. Como o prefeito não conseguiu fazê-lo sacrificar, mandou sangrá-lo com açoites e esticar seus membros no potro.[2] Como ele continuou a pregar o nome do Senhor, o prefeito mandou que jogassem água fervendo em suas feridas, que o atassem a grossas correntes de ferro e que o exilassem.

Vendo tanta impiedade, de ânimo exaltado os cristãos lançaram-se sobre os pagãos e mataram mais de duzentos homens. O prefeito escondeu-se e ordenou que prendessem Apolinário num horrendo cárcere. Posteriormente mandou levá-lo, acorrentado a três clérigos, a um navio que os conduziu ao exílio. Ocorreu uma tempestade da qual escaparam apenas ele, dois clérigos e dois soldados, que foram batizados. Apolinário voltou a Ravena, foi novamente preso e conduzido ao templo de Apolo, cuja estátua amaldiçoou, fazendo-a tombar. Vendo isso, os pontífices levaram-no diante do juiz Tauro, que tinha um filho cego ao qual Apolinário devolveu a visão. Por esta razão, o juiz tornou-se crente e por quatro anos manteve Apolinário em uma propriedade sua. Como os pontífices acusaram Apolinário diante de Vespasiano, este determinou que todos os que ofendessem os deuses ou sacrificariam a eles ou seriam expulsos da cidade, porque "não é preciso que vinguemos nossos deuses, eles mesmos, se irados, podem se vingar de seus inimigos".

O patrício Demóstenes não conseguiu fazer Apolinário sacrificar e entregou-o a um centurião, que secretamente já era cristão e rogou que

---

[2] Conforme nota 1 do capítulo 25.

ele se refugiasse em uma aldeia de leprosos, onde poderia viver longe do furor dos gentios. Mas a multidão que o perseguia o alcançou, feriu-o, deixando-o quase morto, e apenas graças aos cuidados dos discípulos viveu ainda sete dias antes de entregar o espírito e ser honradamente sepultado pelos cristãos. Isto ocorreu sob Vespasiano, que começou a reinar por volta do ano 70 do Senhor.

No prefácio[3] a este mártir, diz Ambrósio:

> O digníssimo bispo Apolinário foi enviado a Ravena por Pedro, príncipe dos apóstolos, para anunciar o nome de Jesus aos incrédulos. Nesta cidade fez coisas maravilhosas em favor dos que acreditavam em Cristo. Consumido pelos sofrimentos de constantes flagelações, seu corpo já velho foi submetido pelos ímpios a horrendas torturas. Mas para que os fiéis não vacilassem com seus sofrimentos físicos, continuou pela virtude do Senhor Jesus Cristo fazendo milagres semelhantes aos apostólicos. Depois de ter sido torturado ressuscitou uma jovem, devolveu a visão a um cego, restituiu a fala a um mudo, libertou uma possessa do demônio, limpou um leproso de sua infecção, sarou os membros fracos de um pestilento, derrubou a imagem de um ídolo e seu templo. Ó digníssimo pontífice, merecedor de admiração, que com pontifical dignidade recebeu os poderes dos apóstolos! Ó fortíssimo atleta de Cristo, que com idade avançada mesmo em meio a tormentos pregou constantemente a Jesus Cristo, redentor do mundo!

---

3 Conforme nota 4 do capítulo 55.

93. SANTA CRISTINA

Cristina significa "ungida com crisma", pois teve bálsamo de bom odor nos seus atos, óleo de devoção em sua alma e bênção em sua boca.

Cristina nasceu de pais de elevada nobreza em Tiro, na Itália. Seu pai a instalou com doze criadas em uma torre onde estavam seus deuses de prata e de ouro. Como era belíssima e muitos pretendiam se casar com ela, não querendo cedê-la seus pais consagraram-na ao culto dos deuses. Instruída pelo Espírito Santo, ela opunha-se ao sacrifício aos ídolos e escondia em uma janela o incenso que deveria queimar aos deuses. Quando seu pai foi à torre, as criadas contaram: "Sua filha, nossa senhora, não oferece sacrifício a nossos deuses e afirma que é cristã". Com modos suaves, o pai tentou estimulá-la a cultuar os deuses, ao que ela replicou: "Não me chame de sua filha, mas de filha daquele ao qual se devem oferecer sacrifícios de louvor. Ofereço sacrifício não a deuses mortais, mas ao Deus do céu". O pai: "Minha filha, não ofereça sacrifício a um único Deus, não caia na ira dos outros". Ela: "Você falou certo, mesmo desconhecendo a verdade. Ofereço sacrifício ao Pai, ao Filho e ao Espírito Santo". Disse o pai: "Se adora a três deuses, por que não adora também aos demais?". Ela: "Estas três divindades são uma única". Depois disso Cristina quebrou todos os deuses de seu pai e repartiu entre os pobres o ouro e a prata.

Quando seu pai voltou para adorar seus deuses e não os encontrou, soube pelas criadas de Cristina o que ela fizera, ficou furioso e mandou que a desnudassem e que a açoitassem até não agüentarem mais fazê-lo. Cristina disse a seu pai: "Desonrado e impudico, abominável a Deus, os que me açoitam estão cansados, peça a seus deuses que lhes dêem forças, se puderem". Ele ordenou então que a acorrentassem e encarcerassem. Ao ouvir isso, a mãe de Cristina rasgou as próprias vestes, foi ao cárcere e jogou-se a seus pés dizendo: "Cristina, minha filha, luz dos meus olhos, tenha misericórdia de mim". Ela respondeu: "Por que me chama de filha? Não sabe que sou filha de meu Deus?". Convencida de que nada podia fazer, a mãe retornou para seu marido e contou a ele as respostas que ouvira. Então o pai mandou que a conduzissem a seu tribunal, onde lhe disse: "Sacrifica aos deuses, pois se não o fizer será torturada e não será mais chamada de minha filha". Ela: "Você me concede grande graça ao me repudiar, ao não me chamar de filha do diabo, porque quem nasce do diabo é demônio, e você é o pai do próprio Satanás".

Em seguida seu pai mandou que rasgassem suas carnes com garfos pontiagudos e que deslocassem seus membros jovens. Cristina pegou um pedaço de suas carnes e o jogou na cara de seu pai dizendo: "Tirano, recebe e come a carne que você gerou!". Então o pai mandou que a colocassem sobre uma roda e a incendiassem com óleo, mas as chamas saltaram para fora e 1500 homens morreram. Atribuindo tudo isso a artes mágicas da filha, o pai fez com que a trancassem de novo no cárcere. À noite mandou seus escravos amarrarem uma grande pedra em seu pescoço e jogá-la ao mar. Mas logo que o fizeram, foi segura por anjos e Cristo desceu até ela e a batizou no mar, dizendo: "Eu batizo você em nome de Deus, meu Pai, no meu, Jesus Cristo, que sou seu filho, e no do Espírito Santo". Encarregou então o arcanjo Miguel de levá-la à terra. Ao ouvir isso, batendo no próprio rosto o pai disse: "Que tipo de magia você usa que funciona até no fundo do mar?". Ela: "Tolo e infeliz, recebi esta graça de Cristo". Logo a seguir o pai mandou que a encarcerassem e que fosse decapitada pela manhã.

Naquela mesma noite, seu pai, que se chamava Urbano, foi encontrado morto. Sucedeu-o um juiz iníquo, de nome Hélio, que mandou colocar Cristina numa tina de ferro cheia de óleo fervendo, ao qual ordenou que juntassem resina e piche. Quatro homens mexiam a banheira para que ela fosse consumida mais depressa. Enquanto isso Cristina louvava a Deus, que lhe concedera um novo nascimento e queria que ela fosse balançada como uma criança num berço. O juiz, irado, fez com que raspassem a cabeça dela e a levassem nua pela cidade, até ao templo de Apolo, onde, a uma ordem sua, o ídolo caiu, ficando reduzido a pó. Diante disso o juiz assustou-se e entregou o espírito. Foi sucedido por Juliano, que mandou acender uma fornalha e nela jogar

Cristina, que aí permaneceu cinco dias ilesa, passeando e cantando com os anjos. Quando soube disso, Juliano associou tudo a artes mágicas e mandou que colocassem junto dela duas serpentes, duas víboras e duas cobras, mas as serpentes lamberam seus pés, as víboras não lhe fizeram mal algum e dependuraram-se em seus seios, as cobras enroscaram-se em seu pescoço e lamberam seu suor. Juliano disse a seu encantador: "Você não é mago? Irrite esses animais". Ele passou a fazê-lo e as serpentes jogaram-se contra ele, matando-o imediatamente. Depois disso, Cristina mandou as serpentes irem para algum lugar deserto e ressuscitou o homem.

Juliano ordenou que cortassem os seios dela, dos quais em vez de sangue jorrou leite. Depois mandou que lhe cortassem a língua, mas Cristina não perdeu a fala, recolheu a língua e lançou-a contra o rosto de Juliano, atingindo seu olho e cegando-o. Cheio de ódio, Juliano arremessou contra ela duas flechas no coração e uma no tronco, de forma que entregou o espírito a Deus sob Diocleciano, no ano do Senhor de 287. Seu corpo repousa no castelo chamado Bolsena, entre Civitavecchia e Viterbo. A torre que existia ao lado daquele castelo foi derrubada até os alicerces.

94. São Tiago, o Maior

Este apóstolo é chamado de Tiago Zebedeu, Tiago, irmão de João, Tiago Boanerges, isto é, "filho do trovão", e Tiago, o Maior. Chama-se Tiago Zebedeu não tanto porque foi filho carnal deste, mas porque Zebedeu significa simultaneamente "doador" e "doado". O bem-aventurado Tiago doou a si mesmo a Cristo por meio de seu martírio e foi doado por Deus para ser nosso patrono espiritual. Chama-se Tiago, irmão de João, não tanto por ter sido irmão carnal dele, mas pela semelhança de caráter entre eles. Ambos tiveram o mesmo zelo, a mesma dedicação, a mesma aspiração. O mesmo zelo por vingar o Senhor, de forma que quando os samaritanos recusaram-se a receber Cristo, Tiago e João disseram: "Querem que o fogo do Céu desça e os consuma?". A mesma dedicação em aprender, no que foram superiores aos demais apóstolos ao interrogarem Cristo sobre o dia do Juízo e sobre o que estava por vir. A mesma aspiração de estarem com Cristo, por isso obtiveram assento junto a Ele, um à direita, outro à esquerda. Chama-se "filho do trovão" pela força de sua pregação que amedrontava os maus, excitava os preguiçosos, despertava a admiração de todos por sua profundidade. BEDA diz de João algo que também se aplica a Tiago: "Sua pregação ressoava tão alto que, se fosse mais alta, o mundo inteiro não poderia contê-la". Chama-se Tiago, o Maior, assim como o outro é o Menor,[1] por várias razões. Primeira, devido à vocação, tendo sido o primeiro a ser chamado por Cristo. Segunda, devido à familiaridade, já que Cristo teve mais intimidade com ele do que com o outro, permitindo que tivesse acesso a segredos como a ressurreição de uma menina e a gloriosa

---
[1] Cuja história Jacopo narra no capítulo 63.

Transfiguração. Terceira, devido ao martírio, no qual foi o primeiro dos apóstolos a morrer. E também pode ser chamado Maior porque antes do outro recebeu a graça do apostolado e a glória da eternidade.

1. O apóstolo Tiago, filho de Zebedeu, depois da ascensão do Senhor pregou na Judéia e em Samaria e foi para a Espanha onde semeou a palavra de Deus. Mas vendo que não tinha êxito e só havia ganho nove discípulos, deixou ali dois deles para pregar e com os outros sete voltou para a Judéia. O mestre João Beleth diz que Tiago converteu na Espanha somente uma pessoa.

Já de volta à Judéia, enquanto Tiago pregava a palavra de Deus, um mago chamado Hermógenes fez acordo com os fariseus e mandou seu discípulo Fileto encontrar o apóstolo para que, frente a frente com ele, convencesse os judeus de que sua pregação era falsa. Mas como diante de todos, o apóstolo racionalmente o convenceu e realizou muitos milagres, Fileto voltou até Hermógenes aprovando a doutrina de Tiago, contando os milagres que vira e tentando persuadi-lo a também se tornar discípulo. Irado, Hermógenes recorreu então à sua arte mágica para imobilizar Fileto, que não conseguiu se mover de forma alguma, e disse: "Veremos se Tiago pode soltá-lo". Fileto encarregou um criado de contar a Tiago o que havia ocorrido. Este deu ao criado seu lenço dizendo: "Que ele pegue este lenço e diga 'o Senhor levanta os oprimidos e livra os que estão atados'". Logo que Fileto tocou o lenço, os vínculos das artes mágicas de Hermógenes foram rompidos. Fileto insultou Hermógenes e foi à procura de Tiago.

Cheio de raiva, Hermógenes passou a invocar demônios para que trouxessem Tiago e Fileto amarrados, porque queria vingar-se deles para que seus outros discípulos, sabendo o que ocorrera, não o insultassem. Os demônios vieram e dirigiram-se a Tiago vociferando pelo ar: "Tiago apóstolo, tem compaixão de nós, pois ainda não chegou nosso tempo e já estamos ardendo". Tiago perguntou: "Por que vieram?". Eles responderam: "Hermógenes nos enviou para que levemos você e Fileto até ele, mas assim que viemos para cá um anjo de Deus nos amarrou com correntes de fogo que nos atormentam enormemente". Tiago: "Que os anjos do Senhor os soltem. Voltem para Hermógenes e tragam-no até mim amarrado, porém ileso". Os demônios partiram, apoderaram-se de Hermógenes e amarraram suas mãos às costas, dizendo: "Você nos mandou a um lugar no qual fomos queimados".

Depois o levaram atado até Tiago, a quem pediram: "Dê-nos poder sobre este homem para que possamos nos vingar por tê-lo ofendido e provocado assim nossas queimaduras". Tiago: "Fileto está diante de vocês, por que não o prendem?". Eles: "Não temos poder para sequer tocar em uma formiga que esteja em seu aposento". Tiago dirigiu-se a Fileto: "Conforme o ensinamento de Cristo, vamos retribuir o mal com o bem. Hermógenes prendeu-o, agora o solto". Isso aconteceu, deixando Hermógenes confuso. Tiago olhou-o e disse: "Vá, você está livre para ir aonde quiser, não obrigamos ninguém a se converter à nossa doutrina". Hermógenes disse: "Conheço a ira dos demônios, e se você não me der algo que possa levar comigo, eles me matarão". Tiago deu seu báculo, Hermógenes foi buscar seus livros de artes mágicas e entregou-os para que fossem queimados. Mas Tiago, temendo que o forte odor da fogueira molestasse os desprevenidos, ordenou que os livros fossem jogados ao mar. Depois de fazê-lo, Hermógenes voltou para junto do apóstolo e prostrando-se a seus pés disse: "Libertador de almas, acolhe este arrependido que até agora o difamou, levado pela inveja". Ele passou a se destacar no temor a Deus e a realizar muitas boas obras.

Vendo os judeus que Hermógenes havia sido convertido pelo zelo de Tiago, passaram a repreendê-lo por pregar Jesus, o crucificado. Ele no entanto recorreu às Escrituras, mostrou nelas as evidências do advento e da paixão de Cristo e muitos passaram a crer. Abiatar, que era sumo sacerdote naquele ano, sublevou o povo, que se apoderou de Tiago, amarrou uma corda em seu pescoço e o conduziu até Herodes Agripa, que mandou degolá-lo. Quando o conduziam ao local de decapitação, um paralítico que jazia estendido no caminho pediu ao apóstolo que lhe concedesse saúde. Tiago disse: "Em nome de Jesus Cristo, por cuja fé sou conduzido à decapitação, levante curado e bendiga ao seu Criador", e imediatamente o paralítico se levantou curado e bendisse ao Senhor.

O escriba chamado Josias, que havia colocado a corda no pescoço de Tiago e a puxava, ao ver isso se jogou a seus pés e pediu que ele o recebesse como cristão. Vendo isso, Abiatar agarrou Josias: "Se não maldisser o nome de Cristo, farei que você seja degolado junto com Tiago". Josias: "Maldigo-o e maldigo todos os seus dias. Bendito seja o nome do Senhor Jesus Cristo pelos séculos!". Abiatar ordenou que o esbofeteassem e mandou um mensageiro a Herodes solicitando permissão para decapitá-lo com Tiago. Quando iam ser degolados, Tiago pediu ao carrasco uma botija com água com a qual batizou Josias. Imediatamente suas cabeças foram cortadas e o martírio deles consumado. A decapitação do bem-aventurado Tiago aconteceu no dia 25 de março, quer dizer, na data da anunciação do Senhor. Seu corpo foi trasladado a Compostela em 25 de julho, mas seu sepulcro ficou pronto apenas em janeiro. A Igreja determinou 25 de julho como a época mais conveniente para celebrar universalmente sua festa.

Diz João Beleth, que escreveu um cuidadoso relato de sua trasladação, que depois da decapitação de Tiago certa noite seus discípulos, com medo dos judeus, pegaram o corpo e o colocaram num navio. Como este não tinha leme, entregaram o sepultamento à divina providência. O anjo do Senhor os conduziu à Espanha, à Galícia, ao reino da rainha Loba, cujo nome era adequado à vida que levava. O corpo foi desembarcado e colocado sobre uma grande pedra, que como se fosse de cera milagrosamente converteu-se em sarcófago. Depois os discípulos foram até Loba dizendo: "O Senhor Jesus Cristo envia a você o corpo de seu discípulo para que acolha morto aquele que não quis acolher enquanto vivo". Contaram-lhe a seguir o milagre de terem chegado até ali sem leme e pediram um lugar conveniente para a sepultura. Ao ouvir o relato, a ardilosa rainha, ainda segundo João Beleth, enviou-os a um homem muito cruel. Segundo outros, a rainha os enviou ao rei da Espanha a fim de obterem seu consentimento, mas ele os encarcerou.

Mas enquanto o rei dormia, um anjo do Senhor abriu as portas da prisão e os libertou. Quando soube disso, ele rapidamente mandou guerreiros recapturá-los, mas ao passar por uma ponte ela se rompeu e todos caíram no rio. Ao ouvir isso, o rei ficou com medo, arrependeu-se de seus atos e mandou buscar os discípulos, rogando que regressassem e que lhes concederia o que desejassem. Eles voltaram e converteram a população da cidade. Loba ficou muito brava, e quando os discípulos comunicaram o consentimento do rei, ela disse: "Peguem os bois que tenho em tal local na montanha, atrelem-nos a um carro e levem o corpo de seu senhor ao lugar que lhes agradar, e aí construam seu túmulo". Ora, ela falava como uma loba, pois sabia que os bois eram touros indomados e selvagens, que não poderiam ser reunidos nem atrelados, e que se conseguissem juntá-los quebrariam o carro, derrubariam o corpo e matariam os condutores. Mas não existe sabedoria contra Deus. Os discípulos não suspeitaram de nada, subiram a montanha e lá encontraram um dragão que expirava fogo e ia atacá-los, quando fizeram o sinal-da-cruz e o ventre dele partiu-se ao meio. Fizeram igualmente o signo da cruz sobre os touros, que logo se tornaram mansos como cordeiros, puderam ser atrelados e colocaram sobre a carroça o corpo de São Tiago com a lápide. Sem que ninguém os dirigisse, os bois[2] levaram o corpo para o centro do palácio de Loba, que ficou estupefata. Ela passou a crer, tornou-se cristã, concedeu aos discípulos tudo que pediram. Depois de tornar seu palácio uma igreja magnificamente dotada e dedicada a São Tiago, terminou sua vida com boas obras.

2. O papa CALISTO conta que um homem da diocese de Módena, chamado Bernardo, aprisionado e acorrentado no fundo de uma torre, invocava constantemente o bem-aventurado Tiago. São Tiago apareceu a ele dizendo: "Venha, estou na Galícia", depois quebrou suas correntes e desapareceu. O prisioneiro pendurou as correntes no pescoço, subiu no alto da torre de onde saltou, sem se ferir ainda que a torre tivesse sessenta côvados de altura.[3]

3. Um certo homem, relata BEDA, tinha cometido diversas vezes um enorme pecado e por temer absolvê-lo em confissão o bispo mandou-o a Compostela[4] com uma folha na qual estava escrito seu pecado. No dia da festa do santo, o homem colocou a folha sobre o altar e rogou a São Tiago que, por meio de seus méritos, apagasse o pecado. Mais tarde desdobrou a folha e encontrou tudo apagado. Deu graças a Deus e a São Tiago e anunciou o fato a todos.

4. Segundo conta HUMBERTO DE BESANÇON, trinta homens da Lorena foram por volta do ano do Senhor de 1070 a Compostela, e todos, menos um, fizeram a promessa solene de se ajudarem mutuamente. Quando um deles adoeceu, foi tratado por seus companheiros durante quinze dias, mas ao fim destes todos o abandonaram, exceto aquele que não fizera o juramento e que aos pés do monte São Miguel

---

2 Jacopo falara em "touros" linhas antes e agora se refere a "bois", pois o sinal-da-cruz depurara aqueles animais, provocando neles por via espiritual algo correspondente à castração carnal: a proximidade do sagrado (no caso o corpo de Tiago) pede purificação sexual tanto para religiões arcaicas cujos sacerdotes se emasculavam (por exemplo nos cultos de Ártemis, de Osíris, de Átis e Cibele) quanto para o cristianismo (cujos sacerdotes são simbolicamente "eunucos pelo reino dos Céus": *Mateus* 19,12).

3 Isto é, 39,60 metros.

4 Embora este nome existisse desde fins de 955 (cf. J. Guerra Campos, *Exploraciones arqueologícas en torno al sepulcro del Apóstol Santiago*, Santiago de Compostela, Cabildo de la Iglesia Catedral de Santiago, 1982, p. 29), Jacopo de Varazze nunca o utiliza (talvez para exaltar ainda mais o santo que lhe era homônimo) chamando a cidade galega do apóstolo apenas de São Tiago. No entanto, para evitar ambigüidade com o próprio santo, introduzimos a distinção entre ele e a cidade.

ficou cuidando dele até ao anoitecer, quando o doente morreu. O peregrino vivo sentia um grande medo devido à solidão do local, à presença do defunto, à noite que se anunciava escura, à ferocidade da gente local, considerada bárbara. Mas imediatamente, sob aparência de cavaleiro, apareceu-lhe o beato Tiago que o consolou dizendo: "Dê-me o morto e monte no cavalo atrás de mim". Foi assim que durante a noite, até o despontar do sol, percorreram o equivalente a quinze dias a cavalo e chegaram ao monte Gozo, que fica a apenas meia légua de Compostela. Lá chegando, São Tiago convocou os cônegos da cidade para sepultar o peregrino morto e mandou dizer aos companheiros dele que por terem faltado com sua promessa a peregrinação não era válida. O homem assim fez e seus companheiros ficaram surpresos com o trajeto percorrido tão rapidamente e com as declarações de São Tiago.

5. Afirma o papa Calisto que um alemão ia com seu filho a Compostela por volta do ano do Senhor de 1020, quando parou em Toulouse onde seu hospedeiro o embriagou e escondeu uma taça de prata em sua bagagem. Quando partiram no dia seguinte, o hospedeiro os perseguiu como se fossem ladrões e os acusou de terem roubado sua taça de prata. Eles responderam que caso a taça fosse encontrada com eles, o acusador poderia mandar puni-los. A bagagem foi aberta, o objeto encontrado e eles imediatamente levados diante do juiz. A sentença determinou que tudo o que tinham deveria ser entregue ao hospedeiro, e que um dos dois seria enforcado. Mas como o pai queria morrer pelo filho e o filho pelo pai, o filho foi enforcado e o pai continuou em direção a Compostela, abatido. Trinta e seis dias depois ele voltou, parou junto ao corpo de seu filho e lamentava em alta voz sobre ele quando o enforcado consolou-o dizendo: "Dulcíssimo pai, não chore, pois nunca estive tão bem. Durante todo este tempo São Tiago me sustentou e me reconfortou com uma doçura celeste". Ouvindo isso o pai correu à cidade, contou o acontecido, o povo o acompanhou, desamarrou o filho do peregrino, incólume, e enforcaram o hospedeiro.

6. HUGO DE SAINT-VICTOR conta que um peregrino ia a Compostela quando o diabo lhe apareceu sob o aspecto do santo, lembrou as várias misérias da vida presente e afirmou que ele seria mais feliz matando-se em sua honra. O peregrino tomou de uma espada e rapidamente se matou. A pessoa em cuja casa o peregrino havia sido recebido temeu muito essa morte, pois seria suspeito dela. No entanto, logo em

seguida o morto reviveu, disse que o demônio que o induzira à morte estava conduzindo-o ao suplício quando o bem-aventurado Tiago surgiu, pegou-o, levou-o ao trono do juiz, conseguiu retirar as acusações do demônio e devolvê-lo à vida.

7. Um jovem de Lyon, segundo narra Hugo, abade de Cluny,[5] costumava ir freqüentemente e com grande devoção a Compostela. Certa noite, quando se preparava para isso, pecou por fornicação. Algumas noites depois o diabo apareceu a ele sob a aparência de São Tiago, perguntando: "Sabe quem sou eu?". O próprio diabo respondeu: "Sou o apóstolo Tiago, que você tem o costume de visitar todos os anos. Saiba que me alegro muito com sua devoção, mas há pouco tempo, antes de sair de casa, você fornicou e sem se confessar teve a presunção de que sua peregrinação pudesse agradar a mim e a Deus. Não é assim, pois aquele que desejar vir em peregrinação até mim deve antes revelar seus pecados em confissão e somente depois de punido pelas faltas fazer a peregrinação". Dito isso, o demônio desapareceu. O jovem voltou então para sua casa ansioso para confessar os pecados e disposto a reiniciar depois a viagem. Eis que o diabo novamente apareceu sob a forma do apóstolo, dissuadiu-o de peregrinar, assegurando que seu pecado não seria de modo nenhum perdoado a não ser que cortasse inteiramente seu membro genital: "Você alcançará a bem-aventurança se se matar e for mártir em meu nome".

Durante a noite, enquanto seus companheiros dormiam, o jovem pegou uma espada, cortou sua genitália e em seguida, com uma faca, trespassou o ventre. Vendo isso ao despertar, seus companheiros ficaram com muito medo e fugiram para não ser suspeitos de homicídio. Entretanto, enquanto algumas pessoas preparavam sua cova, o morto reviveu, todos se afastaram admirados e ele contou o que lhe tinha acontecido: "Quando me matei por sugestão do demônio, vários demônios me pegaram para me levar até Roma. Mas imediatamente o beato Tiago correu atrás de nós, reprovando incisivamente as mentiras dos demônios. O bem-aventurado Tiago empurrou-nos em direção a um prado onde a Virgem beata conversava com muitos santos. O beato Tiago suplicou por mim, ela admoestou demoradamente os demônios e mandou me devolver a vida. O bem-aventurado Tiago então me ressuscitou, como vocês vêem". Três dias mais tarde restavam apenas as cicatrizes de

---

[5] Conforme nota 6 do capítulo 6.

seus ferimentos. O jovem retomou sua peregrinação e contou a seus companheiros tudo que acontecera.

8. Um francês, pelo que conta o papa Calisto, por volta do ano do Senhor de 1100 foi com sua mulher e seus filhos a Compostela para fugir da mortandade que grassava na França e movido pelo desejo de visitar São Tiago. Chegando à cidade de Pamplona, sua mulher morreu e seu hospedeiro roubou todo o dinheiro que tinha e o jumento no qual carregava os filhos. Desolado, ele passou a levar alguns filhos nas costas e a puxar outros pela mão. Um homem com um asno encontrou-o e, movido pela compaixão, emprestou-lhe o animal para que transportasse as crianças. Já em Compostela, ele fazia vigília e orava, quando São Tiago apareceu e perguntou se o conhecia. Diante da negativa, ele disse: "Sou o apóstolo Tiago, emprestei a você meu asno e o empresto também para a volta, e saiba desde já que seu hospedeiro cairá do terraço, morrerá, e você recuperará tudo o que ele tomou". Tudo aconteceu desta forma, o homem voltou contente para sua casa e logo que as crianças desceram do asno, este desapareceu.

9. Um mercador, injustamente espoliado e aprisionado por um tirano, era devoto de São Tiago e invocou seu auxílio. São Tiago apareceu-lhe e, diante dos guardas, levou-o ao alto da torre, que se curvou até ficar no nível do solo, permitindo ao mercador descer dela e ficar livre sem sequer precisar saltar. Os vigias tentaram persegui-lo, mas não podiam vê-lo.

10. Humberto de Besançon narra a história de três cavaleiros da diocese de Lyon que se dirigiam a Compostela. Um deles, por amor a São Tiago, acatou o pedido de uma pobre mulher e colocou sobre seu cavalo a sacola que ela levava. Mais adiante, encontrou um doente abandonado no caminho e também o colocou sobre o cavalo, enquanto ele mesmo seguia a pé, carregando o bordão do enfermo e a sacola da mulher. Mas o calor do sol e a fadiga do caminho abateram-no muito, e ao chegar à Galícia adoeceu gravemente. Seus companheiros imploravam-lhe para que cuidasse da salvação de sua alma, porém durante três dias ele ficou sem falar nada. No quarto dia, quando todos esperavam sua morte, ele deu um forte suspiro e disse: "Graças a Deus e a São Tiago, por cujos méritos fui libertado! Bem que eu quis fazer o que vocês me recomendaram, porém os demônios me prendiam com tal força, que nada pude dizer pela salvação de minha alma. Eu os ouvia mas não conseguia responder. No entanto São Tiago entrou aqui trazendo na mão esquerda a

sacola da mulher e na direita o bastão do pobre aos quais ajudei no caminho, e usando o bordão como lança e a sacola como escudo ele atacou os demônios, que aterrorizados fugiram. Portanto, é graças ao bem-aventurado Tiago que estou livre e que a fala me foi restituída. Chamem um sacerdote, pois não tenho muito tempo nesta vida". E voltando-se para um deles, disse: "Meu amigo, não continue a servir seu senhor pois ele está totalmente condenado e em breve morrerá de má morte". O cavaleiro foi enterrado e o companheiro contou a seu senhor o que lhe tinha sido dito; contudo este não deu importância e, sem se emendar, pouco depois morreu na guerra, traspassado por uma lança.

11. O papa Calisto conta que um homem de Vézelay dirigia-se a Compostela quando ficou sem dinheiro e com vergonha de mendigar. Repousando sob uma árvore, sonhou que São Tiago o alimentava. Ao acordar, encontrou perto de sua cabeça um pão fresco, graças ao qual viveu por quinze dias, até voltar para casa. Duas vezes por dia ele comia o necessário, e no dia seguinte encontrava em sua sacola o pão inteiro.

12. O papa Calisto refere-se a um cidadão de Barcelona que por volta do ano 1100 do Senhor chegou a Compostela e pediu somente uma coisa: que dali em diante não fosse capturado por inimigo algum. Certa feita foi aprisionado por sarracenos no mar da Sicília e vendido diversas vezes, mas sempre as correntes que o prendiam se quebravam. Na décima terceira vez em que foi vendido, colocaram-no sob correntes duplas, mas ele invocou São Tiago, que lhe apareceu e disse: "Quando em minha igreja você fez seu pedido, privilegiou a libertação do corpo à salvação da alma, e por isso passou por todos esses perigos. Mas o Senhor é misericordioso e me enviou para redimi-lo". No mesmo momento as cadeias romperam-se, e até alcançar sua região o homem atravessou terras e castelos dos sarracenos levando partes de suas correntes como testemunhas do milagre, que todos viram estupefatos. Quando alguém queria prendê-lo, mostrava suas correntes e ele fugia aterrado. Nos desertos pelos quais passou, leões e outras feras que queriam se lançar sobre ele ao verem suas correntes eram tomados por grande terror e fugiam no mesmo instante.

13. No ano do Senhor de 1238,[6] na véspera do dia de São Tiago, em um castelo chamado Prato, situado entre Florença e Pistóia, um jovem

---

[6] A edição Graesse grafa 238, porém corrigimos para 1238, data mais de acordo com o contexto do presente capítulo e do milagre narrado. Aliás, esta é a data que aparece na edição latina de Veneza de 1483, traduzida por Cecilia Lisi, vol. I, p. 420.

de simplicidade grosseira pôs fogo na colheita de seu tutor, que queria usurpar sua herança. Tendo sido preso, reconheceu o crime, foi julgado e condenado a ser queimado depois de ser arrastado pela cauda de um cavalo. O jovem confessou seus pecados e encomendou-se a São Tiago. Vestindo apenas uma camisa, foi arrastado por um terreno pedregoso mas nem o corpo nem a camisa sofreram qualquer dano. Foi atado a um poste, colocou-se em torno bastante madeira à qual atearam fogo, a madeira e as cordas queimaram, mas como ele continuava a invocar o bem-aventurado Tiago, nem a camisa, nem o corpo, sofreram com isso. Quando quiseram jogá-lo ao fogo outra vez, o povo o resgatou e assim, por meio do apóstolo, Deus foi magnificamente louvado.

95. São Cristóvão

Cristóvão antes do batismo chamava-se Réprobo, mas depois passou a ser "Cristóvão", que quer dizer *Christum ferens*, "aquele que carrega Cristo", pois o carregou de quatro maneiras: sobre as costas para transportá-lo, em seu corpo por meio da maceração, em sua mente por meio da devoção, em sua boca por meio da confissão ou da pregação.

Cristóvão era um cananeu de aspecto terrível e estatura gigantesca, de doze côvados.[1] Pelo que está escrito, quando conversava com um dos reis cananeus teve a idéia de procurar o maior príncipe do mundo para servi-lo. Apresentou-se a um rei que tinha a fama de ser o maior que existia no mundo. Este, ao vê-lo, recebeu-o com alegria e aceitou-o em sua corte. Certo dia um jogral cantava para o rei uma canção na qual o diabo era nomeado com freqüência. Cada vez que ouvia o nome do diabo, o rei, que tinha fé em Cristo, fazia imediatamente o sinal-da-cruz sobre o rosto. Vendo esse gesto do rei, Cristóvão ficou muito admirado e perguntou qual seu significado. O rei não quis responder e Cristóvão afirmou que "se não me disser, não ficarei aqui". Pressionado, o rei disse: "Toda vez que ouço falar no diabo, faço esse sinal com medo de que ele tenha poder sobre mim e me faça mal". Cristóvão: "Se você teme que o diabo o prejudique, evidentemente ele é maior e mais poderoso que você. Estou frustrado em minha esperança de ter encontrado o maior e mais poderoso senhor do mundo. Vou embora, pois quero encontrar o diabo para ser meu senhor e eu seu escravo".

---

[1] Ou seja, 7,92 metros.

Cristóvão deixou o rei para procurar o diabo. Quando caminhava pelo deserto, viu uma multidão de guerreiros, um dos quais, feroz e terrível, veio em sua direção e perguntou aonde ia. Cristóvão respondeu: "Vou procurar o diabo para tomá-lo como senhor". Aquele: "Sou quem você procura". Alegre, Cristóvão ligou-se perpetuamente a ele como escravo e ele o aceitou. Andando juntos, encontraram uma cruz elevada na estrada, e assim que o diabo viu a cruz fugiu aterrorizado e conduziu Cristóvão por um caminho abandonado e acidentado, antes de voltar para a estrada. Vendo aquilo, admirado, Cristóvão perguntou a ele por que tivera tanto medo a ponto de deixar uma via plana para seguir um desvio tão desolado e acidentado. Como o diabo não queria responder, Cristóvão disse-lhe: "Se não me contar, deixá-lo-ei neste instante". O diabo foi forçado a dizer: "Um homem que se chama Cristo foi pregado em uma cruz, e quando vejo uma imagem dessa cruz tenho grande medo e fujo assustado". Cristóvão: "Então este Cristo, cujo signo você tanto receia, é maior e mais poderoso? Então tenho trabalhado em vão, pois ainda não encontrei o maior príncipe do mundo. Adeus, quero ir embora para procurar este Cristo".

Ele procurou por um longo tempo alguém que lhe desse informações sobre Cristo, até que encontrou um eremita que lhe fez uma pregação cristã e cuidadosamente o instruiu na fé. Disse o eremita a Cristóvão: "Este rei, ao qual você deseja servir, pede submissão; será preciso jejuar freqüentemente". Cristóvão: "Que ele me peça outra coisa, esta não tenho forças para fazer". O eremita: "Será preciso também dirigir a ele muitas orações". Cristóvão: "Não sei o que é isso, e da mesma forma não posso me submeter a tal coisa". O eremita: "Você conhece o rio no qual muitos transeuntes passam por perigos e morrem?". Cristóvão: "Sim". O eremita: "Como você tem uma alta estatura e é um homem forte, se passar a morar perto desse rio e atravessar as pessoas, agradará ao rei Cristo que você deseja servir, e espero que ele se manifeste a você nesse lugar". Cristóvão: "Este tipo de serviço posso fazer e prometo que me dedicarei a ele". Foi até o rio, construiu uma pequena casa e passou a usar um bastão com o qual se mantinha dentro da água e transportava sem cessar a todos.

Muitos dias se passaram até que certa vez, enquanto repousava em sua cabana, ouviu a voz de uma criança que o chamava dizendo: "Cristóvão, saia e me atravesse". Cristóvão saiu imediatamente, mas não encontrou ninguém. De volta à sua casinha, ouviu novamente a mesma voz que o chamava. Correu outra vez para fora e não encontrou ninguém. Foi chamado uma terceira vez, saiu e achou na margem do rio uma criança que pedia insistentemente para fazer a travessia. Cristóvão ergueu a criança sobre os ombros, pegou o bastão e entrou no rio para atravessá-la. Mas a água subia pouco a pouco e a criança pesava como se fosse de chumbo. Quanto mais avançava, mais a água subia e mais a criança pesava sobre os ombros de Cristóvão, com peso insuportável, de forma que ele ficou muito angustiado e com medo de morrer. Mas com grande esforço escapou, atravessou o rio, colocou a criança na margem e disse a ela: "Pequeno, você me colocou em grande perigo e me pesou como se eu tivesse o mundo inteiro sobre mim. Dificilmente existirá peso maior". A isso a criança respondeu: "Não se espante, Cristóvão, você não somente teve o mundo sobre si, como carregou em seus ombros aquele que criou o mundo. Eu sou o Cristo, seu rei, a cuja obra você tem servido. Para comprovar que digo a verdade, quando voltar enfie seu bastão na terra ao lado de seu casebre e pela manhã verá que ele floresceu e frutificou". Dito isso, no mesmo instante desapareceu.

Ao retornar, Cristóvão fixou seu bastão na terra e quando se levantou pela manhã encontrou-o carregado de folhas e tâmaras, como se fosse uma palmeira. Em seguida foi a Samos, cidade da Lícia cuja língua não compreendia, por isso rezou ao Senhor pedindo que lhe concedesse aquela compreensão. Depois de ter obtido o que pedira, Cristóvão foi ao lugar no qual os cristãos eram torturados e confortou-os em nome do Senhor. Um dos juízes locais, que anteriormente, vendo-o orar, considerou-o alguém insano, feriu no rosto a Cristóvão, que disse: "Se eu não fosse cristão, rapidamente vingaria esta injúria". Cristóvão fixou então seu bastão na terra e pediu ao Senhor que o verdejasse para converter o povo. Isso aconteceu na mesma hora e 8 mil homens passaram a acreditar. O rei mandou duzentos soldados levarem Cristóvão diante dele. Encontrando-o em oração, tiveram medo de intimá-lo. O rei enviou outros soldados que, encontrando-o em prece, passaram a orar junto com ele. Ao se levantar, Cristóvão perguntou: "O que procuram?". Eles: "O rei nos enviou para prendê-lo e levá-lo até ele". Cristóvão: "Se eu quisesse, vocês não poderiam me levar nem solto nem amarrado". Eles: "Se você não quer nos acompanhar, siga livre para onde desejar e diremos ao rei que não o encontramos". Cristóvão: "Não, eu irei com vocês". Então ele os converteu à fé e fez com que atassem suas mãos às costas e o levassem preso.

Ao vê-lo, o rei se assustou e caiu do trono. Depois de erguido por seus escravos, perguntou o nome e a terra natal do recém-chegado. Cristóvão respondeu: "Antes de meu batismo era conhecido por Réprobo, desde então sou chamado Cristóvão". O rei: "Você se atribuiu o tolo nome deste Cristo crucificado que não salvou a si próprio e nem pode salvar você? Maldito cananeu, por que não sacrifica a nossos deuses?". Cristóvão: "É adequado que você se chame Dagnus, pois é a morte do mundo, o associado do diabo, seus deuses são produto de mãos humanas".[2] O rei: "Como você foi educado entre as feras, só pode agir como selvagem e desconhecer a fala dos homens. Mas, se sacrificar, receberá de mim grandes honrarias, caso contrário será morto com suplícios". Como ele não quis sacrificar, Dagnus mandou colocá-lo no cárcere e decapitar os soldados que haviam sido enviados a Cristóvão e tinham aceito o nome de Cristo.

A seguir mandou ao cárcere duas belas moças, uma chamada Nicéia e outra Aquilínia, prometendo-lhes muitos presentes se conseguissem fazer Cristóvão pecar com elas. Logo que as viu, Cristóvão começou a rezar. Mas como as moças o perseguiam com afagos e abraços, levantou-se e disse: "O que querem, e por qual razão foram introduzidas aqui?". Assustadas com o brilho de seu rosto, disseram: "Tenha piedade de nós, santo de Deus, pois queremos crer no Deus que você prega". Informado disso, o rei fez com que fossem levadas até ele e disse: "Foram vocês as seduzidas? Juro pelos deuses que se não sacrificarem a eles perecerão de má morte". Elas responderam: "Se quer que sacrifiquemos, mande limpar as praças e reunir todos no templo". Quando isso foi feito, elas entraram no templo, desataram seus cintos, colocaram-nos no pescoço dos deuses, que caíram e partiram-se em pedaços, enquanto diziam aos assistentes: "Chamem médicos para curar seus deuses". Então, por ordem do rei, Aquilínia foi suspensa e a seus pés atados uma pedra enorme que deslocou todos os seus membros. Quando ela migrou para o Senhor, sua irmã Nicéia foi jogada no fogo. Mas como saiu dali ilesa, foi imediatamente decapitada.

Depois disso Cristóvão foi levado à presença do rei, que mandou açoitá-lo com varas de ferro e colocar na sua cabeça um elmo de ferro incandescente. A seguir Cristóvão foi amarrado em um banco de ferro

---

[2] Dagnus resulta provavelmente de um jogo de palavras com *damnose* ("condenável", "prejudicial") ou *damnun* ("dano", "perda").

sob o qual se acendeu um fogo alimentado por piche. Mas o banco derreteu como cera e Cristóvão saiu ileso. Depois o rei mandou que ele fosse amarrado a um poste e que quatrocentos soldados o flechassem. Mas todas as flechas ficaram suspensas no ar, perto dele, sem atingi-lo. Ora, acreditando o rei que ele tivesse sido alcançado pelas flechas dos guerreiros, começou a insultá-lo quando repentinamente uma delas se voltou contra ele, atingindo-o no olho e imediatamente o cegando. Cristóvão falou: "Amanhã estarei morto, tirano, você deve então fazer lama com meu sangue, esfregar o olho com ela e recuperará a saúde". O rei mandou-o para a decapitação. Enquanto estava em profunda oração, Cristóvão foi decapitado. O rei pegou um pouco de seu sangue e colocou-o sobre o olho dizendo: "em nome de Deus e de São Cristóvão", ficando curado no mesmo instante. O rei passou a crer e lançou um edito pelo qual aquele que blasfemasse contra Deus e São Cristóvão seria imediatamente punido pela espada.

Ambrósio em seu prefácio fala desse mártir da seguinte maneira:

> O Senhor cumulou Cristóvão com tanta virtude e graça na doutrina, que ele afastou 48 mil homens do erro pagão, trazendo-os para o dogma cristão por meio de milagres que abalaram o culto anterior. Nicéia e Aquilínia, por muito tempo praticantes do meretrício no lupanar público, foram levadas da imundice à castidade por Cristóvão, que lhes ensinou ainda a receber a coroa do martírio. Mesmo amarrado em um banco de ferro no meio de uma fogueira ele não sofreu com o calor, e mesmo alvejado por guerreiros durante um dia inteiro não foi atingido por suas flechas. Depois que uma dessas flechas perfurou o olho de seu torturador, o sangue do bem-aventurado mártir misturado à terra devolveu-lhe a luz e além de curar a cegueira corporal iluminou sua mente. Foi de você, Senhor, que ele obteve a graça de defender contra doenças e enfermidades os que suplicarem a ele.

96. Os Sete Adormecidos

Os sete adormecidos eram originários da cidade de Éfeso. O imperador Décio, perseguidor dos cristãos, foi a Éfeso e mandou edificar templos no centro da cidade para que neles todos oferecessem sacrifícios aos ídolos. Ordenou também que se prendessem todos os cristãos e os forçassem a sacrificar, ou seriam mortos. O medo do castigo foi tal, que amigos delatavam amigos, pais delatavam filhos, filhos delatavam pais.

Encontravam-se naquele momento na cidade sete cristãos — Maximiano, Malco, Marciano, Dioniso, João, Serapião e Constantino — que sofriam ao ver essa situação. Eles eram personagens importantes no palácio, mas desprezavam os sacrifícios aos ídolos e em casa entregavam-se a jejuns e orações. Denunciados e levados à presença de Décio, ficou comprovado que eram mesmo cristãos, mas foi dado a eles um certo tempo, até o retorno do imperador, que partia em viagem, para renegarem sua crença. Entretanto eles distribuíram seu patrimônio aos pobres e resolveram se esconder no monte Célio.

Durante muito tempo, todo dia um deles ia até a cidade disfarçado de mendigo buscar o que necessitavam. Quando Décio retornou à cidade e mandou procurá-los para que sacrificassem, Malco contou a seus companheiros a fúria do imperador e todos sentiram muito medo. Colocando diante deles os pães que trouxera, Malco propôs que se reconfortassem com o alimento e se fortalecessem para o que estava por vir. Sentaram-se, comeram e conversaram, tristes e lacrimosos, quando pela vontade de Deus repentinamente adormeceram. Quando se procurou por eles sem encontrá-los, Décio foi informado que os jovens haviam distribuído seus bens aos pobres e se refugiado no monte Célio para continuarem cristãos. Décio ordenou então que os pais deles comparecessem a sua presença e ameaçou-os de morte se não contassem o que sabiam a respeito. Da mesma forma que todos faziam, os pais acusaram os filhos de terem distribuído seus bens aos pobres. Pensando no que fazer, e sem saber que era orientado por Deus, o imperador mandou fechar com pedras a entrada da caverna em que estavam, de forma a que morressem de fome e ficassem privados de sepultura. Os servidores assim fizeram, e dois cristãos, Teodoro e Rufino, escreveram o martírio dos jovens e cuidadosamente colocaram o relato entre as pedras.

Morto Décio e toda aquela geração, 372 anos depois, no trigésimo ano do reinado de Teodósio, propagou-se a heresia que negava a ressurreição dos mortos. Entristecido ao ver a fé atacada de tal forma por ímpios, o cristianíssimo imperador Teodósio vestiu um cilício e retirou-se para um local isolado onde chorava todos os dias. Vendo isso, Deus misericordioso para consolar os chorosos, confirmar a esperança na ressurreição dos mortos e abrir os tesouros de sua benevolência, ressuscitou os referidos mártires. Ele colocou no coração de um cidadão de Éfeso o desejo de construir no monte Célio estábulos para seus pastores. Os pedreiros abriram a gruta, os santos ressuscitaram e cumprimentaram-se normalmente, acreditando que haviam dormido apenas uma noite. Lembrando da tristeza da véspera, perguntaram a Malco o que Décio havia decretado a respeito deles. Ele respondeu: "Como disse ontem, estamos sendo procurados para que sacrifiquemos aos ídolos. É isso que o imperador pretende de nós". Maximiano falou: "Deus sabe que não sacrificaremos".

Depois de confortar seus companheiros, ele mandou Malco ir à cidade comprar pão em maior quantidade que na véspera e na volta contar sobre as ordens do imperador. Malco pegou cinco moedas e saiu da caverna. Viu as pedras, ficou admirado, mas estava imerso demais em outros pensamentos para pensar nelas. Chegou receoso à porta da cidade e ficou muito admirado ao ver sobre ela o signo da cruz. Em outra porta aconteceu o mesmo, e assim em todas as portas, ficando muito admirado por encontrar a cidade tão transformada. Ele fez o sinal-da-cruz e voltou à primeira porta, pensando que sonhava. Encorajado, cobriu o rosto e entrou na cidade. Entre os mercadores de pão ouviu homens falando de Cristo, e estupefato pensou: "O que é isto? Ontem não se ouvia ninguém pronunciar o nome de Cristo, e agora todos O confessam? Acho que não é a cidade de Éfeso, é uma outra, mas não sei qual". Como perguntou e lhe responderam que era Éfeso, pensou que era melhor voltar para seus companheiros.

Antes foi comprar pão, deu o dinheiro aos mercadores, e estes ficaram surpresos acreditando que o jovem tinha encontrado um velho tesouro. Vendo-os falar tanto entre si, Malco pensou que queriam levá-lo ao imperador, e aterrorizado disse que podiam ficar com os pães e as moedas de prata. Os mercadores perguntaram: "De onde você é? Mostre-nos onde encontrou os tesouros de antigos imperadores, seremos sócios e guardaremos seu segredo". Amedrontado, Malco não sabia o que dizer. Vendo que ele se calava, os mercadores puseram uma corda em seu pescoço e arrastaram-no até o centro da cidade. Correu o rumor de que o jovem tinha encontrado tesouros. Todos se reuniram em torno dele e o olhavam com admiração. Ele queria dizer que não havia encontrado nada, mas olhava para todos e não reconhecia ninguém, sequer um de seus parentes, que acreditava estarem vivos, e parecia um louco no meio da população da cidade.

Ao ouvir isso, o bispo São Martinho e o procônsul Antípatro, que chegara à cidade recentemente, mandaram os cidadãos levarem-lhes com cuidado o jovem e seu dinheiro. Enquanto os oficiais o levavam à igreja, Malco pensava que o conduziam ao imperador. Após examinar as moedas, o bispo e o procônsul perguntaram onde ele tinha encontrado esse tesouro desconhecido. Ele respondeu que não havia encontrado nada, que o dinheiro vinha do bolso de seus pais. Interrogado sobre sua cidade de origem, respondeu: "Sou desta cidade, se ela é Éfeso". O procônsul disse: "Traga seus pais, para que eles testemunhem por você". Ele disse seus nomes, mas ninguém os conhecia e pensaram que ele mentia para poder escapar. Disse o procônsul: "Como acreditaremos em você que estas moedas de prata são de seus pais, se têm uma inscrição de mais de 377 anos, sendo dos primeiros dias do imperador Décio, não se parecendo em nada às nossas moedas de prata? Como seus pais viveram há tanto tempo e você é tão jovem? Você quer enganar os sábios e os anciãos de Éfeso? Por esta razão devemos entregar você à lei até que confesse sua descoberta". Suplicando, Malco disse: "Por Deus, senhores, digam-me o que querem saber que direi o que há em meu coração. Onde está agora o imperador Décio?". O bispo disse:

"Filho, ele já não está mais na terra. O imperador chamado Décio viveu há muito tempo". Malco disse: "É por isso, senhor, que estou tão espantado e que ninguém acredita em mim. Sigam-me, eu mostrarei a vocês meus companheiros que estão no monte Célio e assim acreditarão. O que sei é que fugimos do imperador Décio, e ontem mesmo o vi entrar nesta cidade, se ela é Éfeso". O bispo pensou, e disse ao procônsul, que tudo aquilo era uma visão que Deus queria comunicar por meio daquele jovem.

Então eles e uma multidão de cidadãos seguiram Malco, que entrou antes deles onde estavam seus companheiros, e depois o bispo encontrou entre as pedras o relato lacrado por dois selos de prata. Reunido o povo, ele leu o relato para admiração de todos, que vendo os santos de Deus sentados na caverna com a aparência de rosas florescentes, ajoelharam-se e glorificaram a Deus. Logo a seguir o bispo e o procônsul enviaram uma mensagem ao imperador Teodósio, pedindo que viesse testemunhar os milagres que Deus acabava de manifestar. Imediatamente o imperador levantou-se do solo, largou o cilício e foi de Constantinopla até Éfeso glorificando a Deus. Todos foram encontrá-lo e juntos dirigiram-se à gruta. Assim que viram o imperador, os rostos dos santos brilharam como o sol. O imperador entrou, prosternou-se diante deles glorificando a Deus, ergueu-se, abraçou cada um deles chorando e dizendo: "Vejo-os como se visse o Senhor ressuscitando Lázaro". São Maximiano então falou: "Acredite, foi por você que Deus nos ressuscitou antes do dia da grande Ressurreição, para que você não duvide da ressurreição dos mortos. É verdade que nós ressuscitamos, que como uma criança no útero da mãe vivemos protegidos, vivemos dormindo sem nada sentir".

Dito isso, todos viram como inclinaram a cabeça para a terra, adormeceram e entregaram o espírito, seguindo a ordem de Deus. O imperador por sua vez levantou-se, derramou lágrimas sobre eles e os beijou. Ordenou em seguida que se fizessem sepulcros de ouro puro para colocá-los, mas naquela mesma noite eles apareceram ao imperador dizendo que se até então haviam repousado na terra e da terra haviam ressuscitado, que fossem deixados na terra até que o Senhor os ressuscitasse de novo. O imperador mandou que se ornamentasse aquele lugar com pedras douradas e que todos os bispos que aceitassem a ressurreição fossem absolvidos de seus erros anteriores.

Que eles tenham dormido 372 anos, como se diz, permite dúvidas, pois eles ressuscitaram no ano do Senhor de 448, e Décio reinou apenas um ano e três meses no ano do Senhor de 252, ou seja, eles dormiram apenas 196 anos.

97. Santos Nazário e Celso

Nazário é o mesmo que Nazareno, que significa "consagrado", "puro", "discreto", "florido" ou "guardião". São características do homem cinco coisas, o pensamento, a afeição, a intenção, a ação e a fala. O pensamento deve ser santo, a afeição pura, a intenção reta, a ação justa, a fala moderada. Todas estas coisas existiram no bem-aventurado Nazário. Ele teve pensamento santo, daí ser chamado de consagrado. Afeição pura, daí ser chamado puro. Intenção reta, daí ser chamado de discreto, pois a intenção define as obras, e com olho inocente o corpo é transparente, com olho dissoluto o corpo é tenebroso. Suas ações foram justas, daí ser chamado de florido, pois o justo florescerá como o lírio. Sua fala foi moderada, daí ser chamado de guardião, já que vigiou seus caminhos e não pecou pela língua.

Celso, "excelso", elevou-se acima de si mesmo, pois pela força de sua vontade superou sua pouca idade. Conta-se que Ambrósio encontrou a narrativa da vida e do martírio de ambos no livro de Gervásio e Protásio. Mas em alguns livros está dito que um filósofo devoto de Nazário escreveu seu martírio, colocado por Cerátio junto aos corpos destes santos quando foram sepultados.

Nazário era filho de um homem muito ilustre, mas judeu, chamado Africano, e da cristianíssima beata Perpétua, romana muito nobre, batizada pelo bem-aventurado apóstolo Pedro. Quando tinha nove anos, Nazário ficou muito admirado vendo seu pai e sua mãe em práticas religiosas diferentes, pois ela seguia a lei do batismo e ele a lei sabática. Cada um procurava atraí-lo para sua crença, mas ele hesitava a qual das duas aderir. Deus quis por fim que ele seguisse os passos da mãe, e recebeu o santo batismo do bem-aventurado papa Lino. Sabendo disso, seu pai tentou desviá-lo de seu santo propósito contando-lhe os diferentes tormentos que eram infligidos aos cristãos. Quando se diz que ele foi batizado pelo papa Lino, não se deve entender que este já era papa, mas que o seria no futuro. Como está exposto a seguir, Nazário viveu muitos anos depois de batizado e morreu martirizado por Nero, que crucificou Pedro no último ano de seu reinado. Ora, Lino foi papa após a morte de Pedro.

Nazário não concordava com seu pai, com grande firmeza preferia Cristo. Diante dos pedidos de seus pais, temerosos que ele fosse morto, deixou a cidade de Roma com sete animais carregados de riquezas e foi pelas cidades da Itália dando-as aos pobres. Dez anos depois de sua partida de Roma, chegou a Placência, a seguir a Milão, onde encontrou detidos os santos Gervásio e Protásio. Quando se soube que Nazário encorajava esses mártires, ele foi imediatamente levado ao prefeito, e como persistisse em confessar a Cristo, foi surrado com varas e expulso da cidade. Enquanto ia de um lugar a outro, sua mãe, que havia morrido, apareceu-lhe, confortou o filho e o aconselhou a ir para a Gália. Quando chegou a uma cidade da Gália chamada Genebra, converteu muitas pessoas e uma senhora ofereceu-lhe seu filho, chamado Celso, que era uma bonita criança, rogando que o batizasse e o levasse consigo. Quando o prefeito dos gauleses soube disso, prendeu-o e ao menino Celso, com as mãos amarradas para trás e correntes no pescoço, para serem torturados no dia seguinte. Mas a esposa do prefeito disse-lhe que era injusto matar inocentes e antecipar a vingança dos deuses onipotentes. Diante destas palavras, o prefeito deixou os santos ir embora, mas proibiu-os de pregar ali.

Nazário chegou então a Tréveris, onde foi o primeiro a pregar a Cristo, converteu muitas pessoas e edificou uma igreja. Cornélio, representante de Nero, comunicou isso ao imperador, que enviou cem homens para prendê-lo. Eles o encontraram ao lado do oratório que havia construído e ataram suas mãos dizendo: "O grande Nero o chama". Nazário: "Um rei transtornado tem soldados transtornados. Por que não vieram me dizendo educadamente 'Nero o chama'? Eu teria ido". Então o levaram acorrentado até Nero. O pequeno Celso seguia-os chorando, e por isso recebia bofetadas. Depois de vê-los, Nero mandou colocá-los na prisão até que tivesse decidido com que suplícios os mataria.

Nesse meio-tempo, as feras que Nero tinha mandado caçar subitamente se libertaram e entraram no jardim do imperador, onde mataram e feriram muitas pessoas, e mesmo Nero, machucado no pé, fugiu para o palácio. Devido à dor do ferimento, Nero ficou muitos dias deitado, lembrou-se de Nazário e de Celso e pensou que os deuses estavam irritados por ter permitido que eles vivessem tanto tempo. Ordenou então que os soldados com pontapés e pancadas conduzissem os dois até sua presença. Vendo Nero o rosto de Nazário resplandecente como o sol, mandou-o parar de recorrer a artes mágicas e passar a sacrificar aos deuses. Levado ao templo, Nazário pediu a todos que se retirassem e enquanto orava todos os ídolos se quebraram.

Ao saber disso, Nero mandou que o jogassem ao mar e, caso conseguisse se salvar, que fosse queimado e suas cinzas lançadas ao mar. Então Nazário e o pequeno Celso foram embarcados e jogados do navio quando se encontravam em alto-mar. Mas imediatamente o navio foi envolvido por enorme tempestade, enquanto ao redor dos santos reinava a maior calmaria. Temendo morrer, os tripulantes arrependeram-se do mal que haviam feito aos santos, e então Nazário e o pequeno Celso, andando alegremente sobre as águas, reapareceram e subiram a bordo. Nazário fez uma oração junto com os tripulantes, já convertidos, acalmando o mar e chegando assim a um lugar distante cerca de seiscentos passos da cidade de Gênova, onde desembarcaram. Depois de terem ali pregado por longo tempo, dirigiram-se a Milão, onde tinham deixado Gervásio e Protásio. Quando o prefeito Anolino soube disso, mandou Celso ficar na casa de uma senhora e enviou Nazário para o exílio.

Este foi a Roma, onde encontrou seu pai, já velho e cristão, e quis saber como tinha se convertido. Seu pai disse que o apóstolo Pedro aparecera e o aconselhara a seguir sua mulher e seu filho que o haviam precedido em Cristo. A seguir Nazário, pressionado pelos sacerdotes dos templos, deixou Roma e voltou a Milão, onde reencontrou Celso. Juntos foram conduzidos para fora da cidade, para um lugar chamado Três Muros, perto da Porta Romana, onde foram decapitados. Os cristãos recolheram seus corpos para colocá-los em seus jardins, mas nessa mesma noite os santos apareceram a um homem de nome Cerátio e disseram que, por causa de Nero, enterrasse os corpos dentro de sua casa. Aquele homem: "Senhores, primeiro curem minha filha paralítica". E como foi curada no mesmo instante, ele pegou os corpos e os enterrou como tinha sido mandado. Muito tempo depois, o Senhor revelou o local dos corpos ao bem-aventurado Ambrósio. Este deixou no mesmo lugar o de Celso. Como o de Nazário foi encontrado com sangue fresco, inteiro e incorrupto, com cabelo e barba, exalando um maravilhoso odor, como se tivesse sido enterrado naquela hora, foi trasladado para a igreja dos apóstolos e aí sepultado com honras. O martírio deles ocorreu sob Nero, que começou a governar por volta do ano do Senhor de 57.

A respeito deste martírio, diz Ambrósio no prefácio:[1]

> O santo mártir Nazário, purificado por seu sangue, mereceu subir ao reino celeste. Perseguido por inúmeros e cruéis suplícios, pela constância na fé superou o ódio dos tiranos, por lutar pelo Senhor Cristo nunca cedeu diante das ameaças dos perseguidores. Conduzido ao templo para fazer libações aos ídolos profanos, foi sustentado pela ajuda divina, e assim que lá entrou reduziu-os a pó. Por isso foi levado para longe da terra e jogado no fundo do mar, mas recompensado pelos anjos andou como se estivesse sobre chão firme. Ó feliz e ínclito combatente do Senhor, atacando o príncipe do mundo fez inumerável multidão participar da vida eterna! Ó grande e inefável mistério, que a Igreja tenha mais alegria com os salvos do que o mundo teve com os que puniu! Ó bem-aventurada mãe, glorificada pelos tormentos de seus rebentos que conduziu à sepultura sem choro, sem gemidos e sem parar de louvar enquanto migram à eternidade celeste! Ó testemunho perfumado, resplandecente de brilho celeste, cujo inestimável odor é mais poderoso que os aromas de Sabá!

Quando Ambrósio encontrou o corpo de Nazário exaltou-o como protetor e médico, como defensor da fé e guerreiro de combates sagrados: "Esta dracma que você por muito tempo conservou no pó, Cristo, foi encontrada pela luz da virtude e da palavra celeste para que suas recompensas sejam manifestas e os olhos dos homens vejam o rosto dos anjos". Assim escreveu Ambrósio.

---

[1] Conforme nota 4 do capítulo 55.

98. São Félix, Papa

Félix foi eleito e ordenado papa no lugar de Libério. Como o papa Libério não quis aprovar a heresia ariana, foi enviado por Constâncio, filho de Constantino, para o exílio, onde permaneceu três anos. Foi por isso que todo o clero romano ordenou Félix para seu lugar, seguindo a vontade do próprio Libério.

Quando de sua eleição, Félix convocou um concílio com 48 bispos e condenou Constâncio, imperador ariano herético, e dois presbíteros que o apoiavam. Indignado, Constâncio destituiu Félix do episcopado e revogou o exílio de Libério, com a condição de ele concordar com as idéias do imperador e de todos que Félix havia condenado. Afetado pelo tédio do exílio, Libério subscreveu o erro da heresia e desta forma cresceu a perseguição a muitos sacerdotes e clérigos, assassinados dentro da Igreja sem que Libério o impedisse. Destituído do episcopado, Félix retirou-se para sua propriedade, de onde foi conduzido ao martírio por decapitação, ocorrido cerca do ano 340 do Senhor.[1]

---

[1] Esta legenda apresenta alguns problemas por ter sido baseada no *Líber Pontificalis*, uma coletânea de biografias papais cuja primeira parte, feita por volta de 530, não é muito rigorosa do ponto de vista histórico (edição moderna de L. Duchesne, Paris, 1886, vol. I). Assim, esse relato de Jacopo é falho em quatro pontos: Félix II morreu em 365 (e não em 340); ele não foi escolhido por Libério e sim pelo imperador; não foi portanto um campeão da ortodoxia, mas alguém que apoiou o arianismo (sobre esta heresia veja-se nota I do capítulo 3); seu suposto martírio decorre de uma confusão com o mártir romano conhecido por Félix Portuense. Em suma, como reconhece atualmente o *Annuario pontifício*, ele não é santo nem papa, e sim antipapa.

99. Santos Simplício e Faustino

Os irmãos Simplício e Faustino recusavam-se a sacrificar e por isso morreram em Roma com muitas torturas, na época do imperador Diocleciano. Proclamada sua sentença, foram decapitados e seus corpos jogados ao Tibre, de onde sua irmã Beatriz os retirou para enterrá-los honradamente. Ambicionando as propriedades dela, Lucrécio, prefeito e representante de Diocleciano, mandou prendê-la e sacrificar aos ídolos. Como ela se recusou, Lucrécio mandou seus escravos estrangulá-la durante a noite. A virgem Lúcia pegou seu corpo e o enterrou ao lado dos de seus irmãos.

Depois disso o prefeito Lucrécio apoderou-se de suas propriedades. Durante um banquete que ofereceu a seus amigos, ele insultava os mártires quando uma criança de colo, ainda envolta em fraldas, exclamou de tal forma que todos a ouviram: "Cuidado, Lucrécio, você matou, usurpou e está entregue ao poder do inimigo". No mesmo instante Lucrécio temeu, e tremendo foi possuído pelo demônio que o atormentou durante três horas, até morrer em pleno banquete. Os presentes converteram-se e contaram a todos o martírio da virgem Santa Beatriz, que tinha sido vingada no banquete.

Simplício e Faustino foram martirizados por volta do ano do Senhor de 287.

100. Santa Marta

Marta, hospedeira de Cristo, descendente de reis, era filha de Ciro e Eucália. Seu pai foi governador da Síria e de muitas outras províncias. Como herança de sua mãe, Marta e sua irmã receberam três fortalezas, Magdala, Betânia e uma parte da cidade de Jerusalém. Em nenhum lugar está escrito que ela tenha tido marido ou tenha morado com algum homem.

Esta nobre hospedeira do Senhor queria que sua irmã também se dedicasse a Ele, pois lhe parecia que nada no mundo era demais para servir a um hóspede tão importante. Depois da ascensão do Senhor, quando os discípulos se dispersaram, ela, seu irmão Lázaro, sua irmã Maria Madalena e também o beato Maximino — que os havia batizado, e ao qual ela tinha sido confiada pelo Espírito Santo — foram, junto com muitos outros, colocados pelos infiéis num navio sem remos, velas, lemes e alimentos. Conduzidos por Deus, chegaram a Marselha. De lá foram a Aix-en-Provence, onde converteram a população local.

A bem-aventurada Marta era muito eloqüente e simpática com todos. Havia naquela época na região do Ródano, na floresta entre Arles e Avignon, um dragão metade animal, metade peixe, mais gordo que um boi, mais comprido que um cavalo, com dentes cortantes como espada e pontiagudos como cornos, munido de cada lado de dois escudos. Ele se escondia no rio para afundar os barcos e matar todos os que por ali passavam. Ele viera por mar desde a Galácia,[1] na Ásia, gerado por Leviatã, serpente aquática muito feroz, e pelo animal Onaco, originário daquela região. Contra seus perseguidores ele arremessava a grande distância seus excrementos como se fossem dardos, e tudo que eles tocavam e

---

[1] Conforme nota 8 do capítulo 63.

cobriam queimava como fogo. A pedido do povo, Marta foi até a floresta, onde o encontrou comendo um homem, jogou nele água benta e mostrou-lhe uma cruz. Instantaneamente vencido, imóvel como uma ovelha, Santa Marta o amarrou com seu cinturão e ele foi morto pelo povo com golpes de lanças e pedradas.

O dragão era chamado pelo povo de Tarascono, e em memória disso o lugar ainda é conhecido por Tarascon,[2] em vez de Nerluc, como antes, que significa "lago negro" porque ali a floresta era negra e sombria. Foi aí que a bem-aventurada Marta passou a viver, com a concordância de seu mestre Maximino e de sua irmã, entregando-se a orações e jejuns ininterruptos. Mais tarde, depois de ter reunido um grande número de seguidoras, ela ali levantou uma grande basílica em honra da bem-aventurada Maria sempre virgem. Marta levava uma vida muito rigorosa, evitando carne, todo tipo de alimento gordo, ovos, queijo e vinho. Todo dia ela comia apenas uma vez e fazia cem genuflexões de dia e outras tantas de noite.

Certa vez, quando pregava perto de Avignon, entre a cidade e o Ródano, um jovem que se encontrava do outro lado do rio querendo ouvir suas palavras, mas não tendo barco, começou a nadar e foi subitamente arrastado pelo rio e logo se afogou. Dois dias depois seu corpo foi encontrado e colocado aos pés de Santa Marta para que o ressuscitasse. Ela se prostrou em forma de cruz e orou: "Ó, Adonai, Senhor Jesus Cristo que outrora ressuscitou meu irmão Lázaro, seu amigo! Meu querido hóspede, pela fé daqueles que me rodeiam, ressuscite este jovem!". Ela segurou a mão do rapaz e logo ele ressuscitou e recebeu o santo batismo.

EUSÉBIO refere-se no quinto livro de sua *História eclesiástica* à mulher hemorroíssa, que depois de curada mandou fazer no seu jardim uma estátua de Cristo vestido com uma túnica cheia de franjas, como ela o vira e o reverenciava. As ervas comuns que cresciam sob a estátua, a partir do momento que tocavam as franjas da imagem ganhavam poder e curavam muitos doentes. Diz Ambrósio que a hemorroíssa que o Senhor curou era Marta. Jerônimo afirma, e a *HISTÓRIA TRIPARTITE* con-

---

[2] Esta cidade, situada nos arredores de Arles, na Provença, tem desde o século X uma igreja dedicada a Santa Marta, e ainda atualmente ocorre ali todo ano uma procissão que lembra a submissão do monstro mítico, fenômeno estudado pelo clássico L. Dumont, *La Tarasque: essai de description d'un fait local d'un point de vue ethnographique*, Paris, Gallimard, 1951.

firma, que Juliano, o Apóstata, substituiu a estátua feita pela hemorroíssa por uma de si mesmo, que foi fulminada por um raio.

Um ano antes de morrer, o Senhor revelou-lhe que isso aconteceria, e durante todo este ano ela teve febre. Oito dias antes de sua morte ela ouviu o coro de anjos que levavam a alma de sua irmã para o Céu. Ela logo reuniu sua comunidade e disse: "Meus companheiros e dulcíssimos alunos, eu peço que vocês se regozijem comigo porque vejo coros angélicos carregando a alma de minha irmã para o lugar que lhe foi prometido. Ó formosíssima e querida irmã, viva com seu mestre e meu hóspede na morada bem-aventurada!".

Assim que a beata Marta pressentiu que a morte estava próxima, pediu que acendessem lâmpadas ao redor dela e a velassem até sua morte. Por volta da meia-noite anterior ao seu passamento, os que a velavam estavam em pesado sono quando um forte vento irrompeu e apagou todas as luminárias. Marta percebeu que era na verdade uma turba de espíritos malignos, e começou a orar: "Eli, meu pai, meu caro hóspede, os sedutores se reúnem para me devorar, tendo escrito os males que cometi. Eli, não se afaste de mim, venha em minha ajuda!". Nesse momento Marta viu sua irmã caminhar até ela tendo na mão uma tocha com a qual acendia os círios e as lâmpadas, e enquanto uma chamava a outra pelo nome, Cristo apareceu e disse: "Venha, querida hospedeira! Onde estou, você estará comigo! Você me hospedou e eu a receberei no meu Céu. Por amor a você, ouvirei aqueles que invocarem seu nome". Aproximando-se a hora de seu passamento, pediu que fosse levada para fora a fim de ver o céu, e mandou que a colocassem no chão coberto de cinzas. Deram-lhe um crucifixo para segurar e ela orou com estas palavras: "Meu caro hóspede, acolha sua pobrezinha, e como se dignou a hospedar-se comigo, receba-me em sua hospedagem celeste". Ela mandou que lessem para ela a Paixão segundo Lucas, e dizendo "Pai, em suas mãos encomendo minha alma", entregou o espírito.

No dia seguinte, um domingo, enquanto se faziam as celebrações junto a seu corpo, perto da hora terça o Senhor apareceu ao beato Frontão — que celebrara a missa em Périgueux e que após a leitura da epístola dormira na cátedra — dizendo: "Meu querido Frontão, se você quiser que se cumpra o que outrora prometi à nossa hospedeira, levante-se depressa e siga-me". Ele obedeceu e logo ambos chegaram a Tarascon, onde salmodiaram junto ao corpo e celebraram todo o ofício com os presentes. Depois, com suas próprias mãos, colocaram o corpo na sepultura. Enquanto isso, em Périgueux, quando terminou o canto, o diácono despertou o bispo pedindo-lhe a benção que antecede a leitura do Evangelho. Ele acordou dizendo: "Meus irmãos, por que me acordaram? O Senhor Jesus Cristo conduziu-me até o corpo de Marta, sua hospedeira, e nós a levamos à sepultura. Enviem depressa até lá mensageiros para trazer meu anel de ouro e minhas luvas cinzentas que tirei para enterrar o corpo. Eu os entreguei ao sacristão e os esqueci lá porque vocês me despertaram repentinamente!".

Os mensageiros enviados encontraram tudo como o bispo dissera. Levaram de volta o anel e apenas uma luva, pois o sacristão ficou com a outra como testemunho do que acontecera. O beato Frontão acrescentou depois:

> Quando saímos da igreja após o sepultamento, um irmão do local, hábil nas letras, seguiu-nos para perguntar ao Senhor como ele se chamava. Ele nada respondeu, apenas mostrou um livro que tinha aberto na mão e no qual nada estava escrito a não ser o verso: "À eterna memória de minha boa hospedeira, que não teme ouvir algo de ruim no Último Dia". Ele folheou o livro e viu que a mesma coisa estava escrita em todas as folhas.

Como no sepulcro dela ocorriam milagres com freqüência, Clóvis, rei dos francos, que se tornara cristão ao ser batizado por São Remígio, e que sofria de grandes dores nos rins, foi até o túmulo e recuperou inteiramente a saúde. Por isso doou ao sepulcro, livres de quaisquer obrigações, terras nas duas margens do Ródano, três milhas de extensão com aldeias, castelos e tudo o que ali havia.

A vida da santa foi escrita por sua escrava Martila, que a seguir foi à Esclavônia[3] pregar o Evangelho de Deus e ali morreu em paz dez anos depois de Marta.

---

[3] Norte dos Bálcãs, região de eslavos, nome que a etimologia simbólica medieval considerava indicativo da predisposição escrava daquele povo.

101. Santos Abdão e Senen

Abdão e Senen sofreram o martírio sob o imperador Décio, que ao submeter a Babilônia e outras províncias levou os cristãos que encontrou até a cidade de Córdoba, onde os matou por diferentes suplícios. Eles foram sepultados pelos dois vice-reis, Abdão e Senen, que, descobertos, foram levados acorrentados à presença de Décio, em Roma. Diante de Décio e do Senado, foi-lhes proposto que sacrificassem para recuperar a liberdade, caso contrário seriam jogados às feras e despedaçados e devorados por elas. Como desprezaram os ídolos e cuspiram em suas imagens, foram levados ao anfiteatro e lançados a dois leões e quatro ursos, que, contudo, não tocaram nos santos, ao contrário, protegeram-nos. Eles foram então mortos a golpe de espada e arrastados com os pés amarrados até uma imagem do Sol, ao lado da qual ficaram abandonados por três dias, até que o subdiácono Quirino os recolheu e os enterrou em sua casa.

Abdão e Senen foram martirizados ao redor do ano de 253 do Senhor. No tempo de Constantino, estes mártires, ao lado de outros dois, revelaram aos cristãos onde estavam seus corpos, que foram trasladados para o cemitério de Ponciano, onde Deus permitiu que fizessem muitos milagres em benefício do povo.

102. São Germano

O nome Germano vem de *germine*, "semente", e de *ana*, "do alto", significando portanto "uma semente do alto". Para que uma seara germine três coisas são necessárias: calor natural, umidade nutritiva e fertilidade da semente. Por isso o bem-aventurado Germano é chamado semente germinante: nele havia o calor de seu fervoroso amor, a umidade de sua abundante devoção e o princípio germinante da força de sua pregação, por meio da qual engendrou em muitos fé e bons costumes. Sua vida foi escrita pelo presbítero Constantino para São Censúrio, bispo de Auxerre.

Germano nasceu de pais muito nobres na cidade de Auxerre. Depois de ter estudado bastante as artes liberais partiu para Roma a fim de aprender direito. Lá ele ganhou tanta consideração que o Senado o enviou à Gália para governar todo o ducado da Borgonha. No centro da cidade de Auxerre, de onde exercia seu poder com grande diligência, havia um pinheiro em cujos ramos dependurava, para serem admiradas, as cabeças dos animais que caçava. Mas São Amador, bispo da cidade, muitas vezes criticou essa vaidade, aconselhando-o a mandar derrubar a árvore para que ela não servisse de mau exemplo aos cristãos. Germano não concordava, e certo dia, durante sua ausência, Amador fez com que a árvore fosse cortada e queimada. Quando Germano soube disso, esqueceu-se da religião cristã e voltou à cidade com soldados com a intenção de matar o bispo. Quando por revelação divina o bispo soube que seria sucedido por Germano, acalmou-se e fugiu para Autun. Mais tarde voltou cautelosamente a Auxerre, chamou Germano para a igreja, prendeu-o ali e o tonsurou, explicando que estava predito que ele seria seu sucessor. Foi o que aconteceu. Pouco depois o bispo morreu e toda a população aclamou Germano para o cargo.

Ele distribuiu seus bens aos pobres, transformou sua esposa em irmã, e durante trinta anos mortificou de tal forma seu corpo, que nunca consumiu pão de trigo ou vinho ou legumes, nem usou sal para dar sabor à comida. Duas vezes ao ano, na Páscoa e no Natal, tomava vinho, mas misturado com tanta água que tirava o sabor dele. Na refeição, primeiro comia um pouco de cinzas, depois pão de cevada. Jejuava sempre e comia apenas de tarde. Tanto no verão quanto no inverno, vestia apenas um cilício e uma túnica. Se demorava a dar estas roupas, usava-as até que estivessem gastas e puídas. Seu leito era coberto por cinzas, um cilício e um saco, e sem travesseiro que fizesse a cabeça ficar mais alta que os ombros. Carregava no pescoço, sempre gemendo, relíquias dos santos. Jamais tirava a roupa, raramente o calçado e o cinto. Em tudo que fez, superava sua condição humana. Sua vida seria inacreditável sem milagres. Tantos milagres que poderiam ser considerados fantasia, não fossem os méritos que anteriormente demonstrara.

Certa vez, estava hospedado num lugar no qual depois do jantar a mesa foi novamente posta, e, admirado, perguntou para quem ela estava sendo preparada. Disseram-lhe que era para umas boas mulheres que viajavam à noite. São Germano decidiu passar a noite em vigília, e viu uma multidão de demônios que se acomodavam à mesa sob a forma de homens e mulheres. Ele ordenou que não saíssem dali, acordou todos os membros da família que o hospedava e perguntou se conheciam aquelas pessoas. Disseram que eram vizinhos e vizinhas. Germano ordenou que os convidados não partissem, e enviou os hospedeiros às casas de cada um dos vizinhos, e todos estavam em seus leitos. Esconjurados, os demônios reconheceram estar disfarçados de humanos.

Naquele tempo vivia o bem-aventurado Lupo, bispo de Troyes, que do alto da porta desta cidade perguntou ao rei Átila, que a atacava, quem era ele para fazer aquilo. Ele respondeu: "Sou Átila, o flagelo de Deus". O humilde prelado de Deus falou gemendo: "Eu sou o lobo que devasta o rebanho de Deus, e como mereço o flagelo de Deus vou mandar abrir as portas agora mesmo". Os invasores entraram, mas divinamente cegados passaram de uma porta a outra sem ver nem ferir ninguém.

O bem-aventurado Germano levou consigo o mencionado bispo Lupo às ilhas Britânicas, onde pululavam heréticos. Depois de partirem, formou-se no mar enorme tempestade, mas à prece de São Germano imediatamente se estabeleceu grande calma. Eles foram recebidos com grandes honras pelo povo, pois os demônios já haviam anunciado que São Germano os expulsaria dali. Depois de terem convertido os heréticos, retornaram à sua terra.

Certa feita Germano estava deitado, doente, quando subitamente um incêndio tomou conta de todo o lugar. Pediram-lhe que deixasse ser carregado para escapar ao fogo, mas ele se expôs e as chamas consumiram tudo de cima a baixo, sem tocar no lugar em que ele se encontrava.

Quando foi outra vez à Bretanha para refutar os heréticos, um dos seus discípulos partiu pouco depois, desejando alcançá-lo, mas ficou doente perto de Tonnerre e morreu. O beato Germano retornou, fez abrir o sepulcro, chamou o morto pelo nome e perguntou se ainda queria combater ao lado dele. O morto sentou-se e respondeu que estava gozando de muitas doçuras e que não queria voltar à situação anterior. Então, com a anuência do santo, deitou-se novamente e dormiu no Senhor.

Enquanto pregava na Bretanha, o rei recusou hospitalidade a ele e a seus companheiros. O guardador de porcos do rei ao voltar para sua cabana viu o bem-aventurado Germano e seus companheiros com fome e frio, recolheu-os bondosamente em sua casa e mandou matar para seus hóspedes o único novilho que tinha. Após a ceia, São Germano juntou todos os ossos do animal sobre seu couro, fez uma oração e sem demora o novilho ressuscitou. No dia seguinte Germano dirigiu-se ao rei e com energia perguntou por que tinha recusado sua hospitalidade. Como o rei, paralisado, não conseguia responder, disse-lhe: "Vá embora e deixe o reino para alguém melhor". Germano, mandado por Deus, chamou o porqueiro com sua esposa e, diante do espanto de todos, proclamou-o rei, e desde então todos os reis da Bretanha foram seus descendentes.

Como os saxões que lutavam contra os bretões eram poucos, pediram ajuda aos santos que passavam por lá, onde pregavam e davam a todos a graça do batismo. No dia de Páscoa, levados pelo fervor da fé, os saxões despojaram-se das armas mas propondo-se a combater com ardor se fosse necessário. Sabendo da novidade, os bretões partiram contra os desarmados, mas Germano orientou-os a que, quando ele gritasse "aleluia", respondessem com força. Quando isso foi feito, os bretões pensaram que não apenas os montes, mas também o céu, cairiam sobre eles, imaginaram que as hostes inimigas eram muitas, e invadidos pelo medo jogaram suas armas fora e fugiram.

Certa oportunidade em que passava por Autun, Germano foi à tumba do bispo São Cassiano, ao qual perguntou como estava. Do túmulo ele respondeu, e foi ouvido por todos: "Gozo de um doce repouso e espero a vinda do Redentor". E Germano: "Repouse ainda muito tempo em Cristo e interceda com afinco por nós para que mereçamos obter as alegrias da santa Ressurreição".

Quando de sua chegada a Ravena, Germano foi recebido com honras pela rainha Plácida e por seu filho Valentiniano. Na hora do jantar, a rainha enviou-lhe deliciosos alimentos em uma enorme bandeja de prata, que ele aceitou para distribuir os alimentos aos escravos e dar a bandeja de prata aos pobres. Em retribuição, em vez de presentes ele mandou à rainha um pão de cevada em uma escudela de madeira, que ela recebeu de boa vontade, e sobre a qual colocou depois uma cobertura de prata.

Uma vez a mencionada rainha convidou Germano para um banquete e ele benevolamente aceitou, e como estava extenuado pelos jejuns e pelas preces foi até ao palácio montado em um asno. Mas enquanto comiam, o asno de São Germano morreu. Ao saber disso, a rainha quis presentear o bispo com um cavalo extremamente manso, ao que ele disse: "Tragam meu asno, porque assim como ele me trouxe, ele me levará". E dirigindo-se ao cadáver: "Levante-se, preguiçoso, voltemos para a hospedaria". Imediatamente o asno se levantou, se sacudiu e como se nada lhe tivesse acontecido, levou Germano para sua hospedaria.

Antes de partir de Ravena, Germano predisse que não ficaria muito neste mundo. Pouco tempo depois a febre apoderou-se dele e no sétimo dia morreu no Senhor, e seu corpo foi transportado para a Gália, como pedira à rainha. Ele morreu por volta do ano 430 do Senhor.

São Germano prometera ao bem-aventurado bispo de Vercelli, Eusébio, que ao passar na volta por aquela cidade consagraria uma igreja que aquele fundara. Quando Santo Eusébio soube que o bem-aventurado Germano deixara seu corpo, mandou acender os círios para consagrar ele mesmo sua igreja, porém quanto mais eram acesos, mais os círios se apagavam. Vendo isso, Eusébio compreendeu que a consagração deveria ser deixada para outro momento ou deveria estar reservada a outro bispo. Assim que o corpo do beato Germano chegou a Vercelli e foi introduzido na igreja, todos os círios se iluminaram divinamente. Então Santo Eusébio lembrou-se da promessa do bem-aventurado Germano e entendeu que, morto, ele fez o que havia prometido em vida. Sobre este episódio, convém observar que não se tratava do grande Eusébio de Vercelli,[1] que morreu sob o imperador Valente, pois havia se passado mais de cinqüenta anos entre sua morte e a de São Germano. O que foi aqui narrado diz respeito a outro Eusébio.

---

[1] Cuja legenda está no capítulo seguinte.

103. Santo Eusébio

Eusébio é chamado assim a partir de *eu*, que quer dizer "bom", e de *sebe*, que significa "eloqüência" ou "firmeza". Eusébio ainda quer dizer "bom culto". Com efeito, ele teve bondade na sua vida santificada, eloqüência na defesa da fé, firmeza na constância no martírio, bom culto na reverência a Deus.

Eusébio manteve-se sempre virgem e ainda era catecúmeno quando foi batizado pelo papa Eusébio, de quem recebeu o nome. Em seu batismo viram-se mãos angelicais tirando-o da fonte sagrada.

Como uma senhora, atraída por sua beleza, quis entrar em seu quarto, mas não pôde fazê-lo porque ele estava protegido por anjos, na manhã seguinte jogou-se a seus pés e pediu perdão. Ordenado presbítero, conduzia-se com tanta santidade que, quando estava com o missal solene entre as mãos, aparecia um anjo para ajudá-lo.

Como naquele tempo a peste ariana infectava toda a Itália, com o imperador Constâncio sendo favorável aos heréticos, o papa Juliano sagrou Eusébio bispo de Vercelli, que era então uma das principais cidades da Itália. Sabendo disso, os heréticos quiseram fechar todas as igrejas. Eusébio entrou na cidade, ficou de joelhos na entrada da principal igreja, dedicada à bem-aventurada Maria, e logo todas as portas abriram-se à sua prece. Ele expulsou de seu episcopado Maxêncio, bispo herético de Milão, e para seu lugar ordenou Dioniso, ilustre católico. Desta forma Eusébio purificou da peste ariana toda a Igreja do Ocidente, como fazia Atanásio com a Igreja do Oriente.

Ário era um presbítero de Alexandria que afirmava ser Cristo uma simples criatura feita por Deus para servir de instrumento quando Ele nos criasse. O grande Constantino fez celebrar o concílio de Nicéia onde este erro foi condenado. Depois disso Ário teve uma morte miserável, pois morreu com as vísceras e intestinos para fora.

 Constâncio, filho de Constantino, foi corrompido pela heresia, daí por que, ao se tornar imperador e estando extremamente indignado contra Eusébio, convocou um concílio com muitos bispos, dentre eles Dioniso. Enviou muitas cartas a Eusébio que, sabendo que a malícia prevaleceria, recusou-se a ir, alegando sua idade avançada. Para contornar esta desculpa, o imperador estabeleceu que o concílio seria celebrado em Milão, cidade próxima à dele. Não vendo Eusébio no concílio, ordenou aos arianos que colocassem sua fé por escrito e Dioniso, bispo de Milão, e outros 33 bispos, subscreveram esta fé. Quando soube, Eusébio decidiu deixar sua cidade e partir para Milão, mesmo predizendo que sofreria muito.

 No caminho para Milão havia um rio, do outro lado do qual estava uma barca que, sem tripulantes, veio até Eusébio e transportou a ele e seus acompanhantes. Então o citado Dioniso foi até ele e jogou-se a seus pés pedindo perdão. Como Eusébio não se deixava dobrar nem pelos golpes nem pelas lisonjas do imperador, disse diante de todos: "Vocês afirmam que o Filho é inferior ao Pai, então por que aceitaram que Dioniso, meu filho e discípulo, assinasse aquele documento antes de mim? Nem o discípulo é superior ao mestre, nem o escravo superior ao seu senhor, nem o Filho superior ao Pai". Tocados por este raciocínio, entregaram-lhe o texto que haviam escrito e que Dioniso aceitara. Eusébio: "Não assinarei depois de meu filho, ao qual precedo em autoridade, portanto queimem este escrito e façam um outro que, se quiserem, assinarei". Assim, por inspiração divina, foi destruído o escrito que Dioniso e outros 33 bispos haviam assinado. Os arianos escreveram outro texto e o levaram para Eusébio e os demais bispos assinarem, mas, estimulados por Eusébio eles se recusaram terminantemente a isso e ficaram alegres por ter queimado o documento que tinham sido coagidos a assinar.

 Irritado, Constâncio entregou Eusébio aos arianos. Estes o tiraram do meio dos demais bispos com duros golpes e o arrastaram pelos degraus do palácio, de baixo para cima e de cima para baixo. Como mesmo tendo a cabeça ferida e perdendo muito sangue ele não concordava em assinar o texto, foi amarrado com as mãos para trás e arrastado por uma corda atada ao pescoço. Ele dava graças, dizendo que estava preparado para morrer pela fé católica. Então Constâncio mandou para o exílio o papa Libério, Dioniso, Paulino e todos os outros bispos que tinham sido animados pelo exemplo de Eusébio. Este foi levado pelos arianos a Escilópolis, cidade da Palestina onde ficou preso em um lugar muito apertado, mais baixo que sua altura e mais estreito que sua largura, de maneira que ficava curvado sem poder nem esticar as pernas nem se virar. Com a cabeça mais baixa que os ombros, ele podia mover apenas os ombros e os cotovelos.

Constâncio morreu, e desejando agradar a todos, seu sucessor, Juliano, chamou de volta os bispos exilados, reabriu os templos dos deuses e quis que todos pudessem seguir em paz a religião de sua preferência. Libertado, Eusébio foi até Atanásio e contou-lhe quanto sofrera. Morto Juliano e reinando Joviniano, os arianos ficaram enfraquecidos e Eusébio retornou a Vercelli, onde foi recebido pelo povo com grande alegria. Mas no reinado de Valente os arianos novamente ganharam força, cercaram a casa de Eusébio, tiraram-no de lá e depois o arrastarem, o apedrejaram e o esmagaram. Assim migrou feliz para o Senhor e foi sepultado na igreja que ele mesmo construíra.

Conta-se que por meio de suas preces, Eusébio obteve de Deus que nenhum ariano pudesse viver em sua cidade. Segundo a crônica, viveu pelo menos 88 anos. Ele viveu por volta do ano 350 do Senhor.

104. Os Santos Macabeus

Os Macabeus foram sete irmãos que, junto com sua reverenda mãe e com o sacerdote Eleazar, não quiseram comer carne de porco para respeitar a lei, e sofreram por isso suplícios inauditos, como é contado em *Macabeus II*.[1] É preciso notar que a Igreja oriental celebra festas de santos dos dois Testamentos, enquanto a Igreja ocidental não festeja santos do Antigo Testamento, pois estes desceram aos infernos.[2] As exceções são os Inocentes[3] — porque em cada um deles Cristo foi morto — e os Macabeus.

Há quatro razões pelas quais a Igreja os festeja, embora eles tenham descido aos infernos. A primeira é que foram os únicos santos do Antigo Testamento a terem tido o privilégio do martírio, o que merece ser celebrado. Esta razão é dada pela HISTÓRIA ESCOLÁSTICA. A segunda razão está no simbolismo do número sete, número da totalidade. Ou seja, os Macabeus representam todos os pais do Antigo Testamento dignos de celebração. De fato, ainda que a Igreja não celebre festas para eles por terem descido ao Limbo e por terem sido substituídos por uma multidão de novos santos, por meio destes sete ela mostra reverência por todos os outros, já que, como foi dito, sete designa a totalidade. A terceira razão é oferecerem um exemplo de sofrimento, um exemplo aos cristãos para sofrerem pela lei do Evangelho da mesma forma que eles, pela constância e zelo que animavam

---

[1] Este livro bíblico escrito em grego por volta de 120 a.C. não faz parte da *Bíblia* hebraica e protestante, mas desde o século IV foi incluído pelos católicos entre os textos canônicos.

[2] Infernos é outra palavra para Limbos (veja-se nota 1 do capítulo 52), parte do mundo inferior reservada aos não batizados, caso dos patriarcas do Antigo Testamento, que evidentemente nasceram antes de Cristo.

[3] Ver capítulo 10.

sua fé, combateram vigorosamente pela lei de Moisés. A quarta razão é o suplício deles, que na defesa de sua lei sofreram tormentos semelhantes àqueles que os cristãos sofreram pela defesa da lei evangélica. Estas três últimas razões foram assinaladas pelo mestre JOÃO BELETH no capítulo 105 da *Suma dos ofícios*.

105. São Pedro Acorrentado

Afirma-se que a festa do apóstolo chamada São Pedro Acorrentado foi instituída por quatro razões: em memória da libertação de Pedro, em memória da libertação de Alexandre, pela destruição do rito dos gentios e para realizar o desligamento de certos vínculos espirituais.

Primeira, em memória da libertação de Pedro. Como se conta na HISTÓRIA ESCOLÁSTICA, Herodes Agripa foi a Roma onde se destacou como pessoa íntima de Caio, sobrinho de Tibério César. Certo dia Herodes estava em uma carroça com Caio, quando levantou as mãos ao céu e disse: "Quem me dera eu visse a morte do velho e você senhor de todo o mundo!". Mas o cocheiro ouviu e, indignado, Tibério mandou prender Herodes. Um dia Herodes estava apoiado a uma árvore sob cuja folhagem havia uma coruja, e um de seus companheiros de cativeiro, especialista em augúrios, disse: "Não tema, pois logo você será libertado e terá tanto poder que despertará a inveja de seus amigos e morrerá na prosperidade. Mas quando vir acima de você um animal desta espécie, fique sabendo que não viverá mais de cinco dias".

Algum tempo depois, Tibério morreu e Caio, proclamado imperador, libertou Herodes e com toda pompa o enviou como rei à Judéia, onde depois de tomar posse passou a afligir os membros da Igreja. Primeiro, na véspera da festa dos ázimos matou com a espada Tiago, irmão de João. Vendo que isso agradou aos judeus, no dia seguinte mandou prender Pedro e colocá-lo no cárcere para depois da Páscoa entregá-lo ao povo. Mas um anjo apareceu miraculosamente durante a noite, libertou-o das correntes que o prendiam e ordenou que partisse, livre, para o ministério da pregação. Os atos do rei não ficaram sem punição. No dia seguinte, mandou chamar os guardiões a fim de puni-los pela fuga de Pedro, mas para que a libertação deste não fosse prejudicial a alguém, Deus impediu que ele fizesse algo. Logo depois foi obrigado a partir rapidamente para Cesaréia, onde morreu sob o golpe de um anjo.

JOSEFO diz no livro XIX de suas *Antiguidades judaicas* que no dia seguinte de sua chegada a Cesaréia, vestindo magnífica roupa de ouro e de prata, Herodes foi ao teatro encontrar todos os homens importantes da província. Quando os primeiros raios de sol atingiram a veste de prata, o reflexo no metal provocou efeito tal que os espectadores o olhavam espantados, pensando, graças a esse artifício arrogante e mentiroso, que ele não fosse de natureza humana. Imediatamente a multidão adulatória passou a dizer em voz alta: "Até agora acreditamos que você era homem, mas descobrimos que está acima da natureza humana". Enquanto recebia as honras divinas que lhe eram oferecidas, e se encantava com as adulações e honrarias, levantou os olhos e viu acima de sua cabeça, como se estivesse sentado sobre um fio, um anjo, isto é, uma coruja, mensageira de sua morte próxima. Herodes olhou para o povo e disse: "Eu, o Deus de vocês, morrerei em breve". De fato, graças à predição do adivinho, sabia que morreria em cinco dias, e logo depois foi ferido, foi corroído por vermes durante cinco dias e expirou. Até aqui, a narrativa é de Josefo.

Em memória da admirável libertação do príncipe dos apóstolos de suas cadeias e da tão terrível vingança imediatamente infligida àquele tirano, a Igreja instituiu a festa de São Pedro Acorrentado, em cuja missa canta-se a epístola onde está narrada sua libertação.[1] Em função disso, o nome da festa deveria ser Pedro Libertado.[2]

Segunda causa da instituição desta festa: o papa Alexandre, o sexto a reinar sobre a Igreja após o bem-aventurado Pedro, e Hermes, prefeito da cidade de Roma que fora convertido por Alexandre, foram detidos pelo tribuno Quirino em lugares diferentes. O tribuno disse ao prefeito Hermes: "Admiro que um homem prudente renuncie à honra de ser prefeito e sonhe com outra vida". Hermes respondeu: "Eu também, anteriormente, ridicularizava e pensava que esta era a única vida". Quirino disse: "Prove-me que existe outra vida e em seguida me torna-

---

[1] *Atos dos apóstolos* 12,8-11.

[2] Jacopo faz um jogo de palavras com as preposições *ad* ("perto", "junto") e *a* ("longe", "afastado"), propondo como nome da festa *Petro a vínculis* ("Pedro, sem cadeias") em lugar do oficial *Petro ad vincula* ("Pedro com grilhões").

rei discípulo de sua fé". Hermes disse: "Santo Alexandre, que você mantém preso, ensinará isso melhor". Então Quirino amaldiçoou Hermes: "Eu disse para me provar e você me envia a Alexandre, que mantenho prisioneiro por causa de seus crimes? Dobrarei o número de guardas que o vigiam e a Alexandre, e caso eu o encontre com você, ou você com ele, aceitarei sua fé e o que vocês dizem". Quirino fez o que havia dito, e Hermes imediatamente comunicou isso a Alexandre. Logo Santo Alexandre pôs-se a orar e apareceu um anjo que o conduziu à prisão onde estava Hermes.

Ao encontrá-los juntos, Quirino ficou muito admirado. Hermes contou a Quirino como Alexandre tinha ressuscitado seu filho, e Quirino disse a Alexandre: "Tenho uma filha doente, chamada Balbina, e prometo aceitar sua fé se puder devolver-lhe a saúde". Alexandre: "Vá depressa e leve-a à minha prisão". Disse Quirino: "Como poderei encontrá-lo na sua prisão se você está aqui?". Alexandre: "Vá, pois aquele que me trouxe para cá me levará para lá". Quirino levou sua filha à prisão de Alexandre, e prostrou-se a seus pés. Tentando recuperar a saúde, sua filha começou a beijar com devoção as correntes de Santo Alexandre. Este disse: "Minha filha, não beije minhas cadeias, mas busque com empenho as de São Pedro e beije-as com devoção, que você recuperará a saúde". Então Quirino mandou procurar cuidadosamente as correntes de Pedro na prisão onde estivera detido, e quando as encontraram deu-as para sua filha beijá-las. Logo depois de beijar as correntes ela teve a saúde integralmente restabelecida. Quirino pediu perdão a Alexandre, tirou-o da prisão e, junto com sua família e muitas outras pessoas, recebeu o batismo. Foi então que Santo Alexandre instituiu esta festa nas calendas de agosto, e em honra ao apóstolo Pedro construiu uma igreja chamada *Ad Víncula* na qual depositou as correntes. Durante esta solenidade acorre um grande número de pessoas para beijar as correntes.

Terceira causa da instituição desta festa, de acordo com BEDA: o imperador Otávio e Antônio, unidos por mútua afinidade, partilharam entre si o império. Otávio tornou-se no Ocidente o senhor da Itália, da Gália e da Espanha, e Antônio no Oriente obteve a Ásia, o Ponto[3] e a África. Antônio, lascivo e lúbrico, recebeu como esposa a irmã de Otávio e depois a repudiou para tomar como esposa Cleópatra, rainha do Egito.

---

[3] Ponto ou Pontus Euxinus era o nome dado pelos romanos ao mar Negro, do qual apenas uma parte do litoral integrava seu império.

Indignado, Otávio atacou Antônio na Ásia e o derrotou totalmente. Vencidos, Antônio e Cleópatra fugiram e preferiram a morte à dor.

Otávio destruiu o reino do Egito e fez dele uma província romana. Despojou Alexandria de todas suas riquezas e transportou-as para Roma, enriquecendo a república, onde se passou a dar um denário por aquilo que antes se vendia por quatro. Como as guerras civis tinham devastado muito a cidade, Otávio renovou-a tanto que pôde dizer "Encontrei uma cidade de tijolos, deixo uma de mármore". Ele enriqueceu tanto a república que foi o primeiro a ser chamado de Augusto, daí por que os que o sucederam no império foram chamados de "augusto", do mesmo modo que eram chamados "césar" devido a seu tio Júlio César. Também o mês de agosto, que antes se chamava *sextilis* por ser o sexto mês depois de março, passou a ser conhecido pelo povo pelo nome de agosto, em memória e honra da vitória que Otávio Augusto obteve no primeiro dia de agosto. Todos os romanos celebraram este dia até a época do imperador Teodósio, que começou a reinar no ano do Senhor de 426.

Eudóxia, filha de Teodósio e esposa de Valentiniano, foi a Jerusalém pagar uma promessa. Lá conseguiu de um judeu, por um alto preço, as duas correntes com as quais o apóstolo Pedro fora aprisionado por Herodes. Ao voltar a Roma nas calendas de agosto, viu os romanos festejarem um imperador pagão, lastimou que se rendessem tantas honras a um homem condenado e entendeu que não seria fácil abolir tal costume e cultura. Pensou, contudo, que se poderia manter a festividade transformando-a em homenagem a São Pedro, e que todo o mundo deveria chamar esse dia de "Ad Vincula". Ela discutiu o assunto com o beato papa Pelágio, que iniciou suaves exortações buscando levar ao esquecimento a memória dos príncipes pagãos e tornar célebre a memória do príncipe dos apóstolos. Quando a idéia foi aceita, ela expôs publicamente as correntes que trouxera de Jerusalém. O papa, por sua vez, apresentou a corrente com a qual o apóstolo tinha sido preso na época de Nero. Colocadas juntas, elas milagrosamente se tornaram uma só corrente como se sempre tivessem sido assim.

O papa e a rainha decidiram então que seria melhor mudar a festa, não mais dedicada a um pagão e condenado, e sim a Pedro, príncipe dos apóstolos. Então o papa e a rainha colocaram os grilhões na igreja de São Pedro Acorrentado e dotaram-na de grandes privilégios e muitas riquezas. Determinou-se ainda que a festa instituída naquela data seria celebrada em todos os lugares. Assim escreveu Beda. O mesmo disse SIGEBERTO.

No ano do Senhor de 464 manifestou-se quanto poder havia naquelas correntes. Um conde aparentado ao imperador Oto foi, diante dos olhos de todos, possuído pelo diabo de forma tão cruel que dilacerou a si mesmo com os dentes. Então o imperador ordenou que o levassem até o papa João a fim de se colocar em seu pescoço a corrente de São Pedro. Mas colocaram no pescoço do furioso uma outra corrente, que não lhe devolveu a saúde por não possuir nenhuma virtude. Trouxeram então a verdadeira cadeia de Pedro e a colocaram no pescoço do furioso. O diabo não pôde suportar tanto poder, e diante de todos rapidamente se retirou, gritando. Então, Teodorico, bispo de Metz, pegou a corrente e assegurou que não a deixaria a não ser que lhe cortassem as mãos. Começou uma grande discussão entre o bispo de um lado e o papa e demais clérigos de outro, até que o imperador veio apaziguar o litígio, pedindo ao papa que desse ao bispo um elo dessa corrente.

Mileto conta em sua crônica, e o mesmo encontramos na HISTÓRIA TRIPARTITE, que por aqueles dias apareceu no Épiro um enorme dragão. Donato, bispo de grande virtude, matou-o cuspindo em sua boca, depois de ter colocado diante dele os dedos em forma de cruz. Com dificuldade, oito parelhas de bois levaram o dragão até o local em que seria queimado para que o ar não ficasse enfestado por sua putrefação. O mesmo autor e a mesma *História tripartite* dizem que o diabo se apresentou em Creta sob a figura de Moisés. Ele reuniu judeus de todas as partes e os conduziu até o alto de um monte, até a borda de um precipício à beira-mar, prometendo-lhes que se o seguissem ele os conduziria de pés secos à Terra da Promissão. Inúmeros deles pereceram. Acredita-se que, indignado, o diabo vingou-se assim porque fora um judeu que vendera as correntes à rainha e disso decorrera o fim da festa dedicada a Otávio. Muitos dos judeus que escaparam aceitaram a graça do batismo. Os que se lançaram da encosta do monte foram lacerados pelas pontas dos rochedos e morreram afogados no mar. Os que queriam fazer o mesmo, por não saber o que acontecera aos outros, ouviram a verdade de uns pescadores que por lá passavam e assim se converteram. É o que diz a *História tripartite*.

Quarta causa da instituição da festa: conferir poder. O Senhor desatou milagrosamente Pedro de suas cadeias e deu-lhe o poder de atar e desatar.[4] Como estamos presos pelos laços do pecado e temos necessi-

---

4 Referência à famosa passagem bíblica, fundamento do poder do papa, considerado herdeiro de Pedro, na qual Cristo dirige-se àquele apóstolo dizendo: "eu darei a você as chaves do Reino dos Céus, e tudo que você ligar na terra será ligado nos Céus, e tudo que desligar na terra será desligado nos Céus" (*Mateus* 16,19).

dade de ser desamarrados, honramos esta festa chamada "Ad Vincula" esperando que, da mesma forma que Pedro mereceu ser solto de suas correntes, ele nos livre dos vínculos de nossos pecados. Esta última razão pela qual a festa foi instituída é facilmente verificável, observando-se a libertação do apóstolo narrada na epístola e o poder de desatar mencionado pelo evangelista. Na oração que se faz nesta data pede-se que ele nos dê a absolvição.

Pelo poder das chaves que recebeu, ele livra aqueles que estavam condenados, como mostra um esclarecedor milagre que se pode ler em OS MILAGRES DA BEM-AVENTURADA VIRGEM. Havia no mosteiro de São Pedro, na cidade de Colônia, um monge efeminado, lúbrico e lascivo. A morte súbita o surpreendeu e os demônios em voz alta declararam contra ele pecados cotidianos de todos os tipos. Um deles dizia: "Eu sou a cobiça pela qual você freqüentemente foi contra os preceitos de Deus". Um outro gritava: "Eu sou a vanglória pela qual você se elevou com jactância entre os homens". Outro: "Eu sou a mentira pela qual você pecou". E outros procederam de forma semelhante. Contra tudo isso, algumas boas obras que ele havia feito desculpavam-no, dizendo: "Eu sou a obediência que você demonstrou a seus superiores espirituais; eu sou o canto dos salmos que você junto com os outros freqüentemente cantava para Deus". Então São Pedro, do qual ele era monge, foi até Deus para defendê-lo. O Senhor respondeu: "O profeta inspirado por mim não disse 'habitará no tabernáculo do Senhor quem não tiver mácula'?[5] Como este monge pode ser salvo se não está sem mácula, se não praticou a justiça?". Pedro foi então rogar por ele junto à Virgem mãe, e a sentença do Senhor determinou que ele retornasse a seu corpo e fizesse penitência. Pedro mostrou ao diabo a chave que tinha na mão, ele se assustou e fugiu. A alma foi entregue na mão de outro monge do mencionado mosteiro, com a ordem de levá-la e reconduzi-la a seu corpo. O monge que a reconduziu pediu-lhe que todo dia recitasse o salmo *Miserere mei, domine*, e que freqüentemente limpasse o limo de sua tumba. O monge voltou da morte e contou a todos o que lhe acontecera.

---

[5] *Salmos* 15,1.

106. Santo Estêvão, Papa

O papa Estêvão, depois de ter convertido muitos gentios com suas palavras e exemplos e de ter sepultado os corpos de muitos santos mártires, foi no ano do Senhor de 260 perseguido com grande empenho por Valeriano e Galiano, que queriam forçá-lo e a seus clérigos a sacrificar aos deuses, caso contrário seriam punidos com diferentes torturas. Eles lançaram um edito pelo qual quem os entregasse ficaria com todos os seus bens. Como resultado, dez de seus clérigos foram presos e decapitados sem julgamento. No dia seguinte prenderam o papa Estêvão e levaram-no ao templo de Marte para adorar o ídolo ou receber a pena capital. Mas quando ali entrou, Estêvão orou a Deus para que destruísse o templo. Imediatamente uma grande parte dele desmoronou, a multidão fugiu apavorada e Estêvão retirou-se para o cemitério de Santa Lúcia. Ao saber disso, Valeriano mandou muitos soldados prendê-lo, e estes o encontraram celebrando missa, que terminou sem medo e com devoção, sendo então decapitado em seu trono pontifical.

107. A Descoberta do Corpo de Santo Estêvão, Mártir

A descoberta do corpo do protomártir Estêvão ocorreu no ano do Senhor de 417, sétimo do reinado de Honório. Contemos separadamente a descoberta, a trasladação e a reunião.

A descoberta aconteceu da seguinte forma. Um presbítero de Jerusalém, chamado Luciano — incluído por Genádio, autor deste relato, entre os homens ilustres que merecem ser celebrados —, estava numa sexta-feira deitado, quase dormindo, quando lhe apareceu um velho de grande estatura, belo rosto, longa barba, vestido com um manto branco incrustado de pequenas pedras preciosas e cruzes de ouro, calçado de sapatos dourados. Ele tinha na mão um cajado de ouro, com o qual o tocou dizendo: "Procure cuidadosamente nosso túmulo, pois fomos colocados em um local inconveniente, e vá dizer a João, bispo de Jerusalém, que nos coloque em um lugar honrado, pois a nosso pedido Deus resolveu interromper a seca e a tribulação que desolam o mundo". O presbítero Luciano perguntou: "O senhor quem é?".

Eu sou — respondeu ele — Gamaliel, aquele que alimentou o apóstolo Paulo e ensinou-lhe a lei. Junto comigo está enterrado Santo Estêvão, que foi lapidado pelos judeus fora da cidade para que o seu corpo fosse devorado pelas feras e aves. Mas isso foi proibido por Aquele a quem o mártir serviu e por quem conservou sua fé intacta. Eu o recolhi com grande reverência e o enterrei em uma nova tumba. Outro que jaz comigo é Nicodemo, meu sobrinho, que certa noite encontrou Jesus e recebeu o batismo sagrado de Pedro e de João. Por causa disso, indignados, os príncipes dos sacerdotes resolveram matá-lo, e só não o fizeram devido à reverência que nos dedicavam. No entanto eles confiscaram todos os seus bens, depuseram-no de seu cargo e bateram tanto nele que o deixaram meio morto. Então eu o levei para minha casa, onde ele sobreviveu alguns dias, e quando morreu eu o sepultei junto do bem-aventurado Estêvão. Há uma terceira pessoa comigo, Abibas, meu filho, que recebeu o batismo junto comigo, quando tinha a idade de vinte anos. Ele permaneceu virgem e dedicou-se à lei ao lado de Paulo, meu discípulo. Minha mulher, Aetéa, e meu filho Selêmias, que não quiseram aceitar a fé em Cristo, não foram dignos de receber nossa sepultura. Você encontrará suas tumbas vazias e inúteis, pois estão sepultados em outro lugar.

Dito isto, São Gamaliel desapareceu.

Ao acordar, Luciano orou ao Senhor para que se aquela visão fosse verdadeira, aparecesse uma segunda e uma terceira vez. Na sexta-feira seguinte, Gamaliel apareceu-lhe como da primeira vez e perguntou por que ele havia negligenciado o que lhe dissera. Luciano: "Não, senhor, eu não negligenciei, mas pedi ao Senhor que se essa visão fosse de Deus que ela me aparecesse uma terceira vez". Disse Gamaliel: "Como você refletiu sobre o modo de identificar os restos mortais de cada um, vou lhe dar os meios para conseguir fazê-lo". E mostrou-lhe três recipientes de ouro e um quarto de prata, um cheio de rosas vermelhas e outros dois de rosas brancas. Gamaliel mostrou o quarto deles, o de prata, cheio de açafrão, dizendo:

> Estes recipientes são os nossos ataúdes e estas rosas são os nossos restos. O recipiente cheio de rosas vermelhas é o ataúde de Santo Estêvão, pois foi o único de nós a receber a coroa do martírio. Os outros dois, cheios de rosas brancas, são meu ataúde e o de Nicodemo, pois perseveramos com coração sincero na aceitação de Cristo. O quarto, de prata, cheio de açafrão, é o ataúde de meu filho Abibas, que se destacou pelo brilho da virgindade e que deixou este mundo limpo.

Dito isto, desapareceu.

Na sexta-feira da semana seguinte, Gamaliel apareceu irado e repreendeu severamente a demora e a negligência de Luciano, que imediatamente foi a Jerusalém e contou tudo ao bispo João. Este e outros bispos foram até o lugar mencionado por Luciano, e logo que começaram a cavar a terra tremeu e sentiram um suavíssimo odor. Odor admirável, que pelos méritos dos santos curou setenta enfermos. Com grande alegria, as relíquias dos santos foram honradamente transportadas para a igreja de Sião, em Jerusalém, onde Santo Estêvão tinha servido como arquidiácono. Nessa hora caiu uma grande chuva. BEDA menciona a visão e a descoberta dos corpos em sua crônica.

A descoberta do corpo de Santo Estêvão ocorreu no dia em que se celebra sua paixão, porém a Igreja mudou a data daquela festa por duas razões. A primeira é que, como Cristo nasceu na Terra a fim de que o homem nascesse no Céu, convinha que a festa da natividade de Cristo fosse seguida pela festa natalícia de Santo Estêvão, que foi o primeiro a sofrer o martírio por Cristo, portanto o primeiro a nascer no Céu, de forma a ficar claro que um fato resultava do outro. Daí o canto: "Ontem Cristo nasceu na Terra, para que hoje Estêvão nascesse no Céu". A segunda razão é que em reverência à natividade do Senhor e aos muitos milagres que Ele realizou a partir dela, a festa da descoberta do corpo de Santo Estêvão era mais comemorada do que a festa de seu martírio. Mas como o martírio tem maior dignidade do que a descoberta, e deve por isso ser mais solene, a Igreja transferiu aquela festa para outro momento, no qual fosse objeto de maior reverência.

Agostinho diz que a trasladação de Estêvão deu-se do seguinte modo. Alexandre, senador de Constantinopla, foi com sua esposa a Jerusalém e lá construiu um belíssimo oratório em honra ao protomártir Estêvão, ao lado de cujo corpo quis ser enterrado depois de morto. Decorridos sete anos de sua morte, sua esposa Juliana quis voltar para a terra natal devido às ofensas que recebia dos príncipes locais, e pretendeu levar o corpo do marido. Com muitas súplicas solicitou licença para isso ao bispo, que lhe mostrou dois ataúdes de prata dizendo: "Não sei em qual deste ataúdes está colocado seu marido". Ela: "Eu sei", e impetuosamente abraçou o corpo de Santo Estêvão. Assim, acreditando recolher o corpo do marido, recolheu por acaso o corpo do protomártir.

Quando ela subiu no navio com o corpo, ouviram-se hinos angélicos e desprendeu-se um agradável odor. Gritando, os demônios provocaram uma furiosa tempestade: "Ai de nós, à medida que o protomártir Estêvão avança um fogo terrível nos açoita!". A tripulação teve medo de um naufrágio e invocou Estêvão. Logo a seguir ele apareceu, dizendo: "Aqui estou, nada temam". Imediatamente fez-se uma grande calmaria. Ouviu-se então a voz dos demônios clamando: "Príncipe ímpio, incendeie o navio no qual está nosso adversário Estêvão". Então o Príncipe dos demônios enviou cinco deles para incendiar o navio, mas anjos do Senhor jogaram-nos no abismo. Quando chegaram a Calcedônia, os demônios exclamaram: "Chegou o escravo de Deus que foi injustamente lapidado pelos judeus!". Aportando incólumes em Constantinopla, pouco depois o corpo de Santo Estêvão foi conduzido com grande reverência até uma igreja. Assim escreveu Agostinho.

A reunião do corpo de Santo Estêvão com o corpo de São Lourenço[1] foi feita da seguinte forma. Eudóxia, filha do imperador Teodósio, estava sendo intensamente atormentada por um demônio. Seu pai, que estava em Constantinopla, ao saber disso mandou levá-la para lá a fim de que tocasse as relíquias do sacrossanto protomártir Estêvão. Dentro dela, o demônio exclamava: "Se Estêvão não vier a Roma não sairei, pois esta é a vontade do apóstolo". Quando o imperador ouviu isso, obteve do clero e do povo de Constantinopla que o corpo de Santo Estêvão fosse dado aos romanos em troca do corpo do bem-aventurado Lourenço. O imperador escreveu sobre isto ao papa Pelágio que, seguindo o conselho dos cardeais, concordou. Foram enviados cardeais a Constantinopla para trazerem o corpo de Santo Estêvão a Roma, e gregos foram até lá para receberem o corpo de São Lourenço.

O corpo de Estêvão chegou a Cápua e por sua devoção os capuanos obtiveram o braço direito dele, em cuja honra construíram a igreja metropolitana. Quando chegaram a Roma e quiseram transportar o corpo para a igreja de São Pedro Acorrentado, os carregadores não puderam fazê-lo. O demônio que se apossara da jovem gritava: "Tiveram trabalho à toa, pois este não é o lugar que Estêvão escolheu, e sim ao lado de seu irmão Lourenço". Levaram o corpo até lá, e ao tocá-lo a jovem ficou livre do demônio. Lourenço, como que se felicitando pela chegada do irmão, sorrindo afastou-se um pouco no sepulcro para deixar metade dele livre para ficarem juntos. Quando os gregos estenderam as mãos para pegá-lo, Lourenço derrubou-os por terra, sem vida. O papa, o clero e o povo oraram por eles, que à tarde reviveram, mas ao fim de dez dias todos morreram. Os latinos, que haviam concordado com a trasladação do corpo, enlouqueceram e não puderam ser curados enquanto os corpos dos santos não foram enterrados juntos. Nesse momento ouviu-se uma voz do Céu: "Ó feliz Roma, que os corpos de Lourenço da Espanha e de Estêvão de Jerusalém encerra em um só mausoléu, glorioso presente!". Esta reunião dos corpos ocorreu no dia 22 de abril de 425, ano do Senhor.

---

[1] O martírio deste santo é narrado mais adiante no capítulo 112.

No livro XXII de *A CIDADE DE DEUS*, Agostinho refere-se à ressurreição de seis mortos pela invocação de Santo Estêvão. Um deles era um morto já com as mãos atadas, que se levantou depois de ter sido invocado sobre ele o nome do beato Estêvão. Outro foi um menino esmagado por uma carroça, cuja mãe o levou à igreja de Santo Estêvão e o recebeu vivo e são. Do mesmo modo, uma monja agonizante foi levada à igreja de Santo Estêvão, onde expirou e logo, diante de todos, surpresos, ressuscitou curada. Em Hipona, um pai levou a túnica de sua filha morta à igreja de Santo Estêvão, depois a jogou sobre o corpo e ela imediatamente ressuscitou. Em outra ocasião, um jovem, cujo corpo foi untado com óleo de Santo Estêvão, ressuscitou logo a seguir. Um menino levado morto à igreja de Santo Estêvão teve a vida restituída imediatamente, depois de se ter invocado o santo.

Eis o que diz Agostinho deste mártir: "Gamaliel, vestido, revelou o lugar em que estava o mártir; Saulo, nu, o louvou; Cristo, envolto nos panos da sua natividade, o enriqueceu e coroou com pedras preciosas". Diz ainda: "Em Estêvão brilhou a beleza do corpo, a formosura da idade, a eloqüência do discurso, a sabedoria da mente santíssima e a obra da divindade". Diz também: "Forte coluna de Deus, quando mantido entre as mãos dos lapidadores como se estivesse entre tenazes, consolidava-se ainda mais, ardendo de fé. Foi ferido e arremessado, acorrentado e oprimido, morto mas não vencido". Sobre a expressão "dura cerviz",[2] comenta: "Não foi acariciado, mas arrastado; não foi lisonjeado, mas desafiado; não tremeu, mas animou-se". E ainda disse: "Preste atenção em Estêvão, que era homem como você, pecador como você, redimido da mesma forma que você, e como diácono lia no Evangelho a mesma passagem que você lê ou escuta, e na qual está escrito 'amem seus inimigos'. Ele aprendeu isso lendo, e realizou obedecendo".

---

[2] *Atos dos apóstolos* 7,51.

108. São Domingos

Domingos quer dizer "guardião do Senhor" ou "guardado pelo Senhor", de acordo com a etimologia do nome, pois *Domínicus* [Domingos] vem de *dominus*, "Senhor". Ele foi "guardião do Senhor" de três maneiras: guardando a honra de Deus, guardando o próximo, vinha e rebanho do Senhor, guardando em si mesmo a vontade do Senhor ao respeitar seus mandamentos. Em segundo lugar, Domingos foi "guardado pelo Senhor" nas três condições que teve, a de leigo, a de cônego regular, a de apóstolo. Na primeira delas foi protegido fazendo desde o começo coisas louváveis; na segunda, progredindo com fervor; na terceira, atingindo a perfeição. Em terceiro lugar, de acordo com a etimologia, Domingos vem da palavra *dominus*, e esta ou de *donans minas* ("doador por causa de ameaças") ou de *donans minus* ("doador que dá menos que o devido") ou de *donans munus* ("doador de grandes coisas"). O bem-aventurado Domingos foi doador por meio de ameaças, já que perdoou as injúrias recebidas, foi doador que dá menos por ter macerado seu corpo e lhe dado menos do que este desejava, foi doador de grandes coisas pela sua largueza, que o fez não somente repartir com os pobres o que era seu, mas sobretudo ter diversas vezes pretendido vender a si mesmo.

Domingos, célebre condutor e pai da Ordem dos Pregadores, nasceu em uma cidade da Espanha chamada Calaruega, diocese de Osma, tendo tido segundo a carne Félix como pai e Joana como mãe. Antes de seu nascimento, sua mãe viu em sonhos que carregava no útero um cãozinho[1] que trazia uma pequena tocha ardente na boca e que, ao sair do

---

[1] Referência a outra etimologia conhecida na época sobre o nome de Domingos, segundo a qual ele viria de *Domínus canis*, "cão do Senhor", indicando a fidelidade e combatividade do santo.

útero, incendiava o universo todo com ela. Além disso, sua madrinha viu que o menino Domingos tinha sobre a fronte uma estrela muito brilhante que iluminava todo o mundo. Desde pequeno, ainda sob os cuidados de uma ama-de-leite, com freqüência deixava seu leito e deitava-se nu sobre o chão. Enviado a Palência para estudar, por amor à sabedoria não provou vinho durante uma década. Quando ocorreu ali uma grande escassez alimentar, vendeu todos os seus livros e móveis e distribuiu o dinheiro aos pobres.

Sua fama era crescente, quando o bispo de Osma nomeou-o cônego regular de sua igreja, e mais tarde, tendo se tornado espelho de vida para todos, foi escolhido pelos cônegos como subprior. De dia e de noite ele se consagrava à leitura e à oração, pedindo assiduamente a Deus que o fizesse digno de nele infundir sua graça para que pudesse um dia vir a se consagrar à salvação do próximo. Ele estudou bastante o livro de colações dos Pais da Igreja, que o ajudou a atingir o ponto mais alto da perfeição. Durante uma viagem a Toulouse, junto com o mencionado bispo, percebeu que seu anfitrião estava corrompido pelo erro herético e converteu-o à fé em Cristo, oferecendo assim ao Senhor o primeiro feixe da futura colheita.

Está escrito nas *Gestas do conde de Montfort* que certo dia em que o beato Domingos pregava contra os heréticos, listou por escrito as autoridades nas quais baseava sua pregação e entregou a folha a um herege para que a discutisse com seus companheiros. Naquela noite, quando estavam reunidos em torno de uma fogueira, o herege que recebera a folha mostrou-a aos outros, que lhe disseram que a jogasse no fogo. Se ela queimasse, sua fé não seria perfídia, e sim verdadeira; se não pudesse queimar, aceitariam como verdadeira a fé da Igreja de Roma. A folha foi jogada ao fogo. Ela lá ficou por um tempo sem queimar, e logo depois saltou fora dele. Todos ficaram estupefatos, porém um deles, mais teimoso, disse: "Vamos jogá-la outra vez para comprovar o fato e estabelecer completamente a verdade". Mais uma vez a folha foi lançada e mais uma vez saltou intacta. Aquele homem insistiu: "Vamos jogá-la uma terceira vez para conhecermos o resultado sem dúvida alguma". A folha foi jogada uma terceira vez e de novo pulou ilesa, sem se queimar. Os hereges ainda uma vez persistiram em sua rigorosíssima insensibilidade e juraram não divulgar o que ali se passara. Porém um cavaleiro que lá estava e que era ligado à nossa fé contou depois este milagre.

Este fato deu-se em Montreal, e conta-se que algo semelhante aconteceu em Fanjeaux poucos dias depois de um debate público com os hereges. Depois que muitos pregadores se retiraram da região e o bispo de Osma morreu, apenas São Domingos e uns poucos outros continuaram anunciando com constância aos hereges a palavra do Senhor. Os adversários da verdade escarneciam dele, cuspiam nele, jogavam-lhe lama e outras imundícies e por zombaria amarravam feixes de palha nele. Quando eles o ameaçavam de morte, respondia: "Não sou digno da glória do martírio, ainda não mereço esta morte". Buscando-a, passava não apenas intrépido, mas também alegre e cantando, pelos lugares nos quais se preparavam emboscadas contra ele. Admirados, os inimigos da verdade diziam: "Você não teme a morte? O que faria se o prendêssemos?". Ele: "Eu imploraria a vocês que não me ferissem logo mortalmente, mas que pouco a pouco cortassem um após o outro cada um de meus membros e que os colocassem diante de meus olhos antes de furá-los, e que por fim abandonassem meu corpo semimorto e despedaçado, envolto em sangue, ou que me matassem como desejassem".

Quando ele soube que alguém, por causa da grande miséria que sofria, aderira à comunidade herética, quis vender a si mesmo para com o valor recebido minorar tal penúria e libertar aquele que se vendera ao erro. Ele assim teria feito se a misericórdia divina não tivesse decidido de outra forma. Outra vez, quando uma mulher queixou-se em prantos que seu irmão era cativo dos sarracenos e não tinha como libertá-lo, Domingos, movido por profunda compaixão, decidiu vender-se para resgatar o cativo, mas sabendo disso e de como ele era necessário para o resgate de muitos cativos espirituais, Deus não o permitiu.

Hospedado na região de Toulouse por certas mulheres simpatizantes dos hereges, iludidas pelas falsas promessas de sua religião, Domingos e seu companheiro por toda a Quaresma jejuaram apenas com pão e água fria, passaram as noites em vigília e quando a necessidade apertava estendiam os membros fatigados sobre uma tábua nua. Assim fizeram para que, como se diz, um prego expulse o outro, conduzindo aquelas mulheres ao conhecimento da verdade.

Algum tempo depois ele começou a cogitar na instituição de uma Ordem cuja missão fosse percorrer o mundo pregando e fortalecendo a fé católica contra os hereges. Como morava havia dez anos na região de Toulouse, desde a morte do bispo de Osma, quando ia ser celebrado o concílio de Latrão foi a Roma junto com Fulco, bispo de Toulouse. Ali solicitou ao sumo pontífice Inocêncio que autorizasse a ele e seus sucessores instituir uma Ordem que se chamaria dos Pregadores. O pontífice mostrava-se reticente, quando de noite teve um sonho no qual a igreja de Latrão estava gravemente ameaçada de repentinamente desabar. Ele via isso com medo, quando o homem de Deus, Domingos, correu em direção a ela, colocou seus ombros e sustentou todo o edifício.[2]

Ao acordar, ele entendeu a visão e aceitou com alegria o pedido do homem de Deus, a quem exortou que junto com seus irmãos escolhesse uma regra já aprovada, para depois receber a confirmação dela. Ao retornar, ele informou seus irmãos das palavras do sumo pontífice. Os frades,[3] em número de mais ou menos dezesseis, invocando o Espírito Santo escolheram unanimemente a regra do bem-aventurado Agostinho, exímio doutor e pregador como eles seriam no futuro, de fato e de nome. Resolveram também adotar hábitos de vida mais estritos e formalizar essas observâncias em uma constituição.

Nesse ínterim Inocêncio morreu e foi Honório, elevado a sumo pontífice, que no ano do Senhor de 1216 confirmou a Ordem. Domingos estava em Roma, orando na igreja de São Pedro pela expansão de sua Ordem, quando foram até ele os gloriosos príncipes dos apóstolos, Pedro e Paulo, o primeiro dos quais lhe entregou um báculo e o outro um livro, dizendo: "Vá, pregue, porque você foi escolhido por Deus para este ministério". No mesmo instante, por uma curta fração de tempo, viu seus filhos espalhados por todo o mundo, percorrendo-o dois a dois. Por isso voltou a Toulouse e enviou alguns de seus frades para a Espanha, outros para Paris e outros a Bolonha, depois do que voltou para Roma.

Antes da instituição da Ordem dos Pregadores, um monge vira em êxtase a beata Virgem de joelhos dobrados e mãos juntas suplicando

---

[2] Este sonho pontifício também era ligado a São Francisco, como mostra a hagiografia feita em 1263 por São Boaventura, *Leggenda maggiore*, III, 10, trad. S. Olgiati, em *Fonti francescane*, Pádua-Assis, Messaggero-Movimento francescano, 4ª ed., 1990, p. 859, ainda que a passagem em questão pareça ter sido acrescentada pouco depois de 1274, isto é, quando a *Legenda áurea* já circulava com sucesso. Não se pode, porém, afirmar que ela é que tenha fornecido o tema à literatura franciscana, na qual desde 1252-1253 contava-se que logo após a conversão do santo o próprio Cristo dissera-lhe "Vá, Francisco, restaura a minha casa que, como você vê, está toda em ruína": Tomás de Celano, *Trattato dei miracoli di San Francesco*, II, 2, trad. T. Lombardi e M. Malaguti, em *Fonti francescane*, p. 739. A associação do sonho de Inocêncio III a Francisco consolidou-se com o célebre afresco de Giotto pintado em 1297-1299 na parede esquerda da igreja superior da basílica de Assis.

[3] *Frater*, "irmão", antiga forma de tratamento entre cristãos, foi adotada por dominicanos e franciscanos para indicar que entre eles a fraternidade e a igualdade eram mais importantes que a hierarquia das ordens monásticas tradicionais. Daí derivou o termo técnico "frade", preferível ao amplo "irmão".

pelo gênero humano a seu filho, que recusava o pedido da piedosa mãe: "Minha mãe, que posso e devo fazer mais? Enviei-lhes patriarcas e profetas e pouco se corrigiram. Fui até eles, depois enviei os apóstolos e mataram a mim e a eles. Enviei mártires, confessores e doutores e nem eles foram aceitos. Mas como não posso negar nada a você, darei a eles meus Pregadores, por meio dos quais se iluminarão e limparão, caso contrário irei contra eles". Outro monge teve uma visão semelhante na época em que doze abades da Ordem Cisterciense andavam por Toulouse contra os hereges. Nesse relato, diante da resposta do filho aos rogos da mãe, esta disse: "Bom filho, você não deve agir segundo a maldade deles mas segundo a Sua misericórdia". Então o filho, vencido por tal pedido, disse: "Atendendo seu desejo, dou minha misericórdia e mando meus Pregadores para adverti-los e instruí-los, e caso não se corrijam não serão mais poupados".

Um frade menor,[4] que por muito tempo fora companheiro de São Francisco, contou a vários irmãos da Ordem dos Pregadores: "Quando o bem-aventurado Domingos estava em Roma para a confirmação de sua Ordem junto ao papa, orando à noite viu em espírito Cristo nos ares tendo nas mãos três lanças que vibrava contra o mundo. Sua mãe acorreu rapidamente e perguntou o que queria fazer. Ele: 'Como todo o mundo está cheio de três vícios, a soberba, a concupiscência e a avareza, quero destruí-lo com estas três lanças'. Então a Virgem ajoelhou-se diante dele e disse: 'Filho caríssimo, tenha piedade e tempere a Sua justiça com misericórdia!'. Cristo: 'Você não vê quanto minha justiça é infringida?'. Ela: 'Modera o furor, filho, e espera um pouco mais, pois existe um escravo fiel e intrépido lutador que percorrerá o mundo todo e o submeterá e o subjugará ao Seu domínio. Darei a ele a ajuda de outro escravo que também combaterá fielmente'. O Filho: 'Sua presença faz me acalmar, mãe, mas quero ver os homens a quem está destinada tarefa tão difícil'. Ela então apresentou São Domingos a Cristo, que disse: 'Ele é verdadeiramente bom e intrépido lutador, e fará com empenho o que você disse'. Cristo também viu São Francisco, a quem elogiou da mesma forma que ao primeiro. Durante essa visão, São Domingos observou atentamente seu companheiro, que ainda não conhecia, e quando o encontrou no dia seguinte na igreja como o vira à noite, reconheceu-o sem que o apontassem, abraçou-o e dando-lhe santos beijos disse: 'Você

---

[4] Expressão de humildade pela qual são conhecidos os franciscanos.

é o meu companheiro, percorrerá o mesmo caminho que eu, fiquemos juntos e nenhum adversário nos vencerá'. Domingos contou-lhe detalhadamente a mencionada visão e depois disso foram, de fato, um só coração e uma só alma no Senhor, o que recomendaram que as futuras gerações perpetuamente respeitassem".

Domingos recebeu na Ordem um noviço da Apúlia, a quem seus antigos companheiros perverteram e que, já decidido a voltar ao mundo secular, pedia insistentemente suas roupas laicas de volta. Logo depois de saber disso, o bem-aventurado Domingos pôs-se em oração. Assim que tiraram as vestes religiosas do referido jovem e devolveram-lhe sua camisa, ele começou a gritar: "Estou queimando, estou ardendo, estou todo abrasado! Tirem, tirem esta maldita camisa que me abrasa". Ele não pôde ficar quieto até despir sua camisa, depois do que vestiu as roupas religiosas e retornou ao claustro.

O bem-aventurado Domingos estava em Bolonha e os frades já tinham ido dormir, quando o diabo começou a atormentar um irmão converso. Ouvindo isso, o mestre dele, o frade Raniero de Lausanne, comunicou o fato a São Domingos, que fez com que ele fosse levado para a igreja e colocado diante do altar. Ele precisou ser arrastado por dez frades, e o bem-aventurado Domingos disse-lhe: "Esconjuro, miserável, a que me diga por que atormenta esta criatura de Deus e por que e como entrou aqui". Ele respondeu: "Eu o atormento porque merece, pois ontem na cidade ele bebeu sem a autorização do prior e sem fazer o sinal-da-cruz. Nesse momento entrei nele sob o aspecto de mosquito, pois ele me bebeu junto com o vinho". Averiguou-se que ele efetivamente havia bebido. Nesse meio tempo soou o primeiro sinal para as matinas,[5] e ao ouvi-lo o diabo falou: "Agora já não posso mais continuar aqui, pois os encapuzados estão se levantando". Assim, com sua oração o beato Domingos obrigou-o a sair.

Um dia, nas cercanias de Toulouse, ao atravessar um rio, os livros soltos que tinha na mão caíram na água. Três dias depois, um pescador jogou ali sua rede e achou que tinha pego um grande peixe, mas retirou os livros intactos, como se estivessem cuidadosamente guardados em um armário.

Certa feita ele chegou a um mosteiro quando os frades dormiam, e não querendo incomodá-los, fez uma oração e a porta fechada se abriu para ele e seu companheiro. A mesma coisa aconteceu quando ia a uma

---

[5] Conforme nota 5 do capítulo 2.

igreja junto com um converso cisterciense para combater os hereges, e chegando tarde encontraram-na fechada. O bem-aventurado Domingos fez uma oração e subitamente se encontraram no interior da igreja, onde passaram toda a noite em oração.

Depois do cansaço de uma viagem, antes de chegar ao lugar em que se hospedaria, costumava saciar sua sede em alguma fonte para que não o vissem bebendo muito na casa do hospedeiro.

Um estudante dado à lascívia da carne foi em um dia festivo à casa dos frades de Bolonha, onde ouviu missa celebrada pelo bem-aventurado Domingos. Ao chegar o momento do ofertório, o dito estudante aproximou-se e beijou com muita devoção a mão de Domingos. Enquanto a beijava, sentiu que dela provinha um odor tão agradável como nunca experimentara em sua vida, e então o calor de sua libido esfriou maravilhosamente de tal forma que se antes era fútil e lúbrico, depois se tornou continente e casto. Ó, quanta pureza reinava naquele corpo cujo odor tão maravilhosamente purgava a sujeira da alma!

Vendo um sacerdote como o beato Domingos e seus irmãos dedicavam-se fervorosamente à pregação, decidiu juntar-se a eles assim que tivesse o necessário exemplar do Novo Testamento. Enquanto pensava nisso, apareceu-lhe um jovem que lhe propôs vender um Testamento que tinha escondido sob suas vestes. Muito alegre, o sacerdote imediatamente comprou-o, mas logo começou a ter dúvidas. Dirigiu uma prece a Deus, fez o sinal-da-cruz sobre o livro, abriu-o, e a primeira coisa que leu foi a frase dirigida a Pedro: "Levante-se, desça e vá com eles sem vacilar, pois eu os enviei".[6] Imediatamente ele se levantou e se juntou aos frades.

Em Toulouse havia um sábio e célebre mestre em teologia que certo dia, antes do amanhecer, quando preparava suas lições, foi tomado pelo sono, reclinou um pouco a cabeça sobre a cadeira e teve uma visão na qual lhe apareceram sete estrelas. Ele ficou ainda mais admirado, pois subitamente as mencionadas estrelas aumentaram em luminosidade e em tamanho e iluminaram o mundo inteiro. Ao acordar, bastante admirado, quis saber o que significava aquela visão, e logo que entrou na escola e começou a lição o beato Domingos, acompanhado de seis frades do mesmo hábito, aproximou-se humildemente do citado mestre e disse que o desejo profundo deles era freqüentar suas aulas. O mestre associou-os, sem hesitação, às sete estrelas que vira.

---

[6] *Atos dos apóstolos* 10,20.

O escravo de Deus, Domingos, estava em Roma quando o mestre Reginaldo, decano de Santo Aniane de Orléans, que por cinco anos ensinara direito canônico em Paris, lá chegou com o bispo de Orléans, que estava a caminho do litoral. Há algum tempo Reginaldo tinha a intenção de deixar tudo para se dedicar à pregação, mas não sabia como fazê-lo. Um cardeal, ao qual manifestara seu desejo, falou-lhe da Ordem dos Pregadores, ele procurou o beato Domingos e revelou seu propósito, decidindo então entrar na sua Ordem. Pouco depois teve uma grave febre e perdeu completamente a esperança de recobrar a saúde. O bem-aventurado Domingos perseverou na oração à beata Virgem, patrona especial à qual entregara o cuidado de toda a Ordem, pedindo que se dignasse conceder-lhe ao menos um pouco mais de tempo.

Então, subitamente, a rainha da misericórdia apareceu acompanhada por duas moças de grande beleza, aproximou-se de Reginaldo, que estava em vigília à espera da morte, olhou-o carinhosamente, dizendo: "Peça-me o que quiser, e eu darei". Ele pensava no que pedir, quando uma das moças sugeriu que não pedisse nada específico, mas que confiasse totalmente na rainha da misericórdia. Foi o que ele fez. Ela estendeu a mão virginal e untou seus ouvidos e nariz, suas mãos e pés e para cada unção usava uma fórmula própria. Aos rins, disse: "Que seus rins estejam sujeitos ao cinto da castidade". Aos pés, disse: "Unge os pés na preparação para o evangelho da paz". E acrescentou: "Em três dias mandarei a você uma ampola que restituirá completamente sua saúde". Mostrou-lhe então o hábito da Ordem: "Eis aqui o hábito da sua Ordem". Enquanto orava, o beato Domingos teve uma visão semelhante a tudo isso. Na manhã seguinte, São Domingos foi vê-lo, encontrou-o curado, escutou o relato de toda a visão, e a partir de então passou-se a usar o hábito que a Virgem mostrara, sem a sobrepeliz anteriormente utilizada pelos frades.

Três dias depois a Mãe de Deus retornou, untou o corpo de Reginaldo e extinguiu não apenas o calor da febre mas também o ardor da concupiscência, de forma que, como confessou depois, a partir daquele momento o movimento libidinoso não se manifestou mais nele. Esta visão foi, em presença de Domingos, revelada a um religioso da Ordem dos Hospitalários,[7] que a viu com seus próprios olhos e ficou espantado. Depois da morte de Reginaldo ele comunicou esta

---

[7] Conforme nota 1 do capítulo 27.

visão ao beato Domingos e a muitos frades. Reginaldo foi enviado a Bolonha onde pregou com fervor e aumentou o número de frades. Depois disso foi enviado a Paris, onde não muitos dias mais tarde dormiu no Senhor.

Um jovem, sobrinho do senhor Estêvão, cardeal de Fossa Nova, caiu com seu cavalo em um precipício de onde foi tirado morto e apresentado ao bem-aventurado Domingos, que orou por ele e o jovem foi restituído à vida.

A cripta da igreja de São Sisto desabou e soterrou, deixando sem vida o arquiteto ali levado pelos frades, mas o escravo de Deus, Domingos, mandou tirar o corpo do subterrâneo e levá-lo até ele, que orou e graças a seus méritos logo lhe restituiu ao mesmo tempo a vida e a saúde.

Certa vez, na mesma igreja, havia cerca de quarenta frades e apenas um pão bem pequeno. O bem-aventurado Domingos mandou dividir em pequenos pedaços o pão, e enquanto cada um mastigava com alegria seu bocado, dois jovens, semelhantes pelas roupas e pela aparência, entraram no refeitório trazendo seus mantos dependurados no pescoço cheios de pães. Em silêncio ofereceram-nos na cabeceira da mesa ao escravo de Deus, Domingos, e partiram logo a seguir sem que ninguém pudesse saber de onde vinham nem para onde foram. São Domingos estendeu as mãos para os frades e falou: "Agora comam, meus irmãos!".

Certa feita, estando o beato Domingos em viagem, caiu uma grande chuva e ocorreu uma inundação. Ele fez o sinal-da-cruz e afastou dele e de seu companheiro toda a chuva, como se tivesse feito uma tenda com a cruz, e enquanto toda a terra estava encharcada e coberta pela inundação, nem uma gota os atingia no espaço de três côvados.[8]

Outra vez, na região de Toulouse, usou um barco para atravessar um rio e o barqueiro exigiu uma moeda em troca. Como o escravo de Deus prometeu pelo serviço a entrada no reino dos Céus, acrescentando que era discípulo de Cristo e que não carregava nem ouro nem dinheiro, o barqueiro puxou-o pela capa: "Dê a moeda ou a capa!". Então o homem de Deus ergueu os olhos para o Céu, orou rápida e interiormente e logo viu uma moeda no chão, sem dúvida enviada pela vontade de Deus: "Aí está, irmão, o que você exige; pegue e deixe-me ir em paz".

---

[8] Ou seja, 1,98 metro.

Certa vez o homem de Deus encontrou no caminho um religioso com o qual passou a viajar, e cuja santidade lhe era familiar, porém falavam línguas completamente diferentes. Domingos lamentou não poder conversar com ele sobre coisas divinas e mutuamente se beneficiarem, então pediu ao Senhor que um entendesse a língua do outro e assim conversaram nos três dias em que estiveram juntos.

Quando em determinada oportunidade um homem possuído por muitos demônios foi apresentado a Domingos, este pegou a estola[9] que tinha no pescoço, cingiu com ela o pescoço do endemoninhado e mandou que dali em diante não importunassem aquele homem. Eles imediatamente começaram a sofrer dentro do corpo do possesso e a clamar: "Deixe-nos sair, por que nos obriga a esta tortura?". Ele: "Não deixarei vocês partirem a menos que garantam que não voltarão mais a fazer isso". Perguntaram: "Que garantia podemos dar?". Ele: "A dos santos mártires cujos corpos descansam nesta igreja". Eles: "Não podemos, pois nossas qualidades e as deles são opostas". Ele: "É preciso dar essa garantia, pois de outro modo não cessarão os tormentos nem sairão livres". Então os demônios responderam que se ocupariam disso, e pouco depois disseram: "Conseguimos, e ainda que sem merecer os santos mártires serão nossos fiadores". Como ele pediu alguma coisa como prova, disseram: "Vá até o relicário em que estão as cabeças dos mártires e você as encontrará invertidas". Assim elas foram encontradas e eles foram testificados.

Uma vez enquanto pregava, algumas mulheres corrompidas pelos hereges jogaram-se a seus pés e disseram: "Escravo de Deus, ajude-nos. Se é verdade o que pregou hoje, há muito tempo o espírito do erro cegou nossas mentes". Ele: "Sejam firmes e esperem um pouco que verão o Senhor ao qual aderiram". Na mesma hora, viram pular no meio delas um gato horrível, do tamanho de um grande cão, com olhos grandes e flamejantes, língua sanguinolenta, longa e larga que se estendia até o umbigo, rabo curto que virava para todos os lados e para cima, mostrando a indecência do traseiro do qual exalava um odor insuportável. Depois de andar algum tempo em torno das mulheres, subiu pela corda do sino até o campanário e desapareceu, deixando atrás de si vestígios de seu fedor. As mulheres deram graças e converteram-se à fé católica.

---

9 Conforme nota 2 do capítulo 16.

Quando na região de Toulouse alguns hereges iam ser jogados na fogueira, Domingos separou um deles, de nome Raimundo, e disse aos carrascos: "Poupem este aqui, de modo algum permitam que seja queimado". E voltando-se para ele disse carinhosamente: "Meu filho, sei que mais tarde você será um homem bom e santo". Libertado, ele permaneceu no erro da heresia por vinte anos, até que se converteu e se tornou frade Pregador, em cuja Ordem levou vida louvável que terminou de modo feliz.

Quando Domingos estava na Espanha junto com alguns frades, teve a visão de um assustador dragão que, com a goela aberta, esforçava-se por engolir os irmãos que estavam com ele. O homem de Deus entendeu que, como pai, devia exortar os irmãos a resistir corajosamente. Logo depois, todos, exceto o frade Adão e dois noviços, retiraram-se da Ordem. Domingos perguntou a um deles se queria ir com os outros, e ele respondeu: "Pai, não se deve deixar a cabeça para seguir os pés". Domingos se pôs a rezar e pouco depois, graças à sua oração, quase todos retornaram.

Ele estava com os frades em São Sisto, na cidade de Roma, quando repentinamente o espírito do Senhor veio sobre ele para que convocasse o capítulo[10] dos frades e anunciasse publicamente a todos que em breve quatro deles morreriam, dois na carne e dois na alma. Pouco depois, dois frades migraram para o Senhor e dois de fato deixaram a Ordem.

Certa feita estava em Bolonha no mesmo momento que o mestre Conrado Teutônico, cujo ingresso na Ordem era muito desejado pelos frades. Na vigília da Assunção da bem-aventurada Maria, o beato Domingos conversou muito com o prior do mosteiro Casa Maria, da Ordem Cisterciense, e dentre outras coisas disse-lhe confidencialmente, na intimidade: "Confesso, prior, que o que vou dizer até agora não revelei a ninguém, e espero que você não o revele enquanto eu viver. Nunca pedi algo que não tenha obtido logo depois". O mencionado prior disse que talvez morresse antes, e o beato Domingos, com espírito profético, respondeu que o prior viveria muito tempo depois dele. E aconteceu como previu. Então o prior acrescentou: "Peça, pai, que o mestre Conrado ingresse na Ordem, o que os frades visivelmente tanto desejam". Ele: "Bom irmão, você propôs uma coisa difícil!". Terminadas

---

[10] Conforme nota 4 do capítulo 61.

as completas, todos foram repousar e Domingos ficou na igreja rezando, como de costume.

Como convém, os frades foram para a prima e quando o cantor começou: "Já surgiu a luz do dia", eis que subitamente surgiu a luz do futuro novo astro da Ordem, mestre Conrado, que foi se prostrar aos pés do bem-aventurado Domingos pedindo naquele momento o hábito da Ordem, e foi aceito. Como membro da Ordem, foi bastante religioso e professor muito querido. Quando estava à beira da morte, com os olhos fechados e os irmãos acreditando que já migrara, ele abriu os olhos, olhou os frades em torno e disse: "O Senhor esteja com vocês". Eles responderam: "E com seu espírito". Ele acrescentou: "Que pela misericórdia[II] de Deus as almas dos fiéis descansem em paz", e logo a seguir repousou em paz.

O escravo de Deus, Domingos, tinha espírito sempre equilibrado, não se perturbava com nada a não ser a compaixão e a misericórdia, pois quem tem coração alegre mostra face risonha. Sua mansidão interior manifestava-se aos homens por meio de uma grande bondade. Durante o dia, ao lado de seus irmãos e companheiros, ninguém o superava em honestidade de comportamento, durante a noite ninguém entregava-se mais à vigília e à oração. De dia dedicava-se aos próximos, de noite a Deus, fazendo de seus olhos uma fonte de lágrimas.

Quando o corpo do Senhor era levantado na missa, ele freqüentemente era arrebatado em espírito, como se visse diante de si o Cristo encarnado. Por isso durante muito tempo não ouviu a missa junto com os outros. Era seu costume freqüente pernoitar na igreja, sendo difícil ou mesmo raro que fosse visto em algum lugar descansando. Quando surgia o cansaço e a necessidade de sono, encostava um pouco a cabeça diante do altar ou sobre uma lápide. Toda noite recebia de suas próprias mãos três chicotadas com uma corrente de ferro, uma por si mesmo, outra pelos pecadores que estão no mundo e a terceira por aqueles que estão padecendo no Purgatório.

Eleito bispo, segundo alguns de Couserans, segundo outros de Comminges, recusou, afirmando preferir morrer do que aceitar. Perguntado certa vez por que gostava mais de ficar na diocese de Carcas-

---

[II] A edição Graesse registra *memoriam Dei*, o que deve ser erro de transcrição, pois como observa o tradutor castelhano, os ofícios litúrgicos dominicanos terminam com "fidelium animae per *misericordiam Dei* requiescant in pace" (itálico nosso).

sone do que em Toulouse e na diocese tolosana, respondeu: "Porque na diocese de Toulouse encontro muitas pessoas que me honram e na de Carcassone muitos que, ao contrário, me combatem". Perguntado sobre qual livro mais estudara, respondeu: "No livro da caridade".

Certa vez em que o homem de Deus, Domingos, estava em Bolonha pernoitando na igreja, o diabo apareceu-lhe sob a forma de um frade e, acreditando nisso, mandou que fosse descansar com os outros. O diabo respondeu zombando e então Domingos, querendo saber quem era que não acatava sua ordem, acendeu a lâmpada da candeia, olhou seu rosto e imediatamente reconheceu que era o diabo. Repreendeu-o veementemente e o diabo começou a insultá-lo por quebrar o silêncio, ao que São Domingos respondeu que, como mestre, podia falar a um frade, e quis saber como ele tentava os frades do coro. Ele respondeu: "Faço-os chegarem tarde e sair cedo". Em seguida Domingos levou-o ao dormitório e perguntou como tentava os frades ali. Ele disse: "Faço-os dormir muito, levantar-se tarde, deixando para trás o ofício divino e tendo durante este tempo pensamentos sujos". Depois Domingos levou-o ao refeitório e perguntou como tentava os frades ali. Saltando entre as mesas, o demônio repetiu então várias vezes: "Mais e menos, mais e menos...". São Domingos perguntou o que queria dizer, e ele respondeu: "Neste lugar tento alguns frades para que comam mais do que o necessário e assim pequem, e tento outros a comer menos e assim fiquem fracos para o serviço a Deus e a observância da sua Ordem".

De lá Domingos conduziu-o ao locutório,[12] perguntando como tentava ali os frades. Ele revolveu a língua várias vezes, fazendo um som confuso e estranho. Quando São Domingos perguntou o que queria dizer, ele respondeu: "Este lugar é todo meu! Quando os irmãos se reúnem para conversar, esforço-me em tentá-los a que falem confusamente, todos ao mesmo tempo e sem dar atenção uns aos outros". Enfim, Domingos conduziu-o ao capítulo, mas quando chegou diante da porta o demônio não quis entrar de forma alguma, e disse: "Nunca entrarei aí, que é para mim um inferno e lugar de maldição, onde perco tudo o que ganhei nos outros lugares. Quando faço algum frade pecar por qualquer negligência, logo depois neste lugar de maldição ele purga esta negligência na presença de todos. Ele é admoestado, acusado, criticado, confessa

---

[12] Local do mosteiro ou do convento no qual os religiosos podem em certos momentos conversar livremente entre si ou receber visitas de fora.

e é absolvido, e dessa forma sofro por perder tudo que ganhei em outra parte e que me alegrava". Dito isto, desapareceu.

    Aproximando-se o término de sua Peregrinação,[13] Domingos estabeleceu-se perto de Bolonha onde seu corpo começou a padecer de grave enfermidade. Por meio de uma visão foi-lhe mostrada a dissolução de seu corpo. Viu um jovem belíssimo que o chamou dizendo: "Venha, meu querido, venha para a alegria, venha". Convocou então os doze frades do convento de Bolonha e, para não deixar os órfãos desamparados, anunciou seu testamento: "Aqui está a herança que deixo em justa posse a vocês, como filhos. Tenham caridade, exerçam humildade, pratiquem a pobreza voluntária". Na verdade, o que ele mais severamente proibia era que alguém introduzisse em sua Ordem posses temporais, invocando a mais terrível maldição do Deus onipotente e de si mesmo contra quem pretendesse macular a Ordem dos Pregadores com o pó dos bens terrenos. Os frades sofriam, inconsoláveis, sua partida, e ele os consolou docemente: "Filhos, não deixem que a separação de meu corpo os perturbe; não duvidem que serei mais útil a vocês morto do que vivo". Chegada a hora extrema, dormiu no Senhor no ano de 1221.

    O dia e a hora de seu trânsito foram mostrados ao irmão Guali, então prior dos frades pregadores de Brescia, e depois bispo da mesma cidade, do seguinte modo. Ele estava no campanário dos frades quando encostou a cabeça sobre uma parede e dormiu um sono leve. Viu o Céu aberto e duas escadas brancas pelas quais alegremente subiam e desciam anjos, e em cujo topo estava Cristo com sua mãe. Entre as escadas estava colocada uma cadeira na qual se encontrava sentado um frade com a cabeça coberta. Jesus e sua mãe puxaram as escadas até o homem sentado chegar ao Céu, e a abertura deste ser fechada. Pouco depois o citado frade foi a Bolonha, onde soube que fora naquele dia e hora que o pai migrara.

    Um frade de nome Rao, do convento próximo a Tibur, subira ao altar para celebrar a missa no mesmo dia e hora em que o pai migrara de seu corpo. Como ouvira falar que ele estava doente em Bolonha, no momento do cânon da missa, quando se costuma fazer menção aos vivos, quis orar pela saúde dele, mas subitamente saiu de si e viu o homem de Deus deixando Bolonha pela Via Régia, acompanhado por dois homens distintos, portando uma coroa de ouro e refulgindo de um brilho maravilhoso. Ele anotou o dia e a hora da visão e descobriu

---

13 Isto é, de sua passagem pelo mundo terreno. Veja-se, a propósito, a nota 1 do capítulo 90.

depois que fora naquele momento que o escravo de Deus, Domingos, migrara de seu corpo.

Seu corpo ficou muito tempo sob a terra, porém os milagres cada dia mais numerosos e incessantes não permitiram que se continuasse a ocultar sua santidade. A devoção dos fiéis exigiu que seu corpo fosse transferido para um lugar mais digno. Depois de, usando instrumentos de ferro, ter sido quebrada com dificuldade a pedra e aberto o túmulo, dele saiu um odor tão suave que não parecia vir de uma sepultura e sim de um armazém de perfumes. Aquele odor, que superava qualquer outro e não encontrava nenhum semelhante na natureza, impregnara não apenas os ossos e o pó do corpo sagrado como também o caixão e mesmo a terra ao redor dele, de maneira que, levada para regiões longínquas, ela conservava esse odor por longo tempo. As mãos dos frades que tocaram em alguma de suas relíquias ficaram de tal forma impregnadas que mesmo depois de lavadas mantiveram por muito tempo o testemunho daquela fragrância.

Um nobre da província[14] da Hungria foi com a mulher e o filho pequeno visitar as relíquias do bem-aventurado Domingos existentes em Silon. O filho adoeceu e acabou morrendo, e o pai, colocando seu corpo no altar do beato Domingos, começou a lamentar e a dizer: "Bem-aventurado Domingos, vim até você alegre e volto triste, vim com um filho e retorno privado dele! Eu imploro, devolva meu filho, devolva a alegria do meu coração!". E então no meio das honras fúnebres o menino reviveu e saiu andando pela igreja.

Um jovem, servo[15] de uma nobre senhora, estava, com a permissão dela, pescando no rio quando caiu na água e, afogando-se, desapareceu. Muito tempo depois seu corpo foi retirado do fundo do rio e sua senhora, invocando o beato Domingos, pediu sua ressurreição e prometeu que iria até suas relíquias com os pés nus e que daria a liberdade ao servo ressuscitado. No mesmo instante o morto retornou à vida e levantou-se no meio de todos. A referida senhora cumpriu a promessa.

---

[14] Conforme nota 2 do capítulo 61. O fato de Jacopo narrar três milagres que São Domingos teria intermediado na Hungria, onde os Frades Pregadores tinham se instalado havia relativamente pouco tempo, cerca de três décadas antes de ele redigir a *Legenda áurea*, não deve ter sido casual, e sim parte da clara estratégia propagandística utilizada pelas Ordens Mendicantes.

[15] O vocabulário medieval de dependência social é de tradução sempre problemática (veja-se a respeito a nota 9 do capítulo 2), e o mesmo acontece com o presente *mancipium*, "termo que compreende diversas categorias de dependentes", segundo J. F. Niermeyer, *Mediae latinitatis lexicon minus*, Leiden, Brill, 1984, s.v.

Ainda na província da Hungria, um homem chorava amargamente seu falecido filho e por sua ressurreição invocou o bem-aventurado Domingos. Perto da hora do cantar do galo, o morto abriu os olhos e perguntou a seu pai: "O que houve, pai, por que você está com o rosto molhado?". Ele: "São as lágrimas de seu pai, filho, pois você estava morto e fiquei privado de toda alegria". Ele: "Você chorou muito, pai, mas o beato Domingos teve compaixão de sua desolação e, pelos méritos que tem, conseguiu que eu voltasse vivo para você".

Um doente, cego havia dezoito anos, desejava visitar as relíquias do bem-aventurado Domingos, e mal se levantou do leito subitamente sentiu receber tal força que começou a andar com passos rápidos, e à medida que avançava na caminhada mais progredia na convalescença e na iluminação de seus olhos, até que, chegando ao seu local de destino, recebeu a graça da cura completa.

Da mesma forma, na província da Hungria uma mulher decidiu fazer celebrar uma missa em honra do bem-aventurado Domingos, mas na hora combinada o sacerdote não tinha chegado. Por isso ela envolveu as três velas litúrgicas em um pano limpo e colocou-as em um vaso. Afastou-se um pouco, e quando voltou viu claramente as chamas das velas acesas. Todos acorreram a tão grande espetáculo e ficaram orando e tremendo até que, sem tocar o tecido, as velas queimaram-se completamente.

Em Bolonha, um estudante de nome Nicolau tinha uma dor tão forte no rim e no joelho que não conseguia levantar da cama, e sua perna esquerda ficou tão seca que perdeu toda esperança de cura. Consagrando-se a Deus e ao beato Domingos, com um fio da mecha de uma vela mediu todo seu corpo, no comprimento, no pescoço, no peito e, por fim, no joelho. A cada medida que tomava, invocava o nome de Jesus e do beato Domingos, logo se sentindo aliviado e exclamando: "Estou curado". Levantou-se e sem qualquer ajuda foi com lágrimas de alegria à igreja na qual repousava o corpo de São Domingos. Na mesma cidade, Deus realizou inúmeros milagres por intermédio de seu escravo Domingos.

Em Augusta, na Sicília, uma jovem que sofria de cálculos ia ser operada, e diante do perigo iminente a mãe encomendou a filha a Deus e ao beato Domingos. Na noite seguinte, enquanto a jovem dormia, o beato Domingos colocou em sua mão a pedra que retirara dela e desapareceu. Quando a jovem despertou e viu-se curada, deu a pedra à mãe e contou a visão que tivera. A mãe levou a pedra ao convento dos frades e pendurou-a diante da imagem do bem-aventurado Domingos em memória de tão grande milagre.

Na mesma cidade de Augusta, mulheres que haviam participado na igreja dos frades da missa solene da festa da trasladação do bem-aventurado Domingos voltavam para casa, quando viram uma mulher fiando diante de sua casa. Começaram então a repreendê-la delicadamente porque não interrompera o trabalho na festa de um padre tão importante. Indignada, ela respondeu: "Que festejem o santo vocês, que são amantes dos frades". No mesmo instante seus olhos converteram-se em tumor cheio de pruridos, do qual começaram a sair vermes, dezoito pelo que contou uma vizinha. Arrependida, ela foi em seguida à igreja dos frades, onde confessou seus pecados e fez o voto de dali em diante não falar mal de Domingos, santo de Deus, e de comparecer à sua festa como devota. Imediatamente, ela recuperou a saúde.

Em Trípoli, uma religiosa do mosteiro de Madalena, chamada Maria, sofria havia cinco meses de fortíssimas dores devido a um golpe muito forte que recebera na perna, e temia-se que expirasse a qualquer hora. Ela recolheu-se interiormente e orou assim: "Meu Senhor, não sou digna de dirigir minha oração a você nem de ouvi-lo, mas imploro que meu senhor, o bem-aventurado Domingos, seja mediador entre eu e você e me consiga o benefício da saúde". Como ela orou muito tempo em prantos, logo entrou em êxtase e viu o beato Domingos com dois de seus irmãos abrir a cortina que havia diante de seu leito e dizer: "Por que você deseja tanto sarar?". E ela: "Senhor, é para que eu possa servir devotamente a meu Deus". Então ele tirou de debaixo de sua capa um ungüento de admirável fragrância, ungiu com ele a perna e no mesmo instante ela foi curada. Ele disse: "Esta unção é muito preciosa, doce e rara", e explicou à mulher que lhe perguntara o sentido daquelas palavras: "Esta unção é signo de amor, por isso preciosa, sem preço, já que dos dons de Deus nenhum é melhor do que o amor. Ela é doce porque nada é mais doce do que o amor, e é rara porque é rapidamente perdida se não for guardada com muito cuidado".

Naquela mesma noite Domingos apareceu a uma irmã da doente, que repousava em seu quarto, dizendo: "Curei sua irmã". Ela correu para ver e a encontrou curada. Maria tinha a sensação de ter recebido mesmo um ungüento, por isso com muita reverência passou um pano na perna. Quando, junto com a irmã, contou tudo à abadessa e ao confessor e mostrou-lhes o unguento no tecido, eles foram tocados por um aroma tão intenso e desconhecido que não puderam compará-lo a nenhum outro, por isso conservaram aquele ungüento com muita reverência.

Ainda que apenas um milagre tivesse sido suficiente para ilustrar como o local em que repousa o sacrossanto corpo do bem-aventurado Domingos é grato a Deus, muitos outros ocorreram ali.

Mestre Alexandre, bispo de Vendôme, em seus comentários às palavras "A misericórdia e a verdade encontraram-se",[16] conta a visão que teve um estudante de Bolonha que vivia entregue às vaidades do mundo. Ele se viu em um imenso campo no qual uma enorme tempestade despencava sobre ele. Pôs-se a correr da tempestade, até que chegou a uma casa que encontrou fechada. Bateu à porta, pedindo abrigo, mas a hospedeira do lado de dentro respondeu: "Eu sou a justiça, moro aqui e esta casa é minha. Você não é justo e não pode entrar". Diante destas palavras ele foi embora abatido, e como viu mais adiante outra casa, foi até ela e bateu à porta pedindo para ser recebido, mas do lado de dentro a hospedeira respondeu: "Eu sou a verdade, moro aqui e esta é a minha casa. Não receberei você como hóspede, pois a verdade não ajuda aqueles que não a amam". De lá ele foi para uma terceira casa, que viu ainda mais longe, e ao chegar pediu com insistência, como nas vezes anteriores, que o abrigassem da fúria da tempestade. Lá de dentro uma senhora respondeu: "Eu sou a paz, moro aqui, e a paz não é para ímpios mas para homens de boa vontade. Como tenho pensamentos de paz e não de aflição, dou a você um conselho útil. Mais adiante mora minha irmã, que sempre presta auxílio aos necessitados. Vá até lá e concorde com tudo que ela pedir". Quando ele lá chegou, quem estava dentro respondeu: "Eu sou a misericórdia, moro aqui, e se você deseja se salvar da tempestade que o ameaça, vá à casa dos Irmãos Pregadores onde encontrará o estábulo da penitência, o redil da continência, o pasto da doutrina, o asno da simplicidade, o boi da discrição, Maria, que vai iluminá-lo, José, instruí-lo e o Menino Jesus, salvá-lo". Quando o estudante em questão acordou, foi ao convento dos frades, contou a visão que tivera, pediu o hábito da Ordem e o recebeu.

---

[16] *Salmos* 84,11.

109. São Sisto

Sisto vem de *Síos*, que quer dizer "Deus", e de *status*, "estado divino", ou vem de *sisto/sistis*, que significa "fixo" e "firme" na fé, no martírio e nas boas obras.

1. O papa Sisto, ateniense de nascimento, primeiro foi filósofo e depois discípulo de Cristo. Eleito sumo pontífice, foi apresentado com seus dois diáconos, Felicíssimo e Agapito, a Décio e Valeriano. Como Décio não pôde persuadi-lo a mudar de posição, mandou levá-lo ao templo de Marte para que sacrificasse ou fosse recolhido à prisão Mamertina, para onde foi por ter se recusado a sacrificar. O bem-aventurado Lourenço ia atrás dele lamentando: "Para onde vai, pai, sem seu filho? Para onde vai apressado, santo sacerdote, sem seu ministro?". Sisto: "Eu não o deixo, filho, nem o desprezo, mas pela fé em Cristo, combates ainda maiores serão impostos a você. Em três dias o diácono seguirá o sacerdote, enquanto isso receba os tesouros da Igreja e os divida como achar melhor". Enquanto Lourenço os distribuía entre os cristãos pobres, o prefeito Valeriano mandou levar Sisto ao templo de Marte para sacrificar e, caso recusasse, ter a cabeça cortada. Quando o levaram, o beato Lourenço pôs-se a clamar e a dizer: "Não me desampare, santo pai, já distribuí os tesouros que me entregou". Ao ouvirem Lourenço falar em tesouros, os soldados prenderam-no e decapitaram Sisto, com Felicíssimo e Agapito.

2. Neste dia ocorre a festa da transfiguração do Senhor nas igrejas que conseguem vinho novo para o sangue de Cristo, ou que pelo menos encontram um pouco de uva madura para destilar no cálice. Neste dia o vinho é benzido e o povo comunga com ele. A razão disso é que o Senhor falou a seus discípulos no dia da Ceia: "Não beberei mais deste fruto da

vida, até que beba com vocês um novo no reino de meu Pai".[1] Na verdade a transfiguração e o vinho novo representam a gloriosa transformação que Cristo sofreu após a Ressurreição. Por isso no dia da Transfiguração, que representa a Ressurreição, é desejável vinho novo. Isto não porque a Transfiguração tenha acontecido neste dia, como afirmam alguns, mas porque foi então divulgada pelos apóstolos. Pelo que se diz, a Transfiguração ocorreu por volta do início da primavera, mas devido à proibição que lhes foi imposta, os discípulos a celebraram e manifestaram neste dia. É isto que se lê no livro chamado MITRALE.

---

[1] *Mateus* 26,29.

110. São Donato

Donato quer dizer "nascido de Deus", o que se deu três vezes, por geração, pelo espírito e por Deus, isto é, por regeneração, infusão da graça e glorificação. Quando um santo morre se diz que ele nasce, por isso o desaparecimento de um santo não é chamado de morte, mas de nascimento. Da mesma forma que uma criança deseja nascer para ter mais espaço para ficar, alimentos mais ricos para se alimentar, ar livre para respirar e luz para ver, quando os santos saem do útero da mãe Igreja pela morte recebem de certa maneira aquelas quatro coisas, daí se dizer que nasceram. Donato também quer dizer "dom dado por Deus".

1. Donato foi criado e educado com o imperador Juliano, que chegou a ser ordenado subdiácono, mas quando se tornou imperador matou o pai e a mãe do bem-aventurado Donato, que fugiu para a cidade de Arezzo, onde ficou ao lado do monge Hilário e fez muitos milagres. O prefeito dessa cidade tinha um filho endemoninhado, cujo espírito imundo começou a gritar quando foi levado a Donato: "Em nome do Senhor Jesus Cristo, não me moleste para que saia de minha casa, ó Donato. Por que me obriga com tormentos a sair?". Mas Donato orou e o endemoninhado foi logo liberado.

2. Um homem chamado Eustáquio, arrecadador de impostos na Toscana, entregou o dinheiro público para ser guardado por sua esposa, chamada Eufrosina. Mas como inimigos ameaçavam a província, ela escondeu o dinheiro e pouco depois morreu. Ao voltar, o marido não podia encontrar o dinheiro e já ia ser levado à tortura junto com seus filhos, quando recorreu a São Donato. Este foi com ele ao sepulcro da esposa e depois de fazer uma oração disse em clara voz: "Eufrosina, pelo

Espírito Santo, peço que nos diga onde colocou o dinheiro". Feito isto, uma voz disse do sepulcro: "Enterrei na entrada de minha casa". Foram até o local e encontraram o dinheiro, como ela dissera.

3. Alguns dias depois, o bispo Sátiro dormiu no Senhor e todo o clero escolheu Donato para bispo. Conforme menciona Gregório nos DIÁLOGOS, certo dia, celebrada a missa, o povo comungava e um diácono dava o sangue de Cristo para os comungantes beber, quando de repente alguns pagãos empurraram o diácono, que caiu, e o santo cálice quebrou. O diácono e todo o povo ficaram muito aflitos, Donato juntou os pedaços do cálice, fez uma oração e este recuperou sua antiga forma. Ficou faltando ao cálice um pedacinho que tinha sido escondido pelo diabo, mas mesmo assim ele se tornou testemunho do milagre, que foi visto pelos pagãos e oitenta deles se converteram e receberam o batismo.

4. Havia uma fonte infectada da qual qualquer um que bebesse logo morria. Certa vez São Donato foi até ela montado no seu asno para com uma oração tornar a água potável. Então saiu dela um terrível dragão que com a cauda agarrou as patas do animal e, em seguida, ergueu-se contra Donato. Donato o feriu com um chicote ou, segundo se lê em outra parte, com uma cusparada em sua boca, e, ato contínuo, o dragão morreu. Ele orou ao Senhor e todo o veneno da fonte desapareceu. Outra vez ele e seus companheiros estavam muito sedentos, e com uma oração fez surgir uma fonte.

5. Perturbada por um demônio, a filha do imperador Teodósio foi levada a São Donato, que disse: "Sai, espírito imundo, não habite no que foi criado por Deus". O demônio: "Deixe meu caminho para que eu saia e diga para onde devo ir". Donato: "De onde você veio?". O demônio: "Do deserto". E o santo: "Volte para lá". O demônio: "Vejo em você o sinal-da-cruz do qual sai fogo contra mim. Diante dele temo e não sei para onde ir. Permita que saia daqui e sairei". Donato: "Aqui está a passagem, volte para o seu lugar". Ele saiu e toda a casa foi sacudida violentamente.

6. Um morto estava sendo enterrado quando chegou alguém com um documento escrito atestando que ele lhe devia duzentas moedas, e por isso não permitiria que o enterrassem. A viúva, entre lágrimas, contou tudo ao bem-aventurado Donato, acrescentando que aquele homem havia recebido a totalidade de seu dinheiro. Ele levantou-se, foi até o local, tocou o defunto com a mão e disse: "Ouça". O defunto respondeu: "Aqui estou". E São Donato disse: "Levante e veja o que fará com este homem que não permite que você seja enterrado". O defunto

provou que saldara todos seus débitos e, tomando o documento na mão, rasgou-o. Depois disse a São Donato: "Pai, mande-me dormir outra vez". E ele: "Assim seja, filho, repousa".

7. Naquela época fazia três anos que não chovia, o que provocou uma grande carestia. Os infiéis reuniram-se com o imperador Teodósio e pediram que lhes entregasse Donato, que por meio de artes mágicas criara aquela situação. A pedido do imperador, Donato saiu, orou ao Senhor e este concedeu uma copiosa chuva, depois do que voltou para dentro com as vestes secas, enquanto os demais estavam encharcados.

8. Naquele tempo, os godos devastaram a Itália e muitas pessoas afastaram-se da fé em Cristo. São Donato e Hilário repreenderam o prefeito Evadraciano por sua apostasia e este obrigou os santos a imolar a Júpiter. Como eles recusaram, mandou desnudar Hilário e torturá-lo até que entregasse o espírito, encarcerou Donato e depois mandou decapitá-lo, por volta do ano do Senhor de 380.

111. São Ciríaco e Seus Companheiros

Ciríaco, ordenado diácono pelo papa Marcelo, foi preso por Maximiano e levado, junto com seus companheiros, para cavar terra e levá-la sobre os ombros até o local em que se construíam termas. Entre os companheiros estava o velho São Saturnino, que Ciríaco e Sisínio ajudavam a carregar a terra. Ciríaco estava na prisão quando o prefeito ordenou que se apresentasse a ele. Foi conduzido até lá por Aproniano, mas subitamente vieram do Céu uma luz e uma voz dizendo: "Venham, benditos de meu Pai".[1] Aproniano converteu-se, fez-se batizar, foi até o prefeito e reconheceu a fé em Cristo. O prefeito: "Você se tornou cristão?". Ele: "Ai de mim, pelo tempo que perdi!". O prefeito respondeu: "Na verdade, é deste modo que perde o seu tempo", e mandou degolá-lo. Como Saturnino e Sisínio não quiseram sacrificar, foram submetidos a vários suplícios e depois também decapitados.

A filha de Diocleciano, de nome Artêmia, era atormentada por um demônio que nela gritava e dizia: "Não saio daqui, a não ser que venha até mim o diácono Ciríaco". Então Ciríaco foi levado ao demônio, e depois de lhe ordenar que saísse, este respondeu: "Se quer que eu vá, me dê outro lugar para entrar". Ciríaco: "Eis o meu corpo. Se puder, entre nele". O demônio: "Não posso, porque está fechado e selado, mas se me expulsar farei você ir para a Babilônia". Como o demônio foi obrigado a sair, Artêmia gritava dizendo que via o Deus que Ciríaco pregava. Então Ciríaco a batizou.

Ele vivia seguro na casa que Diocleciano e sua mulher Serena

---

[1] *Mateus* 25,34.

haviam lhe dado em agradecimento, quando o mensageiro do rei dos persas rogou a Diocleciano que lhe enviasse Ciríaco, pois sua filha era atormentada por um demônio. Diante dos pedidos de Diocleciano, Ciríaco, com Largo e Smaragdo, partiu feliz para a Babilônia num navio carregado com todo o necessário. Quando Ciríaco chegou até à jovem, o demônio começou a gritar através de sua boca: "Está cansado, Ciríaco?". Ciríaco respondeu: "Não estou cansado, pois cheguei aqui com o auxílio de Deus". O demônio: "Todavia eu o trouxe para cá, como queria". Então Ciríaco disse ao demônio: "Jesus ordena que saia". No mesmo momento o demônio saiu dizendo: "Ó nome terrível, que me obriga a sair!". E assim, curada a jovem, Ciríaco batizou-a e a seu pai, sua mãe e muitos outros. Ofereceram-lhe muitos presentes, que não quis receber e, depois de jejuar a pão e água por 45 dias, voltou a Roma.

Dois meses mais tarde, Diocleciano morreu e foi sucedido por Maximiano, que, bravo com sua irmã Artêmia, mandou acorrentar Ciríaco e arrastá-lo nu em sua carruagem. Este Maximiano só pode ser considerado filho de Diocleciano por tê-lo sucedido e porque tinha se casado com a filha dele, chamada Valeriana. Depois disso Maximiano mandou seu lugar-tenente, Carpásio, obrigar Ciríaco e seus companheiros a sacrificar ou, do contrário, morrer com suplícios diversos. Carpásio derramou piche sobre a cabeça de Ciríaco, colocou-o no potro[2] e mandou decapitá-lo junto com seus companheiros. Carpásio ficou então com a casa do santo e, por derrisão, banhava-se no lugar em que Ciríaco batizava. Quando celebrava um banquete com dezenove companheiros, todos subitamente morreram, a piscina foi fechada e os gentios passaram a temer e respeitar os cristãos.

---

[2] Conforme nota 1 do capítulo 25.

112. São Lourenço

Lourenço é o mesmo que *lauream tenens*, que quer dizer "coroa feita de louro", como a que antigamente os vencedores recebiam. Esta árvore de verdor perene e aprazível, odor agradável e eficácia virtuosa, é signo da vitória. O nome do beato Lourenço vem de *lauro*, "louro", pois obteve vitória em sua paixão, daí Décio ter dito então, perturbado: "Creio que já fomos vencidos". Lourenço teve verdor na limpeza e pureza de seu coração, por isso disse: "Minha noite não tem escuridão". Da mesma forma que o odor, ele fica perpetuamente na memória, pois "distribuiu bens aos pobres e por isso sua bondade permanece pelo século dos séculos".[1] Segundo o bem-aventurado Máximo, "Como poderia não se lembrar eternamente da bondade deste santo pleno de obras, consagrado por gloriosíssimo martírio?". Lourenço foi eficaz na pregação virtuosa por meio da qual converteu Lucílio, Hipólito e Romano. Assim como aquela árvore é eficaz para dissolver cálculos, curar surdez e evitar raios, Lourenço quebra o coração duro, devolve a audição espiritual, protege os condenados do raio de suas sentenças.

1. Lourenço, mártir e diácono de origem espanhola, foi levado a Roma pelo bem-aventurado Sisto. A este respeito diz o mestre JOÃO BELETH que Sisto, tendo viajado pela Espanha, conheceu dois jovens, Lourenço e Vicente, este seu parente, ambos tão virtuosos e notáveis em todas as suas ações, que os levou consigo a Roma. Um deles, Lourenço, ficou com ele em Roma, o outro, Vicente, voltou à Espanha onde encerrou sua vida em glorioso martírio. Aqui, contudo, a opinião do mestre

---

[1] *Salmos* 111,9.

João Beleth é contradita pela época dos martírios, pois Lourenço sofreu-o sob Décio e Vicente, ainda jovem, sob Diocleciano e Daciano. Mas entre Décio e Diocleciano passaram-se cerca de quarenta anos, e sete imperadores existiram entre eles, de forma que o beato Vicente não poderia naquele momento ser jovem.

 O bem-aventurado Sisto ordenou Lourenço como seu subdiácono. Naquela época o imperador Filipe e seu filho, também de nome Filipe, aceitaram a fé em Cristo e, como cristãos, muito fizeram para elevar a Igreja. Este Filipe foi o primeiro imperador que aceitou a fé em Cristo, convertido, pelo que se conta, por ORÍGENES, ainda que em outra parte se leia que foi convertido pelo beato Pôncio. Filipe reinava no ano mil da fundação da cidade, para que o milésimo ano de Roma, em vez de dedicado aos ídolos, o fosse a Cristo. Este milésimo ano foi celebrado pelos romanos com muitos jogos e espetáculos. Entre os soldados do imperador Filipe havia um de nome Décio, muito famoso por ser intrépido na guerra. Como por aquela época a Gália se rebelou, o imperador enviou Décio a fim de subjugar os rebeldes ao Império Romano. Lá, Décio agiu como era esperado por todos e voltou para Roma contente com a vitória obtida. O imperador, sabendo de sua chegada, quis homenageá-lo e deixou Roma para encontrá-lo em Verona. Mas como quanto mais honras recebem, mais a mente dos maus se enche de soberba, Décio começou a desejar ser imperador e a tramar a morte de seu senhor. Daí por que, quando o imperador estava descansando em sua tenda, Décio aí entrou escondido e o estrangulou enquanto dormia. Depois, com pedidos e recompensas, presentes e promessas, seduziu o exército que acompanhava o imperador e apressou-se a ir para a cidade régia.

 Sabendo disso, Filipe, o Jovem, teve medo e, como narra SICARDO DE CREMONA em sua crônica, recomendou ao beato Sisto e a São Lourenço que, se também ele fosse morto por Décio, todo o tesouro de seu pai deveria ser entregue à Igreja e aos pobres. Não surpreende que os tesouros que o bem-aventurado Lourenço distribuiu não sejam chamados de tesouros do imperador, mas da Igreja, pois esta distribuiu o que era seu junto com o tesouro que recebeu do imperador Filipe. Chama-se ainda de tesouro da Igreja, pois Filipe entregou-o para que a Igreja o distribuísse aos pobres. Mas há uma forte dúvida de que Sisto tenha vivido naquela época, como será dito mais abaixo.

 Depois disso Filipe fugiu e escondeu-se de Décio. O Senado foi ao encontro de Décio e confirmou-o como imperador. Este, não querendo ser visto como assassino e traidor de seu senhor, por zelo idolátrico começou uma sangrenta perseguição aos cristãos, ordenando que fossem trucidados sem misericórdia. Esta perseguição fez muitos milhares de mártires, entre eles Filipe, o Jovem. A seguir Décio começou a procurar o tesouro de seu senhor, e o beato Sisto foi levado diante dele, acusado de ser adorador de Cristo e de possuir os tesouros do imperador. Décio mandou então levá-lo ao cárcere a fim de que, por meio de tortura, negasse Cristo e entregasse os tesouros. O bem-aventurado Lourenço, que ia atrás dele, clamava: "Para onde vai, pai, sem seu filho? Para onde vai apressado, santo sacerdote, sem seu ministro? Você nunca teve o costume de oferecer sacrifício sem ministro! O que em mim desagrada sua paternidade? Que mácula encontrou em mim? Ao menos me submeta a alguma prova para ver se é idôneo o ministro que você escolheu para dispensar o sangue do Senhor". A isto o beato Sisto disse: "Eu não o deixo, filho, nem o desprezo, mas pela fé em Cristo, combates ainda maiores serão impostos a você. A mim, que sou velho, coube uma luta mais leve, a você, que é jovem, cabe um triunfo mais glorioso sobre o tirano. Depois de três dias o diácono seguirá a mim, seu sacerdote". Deu então a ele todos os tesouros, recomendando que os distribuísse às igrejas e aos pobres. O bem-aventurado Lourenço procurou cuidadosamente dia e noite pelos cristãos e deu a cada um o necessário.

Ele foi à casa de uma viúva que escondera muitos cristãos e que era incomodada por uma prolongada dor de cabeça, da qual a livrou pela imposição das mãos. Lá também lavou os pés dos pobres e deu esmola a todos. Na mesma noite, ele foi à casa de um cristão onde encontrou um cego e, ao fazer o sinal-da-cruz, devolveu-lhe a luz.

Como o bem-aventurado Sisto não concordou com Décio nem quis imolar aos ídolos, este ordenou que o levassem para a decapitação. O beato Lourenço correu para lá e clamou: "Não me abandone, santo pai, pois já distribuí os tesouros que me entregou". Ouvindo falar em tesouros, os soldados pegaram Lourenço e o levaram ao tribuno Partênio, que por sua vez o conduziu até Décio. O césar perguntou a Lourenço: "Onde estão os tesouros da Igreja que sabemos que você escondeu?". Como ele não respondeu, levaram-no ao prefeito Valeriano para que este o fizesse entregar os tesouros e sacrificar aos ídolos, ou perecer com suplícios e tormentos. Valeriano, de seu lado, entregou-o aos cuidados de um outro prefeito, de nome Hipólito, que trancou Lourenço num cárcere com outros prisioneiros.

Ali estava preso um gentio de nome Lucílio, que de tanto chorar perdera a luz dos olhos. Lourenço prometeu devolver-lhe a visão caso acreditasse em Cristo e recebesse o batismo. Na mesma hora ele pediu o batismo. Lourenço pegou água e disse: "A confissão limpa tudo". Depois o interrogou minuciosamente sobre os artigos da fé e ele confessou acreditar em todos. Lourenço derramou a água sobre sua cabeça e em nome de Cristo o batizou. Por causa disso muitos cegos iam até Lourenço e ele lhes devolvia a visão. Vendo isso, Hipólito pediu: "Mostre-me os tesouros". Lourenço: "Ó, Hipólito, se você acreditar no Senhor Jesus Cristo mostro os tesouros e prometo a você a vida eterna". Hipólito: "Se me recompensar cumprindo o que diz, farei o que me aconselha". Na mesma hora Hipólito passou a crer e recebeu o sagrado batismo com sua família. Já batizado, disse: "Vi as almas dos inocentes alegrarem-se".

Depois disso, Valeriano mandou que Hipólito lhe levasse Lourenço, e este disse: "Vamos juntos para a glória que está preparada para mim e para você". Ambos foram ao tribunal, onde mais uma vez perguntou-se sobre o tesouro. Lourenço pediu três dias para contar, Valeriano concordou e manteve-o sob os cuidados de Hipólito. Durante três dias Lourenço reuniu pobres, coxos e cegos e apresentou-os a Décio no palácio Salustiano, dizendo: "Eis os tesouros eternos, que jamais diminuem, apenas crescem, tesouros que foram entregues a cada um deles e estão em todos eles, cujas mãos transportaram esses tesouros ao Céu". Na presença de Décio, Valeriano disse a Lourenço: "Por que estes rodeios? Sacrifique agora mesmo e abandone a arte mágica". Lourenço: "A quem se deve adorar, a quem foi feito ou a quem fez?". Irado, Décio mandou feri-lo com escorpiões[2] e todos os tipos de tortura. Quando o mandou sacrificar a fim de escapar destes tormentos, Lourenço respondeu: "Infeliz, estas torturas são as iguarias que sempre pedi". Décio: "Se são tão agradáveis, chame sacrílegos parecidos com você para se banquetearem juntos". Lourenço: "Eles já têm seus nomes no Céu e por isso você não é digno de vê-los".

Então Décio mandou despi-lo e feri-lo com varas e lâminas ardentes colocadas em suas costas. Disse Lourenço: "Senhor Jesus

---

[2] Garfos de ferro usados na tortura e que tinham esse nome por seu formato lembrar a garra do escorpião.

Cristo, Deus de Deus, tenha misericórdia de mim, seu escravo que, acusado, não negou seu santo nome e que, interrogado, reconheceu-o como seu senhor". Décio: "Sei que zomba dos tormentos por meio de arte mágica, mas não zombará ainda muito tempo de mim. Juro diante dos deuses e deusas que a não ser que sacrifique, você perecerá em meio a diversos suplícios". Mandou então que fosse por longo tempo torturado com chumbo. Lourenço rezava, dizendo: "Senhor Jesus Cristo, receba meu espírito". Naquele momento Décio ouviu uma voz vinda do Céu: "Ainda estão reservados a você muitos combates". Furioso, Décio disse: "Romanos, vocês ouviram demônios consolando este sacrílego que não venera nossos deuses nem teme os tormentos nem receia a ira dos príncipes". Ordenou então que o ferissem novamente com escorpiões. Sorrindo, Lourenço deu graças a Deus e orou pelos que estavam junto dele.

Naquela hora um soldado de nome Romano passou a crer e disse ao bem-aventurado Lourenço: "Vejo em pé, diante de você, um jovem belíssimo que seca seus membros com um tecido de linho. Peço por Deus que não me abandone e se apresse em me batizar". Décio comentou com Valeriano: "Acho que já fomos vencidos pela arte mágica". Em seguida mandou que o tirassem do cercado em que estava e que fosse preso sob a custódia de Hipólito. Romano levou um cântaro com água para Lourenço, prostrou-se a seus pés e recebeu o santo batismo. Quando Décio soube disso, mandou feri-lo com varas, e como Romano espontaneamente se declarava cristão, ordenou que fosse degolado.

Naquela noite Lourenço foi levado até Décio, e como Hipólito chorava e gritava que era cristão, ele lhe disse: "Esconda um pouco mais que acredita em Cristo, e quando eu chamar, venha". Diante de todos os instrumentos de tortura, Décio disse a Lourenço: "Ou você sacrifica aos deuses ou passará esta noite em suplícios". Ao que Lourenço respondeu: "Minha noite não tem escuridão, resplandece cheia de luz". Décio disse: "Que o rebelde Lourenço seja levado ao leito de ferro para que nele descanse". Os executores logo o despiram, estenderam-no sobre uma grade de ferro colocada sobre brasas e o comprimiram com garfos de ferro. Lourenço disse a Valeriano: "Saiba, miserável, que seu carvão é refrigério para mim, mas que para você serão suplícios eternos, pois o Senhor sabe que, acusado, não O neguei, que, interrogado, reconheci Cristo, que, assado, dei graças a Deus". Disse ainda a Décio, com rosto alegre:

"Veja, miserável, você assou uma parte de mim, agora vire a outra e coma". Rendeu graças a Deus — "Dou graças, Senhor, por merecer entrar por suas portas" — e assim entregou o espírito. Confuso, Décio retirou-se com Valeriano para o palácio de Tibério, abandonando o corpo sobre o fogo. Hipólito o roubou e, com o presbítero Justino, embalsamou-o com arômatas e enterrou-o no Campo Verano. Os cristãos passaram três vigílias em jejum, gemendo e derramando lágrimas.

É verdade que Lourenço sofreu o martírio sob o imperador Décio? Apoiado em crônicas onde se lê que Sisto viveu bem antes de Décio, muitas pessoas duvidam. Eutrópio,[3] por sua vez, afirma: "Décio moveu uma perseguição aos cristãos e, entre outros, matou o bem-aventurado diácono e mártir Lourenço". Em outra crônica bastante autêntica, está escrito que não foi sob o imperador Décio, que sucedeu a Filipe, que Lourenço sofreu o martírio, mas sob Décio, o Jovem, que foi césar e não imperador. Entre o imperador Décio e Décio, o Jovem, sob o qual se diz que Lourenço padeceu, existiram muitos imperadores e sumos pontífices. Com efeito, a mesma crônica diz que ao imperador Décio sucederam Galo e seu filho Volusiano, a estes Valeriano e Galiano, que nomearam Décio, o Jovem, césar e não imperador. Antigamente ocorria que os imperadores fizessem de algumas pessoas césares, mas não augustos ou imperadores. Assim, pode-se ler nas crônicas que Diocleciano fez de Maximiniano um césar, e depois o transformou em augusto.

Foi no tempo dos imperadores Valeriano e Galiano que Sisto ocupou a sé romana. Portanto, foi o Décio chamado de césar, e não o imperador Décio, que fez do beato Lourenço um mártir, daí por que em nenhum ponto da legenda do bem-aventurado Lourenço Décio é chamado de imperador, mas apenas de césar. O imperador Décio reinou apenas dois anos e martirizou o beato papa Fabiano. A Fabiano sucedeu Cornélio, martirizado sob Volusiano e Galo. Lúcio sucedeu a Cornélio e Estêvão a Lúcio. Estêvão foi martirizado sob Valeriano e Galiano, que reinaram quinze anos. A Estêvão, sucedeu Sisto. É isso que se lê naquela crônica. Todas as crônicas, tanto a de EUSÉBIO, como a de BEDA e de ISIDORO, concordam em que o papa Sisto não viveu no tempo do imperador Décio, mas de Galiano.

Em outra crônica está escrito que o mencionado Galiano tinha dois nomes, sendo chamado de Galiano ou de Décio, e que no seu governo morreram Sisto e Lourenço, por volta do ano 257 do Senhor. Em

---

[3] Historiador romano do século IV que dedicou ao imperador Valente seu *Breviarium historiae romanae*.

seu livro chamado *Panteão*, GODOFREDO defende a mesma coisa, a saber, que Galiano também era conhecido pelo nome de Décio, e que sob ele foram martirizados Sisto e Lourenço. E se isto é verdade, então também pode ser verdadeiro o que afirma João Beleth.

2. Gregório conta no livro dos DIÁLOGOS que embora Sabina tivesse sido uma monja que respeitara a continência da carne, não evitara a insolência da língua. Ela foi deixada diante do altar do mártir na igreja de São Lourenço, onde ia ser sepultada, mas pela manhã viu-se que ela tinha sido dividida pelos demônios em duas partes, uma que permaneceu ilesa e outra que foi queimada.[4]

3. GREGÓRIO DE TOURS diz que certo sacerdote tinha uma viga muito curta para a reforma que fazia na igreja de São Lourenço. Pediu então ao bem-aventurado Lourenço que, da mesma forma que sustentara os pobres, viesse em socorro de sua indigência. Subitamente a viga cresceu tanto que sobrou toda uma parte, que o sacerdote cortou em pedaços pequenos com os quais curou muitas enfermidades. Isso também foi atestado pelo beato Fortunato.[5] Tais fatos ocorreram em um castelo da Itália, Brine.

4. Como se refere Gregório nos *Diálogos*, certo presbítero de nome Sântulo, querendo reparar a igreja de São Lourenço queimada pelos lombardos, reuniu muitos artesãos. Certo dia, não tendo o que lhes servir, pôs-se em oração e, voltando os olhos para o forno, nele encontrou um pão branquíssimo, mas que se via não ser suficiente para o almoço de três pessoas. No entanto Lourenço não queria que faltasse comida para seus artesãos e multiplicou o mencionado pão, que foi bastante para alimentar todos os trabalhadores por dez dias.

5. Como conta VICENTE em sua crônica, havia na igreja de São Lourenço, em Milão, um cálice de cristal de admirável beleza. Durante uma celebração, estava sendo levado ao altar por um diácono quando escapou de suas mãos, caiu por terra e na mesma hora fez-se em pedaços.

---

4 Jacopo não explicita, mas o sentido parece claro: a parte intacta era da cintura para baixo, que Sabina soube preservar do pecado, a queimada a parte de cima, destruída pelos pecados da língua. Sobre estes na cultura medieval, veja-se C. Casagrande e S. Vecchio, *I Peccati della lingua*, Roma, Istituto della Enciclopedia Italiana, 1987.

5 Venâncio Fortunato (c. 535-600), bispo de Poitiers, poeta e hagiógrafo, além de ter sido contemporâneo de Gregório de Tours (c. 540-594) teve contato pessoal com ele, sendo difícil saber qual deles influenciou o outro no que diz respeito ao relato citado por Jacopo de Varazze. Esta é a única passagem da *Legenda áurea* que se refere ao bispo de Poitiers, enquanto o bispo de Tours aparece oito vezes.

O diácono ficou triste, recolheu os fragmentos, colocou-os sobre o altar, orou ao beato Lourenço e recuperou o cálice inteiro e sem rachaduras.

6. Lê-se no livro OS MILAGRES DA BEM-AVENTURADA VIRGEM que havia em Roma um juiz de nome Estêvão que aceitava com prazer grande número de presentes e pervertia a justiça. Ele se apoderou violentamente de três casas da igreja de São Lourenço e de um jardim de Santa Inês, e injustamente tomou posse do que roubou. Aconteceu porém que, tendo morrido, foi levado diante do tribunal de Deus. Muito indignado, Lourenço foi até ele e por três vezes e por longo tempo de cada vez apertou seu braço, provocando-lhe grande dor. Santa Inês e as demais virgens, não querendo vê-lo, viraram o rosto. Então o juiz supremo anunciou sua sentença: "Visto que você subtraiu o que era de outros e aceitando presentes vendeu a verdade, que seja levado ao lugar em que está o traidor Judas".

São Projeto, a quem Estêvão fora muito afeiçoado em vida, dirigiu-se ao beato Lourenço e à beata Inês e suplicou perdão para ele. Aceitaram, e junto com a bem-aventurada Virgem oraram pedindo que sua alma voltasse ao corpo para poder fazer trinta dias de penitência. A beata Virgem impôs-lhe dizer uma vez por dia o salmo "Bem-aventurados os que se mantêm imaculados no caminho da vida". Quando voltou ao corpo, no local em que fora apertado seu braço estava queimado e negro, como se isso tivesse acontecido corporalmente. Esta marca ficou nele enquanto viveu. Ele reparou os males e roubos que realizara, fez penitência e no trigésimo dia migrou para o Senhor.

7. Lê-se na vida do imperador Henrique, que como ele e sua mulher Cunegunda permaneciam virgens juntos, o diabo instigou-o a suspeitar dela com um soldado. Ao subir descalça sobre relhas de quinze pés de comprimento que ele mandara esquentar, ela disse: "Como Henrique e todos os outros me deixaram intacta, ajude-me, Cristo!". Envergonhado, Henrique bateu no queixo dela e ouviu-se uma voz: "Você é virgem e a Virgem Maria a libertará". Ela então percorreu, ilesa, toda aquela superfície incandescente.

Quando o imperador morreu, enorme multidão de demônios passou perto da cela de um eremita, que abriu sua janela e perguntou ao último deles quem eram. Ele respondeu: "Somos uma legião de demônios e nos apressamos, pois com a morte do imperador talvez possamos acusá-lo de algo". Esconjurado a voltar depois do julgamento, o demônio voltou e disse: "Não tivemos êxito, pois se em um prato da balança colocamos a falsa suspeita sobre sua mulher e outros males, Lourenço, o queimado, acrescentou ao prato das coisas boas uma pesadíssima urna de ouro que fez o peso deste lado ultrapassar muito o outro, a ponto de arremessá-lo com força para longe. Fiquei então com raiva e quebrei uma parte dessa urna de ouro". O demônio chamava de urna o cálice com duas asas que o mencionado imperador mandara fazer para a igreja de Eischstat, dedicada a São Lourenço, pelo qual tivera especial devoção. E de fato, quando o imperador morreu descobriu-se que uma das asas do cálice tinha sido quebrada.

Gregório conta no seu *Registro* que um predecessor seu desejara levar alguém até o corpo de São Lourenço para que se curasse, porém não sabia onde o corpo estava. Enquanto procuravam, de repente o corpo apareceu diante de todos, que não souberam reconhecê-lo. Tanto os monges quanto os moradores do local que viram o corpo morreram em menos de dez dias.

8. Assim como dizem o bispo São Máximo e o bem-aventurado Agostinho, a paixão do beato Lourenço pode ser vista como muito superior à dos demais santos mártires, por quatro motivos. Primeiro pela severidade do martírio, segundo por seus efeitos ou utilidade, terceiro por sua constância ou força e quarto por seu combate admirável e modo de vitória.

Primeiro, foi extrema a severidade de suas penas, a respeito do que diz o bem-aventurado bispo Máximo ou, segundo alguns, Ambrósio:

> Irmãos, a paixão sofrida pelo beato Lourenço não foi breve ou simples. Aqueles que foram atingidos pela espada ou mergulhados nas chamas dos fornos foram mortos de uma só vez, libertados num único assalto. Lourenço, ao contrário, foi atormentado por penas longas e variadas, teve uma morte demorada quanto ao suplício e quanto a seu fim. Lemos sobre jovens beatos que em suas penas andaram entre as chamas e esmagaram com os pés bolas de fogo, enquanto o bem-aventurado Lourenço não teve menor glória, pois se os jovens beatos penaram andando nas chamas, ele em seu suplício ficou deitado no fogo. Aqueles sentiam o fogo nos pés, este por toda a lateral de seu corpo. Aqueles em suas dores elevavam as mãos e oravam ao Senhor, este prostrado em seu sofrimento suplicava com todo o corpo.

Note-se que é costume dizer que o bem-aventurado Lourenço tem, depois do bem-aventurado Estêvão, o primado entre os mártires.

Isso não acontece porque tenha suportado penas maiores do que os outros mártires, alguns dos quais experimentaram muitas e tantas e talvez maiores dores que ele, mas devido a seis causas simultâneas. Primeira, o local de sua paixão, pois foi martirizado em Roma, que é a cabeça do mundo e onde está situada a sé apostólica. Segunda, pelo ofício de pregador, que exerceu com diligência. Terceira, pela louvável distribuição dos tesouros, que fez sabiamente a todos os pobres. Estas três razões foram estabelecidas pelo mestre GUILHERME DE AUXERRE. Quarta, pelo martírio autêntico e comprovado, já que outros podem ter tido tormentos maiores, mas cuja autenticidade não está comprovada, e algumas vezes são duvidosos. O martírio dele é para a Igreja solene e comprovado, daí por que muitos santos referem-se a isso em seus sermões. Quinta, pela dignidade de sua posição, pois foi arquidiácono da sé apostólica e depois dele, como se afirma, ninguém foi arquidiácono na sé romana. Sexta, pela crueldade dos tormentos, suplícios gravíssimos, pois foi assado sobre uma grade de ferro. Daí o beato Agostinho ter dito dele: "Com seus membros lacerados e cortados em muitos pedaços, foi queimado em uma grelha de ferro na qual era constantemente virado para tornar a tortura mais severa e a dor mais insistente".

Segundo motivo, a paixão do beato Lourenço foi muito superior por seu efeito ou utilidade. De acordo com Agostinho e Máximo, a severidade de suas penas cobriu-o de glória, aumentou sua fama, tornou louvável a devoção a ele e insigne sua imitação.

Sobre ter sido coberto de glória, diz Agostinho: "Perseguidor, você foi cruel no martírio, mas ao acumular penas para ele teceu e embelezou sua palma". Por sua vez, segundo Máximo ou Ambrósio: "Ainda que seus membros tenham sido rompidos, a força de sua fé não se rompeu. Suportou a deterioração de seu corpo e ganhou a salvação". Do mesmo modo, Agostinho diz: "Corpo verdadeiramente bem-aventurado, cujo tormento não mudou a fé em Cristo e foi coroado com o descanso na santa religião!".

Sobre sua fama, afirma Máximo, ou Ambrósio:

> Podemos comparar o bem-aventurado mártir Lourenço com o grão de mostarda que, esmagado por diversos sofrimentos, merece espalhar por todo o mundo o mistério de sua fragrância. Antes teve um corpo humilde, desconhecido e desprezado; depois de torturado um corpo lacerado e queimado que difundiu por todas as igrejas do mundo o odor de sua reputação.

O mesmo Agostinho diz: "É ato santo e agradável a Deus venerarmos com grande devoção o nascimento de São Lourenço, em cuja chama luminosa brilha neste dia em todo o mundo a vitoriosa Igreja de Cristo". Ainda Agostinho: "Este magnífico mártir encheu-se de tanta glória em sua paixão que iluminou todo o mundo".

Sobre o quanto é louvável a devoção a ele, Agostinho dá pelo menos três razões, dizendo o seguinte:

> Devemos mostrar toda devoção ao beato Lourenço, primeiro porque entregou seu precioso sangue a Deus; depois, porque na presença de nosso Deus tem a prerrogativa, nada pequena, de mostrar qual deve ser a fé cristã, por cuja realização morreram muitos mártires; terceiro, porque foi de trato tão santo que encontrou a coroa do martírio em tempo de paz.

Sobre a insigne imitação de que é objeto, comenta Agostinho: "A causa toda de sua paixão, a entrega deste santo homem à morte, foi que os demais fossem exortados a ser semelhantes a ele". Em três coisas devemos imitá-lo. Primeira, na força com que sofreu as adversidades. Agostinho explica:

> Para educar o povo de Deus não há forma mais eficaz do que o martírio. A eloquência é boa para estimular a razão e é eficaz na persuasão, todavia os exemplos são mais vigorosos do que as palavras e as obras ensinam mais do que a voz. Os perseguidores puderam sentir o valor do bem-aventurado mártir Lourenço, superior e glorioso neste excelentíssimo tipo de doutrinação, pois com sua admirável força de espírito não apenas não cedeu como ainda robusteceu outros com o exemplo de sua tolerância.

Segunda, na sua grandeza e fervor na fé. De acordo com Máximo, ou Ambrósio: "Vencendo as chamas de seus perseguidores com sua fé, ele nos mostrou como superar pelo fogo da fé o incêndio do Inferno,[6] e como pelo amor de Cristo não temer o dia do Juízo". Terceira, na sua

---

[6] Jacopo utiliza aqui, e repete em outros trechos, o termo Geena, nome de uma ravina ao sul de Jerusalém que no Antigo Testamento se tornou sinônimo de local de tormentos desde que ali os judeus foram massacrados pelo rei babilônico Nabucodonosor. Com o tempo a Geena foi identificada com o Sheol — inicialmente local de estada de todos os mortos, depois local de passagem à espera da Ressurreição e do Julgamento — o que parece ocorrer também em certas passagens do Novo Testamento (*Mateus* 8,12; 22,13; 25,30; *2 Pedro* 2,17; *Judas* 13), onde se fala mesmo em "juízo da Geena" (*Mateus* 23,33) como sinônimo de Juízo Final. Em razão disso tudo, e sem entrar nas sutis distinções semânticas e teológicas a respeito, padronizamos a tradução para "Inferno".

ardente devoção. Diz Máximo, ou Ambrósio: "Com a mesma luz que o inflamou, Lourenço iluminou todo o mundo, e com as mesmas chamas que o queimaram, aqueceu os corações de todos os cristãos". Destas três coisas, Máximo, ou Ambrósio, fala em seus livros: "O exemplo do bem-aventurado Lourenço nos incita ao martírio, nos acende a fé, aquece nossa devoção".

Terceiro motivo, foi excelente na constância e força de seu martírio. Sobre isso diz o beato Agostinho:

> O bem-aventurado Lourenço permaneceu com Cristo durante seu interrogatório tirânico, durante as terríveis ameaças que recebeu e durante seu padecimento. Nesta sua longa morte, porque comera bem e bebera bem, estava alimentado e saciado pelo cálice, não sentiu os tormentos, não cedeu, mas subiu ao Reino. Além disso, foi constante e firme não apenas ao não sucumbir aos tormentos que assistia, mas também aos seus próprios tormentos.

Conforme encontramos dito pelo beato Máximo, ele se fez mais perfeito no temor, mais fervoroso no amor e mais alegre no ardor. Sobre a primeira destas coisas, diz: "Ele foi estendido sobre as chamas e constantemente virado de lado, porém quanto mais dores sofria com mais paciência temia ao Senhor Cristo". Quanto à segunda, fala Máximo ou Ambrósio: "Assim como o grão de mostarda arde quando esmagado, Lourenço foi inflamado por seus sofrimentos". Diz ainda: "Admirável maravilha, enquanto alguns o atormentam outros preparam suplícios ainda mais cruéis, mas tal atrocidade estimulava a devoção de Lourenço ao Salvador". Quanto à terceira, fala assim: "A fé em seu coração na magnanimidade de Cristo era tanta que ignorava os sofrimentos de seu próprio corpo, e alegre com seu triunfo sobre o fogo zombava de seu algoz muito insensato".

Quarto motivo, a paixão de Lourenço foi muito superior pelo combate admirável que representou e pelo modo desta vitória. Assim, de acordo com as palavras do bem-aventurado Máximo comentadas por Agostinho, o beato Lourenço de certa forma experimentou cinco fogos exteriores, que ele superou com força e extinguiu. Primeiro o fogo do Inferno, segundo o fogo material, terceiro o fogo da concupiscência carnal, quarto o fogo do ardor da avareza e quinto o fogo da fúria insana.

Sobre a extinção do primeiro fogo, a saber o do Inferno, Máximo diz o seguinte: "Poderia ceder ao castigo corporal momentâneo aquele cuja fé extinguiu o fogo do Inferno?". Diz ainda: "Passou pelo fogo momentâneo e terreno, mas escapou das chamas do Inferno que abrasam perpetuamente". A respeito da extinção do segundo fogo, a saber, o das chamas materiais, assim diz Máximo, ou Ambrósio: "Padeceu o fogo corporal, mas o ardor divino diminuiu o ardor material". Também diz: "Ainda que um rei perverso o tenha submetido à fogueira, o bem-aventurado Lourenço, devido ao calor da fé, não sentiu suas chamas". Também diz Agostinho: "As chamas não puderam superar o amor de Cristo, cujo fogo fora aceso havia mais tempo em seu interior do que o fogo exterior". Sobre a extinção do terceiro fogo, a saber, o da concupiscência carnal, Máximo diz o seguinte: "O beato Lourenço passou pelo fogo sem ser queimado, e sim mais fortemente iluminado. Queimou para não arder e foi queimado para não abrasar". Sobre a extinção do quarto fogo, a saber, o da avareza, Agostinho fala como Lourenço frustrou aqueles que desejavam tesouros, dissipando sua avareza: "O homem ávido de dinheiro e inimigo da verdade armou-se de duplo estímulo: a avareza para pilhar o ouro e a impiedade para destruir Cristo. Mas a crueldade humana nada ganha, de nada se beneficia! Uma vez subtraída das coisas transitórias, é abandonada às chamas, enquanto Lourenço retira-se para o Céu". Sobre a extinção do quinto fogo, a saber, o da fúria insana como a de seus perseguidores, que foi frustrada e aniquilada, diz Máximo: "Ele suportou a chama dos verdugos e desta forma restringiu o fogo da loucura que neles abundava. Seu intento diabólico conseguiu que o fiel varão ascendesse glorioso para o Senhor e que a crueldade entorpecida de seus perseguidores fosse destruída por seu próprio fogo". Máximo mostra como foi ardente a loucura dos perseguidores quando diz: "O furor ardente dos gentios preparou uma grelha incandescente para vingar pelo fogo as chamas de sua indignação".

Não é de admirar que ele tenha superado estes cinco fogos exteriores, visto que segundo as palavras do mencionado Máximo, Lourenço tinha três refrigérios dentro de si, que mitigavam o ardor das chamas, e tinha no coração três fogos maiores do que todo o fogo exterior. O primeiro dos refrigérios foi o desejo pelo reino de Deus, o segundo a meditação da lei divina e o terceiro a pureza de consciência. Por meio destes três refrigérios, extinguiu todo o fogo exterior e obteve frescor. Sobre o primeiro refrigério, que é o desejo pela pátria celeste, diz Máximo, ou Ambrósio: "O beato Lourenço não podia sentir o tormento do fogo, pois seus sentidos foram invadidos pelo refrigério do Paraíso". Diz ainda: "Aos pés do tirano jaz um pedaço de carne queimada, um corpo exânime, e apesar disso nada sofreu na terra aquele cuja alma estava destinada ao Céu". Sobre o segundo refrigério, que é a meditação da lei divina, assim diz Máximo, ou Ambrósio: "Enquanto pensa nos preceitos de Cristo, tudo que ele sente é refrescante". Sobre o terceiro refrigério, que é a pureza de consciência, diz assim: "Queimam no fogo todas as vísceras do valoroso mártir, mas como tem na consciência o reino de Deus, que é refrigério, ele sai vitorioso".

Como mostra Máximo, Lourenço tinha três fogos interiores cujas chamas eram mais altas e com as quais superou os fogos exteriores. Primeiro foi grande na fé, segundo ardente no amor, terceiro verdadeiro no conhecimento de Deus, que irradiava como fogo. Sobre o primeiro destes fogos, diz Máximo ou Ambrósio: "Quanto mais ferve no ardor da fé, mais esfria o suplício das chamas. A este fogo do fervor da fé refere-se o Salvador quando lemos no Evangelho 'Lance fogo à terra'. Ao acender este fogo, o bem-aventurado Lourenço não sentiu o ardor das chamas". Sobre o segundo fogo, assim diz Máximo, ou Ambrósio: "O mártir Lourenço ardia por fora sob o violento incêndio do tirano, porém ainda maior era a chama do amor de Cristo que o consumia internamente". Sobre o terceiro fogo, diz assim: "As crudelíssimas chamas dos perseguidores não puderam superar o fortíssimo mártir, pois seu pensamento estava aceso pelos raios ainda mais ardentes da verdade". Diz também: "Inflamado pelo ódio à perfídia e pelo amor à verdade, não viu nem sentiu as chamas exteriores perto de si".

Lourenço tem no ofício litúrgico três privilégios em relação aos demais mártires. Primeiro, quanto à vigília, que é o único dos mártires a ter uma. A propósito, lembremos que devido a muitas desordens, hoje em dia as vigílias dos santos foram transformadas em jejuns. Como conta João Beleth, antigamente era costume nas festas dos santos os homens com suas mulheres e filhas levarem luminárias à igreja e aí pernoitarem. Mas isto resultava em muito adultério e determinou-se que as vigílias fossem convertidas em jejuns, embora continuando a ser chamadas de vigílias, e não de jejuns. Segundo, quanto à oitava,[7] pois assim como Martinho entre os confessores, apenas Lourenço e Estêvão têm oitavas entre os mártires. Terceiro, quanto à repetição das antífonas, que ocorre apenas nas festas de Lourenço e Paulo, este por causa da excelência de sua pregação, aquele devido à excelência de sua paixão.

---

7 Conforme nota 2 do prólogo.

113. Santo Hipólito e Seus Companheiros

Hipólito vem de *hyper*, "acima", e de *lítos*, "pedra", significando "sobre a pedra", isto é, "fundado em Cristo". Ou vem de *in*, "em", e *polís*, "cidade", ou seja, "aquele que está na cidade". Ou vem de *valde politus*, "muito polido". Ele foi bem fundado sobre a pedra de Cristo por sua constância e firmeza, esteve na cidade celeste pelo ávido desejo que tinha disso, foi bem polido pelo rigor de seus tormentos.

1. Depois de enterrar o corpo do beato Lourenço, Hipólito foi para sua casa e a todos os seus escravos e escravas deu a liberdade e o sacramento do altar, administrado pelo presbítero Justino. Comungaram e, colocada a mesa, antes que tocassem o alimento chegaram soldados, prenderam Hipólito e levaram-no até o césar. Quando o viu, o césar Décio disse-lhe sorridente: "Você se tornou mago? Roubou o corpo de Lourenço?". Hipólito: "Fiz isso não como mago, mas como cristão". Enfurecido, Décio ordenou então que fosse retirada a veste de cristão que utilizava e que esmagassem seu rosto com pedras. Hipólito: "Você não me despiu, vestiu-me melhor". Décio: "Como pode ser insensato a ponto de não enrubescer com sua nudez? Vamos, sacrifique e viva, ou perecerá como seu Lourenço!". Hipólito: "Quem me dera ser digno do exemplo do bem-aventurado Lourenço que sua boca suja ousa nomear".

Então Décio mandou fustigá-lo com varas e lacerá-lo com pentes de ferro, enquanto ele com voz clara confessava ser cristão. Como zombava da forma pela qual era torturado, Décio mandou que o vestissem com as roupas militares, que anteriormente usara, e o exortou a retomar sua amizade e sua antiga condição militar. Hipólito disse que era soldado de Cristo e Décio, cheio raiva, entregou-o ao prefeito Valeriano, ordenando que tomasse todos os seus bens e o matasse com terríveis tormentos. Ao descobrir que todos na família de Hipólito eram cristãos, levaram-nos à sua presença. Quando foram forçados a sacrificar, Concórdia, nutriz de Hipólito, respondeu por todos: "Preferimos morrer honradamente ao lado de nosso senhor do que viver desonrados". Valeriano: "Este povo de escravos só se emenda com suplícios!". Feliz e na presença de Hipólito, ela foi espancada com chicote guarnecido de chumbo, até que entregou o espírito. Hipólito então disse: "Agradeço, Senhor, por ter chamado minha ama-de-leite para a presença dos seus santos".

Em seguida Valeriano mandou conduzir Hipólito e sua família para o exterior da porta Tiburtina. Hipólito consolava a todos dizendo: "Irmãos, não receiem nada, pois eu e vocês temos um único Deus". Valeriano ordenou que a cabeça de todos fosse cortada na presença de Hipólito. Depois mandou atar os pés de Hipólito ao pescoço de cavalos selvagens, que por longo tempo o arrastaram por cardos e espinhos até que entregou o espírito, no ano do Senhor de 256.

O presbítero Justino apoderou-se dos corpos e enterrou-os perto do corpo de São Lourenço. Na verdade, não puderam encontrar o corpo de Santa Concórdia, que fora jogado numa cloaca. Um soldado, de nome Porfírio, acreditando que a beata Concórdia tivesse ouro e pedras preciosas em suas vestes, foi até um encarregado das cloacas, denominado Irineu, que secretamente era cristão, e disse: "Retire Concórdia e guarde segredo disso, pois tenho a esperança de que haja ouro e pedras preciosas em suas roupas". Ele: "Mostre-me o local e manterei segredo. Assim que a encontrar, eu o avisarei". Quando retiraram o corpo e nada encontraram com ele, o soldado logo foi embora. Irineu chamou um cristão de nome Habúndio para levar o corpo a São Justino, que se encarregou de devotamente enterrá-lo perto de Santo Hipólito e dos demais. Sabendo disso, Valeriano prendeu Irineu e Habúndio e jogou-os vivos na cloaca. Justino resgatou os corpos e sepultou-os.

Mais tarde, Décio e Valeriano subiram numa carruagem dourada e foram ao anfiteatro onde cristãos eram torturados. Tomado pelo demônio, Décio gritava: "Ó Hipólito, você prende com duras correntes". Valeriano gritava de forma parecida — "Ó Lourenço, você me arrasta amarrado com cadeias de fogo" — e na mesma hora expirou. Décio voltou para casa, onde atormentado pelo demônio durante três dias, exclamou: "Suplico, Lourenço, que pare um pouco estes tormentos!", e assim morreu miseravelmente. Sua mulher, Trifônia, vendo estes cruéis sofrimentos largou tudo e foi com sua filha Cirila até São Justino, e junto com muitos outros se fez batizar. No dia seguinte, enquanto orava, Trifônia entregou o espírito. O presbítero Justino enterrou seu corpo perto do de Santo Hipólito. Ao ouvirem que a rainha e sua filha haviam se tornado cristãs, 47 soldados foram com suas mulheres ao presbítero Justino e receberam o batismo. Dioniso, que sucedera a São Sisto, batizou a todos. Como Cirila não quis sacrificar, o imperador Cláudio mandou estrangulá-la e decapitar os militares, cujos corpos foram sepultados com os demais no campo Verano.

Note-se que o referido Cláudio foi o sucessor daquele Décio que martirizou Lourenço e Hipólito, mas não sucedeu ao imperador Décio. Pelo contrário, segundo as crônicas, a Décio sucedeu Volusiano, a Volusiano, Galiano e a Galiano, Cláudio. Portanto, é preciso dizer, como já foi feito,[1] que ou Galiano tinha dois nomes, Galiano e Décio, conforme afirma VICENTE em sua crônica e GODOFREDO em seu livro, ou Galiano tinha como seu ajudante alguém de nome Décio que foi feito césar, não tendo sido, todavia, imperador, como diz Ricardo em sua crônica.[2]

Em seu prefácio[3] sobre este mártir, Ambrósio diz o seguinte:

> O bem-aventurado mártir Hipólito, vendo em Cristo o verdadeiro chefe, preferiu ser seu soldado a chefiar outros soldados, o que se confirma quando não perseguiu o beato Lourenço que tinha sido entregue à sua custódia, pelo contrário, o seguiu. Ao procurar tesouros da Igreja, ele encontrou o tesouro que nenhum tirano arrebata, pois quem tem piedade encontra um tesouro de verdadeiras riquezas pelas quais despreza a fúria do tirano. A fim de ser provado pela graça do rei perpétuo, e para que não fosse dilacerado pela sujeição eterna, ele não fugiu do dilaceramento de seus membros.

2. Na festa de Maria Madalena, um boiadeiro de nome Pedro atrelou bois à sua carroça e partiu praguejando. Logo os bois e o arado foram atingidos por um raio, e o próprio Pedro, que fizera as imprecações, ficou

---

[1] Jacopo já se referiu a isso no capítulo 112, item 1.

[2] Ricardo de Cluny, também conhecido por Ricardo de Saint-Vannes e Ricardo de Poitiers, é autor de um *Chronicon* universal, da Criação ao ano de 1171 (publicado parcialmente por G. Waitz, *Monumenta Germaniae Historica. Scriptores*, vol. 26, pp. 76-84), citado esta única vez por Jacopo de Varazze.

[3] Conforme nota 4 do capítulo 55.

com os membros retorcidos por uma dor atroz. O fogo o atingiu de tal forma que as carnes, o sangue e os nervos da perna foram consumidos, o osso ficou exposto e a tíbia soltou-se do resto da perna Ele foi então à igreja da bem-aventurada Virgem, escondeu a perna num buraco que lá havia, e com lágrimas e preces suplicou que ela o curasse. Uma noite a beata Virgem apareceu-lhe, acompanhada pelo bem-aventurado Hipólito, a quem pediu que devolvesse a Pedro sua antiga saúde. Na mesma hora Santo Hipólito pegou a perna do buraco e, como se fosse um ramo de árvore para enxerto, colocou-a em seu lugar. Pedro sentiu tantas dores com esta incisão, que seus gritos acordaram todos da família, que se levantaram e, acendendo luzes, viram que ele tinha dois pés e duas pernas. Pensando, porém, que estavam enganados, apalparam até compreender que o membro realmente estava lá. Foi difícil acordá-lo para saber o que tinha acontecido, e ele pensou que o enganavam até que, convencido, viu o que acontecera e ficou espantado. Mas a coxa nova era mais curta do que a antiga, e não podia manter o corpo na mesma altura. Daí por que, para a divulgação do milagre, precisou mancar por um ano até que novamente lhe apareceram a bem-aventurada Virgem e Santo Hipólito, a quem ela disse que deveria completar a cura. Ao acordar, encontrando-se completamente curado, tornou-se eremita.

 Nessa nova condição, o diabo muito freqüentemente lhe surgia sob a aparência de uma mulher nua que se oferecia a ele, e quanto mais fortemente ele resistia mais impudicamente ela se lançava sobre ele. Certa vez em que ela muito o atormentou, ele colocou no pescoço a estola sacerdotal e assim o diabo partiu imediatamente, deixando um cadáver pútrido que exalava tanto fedor que ninguém que o viu duvidava que aquele fosse o corpo de uma mulher que tinha sido possuída pelo diabo.

114. A Assunção da Bem-Aventurada Virgem Maria

I. Um livro apócrifo atribuído a São João Evangelista[1] informa sobre as circunstâncias da assunção da bem-aventurada Virgem Maria. Enquanto os apóstolos percorriam as diferentes partes do mundo para pregar, a Virgem beata permaneceu, pelo que se diz, em uma casa perto de monte Sião. Enquanto viveu, visitou com grande devoção todos os locais que lhe lembravam seu filho, como os que testemunharam seu batismo, seu jejum, sua prece, sua Paixão, seu sepultamento, sua Ressurreição e sua Ascensão. Segundo Epifânio,[2] a bem-aventurada Virgem tinha catorze anos quando concebeu Cristo, quinze quando o pôs no mundo, viveu com ele 33 anos, sobreviveu 24 anos à morte e Ascensão de seu filho, estava com 72 quando morreu. Contudo, o que se lê em outros lugares parece mais provável: que ela sobreviveu doze anos a seu filho e era sexagenária quando de sua Assunção, pois os apóstolos levaram exatamente doze anos pregando na Judéia e nas regiões vizinhas, segundo a HISTÓRIA ECLESIÁSTICA.

Um dia em que o coração da Virgem estava fortemente abrasado de saudade de seu filho, comoveu tanto seu espírito que derramou lágrimas abundantes, e como ela não podia se consolar facilmente pela perda do filho que lhe fora subtraído por algum tempo, apareceu um anjo que cercado por intensa luz saudou-a com reverência como a mãe do Se-

---

[1] Texto grego do século IV, mais tarde traduzido para o latim e publicado por A. Wilmart, *Studi e Testi*, 59, 1933, pp. 357-62.

[2] Epifânio (c. 315-c. 403), bispo de Constantia, em Chipre, santo festejado em 12 de maio, destacou-se na Igreja primitiva por seu combate às heresias, no curso do qual se chocou com personagens importantes como ORÍGENES e João Crisóstomo (capítulo 137). Esta é sua única aparição na *Legenda áurea*.

nhor: "Salve, bendita Maria, receba a bênção daquele que deu a salvação a Jacó. Aqui está um ramo de palmeira que trouxe do Paraíso para você, minha senhora, e que deve ser levado diante de seu caixão, pois em três dias sairá do corpo, já que o filho espera sua reverenda mãe". Maria respondeu: "Se encontrei graça diante de seus olhos, peço que se digne a revelar seu nome. Mas o que peço ainda mais insistentemente é que meus filhos e irmãos, os apóstolos, estejam reunidos junto de mim para que possa vê-los com os olhos do corpo antes de morrer, e que possa ser sepultada por eles depois que tiver entregue meu espírito ao Senhor na presença deles. Há outra coisa que desejo avidamente: que ao sair do corpo, minha alma não veja nenhum mau espírito e que nenhuma das potências de Satanás apareça nesse momento".

O anjo:

Por que, senhora, deseja saber meu nome, que é admirável e grande? Quanto aos apóstolos, virão todos e estarão reunidos junto de você, farão magníficos funerais quando de seu passamento, que acontecerá na presença deles. Aquele que outrora, em um piscar de olhos, levou pelo cabelo o profeta da Judéia até a Babilônia, certamente poderá em um instante trazer os apóstolos para perto de você. Por que você teme ver o espírito maligno, a quem destruiu inteiramente a cabeça e despojou de todo o poder? Seja feita contudo a sua vontade; você não o verá.

Dito isso, o anjo subiu aos Céus no meio de muita luz. A palma, cujo verdor parecia o de um ramo, resplandecia de forma intensa, com folhas brilhando como a estrela da manhã.

João estava pregando em Éfeso quando de repente trovejou e uma nuvem branca levantou-o, transportou-o e colocou-o diante da porta de Maria. O apóstolo virgem bateu, entrou na casa e, com grande reverência, saudou a Virgem. Feliz de vê-lo, Maria não pôde conter lágrimas de alegria e disse: "João, meu filho, lembre-se das palavras do seu mestre que me confiou a você como a um filho e você a mim como a uma mãe. Eis-me chamada pelo Senhor para pagar o tributo à condição humana, separando-me de meu corpo, e peço que cuide dele, pois soube que os judeus se reuniram e disseram: 'Esperemos, irmãos, o momento em que aquela que carregou Jesus sofrerá a morte, para imediatamente raptarmos seu corpo e o jogarmos ao fogo'. Quando meu corpo estiver sendo conduzido à sepultura, você mandará levar esta palma diante de meu esquife".

João respondeu: "Ó, quisesse Deus que todos os apóstolos, meus irmãos, estivessem aqui, a fim de poderem celebrar convenientemente suas exéquias e prestar as homenagens de que você é digna". Enquanto falava assim, todos os apóstolos foram arrancados por nuvens dos lugares onde pregavam e colocados diante da porta de Maria. Vendo-se reunidos todos no mesmo lugar, ficaram admirados e perguntaram: "Por que o Senhor nos reúne aqui?". Então João saiu e foi encontrá-los para os prevenir de que sua senhora ia morrer, e acrescentou: "Prestem atenção, irmãos, para que ninguém chore quando ela estiver morta, a fim de que vendo isso o povo não fique inquieto e diga: 'Vejam como temem a morte aqueles homens que pregam aos outros a ressurreição'".

DIONISO, discípulo do apóstolo Paulo, afirma a mesma coisa em seu livro *Nomes divinos*, onde diz que os apóstolos se reuniram e assistiram juntos a morte da Virgem e que logo a seguir cada um deles fez um sermão em honra de Cristo e da Virgem. Ele falou a Timóteo: "Nós e muitos santos nossos irmãos nos reunimos para ver o corpo que produziu a vida e carregou Deus. Ali estavam Tiago, o irmão de Deus, e Pedro, e o maior e mais perfeito dos teólogos, Paulo. Depois se combinou que todos louvassem, cada um conforme sua hierarquia, a infinita bondade daquele que se revestira de nossa humanidade". Assim escreveu Dioniso. Quando a bem-aventurada Maria viu todos os apóstolos reunidos, bendisse o Senhor e, depois que haviam acendido lâmpadas e tochas, sentou-se no meio deles. Por volta da terceira hora da noite, Jesus chegou com os anjos, a assembléia dos patriarcas, a tropa dos mártires, o exército dos confessores e os coros das virgens. Todos se agruparam em torno do trono da Virgem e entoaram sem parar doces cânticos. Aprende-se no citado livro atribuído a São João como foram os funerais então celebrados.

Jesus começou e disse: "Venha, minha eleita, e eu a colocarei em meu trono porque desejo[3] sua beleza". Ela: "Meu coração está prepa-

---

[3] A palavra pode soar imprópria a ouvidos modernos (*concupivi*, do verbo *concuspico*, "desejar ardentemente", do qual deriva o substantivo *concupiscentia*, "apetite de prazeres sensuais"), mas a par da pureza da Virgem, sua grande característica, a Idade Média não deixava de atribuir a ela certa sensualidade. Esta podia se manifestar em relação a seu pai-filho-marido Cristo, como ocorre no presente parágrafo da *Legenda áurea*, ou, mais adiante nesse mesmo capítulo, quando afirma, seguindo muitas autoridades teológicas, que a Virgem foi levada ao *thalamus* ("quarto nupcial", "leito nupcial") celeste. A sensualidade da Virgem manifestava-se também em relação a seus fiéis, como mostram diversos episódios da hagiografia mariana, inclusive da própria *Legenda áurea*, capítulo 126, item 6.

rado, Senhor, meu coração está preparado". Então todos os que tinham vindo com Jesus entoaram docemente estas palavras: "Aqui está quem conservou seu leito sem mácula e que por isso receberá a recompensa que cabe às almas santas". Ela cantou a si própria, dizendo: "Todas as gerações me chamarão bem-aventurada, pois o Todo-Poderoso, cujo nome é santo, fez em mim grandes coisas".[4] Por fim o chantre começou a entoar: "Venha do Líbano, minha esposa, venha do Líbano e você será coroada".[5] E ela: "Aqui estou, pois está escrito no Livro da Lei que eu faria sua vontade, Deus, porque meu espírito exulta de alegria em Deus, meu Salvador".

Foi assim que a alma de Maria saiu de seu corpo e voou nos braços de seu filho, liberada da dor da carne da mesma forma que fora isenta da corrupção. O Senhor disse aos apóstolos: "Levem o corpo da Virgem Mãe para o vale de Josafá e coloquem-no em um sepulcro novo que encontrarão ali, e esperem-me por três dias até eu voltar". Imediatamente ela foi cercada por rosas vermelhas, quer dizer, pela assembléia dos mártires, e por lírios dos vales, que são os exércitos dos anjos, dos confessores e das virgens. Os apóstolos puseram-se a exclamar: "Virgem cheia de prudência, para onde vai? Lembre-se de nós, Senhora!". Então os coros dos que haviam permanecido no Céu, admirados por ouvir o coro dos que subiam, foram ao seu encontro, e diante da visão de seu rei carregando nos braços a alma de uma mulher, ficaram estupefatos e puseram-se a perguntar: "Quem é esta que sobe do deserto, cumulada de delícias, apoiada em seu bem-amado?". Os que a acompanhavam responderam: "É a mais bela das filhas de Jerusalém, que vocês já viram cheia de caridade e de amor". Ela foi assim alegremente recebida no Céu e colocada à direita de seu filho em um trono de glória. Os apóstolos viram sua alma resplandecente de tal brancura que nenhuma língua humana poderia descrever.

Enquanto isso, três virgens cuidavam do corpo de Maria e despiram-no para lavá-lo. Imediatamente o corpo brilhou com tal intensidade que elas podiam tocá-lo para a lavagem, mas não podiam vê-lo, e a luz continuou brilhando até que o corpo da Virgem estivesse pronto. Então os apóstolos pegaram o corpo com reverência para colocá-lo no féretro. João disse a Pedro: "Pedro, você levará a palma, pois o Senhor o

---

[4] *Lucas* 1,49.

[5] *Cântico dos cânticos* 4,8.

colocou à frente de nós e o ordenou pastor e príncipe de suas ovelhas". Pedro: "Cabe a você levá-la, pois foi escolhido virgem pelo Senhor e é conveniente que leve a palma de uma virgem quem é virgem. Você teve a honra de repousar no peito do Senhor, e como assim ganhou mais sabedoria e graça que os outros, parece justo que tendo recebido mais dons do filho dispense mais honra à Virgem. Portanto, é você que deve levar esta palma de luz às exéquias da santidade, você que bebeu na taça de luz da fonte da eterna claridade. Eu levarei o santo corpo no caixão, em volta do qual estarão nossos irmãos celebrando a glória de Deus". Paulo interveio: "E eu, que sou o menor de todos, o ajudarei a levar o corpo".

 Pedro e Paulo ergueram o ataúde e Pedro começou a cantar: "Israel saiu do Egito, aleluia!".[6] Os outros apóstolos continuaram docemente esse canto. O Senhor envolveu com uma nuvem o palanquim e os apóstolos, de maneira que não se via nada, apenas se escutava o canto. Anjos também uniram suas vozes às dos apóstolos e encheram toda a terra de uma suave melodia. Todos os habitantes, despertados pelos doces sons dessa melodia, dirigiram-se para fora da cidade querendo saber o que acontecia. Alguém disse: "São os discípulos de Jesus que carregam Maria morta, em volta de quem cantam essa melodia que escutamos". Imediatamente eles correram a pegar as armas e incitaram-se uns aos outros, dizendo: "Vamos, matemos todos os discípulos e entreguemos ao fogo o corpo que carregou aquele sedutor". Vendo aquilo, o príncipe dos sacerdotes, espantado e cheio de raiva, disse: "Eis o tabernáculo daquele que conturbou nosso povo e agora é glorificado!".

 Falando assim, ele estendeu as mãos para o leito fúnebre querendo derrubá-lo, mas imediatamente suas mãos secaram e grudaram-se no palanquim, ficando penduradas, e soltou por isso gritos de dor. O resto do povo foi atacado de cegueira pelos anjos que estavam na nuvem. Quanto ao príncipe dos sacerdotes, gritava: "São Pedro, não me abandone na tribulação em que me encontro, reze por mim ao Senhor, eu imploro, lembre-se de que certa vez eu o socorri quando você foi acusado por uma escrava". Pedro: "Estamos ocupados nos funerais de Nossa Senhora e não podemos curá-lo. Se você acreditar em Nosso Senhor Jesus Cristo e naquela que o gerou e o carregou, espero que você possa recuperar imediatamente a saúde". Ele respon-

---

[6] *Salmos* 113,1.

deu: "Creio que o Senhor Jesus é realmente o Filho de Deus e que essa é sua santíssima mãe". No mesmo instante suas mãos desprenderam-se do esquife, mas seus braços continuavam secos e a violenta dor não desaparecera. Pedro disse: "Beije o caixão e diga 'Creio em Deus Jesus Cristo, que ela carregou no útero, permanecendo virgem depois do parto'". Quando assim fez, ele ficou instantaneamente curado. Pedro: "Pegue esta palma das mãos de nosso irmão João e passe-a sobre esse povo cego, e então aquele que quiser crer recuperará a visão, quem não quiser nunca mais poderá ver".

Os apóstolos puseram Maria na sepultura e sentaram-se em torno, como o Senhor ordenara. No terceiro dia, Jesus chegou com uma multidão de anjos e saudou-os dizendo: "A paz esteja com vocês". Eles responderam: "E a glória com você, Deus, que sozinho faz grandes maravilhas". E o Senhor disse aos apóstolos: "Que graça e que honra vocês pensam que eu deva conceder agora à minha mãe?". Eles: "Estes seus escravos, Senhor, acham justo que da mesma forma que depois de ter vencido a morte você reina eternamente, ressuscite, Jesus, o corpo de sua mãe e o coloque à sua direita por toda a eternidade". Ele concordou, e ato contínuo o arcanjo Miguel apresentou a alma de Maria ao Senhor. O Salvador falou assim: "Levante-se, minha mãe, minha pomba, tabernáculo de glória, vaso de vida, templo celeste, e da mesma maneira que me gerou sem coito e sem mácula, também no sepulcro manterá o corpo íntegro". Imediatamente a alma de Maria aproximou-se de seu corpo, que saiu glorioso do túmulo e foi alçado ao tálamo celeste, acompanhado por uma multidão de anjos. Tomé não estava lá, e como se recusava a acreditar no que acontecera, subitamente caiu do ar o cinto usado por ela, de forma que ele compreendesse que ela subira ao Céu também de corpo.

O relato precedente é todo apócrifo, e sobre ele diz Jerônimo em uma carta a Paula e Eustáquio, ou em um sermão:

> Deve-se considerar apócrifo esse opúsculo, com exceção de nove detalhes dignos de crença e que parecem gozar da aprovação de santos personagens, quais sejam, que todo tipo de consolação foi prometido e concedido à Virgem; que os apóstolos foram todos reunidos; que ela faleceu sem dor; que se preparou sua sepultura no vale de Josafá; que seus funerais foram realizados com devoção; que Jesus Cristo e toda a corte celeste foram ao encontro dela; que os judeus a perseguiram; que ocorreram então milagres de todo tipo; que ela subiu ao Céu de corpo e alma.

Por outro lado, há nesse relato muitas coisas inventadas, que se afastam da verdade e que é preciso rejeitar, por exemplo a ausência e a incredulidade de Tomé.

Conta-se que as roupas da Virgem permaneceram em seu túmulo para servir de consolo aos fiéis, e que uma delas realizou o milagre narrado a seguir. Quando a cidade de Chartres foi cercada pelo duque normando, o bispo usou a túnica da bem-aventurada Maria, que se conservava ali, como se fosse uma bandeira, e seguido pelo povo avançou sem temor contra o inimigo. No mesmo instante todo o exército inimigo foi atingido de demência e cegueira, ficou paralisado, coração trêmulo e espírito entorpecido. A esse juízo de Deus, os habitantes acrescentaram atrocidades contra os inimigos, o que desagradou à bem-aventurada Maria, cuja túnica desapareceu na mesma hora e os inimigos recuperaram a visão.

Nas revelações de Santa Isabel, está escrito que um dia, arrebatada em espírito, ela viu em um lugar muito afastado um sepulcro cercado por intensa luz, e dentro dele, rodeada por uma multidão de anjos, uma mulher que pouco depois foi tirada do sepulcro e elevada no ar com toda aquela multidão. Então veio do Céu um personagem admirável e cheio de glória, acompanhado por milhares de anjos, e que tinha à sua direita o estandarte da cruz, e em meio a coros de júbilo eles a conduziram até o Céu. Pouco tempo depois, Isabel pediu a um anjo com o qual freqüentemente conversava que lhe explicasse aquela visão. Ele respondeu: "Foi mostrado a você nessa visão como Nossa Senhora foi elevada ao Céu em carne e em espírito". Está escrito no mesmo livro que lhe foi revelado que a Assunção ocorreu quarenta dias depois de sua morte. De fato, a bem-aventurada Maria revelou em conversa com ela: "Vivi um longo tempo desde a ascensão do Senhor até minha Assunção. Os apóstolos que assistiram meu adormecimento sepultaram honrosamente meu corpo, mas quarenta dias depois ressuscitei". Isabel perguntou se deveria revelar ou calar-se a respeito, e ela disse: "Não se deve revelar a homens incrédulos e amigos da carne, nem se deve ocultar dos devotos e fiéis".

Note-se que a gloriosa Virgem Maria foi elevada e exaltada integralmente, honrosamente, alegremente e eminentemente. Ela foi elevada integralmente de corpo e alma, segundo a piedosa crença da Igreja. Muitos santos não somente afirmam isso, como dão muitas provas a respeito. A de Bernardo é que se Deus glorificou corpos santos, tornou os despojos de Pedro e de Tiago veneráveis, revestiu-os de admiráveis honras escolhendo lugares para os quais todo o mundo vai homageá-los, caso o corpo de Maria ficasse na terra sem a devida devoção dos fiéis, sem dúvida se pensaria que Cristo não estava tão interessado pela glória de sua mãe quanto pela dos outros santos.

Jerônimo, por sua vez, afirma que Maria subiu ao Céu no dia 18 das calendas de setembro, assunção corporal sobre a qual a Igreja diz que se pode piedosamente duvidar e que teme definir.[7] Mas de seu lado, ele se esforça em provar aquela crença:

> Se alguns dizem que quem ressuscitou na mesma época que Cristo conheceu a Ressurreição perpétua, e se alguns acreditam que João, o guardião da Virgem, teve sua carne glorificada e desfruta da alegria celeste ao lado de Cristo, por que não acreditar com mais forte razão que o mesmo acontece com a mãe do Salvador? Aquele que disse: "Honre seu pai e sua mãe", e "Não vim destruir a lei, mas cumpri-la",[8] certamente honrou sua mãe acima de todas as coisas, e por isso não duvidamos que o mesmo aconteceu com a bem-aventurada Maria.

Agostinho não só afirma a mesma coisa, como também dá três provas disso. A primeira é que a carne de Cristo e a da Virgem são apenas uma: "Já que a natureza humana está condenada à podridão e aos vermes, e que Jesus foi poupado desse ultraje, a natureza de Maria também está imune a isso, pois foi nela que Jesus assumiu a sua natureza". A segunda razão é a dignidade de seu corpo: "O trono de Deus, o leito nupcial do Senhor, o tabernáculo de Cristo, deve estar onde Ele próprio está, pois é mais digno conservar esse tesouro no Céu do que na Terra". A terceira razão é a perfeita integridade de sua carne virginal. Ele diz a propósito:

> Alegre-se, Maria, de uma alegria indizível em seu corpo e em sua alma, em seu próprio filho Cristo, com seu próprio filho e por seu próprio filho, pois a pena da corrupção não deve ser conhecida por aquela que não teve sua integridade corrompida quando gerou seu filho. Será sempre incorrupta aquela que foi cumulada de tantas graças, que viveu íntegra, que gerou vida em total e perfeita integridade, que deve ficar junto daquele a quem carregou em seu útero, a quem gerou, aqueceu, nutriu

---

[7] Essa hesitação manteve-se por séculos, com o dogma da Assunção sendo estabelecido apenas em 1950. A data aceita para o fato é 15 de agosto (ou 18 das calendas de setembro na linguagem de Jacopo).

[8] Respectivamente, *Êxodo* 20,12 e *Mateus* 5,17.

— Maria, mãe de Deus, nutriz e escrava de Deus. Por tudo isso não ouso pensar de outra maneira, seria presunção dizer diferentemente.

Um eminente poeta diz a respeito:

Sobe ao Céu
A Virgem mãe,
A Virgem de Jessé.
Não é sem corpo,
E sim com ele para sempre,
Que se eleva até aquele que é.

Ela foi levada ao Céu alegremente, como diz o bispo e mártir Geraldo[9] em suas homilias:

> Neste dia os Céus receberam a bem-aventurada Virgem alegremente, com os Anjos regozijando, os Arcanjos jubilando, os Tronos animando-se, as Dominações celebrando-a nos cânticos, os Principados unindo suas vozes, as Potências acompanhando com seus instrumentos musicais, os Querubins e os Serafins entoando hinos, e todos a conduzindo até o elevado trono da divina Majestade.[10]

Ela foi levada ao Céu honrosamente, pois o próprio Jesus e toda a milícia celeste foram ao encontro dela. Diz Jerônimo:

> Quem pode imaginar a glória de que a rainha do mundo foi cercada quando de sua passagem? Que afeto devoto dedicaram-lhe a multidão de legiões celestes que foram ao seu encontro! Como eram belos os cânticos que a acompanharam até seu trono! Que fisionomia tranqüila, que rosto sereno, que olhar elevado quando do abraço de seu divino filho que a exalta acima de todas as criaturas! Acredito que neste dia a milícia dos Céus foi festivamente encontrar a mãe de Deus cercando-a de uma imensa luz e conduzindo-a com loas e cânticos até o trono de Deus. A milícia da Jerusalém celeste estremeceu de inefável alegria, de indizível prazer, de imenso júbilo. Essa festa, que acontece apenas uma vez por ano para nós, é ininterrupta nos Céus, com o próprio Salvador estando com ela durante toda a festa e colocando-a com alegria junto dele no trono. Se fosse diferente, não teria cumprido sua própria lei que diz: "Honre seu pai e sua mãe".

---

[9] Trata-se provavelmente de Geraldo (c. 980-1046), abade de San Giorgio de Veneza e depois primeiro bispo de Csanàd, na Hungria, onde foi martirizado pelos pagãos. Todos seus escritos estão perdidos, exceto um conjunto de hinos.

[10] Conforme nota 6 do capítulo 81.

Assim falou Jerônimo.

Ela foi elevada eminentemente. Diz Jerônimo: "Foi neste dia que a Virgem, mãe imaculada, avançou até o excelso trono do sublime reino, no qual se sentou gloriosa junto de Cristo". O bem-aventurado Geraldo mostra em suas homilias o quanto ela foi celebrada e honrada na glória celeste:

> Somente o Senhor Jesus Cristo poderia engrandecê-la como o fez, para que ela recebesse da própria majestade louvor e honra contínuos, rodeada pelos coros angélicos, cercada pelas tropas arcangélicas, acompanhada pelo júbilo dos Tronos, no meio do entusiasmo das Dominações, cercada pela deferência dos Principados, aclamada pelas Potências, honrada pelas Virtudes, cantada pelos hinos dos Querubins e pelos cânticos indescritíveis dos Serafins. A própria inefável e eterna Trindade alegra-se com ela, aplaude, cobre-a com sua graça que excede a todos. O ilustríssimo grupo dos apóstolos louva e exalta a Virgem de forma inefável, toda a multidão dos mártires dirige súplicas a tão grande senhora, o inumerável exército dos confessores dirige-lhe magníficos cantos, o coro das puríssimas virgens celebra sua glória, o próprio Inferno com os gritos dos insolentes demônios de certa forma a aclamam.

2. Um clérigo devoto da Virgem Maria, querendo consolá-la das cinco chagas de Cristo, todo dia dirigia-lhe esta prece: "Rejubile-se, Mãe de Deus, Virgem imaculada, rejubile-se porque um anjo trouxe alegria a você, rejubile-se porque pôs no mundo a claridade da luz eterna, rejubile-se, mãe, rejubile-se, Santa Virgem Mãe de Deus, única mãe casta, a quem todas as criaturas louvam. Ó mãe da luz, suplico, não deixe de interceder por nós". Atingido por grave doença, esse clérigo, agonizante, foi tomado de pavor. A Virgem apareceu-lhe e disse: "Por que, filho, você tem tanto medo, você que com freqüência me recomendava a alegria? Rejubile-se você também, e para se rejubilar eternamente, venha comigo".

3. Um cavaleiro muito poderoso e rico dissipara todos os seus bens em liberalidades impensadas. Ele se tornou tão pobre que, depois de ter dado com profusão, ficou privado das menores coisas. Ele tinha uma mulher muito casta e muito devota da bem-aventurada Maria. Com a aproximação de uma festa na qual o citado cavaleiro tinha o costume de fazer grandes doações, o que não podia mais realizar, levado pela vergonha e pela confusão resolveu, até que a festa tivesse acabado,

afastar-se para um lugar deserto, longe dos amigos, onde poderia lamentar seu incômodo destino e evitar sua vergonha. Ali, subitamente surgiu um assustador cavalo, no qual estava montado um homem de aspecto terrível, que se aproximou e perguntou o motivo de tanta tristeza. O cavaleiro contou tudo e o outro disse: "Se você aceitar uma pequena condição, vai ter a glória de antes e riquezas ainda maiores". Ele prometeu ao príncipe das trevas executar o que lhe fosse ordenado, desde que este cumprisse o prometido. E o diabo disse: "Vá para sua casa, procure em tal lugar e ali encontrará grandes quantidades de ouro, prata e pedras preciosas, mas para isso me traga aqui em tal dia sua mulher". Feita a promessa, o cavaleiro voltou para casa e no lugar indicado encontrou tudo que lhe fora anunciado. Imediatamente comprou palácios, fez grandes doações, recuperou seus bens, comprou escravos.

Perto do dia fixado, ele chamou sua mulher e disse: "Monte um cavalo que você precisa ir comigo a um lugar distante". Tremendo e assustada, sem ousar contradizer as ordens do marido, recomendou-se devotamente à bem-aventurada Maria e seguiu seu esposo. Bem mais adiante no caminho, encontraram uma igreja, a mulher desceu do cavalo e entrou, enquanto seu marido esperava fora. Ela se recomendava com devoção à bem-aventurada Maria, quando subitamente adormeceu e a gloriosa Virgem assumiu em tudo, nos trajes e nas maneiras, forma semelhante à da referida mulher, saiu do altar e montou o cavalo enquanto a mulher permanecia adormecida na igreja. O marido, convencido de que aquela era sua esposa, continuou a viagem. Quando chegaram ao lugar combinado, o príncipe das trevas foi impetuosamente encontrá-los, porém logo parou, tremendo e assustado, e disse ao cavaleiro: "Traidor, por que me engana assim se o cumulei de tantos benefícios? Eu tinha dito para trazer sua mulher e você me traz a mãe do Senhor. Eu queria sua mulher e você trouxe Maria. Eu queria me vingar de sua esposa, que não pára de me prejudicar, e você trouxe aquela que me atormenta e me manda para o Inferno".

Ao ouvir isso, o homem ficou espantado, e como o medo e a surpresa não o deixavam falar, a bem-aventurada Maria disse: "Que temeridade a sua, espírito maldoso, ousar prejudicar uma devota minha! Não ficará impune por isso, e o sentencio a descer ao Inferno e nunca mais ter a pretensão de prejudicar a quem me invocar com devoção". O diabo foi embora lançando grandes gritos, enquanto o marido, descendo do cavalo, prosternou-se aos pés da Virgem, que o repreendeu e ordenou que voltasse para sua mulher ainda adormecida na igreja e se livrasse de todas as riquezas dadas pelo demônio. Ao retornar, ele encontrou sua mulher ainda dormindo, despertou-a e contou o que acontecera. Voltando para casa, desfizeram-se de todas as riquezas do demônio, dirigiram devotíssimos louvores à Virgem, que lhes concedeu mais tarde uma grande fortuna.

4. Um homem a quem o pecado oprimia foi levado em visão ao julgamento de Deus, ao qual Satã compareceu dizendo: "Não há nada nessa alma que lhe pertença, ela é minha e tenho uma prova". O Senhor perguntou: "Onde está esta prova?". Ele: "A prova que tenho foi dita por sua própria boca, que lhe deu sanção perpétua. Com efeito, você disse 'Na hora que comerem deste fruto morrerão',[11] e como este aqui é descendente dos que comeram o fruto proibido, por esta prova pública ele deve ser condenado a morrer comigo". Então o Senhor disse: "Homem, você pode falar em sua defesa". Ele ficou calado. O demônio acrescentou: "Aliás, eu o tenho por prescrição, faz trinta anos que possuo sua alma, ele me serviu como escravo de minha propriedade". O homem continuou calado. O demônio retomou: "Essa alma é minha, pois mesmo que tivesse feito algum bem, suas más ações são incomparavelmente maiores que as boas". Mas o Senhor, não querendo proferir imediatamente a sentença, concedeu um adiamento de oito dias, ao término dos quais deveria comparecer diante dele e justificar tudo de que era acusado.

Como ele se afastou da face do Senhor todo trêmulo e choroso, alguém lhe perguntou a causa de tanta tristeza. Quando contou tudo em detalhes, a pessoa disse: "Não tenha medo, que quanto ao primeiro ponto eu o ajudarei bastante". Perguntada como se chamava, ela respondeu: "Meu nome é Verdade". Ele encontrou uma segunda pessoa que lhe prometeu ajuda quanto à segunda acusação. Ele lhe perguntou como se chamava e lhe foi respondido: "Sou chamada de Justiça". No oitavo dia ele compareceu ao julgamento e o demônio colocou a primeira acusação, à qual a Verdade respondeu: "Sabemos que há duas espécies de morte, a corporal e a infernal, e a prova alegada pelo demônio não fala da morte infernal e sim da corporal. Ora, esta é evidente, pois todos recebem essa sentença, isto é, morrem corporalmente, sem que no entanto

---

[11] *Gênesis* 2,17.

todos morram no fogo do Inferno. A morte do corpo acontecerá sempre, a morte da alma foi revogada pelo sangue de Cristo".

O demônio, vendo que o acusado não sucumbira à primeira objeção, começou a segunda, mas a Justiça apresentou-se e respondeu assim por aquele homem: "Embora você tenha possuído este homem por muitos anos como seu escravo, a razão sempre queria o contrário, a razão sempre protestava por servir a um mestre tão cruel". Quanto à terceira objeção ele não tinha ninguém para defendê-lo, e o Senhor disse: "Que seja trazida uma balança e pesadas todas as boas e más ações". A Verdade e a Justiça disseram ao pecador: "Ali está a mãe da misericórdia sentada junto ao Senhor, recorre a ela com toda a força de sua alma e peça seu auxílio". Quando ele o fez, a bem-aventurada Maria veio em seu socorro e pôs a mão no prato da balança no qual se encontravam seus poucos atos bons, enquanto o diabo esforçava-se por fazer baixar o outro prato, mas a mãe da misericórdia prevaleceu e libertou o pecador. Este acordou e então mudou de vida.

5. Na cidade de Bourges, no ano do Senhor de 527, quando os cristãos comungavam no dia da Páscoa, um menino judeu aproximou-se do altar com os filhos dos cristãos e recebeu como eles o corpo do Senhor. Voltando para casa, seu pai perguntou de onde vinha e o menino respondeu que fora à igreja com os meninos cristãos, também estudantes, e que comungara com eles. Furioso, o pai pegou o menino e jogou-o dentro de um forno aceso. No mesmo instante, a mãe de Deus apareceu ao menino sob os traços de uma imagem que ele vira no altar, e protegeu-o contra o fogo, do qual saiu ileso. Enquanto isso a mãe do menino tinha, com seus gritos, juntado um grande número de cristãos e de judeus, que o vendo sair sem lesão alguma do forno perguntaram como pudera escapar. Ele respondeu: "É que aquela reverenda Senhora que estava no altar me ajudou e afastou todo o fogo de mim". Os cristãos, compreendendo que o menino falava da imagem da beata Maria, pegaram o pai do menino e jogaram no forno, onde foi imediatamente queimado e inteiramente consumido.

6. Alguns monges estavam antes do amanhecer junto de um rio conversando despreocupadamente, quando escutaram barulho de remos que passavam com grande rapidez. Os monges perguntaram: "Quem são vocês?". E eles: "Somos demônios, e levamos para o Inferno a alma de Ebroim, que renunciou ao mosteiro de Saint-Gall e foi administrador do palácio do rei dos francos". Ouvindo isso, os monges foram

tomados por um medo violentíssimo, e gritaram com todas as suas forças: "Santa Maria, reze por nós". Os demônios comentaram: "Fizeram bem em invocar Maria, pois queríamos despedaçá-los e jogá-los no rio, dissolutos que encontramos já nesta hora do dia entregues a conversas inúteis". Os monges voltaram então para o mosteiro e os demônios apressaram-se em ir para o Inferno.

7. Havia um monge muito lúbrico, mas muito devoto da bem-aventurada Maria, que uma noite, antes de cometer seu crime habitual, passou diante de um altar, saudou a Virgem beata e saiu da igreja. Ao tentar atravessar um rio, ele caiu na água e morreu. Demônios apoderaram-se de sua alma e anjos foram libertá-la. Os demônios disseram: "O que vocês vieram fazer aqui? Não têm direito algum a essa alma". Imediatamente apareceu a bem-aventurada Maria e repreendeu-os por terem ousado raptar a alma do monge. Eles disseram que a haviam encontrado no momento em que terminava sua vida fazendo uma má ação. Ela: "O que dizem é falso, pois sei que quando ia a algum lugar, primeiro me saudava e fazia a mesma coisa na volta. Se vocês acreditam ter direito a ela, vamos submeter a questão à decisão do soberano Juiz". O Senhor quis que a alma retornasse a seu corpo e fizesse penitência por suas ações. Entretanto, vendo os monges que não soava a hora das matinas, procuraram o sacristão e o encontraram afogado no rio. Tiraram o corpo da água e perguntavam-se o que teria ocorrido, quando, de repente, o monge ressuscitou, contou o que acontecera e passou o resto de sua vida em boas obras.

8. Uma mulher atormentada pelo demônio, que lhe aparecia sob a forma de homem, recorria a muitos remédios para isso, ora água benta, ora uma coisa, ora outra, mas sem que os tormentos cessassem. Um santo homem aconselhou-a a, quando o demônio se aproximasse, erguer as mãos, exclamando no mesmo instante: "Santa Maria, ajude-me!". Quando ela assim fez, o diabo parou assustado, como se tivesse sido atingido por uma pedra, e disse: "Que um mau diabo entre na boca daquele que ensinou isso a você". E logo em seguida desapareceu e não voltou a se aproximar dela.

Modo da Assunção da Bem-Aventurada Maria[12]

O modo da Assunção da Santíssima Virgem Maria é narrado em um sermão compilado de diversos escritos dos santos, lido solenemente em várias igrejas, e no qual se encontra o seguinte:

Reuni tudo que pude encontrar nos relatos dos santos padres do mundo inteiro referente à migração da venerável Mãe de Deus, para honrar sua memória. São Cosme, apelidado Vestidor, conta coisas que soube por meio de descendentes daqueles que foram testemunhas dos fatos. Ele diz que quando Cristo decidiu levar para junto de si a mãe da vida, fez o anjo, que já lhe enviara anteriormente, anunciar como seria seu adormecimento, para que uma morte repentina não viesse a perturbá-la. Frente a frente com seu filho, quando este ainda estava na Terra, ela pedira que não a deixasse ver nenhum espírito maligno. Então Ele enviou na frente um anjo com ordem de lhe falar assim: "Minha mãe, é chegado o momento de você vir para junto de mim. Assim como você encheu a Terra de alegria, deve rejubilar o Céu. Torne agradável as moradas de meu Pai, console os espíritos de meus santos, não se perturbe por deixar um mundo corruptível com todas as suas inúteis paixões, pois você deve habitar o palácio celeste. Ó, mãe, não se amedronte com sua separação da carne, pois você é chamada a uma vida eterna, a uma alegria sem limites, ao descanso da paz, a uma vida segura, a um repouso que não tem fim, a uma luz inesgotável, a um dia que não tem noite, a uma glória inenarrável mesmo para mim, seu filho, que sou o criador do universo, a vida eterna, o amor incomparável, a morada inefável, a luz sem sombra, a bondade inestimável. Devolva à Terra, sem temor, o que lhe pertence. Jamais alguém a arrebatará de minha mão, pois toda a Terra está em minha mão. Dê-me seu corpo, porque pus minha divindade em seu útero. A morte não tirará de você nenhuma glória, porque você gerou a vida; a escuridão não a envolverá com suas sombras, porque você pôs no mundo a luz; a aflição não a atingirá, porque você mereceu ser o vaso que me recebeu. Venha àquele que nasceu de você a fim de receber a recompensa que é devida por tê-lo carregado em seu útero, por tê-lo alimentado com seu leite, venha morar com seu filho único, venha rápido se

---

[12] Este item representa para o presente capítulo uma espécie de apêndice documental, no qual Jacopo cita longamente autoridades que ele já utilizara de forma resumida no item 1. Trata-se assim de uma parte muito repetitiva para o gosto do leitor moderno, mas esclarecedora quanto ao método de escrita medieval, no qual autor e compilador fundem-se profundamente.

reunir a Ele. Não se atormente por amor aos outros filhos, pois como Virgem Mãe você é o muro que sustenta todo o mundo, a arca daqueles que devem ser salvos, a prancha do náufrago, o bastão dos fracos, a escada dos que sobem ao Céu, a protetora dos pecadores. Eu levarei para junto de você os apóstolos, que a sepultarão com suas mãos como se fossem as minhas. Com efeito, convém que os filhos de minha luz espiritual, aos quais dei o Espírito Santo, sepultem seu corpo e me representem em seus admiráveis funerais".

Depois desse relato, o anjo deu à Virgem uma palma colhida no Paraíso como prova de sua vitória contra a corrupção da morte, deu-lhe as vestes fúnebres e em seguida retornou ao Céu de onde viera. A bem-aventurada Maria convocou seus amigos e parentes e disse: "Informo-os que hoje devo deixar a vida temporal, portanto é preciso fazer a vigília já que no passamento de qualquer pessoa vêm para perto do leito do agonizante a virtude divina dos anjos e os espíritos malignos". A essas palavras, todos começaram a chorar e a dizer: "Você teme a presença dos espíritos, sendo a mãe do autor de todas as coisas, tendo gerado aquele que esvaziou o Inferno, merecendo ter um trono acima dos Querubins e dos Serafins? Então o que faremos, como fugiremos?". Havia ali uma multidão de mulheres que choravam e pediam que não as deixasse órfãs. Para consolá-las a bem-aventurada Virgem disse: "Se vocês, que são mães de filhos sujeitos à morte, não podem suportar ficar separadas deles por pouco tempo, como então eu, que sou mãe e virgem, não desejaria ir encontrar meu filho, o Filho único de Deus, o Pai? Se cada uma de vocês, quando perdeu algum de seus filhos, consola-se com aquele que sobreviveu ou com aquele que vai nascer, eu, que tenho apenas esse filho, e que permaneço pura, como não me apressaria em pôr fim às minhas angústias indo até Ele que é a vida de todos?".

Enquanto isso, chegou o bem-aventurado João e informou-se do que ocorria. Quando a Virgem anunciou sua partida para o Céu, ele se prosternou e exclamou, chorando: "Que somos nós, Senhor, para que nos reserve tantas tribulações? Por que não me despojou antes de meu corpo? Eu preferia ser sepultado pela mãe de meu Senhor do que ser obrigado a assistir a seus funerais". Com ele em prantos, a Virgem conduziu-o até seu quarto e mostrou a palma e as vestes, depois do que se sentou no leito que fora preparado para as cerimônias fúnebres. Ouviu-se então um violento trovão, formou-se um turbilhão semelhante a uma nuvem branca, e os apóstolos desceram diante da porta da casa da Virgem como se fossem chuva. Eles se espantaram com o que aconteceu, e João foi revelar a eles o que tinha sido anunciado pelo anjo à beata Virgem. Todos choraram e João os consolou. A seguir enxugaram as lágrimas, entraram e depois de saudarem respeitosamente a bem-aventurada Virgem, adoraram-na. Ela disse: "Salve, filhos de meu filho único". Depois de ter escutado o relato que eles lhe fizeram de sua chegada, ela lhes contou tudo. Os apóstolos: "Era vendo-a, celebérrima Virgem, que nos consolávamos como se víssemos nosso próprio mestre e Senhor, você era nosso único alívio, a mediadora de quem tudo esperamos junto de Deus".

Depois que ela saudou Paulo, chamando-o pelo nome, este disse: "Ave, imperatriz de minha consolação, pois embora eu não tenha visto Cristo em sua carne, quando a vejo consolo-me como se visse a Ele próprio. Até hoje eu pregava aos gentios que você havia gerado Deus, agora ensinarei que já foi para Ele". Depois disso a Virgem mostrou o que o anjo lhe trouxera, alertou-os para não apagar as lâmpadas até sua morte. Havia ali 120 virgens para servi-la, mas ela mesma vestiu suas roupas fúnebres, e dizendo adeus a todos se deitou no leito para morrer. Pedro estava à sua cabeceira, João a seus pés, os outros apóstolos em volta do leito, dirigindo louvores à mãe de Deus. Pedro começou a dizer: "Alegre-se, esposa do leito celeste, candelabro de três braços da luz cintilante, por quem foi revelada a claridade eterna".

O bem-aventurado Germano, arcebispo de Constantinopla, também afirma que os apóstolos se reuniram para o sono da santíssima Virgem dizendo: "Ó Mãe de Deus, embora você tenha sido submetida à morte, inevitável para toda criatura humana, seu olhar que nos guarda não enfraquecerá nem adormecerá. Sua migração não aconteceu sem testemunhas, seu sono não é enganoso, pois o Céu narra a glória daqueles que cantaram sobre seus despojos, a terra exibe a verdade, as nuvens proclamam as homenagens que recebeu, os anjos celebram as deferências feitas pelos apóstolos reunidos em torno de você em Jerusalém".

O grande DIONISO AREOPAGITA assegura a mesma coisa dizendo: "Como bem sabem, nós nos reunimos com muitos de nossos irmãos para ver o corpo daquela que recebeu o Senhor, e lá se encontravam Tiago, irmão de Deus, e Pedro, a máxima autoridade dos teólogos.[13] Depois do que viram, aqueles excelentes sacerdotes resolveram cantar hinos, cada qual colocando nisso suas imensas virtudes, sua bondade vivificante ou sua fraqueza".

São Cosme prossegue sua narrativa. Depois disso, um forte trovão sacudiu toda a casa, um vento brando encheu-a de um odor tão suave

---

[13] Jacopo de Varazze ou algum copista cometeu aqui um lapso, pois no item 1 do presente capítulo afirma que Dioniso chamou Paulo de "o maior e mais perfeito dos teólogos" e agora trata Pedro como "máxima autoridade dos teólogos". Pelo que sabemos da obra atribuída a Dioniso Areopagita, a primeira afirmativa deve ser a correta.

que um sono profundo apoderou-se dos que ali se encontravam, com exceção dos apóstolos e de três virgens que carregavam tochas. O Senhor desceu com uma multidão de anjos e levou a alma de sua mãe. O brilho dessa alma era tão resplandecente, que nenhum dos apóstolos podia olhar, e o Senhor disse a Pedro: "Sepulte o corpo de minha mãe com o maior respeito, e guarde-o cuidadosamente durante três dias, pois então virei e o transportarei para o lugar onde não existe corrupção e o revestirei de claridade semelhante à minha, pois é conveniente que haja acordo entre o que foi recebido e o que recebeu". São Cosme relata ainda um estranho e maravilhoso mistério, não explicável por debates comuns nem por pesquisas, pois tudo o que se diz da mãe de Deus é sobrenatural, admirável, temível, e não sujeito a discussão. Diz ele: "Quando a alma saiu de seu corpo, este falou: 'Eu agradeço, Senhor, por ser digna de sua glória. Lembre-se de mim, porque sou obra sua e conservei o que você me confiou'".

Quando os que dormiam acordaram, continua São Cosme, e viram o corpo da Virgem sem vida, sentiram uma grande tristeza e soltaram gemidos. Os apóstolos pegaram o corpo, levaram-no ao túmulo, enquanto Pedro começava a cantar o Salmo: "Ao sair Israel do Egito". Os coros dos anjos louvavam a Virgem de tal forma que Jerusalém ficou comovida com tanta glória. Os grandes sacerdotes, por sua vez, mandaram muitos homens armados de espadas e de bastões, um dos quais investiu contra o caixão tentando jogar ao chão o corpo de Maria, mãe de Deus. Como esse indigno ousou tocá-lo, mereceu ser privado do uso das mãos, que foram arrancadas dos braços e ali ficaram grudadas, provocando-lhe dores horríveis. Mas como ele implorou perdão e prometeu se emendar, Pedro disse: "Jamais você poderá obter perdão se não abraçar o corpo daquela que sempre foi virgem e se não reconhecer que Cristo, nascido dela, é o Filho de Deus". Quando ele assim fez, suas mãos juntaram-se novamente aos braços de onde haviam sido arrancadas. Pedro pegou uma tâmara da folha de palmeira e disse: "Vá, volte para a cidade e coloque-a sobre os enfermos, e todos os que crerem recuperarão a saúde".

Quando os apóstolos chegaram ao campo de Getsêmani, encontraram um sepulcro semelhante ao glorioso sepulcro de Cristo, ali depositaram o corpo com muito respeito, segurando-o pelos cantos do sudário, sem ousar tocar no sublimíssimo vaso de Deus. Enquanto isso, os apóstolos e os discípulos do Senhor permaneceram em volta do túmulo, seguindo a ordem que haviam recebido de seu mestre. No terceiro dia, uma nuvem resplandecente o cerca, vozes angélicas fazem-se ouvir, um odor inefável se espalha, todos estão imersos em estupor, quando vêem que o Senhor desceu e transporta o corpo da Virgem com imensa glória. Os apóstolos abraçaram o sepulcro e voltaram para a casa do evangelista e teólogo São João, louvando-o por ter tão bem guardado o corpo da Virgem. Um dos apóstolos não assistiu a essa solenidade, e admirado pelo relato de coisas tão maravilhosas, suplicava que abrissem o túmulo para certificar-se da verdade. Os demais apóstolos recusavam, sob o pretexto de que o que lhe contavam devia bastar, temendo que se os infiéis tivessem conhecimento daquilo diriam que o corpo havia sido roubado. Mas o entristecido apóstolo dizia: 'Por que me privam de partilhar um tesouro que nos é comum?'. Enfim eles abriram a sepultura, onde não encontraram o corpo, mas apenas as vestes e o sudário.

No livro III, capítulo 40, da *História euthimiata*, São Germano, arcebispo de Constantinopla, afirma ter descoberto, e o grande Damasceno confirma, que no tempo do imperador Marciano a imperatriz Pulcra, de santa memória, depois de ter mandado construir em Constantinopla muitas igrejas ergueu em honra da Santa Virgem uma admirável, em Blaquernes. Ela convocou Juvenal, arcebispo de Jerusalém, e outros bispos da Palestina, que permaneciam então na capital para o concílio que se realizou na Calcedônia, e disse a eles: "Soubemos que o corpo da Santíssima Virgem foi enterrado no campo de Getsêmani e queremos trazer para cá esse corpo, com o devido respeito, a fim de que ele proteja nossa cidade". Juvenal explicou que tal corpo, segundo o que aprendera nas antigas histórias, fora transportado para a glória e que ficaram no túmulo apenas as vestes e o sudário. O próprio Juvenal enviou essas vestes a Constantinopla, onde foram honrosamente colocadas na dita igreja.[14] Que ninguém pense que eu tenha inventado tudo isso, pois contei o que aprendi a partir das leituras e da verídica tradição, aceita pelos meus antecessores.

Tudo isso foi tirado do citado sermão.

João Damasceno, de origem grega, conta várias coisas maravilhosas a respeito da santíssima Assunção. Em um de seus sermões, ele diz:

Na data de hoje a Santíssima Virgem foi transportada para o leito nupcial celeste; na data de hoje essa arca santa e viva, que carregou dentro de si aquele que a criou, foi colocada em um templo não construído

---

[14] Igreja localizada no extremo nordeste de Constantinopla, efetivamente construída pelo imperador Marciano (450-457), mas que recebeu o manto da Virgem (e não as vestes, como diz o relato transcrito pela *Legenda áurea*) no reinado seguinte, de Leão I (457-474).

por mão humana; na data de hoje a santíssima pomba cheia de inocência e simplicidade alçou vôo da arca, isto é, do corpo que recebeu Deus, e encontrou onde pousar os pés; na data de hoje a Virgem imaculada que não foi conspurcada pelas paixões terrestres, e sim instruída pelas inteligências celestes, não se foi para a terra mas para o Céu vivo, chamada a habitar os tabernáculos celestes. Embora sua sagrada alma esteja separada, segundo a lei da natureza, de seu glorioso corpo, e esse corpo esteja confiado à sepultura, ele não é propriedade da morte nem é dissolvido pela corrupção. Como você deu à luz permanecendo com a virgindade intacta, seu corpo morto permanece indissolúvel para sempre e passa para uma vida melhor e mais santa, que a morte não destrói porque ele deve durar eternamente. Assim como o sol brilhante que espalha a luz eclipsa-se por um instante quando é ocultado por um corpo sublunar, sem no entanto perder nada de sua luz inexaurível, também você, fonte de verdadeira luz, tesouro inesgotável de vida, embora condenada a sofrer a morte corporal por um breve intervalo de tempo, espalha abundantemente sobre nós a claridade de uma luz que não se altera jamais. Por esta razão seu sono não deve ser chamado de morte, mas de passagem, de retirada ou, melhor ainda, de chegada, pois ao deixar seu corpo, você chega ao Céu. Os anjos e os arcanjos vão ao seu encontro, os espíritos imundos temem sua Ascensão. Bem-aventurada Virgem, você não foi levada ao Céu como Elias, não subiu como Paulo até o terceiro Céu, mas alcançou o trono real de seu filho. Abençoa-se a morte dos outros santos porque assim se demonstra a beatitude deles, mas isso vale para você: nem sua morte, nem sua beatitude, nem sua migração, nem sua partida, acrescentam algo à força de sua bem-aventurança, porque você é o princípio, o meio e o fim de todos os bens, que a inteligência humana não pode compreender. Sua tranqüilidade de espírito, sua verdadeira origem, sua concepção sobrenatural vêm do fato de ser habitação divina. Você disse a verdade, que todas as gerações a abençoariam não a partir de sua morte, mas do momento de sua concepção. A morte não a beatificou, você a enobreceu, você transformou em alegria a tristeza que a acompanha. Se Deus disse ao primeiro homem: "estenda a mão e colha o fruto da árvore da vida e viva para sempre", como não viveria pelos séculos eternos aquela que carregou a própria vida, a vida que não teve começo, a vida que não terá fim? Deus expulsou outrora do Paraíso os pais do gênero humano adormecidos na morte do pecado, sepultados nas profundezas da desobediência, infectados pelo pecado, exilados do Paraíso, mas como o Paraíso não receberia, como o Céu não abriria suas portas, alegre, àquela que trouxe a vida para todo o gênero humano, que deu provas de sua obediência a Deus, o Pai, que expulsou todas as paixões? Eva ouviu a serpente, bebeu a taça envenenada, aceitou a volúpia, pariu na dor, foi condenada com Adão. Mas como a morte poderia se impor àquela que é verdadeiramente bem-aventurada, que ouviu a voz de Deus, que esteve cheia do Espírito Santo, que carregou a misericórdia do Pai em seu útero, que concebeu sem o contato com homem, que deu à luz sem dor? Como a corrupção ousaria alguma coisa sobre um corpo que carregou a própria vida?

O Damasceno diz ainda em outro sermão:

É verdade que os apóstolos, dispersos por toda a Terra ocupados em pescar homens, lançando a rede da palavra para tirá-los das trevas em que estavam sepultados e para levá-los à mesa celeste e às bodas solenes do Pai, foram por ordem divina envoltos por uma nuvem como se fosse uma rede, e levados dos confins do mundo até Jerusalém. Nesse momento, nossos primeiros pais, Adão e Eva, exclamaram: "Venha a nós, ó sagrado e salutar alimento, que nos encheu de alegria!". De seu lado, a companhia dos santos que se encontrava corporalmente ao lado dela dizia: "Fique conosco, nossa consolação, não nos deixe órfão, você que é alívio de nosso trabalho, refrigério de nossa fadiga. Nossa glória é viver ou morrer com você, pois a vida não é nada se estamos privados de sua presença". Era com estas palavras e outras parecidas, creio, que os apóstolos se manifestavam em meio aos soluços de todos os que ali estavam reunidos. Voltando-se para seu filho, ela disse: "Querido filho, seja o consolador daqueles que você gostava de chamar de seus irmãos e que estão na dor por causa de minha partida. Junte à bênção da imposição de mãos que vou fazer sobre eles, a sua bênção". Em seguida ela estendeu as mãos e abençoou o grupo de fiéis, acrescentando: "Senhor, entrego meu espírito em suas mãos. Receba minha alma, que é tão querida a você e que conservei pura. É a você e não à terra que confio meu corpo, conserve-o íntegro, pois gostou de ali habitar. Leve-me, fruto de minhas entranhas, para que onde você estiver, esteja eu, e more com você". Os fiéis ouviram então estas palavras: "Levante-se, venha, minha bem-amada, a mais bela das mulheres, minha bela e imaculada amiga". Ao ouvir essas palavras, a beatíssima Virgem coloca o espírito nas mãos de seu filho. Os apóstolos, soltando muitas lágrimas, cobrem de beijos o tabernáculo do Senhor e o contato com esse corpo sagrado enche-os de bênção e de santidade. Naquele instante as doenças desaparecem, os demônios fogem, são santificados o ar e o céu pela presença de seu espírito que se eleva, a terra por receber seu corpo, a água por lavar seu corpo. De fato, aquele corpo sagrado foi lavado em uma água muito límpida, que não pôde limpá-lo e foi por ele santificada. Envolto em um sudário branco, o santo corpo foi colocado sobre o leito e então as lâmpadas resplandeceram, um doce odor espalhou-se, o canto de hinos angélicos ressoou. Os apóstolos e outros santos cantando cânticos divinos levaram sobre suas cabeças sagradas a arca do Senhor até a santíssima terra de Getsêmani, no monte Sião. Anjos abriam e fechavam o cortejo, outros estendiam véus sobre o precioso corpo, toda a Igreja a acompanhava. Ali havia também judeus endurecidos pelo velho fermento da maldade. Conta-se que quando o cortejo descia o monte Sião com o corpo sagrado da mãe de Deus, um hebreu, instrumento do diabo, em um impulso temerário e de inspiração diabólica, aproximou-se correndo do santo corpo, do qual os próprios anjos temiam se aproximar, e como um louco pegou o leito fúnebre com as duas mãos e o derrubou. Mas uma de suas mãos secou como madeira e caiu, o resto ficou paralisado como tronco inútil enquanto a fé não mudou seu coração e não o fez se arrepender, chorando, de seu crime. Então os que carregavam o esquife detiveram-se, até que o miserável, colocando a mão sobre o santíssimo corpo, recebeu cura completa no instante em que o tocou. Dali chegaram a Getsêmani, onde o santo corpo foi colocado em um venerável túmulo depois de ter recebido beijos, abraços, lágrimas e suor dos fiéis que cantavam hinos sacros. Mas, Senhora, sua alma não desceu ao Inferno e seu corpo não se decompôs. O seio da terra não podia reter o santuário de Deus, a fonte inviolada, o campo virgem, a vinha não irrigada, a oliveira fecunda. Era adequado que a mãe fosse elevada pelo filho, que subisse para ele como ele descera nela, a fim de que aquela que conservou a virgindade em seu parto não conhecesse a corrupção em seu corpo, de que aquela que carregou seu criador em seu seio habitasse os divinos tabernáculos, de que aquela que foi desposada pelo Pai fosse guardada no quarto celestial, de que a mãe usufruísse do que pertence ao filho.

Assim falou o Damasceno.
Agostinho também trata em um sermão, com muitos argumentos, da santíssima Assunção:

Antes de falar do santíssimo corpo da perpétua virgem e da Assunção de sua alma sagrada, digamos primeiro que a Escritura não se refere a ela depois que o Senhor na cruz recomendou-a ao discípulo, a não ser aquilo que Lucas relata nos *Atos dos apóstolos*: "Todos perseveravam, unanimemente, na prece com Maria, mãe de Jesus". Que dizer então de sua morte? Que dizer de sua Assunção? Já que a Escritura se cala, deve-se pedir à razão que nos guie para a verdade. Portanto, que a verdade seja nossa autoridade, pois sem ela sequer há autoridade. Baseados no conhecimento da condição humana é que não hesitamos em dizer que ela sofreu morte temporal, mas se dizemos que ela foi alimento da podridão, dos vermes e da cinza, devemos considerar se esse estado convém à sua santidade e às prerrogativas desta casa de Deus. Sabemos que foi dito ao nosso primeiro pai: "Você é pó e ao pó voltará". A carne de Cristo escapou dessa condição pois não foi submetida à corrupção, foi poupada da sentença geral da natureza que foi tomada da Virgem. O Senhor disse também à mulher: "Multiplicarei suas misérias e você dará à luz com dor". Maria teve sofrimentos, uma espada trespassou sua alma, contudo deu à luz sem dor. Assim, embora partilhando as tribulações de Eva, Maria não partilhou as do parto com dor. Ela foi uma exceção da regra geral, gozou de uma grande prerrogativa, sofreu a morte sem ser aprisionada por ela. Não seria então uma impiedade dizer que Deus não tenha querido poupar o corpo de sua mãe da podridão, da mesma forma que quis conservar intacto o pudor de sua virgindade? Não cabia à bondade do Senhor conservar a honra de sua mãe, pois Ele viera não para destruir a lei, mas para cumpri-la? Se Ele a honrou durante sua vida mais que a qualquer outra pessoa, pela graça que lhe fez de o conceber, é ato piedoso crer que a honrou também em sua morte com uma preservação particular e uma graça especial. A podridão e os vermes são a vergonha da condição humana, e se Jesus esteve isento desse opróbrio, Maria também, já que Jesus nasceu dela. A carne de Jesus é a carne de Maria, que Ele elevou acima dos astros, honrando com isso toda a natureza humana, mas sobretudo a de sua mãe. Se o filho tem a natureza da mãe, é conveniente que a mãe possua a natureza do filho, não quanto à unidade da pessoa, mas quanto à unidade da natureza corporal. Se a graça pode fazer que haja unidade sem que haja comunidade de natureza, com mais razão quando há unidade na graça e no nascimento corporal. Há unidade de graça, como a dos discípulos com Cristo. Ele mesmo diz: "A fim de que eles sejam um como nós somos um", ou, em outro lugar: "Meu pai, quero que eles estejam comigo em todo lugar que eu estiver". Se Ele quer ter consigo aqueles que, reunidos pela fé, formam com Ele uma mesma pessoa, que dizer em relação à sua mãe, cujo lugar digno para estar só pode ser em presença de seu filho? Tanto quanto posso compreender, tanto quanto posso crer, a alma de Maria é honrada por seu filho com uma prerrogativa ainda superior, já que ela possui em Cristo o corpo desse filho que ela gerou com os caracteres da glória. E por que esse corpo não seria o seu, já que ela o concebeu? Se uma autoridade maior não o negar, creio que foi por Ele que ela gerou, pois tão grande santidade é mais digna do Céu que da Terra. O trono de Deus, o leito do esposo, a casa do Senhor e o tabernáculo de Cristo têm o direito de estar onde Ele próprio está. O Céu é mais digno que a Terra de conservar tão precioso tesouro. Como a incorruptibilidade, a dissolução causada pela podridão é conseqüência direta de tanta integridade, não imagino que esse santíssimo corpo poderia ser abandonado como alimento dos vermes. Mas as graças incomparáveis que lhe foram concedidas permitem-me rejeitar esse pensamento, baseado em várias passagens da Escritura. A Verdade disse a seus ministros: "Onde estou, ali estará também meu ministro". Se essa sentença geral refere-se a todos os que servem a Cristo por sua crença ou por suas obras, aplica-se especialmente, sem a menor dúvida, a Maria, que o ajudou por todas suas obras: carregou-o em seu útero, colocou-o no mundo, alimentou-o, aqueceu-o, deitou-o na manjedoura, ocultou-o na fuga para o Egito, guiou seus passos na infância, seguiu-o até à cruz. Ela não podia duvidar de que ele fosse Deus, pois sabia tê-lo concebido não por sêmen viril, mas pela aspiração divina. Ela não duvida que seu filho tem poder de Deus, daí ter-lhe dito: "Eles não têm vinho", sabendo que Ele poderia, com um milagre, produzi-lo. Portanto, Maria foi, por sua fé e suas obras, servidora de Cristo. Mas se ela não está onde Cristo quer que estejam seus ministros, onde então estaria? E se está ali, é com a mesma graça que outros? E se é com a mesma graça, como fica a igualdade diante de Deus que dá a cada um conforme seus méritos? Se foi por mérito que Maria recebeu em vida tanta graça, esta poderia ser menor quando morta? Certamente não! Se a morte de todos os santos é preciosa, a de Maria é preciosíssima. Assim, penso que Maria, elevada às alegrias da eternidade pela bondade de Cristo, foi ali recebida com mais honras que os outros, porque Ele a honrou com sua graça mais que aos outros, e ela não teve de sofrer depois da morte o mesmo que os outros homens, podridão, vermes e pó, pois ela gerou o Salvador de si mesma e de todos os homens. Se a divina vontade escolheu manter intactas no meio das chamas as vestes das crianças, por que não preservaria as de sua própria mãe? A misericórdia que quis manter Jonas vivo no ventre da baleia não concederia a Maria a graça da incorrupção? Daniel foi preservado apesar da grande fome dos leões, e Maria não teria sido conservada pelos tantos méritos que a dignificavam? Portanto, reconhecendo que tudo quanto dissemos ocorreu contra as leis da natureza, não podemos duvidar de que a integridade de Maria deveu-se mais à graça que à natureza. Cristo, como filho de Maria, fez com que a alegria dela decorresse da alma e do corpo de seu próprio filho, que não a submeteu ao suplício da corrupção para dar à luz íntegra, sempre incorrupta, cheia de graça, e vivendo integralmente porque gerou aquele que é a vida íntegra de todos. Se falei como devia, Cristo, aprove-me, você e seus seguidores. Se não falei a verdade, peço que você e os seus me perdoem.

115. São Bernardo

Bernardo vem de *ber*, "poço" ou "fonte", e de *nardus*, planta que, diz a GLOSA do *Cântico dos cânticos*, é humilde, ardente por natureza e perfumada. Bernardo também foi ardente no amor, humilde no trato, fonte de doutrina, poço de profunda ciência e perfumado pela suavidade de sua reputação. Seu companheiro Guilherme, abade de Saint-Thierry, e Arnaldo, abade de Bonneval,[1] escreveram sua vida.

    Bernardo nasceu no castelo de Fontaines, na Borgonha, de pais muito nobres e religiosos. Seu pai Celestino era tanto um corajoso cavaleiro quanto um religioso de Deus; sua mãe chamava-se Aleth. Eles tiveram sete filhos, seis homens e uma mulher; todos os homens tornaram-se monges, e a mulher, monja. Assim que dava à luz um filho, com suas próprias mãos ela o oferecia a Deus e recusava-se a nutri-los em outros seios, como se o leite materno de alguma maneira infundisse neles uma boa natureza. Enquanto os filhos cresciam sob seu controle, ela os educava mais para o deserto[2] que para a corte, dando-lhes para comer os alimentos mais comuns e humildes, como se fosse em seguida enviá-los para o deserto. Quando trazia no útero seu terceiro filho, Bernardo viu em sonho um presságio: tinha dentro de si um cãozinho que latia, todo branco no corpo e avermelhado no dorso. Quando contou isso a um

---

[1] Guilherme de Saint-Thierry (c. 1085-1148), monge cisterciense íntimo de São Bernardo, com quem manteve ampla correspondência e em função dessa identificação pessoal e teológica foi um dos grandes críticos de Pedro Abelardo. Arnaldo de Bonneval (falecido em 1156) era monge beneditino, mestre da escola teológica de Chartres e também manteve estreitas relações com Bernardo. Este capítulo é o único da *Legenda áurea* em que esses dois autores são citados.

[2] Conforme nota 1 do capítulo 15.

homem de Deus, este lhe disse com voz profética: "Você será mãe de um poderoso cachorrinho, que defenderá a casa do Senhor e latirá contra seus futuros grandes inimigos. Ele será um importante pregador e curará a muitos com a graça de sua língua medicinal".

Quando Bernardo ainda era menino, teve uma forte dor de cabeça e uma mulherzinha foi mitigá-la com palavras mágicas, mas cheio de indignação, gritando, ele a rejeitou e a expulsou. O menino não ficou sem os cuidados da misericórdia de Deus, e logo depois foi liberado daquela dor. Ainda criança, na sacratíssima noite da natividade do Senhor, Bernardo estava na igreja para o ofício das matinas e, como queria saber a hora em que Cristo havia nascido, repentinamente Jesus apareceu diante de seus olhos como um recém-nascido que acaba de sair do útero da mãe. A partir daí, sempre acreditou que aquela fosse a hora da Natividade, e o momento no qual lhe foram dados tanto o entendimento profundo daquele mistério quanto a enorme eloqüência para louvar mãe e filho. Sobre ambos escreveu vários tratados,[3] dentre eles o notável opúsculo no qual comenta as palavras evangélicas: "O anjo Gabriel foi enviado...".[4]

Vendo o antigo inimigo os salutares propósitos do menino, que se propunha à castidade, pôs diante dele muitas armadilhas de tentações. Em certa ocasião, ele fixou durante um momento os olhos em uma mulher, para logo enrubescer e punir-se severamente, mergulhando em um tanque de água gelada onde ficou até se sentir extenuado e perceber que pela graça de Deus tinha esfriado o calor da concupiscência carnal.

Nessa mesma época, animada pelo demônio, uma moça entrou nua no leito em que ele dormia; percebendo sua presença, ele tranqüila e silenciosamente cedeu-lhe sua parte da cama indo bem para o lado, virou-se de costas e dormiu. A miserável ficou quieta alguns instantes, depois começou de novo a apalpá-lo e excitá-lo, e como ele permanecia imóvel, mesmo sendo muito impudica ela enrubesceu, tomada de imenso horror e admiração, levantou-se e fugiu.

Certa vez, estava hospedado na casa de uma mulher que, percebendo o belo aspecto do adolescente, sentiu por ele intenso desejo e

---

[3] A melhor edição é a de Jean Leclercq, acessível em tradução castelhana dos cistercienses de Espanha: *Obras completas de San Bernardo*, Madri, BAC, 1983-1993, 8 vols.

[4] *Lucas* 1,16.

mandou preparar a cama dele em local isolado. De noite, de forma impudica e silenciosa, ela foi procurá-lo. Assim que a sentiu, Bernardo pôs-se a gritar: "Ladrões, ladrões!". Com os gritos, a mulher fugiu, a família apareceu, as luzes foram acesas e procuraram o ladrão, mas não o acharam e voltaram para suas camas para repousar. No entanto, a miserável não descansou, levantou-se e foi ao leito de Bernardo, que novamente gritou: "Ladrões, ladrões!". Ainda uma vez procuraram o ladrão, mas ninguém o encontrou e o único que sabia quem era não o denunciou. A persistente e repelida mulher tentou uma terceira vez, mas vencida pelo desânimo ou pela vergonha interrompeu suas manobras. Na manhã seguinte, ao retomar a caminhada, os companheiros de Bernardo perguntaram por que sonhara tanto com ladrões. Ele respondeu: "Na verdade, sofri esta noite a investida de um ladrão, pois a hospedeira tentou roubar o tesouro irrecuperável da minha castidade".

Compreendendo que não é seguro viver no meio de serpentes, começou a pensar em fugir e decidiu ingressar na Ordem Cisterciense. Quando seus irmãos souberam desse propósito, proibiram de todas as formas, mas a graça do Senhor apoiou tanto Bernardo que não apenas seus irmãos desistiram de impedir sua conversão, como eles mesmos e muitos outros foram ganhos para a religião do Senhor. O mais relutante deles era Geraldo, corajoso cavaleiro, que recusava os conselhos do irmão taxando suas palavras de vãs. Então Bernardo, inflamado pela fé e pelo zelo de sua fraterna caridade, disse-lhe, exasperado: "Sei, meu irmão, que só uma desgraça o fará me escutar". Colocando um dedo sobre as costelas de Geraldo, acrescentou: "Virá o dia, e logo, em que nesse lugar que agora indico uma lança vai perfurar seu flanco e abrir seu coração para os conselhos que rejeita". Alguns dias depois, Geraldo foi capturado por inimigos e, traspassado por uma lança no local em que seu irmão colocara o dedo, foi amarrado e levado preso. Bernardo foi procurá-lo e como não o deixaram entrar no local, gritou: "Sei, irmão Geraldo, que proximamente entraremos juntos para um mosteiro!". Naquela mesma noite, os grilhões dos pés de Geraldo quebraram-se, as portas abriram-se e cheio de alegria ele fugiu e disse a seu irmão que mudara de idéia e que queria se tornar monge.

No ano de 1112 da Encarnação do Senhor, quinze da fundação da Ordem Cisterciense, o escravo de Deus Bernardo, então com cerca de 22 anos de idade, ingressou nela com mais de trinta companheiros. Quando Bernardo e seus irmãos saíram da casa paterna, Guido, o primogênito, vendo o irmão menor, Nivaldo, brincando na praça com outros meninos, disse-lhe: "Mano Nivaldo, deixamos para você toda a terra que nos pertence". E o menino respondeu não como criança: "É justa esta divisão dos bens, pela qual vocês me deixam a terra e ficam com o Céu?". Ele continuou ainda algum tempo com seu pai, mas depois seguiu seus irmãos.

Desde que ingressou na Ordem, o escravo de Deus, Bernardo, ficou tão completamente absorto e ocupado com Deus que já não usava mais seus sentidos corporais. Já fazia um ano que morava na sala dos noviços e ignorava que era abobadada. Entrava e saía muitas vezes da igreja, e ainda assim somente bem mais tarde percebeu que as janelas da abside eram três e não uma.

O abade de Cister enviou irmãos para construírem um mosteiro em Claraval, do qual Bernardo foi o encarregado e onde viveu por muito tempo em tal pobreza que freqüentemente comia papa de folhas de faio que ele mesmo preparava. Este escravo de Deus fazia vigílias acima das possibilidades humanas, com o tempo de dormir parecendo-lhe desperdício. Reputava correta a comparação entre sono e morte, pois assim como um adormecido parece aos homens que está morto, um morto, diante de Deus, é como se estivesse dormindo. Por isso, se ouvia algum monge roncar muito alto ou se observava que algum deles não mantinha no leito a compostura devida, ficava inquieto porque tais formas de dormir pareciam-lhe de pessoa carnal ou secular.

Se comia, não era para satisfazer o apetite, mas por medo de desmaiar. Alimentar-se era para ele um tormento. Depois de cada refeição, costumava pensar no quanto comera, e se achava ter excedido uma módica medida, mesmo que apenas um pouco, não deixava o fato impune. De tanto domar a sedução da gula, perdeu grande parte do sentido do paladar. Certa feita, serviram-lhe por engano óleo como bebida e o fato permaneceria ignorado se não tivessem reparado em seus lábios oleosos. Por muitos dias comeu sangue coalhado, sem perceber que lhe fora servido por engano, em vez de manteiga. A única coisa que sabia reconhecer era água, porque quando a tomava refrescava a boca e a garganta.

Costumava dizer entre amigos que tudo o que havia aprendido das Escrituras fora meditando e orando sobre elas nos bosques e campos, não tendo tido outros mestres além dos carvalhos e faias. Em certa ocasião confessou que, ao orar e meditar sobre as coisas sagradas, algumas vezes o sentido das Escrituras aparecia-lhe com toda a clareza. Ele conta em seus *Sermões sobre o Cântico dos cânticos* que certa vez, enquanto os preparava, o Espírito Santo sugeriu-lhe alguma coisa que ele, não por infidelidade, quis deixar para depois e logo, ele diz no tratado, uma voz falou: "Se você não aceitar esta sugestão, não receberá outras".

Suas roupas sempre foram pobres mas agradáveis e jamais sujas. Ele julgava a sujeira decorrência ou da negligência ou da vanglória ou da indevida vontade de demonstrar virtude. Era freqüente em sua boca o provérbio que estava sempre em seu coração: "Para que ninguém note o que você faz, faça-o diante de todos". Daí por que, depois de ter usado um cilício durante vários anos, quando não pôde mais ocultá-lo jogou-o fora e voltou a vestir as mesmas peças de toda a comunidade. Jamais ria de forma exagerada, pois tinha de fazer mais esforço para rir que para reprimir o riso; quando ria, precisava de mais estímulos para continuar a rir que de freios para conter o riso.

Dizia freqüentemente que há três tipos de paciência — suportar injúrias verbais, prejuízos materiais, lesões corporais — e provou por exemplos que tinha os três. Certa vez escreveu uma carta admoestando amigavelmente um bispo, que muito irritado escreveu-lhe uma amarga resposta que começava dizendo: "Saúde e não espírito de blasfêmia", como se Bernardo tivesse espírito de blasfêmia. Este respondeu: "Não tenho espírito de blasfêmia e não creio ter amaldiçoado ninguém nem ter tido a intenção de maldizer, principalmente o príncipe de meu povo".

Um abade enviou seiscentos marcos de prata para a construção de um mosteiro, mas todo o dinheiro foi roubado por bandidos. Ao saber disso, Bernardo limitou-se a dizer: "Bendito seja Deus que nos livrou deste fardo. Sejamos compreensivos com os ladrões, pois foi a cobiça humana que os moveu e muito dinheiro é muita tentação".

Um cônego regular foi até Bernardo e rogou encarecidamente que o aceitasse em seu mosteiro. Ele não concordou e tentou persuadi-lo a voltar para sua igreja, ao que o cônego replicou: "Para que tantas recomendações de perfeição nos seus livros, se não a admite nos que a desejam? Gostaria de ter aqui os seus livros para despedaçá-los completamente". Ele: "Em nenhum deles se lê que não se pode ser perfeito dentro de seu próprio claustro. Em todos os livros recomendo não a mudança de lugar, mas a mudança de costumes". O cônego, enlouquecido, avançou no seu rosto e feriu-lhe gravemente o queixo, que ficou roxo e inchado. Os que estavam por ali se insurgiram contra o sacrílego, mas o escravo de Deus pediu e implorou em nome de Cristo que não o tocassem ou lhe causassem qualquer dano. Bernardo costumava dizer aos noviços que queriam entrar no mosteiro: "Se desejam bem aproveitar esta casa, deixem lá fora o corpo que trazem do mundo e ingressem apenas com o espírito, pois a carne aqui não serve para nada".

Tendo ficado sozinho em casa, seu pai entrou no mosteiro e depois de algum tempo lá morreu em idade avançada. A única irmã de Bernardo, casada e exposta aos perigos das riquezas e delícias do mundo, foi certa feita ao mosteiro visitar os irmãos, acompanhada por um soberbo e aparatoso séquito. Bernardo, considerando tudo aquilo uma rede do diabo para capturar almas, negou-se terminantemente a recebê-la e não quis sair para vê-la. Percebendo que nenhum de seus irmãos aparecia, exceto aquele que na ocasião era o porteiro e que a chamou de esterco vestido, desfez-se em lágrimas: "Embora eu seja pecadora, foi por eles que Cristo morreu, e por me sentir pecadora é que vim à procura de conselhos e da conversa dos bons, e se meu irmão despreza minha carne, que o escravo de Deus não despreze a minha alma. Que venha, faça recomendações, e o que ordenar cumprirei". Diante desta promessa, ele saiu com seus irmãos para encontrá-la. Como não podia separá-la do marido, proibiu-lhe antes de tudo a glória mundana, exortou-a a imitar a conduta da mãe e despediu-se dela. Em casa, ela mudou tão repentinamente que, no meio do século, levava uma vida eremítica, alheia a tudo o que se passava no mundo. Finalmente, à base de muitos rogos, venceu seu esposo, e com o assentimento do bispo ingressou em um mosteiro.

Certa vez, o homem de Deus adoeceu tão gravemente que parecia que seu espírito já ia ser levado. Nesse arrebatamento, viu seu espírito apresentar-se diante do tribunal de Deus, no qual logo surgiu Satã e lançou contra ele falsas acusações. Quando terminou, o homem de Deus falou em sua defesa dizendo sem nenhum medo ou perturbação: "Reconheço que não sou digno do reino dos Céus e nem posso obtê-lo por meus próprios méritos. Apesar disso, meu Senhor o obteve com justiça, duplamente, a saber, por herança de seu Pai e pelo mérito de sua Paixão. Ele se contenta com um e me dá este outro, dom que por direito reivindico para mim e do qual não serei despossuído". Diante dessas palavras, o inimigo ficou confuso, a assembléia foi dissolvida e o homem de Deus recobrou a consciência.

Bernardo macerou seu corpo com tanta abstinência, trabalho e vigília, que constantemente estava doente com gravidade, sofria de tal esgotamento que seguia com dificuldade a rotina comum. Certa vez, durante gravíssima enfermidade, seus irmãos oraram sem parar por ele, que, convalescente, os reuniu e disse: "Por que vocês mantêm este homem miserável? Vocês são fortes para cuidar de si mesmos, quero partir, deixem-me partir daqui".

Foram muitas as cidades que elegeram o homem de Deus como bispo, entre elas principalmente Gênova e Milão. Mas ele respondia, sem concordar nem recusar com dureza, que não pertencia a si mesmo, que estava consagrado ao serviço dos outros. Seus irmãos, por sua vez, sob conselho do próprio homem de Deus, tinham obtido do sumo pontífice autorização para que ninguém pudesse privá-los da alegria de tê-lo entre eles.

Quando visitou os irmãos cartuxos, todos ficaram profundamente edificados com tudo que ele fazia, mas algo chamou a atenção do prior do local: o fato de ser muito boa a sela em que Bernardo cavalgava, não indicando pobreza. O prior comentou isso com irmãos, e um deles falou a respeito com o homem de Deus, que ficou extremamente surpreso porque, embora tivesse ido de Claraval até a Cartuxa[5] em cima daquela sela, ignorava completamente como ela era. Durante um dia inteiro, Bernardo caminhou margeando o lago de Lausanne sem vê-lo, e se o viu não o notou, porque à noite, ao ouvir seus companheiros falarem dele, perguntou que lago era aquele. Os que ouviram isso ficaram profundamente admirados.

A humildade de seu coração triunfava sobre a fama de seu nome. Quanto mais o mundo todo fazia para exaltá-lo, mais ele se rebaixava. Era reputado superior por todos, mas considerava-se ínfimo, era preferido por todos, mas não se preferia a ninguém. Enfim, como freqüentemente confessou, quando era objeto de grandes honrarias e favores do povo pensava que o tinham confundido com outro homem ou que estava sonhando. Quando se achava no meio dos irmãos mais simples, encontrava alegria naquele ambiente de humildade que lhe era caro e adequado à sua pessoa.

Era sempre encontrado orando, lendo, escrevendo, meditando ou edificando os irmãos com sua palavra. Certa vez quando pregava ao povo e todos acolhiam suas palavras com atenta devoção, a tentação irrompeu em seu espírito: "Hoje você está efetivamente fazendo uma

---

[5] Ou seja, cerca de 350 quilômetros de distância, portanto vários dias de viagem nas condições da Idade Média.

ótima pregação, os homens ouvem com prazer e todos o consideram sábio". Pressionado pela tentação, o homem de Deus parou um instante, refletiu se deveria interromper seu sermão ou continuá-lo, e confortado pelo auxílio divino afugentou o tentador dizendo-lhe silenciosamente: "Não comecei esta pregação por você nem a encerrarei por você". E prosseguiu pregando até o fim.

 Um monge que na vida laica havia sido impudico e jogador, estimulado pelo espírito maligno decidiu voltar ao mundo. Como o bem-aventurado Bernardo não conseguia detê-lo, perguntou-lhe de que maneira viveria. Ele respondeu: "Sei jogar dados e poderei viver disso". Bernardo: "Se eu entregar um capital a você, voltará todo ano e dividirá os ganhos comigo?". Ouvindo isso, o monge aceitou a proposta de boa vontade e prometeu, alegre, que o faria. Bernardo ordenou que lhe dessem vinte moedas e ele partiu. O santo homem agiu dessa forma para que o monge pudesse retornar, o que de fato aconteceu, pois tendo perdido tudo no jogo voltou confuso às portas do mosteiro. Quando ouviu isso, o escravo de Deus saiu alegre a seu encontro, estendeu-lhe os braços para dividirem o lucro. Ele: "Pai, nada ganhei e ainda perdi todo o nosso capital, mas se quiser receba-me no lugar do dinheiro". A isto Bernardo respondeu complacentemente: "Se é assim, melhor recebê-lo que perder tudo".

 Certa vez, montado sobre um jumento, o bem-aventurado Bernardo caminhava ao lado de um camponês tratando de diferentes assuntos e assim comentou, lamentando-se, sobre a instabilidade de seu coração durante a oração. Ouvindo isso, o camponês começou a desprezá-lo e disse que quando orava tinha o coração firme e estável. Bernardo, por sua vez, querendo convencê-lo e repreender sua arrogância, disse: "Afaste-se um pouco de nós e com toda a atenção possível comece a oração dominical, e se puder terminá-la sem se distrair e sem desviar a intenção de seu coração, asseguro que o jumento em que estou montado será seu. Você me jurará fielmente que se tiver outro pensamento, não o esconderá". Alegre, pensando que o jumento já era seu, o camponês afastou-se, recolheu-se e começou a dizer a oração dominical. Mal havia chegado à metade, viu-se importunado por um pensamento que se impôs a seu coração, se o jumento viria com a sela. Percebendo, voltou rapidamente para junto de Bernardo e contou o que pensara durante a oração, procurando a partir daí não ser presunçoso.

O irmão Roberto, monge e parente de Bernardo, tinha sido na adolescência persuadido por algumas pessoas a ingressar em Cluny. O venerável padre dissimulou sua contrariedade, mas depois de algum tempo escreveu-lhe uma carta para fazê-lo mudar de idéia. Quando ditava a carta ao ar livre, começou a chover repentina e inesperadamente. O escriba quis enrolar a carta, mas Bernardo disse: "É obra de Deus, escreva, não tema". Ele escreveu a carta sob a chuva sem ser atingido por ela. Chovia e a água não os molestou, afastada pela força do amor.

O homem de Deus construiu um mosteiro que foi invadido por incrível multidão de moscas, gerando grande incômodo para todos, o que o fez dizer: "Eu as excomungo!". Na manhã seguinte todas as moscas apareceram mortas.

Bernardo foi certa vez enviado pelo sumo pontífice a Milão para reconciliar seus habitantes com a Igreja, e quando retornava e já estava em Pavia, um homem levou até ele sua esposa, possuída pelo demônio. Sem demora, o diabo, através da boca da miserável mulher, começou a injuriá-lo dizendo: "Seu comedor de alho-poró e devorador de couve, você não vai me fazer sair de minha velhinha!". O homem de Deus mandou-os à igreja do bem-aventurado Ciro, que por deferência a seu hóspede não quis realizar a cura, por isso a mulher foi novamente levada à presença do bem-aventurado Bernardo. O diabo começou a falar pela boca da mulher: "Nem o Cirinho nem o Bernardinho me expulsarão". Diante disso o escravo de Deus respondeu: "Nem Ciro nem Bernardo o expulsarão, e sim o Senhor Jesus Cristo!".

Logo Bernardo recolheu-se em oração e o espírito começou a dizer: "Eu sairia de bom grado desta velhinha, pois estou padecendo horrivelmente nela! Como gostaria de escapar! Mas não posso porque o grande Senhor não quer!". O santo: "Quem é esse grande Senhor?". Ele: "Jesus Nazareno". O homem de Deus: "Você o viu alguma vez?". Ele respondeu: "Sim" e Bernardo perguntou: "Onde?". O diabo: "Na glória". O santo: "Você esteve na glória?". Ele respondeu "Sim" e Bernardo perguntou "Como saiu dela?". Ele: "Muitos de nós caímos junto com Lúcifer". Todas estas coisas foram ditas pelo diabo com voz lúgubre, pela boca da velhinha, e foram ouvidas por todos. O homem de Deus perguntou: "Você não quer voltar para a glória?", e o diabo gargalhando respondeu: "Tarde demais!". Então o homem de Deus orou e o demônio saiu da mulher, mas quando ele se afastou o diabo novamente a invadiu. O marido dela correu à procura de Bernardo e contou o acontecido. Ele mandou que fosse atado ao pescoço dela um pedaço de papel com as palavras: "Demônio, em nome de Nosso Senhor Jesus Cristo ordeno que não ouse ter contato com esta mulher daqui em diante". Assim foi feito, e a partir daí ele não se aproximou dela.

    Havia na Aquitânia uma pobre mulher atormentada por um demônio íncubo[6] petulante e perseguidor. Por seis anos abusou dela e a atormentou com sua incrível luxúria. O demônio com severas ameaças proibiu a mulher de se aproximar do homem de Deus que chegara àquele local, dizendo que ele nada poderia fazer, e que depois da partida dele o amante se tornaria um cruel perseguidor. Mas com firmeza, ela foi visitar o escravo de Deus e com muitos gemidos contou o que suportava. Bernardo disse: "Pegue meu báculo, coloque-o em sua cama e ele que tente fazer algo, se puder". Ela assim fez, deitou-se e logo em seguida o diabo apareceu, mas não só não realizou sua obra costumeira como nem sequer se aproximou da cama. No entanto ameaçou duramente de, quando Bernardo partisse, vingar-se dela com atrocidades. Ela contou a Bernardo, que convocou o povo e mandou que todos tivessem nas mãos candeias acesas e então anatematizou o demônio e em seguida o proibiu de se aproximar daquela mulher ou de qualquer outra, e assim ela se viu completamente livre daquele pesadelo.

    Na mesma província, o santo homem exerce a função de legado para reconciliar a Igreja com o duque da Aquitânia, que se recusava terminantemente a isso. Enquanto o homem de Deus se aproximava do altar para celebrar a missa, o duque excomungado teve que esperar do lado de fora. Quando Bernardo disse: "A paz do Senhor", colocou o corpo do Senhor na pátena e com rosto abrasado e olhos fulgurantes levou-o para fora e aproximou-se do duque com palavras amedrontadoras: "Rogamos, e você nos desprezou, mas o filho da Virgem vem até você, Ele que é o Senhor da Igreja que você persegue. Ele é seu juiz, diante de seu nome todos os joelhos se curvam. Este é seu juiz para cujas mãos sua alma voltará. Você o despreza, como faz com seus escravos? Resista, se tem força para isso!". O duque ficou imediatamente paralisado, como se todos seus membros estivessem desconjuntados, caiu aos

---

6 Como *incubare* tinha a dupla acepção de "deitar em cima de" e "usurpar", denominava-se *íncubo* o demônio que assumia forma masculina para se relacionar sexualmente com as mulheres. Salvo engano, a situação oposta não aparece na *Legenda áurea*, a dos demônios súcubos (de *succumbere*, "estar deitado por baixo", donde *succuba*, "amante"), que assumiam forma feminina.

pés do santo que o cutucou com o sapato e ordenou que se levantasse para ouvir a sentença de Deus. Ele assim fez, trêmulo, e cumpriu rapidamente o que o santo ordenou.

Bernardo foi ao reino da Germânia para pôr fim a uma grande discórdia. O arcebispo de Mogúncia mandou a seu encontro um de seus mais venerandos clérigos, que disse ter sido enviado por seu senhor, ao que o homem de Deus respondeu: "Outro Senhor o enviou". Perplexo, o clérigo insistiu que havia sido enviado por seu senhor, o arcebispo. Por seu lado, o escravo de Cristo dizia: "Você está enganado, filho, está enganado, o maior Senhor que trouxe a mim é Cristo". Entendendo o que ele dizia, o clérigo perguntou: "Você acha que quero me tornar monge? Pare com essa idéia! Não pensei nisso e tal coisa nem passou por meu coração". No entanto, durante o trajeto ele abandonou o mundo e recebeu o hábito do homem de Deus.

Um cavaleiro muito nobre foi recebido na Ordem, mas algum tempo depois começou a sentir sérias tentações. Um dos irmãos perguntou a causa de tanta tristeza e ele respondeu: "Sei que jamais voltarei a estar alegre". O irmão contou estas palavras ao escravo de Deus, que orou muito por ele. Logo aquele que fora tão fortemente tentado e ficara tão triste, apareceu tão feliz e alegre quanto antes. O citado irmão censurou delicadamente suas anteriores palavras de pesar, ao que ele respondeu: "Naquele momento eu disse que jamais voltaria a me sentir alegre, mas agora digo que jamais voltarei a me sentir triste".

O bispo da Irlanda, São Malaquias, cuja vida cheia de virtudes Bernardo escreveu, migrou feliz para Cristo no seu mosteiro. Quando o homem de Deus rezava a missa pela salvação dele, conheceu por revelação divina sua glória e, inspirado por Ele, depois da comunhão mudou a oração, dizendo com voz alegre: "Ó Deus, que quis equiparar os méritos do bem-aventurado Malaquias aos dos seus santos, conceda-nos, suplicamos, que nós que celebramos agora a festa de sua morte preciosa imitemos também os exemplos de sua vida". O chantre fez sinal que ele errara e Bernardo disse: "Não erro, apenas mudo o que digo". A seguir aproximou-se do corpo sagrado e beijou a planta de seus pés.

No início da Quaresma, muitos noviços foram visitar Bernardo, que lhes pediu que se abstivessem de coisas fúteis e devassas pelo menos durante os dias santos. Como não concordaram de forma alguma, ele mandou que lhes servissem vinho, dizendo: "Tomem esta bebida das almas". Assim que beberam ficaram de tal forma mudados, que se antes negavam dar a Deus um pouco de seu tempo, depois lhe entregaram todo o tempo de suas vidas.

Por fim, aproximando-se a feliz hora da morte do bem-aventurado Bernardo, ele disse a seus irmãos: "Deixo-lhes três observâncias que procurei seguir com dignidade ao longo da presente vida. Nunca quis escandalizar alguém, e se isso aconteceu algumas vezes procurei ocultá-lo. Sempre dei mais crédito ao sentimento dos outros que aos meus. Nunca busquem vingança de nada. Eis o que lhes deixo, caridade, humildade e paciência".

Assim, depois de realizar muitos milagres, fundar 160 mosteiros e compilar muitos livros e tratados, terminou sua vida, dormiu nas mãos do Senhor, rodeado por seus filhos, no ano do Senhor de 1153, com cerca de 63 anos. Depois de sua morte sua glória foi manifestada a muitos. Apareceu ao abade de um mosteiro e disse-lhe que o seguisse: "Vamos ao monte Líbano. Eu subirei e você ficará embaixo". Perguntado por que queria subir, respondeu: "Quero aprender". Admirado, o abade perguntou: "Pai, o que você pode aprender, se supera a todos em conhecimento?". Ele: "Aqui não há ciência nem verdadeiro conhecimento, lá em cima está a plenitude da sabedoria e da verdadeira verdade". Com estas palavras, desapareceu. O abade anotou o dia em que isso aconteceu e não muito depois soube que o homem de Deus, Bernardo, havia migrado de seu corpo naquele momento.

Muitos outros e quase inumeráveis milagres Deus realizou por intermédio desse seu escravo.

116. São Timóteo

Timóteo vem de *timorem tenens*, "aquele que teme", ou de *timore*, "temor", e *Theos*, "Deus", significando "aquele que teme a Deus". Gregório diz que este temor está presente em toda pessoa santa, que considera onde esteve (no pecado), onde estará (no Juízo), onde está (na miséria), onde não estará (na glória).

Timóteo foi duramente torturado na época de Nero pelo prefeito da cidade de Roma. Como sobre suas feridas foi jogada cal viva e ele deu graças por isso, dois anjos apareceram e disseram: "Levante a cabeça para o Céu e olhe". Ele levantou a cabeça, viu os Céus abertos e Jesus que, segurando uma coroa de pedras preciosas, dizia-lhe: "Receba isso de minha mão". Vendo isso, um homem chamado Apolinário se fez batizar. O prefeito mandou que ambos, por perseverarem na fé, fossem degolados, por volta do ano 57 do Senhor.

117. São Sinforiano

Sinforiano vem de "sinfonia", pois se comportou como um instrumento musical emitindo a harmonia de suas virtudes. Ele foi um instrumento musical nas três características que lhe dá Averróes:[1] dureza e resistência, sem as quais não produz som, suavidade na propagação deste, amplitude do alcance do som. De fato, Sinforiano foi, como um instrumento musical, duro consigo mesmo na sua austeridade, suave com os outros por sua mansidão, amplo pelo alcance de sua caridade.

Sinforiano nasceu na cidade de Autun, e desde a adolescência sobressaía-se por uma ponderação que antecipava sua maturidade. Quando de uma festa que os pagãos celebravam em honra de Vênus, levaram sua estátua até o prefeito Heráclio, e Sinforiano que estava ali não quis adorá-la. Foi por isso duramente golpeado por longo tempo e a seguir encarcerado. Como posteriormente o tiraram da prisão e tentaram fazê-lo oferecer sacrifício prometendo-lhe muitos presentes, disse: "Nosso Deus sabe recompensar os méritos e punir o pecado. Como devemos a Cristo por nos ter libertado, paguemos para evitar sofrimento quando estivermos diante do Juiz. Estes enganosos presentes parecem doces como o mel, mas são veneno para as almas que acreditam neles. A cobiça faz com que tudo querendo, nada se possua. Os envolvidos pelas artes diabólicas estão ligados pela atração de um lucro miserável, cujas alegrias são como gelo que se derrete quando os raios de sol começam a brilhar".

---

[1] Averróes é a forma latinizada de Abu al-Walid Muhammad Ibn Rushd (1126-1198), filósofo muçulmano nascido em Córdoba cujas obras foram traduzidas para o latim e desde princípios do século XIII exerceram grande influência na redescoberta ocidental de Aristóteles.

Então o prefeito proferiu a sentença condenando Sinforiano a ser morto. Quando era levado ao local onde seria executado, sua mãe, colocada sobre um muro, começou a dizer em voz alta: "Meu filho, meu filho, lembre-se da vida eterna! Levante os olhos e veja aquele que reina! Sua vida não será tirada, mas transformada em outra melhor!". Logo depois ele foi decapitado e os cristãos levaram seu corpo para honrosamente o sepultar. Ele foi martirizado por volta do ano 270 do Senhor.

Tantos milagres aconteceram em seu sepulcro, que mesmo os pagãos prestavam-lhe as maiores honras. GREGÓRIO DE TOURS conta que no lugar em que seu sangue foi derramado três pedras ficaram manchadas por ele, um cristão pegou-as e colocou-as em uma caixa de madeira coberta de prata. Levou-as a um castelo depois totalmente consumido por um incêndio, mas a caixa foi tirada do fogo inteira e ilesa.

118. São Bartolomeu

Bartolomeu significa "filho daquele que suspende as águas" ou "filho daquele que se suspende". O nome vem de *bar*, "filho", *tholos*, "altura", e *moys*, "água", daí Bartolomeu significar "filho daquele que suspende as águas", isto é, de Deus, que é quem eleva a mente dos doutores para que derramem as águas da doutrina. Bartolomeu é nome sírio, não hebraico. Em primeiro lugar, Bartolomeu era na verdade triplamente elevado. Elevado por estar acima do amor pelo mundo, elevado pelo amor às coisas celestiais, totalmente elevado ao longo de sua vida pela graça e pelo auxílio de Deus. Em segundo lugar, seu nome denota a profundidade de sua sabedoria, sobre a qual disse DIONISO em sua *Teologia mística*: "O divino Bartolomeu afirmava que a teologia era ao mesmo tempo uma coisa muito grande e muito pequena, e que o Evangelho podia ser amplo e conciso ao mesmo tempo". Na opinião de Dioniso, Bartolomeu queria com isso mostrar que a respeito de Deus se uma consideração pode afirmar tudo, outra pode negar.

1. O apóstolo Bartolomeu ao chegar à Índia, que está no extremo do mundo, entrou em um templo do ídolo de nome Ascarote e ali se instalou, como faziam os peregrinos. No interior do ídolo habitava um demônio que dizia curar os enfermos, mas não os sarava, apenas interrompia sua dor. Como o templo estava cheio de enfermos que, vindos de lugares distantes, não obtinham resposta pelos sacrifícios diariamente oferecidos ao ídolo, foram até uma cidade onde havia outro ídolo, chamado Berite, e perguntaram-lhe por que Ascarote não respondia. Berite: "Desde que chegou Bartolomeu, apóstolo de Deus, nosso deus está amarrado por correntes de fogo e não consegue nem respirar nem

falar". Eles perguntaram: "E quem é este Bartolomeu?". O demônio: "É o amigo do Deus onipotente e veio a esta província expulsar todos os deuses da Índia". Eles: "Descreva-o para que possamos encontrá-lo".

O demônio disse: "Tem cabelos crespos e negros, tez branca, olhos grandes, nariz reto e bem-proporcionado, barba espessa e um pouco grisalha e estatura mediana. Veste uma túnica branca guarnecida de botões púrpura, com um manto branco com pedras púrpura em cada ponta. Já faz 26 anos que a roupa e as sandálias nem se gastam nem sujam, apesar de dobrar os joelhos para orar cem vezes de dia e cem vezes de noite. À sua volta anjos impedem que se canse ou tenha fome. Seu semblante tem sempre aspecto alegre e risonho. Prevê tudo o que vai acontecer. Conhece todas as coisas. Conhece e entende todas as línguas estrangeiras. Ele sabe o que estou dizendo agora. Quando forem à sua procura, se ele quiser o encontrarão, mas, se não quiser, não conseguirão encontrá-lo. Peço que quando o encontrarem supliquem que não venha aqui, para que seus anjos não façam comigo o que fizeram com meu companheiro". Eles insistentemente procuraram por Bartolomeu durante dois dias sem encontrá-lo.

Certa vez um endemoninhado gritou: "Bartolomeu, apóstolo de Deus, suas orações me queimam". O apóstolo: "Cale-se e saia deste homem". Naquele mesmo momento o endemoninhado foi libertado. Ao saber disso, o rei daquela região, Polêmio, que tinha uma filha lunática, enviou emissários pedindo ao apóstolo que viesse e curasse sua filha. O apóstolo foi, e ao vê-la presa com correntes porque dilacerava com mordidas os que se aproximavam dela, mandou soltá-la. Como os servidores não se atreviam a chegar perto, ele disse: "Tenho amarrado o demônio que estava nela e vocês têm medo?". Ela foi desamarrada e no mesmo instante ficou curada.

O rei ordenou então que dessem ao apóstolo camelos carregados com ouro, prata e pedras preciosas, mas não puderam achá-lo. Na manhã seguinte, quando o rei estava sozinho no seu quarto, o apóstolo apareceu e perguntou: "Por que me procurou o dia todo com ouro, prata e pedras preciosas? Estes presentes são necessários aos ávidos por bens terrenos, eu não desejo nada terreno, nada carnal". Em seguida, São Bartolomeu começou a lhe ensinar a doutrina relativa à nossa redenção, mostrando entre outras coisas como Cristo havia vencido o diabo com as maravilhas da conveniência, do poder, da justiça e da sabedoria. Foi conveniente que o filho de uma virgem, isto é, o Adão feito da terra quando esta ainda era virgem, fosse vencido pelo Filho de uma Virgem. Foi poderoso aquele que venceu com sua sabedoria e expulsou o diabo que tinha exortado e derrubado o primeiro homem. Da mesma forma que o vencedor de um tirano envia seus emissários para desfraldarem suas próprias bandeiras, assim Cristo vencedor enviou seus mensageiros para que instaurassem o seu culto e suprimissem o culto ao diabo. Foi verdadeiramente justo aquele que venceu pelo jejum quem tinha vencido o homem persuadindo-o a comer. Foi sábio o Cristo cuja arte derrotou a arte do diabo, aquele que como uma ave de rapina tinha procurado se apoderar de Cristo no deserto, tentando-O por duvidar que fosse Deus: se tivesse fome, como o primeiro homem, ele venceria por meio do alimento, mas como teve fome e não cedeu à tentação, ele não pôde reconhecer Deus, que não foi vencido.

Depois de anunciar os mistérios da fé, Bartolomeu disse ao rei que se quisesse se batizar ele mostraria seu antigo deus preso com correntes. No dia seguinte, os sacerdotes do reino sacrificavam ao ídolo ao lado do palácio real, quando o demônio começou a gritar: "Parem de fazer sacrifícios para mim, miseráveis, para não padecerem mais do que eu, que estou amarrado com correntes de fogo por um anjo de Jesus Cristo, aquele que os judeus crucificaram crendo que a morte o deteria. Ele enganou a morte, que é nossa rainha, e atou com fogo o nosso próprio príncipe, autor da morte". Imediatamente todos colocaram cordas no ídolo para derrubá-lo, mas não puderam. Então o apóstolo ordenou ao demônio que saísse, para quebrar o ídolo. No mesmo instante ele saiu e esmagou todos os ídolos do templo. Em seguida o apóstolo orou, todos os enfermos foram curados, ele consagrou o templo a Deus e ordenou que o demônio partisse para o deserto.

Então apareceu o anjo do Senhor voando em torno do templo e fazendo nos quatro ângulos o sinal-da-cruz com o dedo enquanto dizia: "Assim como o Senhor os livrou de todas as enfermidades, este templo ficará livre de toda imundície e de seu habitante, que o apóstolo mandou para um local distante. Não tenham medo, e façam sobre o rosto o mesmo sinal que esculpo na pedra". Ele lhes mostrou então um etíope negro como fuligem, rosto anguloso, barba farta, cabelos longos até aos pés, olhos inflamados que soltavam faíscas como ferro incandescente, enquanto da boca e dos olhos saíam espirais de chamas sulfúreas. Suas mãos estavam amarradas para trás com correntes de fogo. O anjo disse: "Porque você obedeceu ao apóstolo, esmagou todos os ídolos do templo e saiu dali, o soltarei para que vá a um lugar em que nenhum homem mora, e ali fique até ao dia do Juízo". Solto, o demônio lançou muitos uivos e desapareceu provocando um grande estrondo, enquanto o anjo do Senhor voava para o Céu. Então o rei com sua esposa, filhos e todo o povo foram batizados, ele renunciou ao reino e tornou-se discípulo do apóstolo.

Diante disso, todos os sacerdotes dos templos foram juntos encontrar o rei Astrágio, irmão do anterior, para acusarem o apóstolo de por meio de suas artes mágicas ter provocado a perda de seus deuses e a subversão dos templos. Indignado, o rei Astrágio mandou mil homens armados prenderem o apóstolo. Este foi conduzido até o rei, que lhe perguntou: "Foi você que arruinou meu irmão?". O apóstolo: "Eu não o arruinei, o converti". O rei: "Assim como você fez com que meu irmão abandonasse seu deus e acreditasse no seu, fá-lo-ei abandonar seu Deus e sacrificar ao meu". O apóstolo: "O deus que seu irmão adorava eu amarrei e mostrei a todos amarrado para forçá-lo a destroçar o ídolo. Se você puder fazer o mesmo com meu Deus, poderá me forçar a adorar o ídolo, mas se não puder fazê-lo, eu destruirei seus deuses e você acreditará no meu". Nesse momento foi anunciado ao rei que seu deus Baldaque caíra e quebrara.

Ao ouvir isso, o rei rasgou seu manto de púrpura e mandou chicotear o apóstolo e depois o esfolar vivo. Os cristãos recolheram seu corpo e enterraram-no de forma honrosa. O rei Astrágio e os sacerdotes do templo foram possuídos por demônios e morreram. O rei anterior, Polêmio, foi ordenado bispo e por vinte anos exerceu o ofício episcopal de forma louvável e cheio de virtude, antes de repousar em paz.

Existem opiniões divergentes sobre o martírio de Bartolomeu. O bem-aventurado Doroteu diz que ele foi crucificado: "Bartolomeu pregou aos indianos e traduziu para sua língua o evangelho de Mateus. Morreu em Albana, cidade da Grande Armênia,[1] crucificado com a cabeça para baixo". O bem-aventurado Teodoro diz que ele foi esfolado, enquanto em muitos livros afirma-se que foi decapitado. Esta controvérsia pode ser solucionada se dissermos que primeiro foi crucificado, antes de morrer foi retirado da cruz e, para sofrer mais, foi esfolado tendo por fim a cabeça cortada.

---

[1] A localização da Armênia fez dela um importante e longo elemento de disputa entre o Império Bizantino e os Estados muçulmanos. A chamada Pequena Armênia era um reino (1080-1375) sob poder dos cristãos, enquanto a Grande Armênia era território muçulmano e durante um certo período mongol.

2. No ano do Senhor de 331, os sarracenos invadiram a Sicília[2] e devastaram a ilha Lípari onde repousava o corpo de São Bartolomeu, destruíram seu sepulcro e dispersaram os ossos. Sobre a ida de seu corpo da Índia até aquela ilha conta-se o seguinte. Os pagãos, indignados ao verem seu corpo muito venerado por causa dos freqüentes milagres, colocaram-no em um ataúde de chumbo, que jogaram ao mar mas por vontade divina chegou à mencionada ilha. Os sarracenos dispersaram seus ossos, mas depois que foram expulsos, o apóstolo apareceu a um monge dizendo: "Levante-se e reúna meus ossos que estão dispersos". Ele: "Por que devemos reunir seus ossos ou homenageá-lo se você não nos prestou auxílio e permitiu que nos ameaçassem?". Bartolomeu: "Por muito tempo, graças a meus méritos, o Senhor apoiou este povo, mas seus pecados, que aumentavam cada vez mais, clamavam contra o Céu e eu não pude mais obter perdão para ele". Quando o monge perguntou como poderia distinguir seus ossos entre tantos outros, Bartolomeu disse: "Reúna todos à noite e pegue imediatamente aqueles que você vir brilhando como fogo". Tudo aconteceu como o apóstolo dissera e seus ossos foram levados de navio para Benevento, metrópole da Apúlia. Geralmente se diz que o corpo de Bartolomeu está em Roma, enquanto os beneventanos ainda afirmam possuí-lo.

3. Uma mulher levou um recipiente cheio de óleo para alimentar a lâmpada do bem-aventurado Bartolomeu, contudo por mais que o inclinasse nada saía dele. Ela enfiou os dedos no vaso e tocou o óleo, verificando que estava completamente líquido. Então alguém comentou: "Acho que o apóstolo não quer que este óleo seja colocado em sua lâmpada". Por isso o óleo foi levado para outra lâmpada e imediatamente escorreu do vaso.

4. Quando o imperador Frederico destruiu Benevento e demoliu todas suas igrejas, tencionando transferir a cidade para outro lugar, um indivíduo encontrou alguns homens resplandecentes, vestidos de branco, que falavam e discutiam. Fortemente impressionado por eles, perguntou quem eram e um deles respondeu: "Este é o apóstolo Bartolomeu com outros santos que tinham igrejas na cidade. Nós nos reuni-

---

[2] Erro cronológico tão grosseiro, diferente dos vários mas pequenos enganos de Jacopo nessa matéria, que só pode se dever a uma transcrição faltosa: os sarracenos (denominação dada pelos cristãos medievais aos muçulmanos) surgiram evidentemente com a fundação do islamismo, em 622, e invadiram a Sicília apenas em 827, de onde foram expulsos em 1091.

mos, discutimos e decidimos a pena que deve sofrer aquele que nos expulsou de nossas casas. Por esta sentença irrevogável, ele deve comparecer sem demora diante do tribunal de Deus e responder diante dele por tudo isso". E de fato, conta-se que pouco tempo depois o imperador terminou sua vida miseravelmente.[3]

5. Lê-se no livro dos milagres dos santos que um professor pregava na festa de São Bartolomeu, que todos os anos celebrava solenemente, quando lhe apareceu o diabo sob a aparência de uma jovem extremamente bela, que mal ele viu convidou para jantar. Quando estavam à mesa, ela fez o melhor que pôde para atraí-lo para o seu amor. O bem-aventurado Bartolomeu chegou sob a aparência de peregrino e implorou, por amor a São Bartolomeu, que o deixassem entrar. A jovem convenceu o mestre a apenas mandar dar pão ao peregrino, mas este se recusou a aceitar. Pelo mensageiro, ele perguntou ao professor: "O que é mais característico do homem?". Ele disse: "O riso", mas a jovem respondeu: "De jeito nenhum! É o pecado, com o qual o homem é concebido, nasce e vive". Bartolomeu disse que o professor considerara bem a questão, mas que a mulher respondera de forma mais profunda. O peregrino mandou uma segunda pergunta ao professor: "Qual o lugar na terra pequeno como um pé em que Deus realizou os maiores milagres?". Ele respondeu: "Este lugar é a cruz, na qual Deus realizou milagres", e ela disse: "Não, é a cabeça do homem, que é quase um mundo em miniatura". O apóstolo aprovou ambas as respostas e pela terceira vez fez uma pergunta: "Qual a distância entre o ponto mais alto do Céu e o mais profundo do Inferno?". Como o professor respondeu que não sabia, ela disse: "Percebo que fui reconhecida, porque sei a resposta já que caí de um lugar para outro e para lá devo voltar". Então com grande alarido o diabo precipitou-se no abismo, e os que procuraram o peregrino não o encontraram. Lê-se coisa semelhante na legenda do bem-aventurado André.[4]

6. O bem-aventurado Ambrósio, no prefácio[5] que fez para o apóstolo, assim resume sua legenda:

---

[3] Isto é, numa crise de disenteria, em fins de 1250. Benevento tinha sido completamente destruída em 1241 porque era um enclave papal no principal território de Frederico II.

[4] Capítulo 2, item 9.

[5] Conforme nota 4 do capítulo 55.

Ó Cristo, de forma admirável você se dignou exibir sua majestade aos discípulos que pregariam ao mundo a Trindade de sua divindade única. Entre eles escolheu o beatíssimo Bartolomeu, a quem com seu olhar benigno concedeu grandes virtudes para enviá-lo a um povo longínquo, que apesar de afastado do convívio humano foi finalmente conquistado por sua pregação e assim reaproximado de você. Quantos louvores admirados merece esse apóstolo! Não era suficiente para ele disseminar a fé entre os povos próximos. Andou como se fosse alado e penetrou nos confins da terra dos indianos. Com uma turba inumerável de enfermos entrou no templo do demônio, que diante de Bartolomeu imediatamente parou de responder. Quão admiráveis são suas insígnias de virtude! O prolixo adversário ficou mudo por muito tempo diante da ordem que ele lhe deu. Libertou uma princesa real do contágio diabólico e apresentou a jovem curada ao pai. Quão sublime milagre de santidade fez quando reduziu a nada o ídolo do antigo inimigo do gênero humano. Quão digno é das fileiras do exército celestial aquele ao qual apareceu, certamente para servir a fé por meio de milagres, um anjo saído da corte celeste. Este mostrou a todos o horrendo demônio encadeado e gravou na pedra a salvadora cruz do Senhor. O rei e a rainha foram batizados com a população de doze cidades, que o seguiu e a Deus pai, de corpo e espírito. Por fim, delatado pelos pontífices dos templos, o tirano irmão do neófito Polêmio feriu-o de todas as maneiras e mandou esfolar e matar o bem-aventurado apóstolo, que permaneceu firme na fé. Suportando a morte com valentia, depois deste combate glorioso ele alcançou o triunfo da alegria celeste.

O bem-aventurado Teodoro, abade e doutor notável,[6] entre outras coisas fala assim deste apóstolo:

Bartolomeu, apóstolo de Deus, pregou inicialmente na Licaônia,[7] depois na Índia e por último em Albana, cidade da Grande Armênia, onde primeiro foi esfolado, depois decapitado e enfim sepultado. Creio que quando o Senhor o enviou para pregar, ele tenha ouvido: "Discípulo meu, vá pregar, saia para lutar, seja corajoso diante do perigo. Eu consu-

---

[6] São Teodoro Estudita (759-826), abade bizantino que por defender a independência da Igreja chocou-se várias vezes com os imperadores e os patriarcas. Escreveu muitas cartas, diversas homilias e alguns tratados contra a iconoclastia, obras publicadas na *Patrología Graeca*, vol. 99. Apesar de bastante longa, a citação que se segue é a única que a *Legenda áurea* faz do Estudita.

[7] Licaônia (capital Icônio, igualmente referida pela *Legenda áurea*) era na Antigüidade uma parte do reino da Frígia (cujo soberano mais conhecido foi o riquíssimo Midas), *grosso modo* centro da atual Turquia.

mei a obra paterna, fui o primeiro a dar testemunho dela, agora cabe a você encher o vaso que é necessário para imitar seu mestre, igualar seu Senhor. Dê sangue por sangue, carne por carne, sofrimento por sofrimento. Diante da fadiga arme-se de benignidade, da maldade, de mansidão, das dificuldades, de paciência". O apóstolo não se negou, como escravo fiel de seu Senhor aceitou as ordens, seguiu alegre como luz do mundo para iluminar os que estão nas trevas, como sal da terra para salgar o povo insípido, como lavrador para realizar o cultivo espiritual.

O apóstolo Pedro ensinou às nações, Bartolomeu fez o mesmo, Pedro realizou grandes prodígios, Bartolomeu milagres eficazes, Pedro foi crucificado de cabeça para baixo, Bartolomeu depois de esfolado vivo teve a cabeça cortada. Tanto quanto Pedro, Bartolomeu quis conhecer os mistérios e penetrou neles. Tanto quanto ele, fecundou a Igreja e teve o mesmo carisma divino. Da mesma forma que a cítara harmoniosa, Bartolomeu foi colocado no meio dos doze para ajudar a produzir o som divino. Todos os apóstolos repartiram entre si o universo transformando-se em pastores do Rei dos reis. Para Bartolomeu foi sorteada a parte da Armênia entre Ejutath e Gabaoth, onde sulcou os campos com o arado racional de sua língua, colocou no fundo dos corações a palavra da fé, plantou os jardins e vinhas do Senhor, curou as paixões com remédios adequados, extirpou os espinheiros inúteis, cortou as florestas da impiedade e cercou o dogma com sebes.

Mas que recompensas recebeu, Criador! Em lugar de honra, desonra; em lugar de benção, maldição; em lugar de presentes, tormentos; em lugar de uma vida de repouso, morte amaríssima. Depois de sofrer tormentos insuportáveis, arrancaram-lhe a pele como se fossem fazer uma sacola. Depois que se livrou deste mundo não desprezou seus assassinos, mas atraía os perdidos com milagres e os adversários com prodígios. Mas nada dominava aqueles espíritos bestiais e os afastava do mal. Que mais fizeram? Enfureceram-se contra o corpo sagrado, como se fossem doentes desprezando seu médico, órfãos, seu tutor, cegos, seu condutor, náufragos, seu timoneiro, mortos, seu vivificador. De que modo? Jogando o corpo santo ao mar!

As ondas empurraram para longe da Armênia aquela arca e a de outros quatro mártires que também tinham sido lançados ao mar. Por todo o trajeto no mar, aquelas quatro precederam a arca do apóstolo como se lhe prestassem deferência de servidores, e assim chegaram perto da Sicília, à ilha chamada Lípari. Isso foi revelado ao bispo de Óstia, que estava ali. O riquíssimo tesouro foi a um lugar pobre e ignorante e representou para ele preciosíssima pérola e luz resplandecente. As outras quatro arcas deixaram a do santo apóstolo na mencionada ilha e partiram para diferentes terras. Com efeito, os corpos dos quatro citados mártires deixaram o apóstolo e se separaram: o de Papino foi para Milas, cidade da Sicília, o de Luciano para Messina, os outros dois dirigiram-se para a Calábria, Gregório para a cidade de Colona e Acácio para outra cidade, chamada Chale, onde até hoje resplandecem. O corpo de Bartolomeu foi recebido com muitos hinos, louvores e círios e construíram para ele um magnífico templo.

O monte Vulcano, próximo à ilha, era nocivo a seus habitantes devido ao fogo que soltava, mas desde então se afastou para o meio do mar cerca de sete estádios,[9] e seu fogo pode hoje ser visto de longe, parecendo que foge dos que o observam. Salve, bem-aventurado dos bem-aventurados, três vezes bem-aventurado Bartolomeu, esplendor da luz divina, pescador da santa Igreja, perito na captura de peixes racionais, doce fruto da vívida palmeira, agressor do diabo que agride o mundo. Salve sol que ilumina a terra inteira, boca de Deus, língua de fogo cheia de sabedoria, fonte de que emana saúde, que santificou o mar ao andar sobre ele, que tornou a terra púrpura com seu sangue, que subiu aos Céus onde refulge no meio do exército divino, onde brilha no esplendor da glória perene, onde se alegra em uma exultante e insaciável felicidade.

Até aqui Teodoro.

---

9 Ou seja, 288,75 metros.

119. Santo Agostinho

Agostinho recebeu este nome pela excelência de sua dignidade, ou por causa de seu amor ardoroso, ou ainda pelo significado etimológico do nome. Primeiro, pela excelência de sua dignidade, pois assim como Augusto superava todos os reis, Agostinho superava todos os doutores, conforme disse Remígio. *Daniel*, 12, compara os doutores às estrelas — "Aqueles que ensinam aos outros a justiça, como estrelas" —, enquanto na epístola cantada em sua missa Agostinho é comparado ao sol, pois assim como o sol brilha, ele brilha no templo de Deus. Segundo, pelo seu amor ardoroso, pois assim como o mês de Augusto é de ardente calor,[1] Agostinho foi acalorado no fogo do amor divino. Daí por que diz no livro de suas *Confissões*:[2] "Atravessou meu coração com as flechas de sua caridade etc.". Diz ainda no mesmo lugar: "Algumas vezes você introduz em mim um afeto tão inusitado, de uma doçura que desconheço, que não sei o que seria se a vida eterna não existisse". Terceiro, pela etimologia de seu nome, pois Agostinho vem de *augeo*, "aumentar", *astín*, "cidade", e *ana*, "no alto". Por isso Agostinho é "aquele que aumenta a cidade do alto" e por isso se canta em seu ofício: "Aquele que expandiu a cidade etc.". Eis como ele mesmo fala dessa cidade no livro XI de *A CIDADE DE DEUS*: "A beleza e a beatitude que existem na cidade de Deus tem sua origem Nele. Se perguntarem quem a construiu, a resposta é Deus. Se perguntarem sobre sua sabe-

---

[1] O calendário romano conheceu uma pequena reforma no governo de Augusto (27 a.C.-14), que passou a dar seu nome ao mês que foi na época considerado "o mais afortunado do império" graças às vitórias daquele personagem. Evidentemente o "mês de Augusto é de ardente calor", já que agosto é o auge do verão no hemisfério norte.

[2] Existe tradução brasileira de J. Oliveira Santos e Ambrósio de Pina, São Paulo, Abril, 1979.

doria, a resposta é que Deus a ilumina. Se perguntarem sobre sua felicidade, a resposta é que Deus a proporciona. Ele que é mantenedor de sua ordem, luz de sua contemplação, alegria de sua felicidade. A cidade vive e ama na eternidade de Deus, brilha na verdade de Deus, alegra-se na bondade de Deus". Ou como é dito no glossário, Agostinho quer dizer "magnífico", "feliz", "luminoso". Foi magnífico em sua vida, luminoso em sua doutrina, feliz em sua glória. Sua vida foi compilada por Possidônio, bispo de Catânia, como diz CASSIODORO em seu livro dos *Homens ilustres*.

1. Agostinho, eminente doutor, nasceu na província da África, na cidade de Cartago, de pais muito honrados. Seu pai chamava-se Patrício e sua mãe Mônica. Ele foi instruído nas artes liberais[3] o bastante para ser visto como grande filósofo e brilhante retórico. Leu e entendeu sozinho os livros de Aristóteles e todos os livros das artes liberais que teve em seu poder, o que está atestado no livro das *Confissões*: "Apesar de ser então um devasso escravo de maus apetites, li e entendi por mim mesmo todos os livros das artes liberais que pude". Diz na mesma obra: "Tudo o que respeitava à arte de falar e de raciocinar, à musica e aos números, aprendi sem muitas dificuldades nem ajuda de ninguém. Você sabe, Senhor meu Deus, que esta vivacidade de compreensão e sutileza de entendimento são dons seus, mas eu não os dedicava a você".

Como o conhecimento sem caridade incha sem edificar, ele caiu no erro dos maniqueus que afirmam que o corpo de Cristo é irreal e negam a ressurreição da carne,[4] erro no qual permaneceu por nove anos, enquanto adolescente. Foi assim levado a frivolidades como afirmar que a figueira chorava quando se arrancavam suas folhas ou fruto. Com dezenove anos de idade leu o livro de um filósofo no qual se dizia para desprezar as vaidades do mundo e se ligar à filosofia. O livro agradou-lhe muito, mas ele lamentou que não mencionasse o nome de Jesus Cristo, que ele absorvera de sua mãe, que chorava bastante tentando levá-lo de volta à verdadeira fé.

---

3 Conforme nota 1 do capítulo 10.

4 Maniqueísmo é o rótulo genérico que a Idade Média aplicava a diversas heresias que concebiam a coexistência eterna de um reino de Luz e um de Trevas. Tal idéia era antiga no ambiente grego do cristianismo (em que se buscava a *gnosis*, "conhecimento", da origem do Mal) e foi alimentada pelo dualismo da religião persa, a qual em meados do século III ensinava que na luta entre Bem e Mal o papel central cabia a Jesus, que por ser divino não podia se encarnar, apenas tomar a aparência de homem.

Um dia, lê-se no livro III das *Confissões*, Mônica teve uma visão na qual estava em pé sobre uma tábua, triste, quando apareceu um jovem e perguntou a causa de tanta tristeza. Ela disse: "Lamento a perdição de meu filho". Ele respondeu: "Esteja segura que ele está onde você está". E no mesmo momento ela viu o filho a seu lado. Quando contou isso a Agostinho, ele comentou: "Você se engana, mãe, você se engana, ele não disse isso, e sim que você estaria onde eu estou". Ela por sua vez insistiu: "Não filho, ele não me disse 'você está onde ele está', e sim 'ele está onde você está'". Esta mãe zelosa, quase importunando, pediu a um bispo, atesta Agostinho nas *Confissões*, que se dignasse a interceder por seu filho. Vencido pela insistência, ele respondeu com voz profética: "Vá tranqüila, pois é impossível que pereça um filho tão chorado".

Depois de ter ensinado retórica durante vários anos em Cartago, Agostinho foi para Roma, escondido de sua mãe, e aí reuniu muitos discípulos. No entanto, sua mãe desconfiara e tinha ido ao porto para o deter ou para ir com ele, que a enganou e partiu secretamente naquela mesma noite. Pela manhã, quando percebeu, ela encheu com seus clamores os ouvidos de Deus. Todo dia pela manhã e à tarde ela ia à igreja e orava por seu filho.

Nessa época, os membros do Ateneu de Milão pediram a Símaco, prefeito romano, que lhes mandasse um mestre de retórica, e Agostinho foi enviado para o homem de Deus, Ambrósio. Entretanto sua mãe não descansava, e depois de grandes dificuldades acabou por encontrá-lo. Ele não era então nem inteiramente maniqueu, nem inteiramente católico. Mas Agostinho ligou-se ao bem-aventurado Ambrósio e passou a ouvir freqüentemente suas pregações, procurando ver se ele falava a favor ou contra a heresia dos maniqueus. Certa vez Ambrósio argumentou longamente contra tal erro, refutando-o por meio da razão e das autoridades e assim o erro foi inteiramente extirpado do coração de Agostinho.

Ele conta assim, no livro das *Confissões*, o que lhe aconteceu em seguida: "Quando comecei a conhecê-lo, a fraqueza de minha visão foi ofuscada pelas ondas de luz que lançou sobre mim. Um misto de horror e amor fez fremir minha alma e descobri que estava bem afastado de você, em uma região estranha, e me parecia ouvir sua voz vinda do alto: 'Sou o alimento dos fortes. Creia e me coma, e não será você que me transformará em você da mesma forma que os alimentos tornam-se sua carne, mas será você que se transformará em mim'". Ele entendeu que Cristo era o verdadeiro caminho, isso lhe agradou, mas como ainda o angustiava andar por suas estreitas sendas, o Senhor inspirou sua mente para que fosse a Simpliciano, no qual brilhava a luz, ou seja, a graça divina, e revelasse a ele todas suas inquietações. Ele poderia indicar a melhor maneira de entrar na via de Deus, à qual cada um chega de forma diferente dos outros.

    Agostinho tomava crescente aversão pelo mundo quando o comparava com a doçura e a beleza da casa de Deus, que tanto amava. Simpliciano estimulou-o a estimular a si mesmo, dizendo: "Muitos meninos e meninas servem a Deus na Igreja do Senhor, e você não pode fazer aquilo que eles puderam por si mesmos e não por meio de seu Deus, que está em você e não está? Jogue-se sobre Ele e Ele o receberá e salvará". No meio desta conversa, Simpliciano lembrou-se de Vitorino e narrou alegremente como aquele pagão tinha merecido, por causa de sua sabedoria, uma estátua no fórum de Roma, coisa extraordinária já que se considerava cristão. Simpliciano dizia a ele: "Não acredito nisso até que o veja na igreja", e ele jocosamente perguntava: "São as paredes que fazem com que um homem seja cristão?". Enfim, Vitorino foi à igreja onde lhe entregaram o livro que continha o símbolo da fé para ser dito publicamente, como era costume, subiu no estrado e em voz alta proclamou sua fé. Roma ficou admirada, a Igreja alegre e todos passaram a gritar, arrebatados: "Vitorino! Vitorino!", para logo a seguir silenciarem, depois novamente aclamarem.

    Naquela época, Agostinho recebeu um amigo vindo da África, chamado Ponciano, que lhe contou a vida e os milagres do grande Antônio, que tinha morrido no Egito na época do imperador Constantino. Impressionado com o relato, Agostinho, com o rosto que revelava uma mente invadida pela inquietação, virou-se para seu companheiro Alípio e exclamou com força: "Você ouviu? O que esperamos? Aparecem alguns ignorantes que nos arrebatam o Céu, e nós com nosso conhecimento nos precipitamos no Inferno. Temos vergonha de segui-los porque tomaram a iniciativa, em vez de nos envergonharmos de não segui-los?". Ele foi então ao jardim deitar sob uma figueira, como recorda em seu livro das *Confissões*, e lá, vertendo lágrimas amargas, gritava: "Até quando? Até quando ficarei dizendo 'amanhã', 'amanhã', 'daqui a pouquinho'?". Sem ter um prazo, o "daqui a pouquinho" ficava longe, e ele se lamentava muito desta demora.

Escreveu depois no mesmo livro:

> Ai de mim, Senhor, porque embora elevado nas coisas mais elevadas e profundo no mais profundo, você nunca se separa de nós, que temos tanta dificuldade em voltar para você! Aja em nós, Senhor, obre, desperte-nos, chame-nos! Venha e arrebate-nos, exale seu perfume, adoce! Tive medo de me envolver, quando devia ter medo de não estar envolvido! Demorei a amá-lo, ó beleza sempre antiga e sempre nova! Demorei a amá-lo! Você estava dentro de mim, mas eu fora de mim, onde o procurava nas belezas que você criou e assim eu me lançava na deformidade. Você estava comigo e eu não estava com você. Você me chamou, gritou e abriu meus ouvidos surdos. Você brilhou, cintilou e minha cegueira acabou. Você me fez sentir o odor de seu perfume e eu respiro seu espírito. Tive fome e sede de você e o saboreei. Você me tocou e me deu a sua paz.

Chorando amargamente, ouviu uma voz que lhe dizia: "Toma e lê, toma e lê". Ele abriu imediatamente o códice apostólico e batendo os olhos leu: "Revistam-se do Senhor Jesus Cristo",[5] e no mesmo instante dissiparam-se as trevas em que suas dúvidas o haviam mergulhado.

Nesse meio-tempo começou a ter uma violentíssima dor de dentes que — ele mesmo o diz — o levou a crer na opinião do filósofo Cornélio, para quem o supremo bem da alma está na sabedoria e o supremo bem do corpo na total ausência da dor. Aquela dor foi tão violenta que ele perdeu a voz. Foi então, conta no livro das *Confissões*, que escreveu sobre uma placa de cera que todos orassem por ele, a fim de que o Senhor apaziguasse sua dor. Ele se ajoelhou com os outros e no mesmo instante ficou curado. Informou então Santo Ambrósio de sua intenção e pediu que recomendasse o que deveria ler no livro sagrado para se tornar digno da fé cristã. Ele recomendou a leitura do profeta Isaías, que lhe parecia mais adequado por ter prenunciado o Evangelho e a conversão dos gentios. Como Agostinho não entendeu o começo do texto e achou que fosse todo obscuro, deixou a leitura para quando estivesse mais habituado com a Sagrada Escritura.

---

[5] *Epístola aos romanos* 13,14. Este famoso gesto de Agostinho, início de sua conversão definitiva, é um dos primeiros exemplos de bibliomancia, isto é, adivinhação feita a partir da *Bíblia*. Esta passagem da *Legenda áurea* é um bom exemplo de seu caráter representativo da cultura intermediária, pois se refere a um costume considerado supersticioso pela cultura erudita, mas que aparece sendo praticado tanto por leigos (como Agostinho no presente caso, ou no capítulo 87, Santa Teodora antes de sua conversão) quanto por clérigos (como um sacerdote e depois frade dominicano referido no capítulo 108, p.621).

Chegado o tempo pascal, Agostinho — por mérito da sua mãe e da pregação de Ambrósio — com a idade de trinta anos recebeu o santo batismo junto com seu amigo Alípio e com seu filho Adeodato, criança muito inteligente que tivera em sua juventude, quando ainda era pagão e filósofo. Em seu livro chamado *Espelho da Igreja*, Honório[6] conta que naquela cerimônia Ambrósio disse: "Te louvamos, Deus!" e Agostinho respondeu: "Te reconhecemos, Senhor", e foi falando assim alternadamente que os dois compuseram este hino[7] que em alguns livros antigos tem como título *Cântico composto por Ambrósio e Agostinho*.

Depois disso, Agostinho foi maravilhosamente fortalecido na fé católica. Abandonou todas as esperanças que tinha no mundo e renunciou às escolas que dirigia. Ele mesmo conta em suas *Confissões* quanta doçura o amor divino lhe proporcionava:

> Você, Senhor, atravessou meu coração com a seta de seu amor e carrego suas palavras em minhas entranhas. Os exemplos dos seus escravos que fez passar das trevas para a luz e de mortos para vivos acumularam-se em meu pensamento e inflamaram e dissiparam meu imenso torpor. Saí do vale de lágrimas e cantei o cântico ferido pelas flechas agudas e pelas brasas devastadoras de seu amor. Naqueles primeiros dias saciei-me de maravilhosa doçura ao considerar a profundidade dos desígnios divinos sobre a salvação do gênero humano. Quanto chorei com os hinos e cânticos suaves que ressoam em sua Igreja! Estas vozes me comoviam vivamente, sua verdade deslizava por meus ouvidos até meu coração. Minhas lágrimas rolavam e era um bem para mim derramá-las. Foi naquela época que se estabeleceu na Igreja de Milão a prática dos cânticos, e eu clamava do fundo de meu coração: "Ó será na paz! Ó será em você que dormirei, que repousarei, que alcançarei meu sono, pois você é aquele que não muda. Em você encontro repouso de todas as penas". Li este salmo inteiro e ardi, eu que fora um crítico amargo, cego e adversário destas Escrituras que destilam mel celeste e iluminam com toda a clareza de sua luz. Fui consumido pela dor pensando naqueles que

---

[6] Honório Augustodunensis (*c.* 1075-*c.* 1165), provavelmente inglês ou irlandês que viveu a maior parte do tempo em território alemão e foi autor de vários tratados teológicos (editados na *Patrología Latina*, vol. 172) muito populares nos séculos XII e XIII, mas citado esta única vez na *Legenda áurea*.

[7] Trata-se do célebre hino de ação de graças *Te Deum*, assim chamado devido às suas primeiras palavras e cantado ao fim das leituras de matinas e vésperas (ver nota 5 do capítulo 2) e nos domingos e dias festivos. Apesar de Jacopo de Varazze atribuir sua autoria, seguindo antiga tradição, a Ambrósio e Agostinho, ele foi na verdade composto na passagem do século IV ao V por Nicetas, pelo bispo de Remesiana, cidade da atual Romênia.

fazem com as Escrituras o que fiz. Ó Jesus Cristo, meu apoio, quão suave tornou-se para mim subitamente renunciar às doçuras das frivolidades! O que temia perder deixei com alegria, porque você levou para longe de mim estas coisas. Você, a verdadeira e soberana doçura, expulsou-as e entrou no lugar delas, mais suave que todas as volúpias, mas de uma suavidade que não é da carne e do sangue, mais claro que toda luz, mais escondido que qualquer segredo, mais sublime que todas as honrarias buscadas por muitos.

Depois disso Agostinho começou a voltar para a África com Nebródio, Evódio e sua mãe, mas ao chegarem a Óstia Tiberina sua piedosa mãe morreu. Ele retirou-se para suas propriedades, junto com aqueles que lhe eram ligados, e entregou-se a jejuns e preces a Deus, escreveu livros e instruiu os ignorantes. Sua reputação expandiu por toda parte e todos seus livros e suas ações eram considerados admiráveis. Ele evitava ir a cidades que não tinham bispo para não ser colocado neste cargo.

Havia naquela época em Hipona um homem de grande fortuna que pediu a Agostinho que fosse até ele, que queria ouvi-lo e poderia assim renunciar ao mundo. Informado disso, Agostinho foi, excitado. Valério, bispo de Hipona, conhecendo sua reputação, aproveitou e ordenou-o presbítero, apesar de toda sua resistência. Alguns atribuíram suas lágrimas ao orgulho e diziam para consolá-lo que o posto de presbítero, embora inferior à sua dignidade, aproximava-o do episcopado. Logo depois ele estabeleceu um mosteiro de clérigos, do qual saíram dez bispos, e nele passou a viver segundo a regra instituída pelos santos apóstolos. Como o bispo Valério era cego e pouco douto nas letras e na língua latina, deu a Agostinho o poder de pregar em sua presença na igreja, o que era contra os usos da Igreja oriental. Muitos bispos não concordaram com isso, mas o de Hipona não se inquietou, pois era melhor que outro fizesse o que ele próprio não podia.

Naquela mesma época, Agostinho refutou, convenceu e venceu Fortunato, padre maniqueu, e vários outros hereges, principalmente rebatizadores, donatistas e maniqueus. Temendo que alguma outra cidade levasse Agostinho para ser bispo, Valério o enviou a um local retirado a fim de não ser encontrado, e conseguiu do arcebispo de Cartago que Agostinho fosse promovido a bispo e o sucedesse. Mas Agostinho recusou de todas as formas, até que, pressionado e coagido, assumiu o encargo do episcopado. Depois disse e escreveu que não se deveria ordenar alguém bispo enquanto o substituído vivesse. Soube que isto fora proibido por um concílio universal, e como não queria ter feito aquilo, empenhou-se para que os concílios dos bispos determinassem que aqueles que conferem as ordens[8] comuniquem aos ordenados os estatutos dos Pais da Igreja. Escreveu de si mesmo: "Em nada senti que o Senhor estava tão irritado contra mim como quando, não sendo digno, fui colocado na direção da Igreja".

Suas vestes, calçados e ornamentos não eram nem muito luxuosos nem muito desprezíveis, eram simples e convenientes. Está escrito que ele disse: "Confesso que me envergonho de ter uma veste cara, por isso quando me dão uma eu a vendo a fim de partilhar seu valor, já que a veste não pode ser partilhada". Sua mesa era frugal e parca, sempre com ervas e legumes, freqüentemente com carne para enfermos e hóspedes. Durante as refeições ele saboreava mais a leitura ou a discussão que a comida. No local das refeições para evitar a peste da maledicência tinha escrito o seguinte: "Quem ama palavras que minam a vida dos ausentes, não é digno desta mesa".

Certa vez alguns bispos muito amigos conversavam falando mal de outras pessoas e ele os repreendeu duramente, dizendo que se não parassem com aquilo, ou ele apagaria os referidos versos ou deixaria a mesa.

Em outra oportunidade convidou amigos para a refeição e um deles, mais curioso que os outros, entrou na cozinha e não encontrando nada pronto voltou à sala e perguntou a Agostinho: "Quais pratos você mandou preparar, pai?". Agostinho, que não era curioso para estas coisas, respondeu: "Ignoro tanto quanto vocês".

Ele dizia ter aprendido três coisas com o bem-aventurado Ambrósio: a primeira, nunca tentar arranjar esposa para ninguém; a segunda, não estimular alguém a ser militar; a terceira, não ir a um banquete sem ser convidado. A razão da primeira era que os esposos poderiam não combinar e se maldizer. A razão da segunda era que os militares costumam se entregar à calúnia e ele seria culpado por isso. A razão da terceira era não perder a moderação. Sua pureza e humildade eram tão grandes que mesmo os menores pecados, aqueles que nós reputamos nulos ou insignificantes, ele os confessa em seu livro das *Confissões* e humildemente se acusa deles perante Deus. Assim, ele se acusa naquele livro de, na infância, ter jogado bola quando devia ter ido à escola. Acusa-se de

---

[8] Conforme nota 4 do capítulo 5.

não ter querido ler nem estudar se seus pais ou seu mestre não o ameaçassem. Acusa-se de, quando criança, ter lido com prazer as fábulas dos poetas, como a de Enéas, e ter chorado com o suicídio por amor de Dido. Acusa-se de ter roubado a mesa ou a despensa dos pais para dar às crianças com quem brincava, e de ter vencido fraudulentamente essas crianças no jogo. E confessa ter, com a idade de dezesseis anos, roubado peras de uma árvore das proximidades de sua vinha.

No mesmo livro das *Confissões*, ele se acusa de ter sentido certo prazer comendo:

> Você me ensinou, Senhor, a me servir dos alimentos como remédio, mas quando passo da inquietação, que a falta deles provoca, para a saciedade, a concupiscência estende suas armadilhas. De fato, sendo o beber e o comer causa da manutenção de nossa saúde, um certo prazer é a perigosa companhia desta necessidade. Freqüentemente ela se adianta e me obriga, por causa de minha saúde, a fazer por ela o que nem devo nem quero. A embriaguez está longe de mim e espero que por compaixão não se aproxime. Depois da refeição seu escravo pode ter um certo entorpecimento que sua misericórdia manteve longe de mim. Qual é o homem, Senhor, que não é algumas vezes arrastado além dos limites da necessidade? Quem quer que seja, é verdadeiramente grande e que se glorifique por isso seu nome. Mas não eu, que sou um pecador!

Ele se mantinha atento ao olfato, dizendo: "Quanto à sedução dos odores, me inquieto pouco. Não os procuro, quando estão ausentes. Não os repudio, mas estou disposto a me privar deles, se não me engano, pois ninguém deve estar seguro nesta vida, que pode ser chamada de tentação. Na verdade aquele que pode de mau se tornar bom não sabe se de bom não se tornará mau". Da mesma forma, confessou sobre a audição dizendo: "Os prazeres do ouvido me atraíam e subjugavam, mas você me desligou deles e me libertou. Como me atraía mais a melodia do canto do que suas palavras, confesso ter pecado e prefiro agora não ouvir cantos".

Ele se acusa ainda da visão, quando diz que via de bom grado um cão correndo, tinha prazer em olhar a caça quando passava no campo, examinava com muita atenção quando estava em casa aranhas envolvendo moscas em suas teias. Ele se acusa disso diante do Senhor, como disse, por serem coisas que distraem das boas meditações e perturbam as preces. Ele se acusa também por desejar louvores e por ter sido movido pela vanglória, dizendo:

Aquele que quer louvores dos homens deprecia-se diante de você, não será defendido pelos homens quando o julgar, nem libertado por eles quando o condenar. Um homem que se deixa louvar por algum dom dado por você aprecia mais os louvores que o dom. Tais tentações nos assaltam todos os dias sem parar. A língua do homem é uma fornalha cotidiana. Não gostaria que o elogio de outras bocas aumentasse a alegria do bem que encontram em mim. Mas é preciso não apenas confessá-lo, mas diminuí-lo pela censura. Fico triste quando recebo louvores, pois sei que tenho dons menores do que eles afirmam, e quanto menos importância eles têm, mais eles são estimados.

Este santo homem refutava os hereges tão vigorosamente, que eles falavam entre si publicamente que não seria pecado matar Agostinho, que diziam um lobo a ser morto. Os assassinos espalhavam que Deus lhes perdoaria todos os pecados. Agostinho sofreu muitas emboscadas quando tinha de seguir pelas estradas, mas, pela providência de Deus, eles erravam o caminho, eram desviados e não podiam encontrá-lo. Como era pobre, lembrava-se dos pobres e dava com liberalidade do que tinha, tanto que um dia mandou quebrar e fundir os vasos dominicais para dar esmola aos pobres, cativos e indigentes. Nunca quis comprar casa, terras ou propriedades rurais. Recusou muitas heranças dizendo que deveriam ir de preferência aos filhos ou parentes dos defuntos. Quanto aos bens da Igreja, não tinha por eles grande amor nem era muito ligado a eles, ao contrário, de dia e de noite meditava sobre as Escrituras e as coisas divinas. Nunca se dedicava a novas construções que poderiam embaraçar sua alma, que sempre quis manter livre de toda inquietação corporal, a fim de poder estar disponível para suas meditações contínuas e leituras assíduas. Todavia não queria impedir outros de construir, a menos que considerasse que o faziam sem moderação.

Louvava muito quem desejava a morte e freqüentemente se referia aos exemplos de três bispos. Ambrósio, que durante sua agonia respondeu aos que lhe pediram que obtivesse, com preces, o prolongamento de sua vida: "Não vivi de maneira a me envergonhar de viver entre vocês, nem temo morrer, pois temos um bom Senhor". Agostinho achava essa resposta extraordinária. Outro bispo era um ao qual alguém disse que, por ser ele muito necessário à Igreja, o Senhor o livraria, ao que respondeu: "Se eu nunca morresse, tudo bem, mas se devo morrer um dia, por que não agora?". Ele se referia ainda ao que Cipriano contava de outro bispo, enfermo, que sofrendo muito pediu o restabelecimento de sua saúde. Um belo jovem apareceu então e disse-lhe com um frêmito de indignação: "Você tem medo de sofrer e não quer morrer?".

Agostinho não permitia que mulher alguma morasse com ele, nem mesmo sua irmã Germânia, nem as filhas de seu irmão, que serviam a Deus. Ele dizia que embora não tivesse nenhuma má suspeita de sua irmã e sobrinhas, como elas tinham necessidade de outras pessoas e receberiam visitas, isso poderia levar os fracos às tentações humanas ou com certeza às suspeitas infames dos homens maus. Nunca queria falar a sós com uma mulher, a menos que se tratasse de um segredo. Ele fez o bem a seus parentes não com riquezas, mas concedendo-lhes tudo na medida certa. Era raro que, fosse por cartas ou pessoalmente, intercedesse por alguém, imitando um filósofo cuja contemplação não serviu muito a seus amigos e aos quais dizia: "Geralmente, poder que se pede é poder reduzido". Quando o fazia, ponderava seu estilo de forma a não ser inoportuno, mas a merecer ser atendido pela civilidade do pedido. Preferia exercer poder entre desconhecidos e não entre amigos, pois dizia que, no primeiro caso, podia livremente distinguir o culpado e fazer um amigo. Mas no caso de amigos, a sentença dada pela justiça certamente levaria à perda daquele contra o qual a pronunciasse.

Muitas igrejas o convidavam e nelas ele pregava a palavra de Deus e convertia muitos. Algumas vezes, em suas digressões, saía do plano da pregação e dizia que isso vinha de Deus para a salvação de alguém. Assim aconteceu com um negociante maniqueu, que se converteu assistindo a uma pregação na qual Agostinho fez uma digressão contra este erro. Naquela época em que os godos haviam tomado Roma e os idólatras e infiéis insultavam bastante os cristãos, Agostinho compôs o livro *A Cidade de Deus* para demonstrar que nesta vida os justos devem ser oprimidos e os ímpios prosperar, pois há uma dupla cidade, a saber, Jerusalém, cujo rei é Cristo, e Babilônia, cujo rei é o diabo. "Duas cidades — ele diz ali — construídas por dois amores, o amor a si mesmo levando ao desprezo de Deus construiu a cidade do diabo, o amor a Deus levando ao desprezo de si mesmo construiu a cidade de Deus."

Ainda em vida de Agostinho, no ano do Senhor de 440, os vândalos ocuparam a província da África, devastando tudo, não poupando nem sexo, nem condição social, nem idade. Quando chegaram diante da cidade de Hipona, cercaram-na fortemente. No meio desta tribulação, Agostinho passou a velhice de sua vida na amargura e na tristeza, as lágrimas eram seu pão de dia e de noite, vendo alguns, mortos, outros, fugitivos, as igrejas, viúvas de seus sacerdotes, as cidades vizinhas, destruídas. No meio de tanto mal, consolava-se com a sentença de um sábio que dizia: "Não é grande aquele que considera um grande fato que as árvores caiam, as pedras rolem e os mortais morrem". Ele convocou seus irmãos e disse: "Orei ao Senhor para que ou nos tire destes perigos ou nos conceda paciência ou me leve desta vida para não ser forçado a ver tantas calamidades". Ele obteve este terceiro pedido, pois no terceiro mês de cerco caiu de cama com febres. Compreendendo que a separação de seu corpo estava próxima, fez escrever os sete salmos da penitência e afixá-los na parede ao lado de seu leito de onde os lia, vertendo sem cessar lágrimas abundantes. A fim de ficar livremente disponível para Deus, e que ninguém pudesse impedir seu propósito, dez dias antes da morte proibiu quem quer que fosse, além do médico e daquele que levava sua refeição, de entrar em seu quarto.

Um doente foi até ele e pediu que fizesse a imposição da mão e assim o curasse no mesmo instante. Agostinho respondeu: "O que você diz, filho? Pensa que se pudesse fazer tal coisa eu não o faria por mim?". Mas o doente insistiu, assegurando que tivera uma visão na qual o encontrava e recuperava a saúde. Vendo sua fé, Agostinho orou então por ele, que recuperou a saúde. Agostinho curou muitos endemoninhados e fez vários outros milagres. No livro XXII de *A CIDADE DE DEUS*, conta dois de seus milagres como sendo de outra pessoa: "Conheço uma virgem de Hipona que, tendo derramado sobre si um óleo no qual caíram lágrimas do padre que rezava por ela, fez o demônio partir imediatamente e ficou curada". Conta ainda no mesmo livro: "Também sei de um bispo que orou uma só vez por um adolescente, sem o ver, e o demônio o deixou". Não há nenhuma dúvida de que falava de si mesmo, não querendo se nomear por humildade. No mesmo livro *A CIDADE DE DEUS*, conta que um doente devia ser operado e temia-se muito que morresse durante a operação. O doente suplicou a Deus com lágrimas abundantes, Agostinho orou com ele e por ele, e sem cirurgia ele recuperou integralmente a saúde.

Enfim, perto da separação de seu corpo, Agostinho deixou a memorável lição de que nenhum homem, por mais excelente que sejam seus méritos, deve morrer sem confissão e sem receber a Eucaristia. Chegada a hora extrema, todos os membros de seu corpo, bem como a vista e a audição conservavam-se íntegros, e na idade de 77 anos e quarenta de episcopado, na presença de seus irmãos em oração, migrou para o Senhor. Não fez nenhum testamento, pois este pobre de Cristo não tinha o que legar. Viveu por volta do ano 400 do Senhor.

Agostinho, este astro brilhante de sabedoria, esta fortaleza da verdade, este baluarte da fé, que tanto por seu gênio quanto por seu conhecimento vence sem comparação todos os doutores da Igreja,[9] foi ilustre tanto pelos exemplos de suas virtudes como riqueza de sua doutrina. Daí o bem-aventurado Remígio, falando de Jerônimo e de alguns outros doutores, concluir: "A todos estes Agostinho vence em gênio e ciência, pois ainda que Jerônimo confesse ter lido 6 mil volumes de ORÍGENES, Agostinho escreveu tanto que não se poderia, escrevendo dia e noite, copiar ou ler todos os seus livros". Volusiano, a quem Agostinho escreveu uma carta, fala assim dele: "Não se encontra na lei de Deus o que Agostinho ignore". Jerônimo diz em uma carta escrita para Agostinho: "Ainda não pude responder a seus dois opúsculos eruditíssimos e plenos de brilhante eloqüência. Certamente tudo o que se pode dizer, tudo o que o gênio pode atingir, tudo o que se possa tirar das Escrituras, você tratou e esgotou. Mas peço à sua reverência que me permita louvar um pouco seu gênio".

Em seu livro sobre os *Doze doutores*, Jerônimo escreve: "O bispo Agostinho é como a águia que voa sobre o topo da montanha, não se preocupa com os que estão no pé da montanha, no espaço terrestre e no círculo das águas, trata com clareza o que há de mais elevado". Sabemos do respeito e amor que Jerônimo tinha por Agostinho por meio das cartas que lhe mandava. Em uma delas diz o seguinte: "Jerônimo, ao santo senhor e beatíssimo papa.[10] Sempre reverenciei sua beatitude e amei o Senhor Salvador que habita em você, mas hoje quero, se é possível, acrescentar algo mais, pois não passo sequer uma hora sem mencionar seu nome". Em outra carta, diz: "Não ouso fazer qualquer reparo aos livros de sua beatitude; já basta corrigir os meus sem censurar os dos outros".

---

[9] Tendo sido Agostinho a maior autoridade doutrinal da Idade Média, não podia deixar de sê-lo da *Legenda áurea*, na qual aparece mais que qualquer outro autor, sendo citado 92 vezes em 36 diferentes capítulos. Existem do conjunto da obra de Agostinho modernas edições bilíngües, acessíveis aos leigos e úteis aos especialistas, caso de: *Obras de San Agustín*, dir. F. Garcia, Madri, BAC, 1957-1967, 22 vols.; *Opera omnia di Sant' Agostino*, dir. A. Trapè e R. Piccolomini, Roma, Città Nuova, 1965-2000, 34 vols.; *Oeuvres de Saint Augustin*, dir. F. Cayré e F. van Steenberghen, Paris, Desclée de Brouwer, 1968-1990, 71 vols.

[10] O termo *papa*, "pai", era expressão de deferência dirigida a um bispo, inclusive o de Roma, que o transformou em título de uso exclusivo somente no século VIII.

Gregório diz o seguinte dos livros dele em carta para Inocêncio, prefeito da África: "Alegramo-nos com o desejo que o senhor manifestou de ter nossa exposição sobre Jó, mas se quer se satisfazer com um alimento delicioso, leia os opúsculos do bem-aventurado Agostinho, seu compatriota. Em comparação com eles, nosso livro é farelo". Eis o que diz em seu *Registro*: "Lê-se que o beato Agostinho não concordava em morar sequer com sua irmã, afirmando que 'aquelas que estão com minha irmã não são minhas irmãs'. A grande cautela deste douto homem deve nos servir de lição".

Está escrito no prefácio ambrosiano: "Na morte de Agostinho nós adoramos sua magnificência, Senhor, cuja força, que age em todos, fez que este homem, aquecido pelo seu espírito, não fosse vencido pelas falsas lisonjas. Você o imbuiu de todo tipo de piedade, de maneira que ele foi para você o altar, o sacrifício, o sacerdote e o templo". O bem-aventurado PRÓSPERO, na terceira parte de seu *Tratado da vida contemplativa*, assim fala: "O bispo Santo Agostinho tinha um gênio penetrante, uma eloqüência suave, era perito em literatura secular, era ativo nos trabalhos eclesiásticos, era claro nas discussões cotidianas, era grave na atitude, hábil em resolver questões, atento em convencer hereges, católico na exposição de nossa fé, seguro na explicação das escrituras canônicas". Bernardo escreveu o seguinte sobre ele: "Agostinho é o vigorosíssimo martelo dos hereges".

Depois de sua morte, os bárbaros invadiram a região e profanaram os lugares santos, por isso os fiéis pegaram o corpo de Agostinho e o levaram para a Sardenha. Passados 280 anos de sua morte, em torno do ano do Senhor de 718, Liutprando, devoto rei dos lombardos, ouvindo que a Sardenha tinha sido despovoada pelos sarracenos, enviou mensageiros para levar a Pavia as relíquias do santo doutor, obtidas por uma soma considerável e transportadas até Gênova. Ao saber que elas estavam nessa cidade, o devoto rei foi com grande alegria a seu encontro e reverentemente as recebeu. Na manhã seguinte, quando quiseram conduzir o corpo, não puderam de nenhuma forma movê-lo do lugar em que estava, até o momento em que o rei fez voto de que, se Agostinho se deixasse carregar, ele construiria naquele lugar uma igreja em seu nome. Feito o voto, puderam conduzi-lo sem dificuldade. O rei cumpriu a promessa e construiu ali uma igreja em honra de Santo Agostinho.

Milagre semelhante aconteceu no dia seguinte, em uma aldeia do episcopado de Tortona, chamada Casal, onde também seria construída uma igreja em honra de Santo Agostinho. Além disso, a aldeia com todas as suas dependências foi concedida perpetuamente aos servidores da igreja de Agostinho. Ora, como o rei viu que agradava ao santo que se fizesse uma igreja em seu nome nos locais de parada, temendo que ele escolhesse um lugar diferente daquele em que queria colocá-lo, em todos os locais em que passou a noite com o corpo construiu uma igreja em sua honra. Finalmente, com grande alegria chegaram a Pavia e o colocaram honrosamente na igreja de São Pedro, chamada "Céu de ouro".[II]

2. Um moleiro que tinha devoção muito especial pelo beato Agostinho, sofria de uma enfermidade na perna chamada de "mal salgado" e por isso invocou piamente o socorro do bem-aventurado. Santo Agostinho apareceu-lhe em visão, tocou a perna com a mão e devolveu-lhe integralmente a saúde. Ao despertar, vendo-se curado, ele rendeu graças a Deus e ao beato Agostinho.

3. Uma criança com cálculos renais devia na opinião dos médicos ser operada, e a mãe temendo a morte do filho, prostrada em oração invocou o socorro do bem-aventurado Agostinho. A criança expeliu a pedra com a urina e recuperou plena saúde.

4. No mosteiro chamado Elemosina, durante a vigília de Santo Agostinho um monge foi arrebatado em espírito e viu uma nuvem luminosa descendo do Céu, e sobre esta nuvem Agostinho sentado, vestido com vestes pontificais. Seus olhos eram como dois raios de sol que iluminaram toda a igreja e exalaram um suave odor. Durante as matinas, enquanto eram lidas lições de um tratado de Agostinho, São Bernardo adormeceu, saiu de si e viu um jovem muito bonito em pé, de cuja boca saía tanta água que toda a igreja ficava inundada. Bernardo não teve dúvidas de que se tratava de Agostinho, que como fonte de doutrina irrigou toda a Igreja.

5. Um homem que amava diligentemente Santo Agostinho deu muito dinheiro ao monge guardião do santo corpo para que lhe entregasse um dos dedos. O monge recebeu o dinheiro e deu o dedo de um morto que envolveu em seda simulando ser o dedo de Agostinho. O homem recebeu-o com respeito e sempre o adorava com grande devo-

---

[II] Esta antiga basílica lombarda foi reconstruída no século XII no estilo românico da época e lá permanece no altar maior uma urna de prata do século VIII (o referido rei Litprando reinou entre 713 e 744) com os presumidos restos de Santo Agostinho.

ção. Colocava-o sobre a boca, sobre os olhos e estreitava-o em seu peito. Deus observou a fé dele no dedo e de forma tão miraculosa quanto misericordiosa deu-lhe um dedo de Santo Agostinho. O homem voltou com ele para sua terra onde fez muitos milagres. A fama deles chegou a Pavia, e como o referido monge assegurava que se tratava do dedo de um morto qualquer, o sepulcro foi aberto e descobriu-se que faltava um dos dedos. Sabendo disso, o abade depôs o monge de seu ofício e o puniu severamente.

6. Num mosteiro da Borgonha chamado Fontaines, havia um monge de nome Hugo, muito devoto de Santo Agostinho, cujos escritos admirava e com os quais se alimentava espiritualmente. Ele lhe suplicava que não o deixasse migrar para a luz a não ser no dia de sua santíssima festa. Quinze dias antes da festa ele começou a ter febre tão alta que na véspera o colocaram sobre a terra, como moribundo. Eis que então entraram processionalmente no mosteiro diversos homens, belos e refulgurantes, portando estolas[12] brancas e seguidos por alguém venerável, com insígnias pontificais. Vendo isso, um monge que estava na igreja colocou-se na frente deles e perguntou quem eram e aonde iam. Um deles lhe disse que era Santo Agostinho com seus cônegos e estavam ali para levar uma alma ao reino da glória. Em seguida esta venerável procissão entrou na enfermaria, onde depois de algum tempo a santa alma foi liberta da carne e seu doce amigo protegeu-a contra as emboscadas do inimigo e a introduziu na alegria do Céu.

7. Conta-se que quando Agostinho ainda vivia na carne, estava lendo e viu passar diante dele o demônio levando um livro sobre os ombros. Imediatamente mandou que ele abrisse o livro que levava. O demônio disse que eram os pecados dos homens que ele tinha recolhido e estavam escritos ali. No mesmo instante Agostinho ordenou que se tivesse ali escrito algum de seus pecados deixasse-o ler. Ele mostrou e Agostinho nada encontrou escrito a não ser que uma vez havia esquecido de recitar as completas. Agostinho ordenou ao diabo que esperasse um pouco, entrou na igreja, recitou as completas com devoção e depois de concluir as preces habituais voltou e disse ao diabo que lhe mostrasse o mesmo lugar pois queria reler. O diabo, que revirava o livro com rapidez, achou o lugar em branco e disse irado: "Você me enganou vergonhosamente, me arrependo de ter mostrado meu livro a

---

[12] Conforme nota 3 do capítulo 16.

você porque apagou seu pecado com a virtude das preces". Falando assim, desapareceu, confuso.

8. Uma mulher que havia sido ofendida por alguns maliciosos procurou o bem-aventurado Agostinho para lhe pedir conselho sobre o ocorrido. Encontrou-o enquanto estudava e o saudou com respeito, e ele não a olhou nem respondeu. Ela pensou que fosse por extrema santidade que ele não queria olhar o rosto de uma mulher, e se aproximou e expôs o caso com cuidado. Mas ele não se voltou para ela nem lhe deu qualquer resposta. Ela se retirou cheia de tristeza. No outro dia, enquanto Agostinho celebrava a missa e a citada mulher assistia, depois da elevação do corpo ela se viu levada em espírito diante do tribunal da Santíssima Trindade, onde viu Agostinho com a cabeça inclinada, examinando atenta e respeitosamente a glória da Trindade. E uma voz disse: "Quando você procurou Agostinho ele estava assim, ocupado em refletir sobre a glória da Trindade, por isso não a notou, mas volte a ele tranqüila que você o encontrará afável e receberá um conselho salutar". Ela assim o fez, e Agostinho ouviu-a com bondade e deu-lhe um conselho salutar.

9. Conta-se que um homem santo, arrebatado em espírito e vendo os santos na glória, como não encontrava ali de forma alguma o bem-aventurado Agostinho, perguntou a um dos santos onde ele estava. Este respondeu: "Agostinho reside no plano mais alto dos Céus, onde medita sobre a glória da excelentíssima Trindade".

10. Alguns habitantes de Pavia foram aprisionados pelo marquês de Malaspina, que lhes recusava qualquer bebida a fim de extorquir deles mais dinheiro. A maior parte estava a ponto de morrer e alguns bebiam a própria urina. Um deles, um jovem que tinha grande devoção pelo beato Agostinho, invocou sua ajuda. Então, no meio da noite, Santo Agostinho apareceu ao adolescente, tomou-o pela mão direita, conduziu-o ao rio Graveloni, onde com uma folha de vinha umedecida na água refrescou-lhe de tal forma a língua que ele, que desejara beber urina, não procuraria outro néctar.

11. O encarregado de uma igreja que tinha muita devoção pelo beato Agostinho ficou gravemente doente por três anos, sem sair da cama. Chegada a festa de Santo Agostinho, já soavam as vésperas de sua vigília quando se pôs a invocá-lo com toda devoção. Agostinho apareceu a ele vestido com a alva,[13] chamou-o três vezes pelo nome e disse: "Aqui

---

[13] Conforme nota 3 do capítulo 16.

estou por causa de seus insistentes pedidos. Levante-se logo e celebre para mim o ofício das vésperas". Ele se levantou curado e para espanto de todos entrou na igreja onde devotamente realizou o ofício.

12. Uma feia ferida apareceu no meio das costas de um pastor e espalhou-se, deixando-o sem forças. Ele rezou a Santo Agostinho, que lhe apareceu em visão e colocando a mão sobre o lugar doente deixou-o com saúde perfeita. Uma outra vez o pastor ficou cego, invocou com sinceridade Santo Agostinho que lhe apareceu perto do meio-dia, colocou as mãos sobre seus olhos e devolveu-lhe a saúde.

13. Cerca do ano do Senhor de 912, mais de quarenta homens gravemente enfermos da Alemanha e da Gália foram a Roma visitar as tumbas dos apóstolos. Uns arrastavam-se sobre pequenas tábuas, curvados para o chão, outros se sustentavam com muletas, os privados de visão seguiam os que iam na frente, outros iam com mãos e pés paralisados. Depois de atravessarem uma montanha chegaram a um lugar chamado Carbonária, perto do local conhecido por Cana, distante três milhas de Pavia, quando lhes apareceu Santo Agostinho com vestes pontificais saindo de uma igreja dedicada aos santos Cosme e Damião. Ele os saudou e perguntou onde iam. Como eles responderam que iam a Roma, Agostinho acrescentou: "Dirijam-se a Pavia e ao mosteiro de São Pedro chamado Céu de Ouro, façam seus pedidos e receberão misericórdia". Quando lhe perguntaram o nome disse: "Sou Agostinho, outrora bispo da cidade de Hipona", e no mesmo instante desapareceu de seus olhos. Foram a Pavia e chegando ao mosteiro indicado, ao saberem que era lá que repousava o corpo de Santo Agostinho, combinaram pedir a uma só voz: "Ajude-nos, Santo Agostinho". Tais clamores fizeram afluir cidadãos e monges para tão grande espetáculo, e então a distensão de nervos fez correr tanto sangue que da entrada do mosteiro até à tumba de Santo Agostinho via-se toda a terra coberta por ele. Ao chegarem ao sepulcro de Santo Agostinho, todos tiveram a saúde totalmente restituída, como se suas lesões nunca tivessem existido. A partir daí a fama de Santo Agostinho aumentou cada vez mais, com uma multidão de enfermos indo ao seu túmulo onde todos recebem o benefício da saúde recuperada e deixam algo em testemunho disso. Eram tantos esses presentes, que o pórtico e todo o oratório de Santo Agostinho ficaram cheios, gerando grande dificuldade de movimentação e obrigando por isso os monges a retirá-los.

14. Note-se que enquanto há três coisas que são cobiçadas pelas pessoas mundanas, riquezas, prazeres e honrarias, este santo atingiu

tanta perfeição que desprezava as riquezas, rejeitava as honras e tinha aversão aos prazeres. Ele desprezava as riquezas como fica atestado no seu livro dos *Solilóquios*, onde a razão o interroga: "Você não deseja riquezas?". E Agostinho responde: "Antes, com certeza, agora não. Tenho quase trinta anos e há catorze deixei de desejá-las. Quero apenas o necessário à subsistência. Foi um livro de Cícero que me convenceu facilmente que de modo algum devemos desejar riquezas". Ele rejeitou as honras, como testemunha no mesmo livro, onde a razão pergunta: "Quer honras?", e Agostinho responde: "Confesso que foi apenas há poucos dias que parei de ambicioná-las". Desprezava os prazeres e as riquezas tanto a respeito das sensações carnais quanto do gosto. No mesmo livro a razão pergunta-lhe quanto ao primeiro tema: "Quer esposa? Não agradaria ter uma que fosse bela, casta, complacente, rica, sobretudo se tivesse certeza de que não se aborreceria com ela?". E responde Agostinho: "Por melhor que você a queira pintar e cumular de todas as coisas boas, já decidi e de nada fujo tanto como do casamento". A razão: "Não pergunto o que você decidiu, mas se isso ainda o atrai". E responde Agostinho: "Não busco nada disso, não desejo nada disso, recordar essas coisas me causa horror e asco". Quanto ao segundo tema, a razão o interroga assim: "Quer comida?". E responde Agostinho: "Não me pergunte nada sobre comida, bebida, banho e outros prazeres do corpo, pois dou a ele apenas o que é preciso".

120. A Decapitação de São João Batista

I. A festa da decapitação de São João Batista foi instituída e é observada por quatro motivos encontrados no OFÍCIO MITRAL. Primeiro, por causa de sua decapitação; segundo, por causa da falsa cremação e reunião de sua cabeça; terceiro, por causa da descoberta de sua cabeça; quarto, por causa da trasladação de um de seus dedos e da consagração de sua igreja. Disso tudo decorrem os diferentes nomes desta festa, a saber, Decapitação, Reunião, Descoberta e Consagração.

Em primeiro lugar, esta festa celebra a decapitação, acontecida da seguinte forma. Como lemos na HISTÓRIA ESCOLÁSTICA, Herodes Antipas, filho de Herodes, o Grande, de partida para Roma passou na casa de seu irmão Filipe, onde combinou secretamente com Herodias, mulher de Filipe (e de acordo com JOSEFO, irmã de Herodes Agripa), repudiar sua mulher e depois se casar com ela. Sua mulher, filha de Aretas, rei de Damasco, soube disso, e então, sem demora, com a intenção de não esperar pelo marido, voltou para sua pátria. Em seu retorno, Herodes tomou Herodias de Filipe e assim ganhou a inimizade do rei Aretas, de Herodes Agripa e de Filipe. João repreendeu-o por ter desprezado a lei segundo a qual não é permitido tomar a mulher do irmão enquanto este vive.[1] Vendo Herodes que João o criticava duramente por isto e, segundo Josefo, também porque devido à sua pregação e ao batismo João reunia muita gente, mandou encarcerá-lo para agradar a sua mulher e porque temia muito uma revolta popular. Ele preferia matá-lo, mas temia o povo.

Herodias e Herodes desejavam encontrar uma ocasião para

---

[1] *Levítico* 20,21.

poderem matar João, e parece que combinaram secretamente que no seu aniversário Herodes daria uma festa aos grandes da Galiléia, na qual ele juraria dar à filha de Herodias, depois que dançasse, o que ela pedisse. E ela pediria a cabeça de João, o que devido ao juramento Herodes não poderia recusar e, fingindo tristeza, cumpriria o prometido. Que ele foi fingido e astucioso vemos na *História escolástica*, onde se diz o seguinte: "É de se acreditar que Herodes tenha combinado secretamente com sua mulher mandar matar João". O mesmo diz Jerônimo na GLOSA:

> "Herodes fez o juramento com o intuito de criar uma oportunidade para matar João, pois se a moça tivesse pedido a morte do pai ou da mãe ele não teria consentido." Organizado o banquete, a jovem dança e, tendo agradado a todos, o rei jura dar-lhe tudo o que pedisse. Instruída pela mãe, ela pede a cabeça de João, mas o astucioso Herodes simula tristeza por causa de seu juramento, pois, como disse RÁBANO, ele havia jurado o que lhe era conveniente. Mas mostrava tristeza somente no rosto, no pensamento havia alegria. Ele se desculpou pelo mau juramento a fim de poder ser ímpio sob aparência de piedade. Logo a cabeça cortada de João foi dada à moça e esta a apresentou à sua adúltera mãe.

A propósito desse juramento, Santo Agostinho narra o seguinte *exemplum*[2] em sermão que fez na festa da decapitação de João Batista:

> O que conto ouvi de um homem inocente e fiel. Alguém se negava a pagar o que devia e foi forçado a fazer um juramento como prova de inocência. Ele jurou e o outro perdeu a causa. Naquela mesma noite o credor foi levado diante do juiz, que lhe perguntou: "Por que incitou aquele homem ao juramento quando sabia que seria falso?". Ele respondeu: "Porque ele me negava o que era meu". E o juiz: "Seria melhor perder seu bem que matar a alma dele com o falso juramento". Mandou então que logo o prostrassem e o açoitassem tão duramente, que quando despertou ainda apareciam os vestígios dos golpes em suas costas. Mas depois de arrependido foi indultado.

Até aqui, Agostinho.

João não foi decapitado nesse dia, mas um ano antes da paixão

---

[2] Sobre esse gênero literário e sua importância na *Legenda áurea*, ver Introdução, pp. 13-5.

de Cristo, perto do dia da festa dos ázimos.³ A data foi mudada porque era preciso que o menor cedesse ao maior. A este respeito diz João Crisóstomo:

> João é escola de virtudes, lição de vida, expressão da santidade, modelo de justiça, espelho da virgindade, sinal da pudicícia, exemplo da castidade, via da penitência, perdão dos pecados, instrutor da fé. João é mais que um homem, é igual aos anjos, é síntese da lei, confirmação do Evangelho, voz dos apóstolos, silêncio dos profetas, luz do mundo, precursor do Juiz, intermediador da Trindade. Ele foi dado a uma incestuosa, entregue a uma adúltera, concedido a uma dançarina!

Herodes não ficou impune, foi condenado ao exílio. Com efeito, como lemos na *História escolástica*, o outro Herodes, o Agripa, homem intrépido mas pobre, desesperado por sua grande pobreza entrou em uma torre para se deixar morrer de fome. Quando Herodias, sua irmã, soube disso, suplicou ao tetrarca Herodes Antipas, seu marido, que o tirasse dali e que cuidasse dele. Ele assim fez. Um dia, estavam ambos à mesa e Herodes tetrarca, excitado pelo vinho, humilhou Herodes Antipas lembrando os benefícios com que o havia cumulado. Este sentiu uma grande dor e partiu para Roma, onde foi bem acolhido por Caio César, que lhe concedeu duas tetrarquias, a de Lisânias e a de Abilene, e lhe destinou o diadema de rei da Judéia.

Herodias, vendo que seu irmão tinha o título de rei, insistiu com seu marido para que fosse a Roma obter também um título real. Muito rico, mais afeiçoado ao ócio que às honras trabalhosas, ele não queria concordar, mas vencido pelos pedidos de sua mulher foi a Roma com ela. Sabendo disso, Agripa enviou uma carta a César para informar que Herodes firmara um pacto de amizade com o rei dos partas e queria se rebelar contra o Império Romano, tendo juntado em suas cidades armas suficientes para matar 70 mil pessoas. Lida a carta, Caio interrogou Herodes sobre várias coisas, inclusive se suas cidades tinham tantas tropas armadas como ouvira, e ele não negou. Caio acreditou então no relato de Herodes Agripa e relegou Antipas ao exílio. Como a esposa deste era irmã de Herodes Agripa, de quem gostava muito, permitiu que voltasse à sua terra, mas ela quis acompanhar o marido dizendo que havia partilhado a sua prosperidade e não o abandonaria na adversidade.

---

3 Conforme nota 5 do capítulo 63.

Foram então deportados para Lyon, onde terminaram a vida miseravelmente. Isto está na *História escolástica*.

Em segundo lugar, esta festa é celebrada por causa da queima e da reunião dos ossos de João, fatos que, pelo que dizem alguns, aconteceram nesse mesmo dia, como numa espécie de segundo martírio. Lê-se no livro XII da *História escolástica* que os discípulos de João enterraram o corpo perto de Sebaste, cidade da Palestina entre Eliseu e Abdias. Como junto de seu túmulo ocorreram muitos milagres, por ordem de Juliano, o Apóstata, os gentios espalharam os ossos. Como os milagres não cessaram, recolheram os ossos, queimaram-nos e reduziram-nos a pó, que espalharam pelos campos. Assim é dito na *História escolástica* e na HISTÓRIA ECLESIÁSTICA.

BEDA também afirma que os ossos foram recolhidos e depois dispersos ainda mais longe, de forma que João parece ter sofrido um segundo martírio. É isso que alguns representam, sem saber, quando na festa da natividade deste santo recolhem ossos por toda parte e os queimam. Mas, afirma a *História eclesiástica* e confirma Beda, enquanto se recolhiam os ossos para os queimar, alguns monges de Jerusalém misturaram-se àquelas pessoas e pegaram a maior parte deles. Levaram esses ossos a Filipe, bispo de Jerusalém, que depois os enviou a Atanásio, bispo de Alexandria. Mais tarde Teófilo, bispo desta cidade, colocou-os em um templo de Serápis, purgado de sua imundice, e fez dele uma basílica consagrada a São João. Assim falaram Beda e a *História escolástica*. Atualmente estes ossos encontram-se em Gênova, com Alexandre III e Inocêncio IV tendo reconhecido sua autenticidade e aprovado seus privilégios.

Assim como Herodes mandou cortar a cabeça de João, Juliano, o Apóstata, mandou queimar seus ossos, e ambos receberam castigo por seus crimes, atingidos pela vingança divina. Esta punição está contada na história de São Juliano, um pouco depois da conversão de São Paulo.[4] A *História tripartite* fala-nos mais sobre a origem de Juliano, o Apóstata, seu reino, sua crueldade e sua morte. Constâncio, irmão por parte de pai do grande Constantino, teve dois filhos, Galo e Juliano. Falecido Constantino, seu filho Constâncio ocupou o trono e nomeou césar seu primo Galo, mas logo o matou. Com medo, Juliano tornou-se monge e começou a consultar magos para saber se ainda chegaria ao poder. Mais tarde Constâncio nomeou Juliano césar e o enviou à Gália, onde obteve mui-

---

[4] Narrada no capítulo 30.

tas vitórias. Ele mandou então suspender uma coroa de ouro entre colunas, de forma que, quando passasse entre elas, o fio se rompesse e ela caísse em sua cabeça, coroando-o perfeitamente. Vendo nisso um signo do poder imperial, todos o aclamaram. Os soldados proclamaram-no augusto, e para coroá-lo como tal um deles pegou um colar que usava e o colocou sobre a fronte de Juliano, feito assim imperador pelos soldados. A partir daí, ele abandonou o cristianismo que tinha fingido seguir, abriu os templos dos ídolos, realizou sacrifícios, nomeou-se pontífice dos pagãos e destruiu por toda parte o signo da cruz.

 Certa vez, cada gota do orvalho caído sobre suas vestes e das pessoas que estavam com ele transformou-se no signo da cruz. Querendo agradar a todos, depois que Constâncio morreu permitiu que cada um seguisse o culto que preferisse. Fingindo austeridade, expulsou da corte os eunucos, os barbeiros e os cozinheiros. Os eunucos, porque depois da morte de sua mulher não se casou outra vez. Os cozinheiros, porque preferia pratos mais simples. Os barbeiros, porque dizia que um era suficiente para atender a muitos homens. Ditou muitos livros nos quais menosprezava todos os príncipes anteriores. Expulsando os barbeiros e os cozinheiros agiu como filósofo, não como imperador, detratando e louvando não foi nem filósofo nem imperador.

 Certa vez, enquanto Juliano sacrificava aos ídolos, nas vísceras do animal imolado apareceu o signo da cruz rodeado por uma coroa. Os adivinhos ficaram com medo, interpretando-o como a vitória futura e interminável da unidade pela cruz. Juliano tranqüilizou-os dizendo que aquilo significava que os preceitos cristãos estavam limitados e não iriam além de um pequeno círculo.

 Enquanto, em Constantinopla, Juliano sacrificava à deusa Fortuna, Mário, bispo de Calcedônia, que tinha perdido a visão devido à velhice, foi encontrá-lo e chamou-o de ímpio e apóstata. Juliano perguntou: "Seu galileu pode curá-lo?". Ele: "Dou graças a meu Deus que me privou da visão para não ver alguém despojado de piedade como você". Juliano nada respondeu e se retirou.

 Em Antioquia, mandou recolher os vasos sagrados e os mantos, jogou-os no chão e sentou-se para fazer sobre eles coisas ignominiosas, mas no mesmo instante vermes o atacaram naquele lugar e roeram suas carnes. Enquanto viveu, Juliano não pôde libertar-se daquele sofrimento. Quando era prefeito, Juliano, por ordem do imperador, roubou os vasos sagrados das igrejas e urinou sobre eles, dizendo: "Vejam em que vasos os filhos de Maria fazem culto". De repente, sua boca transformou-se em ânus e passou a ser seu órgão de evacuação.

Enquanto o apóstata Juliano entrava no templo da Fortuna, os ministros do templo aspergiam com água aqueles que chegavam, a fim de purificá-los. O manto militar de um deles, Valentiniano, foi atingido pela aspersão, e indignado deu um soco no sacerdote, dizendo que ficara mais sujo que purificado. Vendo isso, o imperador mandou prendê-lo e levá-lo ao deserto. Valentiniano era cristão e mereceu ser mais tarde elevado ao cargo de imperador. Por ódio aos cristãos, Juliano forneceu somas enormes aos judeus para a reparação do seu templo, mas quando se tinha reunido uma grande quantidade de pedras para tanto, subitamente veio enorme ventania que as dispersou. Em seguida, aconteceu um grande tremor de terra e algum tempo depois o fogo queimou muitos dos alicerces do templo. Outro dia uma cruz apareceu no céu e as vestes dos judeus ficaram cheias do signo da cruz, de cor negra.

Na cidade de Ctesifonte[5] ele cercou o rei dos persas, que lhe ofereceu parte do país para que se retirasse, mas Juliano não concordou, pois seguia o pensamento de Pitágoras e Platão a respeito da mutação do corpo, acreditando que a alma que ocupara o corpo de Alexandre estava então em outro corpo, o seu. Mas, de repente, uma flecha atingiu suas costelas e pôs fim à sua vida. Não se sabe quem a arremessou, alguns pensam que foi algo invisível, outros que foi um pastor ismaelita, alguns um de seus próprios soldados, abatido pela fome e fadiga. Quer tenha sido um homem ou um anjo, a flecha cumpria uma ordem divina. Calisto, um de seus familiares, disse que Juliano foi ferido por um demônio. Isto está na *História tripartite*.

Em terceiro lugar, esta é a festa da descoberta da cabeça, que, dizem alguns, foi encontrada neste dia. O livro XI da *História eclesiástica* conta que João foi preso e teve a cabeça cortada em um castelo da Arábia chamado Maqueronte, e que Herodias, com medo de que o profeta ressuscitasse se a cabeça fosse enterrada junto com o corpo, mandou levá-la a Jerusalém, onde foi enterrada perto da casa de Herodes. Encontramos na *História escolástica* que no tempo de Marciano, que começou a reinar no ano do Senhor de 353, João revelou a dois monges que iam a Jerusalém onde

---

[5] Cidade às margens do rio Tigre, na Antiguidade uma espécie de capital de inverno dos reis partos. Continuou importante por séculos, até os muçulmanos fundarem lá perto Bagdá, em 763, o que provocou a desertificação de Ctesifonte.

estava sua cabeça. Eles foram rapidamente ao palácio de Herodes e encontraram-na envolta em sacos de cilício, que penso terem sido as roupas de João no deserto. Enquanto voltavam para sua terra com a mencionada cabeça, um oleiro da cidade de Emessa ofereceu-se para acompanhá-los, tentando remediar sua pobreza. Este homem, que carregava a sacola com a sagrada cabeça, foi de noite aconselhado por São João e fugiu para a cidade de Emessa, na qual escondeu a santa cabeça em uma gruta onde a venerava bastante. Estando para morrer, revelou tudo sob juramento à sua irmã, e depois esta a seus herdeiros.

Muito tempo depois, o beato João revelou do seguinte modo ao santo monge Marcelo, que vivia naquela gruta, que lá estava sua cabeça. Durante o sono, Marcelo viu uma grande multidão que avançava cantando e dizendo: "Aí vem São João Batista". Em seguida ele viu o beato João acompanhado por alguns no lado direito e outros no lado esquerdo e muita gente que se aproximava e era abençoada por ele. Marcelo aproximou-se, prosternou-se a seus pés, João levantou-o e pegando-o pelo queixo deu-lhe o beijo da paz. Então Marcelo perguntou: "De onde você vem, meu senhor?". Ele: "Venho de Sebaste". Quando acordou, o monge estava muito admirado pela visão. Outra noite, enquanto dormia, alguém veio acordá-lo e então viu uma estrela brilhante parada na entrada da cova. Levantou-se e tentou tocá-la, mas ela imediatamente se deslocou para outro lugar, e assim a seguiu até que ela parou no local em que estava a cabeça de João Batista. Ele cavou e encontrou uma urna com o santo tesouro. Alguém que não acreditou nisso, ao colocar a mão sobre a urna ficou no mesmo momento grudado nela e sua mão secou. Seus companheiros começaram a rezar e ele pôde tirar a mão, mas ela ficou inválida. João apareceu a ele e disse: "Quando depuserem minha cabeça na igreja, toque a urna e recuperará a saúde". Ele assim fez e recuperou completamente a saúde. Marcelo contou tudo isso a Juliano, bispo da cidade de Emessa, e a cabeça foi levada para lá. A partir dessa época — assim diz a *História escolástica* e assim acreditamos — na data em que a cabeça foi encontrada ou transportada começou-se a celebrar naquela cidade a decapitação de São João.

Mais tarde, a cabeça foi trasladada para Constantinopla. Sobre isso a *História tripartite* diz o seguinte: o imperador Valente ordenou que a sagrada cabeça fosse colocada em um veículo e transportada para Constantinopla, mas ao chegar perto de Calcedônia o veículo não avançava de forma alguma, por mais que se empurrasse e cutucassem os bois.

Teve-se então que deixar a cabeça lá. Porém, como Teodósio queria enterrá-la, pediu à virgem senhora encarregada da custódia da sagrada cabeça que a entregasse. Ela consentiu, acreditando que, como no tempo de Valente, de outra forma a cabeça não permitiria ser levada. Então o devoto imperador envolveu-a no seu manto púrpura e transportou-a para Constantinopla, onde foi construída para ela uma belíssima igreja. Isto está na *História tripartite*. Daquele lugar a cabeça foi trasladada a Poitiers, na Gália, quando reinava Pepino, e lá mortos foram ressuscitados pelos méritos dela.

    Foram punidos Herodes, que decapitou João, Juliano, o Apóstata, que queimou seus ossos, Herodias, que sugeriu à filha que pedisse a cabeça de João, e a filha desta, que fez o pedido. Alguns dizem que Herodias não morreu no exílio ao qual foi condenada, e sim que, como se alegrava tendo nas mãos a cabeça de João à qual dirigia variados insultos, por vontade divina a própria cabeça soprou seu rosto e ela morreu no mesmo instante. Isto é o que diz o vulgo, mas o que asseguram os santos em suas crônicas e o que nos parece certo é o que está dito acima, que ela pereceu miseravelmente no exílio com Herodes. Quanto à sua filha, passeava sobre o gelo quando este se partiu e ela se afogou no mesmo instante. No entanto uma crônica diz que ela foi engolida viva pela terra, o que deve ser entendido de forma semelhante à dos egípcios afogados no mar Vermelho, e sobre os quais se diz "A terra os devorou".[6]

    Em quarto lugar, esta é a festa da trasladação de seu dedo e da consagração de sua igreja. O dedo com o qual ele apontou o Senhor não pode ser queimado, por isso foi encontrado pelos referidos monges. Depois, conforme temos na *História escolástica*, Santa Tecla levou-o além dos Alpes e o depositou em uma igreja de São Máximo. Isto é confirmado por JOÃO BELETH, que diz que a mencionada Santa Tecla levou este dedo que não tinha sido queimado até a Normandia, onde construiu uma igreja em honra a São João, igreja, está dito no mesmo local, consagrada no mesmo dia desta festa. Daí o senhor papa ter instituído a celebração deste dia em todo o mundo.

    2. Em uma cidade da Gália chamada Maurienne, havia uma mulher muito devota de João Batista. Ela orava a Deus com grande insistência para que lhe desse qualquer relíquia de João. Mas como viu que suas orações não obtinham êxito, obrigou-se, sob juramento, a não

---

[6] *Êxodo* 15,12.

mais comer até que recebesse o que pedia. Depois de jejuar por alguns dias, viu sobre o altar um polegar de admirável brancura e recolheu com alegria este dom de Deus. Três bispos acorreram à igreja, cada um querendo uma parcela do polegar, e quando viram, espantados, escorrer três gotas de sangue sobre o linho em que estava, ficaram alegres ao constatar que cada um deles merecera uma gota.

3. Teodolina, rainha dos lombardos, construiu e dotou em Medonia, perto de Milão, uma gloriosa igreja em honra de São João Batista. Passado um tempo, como testemunha Paulo na HISTÓRIA DOS LOMBARDOS, Constantino e o imperador Constâncio queriam expulsar os lombardos da Itália,[7] e perguntaram a um santo homem que tinha espírito de profecia qual seria o resultado da guerra. Este passou a noite rezando e na manhã seguinte respondeu: "A rainha construiu uma igreja para João que intercede continuamente pelos lombardos, e é por isso que eles não podem ser vencidos. No entanto, virá um tempo em que este lugar será desprezado, e então eles serão vencidos". Isto se cumpriu na época de Carlos [Magno].

4. Como conta Gregório nos DIÁLOGOS, um homem de grande virtude chamado Sântulo tinha recebido um diácono capturado pelos lombardos com a obrigação de guardá-lo, e caso o prisioneiro fugisse, seria condenado a perder a cabeça. Sântulo deixou o diácono fugir e ficar livre. Sântulo foi então levado à decapitação, para o que escolheram aquele que sem dúvida era o carrasco mais forte e que cortaria sua cabeça com um só golpe. Ele estendeu o pescoço e quando o carrasco levantou seu braço forte com a espada, ele disse: "São João, recebe-o". Na mesma hora o braço do carrasco enrijeceu e permaneceu erguido com a espada imóvel na direção do Céu, e prestou então juramento de não ferir nenhum cristão. O homem de Deus orou por ele e imediatamente pôde baixar o braço.

---

7 Os referidos personagens são: Teodolina, esposa do rei lombardo Agilulfo (590-616), que por influência dela se converteu ao catolicismo em 607, possibilitando a posterior construção da igreja em questão; Constante II, imperador bizantino (641-668), e seu filho e futuro Constantino IV (668-685).

121. Santos Félix e Adauto

O presbítero Félix e seu irmão de mesmo nome, também presbítero, foram denunciados na época de Diocleciano e Maximiano. O mais velho deles conduzido ao templo de Serápio para sacrificar, soprou no rosto da estátua e jogou-a ao chão. Levaram-no também diante de uma imagem de Mercúrio e ele fez a mesma coisa: soprou e a estátua imediatamente caiu. Conduzido pela terceira vez diante de uma imagem, a de Diana, procedeu da mesma forma. Depois de atá-lo a um potro,[1] pela quarta vez mandaram-no imolar a uma árvore sacrílega. Félix dobrou os joelhos, orou e soprou a árvore, que caiu desenraizada destruindo assim o altar da imagem e o templo.

Quando o prefeito soube disso, ordenou que ali mesmo degolassem Félix e abandonassem seu corpo para os cães e os lobos. Entretanto um homem saiu do meio da multidão e espontaneamente declarou ser cristão. Ele e Félix beijaram-se e foram decapitados juntos.

Como os cristãos não conheciam seu verdadeiro nome, chamaram-no de "Adauto" porque prosperou junto com São Félix recebendo a coroa do martírio.[2] Os cristãos sepultaram-nos na cova deixada pela árvore derrubada. Os pagãos quiseram desenterrá-los e foram imediatamente possuídos pelo diabo. Eles foram martirizados no ano do Senhor de 287.

---

[1] Conforme nota 1 do capítulo 25.

[2] Este nome inventado, Adauctus, formado pela preposição *ad*, que assinala aproximação, e pelo adjetivo *auctus*, "crescido", "próspero", indicava portanto alguém que pelo martírio caminhou para uma situação melhor, cresceu espiritualmente.

122. São Sabiniano e Santa Sabina

Sabiniano e Sabina foram filhos de Sabino, homem nobilíssimo mas pagão, que gerou Sabiniano de sua primeira esposa e Sabina da segunda, chamando-os com nomes derivados do seu.

Um dia Sabiniano leu os versículos "Asperge-me, Senhor etc.", e apesar de querer não conseguiu entender seu sentido. Entrou então em seu quarto, vestiu um cilício, cobriu-se com cinzas e deitou-se dizendo que preferia morrer a não entender o sentido daquelas palavras. Apareceu-lhe um anjo que disse: "Não se aflija até a morte, pois você encontrou graça diante de Deus e quando for batizado isto ficará mais claro que neve, você entenderá então o que não entende agora". O anjo retirou-se e Sabiniano muito contente passou a censurar a veneração aos ídolos, desagradando bastante a seu pai, que várias vezes lhe disse: "Já que não adora nossos deuses, seria melhor que você morresse sem envolver todos nós na sua morte".

Sabiniano então fugiu escondido e foi à cidade de Troyes. Quando chegou junto ao Sena, orou ao Senhor para ser batizado em suas águas e assim aconteceu. O Senhor disse a ele: "Agora você encontrou o que buscava com esforço". No mesmo momento Sabiniano fincou seu cajado na terra, fez uma oração e ele floresceu produzindo muitas flores e folhas, diante do que 1108 homens passaram a crer no Senhor. Quando o imperador Aureliano soube disso, enviou numerosos soldados para capturá-lo. Os soldados encontraram-no orando e ficaram com medo de se aproximar dele. O imperador mandou soldados em maior número. Eles também encontraram Sabiniano orando e oraram junto com ele. Depois se levantaram e disseram: "O imperador deseja vê-lo".

Ele foi, mas não quis sacrificar. O imperador mandou que o levassem, amarrassem seus pés e mãos e o golpeassem com ferro. Sabiniano: "Se puder, aumente as torturas". Então Aureliano mandou levá-lo para o centro da cidade, amarrá-lo a um estrado, jogar óleo sobre ele e queimá-lo. Observando tudo, o rei[1] viu Sabiniano orando, imóvel, no meio das chamas, e, estupefato, caiu por terra. Depois, levantando-se disse: "Bicho ruim, não foram suficientes as almas que você enganou e ainda se esforça para nos enganar com suas artes mágicas?". Sabiniano: "Ainda há muitas almas a conquistar, e a sua crerá no Senhor por meu intermédio". O imperador começou a blasfemar contra o nome de Deus e ordenou que no dia seguinte atassem Sabiniano a uma coluna e o cravassem de flechadas. Mas as flechas ficaram suspensas no ar à direita e à esquerda dele, que não foi ferido por nenhuma. No outro dia o imperador foi até ele e disse: "Onde está o seu Deus? Que apareça agora e o livre das flechas". No mesmo instante uma das flechas movimentou-se e furou o olho do rei, cegando-o completamente. Irado, Aureliano mandou que recolhessem Sabiniano ao cárcere e que no dia seguinte o decapitassem.

Sabiniano estava orando para que fosse levado ao lugar onde havia recebido o batismo, quando suas correntes partiram-se, as portas abriram-se e ele saiu passando no meio dos soldados. O imperador, ao ouvir isso, mandou que o perseguissem e cortassem sua cabeça. Vendo os soldados que o perseguiam, Sabiniano andou sobre a água como sobre pedra e chegou ao lugar em que havia recebido o batismo. Como os soldados cruzaram a água a nado, mas temiam matá-lo, Sabiniano disse: "Fiquem tranqüilos, amarrem-me e levem um pouco de meu sangue ao imperador para que ele receba a luz e conheça a virtude de Deus".

Morto, Sabiniano carregou sua cabeça por 49 passos. Quando o imperador tocou o sangue de Sabiniano e ficou instantaneamente curado, disse: "Realmente é bom e grande o Deus dos cristãos!". Sabendo disso, uma pessoa que havia quarenta anos ficara cega foi levada ao local, fez uma oração e teve restituída a luz. Sabiniano foi martirizado por volta do ano 279 do Senhor, nas calendas de fevereiro, mas sua his-

---

[1] O vocabulário de Jacopo para designar o supremo chefe político do Império Romano oscila entre "imperador" (o mais comum e exato), "augusto" (em alguns capítulos, e também correto), tetrarca" (poucas vezes, e usado de forma imprecisa) e "rei" (raramente, e errado).

tória foi contada aqui para ficar junto com a de sua irmã, cuja festa principal é comemorada na data de hoje.²

Sabina, sua irmã, chorava diariamente e suplicava aos ídolos por ele, até que um dia, enquanto dormia, apareceu-lhe um anjo, dizendo: "Sabina, não chore, abandone o que tem e encontrará seu irmão cumulado de enormes honras". Sabina despertou e perguntou à sua irmã de leite: "Minha amiga, você percebeu algo diferente?". Ela: "Sim, senhora, vi um homem que falava com você, mas não sei o que dizia". Sabina: "Você não me delatará?". E ela: "De forma alguma, senhora! Faça o que quiser, contanto que não se mate". No dia seguinte ambas partiram para longe, e o pai, depois de mandar procurá-las por dias sem encontrá-las, ergueu as mãos para o Céu e disse: "Se você é o poderoso Deus do Céu, destrua meus ídolos que não puderam salvar meus filhos!". Então o Senhor soou seu trovão, derrubou e quebrou todos os ídolos. Vendo isso, muitos passaram a acreditar.

Ao chegar a Roma, a bem-aventurada Sabina foi batizada pelo papa Eusébio, lá ficou cinco anos e curou dois cegos e dois paralíticos. Enquanto Sabina dormia, o mesmo anjo apareceu-lhe e disse: "Sabina, o que faz aqui? Você abandonou suas riquezas para se banquetear com delícias? Levante e vá à cidade de Troyes, nela encontrará seu irmão". Sabina à sua criada: "Não convém continuarmos mais aqui". E ela: "Senhora, aonde quer ir? Aqui todos gostam de você. Deseja morrer viajando?". Sabina: "Deus nos guardará". Ela pegou alguns pães de cevada e dirigiu-se para Troyes.

Ao chegar à cidade de Ravena, Sabina pediu a uma criada que a recebesse como hóspede na casa de um homem rico, cuja filha era chorada por estar morrendo. A criada: "Minha senhora, como quer que a hospedem quando a filha de minha senhora está morrendo e todos estão gravemente aflitos?". Sabina: "Perto de mim, ela não morrerá". Ela entrou na casa, pegou a jovem pela mão e a ergueu da cama curada. Embora quisessem que Sabina ficasse, ela de forma alguma concordou.

Quando estavam a uma milha de Troyes, Sabina disse à criada que descansariam um pouco. O nobre Licério que vinha da cidade pergun-

---

² Como a estrutura escolhida por Jacopo de Varazze dedica a cada data apenas uma festa, e para 1º de fevereiro ele preferiu tratar de Santo Inácio (capítulo 36), foi preciso neste capítulo de Santa Sabina (29 de agosto) justificar a inclusão de Sabiniano, festejado nas calendas de fevereiro (quer dizer, no mesmo dia que Inácio). Modernamente, os dois irmãos são comemorados em 29 de janeiro.

tou-lhes: "De onde são?". Sabina: "Da cidade". Ele: "Por que mente? Sua fala indica que é forasteira". Ela: "Senhor, de fato sou forasteira e procuro meu irmão, Sabiniano, há tempo desaparecido". Ele: "O homem que busca foi degolado há pouco por fidelidade a Cristo e está enterrado em tal lugar". Sabina prostrou-se então em oração e disse: "Ó Senhor, que sempre me conservou casta, permita que eu não continue me fatigando por estes duros caminhos e que meu corpo se vá daqui. Cuide de minha criada, que tanto suportou por mim. Já que não posso mais ver meu irmão aqui, faça com que mereça vê-lo no seu reino". Terminada a oração, Sabina migrou para o senhor. Vendo isso, a criada começou a chorar porque não dispunha do necessário para enterrá-la. O mencionado homem enviou um pregoeiro à cidade para que pessoas viessem sepultar a peregrina. Elas vieram e enterraram-na honradamente.

Neste mesmo dia festeja-se a Santa Sabina que foi esposa do militar Valentino, degolada sob Adriano por não ter querido sacrificar.

123. São Lupo

Lupo, gerado por reis, nasceu em Orleans e por suas eminentes virtudes foi eleito arcebispo de Sens. Ele gastava com os pobres tudo que tinha. Certo dia, convidou grande número deles para comer e no meio da refeição o vinho acabou. Ele disse ao seu serviçal: "Creio que Deus que alimenta os pássaros completará nossa obra de caridade". Momentos depois, entrou um mensageiro e anunciou que chegara um forasteiro trazendo cem moios de vinho.[1]

Todos na cúria acusavam-no enfaticamente de amar de forma imoderada uma virgem, escrava de Deus, filha de seu predecessor. Lupo levou a virgem diante de seus detratores e beijou-a dizendo: "As palavras dos outros não prejudicam o homem que não tem maculada a própria consciência". Como sabia que a virgem amava ardentemente a Deus, Lupo gostava dela com sentimento puríssimo.

Quando Lotário, rei dos francos, entrou na Borgonha, enviou um de seus senescais[2] aos habitantes de Sens dizendo que iria sitiar a cidade. São Lupo entrou na igreja de Santo Estêvão e começou a tocar o sino, o que invadiu os inimigos de tal medo, que fugiram como se estivessem escapando da morte. Finalmente, ocupado o reino da Borgonha, o rei enviou a Sens outro senescal que, como não foi recebido com presentes pelo bem-aventurado Lupo, retirou-se indignado e difamou-o ao rei para que este o enviasse ao exílio, onde brilhou muito por sua doutrina e milagres. Durante este período, os habitantes de Sens mataram o arce-

---

[1] O que significa 217 600 litros ou quase 230 tonéis.

[2] Senescal era originariamente um servidor encarregado do aprovisionamento da corte, mas com o tempo passou a indicar um alto personagem da administração régia ou senhorial que exercia funções variáveis no tempo e no espaço.

bispo que ocupara o lugar de São Lupo e pediram ao rei que o fizesse voltar do exílio. Quando o rei viu que ele voltava alquebrado do exílio, foi divinamente mudado, prostrou-se diante dele pedindo perdão, deu-lhe muitos presentes e devolveu-o à sua cidade.

Quando passou por Paris, voltando do exílio, as portas dos cárceres abriram-se, as correntes quebraram-se e uma multidão de encarcerados foi encontrá-lo.

Um domingo, enquanto celebrava missa, caiu do Céu dentro do santo cálice uma pedra preciosa que o rei colocou entre suas relíquias. O rei Clotário, ouvindo contar que o sino da igreja de Santo Estêvão tinha um som admiravelmente doce, mandou que fosse levado a Paris para ouvi-lo com freqüência. Mas como isso desagradou a São Lupo, logo que o sino saiu de Sens perdeu seu doce som. Ao saber disso, o rei mandou que o devolvessem imediatamente e imediatamente o som voltou e soou a sete milhas da cidade. São Lupo foi a seu encontro e recebeu com honras aquilo que lamentara ter perdido.

Certa noite, enquanto orava, o diabo o fez sentir uma sede insuportável e mandou que lhe levassem água fresca. Ao entender que tinha sido manobra do inimigo, lamentou, colocou sua almofada sobre o vaso de água e aí fechou o diabo, que começou a gritar e passou a noite inteira uivando. Ao amanhecer, o diabo venerou aquele que tentara e partiu confuso.

Certa vez Lupo saiu, como era costume, para visitar as igrejas da cidade. Quando voltou para casa ouviu vários clérigos brigando por causa de mulheres com as quais queriam fornicar. Ele entrou na igreja, orou, e logo depois o aguilhão da tentação cessou em todos eles, que foram pedir perdão a Lupo.

Finalmente, tornado ilustre por suas muitas virtudes, descansou em paz. Ele viveu nos tempos de Heráclio, em torno do ano 610 do Senhor.

124. São Mamertino

Mamertino, inicialmente pagão, estava um dia cuidando dos ídolos quando perdeu um olho e uma de suas mãos secou. Pensando que ofendera os deuses, dirigiu-se a um templo para adorar os ídolos e encontrou um homem religioso chamado Sabino, que lhe perguntou como ficara tão doente. Ele respondeu: "Ofendi meus deuses e vou orar para que os furiosos devolvam-me o que me tiraram". Sabino: "Você se engana, irmão, você se engana, ao tomar os demônios por deuses. Vá ao bispo São Germano de Auxerre, e se seguir seus conselhos logo ficará saudável".

Ele partiu imediatamente e à noite chegou ao sepulcro do santo bispo Amador e de vários outros santos bispos, e nesse lugar, fugindo da chuva, entrou na cela erguida sobre a tumba de São Concordiano. Quando estava adormecido, teve uma admirável visão, na qual um homem desconhecido chegou à porta da cela e chamou São Concordiano para que fosse à festa que celebravam São Peregrino, Santo Amador e outros bispos. Da sepultura, São Concordiano respondeu: "Não posso ir porque tenho um hóspede e devo cuidar para que não seja morto pelas serpentes que aqui habitam". O homem foi transmitir o que ouvira, depois retornou e disse: "São Concordiano, levante e venha, traga consigo o subdiácono Viviano e o acólito Juniano para que cumpram sua função. Alexandre cuidará de seu hóspede". Então Mamertino viu São Concordiano pegá-lo pela mão e levá-lo consigo. Ao chegarem, Santo Amador perguntou: "Quem é este que veio com você?". Ele: "É meu hóspede". Santo Amador: "Tire-o daqui, está sujo e não pode ficar conosco". Quando iam expulsá-lo, Mamertino prostrou-se e implorou a Santo Amador, que o mandou procurar rapidamente São Germano.

Ao despertar, Mamertino foi a São Germano e prostrado pediu-lhe perdão. Depois que contou o que lhe acontecera, ambos foram à tumba do bem-aventurado Concordiano e, removendo a lápide, escaparam dali muitas serpentes com mais de dez pés de comprimento. O beato Germano ordenou-lhes que fossem a certo lugar onde presumia que não fariam mal a ninguém. Mamertino foi batizado e curado e tornou-se monge no mosteiro de São Germano, do qual foi abade depois de Santo Alódio.

Naquela época vivia no mosteiro São Marino, cuja obediência São Mamertino queria comprovar, e por isso o designou para a atividade mais vil, a de boiadeiro, quer dizer, pastor de bois e vacas. Enquanto cuidava desses animais, destacou-se por tanta santidade que até as aves silvestres vinham comer em sua mão. Certa vez, abrigou em sua cela um javali que fugia de cães. Outra vez ladrões tiraram tudo que tinha, levaram suas vestes e deixaram no lugar apenas um manto. Marino foi atrás deles gritando: "Voltem, meus senhores, esperem! Encontrei uma moeda no manto e vocês podem precisar dela". Eles voltaram rapidamente, tomaram o manto com a moeda, deixaram-no totalmente nu e foram para seu esconderijo. Mas perderam-se e depois de procurá-lo por toda a noite chegaram à cela de Marino, que os saudou e recebeu com bondade, lavou seus pés e serviu-lhes o que pôde. Estupefatos, os ladrões arrependeram-se e converteram-se.

Certa vez alguns jovens monges prepararam armadilhas para uma ursa que roubava ovelhas, e à noite ela caiu em uma delas. Pressentindo isso, São Mamertino levantou-se da cama, foi encontrar a ursa e enquanto a soltava disse: "O que faz aqui miserável? Foge depressa, senão vão prendê-la de novo!".

Quando Mamertino morreu, seu corpo foi transportado para Auxerre. Ao passar por uma aldeia, não conseguiam mais movê-lo de maneira alguma, quando surgiu um prisioneiro que fugira e cujas correntes subitamente se romperam diante do corpo, que ele ajudou levar à cidade, onde foi sepultado na igreja de São Germano.

125. Santo Egídio

Egídio vem de *e*, que quer dizer "sem", de *geos*, "terra", e de *dyan*, "ilustre" ou "divino". De fato, ele foi homem sem terra porque desprezava o que era terreno, ilustre pela clareza de sua ciência, divino pelo amor que assimila o amante ao amado.

Egídio era de Atenas e descendia de estirpe real. Desde a infância foi instruído nas letras sacras. Um dia, indo à igreja, encontrou um doente sentado no chão pedindo esmola e deu-lhe sua túnica. Ao vesti-la, recuperou completamente a saúde. Algum tempo depois, os pais de Egídio descansaram no Senhor, e ele fez então de Cristo herdeiro de seu patrimônio.

Certa ocasião, ao regressar da igreja notou um homem ferido por uma serpente, foi em sua direção, orou e no mesmo instante o veneno saiu. Havia na igreja um endemoninhado cujos clamores incomodavam os fiéis. Egídio curou-o afugentando o demônio. Temendo os riscos da afeição humana, foi escondido para o litoral, onde encontrando alguns marinheiros em perigo orou e a tempestade acalmou-se completamente. Os marinheiros atracaram, agradeceram por conceder-lhes seus méritos, e ao saber que tinha a intenção de ir para Roma, prometeram levá-lo gratuitamente. Em Arles passou dois anos morando com São Cesário, o bispo da cidade, e ali curou uma pessoa que sofria de febres havia três anos.

Desejando o deserto,[1] partiu às escondidas e morou por muito tempo com Veredônio, eremita célebre por sua santidade. Lá, por seus méritos, a esterilidade da terra desapareceu. Mas como também ali ele

---

[1] Conforme nota 1 do capítulo 15.

brilhava por seus milagres, temendo o perigo dos louvores humanos deixou o local e penetrou no interior do deserto. Aí encontrou uma gruta, uma pequena fonte e uma corça que tinha sido preparada para nutri-lo, vindo certas horas alimentá-lo com seu leite. Mas os filhos do rei chegaram ao local e vendo a corça desinteressaram-se dos outros animais e passaram a persegui-la com seus cães. Acossada, a corça refugiou-se aos pés de seu nutrido que, admirado, pois ela não costumava berrar, saiu, e ao ouvir os caçadores e o latido dos cães, suplicou ao Senhor que protegesse a nutriz que havia lhe dado. Os cães chegaram a pequena distância e uivando sem parar voltaram para os caçadores.

 De noite, os caçadores retornaram para suas casas, mas no dia seguinte tentaram de novo, e voltaram do mesmo jeito depois de uma fadiga inútil. Quando o rei soube disso, suspeitou do que se tratava e foi ao local com o bispo e uma multidão de caçadores, mas da mesma forma que antes os cães não se aproximavam e voltavam uivando. Os homens cercaram o lugar, cujos espinheiros o tornavam inacessível, e um imprudente disparou uma flecha para fazer sair a corça, mas atingiu o escravo de Deus, que estava orando, ferindo-o gravemente. Os soldados abriram caminho com as espadas, chegaram à gruta e viram um ancião de aspecto venerável, vestido com hábito monacal, com a corça reclinada sobre seus joelhos.

 O rei mandou-os ficar onde estavam e foi com o bispo na direção de Egídio. Perguntaram-lhe quem era, de onde vinha, por que fora a um ponto tão afastado daquele vasto deserto e quem havia causado aquela grave ferida. Ele respondeu a cada uma das perguntas, e ao saberem que a ferida procedia de uma flecha lançada momentos antes por alguns dos caçadores, humildemente lhe pediram perdão, ofereceram-lhe muitos presentes e prometeram médicos para curar a ferida. Mas Egídio não quis sequer olhar os presentes, que desprezou, e sabendo que a virtude se completa na enfermidade, orou a Deus para que, enquanto vivesse, não lhe devolvesse a saúde.

 O rei visitava-o freqüentemente e recebia dele o alimento da salvação, oferecia-lhe imensas riquezas que se recusava a receber, aconselhando-o a construir um mosteiro onde vigorasse a disciplina monástica. O rei fez o mosteiro e com lágrimas e rogos conseguiu, depois de muita recusa, que o santo se encarregasse dele.

 O rei Carlos, conhecendo a fama de Egídio, pediu que o visitasse, o que ele fez, sendo reverentemente recebido. Durante a conversa, o rei pediu a Egídio que se dignasse a orar por ele, pois cometera um crime enorme que não confessaria a ninguém, e que nem o próprio santo ouviria. No domingo seguinte, enquanto Egídio celebrava, orou pelo rei e um anjo do Senhor apareceu e deixou sobre o altar um papel no qual estava escrito que, pelas orações de Egídio, o pecado do rei estaria perdoado caso ele se penitenciasse, confessasse e em seguida se abstivesse de repeti-lo. Era acrescentado no fim que quem cometesse qualquer crime e invocasse Santo Egídio e desistisse sem vacilar de seu ato seria, pelos méritos dele, perdoado. Egídio entregou o papel ao rei, que reconheceu seu pecado e humildemente pediu perdão.

Na volta, ao passar por Nîmes, Egídio foi recebido com muitas honras e ressuscitou o filho do príncipe que acabara de morrer.

Pouco depois, Egídio anunciou que logo o mosteiro seria destruído por inimigos e foi a Roma obter um privilégio para a sua igreja. O papa concedeu-o e entregou-lhe duas portas de madeira de cipreste nas quais estavam esculpidas as imagens dos apóstolos. Egídio colocou-as no rio Tibre e recomendou-as a Deus. De volta ao mosteiro, perto de Tiberon, restituiu a um paralítico a capacidade de andar. Chegando ao mosteiro, encontrou no porto as mencionadas portas e deu graças a Deus que as tinha mantido ilesas dos perigos do mar. Colocou-as na entrada de sua igreja para orná-la e fazer delas um monumento de seu pacto com a sé romana.

Finalmente, o Senhor revelou-lhe, por espírito, que o dia de sua morte estava próximo. Ele comunicou isto a seus irmãos, exortou-os a orar por ele e dormiu feliz no Senhor. Muitos garantem ter ouvido o coro dos anjos que levaram sua alma ao Céu. Ele brilhou por volta do ano 700 do Senhor.

126. A Natividade da Bem-Aventurada Virgem Maria

I. A gloriosa Virgem Maria nasceu da estirpe régia de Davi na tribo de Judá. Mateus e Lucas não descrevem a genealogia de Maria, e sim de José, que nada teve com a concepção de Cristo, devido ao costume da Escritura de mostrar o encadeamento das gerações não a partir de mulheres, mas de homens. É verdade, contudo, que a beata Virgem descende de Davi, o que fica patente na Escritura quando atesta muitas vezes que Cristo originou-se da semente de Davi. Logo, como Cristo nasceu apenas da Virgem, é claro que a própria Virgem nasceu de Davi, do ramo de Natã.

Davi teve, entre outros, dois filhos, Natã e Salomão. Como certifica João Damasceno, Levi — do ramo de Natã, filho de Davi — gerou Melque e Pantar, Pantar gerou Barpantar e Barpantar gerou Joaquim e Joaquim a Virgem Maria. Do ramo de Salomão, uma filha foi esposa de Natã com o qual gerou Jacó. Falecido Natã, um membro da sua tribo, Melque, filho de Levi, irmão de Pantar, casou com a viúva de Natã, mãe de Jacó, e dela gerou Eli. Assim, Jacó e Eli são irmãos uterinos, mas Jacó sendo da tribo de Salomão e Eli da de Natã. Falecido Eli, da tribo de Natã, sem filhos e filhas, Jacó seu irmão, que era da tribo de Salomão, tomou sua mulher e ressuscitou a semente de seu irmão, gerando José. Portanto, José é segundo a natureza filho de Jacó, descendente de Salomão, e segundo a lei filho de Eli, descendente de Natã. De fato, o filho nascido dessa forma era daquele que o gerava segundo a natureza e do defunto segundo a lei. Até aqui, falou o Damasceno.

Diz a HISTÓRIA ECLESIÁSTICA e atesta BEDA em sua *Crônica* que, como todas as genealogias dos hebreus e dos estrangeiros estavam secretamente guardadas nos arquivos do templo, Herodes mandou queimá-las pensando que com falta de provas poderia fazer acreditar que sua ascendência era de Israel e que ele era nobre. Contudo aqueles nazarenos, chamados "senhoriais" por seu parentesco com Cristo, restabeleceram a genealogia de Cristo, em parte seguindo o que diziam os antepassados e em parte seguindo os livros que tinham em casa.

Joaquim tomou uma mulher de nome Ana, que tinha uma irmã chamada Isméria. Esta Isméria gerou Isabel e Eliúde, e Isabel gerou João Batista. De Eliúde nasceu Eminem, de Eminem nasceu São Servácio, cujo corpo está em Maastricht, fortaleza à margem do Mosa, no episcopado de Liège. Conta-se que Ana teve três maridos, a saber, Joaquim, Cleofas e Salomé. Do primeiro destes maridos, quer dizer, Joaquim, teve uma filha, Maria, mãe e progenitora do Senhor, que deu em casamento a José e que gerou e pariu o Senhor Cristo. Falecido Joaquim, Ana aceitou Cleofas, irmão de José, e dele gerou outra filha, chamada pelo mesmo nome de Maria e que uniu em casamento a Alfeu. Esta Maria gerou de seu marido Alfeu quatro filhos, a saber, Tiago, o Menor, José, o Justo, conhecido por Barsabás, Simão e Judas. Falecido seu segundo marido, Ana aceitou um terceiro, Salomé, do qual gerou outra filha, chamada mais uma vez de Maria e deu-a em casamento a Zebedeu. Esta Maria gerou dois filhos de seu marido Zebedeu, a saber, Tiago, o Maior, e João Evangelista. Daí os versos a este respeito:

> Tem-se o costume de dizer que Ana concebeu três Marias,
> Geradas de seus maridos Joaquim, Cleofas e Salomé.
> Elas foram entregues a José, Alfeu e Zebedeu, seus maridos.
> A primeira pariu Cristo, a segunda Tiago, o Menor,
> José, o Justo, Simão e Judas.
> A terceira Tiago, o Maior, e o alado João.

Mas o admirável, como dito acima, é como a bem-aventurada Maria pôde ser prima de Isabel. Sabe-se que Isabel foi mulher de Zacarias, da tribo de Levi, pois segundo a lei todos deveriam ter esposa de sua tribo e família, e foi atestado por Lucas que Isabel estava entre as filhas de Aarão. Ana, segundo Jerônimo, era de Belém e da tribo de Judá. Mas sabe-se que Aarão e seu irmão, o sumo sacerdote Joiada, tomaram ambos esposas da tribo de Judá, de forma que a tribo real e a tribo sacerdotal passaram a estar ligadas pelo sangue. Pode ser, como afirma Beda, que este tipo de relação com a troca de mulheres entre as tribos fosse recente. De toda forma, a beata Maria, descendente da tribo régia, tinha relações consangüíneas com a tribo sacerdotal, e deste modo pertencia a ambas as tribos.

Quis o Senhor que estas tribos privilegiadas se miscigenassem, porque no seu mistério estava para nascer delas aquele que verdadeiramente foi rei e sacerdote, que se sacrificou por nós e que dirige seus fiéis em meio à malícia das lutas desta vida, para coroá-los após a vitória. Daí o nome Cristo, isto é, "ungido", "escolhido", pois na antiga lei apenas os sacerdotes, reis e profetas eram ungidos, e por isso nós somos chamados "cristãos", "povo eleito" e "povo do sacerdócio real". Quando se diz que as mulheres uniam-se com os homens de sua tribo, era para que a distribuição das terras não fosse alterada, mas como a tribo dos levitas, ao contrário das outras, não tinha terra, as mulheres desta tribo podiam casar-se com quem quisessem.

No prólogo da *História da Natividade da Virgem*, o bem-aventurado Jerônimo conta o que ainda adolescente leu em um opúsculo, mas que só muito tempo depois releu e a pedido transcreveu. Joaquim era da Galiléia, da cidade de Nazaré, e tomou como esposa Santa Ana, de Belém. Ambos eram justos e seguiam irrepreensivelmente todos os mandamentos do Senhor, dividindo em três partes todos os seus bens, uma destinada ao templo e seus servidores, outra aos peregrinos e pobres, a terceira reservada para eles e sua família. Como por vinte anos não tiveram filhos, fizeram uma promessa ao Senhor, que se este lhes concedesse descendência eles a entregariam a Seu serviço. A fim de obterem a graça do Rei, iam todos os anos às três principais festas em Jerusalém.

Na festa da Dedicação, Joaquim foi com outros de sua tribo até Jerusalém e ao chegar ao altar quis oferecer sua oblação junto com os demais. Vendo isso cheio de indignação, o sacerdote agarrou-o, afastou-o e repreendeu sua presunção de se aproximar do altar, porque não era conveniente, sob pena de maldição da lei, que oferecesse oblações ao Senhor quem não tivesse feito crescer o povo de Deus, quem era infecundo entre os fecundos. Confuso e envergonhado, Joaquim não quis voltar para casa a fim de não ouvir ofensas. Ele afastou-se, foi para junto de seus pastores e ficou com eles por algum tempo, até que um dia, estando sozinho, um anjo apareceu com tão forte luminosidade que deixou sua visão turva.

O anjo avisou para não ter medo, dizendo:

> Eu sou o anjo do Senhor enviado para anunciar que suas preces foram ouvidas e que suas esmolas subiram até o Senhor. Vi a sua vergonha e

ouvi o opróbrio de esterilidade que foi injustamente imputado a você. Deus vinga o pecado mas não a natureza, por isso se Ele fecha um útero o faz para abri-lo novamente de maneira maravilhosa, para que se saiba que o nascido não é produto libidinoso, mas presente divino. Não é verdade que Sara, a primeira mãe de seu povo, suportou a injúria da esterilidade até os noventa anos de idade e ainda assim gerou Isaac, ao qual foi prometida a bênção de todas as nações? Não é verdade que Raquel foi estéril por muito tempo, e contudo gerou José, que teve domínio sobre todo o Egito? Há alguém mais forte do que Sansão ou mais santo do que Samuel? Todavia ambos nasceram de mães estéreis. Creia em minhas considerações e exemplos. As concepções adiadas por muito tempo e os partos de quem parecia estéril são os mais admiráveis. Também sua esposa Ana parirá uma filha e você lhe dará o nome de Maria. De acordo com a promessa que fizeram, ela será consagrada ao Senhor desde a infância. Desde o útero de sua mãe será cheia do Espírito Santo. A fim de que não haja qualquer suspeita que lhe seja desfavorável, não terá contato com o mundo, ficará sempre morando no templo do Senhor. Ela própria, nascida de mãe estéril, gerará maravilhosamente um filho altíssimo, cujo nome será Jesus e por meio do qual todos os povos serão salvos. Dou a você uma prova: quando chegar à porta dourada de Jerusalém, sua esposa Ana virá ao seu encontro, e de inquieta com sua demora ela passará a demonstrar alegria!

Dito isso, o anjo retirou-se.
Ana chorava amargamente por ignorar aonde seu marido tinha ido, quando o mesmo anjo lhe apareceu e anunciou a mesma coisa, acrescentando como prova que fosse à porta dourada de Jerusalém onde encontraria o marido indo em sua direção. Logo, seguindo o preceito do anjo, um foi ao encontro do outro, felizes com a visão mútua e certos da prole prometida. Voltaram para casa, depois de adorar o Senhor, esperando alegremente a promessa divina.

Então Ana concebeu e deu à luz uma filha, à qual chamou Maria. Completados os três anos de amamentação, levaram a Virgem com oferendas ao templo do Senhor. O templo fora construído em um monte, com o altar do holocausto sendo externo e só podendo ser atingido depois de se subir quinze degraus, correspondentes aos quinze salmos graduais.[1] Quando a jovenzíssima Virgem foi colocada junto com os

---

[1] A palavra "gradual" deriva de *gradus*, "degrau", indicando a subida que os judeus faziam até o templo can-

outros, subiu sem a ajuda de ninguém, como se já fosse adulta. Concluído o ofertório, Joaquim e Ana voltaram para casa deixando sua filha com outras virgens no templo. A Virgem, por seu lado, progredia cotidianamente em todo tipo de santidade. Cotidianamente era visitada por anjos e desfrutava de visões divinas. Jerônimo diz em uma carta a Cromácio e Heliodoro que a beata Virgem estabelecera para si esta regra: de matinas até à terça, oração; da terça até à nona, trabalho manual de tecelã; da nona até aparecer o anjo que lhe dava alimento, novamente orações.[2]

Quando ela fez catorze anos, o pontífice proclamou publicamente que as virgens que eram instruídas no templo e haviam atingido aquela idade deveriam voltar para suas casas a fim de serem legitimamente casadas. Diante desta ordem todas partiram, apenas a bem-aventurada Virgem Maria respondeu que não podia fazê-lo, pois seus pais haviam-na entregue ao serviço do Senhor e prometido a Ele a virgindade dela. O pontífice ficou angustiado, porque não queria ir contra a Escritura que diz "Prometa e cumpra o prometido",[3] nem ousava introduzir novidade nos costumes do povo. Ao aproximar-se uma festividade dos judeus, convocou todos os anciãos e a sentença unânime foi que em assunto tão duvidoso deveria ser buscado o conselho do Senhor. Eles permaneceram em oração, e quando o pontífice dirigiu-se ao oratório para consultar o Senhor, todos ouviram vindo dali uma voz dizer: "Todos os homens da casa de Davi que não estão convenientemente unidos em casamento devem levar um ramo ao altar, e aquele cujo ramo germinar e em cuja ponta o Espírito Santo pousar em forma de pomba, conforme profetizou Isaías, deve sem qualquer dúvida desposar a Virgem".

Entre os membros da casa de Davi estava José, ao qual pareceu inconveniente que um homem de idade tão avançada tomasse como esposa uma virgem tão jovem. Assim, enquanto os demais levavam seus ramos, ele escondeu o seu. Como não aconteceu nada de acordo com o que a voz divina anunciara, o pontífice mais uma vez decidiu consultar o Senhor, que respondeu que somente aquele que não levara sua vara deveria desposar a Virgem. Diante disso José levou sua vara, que floresceu e

---

tando determinados salmos (os de número 119 a 133). Na liturgia romana, os salmos graduais (que podem ser aqueles, ou outros) eram cantados na missa entre a leitura da Epístola e do Evangelho, e assim se organizou o Gradual, livro de canto gregoriano utilizado na missa.

[2] Sobre as horas canônicas, ver nota 5 do capítulo 2.

[3] *Números* 30,2.

em cujo topo pousou uma pomba vinda do Céu. Ficou evidente para todos que ele deveria desposar a Virgem. Combinado portanto o casamento com a Virgem, José voltou para sua casa na cidade de Belém para tomar as providências necessárias para as núpcias. Quanto à Virgem Maria, voltou para a casa de seus pais em Nazaré acompanhada, por determinação do sacerdote, como testemunho do milagre, por sete colegas, virgens da mesma idade que ela. Por aqueles dias o anjo Gabriel apareceu a ela enquanto orava e anunciou que dela nasceria o filho de Deus.

Durante muito tempo, a data do nascimento da Virgem esteve escondida dos fiéis. JOÃO BELETH conta da seguinte maneira como ela foi descoberta: certo homem santo, constante na contemplação, ouvia todos os anos, no dia 8 de setembro, uma alegríssima celebração por parte da comunidade dos anjos. Com muita devoção, ele pedia que lhe fosse revelado por que ouvia aquilo naquele dia do ano e não em outro, e recebeu a resposta divina: aquele era o dia em que a gloriosa Virgem Maria havia nascido no mundo, e ele deveria divulgar o fato aos filhos da Santa Igreja a fim de que se reunissem à corte celeste nesta celebração. Ele comunicou isso ao sumo pontífice e outros prelados, que por meio de orações e jejuns descobriram a verdade nas Escrituras e em antigas tradições, dedicando em todo o mundo este dia para a celebração da natividade da Virgem.

Antigamente, a oitava[4] da natividade da beata Maria não era celebrada, mas o senhor Inocêncio IV, de origem genovesa, instituiu tal celebração. A causa disto foi que com a morte de Gregório IX todos os cardeais fecharam-se em conclave para rapidamente escolherem um novo chefe da Igreja.[5] Mas como por vários dias não puderam chegar a um acordo e eram muito pressionados pelos romanos, prometeram à Rainha do Céu que se pelos méritos dela eles viessem a concordar e pudessem sair dali livremente, estabeleceriam a celebração da oitava de sua natividade negligenciada por tanto tempo. Eles concordaram em escolher o senhor Celestino e foram libertados. No entanto Celestino viveu pouco tempo e por isso não pôde cumprir a promessa, o que foi feito por Inocêncio IV. Note-se que a Igreja celebra três natividades, a saber, a de Cristo, a de Santa Maria e a de João Batista, que designam três natividades espirituais: renascemos com João pela água, com Maria pela peni-

---

4 Conforme nota 2 do Prólogo.
5 Conforme nota 1 do capítulo 22.

tência e com Cristo na glória. Em relação aos adultos, convém que a natividade da contrição preceda a natividade do batismo e da glória. Por isso estas duas festas merecem ter vigílias, mas como a natividade da Virgem é penitência, e portanto toda orientada para a vigília, não precisa ter vigília. Todas têm oitavas porque na verdade todas anseiam pela oitava da Ressurreição.

2. Um cavaleiro muito valente e muito devoto da beata Maria ia a um torneio, e ao encontrar no caminho o primeiro mosteiro construído em honra da bem-aventurada Virgem, entrou para ouvir missa. Como a uma missa seguia-se outra, ele não quis deixar de honrar a Virgem, e quando enfim saiu do mosteiro dirigiu-se rapidamente para o local do torneio. No caminho encontrou alguns que voltavam do torneio e comentavam como ele havia lutado valentemente. Mais adiante outros aclamavam sua valentia militar e aqueles que tinham sido capturados por ele rendiam-se inteiramente. Ele entendeu então que a gentil rainha o honrara, contou o que acontecera e voltando ao mosteiro entrou ao serviço do filho da Virgem.

3. Um bispo que tinha extrema reverência e devoção pela beata Virgem dirigia-se no meio da noite, por devoção, a uma igreja da bem-aventurada Maria. Então a Virgem das virgens, acompanhada de todo o coro das virgens, foi até ele e com extrema honra conduziu-o à igreja para a qual se encaminhava. Quando começou a conduzi-lo, duas jovens do coro entoaram um prelúdio: "Cantemos ao Senhor, companheiras, cantemos em sua honra,/ Que nossas bocas ressoem piamente o doce amor de Cristo!".

Estes versos foram repetidos pelo coro de virgens, e a seguir as duas primeiras cantavam os seguintes versos: "Por sua grande luz, o primeiro soberbo foi precipitado no abismo,/ E arrastou consigo o primeiro homem".

Assim, a procissão conduziu o homem de Deus até a igreja, com as duas jovens sempre reiniciando o canto e as demais respondendo.

4. Uma mulher sozinha, abandonada por seu marido, tinha um único filho, ao qual amava ternamente. Este filho foi capturado pelos inimigos, que o prenderam e acorrentaram. Ao saber da notícia, ela chorou inconsolavelmente e orou pela libertação de seu filho à beata Virgem, da qual era muito devota. Enfim, vendo que não conseguia nada, entrou sozinha na igreja em que estava esculpida a imagem da beata Maria e em pé diante dela disse: "Bem-aventurada Virgem, pedi muitas

vezes a você pela libertação de meu filho, sem nenhum resultado. Então, assim como meu filho me foi tirado, eu também tomo o seu e o manterei preso como penhor pelo meu filho". Dizendo isso, chegou mais perto e retirou a imagem do menino que a Virgem segurava no colo e foi para casa. Ali envolveu a imagem do menino em linho branquíssimo, escondeu-a em uma arca que fechou cuidadosamente à chave e guardou-a diligentemente, feliz por ter um bom refém por seu filho. Então na noite seguinte a bem-aventurada Virgem apareceu ao jovem e abrindo a porta do cárcere disse que saísse dali e recomendou: "Filho, diga a sua mãe que devolva meu filho, pois já devolvi o dela". Ele saiu, foi até sua mãe e contou como a beata Virgem o libertara. Ela, por sua vez, exultante, pegou a imagem do menino e, indo à igreja da beata Maria, devolveu o filho desta dizendo: "Agradeço, Senhora, por ter devolvido meu único filho, e então devolvo o seu".

5. Havia um ladrão que realizava freqüentes roubos mas tinha muita devoção pela beata Maria, a quem sempre saudava. Quando ele foi enforcado, a bem-aventurada Virgem com suas mãos manteve-o suspenso por três dias e ele não sofreu ferimento algum. Passando pelo local por acaso, e encontrando-o vivo e com rosto alegre, os que o haviam enforcado julgaram que não haviam apertado bem o laço e quiseram degolá-lo com a espada, mas a beata Maria impediu segurando a espada e eles não puderam lhe fazer mal. Quando souberam que era a beata Virgem que o socorria, ficaram admirados e por amor à Virgem soltaram-no e deixaram-no partir livre. O ladrão entrou em um mosteiro e enquanto viveu permaneceu ao serviço da mãe de Deus.

6. Havia um clérigo que, muito atencioso com a beata Maria, jamais deixava de cantar as horas dedicadas a ela. Falecidos seus pais sem terem outro herdeiro, deixaram-lhe suas terras. Os amigos incentivaram-no a arrumar uma esposa e a administrar sua herança. No dia em que devia celebrar suas núpcias, encontrou no caminho uma igreja e recordando seus serviços à bem-aventurada Virgem entrou nela e começou a dizer suas horas. Nesse momento apareceu-lhe a beata Maria e repreendeu-o severamente: "Ó insensato e infiel, por que você me abandona, sua amiga e esposa, e prefere outra mulher a mim?". Ele encontrou seus companheiros, compungido, mas dissimulou o ocorrido, celebrou as núpcias e, no meio da noite, abandonou todos e fugiu de casa para entrar em um mosteiro e servir devotamente a beata Maria.

7. O sacerdote de uma paróquia, pessoa de vida honesta, não sabia outra missa a não ser a da beata Maria, que ele repetia diligentemente em sua honra. Foi denunciado por causa disso ao bispo, que mandou chamá-lo imediatamente. Como disse que realmente desconhecia outra missa, o bispo qualificou-o duramente como enganador, suspendeu-o de suas obrigações e proibiu-o de rezar aquela missa dali em diante. Na noite seguinte a bem-aventurada Maria apareceu ao bispo, repreendeu-o severamente e perguntou por que tratara mal seu devoto, acrescentando que morreria em trinta dias se não readmitisse o sacerdote em seu ofício. Apavorado, o bispo mandou chamar o presbítero, pediu perdão e ordenou que não celebrasse nenhuma outra missa a não ser a que sabia, a da bem-aventurada Maria.

8. Um clérigo fútil e lúbrico, mas que amava muito a mãe de Deus e cantava suas horas santas devota e vivamente, certa noite viu-se em visão diante do tribunal de Deus. O Senhor disse aos que o rodeavam: "Quanto a este que os observa, decidam de que sentença ele é digno. Há muito tempo o tolero e não encontrei nele nenhum sinal de arrependimento". Então, com a aprovação de todos, o Senhor proclamou contra ele a sentença de danação. A bem-aventurada Virgem levantou-se e disse a seu filho: "Rogo sua clemência por ele, piedoso filho, a fim de que mitigue a sentença de danação. Se bem que tenha sido conduzido à morte por seus próprios méritos, que viva pelos serviços prestados a mim". O Senhor: "Aceito sua petição, desde que a partir de agora eu veja que ele se corrigiu". A Virgem voltou-se para o homem e disse: "Vá e não peque mais, para que não aconteça o pior com você". Ao acordar ele mudou de vida, tornou-se monge e acabou sua vida em boas obras.

9. Como conta o bispo FULBERTO DE CHARTRES, no ano do Senhor de 537 havia na Sicília um homem de nome Teófilo que administrava os bens eclesiásticos de forma tão prudente, que falecido o bispo todo o povo o aclamou como digno para o episcopado. Mas ele estava contente com sua função e preferiu que ordenassem outro como bispo, mas este o destituiu de seu ofício. Impaciente por recuperar seu cargo, ele procurou o conselho de um judeu especialista em magia. Este invocou o diabo, que logo apareceu. Por ordem do demônio, Teófilo renegou Cristo e sua mãe, renunciou à condição de cristão, escreveu com seu próprio sangue a renúncia e a abjuração, selou-o com seu anel, entregou o escrito selado ao demônio e entrou a seu serviço. Na manhã seguinte, por obra do demônio, Teófilo recuperou a graça do bispo e a dignidade

de suas funções. Quando finalmente caiu em si, lamentou muito o que fizera. Recorreu a toda devoção de seu espírito a fim de que a gloriosa Virgem viesse em seu socorro. A beata Maria apareceu a ele em visão, criticou sua impiedade e mandou que renunciasse ao diabo. Fez com que reconhecesse que Cristo era o filho de Deus e aceitasse todas as proposições do cristianismo. Dessa forma Teófilo recuperou a graça dela e de seu filho. Como indício de que ele recebera perdão, ela apareceu de novo, agora com o manuscrito que entregara ao diabo, devolveu-o e colocou-o sobre o peito dele a fim de que não temesse mais ser escravo do diabo e sim que se alegrasse por ter sido libertado pela Virgem. Depois de receber o papel, exultante, Teófilo contou ao bispo e a todo o povo o que acontecera. Admirados, todos louvaram a gloriosa Virgem. Três dias mais tarde Teófilo descansou em paz.

10. Um homem e sua esposa tinham uma única filha, que deram em casamento a um jovem, e por amor a ela mantinham o genro em sua casa. Por amor à filha, a mãe cuidava tão carinhosamente do jovem, que o amor da moça por ele não era maior que o amor da sogra pelo genro. Enquanto isso, começaram a falar maliciosamente que a sogra levara o genro para sua casa não pela filha, mas por si mesma. Com a alma agitada com tanta mentira, temendo tornar-se assunto do povo, a mulher ofereceu a dois camponeses vinte moedas a cada um para que estrangulassem o genro secretamente. Assim, certo dia ela escondeu os camponeses no celeiro, mandou o marido fazer algo em outro lugar e enviou a filha para outro lado. O jovem, ao entrar no celeiro onde sua senhora o mandara pegar vinho, foi imediatamente estrangulado pelos camponeses. Logo depois, a sogra o colocou no leito da filha, vestido como se estivesse dormindo.

Assim que o marido e a filha voltaram e sentaram à mesa, a mãe mandou-a acordar o marido e chamá-lo para comer. Quando o encontrou morto e anunciou o fato a todos, a família prorrompeu em lamentos, e a homicida, fingindo estar aflita, lamentava-se com os demais. Mas enfim a mulher realmente deplorou o crime perpetrado e confessou tudo a um sacerdote. Algum tempo depois surgiu uma desavença entre a mulher e o sacerdote, e este a acusou pelo homicídio do genro.[6]

---

[6] Estranho esse relato de Jacopo, pois o segredo da confissão sempre foi extremamente preservado. Conhece-se, por exemplo, a história de um cavaleiro que matou um homem, revelou o crime ao padre e este o denunciou ao príncipe esperando ser recompensado. Diante da ruptura da norma, o príncipe perdoou o assassino e mandou cegar e cortar a língua do sacerdote que não mantivera a confidência do confessionário: F. C. Tubach, *Index exemplorum: a handbook of medieval relígious tales*, Helsinki, 1969, n. 1203.

Quando a notícia chegou aos parentes do jovem, a mulher foi levada a julgamento e condenada a ser queimada. Diante de seu fim iminente, decidiu voltar-se para a beata Virgem e, entrando em uma de suas igrejas, prostrou-se em oração, com lágrimas. Um pouco depois, obrigada a sair, foi jogada em uma grande fogueira onde todos a viram permanecer ilesa e incólume.

    Os parentes do jovem acharam que o fogo estava fraco, aproximaram-se e jogaram sarmento na fogueira, mas vendo que nem assim ela era atingida, começaram a atacá-la com lanças e dardos. Fortemente impressionado, o juiz que estava ali impediu tais ataques, examinou a mulher com atenção e não encontrou nela sinal do fogo, apenas feridas de lanças. Seus parentes levaram-na para casa e reanimaram-na com remédios e banhos. Deus não querendo que ela fosse desonrada pelas suspeitas humanas por mais tempo, depois de três dias — durante os quais louvou a Virgem com perseverança — afastou-a desta vida.

127. Santo Adriano e Seus Companheiros

Adriano sofreu o martírio durante o reinado do imperador Maximiano. Quando o mencionado Maximino imolava aos ídolos na cidade de Nicomédia, mandou que todos procurassem por cristãos. Por medo das penas ou por amor ao dinheiro prometido, vizinhos entregavam vizinhos ao suplício, parentes entregavam parentes. Dentre os cristãos aprisionados, 33 foram levados diante do rei. Disse-lhes o rei: "Não ouviram a respeito das penas que são impostas aos cristãos?". Eles: "Ouvimos e rimos de suas ordens, que julgamos tolice". Irado, o rei mandou então feri-los com chicote de nervos crus e machucar suas bocas com pedras. Ordenou ainda que anotassem a confissão de cada um e que os prendessem no cárcere atados a ferros.

Adriano, o mais importante oficial do exército, observando a persistência deles, disse-lhes: "Conjuro por seu Deus que vocês me digam qual a recompensa que esperam por estes tormentos". Disseram os santos: "Olhos não viram, nem ouvidos ouviram, nem chegou ao coração do homem o que o Senhor prepara para os que cuidadosamente se aperfeiçoam". Então Adriano, passando para o meio deles, disse: "Anotem meu nome entre o deles, pois sou cristão". Quando o imperador soube disso e da recusa de Adriano em sacrificar, colocou-o acorrentado no cárcere.

Natália, esposa de Adriano, ouvindo que seu marido estava preso, rasgou suas roupas, chorou muito e lamentou. Mas quando soube que fora encarcerado por causa da fé em Cristo, correu cheia de alegria até a prisão e começou a beijar as correntes de seu marido e dos demais. Ela também era cristã, mas por causa da perseguição não divulgara esta condição. Ela disse ao marido: "Você é bem-aventurado, meu senhor Adriano, pois encontrou riquezas que não foram dadas por seus parentes, riquezas que não serão retiradas dos que possuem muito, riquezas válidas mesmo no tempo em que não se pode dar nem emprestar, em que ninguém pode livrar outro do castigo, nem o pai ao filho, nem a mãe à filha, nem o escravo ao senhor, nem o amigo ao amigo, nem a riqueza a quem a possui". Assim que ela o exortou a desprezar a glória terrena, a afastar parentes e amigos e ter sempre o coração nas coisas celestes, Adriano disse-lhe: "Vá, minha irmã, mandarei chamá-la no momento de nosso martírio, para que veja nosso fim". Ela recomendou seu marido aos outros santos a fim de que o confortassem, e voltou para casa.

Depois disso Adriano soube que o dia de sua paixão se aproximava e dando aos guardas muitos presentes e os santos como garantia, foi até sua casa chamar Natália, como jurara fazer, para que presenciasse seu martírio. Alguém que o viu correu a anunciar a Natália: "Adriano está solto e vem vindo!". Ao ouvir isso, ela disse incrédula: "Quem o libertou? Não me agrada que tenha sido solto e separado dos santos!". Enquanto falava, um doméstico chegou dizendo: "Meu senhor foi solto!". Ela, julgando que Adriano fugira do martírio, chorou amargamente, e quando o viu levantou-se rápida e fechou a porta da casa diante dele dizendo: "Fique longe de mim quem se tornou um fugitivo de Deus, nem fale comigo aquele cuja boca negou o Senhor!". E voltando-se para ele disse: "Miserável sem Deus, quem o obrigou a começar o que não podia terminar? Quem o separou dos santos? Quem o seduziu para retirar-se da reunião da paz? Diga-me, por que fugiu antes que o combate acontecesse, antes de ver o adversário? Como se feriu sem que o dardo tivesse sido arremessado? Eu estava mesmo admirada que de um povo sem Deus e ímpio alguém tivesse se oferecido a Deus! Ai de mim, infeliz e miserável! Que farei, eu que sou casada com um ímpio? Não me é permitido, sequer pelo espaço de uma hora, ser chamada de esposa de mártir, serei chamada de esposa do traidor. Fiquei feliz por pouco tempo e minha desonra será por séculos!".

Ao ouvir isto, o bem-aventurado Adriano ficou muito alegre, admirando como uma mulher tão jovem, bela e nobre, casada havia apenas catorze meses, podia falar daquela maneira. Ele ouvia com muito prazer suas palavras, que aumentavam nele o ardor pelo martírio, porém como a via excessivamente aflita, disse-lhe: "Abra, Natália, minha senhora! Não fugi do martírio, como pensa, mas vim chamá-la, como prometi". Não acreditando, ela disse: "Veja como o traidor me seduz, como mente este outro Judas! Foge de mim, miserável, senão me matarei para satisfazê-lo!". Como ela demorava para abrir, ele disse: "Abra rápido, antes que eu vá e não me veja mais e depois disso se lamente por não ter me visto antes de minha morte. Deixei os santos mártires como penhor aos carrascos, que se me procurarem e não encontrarem farão os santos sofrer ao mesmo tempo as torturas deles e as minhas". Ao ouvir isso, Natália abriu, eles se ajoelharam um diante do outro e foram juntos à prisão, onde por sete dias ela limpou os ferimentos dos santos com tecidos preciosos.

Definido o dia do martírio, o imperador ordenou que os cristãos fossem levados até ele. Como devido às torturas recebidas eles não podiam caminhar, rastejavam como animais, Adriano com as mãos amarradas carregando o potro.[1] Desta forma é que foram apresentados ao césar. Natália dirigiu-se ao marido: "Atenção, meu senhor, não se abale ao ver os tormentos! Agora você sofrerá um pouco, mas logo depois exultará com os anjos!". Como Adriano não quis sacrificar, foi gravemente ferido, e Natália correu até os santos que estavam encarcerados contando com alegria: "Começou o martírio do meu senhor!". Como o rei exortava Adriano a não blasfemar contra seus deuses, disse: "Se sou torturado por blasfemar contra os que não são deuses, como você será torturado por blasfemar contra o Deus verdadeiro?". O rei: "Estas palavras foram ensinadas a você por aqueles corruptores!". Adriano respondeu: "Por que chama de corruptores aos que são doutores da vida eterna?". Natália correu alegre para relatar aos outros a resposta de seu marido. Então o rei fez com que Adriano fosse duramente ferido por quatro homens fortíssimos. Natália contou depois aos mártires que ainda estavam na prisão todas as penas, perguntas e respostas de Adriano. Ele foi de tal maneira retalhado, que sua vísceras saíram para fora. Depois, acorrentado, foi colocado na prisão com os outros.

Adriano era um jovem muito bonito e delicado, de 28 anos de idade. Observando o marido deitado de costas, todo lacerado, Natália colocava a mão em sua cabeça e dizia: "Meu senhor, você é bem-aventurado por ter sido digno de fazer parte do grupo dos santos. Bem-aventurado, minha luz, por sofrer por quem sofreu por você! Agora prossiga, meu querido, para que veja sua glória!". O imperador, ouvindo que muitas mulheres serviam aos santos no cárcere, ordenou que não se permitisse mais que entrassem lá. Ao saber disso, Natália cortou os cabelos e vestiu roupas de homem para servir aos santos na prisão. Seu exemplo

---

[1] Conforme nota 1 do capítulo 25.

induziu outras mulheres a fazer o mesmo. Natália pediu ao marido que quando estivesse na glória rezasse por ela e pedisse a Deus que fosse mantida intacta e chamada rapidamente deste mundo. Ao saber o que as mulheres faziam, o rei mandou trazer bigornas para que sobre elas os santos mártires fossem cortados em pedaços. Temendo que seu marido ficasse aterrorizado pelo suplício dos outros, Natália pediu aos carrascos que começassem por ele. Cortaram-lhe então os pés e Natália sugeriu ao marido que pedisse que cortassem as mãos para ser comparável aos santos que mais sofreram. Feito isso Adriano entregou o espírito, os demais apresentaram os pés e migraram para o Senhor.

O rei mandou que seus corpos fossem cremados, mas Natália escondeu uma mão de Adriano em seu seio. Quando os corpos dos santos foram jogados ao fogo, Natália quis jogar-se com eles, porém subitamente arrebentou uma chuva, o fogo apagou e os corpos dos santos ficaram preservados. Uma assembléia dos cristãos decidiu transferir os corpos para Constantinopla até que a paz voltasse à Igreja e eles pudessem ser trazidos de volta honrosamente. Eles foram martirizados no ano de 280 do Senhor.

Ao voltar para casa, Natália manteve consigo por toda a vida a mão de Santo Adriano na cabeceira de sua cama. Mais tarde, um tribuno, vendo Natália tão bonita, tão rica e nobre, enviou até ela, com consentimento do imperador, algumas mulheres honestas para convencê-la a casar-se com ele. Natália respondeu: "De que pode me servir casar com tal homem? Porém, peço um prazo de três dias para pensar e me preparar". Ela dizia isso para que pudesse fugir. Orou a Deus para que a conservasse intacta, subitamente adormeceu e, então, um dos mártires apareceu, consolou-a docemente e mandou que fosse para o local em que estavam os corpos dos mártires. Ao acordar, pegou apenas a mão de Adriano e embarcou num navio com muitos cristãos. Ao saber, o tribuno seguiu-a num navio com muitos soldados, mas levantou-se um vento contrário e muitos deles se afogaram, sendo obrigados a voltar.

No meio da noite, um navio fantástico, com o diabo como capitão, apareceu ao lado do navio em que estava Natália e os outros e ele perguntou: "De onde vêm e para onde vão?". Eles responderam: "Viemos de Nicomédia e vamos para Constantinopla". O diabo: "Vocês se desviaram! Virem para a esquerda e navegarão diretamente para lá!". Ele dizia isso a fim de levá-los para alto-mar e assim perecerem. Quando mudavam a vela, subitamente apareceu Adriano, sentou num bote e recomendou que navegassem da mesma forma que faziam desde o início. Explicou que fora o espírito maligno que lhes falara, e colocando-se à frente deles mostrou-lhes o caminho. Natália, ao ver Adriano guiá-los, foi tomada de enorme alegria, e assim chegaram a Constantinopla antes que o dia clareasse.

    Quando Natália entrou na casa em que estavam os corpos dos mártires, colocou a mão de Adriano junto a seu corpo e, depois de orar, adormeceu. Adriano apareceu, saudou-a e convidou-a a ir com ele à paz eterna. Ao acordar, ela contou o sonho e, dando adeus a todos, entregou o espírito. Os fiéis colocaram seu corpo junto aos dos mártires.

128. Santos Gorgônio e Doroteu

Gorgônio e Doroteu, os mais importantes personagens no palácio de Diocleciano na Nicomédia, renunciaram à sua antiga condição militar para seguir seu Rei com liberdade e confessar abertamente serem cristãos. Ao saber disso, o césar ficou bastante aborrecido, lamentou muito perder homens como eles, de origem nobre e criados no palácio. Mas como não os dissuadiu nem com ameaças nem com lisonjas, foram estendidos no potro,[1] tiveram o corpo lacerado por açoites e garras e, com as vísceras quase expostas, foram cobertos com vinagre e sal. Como suportavam com alegria estes tormentos, foram assados em uma grelha na qual pareciam estar deitados como em leito de flores, sem sentir nenhuma dor. Depois disso o césar ordenou que fossem suspensos por um laço e expostos a lobos e cães, mas seus corpos continuaram intactos e foram recolhidos pelos fiéis. Ele foram martirizados no ano do Senhor de 280. Muitos anos depois, o corpo de São Gorgônio foi trasladado a Roma. No ano do Senhor de 763, um bispo de Metz, sobrinho do rei Pepino, levou-o para a Gália e colocou-o no mosteiro de Gorze.

---

[1] Conforme nota 1 do capítulo 25.

129. Santos Proto e Jacinto

Proto e Jacinto foram domésticos e companheiros de Eugênia, filha de Filipe, no estudo da filosofia. Este Filipe, romano de origem nobilíssima, aceitara do Senado o governo de Alexandria, e para lá levou consigo a esposa Cláudia, os filhos Ávito e Sérgio e a filha Eugênia. Eugênia havia atingido a perfeição em todas as letras e artes liberais, e Proto e Jacinto, que com ela estudaram, tornaram-se também completos em todos os conhecimentos.

Aos quinze anos de idade, Eugênia foi pedida em casamento por Aquilino, filho do cônsul Aquilino. Ela respondeu: "Deve-se escolher um marido menos pelo nascimento do que pelos costumes". Como chegara às suas mãos a doutrina de Paulo, ela começara em sua alma a se tornar cristã. Naquela época era permitido aos cristãos morar nos arredores de Alexandria, por isso que indo para uma propriedade rural, ouviu cristãos cantando: "Todos os deuses dos gentios são demônios, foi o Senhor que fez os Céus".[1] Então disse aos jovens Proto e Jacinto que estudavam com ela:

> Nós nos dedicamos ao escrupuloso estudo dos silogismos dos filósofos, mas estas poucas palavras eliminam todos os argumentos de Aristóteles e Platão, todas as idéias de Sócrates, todo o canto dos poetas, todo o pensamento dos oradores e filósofos. O poder me concede a designação usurpada de "senhora", enquanto a sabedoria faz de mim na verdade uma irmã de vocês. Portanto, sejamos irmãos e sigamos Cristo.

Esta proposta agradou a eles, Eugênia vestiu roupas de homem e foram a um mosteiro dirigido por um escravo de Deus, Heleno, que não aceitava a entrada ali de nenhuma mulher. Certa vez discutira com um

---
[1] *Salmos* 95,5.

herege ao qual não pudera demover com argumentos, então fez acender uma grande fogueira na qual quem não se queimasse provaria ter a fé verdadeira. Quando foi acesa a fogueira, o prior entrou nela e saiu ileso, e como o herege não quis entrar foi expulso por todos.

Eugênia foi até Heleno e disse ser homem, ao que ele respondeu "Está certo você dizer que é homem, pois embora mulher age de forma viril". De fato, a condição dela tinha sido revelada a ele por Deus. Junto com Proto e Jacinto, ela recebeu o hábito monacal e se fez chamar por todos de irmão Eugênio.

Quando os pais de Eugênia viram sua carroça voltar vazia para casa, ficaram tristes e mandaram perguntar pela filha por todos os lados, mas não puderam encontrá-la. Interrogando adivinhos sobre o que fora feito de sua filha, eles responderam que os deuses haviam-na trasladado entre os astros. Por isso o pai fez uma imagem da filha e mandou que todos a adorassem, porém ela, de seu lado, permanecia no temor a Deus junto com seus companheiros. Falecido o prior, ela foi colocada à frente do mosteiro.

Havia então em Alexandria uma rica e nobre mulher de nome Melania, que Santa Eugênia libertara de uma febre recorrente ungindo-a com óleo em nome de Jesus Cristo. Daí por que ela enviou muitos presentes que Eugênia não aceitou. A mulher, julgando que o irmão Eugênio fosse homem, visitava-o com freqüência, e vendo sua elegância, juventude e beleza corporal, inflamou-se fortemente de amor por ele. Ansiosa, começou a cogitar como poderia juntar-se a ele. Simulou, então, uma doença e pediu que Eugênio se dignasse visitá-la. Ele foi e ela revelou estar tomada de amor, arder de concupiscência, rogou que tivesse relações carnais com ela e sem demora o abraçou, beijou e incitou ao crime. Este fato horrorizou o irmão Eugênio, que disse: "É bom você saber que tem o nome adequado, pois Melania significa 'negrura' e você está cheia de negra perfídia, é filha obscura das trevas, amiga do diabo, produtora de sujeira, fomentadora da lascívia, irmã da angústia perpétua e filha da morte eterna". Vendo-se frustrada e temendo que ele revelasse seu crime, quis entregá-lo primeiro e começou a gritar que Eugênio queria violá-la.

Melania foi até o prefeito Filipe e queixou-se, dizendo: "Um pérfido jovem cristão, que para me medicar entrou em casa, lançou-se desavergonhadamente sobre mim, querendo violar-me, e não fosse me libertar a única escrava que estava no quarto, ele saciaria sua libido comigo". Ao ouvir isso, acendeu-se a ira do prefeito, que enviou muitos homens trazerem acorrentados Eugênio e os outros escravos de Cristo, e determinou o dia em que deveriam ser lançados às feras. Filipe chamou-os e disse a Eugênia: "Diga-nos, criminoso, se o Cristo de vocês ensina obras de corrupção e a loucura impudente de violar mulheres".

Eugênia, com a cabeça abaixada para não ser reconhecida, respondeu:

> Nosso Senhor ensina a castidade e promete a vida eterna aos que conservam sua integridade. Podemos provar que Melania prestou falso testemunho, mas é melhor sofrermos nós do que ela, pois, ao saber, você a puniria e o fruto de nossa paciência pereceria. No entanto, que seja trazida a escrava que ela diz ter testemunhado nosso crime, para que por sua boca as mentiras possam ser refutadas.

Ela foi levada, e instruída por sua senhora afirmou várias vezes que Eugênio quisera submeter sua senhora. Todos os domésticos de Melania, igualmente corrompidos, testemunharam do mesmo modo.

Então Eugênia disse: "O tempo de calar passou e o tempo de falar chegou. Não quero que uma impudica imponha um crime aos escravos de Cristo, nem que seja glorificada na falácia. A fim de que a verdade supere a mentira e a sabedoria vença a malícia, vou mostrar a verdade. Não o faço para minha própria vaidade, mas para a glória de Deus". Dizendo isso, rasgou a túnica da cabeça até a cintura, mostrou que era mulher e disse ao prefeito: "Você é meu pai, Cláudia é minha mãe, estes dois sentados com você são meus irmãos, Ávito e Sérgio, eu sou sua filha Eugênia e estes dois são Proto e Jacinto". Ao ouvir e reconhecer a filha, o pai começou a abraçá-la enquanto a mãe lançou-se sobre ela, derramando muitas lágrimas. Eugênia transformou-se, e coberta de vestes douradas foi elevada para o Céu, de onde veio um fogo que consumiu Melania e os seus.

Desta forma Eugênia converteu à fé em Cristo seu pai, sua mãe, seus irmãos e toda a família. Por causa disso seu pai foi logo deposto da prefeitura e ordenado bispo, persistindo na oração até que os infiéis o mataram. Cláudia, por sua vez, com seus filhos e a filha, retornou a Roma, onde muitos foram convertidos a Cristo por eles.

Por ordem do imperador, Eugênia foi amarrada a uma grande pedra e lançada no Tibre, mas a pedra quebrou e ela caminhou incólume sobre as águas. Foi então jogada em uma fornalha ardente, mas o fogo extinguiu-se e a fornalha serviu de refrigério. Depois foi trancada em um cárcere tenebroso, mas dali passou a irradiar uma luz esplêndida. Ficou dez dias sem comida, mas o Salvador apareceu e estendendo para ela um pão branquíssimo disse: "Receba este alimento de minha mão. Eu sou seu Salvador, ao qual você amou com toda a alma. Virei para levá-la no dia em que desci à Terra". De fato, no dia do nascimento do Senhor foi enviado um carrasco, que cortou sua cabeça. Depois disso ela apareceu à sua mãe e predisse que a seguiria no domingo seguinte. Chegado o domingo, Cláudia, em posição de oração, entregou o espírito.

Proto e Jacinto foram levados ao templo dos ídolos e, com suas orações, fizeram-nos em pedaços. Como não quiseram sacrificar, suas cabeças foram cortadas e dessa maneira receberam o martírio. Foram martirizados sob Valeriano e Galo, no ano do Senhor de 256.

130. A Exaltação da Santa Cruz

A Exaltação da Santa Cruz é assim chamada porque neste dia a fé e a Santa Cruz foram especialmente exaltadas. Note-se que antes da paixão de Cristo a cruz era vulgar, por ser feita de madeira comum, infrutífera, plantada no monte Calvário onde nada frutificava; era ignóbil, por ser destinada ao suplício de ladrões; era tenebrosa, por ser feia e sem qualquer ornato; era mortífera, pois os homens eram colocados nela para morrer; era fétida, por ser plantada no meio de cadáveres. Depois da Paixão, foi exaltada de diversas formas, passando de vulgar a preciosa, como diz André: "Salve Cruz preciosa etc.". De infrutífera passou a fértil, como anunciara o *Cântico dos cânticos*, 7: "Subirei na palmeira e colherei seus frutos". De ignóbil passou a sublime, como diz Agostinho: "A cruz que era instrumento de suplício de ladrões passou para a fronte dos imperadores". Das trevas passou à claridade, como comenta Crisóstomo: "No Juízo a Cruz e as cicatrizes de Cristo serão mais brilhantes que os raios do sol". Da morte passou à vida eterna, daí se cantar: "O que antes levava à morte agora é fonte de vida". De fedor passou a odor suave, como diz o *Cântico dos cânticos*, 1: "Enquanto o rei estava deitado, o nardo (isto é, a Santa Cruz) exalava seu odor".

1. A Exaltação da Santa Cruz é celebrada solenemente pela Igreja porque graças a ela a fé foi bastante exaltada. No ano do Senhor de 615, o Senhor permitiu que seu povo fosse flagelado pela violência dos pagãos. Cosroês, rei dos persas, submeteu ao seu poder todos os povos da Terra e ao chegar a Jerusalém recuou aterrorizado diante do sepulcro do Senhor, mas levou uma parte da Santa Cruz que Santa Helena

deixara ali.[1] Querendo que todos o venerassem como a um deus, Cosroês construiu uma torre de ouro, prata e pedras preciosas e nela colocou imagens do sol, da lua e das estrelas. Por meios sutis e ocultos, como se fosse Deus fazia cair água do alto da torre enquanto no subterrâneo quadrigas correndo em círculo simulavam trovões e davam a impressão que a torre se movia.

Ele entregou o reino a seu filho para morar nesse templo profano, e colocando a Cruz do Senhor ao seu lado mandou que todos o chamassem de Deus. Lê-se no livro do OFÍCIO MITRAL que Cosroês sentou-se num trono, como o Pai, colocou a madeira da Cruz à sua direita, no lugar do Filho, e um galo à sua esquerda, no lugar do Espírito Santo, e mandou que o chamassem de Pai. Então o imperador Heráclio reuniu numeroso exército e foi até perto do rio Danúbio lutar contra o filho de Cosroês. Finalmente os príncipes decidiram enfrentar-se sozinhos sobre a ponte, e quem vencesse ficaria com o império do outro sem provocar baixas nos exércitos. Também foi decidido que qualquer um que tentasse ajudar seu príncipe teria as pernas e os braços cortados e em seguida seria mergulhado no rio. Heráclio encomendou-se a Deus e à Santa Cruz com toda a devoção que pôde. Ambos se lançaram na luta e o Senhor concedeu a vitória a Heráclio, que subjugou o exército oponente e colocou todo o povo de Cosroês sob a fé cristã, concedendo-lhe o santo batismo.

Cosroês de seu lado ignorava o resultado da guerra, pois como era odiado por todos ninguém lhe disse nada. Lá chegando e encontrando-o no trono dourado, Heráclio disse: "Já que, à sua maneira, você honrou a madeira da Santa Cruz, caso aceite o batismo e a fé em Cristo manterá a vida e o reino; se for contra isso cortarei sua cabeça com minha espada". Como Cosroês não quis concordar, Heráclio desembainhou a espada e o degolou. Como ele fora rei, Heráclio mandou sepultá-lo. Junto com ele Heráclio encontrara seu filho de dez anos, que fez batizar, e ao tirá-lo da fonte sagrada entregou-lhe o reino paterno.

Heráclio destruiu a torre e distribuiu a prata como butim para seu exército. O ouro e as pedras preciosas reservou para a reconstrução das igrejas que o tirano destruíra. Pegou então a Sagrada Cruz e levou para Jerusalém. Ao descer do monte das Oliveiras, Heráclio montado no cavalo régio e com os paramentos imperiais quis entrar na cidade pela porta usada

---

[1] Conforme capítulo 64.

pelo Senhor quando da Paixão. De repente as pedras da porta desmoronaram e a bloquearam como se fosse um muro ou uma parede. Diante de todos, estupefatos, apareceu sobre a porta um anjo do Senhor tendo na mão uma cruz e dizendo: "Quando o Rei dos Céus entrou por esta porta para a Paixão, não o fez com paramentos régios, mas humildemente, sobre um asno, deixando um exemplo de humildade para seus seguidores". Dito isso, o anjo afastou-se. Então o imperador chorou, descalçou-se, tirou sua vestimenta até ficar de camisa, pegou a Cruz do Senhor e humildemente carregou-a até a porta. Imediatamente a dureza das pedras sentiu o poder celeste e reapareceu a porta, deixando a entrada livre.

 O suavíssimo odor que a Sagrada Cruz exalara pelo vasto espaço percorrido desde que fora retirada da torre de Cosroês, na terra dos persas, até Jerusalém, voltou naquele momento e refez a todos com sua admirável suavidade. O devotíssimo rei dirigiu este louvor à Cruz: "Ó Cruz mais resplandecente que o conjunto dos astros, célebre no mundo, tão amável aos homens, mais santa que tudo, a única que foi digna de portar o valor do mundo! Doce madeira! Doces cravos! Doce ponta de espada! Doce lança! Doce cruz que suportou tal peso! Salve os que aqui estão, sob seu estandarte, para louvá-la!". Assim, a preciosa Cruz foi recolocada em seu lugar e os antigos milagres reapareceram. Mortos voltaram à vida, quatro paralíticos foram curados, dez leprosos ficaram limpos, quinze cegos reencontraram a luz, demônios fugiram, muitos foram libertados de diversas doenças. O imperador restaurou as igrejas, cumulou-as de régios presentes e partiu.

 Algumas crônicas narram estes fatos de outra forma. Contam que quando Cosroês ocupou todo o reino de Jerusalém e se apoderou do patriarca Zacarias e da Cruz, Heráclio quis fazer a paz, porém ele disse que não a aceitaria se os romanos não negassem o Crucificado e adorassem o sol. Zeloso, Heráclio lançou então seu exército contra Cosroês e por meio de muitas batalhas devastou a Pérsia e obrigou-o a fugir para Ctesifonte. Atacado de disenteria, Cosroês quis coroar rei a seu filho Medasa, e sabendo disso seu primogênito, Sirois, aliou-se a Heráclio e junto com os nobres perseguiu seu pai e jogou-o na cadeia onde o sustentou com o pão da tribulação e a água da angústia, até que fez com que arqueiros o matassem. Depois disso, enviou para Heráclio o patriarca Zacarias com outros prisioneiros e a Cruz. Heráclio levou a preciosa madeira da Cruz para Jerusalém e depois para Constantinopla. Isso pode ser lido em muitas crônicas.

2. Como se conta na História tripartite, a sibila dos pagãos fala assim da Cruz: "Três vezes bem-aventurada a madeira na qual Deus foi deitado e engrandecido!". Com isso queria se referir às três vidas provenientes da Cruz, a da natureza, a da graça e a da glória.

3. Um judeu entrou na igreja de Santa Sofia em Constantinopla e vendo uma imagem de Cristo e pensando que estava sozinho ali, pegou a espada, aproximou-se da imagem de Cristo e sem demora cortou sua garganta. Dali saiu sangue que atingiu o rosto e a cabeça do judeu que aterrorizado pegou a imagem, jogou-a num poço e logo depois fugiu. Um cristão que o encontrou disse: "De onde você vem judeu? Você matou um homem!". Ele: "Isso é mentira!". O homem insistiu: "Você realmente cometeu um homicídio, e por isso está manchado de sangue!". O judeu: "O Deus dos cristãos é verdadeiramente grande, e de todas as formas comprova sua fé! Não foi um homem que atingi, mas a imagem de Cristo de cuja garganta saiu sangue". O judeu levou o homem até o poço, de onde retiraram a santa imagem. Conta-se que ainda hoje se pode ver a ferida na garganta de Cristo e que o judeu logo em seguida se converteu.

4. Na cidade de Beirute, na Síria,[2] um cristão tinha, por devoção, afixado perto de sua cama uma imagem do Senhor crucificado, para a qual dirigia contínuas orações. Depois de um ano alugou outra casa e esqueceu naquela a imagem. Um judeu, que se mudou para a referida casa, certo dia convidou um de seus companheiros de tribo para uma refeição. No curso dela, o convidado olhava ao redor quando por acaso viu a imagem fixada na parede, tremeu de raiva de seu anfitrião e o ameaçou por ter uma imagem de Jesus Cristo Nazareno. O outro, que até então não a vira, jurava pelo que podia que ignorava completamente a existência daquela imagem. O convidado, fingindo se acalmar, despediu-se e foi ao príncipe de seu povo acusar o judeu pelo que vira. Um grupo de judeus foi até a casa dele, viram a imagem, surraram-no duramente até deixá-lo semimorto e expulsaram-no da sinagoga. Depois pisotearam a imagem e renovaram nela os tormentos sofridos pelo Senhor na sua Paixão. Quando perfuraram seu flanco com uma lança, dali brotaram abundantemente sangue e água, que encheram um vaso. Espantados, os judeus levaram o sangue para a sinagoga e todos os enfermos que foram ungidos com ele ficaram imediatamente curados. Então

---

[2] Para os medievais, "Síria" compreendia *grosso modo* os territórios das atuais Síria, Líbano, Jordânia e Israel.

os judeus contaram tudo que acontecera ao bispo local e concordaram em receber a fé em Cristo e o batismo.

O bispo, por seu lado, conservou o sangue numa ampola de vidro cristalino, mandou vir o cristão e perguntou-lhe quem fizera aquela imagem tão bela. Ele respondeu: "Nicodemo, que ao morrer deixou-a para Gamaliel, este para Zaqueu, Zaqueu para Tiago, Tiago para Simão. Ela ficou em Jerusalém até a cidade ser destruída, quando foi levada pelos fiéis para o reino de Agripa e dali para minha pátria, pelos meus pais, tornando-se minha por herança". Isso aconteceu no ano do Senhor de 750. Depois disso todos os judeus consagraram suas sinagogas como igrejas, costume de consagração que se difundiu, pois anteriormente apenas o altar era consagrado. Devido a este milagre, a Igreja determinou que em 27 de novembro ou, como se lê em outros lugares, em 5 de novembro, seja rememorada a paixão do Senhor. Por isso foi consagrada em Roma uma igreja em honra do Salvador na qual se conserva uma ampola com seu sangue e se realiza esta festa solene.

5. A enorme virtude da Cruz também foi comprovada de todas as formas pelos infiéis. De fato, Gregório conta no livro III dos DIÁLOGOS que André, bispo da cidade de Fondi, permitiu que uma monja morasse com ele. O antigo inimigo começou a gravar a aparência dela nos olhos de sua alma e ele começou a ter pensamentos nefandos no leito. Certa feita em que um judeu tinha chegado a Roma no fim do dia e não encontrara um lugar em que pudesse pousar, resolveu ficar até o amanhecer no templo de Apolo. Temendo o sacrilégio do lugar, ainda que não tivesse a mínima fé na cruz, cuidou de se fortalecer com o sinal-da-cruz. Ao acordar no meio da noite, viu uma turba de espíritos malignos, dentre os quais se destacava um como o mais poderoso. Este, sentado no meio dos outros, começou a examinar os atos de cada um dos espíritos que o reverenciava a fim de descobrir quanta maldade cada um deles tinha feito. Por brevidade, Gregório passou por cima desta discussão, mas um outro exemplo semelhante, que se lê nas VIDAS DOS PADRES, pode nos informar a respeito.

Alguém entrou no templo dos ídolos e viu Satanás sentado junto de toda sua milícia. Um dos espíritos malignos aproximou-se e adorou-o. Satanás: "De onde você vem?". Ele: "Fui a tal província, onde suscitei muitas guerras, fiz muito tumulto, derramei sangue copiosamente e vim comunicar a você". Satã disse: "Em quanto tempo você fez isso?". Ele: "Em trinta dias". Satã: "Por que levou tanto tempo para fazer isso?".

E disse aos assistentes: "Vão, açoitem-no e maltratem-no duramente!". Veio um segundo e adorou-o dizendo: "Eu estava no mar, senhor, provoquei o máximo de agitação, afundei muitos navios e matei inúmeros homens". Ele: "Em quanto tempo você fez isso?". O outro respondeu: "Em vinte dias". E mandou flagelá-lo da mesma forma, dizendo: "Trabalhou pouco em tanto tempo". Veio um terceiro e disse: "Estive em certa cidade onde excitei rixas entre os participantes de uma festa de núpcias, fiz derramar muito sangue, matei o esposo e vim informá-lo". Ele perguntou: "Em quanto tempo você fez isso?". O outro: "Em dez dias". Satanás: "Não fez mais nada em tantos dias?". E mandou que os presentes o açoitassem. Veio um quarto e disse: "Fiquei quarenta anos no deserto, trabalhei com um monge e com dificuldade acabei por levá-lo ao pecado da carne". Ao ouvir isso Satã levantou-se de seu trono e beijando-o tirou a coroa da própria cabeça e colocou-a nele. Fez com que se sentasse a seu lado e disse: "Você fez uma coisa grandiosa e trabalhou mais do que os outros!". Pode ser desta forma, ou alguma parecida, que os espíritos discutiram e Gregório omitiu.

Mas ele prosseguiu expondo como cada um dos espíritos contava o que fizera. Um foi para o meio deles e relatou quanta tentação carnal despertara na alma de André por meio daquela monja, e como no dia anterior, na hora das vésperas, levou-o a dar um tapa carinhoso nas nádegas dela. Então o espírito maligno estimulou-o a completar o que começara, para obter aquela ruína especial e assim ganhar o prêmio dos demais espíritos. Mandou também que procurasse saber quem era aquele que ousava dormir no templo. Ouvindo isso o judeu ficou muito assustado, fez o sinal do mistério da Cruz, diante do qual os espíritos enviados clamaram aterrados: "O vaso está vazio, mas selado!". Gritando assim, a turba de maus espíritos imediatamente desapareceu. O judeu foi apressadamente procurar o bispo e contou-lhe tudo que acontecera. Ao ouvi-lo, o bispo lamentou-se bastante e logo tirou todas as mulheres de sua casa e batizou o judeu.

6. Gregório conta no livro dos *Diálogos* que uma monja ao entrar em uma horta e ver uma alface desejou-a, mordeu-a avidamente, esquecendo-se de benzê-la com o sinal-da-cruz, e imediatamente caiu tomada pelo diabo. Quando o bem-aventurado Equício foi até ela, o diabo começou a gritar: "O que fiz? O que fiz? Eu estava sentado sobre a alface e ela veio e me mordeu!". O mencionado varão mandou-o sair imediatamente do corpo dela.

7. Lê-se no livro XI da *HISTÓRIA ECLESIÁSTICA* que os pagãos pintavam pelas paredes de Alexandria símbolos de Serápis, e Teodósio mandou apagá-los e pintar o signo da cruz. Vendo isso os gentios e os sacerdotes dos ídolos batizaram-se, dizendo que pela tradição dos antigos os deuses que eles veneravam permaneceriam até a vinda do signo em que está a vida. Eles tinham uma letra em forma de cruz que chamavam de sagrada e que diziam significar a vida futura.

131. Santos Cornélio e Cipriano

Cornélio pode ser interpretado como "o que entende a circuncisão". Ele entendeu a circuncisão e entendendo-a preservou-se não só do que era lícito, porém supérfluo, mas também do necessário. Ou Cornélio vem de *cornu*, "força", e *leos*, "povo", isto é, "fortaleza do povo". Cipriano vem de *cypro*, "mistura", e de *ana*, "em cima", ou ainda de *cypro*, que significa "tristeza" ou "herança". De fato, ele aliou a graça à virtude, a tristeza pelo pecado à herança das alegrias celestes.

O papa Cornélio, sucessor de São Fabiano, foi com seus clérigos enviado pelo césar Décio para o exílio, onde recebeu cartas de consolação de São Cipriano, bispo cartaginês. Foi por fim reconduzido do exílio e apresentado a Décio. Como permaneceu irredutível, Décio ordenou que o torturassem com chumbo e em seguida o levassem ao templo de Marte, onde sacrificaria ou sofreria a sentença capital. Enquanto o conduziam, um dos soldados implorou que fosse à sua casa e orasse por sua esposa Salústia, que jazia paralítica havia cinco anos. Por meio de sua oração ela foi curada, e vinte soldados, ela e seu marido passaram a crer no Senhor. Décio mandou que todos fossem levados ao templo de Marte, e como se recusaram a sacrificar foram martirizados junto com São Cornélio. Este martírio ocorreu no ano do Senhor de 253.

Cipriano, bispo dos cartagineses, foi por sua vez levado diante de Patrono, procônsul da cidade. Este não podendo de nenhuma maneira mudar a fé de Cipriano, mandou-o para o exílio. O procônsul que sucedeu a Patrono, Anglírico, repatriou Cornélio e condenou-o à sentença capital. Declarada a sentença, Cipriano disse: "graças a Deus". Quando chegou ao local da execução, recomendou aos seus que dessem quinze moedas ao carrasco em pagamento de seu trabalho, pegou a venda e com suas próprias mãos tapou os olhos e assim recebeu a coroa do martírio no ano do Senhor de 256.

132. São Lamberto

Lamberto foi gerado nobre, porém foi ainda mais nobre pela santidade de sua vida. Instruído nas letras desde a primeira idade e amado por todos devido a sua santidade, mereceu ser promovido a bispo da igreja de Maastricht depois da morte de seu mestre Teodardo. O rei Childerico gostava muito dele e sempre o considerou o mais querido dos bispos, mas sem motivo os invejosos e ímpios, crescentemente maldosos, privaram-no da honra que lhe era devida e colocaram Feramundo em sua cátedra.

Lamberto entrou para um mosteiro no qual viveu muito bem por cinco anos. Certa noite, ao levantar-se para a oração, sem querer fez barulho, foi ouvido pelo abade, que disse: "Quem fez este ruído vá imediatamente para a cruz". Então Lamberto, com os pés nus e usando cilício, dirigiu-se no mesmo instante para a cruz e lá ficou, congelado, na neve e no gelo. Após as matinas, quando os irmãos se aqueciam, o abade viu que Lamberto não estava entre eles, soube que era ele que havia ido para a cruz, fez que entrasse e diante dos monges pediu-lhe perdão. Lamberto não apenas foi clemente como ainda pregou de forma sublime sobre o bem da paciência.

Depois de sete anos, Feramundo foi expulso por Pepino, que mandou reconduzir São Lamberto à sua própria sé. Como se tornou novamente influente por sua palavra e exemplo, dois homens maus insurgiram-se contra ele e começaram a persegui-lo vivamente, e foram mortos, como mereciam, pelos amigos do pontífice. Naquele tempo Lamberto repreendeu muito Pepino por viver com uma meretriz; por isso Dodo, parente dos dois assassinados e irmão da meretriz, reuniu uma tropa de domésticos do palácio real e cercou a casa do bispo procurando vingar-se. Lamberto estava orando quando foi alertado por um menino, e confiante no Senhor de que os venceria, pegou a espada, mas logo a soltou, julgando melhor vencer persistindo e morrendo que maculando suas mãos sagradas com sangue ímpio. Então o homem de Deus aconselhou os seus a confessarem os pecados e esperarem pela morte pacientemente. No mesmo instante em que os ímpios entraram, mataram São Lamberto ajoelhado em oração, no ano 620 do Senhor. Alguns de seus serviçais que haviam escapado levaram seu corpo escondido em um barco até a catedral, onde o sepultaram sob grande tristeza da cidade.

133. São Mateus

Mateus teve dois nomes, Mateus e Levi. Mateus quer dizer "dom precoce" ou "conselheiro". Ou Mateus vem de *magnus*, "grande", e *Theos*, "Deus", como se se dissesse "grande para Deus", ou então vem de *manus*, "mão", e de *Theos*, significando "mão de Deus". Com efeito, ele foi um dom precoce por sua rápida conversão, foi conselheiro por sua salutar pregação, foi grande diante de Deus pela perfeição de sua vida, foi a mão de que Deus se serviu para escrever seu Evangelho. Levi quer dizer "retirado", "colocado", "acrescentado", "incorporado". Ele foi retirado de seu gabinete de impostos, colocado entre os apóstolos, acrescentado à comunidade dos evangelistas e incorporado ao catálogo dos mártires.

O apóstolo Mateus pregava na Etiópia, em uma cidade chamada Nadaber, onde encontrou dois magos, Zaroés e Arfaxat, que entusiasmavam os homens com seus truques, parecendo ter o poder de privá-los da saúde e do uso dos membros. Cheios de soberba por isso, faziam-se adorar como deuses pelos homens. Tendo chegado a essa cidade e sido hospedado pelo eunuco da rainha Candaces, batizado como Filipe, o apóstolo Mateus percebeu como o prestígio daqueles magos era pernicioso aos homens, e quis convertê-los.

Quando o eunuco perguntou a São Mateus como falava e compreendia tantas línguas, ele explicou que depois da descida do Espírito Santo recebera o conhecimento de todos os idiomas porque, assim como por soberba alguns quiseram edificar uma torre que fosse até o Céu, e viram-se forçados a interromper a construção devido à confusão das línguas, os apóstolos construiriam não com pedras, mas com virtudes, pelo conhecimento de todos os idiomas, uma torre para todos os crentes subirem ao Céu. Então alguém veio anunciar a chegada dos dois magos, acompanhados de dragões que vomitavam fogo sulfúrico pela boca e pelas narinas, matando todos os homens. O apóstolo, munindo-se do sinal-da-cruz, foi com segurança até eles. Mal os dragões o viram, foram no mesmo instante deitar a seus pés. Então Mateus disse aos magos: "Onde está a arte de vocês? Desperte-os, se puderem. De minha parte, se eu não tivesse me encomendado ao Senhor teria imediatamente feito a vocês o que pensaram em fazer comigo". Como o povo se reunira, Mateus ordenou que os dragões fossem embora em nome de Jesus, e eles partiram no mesmo instante sem fazer mal a ninguém. Ele começou então a fazer um grande sermão ao povo sobre a glória do Paraíso terrestre, afirmando ser mais alto que todas as montanhas e estar próximo ao Céu, que lá não há espinhos, os lírios e as rosas não fenecem, a velhice não existe, os homens permanecem sempre jovens, os coros dos anjos cantam, quando se chamam as aves elas obedecem imediatamente. Ele acrescentou que o homem fora expulso do Paraíso terrestre, mas que pelo nascimento de Cristo fora chamado ao Paraíso celeste.

    Enquanto falava ao povo, de repente começou um alarido, pois se chorava a morte do filho do rei. Como os mágicos não puderam ressuscitá-lo, convenceram o rei de que ele fora levado na companhia dos deuses e que era preciso portanto erguer-lhe uma estátua e um templo. O citado eunuco mandou vigiar os mágicos e convocou o apóstolo que, depois de ter orado, no mesmo instante ressuscitou o jovem. Por causa disso o rei, que se chamava Egipo, mandou divulgar em todas as suas províncias: "Venham ver um deus oculto sob os traços de um homem". Muitos foram com coroas de ouro e diferentes tipos de sacrifícios a serem oferecidos a Mateus, que os impediu dizendo: "Homens, que fazem? Não sou um deus, mas apenas escravo do Senhor Jesus Cristo". Então com a prata e o ouro que haviam levado, as pessoas construíram em trinta dias uma grande igreja na qual o apóstolo ficou 33 anos para converter todo o Egito. O rei Egipo, sua mulher e todo o povo fizeram-se batizar. Ifigênia, a filha do rei, foi consagrada a Deus e colocada à frente de duzentas virgens.

    Depois disso Hírtaco sucedeu ao rei, enamorou-se da mencionada virgem e prometeu ao apóstolo metade de seu reino caso ele a fizesse aceitá-lo em casamento. O apóstolo disse que fosse domingo à igreja, como seu predecessor, para em presença de Ifigênia e das outras virgens ouvir sobre os benefícios de um casamento. O rei apressou-se a ir, alegre, supondo que o apóstolo queria aconselhar o casamento a Ifigênia. Quando as virgens e todo o povo estavam reunidos, ele falou longamente sobre as vantagens do casamento e foi muito elogiado pelo rei, crente que o apóstolo dizia aquilo para animar a virgem e levá-la a se casar. Depois de pedir que se fizesse silêncio, ele retomou o sermão dizendo:

> O casamento é uma boa coisa quando nele se mantém a fidelidade. Saibam os presentes que se um escravo tivesse a presunção de raptar a esposa do rei, não apenas ofenderia o rei como também mereceria a morte, não por ter se casado, mas porque convencera a esposa de seu senhor a violar seu matrimônio. E o mesmo aconteceria a você, ó rei, pois saiba que Ifigênia tornou-se a esposa do rei eterno e está consagrada pelo véu sagrado. Assim, como você poderia tomar a esposa de alguém mais poderoso e unir-se a ela pelo casamento?

Quando o rei ouviu isso se retirou louco de raiva. O intrépido e firme apóstolo exortou todo mundo à paciência e à constância, a seguir abençoou Ifigênia, que trêmula de medo prostrara-se diante dele com as outras virgens. Quando a missa solene terminou, o rei enviou um carrasco que com a espada atingiu Mateus, que se encontrava orando de pé diante do altar e com os braços estendidos para o Céu. E assim fez dele um mártir. Sabendo disso, o povo correu ao palácio do rei para incendiá-lo, e foi com dificuldade que os padres e diáconos puderam contê-lo. Depois se celebrou com alegria o martírio do apóstolo.

Como o rei não conseguia por nenhum meio mudar a resolução de Ifigênia — apesar da insistência dos magos e das mulheres que eram enviadas para isso —, mandou acender fogo em volta da casa dela para queimá-la junto com as outras virgens. Mas o apóstolo apareceu e afastou o fogo, que atingiu e consumiu o palácio inteiro do rei. Só conseguiram escapar o rei e seu filho único, que porém foi imediatamente possuído pelo demônio e correu ao sepulcro do apóstolo confessando os crimes de seu pai. Este foi atacado por uma lepra horrível, que não podia ser curada, e ele se matou com a própria espada. O povo colocou como rei o irmão de Ifigênia, que fora batizado pelo apóstolo. Ele reinou setenta anos e foi depois substituído por seu filho, que ampliou bastante o culto cristão e encheu toda a Etiópia de igrejas em honra de Cristo. Quanto a Zaroés e Arfaxat, desde o dia em que o apóstolo ressuscitou o filho do rei fugiram para a Pérsia, mas foram ali vencidos por Simão e Judas.

Sobre o bem-aventurado Mateus é preciso fazer quatro considerações.

Primeira, a prontidão de sua obediência, pois no instante em que Cristo o chamou ele abandonou seu ofício de fiscal aduaneiro e sem temer seus senhores deixou as listas de impostos inacabadas para juntar-se completamente a Cristo. Essa prontidão na obediência induziu alguns ao erro, segundo relata Jerônimo em seu original comentário sobre essa passagem do Evangelho:

> Porfírio e o imperador Juliano acusam-no, enquanto historiador, de mentira e de inabilidade, e chamam de loucura a conduta dele e dos outros que se puseram imediatamente a seguir o Salvador, como teriam sem motivo seguido qualquer homem. Ora, Ele havia dado anteriormente tantos sinais de suas virtudes, que sem dúvida os apóstolos já o tinham visto antes de crer. Certamente o brilho e a majestade divinos reluziam em sua face humana e podiam à primeira vista atrair os que o viam. Se se atribui ao ímã a força de atrair anéis e varetas, com muito mais razão o senhor de todas as criaturas podia atrair para si aqueles que queria.

Assim falou Jerônimo.

Segunda consideração, sua generosidade ou liberalidade, pois logo serviu ao Salvador uma grande refeição em sua casa. Refeição que foi grande não apenas porque foi lauta, mas por quatro razões. Primeira razão, pela decisão de receber Cristo com grande afeto e amor. Segunda razão, pelo mistério contido naquela acolhida e explicado assim pela GLOSA sobre *Lucas*: "Aquele que recebe Cristo dentro de sua casa é tomado por uma torrente de delícias e de volúpia". Terceira razão, pelos grandes ensinamentos que Ele deu ali, como: "Quero a misericórdia e não o sacrifício", e "Não são os saudáveis que necessitam de médicos".[1] Quarta razão, pela importância dos convidados que estavam à mesa, a saber, Cristo e seus discípulos.

Terceira consideração, sua humildade, que se manifestou em duas circunstâncias. Primeira, quando confessou ser um publicano. Os outros evangelistas, diz a *Glosa*, por um sentimento de pudor e por respeito a ele não o nomeiam, mas como todo justo é seu próprio acusador, ele chama a si mesmo de Mateus e publicano, para mostrar que ninguém deve perder a esperança na sua salvação, pois ele próprio de publicano foi de repente feito apóstolo e evangelista. Segunda circunstância,

---

[1] Respectivamente, *Mateus* 9,13 (e 12,7) e 9,12 (cf. também *Marcos* 2,17; *Lucas* 5,31).

quando suportou com paciência as injúrias de que era objeto. Com efeito, quando os fariseus murmuravam por que Cristo tinha se alojado na casa de um pecador, ele teria podido com razão responder: "Vocês é que são miseráveis e pecadores, pois recusam o socorro do médico achando que são justos, enquanto eu não posso mais ser chamado de pecador porque recorro ao médico da salvação e revelo minhas feridas".

Quarta consideração, a honra que seu evangelho recebe na Igreja, sendo lido com mais freqüência que o dos outros evangelistas e estando, junto com os *Salmos* de Davi e as *Epístolas* de Paulo, entre os livros da Sagrada Escritura que mais são lidos na Igreja. A razão disso é que, segundo Tiago, há três gêneros de pecados, a saber, o do orgulho, o da luxúria e o da avareza. Paulo — que antes se chamava Saulo, nome derivado do soberbíssimo rei Saul — cometeu o pecado de orgulho quando perseguiu exageradamente a Igreja. Davi entregou-se ao pecado da luxúria, cometendo adultério e em conseqüência desse primeiro crime mandando matar Urias, o mais fiel de seus soldados. Mateus cometeu o pecado da avareza, pois era aduaneiro e atraído por ganhos vergonhosos. A alfândega (*teloneum*, vindo de *telos*, que segundo BEDA quer dizer "imposto"), diz ISIDORO, é um lugar em um porto marítimo onde são recebidas as mercadorias dos navios e pagos os ordenados dos marinheiros.

Ainda que se possa dizer que os três foram pecadores, a penitência deles foi tão agradável ao Senhor que Ele não apenas desculpou suas faltas como os cumulou de múltiplos benefícios. Do mais cruel perseguidor fez o mais fiel pregador; de um adúltero e homicida fez um profeta e um salmista; de um homem ávido por riquezas e avarento fez um apóstolo e um evangelista. É por isso que as palavras desses três são tão freqüentemente lidas: considerando a grandeza da graça naqueles que foram tão grandes culpados, que ninguém se desespere pelo perdão se quiser se converter.

Note-se que, segundo o beato Ambrósio, na conversão do bemaventurado Mateus há certas particularidades a considerar do lado do médico, do lado do enfermo curado e do lado da maneira de curar. No médico houve três qualidades, a sabedoria que conheceu o mal em sua raiz, a bondade que empregou, o poder dos remédios que puderam transformar tão subitamente. Ambrósio fala dessas três qualidades como se fosse o próprio Mateus. Quanto à primeira: "Aquele que conhece o que está oculto pode tirar a dor de meu coração e a palidez de minha alma". Quanto à segunda: "Encontrei o médico que habita os

Céus e que semeia os remédios na terra". Quanto à terceira:. "Só aquele que não as experimentou pode curar minhas feridas".

No enfermo que é curado, isto é, Mateus, há três ponderações a fazer, conforme Ambrósio. Ele se despojou perfeitamente da doença, permaneceu agradável àquele que o curava e depois que recuperou a saúde conservou-se sempre intacto. Daí ter dito: "Já não sou mais aquele publicano, não sou mais Levi, despojei-me de Levi quando me revesti de Cristo", o que é a primeira ponderação. "Odeio minha raça, fujo da minha vida, sigo apenas você, Senhor Jesus, que cura minhas feridas", o que é a segunda ponderação. "Quem me separará da caridade de Deus que reside em mim? Será a tribulação, a miséria, a fome?", o que é a terceira ponderação.

Conforme o bem-aventurado Ambrósio, o modo de cura foi triplo, primeiro Cristo acorrentou-o, segundo cauterizou-o, terceiro livrou-o de todas suas podridões. Daí Ambrósio dizer como se fosse o próprio Mateus: "Fui atado com os cravos da fé e as cordas da caridade, e enquanto estou preso pelos vínculos da caridade, tire, Jesus, a podridão de meus pecados, corte tudo o que encontrar de vicioso". Este o primeiro modo. "Seu mandamento será para mim um cautério, e se o cautério de seu mandamento queima, queima apenas a carne podre, o vírus do contágio, de forma que se o medicamento atormenta é para extrair a úlcera do vício". Este é o segundo modo. "Venha rápido, Senhor, corte as paixões ocultas e profundas, abra depressa a ferida para o mal não se agravar, purifique tudo que é fétido em um banho salutar". Este é o terceiro modo.

O evangelho de Mateus escrito por sua mão foi encontrado no ano do Senhor de 500, junto com os ossos do beato Barnabé. Este apóstolo carregava aquele evangelho consigo e o punha sobre os enfermos, que eram todos curados tanto pela fé de Barnabé quanto pelos méritos de Mateus.

134. São Maurício e Seus Companheiros

Maurício vem de *mari*, "amargo", *cís*, que quer dizer "vomitador" ou "duro", e *us*, que significa "conselheiro" ou "rápido". Ou então vem de *mauron*, que segundo ISIDORO significa "negro" em grego. Com efeito, ele teve amargura por morar neste mundo de miséria e longe da pátria.[1] Foi vomitador ao rejeitar o supérfluo, duro e firme nos tormentos, conselheiro pelas exortações que dirigiu a seus companheiros de armas, rápido pelo fervor e pela multiplicidade das boas obras, negro porque desprezou a si próprio. O bem-aventurado Eucário,[2] arcebispo de Lyon, escreveu e compilou seu martírio.

1. Conta-se que Maurício foi chefe da sacratíssima legião de mártires chamada de tebana, porque eram todos originários da cidade de Tebas, situada no Oriente, além dos confins da Arábia. É um local rico, fértil em frutos e aprazíveis árvores. Diz-se que os habitantes dessa região têm corpos grandes, são corajosos no manejo das armas, fortíssimos na guerra, talentosos, muito sábios. Essa cidade tinha cem portas, estava às margens do rio Nilo, que sai do Paraíso e foi chamado Geon.[3] Foi dela que se disse: "Eis a velha Tebas, que jaz sob suas cem portas".

Ali Tiago, irmão do Senhor, pregou a palavra da salvação e aperfeiçoou os habitantes na fé em Cristo. Ora, Diocleciano e Maximiano,

---

[1] Conforme nota 1 do capítulo 90.

[2] Autor do século V que escreveu a história dos mártires da legião tebana (*Passio Acaumensium martyrum*, editada junto com seus outros textos por K. Wotke, *Opera*, Praga/ Viena/ Leipzig, F. Tempesky, 1894) aqui citada por Jacopo.

[3] *Gênesis* 2, 13.

que reinaram no ano do Senhor de 277, querendo destruir completamente a fé em Cristo enviaram cartas a todas as províncias habitadas por cristãos. Nelas diziam:

> Se fosse necessário saber determinada coisa e o mundo inteiro fosse dividido, de um lado só Roma e do outro o resto, o mundo inteiro fugiria derrotado e Roma ficaria sozinha no cume da ciência. Assim sendo, por que vocês, povozinhos insignificantes, resistem às ordens e mantêm tão estúpida soberba? Portanto, ou reconheçam a fé dos deuses imortais ou uma irrevogável sentença de condenação será proferida contra vocês.

Os cristãos que receberam essas cartas mandaram os mensageiros de volta sem resposta. Então Diocleciano e Maximiano, levados pela cólera, enviaram a todas as províncias ordens para todos os homens aptos a lutar dirigirem-se a Roma para subjugar ao Império Romano todos os rebeldes. As cartas dos imperadores foram levadas ao povo de Tebas que, segundo o mandamento divino, dava a Deus o que era devido a Deus e ao césar o que pertencia ao césar. Foi então selecionada e reunida uma legião de 6666 soldados enviados aos imperadores a fim de os apoiar nas guerras justas, mas não para usar armas contra os cristãos, que de preferência eles deviam defender. À frente dessa santíssima legião encontrava-se o ilustre Maurício, acompanhado por Cândido, Inocêncio, Exupério, Vítor e Constantino. Diocleciano enviou contra as Gálias Maximiano, que ele tornara seu colega imperador, com um exército incontável ao qual acrescentou a legião tebana. Esta havia sido exortada pelo papa Marcelino a antes quebrar suas espadas que violar a fé em Cristo que tinham recebido.

Quando todo o exército transpusera os Alpes e chegara a Otodoro, o imperador ordenou que todos os que estavam com ele oferecessem um sacrifício aos ídolos e se unissem por juramento unânime contra os rebeldes ao império e principalmente contra os cristãos. Quando os santos soldados souberam disso, afastaram-se oito milhas do exército, em um lugar agradável chamado Agaune, ao lado do rio Ródano. Informado, Maximiano enviou até eles alguns soldados com a ordem de sacrificarem logo aos deuses. Eles responderam que não podiam fazê-lo, pois seguiam a fé em Cristo. Irado, o imperador disse: "Ao desprezo que demonstram por mim e pela religião romana, junta-se uma injúria dirigida ao Céu. Que cada soldado rebelde saiba que posso não apenas me vingar, mas vingar também meus deuses". Então o césar enviou soldados com a ordem de forçá-los a sacrificar aos deuses ou de imediatamente decapitá-los na proporção de um em cada dez. Os santos estenderam a cabeça com alegria, cada um procurando adiantar-se ao outro e se apressar em chegar à morte.

Então São Maurício levantou-se e os concitou, dizendo entre outras coisas:

> Eu me congratulo com vocês por estarem todos dispostos a morrer pela fé em Cristo. Deixem matar seus camaradas, porque estão dispostos a sofrer por Cristo e respeitam o preceito do Senhor, que disse a Pedro: "Coloque sua espada na bainha".[4] Portanto, já que os cadáveres de nossos camaradas são como uma muralha em torno de nós e nossas vestes estão avermelhadas do sangue deles, sigamo-los nós também no martírio. Se agradar a vocês, eis o que responderemos a césar: "Somos seus soldados, imperador, e tomamos as armas para a defesa do Estado, pois em nós não há traição nem medo, porém jamais abandonaremos a fé em Cristo".

Quando o imperador soube disso, mandou dizimá-los. Terminada a execução, Exupério, o porta-estandarte, tomou a bandeira e, em pé no meio de seus companheiros de armas, disse:

> Nosso glorioso comandante Maurício falou da glória de nossos camaradas, e agora fala Exupério, seu porta-estandarte, que tampouco pegou em armas para resistir. Que nossas mãos direitas joguem fora essas armas da carne e se armem de virtudes, e se agradar a vocês, respondamos ao imperador que "somos seus soldados, imperador, mas somos também servidores de Cristo, a quem professamos livremente. Devemos a você o serviço militar, mas a Ele nossa inocência; de você recebemos o soldo de nosso trabalho e Dele recebemos a vida desde o começo; estamos dispostos a sofrer por Ele todos os tormentos e jamais desertaremos de sua fé".

O ímpio césar mandou então que seu exército cercasse a legião inteira, de maneira que nenhum pudesse escapar. Os soldados de Cristo foram atacados pelos soldados do diabo, trucidados por mãos infames, pisoteados por cavalos. Assim Cristo consagrou seus preciosos mártires. Eles foram martirizados por volta do ano do Senhor de 280. Deus permitiu que vários deles escapassem e fossem a outras regiões pregar

---

[4] *Mateus* 26,52; *João* 18,11.

o nome de Cristo e triunfar gloriosamente em diferentes lugares. Entre eles, diz-se, estavam Solutor, Adventor e Otávio que foram para Turim, Alexandre para Pérgamo, Segundo para Ventimiglia, além dos beatos Constante, Vítor, Urso e vários outros. Enquanto os carrascos dividiam o butim e comiam juntos, passou um velho chamado Vítor, que convidaram a comer com eles. Vítor perguntou como podiam comer com alegria no meio de tantos milhares de mortos. Quando alguém lhe informou que haviam morrido pela fé em Cristo, ele começou a suspirar e a gemer amargamente, dizendo bem alto que seria bem-aventurado se tivesse partilhado o martírio com eles. Descobrindo que ele era cristão, os soldados lançaram-se sobre ele e o trucidaram no mesmo instante.

Mais tarde, no mesmo dia, Maximiano em Milão e Diocleciano em Nicomédia depuseram a púrpura para se dedicar à vida privada e para que governassem o império os mais jovens, a saber, Constâncio, Máximo e Galério, que eles haviam feito césares. Mas como Maximiano ainda queria governar tiranicamente, foi perseguido por Constâncio, seu genro, e acabou a vida enforcado.

Enfim, Domiciano, bispo de Genebra, Grato, bispo de Aosta, e Protásio, bispo da região, encontraram no Ródano o corpo de Santo Inocêncio que ali fora jogado. Resolveram construir uma igreja para sepultá-lo e a outros membros daquela mesma legião. Um certo domingo, ainda durante a construção, enquanto os artesãos assistiam à celebração, um deles trabalhava, sozinho. Então apareceu o exército dos santos, pegou-o, espancou-o e acusou-o de se entregar a uma obra profana num domingo, enquanto os outros assistiam ao serviço divino. Depois de punido, ele correu à igreja e pediu para se tornar cristão.

Ambrósio fala assim desses martírios em seu prefácio:[5]

> Essa tropa de fiéis, iluminada pela luz divina, veio dos extremos do mundo para lhe dirigir, Senhor, suas súplicas. Essa legião de guerreiros, protegida por armas materiais, estava também defendida por armas espirituais quando correu para o martírio com firmeza. O cruel tirano, para assustá-los, submeteu-os ao suplício da dizimação pelo gládio, mas todos persistiram na fé e ele mandou decapitá-los. Com a caridade que ardia neles, despojaram-se de suas armas, dobraram os joelhos e com alegria no coração receberam os golpes das mãos dos carrascos. Entre

---

[5] Conforme nota 4 do capítulo 55.

eles estava o bem-aventurado Maurício, que inflamado de amor pela sua fé ganhou nesse combate a coroa do martírio.

Assim escreveu Ambrósio.

2. Uma mulher confiara ao abade do mosteiro onde repousam os corpos dos santos mártires a educação do filho, que logo morreu e ela chorou inconsolavelmente. Maurício apareceu e perguntou por que ela chorava seu filho daquela maneira, e ela respondeu que enquanto vivesse não deixaria de derramar lágrimas. Ele: "Não chore o morto desta maneira, saiba que ele mora conosco. Se deseja uma prova disso, amanhã e todos os dias de sua vida levante para assistir as matinas e poderá ouvir a voz dele entre as dos monges que salmodiam". Ela assim o fez e sempre pôde distinguir a voz de seu filho que cantava com os monges.

3. Depois que o rei Gontrão renunciou às pompas do mundo e distribuiu seus tesouros aos pobres e às igrejas, enviou um padre para lhe trazer relíquias desses santos. Ele voltava com as relíquias, quando uma tempestade no lago de Lausanne parecia que iria engolir o barco, então pôs a caixa com as relíquias diante das ondas e no mesmo instante fez-se uma completa calmaria.

4. No ano do Senhor de 963, a pedido do rei Carlos uns monges obtiveram do papa Nicolau os corpos do papa Santo Urbano e do mártir São Tibúrcio. Na viagem de volta eles visitaram a igreja dos Santos Mártires e pediram ao abade e aos monges o corpo de São Maurício e a cabeça de Santo Inocêncio para levá-los a Auxerre, na igreja que São Germano havia tempo dedicara a esses mártires.

5. PEDRO DAMIANO relata que havia na Borgonha um clérigo orgulhoso e ambicioso que se apoderara indevidamente de uma igreja dedicada a São Maurício, apesar da forte oposição de um poderoso cavaleiro. Certo dia, enquanto se cantava a missa e se dizia no fim da leitura do Evangelho: "Aquele que se exalta será humilhado e aquele que se humilha será exaltado",[6] o miserável riu e disse: "Isso é mentira, pois se eu tivesse me humilhado diante de meus inimigos não teria hoje tantas riquezas da Igreja". Então um raio entrou como uma espada na boca de quem vomitara aquelas palavras blasfemas e o matou instantaneamente.

---

[6] *Mateus* 23,12; *Lucas* 14,11; 18,14.

135. Santa Justina

Justina deriva de "justiça", pois por sua justiça deu a cada um o que lhe pertence: a Deus obediência, a seu superior respeito, a seu igual concórdia, a seu inferior disciplina, a seus inimigos paciência, aos miseráveis e aos aflitos compaixão, a si própria santas obras e ao próximo caridade.

Justina, virgem da cidade de Antioquia, era filha de um sacerdote dos ídolos. Todos os dias, sentada à sua janela, ela ouvia o diácono Proclo ler o Evangelho e enfim se converteu. Enquanto estavam deitados na cama, a mãe informou o pai sobre isso e quando ambos adormeceram Cristo apareceu com anjos e disse a eles: "Venham a mim e darei a vocês o reino dos Céus". Logo depois de acordar fizeram-se batizar junto com sua filha. A virgem Justina foi então muito atormentada por Cipriano, mas por fim converteu-o à fé.

Cipriano entregara-se à magia desde a infância, pois com apenas sete anos tinha sido consagrado ao diabo por seus pais. Por meio da arte mágica, ele parecia transformar mulheres em jumentos e executava muitos outros truques. Ele ardia de amor pela virgem Justina e recorreu às artes mágicas para poder possuí-la, fosse para si mesmo, fosse para um homem chamado Acládio, que igualmente se apaixonara por ela. Então ele evocou o demônio a fim de ter Justina. O demônio veio e disse: "Por que me chamou?". Cipriano: "Amo uma virgem dos galileus. Você pode fazer com que eu a tenha e satisfaça com ela meu desejo?". O demônio: "Eu, que pude expulsar o homem do Paraíso, que levei Caim a matar seu irmão, que fiz os judeus matarem Cristo, que lancei a discórdia entre os homens, não poderia fazer com que você tenha uma jovem e desfrute com ela seu prazer? Pegue este ungüento e espalhe em volta da casa dela, que virei, abrasarei o coração dela por seu amor e a levarei a se entregar a você".

Na noite seguinte o demônio foi tentar Justina esforçando-se por colocar um amor ilícito em seu coração. Quando ela percebeu isso, recomendou-se devotamente ao Senhor e protegeu todo o seu corpo com o sinal-da-cruz. Ao sinal da Santa Cruz, o diabo fugiu assustado e foi encontrar Cipriano. Cipriano perguntou: "Por que você não me trouxe a virgem?". O demônio: "Vi sobre ela certo sinal, fiquei petrificado e todas as forças me faltaram". Então Cipriano mandou-o embora e chamou outro mais forte. Este demônio: "Ouvi sua ordem, vi que o outro não conseguiu, mas vou resolver e cumprir sua vontade. Eu a atacarei e colocarei em seu coração um amor libidinoso para você gozar de seu desejo". O diabo foi e esforçou-se por persuadir Justina e inflamar seu espírito com amor ilícito. Ela recomendou-se devotamente a Deus, com o sinal-da-cruz repeliu toda tentação, em seguida soprou sobre o demônio, que foi imediatamente expulso. Confuso, o demônio fugiu e foi até Cipriano. Cipriano disse: "E onde está a virgem a quem o enviei?". O demônio: "Confesso-me vencido, e só de contar sinto grande medo. Vi que ela fazia um sinal terrível e imediatamente perdi toda força".

Então Cipriano zombou dele e despediu-o. Evocou em seguida o príncipe dos demônios, e quando ele chegou Cipriano perguntou: "Seu poder é tão pequeno que pode ser vencido por uma jovem?". O demônio disse: "Irei lá e a atormentarei com diferentes febres, depois inflamarei seu espírito e espalharei por todo o seu corpo um violento ardor, farei que ela fique frenética, apresentarei diante dela vários fantasmas, e à meia-noite trarei ela para você". Então o diabo transfigurou-se em uma virgem e foi até a virgem dizer: "Venho encontrá-la porque desejo ardentemente viver na castidade, mas diga-me, eu imploro, qual será a recompensa de nosso combate?". A santa virgem respondeu: "A recompensa será grande e o esforço pequeno". Disse o demônio: "O que significa então o mandamento de Deus 'Cresçam, multipliquem-se e encham a terra?'.[1] Temo, boa companheira, que se continuarmos na virgindade tornaremos inútil a palavra de Deus e estaremos expostas a um severo julgamento como desobedientes e desdenhosas, e que portanto em vez da recompensa que esperamos sejamos duramente castigadas".

---

[1] *Gênesis* 1,28.

O coração da virgem começou a ser agitado por graves pensamentos, abalado pelas sugestões do demônio, fortemente inflamado pelo ardor da concupiscência. Nesse momento a santa virgem queria partir e mudar, mas então caiu em si e compreendendo quem lhe falava muniu-se imediatamente do sinal-da-cruz, e soprando sobre o diabo o fez fundir-se como cera. No mesmo instante se sentiu livre de toda tentação. Pouco depois o diabo tomou a aparência de um belíssimo jovem, entrou no quarto onde ela repousava na cama e impudicamente pulou sobre ela querendo abraçá-la. Vendo isso, Justina reconheceu o espírito maligno e fez imediatamente o sinal-da-cruz e o diabo derreteu como cera. Então o diabo, com a permissão de Deus, atacou com uma febre que matou muitas pessoas e rebanhos e anunciou por meio dos endemoninhados que reinaria uma grande mortandade em toda a Antioquia se Justina não aceitasse se casar.

Por causa disso todos os cidadãos doentes reuniram-se na porta dos pais de Justina, gritando que era preciso casá-la para livrar a cidade de tão grande perigo. No entanto Justina recusava completamente consentir, e todos a ameaçavam de morte, até que no sétimo ano da epidemia Justina orou por seus concidadãos e afastou toda pestilência. O diabo, vendo que não ganhava, assumiu a aparência da própria Justina a fim de manchar a reputação dela e iludir Cipriano, gabando-se de lhe ter levado a virgem. O diabo sob a aparência de Justina correu, portanto, ao encontro de Cipriano, e este acreditando que era ela e morrendo de amor, quis abraçá-la dizendo cheio de alegria: "Bem-vinda, Justina, a mais bela das mulheres". No instante em que Cipriano pronunciou o nome de Justina, o diabo não pôde suportar e imediatamente desvaneceu como fumaça.

Desiludido e triste, Cipriano ficou ainda mais inflamado de amor por Justina, velou longamente à porta da virgem e para se aproximar dela transformava-se, com ajuda da arte mágica, ora em mulher, ora em pássaro, mas quando chegava à porta da virgem voltava imediatamente a ter a aparência de Cipriano. Também Acládio transformou-se por arte diabólica em pássaro e foi esvoaçar na janela de Justina; contudo, tão logo a virgem o avistou ele deixou de ser pássaro e, como Acládio, foi tomado de angústia e medo porque não podia fugir nem saltar. Temendo que ele caísse e morresse, Justina deu-lhe uma escada para descer, aconselhando-o a parar com suas loucuras para não ser punido pelas leis como mágico. Todas essas mudanças eram apenas aparentes, conseguidas por meio de ilusões diabólicas.

Vencido de todas as formas, o diabo, confuso, voltou a encontrar Cipriano, que lhe disse: "Também você foi vencido? Que força você tem, miserável, que não pode vencer uma jovem, que não tem poder sobre ela, que o vence e o esmaga tão lamentavelmente? Diga-me, peço, no que consiste a grande força que ela possui?". O demônio: "Se você jurar que jamais me abandonará, revelarei a virtude que a faz vencer". Cipriano: "Por qual coisa devo jurar?". O demônio: "Jure por meus grandes poderes que nunca se separará de mim". Disse Cipriano: "Por seus grandes poderes, juro nunca o abandonar". Mais seguro, o diabo então explicou: "Essa moça fez o sinal do crucificado e no mesmo instante fiquei petrificado, perdi toda força e fundi como cera diante do fogo". Disse Cipriano: "Então o crucificado é maior que você?". O demônio: "Ele é maior que todos, e entregará a nós e a todos aqueles que enganamos aqui ao tormento de um fogo inextinguível". Cipriano: "Então eu também devo me tornar amigo do crucificado a fim de não incorrer nesse castigo". O diabo: "Você jurou pelos poderes de meu exército, que ninguém pode perjurar, nunca me abandonar". Cipriano: "Desprezo-o e a todos os seus poderes, que viram fumaça. Renuncio a você e a todos os diabos, e me muno do salutar sinal do crucificado". No mesmo instante o diabo foi embora, confuso.

Cipriano foi então encontrar o bispo, que o vendo pensou que ele vinha para levar os cristãos ao erro e disse: "Contente-se com os que estão fora, você nada poderá contra a igreja de Deus, pois a virtude de Cristo é invencível". Cipriano: "Tenho certeza de que a virtude de Cristo é invencível". E contou o que lhe acontecera e se fez batizar pelo bispo. Em seguida fez grandes progressos tanto na ciência quanto na conduta, e quando o bispo morreu ele próprio foi ordenado para seu posto. Quanto à beata virgem Justina, ele a pôs em um mosteiro junto com muitas virgens e fez dela a abadessa. São Cipriano com freqüência enviava cartas aos mártires para fortalecê-los em seus combates.

O conde daquela região, a cujos ouvidos chegou a reputação de Cipriano e de Justina, mandou levá-los à sua presença e perguntou se queriam oferecer sacrifício. Como persistiram firmes na fé, ele mandou jogá-los em uma caldeira cheia de cera, pez e gordura, que para eles foi apenas um admirável refrigério e não lhes infligiu nenhum sofrimento. O sacerdote dos ídolos disse então ao prefeito: "Permita que eu fique na frente da caldeira e logo vencerei todo o poder deles". Ele foi para perto da caldeira e disse: "Você é um grande deus, Hércules, e você,

Júpiter, o pai dos deuses!", e subitamente o fogo saiu da caldeira e o consumiu inteiramente.

    Cipriano e Justina foram retirados da caldeira e sentenciados a ser decapitados. Seus corpos depois de terem ficado sete dias expostos aos cães foram transferidos para Roma e estão agora, pelo que se diz, em Piacenza. Eles foram martirizados em 26 de setembro, por volta do ano do Senhor de 280, sob Diocleciano.

136. Santos Cosme e Damião

Cosme vem de *cosmos*, "modelo" ou "ornado" ou, segundo ISIDORO, *cosmos* em grego significa "puro". De fato, ele foi um modelo para os outros por seus exemplos, foi ornado de virtudes, foi puro de todo vício. Damião vem de *dama*, "gamo", animal tímido e doce. Ou Damião deriva de *dogma*, "doutrina", e de *ana*, "no alto", ou de *damum*, "sacrifício". Ou então *Damianus* (Damião) quer dizer *domini manus*, "mão do Senhor". Com efeito, Damião teve comportamento manso e doutrina elevada em suas pregações, fez de si um sacrifício, macerando sua carne, foi a mão do Senhor que cura como remédio.

1. Cosme e Damião eram gêmeos, nascidos na cidade de Egéia, de uma mãe religiosa chamada Teodota. Instruídos na arte da medicina, receberam tantas graças do Espírito Santo que curavam todas as doenças, não só de homens, mas também de animais, e faziam isso gratuitamente. Uma mulher chamada Paládia, que gastara todos os bens em despesas com médicos, dirigiu-se a eles, e os santos recuperaram completamente sua saúde. Ela ofereceu um pequeno presente a São Damião, e como este não quis aceitar, ela o obrigou, com terríveis juramentos. Ele concordou em receber não porque a cupidez o levasse a buscar essa recompensa, mas por complacência por aquela dama que lhe oferecia testemunho de seu reconhecimento, e para não parecer desprezar o nome do Senhor pelo qual ela o conjurara. Quando São Cosme soube disso, determinou que seu corpo não fosse enterrado junto com o de seu irmão. Mas na noite seguinte o Senhor apareceu a Cosme e desculpou o irmão pelo presente que aceitara.

O procônsul Lísias, conhecendo-lhes a fama, mandou chamá-los e começou por perguntar o nome, a pátria e a fortuna deles. Os santos mártires responderam: "Nossos nomes são Cosme e Damião, temos três outros irmãos que se chamam Ântimo, Leôncio e Euprépio. Nossa pátria é a Arábia. Quanto à fortuna, nós cristãos não nos interessamos por isso". O procônsul ordenou que levassem os irmãos para imolar aos ídolos, e como eles se recusaram terminantemente, mandou que fossem torturados nas mãos e nos pés. Como eles zombaram desses tormentos, Lísias mandou acorrentá-los e jogá-los ao mar, mas no mesmo instante um anjo os tirou do mar e os levou diante do procônsul. Este falou: "Pelos deuses, vocês venceram com uma grande magia, desprezaram as torturas e acalmaram o mar. Ensinem-me essa magia e eu os seguirei em nome do deus Adriano". Mal terminara de falar, surgiram dois demônios que o golpearam rudemente na face e ele se pôs a gritar: "Eu imploro, ó homens de bem, orem por mim ao Senhor". Eles rezaram e ato contínuo os demônios foram embora.

O procônsul disse: "Vejam, se os deuses estão indignados desta forma contra mim por ter pensado em abandoná-los, eu sofreria ainda mais se vocês blasfemassem contra minhas divindades". Mandou então jogá-los na fogueira, mas eles nada sofreram, as chamas pularam longe e mataram muitos dos que se encontravam ali. Mandou a seguir suspendê-los no potro,[1] mas protegidos por um anjo eles foram levados ilesos diante do procônsul, enquanto os carrascos estavam esgotados de tanto espancá-los. Mandou então prender os três irmãos e ordenou que Cosme e Damião fossem crucificados e apedrejados pelo povo, mas as pedras voltavam para os que as lançavam e feriam grande número deles.

Furioso, o procônsul mandou vir os três irmãos, colocá-los ao lado das cruzes nas quais estavam Cosme e Damião, que seriam a seguir varados de flechas por quatro soldados. Mas as flechas retornavam e feriam muitas pessoas, sem fazer nenhum mal aos santos mártires. Vendo-se frustrado em todas suas tentativas, o procônsul ficou mortalmente confuso e perturbado, e de manhã mandou decapitar os cinco irmãos. Os cristãos, lembrando-se que São Cosme dissera que não queria ser enterrado junto com o irmão, pensavam como os mártires queriam ser sepultados quando, de repente, chegou um camelo que com voz humana ordenou que os santos fossem enterrados no mesmo lugar. Eles foram martirizados sob Diocleciano, que começou a reinar por volta do ano do Senhor de 287.

---

[1] Conforme nota 1 do capítulo 25.

2. Depois de ter trabalhado na colheita, um camponês dormia de boca aberta e uma serpente penetrou até suas entranhas. Ao despertar, não sentiu nada e voltou para casa, mas à noite passou por sofrimentos atrozes: lançava gritos horríveis e invocava em seu socorro os santos de Deus Cosme e Damião. A dor aumentava constantemente e ele se refugiou na igreja dos santos mártires, onde subitamente adormeceu e a serpente saiu por sua boca como entrara.

3. Um homem que devia fazer uma viagem distante recomendou sua mulher aos santos mártires Cosme e Damião, e mostrou a ela um crucifixo que seria a senha por meio da qual ela saberia quando ir imediatamente para junto dele, caso fosse chamada. Depois disso o diabo, que sabia da senha que o marido lhe dera, transfigurou-se em homem e apresentando a senha disse: "Seu marido me enviou de tal cidade para conduzi-la até ele". E como ainda assim temia partir, ela disse: "Reconheço o sinal, mas como fui colocada sob a proteção dos santos mártires Cosme e Damião, jure-me, sobre o altar deles, que você me conduzirá em segurança e partirei imediatamente". Ele fez no mesmo instante o juramento. Então ela o seguiu, e quando chegaram a um lugar afastado o diabo quis derrubá-la de seu jumento para matá-la. Percebendo, ela exclamou: "Cosme e Damião, santos de Deus, ajudem-me, confiei em vocês e por isso estou aqui". Imediatamente os santos apareceram, acompanhados de uma multidão de personagens vestidos de togas brancas, e a libertaram. O diabo desapareceu e eles disseram à mulher: "Somos Cosme e Damião, a cujo juramento você se confiou, e por isso nos apressamos em vir em sua ajuda".

4. O papa Félix, antepassado de São Gregório, mandou construir em Roma uma magnífica igreja em honra dos santos Cosme e Damião. Nessa igreja havia um servidor dos santos mártires a quem um câncer devorara toda uma perna. Então, durante o sono de seu devoto, os santos Cosme e Damião apareceram-lhe trazendo consigo ungüentos e instrumentos. Um disse ao outro: "Onde conseguiremos com que preencher o lugar de onde cortaremos a carne pútrida?". O outro respondeu: "No cemitério de São Pedro Acorrentado está um etíope recém-sepultado; traga sua carne para substituir esta". Ele foi rapidamente ao cemitério e trouxe a perna do mouro. Em seguida cortaram a do doente, puseram no lugar a perna do mouro, ungiram a ferida com cuidado, depois levaram a perna do doente para o corpo do mouro morto. Como, ao despertar, aquele homem não sentia mais

dor, levou a mão à perna e ali não encontrou nenhuma lesão. Pegou uma vela e, não vendo nenhuma ferida na perna, pensava que não era mais ele, e sim um outro que estava em seu lugar. Caindo em si, saltou da cama alegre e contou a todos o que vira dormindo e como fora curado. Foi em seguida ao cemitério e encontrou a perna do mouro cortada e a outra colocada na sepultura.

137. São João Crisóstomo

João, cognominado Crisóstomo, era um nobre de Antioquia, filho de Segundo e Antura. Sua vida, origem, conversão e perseguição, foram integralmente narradas pela HISTÓRIA TRIPARTITE. Ele consagrou-se ao estudo da filosofia para enfim abandoná-lo pelo dos textos divinos. Ordenado presbítero, por causa de seu zelo pela castidade era tido como muito severo. Destacava-se mais pelo fervor que pela mansidão, e devido à sua retidão não se preocupava com a vida futura. Em suas conversas era considerado arrogante pelos ignorantes. Ao ensinar era notável, ao explicar, excelente, na correção dos costumes, ótimo.

Ele tornou-se bispo quando reinavam os augustos Arcádio e Honório, e Dâmaso presidia a sé romana. Querendo corrigir rapidamente a vida dos clérigos, João despertou o ódio de todos, que o evitavam como se fosse um louco furioso que deveria ser afastado dos outros. Como nunca convidava alguém para o almoço, nem queria que o convidassem, diziam que agia assim porque comia de forma indecente. Outros afirmavam que era porque fazia uso de alimentos caros e agradáveis. Na verdade, era porque evitava refeições fartas e fazia tal abstinência que sua cabeça e seu estômago doíam. Por causa dos sermões que fazia na igreja, o povo amava-o muito e dava pouca importância ao que seus rivais diziam contra ele.

João também dirigiu sua repreensão aos grandes, e por isso despertou hostilidade ainda maior contra si. Fez algo que comoveu muito a todos. Eutrópio, prepósito imperial que tinha a dignidade consular, querendo se vingar de algumas pessoas que estavam refugiadas em igrejas, conseguiu do imperador uma lei pela qual ninguém poderia se asilar nelas e os que ali estavam poderiam ser presos. Poucos dias depois,

Eutrópio ofendeu o rei e imediatamente se refugiou em uma igreja. O bispo foi até Eutrópio, que se escondera sob o altar, e com rosto fechado criticou-o duramente. Por não conceder misericórdia àquele infeliz e fazer-lhe reprimendas, o bispo desagradou muita gente, sobretudo depois que o imperador prendeu Eutrópio e cortou-lhe a cabeça.

Como João criticava por diversos motivos muitos homens influentes, era bastante odiado. Teófilo, bispo de Alexandria, queria depô-lo e colocar em seu lugar um presbítero de nome Isidoro, e procurava atentamente motivos para sua deposição. O povo, por seu lado, defendia-o e alimentava-se com admirável avidez de seus ensinamentos. João obrigou os sacerdotes a respeitarem as regras eclesiásticas, dizendo que não deveria gozar da honra do sacerdócio quem se recusasse a imitar seu gênero de vida.

Ele era ativo no governo não apenas da cidade de Constantinopla, mas também de várias províncias vizinhas nas quais tinha recebido autoridade do imperador para estabelecer a ordem por meio de leis. Quando soube que na Fenícia eram ministrados sacrifícios aos demônios, mandou clérigos e monges para lá e fez destruir todos os templos dos ídolos. Naquela época Gaimás, um homem de origem céltica, costumes bárbaros, acentuadas intenções tirânicas e corrompido pela heresia ariana, pediu ao imperador que desse a ele e aos seus seguidores uma igreja dentro da cidade. O imperador concordou e pediu a João que lhe concedesse uma igreja a fim de refrear sua virulência. João, cheio de vigor e zelo, disse inflamado: "Não permita isso, imperador, não dê uma coisa santa aos cães, nem queira nada deste bárbaro! Mande-nos chamar e ouça em silêncio o que discutiremos. Eu refrearei a língua dele de tal maneira que não ousará mais pedir isso".

O imperador gostou do que ouviu e no dia seguinte chamou os dois. Quando Gaimás pediu um oratório, João disse: "Por toda parte a casa de Deus está aberta para você e ninguém o proíbe de orar". Ele: "Eu sou de outra seita e exijo um templo para mim e para os meus. Dediquei muito esforço pelo Estado romano, e por isso não se deve desprezar minha petição". João:

> As várias recompensas que recebeu são maiores que seus méritos, pois foi feito chefe militar e condecorado com a toga consular. Convém considerar como você era antes e é agora, sua antiga pobreza e a atual altivez, sua vestimenta de antes e a riqueza de seus ornamentos de agora. Em suma, você procura a máxima recompensa com pouco trabalho! Não seja ingrato com os que o honram!

Terminada essa argumentação, calou-se, e obrigou o outro a se calar.

Como João governava Constantinopla vigorosamente, Gaimás, que ambicionava o império, nada podia fazer de dia, por isso de noite mandou bárbaros queimarem o palácio. Ficou então claramente demonstrado como São João protegia a cidade: uma multidão de anjos armados afugentou imediatamente os bárbaros. Estes informaram seu senhor, que ficou bastante admirado pois sabia que o exército imperial estava em outras cidades. Assim, na noite seguinte ele os enviou de novo e da mesma maneira fugiram diante da visão dos anjos. Ainda outra vez eles saíram, viram o milagre e fugiram, acreditando que os soldados se escondiam de dia e protegiam a cidade de noite.

Gaimás deixou a cidade e foi para a Trácia, onde reuniu um grande exército que devastava tudo. Todos temiam a ferocidade dos bárbaros. Por isso o imperador deu ao santíssimo João o encargo de ser seu legado, e ele partiu animado e confiante, esquecendo a inimizade de Gaimás. Este, reconhecendo a boa-fé de João, foi tomado de devoção e percorreu um longo caminho para encontrá-lo, pondo então a mão direita do bispo diante de seus olhos e mandou que seus filhos beijassem os sagrados joelhos. Assim era a virtude de João, que conduzia os mais terríveis à humildade e ao temor.

Naquela época discutia-se se Deus tinha corpo, questão que suscitou debates e lutas, com uns afirmando que sim, outros que não. A maioria dos monges, uma multidão de gente simples, era enganada e dizia que Deus tinha forma corpórea. Teófilo, bispo de Alexandria, pensava o contrário e pregava na igreja contra os que afirmavam que Deus tinha forma humana, explicando que Deus era incorpóreo. Sabendo disso, os monges do Egito deixaram suas casas e foram para Alexandria incitar uma sedição contra Teófilo, a quem pretendiam matar. Com medo, Teófilo disse a eles: "Vejo o rosto de Deus e é como o de vocês!". Eles: "Se é verdade o que diz, que o rosto de Deus é como o nosso, anatematize os livros de ORÍGENES, que é contrário à nossa opinião! Se não fizer assim, você será rebelde contra Deus e o imperador e sentirá nossa afronta". Teófilo: "Não cometam nenhuma violência, que eu farei o que querem". E assim ele conteve o ímpeto dos monges. Os verdadeiros e perfeitos monges não foram seduzidos, apenas os simples, que devido ao ardor de sua fé levantaram-se contra os irmãos sábios e mataram muitos deles.

Enquanto isso acontecia no Egito, em Constantinopla João brilhava por sua doutrina e tinha a admiração de todos. Na verdade, como o número de arianos crescia bastante, eles tinham uma igreja fora da cidade, e aos sábados à noite reuniam-se nos pórticos urbanos para cantar hinos e antífonas até o romper do dia, quando saíam pelas portas centrais da cidade e iam para sua igreja. Para afrontar os ortodoxos, não paravam de cantar: "Onde estão os que dizem 'que em três, há uma só virtude'?". Temendo que estes cânticos atraíssem os simples, João determinou que os fiéis, carregando cruzes e candelabros de prata, cantassem hinos noturnos para reforçar sua profissão de fé e ofuscar a obra dos arianos. Estes, cheios de hostilidade, resolveram matar. Uma noite o eunuco da imperatriz, que fora escolhido por João para dirigir os hinos, foi atingido por uma pedra e ainda morreram alguns populares de ambas as partes. Por este motivo o imperador proibiu os arianos de cantarem em público.

Naquela época Severiano, bispo de Gabala, honrado por muitos próceres e bastante querido pelo imperador e pela imperatriz, chegou a Constantinopla. João recebeu-o amavelmente e como ia viajar pela Ásia confiou-lhe sua igreja. Mas ele não agiu fielmente, auto-elogiando-se diante do povo. Serápio, um clérigo de João, informou-o disso. Um dia em que Severiano passou por Serápio e este não se levantou, exclamou indignado: "Se o clérigo Serápio não for morto, Cristo não nasceu na natureza humana". Ao saber disso, João voltou e expulsou o blasfemo da cidade, o que desagradou muito a imperatriz, que mandou chamar Severiano de volta e pediu a João que se reconciliasse com ele. Como João não concordava de maneira alguma, a imperatriz colocou seu pequeno filho Teodósio sobre os joelhos do bispo para suplicar e implorar que se reconciliasse com Severiano.

Na mesma época, Teófilo, bispo dos alexandrinos, expulsou injustamente o bispo Dióscuro, homem santíssimo, e Isidoro, que antes fora amicíssimo seu. Eles foram a Constantinopla contar estes fatos ao imperador e a João. Este os recebeu honrosamente, mas não quis maior contato com eles antes de conhecer a questão em causa. Chegaram a Teófilo falsos rumores de que João estava de acordo com eles e os auxiliava. Indignado, Teófilo não quis se vingar somente daqueles dois, mas também se preparou para depor João. Escondendo sua intenção, mandou dizer aos bispos de todas as cidades que queria condenar os livros de Orígenes. Teófilo tornou-se amigo de Epifânio, bispo de Chipre, homem santíssimo e de grande fama, para lhe pedir que condenasse os livros de Orígenes. Epifânio, que por sua santidade não era atento a ardis, convocou seus bispos a Chipre e proibiu a leitura de Orígenes. Por carta, rogou a João que suspendesse a leitura daqueles livros e confirmasse tal resolução.

João deu pouca importância ao caso e continuou trabalhando na doutrina eclesiástica, na qual brilhava, sem imaginar que algo estivesse sendo tramado contra ele. Finalmente o ódio escondido de Teófilo manifestou-se e ele anunciou que queria depor João. Logo muitos clérigos e próceres do palácio, inimigos de João, combinaram o momento oportuno para realizar um concílio em Constantinopla contra ele. Em seguida Epifânio foi a Constantinopla levando a condenação dos livros de Orígenes, e por causa de Teófilo não aceitou o convite de hospedagem de João. Por respeito a Epifânio, alguns subscreveram a condenação dos livros de Orígenes, enquanto muitos outros recusaram-se a fazê-lo.

Um destes foi Teotino, bispo de Sicea, homem famosíssimo por sua vida reta, que respondeu: "Epifânio, não quero injuriar a quem morreu no bem, nem pretendo blasfemar condenando o que nossos antecessores não quiseram rejeitar, nem vejo maus ensinamentos nestes livros. Acho que quem os censura não sabe o que faz. Atanásio, que no concílio de Nicéia advogou contra os arianos, invocou para isso o testemunho destes livros, que manteve junto aos seus dizendo: 'O admirável e incansável Orígenes é nossa testemunha quando afirma que o Filho de Deus era coeterno com o Pai'".

João não só não se indignou quando, fugindo às regras, Epifânio fez uma ordenação em sua igreja, como ainda lhe pediu que permanecesse entre seus bispos. Epifânio respondeu que não queria ficar junto dele, nem orar com ele, a não ser que expulsasse Dióscoro e subscrevesse a condenação de Orígenes. João negou-se a fazê-lo e Epifânio foi incitado contra ele pelos que o invejavam. Então Epifânio condenou os livros de Orígenes, julgou Dióscuro e começou a detratar João como seu defensor. João mandou dizer: "Epifânio, você agiu muitas vezes contra as regras, primeiro realizando uma ordenação numa igreja de minha jurisdição, em seguida fazendo nela por conta própria as sagradas celebrações, além do que se recusou a aceitar meus convites e agora mostra confiar apenas em si próprio. Não deixe o povo se rebelar, não corra o risco de se tornar suspeito a ele". Ao ouvir isso, Epifânio saiu. Quando estava voltando para Chipre, mandou dizer a João: "Espero que não morra bispo!". Ele mandou responder: "Espero que não chegue à sua terra". Foi o que aconteceu. Epifânio morreu no caminho e pouco depois João foi deposto do episcopado e morreu no exílio.

Demônios são expulsos perto da sepultura de Epifânio, homem santíssimo que foi de admirável generosidade com os pobres. Certa vez em que distribuíra todo o dinheiro da igreja, sem sobrar nada, alguém apareceu subitamente e trouxe um saco com muitas moedas e desapareceu sem que se soubesse nem de onde vinha nem para onde fora. Certos pobres quiseram enganar Epifânio, a fim de que lhes desse algo. Um deles deitou de costas no chão como se tivesse morrido, e o outro ficou em pé perto dele, chorando e lamentando, dizendo que não tinha nada com que pudesse sepultá-lo. Epifânio foi até lá, orou para que dormisse tranqüilo, providenciou o necessário para o sepultamento, e depois de consolar o outro homem partiu. Este, cutucando o companheiro, dizia: "Levante, hoje banquetearemos com o resultado de nosso trabalho". Depois de cutucá-lo diversas vezes, percebeu que estava morto. Correu então até Epifânio e contou o que acontecera e implorou que o ressuscitasse. Epifânio consolou-o bondosamente, mas não o ressuscitou, para que os ministros de Deus não fossem facilmente enganados.

Quando Epifânio foi embora, contaram a João que fora incitado contra ele pela imperatriz Eudóxia. João, habitualmente inflamado em seus sermões ao povo, fez então um no qual havia todo tipo de críticas às mulheres. Todos entenderam que este sermão era dirigido contra a imperatriz, que quando soube disso queixou-se ao imperador, dizendo que as afrontas à esposa recaíam sobre ele. Motivado contra João, o imperador decretou a celebração de um sínodo. Teófilo apressou-se em convocar os bispos, todos os inimigos de João afluíram animados, chamando-o de soberbo e ímpio. Reunidos em Constantinopla, os bispos já não tratavam dos livros de Orígenes, manifestavam-se contra João. Mandaram uma convocação obrigatória a João, que querendo evitar os inimigos declarou que reuniria um sínodo universal. Eles o convocaram quatro vezes, e como João negou-se a comparecer eles o condenaram, sem culpá-lo de nada, a não ser de não ter querido obedecer à convocação.

Ao ouvir isso, o povo sublevou-se e não deixou que o tirassem da igreja, reclamando a realização de um concílio mais amplo. No entanto a ordem do imperador era para que ele fosse retirado à força e deportado. Temendo as conseqüências da sedição, João entregou-se, à revelia do povo, para ser levado ao exílio. Quando o povo soube, começou uma tal rebelião que muitos dos inimigos de João, e que um instante antes desejavam sua deposição, movidos pela misericórdia disseram que ele era vítima de calúnia. Severiano, de quem se falou acima, pôs-se a denegrir João nas igrejas, dizendo que mesmo que não houvesse outro crime a lhe imputar, bastava sua soberba para poder ser destituído. Como a revolta contra o imperador e os bispos tinha se tornado enorme, Eudóxia pediu ao imperador que trouxesse João de volta do exílio. Houve um violento terremoto na cidade, e todo mundo dizia que aquilo acontecia porque João fora injustamente expulso.

Então mandaram embaixadores pedir ao bispo que voltasse o mais cedo possível para socorrer a cidade arruinada e acalmar a rebelião popular. Depois deles foram enviados outros e ainda outros para apressar sua volta. Ele sempre recusava, mas por fim retornou e todo o povo foi encontrá-lo com círios e luminárias. Contudo não queria se instalar em sua sé episcopal, dizendo que isso não podia ser feito sem o julgamento de um sínodo e que cabia aos que o haviam condenado revogar sua sentença. Prevaleceu o desejo do povo, que estava ansioso para ver aquele doutor instalado em sua sé e para ouvi-lo falar, e João fez um sermão e sentou-se em sua cátedra. Então Teófilo fugiu e foi a Hierápolis, cujo bispo morreu algum tempo depois. Lamo, monge de alta santidade, foi eleito para o cargo e várias vezes o recusou, até que diante dos conselhos de Teófilo para aceitar prometeu fazê-lo, dizendo: "Amanhã será o que o Senhor quiser". No dia seguinte foram à sua cela para insistir a receber o episcopado e ele disse: "Antes oremos ao Senhor". E, enquanto orava, subitamente morreu.

Enquanto isso, João dedicava-se zelosamente à doutrina. Ora, naquela época na praça que ficava em frente à igreja de Santa Sofia tinha sido erguida em homenagem à imperatriz Eudóxia uma estátua de prata com um manto. Ali os soldados e os nobres celebravam os jogos públicos, o que descontentava bastante a João, que via naquilo um ultraje à igreja. Em vez de empregar palavras de súplica para dissuadir os senhores de se entregarem àqueles jogos, usou toda a impetuosidade de sua eloqüência para maldizer os que comandavam tais abusos. A imperatriz, de seu lado, tomava tudo aquilo como ofensa pessoal e trabalhava para celebrar mais um sínodo contra ele.

Percebendo, João pronunciou na igreja a famosíssima homilia cujo início é: "Herodias ainda está em delírio, ainda está agitada, ainda dança, pede mais uma vez que lhe dêem a cabeça de João em uma bandeja". Esse fato incitou mais a cólera da imperatriz. Um homem quis então matar João, porém o povo não permitiu e arrastou-o diante do tribunal. Mas o prefeito prendeu-o para que não fosse linchado. O escravo de um padre jogou-se sobre João, e quando um passante tentou impedir foi morto, bem como um outro que estava próximo e ainda um terceiro. Então com a gritaria acorreu uma multidão e ele assassinou várias pessoas. A partir daquele momento, João foi protegido pelo povo, que montava guarda dia e noite em sua casa.

Aconselhados pela imperatriz, os bispos reuniram-se em Constantinopla e os acusadores de João começaram a trabalhar vigorosamente. Tendo chegado a festa do nascimento do Senhor, o imperador mandou dizer a João que se não se justificasse dos crimes de que o acusavam romperia relações com ele. Os bispos condenaram-no, embora não tivessem nada a lhe reprovar, a não ser que depois de sua deposição ele ousara instalar-se em seu púlpito sem o consentimento de um concílio. Enfim, com a aproximação da festa da Páscoa, o imperador comunicou-lhe que um homem condenado por dois concílios não podia freqüentar a igreja. João ficou afastado e não ia mais à igreja. Seus partidários eram chamados de joanistas. Pouco depois, o imperador mandou expulsá-lo da cidade e exilá-lo em uma pequena cidade na fronteira entre o Império Romano e o Ponto,[1] terra vizinha de bárbaros cruéis. Mas, em sua clemência, Deus não permitiu por muito tempo que um de seus mais fiéis atletas permanecesse em tal lugar.

O papa Inocêncio ficou aborrecido e escreveu ao clero constantinopolitano dizendo que não se nomeasse um sucessor de João antes do concílio que pretendia celebrar. Mas o santo, fatigado pela longa viagem, atormentado por fortíssimas dores de cabeça, martirizado pelo insuportável calor do sol, desligou a alma do corpo em Cumanes, no dia 14 do mês de setembro. No momento de sua morte, muito granizo caiu sobre Constantinopla e cercanias, com todos dizendo que era a cólera de Deus por João ter sido injustamente condenado. A morte da imperatriz, ocorrida apenas quatro dias depois do granizo, confirmou o que se dizia. Quando o doutor de todas as terras[2] morreu, os bispos do Ocidente romperam com os do Oriente até que seu santíssimo nome fosse novamente colocado na lista dos bispos seus predecessores.

---

[1] Conforme nota 3 do capítulo 105.

[2] Esse respeito pela obra de João Crisóstomo fica exemplificado na própria *Legenda áurea* pelas 28 citações que recebe em quinze diferentes capítulos.

Teodósio, cristianíssimo filho do imperador Arcádio, que herdara a piedade e o nome de seu avô, mandou no mês de janeiro transportar para a cidade régia as santas relíquias desse doutor. O povo, sempre fiel a seu bispo, recebeu-as com lâmpadas e círios. Adorando as relíquias, Teodósio suplicou que o santo perdoasse seus pais, Arcádio e Eudóxia, falecidos havia muito tempo, por terem pecado por ignorância. Esse clementíssimo Teodósio nunca pronunciou sentença de morte e dizia: "Quisesse Deus que me fosse possível trazer os mortos à vida". Sua corte parecia um mosteiro, ali se celebravam as matinas e liam-se as Sagradas Escrituras. Sua mulher, chamada Eudóxia, compôs muitos poemas épicos. Sua filha, também chamada Eudóxia, foi entregue como esposa a Valentiniano, que ele fizera imperador. Todos esses dados são extraídos da *História tripartite*. João Crisóstomo morreu por volta do ano do Senhor de 400.

138. São Forseu

Acredita-se que BEDA tenha escrito a história do bispo Forseu, que se sobressaía por sua bondade e todas as virtudes, e que próximo do momento de entregar o espírito teve uma visão. Viu dois anjos chegarem até ele para levar sua alma e um terceiro que caminhava na frente, armado de um escudo branco e de uma espada fulgurante. Logo ouviu demônios gritando: "Vamos na frente e lutemos para ficar com ele". Então avançaram e lançaram contra ele flechas incendiárias, mas o anjo que ia na frente aparava-as com seu escudo e imediatamente as chamas extinguiam-se. Os demônios que se opunham aos anjos falaram assim: "Muitas vezes ele dizia palavras ociosas, por isso não deve impunemente gozar da vida eterna". O anjo: "Se você não tiver contra ele vícios de primeira grandeza, ele não perecerá por causa dos de pequena importância". Então o demônio disse: "Se Deus é justo, este homem não se salvará, pois está escrito: 'Se vocês não se converterem e não se tornarem como criancinhas, não entrarão no reino dos Céus'".[1] O anjo disse, para desculpá-lo: "Ele tinha indulgência no coração, mas por causa dos costumes dos homens guardou silêncio". O demônio: "Já que ele fez o mal por aceitar os costumes, que suporte a vingança do supremo juiz". O santo anjo: "Pois bem, levemos a questão ao julgamento de Deus".

Os adversários dos anjos pareciam derrotados, mas o demônio disse: "O escravo que conhece a vontade de seu senhor e não a respeita será atingido por vários golpes".[2] O anjo: "Em que este homem deixou de cumprir a vontade de seu senhor?". O demônio: "Ele recebeu presen-

---

[1] *Mateus* 18,3.

[2] *Lucas* 12,47.

tes dos maus". O anjo: "Ele pensou que cada um deles fizera penitência". O demônio falou: "Ele devia ter se certificado antes de que tinham feito penitência e só então recebido seus frutos". O anjo respondeu: "Levemos a questão ao tribunal de Deus". Mas o demônio recuou e levantou nova disputa, dizendo: "Até agora eu temia a verdade de Deus, que prometeu punir pela eternidade todo pecado não expiado na terra. Ora, este homem recebeu uma roupa de um usurário e não foi punido por isso. Onde está então a justiça de Deus?". O anjo: "Cale-se, pois você não conhece os julgamentos secretos de Deus. Enquanto a misericórdia divina espera atos de penitência da parte de um homem, não o abandona". O demônio respondeu: "Mas aqui não há nenhuma penitência". O anjo: "Você ignora a profundidade dos julgamentos de Deus".

Então o diabo atingiu Forseu com tanta força que, quando foi restituído mais tarde à vida, trouxe para sempre a marca daquele golpe: os demônios agarraram um dos que eles atormentavam nas chamas, justamente o homem de quem Forseu recebera a roupa, e o jogaram sobre ele, que ficou com o ombro e a face queimados. O anjo disse: "O que você incendiou, agora o queima também. Se não tivesse aceito um presente desse homem que está em pecado mortal, você não arderia com a mesma pena dele. Este golpe você recebeu com a permissão de Deus, por ter aceito aquela vestimenta". Um outro demônio disse: "Ele ainda precisa passar por uma porta estreita, na qual poderemos vencê-lo: 'Ame o próximo como a si mesmo'".[3] O anjo respondeu: "Esse homem fez o bem ao seu próximo". O adversário continuou: "Isso não basta, se ele também não o amou como a si mesmo". O anjo: "O fruto da caridade é fazer o bem, pois Deus dará a cada um conforme suas obras". E o demônio retomou: "Mas por não ter cumprido o mandamento do amor, ele será condenado". Nesse combate com a tropa nefanda, os santos anjos foram vencedores.

O demônio disse ainda: "Se Deus não é injusto, e se a violação de sua lei o desagrada, este homem não deixará de ser punido, pois prometeu renunciar ao mundo e, ao contrário, amou o mundo, apesar de estar dito: 'Não amei o mundo, nem o que está no mundo'".[4] O santo anjo respondeu: "Ele não amou os bens do mundo, distribuiu-os aos indigentes". O diabo replicou: "Qualquer maneira de amar o mundo é contrária ao preceito divino". Seguiu-se nova discussão, ele foi vencido, mas o

---

[3] *Mateus* 22,39; *Marcos* 12,31; *Lucas* 10,27.

[4] *João* 1,2.

diabo habilmente acusou: "Está escrito que se alguém 'não fizer o mau conhecer sua iniqüidade, eu pedirei conta de seu sangue',[5] e este homem não impôs aos pecadores a penitência devida". O santo anjo respondeu: "Quando os ouvintes desprezam a palavra de Deus, a língua do pregador está atada, e vendo que suas palavras são desprezadas é prudente saber calar-se quando não é tempo de falar". O demônio saiu dessa luta sem que todas as contradições que levantou tenham prevalecido, e como o julgamento do Senhor declarou que os anjos tinham triunfado e vencido os inimigos, o santo homem foi cercado por imensa claridade.

Beda acrescenta que um dos anjos disse a Forseu: "Olhe o mundo", ele olhou e viu um vale tenebroso e no ar quatro fogos colocados a certa distância um do outro. E então o anjo disse:

> São os quatro fogos que abrasam o mundo. Um é o fogo da mentira, no qual queimam os homens que não cumprem minimamente a promessa que fizeram no batismo de renunciar ao diabo e a todas as suas pompas. O segundo é o fogo da cupidez, no qual estão os que preferiram as riquezas do mundo ao amor das coisas do Céu. O terceiro é o fogo da discórdia, no qual ficam aqueles que não temem ofender o espírito do próximo com vacuidades. O quarto é o fogo da crueldade, que atinge aqueles que acham que não é nada espoliar e fraudar os fracos.

Logo em seguida aqueles fogos foram se aproximando uns dos outros até se tornarem um único e irem em direção a Forseu, que assustado disse ao anjo: "Senhor, o fogo se aproxima de mim". O anjo: "O que você não acendeu não o queimará, pois esse fogo trata cada homem segundo seus méritos. Se o corpo arde de volúpias ilícitas, arderá também nos castigos". Por fim, ele foi reconduzido ao próprio corpo diante das pessoas que o choravam, acreditando-o morto. Ele sobreviveu ainda algum tempo e terminou sua vida louvavelmente, na prática das boas obras.

---

[5] *Ezequiel* 3,18.

139. Santa Eufêmia

O nome Eufêmia deriva de *eu*, "bom", e *femina*, "mulher", significando "boa mulher", isto é, útil, honesta e agradável, pois o que se chama de bom tem essas três qualidades. Ela foi útil por sua maneira de viver, honesta pela excelência de seus costumes e agradável a Deus pela contemplação das coisas do Céu. Ou então Eufêmia vem de *eufonía*, que quer dizer "som agradável". Ora, obtém-se um som agradável de três maneiras: com a voz, como no canto; com cordas, como na cítara; com o ar, como no órgão. A bem-aventurada Eufêmia produziu sons agradáveis a Deus com a voz de sua pregação, com as cordas de suas boas ações e com o sopro de sua devoção interior.

Eufêmia, filha de um senador, vendo as muitas e variadas torturas sofridas pelos cristãos no tempo de Diocleciano, foi até o juiz Prisco e confessou publicamente ser cristã, confortando assim pela firmeza de seu exemplo os corações dos homens. Quando o juiz mandava matar os cristãos um após outro, ordenava que os demais assistissem a fim de que vendo tão cruéis torturas fossem levados pelo terror a imolar aos deuses. Quando ele cruelmente mandou decapitar alguns santos na presença de Eufêmia, que encorajava os mártires, ela passou a gritar que o juiz a ofendia. Este então ficou alegre, e pensando que ela concordava em oferecer sacrifício, perguntou-lhe como a ofendia e ela disse: "Como sou de linhagem nobre, por que você faz com que desconhecidos e estrangeiros cheguem primeiro diante da face de Cristo, alcancem antes a glória prometida?". O juiz: "Eu achava que você havia recuperado seu bom senso e me alegrava que você tivesse lembrado da sua nobreza e de seu sexo".

Ela foi aprisionada e no dia seguinte conduzida até o juiz, mas sem estar amarrada como os outros. Ali se queixou muito amargamente de que, contra as leis dos imperadores, só ela fora dispensada dos grilhões, e então foi duramente espancada e reconduzida à prisão. O juiz seguiu-a e quis violentá-la, mas ela lutou como um homem e por vontade divina uma das mãos dele ficou paralisada. Ele acreditou estar sob o poder de um encantamento, e enviou o preposto de sua casa até Eufêmia para tentar, à força de muitas promessas, fazê-la consentir. Mas ele encontrou a prisão fechada, não conseguiu abri-la com as chaves nem quebrá-la a machadadas, e por fim possuído pelo demônio fugiu gritando e dilacerando a si mesmo.

Mais tarde colocaram Eufêmia sobre uma roda cujos raios estavam cheios de brasas, e combinou-se que o artesão ainda posicionado no meio da roda daria um sinal sonoro quando fosse para pô-la em movimento e assim o fogo consumir o corpo dela. Mas por vontade de Deus a ferramenta que retinha a roda caiu das mãos dele e diante desse som imediatamente os ajudantes começaram a empurrá-la, a roda esmagou o artesão e deixou Eufêmia ilesa. Então os pais do artesão, lamentando-se, quiseram pôr fogo na roda, que efetivamente se queimou, mas Eufêmia foi desamarrada por um anjo e colocada incólume em um lugar alto. Apeliano disse ao juiz: "A coragem dos cristãos só é vencida pela espada, por isso aconselho mandar decapitá-la". Para pegar Eufêmia do local em que estava foram colocadas escadas, e quando alguém quis esticar a mão para agarrá-la, no mesmo instante ficou completamente paralisado e somente com muita dificuldade conseguiram descê-lo meio morto.

Outro homem, chamado Sóstenes, subiu pela escada e foi imediatamente convertido por Eufêmia, a quem pediu perdão. Ele entregou a espada ao juiz, dizendo que preferia matar-se a tocar uma pessoa defendida pelos anjos. Enfim ela foi descida e o juiz disse a seu chanceler que reunisse todos os jovens libertinos a fim de que se divertissem com ela até que morresse de esgotamento. Mas o primeiro deles ao entrar onde ela estava viu muitas virgens de grande brilho orando em torno dela, e imediatamente se tornou cristão. O juiz mandou suspender a virgem pelos cabelos, e como ela permaneceu inabalável, mandou trancá-la na prisão, proibindo que lhe dessem alimentos para que ao fim de sete dias ela fosse esmagada como uma azeitona entre quatro grandes pedras. Na verdade, ela foi sustentada por um anjo, e no sétimo dia, ao ser colocada entre pedras duríssimas, estas ficaram, com sua prece, reduzidas a pó.

Envergonhado de ser vencido por uma moça, o juiz mandou jogá-la em um fosso onde se encontravam três animais selvagens que poderiam devorar qualquer homem. Mas eles acorreram até a virgem para acariciá-la, e puseram suas caudas juntas de maneira a servir-lhe de assento, o que confundiu ainda mais o juiz que assistia a tudo. O juiz quase morreu de angústia, e o carrasco para vingar a afronta feita a seu senhor enfiou a espada no flanco de Eufêmia, fazendo dela mártir de Cristo. Para recompensar o carrasco, o juiz vestiu-o com um traje de seda e pôs-lhe ao pescoço um colar de ouro, mas ao sair foi apanhado por um leão que o devorou completamente. Foi com dificuldade que dele se encontraram uns poucos ossos, farrapos das vestes e o colar de ouro. O juiz Prisco foi encontrado morto depois de ter devorado a si mesmo.

Santa Eufêmia foi honrosamente sepultada na Calcedônia, devendo-se a seus méritos a conversão de todos os judeus e pagãos dessa cidade. Ela foi martirizada por volta do ano do Senhor de 280.

Ambrósio fala assim dessa virgem em seu prefácio:

> A ilustre e triunfante virgem Eufêmia conservou a mitra da virgindade e mereceu receber a coroa do martírio, pois venceu as hostes inimigas, superou seu adversário Prisco, saiu intacta de uma fornalha ardente, reduziu a pó as pedras mais duras, amansou feras, suas orações superaram toda espécie de suplício, e finalmente traspassada pela espada deixou a prisão de sua carne pelos claustros celestes a cujos coros juntou-se com alegria. Que essa virgem sagrada, Senhor, proteja sua Igreja e interceda por nós, pecadores. Que essa virgem ilibada, escrava criada em sua casa, possa apresentar a você nossos votos.

140. São Miguel

Miguel significa "quem como Deus", e todas as vezes, como diz Gregório, que se trata de fazer coisas maravilhosas, o enviado é Miguel, para dar a entender por suas ações e por seu nome que ninguém pode fazer aquilo em que só Deus é eficiente. Daí por que se atribuem a Miguel muitos poderes extraordinários. Como atesta Daniel, é ele que no tempo do Anticristo deve se erguer em favor dos eleitos na sua qualidade de protetor e defensor. Foi ele quem combateu o dragão e seus anjos e que os expulsou do Céu, obtendo uma grande vitória. Foi ele quem discutiu com o diabo a respeito do corpo de Moisés, que o diabo queria fazer desaparecer a fim de que o povo judeu o adorasse no lugar de Deus. É ele quem recebe as almas dos santos e as conduz até a alegria do Paraíso. Antigamente ele era o príncipe da sinagoga, mas agora está estabelecido como príncipe da Igreja. Pelo que se diz, foi ele quem atingiu o Egito com as sete pragas, quem dividiu as águas do mar Vermelho, quem dirigiu o povo hebreu no deserto e o introduziu na terra prometida. É ele quem carrega o estandarte de Cristo no meio das batalhas angélicas. É ele quem, por ordem do Senhor, fulminará o Anticristo quando este estiver no monte das Oliveiras. É ainda à voz do arcanjo Miguel que os mortos ressuscitarão. É ele, enfim, quem, no dia do Juízo, apresentará a cruz, os pregos, a lança e a coroa de espinhos.

A santa solenidade da festa do arcanjo Miguel é chamada Aparição, Vitória, Consagração e Memória. As aparições desse anjo são numerosas. A primeira aconteceu no monte Gargano, na Apúlia, montanha situada perto da cidade de Siponto. No ano do Senhor de 390 havia na cidade de Siponto um homem que segundo alguns autores chamava-se Gargano, nome tirado da montanha ou que dera o nome à montanha. Ele possuía um imenso rebanho de ovelhas e de bois, e um dia em que esses animais pastavam na encosta do monte um touro afastou-se dos outros para subir ao cume e não retornou com o rebanho. O proprietário reuniu grande número de serviçais a fim de procurá-lo e por fim encontrou-o no alto da montanha, na entrada de uma caverna. Irritado porque o touro vagava assim sozinho, ao acaso, lançou imediatamente contra ele uma flecha envenenada, mas no mesmo instante a flecha, como se tivesse sido empurrada pelo vento, voltou-se e atingiu quem a arremessara. Os habitantes da cidade, perturbados, foram procurar o bispo e pediram seu conselho sobre uma coisa tão estranha. Ele ordenou três dias de jejum e disse que se devia pedir a explicação daquilo a Deus. Depois disso São Miguel apareceu ao bispo, dizendo: "Saiba que aquele homem foi atingido por seu dardo por minha vontade. Eu sou o arcanjo Miguel, e quis mostrar que na Terra habito este lugar e sou o inspetor e guardião dele". Então o bispo e todos os cidadãos foram em procissão àquele local, e sem ousarem entrar ficaram rezando diante da entrada.

    A segunda aparição ocorreu por volta do ano do Senhor de 710, como se descreve abaixo. Em um lugar chamado Tumba, perto do mar e distante seis milhas da cidade de Avranches, Miguel apareceu ao bispo dessa cidade e ordenou que construísse uma igreja e ali se celebrasse a memória do arcanjo São Miguel, como era feito no monte Gargano. Como o bispo estava inseguro quanto ao lugar no qual devia construir a igreja, foi-lhe dito para construí-la onde ladrões haviam escondido um touro. Como o bispo estava inseguro quanto às dimensões que a construção devia ter, foi-lhe ordenado fazer na extensão das pegadas que o touro deixara no chão. Havia ali dois rochedos que nenhuma força humana podia mover. Então Miguel apareceu a um homem e mandou-o ao citado lugar retirar as duas rochas. Quando o homem chegou, removeu a rocha com tal facilidade que ela parecia não pesar nada. Edificada a igreja, foi levada até lá uma parte do ornamento que São Miguel colocara sobre o altar da igreja do monte Gargano, assim como um pedaço do mármore sobre o qual ele pousara. Como faltava água naquele lugar, o anjo mandou cavar um buraco em uma rocha muito dura, da qual logo saiu uma quantidade de água tão grande que ainda hoje basta para todas as necessidades. A aparição é solenemente celebrada em 16 de outubro.[1]

---

[1] Modernamente conhecido por Mont-Saint-Michel, ali se celebra sobretudo a principal data do arcanjo, 29 de setembro, quando foi consagrada a basílica a ele na Via Salária, em Roma.

Conta-se que ocorreu ali um milagre digno de ser lembrado. Essa montanha é cercada por todos os lados pelas águas do oceano, mas no dia da festa de São Miguel, por duas vezes o mar se retira e deixa a passagem livre.[2] Certa vez uma grande multidão dirigia-se à igreja, e uma mulher grávida e prestes a dar à luz encontrava-se no caminho com os outros quando, de repente, as águas voltaram e a multidão apavorada fugiu para a margem; somente a mulher grávida não conseguiu escapar e foi apanhada pelas ondas do mar. Então o arcanjo Miguel manteve a mulher ilesa, de forma que ela pôs no mundo um filho no meio do mar, pegou-o nos braços, amamentou-o, e quando o mar deu passagem, saiu alegre com o filho.

A terceira aparição é a que se lê ter ocorrido em Roma no tempo do papa Gregório. Este papa instituíra as litanias maiores por causa da peste inguinal,[3] e quando fazia devota procissão pela salvação do povo viu, sobre o castelo que se chamava antigamente Memória de Adriano, o anjo do Senhor limpando um gládio ensangüentado e recolocando-o na bainha. São Gregório compreendeu que suas preces haviam sido atendidas pelo Senhor, e mandou construir nesse lugar uma igreja em honra dos anjos, vindo daí o nome de castelo Sant'Angelo, que tem até hoje.[4] Essa aparição é celebrada em 8 de maio, assim como a do monte Gargano, que aconteceu quando de uma vitória dos habitantes de Siponto.

A quarta aparição consiste na das próprias hierarquias angélicas. A primeira delas se chama Epifania, isto é, a aparição superior; a média se chama Hiperfania, isto é, aparição mediana; a última se chama Hipofania, isto é, aparição inferior. A palavra hierarquia vem de *hierar*, que significa "sagrado", e de *archos*, "príncipe", equivalendo portanto a "principado sagrado". Cada hierarquia é constituída por três ordens: a primeira é formada pelos Serafins, Querubins e Tronos; a média, segundo a classificação de DIONISO, pelas Dominações, Virtudes e Potências; a última, conforme o mesmo autor, pelos Principados, Anjos e Arcanjos. Nessa ordem e nessa disposição, pode-se ver certa analogia com as das

---

[2] Trata-se na verdade do fenômeno cotidiano da maré montante (que ocorre a quase quatro quilômetros por hora) e vazante (que pode levar o mar a se afastar dezoito quilômetros do rochedo), que transformava a montanha em ilha algumas horas por dia até ser construído no século XIX um dique sobre o qual uma estrada mantém a cidadela constantemente ligada ao continente.

[3] H. H. Mollaret e J. Brossollet, "La procession de saint Grégoire et la peste à Rome en l'an 590", *Médecine de France*, 199, 1969, pp. 13-24. Jacopo de Varazze tratou das litanias no capítulo 66 e da peste no item 4 do capítulo 46.

[4] Conforme nota 8 do capítulo 46.

potências terrestres. De fato, entre os escravos de um monarca há aqueles cujas funções se relacionam diretamente com a pessoa do rei, caso dos camareiros, conselheiros e assessores. Eles formam a primeira ordem, similar à primeira hierarquia. Outros têm como função governar o reino sem estarem especialmente ligados a esta ou àquela província, caso dos comandantes militares ou dos juízes da corte. Eles formam a segunda ordem, similar à segunda hierarquia. Outros estão colocados à frente de uma parte do reino, como os prebostes, os bailios e os oficiais inferiores. Eles formam a terceira ordem, similar à terceira hierarquia.

As três primeiras ordens da primeira hierarquia são as que se mantêm junto de Deus e o contemplam. Para isso, três qualidades são necessárias a elas: um grande amor, como o dos Serafins, cujo nome significa "inflamados"; um conhecimento perfeito, como o dos Querubins, cujo nome significa "plenitude de ciência"; uma compreensão ou fruição perpétua, como a dos Tronos, cujo nome significa "cadeira", porque são as cadeiras de Deus, ao mesmo tempo o lugar do repouso Dele e o lugar onde Ele os faz repousar.

As três ordens da hierarquia média estão à frente da comunidade humana em geral e a governam. Essa ação de governar consiste em três coisas. Primeira, presidir e ordenar, o que diz respeito às Dominações, que têm preeminência sobre os inferiores, dirige-os no serviço a Deus e transmitem-lhes todas as ordens, o que parece indicado por esta passagem de *Zacarías*, 5, na qual um anjo diz a outro: "Corra, fale a esse jovem e diga-lhe...". Segunda, agir, o que é próprio das Virtudes, para as quais não há nada impossível de executar, quando ordenado, já que a elas foi dado o poder de realizar todas as coisas, por mais difíceis que sejam, no que se refere ao serviço a Deus, e essa é a razão pela qual se lhes atribuem os milagres. Terceira, remover todos os obstáculos e impedimentos, o que é da alçada das Potências, que devem manter afastadas as potências inimigas, qualidade assinalada em *Tobías*, 8, onde está dito que Rafael foi atar o demônio no deserto do Baixo Egito.

As três ordens da última hierarquia têm funções determinadas e limitadas. Com efeito, algumas delas estão à frente de uma província. São os da ordem dos Principados, como o príncipe que estava à frente dos persas. Fala-se disso em *Daniel*, 10. Outros, encarregados de governar uma comunidade, como uma cidade, por exemplo, são chamados de Arcanjos, enquanto os que dirigem uma pessoa em particular são chamados de Anjos. Daí por que se diz que estes estão encarregados de anunciar pequenas coisas, já que seu ministério é limitado a um único homem. Diz-se que os Arcanjos anunciam as grandes coisas, porque o bem geral prevalece sobre o de um único homem.

Na divisão das funções das ordens da primeira hierarquia, Gregório e Bernardo concordam com Dioniso, reconhecendo que a fruição divina dos Serafins consiste no amor, a dos Querubins no conhecimento profundo e a dos Tronos na posse perpétua. Mas discordam no que diz respeito às funções atribuídas à segunda e à terceira hierarquias, a saber, aos Principados e às Virtudes. Gregório e Bernardo consideram que a segunda hierarquia possui funções de prelatura e a última de serviço. A prelatura dos Anjos é de três tipos, a das Dominações sobre os espíritos angélicos, a dos Principados sobre os homens de bem, a das Potências sobre os demônios. A posição e o grau de sua dignidade são evidentes. A terceira hierarquia é a do triplo ministério, consistente nas obras, na grande instrução, na pequena instrução. O primeiro é desempenhado pelas Virtudes, o segundo pelos Arcanjos, o terceiro pelos Anjos.

A quinta aparição é a que se lê na HISTÓRIA TRIPARTITE. Perto de Constantinopla há um lugar onde antigamente era adorada a deusa Vesta, local em que foi mais tarde erguida uma igreja em honra de São Miguel. Esse lugar recebeu o nome de Michaelium. Um homem chamado Aquilino estava atacado por uma febre muito forte, que lhe dava uma coloração avermelhada, e contra isso os médicos deram-lhe uma poção que ele vomitou e depois passou a rejeitar comida e bebida. Próximo à morte, ele se fez conduzir àquele lugar acreditando que ali morreria ou ali seria curado. Miguel apareceu e disse a ele para fazer uma poção composta de mel, vinho e pimenta, na qual devia mergulhar tudo o que comesse e recuperaria saúde plena. Ele assim fez e foi completamente curado, embora segundo os argumentos da medicina não se deva dar remédios quentes aos coléricos.[5] Até aqui a *História tripartite*.

O segundo nome desta festa é Vitória. Múltiplas são as vitórias obtidas por intermédio do arcanjo Miguel e dos anjos.

A primeira vitória foi a que o arcanjo Miguel fez a citada cidade de Siponto obter algum tempo depois da aparição relatada mais acima. Os napolitanos, ainda pagãos, distantes cinqüenta milhas de Siponto, guerrearam com um exército bem organizado os habitantes de Siponto e de

---

[5] Conforme nota 4 do capítulo 32.

Benevento. Os sipontinos, a conselho do bispo, pediram uma trégua de três dias para fazer jejum e invocar o auxílio de seu padroeiro Miguel. Na terceira noite Miguel apareceu ao bispo, disse-lhe que as preces foram atendidas, prometeu a vitória e mandou atacar o inimigo na quarta hora do dia. Quando isso aconteceu, o monte Gargano foi abalado por um intenso tremor, os raios não pararam de riscar os ares e um nevoeiro espesso cobriu todo o cume da montanha, de maneira que seiscentos inimigos caíram traspassados pela espada e pelo raio. Os sobreviventes reconheceram o poder do arcanjo, abandonaram o erro da idolatria e submeteram-se logo em seguida à fé cristã.

A segunda vitória foi a que o arcanjo Miguel obteve quando expulsou do Céu o dragão, isto é, Lúcifer, com todo o seu séquito. O fato é relatado no *Apocalipse*: "Travou-se um grande combate no Céu, Miguel combateu com seus anjos etc.". Quando Lúcifer quis se igualar a Deus, o arcanjo Miguel, porta-estandarte do exército celeste, apareceu e expulsou do Céu Lúcifer com todo seu séquito e repeliu-o para o ar caliginoso para ali ficar até o dia do Juízo. Não lhes foi permitido habitar o Céu ou a parte superior do ar, porque é um lugar claro e agradável, nem ficar na Terra conosco, porque nos incomodariam muito, e sim obrigados a residir no ar, entre o Céu e a Terra, a fim de que ao olhar para cima e ver a glória que perderam sintam dor, e ao olhar para baixo e ver os homens ascendendo para o Céu de onde caíram, sejam com freqüência atormentados pela inveja. No entanto, muitas vezes têm autorização divina para descer e nos submeter a tentações, daí ter sido mostrado a alguns santos que eles freqüentemente voam em torno de nós como moscas. São incontáveis e o ar está cheio deles como desses insetos.[6] É o que faz AIMON dizer: "Como afirmaram os filósofos e nossos doutores, o ar que nos cerca está cheio de demônios e espíritos malignos da mesma forma que o raio de sol está de minúsculas partículas de pó". Embora sejam tantos, segundo a opinião de ORÍGENES, seus exércitos contudo diminuem quando os vencemos, de maneira que aquele que foi vencido por um homem santo não pode mais tentá-lo para o vício no qual foi vencido.

A terceira vitória é a que os anjos obtêm todos os dias contra os demônios, ao combater por nós contra os inimigos, ao nos livrar das tentações. Eles nos livram das tentações de três maneiras. Primeira, dominando o poder do demônio, com *Apocalipse*, 20, afirmando que o anjo ata

---

[6] Conforme nota 3 do capítulo 45.

o demônio e o lança no abismo, e *Tobias*, 8, assegurando que o diabo foi atado no deserto. Falar em "atar" significa dizer que seu poder é refreado. Segunda, esfriando a concupiscência, como indicado em *Gênesis*, 32, onde está dito que o anjo tocou o nervo de Jacó e o secou imediatamente. Terceira, trazendo à nossa memória a paixão do Senhor, significado dado por *Apocalipse*, 7, ao dizer: "Não ataquem a terra, nem o mar, nem as árvores antes que tenhamos marcado na fronte os escravos de Deus". O mesmo está em *Ezequiel*, 9: "Marque com um tau[7] a fronte dos homens que gemem". A letra tau tem a forma de uma cruz, e os que foram marcados com ela já não têm que temer os golpes do anjo. Daí estar dito no mesmo lugar: "Não matem aquele sobre quem virem o tau".

A quarta vitória é a que o arcanjo Miguel deve obter sobre o Anticristo quando o matar. Está dito em *Daniel*, 12: "Então vigorosamente se levantará Miguel, o grande príncipe, o apoio dos eleitos, o protetor contra o Anticristo". Segundo diz a GLOSA sobre *Apocalipse*, 13 ("Vi uma das cabeças da besta, ferida de morte"), o Anticristo simulará que está morto e se esconderá por três dias, depois aparecerá dizendo que ressuscitou e, por arte mágica, os demônios o levarão pelos ares, e o universo, admirado, o adorará. Enfim, como diz a *Glosa* de *II Tessalonicenses*, 2 ("O Senhor Jesus o destruirá pelo sopro de sua boca"), ele subirá o monte das Oliveiras e no local de onde o Senhor subiu ao Céu ele erguerá sua tenda e seu trono, quando chegará Miguel e o matará. É desse combate e dessa vitória que trata, segundo Gregório, o *Apocalipse*, 12: "Então ocorreu uma grande batalha no Céu". Palavras que podem ser aplicadas às três batalhas de Miguel: a que travou contra Lúcifer quando o expulsou do Paraíso, a que trava com os demônios que nos incomodam, e enfim a de que se fala aqui e que será travada no fim do mundo contra o Anticristo.

O terceiro nome desta solenidade é Consagração, porque o arcanjo Miguel revelou que aquele lugar, no monte Gargano, fora consagrado por ele próprio neste dia. Quando os habitantes de Siponto retornaram depois de massacrar seus inimigos, sobre os quais obtiveram uma vitória tão brilhante, hesitaram sobre se deviam entrar naquele lugar ou consagrá-lo. Então o bispo mandou consultar o papa Pelágio, que respondeu: "Se um homem fosse consagrar essa igreja, deveria fazê-

---

[7] O tau é a 19ª letra do alfabeto grego, correspondente ao "T" latino, que por sua forma de cruz era bastante utilizado pela arte medieval como elemento simbólico-decorativo.

lo na data em que a vitória foi concedida, mas para se agradar São Miguel é preciso conhecer a vontade dele a respeito disso". Logo depois que o papa, o bispo e os cidadãos de Siponto entregaram-se a um jejum de três dias, Miguel apareceu ao bispo dizendo: "Não há necessidade de vocês consagrarem a igreja que edifiquei, eu mesmo já o fiz".

Ordenou que no dia seguinte ele fosse até lá com o povo, freqüentemente fizesse preces ali e, para sentirem que ele era seu padroeiro especial e reconhecerem que a igreja estava consagrada, mostrava um sinal: deveriam subir até lá pelo lado do oriente e encontrariam os passos de um homem impressos no mármore. No dia seguinte de manhã, o bispo e todo o povo foram àquele lugar e ao entrarem em uma grande cripta encontraram três altares, dois posicionados do lado sul e o terceiro do lado do oriente, venerável e coberto por um baldaquino vermelho. Celebrou-se então missa solene, e tendo todos recebido a santa comunhão, voltaram para casa cheios de imensa alegria. O bispo ali estabeleceu padres e clérigos para celebrar continuamente o ofício divino. Emana dessa caverna uma fonte de água límpida e muito gostosa, que o povo bebe depois da comunhão e assim diversos doentes ficam curados. Então o sumo pontífice, tendo sabido dessas maravilhas, determinou que nesse dia se celebraria por todo o universo uma festa em honra de São Miguel e de todos os espíritos bem-aventurados.

O quarto nome dessa solenidade a São Miguel é Memória, pois nela celebramos a memória de todos os anjos. Eles têm direito aos nossos louvores e às nossas honrarias por vários motivos. São nossos guardiães, nossos escravos, nossos irmãos e nossos concidadãos. São eles que levam as almas para o Céu e apresentam nossas preces a Deus. São os mais nobres soldados do rei eterno e os consoladores dos aflitos.

Em primeiro lugar, devemos honrá-los porque são nossos guardiães. A cada homem são dados dois anjos, um mau para pô-lo à prova e um bom para protegê-lo. O homem é protegido desde o útero por um anjo bom, que desde o nascimento continua a guardá-lo para sempre, mesmo quando já é adulto. Ora, nesses três estados o homem tem necessidade da proteção angélica, pois quando é muito pequeno, no útero, pode ser morto e condenado; fora do útero e antes da idade adulta, pode ser impedido de receber o batismo; chegado à idade adulta, pode ser levado a cometer diferentes pecados. De fato, o diabo seduz a razão do adulto com astúcia, alicia sua vontade com carícias, oprime sua virtude com violência. Era necessário, portanto, que houvesse um anjo bom encarregado de proteger o homem, instruí-lo, afastá-lo dos enganos, exortá-lo e incitá-lo ao bem, defendendo-o das carícias e da violência demoníacas.

Pode-se assinalar quatro resultados que o homem obtém da proteção de seu anjo da guarda. O primeiro é fazer a alma progredir na aquisição da graça, o que o anjo faz de três maneiras. Primeira, afastando dele tudo que impede de realizar o bem, como está indicado em *Êxodo*, 12, onde se diz que o anjo golpeou os primogênitos do Egito. Segunda, expulsando a preguiça, como está dito em *Zacarias*, 4: "O anjo do Senhor despertou-me como um homem é despertado de seu sono". Terceira, conduzindo-o no caminho da penitência e trazendo-o de volta, como é descrito em *Tobias*, 5.

O segundo resultado é impedi-lo de cair em falta, o que o anjo faz de três maneiras. Primeira, impedindo o pecado futuro, como indicado em *Números*, 22, onde está dito que Balaão ia amaldiçoar Israel e foi impedido por um anjo. Segunda, repreendendo pelo pecado passado a fim de corrigir-se dele, como assinalado em *Juízes*, 2, onde se vê que quando o anjo repreendeu os filhos de Israel por sua prevaricação, eles elevaram suas vozes e puseram-se a chorar. Terceira, agindo quase com violência a fim de abandonar o pecado atual, como mostra a violenta intervenção para expulsar Ló e sua mulher de Sodoma, isto é, do hábito do pecado.

O terceiro resultado é elevar-se depois da queda, o que o anjo faz de três maneiras. Primeira, estimulando a contrição, fato assinalado em *Tobias*, 11, onde se mostra que seguindo as ordens do anjo o jovem Tobias untou com fel de peixe (que significa a contrição) os olhos de seu pai, isto é, os olhos do coração. Segunda, purificando os lábios para se confessar dignamente, como indicado em *Isaías*, 6, personagem que teve os lábios purificados por um anjo. Terceira, fazendo aceitar com alegria a confissão, como diz *Lucas*, 15, segundo o qual haverá mais alegria no Céu por um único pecador que faz penitência do que por 99 justos que permanecem na perseverança.

O quarto resultado é dificultar que o homem sucumba com tanta freqüência a tantos males cada vez que o diabo o incita. O anjo faz isso de três maneiras. Primeira, pondo um freio no poder do demônio; segunda, enfraquecendo a concupiscência; terceira, gravando em nossos corações a lembrança da paixão do Senhor. O que foi dito acima basta para prová-lo.

Em segundo lugar, devemos honrar os anjos porque são nossos escravos. Todos os anjos, diz *Hebreus*, 1, são espíritos que nos servem. Todos têm uma missão em relação a nós, pois os superiores servem os médios, os médios servem os inferiores, e estes servem a nós. Essa missão decorre de três fatores. Primeiro, da bondade de Deus, que se preocupa com nossa salvação e para isso nos envia espíritos nobilíssimos que lhe estão intimamente unidos e aos quais encarrega de nos salvar. Segundo, da caridade dos anjos, porque a finalidade de uma caridade perfeita é desejar ardentemente a salvação dos outros, daí Isaías dizer: "Aqui estou, Senhor, envia-me".[8] Os anjos podem nos ajudar porque nos vêem privados de seus auxílios e atacados por anjos maus e porque a lei da caridade angélica o exige. Terceiro, da indigência do homem, pois os anjos bons são enviados para: inflamar nosso coração de amor, daí a representação disso ser a carruagem de fogo que os traz; iluminar a inteligência no conhecimento de seus deveres, o que é representado pelo anjo do *Apocalipse*, 10, que tinha um livro aberto na mão; fortalecer nossa fraqueza até o fim, como indicado em *III reis*, 19, onde um anjo levou a Elias um pão cozido sob a cinza e um jarro de água, ele comeu e assim fortalecido pôde ir até Oreb, a montanha de Deus.

Em terceiro lugar, devemos honrar os anjos porque são nossos irmãos e nossos concidadãos. Todos os eleitos fazem parte das ordens angélicas, alguns das superiores, outros das médias, outros das inferiores, conforme seus méritos, por isso a bem-aventurada Virgem está acima de todos. O beato Gregório parece não ser dessa opinião em uma de suas homilias, onde diz:

> Há os que se interessam por umas poucas coisas, mas que não deixam de comunicá-las a seus irmãos: estes são colocados junto com os Anjos. Há os que conseguem compreender e manifestar o que há de mais sublime nos segredos do Céu: estes estão junto com os Arcanjos. Há os que fazem coisas milagrosas e realizam obras poderosas: estes estão junto com as Virtudes. Há os que, pela força de suas preces e pelo poder que receberam, afugentam os espíritos malignos: estes estão junto com as Potências. Há os que pelas virtudes que receberam têm mais méritos que os demais eleitos: estes merecem partilhar a sorte dos Principados. Há os que exerceram tal domínio sobre os próprios vícios, que em razão dessa pureza foram chamados de deuses pelos homens, como foi dito a Moisés: "Colo-

---

[8] *Isaías* 6,8.
[9] *Êxodo* 7,1.

quei você acima do faraó, como se fosse um deus":[9] estes estão com as Dominações. Há aqueles por meio de quem o Senhor examina os atos dos outros, governa a Santa Igreja, julga os atos fracos dos demais eleitos: estes estão junto com os Tronos. Há os que estão plenos de amor por Deus e pelo próximo e que merecem estar entre os Querubins, porque querubim quer dizer "plenitude de ciência", e segundo Paulo a plenitude da lei é o amor. Há os que, inflamados pelo amor da contemplação das coisas do Céu, tendem com todos os seus esforços para o Criador, não desejam mais nada do que é deste mundo, satisfazem-se apenas com o amor da eternidade, desprezam tudo o que é da terra, elevam-se em espírito acima do que pertence ao tempo. Eles ao mesmo tempo ardem, queimam e encontram repouso em seu amor, ardem amando, queimam pelo fogo de suas palavras, e sua linguagem tem a virtude de imediatamente abrasar de amor por Deus aqueles a quem se dirigem: estes não podiam ter outra sorte que a de estar entre os Serafins.

Assim falou Gregório.

Em quarto lugar, devemos honrar os anjos porque levam nossas almas para o Céu, o que fazem de três maneiras. Primeira, preparando-nos o caminho, conforme *Malaquias*, 3: "Vou enviar meu anjo, que preparará o caminho para você". Segunda, levando-nos ao Céu pelo caminho que foi preparado, conforme diz *Êxodo*, 23: "Vou enviar meu anjo que o protegerá no caminho e que o introduzirá na terra que prometi a seus pais". Terceira, colocando-nos no Céu, conforme *Lucas*, 16: "Morreu o mendigo e foi levado pelos anjos ao seio de Abraão".[10]

Em quinto lugar, devemos honrar os anjos porque eles apresentam nossas orações a Deus de três maneiras. Primeira, eles próprios oferecem nossas orações a Deus, como está dito em *Tobias*, 12: "Quando você orava com lágrimas e sepultava os mortos, eu próprio apresentei suas orações ao Senhor". Segunda, eles intercedem a nosso favor, como se vê em *Jó*, 33: "Se um anjo entre milhares fala pelo homem e anuncia ao Senhor a eqüidade desse homem, Deus terá compaixão dele". O mesmo aparece em *Zacarias*, 1: "O anjo do Senhor respondeu 'Senhor dos exércitos, até quando não terá misericórdia de Jerusalém e das cidades de Judá, contra

---

[10] A expressão "seio de Abraão" designa, na expressão de J. Le Goff ("Além", em *Dicionário temático do Ocidente medieval*, Bauru, Edusc, 2002, vol. 1, pp.23-4), "o lugar de repouso que é a anticâmara do Paraíso". Na iconografia medieval o tema era representado com os eleitos abrigados no peito do patriarca, o que dava ao Paraíso uma imagem paternal cheia de implicações, como mostrou J. Baschet, *Le sein du père. Abraham et la paternité dans l'Occident médiéval*, Paris, Gallimard, 2000.

as quais está furioso? Já estamos no septuagésimo ano da ruína delas'". Terceira, eles nos trazem as ordens de Deus. *Daniel*, 9, relata que Gabriel voou até ele para dizer: "Desde o começo de sua prece recebi uma ordem de Deus e venho revelá-la a você", o que a *Glosa* interpreta como: "Logo após a sentença de Deus vim para revelar as coisas de que Ele me encarregou de comunicar a você, que é um homem querido Dele". Bernardo fala assim sobre essas três funções dos anjos em seu livro sobre o *Cântico dos cânticos*: "O anjo corre do amado à amada, levando as promessas, trazendo os presentes, estimulando esta, acalmando aquele".

Em sexto lugar, é preciso honrar os anjos porque são os nobilíssimos guerreiros do rei eterno, segundo é dito em *Jó*, 25: "Pode-se contar o número de seus soldados?". Entre os soldados de um rei terreno, alguns ficam sempre em sua corte, acompanhando-o e entregando-se a cantos em sua honra para o distrair; alguns protegem as cidades e castelos do reino; alguns combatem seus inimigos. O mesmo acontece com os soldados de Cristo, alguns sempre na corte celeste, isto é, no Céu empíreo, acompanhando o Rei dos reis e constantemente entoando em sua honra cânticos de júbilo e de glória, dizendo: "Santo, santo, santo, bênção, glória, sabedoria etc.", como está em *Apocalipse*, 7. Outros são encarregados da guarda das cidades, dos subúrbios, das propriedades rurais e dos castelos. Quer dizer, são os que foram designados para nos proteger, são os guardiães das virgens, dos castos, dos casados e das comunidades religiosas, conforme *Isaías*, 12: "Coloquei guardiães em seus muros, Jerusalém". Outros, enfim, combatem os inimigos de Deus, isto é, os demônios, como diz *Apocalipse*, 12: "Houve um grande combate no Céu (ou seja, segundo um comentário bíblico, na Igreja militante), Miguel e seus anjos enfrentaram o dragão".

Em sétimo lugar, enfim, devemos honrar os anjos porque são os consoladores dos aflitos, como afirma *Zacarias*, 1 ("O anjo falava-me boas e consoladoras palavras"), e *Tobias*, 5 (a quem o anjo disse "Tenha coragem"). Eles executam essa função de três maneiras. Primeira, confortando e animando, como aconteceu com Daniel, que estava assustado quando o anjo o tocou e disse "Não tema, a paz esteja com você, tenha coragem, anime-se" (*Daniel*, 10). Segunda, poupando de dificuldades, como diz *Salmos*, 90: "O Senhor ordenou a seus anjos que o proteja em seu caminho, que o leve pela mão etc.". Terceira, acalmando e minimizando os problemas, como indica *Daniel*, 3, quando relata que o anjo do Senhor desceu no forno em que estavam três crianças e fez para elas um vento fresco e um doce orvalho.

141. São Jerônimo

Jerônimo deriva de *gerar*, "santo", e *nemus*, "bosque", significando "bosque santo", ou então vem de *noma*, que quer dizer "lei". É por isso que sua legenda diz que Jerônimo significa "lei sagrada". Com efeito, ele foi santo, isto é, firme, puro, coberto de sangue ou destinado às funções sagradas, como se diz dos vasos do templo, destinados a usos santos. Ele foi santo, isto é, firme em boas obras por causa de sua perseverante generosidade, limpo por causa da pureza de seu espírito, coberto de sangue por causa de sua meditação sobre a paixão do Senhor, destinado a uso sagrado por causa de sua exposição e interpretação da Sagrada Escritura. Seu nome significa bosque porque ele habitou algum tempo um bosque, significa lei devido à disciplina regular que ensinou a seus monges ou porque explicou e interpretou a lei sagrada.

Jerônimo significa ainda "visão de beleza" ou "selecionador de palavras". A beleza é múltipla: a primeira é espiritual, que reside na alma; a segunda é moral, que consiste na honestidade dos costumes; a terceira é intelectual, que é a beleza dos anjos; a quarta é sobrenatural, que pertence a Deus; a quinta é celeste, que têm os santos na pátria.[1] Jerônimo vivenciou e possuiu essa quíntupla beleza. Possuiu a espiritual nas suas diferentes virtudes; a moral na sua vida honesta; a intelectual na sua excelente pureza; a sobrenatural na sua ardente caridade; a celeste na sua caridade excelente e eterna. Foi selecionador de palavras, tanto as ditas por ele quanto pelos outros, em um caso publicando[2] e em outro confirmando as verdadeiras, refutando as falsas, esclarecendo as duvidosas.

---

[1] Conforme nota 1 do capítulo 90.

[2] Um dos grandes Pais da Igreja, célebre pela sua tradução bíblica conhecida por Vulgata, autor de uma

Jerônimo, filho de um nobre chamado Eusébio, era originário da cidade de Estridônia, nos confins da Dalmácia e da Panônia.³ Ainda jovem foi para Roma, onde estudou as letras gregas, latinas e hebraicas. Seu mestre de gramática foi Donato e o de retórica o orador Vitorino. Ele se dedicava noite e dia ao estudo das Sagradas Escrituras. Delas tirou com avidez os conhecimentos que mais tarde abundantemente divulgou. Em certa época, ele conta em carta a Eustáquio como passava o dia a ler Cícero e a noite a ler Platão, porque o estilo descuidado dos livros dos profetas não lhe agradava, quando por volta de meados da Quaresma foi tomado por uma febre tão súbita e violenta que seu corpo esfriou e o calor vital mal palpitava no seu peito.

Já se preparavam seus funerais quando, de repente, foi levado ao tribunal do Juiz, que lhe perguntou qual era sua condição, e ele respondeu abertamente ser cristão. Disse-lhe o Juiz: "Você mente, você é ciceroniano, não cristão, pois onde está seu tesouro, ali está seu coração". Jerônimo calou-se e imediatamente o Juiz mandou chicoteá-lo com rigor. Ele se pôs então a gritar: "Tenha piedade de mim, Senhor, tenha piedade de mim". Os que estavam presentes rogaram ao Juiz que perdoasse aquele jovem. Este fez um juramento: "Senhor, se algum dia eu tiver de ler livros profanos, é que o renego". Feito o juramento, foi mandado embora e repentinamente voltou à vida, descobrindo que estava banhado em lágrimas e que seus ombros estavam horrivelmente lívidos dos golpes recebidos diante daquele tribunal.

Depois disso ele leu os livros divinos com o mesmo zelo com que antes lera os livros pagãos. Tinha 29 anos quando foi ordenado cardeal-padre[4] na Igreja romana. Com a morte do papa Libério, Jerônimo foi aclamado por todos como digno do sumo sacerdócio, mas como tinha repreendido a conduta lasciva de alguns clérigos e monges, estes, muito indignados, armaram-lhe ciladas. Conta JOÃO BELETH que colocaram uma roupa de mulher no lugar da sua para zombar dele vergonhosamente. De fato, quando Jerônimo se levan-

---

extensa obra, Jerônimo (c. 347-420) é uma das autoridades mais citadas pela *Legenda áurea*, em que aparece 48 vezes, em 28 diferentes capítulos.

3 Isto é, em uma região entre as atuais Croácia e Hungria.

4 Nos primeiros séculos da Igreja, chamavam cardeal os diáconos (ver nota 1 do capítulo 2) das sete regiões em que estava dividida a cidade de Roma. Mais tarde surgiram também cardeais-bispos e cardeais-padres, e somente a partir de João XXIII todos os cardeais precisam ser bispos.

tou como de costume para as matinas, encontrou ao lado da cama um traje que pensou ser o seu mas era de mulher, ali colocado pelos invejosos, e vestido assim foi à igreja. Os rivais haviam feito isso para que se acreditasse que havia uma mulher no seu quarto. Vendo até onde chegava a loucura deles, retirou-se para a casa de Gregório de Nazianzo,[5] bispo da cidade de Constantinopla.

Depois de ter aprendido com ele a literatura sagrada, correu para o deserto[6] e ali sofreu por Cristo tudo o que ele próprio relata a Eustóquio:

> Todo o tempo que fiquei no deserto, naquela vasta solidão abrasada pelo calor do sol e que mesmo para os monges é lugar horrível para morar, eu acreditava estar no meio das delícias de Roma. Meus membros deformados estavam cobertos por um cilício que os tornava horrendos, minha pele ressecada adquirira a cor da carne dos etíopes. Todos os dias se passavam em lágrimas, em gemidos, e se algumas vezes um sono repugnante me prostrava, era a terra nua que servia de leito aos meus ossos secos. Nem falo de beber e de comer, pois considerava a água fria e a comida cozida dos doentes um pecado de luxúria. Embora eu tivesse por companheiros apenas escorpiões e feras, muitas vezes em espírito encontrava-me no meio de moças, e naquele corpo frio, naquela carne já morta, a libido me incendiava. Isso provocava choros contínuos e eu submetia minha carne rebelde a jejuns de semanas inteiras. De dia e de noite era sempre a mesma coisa, eu só parava de golpear o peito quando o Senhor me devolvia a tranqüilidade. Mesmo minha cela me dava medo, como se fosse testemunha de meus pensamentos. Irritava-me contra mim, e sozinho embrenhava nos mais ríspidos desertos. Então, Deus é minha testemunha, depois de lágrimas abundantes às vezes me parecia estar entre os coros dos anjos.

Ele assim fez penitência durante quatro anos, depois voltou a Belém, onde se ofereceu para permanecer como um animal doméstico junto da manjedoura do Senhor. Relia as obras de sua biblioteca, que reunira com o maior cuidado, assim como outros livros, e jejuava até o fim do dia. Reuniu à sua volta grande número de discípulos e consagrou 55 anos e seis meses a traduzir as Escrituras. Permaneceu virgem até o fim da vida. Ainda que essa legenda diga que sempre foi virgem, ele escreveu a Pamáquio: "Prefiro a virgindade no Céu, já que não tenho a

---

[5] Conforme nota 11 do capítulo 52.
[6] Conforme nota 1 do capítulo 15.

daqui". No final estava tão esgotado que, para se levantar da cama a fim de acompanhar como podia os ofícios do mosteiro, precisava segurar-se com as mãos em uma corda presa a um pilar.

 Certa vez, ao cair do dia, quando Jerônimo estava sentado com seus irmãos para escutar a leitura sagrada, de repente entrou no mosteiro um leão que mancava. Vendo-o, todos os irmãos fugiram, mas Jerônimo foi ao seu encontro como se ele fosse um hóspede. O leão mostrou que estava ferido na pata e Jerônimo chamou os irmãos, ordenando-lhes que lavassem a pata dele e procurassem atentamente o lugar da ferida. Assim fazendo, descobriram que espinhos haviam machucado a planta da pata. Todo cuidado foi dedicado ao leão, que, curado, passou a morar com eles quase como um animal doméstico. Então Jerônimo percebeu que não era tanto para curar a pata do leão, quanto pela utilidade que disso se poderia tirar, que o Senhor o enviara. A conselho dos irmãos, decidiu confiar-lhe a tarefa de conduzir ao pasto e proteger o asno que a comunidade empregava para trazer lenha da floresta. Assim foi feito. O leão cuidava do asno como um hábil pastor, servia de companheiro que todos os dias ia aos campos com ele e era seu vigilante defensor enquanto ele pastava. Só o deixava um pouco para procurar seu próprio alimento, e todos os dias na mesma hora voltava com ele para casa.

 Um dia, porém, o asno estava pastando e o leão adormeceu profundamente, quando passaram por ali mercadores com camelos, que viram o asno sozinho e o raptaram. Ao acordar, não achando seu companheiro, o leão pôs-se a correr aqui e ali, rugindo. Enfim, não o encontrando, voltou muito triste para as portas do mosteiro, e cheio de vergonha não teve coragem de entrar como fazia habitualmente. Os irmãos, vendo-o voltar mais tarde que de costume e sem o asno, acharam que, levado pela fome, ele comera o animal e não quiseram lhe dar sua ração costumeira, dizendo-lhe: "Vá comer o que sobrou do burrico, vá saciar sua gula". Entretanto, como não estavam certos de que ele tivesse cometido essa má ação, foram ao pasto ver se encontravam um indício de que o asno estava morto. Não encontraram nada e foram relatar tudo a Jerônimo, que impôs ao leão a função do asno: trazer nas costas a lenha cortada. O leão suportou isso com paciência.

 Um dia, depois de cumprida sua tarefa, foi ao campo e pôs-se a correr aqui e ali desejando saber o que fora feito de seu companheiro, quando viu ao longe chegar negociantes conduzindo camelos carregados, tendo um asno na frente. O hábito nessa região é que quando se vai a longa distância com camelos, estes, para seguir um caminho mais direto, são precedidos por um asno que os conduz por meio de uma corda presa ao pescoço. O leão reconheceu o asno, lançou-se com terríveis rugidos sobre eles e pôs todos os homens em fuga. Com pavorosos rugidos, batendo a cauda com força no chão, forçou os assustados e carregados camelos a ir na frente dele para o estábulo do mosteiro. Quando os irmãos viram aquilo, informaram Jerônimo, que disse: "Lavem, caríssimos irmãos, as patas de nossos hóspedes, dêem-lhes de comer e aguardem sobre este assunto a vontade do Senhor". O leão começou a correr pelo mosteiro, cheio de alegria, como fazia antigamente, prosternando-se aos pés de cada irmão. Parecia, brincando com a cauda, pedir perdão por uma falta que não cometera.

    Jerônimo, que sabia o que ia acontecer, disse: "Irmãos, vão preparar o necessário para os hóspedes que vêm aqui". Ainda falava, quando um mensageiro anunciou que estavam à porta hóspedes que queriam ver o abade. Ele foi encontrá-los, os negociantes lançaram-se imediatamente a seus pés pedindo perdão pela falta. O abade mandou com bondade que se erguessem, retomassem seus bens e não roubassem os dos outros. Eles rogaram que o bem-aventurado Jerônimo aceitasse metade de seu azeite e os abençoasse. Depois de muita insistência, obrigaram-no a aceitar a oferenda. Prometeram ainda dar aos irmãos todo ano uma quantidade igual de azeite e impor a mesma obrigação a seus herdeiros.

    Antigamente cada um cantava na igreja o que queria, mas o imperador Teodósio, segundo João Beleth, pediu ao papa Damásio que confiasse a alguém douto a tarefa de organizar o ofício eclesiástico. Sabendo que Jerônimo conhecia perfeitamente as línguas grega e hebraica e todas as ciências, encarregou-o dessa tarefa. Então Jerônimo dividiu o saltério entre os dias da semana, atribuiu a cada um deles um noturno[7] próprio e instituiu que se cantasse no fim de cada salmo o *Gloria Patri*, segundo relata SIGEBERTO. Depois organizou as epístolas e os evangelhos que se devem cantar ao longo de todo o ano, e de Belém enviou tudo isso ao sumo pontífice e aos cardeais, que o aprovaram e determinaram sua autenticidade perpétua. Depois disso, Jerônimo mandou construir um túmulo na entrada da gruta onde o Senhor foi sepultado, e foi lá que, completados 98 anos e seis meses, foi sepultado.

---

7 Em liturgia, *nocturnus* é uma parte do ofício da noite, basicamente alguns salmos, leituras e responsórios (cantos de vozes alternadas). No ofício monástico, há dois noturnos nos dias comuns e três nos dias festivos.

Vê-se o profundo respeito que Agostinho teve por ele pelas cartas que lhe dirigiu. Em uma delas, escreve desse modo: "A Jerônimo, senhor caríssssimo, com sinceríssimo afeto, o respeitoso abraço de Agostinho etc.". Em outro lugar, escreve assim sobre ele: "O santo padre Jerônimo, muito versado em grego, latim e hebraico, viveu até idade avançada nos lugares santos dedicando-se ao estudo das letras sagradas. A celebridade de seus textos resplandece do Oriente ao Ocidente como a luz do sol". O bem-aventurado PRÓSPERO fala assim dele em suas crônicas: "Jerônimo, padre ilustre no mundo inteiro, habitava Belém, onde prestou serviços à Igreja por seu gênio eminente e por seus estudos". Escrevendo a Albigense, ele fala assim de si mesmo: "Não há nada que eu tenha evitado com tanto cuidado desde minha infância quanto o espírito de orgulho e a altivez de caráter que atraem a cólera de Deus". Diz ainda: "Tenho medo das coisas que parecem muito certas". Mais adiante: "No mosteiro exercemos a hospitalidade de todo o coração, recebemos de rosto alegre e lavamos os pés de todos os que vêm até nós, exceto os heréticos".

ISIDORO no seu livro *Etimologías* fala que "Jerônimo era perito em três línguas, por isso sua interpretação é preferível à dos outros: ele apreende melhor o sentido das palavras e suas expressões são claras e transparentes, além do que, sendo cristão, sua interpretação é verdadeira". Em um de seus diálogos, SULPÍCIO SEVERO, discípulo de São Martinho, fala assim de Jerônimo, seu contemporâneo:

> Independentemente do mérito de sua fé e de suas virtudes, Jerônimo era instruído no latim, no grego e mesmo no hebraico, e em todas as ciências, de forma que ninguém ousaria comparar-se a ele, cujos combates e lutas contra os maus eram incessantes. Os heréticos odiaram-no porque ele sempre os atacou, os clérigos porque repreendeu seus crimes e sua maneira de viver, mas todas as pessoas de bem admiravam-no e amavam-no. Os que o consideram heréticos são loucos. Ele está sempre lendo, sempre no meio dos livros, sempre lendo ou escrevendo, não repousa nem de dia nem de noite.

Isso disse Severo.

Conforme suas próprias palavras, teve de suportar muitos perseguidores e detratores. Mas suportou de bom grado essas perseguições, como escreveu a Asela: "Dou graças a Deus de ser digno do ódio do mundo, falam de mim como de um malfeitor, mas sei que para chegar ao Céu é preciso suportar tanto a boa como a má reputação". Mais adiante continua:

> Queira Deus que, em nome de meu Senhor e da justiça, toda a multidão dos infiéis me persiga! Queira Deus que o mundo se erga com dureza para me ofender! Espero apenas uma recompensa, merecer os elogios de Cristo e a realização de suas promessas. É agradável e mesmo desejável ser posto à prova quando se pode esperar o prêmio de Cristo no Céu. As graves maldições são compensadas pelos louvores divinos.

Ele morreu por volta do ano do Senhor de 398.

142. A Translação de São Remígio

Remígio vem de *remige*, "aquele que conduz ou dirige o navio", ou de *remís*, "remos", e *gyon*, "luta". De fato, ele governou a Igreja e a preservou do perigo do naufrágio, conduzindo-a à porta do Paraíso e combatendo por ela contra os embustes do diabo.

Remígio converteu o rei e a nação dos francos a Cristo. Aquele rei tinha uma esposa muito cristã chamada Clotilde, que tentava por todos os meios converter seu marido à fé, mas sem o conseguir. Quando teve um filho, quis batizá-lo, mas o rei proibiu totalmente. Como não tinha outro desejo e insistia, acabou por obter o consentimento do rei e o filho foi batizado, mas pouco depois ele subitamente morreu. O rei disse: "Agora se vê que Cristo é um deus de pouco valor, que não pôde manter vivo aquele pelo qual sua crença podia ser expandida". Ela: "Ao contrário, e por isso me sinto muito amada por meu Deus. Sei que Ele retomou o primeiro fruto de meu ventre para dar a meu filho um reino infinitamente melhor que o seu".

Ela concebeu novamente e pôs no mundo um segundo filho. Para batizá-lo teve de insistir muito, como em relação ao primeiro, mas subitamente ele ficou tão doente que se temeu pela sua vida. Então o rei disse à esposa: "Realmente, seu deus é bem fraco para não conservar vivo alguém batizado em seu nome. Se você gerar mil filhos e os batizar, todos morrerão da mesma forma". Mas a criança convalesceu, recuperou a saúde e reinou depois de seu pai. Aquela mulher fiel esforçava-se por levar o marido à fé, todavia ele resistia fortemente. A conversão dele está contada na outra festa de Remígio, que se encontra depois da Epifania.[1]

---

[1] Trata-se do capítulo 16.

Depois de se tornar cristão, o rei Clóvis quis dotar a igreja de Reims e disse ao bem-aventurado Remígio que daria toda a terra que ele pudesse circundar durante a sesta do rei. Assim foi feito. Mas em um ponto do terreno que o beato Remígio percorria havia um moinho, e o moleiro repeliu-o com indignação. Remígio disse: "Amigo, não seja duro, aceite dividir o moinho". O homem recusou outra vez, mas imediatamente a roda do moinho pôs-se a girar em sentido contrário e então ele chamou São Remígio: "Venha, escravo de Deus, vamos partilhar o moinho". Ele: "Agora não será nem seu, nem meu". E no mesmo instante a terra abriu-se e engoliu completamente o moinho.

Prevendo que proximamente haveria escassez alimentar, Remígio acumulou muito trigo, mas camponeses embriagados, para zombar da prudência do ancião, puseram fogo no depósito. Quando soube disso, foi até lá e por causa do frio da idade e da noite que caíra, começou a se aquecer e disse com o coração tranqüilo: "O fogo é sempre bom, no entanto os homens que agiram assim e seus descendentes terão hérnia genital e suas mulheres, bócio". E foi o que aconteceu até a época em que foram expulsos dali por Carlos Magno.

É preciso notar que a festa de São Remígio que se celebra no mês de janeiro é o dia do seu feliz óbito, enquanto a festa da data de hoje é a do translado de seu corpo sagrado. Depois do falecimento, seu corpo estava sendo levado em um esquife para a igreja dos santos Timóteo e Apolinário, mas chegando à igreja de São Cristóvão tornou-se tão pesado que não se podia mais movê-lo de forma nenhuma. Pediu-se então ao Senhor que se dignasse indicar se queria que ele fosse sepultado na igreja de São Cristóvão, onde havia milhares de relíquias de santos, e no mesmo instante o corpo tornou-se levíssimo e foi ali honrosamente colocado.

Como fez muitos milagres, a igreja foi ampliada, construindo-se uma cripta atrás do altar, e quando quiseram levantar o corpo para colocá-lo, não puderam movê-lo. Ficaram de noite em oração, adormeceram todos por volta da meia-noite, e no dia seguinte, quer dizer, 1º de outubro, descobriram que o sepulcro com o corpo de São Remígio fora levado para a cripta pelos anjos. Muito tempo depois, nessa data, o corpo foi colocado em uma urna de prata na mesma cripta.

Ele viveu por volta do ano do Senhor de 490.

143. São Leodegário

Leodegário estava ornado de todas as virtudes quando foi promovido ao bispado de Autun. Com a morte do rei Clotário, sem descendente, ficou muito pressionado pelos cuidados dos assuntos do reino, e atendendo a vontade de Deus e o conselho dos senhores, estabeleceu como rei o jovem e idôneo Childerico, irmão de Clotário. Mas Ebroim esforçava-se para elevar ao trono Teodorico, também irmão de Childerico, não por causa do interesse do reino, mas por ter sido destituído do poder pelo novo rei. Odiado por todos e amedrontado, Ebroim pediu autorização ao rei, que foi concedida, e entrou para um mosteiro. Childerico pôs seu irmão Teodorico sob vigilância para que não tramasse nada contra o reino, e graças à santidade e à previdência do bispo todos gozaram de uma paz maravilhosa.

Pouco depois, no entanto, o rei foi levado ao mal por conselhos pervertidos, concebeu ódio tão profundo pelo homem de Deus, que buscava a oportunidade e o modo de fazê-lo morrer. Mas o bispo, que suportava tudo com doçura e acolhia seus inimigos como se fossem amigos, combinou com o rei que o dia de Páscoa fosse celebrado na cidade em que era prelado. E no mesmo dia avisaram-lhe que o rei decidira matá-lo na noite de Páscoa. Sem temor, jantou com o rei e fugiu de seu perseguidor indo ao mosteiro de Luxeuil servir o Senhor e também, com atenta caridade, a Ebroim, que ali vivia oculto sob o hábito monástico. Pouco tempo depois, o rei morreu e Teodorico foi elevado ao trono. Tocado então pelas lágrimas e preces de seu povo e forçado pelas ordens do abade, Leodegário retornou à sua sé. Ebroim também abandonou logo a seguir o hábito e foi feito senescal do rei.

Se ele fora mau anteriormente, tornou-se bem pior depois, e empregava todos os meios para matar Leodegário. Mandou soldados capturá-lo, e informado disso, Leodegário, saía da cidade revestido de seus hábitos pontificais, quando os soldados o prenderam e imediatamente lhe arrancaram os olhos. Dois anos depois, São Leodegário foi levado ao palácio do rei com seu irmão Garin, que tinha sido exilado por Ebroim. Quando respondeu com calma e sabedoria aos deboches de Ebroim, este ordenou que Garin fosse apedrejado e que o santo bispo andasse descalço por todo um dia pelo leito de um rio de pedras muito pontiagudas. Ao saber que no meio desses tormentos Leodegário louvava a Deus, Ebroim mandou cortar-lhe a língua e depois o confiou aos cuidados de um guarda com a intenção de reservá-lo para novos suplícios. No entanto ele não perdeu o uso da fala, pregando e exortando como podia, prevendo em que época e de que maneira Ebroim e ele próprio morreriam.

Certa vez uma luz imensa em forma de coroa rodeou sua cabeça e muitos dos que viram isso perguntaram ao bispo do que se tratava. Ele se prosternou em oração, deu graças a Deus e aconselhou a todos os assistentes que melhorassem sua conduta. Quando Ebroim foi informado disso, ficou furioso e enviou quatro carrascos com a ordem de cortar a cabeça de Leodegário. Enquanto era conduzido à morte, ele lhes disse: "Não há necessidade de vocês se cansarem mais, cumpram aqui mesmo as ordens que receberam". Diante dessas palavras, três deles ficaram tão comovidos que se lançaram a seus pés, pedindo-lhe perdão, mas o quarto o decapitou, foi imediatamente possuído pelo demônio e terminou a vida miseravelmente, jogando-se no fogo.

Dois anos depois, Ebroim soube que o corpo do santo homem operava muitos milagres e, sempre tomado por uma miserável inveja, enviou um soldado a fim de saber o que havia de verdade nisso. O soldado, orgulhoso e insolente, mal chegou deu um pontapé no túmulo do santo, gritando: "Morra quem acredita que um morto pode fazer milagres!". Instantaneamente, foi tomado pelo demônio e logo morreu, morte que tornou o santo ainda mais célebre. Sabendo disso, Ebroim torcia-se de inveja e tentava de todas as formas extinguir a fama do santo, mas como este previra, ele acabou por se matar com a espada.

O martírio de São Leodegário ocorreu por volta do ano do Senhor de 680, no tempo de Constantino IV.

144. São Francisco

Francisco foi primeiramente chamado João, mas depois mudou de nome e passou a ser conhecido como Francisco. Essa mudança de nome parece ter se devido a muitas causas. Primeira causa, lembrar um milagre, o de ter recebido de Deus o conhecimento da língua francesa, daí sua legenda afirmar que sempre que estava pleno de ardor do Espírito Santo punha para fora suas emoções em francês. Segunda causa, divulgar seu ministério, daí sua legenda afirmar que foi como resultado da sabedoria divina que ele foi chamado assim, a fim de que por esse nome singular, inabitual, sua crença fosse conhecida mais rapidamente em todo o universo. Terceira causa, indicar os resultados que devia obter, quer dizer, dar a conhecer que ele e seus filhos deviam tornar francos e livres muitos escravos do pecado e do demônio. Quarta causa, destacar a magnanimidade de seu coração, pois se os francos são conhecidos pela ferocidade, têm por natureza um espírito de verdade e de magnanimidade. Quinta causa, cortar os vícios pela virtuosidade de sua palavra. Sexta causa, aterrorizar o demônio e afugentá-lo. Sétima causa, assegurar a virtude pela perfeição de suas obras e pela honestidade de sua maneira de viver. Estas três últimas causas estão associadas às *franciscas*, machados levados pelos cônsules de Roma como insígnia de terror, de segurança e de honra.

Francisco, escravo e amigo do Altíssimo, negociante nascido na cidade de Assis, consumiu seu tempo vivendo na vaidade até quase os vinte anos de idade. O Senhor serviu-se do chicote da enfermidade para corrigi-lo e transformá-lo subitamente em outro homem, no qual começou a se manifestar o espírito profético. De fato, quando junto com muitos outros foi capturado pelos guerreiros de Perúgia e colocado na prisão, todos os outros estavam tristes e só ele alegre, por isso os demais presos o repreenderam e ele respondeu: "Saibam que me regozijo porque serei venerado como santo pelo mundo inteiro".

Certa vez em que foi a Roma por devoção, despojou-se de seus trajes e usando os de um pobre sentou-se no meio dos mendigos, diante da igreja de São Pedro, e comeu com apetite junto com eles, o que teria feito mais vezes se não fosse impedido pela vergonha de ser visto por conhecidos. O antigo inimigo esforçava-se por desviá-lo de seu bom propósito, e trouxe-lhe a lembrança de uma mulher de sua região, monstruosamente corcunda, ameaçando torná-lo igual a ela se não desistisse de seu plano, mas o Senhor o confortou dizendo: "Francisco, tome as coisas amargas como se fossem doces e despreze a si mesmo se deseja me conhecer". Encontrou então um leproso, e embora todos os que são afligidos por essa doença causem horror, lembrou-se do oráculo divino e correu abraçar o leproso, que logo depois desapareceu. Por causa disso ele se apressou a ir ao asilo de leprosos, beijou suas mãos com devoção e deu dinheiro para eles.

Entrou na igreja de São Damiano para rezar e uma imagem de Cristo miraculosamente falou: "Francisco, vá reconstruir minha casa que, como vê, está toda destruída". A partir desse momento sua alma fundiu-se de compaixão pelo crucificado, que ficou maravilhosamente impresso em seu coração. Ele pôs todo empenho em reconstruir a igreja, vendeu o que tinha e quis dar o dinheiro a um padre que o recusou por receio dos pais de Francisco; este então jogou o dinheiro no chão, como poeira desprezível. Seu pai mandou capturá-lo e amarrá-lo; ele restituiu o dinheiro, também entregou suas roupas e, nu, lançou-se nos braços do Senhor e desde então vestiu um cilício. Então o escravo de Deus pediu a um homem simples suas bênçãos como pai, pois o seu apenas o lamentava e amaldiçoava.

Seu irmão carnal encontrou-o, um dia de inverno, coberto de andrajos e em preces, e vendo-o tremendo de frio disse a alguém: "Pede a Francisco que venda a você um pouco de suor". Ao ouvir isso ele respondeu, jovialmente: "Eu vendo, mas apenas ao meu Senhor".

Um dia ouviu as palavras que o Senhor dirigia a seus discípulos quando os enviava à pregação, no mesmo instante quis praticá-las integralmente, tirou o calçado, cobriu-se só com uma túnica, tendo no lugar do cinto de couro uma pequena corda.

Passando por uma floresta em tempo de neve, foi pego por ladrões que lhe perguntaram quem era e ele respondeu que era o arauto de Deus.

Então o agarraram e o lançaram na neve, dizendo: "Dorme, rústico arauto de Deus".

Muitos nobres e plebeus, tanto clérigos quanto leigos, abandonaram o luxo do mundo para ligar-se a ele. Esse pai em santidade ensinou-lhes a praticar a perfeição evangélica, a abraçar a pobreza e a andar no caminho da santa simplicidade. Ele escreveu uma regra evangélica para si e para seus irmãos presentes e futuros, regra confirmada pelo papa Inocêncio. Então, começou a difundir com mais fervor do que nunca a semente da palavra de Deus e a percorrer cidades e aldeias, animado por admirável zelo.

Havia um irmão que, externamente, parecia de eminente santidade, porém era bastante original, observava a regra do silêncio com tal rigor que só se confessava por sinais e não de viva voz. Todo mundo o louvava como santo, mas o homem de Deus disse: "Meus irmãos, parem de louvar nele ilusões diabólicas, aconselhem-no a se confessar uma vez ou duas por semana. Se não o fizer, há nisso tentação do diabo e ilusão fraudulenta". Quando os irmãos comunicaram isso a ele, pôs um dedo sobre a boca e, sacudindo a cabeça, fez sinal de que não se confessaria. Não muitos dias depois, acabou sua vida entre vômitos e atos pecaminosos.

Em uma viagem, o escravo de Deus, fatigado, ia montado em um asno, e seu companheiro, irmão Leonardo de Assis, igualmente cansado, pôs-se a pensar e a dizer consigo mesmo: "Os pais dele e os meus não eram da mesma condição". Ato contínuo, o homem de Deus desceu do asno e disse a seu irmão: "Não é conveniente que eu vá na montaria e você, que foi mais nobre que eu, vá a pé". O irmão, espantado, lançou-se aos pés do pai e pediu perdão.

Um dia encontrou uma mulher nobre que caminhava apressada, e com pena de seu cansaço e respiração ofegante perguntou-lhe o que buscava. Ela: "Ore por mim, pai, porque meu marido impede que eu cumpra o salutar propósito de entrar ao serviço de Cristo, e me atrapalha muito". Ele: "Vá, filha, que logo receberá consolo dele, e você anunciará, da parte de Deus onipotente e da minha, que para ele agora é o tempo da salvação e mais tarde será o da justiça". Ela relatou isso ao marido, que subitamente mudou e prometeu guardar continência.

A um camponês que vivia em lugar solitário, sem água, Francisco conseguiu uma fonte para ele por meio de suas preces.

Por inspiração do Espírito Santo, revelou o seguinte segredo a um dos seus irmãos mais íntimos: "Existe hoje na terra um escravo de

Deus graças ao qual, enquanto ele viver, Deus não permitirá que a fome castigue os homens". Assim foi, mas tudo mudou com seu feliz passamento, depois do qual apareceu ao mesmo irmão e disse: "Eis a fome que durante minha vida o Senhor não permitiu que viesse sobre a terra".

Em uma festa de Páscoa, os monges gregos de uma região afastada haviam preparado a mesa de maneira refinada, com toalha branca e copos. Quando o homem de Deus viu isso, no mesmo instante retirou-se, pôs na cabeça o chapéu de um pobre que estava ali e com um cajado na mão saiu, esperando do lado de fora da porta. Enquanto os monges comiam, ele gritava na porta: "Pelo amor de Deus, dêem esmola a um peregrino pobre e doente". Ouvindo isso, chamaram o pobre, fizeram-no entrar, ele sentou-se no chão, afastado, e colocou seu prato sobre um punhado de cinzas. Os monges, vendo aquilo, ficaram muito espantados, e ele disse: "Vi a mesa bem posta e enfeitada, e não reconheci aquilo que tem um pobre que mendiga de porta em porta".

Ele amava a tal ponto a pobreza, em si e nos outros, que sempre chamava a pobreza de sua senhora, por isso quando via alguém mais pobre que ele ficava com ciúme e temia ser ultrapassado por outrem. De fato, um dia em que encontraram um pobrezinho, comentou com seu companheiro: "Esse homem é uma grande vergonha para nós e nossa pobreza, pois escolhi a pobreza para minha senhora e ela está mais próxima dele que de nós".

Quando um pobre passou diante dele, o homem de Deus foi tocado por viva compaixão e seu companheiro disse: "Embora ele seja pobre, talvez não haja em toda a região alguém tão rico em desejo". O homem de Deus respondeu: "Tire depressa a sua túnica, dê a esse pobre, jogue-se a seus pés e reconheça sua culpa". Ele obedeceu imediatamente.

Uma vez ele encontrou três mulheres muito parecidas de rosto e nas roupas, e elas o saudaram dizendo: "Bem-vinda, senhora pobreza", e logo a seguir desapareceram e nunca mais foram vistas.

Chegando a Arezzo, onde ocorria uma guerra civil, o escravo de Deus viu no ar[1] das redondezas demônios que se alegravam com isso, e chamando seu companheiro Silvestre disse-lhe: "Vá à porta da cidade, e da parte de Deus onipotente ordene aos demônios que saiam de lá". Ele

---

[1] Conforme nota 3 do capítulo 45.

foi rapidamente até a porta, onde gritou com força: "Da parte de Deus e por ordem de nosso pai Francisco, saiam todos, demônios". Pouco tempo depois a concórdia foi restabelecida entre os cidadãos.

O mencionado Silvestre, quando ainda era sacerdote secular, viu em sonho sair da boca de Francisco uma cruz de ouro cujo topo tocava o Céu e cujos braços estendidos abraçavam o mundo. Tocado de compunção, o padre abandonou imediatamente o mundo e tornou-se um perfeito imitador do homem de Deus.

O homem de Deus estava em oração e o diabo chamou-o três vezes pelo nome. O santo perguntou o que ele queria e o diabo respondeu: "Não há neste mundo nenhum homem, por mais pecador que seja, por quem o Senhor não tenha misericórdia, se ele se converte, mas aquele que se matar por uma dura penitência jamais encontrará misericórdia". Imediatamente o escravo de Deus conheceu por revelação a malícia do inimigo, que se esforçara por fazê-lo cair na tibieza. Mas o antigo inimigo, vendo que não prevaleceria assim, inspirou-lhe uma forte tentação da carne. Sentindo-a, o homem de Deus despojou-se de seu hábito e golpeou-se com uma corda fina e dura dizendo: "Eia, irmão asno, não se mexa, pois é preciso sofrer com o chicote". Mas como a tentação demorava a passar, jogou-se completamente nu na neve espessa,[2] e depois fez com a neve sete blocos arrumados em pilha e começou a falar com seu corpo: "Veja, este maior é sua mulher, os outros quatro, dois são seus filhos e dois suas filhas, os dois restantes são seu escravo e sua escrava. Apresse-se em vestir a todos, pois estão morrendo de frio, mas se esses múltiplos encargos o importunam, sirva o Senhor com solicitude". Imediatamente o diabo retirou-se, confuso, e o homem de Deus voltou à sua cela, glorificando a Deus.

Ele se alojava havia algum tempo como convidado na casa de Leão, cardeal de Santa Cruz, quando uma noite os demônios foram espancá-lo com grande violência. Ele chamou seu companheiro e disse:

> Os demônios são fiscais[3] de Nosso Senhor destinados a punir nossos excessos. Como não me lembro de ter cometido uma falta que não tenha

---

[2] Este *topos* hagiográfico aparece também no capítulo 48, item 2 (São Bento) e 115 (São Bernardo).

[3] A palavra utilizada por Jacopo, *castaldus*, geralmente grafada *gastaldíus*, era de origem germânica e designava na documentação italiana medieval um administrador do tesouro régio, e em outras regiões, um administrador de terras privadas. No contexto em questão, optamos por "fiscal" para indicar alguém (o demônio) que cobra, censura e corrige os subordinados (os fiéis) em nome de um superior (Deus).

expiado com a misericórdia de Deus e com penitência, talvez Ele tenha permitido que seus fiscais se lançassem sobre mim porque continuo hospedado na corte de nobres, o que pode despertar suspeitas em meus pobrezinhos frades vendo-me no meio de abundantes delícias.

Ele se levantou bem cedo e foi embora.

Um dia estava em oração quando ouviu no telhado da casa bandos de demônios que corriam fazendo grande ruído. Ele saiu rapidamente, e fazendo o sinal-da-cruz sobre si, disse: "Da parte do Deus onipotente, digo a vocês, demônios, que parem com o barulho. Façam com o meu corpo tudo que for permitido a vocês, pois estou disposto a suportar já que, não tendo maior inimigo que meu corpo, vocês me vingarão do meu adversário por mim". Confusos, os demônios desvaneceram-se.

Em êxtase, um frade, companheiro do homem de Deus, viu entre os tronos do Céu um deles digníssimo, fulgurante de nobre glória. Cheio de admiração, ele se perguntava a quem esse brilhante trono estava reservado, e ouviu: "Esse trono foi de um dos príncipes expulsos, e agora está preparado para o humilde Francisco". Depois de uma oração, ele perguntou ao homem de Deus: "Que opinião você tem de si mesmo, pai?". Ele: "Eu me considero o maior pecador". E imediatamente o Espírito Santo disse no coração do irmão: "Saiba que o que você viu na visão é verdade, porque a humildade elevará o mais humilde de todos ao trono que foi perdido por soberba".

Em uma visão, o escravo de Deus viu acima dele um serafim crucificado que lhe imprimiu as marcas de sua crucificação de maneira tão evidente que parecia ter sido ele próprio o crucificado. Suas mãos, seus pés e seu flanco foram marcados com as feridas da cruz; mas com cuidado ele escondeu dos olhos de todos esses estigmas. Alguns, no entanto, viram-nos enquanto ele vivia, e após sua morte muitos puderam examiná-los. A existência real desses estigmas foi confirmada por muitos milagres, dos quais basta relatar dois, ocorridos depois de seu falecimento.

Na Apúlia, um homem chamado Rogério, que tinha sob os olhos a imagem de São Francisco, pôs-se a pensar: "Será verdade que ele foi honrado com tão glorioso milagre, ou foi uma piedosa ilusão ou mesmo uma simulação intencional de seus irmãos?". Enquanto remoía tais pensamentos, ouviu de repente um ruído semelhante ao de um dardo lançado por uma balista e sentiu-se gravemente ferido na mão esquerda, mas apesar de não haver nenhum rasgo em sua luva, tirando-a descobriu na palma da mão uma profunda ferida como feita por uma flecha. Ela ardia tanto que parecia que ia desmaiar de dor e de ardor. Ele se arrependeu e testemunhou acreditar na realidade dos estigmas do bem-aventurado Francisco. Dois dias depois, tendo orado ao santo de Deus por seus estigmas, ficou imediatamente curado.

No reino de Castela, um devoto de São Francisco ia às completas quando foi atacado por engano por alguém que pretendia matar outra pessoa, e foi deixado semimorto. O cruel bandido enfiou depois a espada na sua garganta, e não conseguindo retirá-la, fugiu. Chegou gente de todo lado, houve muitos gritos e ele foi chorado como sendo um homem morto. Quando à meia-noite o sino dos frades soou para as matinas, sua mulher começou a gritar: "Levante-se, meu senhor, vá às matinas que o sino chama". Imediatamente o ferido ergueu a mão e pareceu fazer sinal a alguém para que tirasse a espada, que diante de todos foi jogada longe como se tivesse sido arrancada por um punho muito vigoroso. No mesmo instante o homem levantou-se perfeitamente curado dizendo: "O bem-aventurado Francisco veio a mim e, colocando seus estigmas sobre minhas feridas, encheu cada uma delas de um bálsamo suave que as curou maravilhosamente. Como ele queria se retirar, eu lhe fazia sinal para arrancar a espada, porque não podia falar. Ele a tirou e jogou com força, e logo curou completamente minha garganta passando suavemente seus estigmas sobre ela".

O bem-aventurado Francisco e o bem-aventurado Domingos, essas claras luminárias do mundo, encontravam-se em Roma em companhia do bispo de Óstia, que mais tarde foi sumo pontífice, e disse a eles: "Por que não fazemos de seus frades bispos e prelados que prevaleçam sobre os outros por seu ensinamento e por seus exemplos?". Os santos discutiram longamente entre si quem responderia primeiro. A humildade de Francisco venceu, não se propondo a ser ele; Domingos também venceu, respondendo primeiro por obediência. Então o bem-aventurado Domingos disse: "Senhor, se meus frades reconhecem que já foram elevados a uma alta condição, não posso permitir que aceitem outra dignidade". Respondendo a seguir, São Francisco disse: "Senhor, meus frades são chamados menores a fim de que não tenham a pretensão de ser maiores".

Com simplicidade de uma pomba, o beato Francisco convidava todas as criaturas ao amor do Criador. Pregava aos pássaros, que o escutavam, deixavam-se tocar por ele e só se retiravam depois de ter recebido sua permissão. Certa vez em que as andorinhas chilreavam enquanto ele pregava, calaram-se imediatamente diante de sua ordem nesse sentido. Na Porciúncula havia ao lado de sua cela uma figueira na qual uma cigarra cantava com freqüência. O homem de Deus estendeu a mão e chamou-a, dizendo: "Minha irmã cigarra, venha aqui". Ela obedeceu imediatamente e subiu na mão de Francisco, que lhe disse: "Cante, minha irmã cigarra, e louve seu Senhor". Ela se pôs a cantar no mesmo instante e retirou-se apenas depois de ter sido dispensada. Ele não tocava nas lanternas, lâmpadas ou velas, pois não queria deturpar seu fulgor. Caminhava sobre as pedras com reverência, em consideração por aquele que foi chamado Pedro. Tirava os vermes do caminho com medo de que fossem esmagados sob os pés dos passantes. A fim de que as abelhas não morressem com o frio invernal, mandava dar-lhes mel e um ótimo vinho. Chamava todos os animais de irmãos. Cheio de uma alegria maravilhosa e inefável em seu amor pelo Criador, contemplava o sol, a lua e as estrelas e convidava-os a amar o Criador.

Proibia que lhe fizessem uma grande tonsura, dizendo: "Quero que meus irmãos simples tenham participação em minha cabeça renovando sempre a tonsura". Um homem bastante mundano encontrou Francisco, o escravo de Deus, que pregava em Saint-Séverin e por revelação divina viu diante de São Francisco duas espadas muito brilhantes formando uma cruz. Uma ia da cabeça aos pés, a outra se estendia de uma mão a outra, cruzando-se sobre seu peito. Ele nunca vira Francisco, mas reconheceu-o desta forma e, muito impressionado, entrou na Ordem, onde morreu feliz.

As lágrimas que ele constantemente derramava fizeram-no contrair uma doença nos olhos, e quando o aconselharam a parar de chorar respondeu: "Não é por amor a essa luz que temos em comum com as moscas que se deve renunciar a ver a luz eterna". Seus irmãos insistiram para ele remediar o mal com uma operação, e quando o cirurgião tinha na mão um instrumento de ferro incandescente o homem de Deus disse: "Meu irmão fogo, seja bondoso e cortês comigo. Rogo ao Senhor que o criou que amenize para mim seu calor". E assim dizendo fez o sinal-da-cruz sobre o instrumento, que foi enfiado na sua delicada carne, pela orelha até a sobrancelha, sem que sentisse dor alguma, como ele próprio relatou.

O escravo de Deus estava gravemente doente no ermitério de Santo Urbano. Sentindo que a natureza estava enfraquecida, pediu para beber um pouquinho de vinho, mas como não havia, levaram-lhe água, que ele benzeu fazendo o sinal-da-cruz e no mesmo instante ela foi transformada em ótimo vinho. O que a pobreza daquele lugar deserto não podia fornecer, a pureza do santo homem conseguiu, e logo que provou o vinho ficou restabelecido.

 Ele preferia ouvir insultos que louvores, e quando as pessoas exaltavam os méritos de sua santidade, ordenava a algum irmão que proferisse aos seus ouvidos palavras aviltantes. E quando o irmão, muito a contragosto, chamava-o de rústico, mercenário, inábil e inútil, ele dizia, todo alegre: "Que o Senhor o abençoe por dizer coisas verdadeiras e mais convenientes de ouvir". O escravo de Deus preferia ser inferior a superior, obedecer a comandar. Por isso se demitiu do comando geral da Ordem e pediu um guardião, a cuja vontade estaria sujeito em tudo. Prometeu e praticou sempre a obediência em relação ao irmão com quem costumava andar.

 Um frade cometeu ato de desobediência, demonstrou arrependimento e no entanto o homem de Deus, para inspirar temor nos outros, mandou jogar o capucho daquele frade ao fogo. Depois que o capucho ficara algum tempo no meio do fogo, mandou retirá-lo e devolvê-lo ao frade. O capucho foi tirado do meio das chamas sem que nele tivesse o menor vestígio de queimadura.

 Um dia em que passeava nos pântanos de Veneza, encontrou enorme multidão de aves cantando, e disse a seu companheiro: "Como as irmãs aves louvam seu Criador, vamos para o meio delas cantar as horas canônicas". Quando penetraram nesse bando, as aves não ficaram assustadas, mas como não podiam ouvir um ao outro por causa do grande chilreio, Francisco disse: "Irmãs aves, parem de cantar até que tenhamos terminado o ofício de laudes devido ao Senhor". Elas se calaram imediatamente, e quando os laudes terminaram deu-lhes permissão de cantar e no mesmo instante continuaram com seu gorjeio habitual.

 Ele fora convidado por um cavaleiro devoto, ao qual disse: "Irmão hospedeiro, siga meus conselhos e confesse seus pecados, pois logo estará comendo em outro lugar". Ele concordou, arrumou seu assuntos domésticos e recebeu uma salutar penitência. Quando entravam para sentar-se à mesa, o anfitrião subitamente morreu.

 Ele encontrou uma multidão de aves e saudou-as como criaturas racionais: "Minhas irmãs aves, vocês devem louvar muito seu Criador que as revestiu de penas, que lhes deu asas para voar, que concedeu a vocês a pureza dos ares e que sem pedirem cuida de vocês". As aves começaram então a esticar o pescoço, a bater as asas, a abrir o bico e a olhar o santo atentamente. Ao passar no meio delas, ele as tocava com a túnica e contudo nenhuma mudou de lugar até que, com sua permissão, todas levantaram vôo ao mesmo tempo.

Durante uma pregação no castelo de Almaro, não se podia ouvir Francisco por causa do gorjeio das andorinhas, cujos ninhos eram próximos. Ele disse: "Minhas irmãs andorinhas, agora é meu momento de falar; como vocês já falaram bastante, guardem silêncio até que a palavra do Senhor tenha terminado". Ato contínuo, elas obedeceram e calaram-se.

Certo dia em que o homem de Deus viajava pela Apúlia, encontrou no caminho uma grande bolsa cheia de moedas. Vendo-a, seu companheiro quis apanhá-la para gastar com os pobres, mas ele não permitiu de forma alguma, dizendo: "Filho, não é permitido pegar os bens alheios". Mas como ele insistiu muito, Francisco, depois de breve oração, mandou recolher a bolsa, que não continha dinheiro e sim uma cobra. Ao vê-la, o frade teve medo, mas, como queria obedecer e executar a ordem que recebera, pegou a bolsa com as mãos e dela saiu uma grande serpente. E o santo disse: "O dinheiro, para os escravos de Deus, não é outra coisa que o diabo, a serpente venenosa".

Um frade que sofria de forte tentação pensou que, se tivesse consigo algum papel escrito pelo santo, a tentação cessaria imediatamente, mas hesitava em pedir, quando o homem de Deus o chamou: "Meu filho, traga-me papel e tinta, pois quero escrever alguma coisa em louvor a Deus". E depois de ter escrito, disse: "Tome este papel e guarde-o cuidadosamente até o dia de sua morte". Imediatamente toda tentação afastou-se dele.

Quando o santo estava doente, o mesmo frade pôs-se a pensar: "Aqui está o pai, prestes a morrer, e seria um grande consolo para mim se depois de sua morte eu tivesse a sua túnica". Pouco depois São Francisco chamou-o: "Dou esta túnica para você e depois de minha morte ela será sua de pleno direito".

Ele fora hospedado em Alexandria, na Lombardia, na casa de um homem honesto que lhe pediu para observar o Evangelho e comer tudo que fosse servido. Quando por devoção ele assentiu, o anfitrião apressou-se em preparar-lhe um capão de sete anos para a refeição. Enquanto estavam à mesa, um infiel pediu esmola pelo amor de Deus. Logo que ele ouviu o bendito nome de Deus, mandou entregar ao mendigo um pedaço do leitão. O miserável guardou-o e no dia seguinte, enquanto o santo pregava, mostrava-o, dizendo: "Eis que tipo de carne come esse frade que vocês honram como santo; foi ele que me deu isso ontem à noite". Mas a todos a perna do leitão pareceu ser peixe. O mendigo foi acusado pelo povo de louco, compreendeu o que ocorria, enrubesceu, pediu perdão, e quando o prevaricador foi embora a carne voltou a ser o que era.

Uma vez enquanto Francisco estava à mesa e se fazia uma preleção sobre a pobreza da bem-aventurada Virgem e de seu filho, o homem de Deus saiu apressado da mesa, soluçando de dor e coberto de lágrimas e comeu sobre a terra nua o pedaço de pão que lhe restava.

Ele queria que se dedicasse grande reverência às mãos dos sacerdotes, a quem é atribuído o poder de realizar o sacramento do corpo de Nosso Senhor. Por isso dizia com freqüência: "Se eu encontrasse um santo vindo do Céu e um pobre sacerdote, iria o mais depressa possível beijar as mãos do padre e diria ao santo: 'Espere-me, São Lourenço, porque estas mãos tocam o verbo de vida e possuem alguma coisa de sobre-humano'".

A vida de Francisco foi ilustrada por numerosos milagres. Com efeito, pães que abençoou curavam muitos doentes, transformou água em vinho que devolveu a saúde a um doente que provou dele, fez ainda muitos outros milagres. Quando se aproximou de seu fim, enfraquecido por longa doença, pediu para ser colocado sobre a terra nua, chamou para junto de si todos os irmãos e fazendo a imposição das mãos sobre todos eles abençoou-os, e como na ceia do Senhor deu a cada um deles um pequeno bocado de pão. Como era seu costume, convidou todas as criaturas a louvar Deus. Mesmo a morte, que é tão terrível e odiosa para todos, também era convidada a receber sua hospitalidade e era acolhida com alegria, dizendo-lhe "Seja bem-vinda, minha irmã morte". Quando chegou sua hora final, adormeceu no Senhor. Um frade viu sua alma com forma de estrela, semelhante à lua em tamanho e ao sol em esplendor.

Um frade chamado Agostinho, que cultivava o jardim de um convento, estava agonizante, já não falava mais, quando subitamente exclamou: "Espere-me, pai, espere, vou com você". Os irmãos perguntaram o que queria dizer e ele respondeu: "Não vêem nosso pai Francisco que vai para o Céu?". E no mesmo instante adormeceu em paz e seguiu o pai.

Uma mulher que fora devota do beato Francisco morreu, e em torno de seu caixão fúnebre estavam clérigos e padres, quando de repente ela se ergueu e, chamando um dos sacerdotes, disse-lhe: "Quero me confessar, padre. Eu estava morta e destinada a permanecer em uma dura prisão porque ainda não confessara um pecado, mas São Francisco orou por mim, concedeu-me voltar a meu corpo a fim de que, depois de ter revelado esse pecado, possa obter perdão. Tão logo eu o declare, repousarei em paz diante de todos vocês". Então ela se confessou, recebeu a absolvição e depois adormeceu no Senhor.

Os frades de Vicera pediram a um homem que lhes emprestasse sua carroça e ele respondeu indignado: "Eu prefiro esfolar dois de vocês junto com São Francisco do que emprestar minha carroça". Mas, caindo em si, recriminou a própria conduta e arrependeu-se de sua blasfêmia, com medo da terrível cólera de Deus. Pouco depois, seu filho adoeceu e ficou à beira da morte. Quando viu o filho morto, rolava no chão, chorava e evocava São Francisco, dizendo: "Fui eu que pequei, sou eu a quem você deveria atingir. Devolva, ó santo, a quem agora devotamente suplica, o que tirou de quem impiamente blasfemou". Logo seu filho ressuscitou e interrompeu seu pranto, dizendo: "Quando morri, São Francisco me levou por um caminho longo e escuro, até me colocar em um pomar dos mais belos, e em seguida me disse: 'Volta para seu pai, não quero retê-lo mais'".

Um pobre devia certa soma de dinheiro a um rico, a quem rogou, por amor de São Francisco, que prorrogasse o prazo. O rico respondeu com soberba: "Eu o prenderei em um lugar onde nem São Francisco nem ninguém poderá ajudá-lo". E imediatamente mandou acorrentar e trancar aquele homem em uma prisão escura. Pouco depois, São Francisco apareceu, quebrou as portas do cárcere, rompeu as correntes que prendiam o homem e reconduziu-o incólume para casa.

Um cavaleiro que zombava das obras de São Francisco e de seus milagres, certo dia estava jogando dados quando, cheio de loucura e incredulidade, disse aos assistentes: "Se Francisco é santo, que venha um lance de 18". E imediatamente os três dados caíram no número seis, e isso em nove lances seguidos. Contudo cada vez mais insensato, ele disse: "Se é verdade que Francisco é santo, que hoje meu corpo caia varado por uma espada, se não é santo, que eu saia incólume". Quando o jogo acabou, para agravar a prece, insultou seu sobrinho, que enfiou uma espada nas vísceras do tio e o matou no mesmo instante.

Um homem tinha uma perna tão doente que não podia fazer nenhum movimento, e invocou São Francisco: "Ajude-me, São Francisco, agora que morro nos mais atrozes tormentos lembre-se de minha devoção por você e dos serviços que lhe prestei, carregando-o em meu asno, beijando seus santos pés e mãos". Imediatamente o santo apareceu com um pequeno cajado em forma de tau, tocou o lugar dolorido e estourou um abcesso. Assim ele ficou curado, mas a marca do tau permaneceu sempre naquele lugar. Era com essa letra que São Francisco costumava assinar suas cartas.

    Em Castro Pomereto, nas montanhas da Apúlia, uma jovem, filha única, morreu. Sua mãe, devota de São Francisco, ficou absorta em profunda tristeza e ele lhe apareceu: "Não chore, pois a luz de sua luminária, que você lamenta como se estivesse apagada, lhe será devolvida por minha intercessão". A mãe recuperou a confiança, e invocando o nome de São Francisco não deixou levar o corpo da filha morta, que se levantou incólume.

    Na cidade de Roma um menino caiu da janela de um palácio e morreu imediatamente. O bem-aventurado Francisco foi invocado e o menino devolvido à vida em seguida.

    Na cidade de Sezza, ao desabar, uma casa esmagou um jovem; seu cadáver já estava no caixão para ser sepultado, quando a mãe invocou o beato Francisco com toda a devoção de que era capaz e por volta da meia-noite o filho bocejou, depois se levantou curado e prorrompeu em palavras de louvor.

    O frade Tiago de Rieti atravessara um rio em um bote com outros irmãos, que já haviam descido na margem, e quando ele próprio se preparava para sair, o barco virou e ele caiu no fundo do rio. Os frades puseram-se a invocar o bem-aventurado Francisco pela salvação do afogado, que também implorava de todo o coração, como podia, o socorro do beato Francisco. Graças a isso o frade andou no fundo da água como se estivesse em terra firme, apanhou o bote submerso e foi com ele para a margem. Suas vestes sequer ficaram molhadas e nenhuma gota atingiu sua túnica.

145. Santa Pelágia

Pelágia, a mais célebre das mulheres da cidade de Antioquia, possuía muitos bens e riquezas, corpo belíssimo, hábitos ostentatórios e vãos, era impudica de espírito e de corpo. Quando passeava pela cidade fazia-o com tal ostentação que nela se viam apenas ouro, prata e pedras preciosas e por onde ia enchia o ar com o odor de seus diversos perfumes. Era sempre precedida e seguida por imensa multidão de moças e de rapazes também brilhantemente vestidos.

Um santo padre chamado Verônio, bispo de Heliópolis, hoje Damieta, ao vê-la começava a derramar lágrimas amargas por ela se interessar mais em agradar ao mundo do que ele em agradar a Deus. Prosternando-se, batia o rosto na terra e regava-a com suas lágrimas, dizendo:

> Deus altíssimo, perdoe-me, pecador que sou, porque essa meretriz gastou mais tempo em adornar seu corpo para um único dia do que empreguei em toda a minha vida para me salvar. Ó Senhor, que os enfeites de uma meretriz não sejam para mim motivo de confusão quando aparecer em presença de sua temível majestade. Ela se orna com os mais refinados cuidados terrenos, e eu, que me propus agradar a meu Senhor imortal, fui negligente e não cumpri minha promessa.

Ele falou aos que se encontravam ali: "Na verdade digo a vocês que Deus apresentará essa mulher contra nós no dia do Juízo, porque ela se pinta com cuidado para agradar amantes terrenos, ao passo que nós negligenciamos em agradar o esposo celeste". Enquanto dizia coisas deste tipo, subitamente adormeceu e viu em sonho uma pomba negra e extremamente fedorenta esvoaçar à sua volta enquanto celebrava a missa. Quando disse aos catecúmenos que se retirassem, a pomba desapareceu e voltou depois da missa. Então a mergulhou em um vaso cheio de água, de onde saiu limpa e branca, voou tão alto que não se podia vê-la, e aí o bispo acordou.

Uma vez em que ele pregava na igreja, Pelágia estava presente e ficou tão comovida com suas palavras, que por meio de um mensageiro mandou-lhe uma carta dizendo: "Ao santo bispo, discípulo de Cristo, Pelágia, discípula do diabo. Se quiser comprovar que é verdadeiramente discípulo de Cristo, que pelo que ouvi desceu do Céu em favor dos pecadores, digne-se me receber, por pecadora que seja, mas arrependida". Ele respondeu: "Peço não tentar minha humildade, porque sou um homem pecador, mas se você deseja ser salva não poderá me ver sozinho, e sim junto com outros".

Quando chegou perto dele e dos outros, ela segurou seus pés derramando lágrimas muito amargas e disse: "Sou Pelágia, um mar de iniqüidades agitado por ondas de pecado,[1] sou um abismo de perdição, sou sorvedouro e armadilha das almas. Muitos se deixaram enganar por mim e agora tenho horror de tudo isso". Então o bispo a interrogou: "Qual seu nome?". Ela: "De nascimento sou chamada Pelágia, mas por causa do luxo de minhas vestes sou conhecida por Margarida". O bispo acolheu-a com bondade, ordenou-lhe uma penitência salutar, instruiu-a com cuidado no temor a Deus e regenerou-a pelo santo batismo. O diabo, que estava ali, gritava: "Ó que violência sofro desse velho decrépito! Ó violência! Ó velho malvado! Maldito o dia em que nasceu para ser meu inimigo e tirar minha maior esperança!".

Naquela mesma noite, enquanto Pelágia dormia, o diabo foi despertá-la para dizer: "Senhora Margarida, que mal fiz a você? Não a ornei de todo tipo de riquezas e de glória? Suplico, diga-me no que a entristeci, e no mesmo instante repararei o dano que fiz. Peço apenas que não me abandone, para que não me torne objeto do desprezo dos cristãos". Mas ela fez o sinal-da-cruz e soprou sobre o diabo, que desapareceu imediatamente. Três dias mais tarde ela juntou tudo que tinha, vendeu e deu aos pobres. Poucos dias depois, escondida de todo mundo, Pelágia fugiu durante a noite e foi ao monte das Oliveiras, onde adotou o hábito de eremita e passou a morar em uma pequena cela na qual serviu a Deus com rigorosa abstinência. Ela gozava de imensa fama e era chamada de irmão Pelágio.

Mais tarde, um diácono do bispo acima referido foi a Jerusalém visitar os lugares santos, e o bispo recomendou que após aquela visita

---

[1] Jacopo faz aqui um jogo de palavras intraduzível com *Pelagia* (nome da personagem) e *pelagus* ("mar").

fosse ver um monge de nome Pelágio, porque era um verdadeiro escravo de Deus. Ele assim o fez, e ela o reconheceu de imediato, mas ele não, por causa da extrema magreza dela. Pelágia perguntou: "Seu bispo é vivo?". Ele: "Sim, senhor". Ela: "Que ele rogue por mim ao Senhor, pois é um verdadeiro apóstolo de Cristo". O diácono foi embora e voltou à cela de Pelágio três dias mais tarde. Como depois de ter batido à porta ninguém apareceu, ele forçou a janela e viu que Pelágio estava morto. Correu anunciar isso ao bispo, que veio com o clero e todos os monges para celebrar as exéquias de tão santo homem, mas quando se tirou o corpo da cela percebeu-se que era uma mulher.[2] Todos ficaram muito admirados, deram graças a Deus e em seguida sepultaram honrosamente o santo corpo. Ela faleceu no dia 8 de outubro, por volta do ano do Senhor de 290.

---

[2] Da mesma forma que Santa Marina (capítulo 79), Santa Teodora (capítulo 87) e Santa Margarida (capítulo 146).

146. Santa Margarida

Margarida, dita Pelágio, virgem belíssima, rica e nobre, foi criada com a maior solicitude por seus pais, que a proveram de ótimos costumes, com tanto pudor que não se deixava ver por homem algum. Enfim um rapaz de família nobre pediu-a em casamento e, com o consentimento dos pais, foram feitos com grandes gastos e agradável decoração todos os preparativos necessários para as bodas. No dia do casamento, rapazes, moças e toda a nobreza festejavam com alegria diante do leito nupcial já preparado, quando por inspiração de Deus, ao perceber como a tão danosa perda da virgindade era aplaudida, a virgem prosternou-se no chão e avaliou tanto em seu coração os inconvenientes do casamento, que logo desprezou todas as alegrias desta vida como se fossem estrume. Daí por que se absteve naquela noite de ter relações com seu marido, e à meia-noite, depois de ter se recomendado a Deus, cortou os cabelos e fugiu às escondidas, com roupas masculinas.

Chegando a um mosteiro distante e chamando-se de irmão Pelágio, foi recebida pelo abade e cuidadosamente instruída. Ela se comportou de maneira tão santa e tão devota, que com a morte do provisor de um mosteiro feminino, o abade, aconselhado pelos anciãos, impôs a ela este cargo. Enquanto servia às virgens com determinação e inocência o alimento não apenas do corpo, mas também da alma, o invejoso diabo colocou obstáculos ao bom curso das coisas, inspirando um crime. Ele incitou ao adultério a virgem que era mensageira do mosteiro, e quando seu ventre cresceu e já não podia ser escondido, todas as virgens e todos os monges ficaram consternados de vergonha e de dor, e sem julgamento e sem investigação condenaram Pelágio, que como preposto era o único que tinha contato freqüente com ela.

Por essa desonra, foi expulso do mosteiro e recluso em uma gruta aonde o mais severo dos monges levava-lhe muito pouco pão de cevada e água. Depois os monges se retiraram e deixaram Pelágio sozinho, que suportou tudo com paciência e não se deixou perturbar por nada, sempre agradecendo a Deus e continuamente se confortando pelos exemplos dos santos. Enfim, quando soube que sua morte se aproximava, mandou uma carta ao abade e aos monges:

> Nascida de sangue nobre, fui chamada no mundo secular de Margarida, e para atravessar o mar das tentações atribuí-me o nome de Pelágio.[1] Ao me passar por homem não menti, como mostram os fatos, pois do crime ganhei virtude,[2] inocente fiz penitência, e como os homens ignoravam que sou mulher, deixem às santas irmãs o cuidado de me sepultar, e a visão de meu corpo morto será a expiação de minha vida, já que as mulheres reconhecerão como virgem aquela que os caluniadores julgaram ser uma adúltera.

Quando os monges e monjas ouviram a leitura desta carta, correram para a caverna, as mulheres reconheceram que Pelágio era uma mulher e virgem intacta. Todos fizeram penitência e ela foi enterrada com honra no mosteiro das virgens.[3]

---

[1] Repete-se aqui o trocadilho referido na nota 1 do capítulo anterior.

[2] Margarida não mentiu ao fingir ser homem (*vir*), porque possuía qualidades masculinas (*virtutes*).

[3] Uma mulher disfarçada de monge, injustamente acusada de fornicação e punida por isso, era um *topos* hagiográfico utilizado outras vezes por Jacopo de Varazze, nos capítulos 79, 87 e 129.

147. Santa Taís

Taís, meretriz, pelo que se lê nas VIDAS DOS PADRES, era de tão grande beleza que muitos homens por ela venderam tudo que tinham e viram-se reduzidos à maior pobreza. Seus amantes, ciumentos uns dos outros, freqüentemente se entregavam diante de sua porta a discussões que acabavam com derramamento de sangue. Informado disso, o abade Pafúncio pegou uma roupa laica e uma moeda e foi encontrar Taís em uma cidade do Egito, dando-lhe a moeda que era o preço do pecado. Ela aceitou o dinheiro e disse: "Vamos para o quarto". Quando lá entraram, ela o convidou a deitar numa cama coberta por ricos tecidos, e ele disse: "Se houver um quarto mais afastado, vamos para lá". Ela o conduziu a vários outros, e ele sempre falava que temia ser visto. Então ela disse: "Há um quarto onde ninguém entra, mas se você teme a Deus não existe lugar para se esconder".

Quando o velho ouviu isso, perguntou: "Você sabe que há um Deus?". E como ela respondeu que sabia da existência de Deus e de um reino futuro de tormentos aos pecadores, ele disse: "Se conhece essas coisas, por que provoca a perda de tantas almas, leva à condenação não somente a sua mas também a de outros?". Ao ouvir isso ela caiu aos pés do abade Pafúncio e com lágrimas disse: "Eu sei, pai, que há penitência, e confio em obter perdão por meio de suas preces. Peço apenas três horas, e depois disso irei aonde você mandar e farei o que me ordenar". O abade indicou o lugar para onde devia ir, ela juntou o que ganhara com seus pecados, mandou levar para o meio da cidade e na presença de todo o povo pôs fogo naquilo, gritando: "Venham todos vocês que pecaram comigo, venham ver como vou queimar o que me deram". Os bens valiam quarenta libras de ouro.

Quando ela queimou tudo, dirigiu-se ao lugar que o abade Pafúncio indicara, um mosteiro onde a enclausurou em uma pequena cela cuja porta lacrou com chumbo. Deixou apenas uma pequena janela por onde todo dia davam-lhe um pouco de pão e um pouquinho de água. Quando o ancião ia embora, Taís perguntou: "Onde quer, pai, que eu espalhe a água que a natureza rejeita?". Ele: "Na cela, como você merece". Ela perguntou ainda como devia adorar Deus, e ele respondeu: "Você não é digna de pronunciar o nome de Deus, nem de ter nos lábios o nome da Trindade, como tampouco de elevar suas mãos ao Céu, pois seus lábios estão cheios de iniquidade, suas mãos sujas de imundícies. Fique apenas virada para o Oriente e repita com freqüência as palavras: 'Você que me criou, tenha piedade de mim'". Ela ficou reclusa dessa maneira três anos, até que, condoído, o abade Pafúncio foi encontrar o abade Antônio para saber se Deus perdoara os pecados dela.

Ele expôs o caso a Santo Antônio, que convocou seus discípulos e ordenou que cada um de seu lado passasse a noite em vigília e em oração, esperando que Deus revelasse a algum deles a resposta que o abade Pafúncio fora buscar. Eles oraram incessantemente, e o abade Paulo, principal discípulo de Antônio, viu de repente no Céu um leito recoberto de tecidos preciosos vigiado por três virgens cujos rostos resplandeciam. Essas três virgens eram o temor da pena futura que retirara Taís do vício, a vergonha das faltas cometidas que lhe valera o perdão, o amor pela justiça que a conduzira às coisas do Céu. Como Paulo disse que tão grande graça era por Antônio, a voz divina respondeu: "Não é por seu pai Antônio, mas pela meretriz Taís". Pela manhã Paulo relatou a visão, e tendo o abade Pafúncio conhecido a vontade de Deus, retirou-se com alegria.

Chegando ao mosteiro, rompeu o lacre da porta da cela, mas Taís rogou que a deixasse ainda reclusa. Ele disse: "Saia, pois Deus perdoou seus pecados". E ela respondeu: "Tomo Deus por testemunha de que desde minha entrada aqui, fiz de todos os meus pecados um pacote que coloquei diante dos meus olhos, e da mesma forma que o sopro de minha respiração não me deixou, também a visão de meus pecados não deixou meus olhos, e eu chorava constantemente ao considerá-los". O abade Pafúncio disse: "Não é por causa da sua penitência que Deus perdoou seus pecados, mas porque você sempre teve no espírito temor a Ele". Pafúncio foi embora e ela ainda viveu 15 dias antes de repousar em paz.

O abade Efrém também quis converter da mesma maneira outra prostituta, que impudicamente incitou Santo Efrém a pecar, e então ele disse: "Siga-me". Ela o seguiu, e quando chegaram a um lugar onde havia uma multidão de homens, ele disse: "Fique ali, para que eu me una a você". Ela: "E como posso fazer isso na frente de tanta gente?". Ele: "Se você fica envergonhada pelos homens, não deveria enrubescer ainda mais por seu Criador, que vê o que se passa nas trevas mais espessas?". Ela se retirou, confusa.

148. Santos Dioniso, Rústico e Eleutério

Dioniso quer dizer "aquele que foge rapidamente", ou Dioniso deriva de *dyo*, "dois", e *nisus*, "elevação", indicando ser elevado em duas coisas, a saber, no corpo e na alma. Ou então vem de *Díana*, que é Vênus, deusa da beleza, e de *syos*, "Deus", significando assim "belo diante de Deus". Ou, segundo outros, vem de *dyonísia*, que segundo ISIDORO é uma pedra preciosa de cor negra, eficaz contra a embriaguez. Com efeito, ele fugiu rapidamente do mundo devido a uma perfeita abnegação, foi elevado à contemplação das coisas espirituais, foi belo aos olhos de Deus pelo brilho de suas virtudes, foi eficiente para os pecadores contra o vício da embriaguez.

Antes de sua conversão, teve vários nomes. É chamado de Areopagita por causa do bairro em que morava. É Teósofo, isto é, "instruído nas coisas de Deus", daí até hoje os sábios gregos chamarem-no de *pterugion tou ouranou*, que quer dizer "asa do Céu", por ter voado para o Céu nas asas da maravilhosa inteligência espiritual. É Macário, ou seja, "bem-aventurado". É ainda Jônico, devido ao nome de sua pátria. O jônico, diz PAPIAS, é um dialeto grego ou um tipo de coluna ou um verso com duas sílabas breves e duas longas. Isso mostra que Dioniso foi "sábio nas coisas do Senhor" por ter se entregue à investigação das coisas ocultas; foi "asa do Céu" ao contemplar as coisas celestes, foi "bem-aventurado" pela posse dos bens eternos, foi um retórico de maravilhosa eloqüência que sustentou a doutrina da Igreja de forma "breve" por sua humildade e "longa" por sua caridade. Agostinho diz no livro VIII de *A CIDADE DE DEUS* que jônico é uma escola filosófica. Ele distinguia duas escolas filosóficas, a saber, a itálica, que deve seu nome à Itália, e a jônica, que o deve à Grécia. Como Dioniso era um filósofo eminente, é chamado jônico por antonomásia. Sua vida e seu martírio foram ditados em grego por MetódIo de ConstantInopla e traduzidos em latim por Anastásio, bibliotecário da sé apostólica, pelo que diz Hicmar, bispo de Reims.[1]

Dioniso, o Areopagita, foi convertido à fé em Cristo pelo bem-aventurado apóstolo Paulo. É chamado Areopagita em razão do lugar em que morava, o Areópago, bairro de Ares, um dos nomes de Marte, onde havia um templo dedicado a esse deus, como o bairro onde Pã era adorado chamava-se Panópago. De fato, os atenienses davam às diferentes partes da cidade o nome do deus honrado no local. O Areópago era o melhor bairro, pois era o da nobreza e das escolas de artes liberais.[2] Era lá que morava Dioniso, grande filósofo, que devido à sua sabedoria e ao conhecimento perfeito que tinha dos nomes divinos era também chamado de Teósofo, isto é, "conhecedor de Deus". Lá estava ainda Apolofânio, filósofo que compartilhava suas idéias. Ali estavam também os epicuristas, que identificavam a felicidade do homem com as volúpias corporais, e os estóicos, que a identificavam com as virtudes do espírito.

No dia da paixão do Senhor, no momento em que as trevas cobriram toda a Terra, os filósofos que estavam em Atenas não puderam descobrir as causas naturais desse prodígio. De fato, esse eclipse do Sol não foi natural, já que a Lua não estava naquele momento na região do Sol, era o 15º dia da Lua e portanto estava muito afastada do Sol, e só há eclipse quando há encontro entre a Lua e o Sol. Além disso, um eclipse não priva de luz todas as partes do mundo e não pode durar três horas. Ora, é evidente que aquele eclipse privou de luz todas as partes da Terra, porque, como diz o evangelista Lucas, era o Senhor do universo que sofria, daí ter sido visível em Heliópolis, no Egito, em Roma, na Grécia e na Ásia Menor. Ele também ocorreu em Roma, como atesta Orósio dizendo:

> Quando o Senhor foi fixado no patíbulo, ocorreu por todo o mundo um grande tremor de terra, os rochedos fenderam-se e vários bairros das maiores cidades desabaram por essa comoção extraordinária. No mesmo dia, desde a sexta hora, o sol foi inteiramente escurecido, uma noite negra cobriu subitamente a Terra, de sorte que se pôde ver as estrelas no céu em pleno dia, ou melhor, durante essa medonha noite.

---

[1] Conforme nota 1 do capítulo 16.
[2] Conforme nota 1 do capítulo 10.

Assim escreveu Orósio.

O eclipse ocorreu no Egito, e Dioniso o menciona em uma carta a Apolofânio:

> Os astros foram escurecidos por trevas sombrias antes de o disco solar, purificado, reaparecer. Nós aplicamos a regra de Filipe de Arridéia e percebendo que, como era evidente, o Sol não podia ter se eclipsado, perguntei a você, vasto santuário de ciência, diante deste mistério que não conhece: "A quê, Apolofânio, espelho da doutrina, você atribui esse segredo?". Ao que me respondeu com boca divina e não humana: "Ó bom Dioniso, a perturbação está nas coisas divinas". Quando por fim Paulo, a quem ouvíamos fascinados, informou o que acontecera no dia e no ano daquele fato, lembramos daqueles sinais e então me entreguei na mão da verdade e me libertei dos grilhões da falsidade.

Até aqui Dioniso. Ele ainda faz menção a esse acontecimento na carta a Policarpo, onde se refere a si e a Apolofânio dizendo:

> Estávamos os dois em Heliópolis, quando para meu grande espanto vimos a Lua colocar-se na frente do Sol mesmo não sendo a época adequada para tanto. Na nona hora ela se afastou do Sol e de forma sobrenatural voltou na hora das vésperas a se colocar em posição oposta a ele. Vimos o eclipse começar no oriente e se estender por toda trajetória do Sol, depois reaparecer com a Lua estando diametralmente oposta.

Naquela época Dioniso fora com Apolofânio a Heliópolis, no Egito, para estudar a disciplina astrológica, e depois retornou.

O eclipse ocorreu também na Ásia, como atesta EUSÉBIO em sua crônica, onde assegura ter lido nos escritos dos pagãos que naquela época ocorreu na Bitínia, província da Ásia Menor, um grande terremoto e o maior eclipse do Sol jamais visto, quando na sexta hora o dia escureceu a ponto de se ver as estrelas do céu. Em Nicéia, cidade da Bitínia, o terremoto derrubou todas as casas. Enfim, como se lê na HISTÓRIA ESCOLÁSTICA, os filósofos foram levados a dizer que o Deus da natureza sofria. Lê-se em outro ponto que eles exclamaram: "Ou a ordem natural está subvertida, ou os elementos nos enganam, ou então o Deus da natureza sofre e os elementos se compadecem de sua dor".

Lê-se também em outro trecho que Dioniso afirmou: "Essa noite admiramos uma novidade que indica a vinda da luz verdadeira que iluminará o mundo inteiro". Foi então que os atenienses erigiram a esse

Deus um altar onde foi colocada a inscrição: "Ao Deus desconhecido", pois em cada altar punha-se uma inscrição indicando a quem ele era dedicado. Quando se quis oferecer a ele holocaustos e vítimas, os filósofos disseram: "Ele não precisa de nossos bens, apenas dobrem os joelhos diante de seu altar e dirijam-lhe suas súplicas, pois ele não exige a oferenda de animais, e sim a devoção da alma".

Quando Paulo foi a Atenas, os filósofos epicuristas e estóicos debateram com ele. Alguns perguntavam: "O que esse criador de palavras quer dizer?", outros diziam: "Parece que ele anuncia novos demônios". Então, para examinar essa nova doutrina ele foi levado ao bairro dos filósofos, onde o receberam dizendo: "Você afirma certas coisas sobre as quais ainda não ouvimos falar e queremos entender essas coisas", pois os atenienses gostavam de ouvir e discutir novidades. Quando Paulo viu os altares dos deuses, e entre eles o do Deus desconhecido, disse aos filósofos: "Venho anunciar que o verdadeiro Deus, aquele que criou o Céu e a Terra, é esse que vocês adoram sem conhecer". Em seguida perguntou a Dioniso, que via ser o mais douto nas coisas divinas: "Dioniso, quem é esse Deus desconhecido?". Dioniso: "É o verdadeiro Deus, cuja existência ainda não foi demonstrada como a das outras divindades, ele é desconhecido e oculto para nós, mas é aquele que deve vir no futuro e reinar eternamente". Paulo: "Ele é homem ou apenas espírito?". Dioniso: "Ele é Deus e homem, mas está incógnito porque vive nos Céus". Paulo: "É Ele que eu prego, Ele que desceu dos Céus, tomou uma carne, sofreu a morte e ressuscitou no terceiro dia".

Dioniso ainda debatia com Paulo, quando passou na frente deles um cego, e imediatamente ele falou a Paulo: "Se você disser a esse cego, em nome do seu Deus, 'Veja', e ele enxergar, acreditarei no mesmo instante, mas para não usar palavras mágicas que poderiam ter esse poder, eu mesmo vou prescrever a fórmula que você usará. Ela é assim: 'Em nome de Jesus Cristo, nascido de uma virgem, crucificado, morto e que ressuscitou e subiu ao Céu, veja'". Para afastar toda suspeita, Paulo disse a Dioniso para ele mesmo proferir essas palavras. E quando Dioniso pronunciou a fórmula e disse para o cego ver, este recuperou imediatamente a visão. Logo a seguir Dioniso com sua mulher, Damária, e toda a família receberam o batismo e a fé. Durante três anos ele foi instruído por Paulo e ordenado bispo de Atenas, onde se entregou à pregação e converteu à fé em Cristo a cidade e a maior parte da região.

O próprio Dioniso insinua que Paulo lhe revelou o que vira

quando foi arrebatado ao terceiro Céu, daí tratar com tanta sabedoria e clareza das hierarquias dos anjos, suas ordens, suas disposições e seus ofícios. Ele se exprime sobre isso de tal maneira que não se diria que soube dessas coisas por outra pessoa, mas que ele próprio foi arrebatado até o terceiro Céu e viu tudo o que escreve a respeito. Ele foi iluminado pelo espírito da profecia, como se pode verificar pela carta que dirigiu a João Evangelista, relegado ao exílio na ilha de Patmos.[3] Profetizou que sairia dali, dizendo: "Alegre-se, querido, amável, desejado e estimado amigo, você sairá de Patmos e voltará à Ásia para mostrar a face do bom Deus e levar outros a imitá-lo". Assistiu ao sono da bem-aventurada Maria, como insinua em seu livro dos *Nomes divinos*. Quando soube que Pedro e Paulo estavam presos em Roma por ordem de Nero, deixou um bispo substituindo-o e foi visitá-los. Depois que eles migraram felizes para o Senhor, o beato Clemente tornou-se chefe da Igreja e algum tempo depois o mandou para a França junto com Rústico e Eleutério. Foi enviado a Paris, onde converteu muitas pessoas à fé, ergueu várias igrejas e instalou clérigos de diferentes ordens.

    Tanta era a graça celeste que nele brilhava, que mais de uma vez os sacerdotes dos ídolos incitaram contra ele o povo, que acorria em armas para matá-lo, mas ao vê-lo perdia toda ferocidade e lançava-se a seus pés, ou então ficava com muito medo e fugia. Contudo o diabo, invejoso, vendo que todos os dias seu campo encolhia e que a Igreja triunfava com inúmeras conversões, excitou o imperador Domiciano a uma crueldade tal que mandou prender os cristãos para forçá-los a oferecer sacrifício, senão seriam submetidos a diferentes suplícios. O prefeito Fescênio, enviado de Roma contra os cristãos de Paris, encontrou o bem-aventurado Dioniso pregando ao povo e determinou que fosse imediatamente capturado, esbofeteado, escarrado, escarnecido e atado com correias muito fortes e levado à sua presença junto com os santos Rústico e Eleutério.

    Como os santos persistiam em confessar Deus, chegou uma mulher nobre alegando que seu marido, Lúbrio, fora vergonhosamente enganado e convencido por aqueles mágicos. Deu-se ordem de buscar depressa aquele homem, que foi morto confessando Deus com perseverança, enquanto os santos eram flagelados por doze soldados. Depois, sob grossas correntes, foram colocados no cárcere. No dia seguinte,

---

[3] Conforme nota 1 do capítulo 65.

Dioniso foi deitado nu sobre uma grelha de ferro em cima de chamas, e cantava ao Senhor: "Sua palavra é ardente e forte e seu escravo a ama".[4] Dali foi jogado a animais excitados por um longo jejum, mas quando correram impetuosamente na sua direção, ele lhes opôs o sinal-da-cruz e ficaram muito mansos. Puseram-no por isso em uma fornalha, mas em vez de lhe causar dano o fogo extinguiu-se. Tiraram-no dali e trancaram-no na prisão junto com seus companheiros e muitos fiéis. Lá ele celebrava missa, quando no momento da comunhão o Senhor Jesus apareceu cercado por uma imensa luz, pegou o pão e disse: "Tome, meu caro, porque sua maior recompensa é estar comigo".

    Depois disso foram conduzidos ao juiz, que os entregou a novos suplícios e diante do ídolo Mercúrio a cabeça dos três confessores da Trindade foram cortadas a machadadas. No mesmo instante o corpo de São Dioniso levantou-se e, conduzido por um anjo e precedido por uma luz celeste, carregou sua cabeça nos braços por duas milhas, desde o local chamado de Monte dos Mártires até aquele que, pela providência de Deus, ele escolheu para repousar.[5] Os anjos fizeram ressoar melodias tão doces, que entre os muitos que ouviram e passaram a crer estava a esposa do citado Lúbrio, Laércia, que proclamou ser cristã e foi na mesma hora decapitada, morrendo batizada por seu sangue. Seu filho, de nome Vírbio, que prestou serviço militar a Roma sob três imperadores, voltando mais tarde a Paris recebeu o batismo e tornou-se religioso.

    Como os infiéis temiam que os cristãos sepultassem os corpos de São Rústico e de Santo Eleutério, mandaram mergulhá-los no Sena. Mas uma mulher da nobreza convidou os carregadores para uma refeição, e enquanto comiam tirou furtivamente os corpos dos santos e mandou sepultá-los secretamente em um terreno que lhe pertencia. Mais tarde, quando a perseguição acabou, ela os retirou de lá e honrosamente os associou ao corpo do bem-aventurado Dioniso. Eles foram martirizados sob Domiciano, no ano do Senhor de 96, tendo o beato Dioniso noventa anos de idade.

---

4 *Salmos* 118,47.

5 O termo latino *mons* deu em francês mais ou menos em 980 a palavra *mont*, e *martirum* tornou-se por volta de 1190 *martre* (a forma moderna *martyr* prevaleceria apenas a partir do século XVI), daí o topônimo Montmartre da conhecida região do Norte de Paris. Deste local é que o santo teria caminhado com a cabeça nas mãos até o lugar que ficou conhecido por causa dele por Saint-Denis (onde se ergueria em meados do século XII a primeira catedral gótica), na verdade distante de Montmartre bem mais do que as duas milhas a que se refere a legenda.

Por volta do ano do Senhor de 815, no tempo do rei Luís, filho de Carlos Magno, embaixadores de Miguel, imperador de Constantinopla, levaram-lhe dentre outros presentes o livro de Dioniso *Hierarquia celeste*, traduzido do grego para o latim, que foi recebido com alegria. Dezenove doentes ficaram curados naquela mesma noite na igreja do santo.

Quando São Régulo celebrava missa em Arles, acrescentou depois dos nomes dos apóstolos "os bem-aventurados mártires Dioniso, Rústico e Eleutério". Ficou muito surpreso de, sem perceber, ter incluído esses nomes no cânone, pois acreditava que aqueles escravos de Deus ainda estavam vivos. Continuava admirado, quando viu três pombas pousadas na cruz do altar trazendo no peito os nomes dos santos mártires escritos com letras de sangue, e entendeu que os santos haviam migrado de seus corpos.

Segundo uma crônica, por volta do ano do Senhor de 644, Dagoberto, rei dos francos, que reinou muito tempo antes de Pepino, tinha desde a infância uma grande veneração por São Dioniso, e cada vez que temia a ira de seu pai, Clotário, fugia para a igreja do santo. Com o rei já morto, foi mostrado em visão a um santo homem que a alma de Dagoberto tinha sido conduzida a julgamento e muitos santos o censuraram por ter espoliado suas igrejas. Os anjos maus já queriam arrastá-la para o Inferno, quando se apresentou o beato Dioniso, intervindo para liberá-lo e poupá-lo do castigo e talvez conseguindo que sua alma voltasse ao corpo para fazer penitência.

Mostrando muito pouco respeito pelo corpo de São Dioniso, o rei Clóvis quebrou um osso do braço e pegou-o por cupidez, mas logo depois foi tomado pela loucura.

Hincmar, bispo de Reims, diz em uma carta dirigida a Carlos que o Dioniso enviado à Gália foi Dioniso, o Areopagita, como afirmado acima. O mesmo atesta João Escoto[6] em outra carta a Carlos. Alguns discordam, alegando contradição no cômputo do tempo, mas sem razão.[7]

---

[6] Filósofo irlandês (*c.* 810-877) radicado em Paris, que buscava reconciliar o neoplatonismo, sobretudo o do pseudo-DIONISO AREOPAGITA, com a visão cristã da Criação. Sua obra mais importante é *De divisione naturae* (*Patrologia Latina*, volume 122, colunas 439-1022).

[7] Na verdade tais críticos estavam certos, e a tradição seguida por quase todos na Idade Média, inclusive Hincmar, Escoto e o próprio Jacopo, errada: sabe-se hoje que São Dioniso, bispo de Paris e futuro patrono de França, foi martirizado por volta de 250 (*Acta Sanctorum*, outubro, vol. IV, Bruxelas, Culture et Civilisation, reed. 1969, pp. 865-987), sendo portanto bem posterior a Dioniso Areopagita, discípulo de São Paulo, e bem anterior ao pseudo-Dioniso Areopagita, autor sírio da passagem do século V para o VI diversas vezes citado pela *Legenda áurea*.

149. São Calisto

Calisto, papa, sofreu o martírio no ano do Senhor de 222, sob o imperador Alexandre. Na sua época, a zona alta da cidade de Roma foi destruída por um incêndio, durante o qual a mão esquerda da estátua de ouro de Júpiter derreteu. Por isso todos os sacerdotes foram pedir a Alexandre que se apaziguasse a cólera dos deuses com sacrifícios. Ora, durante a cerimônia, na manhã do dia de Júpiter,[1] subitamente, apesar do céu calmo, quatro sacerdotes dos ídolos foram fulminados por um raio, o altar de Júpiter queimado e o sol escureceu, levando o povo de Roma a fugir para fora dos muros da cidade.

Sob o pretexto de purificá-la, o cônsul Palmácio, que atribuía aquelas desgraças aos cristãos, pediu ao imperador autorização para destruí-los. Tendo ouvido dizer que Calisto e seus clérigos estavam escondidos do outro lado do Tibre, Palmácio marchou para lá com muitos soldados, mas eles foram imediatamente acometidos de cegueira. Assustado, o cônsul levou essa notícia a Alexandre. O imperador ordenou então que no dia dedicado a Mercúrio[2] todo o povo se reunisse para oferecer sacrifício a esse deus, a fim de obter dele um esclarecimento a respeito desses acidentes. Nesse momento uma virgem do templo, chamada Juliana, foi possuída pelo demônio e gritou: "O Deus de Calisto, o Deus vivo e verdadeiro, está indignado com nossos erros".

Ao ouvir essas palavras, Palmácio atravessou o Tibre e dirigiu-se a Ravena para encontrar São Calisto, e junto com sua mulher e sua família fez-se batizar por ele. Sabendo disso, o imperador convocou o

---

[1] O dia de Júpiter, *Jovis dies*, deu *giovedì*, *jeudi* e *jueves* nas outras línguas românicas, mas em português, que adotou o sistema cristão dos primeiros tempos de numerar os dias, corresponde à quinta-feira.

[2] *Mercoledì*, *mercredi*, *miércoles*, isto é, quarta-feira.

cônsul para encontrar-se com o senador Simplício, personagem muito útil ao Estado, para que com sua conversa simpática ele o fizesse mudar de opinião. Como Palmácio prosseguiu com jejuns e preces, um soldado prometeu-lhe que se ele curasse sua mulher paralítica imediatamente passaria a acreditar. Palmácio rezou, a mulher ficou curada e o soldado correu a lhe dizer: "Batize-me em nome de Cristo, que me tomou pela mão e me levantou". Calisto foi batizá-la e ao seu marido, além de Simplício e muitas outras pessoas. Quando o imperador soube disso, ordenou que todos os batizados fossem decapitados e que Calisto ficasse cinco dias sem comer nem beber. Mas ao ver que ele continuava bem disposto, ordenou que o chicoteassem todos os dias e que depois, com uma pedra atada ao pescoço, fosse jogado do alto de uma janela em um poço. O padre Astério retirou o corpo do poço e sepultou-o no cemitério de Calipódio.

150. São Leonardo

Leonardo quer dizer "odor do povo", derivado de *leos*, "povo", e *nardus*, "nardo", uma erva odorífera, porque o odor de sua boa reputação atraía o povo para ele. O nome Leonardo pode vir ainda de *legens ardua*, "aquele que escolhe os lugares escarpados". Ou então de *leo*, "leão", animal que possui quatro qualidades. Primeira, força que, segundo ISIDORO, reside em seu peito e em sua cabeça. Da mesma maneira, São Leonardo teve força no coração para refrear os maus pensamentos e na cabeça para contemplar infatigavelmente as coisas celestes. Segunda, o leão tem dupla sagacidade, dormindo de olhos abertos e apagando suas pegadas quando foge. Da mesma maneira, Leonardo foi vigilante no trabalho e vigilante na contemplação com que destruiu em si mesmo as pegadas de toda afeição mundana. Terceira, ele possui uma voz poderosa por meio da qual ressuscita depois de três dias o leãozinho natimorto[1] e por meio da qual paralisa todos os animais. Da mesma maneira, Leonardo ressuscitou muitas pessoas mortas no pecado e fixou na prática das boas obras outras que viviam como animais. Quarta, ele é medroso de coração, pois, segundo Isidoro, teme o ruído das rodas e o fogo. Da mesma maneira, Leonardo possuiu o temor que o fez evitar o ruído das tentações mundanas, daí ter fugido para o deserto,[2] e temeu o fogo da cupidez terrena, daí por que desprezou todos os tesouros que lhe foram oferecidos.

---

[1] Essa suposta característica zoológica do leão estava muito difundida pelos bestiários medievais e fazia desse animal quase sempre um símbolo de Cristo, cuja Ressurreição ocorreu três dias depois da crucificação.

[2] Conforme nota 1 do capítulo 15.

1. Conta-se que Leonardo viveu por volta do ano 500 do Senhor. Foi São Remígio, arcebispo de Reims, quem o levou à pia batismal e o instruiu na ciência da salvação. Seus pais estavam entre as pessoas mais importantes na corte do rei da França. Ele obteve do rei a deferência de libertar todos os prisioneiros que visitava. Como a fama de sua santidade crescia, o rei quis mantê-lo por muito tempo a seu lado até que surgisse a oportunidade de lhe dar um bispado. Preferindo a solidão, Leonardo recusou, abandonou tudo e com seu irmão Lifardo foi para Orleans dedicar-se à pregação. Depois de terem passado algum tempo em um mosteiro, deram-se um beijo e separaram-se. Lifardo queria ficar sozinho às margens do Loire e Leonardo, por inspiração do Espírito Santo, dispunha-se a pregar na Aquitânia.

Leonardo pregou por toda parte, fez muitos milagres e passou a morar em uma floresta próxima à cidade de Limoges, onde existia um castelo real construído para a caça. Certo dia o rei foi ali caçar e para agradá-lo a rainha o acompanhou, mas logo se viu em perigo, tomada pelas dores do parto. Enquanto o rei e sua família choravam ao ver a rainha correndo risco de vida, Leonardo passou pela floresta e ouviu os gemidos. Cheio de piedade, entrou no palácio e foi levado até o rei, que lhe perguntou quem ele era, ao que respondeu que tinha sido discípulo de São Remígio. Vendo que tinha tido um bom mestre, o rei ficou esperançoso e conduziu-o até a rainha, pedindo que por meio de suas preces obtivesse uma dupla alegria, a recuperação de sua esposa e o nascimento do filho. Leonardo fez então uma prece e obteve no mesmo instante o que pedia. O rei ofereceu-lhe muito ouro e prata, que ele se apressou em recusar e aconselhou o príncipe a distribuí-los aos pobres, dizendo: "Eu não tenho nenhuma necessidade disso, desejo apenas uma coisa, viver em um bosque servindo Cristo". Como o rei queria lhe dar todo o bosque, ele disse: "Não aceito tudo, mas conceda-me o quanto conseguir percorrer à noite com meu asno". O rei concordou de bom grado.

Ali construiu um mosteiro onde viveu muito tempo com dois monges, praticando severa abstinência. Como só se podia conseguir água a uma milha de distância, mandou perfurar um poço seco em seu mosteiro e encheu-o de água graças às suas preces. Ele chamou esse lugar de Nobiliac, porque lhe fora dado por um nobre rei. Nesse lugar fez tantos milagres, que todo prisioneiro invocava seu nome para quebrar os grilhões e partir livre sem ser impedido por ninguém. Depois disso iam apresentar a Leonardo as correntes quebradas e muitos ali ficavam servindo o Senhor. Sete famílias nobres venderam tudo o que possuíam para juntar-se a ele, que entregou a cada uma delas uma parte do bosque e tal exemplo atraiu muitas outras pessoas.

Enfim, o santo homem Leonardo, dono de muitas virtudes, migrou para o Senhor no dia 6 de novembro. Como muitos milagres ocorreram nesse lugar, foi revelado aos clérigos que mandassem construir uma nova igreja, mais adequada à multidão, e depois para lá transferissem com honras o corpo de São Leonardo. Depois que os clérigos e o povo passaram três dias em jejum e oração, viram toda a região coberta de neve, menos o lugar onde São Leonardo queria repousar e que estava completamente limpo. Ele foi transportado para lá. A imensa quantidade de correntes de ferro suspensas diante de seu túmulo testemunha com quantos milagres o Senhor beneficiou os aprisionados por meio de sua intercessão.

2. O visconde de Limoges, para assustar os malfeitores, mandou forjar uma enorme corrente, que mandou fixar em um poste de sua torre. Se alguém ficasse exposto às intempéries com aquela corrente no pescoço pareceria padecer mil mortes ao mesmo tempo. Ora, aconteceu de um escravo de São Leonardo ter sido injustamente atado a ela e ia dar o último suspiro quando se recomendou, o melhor que pôde e de todo o coração, ao santo, rogando-lhe que, assim como libertava os outros, viesse também em seu auxílio. No mesmo instante, São Leonardo apareceu, vestido com um hábito branco, e disse: "Não tenha medo, que você não morrerá. Levante-se e leve essa corrente até a minha igreja. Vá, eu estarei logo à frente". O homem levantou-se, pegou a corrente e seguiu São Leonardo até a igreja, diante de cuja porta o bem-aventurado Leonardo despediu-se dele. O escravo entrou na igreja, contou a todo mundo o que São Leonardo fizera por ele e pendurou aquela enorme corrente diante da sepultura.

3. Um habitante de Nobiliac, muito fiel a São Leonardo, foi capturado por um tirano que disse consigo mesmo:

> Esse Leonardo liberta todos os que estão acorrentados, e todo tipo de ferro, por mais forte que seja, funde-se em sua presença como cera diante do fogo. Assim, se eu mandar acorrentar esse homem, logo Leonardo virá soltá-lo, mas, se eu conseguir ficar com ele, posso obter mil soldos como resgate. Sei o que tenho de fazer. Mandarei cavar no fundo de minha torre um profundo fosso onde o colocarei com pesos nos pés, e na boca do fosso mandarei construir uma arca de madeira dentro da qual ficarão guerreiros armados, vigiando. Leonardo rompe ferro mas não pode entrar debaixo da terra.

O tirano executou tudo o que pensara, e como o prisioneiro a cada instante recomendava-se a São Leonardo, este apareceu à noite, virou a arca onde se encontravam os soldados e deixou-os lá embaixo como mortos em um sepulcro. Em seguida, entrando no fosso cercado por uma grande luz, pegou seu fiel pela mão e perguntou: "Você está dormindo ou acordado? Aqui estou, Leonardo, que você desejava ver". O homem exclamou, cheio de admiração: "Ajude-me, senhor". No mesmo instante ele rompeu as correntes, tomou o prisioneiro nos braços, levou-o para fora da torre e, conversando com ele como um amigo, conduziu-o até sua região e sua casa.

4. Um peregrino que retornava de uma visita a São Leonardo foi capturado em Auvergne e trancafiado em um porão. Ele suplicava, por amor a São Leonardo, que seus carcereiros o soltassem, pois jamais os ofendera. Responderam que se não pagasse uma grande soma como resgate não sairia. Ele: "Pois bem, que o assunto seja resolvido entre vocês e São Leonardo, a quem me recomendei". Na noite seguinte, São Leonardo apareceu ao senhor do castelo e ordenou que soltasse o peregrino. De manhã, ao acordar, acreditou que a visão tinha sido apenas um sonho e não quis soltar o prisioneiro. Na outra noite, ele apareceu de novo, repetiu as ordens, mas não foi obedecido. Na terceira noite, São Leonardo pegou o peregrino, levou-o para fora e logo depois a torre e metade do castelo desabaram, com várias pessoas tendo sido esmagadas, enquanto o senhor teve apenas as pernas quebradas para que pudesse sobreviver à confusão que causara.

5. Um cavaleiro, prisioneiro na Bretanha, invocou São Leonardo, que apareceu no meio da casa, entrou no cárcere e, depois de ter rompido as correntes e as colocado nas mãos daquele homem, levou-o embora, passando diante de todos, estupefatos.

6. Houve um outro Leonardo, de vida e virtudes semelhantes, cujo corpo repousa em Corbigny. Ele dirigia um mosteiro com tanta humildade que parecia ser o menos importante dos monges. Mas como todo o povo o procurava, invejosos convenceram o rei Clotário de que, se não tomasse cuidado, o reino da França sofreria graves danos por causa de Leonardo, que sob o pretexto de religião reunia muita gente à sua volta. Muito crédulo, o rei mandou bani-lo. Os soldados enviados contra ele ficaram tão comovidos com suas palavras, que prometeram tornar-se seus discípulos. Arrependido, o rei privou os detratores de seus cargos e de seus bens e passou a ter uma viva amizade por São Leonardo, que teve

dificuldade para conseguir que seus caluniadores tivessem suas dignidades restituídas. Obteve de Deus que qualquer um que estiver encarcerado e invocar seu nome seja imediatamente libertado. Certo dia, enquanto estava entregue à oração, uma enorme serpente enroscou-se nele, dos pés ao peito. Ele não interrompeu sua prece e, quando terminou, falou: "Sei que desde o início da criação você inquieta os homens tanto quanto pode, mas se tem algum poder sobre mim, trata-me como mereço". Dito isso, a serpente saiu rapidamente de seu hábito e caiu morta a seus pés. Mais tarde, reconciliou dois bispos e previu que morreria no dia seguinte, por volta do ano do Senhor de 270.

151. São Lucas

Lucas quer dizer "levantado" ou "elevado", ou deriva de *lux*, "luz". Com efeito, ele se levantou acima do amor do mundo e se elevou até o amor de Deus. Foi a luz que iluminou o mundo inteiro: "Vocês são a luz do mundo", diz *Mateus*, 5. A luz do mundo é o próprio sol, luz situada no alto, conforme *Eclesiástico*, 26: "O sol levanta-se sobre o mundo do alto do trono de Deus". Ela é agradável de ver de acordo com *Eclesiástico*, 11: "A luz é suave, e o olho se compraz em ver o sol"; ela é veloz em seu curso, como diz *II Esdras*, 4: "A terra é grande, o céu elevado e veloz o curso do sol". Ela é útil em seus efeitos, segundo um filósofo, porque "o sol gera a luz como o homem gera o homem". Da mesma maneira, Lucas era elevado pela contemplação das coisas celestes, por sua doçura com as pessoas, pela rapidez de sua fervorosa pregação e pela utilidade da doutrina que escreveu.[1]

1. Lucas, de nacionalidade síria, originário de Antioquia, médico de profissão, foi, segundo alguns autores, um dos 72 discípulos do Senhor. Como Jerônimo diz, ele foi discípulo dos apóstolos, e não do Senhor, e como a GLOSA ao comentar *Êxodo*, 25, observa que ele não seguiu o Senhor em sua pregação, mas chegou à fé apenas depois da Ressurreição, é preferível afirmar que ele não foi um dos 72 discípulos, apesar da opinião de alguns. Sua vida foi tão perfeita que ele cumpriu rigorosamente os deveres para com Deus, com o próximo, consigo mesmo e com seu ministério. Devido a essas quatro qualidades, é representado sob quatro formas, a de homem, leão, boi e águia. Diz *Ezequiel*, 1: "Cada um desses animais tinha quatro faces e quatro asas".

---

[1] O Evangelho de Lucas é o texto do Novo Testamento mais citado pela *Legenda áurea* (32 vezes), e o segundo entre todos os livros bíblicos, perdendo apenas para os *Salmos* (que recebe 46 menções).

Para compreender melhor isso, imaginemos um animal qualquer com uma cabeça quadrada, como um quadrado de madeira, e em cada um de seus lados imaginemos um rosto diferente: na frente o de um homem, à direita o de um leão, à esquerda o de um bezerro e atrás o de uma águia. Como a face da águia elevava-se acima das outras em razão do comprimento de seu pescoço, afirma-se que era mais alta que as demais. Como cada um desses animais tinha quatro asas, imaginemos cada animal como um quadrado e em cada ângulo desse quadrado uma asa. Esses quatro animais, segundo alguns santos, significam os quatro evangelistas, cada um dos quais teve quatro faces em seus escritos, a da Humanidade, a da Paixão, a da Ressurreição e a da Divindade.

No entanto, atribui-se a cada um deles especificamente a face de um único animal. Segundo Jerônimo, Mateus é representado sob a figura de um homem porque insistiu principalmente na Humanidade de Cristo. Lucas sob a de um novilho, porque tratou do Sacerdócio de Cristo. Marcos sob a de um leão, evidentemente porque descreveu a Ressurreição, e os filhotes desse animal, pelo que se diz, ficam mortos por três dias depois do nascimento até serem ressuscitados no terceiro dia pelos rugidos do leão, além do que Marcos começa seu escrito com João Batista e o rugido de sua pregação. João é representado sob a figura de uma águia porque se eleva mais alto que os outros, já que trata da Divindade de Cristo. Ademais, Cristo, cuja vida foi escrita pelos evangelistas, também teve as propriedades desses quatro animais: foi homem na Natividade, novilho na Paixão, leão na Ressurreição, águia na Ascensão.

Por essas quatro faces sob as quais se designam os evangelistas em geral e Lucas em particular, desejou-se mostrar suas quatro principais qualidades.

Pela face de homem, indica-se quanto foi bem-intencionado com o próximo, que instruiu pela razão, atraiu pela doçura e encorajou pela liberalidade, pois o homem é criatura racional, doce e liberal.

Pela face de águia, indica-se quanto foi bem-intencionado com Deus, ao qual via com o olho da contemplação e da afeição aguçada pela meditação, assim como a águia despoja-se de seu bico na velhice para começar uma nova vida. De fato, a águia tem a vista aguda, pode olhar o sol sem que o brilho de seus raios a faça fechar os olhos e pode, quando está no mais alto dos ares, ver pequenos peixes no mar. Seu bico é bastante recurvado para que não tenha dificuldade em pegar sua presa, que esmaga nas pedras para lhe servir de alimento. Quando sente que as trevas obscurecem seus olhos, voa para o calor do sol dissipá-las e depois mergulha impetuosamente em uma fonte, o que a faz mudar de plumagem e a despoja da velhice.[2]

Pela face de leão, indica-se quanto foi bem-intencionado consigo mesmo, porque teve generosidade na conduta, sagacidade para escapar aos ardis dos inimigos e compaixão com os aflitos. Com efeito, o leão é um animal generoso, é o rei dos animais, é sagaz, pois durante uma fuga desfaz com a cauda suas pegadas a fim de não ser encontrado, é compassivo, pois sofre de febre quartã.

Pela face de novilho ou de boi indica-se quanto foi bem-intencionado no seu ministério, que consistiu em escrever seu evangelho. Ele fez isso escrupulosamente, começando pelo nascimento do Precursor, o nascimento de Cristo e sua infância, e o desenrolar de toda sua história até sua consumação. Seu relato é feito com discernimento porque, escrevendo depois de dois evangelistas, ele supre o que omitiram e omite o que disseram suficientemente. Ele insistiu a respeito do templo e do sacrifício, no princípio, no meio e no fim do seu livro, daí ser bem representado pelo boi, animal lento, de pés fendidos, muito usado nas imolações.

As quatro qualidades de que se acaba de falar são evidentes na vida do bem-aventurado Lucas.

A primeira qualidade, em relação a Deus, é tríplice, de acordo com o bem-aventurado Bernardo: a afeição, o pensamento e a intenção. A afeição deve ser santa, os pensamentos puros e a intenção reta. A afeição dele foi santa, pois esteve pleno do Espírito Santo. Jerônimo no seu prólogo ao evangelho de *Lucas* diz que ele morreu em Betânia, pleno do Espírito Santo. Os pensamentos dele foram puros, pois era virgem de corpo e de espírito. A intenção dele foi reta, pois em todos seus atos buscava honrar devidamente a Deus. Essas duas últimas virtudes fizeram Jerônimo dizer no prólogo aos *Atos dos apóstolos* que, quanto ao pensamento, "ele se preservou de toda mácula, permanecendo virgem", e que quanto à retidão de suas intenções "ele preferiu servir ao Senhor".

A segunda qualidade, em relação ao próximo, é cumprir os deveres para com ele. Segundo RICARDO DE SAINT-VICTOR, devemos ao próximo nosso poder, nosso saber e nosso querer, que levam a um quarto

---

[2] Assim como faz em relação ao leão, Jacopo de Varazze tira essa descrição zoológico-moralizante do mais célebre bestiário, o *Physiologus*, texto grego do século II traduzido para o latim no VIII e desde então freqüentemente adaptado pelos medievais e vertido para os idiomas vernáculos em formação.

dever, as boas obras. Devemos a ele nosso poder ajudando-o, nosso saber aconselhando-o, nosso querer desejando-lhe boas coisas e nossas ações prestando-lhe bons serviços. Ora, o beato Lucas cumpriu esses quatro deveres.

Deu ao próximo o que poderia aliviá-lo, o que fica evidente por sua conduta em relação a Paulo, a quem permaneceu constantemente ligado em todas as tribulações, a quem jamais abandonou, ao qual auxiliou na pregação. Ele mesmo diz em *II Timóteo*, 4: "Só Lucas está comigo". E quando diz "comigo", quer dizer que ele o ajuda, o defende, supre suas necessidades. Quando diz "só Lucas", demonstra que este lhe está constantemente ligado. Diz ainda de Lucas em *II coríntios*, 8: "Ele foi escolhido pelas Igrejas para ser nosso companheiro de peregrinação".

Deu ao próximo seu saber e seus conselhos, sendo útil ao escrever o que aprendera da doutrina dos apóstolos e do Evangelho. Ele mesmo revela isso em seu prólogo, quando diz "Acreditei, excelentíssimo Teófilo, que depois de ter me informado com exatidão, desde o princípio, sobre todas essas coisas, devia apresentá-las por escrito a você para que conheça a verdade". Serviu ao próximo com seus conselhos, pois, como Jerônimo afirma em seu prólogo, as palavras dele eram remédios para as almas debilitadas. Teve sempre bons desejos, pois desejou aos fiéis a salvação eterna, como afirma *Colossenses*, 4: "O médico Lucas saúda", isto é, "saúda" quer dizer deseja a salvação eterna. Por fim, praticava boas ações, coisa evidente por ter recebido em sua casa o Senhor, que tomou por um viajante e a quem hospedou e ofereceu sua caridade. No dizer de alguns, como Gregório Magno em suas *Moralia in Job*,[3] ele foi o companheiro de Cleofas até Emaús, embora Ambrósio diga que foi outra pessoa.

A terceira qualidade, a de virtudes para consigo mesmo, predispõe o homem à santidade e é tripla, de acordo com Bernardo: vida sóbria, atos justos, sentimento piedoso. Cada uma delas subdivide-se ainda em três, sempre segundo Bernardo. Viver sobriamente é viver com contenção, polidez e humildade. Os atos são justos se forem retos, discretos, proveitosos: retos na intenção, que deve ser boa; discretos por moderação; proveitosos por edificação. O sentimento piedoso existe se nossa fé nos faz ver Deus sumamente poderoso, sumamente sábio e sumamente

---

[3] Uma das obras mais influentes dos primeiros séculos medievais, da qual há duas boas edições, acessíveis e bilíngües: *Morales sur Job*, ed.-trad. R. Gillet, A. de Gaudemaris e A. Bocognano, Paris, Cerf, 3 vols., 1974-1989; *Commento morale a Giobbe*, ed.-trad. P. Siniscalco e E. Gandolfo, Roma, Città Nuova, 4 vols., 1992-1997.

bom, de maneira a crermos que nossa fraqueza é sustentada por seu poder, nossa ignorância corrigida por sua sabedoria e nossa iniqüidade amenizada por sua bondade. O bem-aventurado Lucas era bem fornido em todos esses atributos.

 Primeiro atributo. De três formas ele foi sóbrio em sua maneira de viver. Vivendo na continência, pois não se casou e não teve filhos, como atesta Jerônimo em seu prólogo sobre o Evangelho de Lucas. Vivendo com companheirismo, como já se disse anteriormente a propósito de Cleofas: "Dois dos discípulos de Jesus iam naquele dia a Emaús".[4] Era bom companheiro, como indicam as palavras "dois" e "discípulos", isto é, pessoas de boa conduta. Vivendo com humildade, virtude insinuada por ele ao nomear seu companheiro Cleofas mas não a si próprio. Conforme a opinião de alguns, Lucas não se nomeou por humildade.

 Segundo atributo. Ele foi justo em seus atos, cada um dos quais proveio de uma intenção reta, o que é indicado na oração de seu ofício, onde se diz que "pela glória do seu nome, Senhor, ele praticou constantemente sobre o corpo a mortificação da Cruz". Na sua conduta, foi discreto e moderado, daí ser representado pelo boi, que tem o casco fendido, o que exprime a virtude da discrição. Seus atos foram frutíferos pela edificação que produziram e que o fizeram ser muito querido por todos, daí ser chamado de caríssimo pelo apóstolo na *Epístola aos colossenses*, 4: "Lucas, nosso caríssimo médico, os saúda".

 Terceiro atributo. Ele teve sentimentos piedosos devido à sua fé, e no seu evangelho professou Deus como sumamente poderoso, sumamente sábio e sumamente bom. Os dois primeiros atributos de Deus são enunciados no capítulo 4: "O povo estava espantado com sua [de Cristo] doutrina, porque falava com autoridade". O terceiro é enunciado no capítulo 18: "Só Deus é bom".

 Quarto atributo. Enfim, ele cumpriu exatamente as funções de seu ministério, que era escrever o evangelho, o qual está claramente apoiado na verdade, repleto de coisas úteis, ornado de muitas belas passagens e confirmado por numerosas e autênticas autoridades.

 Em primeiro lugar, ele está apoiado na verdade. Há três espécies de verdades: a da vida, a da justiça e a da doutrina. A verdade da vida é a adequação entre a mão e a língua [ou seja, entre as obras e a lei]; a verdade da justiça é a adequação entre a sentença e o crime; a verdade da

---

[4] *Lucas* 24,13.

doutrina é a adequação entre a realidade objetiva e a percepção dela. O Evangelho de Lucas está fundamentado nestas três verdades, pois o evangelista mostra que Cristo possuiu esses três tipos de verdades e transmitiu-as aos outros. Mostrou que Cristo tinha esses três tipos de verdade pelo testemunho de seus adversários, como em *Lucas*, 20: "Mestre, sabemos que você não diz e não ensina nada que não seja justo" (eis a verdade da doutrina) "e que não teme ninguém" (eis a verdade da justiça), "mas que ensina o caminho de Deus pela verdade" (eis a verdade da vida). O caminho que é bom chama-se caminho de Deus. Lucas mostra em seu evangelho que Cristo ensinou essa tripla verdade.

Primeira, a verdade da vida, que consiste na observação dos mandamentos de Deus, daí por que está escrito no capítulo 10: "Ame o Senhor seu Deus de todo o coração e viverá". E no capítulo 18: "Um homem de qualidade perguntou: 'Bom mestre, que faço para obter a vida eterna?', e foi-lhe respondido: 'Saiba os mandamentos, não matará etc.'".

Segunda, a verdade da doutrina, daí ter dito, no capítulo 11, dirigindo-se a pessoas que a deturpavam: "Ai de vocês, fariseus, que pagam a dízima da menta, da arruda e de toda espécie de ervas e negligenciam a justiça e o amor de Deus". Disse ainda, no mesmo trecho: "Ai de vocês, doutores da lei, que se apoderaram da chave de seu conhecimento sem nele entrar e impedindo que outros entrem".

Terceira, a verdade da justiça está enunciada no capítulo 20: "Dai a césar o que é de césar, a Deus o que é de Deus". E no capítulo 19: "Quanto aos meus inimigos, que não quiseram que eu reinasse sobre eles, que sejam trazidos aqui e mortos em minha presença". No capítulo 13, que trata do Juízo: "Afastem-se de mim todos os que perpetraram iniqüidades".

Em segundo lugar, seu evangelho é de grande utilidade. Ele foi médico para mostrar que nos preparou um medicamento muito salutar. Há três tipos de medicamento: o curativo, o preventivo e o fortificante. Lucas mostra em seu evangelho que esses três remédios foram preparados pelo médico celeste. O curativo cura doenças, como a penitência cura todas as doenças espirituais. É esse medicamento que no capítulo 4 ele diz nos ter sido oferecido pelo médico celeste: "Vim sarar os que têm o coração partido". No capítulo 5: "Não vim chamar os justos, mas os pecadores". O remédio que fortalece a saúde é a observância dos conselhos que tornam o homem melhor e mais perfeito. Este medicamento foi preparado pelo nosso médico, como diz no capítulo 18: "Venda tudo que tem e dê aos pobres". A mesma coisa no capítulo 6: "Se alguém pega seu manto, deixe pegar também sua túnica". O medicamento preventivo preserva-nos da causa, evita as ocasiões de pecado e as más companhias. Esse remédio é receitado pelo médico no capítulo 12, quando nos ensina a evitar a companhia dos maus: "Evite o fermento dos fariseus, que é a hipocrisia". Pode-se ainda dizer que esse evangelho é muito útil porque nele estão contidos todos os princípios da sabedoria.

Assim fala dele Ambrósio:

> Lucas reúne no seu evangelho todas as forma de sabedoria. Ensina coisas naturais quando atribui ao Espírito Santo a encarnação do Senhor. Davi também ensinara essa sabedoria natural quando pediu: "Envie seu Espírito e eles serão criados". Lucas insiste nisso ao falar das trevas, dos tremores de terra e do ocultamento do sol que acompanharam a paixão de Cristo. Ensinou coisas morais falando dos costumes ao relatar o sermão da bem-aventurança. Ensinou coisas racionais quando diz: "Aquele que é fiel nas pequenas coisas o será nas grandes". Sem essa tripla ciência, a natural, a moral e a racional, não é possível nem a fé nem o mistério da Trindade.

Assim falou Ambrósio.

Em terceiro lugar, seu evangelho é muito bem escrito, seu estilo e sua linguagem são agradáveis e elegantes. Ora, para que um escritor atinja essa graça e esse brilho são necessárias três condições, segundo Agostinho: agradar, esclarecer e comover. Para agradar, é preciso um estilo ornamentado; para esclarecer, é preciso que seja claro; para comover, é preciso falar com ardor. Tríplice condição que Lucas demonstrou em seus escritos e em sua pregação. As duas primeiras são reconhecidas em *II coríntios*: "Nós enviamos com ele um irmão que se tornou célebre em todas as igrejas por seu evangelho". A *Glosa* pensa que o irmão enviado com Tito era Barnabé ou Lucas. De qualquer forma, pelas palavras "que se tornou célebre", Paulo afirma que o estilo de Lucas é elegante. Pelas palavras "em todas as igrejas", refere-se à clareza dele. Que tenha falado com ardor é evidente, porque tinha coração ardente, segundo ele próprio o diz: "Nosso coração não se inflamava quando Ele nos falava pelo caminho e nos explicava as Escrituras?".[5]

---

5 *Lucas* 24,32.

Em quarto lugar, seu evangelho foi confirmado por numerosas autoridades. Primeiro, pelo Pai, que em *Jeremias*, 31, diz: "Vem o tempo em que farei uma nova aliança com a casa de Israel e a casa de Judá, não a aliança que fiz com seus pais, mas a aliança que farei com a casa de Israel. Depois que esse tempo tiver chegado, diz o Senhor, imprimirei minha lei em suas entranhas e a escreverei em seu coração". Fala-se aqui literalmente da doutrina evangélica.

Segundo, ele foi corroborado pela autoridade do Filho, que diz no capítulo 21 desse evangelho: "O Céu e a Terra passarão, mas minhas palavras não passarão".

Terceiro, foi inspirado pelo Espírito Santo, conforme diz Jerônimo em seu prólogo sobre *Lucas*: "Movido pelo Espírito Santo, ele escreveu seu evangelho em Acaia".

Quarto, o evangelho foi imaginado antecipadamente pelos anjos. É o que diz *Apocalipse*, 14: "Eu vi o anjo de Deus, que voava no meio do Céu levando o Evangelho eterno". Ora, esse evangelho é chamado eterno porque tem uma origem eterna, isto é, Cristo, eterno por sua natureza, por sua finalidade, por sua duração.

Quinto, ele foi anunciado pelos profetas. De fato, o profeta Ezequiel prenunciava o Evangelho de Lucas quando disse que um dos animais da visão que teve possuía face de novilho. O mesmo está dito em *Ezequiel*, 2, quando conta ter visto um livro escrito por dentro e por fora e no qual havia lamentações, cânticos e maldições. Deve-se entender por isso o Evangelho de Lucas, que é escrito por dentro pelos mistérios que encerra e por fora pelo relato histórico. Nele se encontram as lamentações da Paixão, o cântico da Ressurreição e, no capítulo 11, muitas imprecações, as maldições da Danação eterna.

Sexto, ele foi informado pela Virgem. A bem-aventurada Virgem guardava cuidadosamente em seu coração todas as coisas ocorridas a ela e a seu filho, a fim de poder depois transmiti-las aos escritores, como está dito em *Lucas*, 2. Comenta a *Glosa*: "Tudo o que ela sabia das ações e das palavras do Senhor recolhia na memória para que, no momento de pregar e escrever sobre a Encarnação, pudesse explicar de maneira satisfatória a quem pedisse tudo o que se passara". Bernardo concorda com isso, ao comentar por que o anjo anunciou à bem-aventurada Virgem a gravidez de Isabel: "A concepção de Isabel foi revelada a Maria para que sabendo da vinda do Salvador e do Precursor, ela pudesse revelar mais tarde aos escritores e aos pregadores a verdadeira seqüência dos fatos;

daí desde o princípio ela ter sido plenamente instruída, de maneira miraculosa, sobre todos esses mistérios". Acredita-se que os evangelistas pediram a ela muitas informações, sobre as quais ela os esclarecia. Acredita-se que o beato Lucas, em especial, recorreu a ela como a Arca do Testamento, certificando-se assim de muitos fatos, sobretudo os que se referiam a ela mesma, como a Anunciação do anjo, o nascimento de Cristo e outros semelhantes, mencionados unicamente por Lucas.

Sétimo, ele foi notificado pelos apóstolos. Como Lucas não testemunhou todas as ações e milagres de Cristo, para escrever seu evangelho precisou de informações transmitidas pelos apóstolos presentes naqueles momentos. Ele mesmo insinua isso ao dizer em seu prólogo: "Escrevi a partir do relato que nos fizeram aqueles que desde o começo viram estas coisas com seus próprios olhos e que foram os ministros da palavra". Como há duas formas de testemunho, aquela do que se viu e aquela do que se ouviu, Agostinho afirma que por isso o Senhor quis ter duas testemunhas que tivessem visto, a saber, Mateus e João, e duas que tivessem ouvido, a saber, Marcos e Lucas. Mas como o testemunho do que se viu é mais seguro e mais certo do que aquele que se ouviu, por esta razão, explica Agostinho, os dois evangelistas que viram estão um no começo e outro no fim, e os dois que ouviram estão colocados no meio, para que assim, mais fracos, sejam protegidos e defendidos pelos que, mais seguros, se encontram no começo e no fim.

Oitavo, ele foi admirativamente aprovado por Paulo, que quando desejava fundamentar suas afirmações recorria ao Evangelho de Lucas. Daí Jerônimo dizer em seu livro dos *Homens ilustres* que muitos pensam que quando Paulo em suas epístolas fala: "segundo meu evangelho", ele se refere à obra de Lucas. A mesma aprovação admirativa aparece em *II coríntios*, 8, quando escreve que "este evangelho tornou-se célebre em todas as igrejas".

2. Lê-se na *História de Antioquia* que os cristãos desta cidade, devido a seu comportamento desordenado, foram cercados por uma multidão de turcos, ficando sujeitos à fome, miséria e muitas outras dificuldades. Mas como eles se converteram novamente ao Senhor por meio de penitência, na igreja de Santa Maria de Trípoli apareceu a um fiel um personagem resplandecente vestido de branco que, perguntado quem era, disse ser Lucas, e contou que vinha de Antioquia, para onde o Senhor convocara a milícia celeste, com apóstolos e mártires, a fim de combater pelos cristãos, que animados destroçaram então todo o exército turco.

152. São Crisanto e Santa Dária

Crisanto, filho de um homem ilustríssimo chamado Polímio, tinha se convertido à fé em Cristo e não queria concordar com seu pai que pretendia reconduzi-lo ao culto dos ídolos. Assim, o pai mandou trancá-lo em um quarto no qual colocou cinco moças encarregadas de seduzi-lo com carícias. Como ele rogou a Deus que não o deixasse ser vencido por essa besta feroz conhecida por concupiscência, imediatamente as jovens foram tomadas por um tal sono que não podiam beber nem comer, o que voltavam a fazer normalmente quando levadas para fora do aposento.

Então se pediu a Dária, virgem muito sábia consagrada à deusa Vesta, que fosse à casa de Crisanto para devolvê-lo aos deuses e a seu pai. Quando ela lá entrou, Crisanto censurou-a por causa do luxo de seus trajes, ao que ela respondeu que se estava enfeitada daquela forma não era pelo luxo em si mesmo, mas para conquistá-lo para os deuses e para seu pai. Crisanto censurou-a então por ela honrar como deuses homens debochados e mulheres impudicas. Dária replicou que não falava deles, e sim dos elementos naturais, aos quais os filósofos haviam dado nomes de homens. Crisanto: "Alguns adoram a terra como deusa, e outros, como os camponeses, usam nela o arado e obtêm dela mais do que aqueles que a adoram; o mesmo ocorre com o mar e os outros elementos".

Então Crisanto e Dária, que ele convertera, uniram-se pelo Espírito Santo e fingindo ser carnalmente casados, converteram muita gente a Cristo. Dentre eles, o tribuno Cláudio, que fora seu tutor, com a mulher, filhos e muitos soldados. Por ordem de Numeriano, Crisanto foi então aprisionado em um fétido cárcere, porém o mau cheiro transformou-se em suavíssimo perfume. Quanto a Dária, foi colocada em um bordel, mas um leão que fugira do circo tornou-se seu porteiro. Um homem foi enviado para violentar a virgem, mas foi pego pelo leão, que ficou olhando a santa como se perguntasse o que devia fazer com seu prisioneiro. Ela ordenou que não o ferisse, que o deixasse ir. O homem saiu correndo pela cidade gritando que Dária era uma deusa. Alguns caçadores foram imediatamente enviados para capturar o leão, mas este os agarrou e levou-os aos pés da virgem, que os converteu. O prefeito mandou fazer uma grande fogueira diante da porta do quarto, para que Dária fosse queimada junto com o leão. Ao ver o fogo o leão sentiu medo e começou a rugir, e recebeu permissão da virgem para ir embora, sem fazer mal a ninguém.

    O prefeito mandou torturar Crisanto e Dária de diferentes maneiras, mas eles não sentiram dor alguma. Os castos esposos foram então colocados em um fosso no qual, esmagados sob terra e pedras, foram consagrados como mártires de Cristo no ano de 211 do Senhor, no tempo de Caro, bispo de Narbonne, cidade onde sua festa é celebrada com a maior pompa.

153. As Onze Mil Virgens

I. As onze mil virgens foram martirizadas da seguinte maneira. Havia na Bretanha um rei muito cristão chamado Noto ou Mauro, que tinha uma filha de nome Úrsula. Ela era notável pela honestidade de seus costumes, sabedoria e beleza, o que fez com que sua fama se espalhasse por toda parte. O poderoso rei da Inglaterra, que subjugara muitas nações, ao ouvir falar daquela virgem dizia que seria o mais feliz dos homens se ela desposasse seu filho único. O rapaz também desejava muito isso. Foram então enviados ao pai da moça emissários oficiais, aos quais se prometeram grandes recompensas em caso de sucesso e grandes punições em caso contrário. O rei da Bretanha ficou bastante preocupado: considerava indigno entregar a um adorador dos ídolos uma pessoa que seguia a fé em Cristo; sabia, aliás, que ela jamais concordaria com isso; temia a enorme ferocidade do rei inglês.

Por inspiração divina, ela aconselhou seu pai a aceitar o pedido sob certas condições: ambos os reis dariam a ela como acompanhantes dez virgens muito distintas; para servir a ela e a cada uma das outras seriam entregues mil virgens; receberiam navios equipados para viajar durante três anos antes de sacrificar sua virgindade; durante estes três anos o rapaz seria batizado e instruído na fé. Era um bom conselho, que ou dissuadiria o jovem pelas condições difíceis que impunha, ou que permitiria consagrar a Deus todas aquelas virgens. O jovem aceitou as condições de bom grado e insistiu que seu pai também as aceitasse. Ele se fez batizar e ordenou que logo se executasse tudo o que a bem-aventurada virgem exigira. O pai da moça determinou que sua filha querida e as companheiras dela fossem protegidas por muitos homens. De toda parte acorreram virgens, homens para servi-las e muitos que queriam ver o grande espetáculo. Muitos bispos juntaram-se a ela e às suas companheiras, dentre eles Pantulo, bispo de Basiléia, que as conduziu até Roma e que na volta recebeu com elas o martírio.

Santa Gerasina, rainha da Sicília, era esposa de um rei muito cruel que, graças a ela, de lobo tornara-se cordeiro, era irmã do bispo Marciriso e de Dária, mãe de Santa Úrsula. Conhecendo por carta do pai de Santa Úrsula o projeto em andamento, ela seguiu a inspiração divina e deixou o reino a um de seus filhos, embarcando para a Bretanha com suas quatro filhas, Babila, Juliana, Vitória e Áurea, além de um filho pequeno, Adriano, que por amor às irmãs entrou na peregrinação. Ela aconselhou reunir virgens de diferentes reinos, foi sempre sua condutora e por fim sofreu o martírio com elas. De acordo com o que fora combinado, depois de ter conseguido trirremes bem abastecidas, a rainha revelou o segredo de seu plano às virgens que deviam acompanhá-la, e todas juraram ser fiéis a esse novo tipo de milícia. De fato, elas logo se prepararam nos exercícios da guerra, correndo, simulando fugas, entregando-se a todo tipo de jogos, a tudo que imaginavam servir à causa da guerra, manobras das quais às vezes retornavam ao meio-dia, às vezes quase à noite.

Próceres e magnatas afluíam para ver esse grande espetáculo, e todos ficavam cheios de admiração e de alegria. Enfim, quando Úrsula convertera todas as virgens à fé, depois de um dia de travessia e sob vento favorável, elas chegaram a um porto da Gália chamado Tiel, e dali seguiram para Colônia, onde um anjo apareceu para Úrsula e previu que elas retornariam juntas àquele lugar para receber a coroa do martírio. A conselho do anjo, a caminho de Roma elas atracaram em Basiléia, onde deixaram os navios indo a pé para Roma. O papa Ciríaco ficou muito alegre com a chegada delas, pois ele próprio era originário da Bretanha e muitas daquelas mulheres eram parentes suas, por isso as recebeu com grande pompa, junto com todo seu clero. Naquela mesma noite, o papa teve a revelação divina de que devia receber a coroa do martírio com as virgens. Ele não falou com ninguém a respeito, e batizou muitas daquelas jovens ainda não batizadas. Vendo nisso uma boa oportunidade, depois de ter governado a Igreja durante um ano e onze semanas como o 19º papa depois de Pedro, diante de todos revelou seu projeto e renunciou à sua dignidade e ao seu ofício.

Mas todos reclamaram: os cardeais pensaram que ele delirava por querer abandonar as honras do pontificado para seguir algumas mulherzinhas loucas. Ele no entanto não aceitou tais ponderações e ordenou pontífice, em seu lugar, um santo homem chamado Ameto. Como ele abandonou a sé apostólica apesar dos protestos do clero, este apagou seu nome do catálogo dos pontífices, e a partir daquele momento o sagrado grupo de virgens perdeu toda a consideração que tivera na Cúria romana. Estavam então à frente dos exércitos romanos dois homens maus, Máximo e Africano, os quais, vendo aquela multidão de virgens ser acompanhada por muitas pessoas, temeram que a religião dos cristãos crescesse ainda mais. Informaram-se detalhadamente sobre o caminho que elas deviam tomar e mandaram emissários a Júlio, parente deles e príncipe da nação dos hunos, para que este enviasse um exército contra elas e as trucidasse, por serem cristãs, quando chegassem a Colônia. Nesse meio-tempo, o bem-aventurado Ciríaco deixou Roma com a ilustre multidão de virgens, sendo acompanhado pelo cardeal-padre Vicente e por Tiago, natural da Bretanha e que fora arcebispo de Antioquia durante sete anos. Este último, depois de ter visitado o papa, já deixara a cidade, mas quando ouviu falar da chegada das virgens voltou para ser companheiro delas de viagem e de martírio. Também estavam em Roma naquele momento e juntaram-se a elas Maurício, bispo de Levicane, tio de Babila e de Juliana, Folário, bispo de Lucca, e Sulpício, bispo de Ravena.

  Etério, o noivo da beata Úrsula, sucedera ao seu pai no trono e permanecera na Bretanha, onde foi advertido pela visão de um anjo do Senhor a exortar sua mãe a se tornar cristã já que seu pai morrera um ano antes de ter se convertido. Quando as virgens sagradas deixaram Roma com os bispos anteriormente citados, Etério recebeu do Senhor o conselho de partir imediatamente ao encontro de sua noiva para receber em Colônia, junto com ela, a palma do martírio. Ele seguiu o aviso divino, fez batizar sua mãe e também uma irmã pequena chamada Florentina, que já era cristã, e acompanhado pelo bispo Clemente foi ao encontro das virgens para se associar ao seu martírio. Aconselhados por uma visão, foram também a Roma e juntaram-se às virgens, para participar de seu martírio, Márculo, bispo da Grécia, e sua sobrinha Constância, filha de Doroteu, rei de Constantinopla, a qual fizera voto de virgindade depois da morte de seu noivo, filho de um rei.

  Todas elas e os mencionados bispos voltaram a Colônia, encontrando-a sitiada pelos hunos. Ao verem as virgens, os bárbaros lançaram-se sobre elas com gritos horríveis, e como lobos sobre ovelhas, mataram todas. Quando chegou a vez da bem-aventurada Úrsula, o príncipe ficou estupefato com a sua beleza e, consolando-a da morte de suas companheiras, prometeu casar-se com ela. Mas como ela rejeitou tal proposta, vendo-se desprezado ele traspassou-a com uma flecha e assim consumou seu martírio. Uma das virgens, chamada Córdula, estando apavorada, escondeu-se aquela noite no navio, mas no dia seguinte entregou-se espontaneamente à morte e recebeu a coroa do martírio. Como não era festejada por não ter sido martirizada junto com as outras, muito tempo depois apareceu a uma monja ordenando-lhe que celebrasse sua festa no dia seguinte ao das virgens.

Elas foram martirizadas no ano do Senhor de 238. Alguns pensam, porém, que essa datação não é sustentável, que os fatos não devem ter acontecido naquela época, pois então nem a Sicília nem Constantinopla eram reinos e o relato diz que suas rainhas acompanharam as virgens. É preferível acreditar que tudo ocorreu depois do imperador Constantino, quando das violências de hunos e godos, isto é, no tempo do imperador Marciano, segundo o que se lê numa crônica, que reinou no ano do Senhor de 452.

2. Um abade pedira à abadessa de Colônia o corpo de uma virgem, prometendo colocá-lo em sua igreja em um relicário de prata, mas deixou-o por um ano inteiro sobre o altar dentro de uma caixa de madeira. Certa noite na qual o abade cantava as matinas com sua comunidade, a virgem desceu do altar e depois de ter feito profunda reverência diante dele passou no meio do coro dos assustados monges e foi embora. O abade correu para a caixa, que encontrou vazia, foi a Colônia contar tudo à abadessa e, dirigindo-se ao lugar de onde haviam retirado o corpo, encontraram-no ali. O abade desculpou-se e pediu o mesmo corpo ou pelo menos um outro, com a promessa de sem falta mandar confeccionar o mais rápido possível um precioso relicário, mas não foi atendido.

3. Um religioso que tinha grande devoção pelas virgens viu, certo dia em que estava gravemente doente, uma virgem de grande beleza aparecer e perguntar-lhe se a conhecia. Admirado com a visão, respondeu que não, e ela disse: "Sou uma das virgens por quem você tem uma afetuosa devoção, e para recompensá-lo por isso, caso recite onze mil vezes a oração dominical por amor e homenagem a nós, na hora da sua morte terá nossa proteção e consolação". Ela desapareceu e o religioso cumpriu o mais cedo que pôde o que lhe fora pedido, e logo a seguir mandou chamar o abade para receber a extrema-unção. No meio da cerimônia, repentinamente o religioso gritou para todos se retirarem e darem lugar às virgens santas que chegavam. O abade perguntou o que significava aquilo e o religioso contou a promessa que fizera à virgem. Todos se retiraram e, ao voltarem pouco depois, descobriram que ele migrara para o Senhor.

154. Santos Simão e Judas

Simão significa "obediente" ou "triste". Ele teve dois apelidos, sendo chamado Simão Zelota ou Zeloso, e Simão, o Cananeu, derivado de Caná, aldeia da Galiléia na qual o Senhor transformou água em vinho.[1] Além disso, Zeloso e Cananeu são a mesma coisa, pois "caná" significa "zelo". De fato, ele praticava a obediência, cumprindo os preceitos, a tristeza, compadecendo-se dos aflitos, trabalhando com constância e fervor pela salvação das almas. Judas significa "confessor" ou "glorioso" ou deriva de "júbilo". Com efeito, ele confessou a fé, possuiu a glória do reino e o júbilo da alegria interior. Ele teve muitos apelidos. Foi chamado Judas de Tiago, pois era irmão de Tiago, o Menor. Foi chamado em segundo lugar de Judas Tadeu, vindo de *thaddaeus*, "aprisionador de príncipe" ou então de *thadea*, "roupa de rei", e *deus*, "deus", pois de fato ele foi a vestimenta real de Deus pelas virtudes que o ornaram e que lhe permitiram capturar o príncipe Cristo. Ou Tadeu vem de *quasi tam Deus*, isto é, "grande como Deus". Foi chamado em terceiro lugar, na HISTÓRIA ECLESIÁSTICA, de Judas Lebeu, que quer dizer "coração" ou "coraçãozinho", isto é, "cultivador de coração", ou ainda "recipiente": "coração" por sua magnanimidade, "coraçãozinho" por sua pureza, "recipiente" por estar cheio de graça. Seu martírio e sua legenda foram escritas em hebraico por Abdias, bispo da Babilônia, que recebera o episcopado dos próprios apóstolos. Estes textos foram traduzidos para o grego por Tropeu, discípulo de Abdias, e para o latim, por Africano.

1. Simão Cananeu e Judas Tadeu eram irmãos de Tiago, o Menor, e filhos de Maria Cleofas, que foi casada com Alfeu. Depois da ascensão

---

[1] *João* 2,1-10.

do Senhor, Judas foi enviado por Tomé até Abgar, rei de Edessa. Lê-se na *História eclesiástica* que esse rei Abgar dirigiu uma carta a Nosso Senhor Jesus Cristo nestes termos:

> Abgar, rei, filho de Eucanias, a Jesus, o bom Salvador, que apareceu em Jerusalém, saudação. Ouvi falar de você e das curas que faz sem empregar medicamentos ou ervas; você faz os cegos verem, os mancos andarem, os leprosos ficarem puros e os mortos reviverem. Tendo ouvido falar todas essas maravilhas de você, pensei que de duas, uma, ou você é Deus e desceu do Céu, ou é filho de Deus. Por isso escrevo para pedir a você que faça o favor de vir me ver e me curar de uma dor que me atormenta há muito tempo. Soube que os judeus falam mal de você e querem maltratá-lo, venha então à minha cidade, pequena mas honesta e que pode bastar a nós dois.

O Senhor Jesus respondeu assim:

> Bem-aventurado você por ter acreditado em mim sem ter me visto, pois está escrito que aqueles que não me vêem acreditarão, e os que me vêem não acreditarão. Quanto a ir vê-lo, é preciso que se cumpram todas as coisas para as quais fui enviado e que em seguida eu seja recebido por aquele que me enviou. Depois de minha Ascensão, enviarei um de meus discípulos para curá-lo e vivificá-lo.

É o que diz a *História eclesiástica*.

Compreendendo Abgar que não podia ver Cristo em pessoa, enviou (pelo que está dito em uma história antiga, segundo o testemunho de JOÃO DAMASCENO no livro IV) um pintor para fazer o retrato de Jesus a fim de pelo menos ver em imagem aquele que não podia ver em pessoa. Mas não podendo ver claramente a face a ser retratada, nem manter os olhos fixos nela, por causa do brilho extraordinário que dali emanava, o pintor não pôde realizar o trabalho que lhe fora ordenado. O Senhor pegou então um pedaço de tecido da roupa do pintor e, colocando-o sobre o rosto, nele imprimiu sua imagem, e enviou-a ao rei Abgar, que a desejava. Essa imagem do Senhor, segundo a história antiga tal qual relatada por João Damasceno, mostrava belos olhos, sobrancelhas espessas, rosto longo e ligeiramente inclinado, que é sinal de maturidade.

Pelo que se diz, a carta de Nosso Senhor Jesus Cristo tem tal virtude que na cidade de Edessa nenhum herético ou pagão pode viver, e nenhum tirano ousa fazer mal a alguém. De fato, se acontece de a cidade ser atacada, uma criança no alto de sua porta lê a carta e no mesmo dia as hostes inimigas fogem amedrontadas ou fazem um pacto e retiram-se pacificamente. É o que ocorria antigamente, porém mais tarde a cidade foi capturada e profanada pelos sarracenos, já que perdera seus benefícios em razão dos inúmeros e notórios pecados cometidos em todo o Oriente. Quando da ascensão do Senhor (como se lê na *História eclesiástica*), o apóstolo Tomé enviou Judas Tadeu ao rei Abgar para cumprir a promessa de Deus.

Ele foi para lá e se apresentou como o discípulo prometido de Jesus, e Abgar viu no rosto de Tadeu um divino e admirável esplendor. Diante dessa visão, estupefato e assustado, adorou o Senhor: "Você realmente é discípulo de Jesus, filho de Deus, que me escreveu afirmando 'Eu enviarei um de meus discípulos para curar e dar vida a você'". Tadeu: "Se você crê no Filho de Deus, obterá tudo que seu coração deseja". Abgar: "Creio de verdade, e trucidaria de bom grado os judeus que o crucificaram se tivesse poder para isso e se a autoridade dos romanos não o impedisse". Como Abgar era leproso (pelo que se lê em alguns livros), Tadeu pegou a carta do Salvador, esfregou-a na face do rei e imediatamente ele recuperou a mais completa saúde.

2. Mais tarde, Judas pregou na Mesopotâmia e no Ponto,[2] e Simão, no Egito. Depois, foram ambos para a Pérsia, onde encontraram dois magos, Laroés e Arfaxate, que Mateus expulsara da Etiópia. Naquela época Baradaque, comandante militar do rei da Babilônia, antes de partir para combater os indianos pediu alguma profecia a seus deuses sem obter resposta. No templo de uma cidade vizinha, soube que os deuses não podiam responder por causa da chegada dos apóstolos. Então o chefe militar mandou procurá-los e quando os encontrou perguntou quem eram e o que tinham ido fazer ali. Eles responderam: "Se você quer saber nossa nacionalidade, somos hebreus; se que saber nossa condição, somos escravos de Cristo; se quer saber o motivo de nossa vinda, é para salvá-los". O comandante retrucou: "Quando eu tiver voltado como vencedor, os escutarei". Os apóstolos: "Seria melhor conhecer agora aquele que pode fazê-lo vencer ou pelo menos levar os rebeldes a aceitar um pacto". O comandante: "Vejo que são mais poderosos que nossos deuses. Predigam-me, por favor, o resultado da guerra". Os apóstolos: "Para que saiba que seus deuses são mentirosos, ordenamos a eles que

---

[2] Conforme nota 3 do capítulo 105.

respondessem às suas perguntas, e ao dizer o que eles ignoram vamos provar que mentiram em todos os pontos".

Então os sacerdotes dos ídolos previram uma grande batalha na qual muita gente seria massacrada de um lado e de outro. Os apóstolos começaram a rir e o comandante disse: "O medo me invadiu e vocês riem?". Os apóstolos: "Não tenha medo, porque a paz entrou aqui conosco, e amanhã, na terceira hora, os embaixadores dos indianos virão encontrá-lo, apresentar a rendição e implorar a paz". Então foram os sacerdotes que se puseram a rir, dizendo ao comandante: "Estes aí querem inspirar segurança para que, não tomando cuidado, você seja derrotado pelos inimigos". Os apóstolos: "Não dissemos 'espere um mês', mas um dia, e amanhã você será vencedor e terá a paz". Então o comandante mandou vigiar os dois, a fim de lhes prestar homenagem se tivessem dito a verdade, ou puni-los por sua mentira criminosa. No dia seguinte, tendo acontecido o que os apóstolos previram, o comandante queria mandar queimar os sacerdotes e foi impedido pelos apóstolos, que tinham sido enviados não para matar os vivos, mas para ressuscitar os mortos.

Cheio de admiração por eles não terem deixado matar os sacerdotes dos ídolos e não terem aceitado receber riquezas, o comandante levou-os ao rei dizendo: "Estes aqui, rei, são deuses ocultos sob aparência de homens!". Na presença dos magos contou tudo o que se passara, e eles cheios de inveja disseram que os apóstolos eram pessoas ardilosas e que tramavam contra o reino. O comandante disse-lhes: "Se ousam, lutem contra eles". Os magos: "Se quiser, veja como os homens mais eloqüentes não poderão falar em nossa presença, e se puderem abrir a boca diante de nós estará provada nossa impotência". Foram levados muitos advogados, que no mesmo instante tornaram-se mudos, sem mesmo poder expressar-se por sinais. Os magos disseram ao rei: "A fim de que você saiba que somos deuses, vamos permitir que eles falem, mas não que andem, depois lhes devolveremos os movimentos, porém faremos com que não enxerguem, embora tenham os olhos abertos".

Depois disso tudo, o comandante levou os advogados, envergonhados e confusos, até os apóstolos. Ao ver que estes estavam grosseiramente vestidos, os advogados desprezaram-nos interiormente. Simão disse a eles: "Muitas vezes acontece que em escrínios de ouro e pedrarias sejam encontrados objetos sem valor, e que nas mais vis caixas de madeira estejam colares de pedras preciosas. Ora, quem quer uma coisa valoriza menos a embalagem que o conteúdo. Prometam abandonar o culto dos ídolos e adorar somente o Deus invisível, que faremos o sinal-da-cruz sobre suas frontes e poderão confundir os magos". Depois de terem feito a promessa e de terem recebido o sinal-da-cruz, os advogados voltaram para o palácio do rei, mas os magos tinham perdido domínio sobre eles. Irritados ao se verem zombados diante de todos, os magos fizeram aparecer muitas serpentes e imediatamente o rei mandou chamar os apóstolos, que encheram seus mantos com elas e jogaram-nas sobre os magos dizendo: "Em nome do Senhor, vocês não morrerão, mas serão dilacerados pelas serpentes e darão gritos de dor parecidos com mugidos".

Como as serpentes comiam suas carnes e eles uivavam como lobos, o rei e os demais presentes rogaram aos apóstolos que deixassem as serpentes matar os magos. Os apóstolos responderam: "Fomos enviados para reconduzir da morte à vida, não para precipitar da vida na morte". E, depois de terem feito uma prece, ordenaram às serpentes que recuperassem todo o veneno que haviam injetado e retornassem em seguida ao seu covil. A dor sentida pelos magos no momento em que as serpentes retiraram seu veneno foi mais atroz do que a que haviam sentido enquanto suas carnes eram devoradas. Os apóstolos disseram a eles: "Durante três dias, vocês sentirão dor, mas no terceiro estarão curados para que renunciem à maldade". Transcorridos três dias sem que os magos pudessem comer, beber ou dormir, tão grandes eram seus sofrimentos, os apóstolos foram ao encontro deles e disseram: "O Senhor não aceita que o sirvam à força. Levantem-se, estejam curados e partam para onde quiserem". Eles persistiram na maldade, afastaram-se dos apóstolos e amotinaram contra estes quase toda Babilônia.

Depois disso, a filha de um comandante concebeu por fornicação, e pondo um filho no mundo acusou um santo diácono de tê-la violentado, dizendo que engravidara por causa dele. Como os pais queriam matar o diácono, os apóstolos foram até lá e perguntaram quando se dera o nascimento da criança. Responderam-lhe: "Hoje mesmo, à primeira hora do dia". Os apóstolos disseram: "Tragam a criança e façam vir o diácono acusado". Quando isso foi feito, os apóstolos falaram: "Diga, criança, em nome do Senhor, se esse diácono fez o que lhe imputam". A criança: "Esse diácono é casto e santo, jamais maculou sua carne". Como os pais da jovem insistiam que os apóstolos perguntassem quem fora o autor do crime, eles responderam: "Nosso dever é libertar os inocentes, não arruinar os culpados".

Na mesma época, dois tigres muito ferozes, cada um preso em um fosso, escaparam e devoraram todos os que encontraram. Os apóstolos foram até eles e em nome do Senhor tornaram-nos dóceis como cordeiros. Os apóstolos quiseram partir, mas diante do pedido que lhes foi feito ficaram por lá um ano e três meses, tempo no qual mais de 60 mil homens, sem contar seus filhos pequenos, foram batizados, bem como o rei e os príncipes.

Os magos acima referidos foram a uma cidade chamada Samir, onde incitaram setenta sacerdotes dos ídolos contra os apóstolos, de maneira que estes ao lá chegarem fossem forçados a oferecer sacrifício ou a ser executados. Quando os apóstolos depois de terem percorrido toda a região chegaram à cidade, foram capturados pelos sacerdotes e por todo o povo e conduzidos ao templo do Sol. Os demônios puseram-se a gritar por intermédio dos energúmenos: "O que há de comum entre nós e vocês, apóstolos do Deus vivo? Desde que aqui chegaram estamos ardendo nas chamas". O anjo do Senhor apareceu no mesmo momento aos apóstolos e disse: "Escolham de duas coisas, uma. Ou que essa gente morra imediatamente ou que aconteça o martírio de vocês". Os apóstolos: "É preciso adorar a misericórdia de Deus para que ela converta todos os daqui e nos conduza à palma do martírio". Depois de pedirem silêncio, os apóstolos disseram: "Para convencê-los de que esses ídolos estão ocupados pelos demônios, ordenamos que saiam e quebrem cada um sua estátua". Imediatamente, dois etíopes, negros e nus, para espanto de todos saíram das estátuas e depois de as terem quebrado retiraram-se soltando gritos horríveis. Vendo isso os sacerdotes lançaram-se sobre os apóstolos e os decapitaram no ato. Na mesma hora, embora o céu estivesse sereno, apareceram relâmpagos tão violentos que o templo partiu-se em três e os dois magos, atingidos por raios, ficaram reduzidos a carvão. O rei transportou os corpos dos apóstolos para sua cidade e mandou em honra deles erguer uma igreja de admirável magnificência.

Mas no que diz respeito ao beato Simão, em vários lugares afirma-se que ele foi pregado em uma cruz, caso de ISIDORO em seu *Livro sobre a morte dos apóstolos*, de EUSÉBIO em sua *História eclesiástica*, de BEDA em seu *Comentário sobre os Atos dos Apóstolos*, e de JOÃO BELETH em sua *Suma*. Todos eles dizem que depois de ter pregado no Egito, Simão voltou a Jerusalém, e quando Tiago, o Menor, morreu, foi escolhido por unanimidade pelos apóstolos para ser bispo dessa cidade. Conta-se que antes de sua morte ressuscitou trinta mortos. Por isso se canta em seu ofício: "Ele devolveu a vida a trinta pessoas engolidas pelas ondas".

Depois de ter governado a igreja de Jerusalém por muito tempo e ter chegado à idade de 120 anos, no tempo do imperador Trajano,

Ático, que exercia as funções de cônsul em Jerusalém, mandou prendê-lo e submetê-lo a muitas injúrias. Por fim, mandou atá-lo a uma cruz, e todos, mesmo o juiz, ficaram admirados de ver um velho de 120 anos sofrer o suplício da cruz. No entanto, dizem alguns, não foi isso que aconteceu. O Simão que sofreu o martírio da cruz não foi o bispo de Jerusalém, mas outro Simão, filho de Cleofas, irmão de José. É o que afirmam em suas crônicas Eusébio, bispo de Cesaréia, Isidoro e Beda, pois eles retiraram o que haviam inicialmente afirmado. Isso fica claro no caso das *Retratações* de Beda. Usuardo[3] tem a mesma opinião no seu *Martirológio*.

---

[3] Esse monge de Saint-Germain-de-Près, falecido em 876, escreveu por encomenda do rei Carlos, o Calvo, um famoso Martyrologium baseado em obras análogas de Jerônimo, Beda, Floro de Lyon e Adon de Vienne. Seu texto está publicado na *Patrología Latina*, vol. 123, col. 453-992 e vol. 124, col. 9-860.

155. São Quintino

Quintino, nobre cidadão romano, foi à cidade de Amiens onde fez muitos milagres e foi capturado por ordem do prefeito Maximiano, sendo espancado com varas até os carrascos estarem esgotados e depois jogado na prisão. Mas, libertado por um anjo, foi para o centro da cidade pregar ao povo. Novamente preso, foi esticado no potro[1] até suas veias romperem, foi duramente espancado, jogaram nele azeite, pez e gordura ferventes, e como continuou a zombar do prefeito, este, irritado, mandou jogar na sua boca vinagre, cal e mostarda. Mas como permanecia inabalável, foi conduzido a Vermand, onde o prefeito mandou enfiar nele dois espetos que iam da cabeça às coxas, e dez pregos entre as unhas e a carne; depois mandou decapitá-lo.

Seu corpo foi jogado em um rio e ali ficou 55 anos, tendo sido depois encontrado por uma nobre dama romana. Esta, que se entregava assiduamente à oração, certa noite foi avisada por um anjo para ir ao castelo de Vermand e ali procurar em determinado lugar o corpo de São Quintino e sepultá-lo com honras. Ela se dirigiu com um grande séquito ao lugar indicado, onde, depois de ter feito sua prece, apareceu o corpo de São Quintino, flutuando incorrupto e exalando um suave odor. Ela o sepultou, e como recompensa recuperou a visão. Depois de construir naquele lugar uma igreja, voltou para casa.

---

[1] Ver nota 1 do capítulo 25.

156. Santo Eustáquio

Eustáquio chamava-se inicialmente Plácido. Era comandante militar do imperador Trajano, assiduamente dedicado a obras de misericórdia e também ao culto dos ídolos. Tinha uma esposa idólatra e misericordiosa como ele, com a qual teve dois filhos que educou com extraordinária magnificência, de acordo com sua posição. Como se consagrava às obras de misericórdia, mereceu ser dirigido para o caminho da verdade. Com efeito, certo dia em que se entregava à caça encontrou um rebanho de cervos, dentre os quais notou um mais belo e maior que os outros, que se afastou em direção a um bosque mais extenso. Enquanto os guerreiros corriam atrás dos cervos, Plácido pôs seu esforço em perseguir e capturar aquele outro. Perseguido com obstinação, o cervo subiu em um rochedo do qual Plácido se aproximou pensando na melhor forma de capturá-lo. Enquanto examinava o cervo com atenção, viu no meio de seus galhos a figura da Santa Cruz, mais resplandecente que o sol, e a imagem de Jesus Cristo, que lhe falou pela boca do cervo, como outrora pela do asno de Balaão:[1] "Plácido, por que me persegue? É uma graça eu aparecer a você sob a forma deste animal. Sou o Cristo que você honra sem saber; suas esmolas subiram até mim, por isso vim para caçá-lo por meio deste cervo que você caça".

Outros autores dizem, no entanto, que foi a imagem entre os galhos do cervo que proferiu essas palavras. Ao ouvi-las, Plácido ficou muito impressionado e caiu do cavalo, voltando a si depois de uma hora, quando se reergueu e disse: "Revele-me o sentido do que me diz e então acreditarei em você". Cristo: "Plácido, sou o Cristo que criou o céu e a terra, que fez jorrar a luz e a separou das trevas, que instituiu o tempo, os

---

[1] *Números* 22,28.

dias e os anos, que formou o homem do limo da terra, que para salvar o gênero humano apareci neste mundo com um corpo que foi crucificado e sepultado e ressuscitou no terceiro dia". Ao ouvir isso, Plácido caiu novamente por terra dizendo: "Creio, Senhor, que foi você quem fez tudo e que põe no bom caminho os que se perdem". Disse o Senhor: "Se você crê, vá procurar o bispo da cidade e faça-se batizar". Plácido: "Você quer, Senhor, que eu anuncie tudo isso a minha mulher e a meus filhos, para que também eles creiam?". O Senhor: "Informe-os, para que sejam purificados como você, mas volte aqui amanhã; eu aparecerei novamente para revelar o futuro".

 Quando voltou para casa e no leito contou tudo à sua esposa, esta exclamou: "Meu senhor, na noite passada eu vi e Ele me disse 'Amanhã seu marido, seus filhos e você virão a mim'. Reconheço agora que é Jesus Cristo". Então foram, no meio da noite, encontrar o bispo de Roma, que os batizou com grande alegria e deu a Plácido o nome de Eustáquio, à sua mulher o de Teopista e a seus filhos os de Agapito e Teopisto. De manhã Eustáquio foi à caçada, como na véspera, e fez seus soldados irem para diversos lados sob o pretexto de procurar caça, enquanto ele ficava no lugar onde tivera a primeira visão e, caindo de rosto no chão, disse: "Suplico, Senhor, que manifeste a seu escravo o que lhe prometeu".

 O Senhor:

> Você é bem-aventurado, Eustáquio, por ter recebido o banho da minha graça, de modo a vencer o diabo, a pisar naquele que o enganara. Vá mostrar agora sua fé, pois, por tê-lo abandonado, o diabo vai lutar contra você e é preciso que suporte muitas provações antes de receber a coroa da vitória. É preciso que você sofra muito para que, arrancado das vãs grandezas do mundo, seja humilhado para depois ser espiritualmente exaltado. Portanto, não fraqueje, não olhe para sua glória passada, pois é preciso que, por meio de tentações, você se mostre um outro Jó. No entanto, quando tiver sido humilhado, virei até você e devolverei sua glória anterior. Diga-me então se quer aceitar as tentações agora ou no fim da vida.

 Eustáquio respondeu: "Senhor, se é preciso que seja assim, ordene que imediatamente as tentações caiam sobre nós, mas dê-nos a virtude da paciência". O Senhor: "Não perca a coragem, minha graça protegerá suas almas". Então o Senhor subiu ao Céu e Eustáquio voltou para casa para anunciar tudo isso à sua mulher.

Transcorridos alguns dias, uma peste matou todos os seus escravos e escravas, pouco depois todos os seus cavalos e todos os seus rebanhos. Vendo essas atribulações, alguns bandidos atacaram de noite sua casa, levaram tudo que encontraram, ouro, prata e outros bens. Ele, sua mulher e seus filhos fugiram de noite, nus. Para escapar à vergonha, pois tudo que possuíam tinha sido roubado pelos maus, renderam graças a Deus e foram para o Egito. O imperador e todo o Senado lamentaram muito a perda de um comandante tão importante, sobre o qual não se conseguia ter indicação alguma. Depois de terem caminhado um pouco, os fugitivos alcançaram o mar e subiram em um navio. Vendo que a mulher de Eustáquio era muito bela, o comandante do navio desejou possuí-la e durante a travessia exigiu o pagamento da viagem; como eles não tinham dinheiro, mandou prender a mulher, querendo ficar com ela. Sabendo disso, Eustáquio discordou completamente, e o comandante do navio mandou seus marinheiros jogá-lo ao mar para poder possuir sua mulher. Entendendo isso, Eustáquio, entristecido, abandonou sua mulher e pegando seus dois filhos foi embora gemendo e chorando: "Ai de mim e de vocês, pois sua mãe está entregue a um estranho como marido!".

Tendo chegado às margens de um rio caudaloso, não ousou atravessá-lo com os dois filhos ao mesmo tempo, e deixou um perto da margem para levar o outro. Depois de ter atravessado o rio, colocou no chão o filho que carregara e apressou-se em pegar o outro. Quando estava no meio do rio, um lobo pegou a criança que ele acabara de colocar na margem e fugiu para o bosque. Desesperado, correu para o outro filho, mas antes disso veio um leão, que raptou a criança. Sem poder alcançá-lo, pois estava no meio do rio, pôs-se a gemer, a arrancar os cabelos e queria se deixar levar pelas águas se a divina providência não o impedisse. Pastores que viram o leão levar a criança viva perseguiram-no com seus cães e, por disposição divina, o animal soltou o menino sem lhe ter feito mal. Do outro lado do rio, lavradores correram atrás do lobo, gritando, e tiraram de sua boca a outra criança, incólume. Os pastores e lavradores eram todos da mesma aldeia, para onde levaram as crianças e cuidaram delas.

Eustáquio ignorava isso e partiu triste e choroso:

Ai de mim! Há pouco eu era belo como uma árvore coberta de frutos e de folhas, hoje estou despojado! Ai de mim! Vivia cercado de soldados, hoje estou sozinho, não me restando mesmo o consolo de ter meus filhos! Lembro-me, Senhor, de ter me dito que eu seria tentado como Jó, mas vejo que sou tratado ainda mais duramente que ele. Despojado de todos os bens, ele tinha pelo menos um monte de estrume no qual podia se sentar, enquanto a mim não me resta nada. Ele teve amigos que se compadeceram de sua posição, eu tive apenas feras que me tiraram os filhos. A mulher dele lhe foi deixada, a minha raptada. Ponha fim, Senhor, às minhas tribulações, e vigie minha boca para que meu coração não diga palavras de malícia que me afastem de sua face.

Falando assim, em meio a lágrimas, chegou a um lugarejo no qual, por quinze anos, trabalhou no campo, enquanto seus filhos eram criados em outra aldeia sem saber que eram irmãos. O Senhor preservou a mulher de Eustáquio, pois, pouco antes de morrer, o estrangeiro mandou-a embora, intacta.

O imperador e o povo romano estavam sendo muito atacados pelos inimigos, e lembrando-se de Plácido e das vitórias que conquistara diversas vezes, entristeciam-se com a mudança ocorrida em conseqüência de seu desaparecimento. Foram então enviados soldados para procurá-lo em diferentes partes do mundo, prometendo-se grandes riquezas e honras aos que o encontrassem. Ora, dois soldados que haviam servido sob Plácido chegaram à aldeia onde ele morava. Do campo em que estava, Plácido viu-os chegar, reconheceu-os, e voltando à memória a recordação de sua dignidade, ficou perturbado e disse: "Senhor, da mesma maneira que contra toda esperança acabo de ver quem conviveu comigo, faça também com que um dia possa ver minha mulher, pois quanto aos meus filhos sei que foram devorados por feras". Então ele ouviu uma voz dizer: "Tenha confiança, Eustáquio, dentro em pouco você será restabelecido em suas honras e reencontrará sua mulher".

Ele dirigiu-se aos soldados, que não o reconheceram, e depois de tê-lo saudado perguntaram se conhecia um estrangeiro chamado Plácido, que tinha mulher e dois filhos. Ele afirmou nada saber sobre isso, e ofereceu sua hospitalidade. Lembrando-se de sua antiga posição, não conseguiu conter as lágrimas, saiu para lavar o rosto e voltou para servi-los. Os soldados, que o examinavam, diziam um ao outro: "Quão parecido é este homem com aquele que procuramos!". Um deles disse: "Sim, eles se parecem muito. Vamos olhar, se tiver na cabeça a cicatriz do ferimento que recebeu na guerra, é ele". Eles o examinaram, e tendo visto a marca, no mesmo instante ficaram convencidos de que ele era quem procuravam. Abraçaram-no e perguntaram por sua mulher e seus filhos.

Ele respondeu que seus filhos estavam mortos e sua mulher, cativa. Os vizinhos acorriam para ver aquela espécie de espetáculo, com os soldados elogiando a coragem dele e sua glória anterior. Então os soldados mostraram a ordem do imperador e vestiram-no com trajes finos.

Depois de quinze dias de marcha, chegaram onde estava o imperador, que sabendo da notícia foi imediatamente encontrá-lo e abraçá-lo. Eustáquio contou tudo o que lhe acontecera, foi a seguir levado ao acampamento militar e obrigado a reassumir sua antiga função. Quando contou seus soldados e viu que eram poucos para enfrentar a multidão de inimigos, mandou recrutar jovens de todas as cidades e aldeias. A região na qual haviam sido criados seus filhos teve de fornecer dois recrutas. Os habitantes do lugar indicaram ao comandante militar dois jovens como os mais aptos ao serviço. Assim que viu os dois jovens de boa aparência e de aspecto distinto, Eustáquio simpatizou bastante com eles e tornou-os os principais convidados à sua mesa. Ele partiu para a guerra, derrotou os batalhões inimigos e fez seu exército descansar três dias no lugar onde sua mulher era uma pobre hoteleira.

Por permissão de Deus, os dois jovens foram alojados na casa de sua mãe, sem saber quem ela era. Sentados por volta do meio-dia, começaram a falar de sua infância. Sua mãe, sentada ali perto, escutava com atenção o que contavam um ao outro. O mais velho dizia ao mais jovem:

De minha juventude, não me lembro de nada, a não ser que meu pai era comandante e minha mãe de rara beleza. Eles tiveram dois filhos, eu e um mais jovem, que também era notavelmente belo. Certa noite eles nos pegaram e deixaram nossa casa, subimos a um navio, mas não sei para onde íamos. Quando desembarcamos, não sei por que nossa mãe ficou no navio e nosso pai foi embora chorando, levando-nos os dois. Chegados a um rio, ele o atravessou com meu irmão menor e eu fiquei na margem. Quando ele retornava para me pegar, surgiu um lobo que levou meu irmão. Quando meu pai ainda estava longe de mim, um leão saiu do bosque, me agarrou e me levou para lá. Alguns pastores me livraram da boca do leão e me criaram na casa que você conhece. Nunca pude saber o que aconteceu com meu pai e com meu irmão.

Ouvindo esse relato, o caçula começou a chorar e a dizer: "Por Deus! Pelo que ouço sou seu irmão, pois os que me criaram me diziam: 'Nós o tiramos de um lobo'". Eles se jogaram nos braços um do outro, e chorando, abraçaram-se.

A mãe, que escutava e reconhecia naquele relato todas as circunstâncias do que lhe acontecera, pensou que eles bem poderiam ser os seus filhos. No dia seguinte foi encontrar o comandante e o interpelou: "Eu peço, senhor, que me mande levar de volta à minha pátria, pois sou da terra dos romanos e estrangeira aqui". Enquanto falava, viu nele as cicatrizes que seu marido tinha e o reconheceu. Sem poder se conter, lançou-se a seus pés, dizendo: "Eu imploro, senhor, conte-me sua vida anterior, pois acho que você é o comandante Plácido, que tem outro nome, Eustáquio. Esse Plácido, convertido pelo Salvador, sofreu muitíssimas provações. Eu sou sua mulher, tive dois filhos, Agapito e Teopisto, fui raptada no mar mas preservada de toda mácula". Depois de ouvi-la, Eustáquio examinou-a atentamente e, reconhecendo nela sua esposa, derramou lágrimas de alegria e abraçou-a, glorificando a Deus, o consolador dos aflitos.

Sua esposa então perguntou: "Senhor, onde estão nossos filhos?". Ele: "Foram pegos por feras". Contou-lhe então como os havia perdido. Ela: "Devemos dar graças a Deus, pois assim como Ele nos deu a felicidade de nos reencontrar, permitirá reconhecer nossos filhos". Ele: "Eu disse que eles foram pegos por animais ferozes". Ela: "Ontem, quando estava sentada no jardim, ouvi dois jovens contarem a história de suas infâncias de tal maneira que creio serem nossos filhos. Interrogue-os, e eles o dirão". Eustáquio chamou-os e, depois de ter ouvido sobre a infância deles, reconheceu que eram seus filhos. Derramando uma torrente de lágrimas, ele e sua mulher ficaram muito tempo abraçados aos dois.

Todo o exército estava alegre pelo reencontro deles e pela vitória sobre os bárbaros. No retorno, encontrou-se Trajano morto e sucedido pelo ainda mais abominável Adriano, que preparava um grande banquete para festejar a vitória e o reencontro do comandante com a mulher e os filhos. No outro dia, ele foi ao templo dos ídolos a fim de sacrificar pela vitória conseguida sobre os bárbaros. Vendo o imperador que Eustáquio não queria sacrificar nem pela vitória nem pela redescoberta de sua família, exortava-o a imolar. Eustáquio respondeu: "O Deus que adoro é Cristo, e somente a ele ofereço sacrifícios". Cheio de raiva, o imperador ordenou levá-lo ao circo junto com sua mulher e seus filhos e soltar contra eles um leão feroz. O leão foi correndo até eles, abaixou a cabeça como se adorasse aqueles santos, depois se afastou humildemente. No mesmo instante o imperador mandou que fossem colocados vivos dentro de um touro de bronze que seria aquecido.

Os santos puseram-se em prece, recomendaram-se ao Senhor e entraram no touro, onde entregaram a alma. Três dias depois, na presença do imperador, foram tirados dali e encontrados intactos, sem que seus cabelos ou alguma parte de seus membros tivesse sido atingida pela ação do fogo.

Os cristãos levaram seus corpos, que sepultaram em um lugar muito conhecido, onde construíram um oratório. Eles foram martirizados a 1º de novembro, ou, segundo alguns autores, a 20 de setembro, sob Adriano, que começou a reinar por volta do ano 120 do Senhor.

157. Todos os Santos

A instituição da festa de Todos os Santos parece ter tido quatro causas: primeira, a dedicação de um templo a eles; segunda, ser um suplemento aos santos omitidos ao longo do ano; terceira, ser expiação de nossas negligências; quarta, ser súplica a facilitar nossas preces.

Em primeiro lugar, ela foi criada por causa da consagração de um templo. Os romanos, depois de terem se tornado senhores do universo, construíram um magnífico templo no centro do qual colocaram seu ídolo e em torno dele as estátuas das divindades de cada província, voltadas para o ídolo dos romanos. Quando acontecia de uma província se revoltar, imediatamente, por arte diabólica, a estátua do ídolo dessa província virava as costas para o ídolo de Roma, para indicar que deixava de reconhecer seu domínio. Avisados desta maneira, os romanos enviavam rapidamente um grande exército contra a região revoltada, para subjugá-la. Não considerando suficiente ter em sua cidade as estátuas dos falsos deuses de todas as províncias, os romanos fizeram construir um templo consagrado a cada um desses deuses que haviam permitido que eles fossem vencedores e senhores das províncias. No entanto, como nem todos os ídolos podiam ter um templo em Roma, para melhor demonstrar sua loucura os romanos ergueram em honra de todos os deuses um templo mais maravilhoso e mais elevado que os outros, ao qual chamaram Panteão, palavra formada de *pan*, "todos", e *theos*, "deuses".

Os pontífices dos ídolos haviam inventado, para induzir o povo ao erro, que Cibele, chamada por eles de mãe de todos os deuses, ordenara construir um magnífico templo dedicado a seus filhos, caso os romanos quisessem vencer todas as nações. A planta do templo era esférica para melhor demonstrar a eternidade dos deuses, mas como a abóbada planejada era tão grande que parecia insustentável, desde que o edifício começou a ser levantado seu interior foi sendo enchido com terra, na qual, ao que se diz, foram misturadas moedas, e assim se fez até esse admirável templo ser completado. Então se permitiu que qualquer pessoa que quisesse retirar a terra ficasse com o dinheiro nela encontrado, e assim a multidão acorreu e rapidamente esvaziou o edifício. Por fim, os romanos fabricaram um globo de bronze dourado, que colocaram no topo. Conta-se que nesse globo estava maravilhosamente esculpido um mapa com todas as províncias, de maneira que quem fosse a Roma podia ali localizar sua província. Com o tempo, contudo, o globo caiu, daí a abertura que ficou no teto.

Na época do imperador Focas, quando havia muito tempo Roma já aceitara a fé no Senhor, o quarto papa depois de Gregório Magno, Bonifácio, por volta do ano do Senhor de 605 recebeu do imperador o citado templo,[1] que purgou de seus ídolos imundos e consagrou, em 12 de maio, em honra da bem-aventurada Maria e de todos os mártires, pois naquela época ainda não se celebravam na Igreja festas para os confessores. O templo passou a ser chamado de Santa Maria dos Mártires, e hoje é conhecido pelo povo como Santa Maria Rotunda. Como uma imensa multidão sempre se dirigia para essa festa, e a falta de víveres não permitia celebrá-la, o papa Gregório decidiu transferi-la para 1º de novembro, quando a colheita e a vindima estão terminadas e há alimentos em quantidade para celebrar em toda parte uma festa solene em honra de todos os santos.[2] Foi assim que um templo construído para todos os ídolos foi dedicado a todos os santos, aos quais são dirigidos piedosos louvores.

Em segundo lugar, a festa de Todos os Santos foi instituída para ser um suplemento aos santos omitidos, aos muitos santos que não têm festividade própria ou cuja memória não é lembrada. De fato, não podemos festejar todos os santos, tanto por causa da multiplicação de seu número, que os torna quase infinitos,[3] quanto por causa de nossa fraqueza e limitação, como também por causa do pouco tempo disponível, insuficiente.

---

[1] O Panteão, um dos mais importantes monumentos pagãos ainda conservado em Roma, foi levantado em 27-25 a.C. mas não com a planta circular posterior, surgida quando da reconstrução feita entre 118 e 125. A data exata na qual ele foi doado pelo imperador Focas ao papa Bonifácio IV é 609.

[2] Gregório IV (827-844) realizou a mudança de data da festa em 835.

[3] Já se calculou que apenas do século VI ao X foram escritas 25 mil vidas de santos: R. S. Lopez, *O nascimento da Europa*, trad., Lisboa, Cosmos, 1965, p. 201.

Como diz Jerônimo na carta que abre seu calendário, não há dia, exceto 1º de janeiro, ao qual não se possam associar milhares de mártires, daí por que a Igreja tão sabiamente dispôs que, não se podendo celebrar a festa de cada um dos santos em particular, eles devem ser honrados todos juntos.

Sobre a instituição, na Terra, de uma festividade para todos os santos, mestre GUILHERME DE AUXERRE fala, na *Suma dos ofícios*, em seis razões. A primeira é honrar a divina majestade, pois ao honrar os santos honramos a Deus, já que honrando os santos honramos em especial aquele que os santificou. A segunda razão é minorar nossa fraqueza, já que não podemos por nós mesmos obter a salvação e temos necessidade da intervenção dos santos, sendo então justo que os honremos se quisermos obter seu auxílio. Lê-se em *III reis*, capítulo I, que Bersabé, nome que significa "poço de abundância", isto é, a Igreja triunfante, obteve por suas preces o reino para seu filho, ou seja, para a Igreja militante. A terceira razão é aumentar nossa segurança e nossa esperança, pela consideração da glória dos santos, que nos é relembrada na festa que ora celebramos, pois se homens mortais como nós puderam por seus méritos ser elevados a tal glória, nós também podemos, pois a mão do Senhor não diminuiu. A quarta razão é oferecer exemplos que imitemos, desprezando, como eles, as coisas da Terra e desejando os bens do Céu. A quinta razão é pagar o débito que temos com eles, pois os santos fazem no Céu festa para nós, os anjos de Deus e as almas dos santos comemoram com alegria cada penitência feita por um pecador. Portanto, é justo que os recompensemos, e como eles fazem por nós uma festa nos Céus, nós fazemos por eles uma festa na Terra. A sexta razão é adquirir honra, pois honrando os santos trabalhamos para nossa própria honra: a festividade deles é nossa dignidade. De fato, quando honramos nossos irmãos honramos a nós mesmos, e a caridade faz com que todos os bens, celestes, terrestres e eternos, sejam comuns.

Além dessas razões, JOÃO DAMASCENO, no livro IV, capítulo VII, fornece outras. Ele pergunta por que se deve honrar os santos, seus corpos ou relíquias, e responde que por causa da dignidade deles, da preciosidade de seus corpos. Essa dignidade, diz, é quádrupla: eles são amigos de Deus, filhos de Deus, herdeiros de Deus e nosso guias. As autoridades que ele utiliza são, quanto ao primeiro ponto, *João*, 15: "Não os chamarei mais de meus escravos e sim de meus amigos". Quanto ao segundo, *João*, 1: "Ele deu aos que o receberam o poder de ser feitos filhos de Deus". Quanto ao terceiro, a *Epístola aos romanos*, 8: "Se são filhos, são herdeiros". Quanto ao quarto, ele diz: "Que esforços vocês não fariam para encontrar um guia que os apresentasse a um rei mortal e que falasse a seu favor? Ora, não honraremos os guias de todo o gênero humano, nossos intercessores junto a Deus? Sim, da mesma forma que honramos e veneramos a memória daqueles que constroem um templo a Deus".

Outras razões decorrem da preciosidade dos corpos ou das relíquias dos santos. O mesmo Damasceno indica quatro delas, e Agostinho acrescenta uma quinta. Os corpos dos santos, com efeito, são celeiros de Deus, templos de Cristo, vasos de alabastro cheios de bálsamo celeste, fontes divinas e instrumentos do Espírito Santo.

São celeiros de Deus, quando diz: "Deus fez deles seus cenáculos puros".

São templos de Cristo, quando diz que Deus habitou neles pela inteligência e perguntou aos apóstolos: "Vocês não sabem que seus corpos são templos do Espírito Santo que habita em vocês?".[4] Esse espírito é Deus, então por que não honrar tais templos, tais tabernáculos animados por Deus? Diz Crisóstomo:

> O homem se compraz em erguer palácios, Deus em habitar seus santos. Diz o Salmo: "Senhor, muito amei a beleza de sua casa". Qual beleza? Não aquela que se obtém com muitos mármores preciosos, mas aquela que vem da abundância da graça. Aquela lisonjeia a carne, esta vivifica a alma. Aquela dura pouco tempo e ilude os olhos, esta constrói de forma perpétua a inteligência.

São vasos de alabastro cheios de bálsamo espiritual. São João Damasceno diz:

> Das relíquias dos santos emana um agradável perfume, que ninguém duvide ou ache incrível, pois se de um rochedo, de uma pedra dura, jorrou água no deserto, se da mandíbula de seu asno o sedento Sansão obteve água, com muito mais razão deve-se crer que, por divina virtude, das relíquias dos mártires, dos santos sedentos de Deus, emana um bom odor para os que os honram.

São fontes divinas, como afirma: "Eles vivem no seio da verdade e gozam da presença de Deus. Por meio das relíquias dos santos, Nosso

---

[4] 1 coríntios 3,16.

Senhor Jesus Cristo deu-nos fontes de salvação que nos regam com variados benefícios".

São instrumentos do Espírito Santo. Esta é a razão alegada por Agostinho em A CIDADE DE DEUS: "Não se deve desprezar, e sim reverenciar, os corpos dos santos que em vida foram instrumentos do Espírito Santo para realizar todo tipo de boas obras". Daí o apóstolo ter dito: "Vocês querem pôr à prova Cristo, que fala pela minha boca?".[5] Conta-se sobre Estêvão que seus inimigos não podiam resistir à sabedoria e ao espírito que falava por intermédio dele. Afirma Ambrósio em seu *Hexaemeron*: "O que há de mais precioso no homem, é ser o órgão da voz de Deus e exprimir os oráculos celestes com lábios corporais".

Em terceiro lugar, a festa de Todos os Santos foi instituída para expiar nossas negligências. Embora comemoremos as festas de um pequeno número de santos, nelas incorremos em muita negligência por ignorância ou por omissão. Assim, se negligenciamos alguma coisa nas outras solenidades dos santos, podemos supri-la nessa festividade geral e purgar nossas faltas a respeito. Esta é a razão referida no sermão recitado nesse dia na Igreja, e no qual se diz: "Decretou-se que neste dia se celebraria a memória de todos os santos, a fim de que se a fragilidade humana tem algo a lamentar na maneira pela qual comemorou os santos, seja por ignorância, seja por negligência, seja por distração, possa expiá-lo neste momento". É preciso notar que há no Novo Testamento quatro diferentes tipos de santos que honramos durante o ano e que hoje reunimos para suprir nossa negligência, a saber, os apóstolos, os mártires, os confessores e as virgens. Segundo RÁBANO, eles são indicados pelas quatro partes do mundo, o Oriente para os apóstolos, o Sul para os mártires, o Norte para os confessores, o Ocidente para as virgens.

O primeiro tipo é o dos apóstolos, cuja dignidade e excelência são evidentes, pois prevalecem sobre todos os outros santos, de quatro maneiras. Primeira, pela preeminência de sua dignidade, sendo os sábios príncipes da Igreja militante, os poderosos assessores do Juiz eterno, os doces pastores do rebanho do Senhor. Diz Bernardo: "Era conveniente que o gênero humano tivesse à sua frente pastores e doutores, doces, poderosos e sábios. Doces para me acolherem com bondade e misericórdia, poderosos para me protegerem, sábios para me conduzirem durante a vida pelo caminho que leva à cidade celeste". Segunda, pela preeminên-

---

[5] *2 coríntios* 13,3.

cia do poder, sobre a qual assim fala Agostinho: "Deus deu aos apóstolos poder sobre a natureza para curá-la, sobre os demônios para derrubá-los, sobre os elementos para modificá-los, sobre as almas para absolvê-las do pecado, sobre a morte para desprezá-la. O poder deles é superior ao dos anjos por consagrarem o corpo do Senhor".

Terceira, pela prerrogativa da santidade. Eles tinham a máxima santidade e eram plenos de graça, refletindo em si, como em um espelho, a vida e conduta de Cristo da mesma forma que se conhece o sol por seu esplendor, uma rosa por seu perfume, o fogo por seu calor. O que faz Crisóstomo dizer em seu *Comentário sobre Mateus*: "Cristo enviou os apóstolos como o sol espalha seus raios, a rosa seu perfume, o fogo suas centelhas, a fim de que conheçamos o poder das virtudes de Cristo assim como conhecemos o brilho do sol por seus raios, a rosa por seu perfume, o fogo por suas centelhas". Assim falou Crisóstomo. Quarta, por sua real eficácia, sobre a qual diz Agostinho: "Os apóstolos foram muito poucos, muito ignorantes, muito modestos, mas pela eloqüência, pela inteligência, pelo esforço, submeteram a Cristo multidões de pessoas, grandes gênios, ilustres e hábeis autores e doutores". O segundo tipo de santos é o dos mártires, cuja dignidade e excelência são evidentes pela multiplicidade, utilidade e firmeza de seus tormentos. Eles foram numerosos porque, além do martírio de sangue, há outras três modalidades de martírio sem sangue. Deste tríplice martírio disse Bernardo: "O martírio sem sangue é triplo, a saber, a moderação na abundância, como a de Davi; a generosidade na pobreza, como a de Tobias e a da viúva do Evangelho; a castidade na juventude, como a de José no Egito". De acordo com Gregório, há três espécies de martírio nas quais o sangue não é derramado. A paciência na adversidade, sobre a qual diz: "Podemos ser mártires sem ser tocados pelo ferro, se conservamos no coração a verdadeira paciência". A compaixão pelos aflitos, sobre a qual diz: "Aquele que demonstra dor pelas misérias de outrem carrega a cruz em espírito". O amor pelos inimigos, sobre a qual diz: "Suportar desprezo, amar quem nos odeia, é martírio oculto no pensamento".

As torturas foram úteis primeiro aos próprios mártires, que por meio delas obtiveram a remissão de seus pecados, o aumento de seus méritos e a posse da glória eterna. Eles obtiveram tudo isso à custa de seu sangue, daí se dizer que esse sangue é precioso, isto é, de preço muito alto. Sobre os dois primeiros efeitos, diz Agostinho em *A Cidade de Deus*: "Nada existe de mais precioso que a morte, pela qual os pecados são perdoados e os méritos aumentados!". O mesmo autor, em *Comentários sobre João*, afirma: "O sangue de Cristo é precioso e sem preço, e tornou também precioso o sangue de seus fiéis pelos quais pagou o resgate com seu sangue". Com efeito, se Ele não tivesse tornado precioso o sangue de seus escravos, a liturgia não diria que "a morte dos santos é preciosa aos olhos do Senhor". Diz Cipriano: "O martírio é o fim dos pecados, o término do perigo, o guia da salvação, o mestre da paciência, a morada da vida". Afirma Bernardo: "Três coisas tornam preciosa a morte dos santos: o fim do trabalho, a alegria da nova situação, a segurança da eternidade".

Os mártires têm para nós dupla utilidade. De um lado, são nossos modelos na luta. Diz Crisóstomo:

> Cristão, você é um soldado fraco se pensa que pode vencer sem combate, triunfar sem luta. Use sua força com audácia, combata com firmeza, avalie bem sua capacidade, considere as convenções, atente para sua condição, aprenda os regulamentos dessa milícia. O pacto é aquele que você fez, a condição aquela que você assumiu, a milícia aquela na qual se alistou. Os mártires lutaram por esse pacto, venceram nessa condição, triunfaram nessa milícia.

Isto escreveu Crisóstomo.

De outro lado, os mártires são nossos patronos para nos socorrer por seus méritos e por suas preces. Sobre o primeiro ponto, diz Agostinho: "Ó imensa piedade de Deus, que quer que o mérito dos mártires seja nosso auxílio! Ele os põe à prova para nos instruir, atormenta-os para nos conquistar, quer que seus sofrimentos sejam nosso proveito". Sobre o segundo ponto, diz Jerônimo no *Contra Vigilâncio*:

> Se os apóstolos e os mártires, ainda revestidos de seus corpos, podiam rogar pelos outros quando estes é que se deviam preocupar consigo mesmos, com mais razão podem fazê-lo depois de ter obtido coroas, vitórias e triunfos! Moisés sozinho obteve o perdão para 600 mil homens, Estêvão pediu, e obteve, perdão para Paulo e para muitos outros. Estando agora com Cristo, eles têm muito mais poder para isso. O apóstolo Paulo diz que pediu por 273 almas que estavam em um navio; não terá mais poder estando ao lado de Cristo?

Sobre a firmeza dos mártires, disse Agostinho: "A alma do mártir é uma espada resplandecente de caridade, afiada pela ver-

dade, agitada pela força do Deus das batalhas, espada que travou guerras, aniquilou inúmeros opositores, abateu inimigos, esmagou adversários". Crisóstomo acrescenta: "Os que foram torturados ficaram mais fortes que seus carrascos, os membros esfolados venceram os esfoladores".

O terceiro tipo de santos é o dos confessores, cuja dignidade e excelência são evidentes por eles terem confessado Deus de três maneiras, de coração, de boca e de ação. A confissão do coração não basta sem a da boca, como o prova por quatro razões Crisóstomo em *Comentário sobre Mateus*.

Quanto à primeira razão, ele diz:

> A raiz da confissão é a fé do coração, e a confissão é fruto da fé. Como a raiz que está viva na terra produz galhos e folhas, pois se não produzir não há dúvida de que secou; da mesma forma, enquanto a fé do coração permanece íntegra, ela sempre germina e produz a confissão na boca, pois se esta murchou não há dúvida de que a fé do coração já secou.

Quanto à segunda razão, ele diz: "Se fosse proveitoso crer de coração e não confessá-lo diante dos homens, então um infiel hipócrita acharia proveitoso confessar Cristo embora não acredite nele de coração. Assim como ele não ganha nada em confessar sem ter fé, tampouco você ganhará algo por crer, se não o reconhecer". Quanto à terceira razão, ele diz: "Se você acredita ser suficiente conhecer Cristo de coração sem o confessar diante dos homens, então será suficiente que Cristo o conheça sem o confessar diante de Deus. Se conhecê-lo não é suficiente, somente a fé também não é suficiente". Quanto à quarta razão, ele diz: "Se a fé do coração bastasse, Deus teria criado em você apenas o coração, mas criou também a boca para que você o confesse de coração e de boca".

Os confessores ainda confessaram Deus por suas obras. Comentando o texto "Eles declaram conhecer Deus",[6] Jerônimo mostrou como se pode confessar ou negar Deus pelas obras:

> Cristo é sabedoria, justiça, verdade, santidade, coragem. Renega-se a sabedoria pela insensatez, a justiça pela iniqüidade, a verdade pela mentira, a santidade pelas torpezas, a coragem pela fraqueza de espírito, e cada

---

[6] *Tito* 1,16.

vez que nos deixamos vencer pelos vícios e pelos pecados renegamos Deus, enquanto todas as vezes que fazemos o bem confessamos Deus.

O quarto tipo de santos é o das virgens, cuja dignidade e excelência é evidente de várias formas.

Primeira forma, porque são as esposas do rei eterno conforme diz Ambrósio: "Alguém pode imaginar beleza maior que a beleza de quem é amada pelo Rei, estimada pelo Juiz, dedicada ao Senhor, consagrada a Deus, sempre sua esposa, jamais casada com outro?".

Segunda forma, porque são comparáveis aos anjos ainda de acordo com Ambrósio: "A virgindade ultrapassa a natureza humana, pois faz dos seres humanos companheiros dos anjos e mesmo mais vitoriosos que eles, que vivem fora da carne enquanto as virgens triunfam sobre a carne".

Terceira forma, porque são mais ilustres que o resto dos fiéis, como diz Cipriano: "A virgindade é a flor da Igreja, a beleza e o ornamento da graça espiritual, a feliz disposição ao louvor e à honra, uma obra íntegra e incorrupta, a imagem de Deus, a pureza de Deus, a mais ilustre parte do rebanho de Cristo".

Quarta forma, porque são preferidas às pessoas casadas, como se percebe se comparadas com elas. O casamento fecunda o corpo, a virgindade fecunda o espírito, daí Agostinho afirmar que é mais generoso imitar os anjos por antecipação, durante a vida na carne, do que aumentar na carne o número dos mortais. A fecundidade e a felicidade são maiores engrandecendo o espírito do que concebendo no ventre. O casamento procria filhos de dores e a virgindade filhos de alegria e de júbilo, conforme Agostinho: "A continência está longe de ser estéril, é uma mãe fecunda de filhos de alegria que ela gera de você, Senhor". O casamento enche de filhos a Terra, a virgindade o Céu, conforme Jerônimo: "O casamento povoa a Terra, a virgindade o Paraíso". O casamento gera muitas inquietações, a virgindade a calma, conforme Gilberto: "A virgindade é ausência de pesares, paz da carne, resgate do vício, rainha das virtudes". O casamento é bom, a virgindade melhor, conforme disse Jerônimo a Pamáquio: "Há tanta diferença entre o casamento e a virgindade quanto entre não pecar e fazer o bem ou, dito de maneira mais suave, quanto entre o bom e o melhor". O casamento é comparado a espinhos, a virgindade a rosas, conforme Jerônimo disse a Eustóquio: "Louvo o casamento porque ele gera virgens, assim como retiro rosas no meio dos espinhos, ouro da terra, pérola da concha".

Quinta forma, porque elas ganharão muitos privilégios, terão uma coroa de ouro, cantarão com exclusividade vários cânticos, usarão vestes como as do Cristo, andarão sempre ao lado do Cordeiro.

Em quarto lugar, a festa de Todos os Santos foi instituída para facilitar a obtenção do que pedimos em nossas preces. Como honramos nesse dia todos eles ao mesmo tempo, todos eles também intercedem juntos por nós, a fim de obtermos mais facilmente a misericórdia de Deus. Se é impossível que não sejam atendidas as preces de uma multidão, ainda mais impossível no caso das preces de todos os santos reunidos. Essa razão é indicada pela oração do ofício desse dia, na qual dizemos: "Desejamos, Senhor, que por meio de tantos intercessores você nos proporcione a abundância de sua misericórdia". Os santos intercedem por nós devido ao mérito e afeição deles. Por mérito, colocando-o a nossa favor, por afeição, realizando nossos desejos se estes não vão contra a vontade de Deus. Comprova-se que todos os santos se unem nesse dia para interceder unanimemente a nosso favor, graças a uma visão que se conta ter ocorrido no ano seguinte à instituição dessa solenidade.

Nesse dia, o sacristão da igreja de São Pedro passou devotamente pelo altar de cada santo e neles fez seus pedidos, voltando por fim ao altar de São Pedro, onde repousou por um instante e foi arrebatado por uma visão. Viu o Rei dos reis sentado em um trono elevado, tendo em volta todos os anjos. A Virgem das virgens, ornada por um diadema brilhante, chegou seguida por uma multidão de virgens e de continentes. No mesmo instante, o rei ergueu-se para acolhê-la e convidou-a a sentar-se em um trono que mandou colocar ao lado do seu. Depois disso, veio um personagem vestido com um traje de pêlo de camelo, seguido por uma multidão de veneráveis anciãos. Logo a seguir apresentou-se outro, ornado de vestes pontificais, escoltado por um coro de vários outros, vestidos da mesma maneira. Fechando a procissão, vinha incontável multidão de soldados e depois deles infinita multidão de pessoas de diversas origens. Tendo chegado diante do trono do Rei, todos dobraram os joelhos e o adoraram. Então aquele que estava com hábitos pontificais começou a cantar as matinas, que todos os outros continuaram.

O anjo que conduzia o sacristão explicou-lhe a visão: "A virgem que está na primeira fila é a mãe de Deus; o vestido de pêlo de camelo, João Batista com os patriarcas e profetas; o que tem ornamentos pontificais, Pedro com os outros apóstolos; os soldados são os mártires, e o resto da multidão, os confessores. Todos comparecem à presença do rei para agradecer a honra prestada a eles nesse dia pelos mortais e para suplicar em favor de todo o universo". Depois o levou a outro lugar, onde lhe mostrou pessoas dos dois sexos, umas sobre tapetes dourados, outras alegres à mesa, diante de muitas delícias, outros enfim nus, pobres e mendigando. Disse-lhe que aquele lugar era o Purgatório, que as almas que ali vivem na abundância são as ajudadas pelos sufrágios dos amigos vivos, que as indigentes são aquelas que não recebem cuidado de ninguém. Ordenou-lhe contar tudo isso ao sumo pontífice, para que ele instituísse no dia seguinte ao da festa de Todos os Santos, o Dia das Almas, quando sufrágios gerais seriam feitos em favor das almas que não recebem atenção particular.

158. A Comemoração das Almas

A comemoração de todos os fiéis defuntos foi instituída neste dia pela Igreja a fim de socorrer, por boas obras gerais, os que não se beneficiam de preces especificamente dedicadas a eles, como foi mostrado pela revelação citada no capítulo anterior. PEDRO DAMIANO conta que Santo Odilo, abade de Cluny, ao descobrir que perto de um vulcão da Sicília freqüentemente se ouviam gritos e urros dos demônios queixando-se de que as almas dos defuntos eram arrancadas de suas mãos graças a esmolas e preces, ordenou que em seus mosteiros fosse feita, depois da festa de Todos os Santos, a comemoração dos mortos, que foi mais tarde aprovada por toda a Igreja. A respeito dela se podem fazer duas considerações, uma primeira sobre os que devem purgar, uma segunda sobre os sufrágios que devem ser dirigidos a eles.

Quanto à primeira consideração, devemos ver três aspectos: quem são os purgados, por quem são purgados, onde são purgados. Os que são purgados dividem-se em três categorias.

Os primeiros são os que morrem sem ter feito a penitência que lhes cabia. Se tivessem no coração contrição suficiente para apagar seus pecados, passariam livremente para a vida eterna mesmo não tendo realizado nenhuma reparação, já que a contrição é a maior reparação para o pecado, ao qual apaga inteiramente. Diz Jerônimo: "Deus não valoriza tanto o tempo, e sim a intensidade da dor, nem tanto a abstinência de alimento, e sim a mortificação dos vícios". Mas aqueles que não se arrependeram suficientemente, e morreram antes de completar sua penitência, são severamente punidos no fogo do Purgatório, a menos que pessoas que lhe eram queridas se encarreguem de sua reparação. Para que tal comutação tenha valor, são necessárias quatro condições. Primeira, a comutação deve ser autorizada pelo padre. Segunda, a necessidade do beneficiário da comutação, que não pode estar em condição de satisfazer por si mesmo essa necessidade. Terceira, a caridade daquele que faz a comutação, caridade necessária para que sua reparação seja meritória e completa. Quarta, a proporção entre a comutação e a pena, de maneira que uma menor seja comutada por uma maior; pois satisfaz mais a Deus a pena sofrida pessoalmente do que por outrem.

Há três tipos de penas. A primeira delas, pessoal e voluntária, tem maior poder de reparação; a segunda, pessoal e não voluntária, é sofrida no Purgatório; a terceira, voluntária mas não pessoal, é objeto de comutação, satisfaz menos que a primeira por não ser pessoal, e satisfaz mais que a segunda por ser voluntária. No entanto, se aquele a quem nos encarregamos de reparar morre, não deixa de sofrer no Purgatório, ainda que seja libertado mais cedo pela pena que ele próprio padece e pela que os outros pagam por ele, porque o Senhor soma a pena dele e a dos outros. Portanto, se ele deve sofrer dois meses no Purgatório, poderá por meio do auxílio que recebe ser libertado em um mês. Contudo nunca sai de lá sem a dívida paga. Se é quitada, ela beneficia quem a paga, e caso esta pessoa não precise disso, entra no tesouro da Igreja,[1] ou então vai para os que estão no Purgatório.

Os segundos que vão para o Purgatório são os que cumpriram a penitência a eles imposta, mas que não foi suficiente, por ignorância ou negligência do sacerdote. Nesse caso, vão completar no Purgatório o que fizeram a menos nesta vida, exceto se supriram isso pela grandeza de sua contrição. Deus, que sabe a proporção e a medida dos pecados e das penas, acrescenta a pena necessária para que nenhum pecado permaneça impune. De fato, pode ocorrer que a penitência imposta seja ou muito forte, ou igual, ou muito fraca em relação ao pecado. Se é muito forte, aumenta a glória, se é igual, basta para a remissão de toda a culpa, se é muito fraca, o que falta é suprido pelo poder da justiça divina. Ouçam[2] o que pensa Agostinho sobre quem faz penitência apenas na agonia final:

---

[1] A partir da antiga instituição da indulgência (perdão total ou parcial das penas temporais em troca de certas obras, preces, jejuns, esmolas, peregrinações), desenvolveu-se nos séculos XII e XIII a doutrina do Tesouro da Igreja, isto é, a idéia de que os méritos acumulados por Cristo na sua vida terrena e pelos santos criara diante de Deus um grande crédito para a humanidade, o qual era administrado pela Igreja. Os abusos na distribuição desses bens morais e impalpáveis, com as indulgências sendo freqüentemente vendidas nos séculos XIV e XV não deixaram de influenciar a eclosão da Reforma Protestante em princípios do século XVI.

[2] Passagem interessante, que testemunha o caráter mais oral do que escrito da *Legenda áurea*, que alguém lia

Aquele que sai deste mundo logo depois de ser batizado está seguro; o fiel que vive bem sai deste mundo seguro; aquele que faz penitência e está reconciliado [com Deus] enquanto tem saúde, sai deste mundo seguro; aquele que faz penitência na agonia final, para então se reconciliar, não sei se sai deste mundo seguro. Portanto, escolha o certo e deixe o incerto.

Agostinho fala assim porque tais pessoas têm o costume de fazer penitência mais por necessidade que por vontade, mais por medo do castigo que por amor à glória.

Os terceiros que descem ao Purgatório são os que carregam consigo lenha, feno e palha, quer dizer, os que têm afeição material por suas riquezas, porém menor do que a que têm por Deus. Embora prefiram Deus, eles estão ligados às suas casas, mulheres e terras, indicadas por aquelas três coisas, daí por que, conforme o grau de amor por elas, serão queimados mais tempo como lenha, ou menos tempo como feno, ou pouco tempo como palha. "Esse fogo", diz Agostinho, "embora não seja eterno, é todavia maravilhosamente forte, ultrapassa qualquer pena que alguém tenha padecido em vida. Nunca sofrimento parecido existiu na carne, por mais extraordinários que tenham sido os suplícios dos mártires."

Sobre o segundo aspecto, isto é, por quem eles são purificados, deve-se saber que tal purgação e punição são feitas por anjos maus, e não pelos bons, pois estes não atormentam os homens bons, atormentam os maus, enquanto os anjos maus atormentam os homens bons e maus. É piedoso acreditar que os anjos bons visitam e consolam freqüentemente as almas irmãs e suas futuras concidadãs no Céu, exortando-as a sofrer com paciência. Aquelas almas têm ainda outra consolação: esperar a certeza da glória futura, certeza que possuem em grau menor do que aqueles que já estão na pátria, mas em grau maior do que aqueles que ainda peregrinam.[3] Os que estão na pátria sentem-se seguros, sem angústia e temor, porque não esperam a vida futura, já a encontraram e não temem perdê-la, ao contrário dos que estão na vida presente. A segurança dos que estão no Purgatório é intermediária, é com expectativa pela vida futura mas sem temor, pois o livre-arbítrio deles está fortalecido, sabem que doravante não podem mais pecar. Eles têm ainda outro consolo: saber que os vivos podem fazer sufrá-

---

em voz alta atingindo um público — inicialmente eclesiástico, depois também laico — mais amplo do que um leitor individual.

[3] Conforme nota 1 do capítulo 90.

gios a seu favor. Contudo, talvez seja mais exato acreditar que essa punição não é feita pelos anjos maus, mas por determinação da justiça divina.

Sobre o terceiro aspecto, isto é, onde são purgados, deve-se saber que é ao lado do Inferno, no local chamado Purgatório, pelo que dizem vários estudiosos, embora outros pensem que ele esteja situado na zona tórrida do ar. Mas por dispensa divina, algumas almas são depuradas em diversos outros lugares, por várias razões, a saber, pela suavidade da punição, pela proximidade da liberação, para servir à nossa instrução, por ser o lugar no qual foi cometida a falta, por causa das preces de algum santo.

Primeira razão, a suavidade da pena: de acordo com Gregório, foi revelado a algumas pessoas que há almas punidas na obscuridade.

Segunda razão, a proximidade da liberação: certas almas são colocadas em locais especiais para revelar aos outros sua indigência e obter deles os sufrágios necessários para sair mais depressa da punição. Lê-se que no outono pescadores do beato Teobaldo apanharam em sua rede um enorme bloco de gelo, e ficaram muito mais satisfeitos com isso do que se tivessem pego um peixe, porque o bispo tinha dor nos pés e ali colocando o gelo eles lhe proporcionaram um grande alívio. Certa vez o bispo ouviu sair do gelo a voz de um homem que, ordenado a dizer quem era, respondeu: "Sou uma alma atormentada nesta geleira por meus pecados, e que poderia ser libertada se você dissesse trinta missas durante trinta dias sem interrupção". O bispo rezara a metade dessas missas e preparava-se para celebrar mais uma quando, por incitação do diabo, todos os homens da cidade envolveram-se numa briga, e sendo chamado a apaziguar a discórdia, o bispo tirou as vestes sagradas e naquele dia não disse a missa. Recomeçou então a série, e já rezara dois terços das missas quando um grande exército, ao que parecia, cercou a cidade e ele foi forçado a não dizer a missa. Recomeçou uma terceira vez, e dissera todas as missas, com exceção da última que começou a celebrar, quando toda a cidade e a casa do bispo pareciam estar em chamas. Seus escravos disseram-lhe que interrompesse a missa, e ele respondeu: "Mesmo que toda a cidade queime não vou interrompê-la". Ao terminá-la, imediatamente o gelo derreteu e o que parecia um incêndio desapareceu como um fantasma, sem ter causado dano algum.

Terceira razão, para nossa instrução: é a fim de que saibamos que uma grande pena é infligida depois, desta vida, aos pecadores, que se diz que aconteceu o seguinte em Paris, segundo PEDRO CANTOR. O mestre Silo pediu com insistência a um de seus alunos, de quem cuidara durante sua doença, que voltasse a encontrá-lo depois da morte para lhe contar em que situação estava. Alguns dias depois, ele lhe apareceu com uma capa de pergaminho em cujo exterior estavam escritos muitos sofismas e cujo interior era todo forrado de chamas. À pergunta do mestre sobre quem ele era, respondeu: "Sou aquele que prometeu voltar para encontrá-lo". Interrogado sobre o estado em que se encontrava, ele disse: "Esta capa me pesa e me esmaga mais do que se tivesse sobre mim uma torre, e me foi dada para usar por causa da glória que eu conseguia fazendo sofismas. As chamas de fogo com que é forrada são as delicadas e variadas peles que eu vestia e agora essas chamas me torturam e queimam". Mas como o mestre julgasse essa pena fácil de suportar, o defunto pediu que estendesse a mão para ver se podia suportar sua pena. Quando estendeu a mão, caiu sobre ela uma gota do suor do morto, a qual perfurou a mão do mestre como uma flecha, fazendo-o ficar admirado com o que sentiu. O outro lhe disse: "Assim estou por inteiro". O mestre, assustado com a severidade do castigo, resolveu abandonar o mundo e entrar para um mosteiro. No dia seguinte, quando estava com seus alunos, ele compôs estes versos:

> O coaxar é para as rãs, o grasnar para os corvos,
>   as futilidades para os fúteis,
> Eu vou para onde a morte não me meta medo.

E, abandonando a vida mundana, refugiou-se em um mosteiro.

Quarta razão, por ser o lugar no qual foi cometido o pecado: segundo Agostinho, algumas almas são punidas no local de sua delinqüência, sobre o que Gregório dá um exemplo na quarta parte de seus *DIÁLOGOS*. Sempre que um padre entrava no balneário, encontrava um desconhecido disposto a servi-lo. Um dia, para abençoá-lo e pagá-lo por seu trabalho, o padre ofereceu-lhe pão bento, e o homem perguntou, gemendo: "Por que me dá isso, meu pai? Esse pão é santificado, não posso comê-lo, pois antigamente fui dono deste lugar, mas por meus pecados fui enviado para cá depois de minha morte, e peço que ofereça por meus pecados este pão a Deus onipotente. Você saberá que foi atendido quando vier novamente aqui e não mais me encontrar". Então o padre ofereceu por ele, todos os dias durante uma semana, a hóstia salutar, e depois não o encontrou mais.

Quinta razão, por causa da prece de algum santo: é o que se lê sobre São Patrício, que pediu para algumas pessoas um purgatório em certo lugar sob a terra, história encontrada depois da festa de São Bento.[4]

---

[4] Ou seja, no capítulo 49 da *Legenda áurea*.

Quanto à segunda consideração sobre a comemoração dos mortos — a respeito dos sufrágios que se podem fazer por eles — devemos ver primeiro os sufrágios em si mesmos, segundo para quem eles são feitos, terceiro por quem eles são feitos.

Há quatro tipos de sufrágios muito vantajosos para os mortos: a prece dos fiéis e a de seus amigos, a prática da esmola, a celebração da missa e a observação do jejum.

O primeiro tipo de sufrágio, quer dizer, a oração dos amigos, é proveitosa ao morto, como mostra o exemplo de Pascásio, narrado por Gregório no livro IV dos *Diálogos*. Ele conta que existia um homem de santidade e virtude eminentes quando dois sumos pontífices foram eleitos ao mesmo tempo. Mais tarde, porém, a Igreja reconheceu um deles como legítimo, mas Pascásio permaneceu no erro até a morte, preferindo sempre o outro. Quando faleceu, um endemoninhado tocou a dalmática[5] colocada sobre seu caixão e ficou curado. Muito tempo depois, Germano, bispo de Cápua, por razão de saúde foi ao balneário e ali encontrou o diácono Pascásio, em pé e pronto a servi-lo. Vendo-o, teve muito medo e perguntou o que fazia ali um homem tão importante. Pascásio respondeu que tinha sido enviado àquele lugar de penitência por uma única causa: ter teimado além do razoável no assunto acima referido. E acrescentou: "Rogo que dirija por mim preces ao Senhor, e saberá que foi atendido quando você voltar e não me encontrar mais aqui". Germano orou por ele e, voltando poucos dias depois, não mais encontrou Pascásio naquele lugar.

PEDRO DE CLUNY fala de um padre que, em vez da missa de todos os dias, celebrava sempre missa pelos mortos, foi denunciado ao bispo e suspenso de seu ofício. Ora, em um dia de grande solenidade, quando o bispo passava pelo cemitério para ir às matinas, os mortos levantaram-se diante dele e disseram: "Este bispo não nos dá uma missa e ademais tirou-nos nosso sacerdote, mas, certamente, se não mudar, morrerá". Então o bispo absolveu aquele padre e depois disso celebrou de boa vontade a missa pelos mortos. As preces dos vivos são muito agradáveis aos defuntos, como se vê pelo que relata Pedro Cantor, de Paris. Um homem recitava sempre o salmo *De profundis* pelos mortos toda vez que passava por um cemitério. Um dia em que, perseguido por inimigos, refugiara-se ali, imediatamente os mortos levantaram-se, cada um com o instru-

---

5 Conforme nota 12 do capítulo 46.

mento de sua profissão na mão, e vigorosamente o defenderam, forçando seus inimigos, assustados, a fugir.

O segundo tipo de sufrágio útil aos defuntos, quer dizer, dar esmola, fica manifesto pelo que se lê no livro dos *Macabeus*. O valente Judas juntou 12 mil moedas de prata e enviou-as a Jerusalém para ofertá-las pelos pecados dos mortos, pois acreditava de forma justa e religiosa na ressurreição.

Outro exemplo, narrado por Gregório no livro IV de seus *Diálogos*, confirma a vantagem da esmola a favor dos defuntos. Um soldado morreu, mas logo voltou à vida e contou o que lhe acontecera. Falou que vira um rio negro, lodoso e fétido, sobre o qual havia uma ponte, que levava a uma amena pradaria cheia de flores odoríferas, no meio das quais se viam reunidos homens vestidos de branco, contentes com a suavidade maravilhosa e variada das flores. Mas a ponte era uma prova: se um homem injusto quisesse atravessá-la, caía no rio negro e fedorento, enquanto os justos com passos firmes chegavam à encantadora pradaria.[6] O soldado contou ter visto ali um homem chamado Pedro, atado de costas a um grande bloco de ferro. Perguntava-se por que aquele homem estaria ali, quando lhe disseram: "Se ele sofre assim, é porque, quando lhe ordenavam a execução de um condenado, cumpria mais por crueldade e desejo de ferir do que por obediência". Contava ainda ter visto um peregrino que, chegado à ponte, atravessou-a com autoridade correspondente à sinceridade com que vivera. Um outro, de nome Estêvão, quis atravessar, deu um passo em falso e caiu, ficando com o corpo meio suspenso fora da ponte. Nesse momento, surgiram do rio homens horríveis que o puxavam pelas pernas para baixo, enquanto outros, belíssimos e vestidos de branco, puxavam-no para cima, pelos braços. O soldado que via essa luta não sabe como ela terminou, quem foi o vencedor, pois voltou ao seu corpo. O que se pode compreender é que em Estêvão os pecados da carne lutavam contra as esmolas que dera, pois ser puxado para cima pelos braços e para baixo pelas coxas indica que ele gostara de dar esmolas, mas não soubera resistir inteiramente aos vícios da carne.

O terceiro tipo de sufrágios, a saber, a celebração da missa, é bastante proveitosa para os defuntos, como transparece por muitos exemplos. Gregório refere-se, no livro IV de seus *Diálogos*, que um de seus

---

[6] Descrição que já aparecera no capítulo 49.

monges, de nome Justo, estando agonizante indicou que tinha três moedas de ouro escondidas, e morreu lamentando esse fato. Gregório ordenou aos irmãos que o enterrassem no estrume com suas três moedas de ouro, dizendo: "Que seu dinheiro morra com você". Entretanto, Gregório mandou que durante trinta dias um dos irmãos celebrasse todos os dias uma missa pelo morto. Quando a ordem foi cumprida, no trigésimo dia o morto apareceu a um irmão, que lhe perguntou: "Como você está?". E ele respondeu: "Estava mal, mas agora estou bem, pois hoje recebi a comunhão".

 A celebração da missa é muito útil não apenas aos mortos, mas também aos vivos. De fato, alguns homens estavam no interior de uma montanha extraindo prata, quando de repente o rochedo desabou e esmagou todos eles, exceto um, que escapou da morte protegido por uma reentrância da rocha, mas sem poder sair dali. Sua mulher, pensando que estava morto, todos os dias mandava rezar uma missa por ele e a cada vez oferecia um pão, um jarro de vinho e uma vela. O diabo, ciumento, apareceu-lhe três dias seguidos sob forma humana e perguntou aonde ela ia. A mulher explicava e ele dizia: "Não se incomode à toa, a missa já foi celebrada", de modo que naqueles três dias ela não foi à missa e nem mesmo mandou rezá-la. Ora, tempos depois, alguém escavando naquela montanha em busca de prata ouviu uma voz que dizia: "Cave devagar, senão uma grande pedra vai cair na minha cabeça". Com medo, chamou várias pessoas para escutar, começou a cavar e ouviu as mesmas palavras. Então todos se aproximaram e perguntaram: "Quem é você?". Ele respondeu: "Vá devagar, que uma grande pedra pode cair sobre mim". Cavou-se lateralmente até chegar àquele homem, que foi retirado são e salvo e ao qual perguntaram como pudera viver ali tanto tempo, e ele respondeu que todos os dias, exceto três, haviam-lhe dado um pão, um jarro de vinho e uma vela acesa. Informada, sua mulher ficou muito contente por saber que seu marido fora sustentado por sua oblação e que o diabo a enganara para, naqueles três dias, não mandar cantar a missa. Este fato ocorreu, segundo o testemunho de Pedro de Cluny, na cidade de Ferrières, diocese de Grenoble.

 Gregório conta ainda sobre um marinheiro que naufragou e por quem um padre rezou a missa e pôde assim, salvo, sair do mar. Quando lhe perguntaram como escapara ao perigo, disse que no meio do mar, já esgotado e quase desistindo, alguém lhe ofereceu um pão. Quando comeu, recuperou imediatamente as forças e foi recolhido por um navio que passava por ali. Ora, ele recebeu o pão na mesma hora em que o padre dizia a missa por ele.

O quarto tipo de sufrágio, quer dizer, o jejum, é proveitoso para os mortos como, da mesma forma que sobre os três anteriores, testemunha Gregório: "As almas dos defuntos são libertadas de quatro maneiras, ou pelas oferendas dos padres, ou pelas preces dos santos, ou pelas esmolas dos amigos ou pelo jejum dos parentes. A penitência que os amigos fazem por elas tem muito valor". Daí por que, como conta um importante doutor, uma mulher que perdera o marido estava desesperada por ser pobre, quando lhe apareceu o diabo dizendo que a enriqueceria se ela concordasse em fazer sua vontade. Ela prometeu e foi-lhe então ordenado: primeiro, levar à fornicação os eclesiásticos que ela hospedasse em casa; segundo, acolher os pobres de dia e expulsá-los à noite sem lhes dar nada; terceiro, impedir com sua tagarelice que se orasse na igreja; quarto, jamais confessar algo sobre isso. Estando à beira da morte e estimulada pelo filho a se confessar, ela contou o fato e disse que não podia confessar e que isso não lhe valeria para nada. Mas como ele insistiu, chorando, e prometeu fazer penitência por ela, deixou-se comover e mandou o filho buscar um padre. Antes que o sacerdote chegasse, os demônios atacaram-na, encheram-na de medo e horror e ela morreu. O filho confessou o pecado de sua mãe e fez penitência durante sete anos, depois dos quais viu a mãe, que agradeceu por sua libertação.

As indulgências da Igreja também são eficazes. Um núncio da sé apostólica pediu a um homem valente que combatesse a serviço da Igreja em Albi, concedendo para tanto uma indulgência a seu falecido pai. Ele assim fez por quarenta dias, depois seu pai lhe apareceu cercado de uma brilhante luz e agradeceu por sua liberação.

O outro ponto — para quem são feitos os sufrágios — compreende quatro aspectos. Primeiro, quem são os que podem se beneficiar deles; segundo, por que se deve oferecer sufrágios; terceiro, se eles são igualmente proveitosos para todos; quarto, como os mortos podem saber que sufrágios são dirigidos a eles.

Primeiro aspecto, todos os que saem desta vida, diz Agostinho, "são ou muito bons ou muito maus, ou medianos. Os sufrágios dirigidos aos muito bons são ações de graças, os dirigidos aos maus são consolos para os vivos, os dirigidos aos medianos são expiações".

Chamam-se muito bons os que vão imediatamente para o Céu,

sem passar pelo fogo nem do Inferno nem do Purgatório. Eles são de três tipos: os batizados, os mártires e os homens perfeitos, em cuja perfeição acumularam ouro, prata e pedras preciosas, isto é, amor a Deus, amor ao próximo e boas obras, sem terem pensado em agradar ao mundo, mas apenas a Deus. Eles podem cometer pecados veniais,[7] mas o fervor da caridade consome neles o pecado, da mesma forma que uma gota de água é totalmente absorvida pelo fogo e por isso não têm nada que precise ser cremado. Logo, rezar ou oferecer sufrágios a pessoas desses três tipos é ofendê-las: "Rogar por um mártir é fazer injúria a ele", diz Agostinho. No entanto, rogar por alguém muito bom, na incerteza de que sua alma esteja no Céu, é fazer dessas preces ações de graças que redundam em proveito daquele que reza, segundo está escrito: "Minha oração retorna ao meu seio".[8]

Para essas três espécies de pessoas, o Céu está imediatamente aberto após a morte, e elas não passam pelo fogo do Purgatório. Ele se abriu para Cristo depois de seu batismo, conforme *Lucas*, 3: "Estando Jesus batizado e em prece, o Céu foi aberto". Isso mostra que o Céu se abre a todos os batizados, sejam crianças pequenas, sejam adultos, de maneira que logo depois de falecer voam para lá. O batismo, em virtude da paixão de Cristo, purifica de todo pecado, seja original, seja mortal, seja venial. Ele se abriu para Estêvão enquanto era apedrejado, conforme *Ato dos apóstolos*, 7: "Vejo os Céus abertos". Isso mostra que o Céu abre-se a todos os mártires, que voam para lá quando morrem, e se faltava algo a expiar pelo fogo, tudo é anulado pela foice do martírio. Ele se abriu para João, que era de alta perfeição, conforme *Apocalípse*, 4: "Eu vi a porta do Céu aberta". Isso mostra que para os homens perfeitos que cumpriram totalmente sua penitência e não cometeram pecados veniais, ou que, se os cometeram, consumiram-nos em seguida no fervor da caridade, o próprio Céu abre-se incontinenti e eles entram para ali reinar eternamente.

Os muito maus, que se tem certeza de terem sido precipitados no abismo do Inferno, não devem receber nenhum sufrágio, segundo disse Agostinho: "Se eu soubesse que meu pai está no Inferno, não rogaria por ele mais do que pelo diabo". Oferecer sufrágio a algum condenado, por

---

[7] Pecados veniais são todos aqueles que não provocam a perda da graça, aqueles que são desculpáveis (*venia* é "perdão"), ao contrário dos pecados capitais, chamados desde o século XV de "mortais" (e definitivamente definidos no século XII: orgulho, inveja, cólera, preguiça, avareza, gula, luxúria).

[8] *Salmos* 34,13.

não se ter certeza de sua danação, não lhe serve para nada, nem para livrá-lo de seus tormentos, nem para abrandar ou diminuir suas penas, nem para suspender sua danação por um tempo, sequer por uma hora, nem para lhe dar uma força maior a fim de suportar mais facilmente os sofrimentos. No Inferno não há redenção alguma.

Os medianos são aqueles que levam consigo coisas para queimar, lenha, feno e palha, ou seja, aqueles que foram surpreendidos pela morte sem terem completado a penitência necessária. Eles não são suficientemente bons para dispensar sufrágios, nem bastante maus para que esses sufrágios não lhes possam ser proveitosos. Os sufrágios dirigidos a eles são expiações. Portanto, é somente a eles que os sufrágios podem ser úteis.

Na maneira de fazer esses sufrágios, a Igreja tem o costume de observar principalmente três dias, o sétimo, o trigésimo e o aniversário. A razão disso está assinalada no livro do OFÍCIO MITRAL. Observa-se o sétimo dia ou para que as almas cheguem ao repouso do sabá eterno, ou para que sejam remidos todos os pecados cometidos na vida, que está dividida em períodos de sete dias, ou para reconciliar os pecados cometidos com o corpo, que se compõe de quatro humores,[9] e com a alma, que tem três qualidades. Observa-se o trigésimo, que se compõe de três dezenas, para purificá-la das faltas cometidas contra a Trindade e o Decálogo. Observa-se o aniversário de morte, para que dos anos de calamidades elas cheguem aos anos da eternidade. Da mesma maneira que celebramos o aniversário dos santos para honra deles e utilidade nossa, celebramos o aniversário dos defuntos para utilidade deles e devoção nossa.

Segundo aspecto, deve-se oferecer sufrágios por três razões. Primeira, por causa da unidade, pois os mortos formam um só corpo com a Igreja militante e podem usufruir dos bens espirituais comuns. Segunda, por causa da dignidade, já que durante a vida ajudaram os outros mortos e merecem agora ser ajudados. Terceira, por causa da necessidade, pois a posição deles não permite ajudar a si mesmos.

Terceiro aspecto, saber se os sufrágios são igualmente proveitosos para todos. Os sufrágios feitos especialmente em favor de uma pessoa são mais proveitosos a ela do que às outras. Os feitos em comum são mais proveitosos, conforme a necessidade de cada um, para os que nesta vida mereceram mais.

---

[9] Conforme nota 4 do capítulo 32.

Quarto aspecto, como os mortos podem saber quais sufrágios são feitos para eles. Segundo Agostinho, podem sabê-lo de três modos. Primeiro, por revelação divina, que os instrui sobre isso. Segundo, por manifestação dos anjos bons, que neste mundo estão sempre conosco e consideram cada um de nossos atos e podem em um instante descer e anunciar-lhes o que ocorre. Terceiro, pela informação que lhes dão as almas, que saem dali e podem anunciar isso e outras coisas. Há ainda um quarto modo de saberem, que é por meio da própria experiência, pela sensação de alívio que conhecem quando se fazem sufrágios por eles.

Último ponto — por quem são feitos os sufrágios para que sejam eficazes — devem ser feitos por gente caridosa, porque se forem feitos por gente má não podem ser proveitosos. Com efeito, lê-se que um cavaleiro estava na cama com sua mulher e, observando a luz da lua que entrava pelas fendas da janela, admirava-se de que o homem, ser racional, não obedece a seu Criador, enquanto as criaturas irracionais obedecem. Passou então a falar mal de um cavaleiro já falecido de quem fora íntimo, quando subitamente esse morto entrou no quarto dizendo: "Amigo, não faça mau juízo de ninguém, e se o ofendi, perdoe-me". Interrogado sobre sua situação, esclareceu: "Sofro diferentes penas, principalmente por ter violado tal cemitério e roubado um manto, cujo peso me esmaga mais que o de uma montanha. Eu suplico, mande rezar por mim". Perguntado se queria essas orações feitas por este ou aquele sacerdote, ele nada respondeu, apenas sacudiu a cabeça como negativa. Perguntou-lhe então se queria que tal eremita orasse por ele. Ele: "Queira Deus que esse homem reze por mim!". Quando recebeu a promessa de que assim seria feito, falou: "Daqui a dois anos você morrerá", e então desapareceu. O cavaleiro mudou sua vida para melhor e depois dormiu no Senhor.

Quando se diz que os sufrágios oferecidos pelos maus não são proveitosos, não se deve incluir nisso as obras sacramentais, como a missa, que não perde seu valor mesmo se celebrada por um mau ministro, nem as boas obras encomendadas pelo próprio defunto ou por algum de seus amigos e realizadas por más pessoas. Estas devem fazer logo tais obras, para que não lhes aconteça o que se lê abaixo.

Quando de uma guerra de Carlos Magno contra os mouros, um cavaleiro pediu a um parente que, se morresse na luta, vendesse seu cavalo e desse o dinheiro aos pobres. Ele morreu e o parente, que gostou do cavalo, conservou-o para si. Pouco tempo depois o defunto apareceu refulgindo como o sol e dizendo: "Primo, durante oito dias você me fez padecer penas no Purgatório porque não deu o valor do cavalo aos pobres, como tinha dito a você. Mas não fez isso impunemente, pois hoje sua alma será levada ao Inferno pelos diabos e eu, purgado, vou para o reino de Deus". No mesmo instante, ouviu-se pelos ares um grito parecido com o dos leões, ursos e lobos, e ele foi levado.

159. Os Quatro Coroados

Os quatro coroados foram Severo, Severiano, Carpóforo e Vitorino, que por ordem de Diocleciano foram chicoteados até a morte com correias guarnecidas de chumbo. Por longo tempo não se pôde conhecer os nomes deles, mas depois de muito anos foram descobertos por revelação. Decidiu-se então que sua memória seria honrada junto com a de cinco outros mártires, Cláudio, Castório, Sinforiano, Nicóstrato e Simplício, que haviam sofrido o martírio dois anos depois deles. Estes últimos mártires eram todos escultores que, tendo recusado a Diocleciano esculpir um ídolo e oferecer sacrifício aos deuses, foram por ordem do próprio imperador colocados vivos em caixas de chumbo e lançados ao mar, por volta do ano do Senhor de 287. O papa Melquíades ordenou honrar, junto com esses cinco mártires, os quatro precedentes, chamados de os quatro coroados antes que seus nomes fossem descobertos, e esse uso prevaleceu mesmo depois que foram revelados.

160. São Teodoro

Teodoro sofreu o martírio na cidade dos marmanitanos, sob Diocleciano e Maximiano. Quando o prefeito disse para ele sacrificar, que sua posição militar anterior seria devolvida, Teodoro respondeu: "Sou soldado de meu Deus e de seu filho Jesus Cristo". O prefeito: "Então seu Deus tem um filho?". Teodoro: "Sim". O prefeito: "Podemos conhecê-lo?". Teodoro: "Pode conhecê-lo e juntar-se a ele". Adiou-se a ordem a São Teodoro para sacrificar, e ele aproveitou-se disso para entrar à noite no templo da mãe dos deuses e incendiá-lo completamente.

Alguém o viu, acusou-o e ele foi colocado no cárcere para que morresse de fome. O Senhor apareceu a ele e disse: "Confie, sirva-me, Teodoro, porque estou com você". Então uma multidão de homens vestidos de alvas[1] entrou na prisão, embora a porta estivesse fechada, e pôs-se a salmodiar com ele. Ao verem isso, os guardas fugiram amedrontados. Quando mais tarde tiraram-no dali e convidaram-no a oferecer sacrifício, disse: "Mesmo que me queimassem as carnes e me consumissem com vários suplícios, enquanto me restar um sopro de vida não renegarei meu Deus". Então, por ordem do prefeito, suspenderam-no em uma árvore e com unhas de ferro passaram a arranhá-lo de maneira tão cruel que suas costelas ficaram a descoberto. O prefeito perguntou: "Teodoro, quer ficar conosco ou com seu Cristo?". Ele: "Estive, estou e estarei com meu Cristo".

Foi então condenado a ser queimado e entregou a alma no fogo. Contudo seu corpo continuou inteiro e todos foram tomados por um

---

[1] Conforme nota 3 do capítulo 16.

suavíssimo odor e ouviram uma voz dizendo: "Vem, meu bem-amado, entre na alegria do seu Senhor". Muitos viram o Céu aberto. Isso aconteceu por volta do ano do Senhor de 287.

161. São Martinho

O nome Martinho vem de *Martem tenens*, "aquele que tem Marte", isto é, que faz guerra contra os vícios e os pecados. Ou de *martirum unus*, "um dos mártires", pois ele foi mártir pela vontade e pela mortificação da carne. Martinho pode ainda ser interpretado como "excitante", "estimulante", "dominante". Com efeito, pelo mérito de sua santidade excitou o diabo à inveja, estimulou Deus à misericórdia e domou sua carne por contínuas macerações. A carne deve ser dominada pela razão ou pela alma, diz Dioniso em carta a Demófilo, como o senhor domina um escravo, o pai um filho, o velho um jovenzinho lascivo. Um discípulo de São Martinho, Sulpício, apelidado SEVERO, autor incluído por Genádio[1] entre os homens ilustres, escreveu a vida dele.

Martinho, originário de Sabaria, fortaleza da Panônia, mas criado em Pavia, na Itália, serviu como militar com seu pai, tribuno dos soldados, sob os césares Constantino e Juliano. Não era, porém, por escolha própria, pois apesar da oposição dos pais desde a infância, com doze anos de idade, levado por inspiração divina foi à igreja pedir que o fizessem catecúmeno, e teria se retirado para o deserto[2] se a debilidade de sua saúde não o tivesse impedido. Mas como os césares decretaram que os filhos dos veteranos eram obrigados a servir no lugar de seus pais, com quinze anos Martinho foi forçado a se tornar militar, contentando-se em ter consigo apenas um escravo, o qual, contudo, ele servia tanto quanto era servido por ele, e do qual tirava e limpava o calçado.

---

[1] De Genádio de Marselha conhece-se atualmente apenas o *De viris illustribus* (citado em dois capítulos da *Legenda áurea*), escrito em fins do século V.

[2] Conforme nota 1 do capítulo 15.

Certa vez no inverno, passando pela porta de Amiens, ele encontrou um pobre quase nu, que não recebera nenhuma esmola, e Martinho compreendeu que ele lhe fora reservado: pegou a espada e dividiu em dois o manto que usava, dando metade ao pobre e cobrindo-se com a metade que lhe restava. Na noite seguinte, viu Cristo vestido com a parte do manto com que cobrira o pobre, e ouviu-o dizer aos anjos que o cercavam: "Martinho, que ainda é apenas catecúmeno, cobriu-me com esta veste". O santo homem não se glorificou com isso, mas conhecendo assim a bondade de Deus fez-se batizar com a idade de dezoito anos, e como seu tribuno prometeu renunciar ao mundo laico ao término de seu mandato, Martinho aceitou servir mais dois anos.

Entretanto, os bárbaros invadiram a Gália e o césar Juliano, para enfrentá-los, ofereceu dinheiro aos soldados, mas Martinho, cuja intenção era não continuar no serviço militar, não quis receber a gratificação e disse ao césar: "Sou soldado de Cristo, não me é permitido lutar". Indignado, Juliano respondeu que não era por religião, mas por medo da iminente batalha, que ele renunciava ao serviço militar. Martinho replicou com intrepidez: "Se você atribui minha iniciativa à covardia, e não à fé, amanhã eu estarei sem armas, sem escudo nem elmo, à frente das fileiras, e em nome de Cristo, com o sinal-da-cruz para me proteger, penetrarei confiante no meio dos inimigos". O césar mandou vigiá-lo para ver se, como dissera, ele ia sem armas diante dos bárbaros. Mas no dia seguinte os inimigos enviaram uma embaixada para render-se, entregando tudo que haviam conquistado. Não há dúvida de que foi pelos méritos do santo personagem que tal vitória foi obtida sem derramamento de sangue.

Abandonou então o serviço para retirar-se junto de Santo Hilário, bispo de Poitiers, que o ordenou acólito. O Senhor avisou-o em sonho para ir visitar seus pais que ainda eram pagãos. Ao partir, previu que teria de sofrer muitas adversidades. De fato, no meio dos Alpes caiu em mãos de ladrões, e um deles ergueu seu machado para atingi-lo na cabeça, quando outro reteve o braço do companheiro. Então amarraram suas mãos nas costas e deixaram-no sob a guarda de um dos ladrões, que lhe perguntou se tivera medo. Martinho respondeu que nunca estivera tão calmo, porque sabia que a misericórdia de Deus manifesta-se principalmente no perigo. E começou a pregar ao ladrão, que foi convertido à fé em Cristo. Esse homem levou Martinho até a estrada e mais tarde terminou sua vida de forma louvável.

Quando Martinho passava por Milão, o diabo apresentou-se diante dele sob forma humana e perguntou aonde ia. Como respondeu que ia onde o Senhor o chamava, o outro disse: "Por onde for, encontrará o diabo para contrariá-lo". Martinho respondeu: "O Senhor é meu apoio, e não temo o que qualquer homem possa me fazer", e no mesmo instante o diabo sumiu. Ele converteu sua mãe, mas seu pai perseverou no erro. Como a heresia ariana estava difundida por toda a Terra e o santo era quase o único a combatê-la, foi publicamente chicoteado e expulso da cidade. Voltou então a Milão, onde construiu um mosteiro, mas, expulso pelos arianos foi para a ilha Galinária,[3] acompanhado só de um padre. Ali, entre outras ervas, comeu heléboro, que é um veneno, e sentiu a morte se aproximar quando pela força da oração afugentou todo perigo e toda dor. Quando soube que o bem-aventurado Hilário retornava do exílio, foi ao encontro dele e fundou um mosteiro perto de Poitiers.

Depois de uma viagem, ao voltar ao mosteiro encontrou um catecúmeno morto sem batismo. Levou-o à sua cela, e prosternando-se ao lado do corpo, por meio da prece chamou-o de volta à vida. Esse homem costumava dizer que depois de seu julgamento foi enviado a lugares escuros, quando dois anjos informaram ao soberano Juiz que Martinho orava por ele. Ordenou-lhes então que o devolvessem vivo a Martinho. Além deste, ele restituiu a vida a outro homem, que morrera enforcado.

Como a população de Tours estava naquele momento sem bispo, pediu que se ordenasse Martinho para o cargo, apesar de ele se mostrar renitente à honraria. Os bispos reuniram-se para deliberar, e alguns deles — o principal era um de nome Defensor — opunham-se porque Martinho tinha corpo disforme e rosto feio. Diante da ausência do leitor, alguém pegou o saltério e leu o primeiro salmo que encontrou: "Ó Deus, da boca das crianças e dos lactantes você tirou o mais perfeito louvor para destruir o inimigo e seu defensor". E assim Defensor ficou embaraçado diante de todos.

Martinho foi ordenado bispo, e como não agüentava o barulho que o povo fazia, estabeleceu um mosteiro a cerca de duas milhas de Tours, e ali viveu em grande abstinência com oitenta discípulos. De fato, lá ninguém bebia vinho, a menos que forçado pela doença; lá estar bem-vestido era considerado crime. Várias cidades iam ali escolher seus bispos.

---

[3] Conforme nota 2 do capítulo 17.

Havia um homem honrado como mártir, sobre cuja vida e méritos Martinho nada descobrira, e por isso certo dia em que rezava em pé perto de sua sepultura, suplicou ao Senhor que o fizesse conhecer quem tinha sido aquele homem e que méritos tivera. Virando-se para a esquerda, viu em pé uma sombra negríssima que, adjurada por Martinho, respondeu que fora ladrão e tinha sido executado por seu crime. Martinho logo a seguir mandou destruir aquele altar.

Lê-se também no *Diálogo de Severo e Galo*, discípulos de São Martinho, livro em que se encontram relatados muitos fatos que Severo deixara de lado, que um dia Martinho precisava encontrar o imperador Valentiniano e este, sabendo que ele vinha fazer um pedido que não queria atender, mandou fechar as portas do palácio. Depois de ter sido repelido várias vezes, Martinho envolveu-se num cilício, cobriu-se de cinzas e durante uma semana mortificou-se pela abstinência de comida e bebida. Então, instruído por um anjo, foi ao palácio e sem que ninguém o impedisse chegou até o imperador. Quando este o viu, ficou bravo por terem-no deixado passar e não quis se levantar, até que o trono régio pegou fogo e queimou a parte posterior do próprio imperador. Ele se levantou, irritado com São Martinho, mas logo, por virtude divina, abraçou-o ternamente, concedeu-lhe tudo antes mesmo que pedisse e ofereceu inúmeros presentes, que Martinho não aceitou.

No mesmo *Diálogo*, lê-se como ressuscitou um terceiro morto. Um rapaz acabava de morrer, e sua mãe, em lágrimas, conjurava o bem-aventurado Martinho a ressuscitá-lo. Este, no meio do campo onde se encontrava incontável multidão de gentios, ajoelhou-se e diante de todos o jovem ressuscitou. Por causa disso todos aqueles pagãos foram convertidos à fé.

Os seres insensíveis, os vegetais e os irracionais obedeciam ao santo homem. Era o caso das coisas insensíveis, como a água e o fogo. Quando pôs fogo em um templo e, levadas pelo vento, as chamas dirigiam-se a uma casa vizinha, Martinho subiu ao telhado daquela casa e as chamas que avançavam subitamente retrocederam, mesmo contra a violência do vento, de forma que parecia ocorrer uma luta entre os elementos. Lê-se no acima citado *Diálogo* que um navio estava em perigo e um comerciante, que ainda não era cristão, exclamou: "Que o Deus de Martinho nos salve!", e imediatamente se restabeleceu a tranquilidade das águas.

Os vegetais obedeciam de forma semelhante. Em certo local ele mandara demolir um templo muito antigo e queria cortar um pinheiro consagrado ao diabo, apesar da resistência dos camponeses e dos gentios, quando um deles disse: "Se você tem confiança no seu Deus, nós cortaremos esta árvore com você amarrado nela, e se seu Deus está com você, como diz, escapará ao perigo". Com sua anuência, a árvore foi cortada e já caía para o lado em que ele estava amarrado, quando fez o sinal-da-cruz e ela tombou para o outro lado, quase esmagando os camponeses que lá estavam. Vendo esse milagre, eles se converteram à fé.

Também as criaturas irracionais, como os animais, várias vezes obedeceram a ele, como se vê no mencionado *Diálogo*. Certa vez, vendo cães que perseguiam uma pequena lebre, ordenou que parassem e imediatamente eles desistiram e ficaram imobilizados como se tivessem sido amarrados pelas patas. A uma serpente que atravessava um rio a nado, Martinho disse: "Em nome do Senhor, ordeno que retorne", e diante da ordem do santo ela imediatamente se virou e foi para a outra margem. Martinho comentou, gemendo: "As serpentes me escutam e os homens não". Um cão latia para um discípulo de Martinho, que se virando para o animal disse: "Em nome de Martinho, ordeno que se cale", e no mesmo momento ele ficou mudo, como se lhe tivessem cortado a língua.

O bem-aventurado Martinho era dono de grande humildade. Certa vez, a caminho de Paris, encontrou um leproso que provocava repulsa e o abraçou, abençoou e o homem ficou curado na mesma hora. Quando estava na igreja, jamais usava sua cátedra, ninguém o via sentar-se nela, recorria a um pequeno assento rústico, chamado trípode.

Tinha grande dignidade. Comenta-se que era igual aos apóstolos, devido à graça do Espírito Santo que desceu sobre ele em forma de fogo a fim de lhe dar vigor, como acontecera com os apóstolos. Lê-se no livro citado mais acima, que uma vez Martinho estava em sua cela, e seus discípulos, Severo e Galo, que esperavam à porta, foram subitamente tomados por um maravilhoso temor ao ouvirem várias pessoas conversando dentro dela. Questionando depois Martinho a respeito, ele disse: "Eu conto a vocês, mas não digam a ninguém, eu peço. Eram Inês, Tecla e Maria que vieram a mim". E confessou que não tinha sido apenas naquele dia, nem era a única vez que recebera visita. Contou que os apóstolos Pedro e Paulo apareciam a ele com freqüência.

Era muito justo. Certa feita, como convidado do imperador Máximo, foi o primeiro a receber a taça. Todos esperavam que, depois de ter bebido, ele a passasse ao rei, mas entregou-a ao seu presbítero, estimando que ninguém era mais digno disso e julgando indigno preterir o padre pelo imperador.

Era dotado de grande paciência, por isso não punia nem privava de seu amor os clérigos, que muitas vezes o ofendiam, apesar de ser bispo. Ninguém jamais o viu encolerizado, triste ou rindo. Na boca tinha apenas o nome de Cristo, no coração a piedade, a paz, a misericórdia. Lê-se ainda no referido *Diálogo* que um dia Martinho, portando uma roupa de pano áspero e coberto por um manto negro, montado em um pequeno asno, assustou uns cavalos que iam em sua direção e os cavaleiros caíram por terra. Eles então agarraram Martinho e o espancaram duramente. Ele permaneceu mudo, oferecendo as costas àqueles que o maltratavam, e quanto mais furiosos ficavam mais parecia desdenhá-los e não sentir os golpes que lhe davam. Depois, quando quiseram partir, seus cavalos continuaram imóveis. Por mais que batessem neles, não podiam se mover, como se fossem pedras, até que os cavaleiros se voltaram para Martinho, confessaram o pecado cometido contra ele sem o conhecer, e então ele deu permissão e os cavalos afastaram-se com passos rápidos.

Foi muito assíduo na prece, pois, como se lê em sua legenda, jamais passou uma hora, um momento, sem se entregar à prece ou à leitura. Durante a leitura ou o trabalho, jamais desviava o espírito da prece. Da mesma forma que é costume dos ferreiros bater de tempo em tempo na bigorna para relaxar do trabalho, Martinho sempre orava enquanto fazia suas tarefas.

Era muito austero consigo mesmo. Severo relata, em carta a Eusébio, que quando Martinho foi a uma aldeia de sua diocese, os clérigos prepararam-lhe um leito com muita palha. Quando o santo deitou, ficou horrorizado com aquela inusitada maciez, pois habitualmente repousava sobre a terra nua, coberto apenas por um cilício. Movido pela injúria que acreditava ter recebido, levantou-se, jogou fora toda a palha e deitou-se na terra nua. Cerca da meia-noite a palha pegou fogo, Martinho acordou e tentou sair, sem o conseguir. O fogo alcançou suas vestes e ele, como de hábito, recorreu à prece. Fez o sinal-da-cruz e ficou no meio do fogo, intacto, e as chamas que pouco antes iam lhe fazer mal agora pareciam orvalho. Logo os monges acordaram, acorreram, e Martinho, que acreditavam já ter sido consumido pelo fogo, foi tirado ileso das chamas.

Demonstrava grande compaixão pelos pecadores, pois recebia em seu seio todos os que queriam se arrepender. De fato, quando o diabo repreendia-o por aceitar penitência daqueles que haviam errado uma vez, Martinho dizia: "Se você mesmo, miserável, deixasse de atormentar os homens e se arrependesse de suas ações, tenho certeza que a misericórdia do Senhor Cristo o perdoaria".

Tinha muita piedade pelos pobres. Lê-se no citado *Diálogo*, que em um dia de festa Martinho se dirigia à igreja e foi seguido por um pobre que estava nu. Martinho ordenou a seu arcediago que vestisse aquele indigente, mas como ele demorava a fazer isso, o próprio Martinho entrou na sacristia, deu sua túnica ao pobre, mandando que saísse imediatamente. Quando o arcediago avisou que era tempo de começar a celebração, ele respondeu, falando de si próprio, que não podia ir antes que o pobre recebesse uma vestimenta. O arcediago não entendeu o que ele dizia, pois via Martinho com a capa, sem desconfiar que por baixo dela estava nu, e respondeu que não havia nenhum pobre lá. Ele: "Traga-me uma vestimenta, e não haverá pobre a vestir". O arcediago foi obrigado a ir até o mercado e comprar por cinco moedas de prata uma túnica ordinária e curta, chamada de *paene nulla*, "quase nada", e irritado jogou-a aos pés de Martinho. Este se afastou para vestir a túnica, cujas mangas chegavam apenas até os cotovelos e descia apenas até os joelhos, e celebrou a missa assim. Enquanto celebrava a missa, muitas pessoas viram uma bola de fogo aparecer sobre sua cabeça. É por isso que se diz que ele é igual aos apóstolos.

A esse milagre, mestre JOÃO BELETH acrescenta outro: como é costume, durante a missa Martinho ergueu as mãos para Deus, e as curtas mangas da túnica subiram ainda mais porque seus braços não eram grossos nem carnudos, e ficaram à mostra, nus. Então miraculosamente anjos levaram braceletes de ouro e de pedrarias para cobrir seus braços com decência. Certo dia, comentou sobre uma religiosa: "Ela cumpriu o mandamento evangélico, pois possuía duas túnicas e deu uma a quem não tinha nenhuma, e vocês deveriam fazer a mesma coisa".

Tinha muito poder para expulsar os demônios que freqüentemente possuíam os homens. Lê-se, no citado *Diálogo*, que uma vaca atormentada pelo demônio ficou enraivecida e corria por todo canto, matando muita gente, e avançou contra Martinho e seus companheiros. Ele ergueu a mão, ordenou que parasse e ela ficou imóvel. Martinho viu um demônio sentado no dorso dela, e o censurou: "Desce daí, infeliz, deixe de incomodar esse inofensivo animal". O demônio desceu imediatamente da vaca, que foi se prosternar aos pés do santo, e foi mandada voltar tranqüilamente para seu rebanho.

Tinha grande habilidade para reconhecer os demônios, não importava a imagem que assumissem. Com efeito, os demônios apareciam transfigurados como Júpiter, mais freqüentemente como Mercúrio, às vezes como Vênus ou Minerva, mas no mesmo instante ele os repreendia, chamando Mercúrio de "maior infecto", Júpiter de "bruto e estúpido". Uma vez o demônio apareceu-lhe sob a forma de um rei, ornado de púrpura, com diadema e sapatos dourados, rosto sereno e alegre. Ambos ficaram calados durante um bom tempo, depois ele disse: "Reconhece, Martinho, aquele que você cultua. Sou o Cristo, vou descer à Terra, mas antes quis me manifestar a você". Como Martinho, admirado, ainda continuava quieto, ele disse: "Martinho, por que hesita em crer, já que me vê? Sou Cristo". Então, iluminado pelo Espírito Santo, ele respondeu: "O Senhor Jesus Cristo jamais previu que viria revestido de púrpura e cingido de um diadema brilhante. Acreditarei que é o Cristo quando o vir com a aparência e a forma sob as quais sofreu, quando se mostrar com os estigmas da cruz". A essas palavras o demônio desapareceu, deixando na cela um grande fedor.

Martinho conheceu com muita antecedência o momento de sua morte, que revelou também a seus irmãos. Nessa ocasião, visitou a paróquia de Candé, por causa de discórdias que lá ocorriam. No caminho, viu mergulhões que espreitavam os peixes no rio e apanhavam alguns deles, e comentou: "Este é o procedimento dos demônios, que tentam surpreender os incautos, que os apanham sem que eles percebam, que devoram os capturados e quanto mais os devoram menos ficam saciados". Então ordenou àquelas aves que deixassem as águas profundas e fossem para regiões desertas. Tendo permanecido algum tempo naquela paróquia, suas forças começaram a diminuir e anunciou a seus discípulos que seu fim estava próximo. Todos começaram a chorar: "Por que nos abandona, pai, o que será dos desolados? Os lobos rapaces se lançarão sobre seu rebanho". E ele, comovido por suas preces e por suas lágrimas, pôs-se a orar, também chorando: "Senhor, se ainda sou necessário ao seu povo, não recuso o trabalho, que seja feita sua vontade".

Ele hesitava sobre o que devia preferir, pois não queria abandoná-los, assim como não queria continuar separado de Cristo muito mais tempo. Estando atormentado pela febre, seus discípulos pediam-lhe que os deixasse colocar um pouco de palha no leito, no qual estava vestido de cilício e deitado sobre cinzas. Ele respondeu: "Não é conveniente, filhos, que um cristão morra de outra maneira que não com cilício e cinzas; se deixar outro exemplo, serei um pecador". Sempre com os olhos e as mãos elevados para o Céu, não relaxava o espírito infatigável, sempre em prece.

Como permanecia deitado de costas, seus presbíteros suplicaram que se aliviasse, mudando de posição: "Deixem, irmãos, deixem-me olhar antes o Céu que a terra, a fim de que o espírito se dirija para o Senhor". Dizendo estas palavras, viu o diabo: "Que faz aqui, besta cruel? Não encontrará em mim nada funesto, é o seio de Abraão[4] que me receberá".

  E com essas palavras entregou o espírito a Deus, com 81 anos de vida, na época de Arcádio e Honório, que começaram a reinar por volta do ano do Senhor de 395. Seu rosto tornou-se resplandecente, pois já estava na glória. Um coro de anjos foi ouvido ali mesmo por muitas pessoas. Com seu trânsito, os habitantes de Poitiers e de Tours viram-se no meio de grande contestação. Os de Poitiers diziam: "É um monge de nossa região; reclamamos o que nos foi confiado". Os de Tours replicavam: "Ele foi tirado de vocês e Deus entregou-o a nós". No meio de certa noite, quando todos os de Poitiers dormiam, os de Tours tiraram o corpo por uma janela e levaram-no em uma barca pelo Loire, até a cidade de Tours, com grande alegria.

  Um domingo, logo após as matinas, o beato Severino, bispo de Colônia, como era seu costume passava por todas as relíquias de sua igreja quando, na hora da morte do santo, ouviu os anjos que cantavam no Céu e chamou o arcediago para perguntar se ele escutava alguma coisa. Diante da resposta de que não ouvia nada, o arcebispo pediu que escutasse com mais atenção e ele esticou o pescoço, virou as orelhas, ficou na ponta dos pés apoiado no cajado. Enquanto isso, o arcebispo rezou por ele, que disse então ouvir algumas vozes no Céu. O arcebispo: "É meu senhor Martinho, que saiu deste mundo e neste momento é levado para o Céu pelos anjos. Os demônios também se apresentaram e queriam retê-lo, mas não encontrando nele nada que lhes pertencesse, retiraram-se confusos". O arcediago tomou nota do dia e da hora e soube que tinha sido naquele momento que Martinho migrara.

  O monge Severo, que escreveu sua vida, tendo adormecido levemente depois das matinas, como ele próprio conta em uma carta, viu São Martinho aparecer-lhe vestido de branco, rosto afogueado, olhos cintilantes, cabelos purpúreos e tendo na mão direita o livro que Severo escrevera sobre sua vida. Quando o viu subir ao Céu depois de o ter abençoado, desejou subir com ele, e então acordou, e mensageiros vieram informá-lo de que São Martinho morrera aquela noite.

---

[4] Conforme nota 10 do capítulo 140.

No mesmo dia, Santo Ambrósio, bispo de Milão, adormeceu no altar durante a missa, enquanto se fazia a leitura da profecia, e como ninguém ousava despertá-lo, e o subdiácono não queria iniciar a leitura da epístola sem ter recebido ordem para isso, esperaram-se duas ou três horas, depois do que acordaram Ambrósio, dizendo: "Já passou a hora e o povo está cansado de esperar que o senhor ordene ao clérigo que leia a epístola". Ele disse: "Não se aborreçam, meu irmão Martinho migrou para Deus e eu assistia aos seus funerais e prestava-lhe meus obséquios quando, me acordando, vocês impediram que eu terminasse o último responso". Anotou-se o dia e a hora e soube-se depois que São Martinho migrara para o Céu naquele momento.

Mestre João Beleth diz que os reis da França têm o costume de levar a capa de Martinho nas guerras, daí o nome de capelães dado aos guardiães da capa.

O bem-aventurado Perpétuo ampliou a igreja do santo 64 anos depois da sua morte e quis transladar o corpo, mas após três tentativas, preparadas por jejum e abstinência, não se conseguia remover o sepulcro. Estava-se a ponto de desistir quando apareceu um belíssimo ancião dizendo: "O que estão esperando? Não vêem São Martinho pronto a ajudar, se puserem mãos à obra?". Então ele encostou a mão e o sepulcro pôde ser levantado com a maior facilidade e colocado no local em que agora é honrado. Depois disso não se encontrou o ancião em lugar nenhum. Essa transladação é celebrada no mês de julho.

Odo,[5] abade de Cluny, relata que naquele momento todos os sinos soaram em todas as igrejas sem que ninguém os tocasse e todas as lâmpadas acenderam-se por milagre. Ele conta ainda que havia dois companheiros, um cego e o outro paralítico. O cego carregava o paralítico e este indicava o caminho, e mendigando dessa maneira juntaram muito dinheiro. Quando souberam que muitos enfermos eram curados pelo corpo de São Martinho, conduzido processionalmente à igreja, temeram que o corpo passasse ao lado da casa deles e eles próprios ficassem curados, pois não queriam recuperar a saúde para não perder os bens materiais. Então fugiram, passando de uma rua a outra por onde pensavam que o corpo não seria levado. Enquanto fugiam, de repente encon-

---

5 Antigo monge de Saint-Martin de Tours, santo por quem manteve devoção, Odo seguiu Bernon quando este foi fundar Cluny (909), da qual ele seria depois o segundo abade (926-944) e iniciador da grandeza da abadia borgonhesa. Suas obras estão na *Patrologia Latina*, volume 133.

traram-se com ele, e porque Deus concede muitos favores, mesmo contra a vontade ambos ficaram curados no mesmo instante, embora muito entristecidos por isso.

Ambrósio exprime-se assim a respeito de São Martinho:

> O bem-aventurado Martinho destruiu os templos do erro pagão, ergueu os estandartes da piedade, ressuscitou os mortos, expulsou os demônios dos corpos dos possuídos, devolveu a saúde a doentes de diferentes enfermidades. Foi julgado tão perfeito que mereceu cobrir Cristo na pessoa de um pobre, e vestiu o Senhor do mundo com uma veste que ele mesmo recebera como pobre. Ó feliz generosidade que cobriu a divindade! Ó gloriosa partilha do manto que cobriu um soldado e seu rei ao mesmo tempo! Ó inestimável presente que mereceu vestir a divindade! Ele foi digno, Senhor, de que lhe concedesse a recompensa outorgada a seus confessores, digno de que os bárbaros arianos fossem vencidos por ele, digno pelo amor ao martírio que o fez não temer os tormentos do perseguidor. O que deve receber aquele que ofereceu seu corpo inteiro, que entregou uma parte do manto e mereceu vestir e ver Deus? Aos que têm esperança ele fornece o remédio, a uns por meio de suas preces, a outros por seu olhar.

162. SÃO BRÍCIO

Brício, diácono de São Martinho, seguindo o exemplo de muitos, não hesitava em o ofender. Quando um pobre foi procurar Martinho, Brício disse a ele: "Se procura aquele louco, é o que olha o céu como um insensato". Depois que o pobre recebeu de Martinho o que pedira, o santo homem chamou Brício e perguntou: "Eu pareço um louco para você, Brício?". Com vergonha do que dissera, ele negou, e Martinho disse: "Será que meus ouvidos não estavam perto da sua boca quando você falava isso bem alto? Vou dizer-lhe uma coisa: obtive do Senhor que você seja meu sucessor no episcopado, mas passará por muitas adversidades". Ao ouvir isso, Brício zombava, dizendo: "Eu não disse que ele é caduco?".

Depois da morte de Martinho, Brício foi eleito bispo e então entregou-se à prece, pois embora orgulhoso era casto de corpo. Contudo, no trigésimo ano de seu episcopado, a mulher vestida de religiosa que lavava as roupas dele engravidou e deu à luz um filho. Todo o povo, armado com pedras, reuniu-se à porta de Brício, dizendo: "Por devoção a São Martinho, fingimos não ver sua luxúria, porém não podemos mais beijar mãos poluídas". Brício negou vigorosamente o crime que lhe era imputado: "Tragam-me a criança", disse ele. Quando lhe levaram aquela criança de apenas trinta dias, Brício disse-lhe: "Ordeno, pelo Filho de Deus, que você diga diante de todo mundo se fui eu que a gerei". A criança respondeu: "Não, você não é meu pai". O povo insistiu com o bispo para perguntar o nome do pai, e ele disse: "Isso não é assunto meu, fiz o que me era pertinente".

O povo atribuiu tudo aquilo às artes mágicas, dizendo: "Você é um falso pastor e deixa de ser nosso senhor". Para se defender, pôs carvões ardentes na sua roupa e, sob os olhos de todos, levou-a assim até o túmulo de São Martinho, onde chegou ilesa: "Da mesma maneira que minha veste permaneceu intacta, meu corpo é puro de todo contato com mulher". O povo, que ainda não estava convencido, cobriu São Brício de ultrajes e de injúrias e retirou-lhe sua dignidade, concretizando assim o que São Martinho dissera. Chorando, Brício foi para junto do papa e ali ficou sete anos para pagar com penitência suas faltas em relação a São Martinho.

  O povo pôs Justiniano em seu lugar e o enviou a Roma para defender contra Brício seus direitos ao episcopado. Mas ele morreu no caminho, na cidade de Vercelli, e o povo estabeleceu Armínio em seu lugar. Sete anos depois, Brício retornou amparado pela autoridade do papa e hospedou-se a seis milhas da cidade. Ora, naquela mesma noite Armínio entregou a alma, o que Brício soube por revelação, e disse a seus acompanhantes que se levantassem para ir com ele sepultar o bispo de Tours. Enquanto Brício entrava na cidade por uma porta, pela outra levava-se o morto. Depois que este foi sepultado, Brício recuperou sua sé, que governou de forma louvável por mais sete anos, adormecendo em paz no 48º ano de seu episcopado.

163. Santa Cecília

O nome Cecília vem de *coeli lilia*, "lírio do Céu", ou de *caecis via*, "caminho dos cegos", ou de *coelo lya*, "ligada ao Céu", ou de *caecitate carens*, "sem cegueira", ou ainda de *coelo*, "Céu", e *leos*, "povo". Ela foi "lírio celeste" pelo pudor da virgindade, ou é chamada lírio porque tinha a brancura da pureza, o verdor da consciência e o odor da boa reputação. Foi "caminho dos cegos", pelos exemplos que deu. Foi "ligada ao Céu", por sua assídua contemplação do Céu. Cecília quer dizer "Céu", porque, segundo ISIDORO, os filósofos disseram que o Céu é movediço, esférico e ardente, e ela foi movediça pela aplicação no trabalho, esférica pela perseverança, ardente pela inflamada caridade. Foi "sem cegueira" pelo brilho de sua sabedoria, foi "Céu do povo" porque o povo olhava para ela para imitá-la, como um Céu espiritual do qual era o sol, a lua e as estrelas, isto é, a sabedoria perspicaz, a fé magnânima e as virtudes variadas.

Cecília, virgem notável, de nobre família romana, educada desde o berço na fé em Cristo, sempre levava no peito o evangelho de Cristo e dia e noite, incessantemente, conversava com Deus, rezava e pedia ao Senhor que lhe conservasse a virgindade. Ela foi prometida em casamento a um jovem chamado Valeriano, e no dia das núpcias, debaixo das vestes bordadas a ouro, usava sobre a carne um cilício. Enquanto o coro de músicos cantava, Cecília cantava também em seu coração, dizendo: "Que meu coração e meu corpo, Senhor, permaneçam imaculados, que eu não experimente nenhuma perturbação". Ela passou dois ou três dias na prece e no jejum, pedindo ao Senhor que não acontecesse o que temia.

Chegou enfim a noite em que se retirou com seu esposo para a intimidade do aposento nupcial, e disse-lhe: "Ó meiguíssimo e amadíssimo jovem, tenho um segredo para revelar se você quiser jurar que o guardará rigorosamente". Valeriano jurou que nenhuma situação, que nenhuma razão, o faria revelá-lo. Então ela disse: "Tenho como amante um anjo de Deus que cuida do meu corpo com extrema solicitude. Se ele perceber que você me macula com seu amor, ele o atingirá imediatamente e você perderá a flor de sua encantadora juventude. Se, por outro lado, ele vir que você me ama de um amor sincero, ele o amará como me ama e lhe mostrará sua glória".

Então Valeriano, por vontade de Deus, respondeu: "Se quer que eu creia, faça-me ver esse anjo e me certificar de que realmente é um anjo de Deus, e farei aquilo a que me exorta, mas se você ama outro homem atingirei a ambos com minha espada". Cecília disse: "Se você quer acreditar no verdadeiro Deus e prometer se batizar, poderá vê-lo. Saia da cidade pela via Ápia, ande três milhas e diga aos pobres que lá encontrar: 'Cecília me envia a vocês para que me façam ver o velho Santo Urbano, pois tenho uma mensagem secreta a transmitir-lhe'. Quando estiver diante dele, relate todas as minhas palavras e depois que ele o tiver purificado, retorne e verá o anjo". Valeriano pôs-se a caminho e, seguindo as informações que recebera, encontrou o bispo Santo Urbano escondido no meio das sepulturas dos mártires. Contou-lhe tudo o que Cecília dissera, e ele estendendo as mãos para o Céu exclamou com os olhos cheios de lágrimas: "Senhor Jesus Cristo, autor das castas resoluções, receba os frutos das sementes que plantou em Cecília. Senhor Jesus Cristo, bom pastor, sua escrava Cecília serviu-o como uma eloqüente abelha,[1] pois domesticou este esposo que ela recebeu como um leão feroz e fez dele o mais dócil cordeiro".

E eis que de repente apareceu um velho de vestes brancas como a neve tendo na mão um livro escrito em letras de ouro. Vendo-o, Valeriano, tomado de terror, caiu como morto. O velho ergueu-o e ele leu estas palavras: "Um Deus, uma fé, um batismo; um só Deus, pai de todas as coisas, que está acima de todos nós e acima de tudo e em todos nós". Quando Valeriano acabou de ler, o velho perguntou: "Você acredita nisso ou ainda duvida?". Ele exclamou: "Não há sob o Céu outra verdade mais crível". No mesmo momento o velho desapareceu, e Valeriano

---

[1] Uma tradição narrada por Cícero e Plínio afirmava que o dom oratório de Platão tinha sido pressagiado por abelhas pousadas sobre sua boca. Um cronista medieval, Raul Glaber, falou de um camponês ignorante que se tornou muito eloqüente depois que abelhas entraram em seu corpo.

recebeu o batismo das mãos de Santo Urbano. Ao voltar, encontrou Cecília no quarto conversando com o anjo, que tinha na mão duas coroas trançadas com rosas e lírios. Deu uma a Cecília e outra a Valeriano, dizendo: "Guardem estas coroas com um coração sem mácula e um corpo puro, pois foi do Paraíso de Deus que as trouxe para vocês. Elas jamais fenecerão nem perderão seu perfume, serão visíveis apenas àqueles que amarem a castidade. Quanto a você, Valeriano, por ter seguido um conselho tão útil, peça o que quiser e obterá".

Valeriano: "Nada me é mais doce nesta vida do que a afeição de meu único irmão. Peço então que ele conheça a verdade comigo". O anjo: "Seu pedido agrada ao Senhor, e ambos alcançarão juntos a palma do martírio". Pouco depois entrou Tibúrcio, irmão de Valeriano, que tendo sentido um extraordinário aroma de rosas disse: "Estou surpreso de que nesta época se possa respirar este aroma de rosas e de lírios. Mesmo que tivesse essas flores em minhas mãos, elas não exalariam um perfume mais suave. Confesso que me sinto outro, subitamente mudado". Valeriano: "Temos coroas de flores que seus olhos não podem ver, que reúnem o brilho da púrpura à brancura da neve, e da mesma maneira que a meu pedido você pôde sentir o aroma, se acreditar poderá vê-las". Tibúrcio: "Será que sonho ao ouvi-lo, ou você diz a verdade, Valeriano?". Valeriano: "Até aqui vivemos apenas em sonho, mas agora estamos na verdade". Tibúrcio continuou: "Onde você aprendeu isso?". Valeriano: "O anjo do Senhor me instruiu, e você mesmo poderá vê-lo quando estiver purificado e houver renunciado a todos os ídolos".

Esse milagre das coroas de rosas é atestado por Ambrósio, que diz no prefácio:[2]

> Santa Cecília foi tão repleta do dom celeste que recebeu a palma do martírio, que execrou o mundo e o casamento, que obteve a conversão de seu esposo Valeriano e de Tibúrcio, que pela mão de um anjo você a coroou, Senhor, com flores odoríferas. Esta virgem conduziu aqueles homens à glória e o mundo conheceu quanto vale a devoção à castidade.

Cecília provou a Tibúrcio que todos os ídolos são insensíveis e mudos, e ele comentou: "Quem não crê nessas coisas é um animal". Cecília abraçou seu cunhado e disse: "Hoje reconheço-o como meu irmão, e da mesma maneira que o amor de Deus fez de seu irmão meu es-

---

[2] Conforme nota 4 do capítulo 55.

poso, o desprezo que você tem pelos ídolos também faz de você meu irmão. Vá, portanto, com seu irmão receber a purificação e ver os rostos angélicos". Tibúrcio disse a seu irmão: "Eu peço, irmão, diga-me a quem você vai me levar". Valeriano: "Ao bispo Urbano". Tibúrcio: "Não foi esse Urbano que foi condenado e continua foragido? Se for descoberto será entregue às chamas, e nós com ele. Assim, por ter buscado uma divindade que se oculta nos Céus, incorreremos na Terra no furor que nos destruirá". Cecília: "Se esta vida fosse a única, seria justo temer perdê-la, mas há uma outra, melhor, que jamais é perdida, e que o Filho de Deus nos fez conhecer. Todas as coisas foram feitas pelo Filho gerado do Pai, tudo o que é criado foi o Espírito que provém do Pai que animou. Foi esse Filho de Deus que, vindo ao mundo, demonstrou por palavras e milagres que há outra vida".

Tibúrcio respondeu: "Não há dúvida de que você afirmou existir um único Deus, como agora diz que há três?". Cecília respondeu: "Da mesma maneira que na sabedoria de um homem encontram-se três faculdades, o gênio, a memória e a inteligência, na essência única da divindade pode-se encontrar três pessoas". Então ela falou da vinda do Filho de Deus, de sua Paixão, mostrou as muitas razões do acontecido:

> Se o Filho de Deus foi preso, foi para libertar o gênero humano dos grilhões do pecado. Aquele que é abençoado foi amaldiçoado a fim de que o homem amaldiçoado fosse abençoado. Ele aceitou ser iludido a fim de que o homem fosse livrado da ilusão do demônio; recebeu na cabeça uma coroa de espinhos para nos tirar da pena capital; aceitou o fel amargo para devolver ao homem o gosto doce; foi despido para cobrir a nudez de nossos primeiros pais; foi suspenso na árvore da cruz para reparar a prevaricação da árvore do pecado.

Então Tibúrcio disse ao irmão: "Tenha piedade de mim, leve-me ao homem de Deus para eu receber a purificação". Ele foi levado, purificado, e a partir daquele momento via freqüentemente os anjos e obtinha imediatamente tudo o que pedia. Valeriano e Tibúrcio distribuíam muitas esmolas, sepultavam os corpos dos santos que o prefeito Almáquio mandava matar. Almáquio chamou-os e perguntou por que sepultavam os condenados como criminosos. Tibúrcio: "Tomara que fôssemos escravos desses que você chama de condenados! Eles desprezaram o que parece ser e não é nada, encontraram o que parece não ser e é". O prefeito: "Que coisa é essa?". Tibúrcio: "O que parece existir e não existe é tudo o que está neste mundo, que conduz o homem ao que não existe. O que não parece existir e existe é a vida dos justos e o castigo dos culpados". O prefeito: "Acho que você não fala com a mente sã". Então mandou Valeriano aproximar-se e disse: "Como a cabeça de seu irmão não está boa, pelo menos você poderá dar uma resposta sensata. É claro que vocês estão errados, pois rejeitam a alegria e são inimigos das coisas prazerosas".

Valeriano disse então que vira no inverno "homens ociosos e debochados zombando dos trabalhadores ocupados nas tarefas agrícolas, mas, no verão, quando chegou o momento de colher os gloriosos frutos de seus trabalhos, os considerados insensatos ficaram alegres, enquanto os imprudentes começaram a chorar. Da mesma forma, suportamos agora a ignomínia e o labor, para mais tarde receber a glória e a recompensa eternas. Vocês, que gozam agora de uma alegria transitória, no futuro encontrarão apenas luto eterno". O prefeito: "Portanto nós e nossos príncipes invencíveis teremos luto eterno e vocês, pessoas vis, possuirão alegria sem fim?". Valeriano: "Vocês não são príncipes, e sim pobres homens nascidos em nossa época e que logo morrerão e devolverão tudo a Deus". Disse o prefeito: "Por que perder tempo com tergiversações? Ofereçam libações aos deuses e saiam ilesos". Os santos replicaram: "Todos os dias oferecemos sacrifício ao verdadeiro Deus".

O prefeito: "Qual é o nome dele?". Valeriano: "Jamais poderá descobrir, mesmo que tivesse asas para voar". O prefeito perguntou: "Júpiter não é o nome de um deus?". Valeriano: "É o nome de um homicida e de um estuprador". Almáquio: "Então, todo o universo está errado e apenas você e seu irmão conhecem o verdadeiro Deus?". Valeriano respondeu: "Não somos os únicos, uma inumerável multidão recebeu a santa doutrina". Os santos foram entregues à guarda de Máximo, que lhes disse: "Ó nobre flor da juventude, ó irmãos unidos por tanto afeto, por que correm para a morte como se fossem a uma festa?". Valeriano disse que se ele prometesse crer, ele próprio veria a glória deles depois da morte. Máximo: "Que eu seja consumido pelo raio se não confessar esse Deus único que vocês adoram, caso aconteça o que dizem!". Então Máximo, toda a sua família e todos os carrascos converteram-se e receberam o batismo de Urbano, que foi encontrá-los em segredo.

Quando a aurora anunciou o fim da noite, Cecília exclamou: "Vamos, soldados de Cristo, rejeitem as obras das trevas e peguem as armas da luz". Os santos foram então levados a quatro milhas fora da cidade, até a estátua de Júpiter, e como não quiseram oferecer sacrifício a ela, foram decapitados. Máximo assegurou sob juramento que, no momento do martírio, viu anjos resplandecentes levando para o Céu as almas deles como se fossem virgens saindo do quarto nupcial. Ao saber que Máximo se tornara cristão, Almáquio mandou espancá-lo com chicotes de pontas de chumbo até ele entregar o espírito. Santa Cecília sepultou seu corpo ao lado do de Valeriano e de Tibúrcio. Os bens destes dois foram confiscados por Almáquio, que convocou Cecília, como mulher de Valeriano, para imolar aos ídolos ou receber sentença de morte.

Como os guardas insistiam que obedecesse, e choravam muito por uma jovem tão bela e tão nobre entregar-se à morte, ela lhes disse: "Ó, bons jovens, isto não é perder a juventude, mas mudá-la, é dar lama para receber ouro, dar uma habitação vil para receber uma preciosa, dar um cantinho para receber um lugar amplo e luminoso. Se alguém quisesse dar ouro por cobre, vocês não correriam para lá? Ora, Deus recebe um e devolve cem. Vocês acreditam no que digo?". Eles: "Acreditamos que Cristo que possui tal escrava é o verdadeiro Deus". Chamaram o bispo Urbano e mais de quatrocentas pessoas foram batizadas. Então Almáquio convocou Santa Cecília e perguntou: "Qual é sua condição?". Ela: "Sou livre e nobre". Almáquio: "É a respeito da religião que pergunto". Cecília: "Sua pergunta não foi bem feita, exigia duas respostas". Almáquio: "De onde vem tanta presunção ao me responder?". Ela: "De uma consciência pura e de uma convicção sincera". Almáquio: "Você ignora o poder que tenho?". Ela: "Seu poder é o de um odre cheio de vento que uma agulha fura e cuja aparente rigidez cede".

Almáquio: "Você começou ofendendo e continua ofendendo". Cecília respondeu: "Não se ofende quando não se usam palavras falsas. Demonstre que eu disse uma injúria, que afirmei uma falsidade, ou então reconheça que está enganado ao me caluniar, pois conhecemos o santo nome de Deus e não podemos renegá-lo. É melhor morrer para ser feliz do que viver para ser miserável". Almáquio: "Por que fala com tanto orgulho?". Ela: "Não é orgulho, mas firmeza". Almáquio: "Infeliz, você ignora que o poder de vida e de morte me foi confiado?". Ela: "Provo publicamente que você acabou de mentir, pois pode tirar a vida dos vivos mas não dá-la aos mortos. Você é um ministro da morte, não da vida". Almáquio: "Desista já dessa loucura e ofereça sacrifício aos deuses". Cecília: "Não sei onde você perdeu o uso dos olhos, pois dos deuses de que fala vemos apenas pedras. Pegue-os com a mão, toque-os, e compreenda o que não pode ver com os olhos".

Então Almáquio mandou levá-la de volta para casa, ser colocada por toda a noite em um banho fervente até ser queimada. Ela ficou ali como num lugar fresco, sem sequer exalar o menor suor. Quando Almáquio soube disso, mandou decapitá-la no banho, mas o carrasco golpeou seu pescoço três vezes sem conseguir cortar a cabeça. Como a lei proibia golpear quatro vezes a vítima, o carrasco deixou-a ensangüentada, semimorta. Durante os três dias em que sobreviveu, deu tudo o que possuía aos pobres e recomendou ao bispo Urbano todos os que convertera: "Pedi ao Senhor esses três dias para recomendar à sua beatitude todas essas pessoas e para que consagre minha casa como igreja".

Santo Urbano sepultou seu corpo junto com os dos bispos e consagrou sua casa, que se tornou uma igreja, como ela pedira. Ela foi martirizada por volta do ano do Senhor de 223, no tempo do imperador Alexandre. No entanto, diz-se em outro lugar que ela sofreu na época de Marco Aurélio, que reinou por volta do ano do Senhor de 220.

164. São Clemente

Clemente vem de *cleos*, que é "glória", e *mens*, "espírito", significando "espírito glorioso". De fato, ele tinha espírito glorioso por ser isento de toda mácula, ornado de toda virtude e embelezado agora de toda a felicidade. Felicidade que consiste, pelo que diz Agostinho em seu livro *Da Trindade*, em que nosso ser ali não estará sujeito à morte, nossa ciência ao erro, nosso amor ao desprezo. Ou Clemente vem de "clemência", porque ele foi muito clemente e misericordioso. Ou ainda, Clemente, como está dito no glossário, significa "brando", "justo", "maduro", "piedoso". Ele foi justo na ação, brando nas palavras, maduro na conduta, piedoso na intenção. Ele próprio fala de sua vida em seu *Itinerário*, principalmente até o ponto em que mostra como sucedeu ao bem-aventurado Pedro no pontificado. O resto é uma suma de relatos muito difundidos.

O bispo Clemente era de nobre família romana. Seu pai era Faustiniano, sua mãe chamava-se Macidiana, e tinha dois irmãos, Faustino e Fausto. Como Macidiana se destacava por admirável beleza física, o irmão de seu marido apaixonou-se vivamente por ela com um amor criminoso. Como a atormentava todos os dias e ela não concordava de modo algum com suas intenções, e como também não queria revelar ao marido suas perseguições, com medo de suscitar inimizade entre os irmãos, pensou em se ausentar da pátria por certo tempo para acalmar aquele amor ilícito, inflamado por sua presença. A fim de obter permissão do marido para isso, imaginou, com grande habilidade, ter tido um sonho, que contou a ele assim: "Vi aparecer um homem que me mandou deixar a cidade o mais depressa possível, com os dois gêmeos, Faustino e Fausto, e ficar ausente até ele me dar ordem de voltar, e se não fizer assim morro eu e meus filhos".

Ao ouvir isso, ele ficou apavorado e enviou sua mulher e os dois filhos a Atenas, junto com muitos escravos, enquanto para se consolar ficava com o filho menor, de cinco anos, Clemente. Quando a mãe navegava com os filhos, certa noite o navio naufragou e ela foi lançada pelas ondas sobre um rochedo, onde se salvou sem eles. Certa de que haviam morrido, sentiu uma dor tão grande que se teria precipitado no fundo do mar se não tivesse a esperança de recolher seus cadáveres. Ao ver que não podia reencontrá-los nem vivos nem mortos, sem querer aceitar qualquer consolo, pôs-se a soltar altos clamores e gritos, dilacerando as mãos com os dentes. Havia ali muitas mulheres que lhe contavam seus próprios infortúnios, sem que ela ficasse consolada. Apareceu uma mulher que disse ter perdido no mar o marido, um jovem marinheiro, e acrescentou que por amor a ele recusava casar-se de novo.

Macidiana sentiu algum consolo ao lado dessa mulher e ficou na casa dela, conseguindo seu alimento cotidiano com o trabalho de suas mãos. Algum tempo depois, as mãos que ela dilacerara com repetidas mordidas tornaram-se insensíveis e paralisadas, a ponto de já não poder usá-las para qualquer trabalho. A mulher que a recebera ficou paralítica e não conseguia sair da cama, levando Macidiana a mendigar para alimentar a si e sua hospedeira com o que pudesse encontrar. Um ano depois que Macidiana deixara a pátria com os filhos, seu marido enviou mensageiros a Atenas para procurá-los e saber o que faziam. Mas os enviados não retornaram. Ele enviou outros, que relataram não ter encontrado nenhum vestígio deles. Então deixou seu filho Clemente com tutores e ele próprio embarcou para procurar a mulher e os filhos, mas também não voltou.

Durante vinte anos, Clemente ficou privado de pai, mãe e irmãos, e sem ter qualquer informação sobre eles. Dedicou-se ao estudo das letras e tornou-se um grande filósofo. Desejava especialmente saber como poderia provar a imortalidade da alma. Para isso freqüentava as escolas dos filósofos, e quando encontrava uma prova de que era imortal ficava alegre, mas quando concluía que era mortal retirava-se triste. Enfim Barnabé chegou a Roma para pregar a fé em Cristo, e os filósofos zombavam dele como de um louco e insensato. Daí por que um deles — segundo alguns era o filósofo Clemente que inicialmente, como os outros, zombava do apóstolo e desprezava sua pregação — fez esta pergunta a Barnabé, por derrisão: "O mosquito é um animal muito pequeno. Como é possível que tenha seis patas e ainda asas, enquanto o elefante, que é tão grande, não tem asas e apenas quatro patas?". Barnabé: "Idiota, eu poderia responder facilmente a sua pergunta, se você estivesse procurando conhecer a verdade, mas seria absurdo falar para vocês das criaturas quando ignoram o Criador. Quando não se conhece o Criador, é natural que se enganem a respeito das criaturas".

Essas palavras marcaram muito o coração do filósofo Clemente que, instruído por Barnabé, recebeu a fé em Cristo e, algum tempo depois, foi para a Judéia encontrar Pedro. Este lhe explicou a fé em Cristo e mostrou com argumentos evidentes a imortalidade da alma. Naquela época Simão, o Mago, tinha dois discípulos, Áquila e Nicetas, que, reconhecendo suas imposturas, o abandonaram para refugiar-se junto de Pedro, do qual se tornaram discípulos. Quando Pedro interrogou Clemente sobre sua família, ele contou detalhadamente o que sabia da mãe e dos irmãos, em seguida de seu pai, e acrescentou que acreditava que sua mãe e seus irmãos tinham morrido no mar e que seu pai morrera de desgosto, ou então também em um naufrágio. Ao ouvir, Pedro não pôde conter as lágrimas.

Certa vez, Pedro foi com seus discípulos a Antandro, e de lá a uma ilha distante seis milhas, onde morava Macidiana, a mãe de Clemente, e onde existiam colunas de vidro de maravilhosa grandeza. Enquanto as admirava junto com os outros, Pedro viu Macidiana mendigar e censurou-a por não trabalhar com suas próprias mãos. Ela respondeu: "Eu pareço ter mãos, senhor, mas elas foram tão enfraquecidas pelas mordidas que se tornaram totalmente insensíveis, e quisesse o Céu que eu tivesse me jogado ao mar para não viver mais". Pedro: "O que diz? Não sabe que as almas dos que se suicidam são gravemente punidas?". Ela: "Quisesse Deus que me fosse provado que as almas vivem depois da morte, pois me mataria de bom grado a fim de ver meus queridos filhos, ainda que fosse apenas por uma hora!". Tendo Pedro perguntado a causa de tanta tristeza e ela narrado minuciosamente o que se passara, Pedro disse: "Está conosco um jovem chamado Clemente que afirma ter acontecido isso com sua mãe e seus irmãos".

Ao ouvir isso, ela foi atingida por forte estupor, desmaiou e voltando a si disse com lágrimas: "Sou a mãe desse rapaz". E lançando-se aos pés de Pedro implorou que lhe permitisse ver seu filho o mais cedo possível. Pedro: "Quando vir esse jovem, dissimule um pouco, até que tenhamos saído da ilha com o navio". Depois que ela prometeu fazê-lo, Pedro pegou-a pela mão e conduziu-a ao barco onde estava Clemente. Quando

Clemente viu Pedro conduzindo uma mulher pela mão, começou a rir. Tão logo a mulher chegou perto de Clemente, não pôde conter-se, agarrou-o e pôs-se a beijá-lo muitas vezes. Julgando aquela mulher uma louca, repeliu-a com indignação, e não ficou menos indignado contra Pedro, que lhe disse: "O que faz, Clemente, meu filho? Não rejeite sua mãe". Ouvindo isso, Clemente começou a reconhecê-la, e prorrompendo em lágrimas caiu nos braços de sua mãe, aturdida. Pedro mandou trazer a paralítica que dera hospitalidade a Macidiana e curou-a imediatamente. Em seguida a mãe perguntou a Clemente sobre seu pai, e ele respondeu: "Partiu para procurá-la e não voltou mais". Ela suspirou, mas a grande alegria de ter reencontrado o filho consolava-a das restantes tristezas.

Nesse meio-tempo chegaram Nicetas e Áquila, que ao verem uma mulher com Pedro perguntaram quem era. Clemente disse: "É minha mãe, que Deus me devolveu por intermédio de meu senhor Pedro". Depois que Pedro contou tudo o que acontecera, Nicetas e Áquila levantaram-se de repente, surpresos, e começaram a dizer: "Senhor Deus todo-poderoso, é verdade o que ouvimos ou é um sonho?". Pedro: "Não, filhos, não somos insensatos, tudo isso é verdade". Abraçando-se, explicaram: "Nós somos Faustino e Fausto, que nossa mãe crê terem sido engolidos pelo mar". Correram para sua mãe e não paravam de beijá-la. Ela: "Que significa isso?". Pedro: "São seus filhos Faustino e Fausto, que você acreditava terem perecido no mar". Ao ouvir essas palavras, ela ficou tão alegre que desmaiou, e quando voltou a si disse: "Contem-me, por favor, queridíssimos filhos, como escaparam". Eles responderam:

> Depois que o barco afundou, ficamos sobre uma tábua até que uns piratas nos encontraram, nos puseram em seu navio e depois de mudar nosso nome venderam-nos a uma honesta viúva chamada Justina, que nos tratou como filhos e nos fez instruir nas artes liberais.[1] Enfim estudamos a filosofia e nos ligamos a Simão, um mágico que fora educado conosco, mas quando descobrimos suas falácias o abandonamos completamente para, por intermédio de Zaqueu, nos tornar discípulos de Pedro.

No dia seguinte Pedro pegou os três irmãos, Clemente, Áquila e Nicetas e desceu a um lugar retirado para orar. Ali um ancião venerável, mas cuja aparência indicava pobreza, começou a lhes dizer:

---

[1] Conforme nota 1 do capítulo 10.

> Tenho pena de vocês, irmãos, porque sob a aparência de piedade penso que se enganam completamente, pois Deus não existe, não deve existir nenhum culto. Não é a providência divina, mas o acaso e o signo zodiacal que fazem tudo no mundo, estou convencido disso, eu que sou bem mais instruído que outros na ciência das matemáticas. Não se enganem, orando ou não, o que acontecerá a vocês está determinado desde o nascimento.

Olhando aquele velho, Clemente sentia-se interiormente tocado, e parecia que o vira em algum outro lugar.

A mando de Pedro, Clemente, Áquila e Nicetas debateram demoradamente com o velho sobre a providência divina e demonstraram racionalmente sua existência. Como, por deferência, chamaram-no de pai, Áquila comentou: "Por que o chamamos de pai, se não temos na Terra o direito de dar esse nome a ninguém?". E dirigindo-se a ele explicou: "Não tome isso como ofensa, pai, o que censurei em meus irmãos por tê-lo chamado de pai é que não podemos aplicar esse nome a ninguém". Enquanto Áquila falava assim, os demais começaram a rir, e o velho e Pedro perguntaram do que riam. Disse Clemente: "É que enquanto você nos criticava, chamou o velho de pai". Ele negou: "Não o chamei de pai".

Depois que se discutira bastante sobre a providência, o velho disse:

> Eu acreditaria na providência, mas minha própria consciência me impede de concordar com isso. Com efeito, conheci meu horóscopo e o de minha mulher, e sei que o que ele prognosticava a cada um de nós aconteceu. Escutem o horóscopo de minha mulher e descubram o que devia acontecer com ela e o que de fato aconteceu. Ela nasceu quando Marte e Vênus estavam no centro, a Lua no ocaso mas ainda na casa de Marte e perto de Saturno. Essa situação indica adultério, amor por seus escravos, viagens distantes, morte na água, e foi o que aconteceu. De fato, ela amou seu escravo, e temendo o perigo e o desprezo, fugiu com ele e morreu no mar. De acordo com o que meu irmão contou, ela se apaixonou primeiro por ele, que não quis escutá-la, e transferiu seu amor criminoso para um escravo. Mas não se deve incriminá-la por isso, porque seu horóscopo levou-a a agir assim.

Depois contou como ela simulara um sonho, as circunstâncias de sua partida para Atenas com os filhos, enfim a morte no mar.

Os filhos queriam pular em seus braços e explicar tudo, mas Pedro proibiu, dizendo: "Fiquem quietos, até que eu permita". Pedro dirigiu-se ao velho: "Se hoje eu devolver para você sua mulher, castíssima, e seus três filhos, acreditará que o horóscopo não é nada?". Ele: "É tão impossível que me mostre o que promete quanto é impossível acontecer qualquer coisa contra o destino". Disse Pedro: "Pois bem, aqui está seu filho Clemente, e lá estão seus dois gêmeos, Faustino e Fausto". Então o velho caiu desfalecido, exânime. Seus filhos correram a abraçá-lo, com medo que não recobrasse os sentidos. Enfim, voltando a si, ouviu os detalhes de tudo o que acontecera. Logo chegou sua mulher, gritando em lágrimas: "Onde está meu esposo e senhor?". Ela gritava como uma louca, o velho correu e abraçou-a em lágrimas, apertando-a nos braços.

Ainda estavam juntos, quando chegou alguém anunciando que Apião e Ambião, amicíssimos de Faustiniano, estavam hospedados com Simão, o Mago. Muito alegre com a chegada deles, Faustiniano foi visitá-los, quando um mensageiro veio informar que o ministro do césar estava em Antioquia para procurar todos os mágicos e puni-los com a morte. Então Simão, o Mago, com ódio dos dois jovens que o haviam abandonado, fez o rosto de Faustiniano adquirir os traços de seu próprio rosto, de maneira que todo mundo acreditava ver Simão, o Mago, e não Faustiniano. Ele fez isso para que este último fosse preso e executado em seu lugar pelos ministros do césar, e depois Simão partiu.

Quando Faustiniano voltou para Pedro e para seus filhos, eles ficaram assustados ao ver os traços de Simão e ouvir a voz de seu pai. Enquanto os filhos e a mulher fugiam dele e o amaldiçoavam, somente Pedro não era enganado pela aparência e dizia: "Por que amaldiçoar seu pai e fugir dele?". Responderam que era porque o rosto dele era o de Simão, o Mago. E, com efeito, Simão confeccionara uma espécie de ungüento com o qual esfregara o rosto de Faustiniano, e em virtude de sua arte mágica fizera-o adquirir seus traços. Faustiniano lamentava-se: "Miserável que sou! No mesmo dia em que encontro minha mulher e meus filhos não posso me alegrar com eles?". Sua esposa, cabelos revoltos, e seus filhos choravam muito.

Simão, o Mago, durante sua estada em Antioquia, denegrira muito Pedro, dizendo que era um mágico maléfico e homicida, e incitou tanto o povo contra ele, que muitos queriam encontrá-lo para dilacerar sua carne a dentadas. Então Pedro disse a Faustiniano: "Já que o tomam por Simão, o Mago, vá a Antioquia e diante de todo o povo peça desculpas a mim e retrate-se de tudo que Simão disse a meu respeito. Depois vou a Antioquia, apago esse rosto que não é seu e devolvo seu próprio rosto". Contudo, de forma alguma é crível que Pedro tenha mandado mentir, pois Deus não precisa de nossas mentiras. Logo, o *Itinerário* de Clemente onde estão escritas essas coisas é um livro apócrifo, ou esta passagem é apócrifa e não deve ser aceita. Consideradas cuidadosamente as palavras de Pedro, pode-se porém perceber que ele não disse a Faustiniano que se anunciasse como Simão, o Mago, e sim que se mostrasse ao povo com os traços que lhe foram impressos e que recomendasse Pedro em nome de Simão, desmentindo todas as maldades que ele divulgara.

Faustiniano não disse que era Simão de verdade, mas na aparência. Assim, Faustiniano, pai de Clemente, foi a Antioquia, convocou o povo e disse: "Eu, Simão, confesso-lhes que menti a respeito de Pedro, que não é enganador e mágico, mas foi enviado para salvação do mundo. Desta forma, se acontecer de eu vir ainda a falar contra ele, expulsem-me como sedutor e malfeitor, pois agora me penitencio e reconheço ter falado mal. Aconselho a acreditarem nele, senão vocês e sua cidade perecerão juntos". Depois de executadas todas as ordens de Pedro, a quem já se dirigia o amor do povo, o apóstolo encontrou Faustiniano e, depois de uma prece tirou da face dele a máscara do rosto de Simão. O povo de Antioquia recebeu Pedro com bondade e com grandes honras elevou-a à cátedra episcopal.

Quando Simão soube disso, foi a Antioquia, convocou o povo e disse: "Espanto-me que depois de ter dado salutares conselhos e de os ter prevenido contra Pedro, não apenas receberam esse sedutor, como também o colocaram na sé episcopal". Então todos disseram, furiosos: "Você é um monstro, que há três dias dizia se penitenciar e agora quer nos arrastar consigo no precipício!". Foram impetuosamente sobre ele e o expulsaram logo em seguida de forma desonrosa. Eis tudo o que Clemente relata de si mesmo em seu livro, no qual está inserida esta história.

Mais tarde Pedro foi a Roma, e vendo que seu martírio era iminente, ordenou Clemente como bispo. Assim, quando o príncipe dos apóstolos morreu, Clemente, como homem previdente e temendo que mais tarde cada papa quisesse, apoiado nesse exemplo, escolher seu sucessor e possuir o santuário como uma herança, cedeu a sé pontifical primeiro a Lino, em seguida a Cleto. Alguns afirmam que nem Lino nem Cleto foram sumos pontífices, mas apenas ajudantes do apóstolo Pedro, daí por que não mereceram figurar no catálogo dos papas. Depois deles foi eleito Clemente, compelido a presidir a Igreja. Destacou-se pela brandura dos costumes e foi amado tanto por judeus e gentios quanto por todo o povo cristão. Escreveu uma lista com o nome dos pobres de todas as províncias, e não aceitava que os purificados pelo batismo ficassem reduzidos a viver da mendicância pública.

Depois de ter dado o véu sagrado à virgem Domitila, sobrinha do imperador Domiciano, converteu à fé Teodora, mulher de Sisínio, amigo do imperador. Como ela prometeu viver na castidade, Sisínio seguiu escondido sua mulher até a igreja, querendo saber por que ela ia tão freqüentemente ali. São Clemente fez uma prece à qual o povo respondeu, e no mesmo instante Sisínio ficou cego e surdo. Ele imediatamente disse a seus pajens: "Levem-me para fora", e eles ficaram girando dentro da igreja sem poder encontrar a porta. Teodora, que os via assim perdidos, primeiro evitou encontrá-los, achando que seu marido poderia reconhecê-la, mas depois perguntou a eles o que significava aquilo. Eles disseram: "É que nosso senhor, querendo ver e ouvir o que não podia, ficou cego e surdo". Então ela se colocou em oração para que seu marido pudesse sair, e quando terminou disse aos pajens: "Saiam e levem seu senhor para casa".

Quando eles partiram, Teodora contou a Clemente o que acontecera, e então o santo, a pedido dela, foi encontrar Sisínio, que tinha os olhos abertos sem ver nada e sem poder escutar nada. Clemente orou por ele, que recuperou a audição e a visão, mas vendo Clemente ao lado de sua mulher ficou furioso, e suspeitando ter sido objeto das artes mágicas mandou que seus escravos segurassem Clemente, dizendo: "Foi para ter relações com minha mulher que ele usou magia para me cegar". Ordenou que seus serviçais amarrassem Clemente e depois o arrastassem. Mas eles amarravam colunas e blocos de pedras que estavam pelo chão, pensando, assim como Sisínio, que amarravam e arrastavam São Clemente com seus clérigos. Então Clemente disse a Sisínio: "Por ter chamado de deuses o que não passa de pedras, você merece arrastar pedras". Sisínio, que pensava estar ele realmente amarrado, ameaçou: "Mandarei matá-lo".

Clemente foi embora e pediu a Teodora que não interrompesse suas preces até que o Senhor houvesse visitado seu marido. Enquanto Teodora orava, o apóstolo Pedro apareceu dizendo-lhe: "Por você, seu marido será salvo, a fim de que se cumpra o que disse meu irmão Paulo, 'O marido infiel será salvo por sua mulher fiel'".[2] Com essas palavras, desapareceu. No mesmo instante, Sisínio mandou chamar sua esposa e supli-

---

[2] 1 coríntios 7,14.

cou que orasse por ele e fizesse vir São Clemente. Ele foi, instruiu-o na fé e batizou-o junto com 313 pessoas de sua casa. Por intermédio de Sisínio, muitos nobres e amigos do imperador Nerva passaram a crer no Senhor.

O funcionário imperial encarregado de distribuir dinheiro ao culto incitou uma violenta sedição contra São Clemente. Mamertino, prefeito da cidade, que via com desagrado tal sedição, mandou chamar Clemente que, depois de o repreender e tentar fazê-lo mudar de idéia, disse: "Gostaria de trazê-lo à razão. De fato, mesmo que muitos cães latissem atrás de nós e nos ferissem com suas mordidas, jamais nos poderiam tirar a condição de homens dotados de razão, enquanto eles não são mais que cães irracionais. Ora, a sedição que foi suscitada por insensatos não se baseia em nenhum fato certo e verdadeiro". Mamertino submeteu o caso por escrito ao imperador Trajano, que mandou responder que Clemente devia oferecer sacrifício ou então seria exilado no além-mar, em um deserto próximo da cidade de Quersoneso. O prefeito disse então a Clemente, em lágrimas: "Que seu Deus, que você honra tão dignamente, o ajude!".

O prefeito forneceu-lhe um navio equipado com todo o necessário, e muitos clérigos e leigos seguiram o santo no exílio. Chegado à ilha, encontrou mais de 2 mil cristãos condenados havia muito tempo a extrair mármore, os quais logo que o viram prorromperam em gemidos misturados às lágrimas. Ele lhes disse, para os consolar: "Não devo aos meus méritos ter sido enviado aqui pelo Senhor para partilhar a coroa do martírio com vocês". Quando lhe contaram que eram obrigados a carregar água nos ombros por seis milhas, ele disse: "Oremos todos a Nosso Senhor Jesus Cristo para que abra neste lugar uma fonte de água para os que o reconhecem. Que aquele que ordenou no deserto do Sinai bater no rochedo de onde jorrou água em abundância, faça o mesmo por nós e que possamos agradecê-lo por seus benefícios". Ele fez então uma prece, e olhando à sua volta viu um cordeiro em pé, que levantava a pata direita como para indicar um lugar ao bispo. Ele compreendeu então que era o Senhor Jesus Cristo, visto apenas por ele, foi ao local e disse: "Em nome do Pai, do Filho e do Espírito Santo, batam aqui". Mas como ninguém tocava o lugar onde estava o cordeiro, ele próprio pegou uma pequena enxada e bateu de leve no ponto debaixo da pata do cordeiro, e no mesmo instante irrompeu uma grande fonte que se tornou um rio. Todos ficaram alegres e São Clemente disse "Um rio caudaloso rejubila a cidade de Deus".[3]

---

[3] *Salmos* 45,5.

Com a notícia acorreu muita gente e mais de quinhentos receberam o batismo, os templos dos ídolos foram destruídos em toda a província e em um ano 85 igrejas foram construídas. Três anos depois, o imperador Trajano, que começou a reinar no ano do Senhor de 106, tendo ouvido falar a respeito enviou para lá um representante seu. Este, vendo que todos aceitavam a morte de bom grado, deixou a multidão e mandou jogar ao mar apenas Clemente, com uma âncora amarrada ao pescoço, dizendo: "Agora os cristãos já não poderão mais adorá-lo como um deus". A multidão ficou no litoral, e Cornélio e Febo, discípulos do santo, mandaram todos os cristãos rezar a fim de que o Senhor mostrasse a eles o corpo de seu mártir. Imediatamente o mar recuou três milhas, todos entraram nessa parte seca e encontraram um templo de mármore, no qual Deus colocara em uma arca o corpo de São Clemente com a âncora ao lado. Foi revelado a seus discípulos que não retirassem o corpo, e todos os anos, na data de seu martírio, durante sete dias o mar recua três milhas e oferece um caminho seco destinado a alcançar a sepultura.

Em uma dessas festas solenes, um menino dormia lá quando subitamente se ouviu o barulho da inundação e todos fugiram, inclusive a mulher que, assustada, esqueceu o filho. Logo depois ela lembrou do filho, soltou enormes gemidos e lamentos que subiam até o Céu. Ela corria pela praia, sempre gritando, à procura do corpo do filho, mas perdida toda esperança voltou para casa e passou o ano inteiro no luto e nas lágrimas. No ano seguinte, quando o mar recuou, ela se antecipou a todos para ir ao local ver se podia encontrar vestígios do filho. Quando orava diante do túmulo de São Clemente, viu-o no lugar onde o deixara. Pensando que estivesse morto, aproximou-se para recolher um cadáver, mas percebeu que estava apenas adormecido, rapidamente o acordou e o ergueu são e salvo para ser visto pelo povo. Depois perguntou onde ficara durante aquele ano. Ele respondeu que não sabia que se passara um ano inteiro, pensava ter dormido tranqüilamente uma noite.

Santo Ambrósio diz em seu prefácio:

> O malvadíssimo perseguidor do bem-aventurado Clemente, estimulado pelo diabo, não lhe infligiu torturas, proporcionou-lhe o triunfo. O mártir foi lançado nas ondas para se afogar, e lá recebeu seu prêmio e, da mesma forma que seu mestre Pedro, ganhou o Céu. Ambos foram tirados das ondas por Cristo, que chamou Clemente do fundo das águas

para fazê-lo gozar das honras do martírio, e sustentou Pedro para que não afundasse e fosse elevado ao reino dos Céus.

Leão, bispo de Óstia, relata que no tempo de Miguel, imperador da Nova Roma,[4] um sacerdote que desde a juventude, devido à sua grande sagacidade, recebera o nome de Filósofo, foi a Quersoneso e informou-se com os habitantes da região sobre a história de Clemente. Eles responderam que não sabiam, pois eram adventícios e não nativos. De fato, havia muito tempo o milagre do mar que recuava não ocorria mais; em punição pelos pecados dos habitantes, uma incursão dos bárbaros destruiu o templo, e a arca com o corpo foi levada pelas ondas do mar.
Admirado com isso, Filósofo foi a uma pequena cidade chamada Geórgia e com o bispo, o clero e o povo de lá se dirigiu para uma ilha onde se pensava estar o corpo do mártir, a fim de procurar as sagradas relíquias. Com hinos e orações, descobriram por revelação divina o corpo e a âncora com a qual tinha sido lançado ao mar, e levaram-nos para Quersoneso. Mais tarde, o citado Filósofo foi para Roma com o corpo de São Clemente, que ali operou muitos milagres e foi colocado com honra na igreja que tem agora seu nome. No entanto, lê-se em outra crônica que como o mar deixara o lugar seco, o corpo foi levado para Roma pelo bem-aventurado Cirilo, bispo dos morávios.

---

4 Isto é, Constantinopla.

165. São Crisógono

Crisógono foi encarcerado por ordem de Diocleciano, e Santa Anastácia fornecia-lhe os alimentos. Quando seu marido passou a vigiá-la de perto, ela escreveu a seguinte carta a Crisógono, que a instruíra:

> Ao santo confessor de Cristo, Crisógono, Anastácia. Sofro o jugo de um marido sacrílego, mas pela misericórdia de Deus não tenho relações com ele, pretextando doença, e assim dia e noite aplico-me em seguir os passos de Nosso Senhor Jesus Cristo. Enquanto de maneira indigna, junto com infames idólatras, ele dissipa meu patrimônio, graças ao qual é considerado pessoa ilustre, sou mantida sob estrita vigilância, como se fosse maga e sacrílega, e acho que em breve deixo esta vida temporal. Só me resta sucumbir aos golpes da morte, morte que poderia ser gloriosa para mim, embora meu espírito esteja muito atormentado por ver gente torpe consumindo as riquezas que eu consagrara a Deus. Salve, homem de Deus, e lembre-se de mim.

Crisógono respondeu: "Evite perturbar-se por lhe imporem adversidades no exercício da piedade, ao qual consagra sua vida. Eles não a enganam, mas a põem à prova. Dentro de pouco tempo, Cristo concederá o que você deseja. Depois das trevas da noite virá a doce luz de Deus, depois do gelo do inverno chegarão tempos áureos e serenos. Seja forte no Senhor e ore por mim". Enfim, a bem-aventurada Anastácia, cada vez mais vigiada e recebendo apenas um quarto de pão, acreditando que ia morrer escreveu outra carta a São Crisógono: "Ao confessor de Cristo, Crisógono, Anastácia. O fim de meu corpo chegou. Que aquele por cujo amor suporto os males que a velhinha portadora desta carta contará, receba minha alma no momento em que dele sair".

Ele escreveu de volta:

Resta apenas considerar que as trevas precedem a luz, que somente depois da doença volta a saúde, que a vida é prometida depois da morte. Um único e mesmo fim acaba com as adversidades e prosperidades deste mundo, a fim de que os infelizes não se deixem dominar pelo desespero, nem os felizes pelo orgulho. Os barquinhos de nosso corpo vogam pelo mesmo mar, e nossas almas cumprem as funções do marinheiro, sob as ordens do único piloto que governa nosso corpo. Alguns possuem navios de grande solidez nos quais flutuam, salvos, no meio de águas agitadas; outros, com frágeis e mal ajuntadas tábuas, chegam tranqüilamente ao porto depois de terem visto de perto a morte durante todo o trajeto. Você, ó escrava do Cristo, abrace com todo seu espírito o troféu da cruz e prepare-se para a obra de Deus.

Diocleciano, que se encontrava na região de Aquiléia, mandou matar os outros cristãos e levar à sua presença São Crisógono. E disse a ele: "Aceite o cargo de prefeito e a dignidade consular que pertencem à sua família e ofereça sacrifício aos deuses". Crisógono respondeu: "Adoro o Deus único que está no Céu, e desprezo como lama as suas dignidades". Diocleciano condenou-o a ter a cabeça cortada num local distante, o que ocorreu por volta do ano do Senhor de 287. Seu corpo, com a cabeça, foi sepultado pelo presbítero São Zélio.

166. Santa Catarina

Catarina vem de *catha*, que quer dizer "universo", e de *ruína*, "ruína", significando "ruína universal", e de fato nela o edifício do diabo foi inteiramente arruinado: a soberba pela humildade, a concupiscência carnal pela virgindade, a cupidez mundana pelo desprezo às coisas materiais. Ou então Catarina vem de *catenula*, "correntinha", pois com boas obras ela fez para si uma espécie de corrente por meio da qual subiu ao Céu. Essa corrente ou escada é formada de quatro degraus que são a inocência da ação, a pureza do coração, o desprezo pela vaidade e a linguagem da verdade, degraus que o profeta hierarquizou quando perguntou: "Quem subirá a montanha do Senhor?", e ele mesmo respondeu: "Aquele cujas mãos são inocentes e o coração puro, que não ocupou sua alma com futilidades, que não fez juramentos falsos contra seu próximo".[1] Esses quatro degraus são evidentes na bem-aventurada Catarina, como se percebe pela sua legenda.

Catarina, filha do rei Costo, foi instruída no estudo de todas as artes liberais.[2] Certa vez o imperador Maxêncio convocou tanto os habitantes ricos como os pobres de Alexandria para imolar aos ídolos e punir os cristãos que não quisessem fazê-lo. Então Catarina, que com dezoito anos de idade vivia sozinha em um palácio cheio de riquezas e de escravos, ao escutar mugidos de diversos animais, cantos e aplausos, mandou imediatamente alguém verificar o que acontecia. Informada, saiu do palácio junto com outras pessoas e protegendo-se com o sinal-da-cruz. Viu muitos cristãos que, levados pelo temor, ofereciam sacrifícios. Com

---

[1] *Salmos* 23,3-4.
[2] Conforme nota 1 do capítulo 10.

grande dor no coração, ela corajosamente avançou na direção do imperador e falou assim: "A dignidade de que você está revestido, assim como a razão, exigiriam de mim que o saudasse se você conhecesse o criador do Céu e renunciasse ao culto dos deuses".

Em pé diante da porta do templo, ela debateu com o imperador uma infinidade de assuntos com argumentos silogísticos, alegóricos, metafóricos, dialéticos e místicos. Depois, voltando a uma linguagem comum, disse:

> Tentei explicar tudo isso como a um sábio, mas agora diga por que reuniu inutilmente essa multidão a fim de adorar ídolos idiotas? Antes de admirar este templo erguido pela mão de trabalhadores ou os ornamentos preciosos que o vento levará como poeira, admire o céu e a terra, o mar e tudo o que encerram, admire os ornamentos do céu, como o sol, a lua e as estrelas, admire a obediência deles do começo do mundo até o fim dos tempos, a noite e o dia que correm para o ocidente e voltam ao oriente sem nunca se fatigar. Depois de observar tudo isso, pergunte e busque saber quem é seu senhor. Quando tiver compreendido que não há ninguém semelhante a Ele, adore-O, glorifique-O. Ele é o Deus dos deuses e o Senhor dos senhores.

Enquanto ela expunha com sabedoria muitas coisas sobre a encarnação do Filho, o césar, estupefato, não sabia o que responder. Enfim, voltando a si, disse: "Deixe, ó mulher, deixe terminarmos o sacrifício e depois responderemos". Ele ordenou que a levassem ao palácio e a vigiassem com cuidado, pois estava cheio de admiração por sua sabedoria e beleza. Com efeito, ela era muito bonita e sua inacreditável beleza fazia todos a olharem de forma admirativa e graciosa. Tendo voltado ao palácio, o césar disse a Catarina: "Ouvimos sua eloqüência e admiramos sua sagacidade, mas ocupados em sacrificar aos deuses não pudemos compreender exatamente tudo o que você disse. Agora, antes de começar, queremos conhecer sua origem".

Santa Catarina respondeu:

> Está escrito: "Não louve nem deprecie a si mesmo", o que fazem os tolos tomados pela vanglória. No entanto, confesso minha origem, não por jactância, mas por amor pela humildade. Sou Catarina, filha única do rei Costo, e embora nascida na púrpura e bem instruída nas artes liberais, desprezei tudo para me refugiar junto do Senhor Jesus Cristo. Os deuses que você adora não podem ajudar nem a você nem aos outros. Ó,

como são infelizes os adoradores de semelhantes ídolos, que no momento em que são invocados não ajudam nas necessidades, não socorrem na tribulação e não defendem no perigo!

O rei: "Se assim é, todo mundo está errado e só você diz a verdade, porém toda afirmação deve ser confirmada por duas ou três testemunhas. Mesmo que você fosse um anjo ou uma potência celeste, ninguém deveria acreditar em você, no mínimo porque é uma frágil mulher!".

Ela: "Peço, césar, não se deixe dominar pela fúria, pois a alma do sábio não deve ser joguete de uma funesta perturbação. Como disse o poeta: 'Se o espírito o governa, você será rei, se o corpo o governa, será escravo'". O rei: "Vejo que você se dispõe a lançar armadilhas envenenadas de exemplos de filósofos". Percebendo que não podia lutar contra a sabedoria dela, o césar mandou secretamente enviar cartas a todos os gramáticos e retóricos para que se dirigissem imediatamente ao tribunal de Alexandria, prometendo-lhes grandes presentes se conseguissem superar no debate aquela jovem.

Para lá foram, de diferentes províncias, cinqüenta oradores que superavam todos os mortais em todos os gêneros de ciência terrena. Eles perguntaram ao imperador por que haviam sido convocados de tão longe. O césar respondeu: "Há entre nós uma jovem incomparável por seu bom senso e prudência; ela refuta todos os sábios e afirma que todos os deuses são demônios. Se vocês a vencerem, voltarão para casa cumulados de honras". Então um deles, cheio de indignação, exclamou: "Ó, grande imperador, você convocou os sábios das regiões mais afastadas do mundo para uma simples discussão com uma moça, quando um de nossos discípulos podia facilmente refutá-la!". O rei: "Eu podia obrigá-la pela força a oferecer sacrifício, ou eliminá-la por meio de suplícios, mas julguei preferível que seja confundida pelos argumentos de vocês". Eles disseram: "Que nos tragam a jovem e que, convencida de sua temeridade, ela reconheça jamais ter até agora visto sábios".

Mas a virgem, informada da luta a que estava reservada, recomendou-se inteiramente ao Senhor e um anjo apresentou-se diante dela e alertou-a para que se mantivesse firme, acrescentando que não apenas não poderia ser vencida por seus adversários, como também os converteria e os destinaria à palma do martírio. Levada à presença dos oradores, ela disse ao imperador: "É justo que você oponha uma moça a cinqüenta oradores aos quais promete gratificações pela vitória, ao passo que me força a combater sem me oferecer a esperança de uma recompensa? Entretanto, para mim essa recompensa será meu Senhor Jesus Cristo, que é a esperança e a coroa dos que combatem por ele". Como os oradores afirmaram que era impossível que Deus se fizesse homem e sofresse, a virgem mostrou que isso fora previsto mesmo pelos gentios. Platão estabelecera que Deus é um círculo cortado em forma de meia-lua. A sibila também dissera: "Bem-aventurado é esse Deus que está suspenso no alto do lenho".[3]

Como a virgem discutia de forma sapientíssima com os oradores, que ela refutava com razões evidentes, estes, surpresos e não sabendo o que responder, foram reduzidos a profundo silêncio. Então o imperador, furioso com eles, censurou-os por terem se deixado tão vergonhosamente vencer por uma moça. Um deles tomou então a palavra e disse:

> Saiba, imperador, que ninguém jamais pôde lutar conosco sem que houvesse sido imediatamente vencido, mas essa jovem, na qual fala o espírito de Deus, despertou tanto a nossa admiração que não sabemos nem ousamos dizer uma palavra contra Cristo. Assim, imperador, reconhecemos com firmeza que se você não tiver melhores argumentos em favor dos deuses que adoramos até agora, estamos dispostos a nos converter todos ao Cristo.

Ao ouvir isso, o tirano ficou completamente furioso e ordenou que todos fossem queimados no centro da cidade. Mas a virgem fortaleceu-os e inspirou-lhes a firmeza do martírio, depois os instruiu com cuidado na fé. E como eles lamentavam morrer sem o batismo, a virgem disse: "Nada temam, pois a efusão de seu sangue fará as vezes de batismo e de coroa". Depois que eles se muniram do sinal-da-cruz foram lançados às chamas e entregaram a alma ao Senhor. Nem seus cabelos nem suas vestes foram atingidos pelo fogo, e foram sepultados pelos cristãos. Enquanto isso o tirano falou à virgem: "Ó virgem generosa, poupe sua juventude e ocupe a segunda posição em meu palácio, depois da rainha. Uma estátua sua será erguida no meio da cidade e você será adorada por todos como uma deusa". A virgem: "Pare de falar

---

[3] Entre os muitos textos apócrifos do Antigo Testamento, um dos mais populares na Idade Média foi o chamado *Oráculos sibilinos*, na verdade um conjunto de catorze opúsculos de caráter profético escrito entre o século III a.C. e o III d.C. O versículo citado por Jacopo de Varazze é de uma parte elaborada no século II: *The sibyline oracles*, VI, 25, trad. J. J. Colins, em *The Old Testament pseudepigrapha*, ed. J. H. Charlesworth, Londres, Darton, Longman and Todd, 1983, vol. I, p. 1407.

coisas que são criminosas até mesmo pensar. Entreguei-me como esposa ao Cristo, que é minha glória, meu amor, minha doçura e o objeto de minha ternura. Nem carícias nem tormentos poderão me fazer renunciar ao seu amor".

Cheio de raiva, o césar mandou despi-la e torturá-la com escorpiões[4] e depois jogá-la em uma escura prisão na qual deveria padecer de fome durante doze dias. Como o rei precisou ir a outra região tratar de assuntos urgentes, a rainha, que se tomara de viva afeição por Catarina, foi no meio da noite, junto com o comandante militar chamado Porfírio, encontrá-la no calabouço. Ao entrar, a rainha viu a prisão resplandecente de uma claridade inefável, e anjos que cuidavam das feridas da virgem. Esta começou a falar das alegrias eternas e quando converteu a rainha à fé predisse que ela obteria a coroa do martírio, e assim prolongaram a conversa até uma hora avançada. Porfírio, que escutara tudo o que tinham falado, lançou-se aos pés da virgem e recebeu a fé em Cristo junto com duzentos soldados. Como o tirano condenara Catarina a ficar doze dias sem alimento, durante esse tempo Cristo enviou do Céu uma pomba branca que a saciava com alimento celeste. Depois o Senhor apareceu a ela, acompanhado de uma multidão de anjos e de virgens, e disse: "Filha, reconhece seu criador, em nome do qual você empreendeu uma luta laboriosa, e mantenha-se firme, pois estou com você".

Ao retornar de viagem, o imperador mandou levá-la à sua presença, mas vendo-a esplendorosa quando esperava encontrá-la abatida pelo longo jejum, pensou que alguém lhe levara alimentos no cárcere. Furioso, ordenou que os guardas fossem torturados, mas Catarina explicou: "Não recebi alimento de mão humana, foi Cristo que me alimentou por intermédio de um anjo". O imperador: "Acolhe em seu coração, rogo, os conselhos que dou, e não me responda mais de maneira ambígua. Não desejo tratar você como escrava, e sim como rainha poderosa e bela, que triunfará em meu reino". A virgem: "Preste atenção você, insisto, e decida depois de um maduro e sábio exame, quem eu devo escolher, alguém poderoso, eterno, glorioso e belo, ou então um outro, enfermo, mortal, ignóbil e feio". Indignado, o imperador disse: "Escolha, de duas uma, oferecer sacrifício e viver, ou sofrer os mais cruéis tormentos e perecer". Ela: "Quaisquer que sejam os tormentos que você possa imaginar, não demore em aplicá-los, pois

---

4 Conforme nota 2 do capítulo 112.

desejo oferecer minha carne e meu sangue a Cristo, como ele próprio se ofereceu por mim. Ele é meu Deus, meu amante, meu pastor e meu único esposo".

Então o prefeito aconselhou o enfurecido rei a mandar preparar em três dias quatro rodas guarnecidas de serras de ferro e de pregos muito pontiagudos, a fim de que essa máquina moesse Catarina em pedaços e o exemplo de morte tão cruel amedrontasse o resto dos cristãos. Dispuseram-se duas rodas que deviam girar numa direção, ao mesmo tempo que duas outras seriam postas em movimento no sentido contrário, de maneira que as de baixo deviam rasgar as carnes que as rodas de cima houvessem jogado nelas. A bem-aventurada virgem rogou ao Senhor que quebrasse tal máquina pela glória de seu nome e pela conversão do povo que se encontrava ali. Imediatamente, um anjo do Senhor moeu essa mó e arremessou os pedaços com tanta força que 4 mil gentios morreram.

A rainha, que assistia a tudo de um lugar elevado e um pouco afastado, imediatamente desceu e criticou duramente o imperador pela crueldade. Furioso com a recusa da rainha em oferecer sacrifício, o rei condenou-a a ter os seios arrancados e depois ser decapitada. Conduzida ao martírio, pediu a Catarina que rogasse por ela ao Senhor. Ela respondeu: "Nada tema, ó rainha amada por Deus, pois hoje, no lugar de um reino que passa, você receberá um que é eterno; no lugar de um esposo mortal, terá um imortal". Assim fortalecida, ela exortou os carrascos a não adiar a execução que lhes fora ordenada. Eles a conduziram fora da cidade e, depois de lhe terem arrancado os seios com presas de ferro, cortaram-lhe a cabeça.

Porfírio conseguiu pegar o corpo e o sepultou. No dia seguinte, como não se encontrava o corpo da rainha e o tirano mandara que muitas pessoas fossem por isso levadas ao suplício, Porfírio apresentou-se: "Fui eu que sepultei a escrava do Cristo, cuja fé abracei". Desnorteado, Maxêncio lançou um rugido terrível: "Ó, sou o mais miserável de todos os miseráveis! Mesmo Porfírio, o único apoio de minha alma e consolo nas minhas penas, traiu-me!". Ao comentar o fato com os soldados, eles imediatamente responderam: "Nós também somos cristãos e estamos dispostos a morrer por isso". Ébrio de furor, o césar ordenou então que se cortasse a cabeça deles e de Porfírio e que seus corpos fossem jogados aos cães. A seguir fez levar Catarina diante dele e disse: "Embora tenha feito morrer a rainha com sua arte mágica, caso você se arrependa será a pessoa mais importante em meu palácio. Hoje ou você oferecerá sacrifícios aos deuses ou terá a cabeça cortada". Ela: "Faça tudo que seu espírito conceber e me verá disposta a tudo sofrer". Ele então pronunciou a sentença, condenando-a a ser decapitada.

Quando ela foi levada ao lugar do suplício, ergueu os olhos para o Céu e orou: "Ó Jesus, ó bom rei, esperança e salvação dos crentes, honra e glória das virgens, eu imploro que qualquer um que em memória de meu martírio me invoque em sua hora final, ou em qualquer outra necessidade, encontre sua ajuda e obtenha o que pede!". Uma voz se fez ouvir: "Venha, minha querida, minha esposa, a porta do Céu está aberta para você. A todos os que celebrarem a memória do seu martírio com devoção, eu prometo a ajuda do Céu que pedirem". Quando foi decapitada, de seu corpo correu leite em vez de sangue. Os anjos pegaram seu corpo e o levaram até o monte Sinai, distante mais de vinte dias de caminhada, e ali honrosamente o sepultaram. De sua ossada emana sem parar um óleo que tem a virtude de curar os membros dos que estão fracos. Ela foi martirizada sob o tirano Maxêncio ou Maximino, que começou a reinar por volta do ano do Senhor de 310. Na história da descoberta da Santa Cruz pode-se ver como o tirano foi punido por esse crime e por outros ainda que cometeu.[5]

Conta-se que um monge de Ruão foi ao monte Sinai, onde ficou sete anos a serviço da beata Catarina. Ele lhe suplicava com grande insistência que lhe desse algum pedaço de seu corpo, e certa vez, de repente, um dos dedos dela se desprendeu e o monge recebeu esse dom de Deus com alegria, levando-o para seu mosteiro.

Conta-se ainda que um homem muito devoto da bem-aventurada Catarina freqüentemente suplicava seu auxílio, porém acabou por perder toda a devoção e deixou de invocá-la. Um dia estava rezando quando viu passar diante dele uma multidão de virgens, uma das quais parecia mais resplandecente que as outras. Quando ela se aproximou, cobriu o rosto para passar diante dele. Admirado pelo seu esplendor, ele perguntou quem ela era, e uma delas respondeu: "É Catarina, que antigamente você conhecia e da qual parece hoje não mais se lembrar, por isso ela passou diante de você de rosto coberto, como se fosse uma desconhecida".

---

[5] Maxêncio morreu afogado durante uma batalha que travava contra Constantino, a quem uma inscrição no Céu com uma grande cruz prometera que "sob esse signo vencerá": ver capítulo 64.

Note-se que a bem-aventurada Catarina é admirável em cinco aspectos, primeiro sua sabedoria, segundo sua eloqüência, terceiro sua firmeza, quarto sua castidade, quinto seus privilégios.

Primeiro aspecto: ela é admirável pela sabedoria, nela estando reunidos todos os tipos de filosofia. A filosofia ou sabedoria divide-se em teórica, prática e lógica. A teórica, conforme alguns autores, divide-se em três partes, a intelectual, a natural e a matemática. Ora, a beata Catarina possuía a sabedoria intelectual no conhecimento das coisas divinas, que usou em seu debate com os retóricos, aos quais provou que há um único Deus e que todos os outros são falsos deuses. Ela possuía a sabedoria natural no conhecimento de todos os seres inferiores, que usou em seu debate com o imperador, como se viu acima. Ela possuía a sabedoria matemática, daí o desprezo que teve pelas coisas terrenas, pois essa ciência, segundo BOÉCIO, trata abstratamente das formas, isoladas da matéria. A bem-aventurada Catarina tinha essa sabedoria porque despojou seu coração de todo amor material e provou que a possuía quando respondeu à pergunta do imperador: "Sou Catarina, filha do rei Costo, e embora tenha nascido na púrpura [...] etc.". Ela fez uso dessa sabedoria principalmente quando incitou a rainha a desprezar a si mesma e ao mundo, para desejar o rei eterno.

A sabedoria prática divide-se em três partes, a saber, a ética, a econômica e a pública ou política. A primeira ensina a formar os costumes, a ornar-se das virtudes e convém a todos. A segunda ensina a bem governar a família, é da alçada dos chefes de família. A terceira ensina a bem reger as cidades, os povos e os Estados, é pertinente aos governantes. A beata Catarina possuía essa tripla ciência: a primeira, conduzindo seus costumes com toda honestidade; a segunda, dirigindo de forma louvável sua família, que era numerosa;[6] a terceira, dando sábios conselhos ao imperador.

A sabedoria lógica divide-se em três partes, ou seja, a demonstrativa, a probativa e a sofística. A primeira pertence aos filósofos, a segunda aos retóricos e aos dialéticos, a terceira aos sofistas. Viu-se que Catarina possuía essa tripla ciência quando dissemos dela que "debateu

---

[6] Sendo filha única de pais já falecidos, a numerosa *família* de Catarina a que se refere Jacopo não era um restrito grupo consangüíneo vivendo sob o mesmo teto — conceito, porém, que se impunha cada vez mais na Itália urbanizada do século XIII — e sim o conjunto de escravos e dependentes de todo tipo que compunham uma casa senhorial, conforme o tradicional sentido daquela palavra.

com o césar uma infinidade de assuntos com argumentos silogísticos, alegóricos, metafóricos, dialéticos e místicos".

Segundo aspecto: ela é admirável pela eloqüência, usou belas palavras em suas pregações, exprimiu-se com clareza de raciocínio, como se percebe quando dizia ao imperador: "Admira esse templo erguido pela mão de trabalhadores". Foi muito hábil em conquistar aqueles a quem se dirigia, como testemunham Porfírio e a rainha, ambos atraídos para a fé pela suavidade de sua eloqüência. Ela foi muito eficiente para convencer, como mostra o caso dos retóricos, a quem levou a crer.

Terceiro aspecto: ela é admirável pela firmeza apesar das ameaças que lhe foram feitas e que desprezou, pois em primeiro lugar respondeu ao imperador: "Quaisquer que sejam os tormentos que você possa imaginar, não demore em aplicá-los, pois desejo oferecer minha carne e meu sangue a Cristo". Do mesmo modo quando disse: "Faça tudo que seu espírito conceber e me verá disposta a tudo sofrer". Em segundo lugar, quando rejeitou os bens que lhe ofereceram e a promessa do imperador de ter a segunda posição no palácio, ao que ela respondeu: "Pare de falar coisas que são criminosas até mesmo pensar". Em terceiro lugar, é evidente que ela venceu os tormentos que lhe foram infligidos quando colocada na prisão e na roda.

Quarto aspecto: ela é admirável pela castidade embora tenha sido exposta a provas nas quais comumente a castidade sucumbe. Essas provas são cinco, a saber, a abundância que amolece, as oportunidades que incitam, a juventude que estimula a lascívia, a liberdade que não tem freio, a beleza que provoca. A bem-aventurada Catarina conservou a castidade apesar de ter todas as condições para não fazê-lo. Tinha riquezas em abundância, que herdou de pais riquíssimos. Tinha oportunidades, pois era senhora de si mesma e passava todo o tempo no meio de seus escravos. Tinha juventude e liberdade, pois ficava só e livre em seu palácio. Por isso mais acima foi dito dela que: "Catarina, com dezoito anos de idade vivia sozinha em um palácio cheio de riquezas e de escravos". Tinha beleza: "Ela era muito bonita e sua inacreditável beleza fazia todos a olharem de forma admirativa e graciosa".

Quinto aspecto: ela é admirável pela qualidade de seus privilégios. Alguns santos foram honrados com privilégios particulares no momento da morte, como a visita de Cristo a João Evangelista, o óleo que emana da ossada do bem-aventurado Nicolau, o leite que escorre das chagas do bem-aventurado Paulo, o túmulo preparado para o beato

Clemente, os pedidos atendidos da beata Margarida quando rogou em favor dos que se lembrassem dela. Ora, todos esses privilégios encontram-se reunidos na beata Catarina, como se pôde ver em sua legenda.

    Há uma dúvida sobre se ela foi martirizada por Maxêncio ou por Maximino. Naquela época três pessoas exerciam o império, Constantino, que sucedeu a seu pai, Maxêncio, filho de Maximiano, chamado augusto pelos soldados pretorianos de Roma, e Maximino, que foi feito césar no Oriente. Segundo as crônicas, Maxêncio exercia sua tirania contra os cristãos em Roma e Maximino no Oriente. Outros autores acham que escrever Maxêncio em vez de Maximino é erro de copista.

167. São Saturnino, Santa Perpétua, Santa Felicidade e Outros Companheiros

Saturnino, ordenado bispo pelos discípulos dos apóstolos, foi enviado para a cidade de Toulouse. Como logo que ali entrou os demônios pararam de falar aos gentios, um deles comentou que se não matassem Saturnino certamente nada mais obteriam de seus deuses. Prenderam então Saturnino, e como ele não queria oferecer sacrifício amarraram-no aos pés de um touro que, aguilhoado, saiu pela escadaria do capitólio arrastando o santo que teve a cabeça quebrada, o cérebro esmagado e consumou assim venturosamente seu martírio. Duas mulheres levaram seu corpo às escondidas e por temor dos gentios enterraram-no em um lugar fundo, até que mais tarde os sucessores dele o trasladaram para um lugar mais conveniente.

Existiu outro Saturnino, que o prefeito de Roma manteve muito tempo na prisão e mandou colocar no potro[1] e ser dilacerado a golpes de chicote e de escorpiões,[2] e que depois de ter os flancos queimados foi tirado do potro e decapitado por volta do ano do Senhor de 286, sob Maximiano.

Existiu um terceiro Saturnino, na África. Ele era irmão de São Sátiro e sofreu o martírio com este, com Revocato, com a irmã deste, Felicidade, e com Perpétua, mulher de linhagem nobre. O martírio deles é comemorado em outra data. Como o procônsul pediu que oferecessem sacrifício aos ídolos e eles obstinadamente se recusaram,

---

[1] Conforme nota 1 do capítulo 25.

[2] Conforme nota 2 do capítulo 112.

foram colocados na prisão. Sabendo disso, o pai de Perpétua correu à prisão dizendo: "Filha, o que você fez? Desonrou sua família, jamais alguém de nossa linhagem foi preso". Ao saber que sua filha era cristã, pulou sobre ela e quis arrancar-lhe os olhos com os dedos, depois foi embora urrando.

A bem-aventurada Perpétua teve uma visão, que relatou no dia seguinte aos seus companheiros:

> Vi uma escada de ouro de admirável grandeza e que ia até ao Céu e era tão estreita que apenas uma pessoa, e pequena, podia subir por ela. À direita e à esquerda estavam fixadas lâminas e espadas de ferro pontiagudas e brilhantes, de sorte que quem subia não podia olhar nem em volta nem para baixo, sendo forçado a manter-se sempre reto, rumo ao Céu. Sob a escada, um dragão medonho e enorme amedrontava quem queria subir. Vi também Sátiro nos degraus do alto, olhando para nós e dizendo: "Não temam esse dragão, subam com confiança a fim de estarem comigo".

Ao ouvir isso, todos deram graças, porque souberam que eram chamados ao martírio.

Foram levados diante do juiz e como não quiseram oferecer sacrifício ele mandou separar Saturnino e os outros homens das mulheres, e disse a Felicidade: "Você tem marido?". Ela: "Tenho, mas não me preocupo com ele". Ele: "Tenha piedade de você, jovem, a fim de viver, sobretudo porque carrega um filho em seu útero". Ela respondeu: "Faça de mim tudo que quiser, porque jamais poderá levar-me a ceder à sua vontade". Os pais e o marido da beata Perpétua foram até ela e levaram seu filhinho ainda na lactância. Vendo-a em pé diante do prefeito, o pai de Perpétua caiu de rosto no chão dizendo: "Minha queridíssima filha, tenha piedade de mim, de sua infeliz mãe que aqui está e desse marido desafortunado que não poderá sobreviver a você". Mas Perpétua permanecia imóvel. Então seu pai colocou o filho no colo dela enquanto ele próprio, a mãe e o marido, segurando-lhe as mãos e beijando-a, diziam chorando: "Tenha piedade de nós, filha, e viva conosco". Mas ela afastando o filho e repelindo-os disse: "Distanciem-se de mim, inimigos de Deus, pois não os conheço".

Vendo a firmeza dos mártires, o prefeito mandou chicoteá-los duramente e depois colocá-los na prisão. Os santos, muito aflitos com Felicidade, que estava no oitavo mês de gravidez, rezaram por ela e subitamente começaram as dores do parto e ela deu à luz um filho vivo. Um dos guardas disse: "O que você fará quando estiver na presença do prefeito, se agora já sofre tão cruelmente?". Felicidade respondeu: "Agora sou eu que sofro, mas lá, será Deus que sofrerá no meu lugar". Eles foram tirados da prisão de mãos atadas às costas e levados pelas ruas despidos. Entregues às feras, Sátiro e Perpétua foram devorados por leões, Revocato e Felicidade comidos por leopardos. Quanto ao bem-aventurado Saturnino, teve a cabeça cortada por volta do ano do Senhor de 256, sob os imperadores Valeriano e Galiano.

168. São Tiago, o Cortado

O mártir Tiago, apelidado de "cortado", natural do país dos persas e oriundo da cidade de Epale, era nobre de origem, e ainda mais nobre por sua fé. Nascido de pais muito cristãos, sua esposa também era muito cristã. Bastante considerado pelo rei dos persas, sendo o primeiro entre os nobres, ele se deixou seduzir por amor a esse príncipe e adorou os ídolos. Quando sua mãe e sua esposa souberam disso, imediatamente escreveram-lhe assim: "Obedecendo a um mortal, você abandonou aquele com quem está a vida, querendo agradar a quem em breve será podridão, abandonou aquele que é o perfume eterno, trocando a verdade pela mentira e obedecendo a um mortal, desprezou o juiz dos vivos e dos mortos. Saiba então que a partir de agora somos como estranhas e não moraremos mais com você". Quando Tiago leu essa carta, derramando lágrimas amargas disse: "Se minha mãe, que me gerou, e minha esposa, tornaram-se estranhas para mim, quão mais estranho devo ser para meu Deus!".

Como se afligia muito com seu erro, mandou um mensageiro dizer ao príncipe que era cristão. O príncipe o convocou: "Diga-me se você é nazareno". Tiago: "Sim, sou nazareno". Ele: "Portanto é mágico". Tiago: "Deus queira que não!". E diante da ameaça de muitas torturas, Tiago disse: "Não me assusto com suas ameaças, pois elas passam por meus ouvidos tão depressa quanto o vento que sopra sobre a pedra". O príncipe: "Não seja imprudente, sob risco de receber uma morte cruel". Tiago: "Não é morte que se deve dizer, mas sono, já que pouco tempo depois é concedida a ressurreição". O príncipe: "Que os nazarenos não o seduzam dizendo que a morte é um sono, quando os maiores imperadores a temem". Tiago: "Nós não tememos a morte, pois esperamos passar da morte à vida". Então o príncipe, aconselhado por seus amigos, para aterrorizar os outros cristãos sentenciou Tiago a ser cortado em pedaços.

Como várias pessoas choravam por ele por compaixão, disse-lhes: "Não chorem por mim, chorem por vocês mesmos, porque vou para a vida enquanto suplícios eternos estão reservados a vocês". Então os carrascos cortaram seu polegar da mão direita, e Tiago exclamou: "Nazareno, meu libertador, receba este ramo da árvore de sua misericórdia, pois aquele que cultiva a vinha corta-lhe o sarmento a fim de que dela brotem rebentos mais belos e produza com mais abundância". O carrasco: "Se quiser obedecer, ainda posso poupá-lo, e darei medicamentos a você". Tiago: "Você nunca viu uma videira? Quando se cortam os sarmentos no devido tempo, quando a terra começa a se aquecer, o nó que fica produz novos galhos a cada poda, de forma que se a vinha é cortada em diferentes épocas para que brote, com muito mais razão o cristão fiel, que está enxertado na verdadeira vinha, que é Cristo".

Então o carrasco cortou-lhe um segundo dedo, e o bem-aventurado Tiago disse: "Receba, Senhor, estes dois ramos plantados pela sua direita". Foi cortado o terceiro, e Tiago disse: "Liberado de uma tripla tentação, abençôo o Pai, o Filho e o Espírito Santo, e como os três jovens jogados na fornalha,[1] louvo-o, Senhor, e junto com o coro dos mártires entôo cânticos ao seu nome, ó Cristo!". O quarto dedo foi cortado, e Tiago disse: "Protetor dos filhos de Israel, que abençoou até a quarta geração, receba de seu escravo o testemunho desse quarto dedo como tendo sido abençoado em Judá". Quando o quinto dedo foi cortado, ele falou: "Minha alegria é completa". Então os carrascos disseram-lhe: "Poupe agora sua vida, não morra, nem se entristeça por ter perdido uma das mãos, pois há muitos que têm apenas uma e possuem muitas riquezas e honrarias".

O bem-aventurado Tiago respondeu: "Quando os pastores se põem a tosquiar seus rebanhos, tiram a lã apenas do lado direito e deixam a do esquerdo? Se as ovelhas, que são animais irracionais, querem ser tosquiadas por inteiro, eu, que sou um homem racional, devo desdenhar ser morto por Deus?". Assim, aqueles ímpios cortaram-lhe o dedo mínimo da mão esquerda, e Tiago disse: "Você é grande, Senhor, e quis se fazer muito pequeno e mísero por nós, por isso entrego o corpo e a alma que você criou e resgatou com seu próprio sangue". Cortaram-lhe em seguida

---

[1] *Daniel* 3,19-90.

o sétimo dedo, e ele disse: "Sete vezes neste dia celebrei os louvores do Senhor". Cortaram o oitavo, e ele disse: "Como no oitavo dia foi circuncidado Jesus, como no oitavo dia circuncidam-se os hebreus a fim de admiti-los nas cerimônias legais, então faça, Senhor, com que o espírito de seu escravo se separe desses incircuncidados que conservam sua mácula, a fim de que eu vá até você e veja sua face, Senhor". Cortaram em seguida o nono dedo, e ele disse: "Na nona hora, Cristo entregou o espírito na cruz; o que me faz confessar seu nome e dar graças pela dor desse nono dedo". Cortaram o décimo, e ele disse: "Dez é o número dos mandamentos e o jota[2] é a primeira letra do nome de Jesus Cristo".

Então alguns dos que estavam lá disseram-lhe: "Ó queridíssimo amigo, continue com seu Deus mas faça a declaração que o cônsul deseja e permaneça vivo, pois embora suas mãos estejam cortadas há médicos muito hábeis que poderão curar suas dores". Tiago respondeu: "Longe de mim tão infame dissimulação! Pois quem põe a mão no arado e olha para trás não está apto ao reino de Deus".[3] Os carrascos, irritados, cortaram-lhe o polegar do pé direito, e Tiago disse: "O pé do Cristo foi perfurado e dele saiu sangue". Cortaram o segundo dedo do pé, e ele disse: "Em comparação com todos os outros de minha vida, este é um grande dia para mim, pois hoje irei ver o Deus todo-poderoso". Cortaram o terceiro, que jogaram diante dele, e Tiago disse, sorrindo: "Vai, terceiro dedo, junte-se a seus companheiros, e da mesma maneira que um grão de trigo produz muitos frutos, no último dia você repousará com seus companheiros". Cortaram o quarto, e ele disse: "Por que está triste, alma minha, por que se perturba? Tenho esperança em Deus, confio Nele, que é meu Salvador e meu Deus".[4] Cortaram o quinto, e ele comentou: "Posso dizer agora que o Senhor tornou-me digno de ser associado a seus escravos".

Então eles pegaram o pé esquerdo e cortaram-lhe o dedo menor, e Tiago disse: "Dedinho, console-se, pois o pequeno e o grande ressuscitarão da mesma forma, e se um fio de cabelo não perecerá, por que você seria separado de seus companheiros?". Cortaram o segundo, e Tiago disse: "Destruam esta velha casa, pois me preparam uma mais esplêndida". Cortaram o terceiro, e Tiago disse: "A bigorna endurece sob os

---

[2] Isto é, a décima letra.
[3] *Lucas* 9,62.
[4] *Salmos* 41,12.

golpes". Cortaram o quarto, e ele disse: "Fortaleça-me, Deus da verdade, porque minha alma confia em você e esperarei à sombra de suas asas até que a iniqüidade tenha passado".[5] Cortaram o quinto, e ele disse: "Veja Senhor, que me imolo vinte vezes por você".

Pegaram então o pé direito e o cortaram. Tiago disse: "Ofereço este presente ao rei do Céu, por cujo amor padeço tais tormentos". Cortaram em seguida o pé esquerdo e o bem-aventurado Tiago disse: "Senhor, você que faz maravilhas, ouça-me e salve-me". Cortaram a mão direita e ele disse: "Que sua misericórdia venha em meu auxílio, Senhor!". Quando da esquerda, ele disse: "Você é o Deus que realiza maravilhas". Cortaram o braço direito e ele disse: "Louve o Senhor, alma minha, pois louvei o Senhor durante toda minha vida e celebrarei a glória de meu Deus enquanto viver".[6] Cortaram o braço esquerdo e ele disse: "Cercam-me as dores da morte, mas serei vingado delas em nome do Senhor". Então cortaram a perna direita até o fêmur. O bem-aventurado Tiago, prostrado por uma dor inexprimível, exclamou: "Senhor Jesus Cristo, ajude-me, pois chegam os gemidos da morte". E falou aos carrascos: "O Senhor me recobrirá de uma nova carne, que seus ferimentos não poderão macular".

Os carrascos estavam esgotados, suavam muito, porque da primeira hora do dia até a nona não haviam parado de cortá-lo. Enfim, pegaram sua perna esquerda e cortaram até a base do fêmur. O bem-aventurado Tiago exclamou:

> Soberano Senhor, atenda um semimorto, pois você é o senhor dos vivos e dos mortos. Dedos, Senhor, já não os tenho para erguê-los a você, mãos tampouco, para estendê-las, meus pés estão cortados, meus joelhos destruídos já não podem dobrar diante de você, sou como uma casa que perdeu suas colunas e vai desabar. Atenda-me, Senhor Jesus Cristo, e tire minha alma da prisão.

Dito isso, um dos carrascos aproximou-se e cortou-lhe a cabeça. Os cristãos foram às escondidas pegar o corpo, que sepultaram honrosamente. Ele foi martirizado a 27 de novembro.

---

[5] *Salmos* 56,2.

[6] *Salmos* 145,2.

169. São Pastor

São Pastor passou muitos anos no deserto,[1] mortificando-se por meio de grande abstinência que poliu sua grande santidade e religiosidade. Como sua mãe desejava vê-lo, assim como a seus irmãos, passou todo um dia a esperá-los, e quando eles foram à igreja ela apareceu de repente diante deles. Eles fugiram, entraram em uma cela e fecharam a porta. Ela ficou do lado de fora gritando e chorando muito. Do lado de dentro, Pastor perguntou-lhe: "Por que grita assim, velha?". Ao ouvir sua voz, ela gritou ainda mais alto, chorando: "Quero vê-los, meus filhos. Por que não os vejo? Sou sua mãe, que os alimentou com meu leite e já estou coberta de cabelos brancos". O filho: "Você quer ver-nos neste mundo ou no outro?". Ela respondeu: "Se não os vejo aqui, verei lá, meus filhos". Ele: "Se puder se resignar a não nos ver aqui, não há dúvida de que depois nos verá lá". Ela se retirou cheia de alegria, dizendo: "Se devo vê-los lá, não quero ver aqui".

O juiz da província desejava ver o abade Pastor, mas como não conseguia mandou capturar e pôr na prisão como malfeitor o filho de sua irmã, comentando: "Se Pastor vier interceder por ele, eu o soltarei". A mãe do rapaz foi chorando até a porta do irmão, que nada respondia, e ela disse: "Ainda que você tivesse entranhas de ferro e que nenhuma compaixão pudesse comovê-lo, pelo menos tenha misericórdia por seu sangue, ele é o meu único filho". Ele mandou dizer que "Pastor não tem filhos, por isso não se compadece". Ela foi embora cheia de dor e o juiz lhe disse: "Que pelo menos ele me dirija uma palavra, e eu libertarei seu filho". Mas Pastor mandou dizer: "Examina a

---

[1] Conforme nota 1 do capítulo 15.

causa segundo a lei. Se ele merecer a morte, que morra imediatamente, se não, faça como quiser".

Ele ensinava a seus irmãos que "guardar-se, respeitar a si mesmo e ser discreto são operações da alma. A pobreza, a tribulação e a discrição são características da vida solitária, pois está escrito 'Estes três homens, Noé, Daniel e Jó, libertarão suas almas por sua própria justiça'.[2] Noé representa os que não possuem nada, Jó os que estão expostos à tribulação e Daniel os discretos. Se um monge odiar duas coisas, pode ser libertado deste mundo". Um dos irmãos perguntou que coisas eram essas, e ele explicou: "As cobiças da carne e a vanglória. Se quiser encontrar repouso neste mundo e no outro, em qualquer situação pergunte: 'Quem sou eu?' e diga: 'Não julgue ninguém'".

Certa vez um irmão da comunidade cometeu uma falta e aconselhado por um eremita o abade expulsou-o. Como este chorava e se desesperava, o abade Pastor mandou trazê-lo à sua presença, recebeu-o com bondade, consolou-o e enviou-o àquele eremita com um recado: "Ouvi falar de você e desejo vê-lo. Enfrente o cansaço da viagem e venha até mim". Ele foi e Pastor disse-lhe: "Havia dois homens, cada um com seu morto. Um deles deixou o seu para ir chorar o morto do outro". Ao ouvir isso, o eremita compreendeu o que ele queria dizer e arrependeu-se do mau conselho que dera.

Um irmão disse a Pastor que estava perturbado e queria abandonar a vida eremítica porque escutara algumas coisas pouco edificantes sobre um monge. Pastor disse-lhe que não desse crédito a elas, pois não eram verdadeiras. Mas ele assegurava que eram verídicas, pois tinham sido relatadas pelo irmão Fidélio. Pastor comentou: "Quem falou essas coisas a você não é credível, pois se fosse jamais as teria contado". O irmão: "Eu vi com meus olhos". Então Pastor perguntou-lhe o que era uma viga e um graveto, e ele respondeu que um graveto é um graveto e uma viga, uma viga. Pastor: "Ponha em seu coração que seus pecados são como essa viga e os pecados do outro como um pequeno graveto".

Um irmão que cometera um grande pecado e queria fazer penitência por três anos perguntou a Pastor se era muito tempo. Ele respondeu: "É muito". Perguntado se um ano era suficiente, ele disse: "É muito". Os que ouviam a conversa sugeriram quarenta dias, e ele disse: "É muito". E acrescentou: "Penso que se um homem se arrepende de todo

---

[2] *Ezequiel* 14,14.

o coração e não recai no pecado, o Senhor aceitará uma penitência de três dias".

Perguntaram-lhe o que pensava das palavras "Aquele que, sem motivo, irrita-se contra seu irmão merece ser condenado",[3] e ele respondeu: "Tudo que seu irmão fizer não deve irritá-lo. Qualquer coisa menos grave do que arrancar seu olho direito será uma irritação sem motivo. Mas se alguém quiser separá-lo de Deus, fique com raiva dele". Pastor disse ainda: "Aquele que é briguento não é monge; aquele que guarda malícia no coração não é monge; aquele que se irrita facilmente não é monge; aquele que paga o mal com o mal não é monge; aquele que é orgulhoso e tagarela não é monge. O verdadeiro monge é sempre humilde, doce, cheio de caridade e temente a Deus para não pecar".

Ele disse ainda que se dentre três pessoas há uma saudável, outra doente e que agradece a Deus e uma terceira que de boa vontade cuida das duas primeiras, todas as três são semelhantes e realizam uma única e mesma obra.

Quando um irmão queixou-se de ser tomado por muitos pensamentos perigosos, Pastor levou-o para o ar livre e disse: "Abra as narinas e prenda o vento". Ele: "Não consigo". Pastor: "Tampouco pode impedir que os pensamentos entrem, mas é seu dever resistir a eles".

Perguntado por um irmão sobre o que fazer com uma herança que lhe fora deixada, Pastor pediu-lhe que voltasse três dias depois. Quando ele voltou, respondeu: "Se digo a você para dá-la aos clérigos, estes farão banquetes; se digo para dá-la a seus parentes, você nada ganhará com isso; se digo para dá-la aos pobres, estará em segurança. Mas faça o que quiser, não é problema meu".

Tudo isto está em VIDAS DOS PADRES.

---

[3] *Mateus* 5,22.

170. São João, Abade

O abade João perguntou a Epísio, que habitara quarenta anos no deserto,[1] que progresso fizera ali. Ele respondeu: "Desde que comecei a vida eremítica, o sol jamais me viu comer". João: "Nem eu ficar encolerizado". No mesmo livro que conta isso lê-se algo parecido: quando o bispo Epifânio ofereceu carne ao abade Hilarião, este disse: "Perdoe-me, desde que tomei este hábito não comi nada que tenha sido morto". O bispo: "E eu, desde que tomei este hábito, não fui dormir se alguém tivesse algo contra mim, nem se eu tivesse algo contra alguém". Hilarião disse: "Perdoe-me, você é melhor do que eu".

João queria, a exemplo dos anjos, não fazer nada além de se dedicar incessantemente ao serviço de Deus, e para isso largou tudo e foi para o deserto. Uma semana depois, tendo experimentado a fome e as picadas de moscas e vespas, foi bater à porta de seu irmão. Este perguntou: "Quem é?". E ele respondeu: "Sou eu, João". Então o irmão disse: "De jeito nenhum, pois João tornou-se um anjo e não está mais entre os homens". Ele: "Sou eu, de verdade". O outro não abriu a porta e deixou-o penando até de manhã. Depois que abriu, disse: "Se você é um homem, ainda precisa trabalhar para se alimentar e viver, mas se é um anjo, por que entrar na cela?". João respondeu: "Perdoe-me, meu irmão, pequei".

Quando ele estava prestes a morrer, os irmãos pediram-lhe que lhes deixasse como herança alguma palavra salutar e sucinta. E ele disse, gemendo: "Jamais fiz minha própria vontade e jamais ensinei nada que eu próprio não houvesse praticado primeiro".

Isto está em *VIDAS DOS PADRES*.

---

[1] Conforme nota 1 do capítulo 15.

171. São Moisés, Abade

O abade Moisés disse a um irmão que lhe pedia um conselho: "Fique em sua cela e ela ensinará tudo".

Um velho enfermo queria ir para o Egito a fim de não ser pesado aos irmãos, então o abade Moisés disse-lhe: "Não vá, pois cairá em fornicação". Triste, o velho respondeu: "Meu corpo está morto e você me diz isso?". Ele foi e lá uma virgem o serviu por devoção; e quando recuperou a saúde ele a violentou. Depois que ela deu à luz, o velho pegou a criança nos braços e diante de uma multidão de irmãos entrou na igreja de São Sisto, onde naquele dia celebrava-se uma grande festa. Todos choravam e ele disse: "Vêem esta criança? É filha da desobediência. Tenham cautela, meus irmãos, fiz isso na velhice. Orem por mim". Voltou então à sua cela e retomou o tipo de vida anterior.

Certa vez um monge muito velho disse a outro: "Estou morto", e este respondeu: "Não confie em você mesmo até que tenha saído de seu corpo, pois diz que está morto, mas Satanás não está morto".

Quando um irmão pecou, os outros o mandaram contar ao abade Moisés, que pegou uma cesta cheia de areia e foi encontrá-los. Os irmãos perguntaram o significado daquilo e ele respondeu: "São meus pecados, que carrego e não vejo, e mesmo assim hoje venho julgar os pecados dos outros". Ao ouvir isso, os irmãos entenderam e perdoaram aquele que haviam denunciado.

Lê-se algo semelhante a respeito do abade Pastor. Certa feita em que os irmãos falavam de um irmão culpado, ele ficou calado. Depois pegou um saco cheio de areia cuja parte maior carregava atrás e uma pequena parte na frente. Perguntaram-lhe o que era aquilo e ele explicou: "Esta areia que carrego em grande quantidade atrás de mim são meus pecados, que não vejo e com os quais não me atormento. A parte pequena, que está diante de mim, são os pecados dos irmãos, que eu vejo e julgo, embora devesse carregar sempre meus pecados à minha frente, para pensar neles e rogar a Deus que os perdoe".

Quando o abade Moisés foi ordenado clérigo, puseram-lhe o amicto[1] sobre os ombros e o bispo disse: "O abade tornou-se branco". E este: "Por fora, senhor, por dentro queira Deus que vermelho".[2] Querendo pô-lo à prova, o bispo pediu a seus clérigos que repelissem Moisés quando ele subisse ao altar, que o ofendessem e que depois o seguissem para escutar o que diria. Eles assim fizeram e ele saiu dizendo: "É bem feito para você ser sujo e negro; por que tem a pretensão de se apresentar no meio dos homens se não é um homem?". Assim dizem as VIDAS DOS PADRES.

---

[1] Peça branca da vestimenta litúrgica, que encobre a cabeça do sacerdote antes de ele colocar a alba (sobre esta, cf. nota nota 3 do capítulo 16).

[2] No sistema simbólico de fins da Idade Média, o vermelho era considerado cor da caridade, da generosidade, da coragem.

172. Santo Arsênio

Arsênio ainda vivia na corte quando fez uma prece pedindo para ser levado ao caminho da salvação e ouviu uma voz que lhe dizia: "Fuja dos homens e será salvo". Ele se tornou monge, e ao fazer a mesma prece ouviu a voz dizer: "Arsênio, fuja, cale-se e repouse". Lê-se no mesmo texto, em relação à busca de tranqüilidade, que de três irmãos que se tornaram monges, o primeiro escolheu como missão reconciliar os que tivessem desavenças, o segundo visitar os doentes, o terceiro viver na quietude da solidão. O primeiro, que se aplicava em abrandar as desavenças, não pôde agradar a todos e, vencido pelo desânimo, foi encontrar o segundo, que estava abatido pela impossibilidade de executar seu desígnio. Ambos resolveram encontrar o terceiro, que estava na solidão, e depois de terem contado suas tribulações aquele pôs água em um copo e disse: "Olhem esta água". Ela estava agitada e turva. Alguns instantes depois, ele lhes disse: "Olhem agora como ela está clara e límpida". Eles olharam e viram seus próprios rostos ali refletidos, ao que o outro acrescentou: "O mesmo acontece com os que ficam no meio dos homens. A multidão impede de ver seus pecados, enquanto aqueles que vivem na solidão podem vê-los".

Certa vez um homem encontrou no deserto[1] alguém que como os animais comia grama e estava nu. Como ele fugiu à sua aproximação, o homem correu atrás dele dizendo: "Espere-me, sigo-o por Deus". O outro: "E eu fujo de você por Deus". Então o primeiro jogou fora suas vestes e o outro o parou, dizendo: "Já que se despojou do que pertence ao mundo, espero". Este: "Ensine-me como poderei ser salvo". O outro respondeu: "Fuja dos homens e cale-se".

---

[1] Conforme nota 1 do capítulo 15.

Uma mulher nobre e velha foi, por devoção, ver o abade Arsênio. O arcebispo Teófilo pediu-lhe que a recebesse, com o que ele não concordou. No entanto a mulher foi à cela do abade, encontrou-o diante da porta e prosternou-se a seus pés. Muito indignado, ele a ergueu dizendo: "Se quer ver meu rosto, veja". Confusa e envergonhada, ela não olhou o rosto do velho, que perguntou: "Como uma mulher teve coragem de fazer uma viagem tão longa? Se voltando a Roma você contar às outras mulheres que viu o abade Arsênio, elas também virão me ver". Ela: "Se Deus quiser que eu volte a Roma, não deixarei nenhuma mulher vir aqui. Peço apenas que reze por mim e me conserve sempre em sua memória". Ele: "Peço a Deus que apague de meu coração a lembrança de você". Ao ouvir isso, a mulher ficou perturbada, voltou triste para a cidade e começou a ter febre. Sabendo disso, o arcebispo foi consolá-la, mas ela dizia: "Estou morrendo de tristeza!". O arcebispo: "Você não sabe que é mulher e que é por meio das mulheres que o inimigo ataca os santos? Foi por isso que o ancião falou daquela forma, mas ele sempre reza por sua alma". Ela foi consolada por essas palavras e voltou para casa.

Lê-se sobre um outro Pai da Igreja que um de seus discípulos disse: "Você está velho, pai, vamos ver um pouco o mundo", e ele respondeu: "Vamos aonde não haja mulheres". O discípulo: "E onde não há mulheres, a não ser, talvez, na solidão?". Ele: "Então leve-me para a solidão".

Um monge que precisava carregar para o outro lado do rio sua velha mãe envolveu as mãos no manto. Ela perguntou: "Por que, filho, você cobriu assim suas mãos?". Ele: "Por que o corpo de uma mulher é um fogo, e tocando-o a lembrança de outras mulheres poderiam vir ao meu espírito".

Durante toda sua vida, enquanto estava sentado em contemplação Arsênio mantinha na mão um lenço para enxugar as lágrimas que corriam freqüentemente de seus olhos. Passava a noite inteira acordado, e quando de manhã chegava a necessidade natural de dormir, dizia ao sono: "Vem, mau servidor", e cochilava um pouco para logo depois se levantar. Ele dizia que: "Para um monge é suficiente dormir uma hora, se souber combater o sono". O pai de Arsênio, senador da alta nobreza, morreu e por testamento deixou-lhe grande herança. Um magistrado levou esse testamento a Arsênio, que o pegou querendo rasgá-lo. O magistrado caiu a seus pés, pedindo que não fizesse aquilo, pois sua cabeça estava em jogo. Arsênio: "Morri antes dele, então por que ele me fez seu herdeiro?". E devolveu o testamento sem querer aceitar nada.

Um dia uma voz disse a Arsênio: "Venha, e mostrarei o que os homens fazem". E o conduziu a um lugar onde um etíope cortava lenha e com ela fazia um feixe tão pesado que não podia carregar. E cortava mais lenha, que acrescentava à sua carga, e assim continuou durante longo tempo. A voz mostrou-lhe também outro homem ocupado em tirar água de um lago e colocá-la numa cisterna aberta que a deixava voltar para o lago. Mostrou-lhe ainda um templo e dois homens a cavalo que transportavam uma viga em posição transversal e não conseguiam por isso entrar no templo. A voz explicou:

> Estas são pessoas que carregam o jugo da justiça com soberba e não com humildade, por isso ficam sempre fora do reino de Deus. O homem que corta lenha é alguém cheio de pecados e que não faz penitência, não diminui esses pecados, ao contrário, acrescenta iniqüidades às suas iniqüidades. Aquele que tira água é o homem que faz boas obras, mas como elas são acompanhadas de más ações, ele perde suas boas obras.

Ao cair da tarde de todo sábado, Arsênio estendia as mãos para o Céu e assim ficava até que no amanhecer de domingo o sol nascente iluminasse seu rosto. Assim contam as VIDAS DOS PADRES.

173. Santo Agatão

O abade Agatão durante três anos manteve na boca uma pedra para aprender a ficar calado.

Ao ingressar na comunidade monástica, um irmão disse consigo mesmo: "Você e o asno são a mesma coisa, pois o asno é espancado e não fala, suporta injúrias e não responde, e você faz igual".

Outro irmão foi expulso da mesa e não respondeu nada. Quando depois lhe perguntaram por que, respondeu: "Pus no coração a idéia de que sou igual a um cão que, perseguido, foge".

Quando se perguntava a Agatão que mérito havia em trabalhar, ele respondia: "Acho que trabalhar não vale tanto quanto orar a Deus, pois enquanto nos outros trabalhos o homem pode ter algum descanso, os inimigos sempre tentam destruir a prece, e assim quem reza realiza uma obra de grande envergadura".

Um monge perguntou a Agatão como devia comportar-se com os outros irmãos, e ele respondeu: "Como no primeiro dia, sem confiar em si mesmo, pois não há erro pior que a confiança, mãe de todos os vícios". Ele disse ainda: "O homem colérico, mesmo que ressuscitasse os mortos, não agrada a ninguém, inclusive a Deus". Um irmão que era irascível disse consigo mesmo: "Se eu vivesse sozinho, não teria ocasião de sentir raiva". Certa feita ele enchia de água um pequeno vaso e o derrubou, encheu-o uma segunda vez e o derrubou novamente, uma terceira vez o encheu e o derrubou e irritado quebrou o vaso. Caindo em si, percebeu que fora atacado pelo demônio da cólera e disse: "Estou só e contudo deixei-me dominar pela cólera. Voltarei ao mosteiro, pois em toda parte é preciso esforço, é preciso paciência, é preciso ter ajuda de Deus".

Diferentemente deste caso, dois monges haviam vivido longos anos juntos e jamais brigado. Certa vez um disse ao outro: "Façamos como todos os homens do mundo, briguemos um pouco". O outro respondeu: "Não sei como se briga". O irmão disse: "Basta pôr um pequeno tijolo entre nós e eu digo 'ele é meu', enquanto você, pelo contrário, diz: 'não, ele é meu', e assim começará a disputa". Puseram então o tijolo entre eles e um disse: "Isto é meu". O outro replicou: "Não, é meu". O primeiro respondeu: "Sim, é seu, pegue-o e fique com ele". E separaram-se sem poder ficar irritados um com o outro.

O abade Agatão era sábio e inteligente, infatigável no trabalho, parcimonioso na alimentação e na vestimenta. Ele dizia: "Jamais quis dormir tendo no coração um ressentimento contra alguém, jamais deixei alguém dormir tendo algum ressentimento contra mim".

Moribundo, Agatão permaneceu três dias imóvel, de olhos abertos. Quando um irmão tocou nele, disse: "Assisto ao julgamento de Deus". Eles: "Você também o teme?". Agatão: "Esforcei-me como pude, com a ajuda de Deus, para respeitar os mandamentos, mas sou homem e não sei se minhas obras agradaram ao Senhor". Eles perguntaram: "Você não confia que suas obras estiveram de acordo com Deus?". Ele: "Não presumo nada até o momento em que tiver chegado diante Dele, pois os julgamentos de Deus são diferentes dos julgamentos dos homens".

Como queriam fazer outras perguntas, ele disse: "Mostrem caridade e não falem, pois estou ocupado". Ao dizer isso, entregou o espírito com alegria, como alguém que saúda seus amigos mais queridos.

Assim está nas *VIDAS DOS PADRES*.

174. Santos Barlaão e Josafá

Barlaão, cuja história JOÃO DAMASCENO compilou com muito interesse,[1] pela graça de Deus converteu à fé o rei São Josafá. Com efeito, como a Índia inteira estava cheia de cristãos e de monges, apareceu um poderoso rei chamado Avenir que os perseguiu muito, particularmente os monges. Ainda assim um amigo do rei e principal personagem da corte, tocado pela graça divina, abandonou o palácio real para ingressar em uma ordem monástica. Ao saber disso, o rei ficou louco de raiva e mandou procurá-lo em cada deserto,[2] com ordem de trazê-lo à sua presença tão logo fosse encontrado. Quando o viu coberto por uma feia túnica e extenuado pela fome, ele que comumente andava ornado de esplêndidas vestes e nadava em riquezas, disse-lhe: "Ó louco e insensato! Por que trocou a honra pela vergonha? Você se tornou motivo de deboche das crianças". Ele: "Se deseja ouvir a razão, afaste de você seus inimigos".

O rei perguntou quem eram esses inimigos e ele explicou: "A cólera e a concupiscência, que impedem de distinguir a verdade, pois para escutar o que tenho a dizer você precisa de prudência e eqüidade". O rei: "Está bem, fale". E ele: "Os insensatos desprezam as coisas que são, como se elas não fossem, e esforçam-se por agarrar as coisas que não são, como se elas fossem. Ora, quem não provou da doçura das coisas que são não poderá aprender a verdade das coisas que não são". Como con-

---

[1] Esta história muito difundida, de origem controvertida, talvez budista, entrou na cultura cristã por traduções-adaptações em georgiano, árabe e grego. Da versão grega do século VI passou para o latim em fins do século X e depois para vários idiomas vernáculos. Sobre sua presença no texto de Jacopo de Varazze, pode-se ver M. Pitts, "La légende inépuisable de Barlaam et Josaphat dans un chapitre de la *Légende dorée* de J. de Voragine", *Fifteenth Century Studies*, 9, 1984, pp. 147-63.

[2] Conforme nota 1 do capítulo 15.

tinuasse a explicar muitos outros mistérios da Encarnação e da fé, o rei disse: "Se eu não tivesse no começo prometido afastar a cólera de meu espírito, entregaria suas carnes ao fogo. Vá embora, afaste-se de meus olhos para que eu não o veja mais, ou faço-o perecer de morte cruel". O homem de Deus retirou-se triste, porque não padecera o martírio.

Até então o rei não tinha filhos, e nasceu um muito bonito, que foi chamado Josafá. O rei reuniu enorme multidão para sacrificar aos deuses pelo nascimento e convocou sessenta astrólogos para cuidadosamente se informar do que deveria acontecer com esse filho. Todos responderam que ele teria grande poder e riqueza, e o mais sábio deles disse: "Esse filho, ó rei, não reinará em seu reino, mas em outro incomparavelmente melhor, pois a religião cristã que você persegue será, penso, a que ele praticará". Ele não falou assim por si mesmo, mas por inspiração de Deus. Ao ouvi-lo, o rei ficou estupefato e mandou construir na cidade, em local afastado, um palácio magnífico para servir de habitação ao filho e ali colocou com ele jovens de grande beleza, ordenando-lhes que não pronunciassem diante de Josafá as palavras morte, velhice, enfermidade, pobreza, nem qualquer outra que pudesse causar tristeza. Pelo contrário, mandou que tratassem com ele apenas assuntos agradáveis, de sorte que seu espírito, inteiramente ocupado com prazeres, não pensasse nas coisas futuras. Se acontecia que um dos que o serviam ficasse doente, imediatamente o rei mandava tirá-lo dali e substituí-lo por outro com boa saúde. Ordenou ainda que não fizessem a seu filho menção alguma a Cristo.

Naquela época o mais importante dos príncipes da corte secretamente era muito cristão. Um dia em que foi à caçada com o rei, encontrou, estendido no solo e ferido no pé por um animal, um pobre que pediu que o recolhesse, afirmando que lhe poderia ser útil em alguma coisa. O cavaleiro disse: "De bom grado concordo em acolhê-lo, mas ignoro em que poderá ser útil". Ele respondeu: "Sou médico de palavras, se alguém é ferido por elas, sei empregar o remédio conveniente". O cavaleiro não levou em conta o que aquele homem dizia, porém por amor a Deus recolheu-o e cuidou dele. Alguns homens invejosos e maldosos, vendo que aquele príncipe caíra nas graças do rei, acusaram-no não apenas de seguir a fé cristã, mas também de corromper a multidão para tomar o trono. Disseram ainda: "Se, ó rei, você desejar assegurar-se de que isto é verdade, fale privadamente com ele, diga-lhe que esta vida é curta, que quer abandonar a glória do trono e tomar o hábito dos monges aos quais até hoje, por ignorância, perseguiu, e verá então o que ele responderá".

O rei fez tudo o que lhe fora sugerido, e o príncipe, que não desconfiava do ardil, louvou o projeto, derramou lágrimas de alegria, lembrou-lhe as vaidades do mundo, aconselhou-o a executar rapidamente seu desígnio. Quando ouviu tudo isso, o rei acreditou que era verdade o que lhe fora dito, ficou furioso mas nada disse. Percebendo a seriedade com que o rei acolhera suas palavras, o homem retirou-se tremendo e, lembrando que tinha um médico de palavras, foi contar-lhe tudo. Este comentou:

> Parece que o rei suspeita que você quer se apoderar de seu reino. Vá então cortar os cabelos, tirar estas roupas, vestir um cilício e encontrar o rei de manhã bem cedo. Quando ele perguntar o que isso significa, você responderá: "Estou pronto a segui-lo, rei, e ainda que o caminho seja duro, estando com você ele se tornará fácil, pois da mesma maneira que me teve por companheiro na prosperidade, me encontrará consigo na adversidade. Agora já estou pronto; o que espera?".

Ele assim fez, o rei ficou surpreso, e para castigar os caluniadores cumulou o príncipe de novas honrarias.

Enquanto isso, o filho do rei, criado no palácio, chegou à idade adulta e foi instruído em todo tipo de conhecimento. Admirado de que seu pai o mantivesse recluso daquela forma, informou-se secretamente a respeito com um de seus servidores mais íntimos dizendo-lhe que aquela situação de não poder sair do palácio deixava-o tão triste que não podia saborear nem bebida nem comida. O pai soube disso e ficou pesaroso. Mandou preparar para seu filho cavalos bem treinados e grupos de pessoas para aplaudi-lo durante o trajeto que ele fizesse, tomou enfim todas as medidas para que ele nada encontrasse de desagradável. Mas certo dia em que o jovem passeava apareceram em seu caminho um leproso e um cego. Ao vê-los ele ficou impressionado e informou-se sobre o que tinham e quem eram. Seus servidores explicaram: "São doenças que atingem os homens". Ele: "Isso acontece com todos?". Eles responderam que não. "Sabe-se quem deve sofrer assim ou isso acontece a qualquer um, indistintamente?" Eles: "Quem pode saber o futuro dos homens?". Ele ficou muito angustiado de ver aquelas coisas com as quais não estava acostumado.

Outra vez, ele encontrou um velho que tinha o rosto cheio de rugas, as costas curvadas e a boca desdentada que mal lhe permitia balbuciar. Ficou pasmo vendo aquilo e quis conhecer a causa do prodígio. Quando soube que aquilo era decorrência de um grande número de anos, perguntou: "E como isso acabará?". Eles responderam: "Pela morte". E ele: "A morte atinge todos os homens ou apenas alguns?". Quando soube que todos devem morrer, perguntou: "E depois de quantos anos isso acontece?". Eles: "A velhice chega até aos oitenta ou cem anos, em seguida vem a morte". O jovem, remoendo em seu coração esses fatos, estava muito desolado, desejava conhecer todas essas coisas, mas na presença do pai fingia alegria.

Ora, um monge famoso por suas virtudes, chamado Barlaão, que habitava o deserto de Senaar, conheceu por revelação o que se passava com o filho do rei. Vestido de comerciante, foi à capital de Avenir encontrar o preceptor do príncipe, ao qual disse: "Sou comerciante e tenho para vender uma pedra preciosa que dá luz aos cegos, abre os ouvidos dos surdos, faz falar os mudos e transmite sabedoria aos insensatos. Conduza-me ao filho do rei, e darei a pedra a ele". O preceptor: "Você parece um homem maduro e prudente, mas suas palavras não combinam com a prudência. Como sou conhecedor de pedras, mostre-me essa e se ficar provado que ela é tal como você afirma, receberá do filho do rei as maiores honras". Então Barlaão acrescentou: "Minha pedra possui ainda outra virtude: aquele que não tem olhos saudáveis e não conserva uma castidade íntegra, perde a visão ao olhá-la. Apesar de não ser especialista em medicina, vejo que seus olhos não são sadios, mas ouvi dizer que o filho do rei é casto e tem olhos bonitos e bons". Ele: "Se é assim, não a mostre para mim, pois de fato não tenho olhos saudáveis e estou atolado no pecado".

Ele contou tudo isso ao filho do rei, ao qual conduziu Barlaão, que foi recebido com respeito e disse-lhe:

> Príncipe, ao não dar atenção apenas à minha aparência, você agiu bem. Ouça esta história. Um poderoso rei viajava em uma carruagem dourada quando cruzou com alguns maltrapilhos magros de fome e imediatamente desceu de sua carruagem. Depois de se prosternar diante deles, adorou-os e, levantando-se, abraçou-os. Os nobres que o acompanhavam ficaram indignados, mas não ousando censurar o rei contaram a seu irmão como ele agira de forma indigna à majestade real, e o irmão do rei criticou-o. Ora, o rei tinha o costume, quando condenava alguém à morte, de mandar um arauto tocar uma trombeta diante da porta do culpado, e naquela noite foi feito isso diante da porta de seu irmão. Ao

ouvir a trombeta, e desesperado para se salvar, passou toda a noite sem dormir e fez seu testamento. De manhã, vestiu roupas pretas e foi em prantos, com a mulher e os filhos, ao palácio. O rei o fez entrar e disse: "Ó insensato, se você teve tanto medo do arauto de seu irmão, a quem bem sabe não ter faltado em nada, por que eu não devo temer os arautos de meu Senhor, contra o qual tanto pequei, arautos que me chamam para a morte com uma trombeta cujo som me anuncia a chegada do terrível juiz?". Depois mandou fazer quatro baús, dois deles inteiramente recobertos de ouro e nos quais foram colocadas ossadas em putrefação, e dois untados de pez, que foram enchidos com pérolas e pedras preciosas. Mandou então chamar os nobres que o haviam criticado a seu irmão e colocou os baús diante deles. Perguntou-lhes quais eram os mais preciosos, e eles julgaram que eram os dourados e que os outros não tinham nenhum valor. O rei mandou abrir os baús dourados e no mesmo instante exalou deles um fedor intolerável. Disse-lhes o rei: "Estes baús se parecem com as pessoas que estão recobertas de vestes luxuosas e cujo interior é maculado por toda espécie de vícios". Depois mandou abrir os outros, dos quais exalou um admirável odor. O rei explicou: "Estes são semelhantes àqueles homens paupérrimos que honrei e que, cobertos de andrajos, resplandecem interiormente com o odor de todas as virtudes. Vocês só prestam atenção nas aparências, sem considerar o que existe no interior".

E Barlaão completou: "Você fez como esse rei, príncipe, ao me receber bem".

Então, Barlaão pôs-se a falar longamente sobre a criação do mundo, a queda do homem, a encarnação do Filho de Deus, sua Paixão e Ressurreição, o dia do Juízo e o que será concedido aos bons e aos maus. Falou depois contra os que servem aos ídolos e para provar a estupidez dessa conduta deu o seguinte exemplo:

Um arqueiro capturara um passarinho chamado rouxinol, e queria matá-lo quando o rouxinol perguntou-lhe: "Para que me matar? Não poderá encher seu estômago com minha carne, mas se me soltar eu darei três conselhos que se forem cuidadosamente seguidos poderão ser muito úteis a você". Espantado de ouvir um pássaro falar, o homem prometeu soltá-lo se ele desse os três conselhos. O pássaro disse: "Nunca procure empreender uma coisa impossível; não se aflija com a perda de uma coisa que não pode recuperar; nunca acredite em uma palavra inacreditável. Siga estas três recomendações e tudo irá bem". Então o arqueiro soltou o rouxinol, como prometera. O rouxinol alçou vôo e disse: "Pobre homem, você recebeu um mau conselho e perdeu hoje um grande tesouro, pois em minhas entranhas há uma pérola maior do que um ovo de avestruz". Quando ouviu isso, o arqueiro ficou muito triste por ter soltado o rouxinol, e empenhou-se em recapturá-lo, dizendo: "Venha à minha casa, serei muito bom com você, deixarei partir honradamente quando quiser". O rouxinol: "Agora tenho certeza de que você é um louco, já que não tira proveito algum dos conselhos que dei. Você lamenta ter me perdido e não poder me recapturar, depois tenta me recapturar quando não pode me seguir, acredita que há uma grande pérola em minhas entranhas, quando todo meu corpo é menor que um ovo de avestruz". Quem deposita sua confiança nos ídolos é insensato como esse arqueiro, pois adora a obra de suas próprias mãos e chamam de guardiães o que eles próprios guardam.

Ele passou então a discorrer longamente sobre os prazeres e as vaidades do mundo, baseando suas palavras em vários exemplos.

Aqueles que cobiçam os deleites corporais e deixam sua alma morrer de fome parecem o homem que fugindo velozmente de um unicórnio que ia devorá-lo não viu mais nada e caiu num profundo abismo. Na queda ele agarrou um arbusto e conseguiu colocar os pés num lugar escorregadio e frágil. Viu então que dois ratos, um branco e outro preto, roíam sem parar a raiz do arbusto e que no fundo do precipício havia um terrível dragão vomitando chamas e abrindo a goela para o devorar. No lugar onde apoiara os pés, viu as cabeças de quatro áspides. Erguendo os olhos, viu um pouco de mel que escorria dos ramos do arbusto e esquecendo o perigo a que estava exposto entregou-se inteiramente ao prazer de provar aquele pouco de mel. O unicórnio é a figura da morte, que persegue o homem sem cessar e aspira pegá-lo. O abismo é o mundo, com todos seus males. O arbusto é a vida de cada um, roída sem cessar por todas as horas do dia e da noite, como por um rato branco e um preto, que vão cortá-lo. O lugar onde estão as quatro áspides é o corpo, composto de quatro elementos,[3] cujas desordens levam à dissolução corporal. O terrível dragão é a garganta do Inferno, que cobiça devorar todos os homens. O mel que sai dos ramos é o prazer enganador do mundo, pelo qual o homem se deixa seduzir e que lhe oculta o perigo que o cerca.

---

[3] Conforme nota 4 do capítulo 32.

Barlaão continuou:

Os que amam o mundo são semelhantes a alguém que tem três amigos. Ele ama o primeiro mais que a si mesmo, o segundo tanto quanto a si mesmo e o terceiro menos que a si mesmo. Certa vez, convocado pelo rei e encontrando-se em grande perigo, essa pessoa procura o primeiro amigo, pede-lhe ajuda, lembrando-lhe quanto o estima. Este responde: "Não sei quem é você. Tenho amigos com os quais vou hoje me divertir e fazer outros amigos, no entanto dou a você estes dois pequenos pedaços de pano que podem lhe servir". Ele foi então, todo confuso, procurar o segundo amigo e lhe pedir ajuda. Este disse: "Não tenho tempo para me ocupar com seu problema, estou cheio dos meus próprios, mas acompanho-o até à porta do palácio e depois volto imediatamente para casa a fim de cuidar de meus próprios negócios". Triste e desesperado, ele foi procurar seu terceiro amigo e de cabeça baixa disse-lhe: "Não sei como falar, pois não o amei como devia, mas mergulhado na tribulação e privado de amigos, imploro que receba minhas desculpas e me ajude". Com rosto sorridente, ele respondeu: "É claro que o considero um amigo muito querido, e lembro do serviço, embora pequeno, que me prestou, por isso vou ao palácio antes de você para intervir junto ao rei em seu favor, a fim de que não o entregue nas mãos de seus inimigos".

E Barlaão explicou:

O primeiro amigo é a posse das riquezas pelas quais o homem é exposto a muitos perigos e que, quando chega o momento da morte, não recebe delas nada além de alguns infectos farrapos para se amortalhar. O segundo é a mulher, os filhos, os parentes, que vão apenas até sua sepultura e logo voltam para dedicar-se a seus assuntos. O terceiro amigo é a fé, a esperança, a caridade, a esmola e todas as outras boas obras que no momento em que deixamos nosso corpo podem ir na frente para intervir por nós diante de Deus e nos livrar de nossos inimigos, que são os demônios.

Ele continuou a falar:

Era costume, em uma grande cidade, escolher a cada ano para príncipe um estrangeiro desconhecido, que recebia todo o poder e podia fazer o que quisesse, governando aquela terra sem qualquer constituição. Enquanto ele passava o tempo nos prazeres, pensando que seria sempre assim, repentinamente os cidadãos revoltavam-se e o arrastavam completamente nu pela cidade e o exilavam numa ilha distante, onde sem víveres nem vestimentas ficava exposto à fome e ao frio. Contudo, certo homem elevado ao trono, sabendo o que os cidadãos habitualmente faziam, levou muitos tesouros para aquela ilha, na qual, exilado depois de terminado seu ano de governo, encontrou-se na posse de imensas riquezas enquanto os outros morriam de fome. Essa cidade é o mundo, os cidadãos são os príncipes das trevas que nos aliciam pelos falsos prazeres deste mundo e nos mergulham nas trevas depois que a morte nos surpreende no momento em que menos esperamos, as riquezas que enviamos para a eternidade são aquelas que entregamos aos pobres.

Depois de Barlaão ter perfeitamente instruído o filho do rei, este quis abandonar o pai para segui-lo, mas Barlaão disse:

Se fizer isso, será como um jovem que não querendo desposar uma mulher nobre fugiu e chegou a um lugar onde encontrou uma virgem, filha de um pobre velho, ocupada em trabalhar e em orar a Deus. Ele lhe perguntou: "Que você faz, mulher? Você é pobre e agradece a Deus como se houvesse recebido muito dele". Ela respondeu: "Assim como um remédio leve muitas vezes cura uma grave doença, o reconhecimento por pequenos dons leva a se receber outros maiores. As coisas exteriores não nos pertencem, apenas as que estão em nós. Deus concedeu-me grandes dons, criou-me à sua imagem, deu-me inteligência, chamou-me para partilhar sua glória e já me abriu a porta de seu reino. Convém louvá-lo por tantos e tão grandes benefícios". O jovem, vendo a sabedoria da virgem, pediu-a em casamento a seu pai. Este: "Você não pode desposar minha filha porque é filho de pais nobres e ricos, enquanto eu não passo de um indigente". Mas como o rapaz insistia, o velho disse: "Não posso dá-la para que a leve para a casa de seu pai, pois é minha única filha". Ele respondeu: "Ficarei em sua casa e aceitarei todos seus costumes". Ele então abandonou seus ornamentos preciosos para usar as roupas do velho, em cuja casa permaneceu e cuja filha desposou. Depois de o ter posto à prova muito tempo, o velho o levou ao seu quarto e mostrou uma quantidade tal de riquezas como ele jamais vira e deu tudo a ele.

Josafá comentou: "Essa narrativa convém perfeitamente à minha situação, e acho que o que acaba de me dizer é dirigido a mim. Mas diga-me, pai, que idade tem e onde vive, porque não quero nunca me separar de você". Ele: "Tenho 45 anos e moro nos desertos de Senaar". Josafá: "Você me parece ter mais de setenta anos". Ele: "Se você procura saber o número exato de anos desde meu nascimento, não se enganou, mas eu não conto todos os que gastei nas vaidades do mundo. Naquele tempo o homem interior estava morto e jamais chamarei os anos de morte de anos de vida". Como Josafá queria acompanhá-lo ao deserto, Barlaão disse: "Se fizer isso, serei privado de sua presença e serei a causa de meus irmãos serem perseguidos. Espere que as circunstâncias sejam favoráveis para ir me encontrar". Barlaão batizou então o filho do rei, e depois de o ter instruído completamente na fé, abraçou-o e retornou ao lugar onde morava.

Quando o rei soube que seu filho se tornara cristão, foi tomado por uma grande dor. Arachis, um de seus amigos, disse para consolá-lo: "Ó rei, conheço um velho eremita que é de nossa religião e se parece muito com Barlaão, se fará passar por Barlaão, começará por defender a fé cristã, depois se deixará vencer e se retratará de tudo o que ensinara, e assim o filho do rei voltará para nós". Arachis pôs-se então à frente de um numeroso exército para ir procurar o falso Barlaão e voltou dizendo que capturara o verdadeiro. Quando o filho do rei ouviu dizer que seu mestre fora capturado, chorou amargamente, mas pouco depois uma revelação de Deus fez saber que não era ele. Naquele momento o pai foi encontrá-lo e disse: "Meu filho, você me causou um profundo pesar, desonrou meus cabelos brancos e me privou da luz de meus olhos. Por que, filho, comportou-se assim e abandonou o culto de meus deuses?".

Josafá respondeu: "Fugi das trevas, pai, corri para a luz, abandonei o erro e conheci a verdade, por isso não tenha o trabalho inútil de tentar me fazer renegar Cristo, o que é impossível como tocar com a mão as alturas do céu e secar um mar profundo". O rei disse:

> E quem é afinal o autor de todos os infortúnios que desabam sobre mim senão eu próprio, que fiz por você coisas maravilhosas que jamais um pai fez por seu filho? A perversidade de sua vontade e sua obstinação desenfreada é que fizeram tudo isso para abreviar meus dias. Os astrólogos tinham muita razão de dizer, quando de seu nascimento, que você seria arrogante e desobedeceria a seus pais; por isso, se não concordar agora com meus desejos, eu o tratarei como a um estranho. De pai que sou, me tornarei seu inimigo, e farei o que ainda não fiz aos meus inimigos.

Josafá: "Por que, ó rei, se entristecer por eu participar do que é bom? Onde se viu um pai que fica pesaroso com a prosperidade de seu filho? Doravante não o chamarei mais de pai, e caso se torne meu inimigo fugirei de você como de uma serpente". Encolerizado, o rei deixou-o e comunicou a teimosia do filho a seu amigo Arachis, que o aconselhou a não usar palavras duras com Josafá, afirmando que este se deixaria conquistar pela carícia e pela doçura. No dia seguinte, o rei foi encontrar o filho e abraçou-o dizendo: "Filho queridíssimo, respeite os cabelos brancos de seu pai, honre-o. Você não sabe que obedecer ao pai e proporcionar-lhe alegria é bom, e que irritá-lo é mau? Todos os que assim fizeram acabaram mal". Josafá: "Há um tempo para amar e um tempo para obedecer, um tempo para a paz e um tempo para a guerra.[4] Jamais devemos obedecer aos que nos afastam de Deus, seja nosso pai, seja nossa mãe".

Vendo a firmeza do filho, o pai disse: "Já que você está tão obstinado em não me obedecer, ao menos venha comigo e acreditemos os dois na verdade. Barlaão, que o seduziu, está em meu poder. Convocarei os galileus para que venham sem receio e faremos um debate. Se Barlaão vencer, acreditaremos no que ele acredita, se nossos adeptos vencerem, vocês se juntarão a nós". Como isso agradou ao filho do rei, acertou-se com o falso Barlaão o método que se empregaria para que parecesse inicialmente defender a fé cristã e depois se deixar superar. Estando todos reunidos, Josafá dirigiu-se a Nacor (o falso Barlaão) e disse: "Você sabe, Barlaão, como me instruiu. Se defender a fé que me ensinou, persistirei até o fim de minha vida em sua doutrina, mas se você for vencido vingarei essa afronta arrancando com minhas próprias mãos seu coração e sua língua para dá-los aos cães, a fim de que doravante ninguém mais tenha a presunção de induzir ao erro os filhos dos reis".

Ao ouvir essas palavras, Nacor ficou muito triste e temeroso, percebendo que havia caído em sua própria armadilha. Refletiu que era melhor colocar-se do lado do filho de seu rei a fim de poder escapar daquela ameaça de morte, mesmo porque o rei lhe dissera que defendesse sem medo sua crença. Um dos retóricos ergueu-se e falou: "Você é Barlaão, que seduziu o filho do rei?". Ele: "Sou Barlaão, mas não induzi o filho do rei ao erro, livrei-o do erro". O retórico: "Já que homens eminentes e dignos de admiração adoraram nossos deuses, como você ousa se erguer contra eles?". Ele respondeu:

> Os caldeus, os gregos e os egípcios enganaram-se ao afirmar que criaturas são deuses. Os caldeus acreditam que os elementos são deuses, en-

---

[4] *Eclesiastes* 3,8.

quanto foram criados apenas para utilidade dos homens, para ser submetidos ao seu poder, e estão sujeitos a alterações. Os gregos consideram como deuses homens abomináveis, por exemplo Saturno — que eles dizem ter devorado seus filhos, ter cortado sua genitália e lançado ao mar, assim nascendo Vênus — ou ainda seu filho Júpiter, que o prendeu e jogou no Tártaro.[5] Júpiter é descrito como rei dos outros deuses, e no entanto conta-se que freqüentemente ele se transforma em animal para cometer adultério. Eles afirmam que Vênus é uma deusa adúltera, que teve ora Marte ora Adônis como parceiros. Os egípcios adoram animais como a ovelha, o bezerro, o porco e outros. Os cristãos adoram o Filho do Altíssimo, que desceu do Céu e revestiu-se de carne.

Em seguida, Nacor começou a defender a fé cristã com evidências racionais, e os retóricos, reduzidos ao silêncio, não souberam absolutamente o que responder. Josafá exultava de alegria vendo que o Senhor defendia a verdade por meio de um inimigo da verdade, mas o rei estava furioso. Ele mandou dissolver a assembléia até o dia seguinte, e Josafá disse ao pai: "Permita que meu mestre passe esta noite comigo, a fim de que falemos sobre o debate de amanhã, enquanto vocês conferenciam entre si. Ou então deixe seus homens vir comigo e leve o meu, do contrário você estaria recorrendo à violência, não à justiça". O rei concordou que ele fosse com Nacor, na esperança de que este o convenceria. Josafá voltou para casa com Nacor e disse-lhe: "Não pense que ignoro quem você é; sei que não é Barlaão, mas o astrólogo Nacor". Então Josafá começou a mostrar-lhe o caminho da salvação, converteu-o à fé e, de manhã, enviou-o ao deserto, onde recebeu o batismo e passou a levar vida eremítica.

Um mago chamado Teodas, sabendo o que se passava, foi encontrar o rei e prometeu fazer seu filho voltar às suas leis. O rei: "Se fizer isso, ergo para você uma estátua de ouro, à qual oferecerei sacrifícios como a nossos deuses". Ele: "Afaste de seu filho todos os homens, coloque na casa dele mulheres bonitas e bem-vestidas que estejam sempre com ele, servindo-o, entretendo-o e morando com ele. Nesse momento enviarei um de meus espíritos, que inflamará sua libido, pois não há nada mais sedutor para os jovens que as mulheres. Ouça esta história: Um rei tinha apenas um filho ao qual médicos muito hábeis previram que ele perde-

---

[5] Nos primeiros textos gregos, Tártaro é a região mais profunda do mundo, situada abaixo do Hades ou Inferno, com o qual acabou por se confundir.

ria a visão se não ficasse até a idade de dez anos sem ver o sol nem a lua. O rei mandou cavar uma caverna na rocha e ali manteve o filho até a idade de dez anos. Transcorrido esse tempo, ordenou que se pusesse sob os olhos de seu filho toda espécie de coisas, a fim de que ele pudesse aprender o nome delas. Mostraram-lhe ouro, prata, pedras preciosas, vestes esplêndidas, cavalos dignos de um rei, enfim, todo tipo de coisas, e quando ele perguntava o nome de cada uma delas seus serviçais respondiam. Quando perguntou com ansiedade como se chamava a mulher, um cortesão disse brincando que eram demônios que seduzem os homens. Quando o rei perguntou ao filho do que mais gostara dentre todas as coisas que vira, ele respondeu: 'Que outra coisa, pai, senão os demônios que seduzem os homens? Nada impressionou mais meu espírito do que isso'". E o mago concluiu: "Não conte vencer seu filho por outro meio que não esse".

O rei dispensou todos os servidores do filho e sem lhe deixar mais ninguém para ver, com quem falar e comer, colocou no lugar um conjunto de belas jovens para constantemente o excitar. Um espírito maligno enviado pelo mago apoderou-se do jovem e nele acendeu um fogo que inflamava seu coração por dentro enquanto as moças o inflamavam exteriormente. Sentindo-se fortemente atormentado, Josafá recomendou-se a Deus, recebeu o consolo divino e toda tentação desapareceu. Mandaram-lhe então uma belíssima jovem, filha de rei que perdera o pai. Como o homem de Deus a instruía, ela disse: "Se deseja impedir que eu adore os ídolos, case-se comigo, pois os cristãos não detestam o casamento, ao contrário, louvam-no, aliás seus patriarcas, seus profetas e seu apóstolo Pedro foram casados".

Ele respondeu: "É inútil, mulher, tentar me convencer, pois na verdade é permitido aos cristãos terem esposa, mas apenas aos que não prometeram a Cristo conservar a virgindade". Ela: "Que seja, mas se você deseja salvar minha alma, concorde com um pequeno pedido que vou fazer: durma comigo esta noite e prometo tornar-me cristã logo de manhã. Se, como vocês dizem, o Céu fica alegre quando um pecador faz penitência, não há grande recompensa para aquele que realiza uma conversão? Faça apenas uma vez o que peço e dessa maneira você me salvará". Ela começou, então, a vigorosamente atacar a torre de sua alma. Vendo isso, o demônio disse a seus companheiros: "Vejam como ela abala o que não pudemos abalar. Vamos, joguemo-nos corajosamente sobre ele, temos uma ocasião favorável".

Quando o jovem se viu fortemente cercado, pois de um lado a concupiscência o incitava e, de outro, com a ajuda do diabo, a salvação da moça o fazia vacilar, pôs-se a rezar, derramando lágrimas. Durante a oração ele adormeceu, e viu-se conduzido a um prado ornado de belas flores, onde um vento suave fazia as folhas das árvores produzir doces sons, ao mesmo tempo que delas emanava um odor extraordinário e das árvores pendiam frutos agradáveis à vista e apetitosos ao paladar. Ele via ainda por toda parte cadeiras cobertas de ouro e pérolas, leitos resplandecentes de tapeçarias e dos mais preciosos ornamentos, riachos de água limpíssima. Desse prado ele foi introduzido em uma cidade cujos muros eram de ouro fino e refulgiam com um brilho admirável, e cujos exércitos celestes entoavam cânticos jamais ouvidos por um mortal. Foi-lhe dito: "Esta é a morada dos bem-aventurados".

Como os homens que conduziam Josafá queriam levá-lo de volta, ele implorou que o deixassem ficar. Eles disseram: "Você ainda precisa trabalhar muito para poder vir para cá". Em seguida eles o conduziram a lugares medonhos, completamente fétidos, e disseram: "Esta é a morada dos injustos". Ao despertar, a beleza daquela moça e das outras parecia-lhe mais repugnante que esterco. Quando os espíritos malignos voltaram a encontrar Teodas, este os censurou, mas eles disseram: "Antes que ele tivesse feito o sinal-da-cruz, pulamos sobre ele e o perturbamos bastante, mas desde que se muniu desse sinal, ele nos perseguiu, encolerizado". Então Teodas foi, junto com o rei, encontrar Josafá na esperança de persuadi-lo, mas o mago foi apanhado por aquele que queria apanhar. Foi convertido por Josafá, recebeu o batismo e viveu daí em diante de maneira edificante.

O rei, desesperado, a conselho de seus cortesãos cedeu metade do reino ao filho. Este embora desejasse de todo coração viver no deserto, governou certo tempo para expandir a fé e erguer nas suas cidades templos e cruzes e assim converteu todo seu povo a Cristo. O pai, enfim rendendo-se às razões e às exortações do filho, recebeu por meio do batismo a fé em Cristo e depois, abandonando todo o reino a Josafá, dedicou-se às obras de misericórdia e terminou dignamente sua vida. Quanto a Josafá, com a intenção de fugir várias vezes nomeou Baraquias para reinar em seu lugar, mas o povo sempre o retinha. Enfim conseguiu escapar, e como ia para o deserto, deu a um mendigo as vestes reais ficando com suas roupas paupérrimas.

Mas o diabo armava muitas ciladas. Às vezes lançava-se sobre ele com uma espada desembainhada e ameaçava golpeá-lo se não desistisse de sua idéia; outras lhe aparecia sob a forma de feras, rangendo os dentes e lançando horríveis grunhidos. Então ele dizia: "O Senhor é meu apoio e não temerei o que uma criatura poderá me fazer". Ele passou dois anos a vagar no deserto sem conseguir encontrar Barlaão, até que descobriu uma caverna e diante de sua entrada disse: "Abençoe, pai, abençoe". Barlaão reconheceu sua voz, correu para fora e eles se abraçaram efusivamente, mantendo-se apertados um contra o outro como se não pudessem se separar. Josafá contou a Barlaão tudo o que lhe acontecera, e este prestou a Deus imensas ações de graças. Josafá permaneceu lá muitos anos, em admirável abstinência e virtude. Completados seus dias, Barlaão repousou em paz por volta do ano do Senhor de 380. Josafá, que deixara seu reino com a idade de 25 anos, sujeitou-se aos labores da vida eremítica durante 35 anos, quando, ornado de muitas virtudes, repousou em paz e foi sepultado ao lado de Barlaão. Ao saber disso, o rei Baraquias foi até lá com numeroso exército, transportou reverentemente os corpos para sua capital, onde o túmulo deles realizou muitos milagres.

175. SÃO PELÁGIO[1]

I. Pelágio foi um papa de grande santidade, que depois de ter exercido o pontificado de forma louvável repousou em paz, pleno de boas obras. Esse Pelágio não foi o predecessor de São Gregório, mas o terceiro antes dele. O Pelágio de que falamos teve por sucessor João III; a João sucedeu Bento, a Bento, Pelágio e a Pelágio, Gregório. Foi no tempo do primeiro Pelágio que os lombardos vieram para a Itália, e como é provável que muita gente ignore sua história, decidi inseri-la aqui conforme contam diversas crônicas e sobretudo a *História lombarda*, compilada pelo historiador Paulo Lombardo.[2]

Havia na Germânia um povo muito numeroso que, originário do litoral do oceano setentrional, chegou à ilha da Escandinávia e, depois de muitas guerras e incursões por diversas terras, alcançou a Panônia, onde, não ousando ir mais longe, resolveu se estabelecer para sempre. A princípio foram chamados winulos e depois lombardos. Enquanto residiam na Germânia, o rei dos lombardos Agilmudo encontrou em uma piscina sete crianças abandonadas por uma meretriz que as tivera em um único parto. O rei, que passava ali por acaso, puxou as crianças com uma lança e ficou admirado quando uma delas agarrou a arma com a mão. O

---

[1] Este capítulo de fecho da *Legenda áurea* constitui uma espécie de crônica universal, recheada de muitos personagens, eventos e conceitos que mereceriam notas explicativas, mas cujo número reduzimos ao máximo para respeitar o perfil desta edição brasileira.

[2] Segundo S. MULA, "L'histoire des lombards, son rôle et son importance dans la *Legenda aurea*", em B. Fleith e F. Morenzoni (orgs.), *De la sainteté à l'hagiographie*, Genebra, Droz, 2001, pp. 75-95, Jacopo de Varazze desejava neste último capítulo mostrar como a história profana se submete à história sagrada, e para isso recorreu a várias fontes cronísticas, entre elas o *Líber pontificalis*, Pedro Afonso, PEDRO, O VENERÁVEL, SIGEBERTO DE GEMBLOUX e VICENTE DE BEAUVAIS. Mas em especial à *História lombarda* de Paulo Diácono, tanto que o nome desta crônica foi integrado ao da própria compilação hagiográfica: *Legenda aurea, vulgo historia lombardica dicta*.

rei mandou alimentá-la e chamou-a de Lamissião, prevendo para ela um grande futuro. Sua probidade foi tal que depois da morte de Agilmudo os lombardos escolheram-no para rei.

Por volta da mesma época, quer dizer, no ano da Encarnação do Senhor de 480, pelo que conta Eutrópio, um bispo ariano querendo batizar alguém chamado Barba disse: "Barba, eu o batizo em nome do Pai, pelo Filho no Espírito Santo", para mostrar assim que o Filho e o Espírito Santo eram inferiores ao Pai, mas subitamente a água desapareceu e o catecúmeno refugiou-se na igreja.

Mais ou menos no mesmo período viveram os santos Medardo e Gildardo, irmãos uterinos que nasceram no mesmo dia, foram consagrados bispos no mesmo dia e morreram em Cristo no mesmo dia.

Conforme conta SIGEBERTO em sua crônica, algum tempo antes, isto é, por volta do ano do Senhor de 450, a heresia de Ário estava difundida nas Gálias, mas a unidade de substância das três pessoas foi demonstrada por um notável milagre. Um bispo que celebrava a missa na cidade de Bazas viu cair sobre o altar três gotas muito límpidas, de igual grandeza, que se juntaram formando uma pérola de rara beleza. Quando o bispo a colocou no centro de uma cruz de ouro, as outras pérolas que ali havia imediatamente caíram. Sigeberto acrescenta que essa pérola parece embaçada aos ímpios e límpida aos puros, que ela dá saúde aos enfermos e aumenta a devoção dos que adoram aquela cruz.

Tempos depois os lombardos tiveram um rei chamado Albuíno, homem forte e corajoso que guerreou contra o rei dos gépidas, cujo exército desafiou e a quem matou em batalha. Então o filho desse rei, que o sucedeu, para vingar o pai atacou Albuíno, que fez seu exército marchar contra ele, superou-o, matou-o e capturou sua filha, Rosamunda, com quem se casou. Do crânio daquele rei ele mandou fazer uma taça guarnecida de prata, na qual bebia.

Naquela época governava o império Justino, o Jovem, que tinha como general um eunuco chamado Narsés, homem nobre e corajoso. Ele marchou contra os godos que tinham invadido toda a Itália, venceu-os, matou o rei deles e devolveu a paz à Itália inteira. Pelos imensos serviços que prestara, era invejado pelos romanos e, injustamente acusado ao imperador, foi deposto. A esposa do imperador, chamada Sofia, fez a afronta de obrigá-lo a fiar com suas criadas e enrolar os carretéis de linha. Diante disso, Narsés respondeu: "Vou fazer um tecido tal que por toda sua vida não conseguirá despi-lo".

Narsés foi então para Nápoles e incitou os lombardos a abandonar os pobres campos da Panônia e a virem se apossar do fértil solo da Itália. Quando Albuíno soube disso, deixou a Panônia no ano da Encarnação do Senhor de 568 e entrou na Itália com os lombardos. Ora, entre eles era costume usar barba longa, e conta-se que uma vez em que estrangeiros foram vê-los, Albuíno mandou que todas as mulheres soltassem os cabelos e os colocassem sob o queixo, parecendo homens barbados, no que os estrangeiros acreditaram e daí passaram a chamar aquele povo de lombardos, "gente de longas barbas", pois *barda* na língua deles soava como "barba". Outros dizem que quando os winulos estavam para lutar contra os vândalos, foram procurar um profeta a fim de pedir que os abençoasse e lhes desse a vitória. A esposa desse personagem aconselhou os visitantes a se colocar na frente da janela na qual ele costumava orar voltado para o Oriente, e ordenou às mulheres que passassem os cabelos em volta do queixo. Quando o profeta abriu a janela, ao vê-los exclamou: "Quem são esses lombardos?!". E sua esposa explicou-lhes que a vitória ficaria com quem recebera tal nome de seu marido.

Tendo entrado na Itália, os lombardos tornaram-se senhores de quase todas as cidades, nas quais massacraram os habitantes. Quando o rei Albuíno, que jurara matar todos os cristãos, ia entrar em Pavia, que sitiara durante três anos antes de conquistá-la, seu cavalo caiu de joelhos e apesar dos golpes de espora que lhe dava nos flancos o animal só pôde reerguer-se depois que o rei, a conselho de um cristão, retirou seu juramento. Depois que os lombardos entraram em Milão, toda a Itália foi subjugada em pouco tempo, com exceção de Roma e de Romanilia, que recebeu esse nome porque era uma espécie de outra Roma[3] e sempre ficara unida a Roma.

Quando o rei Albuíno estava em Verona, mandou preparar um grande banquete e trazer a taça que mandara fazer com o crânio do rei gépida, bebeu nela e fez sua mulher Rosamunda beber, dizendo: "Bebe com seu pai". Compreendendo o que isso queria dizer, Rosamunda sentiu contra o rei um ódio violento. Ora, o rei tinha um comandante que vivia carnalmente com uma das aias da rainha, e uma noite durante a ausência do rei Rosamunda entrou no quarto de sua escrava e fazendo-se passar por ela mandou dizer ao comandante que fosse encontrá-la.

---

[3] Trata-se de mais uma das etimologias simbólicas de Jacopo de Varazze, que explica o nome da localidade Romanilia como derivado de *Roma alía*, "outra Roma".

Ele foi, e a rainha, que tomara o lugar da escrava, disse um pouco depois para ele: "Você sabe quem sou?". Ele respondeu que ela era fulana, sua amante, e a rainha explicou: "Não, sou Rosamunda. Você acaba de praticar uma ação depois da qual é preciso que mate Albuíno ou que Albuíno o mate. Então quero que me vingue de meu marido, que matou meu pai, fez uma taça com seu crânio e me deu de beber nela".

O comandante não concordou, mas prometeu encontrar outro que executasse seu projeto. Então a rainha tirou todas as armas do rei, com exceção de uma espada colocada à cabeceira da cama, que ela prendeu solidamente para que não pudesse ser desembainhada. Como o assassino fez barulho ao entrar no quarto em que o rei dormia, este pulou da cama, pegou a espada e sem conseguir puxá-la defendeu-se vigorosamente com um banquinho, mas o assassino, bem armado, atingiu-o e matou-o. Apoderando-se então de todos os tesouros do palácio, conta-se que fugiu para Ravena junto com Rosamunda, mas esta se interessou pelo jovem e belíssimo prefeito da cidade, por isso deu um cálice de veneno ao novo marido, que sentindo o amargor da bebida forçou sua mulher a engolir o resto. Ela se recusou, ele pegou a espada e obrigou-a a beber, e assim ambos morreram.

Enfim, um rei dos lombardos de nome Adaloaldo aceitou a fé em Cristo e foi batizado. Teodelina, a muito cristã e piedosa rainha dos lombardos, mandou construir um belíssimo oratório em Modoecia. Foi a essa rainha que Gregório dedicou seus DIÁLOGOS. Seu marido Agisulfo, que primeiro foi duque de Turim e depois rei dos lombardos, converteu-se à fé por ela, que o levou a fazer a paz com o Império Romano e com a Igreja. A paz entre romanos e lombardos foi selada no dia da festa dos santos Gervásio e Protásio, e essa foi a razão pela qual Gregório estabeleceu que nessa festa se cantaria no Intróito da missa: "O Senhor conversará pacificamente com seu povo".[4] Na festa da natividade de São João Batista a paz e a conversão dos lombardos foram confirmadas. Teodelina tinha pelo beato João uma especial devoção, pois atribuía aos méritos dele a conversão de seu povo, daí ter mandado construir em Modoecia o citado oratório em honra a João, que segundo o que foi revelado a um santo era o padroeiro e defensor daquele povo.[5]

---

4 *Salmos* 84,8.

5 Ver capítulo 120, item 3.

Falecido Gregório, sucedeu-lhe Sabino, a Sabino Bonifácio III, a Bonifácio III Bonifácio IV, a pedido de quem o imperador Focas por volta do ano do Senhor de 610 doou o Panteão à Igreja de Cristo,[6] e anteriormente, atendendo pedido de Bonifácio III, decretara que a cabeça de todas as Igrejas era a sé de Roma, e não a de Constantinopla, que se intitulava a primeira de todas.

2. No tempo de Bonifácio IV, depois da morte de Focas e reinando Heráclio, por volta do ano do Senhor de 610, o falso profeta e mago Maomé seduziu os agarenos ou ismaelitas, isto é, sarracenos, da seguinte maneira, segundo o que se lê em sua história e em uma crônica.[7] Um clérigo muito famoso, que não pudera obter na corte romana as honras que pretendia, retirou-se furioso para os países de ultramar e por meio de embustes atraiu inúmeras pessoas. Ao encontrar Maomé, disse-lhe que queria colocá-lo à frente desse povo e para isso alimentou uma pomba com diferentes tipos de grãos, que colocava nas orelhas de Maomé. A pomba ficava nos ombros dele, pegava alimento em suas orelhas e estava tão acostumada a isso que tão logo via Maomé saltava para seus ombros e punha o bico em suas orelhas. O referido clérigo reuniu o povo, disse que diante dele queria descobrir a quem o Espírito Santo, sob a forma de uma pomba, se mostraria. No mesmo instante ele soltou a pomba sem que se percebesse, ela voou para os ombros de Maomé, colocado no meio da multidão, e pôs o bico em sua orelha. Diante dessa visão, o povo acreditou que o Espírito Santo descia sobre Maomé e falava em seu ouvido as palavras de Deus. Foi assim que ele enganou os sarracenos, que se apegaram a ele e invadiram o reino da Pérsia e o império do Oriente até Alexandria. É isso que comumente se conta, mas o relato verdadeiro é o seguinte.

Ao redigir suas próprias leis, Maomé falsamente pretendia tê-las recebido do Espírito Santo, sob a aparência de uma pomba que freqüentemente voava sobre ele à vista do povo. Nessas leis ele inseriu alguns relatos dos dois Testamentos, pois como anteriormente exercera o ofício de comerciante, passando com seus camelos pelo Egito e pela Palestina, teve freqüentes relações com cristãos e judeus e conheceu tanto o

---

[6] Ver capítulo 157.

[7] Aquilo que Jacopo chama de "sua [de Maomé] história" é o próprio *Alcorão*, que havia sido traduzido para o latim em 1141, por ordem do abade de Cluny, PEDRO, O VENERÁVEL, que escreveu uma introdução a ele. A crônica sobre os sarracenos a que se refere Jacopo parece ter sido (pelo que propõe Stefano Mula, citado na nota 2 deste capítulo, p. 85) o *Diálogo* de Pedro Afonso.

Novo quanto o Antigo Testamento. Daí por que, da mesma forma que os judeus, os sarracenos observam o rito da circuncisão e não comem carne de porco. Para justificar essa proibição, Maomé disse que depois do Dilúvio o porco foi procriado do excremento do camelo e que por isso um povo puro devia abster-se de um animal imundo.

Com os cristãos, eles concordam na crença em um só Deus onipotente e criador de todas as coisas. Misturando o verdadeiro com o falso, aquele pseudoprofeta afirmou que Moisés foi um grande profeta, mas que Cristo é maior, é o primeiro dos profetas, nascido da Virgem Maria pela virtude de Deus e sem sêmen humano. Ele diz também em seu *Alcorão* que quando Cristo era criança criou pássaros do limo da terra,[8] mas a tudo isso ele misturou veneno, dizendo que Cristo não foi realmente martirizado e não ressuscitou de verdade, que foi outro homem, parecido com ele, que sofreu a Paixão.

Uma mulher de nome Khadidja, que estava à frente de uma província chamada Corocanica, vendo aquele homem ser amigavelmente aceito e protegido por judeus e sarracenos, pensou que a majestade divina escondia-se nele. Como era viúva, tomou-o por marido e foi assim que Maomé obteve o principado de toda aquela província. Por meio de prodígios, ele encantou não só aquela mulher, mas também os judeus e os sarracenos, a ponto de admitirem publicamente que ele era o Messias prometido pela Lei. Mais tarde Maomé teve freqüentes ataques de epilepsia, e Khadidja ficava muito triste por ter desposado um homem tão impuro e epiléptico. Para agradar sua mulher, Maomé dizia "Contemplo o arcanjo Gabriel, que freqüentemente conversa comigo, e porque não posso suportar o brilho de seu rosto desmaio e tenho convulsões". Sua mulher e os outros acreditavam nisso.

No entanto, lê-se em outro lugar que quem instruía Maomé era um monge chamado Sérgio, que tendo sido expulso de seu mosteiro por ter aderido ao erro de Nestório,[9] foi para a Arábia e ligou-se a Maomé.

---

[8] *Alcorão* (trad. Samir el Hayek, São Paulo, Tangará, 1975), 5ª surata, versículo 110, informação que Maomé obtivera de um apócrifo cristão árabe do século VI: *Il vangelo arabo dell'infanzia*, XXXVI, 2, trad. M. Erbetta, em *Gli apocrifi del Nuovo Testamento*, Casale Monferrato, Marietti, 1981, vol. I-2, p. 112.

[9] Nestório: bispo de Constantinopla que negava a Maria o título de Mãe de Deus (*Theotokos*), dessa forma quebrando a unidade de Cristo enquanto Deus e homem ao mesmo tempo. Depois de longos debates, tais idéias foram condenadas pelo Concílio de Éfeso, em 431, mas grupos nestorianos levaram-nas para a Pérsia, daí para a Arábia, Índia e China. Ainda hoje existem comunidades cristãs nestorianas no Iraque, Irã e Índia, totalizando cerca de 100 mil pessoas.

Em outro texto lê-se que ele era um arcediago que morava nas cercanias de Antioquia e que pertencia à seita dos jacobitas, que recomendam a circuncisão e asseguram que Cristo não era um deus, mas apenas um homem justo e santo, concebido do Espírito Santo e nascido de uma virgem, coisas que os sarracenos afirmam e nas quais crêem. Esse Sérgio teria então ensinado a Maomé, pelo que se diz, muitas coisas do Novo e do Antigo Testamento. Com efeito, Maomé, órfão de pai e mãe, passou a infância sob a tutela de um tio e esteve muito tempo ligado, assim como toda sua gente, ao culto árabe dos ídolos, como ele próprio assegura em seu *Alcorão* quando pretende que Deus lhe disse: "Você foi órfão e eu o tomei sob minha proteção. Você permaneceu muito tempo no erro da idolatria e eu o retirei dele. Você era pobre e eu o enriqueci".

Toda a nação árabe, assim como Maomé, adorava Vênus como deusa e essa é a origem do grande respeito dos sarracenos pela sexta-feira,[10] como os judeus guardam o sábado e os cristãos o domingo. Tendo se tornado dono das riquezas de Khadidja, Maomé chegou a pensar em usurpar o reino dos árabes, mas como previa não poder ter êxito pela violência porque era desprezado por sua tribo, fingiu ser profeta a fim de atrair por uma santidade simulada os que não podia subjugar pela força. Ele seguia os conselhos do mencionado Sérgio, a quem prudentemente mantinha escondido, perguntando-lhe tudo que devia transmitir ao povo e dando-lhe o nome de arcanjo Gabriel. Foi assim que Maomé, fazendo-se passar por profeta, conseguiu ser o chefe de toda aquela gente, que acreditava nele fosse de bom grado fosse por medo. Este relato é mais verídico do que aquele que fala da pomba, e é o que se deve seguir.

Como o citado Sérgio era monge, quis que os sarracenos usassem o hábito monacal, ou seja, uma cogula sem capuz, quis que da mesma forma que os monges eles fizessem grande número de genuflexões e preces, quis que assim como os judeus rezam voltados para o Ocidente e os cristãos para o Oriente, os seus orassem voltados para o sul, prática que os sarracenos ainda observam. Maomé promulgou grande número de leis que lhe foram ensinadas por Sérgio, que as encontrara na lei mosaica. Assim, os sarracenos lavam-se com freqüência, principalmente antes de orar, quando limpam suas partes secretas, as mãos, os

---

10 Desde os romanos esse dia da semana era dedicado à deusa Vênus (*Veneris dies*), o que permaneceu no nome adotado pelas línguas neolatinas, exceto o português (*venerdì, vendredi, viernes*), e germânicas, para as quais a divindade correspondente era Freyja (daí *Friday, Freitag*).

braços, o rosto, a boca e todos os membros do corpo, a fim de poderem fazer a prece com mais pureza.

 Ao orar, confessam um só Deus, que não tem igual nem semelhante, e reconhecem que Maomé é seu profeta. No ano, jejuam um mês inteiro, e quando jejuam comem apenas durante a noite, jamais de dia, de maneira que desde o instante em que podem distinguir o preto do branco até o pôr-do-sol, ninguém ousa comer nem beber ou sujar-se tendo relações com mulher. Desde o pôr-do-sol até o crepúsculo do dia seguinte, é permitido comer, beber e ter comércio com suas mulheres. No entanto os enfermos não estão submetidos a essas restrições. Uma vez por ano eles são obrigados a visitar a casa de Deus que é em Meca, e ali o adorar, andar em volta dela usando roupas sem costuras e jogar pedras entre as pernas para lapidar o diabo. Essa casa, pelo que dizem construída por Adão, serviu de lugar de prece a todos os filhos dele, bem como a Abraão e a Ismael, e depois foi dada a Maomé e a todos seus seguidores. Eles podem comer toda espécie de carne, menos a de porco, a de animais que não foram mortos por mão humana e sangue.

 Eles podem ter quatro mulheres legítimas ao mesmo tempo e repudiar e retomar cada uma delas até três vezes. Eles podem ter quantas escravas quiserem, sendo permitido vendê-las à vontade, a menos que estejam grávidas deles. Também podem escolher esposas em sua própria família, a fim de que esta cresça e se estreitem os laços de amizade dentro dela. Quando reclamam a posse de um bem, basta que o demandante prove por testemunhas e o acusado afirme sua inocência por juramento. Os adúlteros são apedrejados e os fornicadores condenados a receber oitenta açoites. No entanto, Maomé pretendia que o Senhor lhe permitira, por intermédio do anjo Gabriel, aproximar-se das mulheres dos outros a fim de gerar homens virtuosos e profetas.

 Um de seus escravos proibira sua bela mulher de falar com seu senhor, e quando a encontrou conversando com ele repudiou-a no mesmo instante. Maomé incluiu-a entre suas mulheres, e com medo dos murmúrios do povo produziu um documento que disse ter sido trazido do Céu e pelo qual era declarado que quando alguém repudiava uma mulher esta seria esposa de quem a tivesse recolhido, observância que ainda hoje é lei entre os sarracenos. O ladrão surpreendido uma primeira e uma segunda vez é espancado, na terceira tem a mão cortada, na quarta cortam-lhe o pé. Eles devem sempre se abster de vinho.

A quem observa estes e outros mandamentos, Deus prometeu o Paraíso, isto é, um jardim de delícias irrigado por água corrente, no qual terão lugar eterno sem serem afligidos nem pelo calor nem pelo frio, onde terão todo tipo de alimento. Ali encontrarão no mesmo instante à sua frente tudo que pedirem, serão revestidos de trajes de seda de todas as cores, serão unidos a virgens de admirável beleza, terão à mesa todas as delícias. Anjos passeiam por ali servindo vasos de ouro e prata, os de ouro com leite, os de prata com vinho, dizendo: "Comam e bebam com alegria". Maomé afirma que no Paraíso há três rios, de leite, de mel e de um delicioso vinho aromatizado, que ali se vêem anjos belíssimos e tão grandes que de um olho ao outro de um anjo há o espaço de um dia de caminhada.

Aos que não crêem em Deus nem em Maomé, eles dizem que está reservado um Inferno de castigos sem fim. Quaisquer que sejam os pecados que um homem tenha cometido, se no dia de sua morte acreditar em Deus e em Maomé, no dia do Juízo será salvo por intercessão de Maomé. Os sarracenos, que estão mergulhados nas trevas, afirmam que esse pseudoprofeta possuiu espírito profético superior ao de todos os outros e que teve anjos a ajudá-lo e protegê-lo. Acrescentam que antes de criar o Céu e a Terra, Deus tinha em mente o nome de Maomé e que se Maomé não viesse ao mundo no futuro não teria havido Céu, nem Terra, nem Paraíso. Eles mentem dizendo que a lua foi encontrá-lo, que ele a recebeu em seu seio e a cortou em dois e em seguida juntou as partes. Pretendem ainda que foi servida carne de cordeiro envenenada a Maomé, e que o cordeiro falou: "Tenha cuidado, não me coma, tenho veneno". No entanto, vários anos depois ele morreu envenenado.

3. Mas voltemos à história dos lombardos. Embora eles tivessem recebido a fé em Cristo, eram um grande problema para o Império Romano. Depois da morte do príncipe Pepino, prefeito do palácio do rei dos francos, sucedeu-o seu filho Carlos, alcunhado Martel. Após muitas vitórias, deixou dois herdeiros, Carlos e Pepino. Mas Carlos renunciou às pompas do mundo para tornar-se monge em monte Cassino, e Pepino governou o reino com brilho. Ora, como Childerico era inútil e medroso, Pepino consultou o papa Zacarias para saber se devia ser rei aquele que se contentava em ter esse título. O papa respondeu que se devia chamar de rei àquele que bem governava o Estado. Estimulados por essa resposta, os francos trancaram Childerico em um mosteiro e fizeram Pepino rei, por volta do ano do Senhor de 740.

Como Astolfo, rei dos lombardos, espoliava a Igreja romana de suas posses e seus domínios, o papa Estêvão, que sucedera a Zacarias, reclamou o auxílio de Pepino, rei da França, contra os lombardos. Depois de ter reunido numeroso exército, Pepino foi para a Itália e sitiou o rei Astolfo. Recebeu dele quarenta reféns como garantia de que devolveria à Igreja romana todas as terras que lhe tomara e de que não a perturbaria mais. Contudo, logo que Pepino se retirou Astolfo não cumpriu tudo o que prometera, e pouco depois, quando ia caçar, morreu subitamente e foi sucedido por Desidério. Na mesma época Teodorico, rei dos godos, governava a Itália com a autorização do imperador. Ele estava infectado pela heresia ariana, mas o Estado brilhava graças a BOÉCIO, filósofo, cônsul e patrício, e Símaco, patrício e seu genro, os quais defendiam a autoridade do Senado romano contra Teodorico. Assim, Teodorico mandou Boécio para o exílio em Pavia, onde ele escreveu *Da consolação da filosofia*, e mais tarde mandou matá-lo. Sua mulher, chamada Elpes, em honra dos apóstolos Pedro e Paulo compôs o hino que começa com *Festa feliz em todos os cantos do mundo*. Foi ela também quem escreveu seu próprio epitáfio:

> Fui chamada Elpes, nascida na Sicília,
> De onde me tirou o amor conjugal.
> Nesta entrada sagrada termina minha peregrinação,
> Atestada diante do trono do Juiz eterno.

Teodorico morreu repentinamente, e como conta Gregório em seu *Diálogos*, um santo eremita, o papa João e Símaco, que tinham sido mortos por ele, viram-no nu e descalço mergulhado na cratera de um vulcão.

Segundo uma crônica, por volta do ano do Senhor de 677 morreu Dagoberto, rei dos francos que reinara muito tempo antes de Pepino e que tinha grande veneração por São Dioniso, pois quando temia a cólera de seu pai, Lotário, ia se refugiar na igreja daquele santo. Depois que aquele rei morreu, um santo personagem viu sua alma sendo arrastada para o julgamento, no qual muitos santos a acusavam de ter despojado suas igrejas. Os anjos maus já queriam puni-la quando apareceu o bem-aventurado Dioniso, que interveio por ela e a libertou, livrando-a do castigo. Talvez sua alma tenha voltado a animar seu corpo e ele tenha feito penitência. O rei Clóvis descobriu o corpo de São Dioniso e por cupidez quebrou um de seus braços para levar consigo, mas logo depois ficou louco.[II]

[II] Conforme capítulo 148.

4. Por volta do ano do Senhor de 687, BEDA, O VENERÁVEL, padre e monge, iluminava a Inglaterra. Embora esteja incluído no catálogo dos santos, na Igreja ele não é chamado santo, mas venerável, por dois motivos. O primeiro é que na velhice seus olhos apagaram-se e ele passou a ter um guia que o conduzia pelas cidades e castelos onde pregava a palavra do Senhor. Certa vez em que atravessavam um vale cheio de grandes pedras, por derrisão seu discípulo disse que havia ali muita gente reunida esperando em silêncio e com avidez sua pregação. Então Beda pregou com ardor, e tendo terminado seu sermão pelas palavras "Por todos os séculos dos séculos", imediatamente as pedras, pelo que se diz, responderam em voz alta: "Assim seja, venerável Pai". Porque as pedras, por milagre, chamaram-no de venerável, ele é conhecido como "Pai venerável". Outros asseguram que foram os anjos que lhe responderam: "Falou bem, Pai venerável".

O segundo motivo, é que depois de sua morte um clérigo que lhe era devotado quis compor um verso para mandar gravar em sua sepultura. Esse verso começava com *Hac sunt in fossa* e o clérigo pensou em terminá-lo com *Bedae sancti ossa*. Mas desta forma o ritmo do verso ficava comprometido, e ele empenhou-se em buscar um fim conveniente, sem o encontrar. Depois de ter pensado muito, durante toda a noite, levantou de manhã para ir ao túmulo e ali encontrou gravado, pelas mãos dos anjos, o verso *Hac sunt in fossa Bedae venerabilis ossa* ("Neste cova estão os ossos do venerável Beda").

No dia da Ascensão, com a morte se aproximando, Beda pediu para ser levado ao altar e ali recitou até o fim a antífona *O Rex gloriae, Domine virtutum*. Quando terminou, adormeceu em paz e um odor tão grande perfumou todos os que se encontravam na igreja, que acreditaram estar no Paraíso. Seu corpo é honrado com especial devoção em Gênova.

5.[12] Na mesma época, isto é, por volta do ano do Senhor de 700, Racordo, rei dos frísios, ia receber o batismo e já pusera um pé na piscina batismal,[13] quando se deteve e perguntou onde estava a maior parte de

---

[12] Na edição Graesse não existe o item 5, todos os parágrafos a partir deste até o fim do capítulo constituem ainda o item 4. No entanto, preferimos introduzir essa subdivisão pois aqui Jacopo de Varazze claramente muda de tema, e depois de ter abordado a história dos lombardos, de Maomé e de Beda, dedica-se agora à crônica do Império Ocidental, embora mesclado de passagem a outras matérias.

[13] Originalmente o rito cristão do batismo dava-se por imersão, já que se destinava majoritariamente a adultos e tinha maior peso simbólico por imitar o batismo de Cristo. Tal rito era realizado em uma piscina ou fonte batismal que ficava em um anexo da igreja, o batistério. À medida que as crianças passavam a constituir a quase totalidade dos batizados, a pia batismal colocada no interior da igreja ia se tornando cada vez mais utilizada. Ainda assim, na época da *Legenda áurea* continuava a predominar o batismo por imersão, que só seria suplantado pelo de aspersão no século XVII.

seus ancestrais, se no Inferno ou no Paraíso. Ao saber que era no Inferno, retirou o pé molhado dizendo: "É gesto mais santo seguir a maioria do que a minoria". Fora o demônio que o enganara, prometendo lhe dar, três dias depois, bens incomparáveis. Ora, ele morreu subitamente e morreu da morte eterna no quarto dia.

Conta-se que naquele período ocorreu em uma região da Itália, a Campânia, chuvas de trigo, cevada e legumes.

Na mesma época, isto é, por volta do ano do Senhor de 740, um monge de monte Cassino, Carlos, quis trasladar para seu mosteiro os corpos de São Bento, que tinha sido levado para o mosteiro de Fleury, e da irmã deste, Escolástica, que tinha sido transportado para a cidade de Mans, mas foi impedido pelos milagres que Deus fez a respeito e pelos francos, que se opunham à sua pretensão.

Ainda por volta do ano do Senhor de 740, ocorreu um grande tremor de terra que derrubou algumas cidades enquanto outras, pelo que se diz, foram deslocadas das montanhas para as planícies vizinhas, a seis milhas de distância, com suas muralhas e seus habitantes ilesos. Foi então que se fez o traslado do corpo de santa Petronela, filha do apóstolo Pedro, cujo sepulcro de mármore tinha uma inscrição feita pela mão do próprio Pedro: "Para a áurea Petronela, queridíssima filha". É o que diz Sigeberto.

Na mesma época os tírios, atingidos por uma epidemia, infectaram a Armênia, e os cristãos convenceram seus habitantes a cortar os cabelos em forma de cruz, o que lhes devolveu a saúde e por isso eles adotaram o costume de raspar-se assim.

Falecido Pepino, depois de muitos triunfos, sucedeu-lhe no trono seu filho Carlos Magno. A sé romana era então dirigida pelo papa Adriano, que enviou embaixadores a Carlos Magno pedindo auxílio contra Desidério, rei dos lombardos que, assim como fizera seu pai Astolfo, prejudicava muito a Igreja. Carlos Magno obedeceu, reuniu um grande exército, entrou na Itália pelo monte Cenis e sitiou vigorosamente Pavia, capital do reino. Ali capturou Desidério, sua mulher, seus filhos e os principais nobres, levou-os para as Gálias e restituiu a Adriano todos os direitos da Igreja que os lombardos haviam usurpado. Havia nessa ocasião nos exércitos de Carlos dois intrépidos soldados de Cristo, Amico e Amélio, cujos feitos maravilhosos estão relatados em crônicas. Eles morreram em Mortaria, onde Carlos venceu os lombardos e pôs fim ao reino deles, que passou a ser governado por pessoas nomeadas pelos imperadores.

Carlos partiu para Roma onde o papa reuniu um concílio de 154 bispos, durante o qual deu a Carlos o direito de escolher o pontífice romano e de consagrar a sé apostólica; definiu também que os arcebispos e bispos de cada província, antes de ser consagrados, receberiam de Carlos a investidura. Em Roma também foram ungidos os filhos de Carlos, Pepino como rei da Itália e Luís como rei da Aquitânia, mas depois Pepino foi acusado de ter conspirado contra o pai, sendo tonsurado e colocado em um mosteiro. Naquela época é que se destacou Alcuíno, mestre de Carlos.

Por volta do ano do Senhor de 780, isto é, no tempo da imperatriz Irene e de seu filho Constantino, ao escavar perto das muralhas da Trácia um homem encontrou uma arca de pedra, pelo que se lê em uma crônica. Desenterrada e aberta, encontrou ali um defunto e a inscrição: "Cristo nasceu da Virgem Maria, e creio nele. Sob o império de Constantino e de Irene, ó sol, você me verá de novo".

Quando Adriano morreu, Leão foi elevado à sé romana. Era um homem respeitável sob todos os aspectos e cujo prestígio desagradava os amigos de Adriano, por isso quando celebrava as Litanias maiores[14] sublevaram o povo contra ele, arrancaram-lhe os olhos e cortaram-lhe a língua. Mas Deus milagrosamente lhe devolveu a fala e a visão. Leão refugiou-se junto de Carlos, que o restabeleceu em sua sé e puniu os culpados.

No ano do Senhor de 784, aconselhados pelo papa, os romanos separaram-se do império constantinopolitano, por consenso aclamaram Carlos imperador e pelas mãos de Leão coroaram-no e chamaram-no de césar e augusto.[15] Desde Constantino, o Grande, a sede do império fora transferida para Constantinopla, deixando-se a sé de Roma aos vigários do bem-aventurado Pedro. No entanto, os imperadores sempre foram chamados de romanos por causa da dignidade desse título, até que o Império Romano passou aos reis dos francos e daí em diante estes é que foram chamados imperadores romanos e aqueles de imperadores gregos ou de Constantinopla.

Há um fato surpreendente em relação àquele imperador: enquanto viveu nunca quis casar nenhuma de suas filhas, pois dizia não poder dispensar a companhia delas. Seu mestre Alcuíno escreveu que embora ele tenha sido feliz em outras coisas, nesse ponto teve sorte maligna, e com isso declarou claramente o que queria dizer. Apesar de se falar

---

[14] Sobre estas festas, conforme capítulo 66.

[15] A data correta da coroação de Carlos Magno como imperador do Ocidente é 25 de dezembro de 800.

muito a respeito, o imperador fingia não haver qualquer suspeita contra ele e aonde ia sempre levava consigo as filhas.

  Foi no tempo de Carlos que, com apoio da autoridade imperial, abandonou-se o ofício ambrosiano para se adotar solenemente o gregoriano. Segundo o testemunho de Santo Agostinho em seu livro *Confissões*, diante da perseguição da imperatriz Justina, pérfida ariana, Ambrósio era obrigado a se refugiar na igreja com o povo católico, e para evitar que este morresse de tédio determinou que se cantassem hinos e salmos, como os orientais, o que mais tarde passou a ser seguido em todas as igrejas. Posteriormente Gregório fez várias mudanças, com acréscimos e supressões. Como os santos padres não puderam organizar de uma só vez tudo o que era necessário para o esplendor do ofício, cada um deles regulamentou diferentes coisas. De fato, o intróito da missa teve três variantes: antigamente se faziam leituras, como ainda acontece no Sábado Santo; mais tarde o papa Celestino determinou que se cantasse um salmo; por fim Gregório introduziu uma antífona e manteve somente um versículo do salmo que antes se cantava integralmente.

  Outrora para cantar os salmos, as pessoas ficavam ao redor do altar formando uma espécie de coroa, daí esse grupo ser chamado de coro. Mas Flaviano e Teodoro estabeleceram que cada metade do coro cantaria alternadamente, conforme Deus ensinara a Inácio.[16] Jerônimo fixou os salmos, epístolas e evangelhos que deviam ser cantados nos ofícios diurnos e noturnos. Ambrósio, Gelásio e Gregório acrescentaram orações e cantos às leituras dos evangelhos e estabeleceram que se cante na missa graduais, tratos e aleluias. Hilário, ou segundo alguns o papa Símaco, ou segundo outros o papa Telésforo, acrescentaram ao hino *Gloria in excelsis* a expressão *laudamus te*. Notker, abade de Saint-Gall, foi o primeiro a compor seqüências que deviam ser cantadas no lugar do neuma da *Aleleuia*, e o papa Nicolau permitiu cantá-las na missa. O alemão Hermann, o Pequeno, compôs várias peças: *Rex omnipotens*; *Sancti spiritus adsit nobis gratia* (que Sigeberto afirma ter sido feita por Roberto, rei dos francos); *Ave Maria*, *Alma redemptoris mater*; *Simon Bar Jona*. Pedro, bispo de Compostela, compôs o *Salve Regina*.

  Carlos Magno, pelo que conta o arcebispo Turpino, era bonito de corpo mas de aspecto feroz; tinha oito pés de altura, rosto de um palmo

---

[16] Esta informação, historicamente correta, contradiz a que o próprio Jacopo fornecera no capítulo 119, item 1, sobre a origem do hino *Te Deum* (veja-se nota 7 daquele capítulo).

e meio de comprimento e um pé de largura, barba de um palmo.[17] Com um só golpe de espada ele cortava de alto a baixo um cavaleiro armado e seu cavalo. Com as mãos ele facilmente endireitava quatro ferraduras ao mesmo tempo. Com uma só mão erguia um cavaleiro todo armado até a altura de sua cabeça. Comia uma lebre inteira ou duas galinhas ou uma gansa, mas bebia pouco vinho e diluído com água, sendo tão parcimonioso na bebida que raramente bebia mais de três vezes por refeição. Mandou construir muitos mosteiros e terminou sua vida louvavelmente, fazendo de Cristo seu herdeiro.

Por volta do ano do Senhor de 815 ele foi sucedido no império por seu filho Luís, homem de grande clemência. Em seu tempo bispos e clérigos deixaram de usar cintos tecidos de ouro, trajes suntuosos e outros ornamentos mundanos. Teodulfo, bispo de Orléans, falsamente acusado ao imperador, foi aprisionado em Angers. Diz uma crônica que num dia de Ramos, quando a procissão passava diante do lugar onde estava preso, ele abriu sua janela e, vendo o imperador, cantou, em meio a um grande silêncio, os belos versos que compusera — "Glória, louvor e honra a você, Cristo, rei e redentor etc." —, o que deixou o imperador tão satisfeito que o libertou e restituiu-lhe sua sé.

Os representantes de Miguel, imperador de Constantinopla, dentre outros presentes levaram a Luís, filho de Carlos Magno, o livro de DIONISO *Hierarquia celeste*, traduzido do grego para o latim. Ele aceitou com alegria e dezenove enfermos foram curados na igreja naquela mesma noite. Com a morte de Luís, o império foi para Lotário, cujos irmãos, Carlos e Luís, declararam-lhe guerra, ocorrendo tal carnificina de um lado e de outro que não se tem lembrança de algo semelhante no reino dos francos. Enfim, fez-se um tratado pelo qual Carlos reinou na França, Luís na Alemanha, Lotário na Itália e naquela parte da França que recebeu dele o nome de Lotaríngia. Mais tarde, para vestir o hábito monástico, ele cedeu o império a seu filho Luís.

No tempo dele, relata outra crônica, um romano chamado Boca de Porco mudou o nome para Sérgio quando se tornou papa. Daí em diante ficou estabelecido que todos os papas mudariam o nome, tanto porque o Senhor mudou o daqueles que escolheu para o apostolado,

---

[17] Atribuía-se a Turpino, contemporâneo de Carlos Magno, uma crônica na verdade escrita no século XII e incorporada ao chamado *Codex calixtinus*, supostamente de autoria do papa CALISTO II. O Carlos Magno mítico que ele descreve teria então 2,43 metros de altura e rosto de 33 por 30 centímetros, sem contar a barba.

como para indicar que, com a mudança, devem ser outros pela perfeição dos costumes, e enfim porque o escolhido para uma função tão notável não pode ser desonrado por um nome inconveniente.

No tempo de Luís, quer dizer, no ano do Senhor de 856, conta uma crônica que em uma paróquia de Mogúncia o espírito maligno atormentava os habitantes dando marteladas nas paredes das casas, falando muito alto, espalhando discórdia, provocando incêndios. Os padres fizeram procissões, aspersões de água benta, mas o inimigo arremessava pedras e feria muita gente. Enfim confessou que quando jogavam água benta ele se escondia sob a capa de um padre, seu amigo, que caíra em pecado com a filha do procurador.

Na mesma época, o rei dos búlgaros converteu-se à fé e chegou a tanta perfeição que cedeu o trono a seu filho primogênito e vestiu o hábito monástico. Mas como seu filho comportou-se irresponsavelmente querendo voltar ao culto pagão, ele reassumiu o governo, perseguiu o filho, capturou-o, furou-lhe os olhos, jogou-o na prisão, colocou à frente do reino seu filho mais novo e retomou o santo hábito.

Conta-se que em Brescia, na Itália, durante três dias e três noites choveu sangue. Na mesma época apareceu nas Gálias inumerável quantidade de gafanhotos que tinham seis asas, seis patas e dois dentes mais duros que pedra. Eles voavam juntos como um exército e ao longo de um dia espalhavam-se por quatro ou cinco milhas, devastando todo o verde das ervas e árvores. Chegados ao mar britânico, o vento afundou-os nas águas profundas, porém o refluxo do oceano levou-os para o litoral onde a putrefação deles corrompeu o ar e provocou enorme mortalidade e uma arrasadora carestia, que mataram um terço da população.

No ano do Senhor de 938, Oto I tornou-se imperador. Certa vez, ofereceu aos príncipes um banquete para celebrar a Páscoa, mas antes de todos sentarem o filho de um príncipe, agindo como criança que era, apanhou um prato da mesa e o senescal deu-lhe uma bastonada e derrubou-o. O preceptor do menino apunhalou e matou o senescal. Como o césar queria condená-lo sem o ouvir, o preceptor jogou-o ao chão e começou a estrangulá-lo. Oto foi com dificuldade arrancado das mãos daquele homem mas mandou poupá-lo, declarando que ele próprio era culpado de não ter respeitado aquele dia de festa. E deixou-o livre.

A Oto I sucedeu Oto II. Como os italianos freqüentemente violavam a paz, ele foi a Roma e diante da igreja ofereceu um grande banquete a todos os próceres, magnatas e prelados. Enquanto estavam à mesa, sem que ninguém esperasse mandou homens armados cercarem o local, recriminou a paz violada, mandou que fosse lida a lista dos culpados, que fez decapitar no mesmo instante, enquanto o festim continuava para os outros. Ele teve como sucessor, no ano do Senhor de 984, Oto III, alcunhado Maravilha do Mundo.

A mulher deste, conta uma crônica, quis se prostituir com um conde, que não aceitou cometer tal crime, e ela, indignada, difamou-o ao imperador, que mandou decapitá-lo sem o ouvir. Antes de ser executado, ele pediu à sua mulher que por meio da prova do ferro ardente[18] sustentasse sua inocência depois de sua morte. Chegado o dia em que o césar prometera à viúva e às filhas fazer-lhes justiça, ela foi até lá levando a cabeça do marido nos braços. Perguntou então ao imperador que morte merecia quem matava injustamente. Como ele respondeu que merecia perder a cabeça, ela disse: "Você é esse homem. Mandou matar meu marido inocente por instigação de sua esposa, e para comprovar que digo a verdade me submeterei ao julgamento do ferro incandescente". Surpreso, o césar concordou, mas o pontífice e os próceres intervieram e obtiveram da viúva um prazo de dez dias, depois de oito, depois de sete e, enfim, de seis dias. Entretanto, o imperador examinou o caso, descobriu a verdade, mandou queimar viva sua esposa e para se redimir deu quatro castelos à viúva. Esses castelos, situados na diocese de Luna, são chamados, em razão dos diferentes prazos, de Dez, Oito, Sete e Seis.

Mais tarde, no ano do Senhor de 1002, assumiu o império o bem-aventurado Henrique, que fora duque da Baviera. Ele deu em casamento sua irmã, chamada Gala, a Estêvão, rei da Hungria, ainda pagão, e converteu à fé cristã o próprio rei e todo seu povo. Esse Estêvão foi tão piedoso que Deus o cobriu de glória e honra por meio de muitos milagres. Henrique e sua esposa Cunegunda permaneceram virgens, e depois de terem vivido no celibato morreram em paz. Ele teve como sucessor Conrado, duque dos francos, que desposou a sobrinha de Santo Henrique. Em seu tempo, viu-se no céu uma grande e magnífica coluna de fogo dirigir-se para o sol poente e depois cair na terra.

---

[18] Dentre as diversas modalidades de juízo de Deus (*judicium Dei*) ou ordálio praticadas por várias sociedades, inclusive a do Ocidente medieval até o século XIII, destacava-se a do ferro em brasa: o acusado segurava por certo tempo aquele objeto, depois sua mão era enfaixada e examinada três dias mais tarde, quando a aparência dos ferimentos indicaria se ele era inocente ou culpado.

Conrado mandou encarcerar alguns bispos da Itália e como o arcebispo de Milão fugiu, mandou incendiar os subúrbios dessa cidade. Ora, no dia de Pentecostes, enquanto o imperador era coroado, em uma pequena igreja do outro lado da cidade ocorreram, durante a missa, raios e trovões tão fortes que algumas pessoas ficaram loucas enquanto outras entregavam a alma. O bispo Bruno, que cantava a missa, e o secretário do imperador, disseram que durante a celebração do sacrifício haviam visto Santo Ambrósio dirigindo ameaças ao imperador.

No tempo de Conrado, isto é, no ano do Senhor de 1025, o conde Leopoldo, pelo que se lê em uma crônica, temendo a cólera do rei fugiu com sua mulher para uma floresta onde se esconderam em uma cabana. O césar foi caçar nessa floresta e chegada a noite alojou-se na cabana. A hospedeira, que estava grávida e prestes a dar à luz, fez tudo decentemente e forneceu-lhe como pôde as coisas necessárias. Naquela mesma noite, a mulher pôs um filho no mundo e o césar ouviu três vezes uma voz que se dirigia a ele dizer: "Conrado, esse recém-nascido será seu genro". De manhã ele chamou dois escudeiros e ordenou: "Vão, arranquem aquela criança das mãos da mãe, cortem-na ao meio e tragam-me seu coração". Eles foram e tiraram o menino do regaço de sua mãe, mas vendo como era bonito ficaram compadecidos e o colocaram em cima de uma árvore para que não fosse devorado por feras. Depois cortaram uma lebre ao meio e levaram o coração dela para o césar.

No mesmo dia um duque que passava por ali ouviu os vagidos do menino e como não tinha filho levou-o para sua mulher cuidar dele, contando a todos que ela dera à luz e que ele se chamava Henrique. Ele cresceu de corpo bonito, eloqüente e gracioso em todos os aspectos. O césar pediu ao pai desse rapaz tão distinto e discreto que ele ficasse na corte, mas depois vendo que ele era muito gracioso e querido por todos, começou a desconfiar que fosse a criança que mandara matar e passou a temer que ele tomasse o poder. Querendo sentir-se seguro, mandou-o levar para sua mulher uma carta que escreveu de próprio punho e que dizia: "Se você tem amor à vida, logo que receber esta carta mate esse rapaz". Indo entregá-la, no caminho ele entrou numa igreja e adormeceu de cansaço sobre um banco. Levado pela curiosidade, um padre pegou a bolsa que estava caída, encontrou a carta selada com o lacre real e, sem rompê-lo, abriu-a e leu. Horrorizado com tal crime, habilmente raspou as palavras "Mate esse rapaz", e no lugar escreveu: "Dê nossa filha em casamento a esse rapaz".

Quando a rainha viu a carta com o selo do imperador e escrita por sua mão, convocou os príncipes e celebrou em Aquisgrana as bodas de sua filha. Ouvindo dizer que haviam sido solenemente celebradas as núpcias de sua filha, o césar ficou surpreso e, depois de ter se informado da verdade com os dois escudeiros, o duque e o padre, viu que não devia mais resistir à vontade de Deus. Chamou o rapaz, reconheceu-o como genro e designou-o para reinar depois dele. No lugar em que Henrique nasceu foi erguido um magnífico mosteiro, que ainda hoje tem o nome de Ursania.

Henrique afastou de sua corte todos os bufões e deu aos pobres o que antes se costumava dar àquela gente. Na sua época houve um cisma tão grande na Igreja que três papas foram eleitos ao mesmo tempo. Depois um padre chamado Graciano deu-lhes uma grande soma de dinheiro para que lhe cedessem o papado. Quando Henrique se dirigia a Roma para acabar com o cisma, Graciano foi encontrá-lo e ofereceu-lhe uma coroa de ouro para ganhar o seu apoio. Dissimulando, o imperador convocou um sínodo no qual Graciano foi incriminado por simonia, e substituído. No entanto, no livro que Bonizi enviou à condessa Matilda está dito que quando Graciano comprou o pontificado agiu com boa intenção, pretendendo solucionar o cisma e que, reconhecendo em seguida seu erro, a conselho do imperador renunciou ao cargo.

Depois desse Henrique foi imperador Henrique III, em cujo tempo Bruno foi eleito papa e adotou o nome de Leão. Quando este ia tomar posse da sé apostólica em Roma, ouviu a voz dos anjos cantarem: "Disse o Senhor, meus pensamentos são de paz" etc. Esse papa compôs muitos cânticos em honra de santos. Naquela época Berengário tumultuou a Igreja ao afirmar que o corpo e o sangue de Cristo não estão de verdade no altar, mas apenas de forma figurativa. Contra ele escreveu Lanfranco, prior do Bec, originário de Pavia, que foi o mestre de ANSELMO de Canterbury.

A seguir reinou Henrique IV, no ano do Senhor de 1057. Em seu tempo quem mais brilhou foi Lanfranco. A excelência de sua doutrina atraiu Anselmo, que saiu da Borgonha para encontrá-lo. Esse personagem, conhecido mais tarde por suas virtudes e sabedoria, foi o sucessor de Lanfranco no priorado do mosteiro de Bec. Na mesma época, os fiéis recuperaram Jerusalém, que tinha sido conquistada pelos sarracenos.

Os ossos do bem-aventurado Nicolau foram, então, levados para a cidade de Bari. A esse respeito lê-se, entre outras coisas, que numa igreja chamada Santa Cruz, dependente de Santa Maria da Caridade, não se cantava ainda a nova legenda do beato Nicolau, e os irmãos insistentemente pediam ao prior permissão para isso. Este não concordava de maneira alguma, afirmando que era inconveniente trocar um costume antigo por novidades. Os irmãos insistiam e o prior respondeu, irritado: "Desistam, irmãos, jamais terão de mim a permissão para cantar em minha igreja novos cânticos, que são bufonarias". Chegada a festa do santo, os monges cantaram as matinas com certa tristeza. Quando todos se recolheram a seus leitos, Nicolau apareceu ao prior com um aspecto terrível, agarrou-o pelos cabelos, jogou-o no chão do dormitório e começou a antífona O *pastor aeterne*, a cada nota dando nas costas do prior duros golpes com um feixe de varas. Assim prosseguiu até o fim dessa antífona, que executou lentamente. Os gritos do prior despertaram todos e ele foi colocado semimorto na cama. Quando voltou a si, disse: "Vão cantar o novo ofício de São Nicolau".

Nessa época 21 monges com seu abade, Roberto, saíram do convento de Molesmes para ir à solidão de Cister, a fim de ali observar mais estritamente sua regra e fundar uma nova Ordem. Hildebrando, prior de Cluny, foi eleito papa e passou a ser chamado de Gregório. Enquanto tinha apenas as ordens menores, ele exerceu as funções de núncio e, em Lyon, de maneira miraculosa acusou o arcebispo de Embrun de simonia. Esse arcebispo corrompia todos seus acusadores e não podia ser incriminado, até que o núncio mandou-o dizer *Gloria Patri et Fílio, et Spiritui sancto*. O arcebispo falava *Gloria Patri et Fílio*, mas não conseguia dizer *et Spiritui sancto* porque pecara contra o Espírito Santo. Confessou então sua culpa e logo depois de deposto pôde pronunciar em voz alta o nome do Espírito Santo. Esse milagre é relatado por Bonizi em seu livro dedicado à condessa Matilda.

Henrique IV morreu em Espira e foi sepultado ao lado dos outros reis com a inscrição: "Aqui jazem juntos filho, pai, avô, bisavô". Henrique V sucedeu-lhe no ano do Senhor de 1107. Ele se apoderou do papa e dos cardeais, e, ao lhes devolver a liberdade, recebeu o privilégio de dar a investidura dos bispados e das abadias pelo anel e pelo báculo. Naquela época Bernardo ingressou em Cister com seus irmãos.

Na paróquia de Liège uma porca pariu um porco que tinha cara de homem. Nasceu um pinto com quatro patas. Lotário sucedeu a Henrique e em seu tempo, na Espanha, uma mulher pôs no mundo um monstro que tinha dois corpos unidos, virados de costas um para o outro. De um lado era um homem completo com todos os seus membros, e do outro lado tinha cara, corpo e membros de um cão.

Depois reinou Conrado, no ano do Senhor de 1138. Foi em seu tempo que morreu HUGO DE SAINT-VICTOR, o doutor por excelência, o mais ilustre em todas as ciências e muito devoto. Conta-se que durante sua última doença não conseguia reter nenhum alimento, mas não deixou de pedir com muita insistência que lhe dessem o corpo do Senhor. Então seus irmãos, na intenção de acalmá-lo, trouxeram-lhe simplesmente uma hóstia em vez do corpo do Senhor. Ele reconheceu isso por revelação e disse: "Que o Senhor tenha piedade de vocês, meus irmãos. Por que quiseram me enganar? Não foi meu Senhor que vocês me trouxeram". Os irmãos, surpresos, correram buscar o corpo do Senhor, mas Hugo, vendo que não poderia recebê-lo, ergueu as mãos para o Céu e rezou: "Que o filho suba de novo ao Pai e o espírito a seu Deus, que o criou". Falando assim, entregou o espírito, e o corpo do Senhor que haviam levado desapareceu. Eugênio, abade de Santo Anastásio, foi eleito papa. Expulso da cidade pelos senadores que haviam escolhido um outro papa, foi para as Gálias, tendo enviado na frente Bernardo, que pregava o caminho do Senhor e fazia muitos milagres. Naquela época destacava-se GILBERTO DE LA PORRÉE.

Frederico, sobrinho de Conrado, foi imperador no ano do Senhor de 1154. Naquele tempo florescia mestre PEDRO LOMBARDO, bispo de Paris, que compilou o tão útil livro das *Sentenças*, a glosa do Saltério e das epístolas de Paulo. Naquele tempo viram-se no céu três luas e no meio delas o signo da cruz e, não muito depois, três sóis. Alexandre foi canonicamente eleito papa. Opuseram-se a ele Otaviano, João de Cremona, cardeal de São Calisto, e João de Estruma, que foram um após o outro eleitos papa com apoio do imperador. Esse cisma durou dezoito anos, durante os quais os teutônicos tomaram Túsculo para o imperador e atacaram os romanos em Monte-Porto, onde desde a hora da noa até a das vésperas mataram milhares de romanos, mais do que no tempo de Aníbal, que matara tantos que enviara a Cartago três cestos com anéis tirados dos dedos dos guerreiros mortos. Muitos foram sepultados em Santo Estêvão e em São Lourenço, onde têm como epitáfio: "Mil vezes dez, dez vezes, mais seis vezes dez, seis vezes". O imperador Frederico, que estava na Terra Santa, encontrou a morte em um rio no qual se banhava, ou, segundo outros, onde seu cavalo caiu em água muito funda e ele se afogou.

Foi sucedido por seu filho Henrique, no ano do Senhor de 1190. Em seu tempo houve tempestades com tão abundantes chuvas, trovões e raios que não se tem lembrança de outras semelhantes ocorridas anteriormente. Pedras quadradas, grandes como ovos, misturadas à chuva, destruíram árvores, vinhedos, colheitas e mataram muitos homens. Durante essa tempestade, viram-se pelos ares corvos e muitas aves que levavam carvões ardentes no bico e incendiavam as casas. Henrique exerceu firme tirania contra a Igreja romana, por isso quando de sua morte Inocêncio III opôs-se a que seu irmão Filipe fosse promovido ao império, e apoiou Oto, filho do duque da Saxônia, que ele fez coroar rei da Alemanha em Aquisgrana.

Naquele tempo vários barões da França, que foram além-mar para libertar a Terra Santa, tomaram Constantinopla. As Ordens dos Pregadores e dos Irmãos Menores são daquela época. Inocêncio IV enviou mensageiros a Filipe, rei dos franceses, para que invadisse a terra dos albigenses e destruísse os heréticos. Ele os capturou e mandou queimá-los. Enfim, Inocêncio coroou Oto como imperador e exigiu dele o juramento de respeitar os direitos da Igreja, mas no mesmo dia ele o quebrou e mandou espoliar os peregrinos que se dirigiam a Roma. Daí por que o papa o excomungou e o destituiu do império. Naquele tempo viveu Santa Isabel, filha do rei da Hungria, esposa do landgrave[19] da Turíngia, que, está escrito, entre inúmeros outros milagres ressuscitou mais de treze mortos e devolveu a visão a um cego de nascença. Fala-se que ainda hoje escorre óleo de seu corpo.

Quando Oto foi deposto, elegeu-se Frederico, filho de Henrique, que foi coroado pelo papa Honório. Ele promulgou ótimas leis para a liberdade da Igreja e contra os heréticos. Ultrapassou todos os monarcas em riqueza e em glória, mas deixou-se enganar pelo orgulho que tinha delas. Foi, de fato, um tirano da Igreja, pois encarcerou dois cardeais e mandou enforcar os prelados que Gregório IX convocara para um concílio, por isso foi excomungado. Gregório morreu esmagado por uma infinidade de problemas, e Inocêncio IV, de origem genovesa, convocou um concílio em Lyon e depôs aquele imperador. Desde sua destituição e morte, a sede imperial está vaga.[20]

Aqui termina a *Legenda áurea ou História lombarda*, de Jacopo de Voragine,[21] da Ordem dos Irmãos Pregadores, bispo de Gênova.

---

[19] Título nobiliárquico que na Alsácia e na Turíngia designava aqueles que detinham poderes judiciários superiores aos dos condes. A palavra partiu do latim *comes regionis* ("conde da região") para se tornar em alemão *Landgraf*, de *Land*, "terra" e *Graf*, "conde".

[20] Frederico II morreu em 1250, e após o curto e contestado reinado de um filho seu, o trono imperial ficou vacante entre 1254 e 1273, ou seja, exatamente na época em que Jacopo de Varazze escrevia a *Legenda áurea*, vacância que ele interpreta escatologicamente.

[21] Voragine ou Varagine era a forma latina da cidade atualmente chamada de Varazze, a cerca de trinta quilômetros de Gênova.

Glossário de nomes

AIMON ou AIMON DE FLEURY (c. 970-1008): monge beneditino autor de uma crônica (*Historia Francorum*, que aborda este povo das origens até 654) e duas hagiografias (*Vita Abbonis* e *Miracula sancti Benedicti*) editadas na *Patrologia Latina*, vol. 139, col. 617-870. Ele aparece três vezes na *Legenda áurea*, segundo A. Boureau, *La Légende dorée. Le système narratif de Jacques de Voragine*, Paris, Cerf, 1984, cuja quantificação das fontes de Jacopo (pp. 81-3) utilizamos neste glossário.

ANSELMO ou SANTO ANSELMO (1033-1109): às vezes chamado de Anselmo de Aosta devido ao local de nascimento, às vezes de Anselmo de Canterbury devido ao local em que exerceu o episcopado. Ardoroso defensor dos direitos eclesiásticos, teve problemas com a monarquia inglesa. Dentre suas influentes obras de teólogo, destaca-se o *Cur Deus homo* (edição latina e tradução francesa de R. Roques, *Pourquoi Dieu s'est fait homme*, Paris, Cerf, 1963). Ele é citado em quatro oportunidades pela *Legenda áurea*.

BARTOLOMEU DE TRENTO (c. 1204-1252): frade mendicante autor do *Epilogus in gesta sanctorum* (editado por D. Gobbi, Trento, Gruppo Culturale Civis, 1990), escrito em 1245 e citado em três ocasiões por Jacopo de Varazze.

BEDA ou BEDA, O VENERÁVEL (673-735): monge de Jarrow, é um dos principais autores da Alta Idade Média, e ainda muito lido na época de Jacopo, que se refere a ele 23 vezes. Suas obras podem ser encontradas na *Patrologia Latina* de Migne, volumes 90-95, e em edição bilíngüe em *Baedae Opera Historica*, edição T. Stapleton, tradução inglesa J. E. King, Cambridge (Mass.)/Londres, Harvard University Press/William Heinemann, 1979.

BOÉCIO (480-524): filósofo que serviu ao rei ostrogodo Teodorico até ser acusado de traição e colocado na prisão, onde escreveu sua mais importante obra, *Da consolação da filosofia*, que foi por séculos o principal transmissor da herança clássica, sobretudo Aristóteles, aos medievais. Uma cômoda edição bilíngüe deste influente texto é *La consolazione della filosofia*, ed. H. Büchner, trad. O. Dallera, Milão, Rizzoli, 4ª ed., 1988.

CALISTO ou CALISTO II: trata-se do papa (1119-1124) a quem se atribuía a autoria de uma coletânea de peças exaltativas do culto a São Tiago e da peregrinação a Compostela. A melhor edição deste famoso texto (citado cinco vezes por Jacopo) é *Líber Sancti Jacobi. Codex Calixtinus*, ed. K. Herbers e M. Santos Noia, Santiago de Compostela, Xunta de Galicia, 1998. Há uma tradução castelhana feita sobre uma edição latina anterior (publicada por W. M. Whitehill em 1944): *Líber Sancti Jacobi, Codex Calixtinus*, tradução de A. Moralejo, C. Torres e J. Feo, Santiago de Compostela, Xunta de Galicia, 1998.

CASSIODORO: ver *História tripartite*

A CIDADE DE DEUS: obra de Santo Agostinho, maior autoridade intelectual para a Idade Média, como reitera o fato de Jacopo de Varazze citar esse autor 92 vezes em 36 capítulos diferentes. Esse influente texto, escrito entre 413 e 426, tem tradução brasileira de Oscar Paes Leme, Petrópolis, Vozes, 1989, 2 volumes.

DAMASCENO: ver João Damasceno.

DIÁLOGOS: há uma boa edição moderna, bilíngüe, dessa obra que tanto influenciou a Idade Média: *Dialogues*, ed. A. Vogüé, trad. P. Antin, Paris, Belles Lettres, 1978-1980, 3 vols. Seu autor, Gregório Magno (540-604), monge, teólogo e papa, é mencionado 56 vezes, sendo portanto a terceira maior autoridade — depois de Agostinho com 92 e Bernardo com setenta citações — utilizada pela *Legenda áurea*.

DIONISO OU DIONISO AREOPAGITA: aquele que Jacopo de Varazze chama de Dioniso Areopagita é logo denominado pelos estudiosos pseudo-Dioniso. De fato, a Idade Média equivocadamente atribuía a Dioniso, o Areopagita, bispo de Atenas convertido por São Paulo, no século I, alguns textos neoplatônicos escritos por volta do ano 500, provavelmente na Síria. Entre eles estava o *Nomes divinos* e sobretudo a *Hierarquia celeste* (uma edição acessível desta última obra é a de G. Heil, R. Roques e M. de Gandillac, publicada em Paris, Cerf, 1970, na coleção Sources chrétiennes, vol. 261). No total ele é citado catorze vezes pela *Legenda áurea*.

EUSÉBIO OU EUSÉBIO DE CESARÉIA (263-340): bispo dessa cidade da Palestina, foi no plano teológico discípulo de ORÍGENES. Sua principal obra, mencionada 33 vezes por Jacopo de Varazze, é a *História eclesiástica*, da qual existe tradução brasileira feita a partir de uma tradução inglesa: Rio de Janeiro, Casa Publicadora das Assembléias de Deus, 1999.

EVANGELHO DE NICODEMO (também conhecido por *Atos de Pilatos*): texto do século IV ou V, coloca toda a culpa pela condenação de Jesus sobre os judeus, isentando Pilatos, o que permitiu que este personagem fosse canonizado pela Igreja Etíope e sua esposa pela Igreja Grega (Santa Procla). O original grego e sua tradução castelhana são apresentados por A. de Santos Otero, *Los evangelios apócrifos*, Madri, BAC, 3ª ed., 1979, pp. 402-71. A versão eslava e sua tradução francesa estão em A. Vaillant, *L'Évangile de Nicodème*, Genebra-Paris, Droz, 1968. Uma tradução italiana é dada por M. Erbetta (ed.), *Gli apocrifi del Nuovo Testamento*, Casale Monferrato, Marietti, 1981, vol. II, pp. 239-87. Este texto, um dos apócrifos mais populares na época de Jacopo, foi citado por ele em três diferentes capítulos.

FLÁVIO JOSEFO (37-100): sacerdote e historiador judeu — autor da *História da guerra judaica*, obra de 75-79, e sobretudo das *Antigüidades judaicas*, completadas em 93 — que apesar de sua estreita ligação com Roma jamais renegou o judaísmo. Assim, a célebre referência que faz a Cristo no livro 18 das *Antiquitates Judaicae* não tinha a conotação cristã que lhe foi dada por um copista posterior e aceita pela Idade Média.

FULBERTO ou FULBERTO DE CHARTRES (*c.* 960-1028): importante intelectual da época (suas obras estão editadas na *Patrologia Latina*, vol. 141, col. 185-368), citado duas vezes na *Legenda áurea*. O bispo de Chartres era grande devoto de Maria, tendo levado para sua catedral a túnica que se acreditava ter pertencido a ela.

GILBERTO ou GILBERTO DE LA PORRÉE ou DE POITIERS (1076-1154): teólogo que estudou na célebre escola de Chartres, foi discípulo de Anselmo de Laon, tornou-se bispo de Poitiers. Seus comentários bíblicos (editados na *Patrologia Latina*, volume 188) foram duramente criticadas por São Bernardo. É citado duas vezes na *Legenda áurea*.

GLOSA ou *GLOSA ORDINARIA*: compilação feita em Paris em meados do século XII, reunindo comentários bíblicos antigos (Jerônimo, Ambrósio, Agostinho, Gregório, BEDA etc.) e contemporâneos (Anselmo de Laon, Gilberto de Auxerre, GILBERTO DE POITIERS, PEDRO LOMBARDO etc.). Mas por muito tempo esta obra foi atribuída a Walfrido Estrabão (*c.* 808-849), e como tal está editada na *Patrologia Latina* de Migne, vol. 113, col. 67-1316 e vol. 114, col. 9-752. Refletindo a popularidade deste texto na época, Jacopo de Varazze cita-o 38 vezes ao longo da *Legenda áurea*.

GODOFREDO DE VITERBO (*c.* 1125-*c.* 1192): personagem ligado aos imperadores germânicos Frederico Barba-Ruiva (sobre o qual escreveu a *Gesta Friderici*) e Henrique VI, elaborou seu *Pantheon* (editado na *Patrologia Latina*, vol. 198, col. 876-1044) seguindo o modelo da clássica A CIDADE DE DEUS de Agostinho e da contemporânea *Chronica sive historia de Duabus Civitatibus*, de Otto de Freising.

GREGÓRIO (*c.* 540-595): bispo de Tours desde 573, escreveu principalmente duas hagiografias (*Septem libri miraculorum* e *Vitae Patrum*, editadas por B. Krusch na *Monumenta Germaniae Historica. Scriptores rerum Merovingicarum*, volume 1) e uma importante crônica (*Histoire des francs*, tradução de R. Latouche, Paris, Belles Lettres, 1999). Este autor é citado oito vezes pela *Legenda áurea*.

GUILHERME DE AUXERRE (*c.* 1150-1231): mestre de teologia em Paris, fez parte da comissão criada pelo papa Gregório IX em 1231 para examinar e corrigir os escritos de Aristóteles sobre Física. Sua principal obra é a *Summa aurea* (editada por J. Ribaillier, Grottaferrata, Collegio S. Bonaventura, 1980-1987, 7 volumes), conjunto de comentários sobre as *Sententiae* de PEDRO LOMBARDO. Como liturgista também foi importante com sua *Summa de officiis ecclesiasticis*. Ele é citado quatro vezes por Jacopo de Varazze.

HISTÓRIA DOS LOMBARDOS: escrita por volta de 787, seu bem informado autor Paulo Diácono (que viveu na corte lombarda de Pavia, na corte franca de Aix-la-Chapelle e no mosteiro beneditino de Monte Cassino) narra os feitos do reino lombardo entre 688 e 744. A obra, editada por L. Bethmann e G. Waitz na *Monumenta germanica historiae. Scriptores rerum langobardorum*, está traduzida em inglês por W. D. Foulke, *History of the Langobards of Paul the Deacon*, Filadélfia, University of Pennsylvania Press, 1907 e em francês por F. Bougard, *Histoire des lombards*, Turnhout, Brepols, 1994. Este cronista recebe quatro menções na *Legenda áurea*.

HISTÓRIA ECLESIÁSTICA: ver Eusébio de Cesaréia.

HISTÓRIA ESCOLÁSTICA: obra na qual Pedro Comestor (*c.* 1140-*c.* 1179) comenta toda a história santa, estabelecendo relações entre ela e a história profana. Esse texto (publicado na *Patrologia Latina*, vol. 198, col. 1053-1722) gozou de grande popularidade na época e seria traduzido para o francês por volta de 1300. Jacopo de Varazze cita esta obra quinze vezes.

HISTÓRIA TRIPARTITE: o nobre romano Flávio Magno Aurélio Cassiodoro (485-580) serviu ao rei ostrogodo Teodorico e depois de se retirar da vida pública fundou no Sul da Itália mosteiros que se tornaram importantes centros culturais. Neles Cassiodoro escreveu diversas obras, inclusive a *História ecclesiastica tripartita dicta* (editada na *Patrologia Latina*, vol. 69, col. 879-1214), citada em quinze oportunidades.

HUGO DE SAINT-VICTOR (1096-1141): teólogo flamengo educado na Alemanha e desde 1118 estabelecido em Saint-Victor, em Paris, abadia que ajudou a transformar em importante centro cultural. Seus trabalhos estão reunidos nos volumes 175-177 da *Patrologia Latina*. Um dos mais influentes deles, uma classificação comentada das áreas do conhecimento, foi recentemente traduzido por A. Marchioni: *Didascálicon. Da arte de ler*, Petrópolis, Vozes, 2001. A *Legenda áurea* refere-se sete vezes a este autor.

HUMBERTO DE BESANÇON: cônego de fins do século XI, hagiógrafo, é mencionado duas vezes por Jacopo de Varazze.

ISIDORO OU SANTO ISIDORO (c. 570-636): bispo de Sevilha, autor que, ao lado de Santo Agostinho, talvez mais tenha influenciado o pensamento cristão medieval, sobretudo com *Etimologias* (ver nota 22, página 17), considerado por um estudioso moderno "o livro fundamental de toda a Idade Média" (E. R. Curtius, *Literatura européia e Idade Média latina*, São Paulo, Hucitec/Edusp, 1996, p. 607). Há quinze referências a ele na *Legenda áurea*.

JOÃO BELETH (c. 1130-1182): um dos mais importantes liturgistas da Idade Média, autor de um tratado muito célebre na época, *Summa de ecclesiasticis officiis*, editado por H. Douteil, Turnhout, Brepols, 1976, vols. 41 e 41A do Corpus Christianorum Continuatio Medievalis. Ele é a principal autoridade litúrgica utilizada pela *Legenda áurea*, 21 vezes declaradamente e muitas outras sem nomeá-lo.

JOÃO DAMASCENO (675-749): teólogo grego, doutor da Igreja e santo. Suas obras procuravam harmonizar a filosofia aristotélica e a fé cristã, tornando-se muito influentes no Império Bizantino e sendo traduzidas para o latim no século XII. É essa versão que Jacopo usa para citá-lo treze vezes.

JOSEFO: ver Flávio Josefo.

LIVRO DA INFÂNCIA DO SALVADOR: trata-se de um apócrifo do século IX ou X, editado e traduzido por A. de Santos Otero, *Los Evangelios apocrifos*, Madri, BAC, 1979, pp. 366-72, e também traduzido por M. Erbetta, *Gli apocrifi del Nuovo Testamento*, Casale Monferrato, Marietti, 1981, vol. I-2, pp. 206-19.

LIVRO DE CLEMENTE: nome genérico dado a textos apócrifos de princípios do século III, atribuídos ao quarto papa, São Clemente (88-97). Os mais importantes são as *Homiliae*, que tratam dos discursos teológicos de Pedro, e — parte utilizada três vezes por Jacopo de Varazze — as *Recognitiones*, dedicadas sobretudo às disputas entre Pedro e Simão, o Mago (editadas na *Patrologia Graeca*, vol. I, col. 615-862).

METÓDIO: patriarca de Constantinopla (falecido em 847) que, no contexto da crise iconoclasta que abalou o Império Bizantino, foi perseguido por ser favorável ao culto de imagens. Mencionado duas vezes pela *Legenda áurea*.

METÓDIO DE CONSTANTINOPLA: monge e pintor do século IX que, segundo a tradição, converteu o rei dos búlgaros por meio de uma impressionante pintura que fez do Juízo Final. De um ponto de vista mais histórico, a conversão daquele povo e dos eslavos em geral foi possível sobretudo graças ao seu irmão Cirilo, que criou para eles o alfabeto conhecido por cirílico. Citado três vezes.

OS MILAGRES DA BEM-AVENTURADA VIRGEM: obra de Gautier de Coinci, escrita entre 1218 e 1227, edição moderna *Les miracles de Nostre-Dame*, ed. V. Frederic Koenig, Genebra, Droz, 1955-1970, 4 vols.

MITRALE OU OFÍCIO MITRAL: ou mais exatamente *Mitrale seu de officiis ecclesiasticis summa* (editada na *Patrologia Latina*, vol. 213, col. 13-436), obra litúrgica do bispo Sicardo de Cremona (1160-1215), citada em quatro ocasiões por Jacopo de Varazze.

ORÍGENES (c. 185-c. 254): autor de obras ascéticas, dogmáticas, polemistas e exegéticas. Por seus traços neoplatônicos e gnósticos (ver capítulo 137) algumas delas foram condenadas pelo Concílio de Constantinopla, em 553. Ainda assim, seu pensamento exerceu forte influência no Oriente (por exemplo em EUSÉBIO DE CESARÉIA e Atanásio) e mesmo no Ocidente (sobretudo em João Escoto Erigena). Jacopo de Varazze faz duas referências a ele.

ORÓSIO OU PAULO ORÓSIO (falecido c. 417): discípulo de Agostinho, cronista e tratadista contra hereges, foi bastante popular na Idade Média como atestam os mais de duzentos manuscritos que sobreviveram de suas obras, mas a *Legenda áurea* cita-o apenas quatro vezes.

PAPIAS (século II): bispo de Hierápolis, na atual Turquia, autor de uma interpretação dos Evangelhos muito usada até o século IV, quando EUSÉBIO DE CESARÉIA criticou sua informação de que teria existido um quinto evangelho, de que havia uma versão aramaica do de Mateus, e sobretudo seu entendimento do milenarismo. Jacopo de Varazze refere-se a ele duas vezes.

PAULO DIÁCONO: ver *História dos lombardos*.

PEDRO CANTOR: famoso professor de teologia da escola episcopal de Paris no século XII, autor de um influente tratado de moral (*Summa de sacramentis et animae consilis*, ed. J.-A. Dugauquier, Louvain, Nauwelaerts, 1954-1967, 5 vols.), citado duas vezes por Jacopo de Varazze.

PEDRO COMESTOR: ver *História escolástica*.

PEDRO DAMIANO (1007-1072): eremita e depois cardeal de Óstia, importante adepto da chamada Reforma Gregoriana, movimento de moralização interna da Igreja, escreveu textos voltados sobretudo para a disciplina monástica e os problemas morais que atingiam o clero naquele momento (editados na *Patrologia Latina*, volumes 144-145). Há quatro referências a ele na *Legenda áurea*.

PEDRO DE CLUNY OU PEDRO, O VENERÁVEL (1092-1156): abade de Cluny desde 1122, autor entre outras obras de um *De miraculis*, editado por Denise Bouthillier no Corpus Christianorum Continuatio Medievalis, vol. 83,

Turnhout, Brepols, 1988, e traduzido por ela e Jean-Pierre Torrell: *Les merveilles de Dieu*, Paris, Cerf, 1992.

PEDRO DE RAVENA (406-449): doutor da Igreja também conhecido por São Pedro Crisólogo, apelido dado dois séculos e meio depois de sua morte para indicar que fora dono de um "discurso de ouro". Citado três vezes pela *Legenda áurea*.

PEDRO LOMBARDO (1100-1160): natural de Novara, no Norte italiano, professor na escola catedralícia de Paris, depois bispo desta cidade, autor da célebre *Summa Sententiarum*, escrita em 1148-1150 (publicada por Migne na *Patrologia Latina*, vols. 191 e 192).

PREPOSTINO ou PREPOSTINO DE CREMONA (*c*. 1140-*c*. 1210): teólogo e chanceler da Universidade de Paris que pregou entre os albigenses, escreveu diversos tratados contra as heresias e sobretudo, entre 1196 e 1198, uma obra litúrgica — *Tractatus de officiis* — que embora citada em apenas dois capítulos da *Legenda áurea* foi largamente utilizada por ela em dezesseis capítulos, conforme P. Collomb, "Les éléments liturgiques de la *Légende dorée*. Traditions et innovations", em B. Fleith e F. Morenzoni (orgs.), *De la sainteté à l'hagiographie. Genèse et usage de la Légende dorée*, Genebra, Droz, 2001, pp. 120-1.

PRÓSPERO ou SÃO PRÓSPERO DA AQUITÂNIA (*c*. 390-*c*. 460): monge que apoiou Agostinho contra os hereges pelagianos, escreveu textos ascéticos (*Patrologia Latina*, volume 51) e cronísticos (*Monumenta Germaniae Historica. Auctores antiquissimi*, volume 9).

PRUDÊNCIO (348-*c*. 405): poeta de origem espanhola que deu forma literária clássica às doutrinas cristãs, sobretudo no célebre *Psychomachia*, poema alegórico sobre o combate entre vícios e virtudes. Jacopo de Varazze faz três alusões a esse autor.

RÁBANO ou RÁBANO MAURO (776-856): abade do importante mosteiro alemão de Fulda e arcebispo de Mogúncia, autor de muitas obras (publicadas na *Patrologia Latina*, volumes 107-112), sobretudo da enciclopédica *De Universo*, baseada nas *Etimologias* de ISIDORO de Sevilha. Ele aparece quatro vezes na *Legenda áurea*.

RABINO MOISÉS ou MOISÉS BEN HANOCH: dono de grandes conhecimentos talmúdicos que fez de Córdoba, em fins do século X, o grande centro judaico do Ocidente. Citado duas vezes pela *Legenda áurea*.

RICARDO DE SAINT-VICTOR: um dos maiores escritores místicos do século XII, falecido em 1173, citado três vezes na *Legenda áurea*. Sua obra está publicada na *Patrologia Latina*, volume 196.

SICARDO DE CREMONA: ver *Mitrale*.

Vidas de Santos

SIGEBERTO ou SIGEBERTO DE GEMBLOUX (*c.* 1030-*c.* 1112): deixou várias obras, a mais importante das quais uma *Chronica* (publicada por Migne na *Patrologia Latina*, vol. 160, col. 57-834) citada seis vezes por Jacopo.

SEVERO ou SULPÍCIO SEVERO (*c.* 363-*c.* 420): citado duas vezes por Jacopo de Varazze, além dos *Diálogos* foi autor sobretudo de uma *Vida de São Martinho* (uma boa tradução de suas *Obras completas* foi feita por Carmen Codoñer, Madri, Tecnos, 1987).

VICENTE ou VICENTE DE BEAUVAIS (*c.* 1190-*c.* 1264): autor de uma das grandes sumas do conhecimento do século XIII, o *Speculum maius* (Graz, Akademische Druck und Verlagsanstalt, 1964-1965, 4 vols.), cuja parte conhecida por *Speculum historiale* é uma crônica universal desde a Criação até 1254, na qual as vidas de santos ocupam 900 de seus 3800 capítulos.

VIDAS DOS PADRES: coletânea de legendas de santos organizada no século VI com textos de Jerônimo, SULPÍCIO SEVERO, Cassiano e outros. Editada na *Patrologia Latina*, volumes 73-74, ela é citada duas vezes por Jacopo.

ÍNDICE ONOMÁSTICO

Aarão, primeiro sumo sacerdote judeu, *96*
Abdão, São, *591*
Abdias, bispo da Babilônia, *886*
Abel, segundo filho de Adão e Eva, *106, 245, 521*
Abraão, patriarca de Israel, *95, 133, 146, 245, 485, 521, 1010*
Adão, progenitor da raça humana segundo a Bíblia, *41, 50, 63, 94, 97, 135, 146, 148, 225-6, 233, 326, 328, 337, 346-7, 413, 439, 677, 698, 1010*
Adauto, Santo, *734*
Adriano, imperador romano, *419, 738, 900*
Adriano, Santo, *757-61*
Ágata, Santa, *77, 79, 256-60*
Agatão, Santo, *18, 987-8*
Agostinho, Santo, *48,50, 55-6, 64, 82, 83, 100, 102, 110, 112, 146, 148, 171, 183, 188, 191, 206, 233, 245, 280, 324, 325, 328, 345, 432, 438, 501, 611, 613, 617, 647-8, 651, 664, 678, 706-24, 726, 767, 830, 857, 905, 907, 914, 921, 923, 948*
Alcuíno de York, professor e eclesiástico inglês, *1015*
Aleixo, Santo, *539, 540-2*
Alexandre I, papa *ver* Alexandre, Santo
Alexandre, imperador romano, *88, 477*
Alexandre, São, *603-4*
Alexandre, São, filho de Santa Felicidade, *529-30*
Alódio, Santo, *742*
Amador, Santo, *741*

Amando, Santo, *262, 263*
Ambrósio, Santo, *69, 77, 182-3, 186, 191, 231, 260, 274, 315, 319, 355-65, 369, 373, 382, 481, 545, 557, 575, 584, 588, 702, 708, 710-1, 713, 715, 782-3, 787-8, 812, 874, 877, 905, 909, 937, 938, 943, 957, 1016, 1020*
Amerio, rei mago *ver* Baltazar, rei mago
Ana, Santa, mãe da Virgem Maria, *747-50*
Anastácia, Santa, *103-5, 959*
André, Santo, apóstolo, *58-68*
Anfilóquio, bispo de Icônio, *192*
Anselmo, Santo, *97*
Antonino, imperador romano, *529*
Antônio, Santo, *15, 20, 157-8, 171-5*
Apelio, rei mago *ver* Gaspar, rei mago
Apolinário, Santo, *555-7*
Apolônia, Santa, *105*
Aquileu, Santo, *454-5*
Arcádio, imperador romano do Oriente, *798*
Ário, presbítero de Alexandria, *174, 597-8, 1004*
Aristóteles, filósofo grego, *707, 763*
Arnaldo, abade de Bonneval, *682*
Arsênio, Santo, *984-6*
Atanásio, Santo, *171, 597, 599, 728, 802*
Augusto, Caio Júlio César Otávio, imperador romano, *94, 98, 100, 122, 152, 604-5, 706*
Aureliano, imperador romano, *735*
Averróes, filósofo muçulmano, *695*

Bacon, Roger, filósofo escolástico, 13
Baltazar, rei mago, 150
Barlaão, São, 989-1002
Barnabé, São, 469-73, 518, 783, 949-50
Bartolomeu, São, apóstolo, 697-705
Basílio, São, 19, 53, 192-7, 219
Beatriz, Santa, 586
Beda, o Venerável, 149, 274, 277-8, 332, 338, 365, 434, 469, 485, 514, 561, 565, 604-5, 611, 644, 728, 746-7, 782, 807, 809, 891-2, 1013
Bento, São, 24, 297, 300-2, 304-6
Bernardo, São, 16, 50, 56, 97, 101, 141-2, 144, 147, 154-5, 242, 244, 247, 273, 312, 315-6, 320, 323-4, 327, 682-93, 905
Boaventura, São, 13
Bonifácio III, papa, 1007
Bonifácio IV, papa, 1007
Brás, São, 129, 253-5
Brício, São, 939-40

Caifás, sumo sacerdote judeu, 388, 405
Caim, primogênito de Adão e Eva, 245, 789
Calisto, São (Calisto I, papa), 864-5
Carlos Magno, rei dos francos, 147, 551, 733, 833, 923, 1014, 1016
Carpóforo, São, um dos "quatro coroados", 925
Cassiano, São, 595
Castório, São, 925
Catarina, Santa, 961-70
Cecília, Santa, 462, 941-47
Cefas ver Pedro, São, apóstolo
Celso, São, 581-4
Cesário, São, 455, 743
Cícero, orador romano, 55, 826
Cipriano, São, 774-5
Ciríaco, São, 420-1, 637-8
Cirilo, bispo dos morávios, 958

Cláudio, imperador romano, 264, 352, 471, 502, 507, 655
Cláudio, São, 925
Clemente, São (papa Clemente), 117, 455, 501, 861, 884, 948-58, 969-70
Cleópatra, rainha do Egito, 604-5
Cleto, papa, 502, 954
Clóvis I, rei dos francos, 160, 590, 832-3
Concórdia, Santa, 654
Concordiano, São, 741
Constância, filha do imperador Constantino, 186, 494
Constâncio, filho do imperador Constantino, 495-6, 585, 597-9
Constantino I, o Grande, imperador romano ver Constantino, imperador romano
Constantino IV, imperador romano do oriente, 835
Constantino, imperador romano, 80, 130-4, 137-8, 164, 185, 415-6, 477, 495, 591
Constantino, o Velho, pai do imperador Constantino, 417
Constantino, São, um dos "sete adormecidos", 576-80
Cornélio, São, 509, 774-5
Cosme, São, 673-4, 794-7
Crisanto, São, 880-1
Crisógono, São, 103, 959-60
Crisóstomo, São, 53-4, 56, 88, 122, 151-2, 170, 208, 256
Cristina, Santa, 558-60
Cristóvão, São, 20, 571-5

Dagoberto, rei dos francos, 262, 863, 1012
Damasco, rei mago ver Melquior, rei mago
Damásio, papa ver Dâmaso I, papa
Dâmaso I, papa, 176, 798, 829
Damião, São, 794-7

Daniel, profeta hebreu, *52, 347, 383-4, 680, 706, 813, 816, 819, 824, 979*
Dante Alighieri, poeta italiano, *14*
Dária, Santa, *880-1*
Davi, rei de Israel, *95, 146, 320, 430, 484, 523, 746, 750, 782*
Décio, imperador romano, *157, 176, 576-8, 580, 591, 608, 632, 640-4, 653-5, 774, 973*
Dídimo *ver* Tomé, São, apóstolo
Diocleciano, imperador romano, *79, 177, 181, 190, 253, 365, 367, 378, 456, 466-7, 475, 586, 637-8, 640, 734, 762, 784-5, 787, 793, 795, 810, 925-6, 959-60*
Dioniso, São (Dioniso Areopagita), *239, 857-63*
Dioniso, São, um dos "sete adormecidos", *576-80*
Domiciano, imperador romano, *113, 423, 862, 955*
Domingos, São, *13, 16, 614-31, 842*
Domitila, neta do imperador Domiciano, *454-5*
Donato, gramático latino, *826*
Donato, São, *554, 634-6*
Doroteu, Santo, *762*

Edmundo, Santo, *119*
Efrém, eremita, *192, 197*
Egídio, Santo, *743-5*
Eleutério, São, *857-63*
Elias, profeta hebreu, *348, 484, 488, 490-1, 676*
Elimas, o Mágico, *472*
Eliseu, profeta hebreu, *490*
Estêvão, Santo (papa Estêvão I), *608*
Estêvão, Santo (mártir), *106-12, 206, 545, 609-13*
Eucário, arcebispo de Lyon, *784*

Eufêmia, Santa, *810-2*
Eulógio, bispo de Alexandria, *285*
Eusébio de Cesaréia, historiador eclesiástico, *94, 129, 412, 420, 892*
Eusébio, Santo, *162, 595-9*
Eustáquio, Santo, *894-8, 900*
Eva, progenitora da raça humana segundo a Bíblia *97, 323, 328, 677, 679*
Ezequiel, profeta hebreu, *380, 443, 451, 819, 871, 878*

Fabiano, São, *176, 644, 774*
Faustino, São, *586*
Feliciano, São, *467-8*
Felicidade, Santa, *529-30, 971-3*
Félix, Confessor, São, *168-9*
Félix, São, *734*
Félix, São, filho de Santa Felicidade, *529-30*
Félix, São, papa, *585*
Ferreol, São, *215-6*
Filipe, São, apóstolo, *401-2*
Filipe, São, filho de Santa Felicidade, *529-30*
Flávio Josefo, historiador judeu, *405-8, 603*
Focas, imperador romano, *205, 291, 902, 1007*
Forseu, São, *807-9*
Francisco de Assis, São, *13, 16, 18, 836-48*
Fulberto, bispo de Chartres, *219, 754*

Gabriel, anjo, *312, 484-5, 683, 751, 824, 1108-10*
Galgalat, rei mago *ver* Gaspar, rei mago
Galiano, imperador romano *ver* Décio, imperador romano
Galo, imperador romano, *644, 728, 766*
Gamaliel, São, *110, 609-10, 613, 771*
Gaspar, rei mago, *150*
Genebaldo, bispo de Laon, *160-1*
Gerasina, Santa, *883*
Germano, São, *592-6, 741*

Gervásio, São, *380, 480, 482, 583*
Gordiano, São, *453*
Gorgônio, Santo, *762*
Gregório, São, *50, 54, 56, 152, 181, 232, 234, 245, 280-95, 339, 342, 425, 482, 512, 771-2, 1007*
Gregório de Nazianzo, São, *827*
Gregório de Nissa, São, *348, 403*
Gregório de Tours, São, *370, 414, 420, 457, 518, 645, 696*
Gregório Magno, papa ver Gregório, São
Guilherme, abade de Saint-Thierry, *682*

Helena, Santa, mãe do imperador Constantino, *132, 156, 413, 415, 417-8, 420, 767-8*
Henrique, Santo, *1019*
Herodes Agripa, *120, 602, 725, 727*
Herodes Antipas, *120, 323, 329, 725, 727*
Herodes Ascalonita, *120, 122-3, 150, 152-3, 156, 211*
Herodias, irmã de Herodes Agripa, *725-7, 732*
Hilário, Santo, *141, 155, 161-4, 514, 634, 636, 929-30*
Hincmar, arcebispo de Reims, *159*
Hipólito, Santo, *653-6*
Honório III, papa, *617*
Honório, imperador romano do Oriente, *798*
Hugo, São, *101, 567*

Inácio, Santo, *239-41*
Inês, Santa, *183, 185-7*
Inocêncio III, papa, *96, 98, 617*
Inocêncio, São, *787-8*
Isaac, patriarca de Israel, *521-2, 749*
Isabel, Santa, filha do rei da Hungria, *1024*
Isabel, Santa, mãe de João Batista, *315-6, 485-6, 747*
Isaías, profeta hebreu, *41, 96, 121, 134, 244, 346, 431-3, 436, 442, 446, 448-51, 491, 710, 750, 821, 822, 824*
Isidoro, Santo, *69, 88, 119, 402*
Ismael, filho de Hagar e Abraão, *1010*

Jacinto, São, *763-6*
Jacó, patriarca de Israel, *658, 819*
Januário, São, filho de Santa Felicidade, *529-30*
Jeremias, profeta hebreu, *56-7, 98, 134, 147, 340, 442, 489, 879*
Jerônimo, São, *51, 55, 100, 112, 118, 151, 155, 157, 164, 209, 273-4, 278, 316, 320, 402, 412, 435, 588, 662, 665, 718, 748, 750, 781, 825-31, 872, 903, 908, 912, 1016*
Jesus Cristo, *41, 47-50, 52-4, 56-9, 81, 93-4, 96-8, 100-2, 113, 140-9, 151-5, 207, 225-6, 231, 233, 243-7, 252, 276, 311-4, 316-24, 326-30, 332, 338-9, 341-4, 347-8, 408, 430-6, 438-9, 659, 662, 664, 666, 679, 751*
João Batista, São, *20, 58, 100, 120, 140, 149, 300, 484-93, 523, 725-33, 747, 751*
João Beleth, *218, 226, 234, 237, 272, 414, 424, 492, 502, 564, 601, 640, 645, 732, 751, 826, 829, 891, 934, 937*
João Crisóstomo, São, *798-806*
João Damasceno, São, *102, 237, 289, 429, 675, 677, 746, 887, 903-4, 989*
João Evangelista, São, apóstolo, *15, 58, 112-9, 290, 423-4, 491, 552, 657-8, 660, 672, 675, 872, 969*
João, Abade, São, *981*
João, o Esmoler, São, *198-205*
João, São, preboste de Constância, *494-7*
João, São, um dos "sete adormecidos", *576-80*
Joaquim, São, pai da Virgem Maria, *746, 748, 750*
Jonas, profeta hebreu, *680*

Jorge, São, *365-70*
Josafá, São, *989-1002*
José de Arimatéia, discípulo de Cristo, *344*
José, São, pai de Jesus, *95-6, 99, 155, 211, 250, 311, 746*
Judas Tadeu, São, apóstolo, *886-92*
Judas, apóstolo traidor de Jesus, *20, 237, 274, 277, 328, 420*
Juliana, Santa, *266-7*
Juliano Gálio, irmão de Sêneca, *508*
Juliano, o Apóstata, imperador romano, *420-1, 453, 495-6, 559-60, 589, 599, 634, 728-30, 732, 781, 928-9*
Juliano, São, *20, 215-8, 220*
Júlio César, imperador romano, *94, 98*
Julita, Santa, *476-7*
Justina, Santa, *789*
Justino, São, *654-5*

Khadidja, esposa de Maomé, *1008*

Lamberto, São, *776-7*
Lázaro, irmão de Santa Maria Madalena, *321, 347, 544-5, 549, 587-8*
Leão, São (papa Leão I), *55, 339, 431, 438-41, 446, 498-9, 501, 503, 506-7*
Leodegário, São, *834-5*
Leonardo, São, *866-70*
Leôncio, padre, *164*
Levi *ver* Mateus, São, apóstolo
Libério, papa, *826*
Lino, papa, *501-2, 504-7, 514, 581-2, 954*
Lombardo, Pedro, bispo de Paris, *1023*
Longino, São, *296*
Lourenço, São, *252, 612, 632, 639-55*
Lucas, São, evangelista, *149, 516, 518, 679, 746-7, 858, 871-9*

Lúcia, Santa, *77-80, 181*
Luciano, presbítero de Jerusalém, *609-10*
Lupo, São, *739-40*

Macabeus, Os, *600-1*
Macário, bispo de Jerusalém, *419*
Macário, São, *165-7*
Macróbio, filólogo romano, *122*
Malaquias, profeta hebreu, *488, 490, 823*
Malaquias, São, *692*
Malco, São, um dos "sete adormecidos", *576-80*
Malgalat, rei mago *ver* Baltazar, rei mago
Mamertino, São, *741-2*
Mamerto, São, *215*
Maomé, profeta do Islã, *1007-11*
Marcelino, São, *378-9, 466*
Marcelo, papa, *637*
Marcelo, São, *170, 464, 505, 507*
Marcial, São, filho de Santa Felicidade, *529-30*
Marciano, São, um dos "sete adormecidos", *576-80*
Marco Antônio, general romano, *604-5*
Marco Aurélio, imperador romano, *947*
Marcos, São, evangelista, *371-7, 425, 872*
Margarida, Santa, *535-8, 852-3, 970*
Maria Egipcíaca, Santa, *352-4*
Maria Madalena, Santa, *311, 343, 345, 543-53, 587*
Maria, Santa (Virgem Maria), *95-7, 99, 101-2, 121, 140, 154-5, 211, 239, 243-7, 249-52, 311, 313, 316-8, 341, 344, 433, 486, 552, 657-62, 664-7, 670-81, 746-78*
Marina, Santa, *478-9*
Marino, São, *742*
Marta, Santa, irmã de Maria Madalena, *544-5, 587-90*

Martinho, São, *15, 18, 578, 830, 928-40*
Mateus, São, apóstolo e evangelista, *59, 746, 778-83, 872*
Matias, São, apóstolo, *274-9*
Maurício, imperador romano, *288*
Maurício, São, *784-8, 790-1, 793*
Mauro, rei da Bretanha, *882*
Maximiano, imperador romano, *79, 170, 172, 177, 181, 190, 365, 367, 378, 467, 637-8, 734, 757, 784-5, 787, 926*
Maximiano, São, um dos "sete adormecidos", *576-80*
Maximino, São, *545, 549-1, 587-8*
Máximo, bispo de Nola, *168*
Máximo, São, *647-8, 650-1*
Mela, pai do poeta Lucano, *508*
Melquíades, papa, *229, 925*
Melquior, rei mago, *150*
Melquisedeque, rei cananeu de Salem, *245*
Mercúrio, São, *219*
Metódio, patriarca, *69*
Miguel, imperador de Constantinopla, *863*
Miguel, São, arcanjo, *236, 347, 813-24*
Mileto, bispo de Laodicéia, *113*
Miquéias, profeta hebreu, *439*
Modesto, São, *474-5*
Moisés, Abade, São, *982-3*
Moisés, filósofo e rabino, *433*
Moisés, profeta e legislador hebreu, *41, 83, 93, 108, 146-7, 225, 244, 337, 523, 601, 822*
Mônica, Santa, mãe de Santo Agostinho, *707-8, 711*

Nazário, São, *480, 581-4*
Nereu, São, *454-5*
Nero, imperador romano, *373, 480, 503-8, 514-7, 582-3, 605, 694*
Nicodemos, São, *110, 464, 609-10, 771*

Nicolau IV, papa, *12*
Nicolau, São, *69-70, 72-6, 969, 1021-2*
Nicóstrato, São, *925*
Noé, descendente de Adão, *146, 521*

Odilo, Santo, *912*
Orígenes, teólogo de Alexandria, *462, 513, 640, 718, 800-3, 818*
Orósio, teólogo, *99-100, 112*
Oséias, profeta hebreu, *450*
Otávio, imperador romano *ver* Augusto, Caio Júlio César Otávio, imperador romano
Oto I, o Grande, imperador do Sacro Império Romano-Germânico, *1018*

Pancrácio, São, *456-7*
Pascásio, cônsul romano, *78-9*
Pastor, São, *978-80*
Patrício, São, *24, 307-10, 916*
Paula, Santa, *209-14*
Paulino de Nola, *355, 361*
Paulo, Eremita, São, *157-8*
Paulo, São, apóstolo, *109, 131, 206-8, 230, 239, 268-9, 406, 417, 469-70, 472, 505-6, 512, 513-28, 609, 659, 661-2, 673, 676, 782, 858, 860, 879, 969*
Paulo, São, preboste de Constância, *494-7*
Pedro, Exorcista, São, *465-6*
Pedro, São, *62, 113, 120, 131, 258, 262, 268-73, 343, 371-2, 417, 464, 500-1, 503-14, 555, 581, 583, 602-9, 659-60, 662, 673-4, 704, 948, 950, 952-4, 1014*
Pedro, Mártir, São, *16, 387, 389-400*
Pelágia, Santa, *849-51*
Pelágio, papa, *282, 605*
Pelágio, São, *1003-24*
Peregrino, São, *741*
Perpétua, Santa, *971-3*
Petronela, Santa, *464, 1014*

Pilatos, Pôncio, governador da Judéia, 275, 323, 328-32, 344, 408, 424
Pio VII, papa, 12
Platão, filósofo grego, 763, 826, 964
Plínio, o Jovem, escritor e político romano, 241
Praxedes, Santa, 554
Prepostino de Cremona, 233
Primo, São, 467-8
Projeto, São, 646
Próspero, São, 81, 719, 830
Protásio, São, 380, 480, 482, 583
Proto, São, 763-6
Prudêncio, poeta cristão da Idade Média, 188, 191

Quintiano, cônsul da Sicília, 256-9
Quintino, São, 893
Quirce, São, 476-7

Raabe, prostituta de Jericó, 383
Raquel, esposa de Jacó, 749
Remígio, São, 124, 150-2, 155, 159-61, 261, 590, 706, 718, 832-3, 867
Rufino de Alessandria, franciscano, 12
Rústico, São, 857-63

Sabá, rainha de, 413-4
Sabina, Santa, 735-8
Sabiniano, São, 735-8
Sabino, papa, 1007
Salomão, rei de Israel, 413-4, 746
Salomé, filha de Herodias, 123-4, 726, 732
Samuel, profeta hebreu, 320, 749
Sansão, herói hebreu, 749
Sara, esposa de Abraão, 485, 749
Sarathin, rei mago ver Melquior, rei mago
Saturnino, São, 637, 971-3

Saul, rei de Israel, 513, 520, 782
Saulo de Tarso ver Paulo, São, apóstolo
Sebastião, São, 177-80, 182
Segundo, São, 349-51
Sêneca, filósofo romano, 508
Senen, São, 591
Serapião, São, um dos "sete adormecidos", 203, 576-80
Sérgio, papa, 249
Servácio, São, 747
Seth, filho de Adão, 347, 413
Severiano, um dos "quatro coroados", 925
Severo, um dos "quatro coroados", 925
Silvano, São, filho de Santa Felicidade, 529-30
Silvestre, São, 129-39, 239
Simão, o Cananeu ver Simão, o Zelote, São
Simão, o Mago, 271, 503-4, 953
Simão, o Zelote, São, apóstolo, 886-92
Simão Bar Jonas ver Pedro, São, apóstolo
Simão Pedro ver Pedro, São, apóstolo
Simplício, São, 586
Sinforiano, São, 695, 696
Sisto, São, 632-3, 639-41
Sócrates, filósofo grego, 763
Sulpício, bispo de Jerusalém, 431

Taís, Santa, 854-6
Tecla, Santa, 732
Telésforo, papa, 231
Teodora, Santa, 104, 531-4
Teodoro, São, 926-7
Teodósio I, o Grande, imperador romano, 358, 363-4, 577, 579, 773, 829
Teófilo, bispo de Alexandria, 799-804
Teófilo, governador de Antioquia, 268-9, 271
Tiago, o Cortado, São, 974-7
Tiago, o Maior, São, apóstolo, 561-70

Tiago, o Menor, São, apóstolo, *403-12, 659, 673, 784, 886*
Tibério, imperador romano, *329-30, 332, 408, 424, 602*
Tibúrcio, São, *180, 788*
Timóteo, São, *694*
Tito, imperador romano, *408, 410-1, 464*
Tito, São, *516, 518, 877*
Tomás de Aquino, São, *13-4*
Tomás de Canterbury, São, *16, 125-8*
Tomé, São, apóstolo, *18, 81-7, 344, 663*
Trajano, imperador romano, *240-1, 288-9, 891, 894, 957*

Urbano, Santo, *462-3, 942-3, 945*
Úrsula, Santa, *883-5*

Valentiniano, imperador romano, *356*
Valentino, São, *264-5*
Valeriano, imperador romano, *608, 644, 766, 973*
Valério, bispo de Hipona, *712*

Varazze, Jacopo de, *11-25, 1024*
Vedasto, São, *261*
Verônica, Santa, *330*
Vespasiano, imperador romano, *408-11*
Vicente, São, *188-91, 252*
Vidal, São, *380-1, 480*
Vidal, São, filho de Santa Felicidade, *529-30*
Virgem Maria *ver* Maria, Santa, mãe de Jesus
"Virgem de Antioquia", *382-6*
Vito, São, *474-5*
Vitorino, orador romano, *826*
Vitorino, um dos "quatro corados", *925*
Volusiano, imperador romano, *644, 655*

Zacarias, papa, *1011*
Zacarias, profeta hebreu, *134, 179, 448, 816, 821, 823-4*
Zacarias, sacerdote judeu, pai de João Batista, *314, 484-5, 489, 492, 747*
Zélio, São, *960*
Zenão, imperador bizantino, *473, 531*
Zózimo, abade, *352-4*